Die Bonus-Seite

Ihr Vorteil als Käufer dieses Buches

Auf der Bonus-Webseite zu diesem Buch finden Sie zusätzliche Informationen und Services. Dazu gehört auch ein kostenloser **Testzugang** zur Online-Fassung Ihres Buches. Und der besondere Vorteil: Wenn Sie Ihr **Online-Buch** auch weiterhin nutzen wollen, erhalten Sie den vollen Zugang zum **Vorzugspreis**.

So nutzen Sie Ihren Vorteil

Halten Sie den unten abgedruckten Zugangscode bereit und gehen Sie auf **www.galileodesign.de**. Dort finden Sie den Kasten **Die Bonus-Seite für Buchkäufer**. Klicken Sie auf **Zur Bonus-Seite / Buch registrieren**, und geben Sie Ihren **Zugangscode** ein. Schon stehen Ihnen die Bonus-Angebote zur Verfügung.

Ihr persönlicher **Zugangscode** 76ra-fcbz-qdn8-293u

Kai Surendorf

OS X 10.8 Mountain Lion

Das umfassende Handbuch

Liebe Leserin, lieber Leser,

schon seit vielen Jahren hat sich Kai Surendorfs umfassendes Handbuch zu dem deutschen Standardwerk für jeden entwickelt, der mit Apples Betriebssystem arbeitet. Mehr an Informationen und Zuverlässigkeit werden Sie nirgendwo finden.

Egal, ob Sie Einsteiger sind und den Umgang mit Finder, Launchpad, Spotlight, Time Machine und Co. suchen oder bereits über viel Erfahrung mit Ihrem Mac verfügen und jetzt Details zur Nutzung des Terminals, der Netzwerkanbindung, der Benutzerverwaltung oder der Druckeinstellungen wünschen: Dieses Buch gibt umfassend und zuverlässig Auskunft. Es wird Ihnen helfen, Ihren Mac noch versierter zu bedienen und ihn noch besser auf Ihre Bedürfnisse und Arbeitsabläufe abzustimmen.

Auch die Version OS X 10.8 hat wieder einige Neuerungen mit sich gebracht. Im Vergleich zu den Vorversionen ist es diesmal kein Füllhorn an neuen Programmen und Funktionen. Vielmehr stecken die Änderungen in vielen Fällen in Detailverbesserungen der bestehenden Programme und Möglichkeiten. Kai Surendorf hat auch diesmal wieder keine Mühe gescheut und Apples neuester Betriebssystem-Version genauestens auf die Finger geschaut und alles geprüft: Neue Funktionalitäten werden beschrieben, Änderungen und neue Möglichkeiten ausgelotet. Ich bin mir sicher, dass auch Sie von diesem Wissen profitieren werden.

Ein besonderer Tipp ist der Teil zu OS X Server in diesem Buch. Für gerade mal € 15,99 können Sie das Programm im App Store kaufen und so mit Ihrem Mac einen Server für zu Hause, das Büro oder die Schule aufbauen. Kai Surendorf zeigt Ihnen anschaulich, worauf Sie dabei achten müssen, damit von Anfang an alles richtig eingerichtet wird und perfekt läuft.

Wenn Sie Fragen oder Kritik haben, freuen wir uns, wenn Sie Autor oder Verlag auf Ihren Websites besuchen oder auf einem anderen Weg mit uns Kontakt aufnehmen.

Viel Freude beim Lesen!

Ihr Stephan Matteschek

Senior Editor Galileo Design

stephan.matteschek@galileo-press.de
www.galileodesign.de
Galileo Press • Rheinwerkallee 4 • 53227 Bonn

Inhalt

4 Den Alltag organisieren

5 Audio, Video und QuickTime

6 Arbeiten mit dem Terminal

7 Quick Look und Spotlight

8 Zugriffsrechte

9 Festplatten und Dateisysteme

13 OS X 10.8 administrieren

14 Benutzer und Gruppen verwalten

15 Andere Welten: Boot Camp, rEFIt, VMware

TEIL III OS X im Netzwerk

16 Netzwerke verstehen, planen und einrichten

TEIL IV OS X Server

20 OS X 10.8 Server installieren und konfigurieren

21 Dienste konfigurieren und nutzen

TEIL V Drucken, Schriften, Farbmanagement

22 Drucken

23 Schriften in OS X 10.8

24 PDF und Farbmanagement

TEIL VI OS X automatisieren

25 Der Automator und die Dienste

26 AppleScript

TEIL VII Troubleshooting

27 Probleme selbstständig beheben

28 Nützliche Tools

TEIL VIII Anhang

A Installation und Migration

B Der Aufbau des Betriebssystems ... 953

C Die Verzeichnisstruktur von OS X 10.8

D Systemprozesse im Überblick ... 979

Vorwort

Apple ist immer wieder für eine Überraschung gut. Und in den letzten Jahren wurden die Zeiträume zwischen den Ankündigungen und Keynotes immer weiter verkürzt. Dabei sind die Innovationen vielleicht nicht mehr so gravierend, wie es die Ankündigungen des iPhones, des iPads oder der ersten Version von Mac OS X waren. Ein wenig scheint auch bei Apple Routine einzukehren.

Aber diese Routine darf nicht zu dem Fehlschluss führen, dass Apple nichts Neues zu bieten hat. Die Innovationen sind vielmehr kleiner, detaillierter, aber dennoch für den Anwender nützlich und in der Summe ein Fortschritt.

Ein Betriebssystem wie OS X entfaltet sein volles Potenzial erst, wenn Sie eine Reihe von Kniffen, Tricks und auch Hintergründen kennen und zu nutzen wissen. An diesem Punkt möchte dieses Buch ansetzen. Es erläutert Ihnen die Nutzung, Konfiguration und Administration von OS X 10.8 in all seinen Facetten. Dabei werden auch Hintergründe erläutert, um Ihnen das notwendige Fachwissen für eine selbstständige Arbeit zu vermitteln. Neben den alltäglichen Aufgaben wie dem Schreiben von E-Mails oder der Kontaktpflege nimmt die Kommunikation im Netzwerk breiten Raum ein. Die Erklärungen berücksichtigen auch die Installation und Einrichtung von OS X 10.8 Server. Darüber hinaus erfahren Sie alles Notwendige, um Ihr System zu verwalten und an Ihre Anforderungen anzupassen. Und zur Lösung von langweiligen Routineaufgaben verfügen der Automator und AppleScript über leicht zu bedienende Funktionen.

(Fach-)Literatur entsteht eigentlich nur in Kommunikation mit dem Leser. Ich freue mich auf Ihre Anmerkungen und Rückmeldungen. Auf meiner Webseite *http://mac.delta-c.de* finden Sie neben weiterführenden Artikeln und vielen thematischen Links auch ein Forum.

Kai Surendorf
mac@delta-c.de

Einleitung

Überraschend schnell kündigte Apple nach dem Erscheinen von OS X 10.7 schon OS X 10.8 an. Sicherlich macht Apple mit jedem neuen System Fortschritte bei der Benutzerfreundlichkeit, aber richtig Spaß macht die Arbeit mit einem Computer erst, wenn der Mensch die Maschine beherrscht. Nur zu oft beherrscht die Maschine den Menschen.

An wen richtet sich dieses Buch? | Ein Buch über ein Betriebssystem spricht eine Vielzahl von Menschen an, die ihre Rechner für ganz unterschiedliche Zwecke einsetzen. Diesen vielfältigen Interessen möchte das Buch dahingehend gerecht werden, dass das Betriebssystem in einer Form erklärt wird, die Ihnen die Konzentration auf Ihre Arbeit ermöglicht. Das Buch versucht Vollständigkeit dadurch zu erzielen, dass die Dinge, die sehr offensichtlich sind und auch von Apple in der Werbung immer wieder erklärt werden, einfach übersprungen werden.

Jede Erklärung muss an irgendeinem Punkt ansetzen, und dies war auch eine der Herausforderung beim Schreiben dieses Buches. Die Erläuterungen in diesem Buch setzen voraus, dass Sie schon ein wenig mit OS X 10.8 vertraut sind. Daher nimmt sich das Buch die Freiheit, allzu offensichtliche Funktionen wie das Schreiben einer E-Mail oder die Erstellung eines neuen Dokuments über den Menüpunkt Ablage • Neu nicht zu erklären. Das Buch ist nach wie vor ein technisches Sachbuch. Es möchte keine Werbung machen und sich eher auf technische Sachverhalte konzentrieren. Einige Details bleiben daher außen vor. So wird zum Beispiel nicht erklärt, wie Sie im Game Center High Scores teilen. Das wird anderweitig im Detail und umfangreich beschrieben; dieses Buch möchte andere Schwerpunkte setzen.

Am Rand
Sie finden in diesem Buch viele Erläuterungen und Hinweise am Rand. Sie ergänzen die Informationen im Haupttext, stellen Tastenkürzel heraus und geben Ihnen weiterführende Informationen. Auf einen Kasten mit der Überschrift **Warnung** werden Sie recht selten treffen; Sie sollten seinen Inhalt dann aber unbedingt zur Kenntnis nehmen.

Kritische Distanz | Auch fortgeschrittene Themen werden nicht ausgespart und in einer allgemein verständlichen Form erklärt.

Nach der Lektüre sollten Sie sich selbst zu den eher Fortgeschrittenen zählen dürfen. Dabei wird hin und wieder auch das Dienstprogramm Terminal herangezogen. Lassen Sie sich von den Unkenrufen in der Presse nicht irritieren! Die direkte Eingabe von Befehlen ist eigentlich ganz einfach und für ein etwas umfassenderes Verständnis unabdingbar. In letzter Zeit hat sich ein etwas merkwürdiger Hype rund um die Produkte von Apple etabliert. Nicht, dass diese von mangelhafter Qualität seien. Ganz im Gegenteil. Aber sie sind halt auch noch lange nicht perfekt. Das Buch wahrt, aller Begeisterung zum Trotz, bei seinen Erläuterungen eine kritische Distanz und wird Sie auch auf Dinge aufmerksam machen, die nicht oder nicht richtig funktionieren.

Der Aufbau des Buches

Das Buch gliedert sich in sieben große Teile mit mehr als 25 Kapiteln. Die Erläuterungen sind so aufgebaut, dass das Wissen der vorangegangenen Kapitel in den nachfolgenden vorausgesetzt wird.

Teil 1: Mit OS X 10.8 arbeiten | Im ersten Teil finden Sie zunächst einige Tipps und Tricks, die Ihnen die Arbeit mit dem System erleichtern werden. Der Finder, Quick Look und Spotlight werden dabei ebenso erläutert wie die Nutzung von QuickTime X und die Verwaltung von Festplatten und Dateisystemen. Im Arbeitsalltag erweisen sich die Programme Mail, Kalender und Kontakte als nützliche Helfer. Neben einem Einstieg in die Arbeit mit dem Terminal ist auch den Zugriffsrechten ein Kapitel gewidmet.

Teil 2: Das System verwalten | Die Time Machine ist eine sehr elegante und einfach zu bedienende Möglichkeit, um ein Backup Ihres Systems zu erstellen. Neben der Verwaltung von Benutzerkonten informiere ich Sie auch über die allgemeine Administration des Systems und der aktiven Prozesse. Der Teil schließt mit einem Kapitel über die Installation von Windows und Linux sowohl mithilfe von Boot Camp als auch mit rEFIt und VMware Fusion 5.

Teil 3: OS X im Netzwerk | Dieser Teil gliedert sich in vier Kapitel. Zuerst erkläre ich die Grundlagen der Vernetzung und wie Sie überhaupt ein Netzwerk herstellen. Darauf folgt ein Kapitel über Anwendungen im Netzwerk, das sich neben der Fernsteuerung von Rechnern auch der Firewall von OS X 10.8 widmet. Nach einem Kapitel über die Datenübertragung inklusive des Datenaustauschs mit Windows widmet sich das letzte Kapitel dieses Teils der Konfiguration der in OS X 10.8 enthaltenen Serverdienste.

Teil 4: OS X 10.8 Server | Während schon die normale Version von OS X 10.8 vielfältige Möglichkeiten mitbringt, Dienste im Netzwerk bereitzustellen, geht die kostengünstige Server-Variante noch weit darüber hinaus. In diesem Teil erfahren Sie, wie Sie eine beispielhafte Netzwerkstruktur basierend auf OS X 10.8 Server installieren und anschließend die einzelnen Dienste nach Ihren Vorstellungen aktivieren.

Teil 5: Drucken, Schriften, Farbmanagement | Das Common UNIX Printing System (CUPS) arbeitet meist unsichtbar im Hintergrund, und die Konfiguration von Druckern ist normalerweise schnell erledigt. Dabei birgt das System eine Reihe von Möglichkeiten, und auch die Freigabe von Druckern im Netzwerk ist manchmal erklärungsbedürftig. Zusammen mit der Verwaltung der Schriftarten beschreibe ich auch die Verwendung des ColorSync-Dienstprogramms und die Bearbeitung von PDF-Dateien im Programm Vorschau.

Teil 6: OS X automatisieren | Mit AppleScript und dem Automator stehen vorzügliche Möglichkeiten zur Verfügung, wiederkehrende Arbeitsabläufe zu automatisieren. In diesem Teil bringe ich Ihnen sowohl den Automator in all seinen Facetten als auch die zielgerichtete Arbeit mit AppleScript nahe.

Teil 7: Troubleshooting | Auch unter OS X 10.8 läuft nicht alles rund, und bei Problemen bietet sich ein zielgerichtetes und trotz allen Ärgers gelassenes Herangehen an die Problemlösung an. Dieser Teil steht Ihnen dabei zur Seite und erklärt Ihnen auch die Nutzung des neuen Rettungssystems.

Der Anhang | Im Anhang finden Sie Erläuterungen zur Installation von OS X 10.8 sowie zum Aufbau des Betriebssystems und zu seinen wichtigsten Konzepten.

Die Webseite zum Buch | Bevor Sie sich jetzt an die Lektüre von fast tausend Seiten Erklärungen machen, noch ein Hinweis: Zu diesem Buch und seinen Schwesterpublikationen gibt es eine Webseite. Sie finden dort neben Diskussionsforen und weiterführenden Links auch Artikel und Texte, die die Inhalte dieses Buchs in der einen oder anderen Form weiterführen.

Webseite zum Buch:
http://mac.delta-c.de

▲ Die Webseite zum Buch finden Sie unter http://mac.delta-c.de.

Kapitel 1
Neuerungen in OS X 10.8

Nicht einmal ein halbes Jahr nach dem Erscheinen von OS X 10.7 kündigte Apple bereits OS X 10.8 an. Apple hat mal wieder alle überrascht, auch wenn die Strategie, dass größere Aktualisierungen des Systems im jährlichen Turnus erscheinen sollen, schon bekannt war.

Eher ein Service Pack | Mit OS X 10.8 scheinen sich in der Tat Apples Strategie und Vorgehen bei der Erweiterung und Aktualisierung des Systems zu ändern. Waren die Unterschiede etwa zwischen Mac OS X 10.3 und Mac OS X 10.4 sowohl in Hinblick auf die Optik als auch die zugrunde liegenden Programmierschnittstellen und Kernbestandteile des Systems gravierend, so handelt es sich bei OS X 10.8 im direkten Vergleich zu OS X 10.7 eher um ein Service Pack.

Service Pack
Als *Service Pack* werden von Microsoft größere Aktualisierungen des Systems bezeichnet, die am grundlegenden Aufbau und der Optik nicht viel ändern, aber neue Funktionen bringen und Fehler korrigieren.

Korrekturen | Mit OS X 10.8 nimmt Apple einige Neuerungen schrittweise zurück. Mit OS X 10.7 strebte Apple an, OS X und iOS einander näher zu bringen und Funktionalitäten von iOS auch auf dem Mac verfügbar zu machen. An einigen Stellen mag dies gelungen sein, aber es erwies sich doch manchmal als Ärgernis. So war es im Adressbuch nicht mehr möglich, die Adresse, die Mitglieder der Gruppe und die Liste der Gruppen nebeneinander darzustellen. Der Anwender war gezwungen, zwischen der Adresse selbst und der Liste der Gruppen umzublättern. Mit OS X 10.8 hat Apple eine Reihe dieser Änderungen korrigiert und optimiert.

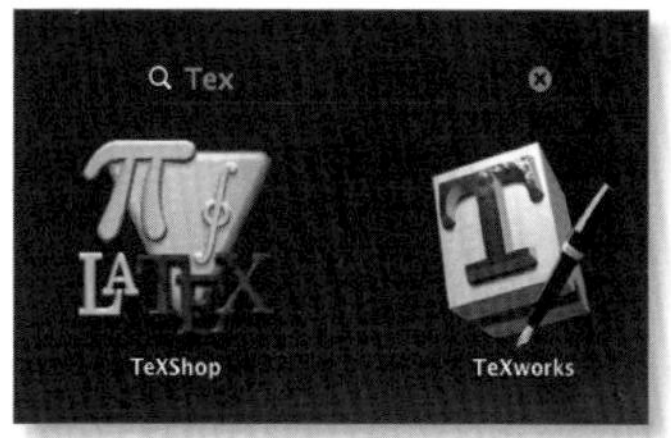

▲ **Abbildung 1.1**
Das Launchpad kann unter OS X 10.8 über die Tastatur gesteuert werden.

Kosmetik | Eher kosmetisch sind die Änderungen einiger Namen. So heißt das Programm für die Termine nicht mehr iCal, sondern Kalender, das Programm zum Chatten nicht mehr iChat, sondern Nachrichten, und das Adressbuch nunmehr Kontakte. Neben diesen sprachlichen Korrekturen wurde die Handhabung des Systems an einigen Stellen doch verbessert. So ist das unter OS X 10.7 eher rudimentär zu nennende Launchpad mittlerweile ein ganz passables Instrument, um Programme schnell zu starten und nicht erst mit Spotlight oder im Finder zu suchen.

Power Nap
Unscheinbar, aber energie- und zeitsparend ist die neue Funktion Power Nap, die Ihnen auf einigen ausgewählten Geräten wie dem aktuellen MacBook Pro zur Verfügung steht. Haben Sie diese Form des Ruhezustands aktiviert, dann lädt Ihr Rechner immer mal wieder Updates und E-Mails aus dem Netzwerk, sodass Sie nach dem Aufwachen sofort weiterarbeiten können.

Innovationen | Neu hinzugekommen ist unter OS X 10.8 die Mitteilungszentrale. So wirklich innovativ ist sie zwar nicht, weil es mit Growl schon seit langer Zeit ein Programm gibt, das genau diese Aufgabe übernehmen kann, aber im Alltag ist es dennoch hilfreich, bei bestimmten Ereignissen automatisch eine Nachricht auf dem Bildschirm zu erhalten. Die Möglichkeit, Texte zu diktieren, ist auf dem iPhone und iPad schon lange vorhanden. Nunmehr steht die Diktierfunktion auch unter OS X 10.8 zur Verfügung und leistet eigentlich ganz gute Dienste. Integriert und von Apple breit beworben wurden die beiden sozialen Netzwerke Twitter und Facebook. Über die Schaltfläche BEREITSTELLEN, die Ihnen in einigen Programmen zur Verfügung steht, können Sie recht bequem Bilder und Filme auf Facebook oder Twitter veröffentlichen. Die neuen Programme Notizen und Erinnerungen dürften das eine oder andere Programm zur Verwaltung von Aufgaben und eben Notizen überflüssig machen. Obwohl ihr Funktionsumfang arg beschränkt ist, sind sie doch auf das Wesentliche reduziert, und eignen sich gerade deshalb für den Einsatz im Alltag.

Abbildung 1.2 ▸
Die neuen Programme Notizen und Erinnerungen sind im Alltag ganz nützlich.

iCloud | Ein wichtiges und zentrales Element, das unter OS X 10.8 entscheidend verbessert wurde, ist die iCloud. Es ist Ihnen nun möglich, Dateien direkt auf Apples Servern zu speichern und auf diese Weise unterwegs einzusehen und zu bearbeiten. Darüber hinaus verzahnt sich die iCloud eng mit dem Betriebssystem, und es werden auch die Notizen und Erinnerungen über die iCloud synchronisiert. Sie stehen Ihnen dann auch auf dem iPhone oder iPad zur Verfügung.

◂ **Abbildung 1.3**
Die iCloud ermöglicht die Speicherung von Dateien und die Synchronisation von Daten auf Apples Servern.

Details | Apple hat es sich natürlich nicht nehmen lassen, das System an einigen Stellen deutlich zu verbessern. So ist die Time Machine nun in der Lage, mehr als ein Zielmedium für die Sicherungen zu nutzen. Geben Sie zwei oder mehr Festplatten als Ziel vor, dann wird im stündlichen Rhythmus abwechselnd eine Sicherung auf den Platten vorgenommen. Mit dem Gate Keeper können Sie die Ausführung von Programmen unterbinden, die Sie nicht aus dem App Store geladen haben. Sinnvoll ist diese Funktion, wenn Sie sich vor Malware und Vieren schützen möchten. Sie kann sich aber auch als hinderlich erweisen, wenn Sie Open-Source-Programme, die den Anforderungen des Gate Keepers ebenfalls nicht entsprechen, ausführen möchten. Mail und Safari haben ein paar kleine Funktionen hinzubekommen.

Ausgelagert
Nicht mehr Bestandteil der Standardinstallation und auch nicht mehr von Apple direkt angeboten werden Java sowie der X11-Server. Während Sie aktuelle Java-Versionen direkt von Oracle beziehen müssen, steht Ihnen ein aktueller X11-Server für OS X 10.8 in Form des von Apple unterstützten Open-Source-Projekts XQuartz zur Verfügung.

Abgekündigt und verschwunden | Mit OS X 10.8 hat Apple die Carbon-Bibliothek abgekündigt. Bei Carbon handelt es sich um einen Teil des Betriebssystems, der den Umstieg vom klassischen Mac OS in den Neunzigern auf Mac OS X erleichtern sollte und hat. Carbon geriet in den letzten Jahren immer mehr ins Hintertreffen, sodass diese Abkündigung nicht wirklich überrascht. Für Sie als Anwender ändert sich hier zunächst nichts, aber wenn Sie noch ältere und alte Programme einsetzen, die auf Carbon basieren, wäre es vielleicht keine schlechte Idee, sich schon einmal nach möglichen und vor allem modernen Alternativen umzuschauen. Gestrichen wurden unter OS X 10.8 die Konfiguration von NFS-Freigaben im Festplattendienstprogramm, die Aktivierung des Apache-Webservers in den Systemeinstellungen sowie die Möglichkeit, RSS-Feeds in Safari und Mail zu abonnieren.

TEIL I

Mit OS X 10.8 arbeiten

Kapitel 2
Effizient mit OS X 10.8 arbeiten

Die Benutzeroberfläche von OS X 10.8 ist nicht nur ästhetisch ansprechend und auf das Wesentliche reduziert, das System bietet Ihnen von Haus aus auch eine Reihe von Funktionen, die Ihnen eine angenehme und komfortable Arbeit am Rechner ermöglichen. Während viele Dinge und Funktionen selbsterklärend und für Anwender, die schon länger mit einem Computer arbeiten, fast schon banal sind, bietet die Benutzeroberfläche von OS X 10.8 auch einige Funktionen, deren Sinn und Zweck sich nicht auf den ersten Blick erschließen mögen.

Dieses Kapitel möchte Sie in konzentrierter Form auf solche Funktionen aufmerksam machen. Einiges wird Ihnen möglicherweise schon bekannt sein, aber wenn Sie den einen oder anderen Handgriff für sich entdecken, mit dem Sie Ihre Arbeitsweise noch effizienter gestalten können, haben die Ausführungen in diesem Kapitel ihr Ziel erreicht.

Human Interface Guidelines
Die weitgehend einheitliche Bedienung von Programmen unter OS X 10.8 wird von Apple in den »Human Interface Guidelines« vorgegeben. In diesem knapp 270 Seiten starken Dokument finden sich Vorgaben für die Position der Fenster, welche Schaltflächen für welche Zwecke einzusetzen sind und einiges mehr. Bei Interesse finden Sie die vollständigen Vorgaben auf der Website von Apple mit dem Suchbegriff »Human Interface Guidelines«.

2.1 Ein paar Anmerkungen zum Dock

Das Dock ist wohl eines der zentralen Bedienelemente des Systems. Auch wenn mit dem Launchpad eine kleine Alternative zur Verfügung steht, ist das Dock doch für die meisten Anwender die zentrale Instanz für den Start von Programmen und das Öffnen von Dateien.

Finder und Papierkorb
Der Finder und der Papierkorb sind im Dock fest verankert und können nicht entfernt werden.

Zwei Bereiche | Das Dock teilt sich in zwei Bereiche. Wenn es am unteren Bildschirmrand platziert wurde, dann befinden sich links die Programme und rechts Dokumente, Ordner und weitere Elemente, die Sie ins Dock gezogen haben.

TIPP
Mit gedrückt gehaltener Taste `alt` ändert sich die Größe nicht mehr stufenlos, sondern in Intervallen.

Dock konfigurieren | Um Einstellungen für das Dock vorzunehmen, müssen Sie nicht zwingend die Systemeinstellungen öffnen. Seine Größe können Sie verändern, indem Sie die Maus über dem

▲ **Abbildung 2.1**
Das Dock können Sie über das Kontextmenü konfigurieren.

angedeuteten Trennstrich platzieren und, sobald sich der Zeiger in zwei Pfeile verwandelt, bei gedrückter Maustaste nach oben oder unten bewegen.

Rufen Sie über dem Trennstrich das Kontextmenü auf, erhalten Sie die Einstellungsmöglichkeiten des Docks. Damit das Dock automatisch vom Bildschirm verschwindet, sobald Sie es mit der Maus verlassen, wählen Sie den Punkt DOCK AUSBLENDEN. Mit der Tastenkombination [⌘] + [alt] + [D] schalten Sie diese Einstellung ein und aus. Wenn Sie die VERGRÖSSERUNG EINSCHALTEN, sollten Sie in den Systemeinstellungen des Docks eine eher geringe vorgeben. Sie erhöhen so Ihre Treffsicherheit beim Anklicken eines Elements im Dock.

▲ **Abbildung 2.2**
Über das Dock bieten einige Programme Zugriff auf ausgewählte Funktionen.

Kontextmenü bei Programmen | Bei einem Programm, dessen Icon sich im Dock befindet, können Sie ebenfalls das Kontextmenü aufrufen. Abhängig vom Programm finden Sie hier eine Liste der offenen Fenster und weitere Funktionen wie etwa NEUE E-MAIL ERSTELLEN bei Mail. Sie können das Programm auch direkt aus dem Dock heraus BEENDEN. Halten Sie, bevor Sie das Kontextmenü aufrufen, die Taste [alt] gedrückt, dann ändert sich dieser Punkt in SOFORT BEENDEN. Auf diese Weise können Sie ein nicht mehr reagierendes Programm beenden. Unter OPTIONEN können Sie festlegen, ob Sie das Programm BEI DER ANMELDUNG ÖFFNEN möchten. Es wird dann zu den Anmeldeobjekten (siehe Abschnitt 14.4) hinzugefügt. Ebenfalls in diesem Untermenü legen Sie fest, ob Sie das Icon des aktiven Programms IM DOCK BEHALTEN möchten oder nicht, und es ist auch möglich, sich das Programm IM FINDER ANZEIGEN zu lassen.

Abbildung 2.3 ▶
Bei einem nicht aktiven Programm stehen die zuletzt geöffneten Dateien zur Auswahl.

Benutzte Dokumente | Rufen Sie das Kontextmenü bei einem Programm auf, das gerade nicht aktiv ist, dann können Sie es zunächst auf diese Weise ÖFFNEN. Über den Eintrag ZULETZT BENUTZTE OBJEKTE EINBLENDEN wird der Bildschirm abgedunkelt, und Sie erhalten eine Vorschau der geöffneten Dateien im unteren Drittel. Ein Klick auf eine Datei öffnet sie in dem Programm.

▼ **Abbildung 2.4**
Eine Übersicht der zuletzt geöffneten Dateien kann über das Kontextmenü eingeblendet werden.

Tastenkürzel | Im Zusammenspiel mit dem Dock gibt es einige Tastenkürzel, die zusätzliche Funktionen auslösen. Halten Sie die Taste [⌘] gedrückt, und klicken Sie ein Icon an, dann wird der Finder geöffnet und Ihnen das Programm angezeigt. Mit der Taste [alt] blenden Sie ein aktives Programm, wenn Sie sein Icon im Dock anklicken, aus oder ein. Befand sich das Programm bereits im Vordergrund, dann wird es ausgeblendet. Befand es sich nicht im Vordergrund, dann werden die anderen Programme aus- und das angeklickte Programm eingeblendet.

Objekt im Finder zeigen
[⌘] + Mausklick

Programm ein-/ausblenden
[alt] + Mausklick

▼ **Abbildung 2.5**
Nach einem Druck auf die Leertaste werden die geöffneten Fenster des Programms angezeigt.

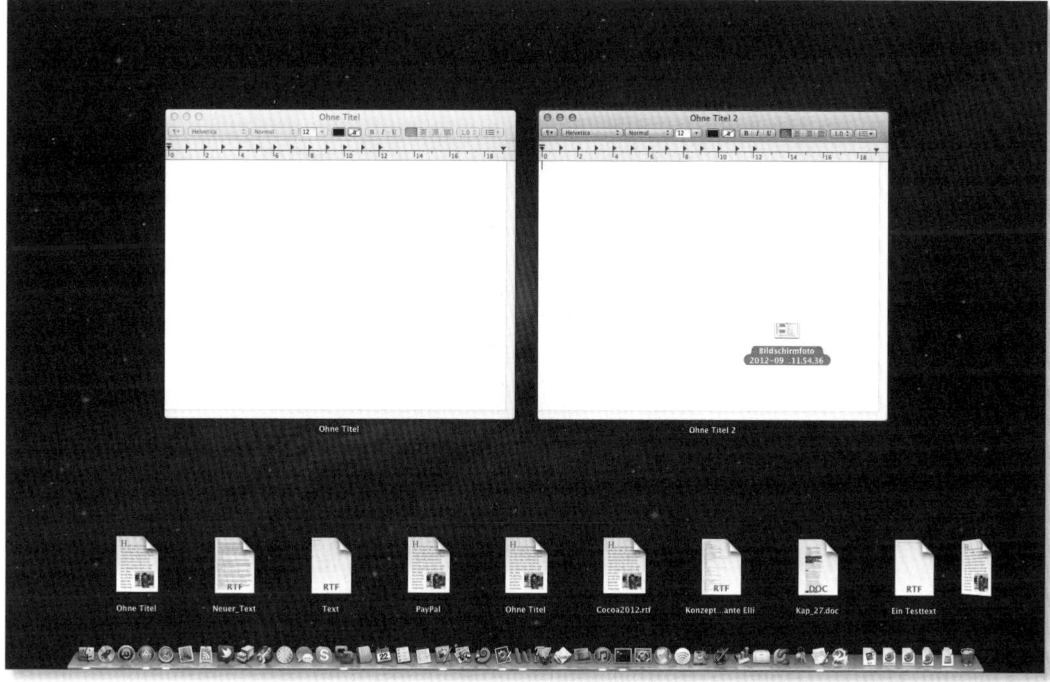

Programm aktivieren
Leertaste

Wenn Sie eine Datei mit der Maus auf das Icon eines Programms ziehen und die Maustaste loslassen, wird normalerweise die Datei in dem Programm geöffnet. Sie können aber auch, wenn sich das Icon der Datei über dem des Programms befindet, die Leertaste drücken oder einen Moment warten. Damit wird das Programm in den Vordergrund geholt, wobei allerdings die Datei am Mauspfeil verbleibt, solange Sie die Maustaste gedrückt halten. Ihnen werden dann alle geöffneten Fenster des Programms und teilweise auch unten die zuletzt geöffneten Dateien angezeigt. Die noch am Mauspfeil befindliche Datei können Sie dann in eines der Fenster ziehen.

▲ **Abbildung 2.6**
Mit einem Rechtsklick rufen Sie die Optionen auf.

Stapel und Ordner | Wenn Sie einen Ordner in das Dock ziehen, dann können Sie anschließend sowohl seine Darstellung als auch die des Inhalts bestimmen. Führen Sie einen Rechtsklick auf den Ordner im Dock aus, dann erscheint ein Menü, in dem Sie zunächst festlegen können, wie der Inhalt des Ordners sortiert wird. Die Option Anzeigen als bezieht sich auf die Darstellung des Ordners im Dock. Wenn Sie hier Stapel auswählen, dann besteht das Icon (siehe Abbildung 2.6) des Ordners im Dock aus einer Zusammenstellung seines Inhalts. Die Anzeige als Ordner greift auf das Icon zurück, das Sie dem Ordner im Finder zugewiesen haben (siehe Abschnitt 2.7).

▲ **Abbildung 2.7**
Die Anzeige als Gitter ermöglicht auch die Navigation im Dateisystem.

Unter Inhalt anzeigen als veranlassen Sie mit der Option Automatisch, dass das Dock basierend auf der Anzahl der enthaltenen Objekte versucht, die optimale Darstellung zu ermitteln. Die Anzeige als Fächer stellt die ersten zehn bis elf Objekte zur Auswahl und verweist über einen weiteren Eintrag wie 26 mehr im Finder auf den Ordner selbst. Bei der Anzeige als Liste werden auch etwaige Unterordner aufgeführt, die Sie auswählen können. Beim Ordner Programme ist dies recht praktisch, weil Sie auf diese Weise unter Umgehung des Finders direkten Zugriff auf alle Programme und Dienstprogramme haben.

Wenn Sie sich den Inhalt als Gitter anzeigen lassen, dann können Sie enthaltene Unterordner anklicken, damit deren Inhalt dargestellt wird. Über den Pfeil nach links ❶ wechseln Sie wieder zum übergeordneten Ordner. Die Darstellung als Gitter macht von Quick Look Gebrauch, sodass Sie bei Bildern und PDF-Dateien eine kleine Vorschau des Inhalts sehen.

Tastatur | Sie können auch mit der Tastatur durch einen Ordner navigieren. Haben Sie einen Ordner angeklickt oder über die in Abschnitt 2.7 beschriebene Tastatursteuerung ausgeklappt, dann können Sie mit den Pfeiltasten ein Element auswählen. Mit der Taste [↵] wird es geöffnet, die Taste [esc] schließt den Ordner wieder.

◂ **Abbildung 2.8**
Die Vorschau mittels Quick Look rufen Sie über die Leertaste auf.

Quick Look | Wenn Sie die Leertaste drücken, dann wird die Vorschau mittels Quick Look für das Element eingeblendet, über dem sich gerade der Mauspfeil befindet oder das Sie mit der Tastatur ausgewählt haben.

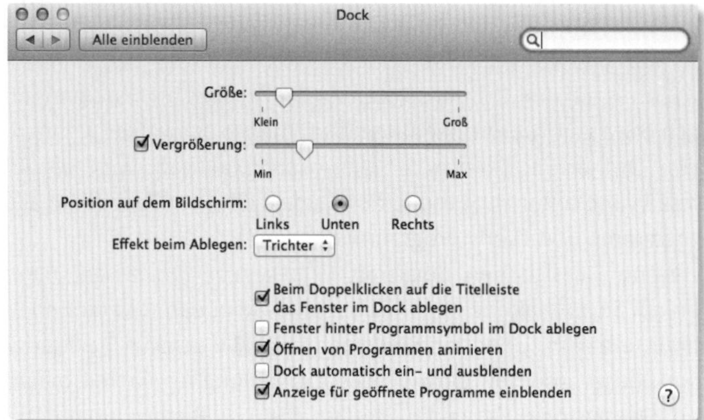

Abbildung 2.9 ▸
In den Systemeinstellungen können Sie die Anzeige der geöffneten Programme aktivieren.

Einstellungen | In den Systemeinstellungen wurde für das Dock eine ganze Ansicht reserviert. Sie finden dort neben zwei Schiebereglern für die Größe und die Vergrößerung auch die Option ANZEIGE FÜR GEÖFFNETE PROGRAMME EINBLENDEN. Ist die Option aktiv, dann wird dem Icon eines aktiven Programms ein heller Punkt im Dock unterlegt. Auf diese Weise können Sie überblicken, welche Programme Sie gestartet haben, und einschätzen, wie stark Ihr System ungefähr ausgelastet sein dürfte.

2.2 Die Fenster im Griff

Proportionen beibehalten
⇧

Die Darstellung der Programme in Fenstern war damals das Alleinstellungsmerkmal des klassischen Mac OS, und die Handhabung der Fenster wurde in allen folgenden Versionen immer weiter verfeinert. Die in diesem Abschnitt beschriebenen Funktionen sind auch bitter nötig, geht doch der Überblick bei fünf Fenstern im Finder, drei in Mail, mehreren Tabs in Safari und dem eigentlich noch zu bearbeitenden Text in Pages gern verloren.

Von Fenstermitte ausgehen
alt

Vergrößern und verkleinern | Mit OS X 10.8 ist es möglich, Fenster nicht nur von rechts unten, sondern von jedem Rand aus zu vergrößern und zu verkleinern. Halten Sie dabei die Taste ⇧ gedrückt, dann bleiben die Proportionen des Fensters erhalten. Die Taste alt führt dazu, dass das Fenster von seinem Mittelpunkt aus vergrößert und verkleinert wird. Halten Sie sowohl ⇧ als auch alt gedrückt, dann wird das Fenster unter Beibehaltung seiner Proportionen von seiner Mitte ausgehend vergrößert.

Voreinstellungen

Grundlegende Einstellungen der Fenster und der Benutzeroberfläche allgemein nehmen Sie in den Systemeinstellungen in der Ansicht Allgemein vor. Sie können hier zunächst das Verhalten der Rollbalken festlegen. Die Option Automatisch auf Maus oder Trackpad basiert führt zu einem etwas willkürlichen Verhalten. Wenn Sie sich die Rollbalken Immer anzeigen lassen, dann haben Sie anhand der Länge der Balken auch schon eine ungefähre Vorstellung davon, wie viel Inhalt in dem Fenster jeweils dargestellt wird.

TIPP
Sie können mit dem Scrollrad der Maus auch in Fenstern scrollen, die im Hintergrund sind, wenn sich der Mauspfeil über ihnen befindet.

Sie können hier auch auswählen, was das Klicken in den Rollbalken bewirkt. Wenn Sie die Option Anzeigen dieser Stelle aktivieren, springen Sie direkt zu dem Bereich eines Dokuments, an dessen Stelle Sie im Rollbalken geklickt haben. Dies ermöglicht Ihnen insbesondere bei langen Dokumenten eine präzise Anwahl der anzuzeigenden Stelle. Halten Sie die Taste `alt` bei einem Klick in den Bereich gedrückt, dann kehren Sie die Einstellung für diesen Mausklick um.

Titelleiste und Dock
Über die Option Beim Doppelklicken in die Titelleiste das Fenster im Dock ablegen müssen Sie nicht mehr das zweite Gadget in der linken oberen Ecke anklicken, um das Fenster im Dock abzulegen. Es genügt in der Tat ein Doppelklick.

▲ **Abbildung 2.10**
In der Ansicht Allgemein nehmen Sie grundlegende Einstellungen der Benutzeroberfläche vor.

Nutzen Sie ein Trackpad oder die Maus von Apple, dann läuft der Inhalt beim Scrollen nach unten immer etwas weiter. Diese aus iOS übernommene Funktion können Sie in der Ansicht Bedienungshilfen der Systemeinstellungen im Reiter Maus & Trackpad deak-

Seitenleiste
Die Einstellung der Grösse der Seitenleistensymbole bezieht sich auf alle Programme des Systems, bei denen eine Seitenleiste eingeblendet wird. Dazu gehören die Seitenleiste des Finders und auch die von Mails.

tivieren. Sie finden die Einstellung jeweils über die Schaltflächen TRACKPAD-OPTIONEN und MAUSOPTIONEN.

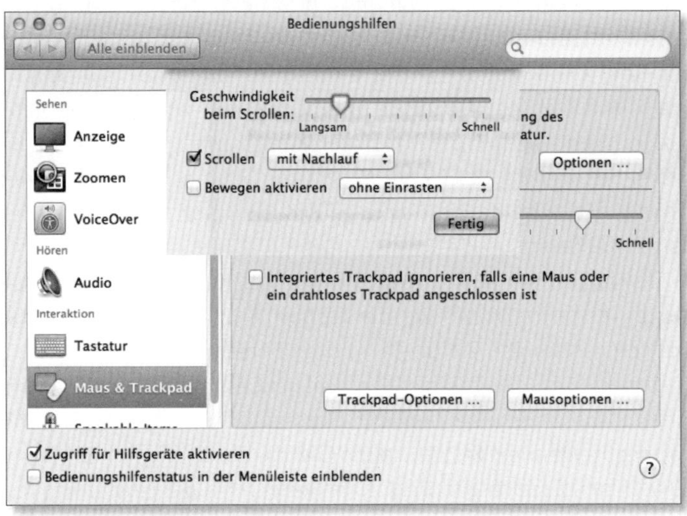

Abbildung 2.11 ►
Den Nachlauf beim Scrollen können Sie in der Ansicht BEDIENUNGSHILFEN deaktivieren.

Die Titelleiste

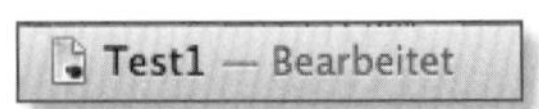

▲ Abbildung 2.12
Auf ungesicherte Änderungen wird in der Titelleiste hingewiesen.

Die Titelleiste eines Fensters ist zwar unscheinbar, bietet aber den direkten Zugriff auf einige Informationen und Funktionen.

Status eines Dokuments | Bei ungesicherten Änderungen wird nach dem Namen der Datei der Text BEARBEITET eingeblendet. Platzieren Sie den Mauspfeil über diesem Schriftzug, um die in Abschnitt 2.3 beschriebene Versionierung aufzurufen.

▲ Abbildung 2.13
Über das Proxy-Icon ermitteln Sie den Pfad der Datei.

Pfad anzeigen | Wenn Sie ein Dokument an einer beliebigen Stelle auf Ihrer Festplatte gespeichert haben, können Sie den Pfad in der Titelzeile des Fensters aufrufen, indem Sie [⌘] gedrückt halten und auf den Namen des Dokuments klicken oder einfach einen Rechtsklick ausführen. Anschließend erscheint der Pfad, und Sie können einen der übergeordneten Ordner auswählen. Dieser wird dann automatisch im Finder geöffnet.

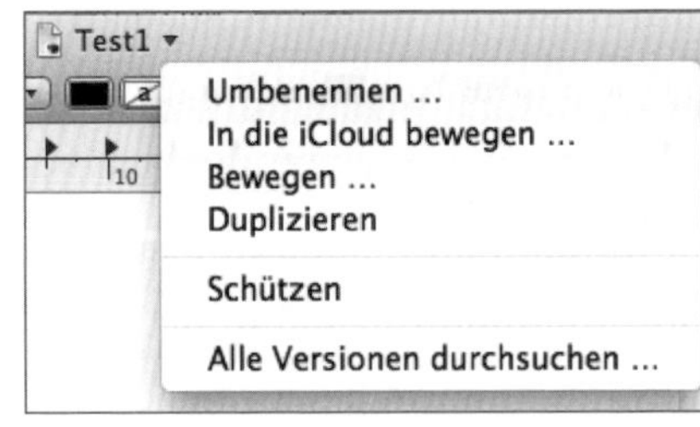

Abbildung 2.14 ►
Über das Menü der Titelleiste kann das Dokument umbenannt und geschützt werden.

Verschieben und schützen | Rechts neben dem Namen eines Dokuments finden Sie ein kleines Dreieck, wenn Sie den Mauspfeil dort platzieren. Sie rufen darüber ein Menü auf, über das Sie die Datei umbenennen, verschieben, duplizieren und mittels des Schutzes weitere Änderungen unterbinden können. Hier rufen Sie auch die Versionierung der Dokumente auf.

Dateien verschieben und verknüpfen | Das Symbol neben dem Namen des Dokuments wird auch *Proxy-Icon* genannt. Sie können es in vielen Programmen mit gedrückter Maustaste aus der Titelleiste herausziehen, wenn Sie die Änderungen des Dokuments gespeichert haben.

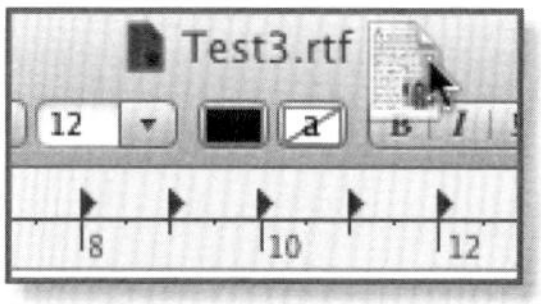

Legen Sie es auf dem Desktop oder in einem Ordner-Fenster des Finders ab, wird automatisch an der entsprechenden Stelle ein Alias auf das betreffende Dokument angelegt. Halten Sie dabei `alt` gedrückt, erscheint ein kleines Pluszeichen an der Stelle, und eine Kopie des Dokuments wird anstelle eines Alias angelegt.

Wenn Sie nicht durch die Ordnerhierarchien navigieren möchten, um ein bereits geöffnetes Dokument im Dock abzulegen, können Sie auch das Proxy-Icon ins Dock ziehen.

▲ **Abbildung 2.15**
Das Proxy-Icon können Sie zum Verschieben oder Kopieren nutzen.

Die Symbolleiste anpassen

Die meisten mit Cocoa realisierten Programme bieten Ihnen die gebräuchlichsten Funktionen und Befehle in Form verschiedener Icons in einer Symbolleiste direkt unter der Titelzeile. Oft ist die Auswahl auf wenige Befehle beschränkt, um weniger versierte Anwender nicht zu verwirren. Um der Symbolleiste weitere Elemente hinzuzufügen, rufen Sie das Kontextmenü auf, während Sie in die Symbolleiste klicken.

▼ **Abbildung 2.16**
Die Symbolleiste der meisten Programme lässt sich vom Anwender individuell anpassen.

TIPP
Wenn lediglich vorhandene Elemente umgruppiert werden sollen, halten Sie die Taste ⌘ gedrückt, und ziehen Sie das Symbol an die gewünschte Stelle.

Der Punkt SYMBOLLEISTE ANPASSEN stellt Ihnen dann alle unterstützten Symbole zur Auswahl. Diese können Sie einfach in die Leiste hinein- oder aus ihr herausziehen, wobei Letzteres das Symbol aus der Leiste entfernt. Auch die Umgruppierung ist möglich. Wenn Sie ein Symbol rechtsbündig an den Rand stellen möchten – etwa das Icon zum Löschen –, stellen Sie zwischen dieses Symbol und seinen Nachbarn ein als FLEXIBLER ZWISCHENRAUM bezeichnetes Element. Dieses passt sich in seiner Breite dem Fenster an.

Mission Control, Monitore und der Vollbildmodus

Mission Control im Dock
In den Standardeinstellungen eines Benutzerkontos finden Sie auch das Programm Mission Control im Dock. Es ist auch im Ordner PROGRAMME vorhanden. Seine einzige Aufgabe besteht darin, die Mission Control genannte und in diesem Abschnitt besprochene Darstellung aufzurufen.

Die Aufgabe von Mission Control besteht darin, Ihnen einen schnellen Überblick über alle geöffneten Fenster zu bieten. Auch können Sie virtuelle Schreibtische in der Form von Arbeitsflächen erstellen, die Sie zur Gruppierung und Organisation Ihrer Fenster nutzen können.

Dabei interagiert Mission Control mit dem Vollbildmodus, den Ihnen viele Programme wie Mail und Safari zur Verfügung stellen. Mit mehr als einem Monitor arbeitet Mission Control aber auch unter OS X 10.8 eher schlecht zusammen.

Mehrere Monitore konfigurieren | Haben Sie mehr als einen Monitor an Ihren Rechner angeschlossen, dann können Sie diese in der Ansicht MONITOR der Systemeinstellungen arrangieren.

Abbildung 2.17 ▸
Im Reiter ANORDNEN arrangieren Sie die Monitore.

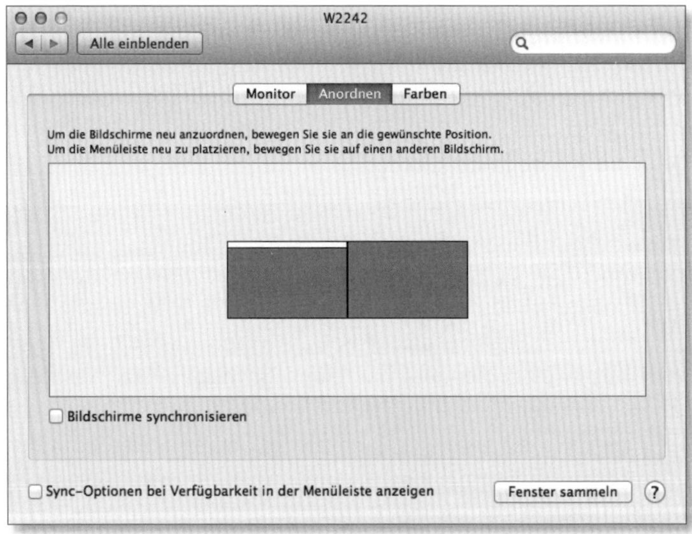

Im Reiter ANORDNEN finden Sie für jeden angeschlossenen Monitor ein blaues Rechteck. Welcher Monitor sich hinter welchem Rechteck verbirgt, finden Sie durch einen einfachen Mausklick heraus. Sowohl der Inhalt des Monitors als auch der des Rechtecks werden rot umrandet. Durch einfaches Ziehen mit der Maus platzieren Sie die Monitore. Dies kommt dann zum Tragen, wenn Sie ein Fenster an den Rand eines Monitors bewegen. Bei der in Abbildung 2.17 dargestellten Anordnung würde das Fenster in den rechten Bildschirm hinübergleiten, wenn es an den rechten Rand des linken Monitors gezogen würde.

Der kleine weiße Balken repräsentiert die Menüleiste und definiert zeitgleich den Hauptbildschirm. Durch einfaches Ziehen mit der Maus verschieben Sie die Menüleiste auf einen anderen Bildschirm.

Der Vollbildmodus | In Mail und Safari und anderen Programmen aktivieren Sie meistens über den Menüpunkt DARSTELLUNG • VOLLBILD EIN oder über das Icon mit den zwei Pfeilen rechts in der Titelleiste des Fensters die Darstellung über den gesamten Bildschirm hinweg. Haben Sie mehr als einen Monitor angeschlossen, dann wird der Hauptbildschirm verwendet. Andere Bildschirme erhalten lediglich eine graue Schattierung als Hintergrundbild. Es verschwinden alle Bedienelemente inklusive des Docks und der Menüleiste. Letztere erscheint, wenn Sie den Mauspfeil an den oberen Rand des Bildschirms bewegen. Sie finden hier auch ganz rechts ein blaues Icon, über das Sie diese Darstellung wieder abschalten können.

▲ **Abbildung 2.18**
Über das blaue Icon ganz rechts deaktivieren Sie die Darstellung als Vollbild.

Vollbild ein/aus

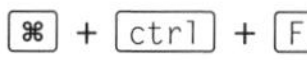

Mehrere Schreibtische | Genau genommen, wird bei der Vollbilddarstellung ein zusätzlicher virtueller Schreibtisch erstellt, der nur der Darstellung des Programms dient. Wenn Sie Mission Control über die Taste F3, das Icon im Dock oder den Kurzbefehl ctrl + ↑ aufrufen, dann erhalten Sie eine Übersicht über die virtuellen Schreibtische und die auf den Schreibtischen vorhandenen Fenster. Letztere werden anhand des Programms gruppiert.

Bewegen Sie den Mauspfeil an den rechten, manchmal auch linken oberen Bildschirmrand, dann wird ein Pluszeichen eingeblendet. Klicken Sie das Pluszeichen an, wird ein weiterer Schreibtisch eingeblendet. Um einen Schreibtisch zu löschen, halten Sie in der Darstellung Mission Control zunächst die Taste alt gedrückt. Es erscheint dann an der oberen linken Ecke der Schreibtischminiatur ein kleines umrandetes X. Klicken Sie dieses an, dann wird der Schreibtisch entfernt.

Zu einem Schreibtisch wechseln Sie, indem Sie ihn in der oberen Leiste einfach anklicken. Mit den Tastenkombinationen ctrl + → sowie ctrl + ← wechseln Sie zum jeweils nächstliegenden Schreibtisch.

TIPP
Alle in diesem Abschnitt besprochenen Funktionen können Sie in Zeitlupe aufrufen, wenn Sie die Taste ⇧ gedrückt halten. Der Effekt ist zwar vollkommen nutzlos, aber bisweilen hübsch anzusehen.

Zu Schreibtisch wechseln
alt + Mausklick

Benachbarter Schreibtisch
ctrl + ←/ctrl + →

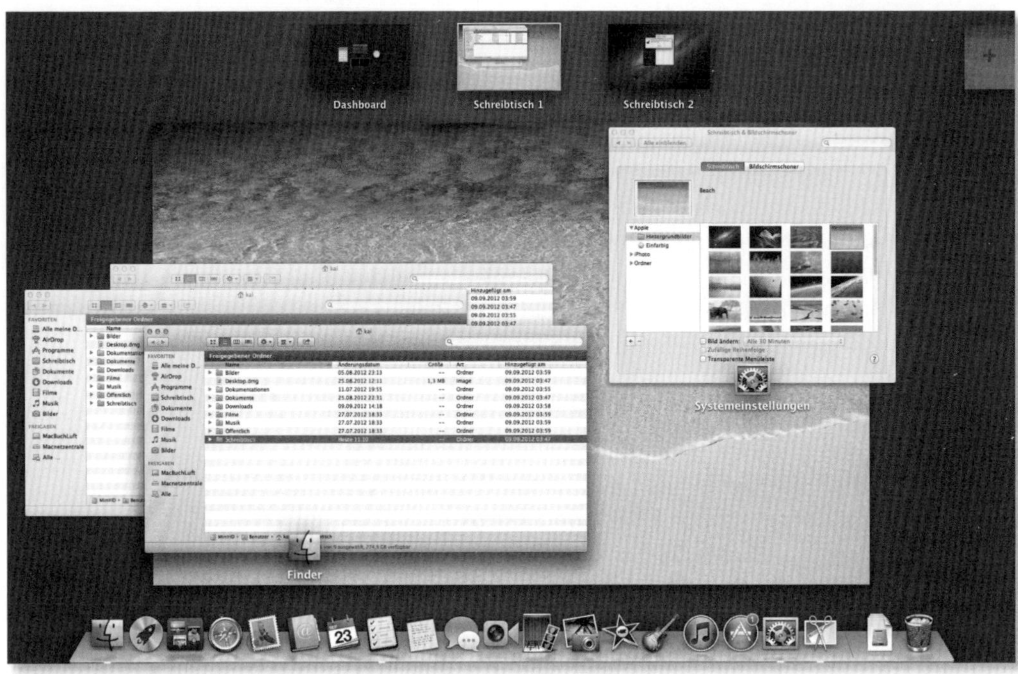

▲ **Abbildung 2.19**
Mission Control stellt die Schreibtische und Fenster übersichtlich dar.

▲ **Abbildung 2.20**
Ein Druck auf die Leertaste vergrößert das unter dem Mauspfeil befindliche Fenster.

Ein Fenster verschieben Sie auf einen anderen Schreibtisch, indem Sie es einfach vom Ursprungsort auf den neuen Schreibtisch ziehen. Ziehen Sie anstelle eines Fensters das Icon eines Programms, dann werden alle Fenster des Programms verschoben. Um zu einem Schreibtisch zu wechseln, dabei aber nicht die Darstellung von Mission Control zu verlassen, halten Sie die Taste [alt] gedrückt, wenn Sie die Miniatur eines Schreibtisches in der oberen Leiste anklicken.

Bewegen Sie den Mauspfeil über ein minimiertes Fenster, dann wird es blau umrandet. Durch Drücken der Leertaste vergrößern Sie das Fenster.

In den Systemeinstellungen von Mission Control finden Sie auch die Option FENSTER NACH PROGRAMM GRUPPIEREN. Deaktivieren Sie diese Option, dann werden alle geöffneten Fenster beim Aufruf von Mission Control einzeln dargestellt.

TIPP
Für jeden Schreibtisch können Sie ein individuelles Hintergrundbild definieren. Wechseln Sie zu dem betreffenden Schreibtisch, und geben Sie dann in den Systemeinstellungen in der Ansicht SCHREIBTISCH & BILDSCHIRMSCHONER das als Hintergrund zu nutzende Bild vor.

Fenster eines Programms | Rufen Sie Mission Control mit der Tastenkombination [ctrl] + [↓] auf, dann erhalten Sie die Übersicht über alle geöffneten Fenster des im Vordergrund befindlichen Programms. Zusätzlich werden Ihnen unten die zuletzt in dem Programm geöffneten Dateien aufgeführt. Sie können diese Darstellung auch durch den Kurzbefehl [ctrl] + [F3] aufrufen.

Fenster eines Programms
[ctrl] + [↓]/[ctrl] + [F3]

Schreibtisch anzeigen | Mit der Tastenkombination [⌘] + [F3] blenden Sie alle Fenster aus, und es erscheint der von den Fenstern überdeckte Desktop.

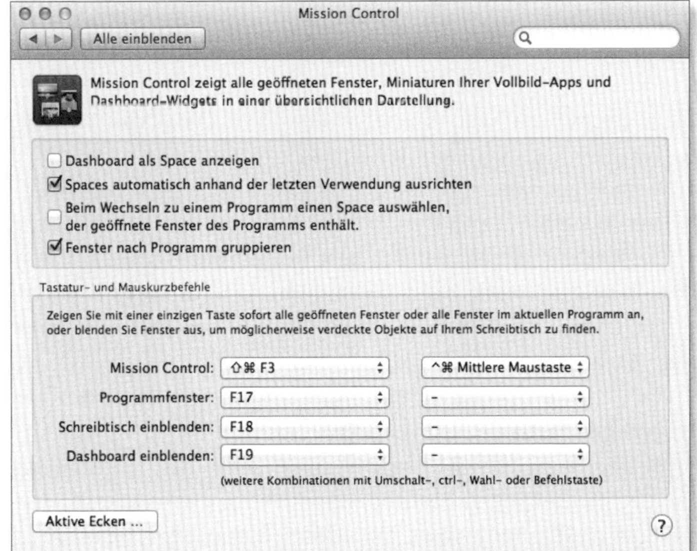

◂ **Abbildung 2.21**
In den Systemeinstellungen lassen sich auch individuelle Tastenkombinationen vorgeben.

TIPP

Wenn Sie andere Tastenkombinationen für den Aufruf von Mission Control vergeben möchten, dann halten Sie hierfür die Tasten [⌘], [alt], [ctrl] und [⇧] gedrückt, wenn Sie in dem Ausklappmenü eine Taste auswählen.

Mission Control konfigurieren | In den Systemeinstellungen konfigurieren Sie Mission Control in der gleichnamigen Ansicht. Zunächst finden Sie hier die Option, das in Abschnitt 2.8 beschriebene Dashboard als Space, also als Schreibtisch, darzustellen. Die Option SPACES AUTOMATISCH ANHAND DER LETZTEN VERWENDUNG AUSRICHTEN führt zu einem etwas willkürlichen Verhalten bezüglich der Reihenfolge der erstellten virtuellen Schreibtische. Das System versucht anhand nicht wirklich verständlicher Kriterien, die Reihenfolge der Schreibtische gemäß Ihrer Arbeitsweise zu bestimmen. In der Regel führt dies dazu, dass die Reihenfolge der Schreibtische durcheinanderkommt und Sie nicht mehr wissen, welcher Schreibtisch sich neben dem gerade aktuellen befindet. Es ist eher empfehlenswert, auf diese Funktion zu verzichten.

Abbildung 2.22 ▸
Über die Schaltfläche AKTIVE ECKEN aktivieren Sie Mission Control, wenn sich der Mauspfeil zum Beispiel in der linken oberen Bildschirmecke befindet.

Die Option BEIM WECHSEL ZU EINEM PROGRAMM EINEN SPACE AUSWÄHLEN, DER GEÖFFNETE FENSTER DES PROGRAMMS ENTHÄLT führt oft dazu, dass Ihnen die Schreibtische regelrecht entgleiten. Wechseln Sie zum Beispiel mittels [⌘] + [⇥] oder über das Dock in den Finder und befindet sich kein Fenster des Finders auf dem aktuellen Schreibtisch, dann wird automatisch der nächstliegende eingeblendet, auf dem sich ein solches Fenster befindet. Auch diese Option ist eher unpraktisch.

Programme festlegen | Um ein Programm an einen Schreibtisch zu binden, wechseln Sie zuerst zu dem Schreibtisch. Sie finden dann im Kontextmenü des Docks den Eintrag OPTIONEN; wählen Sie dort die Option DIESER SCHREIBTISCH aus. Die Option ALLE SCHREIBTISCHE sorgt dafür, dass die Fenster des Programms auf allen eingerichteten Schreibtischen angezeigt werden. Nützlich ist dies zum Beispiel beim Finder, weil Sie auf diese Weise immer direkten Zugang zu Ihren Dateien haben.

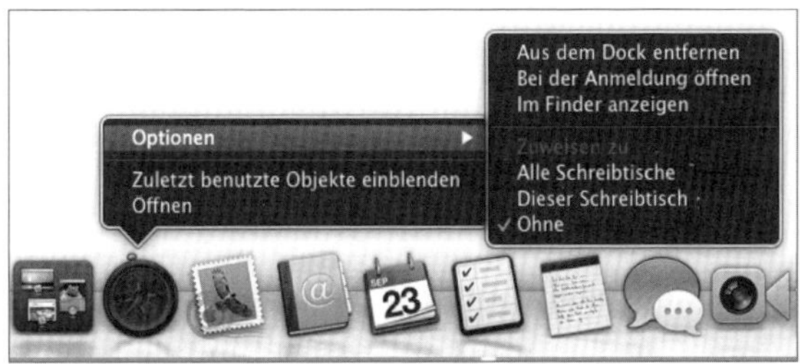

◀ **Abbildung 2.23**
Über den Eintrag OPTIONEN weisen Sie ein Programm einem bestimmten Schreibtisch zu.

▲ **Abbildung 2.24**
Minimierte Fenster werden im Kontextmenü des Docks mit einer Raute gekennzeichnet.

Drag & Drop | Mission Control unterstützt mit Einschränkungen auch Drag & Drop. Ziehen Sie im Finder eine Datei, und halten Sie dabei die Maustaste gedrückt, wenn Sie Mission Control aufrufen, dann verbleibt die Datei am Mauspfeil und kann in ein geöffnetes Fenster gezogen werden. Hier ist die über die Leertaste aufzurufende Vergrößerung praktisch, um das gesuchte Fenster zu finden. Sie können auch den Mauspfeil auf eine Miniatur im oberen Bereich bewegen und die Taste alt drücken. Es wird jetzt zu diesem Schreibtisch gewechselt, und die Datei bleibt immer noch am Mauspfeil. Halten Sie dabei die Maustaste die ganze Zeit gedrückt.

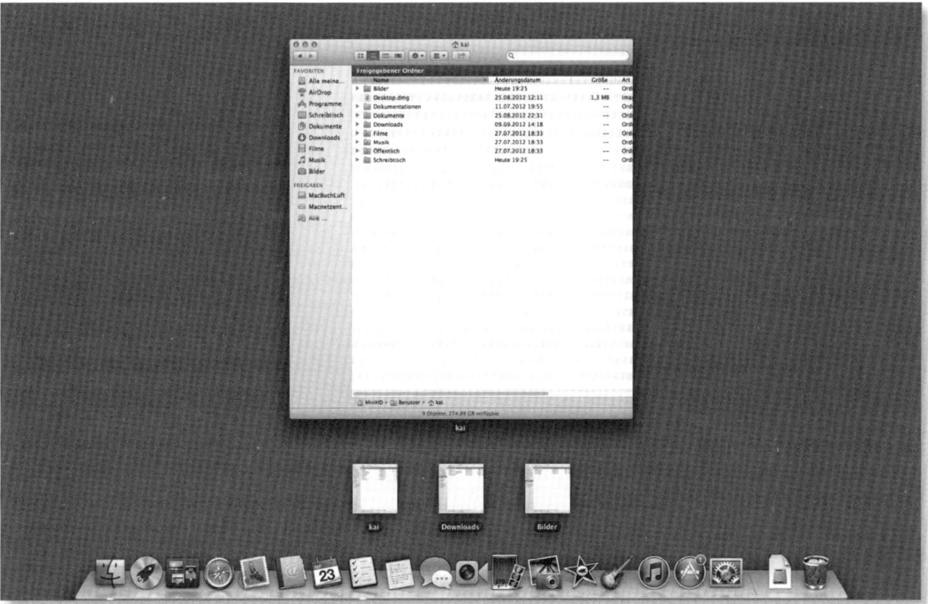

▲ **Abbildung 2.25**
Die hinter dem Programmsymbol im Dock abgelegten Fenster werden unten verkleinert dargestellt.

Fenster im Dock | Diese Funktion hätte auch im Zusammenhang mit dem Dock angesprochen werden können, weil sie sowohl auf dem Dock als auch auf Mission Control basiert. Sie finden in der Ansicht DOCK der Systemeinstellungen die Option FENSTER HINTER PROGRAMMSYMBOL IM DOCK ABLEGEN. Aktivieren Sie diese Option, dann werden die Fenster über die Tastenkombination [⌘] + [M] oder das Schließ-Gadget mit dem Minuszeichen hinter dem Icon des Programms abgelegt. Sie können dann mit [ctrl] + [F3] die Übersicht der Fenster des aktiven Programms aufrufen. Alternativ können Sie auch bei einem Klick auf das Icon eines Programms im Dock die linke Maustaste etwas länger gedrückt halten, und so die Übersicht der geöffneten Fenster aufrufen. Die im Dock abgelegten Fenster erscheinen dann etwas kleiner unten.

Hinweis
Die Tastenkombination [ctrl] + Zahl für die direkte Anwahl eines Schreibtisches funktioniert manchmal nicht. Arbeiten Sie mit einer großen Tastatur, dann sind die Tasten des Ziffernblocks hier die erste Wahl.

Tastaturkurzbefehle | Während Sie in der Ansicht MISSION CONTROL der Systemeinstellungen bereits die grundlegenden Tastenkombinationen vorgeben können, bietet Ihnen die Ansicht TASTATUR im Reiter TASTATURKURZBEFEHLE weitere Möglichkeiten. Hier definieren Sie Kurzbefehle sowohl für die Wechsel zu einem benachbarten Schreibtisch als auch für die direkte Anwahl eines Schreibtisches. Um einen neuen Kurzbefehl vorzugeben, doppelklicken Sie auf die bereits vorhandene Tastenkombination. Sie wird anschließend durch die Tasten ersetzt, die Sie nun drücken. Sollte noch kein Tastenkürzel wie bei der Einblendung der Mitteilungszentrale vergeben worden sein, dann können Sie das graue Wort OHNE anklicken und ein Kürzel vergeben.

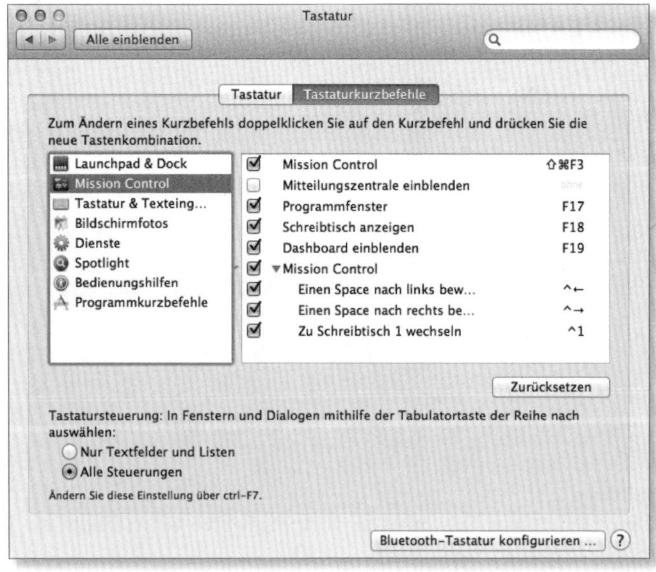

Abbildung 2.26 ▸
Über die Ansicht TASTATUR der Systemeinstellungen können Sie auch einen Kurzbefehl für die direkte Anwahl eines Schreibtisches definieren.

Zwischen Anwendungen wechseln | Keine wirkliche Funktion von Mission Control, aber dennoch ungemein praktisch ist der Wechsel zwischen geöffneten Programmen mit dem Kurzbefehl [⌘] + [⇥]. Halten Sie die Taste [⌘] gedrückt, dann bleibt die Leiste aus Abbildung 2.27 im Vordergrund, und Sie können mit [⌘] + [⇥] sowie [⌘] + [⇧] + [⇥] zwischen den aktiven Programmen auswählen.

◂ **Abbildung 2.27**
Mit dem Kurzbefehl [⌘] + [⇥] wechseln Sie zwischen geöffneten Programmen.

▴ **Abbildung 2.28**
Drücken Sie die Taste (ALT), dann erscheint das Icon zur Deinstallation eines im App Store erworbenen Programms.

Haben Sie ein Programm ausgewählt, während Sie weiterhin die Taste [⌘] gedrückt halten, können Sie es mit [⌘] + [H] ausblenden. Mit [⌘] + [Q] können Sie das Programm direkt aus der Übersicht beenden, sofern in ihm keine ungesicherten Dokumente offen sind.

Das Launchpad

Das *Launchpad* ähnelt der Oberfläche des iPhones und sammelt zunächst alle installierten Programme. Aktivieren Sie das Launchpad mit einem Klick auf das Programmsymbol im Dock, dann wird Ihre normale Arbeitsumgebung ausgeblendet und von der Sammlung der Programme überlagert. Ein Programm starten Sie mit einem einfachen Mausklick.

▾ **Abbildung 2.29**
Das Launchpad ermöglicht den Zugriff auf alle installierten Programme.

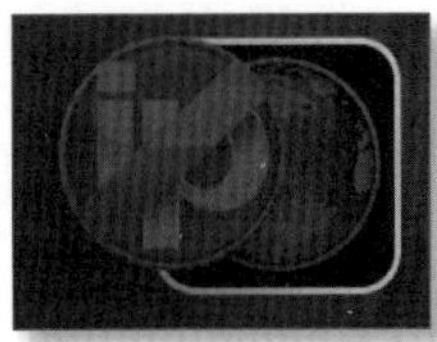

▲ **Abbildung 2.30**
Legen Sie Icons aufeinander, dann entsteht ein neuer Ordner.

Launchpad organisieren | Die Anordnung der gefundenen Programme auf dem Launchpad ist zunächst etwas unübersichtlich. Sie können, wie auch auf dem iPhone, einen Ordner erstellen, indem Sie ein Icon auf ein anderes ziehen. Dazu halten Sie zu Beginn des Vorgangs die Maustaste so lange gedrückt, bis die Icons auf dem Launchpad anfangen zu wackeln. Anschließend können Sie die Icons frei arrangieren. Um einen Ordner umzubenennen, klappen Sie ihn einfach auf und doppelklicken auf seinen Namen. Auch das Launchpad bietet Ihnen mehrere virtuelle Schreibtische. Indem Sie ein Icon an den rechten oder linken Rand des Bildschirms ziehen, wird es auf den nächstliegenden Schreibtisch bewegt. Wie viele dieser Schreibtische existieren, erkennen Sie an den kleinen weißen Punkten, die sich etwas oberhalb des Docks befinden. Mit den Tastenkombinationen [⌘] + [→] sowie [⌘] + [←] können Sie zwischen den Ansichten direkt wechseln.

Abbildung 2.31 ▶
Einen Ordner können Sie nach einem Doppelklick auf seine Bezeichnung umbenennen.

Im Launchpad finden Sie oben ein Textfeld. Geben Sie hier eine Zeichenkette ein, dann wird die Anzeige auf die Programme begrenzt, die der Eingabe entsprechen. Auf diese Weise können Sie ähnlich wie mit Spotlight schnell und gezielt ein Programm starten, das sich nicht im Dock befindet. Darüber hinaus können Sie mit den Pfeiltasten die Auswahl verschieben, und so über die Tastatur direkt ein Programm starten.

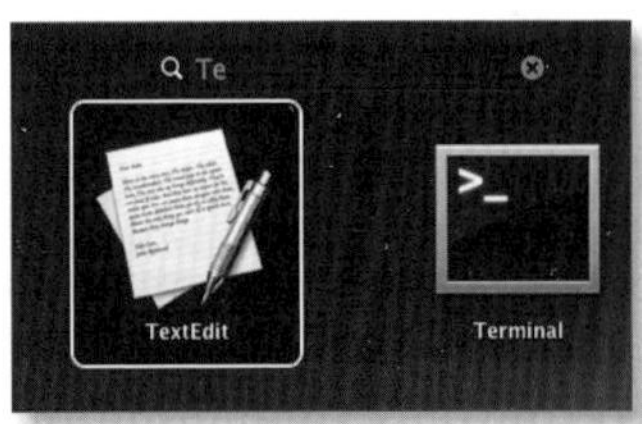

▲ **Abbildung 2.32**
Das Launchpad verfügt über eine Suchfunktion.

Abbildung 2.33 ▶
Zum Aufruf des Launchpads können Sie einen Kurzbefehl nutzen.

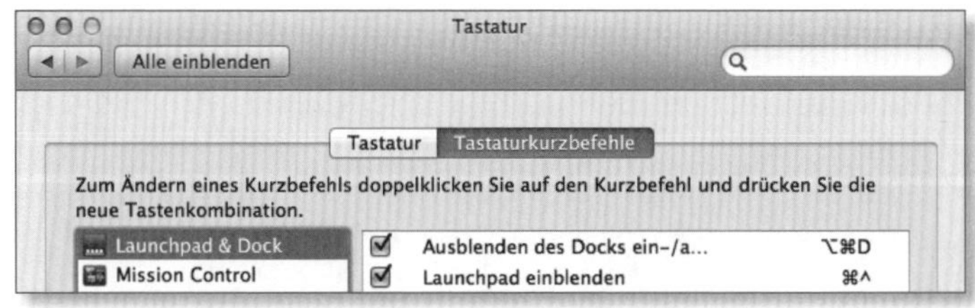

Weisen Sie Launchpad in den Systemeinstellungen in der Ansicht TASTATUR einen Kurzbefehl zu, dann können Sie durch Druck zum Beispiel von [⌘] + [^] das Launchpad anstelle des Docks aufrufen. Nutzen Sie dann die Eingabe einer Zeichenkette oder die Pfeiltasten, um ein gesuchtes Programm mittels [↵] direkt zu starten.

2.3 Wiederherstellen und Versionen

OS X 10.8 offeriert zwei weitere Funktionen, die deutlich von der Funktionsweise von iOS inspiriert wurden. Mittels Resume werden die Fenster eines Programms beim Beenden gespeichert und stehen später erneut zur Verfügung. Das automatische Sichern speichert ohne Ihr Zutun die Änderungen eines Dokuments und ermöglicht es Ihnen, auf bereits gesicherte Versionen der Datei zurückzugreifen.

☐ Fragen, ob Änderungen beim Schließen von Dokumenten beibehalten werden sollen
☑ Fenster beim Beenden eines Programms schließen
Wenn ausgewählt, werden geöffnete Dokumente und Fenster beim erneuten Öffnen eines Programms nicht wiederhergestellt

◂ **Abbildung 2.33**
Das automatische Speichern der Fenster schalten Sie in den Systemeinstellungen in der Ansicht ALLGEMEIN ab.

Fenster wiederherstellen

In den Systemeinstellungen finden Sie in der Ansicht ALLGEMEIN die Option FENSTER BEIM BEENDEN EINES PROGRAMMS SCHLIESSEN. Wenn diese Option nicht aktiviert ist, dann werden die beim Beenden eines Programms geöffneten Fenster beim nächsten Start wiederhergestellt. Im Ordner ~/LIBRARY/SAVED APPLICATION STATE werden die aktuelle Position und der Inhalt Ihrer Fenster gespeichert.

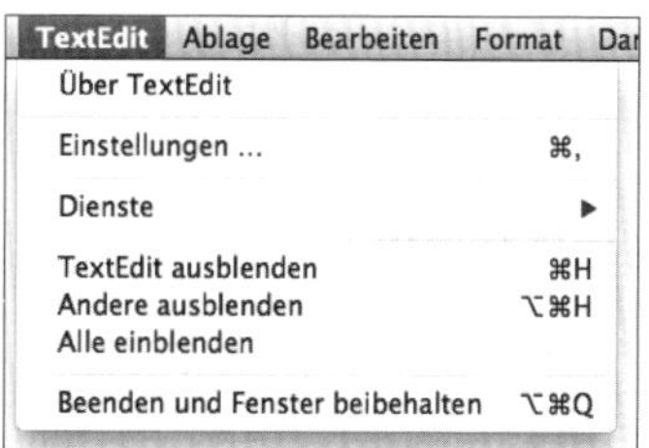

▴ **Abbildung 2.34**
Mit der Taste [alt] (de-)aktivieren Sie das Speichern der Fenster für einen Vorgang.

Die Funktionalität bezieht sich dabei nicht nur auf Programme, sondern auf Ihre gesamte Arbeitssitzung. Wenn Sie sich vom System abmelden oder es herunterfahren, dann steht Ihnen in der Rückfrage auch die Option BEIM NÄCHSTEN ANMELDEN ALLE FENSTER WIEDER ÖFFNEN zur Verfügung. Aktivieren Sie diese, dann können Sie nach der nächsten Anmeldung Ihre Arbeitssitzung fortsetzen. Alle Programme und Fenster werden wiederhergestellt.

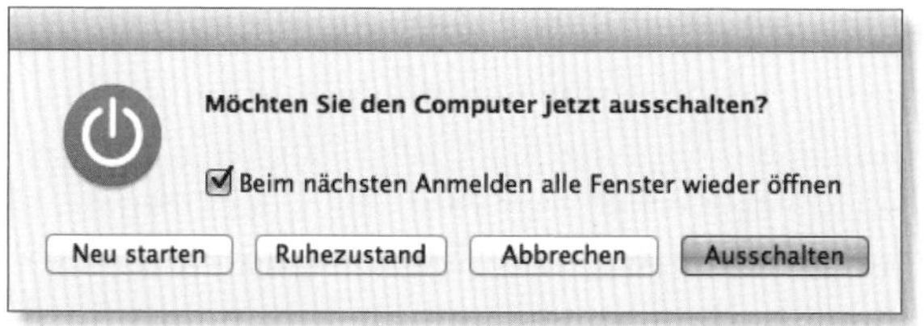

◂ **Abbildung 2.35**
Der Status der Programme kann beim Abmelden gespeichert werden.

In diesem Zusammenhang kommt den Tasten [⇧] und [alt] besondere Bedeutung zu. Halten Sie die Taste [⇧] gedrückt, wenn Sie ein Programm über das Dock oder im Finder starten, dann wird der gespeicherte Status der Fenster ignoriert.

Halten Sie die Taste [alt] gedrückt, dann wird die Funktionsweise umgekehrt. Wenn Sie die Wiederherstellung der Fenster abgeschaltet haben, dann können Sie diese über [⌘] + [alt] + [Q] anstelle von [⌘] + [Q] speichern. Nutzen Sie das automatische Speichern und beenden Sie ein Programm über [⌘] + [alt] + [Q], dann werden die Fenster nicht gespeichert.

Versionsverwaltungen
Die Arbeitsweise der automatischen Speicherung ähnelt in einigen Punkten den Versionsverwaltungen, wie sie von Entwicklern eingesetzt werden. Systeme wie Git, Mercurial oder Subversion haben die Aufgabe, Änderungen und Bearbeitungen eines Quellcodes zu verzeichnen, zu verwalten und nachvollziehbar darzustellen.

Automatisch sichern

OS X 10.8 versucht, Ihnen bei der Arbeit mit Dateien etwas zur Seite zu stehen, indem das System Dateien bei Änderungen automatisch im Hintergrund sichert und dabei eine neue Version erstellt. Diese Funktion steht Ihnen unter anderem in iWork und einigen Programmen des Systems wie der Vorschau und TextEdit zur Verfügung. Entwickler müssen, um diese Funktion zu implementieren, ihre Programme anpassen.

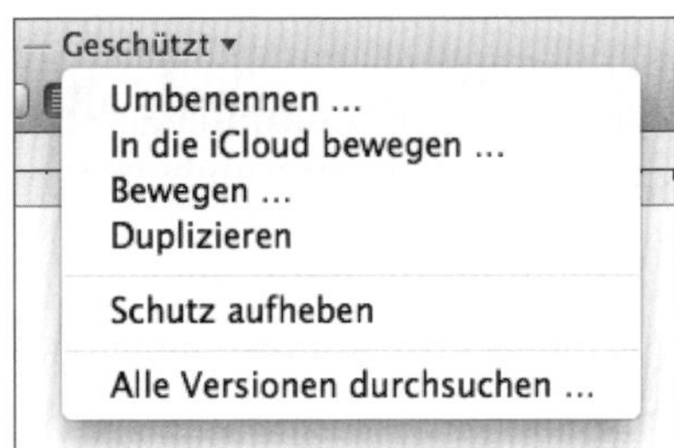

Abbildung 2.36 ▶
Über die Titelleiste eines Dokuments können Sie den Schutz aufheben.

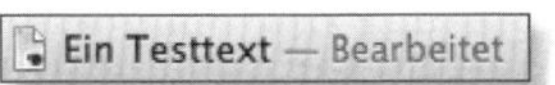

▲ **Abbildung 2.37**
Liegen ungesicherte Änderungen vor, dann erscheint der Hinweis BEARBEITET in der Titelleiste.

Wird die Versionierung unterstützt, dann finden Sie in der Titelleiste eines Dokuments rechts neben dem Namen die Angabe BEARBEITET, wenn ungesicherte Änderungen vorliegen, oder GESCHÜTZT, wenn Änderungen nicht möglich sind. Platzieren Sie den Mauspfeil über dem Schriftzug, dann erscheint ein Pfeil nach unten, über den Sie ein Menü einblenden. Wenn kein Schriftzug angezeigt wird, platzieren Sie den Mauspfeil rechts neben dem Namen des Dokuments, um das Menü zu erreichen.

Versionen durchsuchen | Bei Programmen, die die automatische Sicherung unterstützen, finden Sie den Menüpunkt ABLAGE • ZURÜCKSETZEN AUF. In diesem Untermenü wird Ihnen je nach Konfiguration eine Liste der verfügbaren Versionen eines Dokuments angezeigt. Über den Punkt ALLE VERSIONEN DURCHSUCHEN öffnen Sie eine von Time Machine entlehnte Darstellung, in der Sie in chronologischer Reihenfolge die gesicherten Versionen durchsuchen können. Berücksichtigt werden hier zum Teil auch die in der Time Machine gesicherten Versionen. Stellen Sie fest, dass Ihnen eine alte gespeicherte Version besser gefällt, dann können Sie diese über die Schaltfläche WIEDERHERSTELLEN rekonstruieren.

▼ **Abbildung 2.38**
Die verschiedenen Versionen einer Datei können Sie in einer Time-Machine-ähnlichen Darstellung durchsuchen.

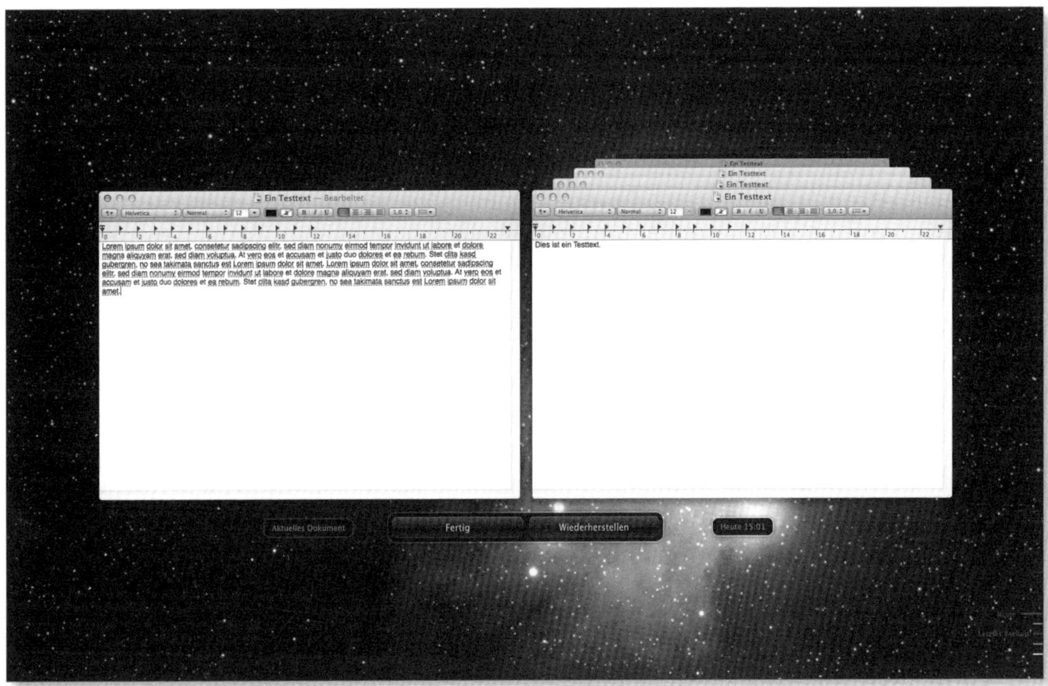

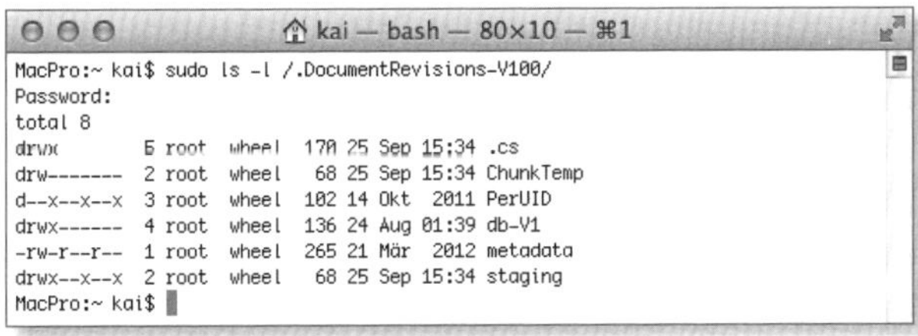

```
kai — bash — 80×10 — ⌘1
MacPro:~ kai$ sudo ls -l /.DocumentRevisions-V100/
Password:
total 8
drwx         5 root  wheel  170 25 Sep 15:34 .cs
drw-------   2 root  wheel   68 25 Sep 15:34 ChunkTemp
d--x--x--x   3 root  wheel  102 14 Okt  2011 PerUID
drwx------   4 root  wheel  136 24 Aug 01:39 db-V1
-rw-r--r--   1 root  wheel  265 21 Mär  2012 metadata
drwx--x--x   2 root  wheel   68 25 Sep 15:34 staging
MacPro:~ kai$ ▌
```

◄ **Abbildung 2.39**
Die Versionen werden im Verzeichnis /.DOCUMENTREVISIONS-V100 gespeichert.

»Duplizieren« und »Sichern unter« | In den meisten aktuellen Programmen finden Sie nun die Funktion ABLAGE • DUPLIZIEREN. Über diese öffnen Sie das im Vordergrund befindliche Dokument ein zweites Mal. Der Name der neuen Version wird mit dem Zusatz *Kopie* versehen und kann von Ihnen direkt in der Kopfleiste des Fensters bearbeitet werden. Diese Kopie können Sie dann über ABLAGE • SICHERN speichern.

Mit OS X 10.8.2 wurde die Ihnen wahrscheinlich schon bekannte Funktion SICHERN UNTER wieder eingeführt und im Vergleich zu den Vorgängerversionen korrigiert. Halten Sie die Taste

Ein kleines Ärgernis
Unter OS X 10.7 war die Funktion SICHERN UNTER in vielen Programmen nicht mehr vorhanden und von Apple auch nicht mehr vorgesehen. Bis zum Erscheinen von OS X 10.8.2 war die Funktion ein wenig problematisch, weil immer erst das Original gesichert, und dann ein Duplikat dieser Sicherung erzeugt wurde.

[alt] gedrückt, während Sie das Menü ABLAGE aufrufen, dann ändert sich der Eintrag DUPLIZIEREN in SICHERN UNTER. Sie können auch den Kurzbefehl [⌘] + [alt] + [⇧] + [S] nutzen. Wenn die Datei geändert wurde, Sie also in der Kopfzeile den Hinweis BEARBEITET sehen, dann finden Sie im Dialog zum Speichern der Datei die Option ÄNDERUNGEN IM ORIGINALDOKUMENT BEHALTEN. Ist diese Option aktiviert, dann werden erst die Änderungen in der Ausgangsdatei und dann das Duplikat gespeichert. Haben Sie die Option abgewählt, dann bleibt das Original in dem Zustand, in dem es zuletzt gesichert wurde, und die Änderungen werden lediglich in der neuen Datei gespeichert. Letzteres entspricht dem Verhalten, das Ihnen von Mac OS X 10.6 oder auch Windows schon bekannt sein mag.

Abschließende Anmerkungen

Große Dateien
Die Versionierung ist insbesondere bei sehr großen Dateien problematisch. Arbeiten Sie beispielsweise in Keynote mit einer Datei, die um die 100 MB groß ist, dann kann die Erstellung einer neuen Version etwas Zeit in Anspruch nehmen. Hier wäre es dann fast schon sinnvoll, seltener zu speichern, um der Versionsverwaltung die Chance zu geben, die vorgenommenen Änderungen in das System einzupflegen. Sie werden nicht umhinkommen, die Time Machine zum Backup zu verwenden.

Die automatische Wiederherstellung der Fenster kann sich als problematisch erweisen, wenn Sie mit Ihrem Rechner Präsentationen vortragen oder auch einmal mit einem Kollegen vor demselben Bildschirm arbeiten. Dabei muss es sich nicht zwingend um illegale oder anzügliche Peinlichkeiten handeln, die auf dem Bildschirm wiederhergestellt werden. Es führt bisweilen einfach zu dummen Situationen, wenn auf einmal etwas rekonstruiert wird, was Sie nicht mit anderen Menschen teilen möchten.

2.4 Die Menüleiste und ihre Extras

In der Menüzeile oben rechts finden sich die von Apple unter dem Begriff EXTRAS zusammengefassten Erweiterungen. Dazu können unter anderem die Uhr, der Status der WLAN- und Internetverbindung oder der schnelle Benutzerwechsel gehören. Sie finden in den jeweiligen Systemeinstellungen die entsprechenden Option … IN DER MENÜLEISTE ANZEIGEN.

Bei den angezeigten Objekten handelt es sich um Dateien, deren Namen auf die Erweiterung *.menu* enden. Sie finden die Extras, die das System in der Standardinstallation mitbringt, im Verzeichnis /SYSTEM/LIBRARY/CORESERVICES/MENU EXTRAS.

Abbildung 2.40 ▸
Mit gedrückter Taste [⌘] arrangieren Sie die Extras der Menüleiste.

Extras arrangieren | Halten Sie die [⌘]-Taste gedrückt, können Sie die Extras mit Ausnahme der Lupe von Spotlight und der Mitteilungszentrale in die gewünschte Reihenfolge bringen. Ziehen

Sie auf diese Weise ein Element aus der Menüleiste, dann verpufft es wie auch ein Objekt, das Sie aus dem Dock ziehen. Dabei gibt es zwei Einschränkungen: Die Lupe von Spotlight und die Mitteilungszentrale bleiben immer in der rechten Ecke, und einige Extras von Drittherstellern stehen immer am linken Rand.

Tasten und Menüs | Die Menüs, über die Sie Funktionen des Programms aktivieren können, lassen sich kaum anpassen. Es ist aber möglich, eigene Tastenkombinationen in der Ansicht TASTATUR der Systemeinstellungen (siehe Abschnitt 2.7) zu vergeben. Darüber hinaus können Sie die Tasten [alt] oder [⌘] gedrückt halten, wenn Sie ein Menü aufrufen. Beim Eintrag BENUTZTE OBJEKTE im Apfel-Menü steht Ihnen bei gedrückt gehaltener Taste [⌘] die Möglichkeit zur Verfügung, sich die benutze Datei oder das benutzte Programm im Finder anzeigen zu lassen. Würden Sie die Taste [alt] gedrückt halten, wenn Sie das Apfel-Menü einblenden, dann würde sich der Punkt ÜBER DIESEN MAC in SYSTEMINFORMATIONEN ändern und zum Start des gleichnamigen Programms führen. Ob und welche Menüpunkte sich ändern, müssen Sie einfach ausprobieren; es ist von Programm zu Programm unterschiedlich.

◄ **Abbildung 2.41**
Drücken Sie die Tasten [alt] oder [⌘], dann stehen andere Menüpunkte zur Verfügung.

2.5 Die Mitteilungszentrale

Neu in OS X 10.8 ist die Mitteilungszentrale. Ihre Aufgabe besteht darin, dass Sie bei Ereignissen wie dem Eingang einer neuen E-Mail einen Hinweis erhalten. Ob ein Programm Ihnen Mitteilungen senden kann, hängt davon ab, ob die Funktion von den Entwicklern integriert wurde. Außerdem können nur die Programme Zugang zur Mitteilungszentrale erhalten, die über den App Store erworben wurden.

Growl
Bei der Entwicklung der Mitteilungszentrale stand möglicherweise das Growl-Projekt Pate. Die aktuelle Version ist im App Store verfügbar. Growl wird von vielen Programmen unterstützt, die selbst nicht im App Store vertreten sind, und bietet noch eine Reihe weiterer Funktionen.

Über das Icon ganz rechts oben in der Menüleiste können Sie die Mitteilungszentrale einblenden. Sie erhalten hier eine Übersicht der aktuellen Ereignisse. Wenn Sie ein aufgeführtes Ereignis anklicken, dann werden Sie zu der zugehörigen Ansicht in dem jeweiligen Programm geleitet. Bei einer Mitteilung, die durch den Kalender ausgelöst wurde, gelangen Sie zum entsprechenden Zeitpunkt.

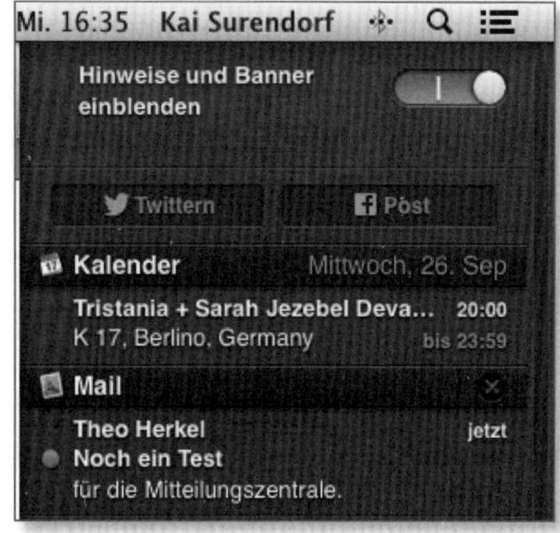

Abbildung 2.42 ► Die Mitteilungszentrale befindet sich am rechten Bildschirmrand.

Um Mitteilungen kurzfristig zu deaktivieren, können Sie in der rechten Spalte nach oben scrollen. Sie finden dort die Option Hinweise und Banner einblenden. Wenn Sie diese deaktivieren, dann erscheinen vorerst keine Mitteilungen mehr. Die Mitteilungszentrale aktiviert sich automatisch am nächsten Tag. Zum Deaktivieren können Sie auch die Taste [alt] gedrückt halten und das Icon oben rechts anklicken. Es wird dann transparent, und die Mitteilungen sind deaktiviert.

Abbildung 2.43 ► Die Sortierung der Nachrichten können Sie in den Systemeinstellungen einstellen.

In den Systemeinstellungen können Sie in der Ansicht MITTEILUNGEN zunächst einstellen, welche Programme Ihnen überhaupt Mitteilungen senden dürfen. Die linke Spalte teilt sich in zwei Bereiche. Oben finden Sie die Programme, die Mitteilungen senden dürfen, unten diejenigen, denen es verboten wurde. Sie können ein Programm entweder in eine andere Kategorie verschieben oder die Option IN MITTEILUNGSZENTRALE ANZEIGEN (de-)aktivieren, um die Einstellungen zu ändern. Wie viele Nachrichten eines Programms in der rechten Spalte angezeigt werden, können Sie über das Ausklappmenü BENUTZTE OBJEKTE vorgeben. Sie können hier 1 BENUTZTES OBJEKT auswählen, um sich jeweils das letzte Ereignis anzeigen zu lassen. Die Option KENNZEICHEN FÜR APP-SYMBOL wäre mit Meldungen im Dock-Symbol besser beschrieben. Liegen Mitteilungen bei einem Programm vor, dann werden diese im Dock und im Launchpad angezeigt.

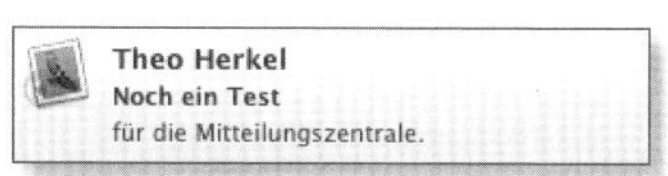

▲ **Abbildung 2.44**
Ein Banner kann durch einen Mausklick sofort ausgeblendet werden.

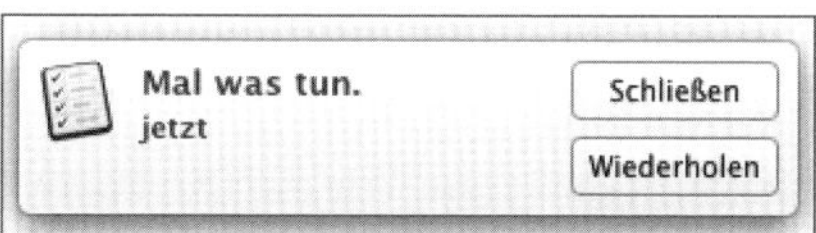

◄ **Abbildung 2.45**
Ein Hinweis bleibt bestehen und bietet zwei Schaltflächen.

Neben der Liste der Mitteilungen am rechten Bildschirmrand können Sie sich die Mitteilungen auch als explizite Hinweise anzeigen lassen. Wählen Sie hier die Option BANNER, dann erscheint der Hinweis am rechten Bildschirm in einem kleinen Fenster. Ein Mausklick auf das Fenster lässt es verschwinden. Lassen Sie sich die Nachrichten als HINWEISE anzeigen, dann bleibt der Hinweis bestehen und offeriert Ihnen die Option SCHLIESSEN. Sie finden hier auch noch eine zweite Schaltfläche. Bei einer Erinnerung heißt diese WIEDERHOLEN, bei einem anderen Programm kann sie auch DETAILS heißen. Die Option OHNE sorgt dafür, dass Mitteilungen nur in der Mitteilungszentrale selbst erscheinen.

Weniger ist mehr | Wie intensiv Sie die Mitteilungszentrale nutzen, hängt wahrscheinlich von den Arbeiten ab, die Sie am Rechner verrichten. Bekommen Sie nur wenige E-Mails, dann kann der automatische Hinweis von Mail nützlich sein, um auf eine eingehende Mail schnell zu reagieren. Auch die Hinweise bei anstehenden Terminen und Ereignissen helfen selbstverständlich bei der Pünktlichkeit. Umgekehrt können zu viele Hinweise, Nachrichten und Töne auch schnell zu einer kognitiven Überforderung führen. Diese hat zur Konsequenz, dass Mitteilungen als solche ignoriert werden – und damit zum Beispiel auch die Hinweise auf eine wichtige Sitzung.

2.6 »Bereitstellen« und soziale Netzwerke

▲ **Abbildung 2.46**
Die Schaltfläche BEREITSTELLEN findet sich an vielen Stellen des Betriebssystems.

OS X 10.8 bietet Ihnen die Möglichkeit, Ihre Dateien im Internet bereitzustellen. Sie finden im Betriebssystem an vielen Stellen die Schaltfläche BEREITSTELLEN. Diese steht Ihnen zum Beispiel im Finder zur Verfügung, aber auch im QuickTime-Player und in Safari. Wenn Sie ein Objekt wie eine Datei ausgewählt haben, dann erhalten Sie über die Schaltfläche ein kleines Menü. Abhängig vom Dateityp stehen Ihnen dann unterschiedliche Kommunikationswege zur Verfügung, um die Datei zu kommunizieren. Sie kann auf jeden Fall an eine E-Mail oder Nachricht angehängt werden. Bei einer Bilddatei können Sie diese auch über Flickr, Facebook oder Twitter kommunizieren, sofern Sie über ein Benutzerkonto bei einem dieser Dienste verfügen.

Twitter

OS X 10.8 bietet von Haus aus Unterstützung für den Kurznachrichtendienst Twitter. In den Systemeinstellungen können Sie in der Ansicht MAIL, KONTAKTE & KALENDER ein neues Konto vom Typ TWITTER erstellen. Geben Sie hier den Namen Ihres Benutzerkontos und Ihr Passwort ein, dann können Sie eine ausgewählte Bilddatei über die Funktion BEREITSTELLEN direkt auf Twitter publizieren. In der Mitteilungszentrale finden Sie oben eine Schaltfläche TWITTERN. Klicken Sie diese an, dann können Sie direkt aus der Mitteilungszentrale heraus einen Tweet erstellen und abschicken.

Abbildung 2.47 ▶
Eine Bilddatei kann direkt aus dem Finder heraus getwittert werden.

In den Einstellungen der Mitteilungszentrale können Sie auch auswählen, ob Sie sich über Antworten und Erwähnungen auf Twitter informieren lassen möchten.

Facebook

Die mit OS X 10.8 hinzugekommene Integration von Facebook ist ähnlich unspektakulär wie die Twitter-Integration. Ebenfalls in der

Ansicht MAIL, KONTAKTE & KALENDER können Sie ein Facebook-Konto hinzufügen. Auch hier können Sie dann über die Schaltfläche BEREITSTELLEN Fotos und Filme auf Facebook publizieren. Ebenso finden Sie in der Mitteilungszentrale oben eine Schaltfläche mit dem Logo von Facebook. Wenn Sie eine neue Nachricht für Facebook erstellen, dann können Sie zusätzlich noch die Zielgruppe über das kleine Menü oben links auswählen.

Datenschutz
Es ist auch möglich, die Kontakte mit Facebook abzugleichen und über die Schaltfläche PROFILFOTOS LADEN von Facebook Bilder der Facebook-Konten Ihrer Kontakte herunterzuladen. Da Facebook indes in der Vergangenheit nicht gerade pfleglich mit den anvertrauten Daten umgegangen ist, und zum Beispiel E-Mail-Adressen im Adressbuch ohne ernst zu nehmende Rücksprache geändert hat, ist die Synchronisation der Kontakte mit Facebook eher kritisch zu sehen.

◂ **Abbildung 2.48**
Die Kontakte können auch mit Facebook synchronisiert werden.

◂ **Abbildung 2.49**
Eine Zielgruppe kann über das Ausklappmenü links oben ausgewählt werden.

◂ **Abbildung 2.50**
Ein Bild lässt sich direkt aus dem Finder auf Facebook publizieren.

2.7 Die Dienste

Hinweis
Da auch Programme Dienste offerieren können, unterscheiden sich die Zusammensetzung des Menüs und die in den Systemeinstellungen verfügbaren Dienste auf Ihrem System möglicherweise von den dargestellten.

Selten beachtet, aber dafür umso nützlicher ist das Menü DIENSTE. Es hat nicht die Steuerung von Systemdiensten wie dem Drucksystem zur Aufgabe, sondern dient in erster Linie der Weiterleitung von ausgewählten Objekten an ein anderes Programm. Mit Mac OS X 10.6 wurde die Funktionsweise dieses Menüs vollständig überarbeitet, und es ist mit dem Automator leicht möglich, eigene Dienste zu erstellen (siehe Abschnitt 25.5). Es ist Programmen auch möglich, von sich aus eigene Dienste zu offerieren und so dieses Menü zu ergänzen.

Markieren Sie zum Beispiel einen Text in der Form »http://mac.delta-c.de«, und wählen Sie im Menü den Eintrag URL ÖFFNEN aus. Anschließend wird der von Ihnen als Standard eingestellte Browser geöffnet und die angegebene Website automatisch geladen.

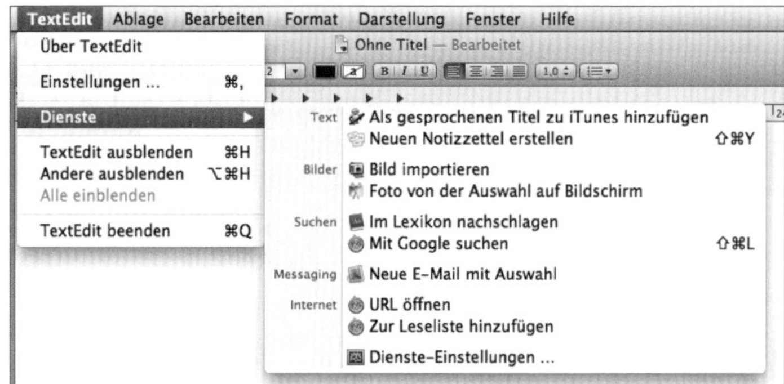

Abbildung 2.51 ▶
Das Menü DIENSTE ermöglicht die direkte Übergabe einer Auswahl an ein anderes Programm.

Datenerkennung | OS X 10.8 kann bei einem ausgewählten Text dessen Typ erkennen. Wenn Sie einen Text markieren, der mit HTTP:// beginnt, dann nimmt das System an, dass es sich dabei um einen URL handelt, und offeriert Ihnen in der Rubrik INTERNET den Dienst URL ÖFFNEN. Markieren Sie im Finder eine Datei, dann steht Ihnen der Dienst URL ÖFFNEN nicht zur Auswahl, dafür können Sie zum Beispiel eine NEUE E-MAIL MIT ANHANG erstellen.

Dienste-Einstellungen | Über den Eintrag DIENSTE-EINSTELLUNGEN öffnen Sie die Ansicht TASTATUR der Systemeinstellungen und werden direkt zum Eintrag DIENSTE im Reiter TASTATURKURZBEFEHLE geleitet.

Um die Übersichtlichkeit etwas zu erhöhen, können Sie nicht genutzte Dienste über die Checkbox vor dem Namen auch deaktivieren.

◂ **Abbildung 2.52**
Die Dienste konfigurieren Sie in der Ansicht TASTATUR.

Einem Dienst können Sie auch eine Tastenkombination zuweisen, indem Sie ihn zunächst auswählen und die dann erscheinende Schaltfläche KURZBEFEHL HINZUFÜGEN anklicken. Ist bereits ein Tastenkürzel vergeben, dann können Sie dies bearbeiten, indem Sie es doppelt anklicken. Drücken Sie dann die Tastenkombination, die Sie dem Dienst zuweisen möchten, und sie wird dem Dienst zugewiesen. Mit einer Tastenkombination sparen Sie sich den Umweg über das Menü; Sie sollten aber bei der Vergabe darauf achten, dass Sie keine schon genutzte Kombination wie ⌘ + 0 vergeben.

◂ **Abbildung 2.53**
Einem Dienst können Sie auch ein Tastenkürzel zuweisen.

Einige ausgesuchte Dienste | Neben den Diensten, die aktiv sind und deren Funktion sich durch die Beschreibung selbst erklärt, gibt es einige Dienste, die standardmäßig nicht im Menü erscheinen, aber im Alltag recht praktisch sind.

Bildschirmfoto | Positionieren Sie den Cursor zum Beispiel in einem Dokument in TextEdit, können Sie über den Dienst FOTO VON DER AUSWAHL AUF BILDSCHIRM direkt an der Stelle des Cursors eine Grafik einfügen, die aus dem anschließend zu bestimmenden Bereich stammt. Darüber hinaus stehen die Dienste

Foto von gesamtem Bildschirm sowie Bildschirmfoto mit Timer zur Verfügung.

Datei an Bluetooth-Gerät senden | Diese Funktion nimmt die ausgewählte Datei entgegen und übergibt sie direkt dem Programm Bluetooth-Datenaustausch.

Schriftbibliothek aus Text erstellen | Wenn in dem aktuell ausgewählten Text verschiedene Schriftarten verwendet werden, können Sie über diesen Eintrag in der Schriftsammlung eine eigene Sammlung oder eine Bibliothek basierend auf den in der Auswahl verwendeten Schriftarten erstellen.

TextEdit | Mit dem Dienst Auswahl in neuem TextEdit-Fenster wird ein neues Dokument in TextEdit erstellt, dem als Inhalt der zuvor markierte Text zugewiesen wird.

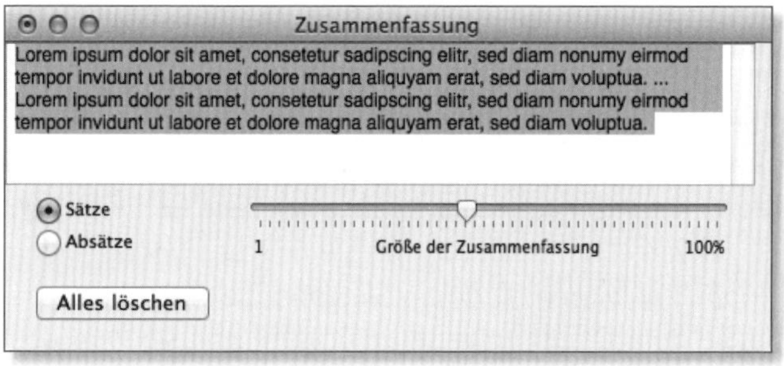

Abbildung 2.54 ▸
Die Zusammenfassung eines Textes erleichtert das kursorische Lesen.

Zusammenfassen | Bei einem ausgewählten längeren Text können Sie über diesen Eintrag das Programm Zusammenfassung aus dem Ordner /System/Library/Services starten. Es verkürzt den ausgewählten Text auf einige vom Programm als wesentlich erkannte Stellen. Handelt es sich um einen recht langen Text, fällt das kursorische Lesen für einen ersten Eindruck um einiges leichter.

2.8 Mit Texten arbeiten

Auch in der multimedialen Wissensgesellschaft ist Text immer noch das zentrale Medium, und dementsprechend verbringen Sie als Anwender einen nicht unwesentlichen Teil Ihrer Arbeit damit, Texte zu erstellen, zu korrigieren und auszudrucken. Für die Bearbeitung von Texten – sei es in Mail oder TextEdit – bringt OS X 10.8 eine Reihe von Funktionen mit, die von Entwicklern in ihre Programme integriert werden können.

Text markieren und bearbeiten

Dass Sie Text oder andere Objekte mit ⌘ + C in die Zwischenablage kopieren, mit ⌘ + X ausschneiden und mit ⌘ + V wieder einsetzen können, ist Ihnen sicherlich bekannt. Ebenso, dass Sie mit gedrückt gehaltener Taste ⇧ und den Pfeiltasten den auszuwählenden Text markieren können. Ein Doppelklick auf ein Wort markiert dieses, während ein dreifacher Mausklick den ganzen Absatz auswählt.

Mit ⌘ und einer Pfeiltaste springen Sie an den Beginn oder das Ende der Zeile beziehungsweise des Dokuments, während Sie mit alt und ← oder → an den Beginn oder das Ende des Wortes springen. alt + ↑ und ↓ springt an den Beginn oder das Ende des Absatzes.

TIPP
Wenn Sie einen ausgewählten Text mit gedrückter Maustaste an eine andere Stelle ziehen und die Taste wieder loslassen, wird er an seiner ursprünglichen Position gelöscht und an der neuen eingefügt. Anstatt den Textausschnitt zu verschieben, können Sie ihn auch in Kombination mit alt an die neue Position kopieren. Der Mauspfeil wird dabei von einem Pluszeichen begleitet.

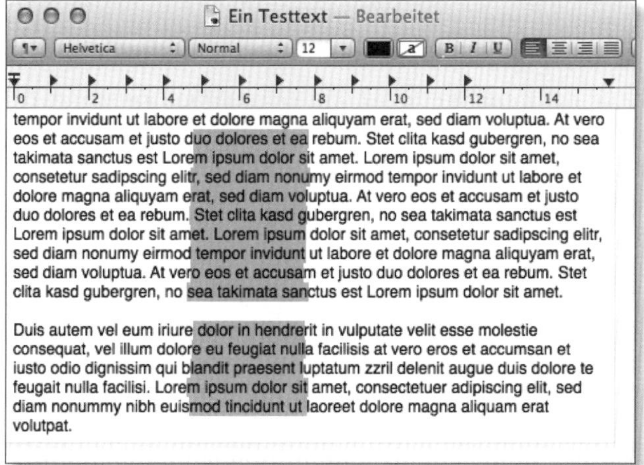

◂ **Abbildung 2.55**
Mit der Taste alt wählen Sie einen Block aus.

Textblock auswählen | OS X 10.8 ist auch in der Lage, Text in einer rechteckigen Auswahl zu markieren. Halten Sie die Taste alt gedrückt, verändert sich der Mauspfeil in ein Fadenkreuz. Sie können dann Text horizontal und vertikal markieren. Haben Sie auf diese Weise einen Textbereich markiert, dann können Sie die Tasten ⌘ + alt gedrückt halten, um diese Auswahl zu ergänzen.

Arbeiten Sie mit normalen Texten, werden Sie diese Funktion wohl kaum benötigen. Programmierern und insbesondere Datenbankentwicklern, die häufig mit Texten in Spaltenform arbeiten, nützt diese Funktion bei der Entwicklung dagegen ungemein.

Rechtschreibprüfung und (englische) Grammatik

Die mit OS X 10.8 installierte Rechtschreibprüfung ist nicht perfekt und kann sich in Bezug auf den Wortschatz nicht mit kom-

Grammatik
Die Prüfung der Grammatik stand auch unter OS X 10.8 lediglich für die englische Sprache zur Verfügung. Grammatikfehler werden von OS X 10.8 grün unterstrichen.

merziellen Lösungen messen, aber im alltäglichen Gebrauch verhindert sie doch einige Tippfehler. Um sich falsche oder zweifelhafte Wörter schon bei der Eingabe des Textes anzeigen zu lassen, aktivieren Sie aus dem Menü BEARBEITEN • RECHTSCHREIBUNG UND GRAMMATIK die Funktion WÄHREND DER TEXTEINGABE PRÜFEN. Fehlerhafte Eingaben werden rot unterstrichen.

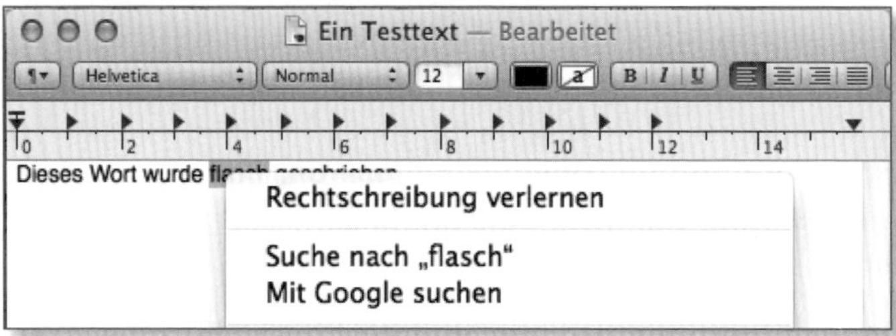

Abbildung 2.56 ▶
Ein fälschlicherweise dem Wörterbuch hinzugefügtes Wort kann verlernt werden.

Wörterbuch ergänzen | Der Menüeintrag RECHTSCHREIBUNG UND GRAMMATIK ruft eine Palette auf, die Ihnen neben Korrekturvorschlägen über die Schaltfläche LERNEN auch die Möglichkeit bietet, korrekt geschriebene, aber dem jeweiligen Wörterbuch noch unbekannte Begriffe aufzunehmen. Diese Ergänzungen werden im Verzeichnis ~/LIBRARY/SPELLING gespeichert.

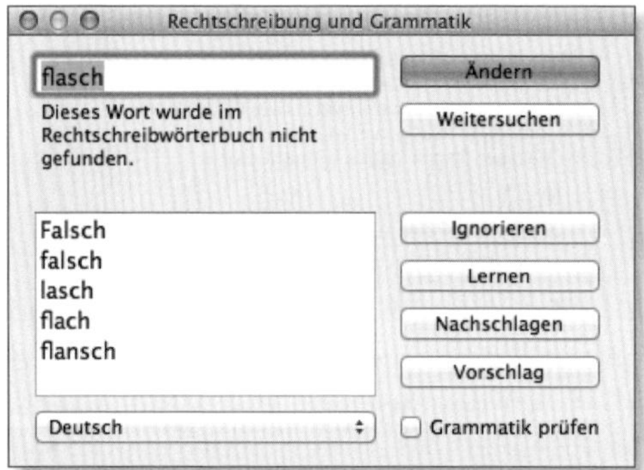

Abbildung 2.57 ▶
Die Rechtschreibprüfung können Sie auch nachträglich über eine eigene Palette durchführen.

Rechtschreibung verlernen | Sollten Sie versehentlich einen fehlerhaften Eintrag vorgenommen, also etwa »falshc« Ihrem Wörterbuch hinzugefügt haben, markieren Sie das Wort und rufen das Kontextmenü auf. Sie finden bei manuell dem Wörterbuch hinzugefügten Wörtern dann im Kontextmenü den Punkt RECHTSCHREIBUNG VERLERNEN.

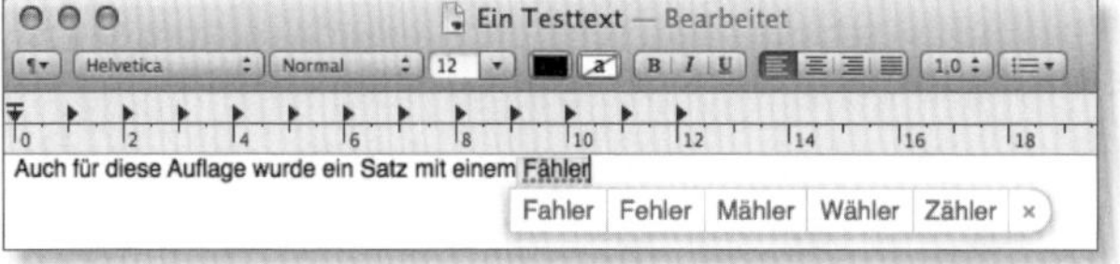

Abbildung 2.58 ▶
Wird mehr als eine mögliche Korrektur gefunden, dann erscheint eine Liste.

Automatische Korrektur | Wenn Sie die Rechtschreibung während der Eingabe prüfen lassen, dann werden einige klar als Tippfehler zu erkennende Eingaben wie »falshc« automatisch korrigiert. Diese automatische Korrektur können Sie durch [⌘] + [Z] oder den Menüpunkt Bearbeiten • Widerrufen zurücknehmen, wenn Sie bewusst die als falsch erkannte Schreibweise verwenden möchten.

Findet die Rechtschreibprüfung mehr als eine mögliche Korrektur, dann wird eine Liste unterhalb des inkriminierten Wortes eingeblendet. Möglicherweise müssen Sie den Cursor eine Position nach links bewegen, und die Taste [esc] drücken. Sie können hier mit den Pfeiltasten eine Korrektur auswählen und die Auswahl mit [↵] bestätigen. Ein Klick mit der Maus ist ebenfalls möglich.

Hinweis
Ob die automatische Korrektur wirklich nützlich ist, müssen Sie vielleicht ausprobieren. Abhängig von Ihren Tippfehlern führt die automatische Korrektur schnell zu sinnentstellenden Eingriffen in Ihren Text, die Sie möglicherweise nicht bemerken, wenn Sie sehr schnell einen Text eingeben und beispielsweise als E-Mail verschicken. Manchmal ist es besser, Tippfehler in Kauf zu nehmen, wenn der Sinn erhalten bleibt.

Sprache | In der Palette (siehe Abbildung 2.57) oder in den Systemeinstellungen im Reiter Text der Ansicht Sprache & Text geben Sie die Sprache vor, die für die Rechtschreibprüfung genutzt wird. Die Option Automatisch nach Sprache versucht, anhand der ersten eingegebenen Wörter die Sprache zu erkennen. Wenn Sie einen Text mit »Sorry« beginnen, wird zunächst das englische Wörterbuch herangezogen. Fahren Sie mit deutschen Wörtern fort, dann erkennt das System dies, zieht das deutsche Wörterbuch heran und unterstreicht dementsprechend »Sorry« rot.

Vervollständigen | OS X 10.8 bietet Ihnen auch die Möglichkeit, Eingaben zu vervollständigen. Geben Sie hierzu den Beginn des Wortes ein, beispielsweise »Dampfschiff«, und drücken Sie dann [F5]. Am Cursor erscheint eine Liste, in der Sie alle Wörter aus dem Wörterbuch finden, deren Beginn Ihrer Eingabe entspricht. Mit den Pfeiltasten können Sie den passenden Eintrag auswählen und mit [↵] vervollständigen.

▲ **Abbildung 2.59**
Mit der Taste (F5) können Sie einen Wortanfang vervollständigen.

Symbol- und Textersetzung

Eine Alternative zur Vervollständigung ist die Symbol- und Textersetzung. In der Ansicht Sprache & Text der Systemeinstellungen finden Sie im Reiter Text eine Liste mit Kürzeln und deren Ersetzungen. Sie können diese Kürzel bei Bedarf ein- und ausschalten. Über das Pluszeichen unterhalb der Spalte erstellen Sie ein neues Kürzel und geben dann in der Spalte Durch den Text ein, der stattdessen eingefügt werden soll. Wenn Sie nun in einem Fenster das Kürzel eingeben und darauf ein Leerzeichen, dann wird das Kürzel ersetzt. Es ist auch möglich, als zu ersetzenden Text Sonderzeichen mithilfe der im Folgenden beschriebenen Zeichenpalette einzugeben.

Abbildung 2.60 ▸
Die Textbausteine erstellen Sie in den Systemeinstellungen.

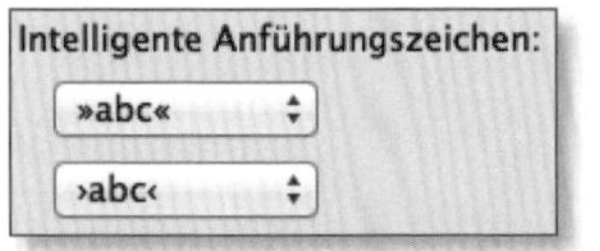

▴ Abbildung 2.61
Die intelligente Ersetzung müssen Sie in TextEdit erst aktivieren.

Intelligente Anführungszeichen | In der Ansicht finden Sie ebenfalls zwei Menüs für die intelligenten Anführungszeichen. Diese können Sie in einigen Programmen wie TextEdit aktivieren. Mit der in Abbildung 2.61 dargestellten Auswahl werden über die Tastenkombination [⇧] + [2] jeweils die Zeichen » und « eingefügt. Mit [⇧] + [#] werden die Zeichen › und ‹ eingefügt. In einem Programm wie TextEdit müssen Sie diese intelligente Ersetzung erst noch über das Menü BEARBEITEN • ERSETZUNGEN aktivieren. Hier finden Sie auch die Optionen für die intelligente Ersetzung von Bindestrichen, mit der ein Minuszeichen durch einen typografisch korrekten Bindestrich ersetzt wird, und für die automatische Erkennung von Hyperlinks bei einer E-Mail-Adresse oder einem URL. Die automatische Ersetzung durch die Textbausteine können Sie in diesem Menü auch deaktivieren.

Sonderzeichen eingeben | Wenn Sie eine Taste wie [A] gedrückt halten, dann wird der Buchstabe nicht mehrfach hintereinander eingegeben. Es erscheint vielmehr ein kleines Menü, das Ihnen weitere diakritische Zeichen präsentiert. Sie können sowohl mit den Pfeiltasten mit abschließendem [↵] als auch durch Eingabe der Ziffer das betreffende Zeichen einfügen.

Bei diesen Funktionen müssen Sie beachten, dass es den Entwicklern obliegt, sie in ihre Programme zu integrieren. Insofern stehen Ihnen die hier besprochenen Funktionen nicht in allen Programmen zur Verfügung.

▲ **Abbildung 2.62**
Eine gedrückt gehaltene Taste blendet diakritische Zeichen ein.

Schrift zuweisen

OS X 10.8 bringt eine eigene Schriftpalette mit. Diese finden Sie in vielen Programmen wie Mail und TextEdit, aber nicht in allen. Das Schriftmenü blenden Sie mit dem Kurzbefehl ⌘ + T ein.

Schriftpalette
⌘ + T

Schriftarten und -stile auswählen | Die Gruppierung der Schriften entspricht dabei den Vorgaben, die Sie mithilfe der Schriftsammlung (siehe Abschnitt 23.3) getroffen haben. Über die Schaltflächen + und – können Sie Sammlungen direkt in der Palette hinzufügen und per Drag & Drop Schriftarten hinzufügen oder vorhandene löschen.

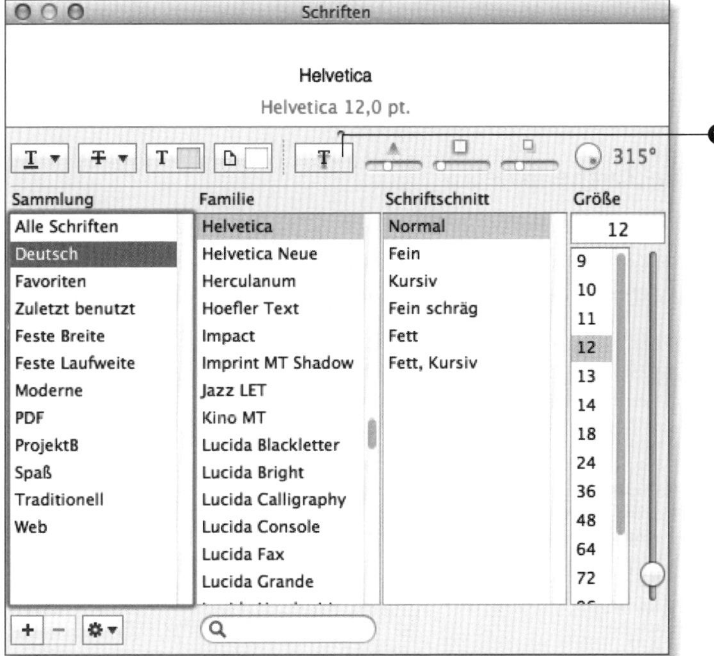

◄ **Abbildung 2.63**
In vielen Cocoa-basierten Programmen steht die Schriftpalette zur Verfügung.

Im oberen Drittel dieses Fensters sehen Sie eine Vorschau der von Ihnen ausgewählten Schriftart und des Schriftstils. Das T in der Mitte ❶ (siehe Abbildung 2.63) ermöglicht es, den Text mit einem Schatten zu versehen. Wie sich der Schatten konkret gestaltet, bestimmen Sie mithilfe des Kreises, der den Winkel vorgibt, und der drei Laufbalken, die die Stärke und Distanz definieren.

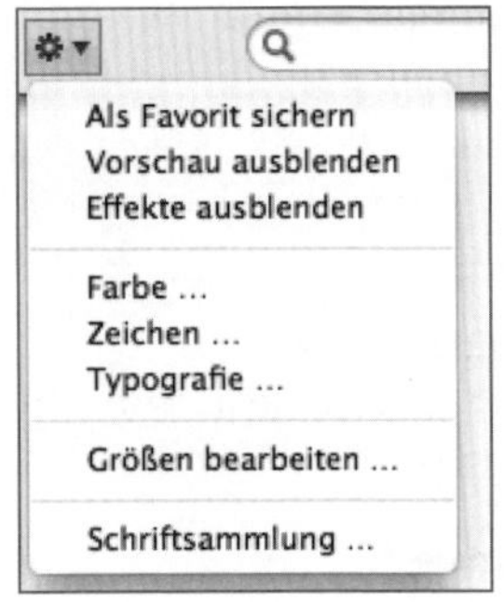

▲ **Abbildung 2.64**
Über das Werkzeugmenü können Sie die Schrift als Favorit sichern.

Über das Rädchen unten können Sie die ausgewählte Schriftart ALS FAVORIT SICHERN, die VORSCHAU und die EFFEKTE AUSBLENDEN sowie direkt die Schriftsammlung starten. Während die Zeichenpalette im Folgenden beschrieben wird, können Sie über FARBE eine solche für den ausgewählten Text vorgeben. Verfügt die Schriftdatei über Glyphen und Ligaturen, können Sie diese über den Menüpunkt TYPOGRAFIE aktivieren. Sie finden hier auch einen Eintrag GRÖSSEN BEARBEITEN. Dieser öffnet einen Dialog, in dem Sie die Größen, die Ihnen in der Schriftpalette rechts zur Auswahl gestellt werden, auswählen können. Damit können Sie die Auswahl auf die von Ihnen bevorzugten Größen eingrenzen.

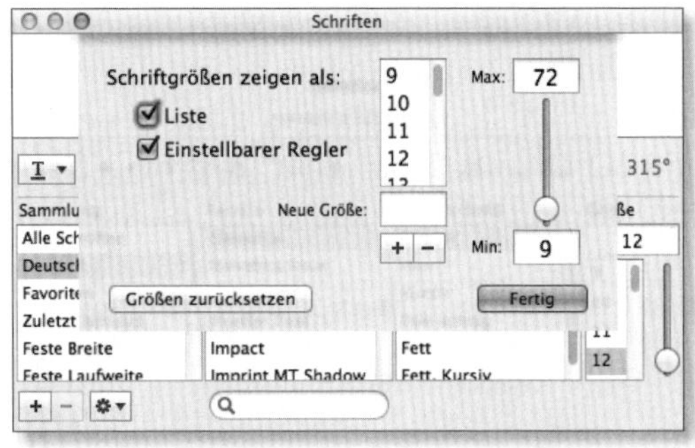

Abbildung 2.65 ▶
Die anzuzeigenden Schriftgrößen können Sie konfigurieren.

Die Zeichenpalette

Zeichenpalette
[⌘] + [alt] + [T]

Die Zeichenpalette, meist mit [⌘] + [alt] + [T] aufzurufen, wirkt auf den ersten Blick sehr unscheinbar, bietet Ihnen aber einen direkten Zugriff auf fast alle nur erdenklichen Zeichen.

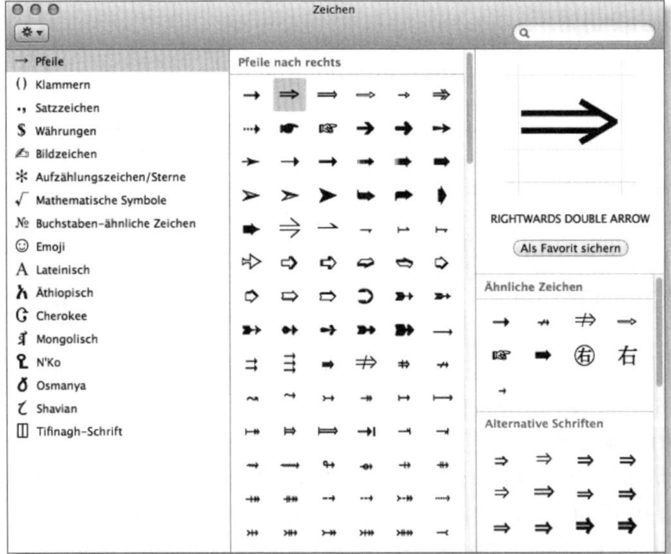

Abbildung 2.66 ▶
Ein Zeichen kann als Favorit gesichert werden.

Zunächst unterteilt sich die Zeichenpalette in mehrere Rubriken. Wählen Sie ein Zeichen aus, dann können Sie es mit einem Doppelklick an der aktuellen Stelle des Cursors in Ihren Text einfügen. Zeichen, die Sie häufig benötigen, können Sie Als Favorit sichern. Es erscheint dann in der Spalte links ein Eintrag Favoriten. Über das Icon mit dem Zahnrad oben links bestimmen Sie zunächst die Größe der Zeichen.

Hinweis
Wenn Sie einen Text geöffnet haben, in dem sich ein Zeichen befindet, auf das Sie in Zukunft leichten Zugriff haben möchten, markieren Sie es im Text. Rufen Sie dann die Zeichenpalette auf, wird nach diesem Zeichen direkt gesucht.

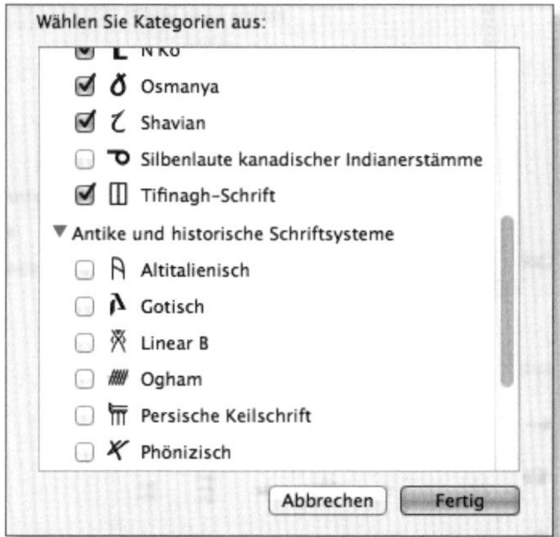

◂ **Abbildung 2.67**
Sie können die Zeichenpalette um antike, historische und viele weitere Schriftsysteme ergänzen.

Sie finden hier außerdem die Option Liste bearbeiten, mit der Sie weitere Zeichensysteme aktivieren. Dazu gehören neben dem vollständigen Unicode-Satz auch Spezialfälle wie das Ugaritische und die persische Keilschrift. Diese können Sie aktivieren, und sie erscheinen dann in der linken Spalte. In dem Bereich unten rechts werden Ihnen verwandte Zeichen vorgeschlagen. Abhängig vom Zeichen finden Sie hier auch die Schriftarten, die in der Lage sind, dieses Zeichen darzustellen.

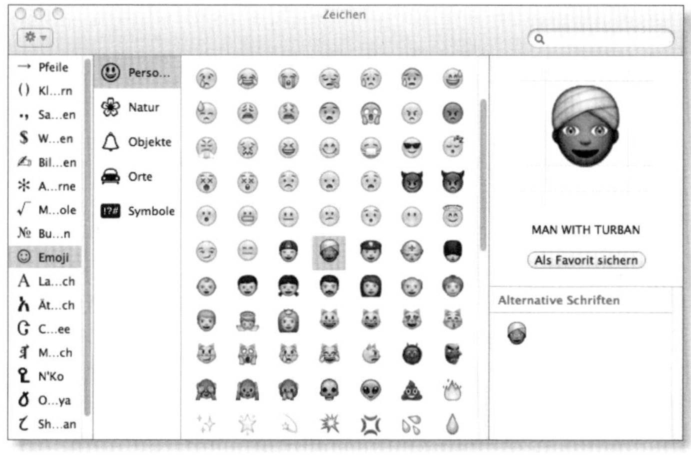

◂ **Abbildung 2.68**
Mit OS X 10.7 wurde das Schriftsystem Emoji für die farbige Darstellung von Emoticons und weiteren Icons eingeführt.

Clips auf dem Schreibtisch

Um markierten Text als Clip abzuspeichern, gibt es eine komfortable Funktion. Clips sind genau genommen eigenständige Dateien, die wahlweise Text oder Grafiken enthalten. Ziehen Sie einen Textausschnitt mit gedrückter Maustaste auf Ihren Desktop, wird der Text in einen Clip ausgelagert und mit einem geknickten Blatt Papier als Icon versehen. Der Name, den Sie wie bei einer normalen Datei ändern können, ergibt sich aus den ersten Zeichen des markierten Textes. Clips sind sehr nützlich, um verschiedene Textblöcke, die Sie in mehreren Programmen zur Hand haben möchten, zentral zu speichern. Da es sich bei Clips um Dateien handelt, können Sie sie auch in Ordnern gesammelt ablegen.

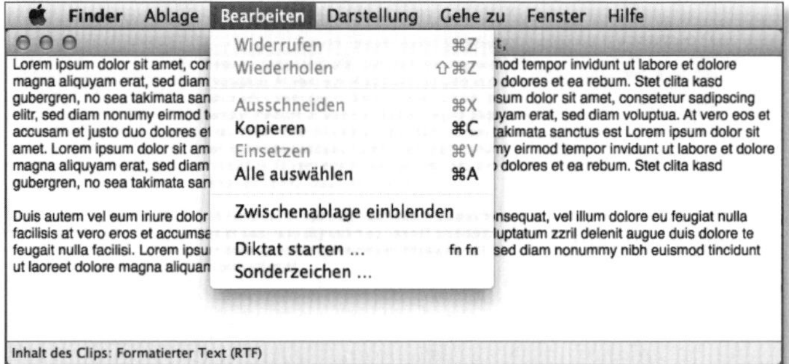

Abbildung 2.69 ▸
Den Inhalt eines Clips können Sie im Finder in die Zwischenablage kopieren.

Clip einfügen | Einen solchen Clip öffnen Sie im Finder mit einem Doppelklick. Sein Inhalt erscheint dann in einem separaten Fenster. Durch die Auswahl von Bearbeiten • Kopieren kopieren Sie ihn, falls das Fenster im Vordergrund ist, in die Zwischenablage. Bei einigen Programmen wie Mail können Sie einen Clip vom Finder in ein Fenster ziehen, und anstelle des Clips wird dann der enthaltene Text eingefügt. Diese Methode wird nicht von allen Programmen unterstützt.

2.9 Alternative Eingabemethoden

Eine recht verbreitete Haltung bei der Arbeit am Rechner ist die linke Hand an der Tastatur und die rechte an der Maus. Auch aus diesem Grund wurde das Kürzel [⌘] + [Q] – neben der sprachlichen Übereinstimmung mit »quit« – zum Beenden von Programmen definiert. Der Anwender kann, ohne die Hand von der Maus nehmen zu müssen, ein Programm über die Tastatur beenden. Die meisten Programme bieten für die gängigen Funktionen bereits Tastaturkürzel an.

OS X 10.8 bietet aber weitere Funktionen, über die Sie Ihren Rechner steuern können. Zunächst können Sie eigene Tastenkürzel für die Menübefehle aktivieren und darüber hinaus Ihren Rechner fast ausschließlich über die Tastatur steuern. Wenn Sie die Arbeit mit dem Trackpad bevorzugen, dann stehen Ihnen einige Gesten zur Verfügung. Die Bedienungshilfen erleichtern Menschen mit Handicap die Bedienung des Systems an der einen oder anderen Stelle. Und schließlich können Sie in Verbindung mit einem Grafiktablett über die *Ink* genannte Handschriftenerkennung Text eingeben.

Bluetooth und Eingabegeräte konfigurieren

Wenn Sie Ihre Tastatur und Maus mit einem USB-Kabel direkt an Ihren Rechner angeschlossen haben, dann können Sie diesem Abschnitt entnehmen, dass Sie die Maustasten in den Systemeinstellungen in der Ansicht MAUS und in der Ansicht TASTATUR deren SONDERTASTEN konfigurieren können.

Verbindung mit Bluetooth | Nutzen Sie eines der neumodischen Bluetooth-Geräte, die eine drahtlose Verbindung zu Ihrem Rechner aufnehmen, dann können Sie diese unter anderem in der Ansicht BLUETOOTH der Systemeinstellungen konfigurieren. Sie finden dort eine Übersicht der schon eingerichteten Geräte und können über das Pluszeichen links unten den Assistenten aufrufen. Sie sollten nicht vergessen, die Optionen AKTIVIERT und SICHTBAR für einen problemlosen Bluetooth-Betrieb anzuklicken.

Weitere Informationen
Über das Icon mit dem Zahnrad können Sie die Option WEITERE INFOS ZEIGEN auswählen. Sie erhalten dann weitere, sehr technische Informationen. In diesem Menü finden Sie auch den Punkt UMBENENNEN, mit dem Sie eine neue Bezeichnung für das Gerät vergeben können.

◂ Abbildung 2.70
Über das Pluszeichen links unten rufen Sie den Assistenten zur Anbindung eines weiteren Geräts auf.

TIPP

Halten Sie die Taste [alt] gedrückt, wenn Sie das Menü aufrufen, steht Ihnen eine ganze Reihe eher technischer Funktionen zur Verfügung. Unter anderem können Sie sich einen Bluetooth-Diagnosebericht erstellen lassen.

Sie können sich den Status der Bluetooth-Verbindungen und Geräte auch in der Menüleiste anzeigen lassen. Sie finden dort auch, zumindest bei Apple-Geräten, den Ladestatus der Batterien. Wenn ein Gerät aufgrund mangelnder Energie bald nicht mehr funktionsfähig sein wird, dann wird im Icon oben rechts eine blinkende Batterie eingeblendet.

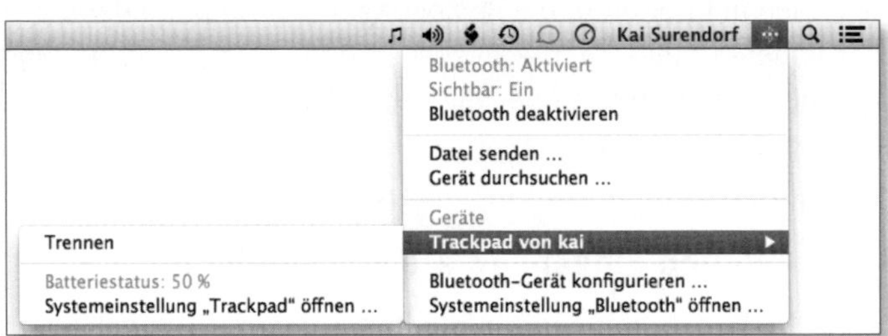

Abbildung 2.71 ▸
Der Bluetooth-Status in der Menüleiste informiert auch über den Batteriestatus.

Bereits verbundene Geräte
Wenn Sie ein Eingabegerät, das bereits mit einem anderen Rechner verbunden war, erneut verbinden möchten, dann kann es vorkommen, dass das Gerät die neue Verbindung verweigert. Bei einer Tastatur und einem Trackpad von Apple halten Sie deren Knöpfe gedrückt, und zwar für den gesamten Durchgang des Bluetooth-Assistenten.

Bluetooth-Assistent | Haben Sie das Pluszeichen unterhalb der Geräte angeklickt, dann startet der Bluetooth-Assistent. Dieser sucht im ersten Schritt nach erreichbaren und sichtbaren Geräten in Ihrer Umgebung. Dieser Vorgang kann ein paar Sekunden in Anspruch nehmen. Der Assistent informiert Sie darüber, wie viele Geräte er gefunden hat. Es ist möglich, dass Sie hier neben Eingabegeräten auch verschiedene Rechner und Mobiltelefone finden.

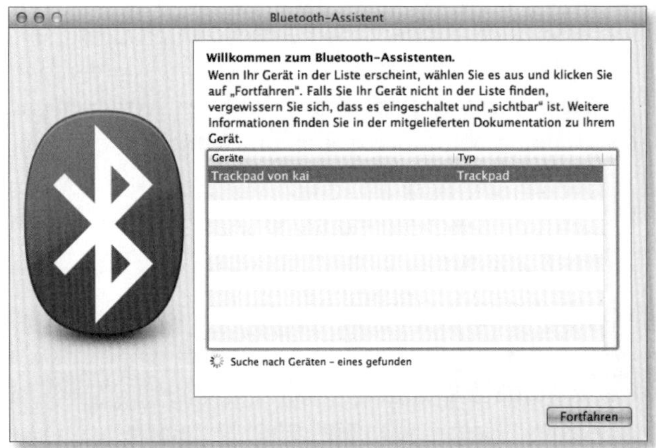

Abbildung 2.72 ▸
Der Bluetooth-Assistent sucht im ersten Schritt nach erreichbaren und sichtbaren Geräten.

Wenn Sie ein Gerät ausgewählt haben, mit dem Sie eine Verbindung aufnehmen möchten, dann hängt der nächste Schritt vom Typ ab. Bei einer Tastatur werden Sie aufgefordert, eine Ziffernfolge einzugeben. Dies stellt sicher, dass Sie sich mit dem richtigen Gerät verbinden. Bei einer Maus und einem Trackpad wird die Verbindung direkt aufgenommen. Schlägt die Verbindung fehl, dann lassen Sie sich mit der Schaltfläche ZURÜCK erneut die gefundenen Geräte anzeigen.

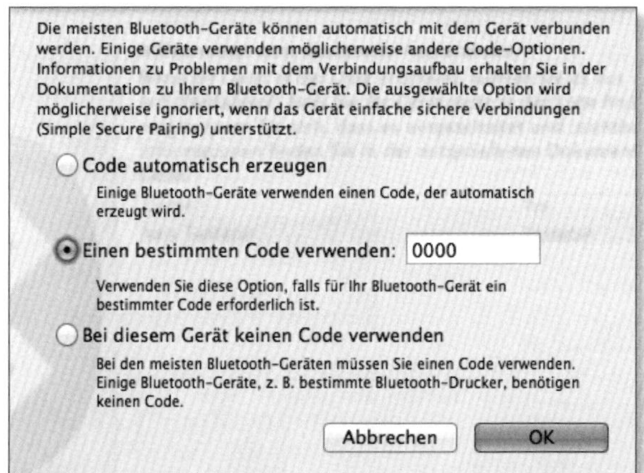

◂ **Abbildung 2.73**
Bei einigen Geräten müssen Sie andere Code-Optionen nutzen.

Sie finden dort auch die Schaltfläche CODE-OPTIONEN. Welche Option (siehe Abbildung 2.73) Sie dort auswählen müssen, kann nicht pauschal beantwortet werden. Gegebenenfalls sollten Sie in die Bedienungsanleitung Ihres Geräts schauen.

◂ **Abbildung 2.74**
Eine Tastatur bedarf eines Codes.

Trackpad konfigurieren | Nutzen Sie ein Trackpad, egal, ob eingebaut oder extern, dann finden Sie in den Systemeinstellungen in der gleichnamigen Ansicht drei Reiter, in denen Sie neben der ZEIGERBEWEGUNG eine Reihe von Gesten konfigurieren können. Wie sich die jeweilige Geste auswirkt, wird Ihnen rechts in einem kleinen Film demonstriert.

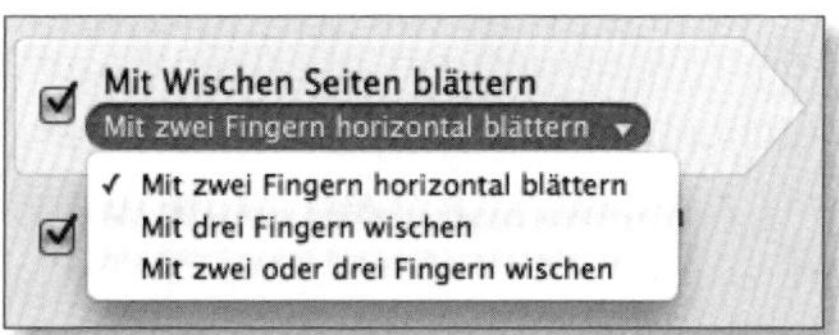

◂ **Abbildung 2.75**
Gesten können Sie teilweise modifizieren.

Abbildung 2.76 ▸
Im rechten Bereich wird die Geste durch einen Film demonstriert.

Rechtsklick
Die Option SEKUNDÄRKLICK ist laut Standardeinstellungen deaktiviert. Erst wenn Sie sie aktivieren, steht Ihnen auch bei einer Magic Mouse der Rechtsklick und damit in den meisten Programmen das Kontextmenü zur Verfügung.

Maus konfigurieren | Auch für eine Magic Mouse von Apple stehen einige Gesten zur Verfügung, die Sie in den Systemeinstellungen in der Ansicht MAUS teilweise konfigurieren können. Nutzen Sie eine andere Maus, dann wird sich die Darstellung dieser Ansicht entsprechend anpassen.

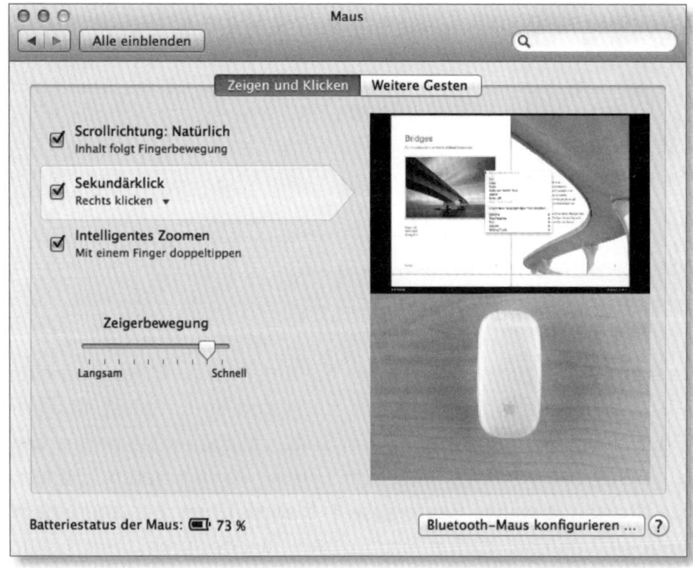

Abbildung 2.77 ▸
Auch für die Maus können Sie einige Gesten nutzen.

Gesten | An dieser Stelle könnte ich Ihnen die einzelnen Gesten für die jeweiligen Geräte beschreiben. Allerdings wären diese Beschreibungen eher langweilig zu lesen (»Bewegen Sie dann drei Finger nach oben«), und sie wären auch eher nutzlos. Die beste

Möglichkeit, sich die unter OS X 10.8 zur Verfügung stehenden Gesten anzueignen, besteht im Betrachten der Filme und einfachem Ausprobieren und Üben. Welche Gesten Sie in Ihren Arbeitsalltag integrieren und welche Sie nicht nutzen, ist von Person zu Person unterschiedlich. Ein Buch ist nicht das Medium, um diese Arbeitsweise zu beschreiben.

Tastenkürzel und komplette Tastatursteuerung

Die Gesten sind ja in einigen Bereichen ganz nützlich, aber auch im Jahr 2012 ist die Tastatur das effizienteste Eingabegerät.

Konflikte mit Kurzbefehlen
Wenn ein Kurzbefehl zweimal vergeben wurde und diese Doppelung zu Konflikten führen kann, werden Sie mit einem gelben Warndreieck darauf aufmerksam gemacht.

Tastaturkurzbefehle | Wenn Sie ein Kürzel für einen Menüpunkt benötigen, dem kein Kurzbefehl zugewiesen wurde, können Sie in den Systemeinstellungen in der Ansicht TASTATUR im Reiter TASTATURKURZBEFEHLE ein eigenes Tastenkürzel erstellen.

◂ Abbildung 2.78
Kurzbefehle und die Tastatursteuerung konfigurieren Sie in den Systemeinstellungen.

Tastaturkurzbefehle festlegen | Neben den voreingestellten Kurzbefehlen können Sie auch für nahezu jedes Programm eigene definieren. Hierzu legen Sie mit einem Klick auf das Pluszeichen ein neues, noch leeres Kürzel an. Sie werden anschließend gefragt, für welches Programm das Kürzel gelten soll. Neben der Auflistung, die aus dem Inhalt des Ordners PROGRAMME resultiert,

Nicht alle Programme
Die Definition eigener Kurzbefehle für Menüpunkte funktioniert bei vielen, aber nicht bei allen Programmen. Insofern müssen Sie hier einfach ausprobieren, ob Sie eine funktionsfähige Kombination zwischen Kurzbefehl und Menüpunkt erreichen.

können Sie auch ein nicht in der Liste aufgeführtes Programm auswählen oder das Kürzel für alle Programme definieren.

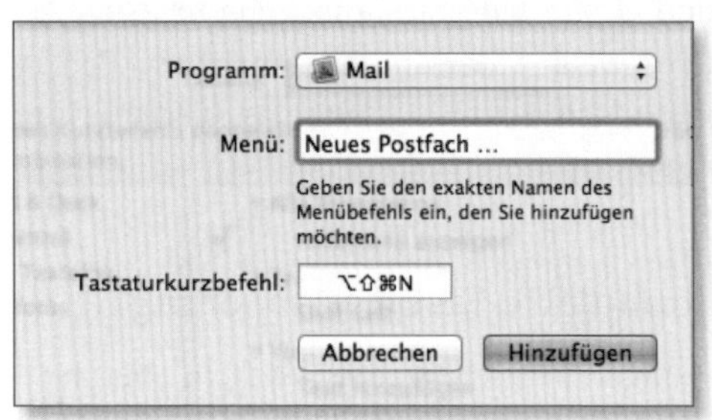

Abbildung 2.79 ▸
Einen Menüpunkt können Sie mit einem TASTATURKURZBEFEHL verknüpfen.

> **Hinweis**
> Kurzbefehle, die Sie über die Systemeinstellungen vorgeben, gelten nur für den Benutzer, der sie angelegt hat. Arbeiten auch andere Personen an dem gleichen Rechner, müssen sie ihre eigenen Kurzbefehle definieren.

Der zweite Schritt besteht darin, in dem mit MENÜ bezeichneten Textfeld den mit dem Kürzel verknüpften Menübefehl einzugeben. Dessen Schreibweise muss exakt der im Menü des Programms angezeigten entsprechen. Normalerweise ist das völlig unproblematisch. Jedoch müssen Sie bei einem Eintrag wie NEUES POSTFACH ... im Menü POSTFACH des Programms Mail beachten, dass hier auf die Bezeichnung noch ein Leerzeichen sowie drei Punkte folgen.

Bei den drei Punkten handelt es sich um das Zeichen, das Sie mit der Tastenkombination [alt] + [.] (Punkt) erzeugen. Haben Sie den Menüeintrag richtig benannt, wird Ihnen der Tastaturkurzbefehl umgehend im Menü auch angezeigt. Gegebenenfalls müssen Sie das Programm neu starten.

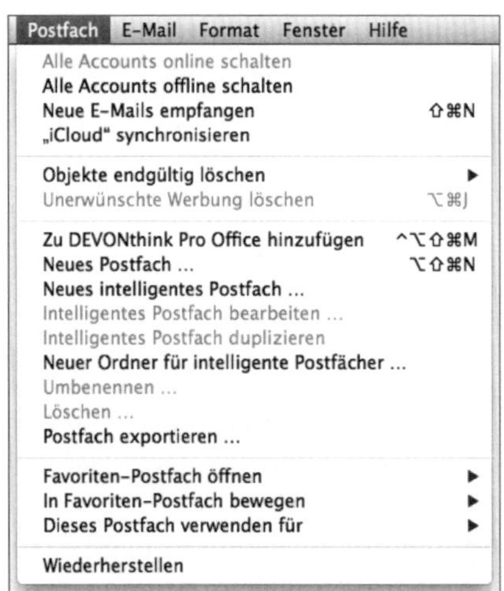

Abbildung 2.80 ▸
Der definierte Kurzbefehl erscheint umgehend im Menü.

Komplette Tastatursteuerung | Eher unscheinbar, aber für die Arbeit mit der Tastatur unverzichtbar ist der Punkt TASTATURSTEUERUNG. Aktivieren Sie hier die Option ALLE STEUERUNGEN, stehen Ihnen weitere Möglichkeiten offen, den Rechner fast vollständig über die Tastatur zu steuern. Sie können, wenn Sie den Punkt ALLE STEUERUNGEN aktiviert haben, mit der Taste [⇥] die Bedienelemente wie Textfelder, Listen und Schaltflächen nacheinander auswählen. Diese werden dann umrahmt, und mit den Pfeiltasten können Sie Elemente in einer Liste auswählen und mit der Leertaste eine Schaltfläche aktivieren. Diese Steuerung ist etwas gewöhnungsbedürftig, aber wenn Sie zum Beispiel mit zehn Fingern tippen, dann erspart sie Ihnen den Griff zur Maus an einigen Stellen, zum Beispiel in Dialogen.

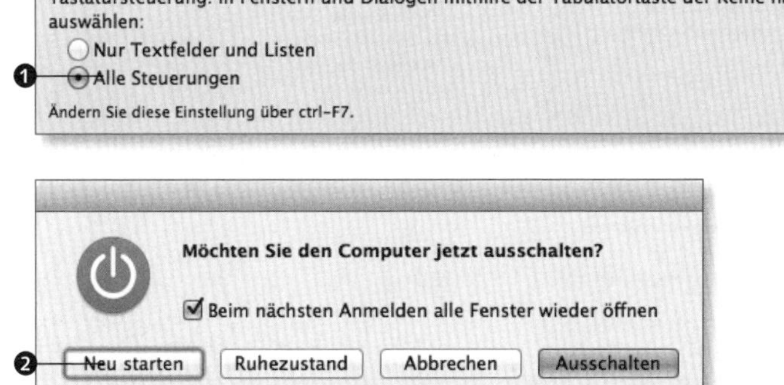

◂ **Abbildung 2.81**
Die komplette Tastatursteuerung ❶ ermöglicht die Arbeit mit dem Fokus-Ring.

◂ **Abbildung 2.82**
Der Fokus-Ring zieht sich um einen Button ❷ (hier NEU STARTEN) und ermöglicht die Auswahl mithilfe der Leertaste.

Der Fokus-Ring | Mit der Tastatursteuerung geht auch die Möglichkeit einher, in Dialogen, wie in Abbildung 2.81 gezeigt, nicht nur die voreingestellte Auswahl mit [↵] zu bestätigen, sondern auch einen Punkt gezielt mit [⇥] auszuwählen. Dabei können Sie sich an der kleinen Umrandung, dem Fokus-Ring, orientieren. Die umrandete Schaltfläche wählen Sie dabei mit der Leertaste aus. In Abbildung 2.82 entspräche ein Druck auf die Leertaste einem Klick auf NEU STARTEN, während [↵] den Rechner AUSSCHALTEN würde.

Unter TASTATUR & TEXTEINGABE finden Sie einige Tastenkürzel, mit denen Sie Elemente, die sonst nur über die Maus zu erreichen sind, mit der Tastatur auswählen können. Es ist möglich, mittels [ctrl] + [F2] die Menüzeile zu aktivieren, mit den Pfeiltasten einen Punkt auszuwählen und durch [↵] oder Leertaste diese Auswahl zu bestätigen. Das Drücken von [esc] bricht den Prozess vorzeitig ab. Die Kombination von [ctrl] + [F3] ermöglicht Ihnen die Auswahl eines im Dock abgelegten Icons, ebenfalls wieder im Zusammenspiel mit den Pfeiltasten und [↵] oder der Leertaste. Neben den anderen Kurzbefehlen ist die Kombination [⌘] + [`] zum Blättern durch die geöffneten Fenster eines Programms sehr nützlich. Allerdings ist diese unter OS X 10.8 standardmäßig genutzte Tastenkombination etwas sperrig. Nutzen Sie stattdessen [⌘] + [<], dann können Sie bequem mit zwei Fingern der linken Hand durch die Fenster blättern.

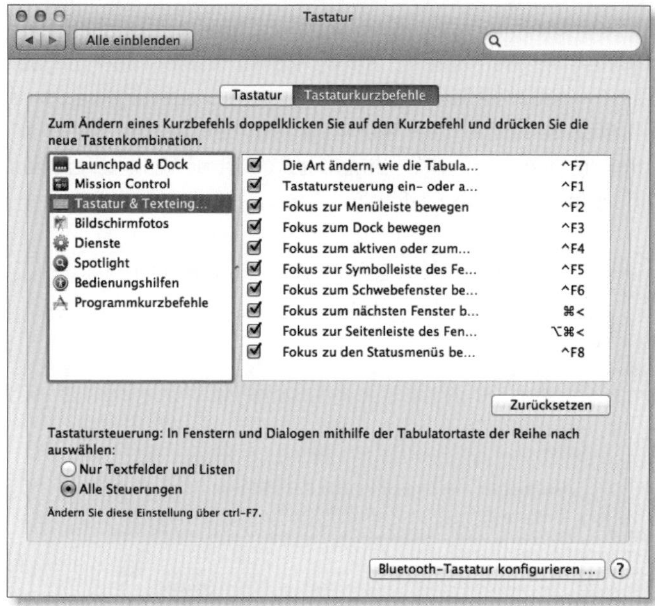

Abbildung 2.83 ▸
Unter TASTATUR & TEXTEINGABE konfigurieren Sie die Tastenkürzel etwa für die Anwahl des Menüs.

Bedienungshilfen

OS X 10.8 verfügt über mehrere Mittel, Menschen mit Handicap die Bedienung des Systems etwas zu erleichtern. Zunächst können Sie in der Ansicht BEDIENUNGSHILFEN der Systemeinstellungen eine Reihe von Einstellungen vornehmen, die die Optik des Systems betreffen, und außerdem die Sprachausgabe VoiceOver einschalten.

Abbildung 2.84 ▸
Mit dem Kurzbefehl [⌘] + [alt] + [F5] können Sie Grundeinstellungen der Bedienungshilfen direkt vornehmen.

Für VoiceOver steht Ihnen auch ein eigenes Dienstprogramm zur Verfügung, mit dem Sie die Sprachausgabe in vielen Details konfigurieren und auch die Ausgabe auf einem möglicherweise angeschlossenen Braillegerät einstellen können. Darüber hinaus bietet OS X 10.8 neben der neuen Diktierfunktion auch eingeschränkte Möglichkeiten der Sprachsteuerung. Letztere kann für motorisch eingeschränkte Menschen eine Hilfe darstellen, ist aber leider noch nicht vollständig ausgereift und setzt englische Sprachkenntnisse voraus.

Wenn Sie einige der Bedienungshilfen schnell aktivieren oder abschalten möchten, dann können Sie die Tastenkombination [⌘] + [alt] + [F5] nutzen. Es legt sich dann ein Fenster über die gesamte grafische Oberfläche, und Sie können einige Funktionen ein- und ausschalten. Über die Schaltfläche EINSTELLUNGEN gelangen Sie direkt in die Systemeinstellungen.

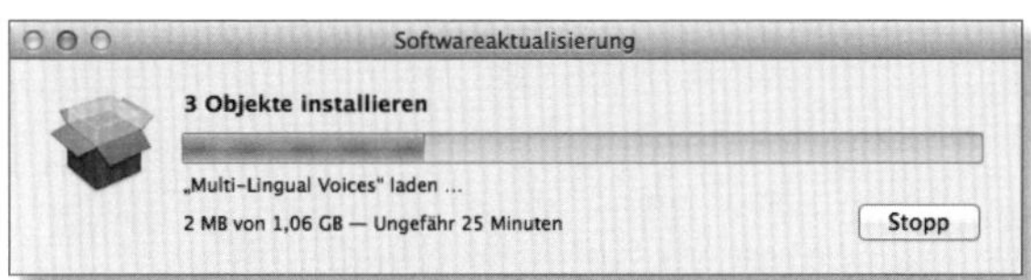

◂ **Abbildung 2.76**
Stimmen können nachträglich installiert werden.

Sprachausgabe | In der Ansicht DIKTAT & SPRACHE der Systemeinstellungen können Sie zunächst in dem Reiter SPRACHAUSGABE die deutschen Stimmen installieren. In dem Ausklappmenü SYSTEMSTIMME wählen Sie den Eintrag ANPASSEN aus. In dem Menü finden Sie eine Reihe von Stimmen, gruppiert nach Sprachen, die Sie aktivieren können. Die Stimmen gehören nicht zur Standardinstallation von OS X 10.8. Sie werden anschließend über die Softwareaktualisierung heruntergeladen und installiert.

▴ **Abbildung 2.85**
Der Status der Bedienungshilfen kann in der Menüleiste angezeigt werden.

◂ **Abbildung 2.86**
Sie können bis zu drei deutsche Stimmen installieren.

Hinweis

Die Diktierfunktion setzt in jedem Fall eine Verbindung ins Internet voraus. Sollte diese nicht vorhanden sein oder sollten die Server von Apple (kurzzeitig) nicht antworten, dann wird das Diktat sofort abgebrochen. Im Dienstprogramm Konsole finden Sie dann vom Prozess `assistantd` Hinweise auf einen `Connection Error`.

Diktat | In OS X 10.8 neu hinzugekommen ist eine aus OS entlehnte Funktion, die es Ihnen ermöglicht, dem System dann einen Text zu diktieren, wenn Sie eigentlich die Tastatur für die Eingabe nutzen würden.

In den Systemeinstellungen können Sie die Diktierfunktion im Reiter DIKTAT aktivieren. Dabei erhalten Sie den Hinweis, dass Ihr Diktat an Apple zur Analyse geschickt wird. Den Hinweis müssen Sie in diesem Fall wirklich wörtlich verstehen: Die Tondateien werden in der Tat auf die Server von Apple geladen und dort zur Verbesserung der Funktion analysiert.

Wenn Sie die Diktierfunktion aktiviert haben, können Sie links das Mikrofon oder Headset auswählen, das Sie für das Diktat nutzen möchten.

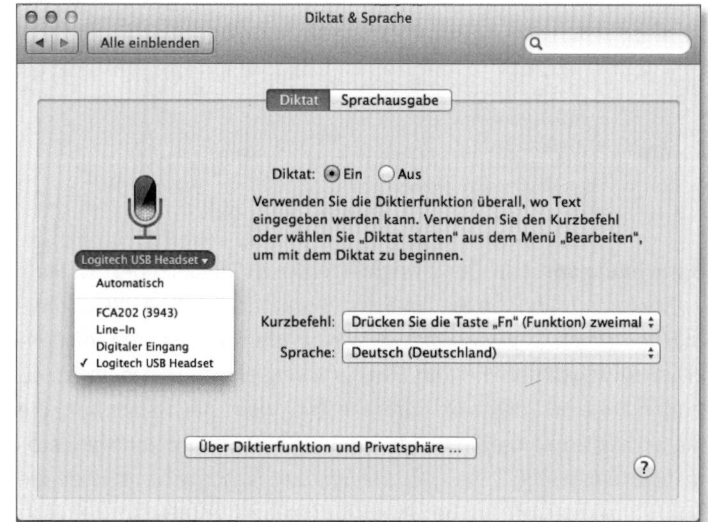

Abbildung 2.87 ▸
Das Mikrofon können Sie links auswählen.

Abbildung 2.88 ▸
Die Systemeinstellungen weisen explizit darauf hin, dass die Diktate an Apple geschickt werden.

In Programmen wie TextEdit oder auch Safari steht Ihnen im Menü BEARBEITEN der Punkt DIKTAT STARTEN zur Verfügung. Alternativ können Sie auch den Kurzbefehl nutzen, den Sie in den Systemeinstellungen vorgegeben haben. Das Standardverfahren, zweimal die Taste `fn` zu drücken, hat sich aber eigentlich bewährt und kollidiert auch nicht mit vorhandenen Kurzbefehlen.

◄ **Abbildung 2.89**
Während des Diktats erscheint ein Mikrofon.

◄ **Abbildung 2.90**
Die Analyse des Diktats wird mit drei alternierenden Punkten angezeigt.

Haben Sie das Diktat gestartet, dann erscheint ein kleines schwebendes Fenster mit einem Mikrofon. Sie können nun 30 Sekunden lang sprechen, wobei Ihre Rede aufgezeichnet und anschließend analysiert wird. Zum Abschluss des Diktats können Sie entweder die Taste [fn] zweimal drücken oder einfach warten, bis die 30 Sekunden verstrichen sind. Der diktierte Text wird an der Stelle eingefügt, an der sich der Cursor befunden hat.

Die Diktierfunktion befindet sich in einer dauernden Weiterentwicklung und ist in der Lage, neben einem einfachen Satz in der Form »*Dies ist ein Satz Punkt*« auch mit Sonderzeichen und sprachlichen Gepflogenheiten umzugehen. Um zum Beispiel ein Ausrufezeichen an ein Satzende zu stellen, diktieren Sie einfach »*Ausrufezeichen*«. Es ist auch möglich, Befehle wie »*Doppelpunkt*«, »*Fragezeichen*«, »*Klammer auf*«, »*neuer Absatz*« oder »*Dollarzeichen*« zu erteilen. Darüber hinaus beherrscht die Diktierfunktion auch eine Anzahl von Abkürzungen und Wendungen. Diktieren Sie zum Beispiel »*eintausend Umdrehungen pro Minute*«, dann wird als Text 1000 UMDREHUNGEN/MIN erkannt. Welche Wendungen und Formulierungen eindeutig erkannt werden, wurde von Apple bisher nicht dokumentiert. Da die Diktierfunktion aufgrund der Sprachanalyse immer weiterentwickelt wird, eignet sich auch eine Tabelle nicht, da diese wahrscheinlich schon zur Drucklegung dieses Buches obsolet wäre.

VoiceOver konfigurieren | In der Ansicht BEDIENUNGSHILFEN der Systemeinstellungen können Sie zunächst in der Ansicht SEHEN die Funktion VOICEOVER aktivieren. Es ist auch möglich, VoiceOver über die Tastenkombination [⌘] + [F5] zu starten. Beim Start müssen Sie beachten, dass VoiceOver etwas länger dafür benötigt als normale Programme. Wenn Sie sich den BEDIENUNGSHILFENSTATUS IN DER MENÜLEISTE EINBLENDEN lassen, dann erscheint dort, wenn VoiceOver aktiviert wurde, eine Laufschrift. Beim ersten Start von VoiceOver erscheint ein Dialog. Es ist vielleicht keine schlechte Idee, die Option DIESE MELDUNG NICHT MEHR ANZEIGEN nicht zu nutzen.

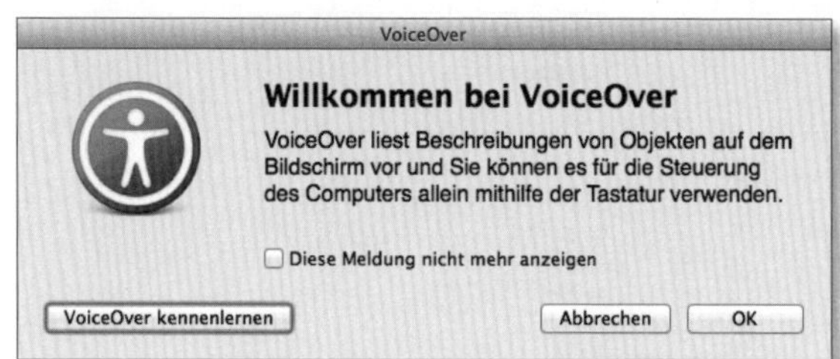

Abbildung 2.91 ▶ Das Begrüßungsfenster von VoiceOver bietet auch die Möglichkeit, ein detailliertes Tutorial zu absolvieren.

Die Beschreibung der Funktionsweise von VoiceOver ist ein äußerst undankbares Thema für ein Buch, weil der Einsatz von VoiceOver aus einem vielfältigen Wechselspiel zwischen Sprachausgabe und Eingaben besteht. Apple ist sich dieses Problems bewusst und stellt Ihnen im Begrüßungsdialog die Option VOICEOVER KENNENLERNEN zur Verfügung. Damit starten Sie ein Tutorial, dessen Text den gesamten Bildschirm einnimmt und das Sie Schritt für Schritt in die Nutzung der Sprachausgabe einführt.

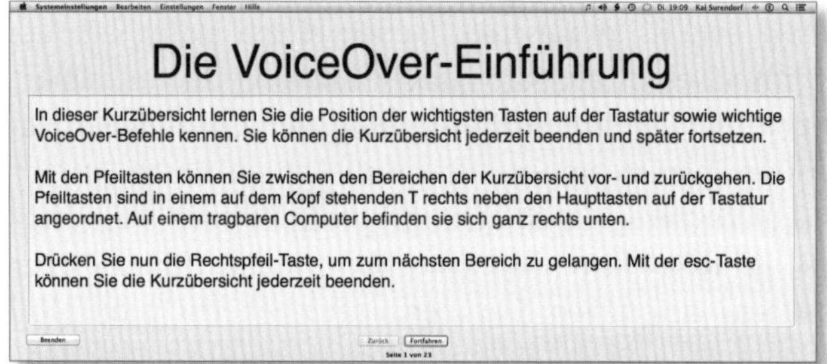

Abbildung 2.92 ▶ Das umfangreiche Tutorial enthält einige Übungen.

VoiceOver-Dienstprogramm | Nachdem Sie sich mit der Bedienung von VoiceOver vertraut gemacht haben, können Sie das VoiceOver-Dienstprogramm nutzen, um die Sprachausgabe im Detail zu konfigurieren. Sie finden hier unterteilt in unterschiedliche Ansichten fast alle Optionen, die VoiceOver bietet. In der Ansicht ALLGEMEIN legen Sie unter anderem die Geschwindigkeit und Tonlage der Stimme fest. Wenn Sie die einzelnen Punkte durchgehen, dann ist es sinnvoll, die DETAILS auszuklappen. In den Standardeinstellungen ist VoiceOver etwas zu geschwätzig, insbesondere was das Vorlesen der ausgewählten Elemente unter anderem im Finder angeht.

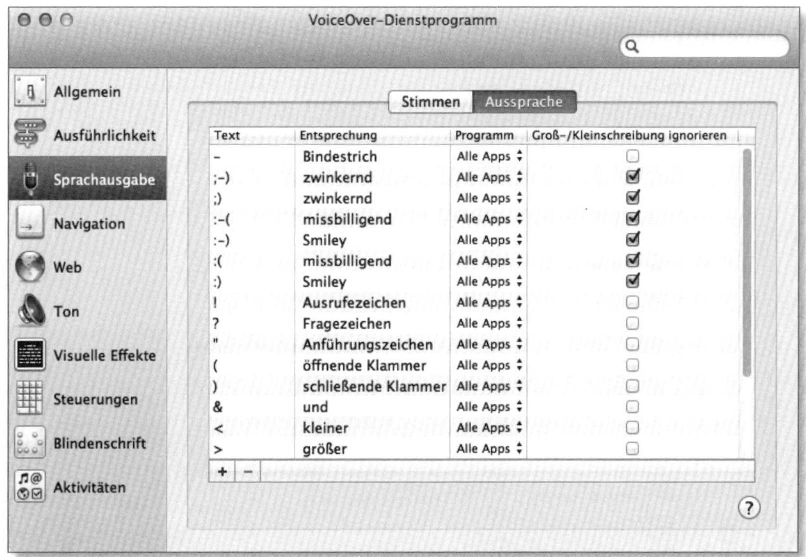

▲ **Abbildung 2.93**
Das VoiceOver-Dienstprogramm ermöglicht eine sehr detaillierte Konfiguration der Sprachausgabe.

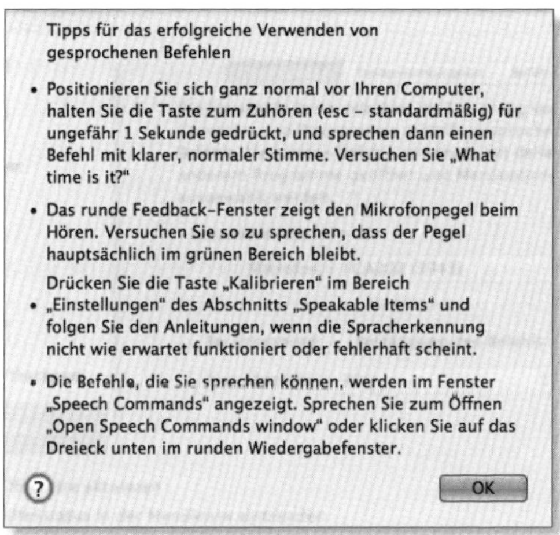

◂ **Abbildung 2.94**
Vor der Aktivierung erhalten Sie eine Reihe von Tipps.

Spracherkennung | Während VoiceOver Ihnen die auf dem Bildschirm angezeigten Elemente akustisch zugänglich macht, können Sie über die Speakable Items Ihren Rechner mit der Spracherkennung steuern. In der Ansicht SPRACHE der Systemeinstellungen können Sie im Reiter SPRACHERKENNUNG die Option SPEAKABLE ITEMS ❶ aktivieren.

Wenn Sie die Spracherkennung aktiviert haben, dann erscheint ein kleines schwebendes Fenster, das ein Mikrofon enthält. Hier finden Sie in der Mitte die Taste, die Sie beim Sprechen gedrückt halten müssen, damit das System Ihre Anweisung versucht zu

▲ **Abbildung 2.95**
Das schwebende Fenster zeigt den Zustand der Spracherkennung an.

erkennen. In den Standardeinstellungen wird der Whit genannte Ton abgespielt, wenn das System eine gesprochene Anweisung erkannt hat. Sie können sich auch eine BESTÄTIGUNG DES BEFEHLS SPRECHEN lassen.

Abbildung 2.96 ▸
Die Spracherkennung aktivieren Sie durch die Option SPEAKABLE ITEMS.

Um sich mit der Funktionsweise vertraut zu machen, sollten Sie über die Schaltfläche KALIBRIEREN das in Abbildung 2.97 dargestellte Fenster aufrufen. Bei einigen Eingabegeräten steht Ihnen diese nicht zur Verfügung. Sie finden dort links einige Kommandos. Sprechen Sie diese aus, dann wird Ihnen zunächst der Pegel angezeigt, und Sie können mithilfe des Reglers Ihr Mikrofon anpassen. Wird Ihr Kommando, das Sie englisch aussprechen müssen, erkannt, dann erklingt ein Hinweis, und der Text blinkt kurz auf. Sofern Ihre Bemühungen erst einmal nicht von Erfolg gekrönt sind, bringen Sie den Schieberegler an eine andere Position und versuchen es erneut.

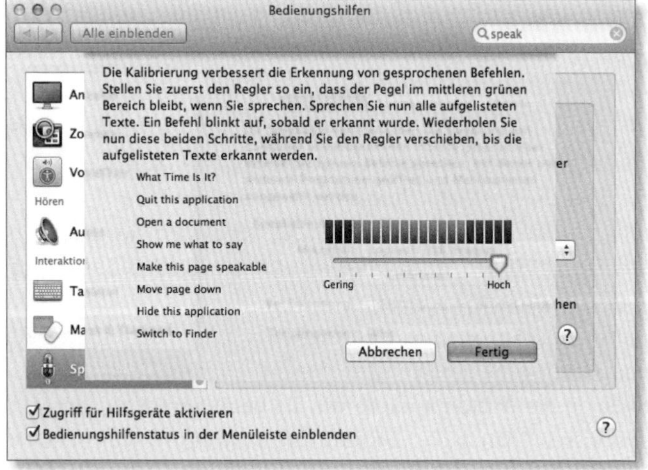

Abbildung 2.97 ▸
Die Kalibrierung des Mikrofons stellt eine erste Übung dar.

Befehle sprechen | In den Standardeinstellungen dient die Taste [esc] dazu, das System anzuweisen, auf Sie zu hören. Sie können auch stattdessen über die Option KONTINUIERLICHE SPRACHERKENNUNG MIT SCHLAGWORT veranlassen, dass das Aussprechen eines Stichworts wie »Computer« dazu führt, dass die Spracherkennung auf einen Befehl reagiert.

Verfügbare Anweisungen | Wenn Sie in dem schwebenden runden Fenster unterhalb des Mikrofons das Menü aufrufen, steht Ihnen dort die Option zur Verfügung, die verfügbaren Befehle einzublenden. Es erscheint dann eine weitere Palette (siehe Abbildung 2.98), in der Sie sortiert nach Rubriken die Anweisungen finden, die Sie dem Computer oder dem Programm erteilen können. Der Befehlsumfang ist leider sehr beschränkt. Weitere Befehle aktivieren Sie im Reiter BEFEHLE ❷ (siehe Abbildung 2.96). Nun können Sie, sofern Sie nichts anderes eingestellt haben, die Taste [esc] gedrückt halten und die Anweisung »Switch to Finder« sprechen. Wurde Ihre Anweisung erkannt, dann wird der Finder in den Vordergrund geholt.

▲ **Abbildung 2.98**
Die verfügbaren Anweisungen können Sie einblenden.

Weitere Einstellungen | Neben der Sprachausgabe und Spracherkennung bietet OS X 10.8 Funktionen, die Menschen mit eingeschränkter Motorik die Bedienung vereinfachen. In der Ansicht BEDIENUNGSHILFEN der Systemeinstellungen können Sie zunächst den Zoom aktivieren. Mit den angegebenen Tastenkombinationen oder unter Nutzung des Scrollrads bei gedrückt gehaltener Taste [ctrl] wird die Darstellung auf dem Bildschirm vergrößert und auf einen Ausschnitt begrenzt.

◂ **Abbildung 2.99**
Den Zoom und die Darstellung des Monitors konfigurieren Sie über die drei Ansichten in der Rubrik SEHEN.

In den OPTIONEN legen Sie fest, wie sich der Zoom verhalten soll, und geben zum Beispiel vor, dass der Bildschirmausschnitt ständig dem Mauspfeil folgen soll oder nur dann, wenn er den Rand des dargestellten Ausschnitts erreicht.

▲ **Abbildung 2.100**
Befehlstasten können Sie nacheinander eingeben.

Blinkender Bildschirm | Die beiden Optionen, die sich in der Ansicht AUDIO befinden, sind für Menschen mit eingeschränktem Hörvermögen hilfreich. Sie können sich durch ein Aufblitzen des Bildschirms darüber informieren lassen, dass gerade ein Warnton erklungen ist. Darüber hinaus kann, bei einer Hörbeeinträchtigung auf einem Ohr, die Tonausgabe ausschließlich in Mono erfolgen.

Abbildung 2.101 ▶
Der Bildschirm kann beim Erklingen des Warntons auch blinken.

Tastatur | In der Darstellung TASTATUR können Sie die EINFINGERBEDIENUNG aktivieren. Diese ermöglicht es Ihnen, bei einer Tastenkombination die zu kombinierenden Tasten nacheinander und nicht gleichzeitig zu drücken. Sie finden auf dem Bildschirm in weißer Schrift die Tasten, die das System gerade für Sie gedrückt hält. Mit der Maus können Sie diese Symbole an einen anderen Platz verschieben.

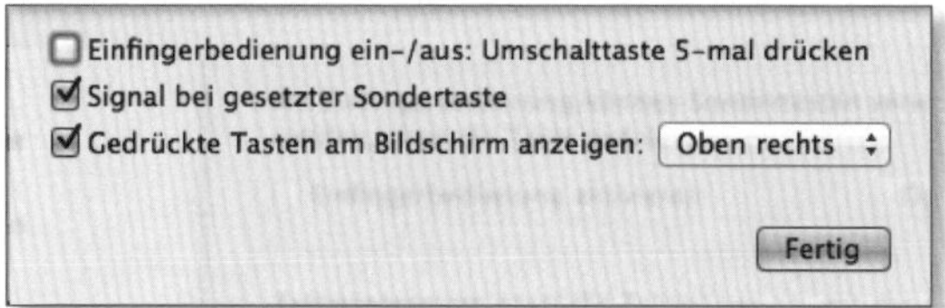

Abbildung 2.102 ▶
Die Einfingerbedienung können Sie auch durch fünfmaliges Drücken der ⇧-Taste aktivieren.

Mausbedienung | In der Ansicht MAUS & TRACKPAD können Sie die Mausbedienung aktivieren. Wenn sie aktiviert wurde, können Sie durch die Tasten auf dem Ziffernblock der Tastatur den

Mauspfeil steuern. Die Taste [4] bewegt ihn nach links, die Taste [6] nach rechts, [2] nach unten, [8] nach oben, und einen linken Mausklick erreichen Sie über die Taste [5], einen rechten Mausklick über die Tastenkombination [⇧] + [5]. Die Größe des Mauspfeils können Sie unter ANZEIGE über den Regler CURSOR-GRÖSSE einstellen.

Die Handschriftenerkennung Ink

Wenn Sie über ein Grafiktablett verfügen, dann können Sie dieses nicht nur zum Zeichnen und als Ersatz für die Maus nutzen, sondern über die Handschriftenerkennung von OS X 10.8 auch zur Eingabe von Text. Diese Erkennung wird *Ink* genannt, und die gleichnamige Ansicht steht Ihnen in den Systemeinstellungen nur zur Verfügung, wenn Sie ein Grafiktablett angeschlossen und eventuell notwendige Treiber installiert haben.

◂ **Abbildung 2.103**
Die Erkennung der Handschrift steht zur Verfügung, wenn Sie ein passendes Gerät angeschlossen haben.

Warnung
Damit die Optionen zum Halten der Taste korrekt funktionieren, müssen Sie mit dem Dienstprogramm des Herstellers Ihres Tabletts die entsprechende Stifttaste deaktivieren.
OK

◂ **Abbildung 2.104**
Verwenden Sie eine Taste des Stifts, dann sollten Sie die Taste in der Konfiguration des Tabletts deaktivieren.

▴ **Abbildung 2.105**
Die Erkennung können Sie auch über die Palette aktivieren.

In der Ansicht INK aktivieren Sie die Erkennung. Es gibt hier mehrere Möglichkeiten, und Sie müssen einfach ausprobieren, welche sich am besten in Ihre Arbeitsweise einfügt. Eine recht praktikable Möglichkeit, die Erkennung der Handschrift zu aktivieren, besteht in der Verwendung einer Taste des Stifts. Sie erhalten dann einen Hinweis, dass Sie die Taste in den Einstellungen des Grafiktabletts deaktivieren sollten. Die Taste wird anschließend komplett von Ink übernommen.

Ink-Fenster | Eine andere Möglichkeit besteht darin, dass Sie das INK-FENSTER EINBLENDEN oder INK IN DER MENÜLEISTE ANZEIGEN lassen. In der Menüleiste oben rechts aktivieren Sie die Erkennung dann über das Icon mit dem Stift und den Eintrag ÜBERALL SCHREIBEN. Im INK-Fenster finden Sie links ein Icon mit dem Mauspfeil. Wenn Sie dieses anklicken, ändert sich das Icon in einen Stift, und die Erkennung wird aktiviert.

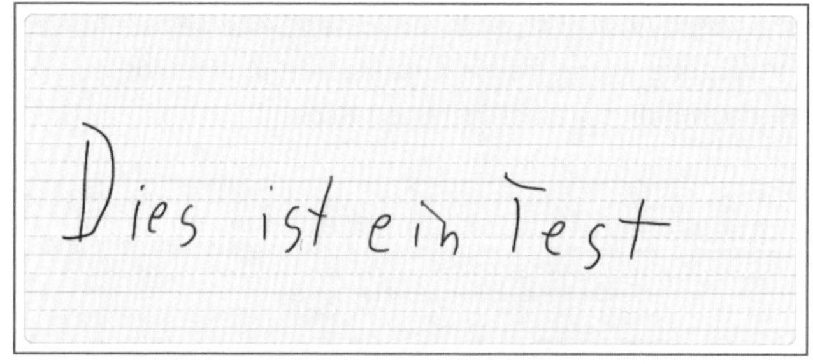

Abbildung 2.106 ▸
Der geschriebene Text wird gelb unterlegt.

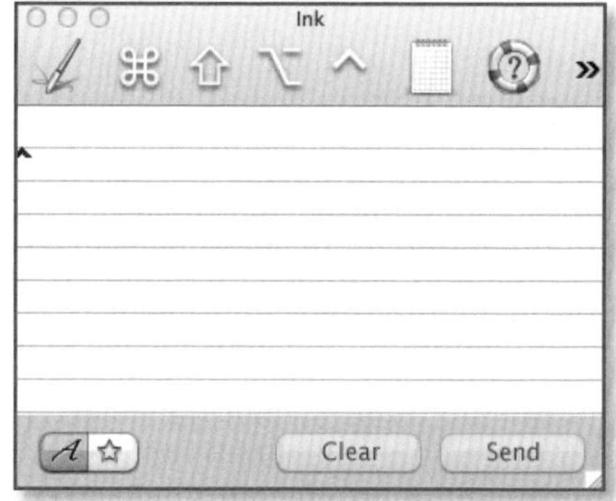

Abbildung 2.107 ▸
Die Eingabe kann auch über das Fenster von Ink erfolgen.

Schreiben | Wenn Sie nun in einem Programm in einem Eingabefeld für Text den Cursor platzieren, können Sie die Schrifterkennung durch die zuvor konfigurierte Methode (Klick auf das Icon oder Gedrückthalten der Taste) aktivieren. Sobald Sie mit dem Schreiben beginnen, erscheint ein gelber Zettel, auf dem Ihr geschriebener Text steht. Wenn Sie mit dem Schreiben fertig sind, warten Sie einen kurzen Moment und heben den Stift an. Das System fügt anschließend den erkannten Text an der Position des Cursors ein. Da jede Handschrift individuell ist, müssen Sie mit der Einstellung MEINE HANDSCHRIFT IST etwas experimentieren, um zu optimalen Ergebnissen zu kommen. Anstelle des freien

Schreibens können Sie in der Palette von Ink mit einem Klick auf das Icon mit einem Block die Schreibfläche dort aktivieren, Ihren Text in der nun eingeblendeten Fläche schreiben und über die Schaltfläche SEND an das aktive Fenster schicken.

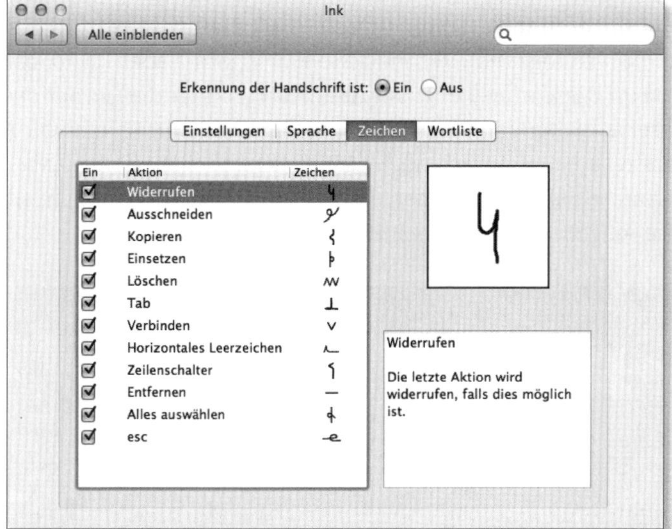

◀ **Abbildung 2.108**
Ink steuern Sie durch die Eingabe von Zeichen.

Anweisungen über Zeichen | Im Reiter ZEICHEN in den Systemeinstellungen finden Sie einige Steuerzeichen, die Sie bei der Arbeit mit Ink verwenden können. Wählen Sie ein solches Steuerzeichen aus, dann wird es in der Fläche rechts aufgemalt. Sie können so ersehen, welche Bewegung mit dem Stift Sie vollbringen müssen, damit das Zeichen als Steuerzeichen erkannt wird.

Wortliste
Wenn Sie regelmäßig mit komplizierteren Wörtern arbeiten, dann können Sie Ink ein wenig auf die Sprünge helfen und diese Wörter in die WORTLISTE aufnehmen.

Wartezeit | Im Reiter EINSTELLUNGEN legen Sie über die Schaltfläche OPTIONEN die Wartezeiten fest, die vergehen, bis Ink den Text erkennt. Auch hier müssen Sie ein wenig experimentieren, bis Sie zu den für Sie passenden Einstellungen gelangen.

2.10 Dashboard

Das mit Mac OS X 10.4 eingeführte Dashboard ist für die meisten Anwender aus dem Alltag nicht mehr wegzudenken, auch wenn es in den letzten Jahren ein wenig an Popularität eingebüßt hat. Gedacht für kleine Programme – *Widgets* genannt –, die eine klar definierte Aufgabe erfüllen, erleichtert es den Zugriff auf Informationen und assistiert bei der Erledigung kleiner Arbeiten. Realisiert werden diese kleinen Programme in erster Linie mithilfe von HTML, Cascading Stylesheets und JavaScript.

Bezugsquellen
Mittlerweile gibt es eine vierstellige Anzahl an Widgets, die den Nutzen des Dashboards enorm erhöhen können. Weitere Widgets können Sie im Internet unter folgenden Adressen suchen: *www.apple.com/downloads/dashboard* und *www.dashboardwidgets.com*

Die Idee hinter Dashboard

Bei der täglichen Arbeit am Computer gibt es eine Vielzahl von kleinen Handgriffen. Die Spannbreite reicht vom Nachschlagen einer Telefonnummer in den Kontakten bis hin zur Umrechnung eines Betrags von einer Währung in eine andere. Möchten Sie auf jedes der entsprechenden Programme wie etwa die Kontakte und das Dienstprogramm Rechner direkten Zugriff haben, wird der Platz im Dock schnell eng. Weiterer Platz wird für die Fenster der einzelnen Programme benötigt. Mit Mission Control bietet OS X 10.8 zwar einen Ansatz, auch viele Fenster zu überblicken. Aber es wäre eigentlich einfacher, einige Programme für genau umrissene Aufgaben gar nicht erst zu starten.

▼ Abbildung 2.109
Das Dashboard stellt eine separate Arbeitsumgebung zur Verfügung.

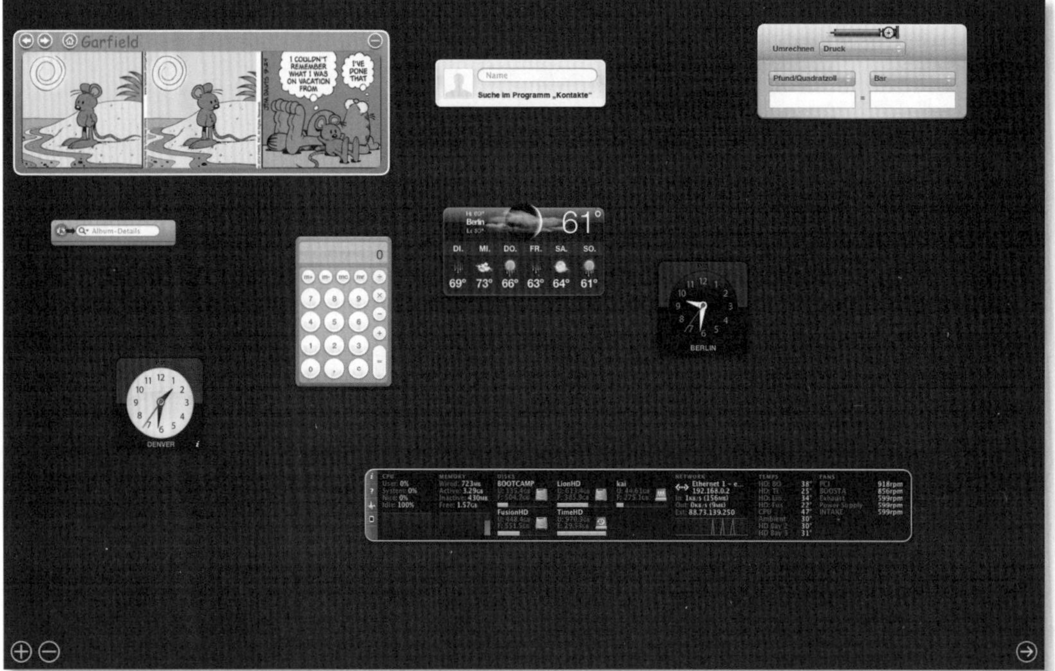

Dashcode
Unter *http://developer.apple.com/downloads* können Sie sich das Programm Dashcode herunterladen. Es stellt eine komfortable Arbeitsumgebung für die Entwicklung eigener Widgets zur Verfügung. Etwas mehr als grundlegende Kenntnisse von HTML, CSS und JavaScript sollten Sie allerdings mitbringen.

Eine zweite Arbeitsfläche | Die Idee hinter Dashboard setzt genau an dieser Stelle an. Mit Dashboard führt Apple eine zweite, gesonderte Arbeitsfläche ein, die sich über die Fenster der normalen Programme legt oder neben der eigentlichen Arbeitsfläche existiert und nach der Ausführung einer Aufgabe – wie der Suche nach einer Telefonnummer – verschwindet. Rufen Sie Dashboard mit der Taste auf, die Sie in der Ansicht MISSION CONTROL der Systemeinstellungen vergeben haben, dann wird laut Standardeinstellungen ein Schreibtisch ganz links eingeblendet. Sie können auch in den Systemeinstellungen in der Ansicht MISSION

Control die Option Dashboard als Space anzeigen abwählen. Ab jetzt legt sich das Dashboard über den normalen Bildschirminhalt, der etwas abgedunkelt wird. Anschließend blenden Sie es durch einen erneuten Druck der Taste Dashboard wieder aus.

Widgets | Dashboard soll kein Ersatz für Programme wie Pages sein, sondern für kleine und möglichst exakt definierte Aufgaben dienen. Die Programme, die Sie innerhalb des Dashboards nutzen können, werden als *Widgets* bezeichnet. Für diese Widgets gibt es im Gegensatz zu den Programmen keine klaren Richtlinien, wie ihre Oberfläche gestaltet werden sollte.

Drei Typen | Die Einsatzgebiete der Widgets können grob in drei Bereiche unterteilt werden: Kleine Dienstprogramme (*Accessory Widgets*) bieten nützliche Zusatzfunktionen. Beispiele wären der Taschenrechner oder das Programm zur Übersetzung.

Andere Widgets können mit den Programmen von OS X 10.8 interagieren. Diese *Application Widgets* ergänzen die Programme oder machen ausgewählte Funktionen über das Dashboard zugänglich. Dazu zählt beispielsweise die Steuerung von iTunes, die Ihnen die Auswahl des nächsten oder vorherigen Titels ermöglicht, den aktuellen Titel anzeigt und sonst keine weiteren Funktionen bietet.

Außerdem gibt es *Information Widgets*, deren Zweck ausschließlich in der Anzeige von Informationen besteht. Darunter fallen die Uhren oder ein Widget, das Ihnen einen Überblick über die Systemauslastung und Netzwerkverbindungen verschafft.

Safari als Laufzeitumgebung
Im Hintergrund arbeitet der Kern des Webbrowsers Safari – genannt WebKit – und sorgt für die Darstellung. Zeitgleich ist das WebKit auch die Laufzeitumgebung für die Programme. WebKit selbst ist ein quelloffenes Projekt von Apple, das wiederum auf dem Browser Konqueror basiert. Informationen über WebKit finden Sie unter *http://www.webkit.org*.

HTML und JavaScript | Da die Aufgaben der Widgets klar begrenzt sein sollten, ist auch ihre bevorzugte Programmiersprache nicht zu komplex: Es handelt sich in erster Linie um einfache HTML-Dateien. Diese sorgen zusammen mit einigen Grafiken für das Aussehen eines Widgets. Bei den eigentlichen Programmen, die zum Beispiel die Telefonnummer nachschlagen oder eine Uhr darstellen, wird in erster Linie JavaScript verwendet.

Dashboard nutzen

Im Ordner Programme finden Sie das Programm Dashboard. Sie können es im Dock ablegen, um das Dashboard anstatt über die vorgegebene Taste über einen Mausklick aufzurufen. Aus dem Kontextmenü heraus können Sie die Dashboard-Einstellungen, also die bereits eingangs besprochene Option für die Darstellung, im Bereich Mission Control vorgeben. Die Option Weitere Widgets ... öffnet das Verzeichnis verfügbarer Widgets auf den Webseiten von Apple.

▲ **Abbildung 2.110**
Auch über das gleichnamige Programm können Sie das Dashboard aufrufen.

Systemeinstellungen | In den Standardeinstellungen dient die Taste [F12] zum Aufruf von Dashboard. Im Bereich MISSION CONTROL der SYSTEMEINSTELLUNGEN können Sie unter AKTIVE ECKEN eine Ecke des Bildschirms für seine Aktivierung vorgeben. Bewegen Sie den Mauspfeil in diese Ecke, dann erscheint das Dashboard. Außerdem ist es möglich, eine andere (Maus-)Taste vorzugeben.

▲ **Abbildung 2.111**
Das kleine »i« erscheint bei den meisten Widgets, wenn sich der Mauspfeil über dem Widget befindet.

Widgets arrangieren | Bereits auf dem Dashboard platzierte Widgets bewegen Sie an eine andere Stelle des Bildschirms, indem Sie die linke Maustaste gedrückt halten und das Widget wie ein Fenster an die gewünschte Stelle ziehen. Ebenso wie Fenster können sich Widgets überlagern, und ein Klick auf die Fläche eines im Hintergrund befindlichen Widgets holt es in den Vordergrund.

Voreinstellungen | Viele Widgets bieten Ihnen die Möglichkeit, dauerhafte Einstellungen vorzunehmen. Solche Voreinstellungen rufen Sie auf, indem Sie zuerst den Mauspfeil über dem betreffenden Widget platzieren.

Preferences
Die Voreinstellungen einzelner Widgets werden im Ordner ~/LIBRARY/PREFERENCES gespeichert. Die Namensgebung dieser Dateien entspricht der Methode der umgekehrten Domainnamen, wobei zusätzlich *widget-* (*widget-com.apple.widget.weather.plist*) vorangestellt wird.

Verfügt es über Voreinstellungen, erscheint in der Regel rechts unten ein kleines I (siehe Abbildung 2.111). Ein Klick auf dieses Symbol dreht das Widget um, und Sie können beispielsweise bei der Uhr den Kontinent und die Stadt auswählen. Ein Klick auf die Schaltfläche DONE oder FERTIG dreht das Widget erneut.

Nicht alle Widgets verfügen über solche Voreinstellungen. Im Falle des von Apple mitgelieferten Taschenrechners sind zum Beispiel keine Einstellungen möglich.

Neustart | Manchmal reagiert ein Widget nicht mehr auf Eingaben oder soll in seinen Ausgangszustand versetzt werden. Mit der Tastenkombination [⌘] + [R] können Sie es neu starten. Es wird dabei kurz in einen Strudel gezogen und erscheint dann neu mit seinen Voreinstellungen.

Abbildung 2.112 ▶
Mit der Tastenkombination [⌘] + [R] starten Sie ein Widget neu.

Drag & Drop | Einige Widgets sind auch in der Lage, eine Datei per Drag & Drop entgegenzunehmen und zu verarbeiten. Das ist zum Beispiel beim »Puzzle«-Widget (siehe unten) möglich. Bei solchen Widgets wählen Sie die Datei im Finder aus und beginnen, sie mit gedrückter linker Maustaste zu ziehen. Ohne die Maustaste loszulassen, blenden Sie das Dashboard ein und ziehen die Datei auf das passende Widget.

▲ **Abbildung 2.113**
Einige Widgets unterstützen das Drag & Drop aus dem Finder.

Widgets installieren und verwalten

Wenn Sie das eingekreiste Kreuz links unten auf dem Dashboard anklicken, dann verschwindet analog zum Launchpad der normale Inhalt des Dashboards. Es erscheint dann eine Übersicht der installieren Widgets, die Sie auch aufeinanderziehen können, um einen Ordner zu erstellen. Um ein Widget auf dem Dashboard zu platzieren, klicken Sie es einfach an.

Widget entfernen | Das Minuszeichen unten links können Sie auf zweierlei Weise verwenden. Klicken Sie es an, wenn Sie sich das Dashboard normal anzeigen lassen, dann können Sie ein Widget vom Dashboard entfernen. In diesem Modus erscheint ein kleines umrandetes X an den Widgets. Klicken Sie es an, wird das Widget vom Dashboard entfernt. Sie können es anschließend wieder auf dem Dashboard platzieren. Alternativ können Sie auch die Taste [alt] gedrückt halten, und den Mauspfeil über dem zu entfernenden Widget platzieren.

Widget entfernen
[alt] gedrückt halten

▲ **Abbildung 2.114**
Mit dem umrandeten x schließen Sie das Widget.

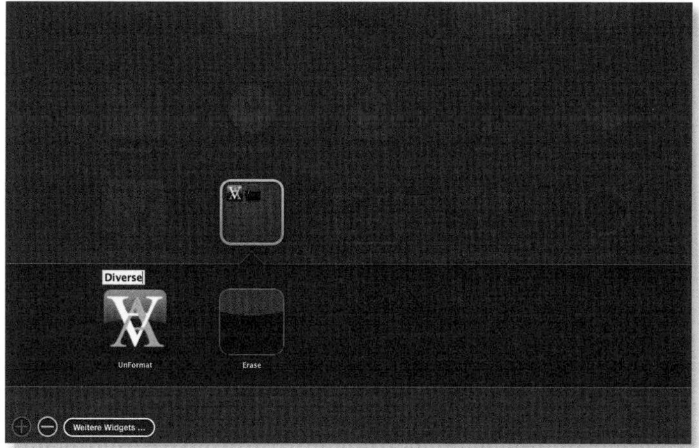

◂ **Abbildung 2.115**
Ein Klick auf das Pluszeichen blendet alle verfügbaren Widgets ein.

Nutzen Sie das Minuszeichen, nachdem Sie zuvor über das Pluszeichen die Übersicht der installierten Widgets aufgerufen haben, dann können Sie Widgets komplett entfernen. Wenn dieser Modus aktiv ist, dann werden die Widgets animiert und wackeln. Klicken Sie nun das X an, dann erhalten Sie eine Rückfrage, ob Sie das Widget wirklich löschen möchten.

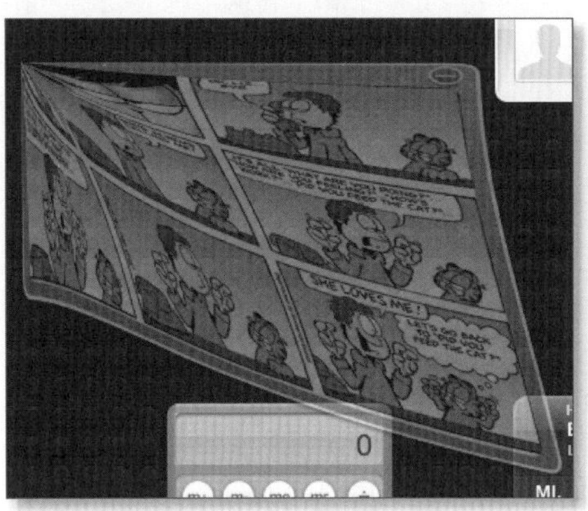

Abbildung 2.116 ▸
Ein geschlossenes Widget wird vom Nichts aufgesogen.

Daten sichern | Einige Widgets wie die Notizzettel können Daten enthalten. Ob und inwieweit Ihre Eingaben gesichert werden, hängt von dem einzelnen Widget ab. Im Falle der Notizzettel wird Ihr Text, wenn Sie den entsprechenden Zettel vom Dashboard entfernen, einfach gelöscht und kann nicht wiederhergestellt werden. Einige Widgets merken sich zwar Ihre Eingaben und Einstellungen, aber Sie sollten es im Einzelfall besser vorher ausprobieren. Der Text eines Notizzettels wäre zum Beispiel unwiderruflich verloren.

Doppelklick
Eine WDGT-Datei können Sie im Finder auch mit einem Doppelklick öffnen. Das Dashboard erscheint dann automatisch, und Sie erhalten eine Rückfrage, ob Sie das Widget wirklich installieren möchten. In diesem Fall wird die WDGT-Datei in den Ordner ~/Library/Widgets verschoben und in einer Voransicht auf dem Dashboard geöffnet. In dieser Voransicht können Sie sich dann endgültig entscheiden, ob Sie das Widget behalten möchten.

Widgets installieren | Die Widgets werden von OS X 10.8 mit der Endung *.wdgt* versehen. Hierbei handelt es sich um Ordner, deren Inhalt im Finder nicht angezeigt wird. Gespeichert werden diese Dateien entweder unter /Library/Widgets für alle eingerichteten Benutzer oder unter ~/Library/Widgets für das eigene Benutzerkonto. Ein neues Widget können Sie installieren, indem Sie die WDGT-Datei in einen dieser Ordner verschieben. Bei einem erneuten Aufruf aller verfügbaren Widgets wird es dann automatisch berücksichtigt.

Die mitgelieferten Widgets

OS X 10.8 bringt von Haus aus mehr als 15 Widgets mit. Sie befinden sich im Verzeichnis /Library/Widgets und stehen allen auf Ihrem System eingerichteten Benutzern zur Verfügung. Dieser Abschnitt stellt Ihnen diese Standard-Widgets kurz vor und zeigt Ihnen die einen oder anderen nicht ganz so offensichtlichen Funktionen.

Kontakte | Dieses Widget stellt eine Möglichkeit zur schnellen Suche in den Kontakten Ihres Benutzerkontos dar. Im Eingabefeld oben können Sie einen Namen eingeben, und das Widget zeigt Ihnen bereits während der Eingabe passende Einträge. Mit den Pfeiltasten können Sie einen Eintrag auswählen und diesen mit [↵] anzeigen. Dort können Sie sich mit einem Klick auf eine Telefonnummer diese in einer Vergrößerung über den gesamten Bildschirm anzeigen lassen, ein Klick auf die E-Mail-Adresse erstellt eine neue E-Mail. Haben Sie einen Instant Messenger eingetragen, dann können Sie mit einem Klick auf diesen Eintrag sofort einen Chat mit dieser Person beginnen.

Amerikanische Widgets
Einige Widgets greifen auf US-amerikanische Datenbanken zurück und sind im deutschsprachigen Raum de facto nicht zu benutzen. Im Folgenden werden daher die Widgets »ESPN« zur Anzeige von Sportergebnissen, »Movies« für das Kinoprogramm sowie »Ski Report« zur Anzeige der Schneehöhe nicht besprochen.

◂ **Abbildung 2.117**
Das Widget »Kontakte« ermöglicht die Suche nach und die Anzeige von Kontakten.

CI Filter Browser | Mit diesem Widget lassen Sie sich eine Vorschau der in OS X 10.8 enthaltenen CoreImage-Filter anzeigen.

◂ **Abbildung 2.118**
Das Widget »CI Filter Browser« ermöglicht eine Vorschau der CoreImage-Filter von OS X 10.8 direkt auf dem Dashboard.

Es ist Bestandteil der Xcode-Programme, und kann bei Bedarf von *http://developer.apple.com/downloads* im Paket der *Graphic Tools for Xcode* heruntergeladen werden. Oben links wählen Sie eine Filtergruppe aus und rechts dann einen bestimmten Filter. Mit einem Klick auf FILTER PREVIEW blenden Sie eine Vorschau des Filters ein. Dabei wird das Bild, das Ihnen unter INPUTIMAGE angezeigt wird, als Ausgangspunkt genommen, und die Ergebnisse des Filters finden Sie unter OUTPUTIMAGE.

Das Widget ist in erster Linie für Entwickler, die mit CoreImage arbeiten, interessant. Es gibt aber auch einige Programme, die auf diese Filter zurückgreifen, Ihnen dabei aber keine Vorschau zur Verfügung stellen. Bei solchen Programmen kann Ihnen dieses Widget nutzen und die fehlende Vorschau im Programm für die Funktionsweise eines Filters ersetzen.

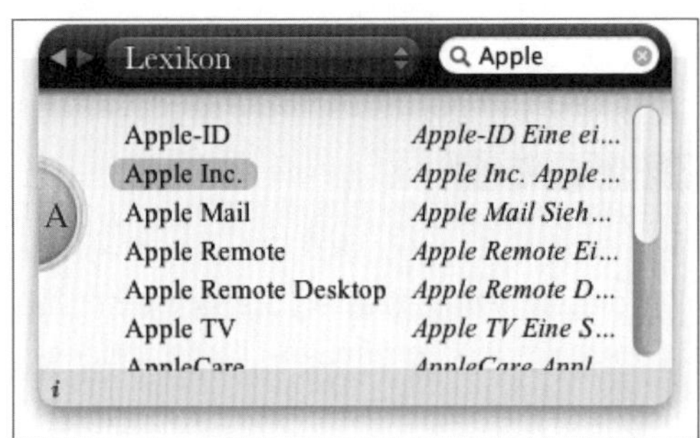

Abbildung 2.119 ▸
Das Widget »Lexikon« ermöglicht die direkte Suche in den Lexika.

Lexikon | Eine direkte Suche im Lexikon von OS X 10.8 wird mit diesem Widget möglich. In dem Ausklappmenü oben links wählen Sie das zu durchsuchende Lexikon aus und geben einen Suchbegriff ein. Im unteren Bereich des Widgets wird Ihnen dann die erste Fundstelle angezeigt, und mit einem Klick auf den Buchstaben am linken Rand gelangen Sie zu einer Übersicht von ähnlichen Fundstellen.

Abbildung 2.120 ▸
Start- und Landezeiten von Flügen fragen Sie mit dem Widget »Flight Tracker« ab.

Flight Tracker | Die Benutzung dieses Widgets ist denkbar einfach: Nach der Eingabe des Start- und Zielflughafens zeigt es Ihnen alle passenden Flüge an, die Sie dann gegebenenfalls auf eine

Fluglinie eingrenzen. Da das Widget die Daten direkt aus dem Internet von den Servern von FlyteComm bezieht, werden Sie auch über eventuelle Verspätungen informiert.

◄ **Abbildung 2.121**
Das »Kalender«-Widget zeigt auch die aktuellen Termine an.

Kalender | Mit diesem Widget können Sie sich zunächst das aktuelle Datum und eine Monatsübersicht anzeigen lassen. Mit einem Klick auf das Datum erscheint rechts eine Übersicht der aktuellen Termine, die Sie in Ihren Kalender eingetragen haben. Ein weiterer Klick auf das Datum blendet die Monatsübersicht sowie die Termine aus, während ein dritter Klick die Monatsübersicht wieder einblendet. Sie können direkt zu den Terminen in Kalender wechseln, wenn Sie im rechten Bereich einen Termin anklicken.

▲ **Abbildung 2.122**
Die Inhalte eines Notizzettels gehen verloren, wenn Sie das betreffende Widget vom Dashboard entfernen.

Notizzettel | Auf der Rückseite des Notizzettels können Sie die Schriftgröße, die Schriftart und die Farbe des Zettels vorgeben. Beachten Sie, dass der Text des Notizzettels verloren geht, wenn Sie das Widget vom Dashboard entfernen. Von dem Widget »Notizzettel« können Sie nach Bedarf weitere Instanzen auf dem Dashboard platzieren.

Puzzle | Zum Zeitvertreib können Sie versuchen, das »Puzzle« wieder in seinen Ursprungszustand zurückzuversetzen. Mit einem Mausklick auf das Motiv starten Sie das Verschieben der Teile, mit einem zweiten beenden Sie es. Klicken Sie auf ein Teil neben dem weißen Quadrat, um es dorthin zu verschieben. Anstelle des Leoparden können Sie auch mit einem anderen Motiv puzzeln, indem Sie aus dem Finder eine Grafikdatei auf das Widget ziehen.

Rechner | Im Gegensatz zum gleichnamigen Dienstprogramm beherrscht dieses Widget lediglich die Grundrechenarten.

▲ **Abbildung 2.123**
Ein rudimentärer Taschenrechner für die Grundrechenarten

Aktien | Die Entwicklung der Börsenkurse ausgewählter Unternehmen verfolgen Sie mit diesem Widget. In den Voreinstellungen auf der Rückseite können Sie weitere Aktien eintragen, indem Sie die Abkürzung der Aktie eingeben und diese über das Pluszeichen in die Liste aufnehmen.

Übersetzung | Das Widget übersetzt einzelne Wörter und auch ganze Sätze, wobei hier die Qualität stark schwankt. Im oberen Feld geben Sie ein Wort ein, und nach einer kurzen Verzögerung, in der das Widget Kontakt mit dem Server von Systran aufnimmt, erscheint im unteren Feld eine mögliche Übersetzung. Mit dem geschwungenen Pfeil kehren Sie die Richtung der Übersetzung um. Die möglichen Sprachkombinationen sind etwas eingegrenzt; so ist zum Beispiel eine Übersetzung Deutsch/Chinesisch nicht möglich.

Abbildung 2.124 ▸
Die Übersetzung eines Wortes erscheint mit einer kurzen Verzögerung.

Umrechnen | Dieses Widget hilft Ihnen bei der Umrechnung einer ganzen Reihe von Einheiten in Bezug auf Fläche, Energie, Temperatur oder Zeit. Bei den Währungen übernimmt das Widget die aktuellen Wechselkurse von Yahoo! und konvertiert einen Betrag basierend auf diesen Kursen.

Abbildung 2.125 ▸
Die Währungen werden basierend auf den aktuellen Wechselkursen konvertiert.

Wetter | In den Voreinstellungen dieses Widgets können Sie einen Ort vorgeben und erhalten dann eine Prognose für das Wetter in den nächsten sieben Tagen. Ein Klick auf die Sonne beziehungsweise die Wolken blendet die Prognose aus und wieder ein.

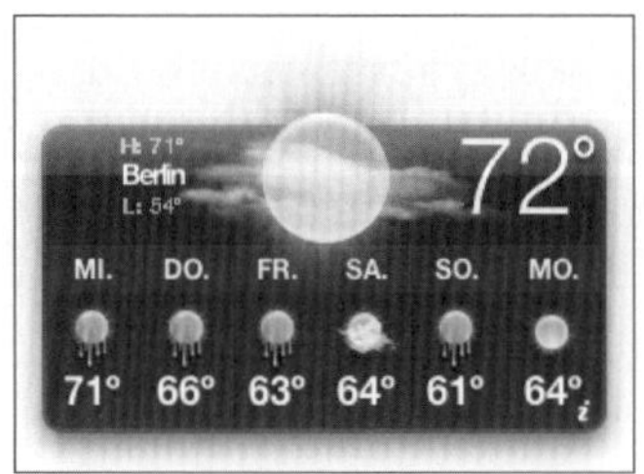

Abbildung 2.126 ▸
Die Prognose blenden Sie durch einen Klick auf den Himmelskörper aus.

Weltzeituhr | Auf der Rückseite dieses Widgets können Sie, nach Kontinenten gruppiert, einige Großstädte auswählen, für die es Ihnen dann die jeweilige Uhrzeit anzeigt.

◂ **Abbildung 2.116**
Das Widget »Weltzeituhr« zeigt die Uhrzeit für einen vorgegebenen Ort an.

Web Clips mit Safari | Mithilfe eines Web Clips können Sie einen Ausschnitt einer in Safari angezeigten Webseite als Widget auf Ihrem Dashboard platzieren. Dazu rufen Sie die Webseite zunächst in Safari auf und klicken dann das Icon mit der Schere in der Symbolleiste an, oder Sie wählen den Menüpunkt ABLAGE • IM DASHBOARD ÖFFNEN. Nun legen Sie den Bereich fest, der auf dem Dashboard angezeigt werden soll. Bei der Auswahl des Bereichs versucht Safari, intelligent vorzugehen, und passt die Auswahl an die Elemente der Webseite an. So wird zum Beispiel eine Tabelle gleich ganz markiert.

Mit einem Mausklick können Sie die Auswahl fixieren und erhalten acht Punkte an den Rändern und Ecken, die Sie mit gedrückter Maustaste verschieben und so den ausgewählten Bereich anpassen können. Ein Klick auf HINZUFÜGEN erstellt ein neues Widget im Dashboard, das exakt den ausgeschnittenen Bereich anzeigt.

Property-Liste
Die Web Clips werden nicht mithilfe eigener Widgets unter ~/LIBRARY/WIDGETS realisiert, sondern in der Property-Liste *widget-com.apple.widget.web-clip.plist* gespeichert. Dort wird für einen Web Clip zunächst ein Präfix in der Form 6ea6bac59d... generiert, und dann werden in einzelnen Einträgen sowohl der anzuzeigende URL der Webseite als auch die Größe und der Ausschnitt festgelegt.

▲ **Abbildung 2.127**
Den Ausschnitt der Webseite legen Sie in Safari fest.

Auf der Rückseite des Web Clips können Sie zunächst aus sechs Vorlagen auswählen, die den Rahmen des Ausschnitts festlegen. Über die Schaltfläche BEARB. können Sie den Web Clip bearbeiten. Das Widget dreht sich wieder zur Vorderseite, und Sie können einerseits den Ausschnitt verschieben und andererseits die Größe des Widgets wie bei einem normalen Fenster über das Icon rechts unten anpassen. Haben Sie die Änderungen vorgenommen, bringt Sie FERTIG wieder zur normalen Ansicht des Web Clips.

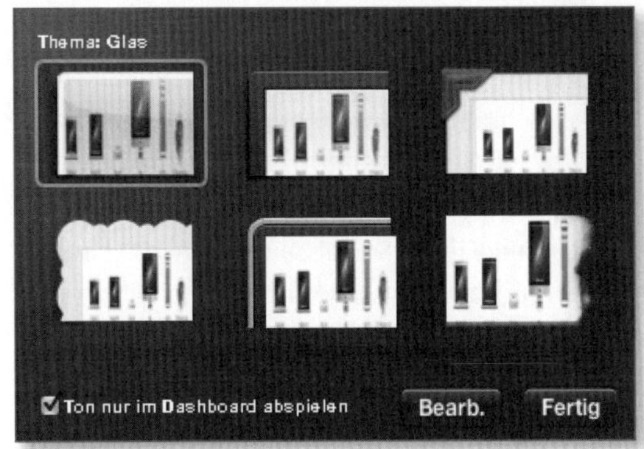

Abbildung 2.128 ▸
In den Voreinstellungen eines Web Clips können Sie sechs Vorlagen auswählen und die Bearbeitung des Web Clips aktivieren.

Die Option TON NUR IM DASHBOARD ABSPIELEN in den Voreinstellungen verhindert die Wiedergabe einer möglicherweise in der Webseite integrierten Tondatei, wenn das Dashboard ausgeblendet ist. So vermeiden Sie, dass eine eingebettete Musikdatei im Hintergrund weiter abgespielt wird.

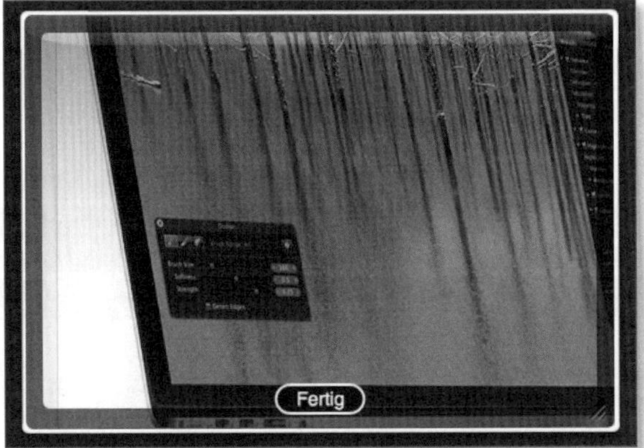

Abbildung 2.129 ▸
Bei der Bearbeitung des Web Clips können Sie den angezeigten Ausschnitt verschieben und die Größe des Widgets verändern.

Links | Die Hyperlinks in einem Web Clip können Sie direkt anklicken. Es öffnet sich dann das Ziel dieses Links im Standardbrowser. Auf diese Weise platzieren Sie eine Liste von Links, die Sie zu einem späteren Zeitpunkt abarbeiten möchten, kurzzeitig auf dem Dashboard, ohne gleich ein Lesezeichen in Safari setzen zu müssen.

Technische Hintergründe

Sie können die Bestandteile eines Widgets im Finder über die Option Paketinhalt anzeigen im Kontextmenü auswählen. Zu den Bestandteilen, die ein Widget auf jeden Fall enthalten muss, gehören folgende Dateien:

- *Default.tif*: Diese Grafik wird sowohl in der Vorschau eines zu installierenden Widgets als auch bei der Platzierung auf dem Dashboard angezeigt.
- *Icon.tif* oder *Icon.icns*: Diese Grafik erscheint in der Leiste der verfügbaren Widgets.
- *Info.plist*: In dieser Property-Liste werden neben der Versionsnummer und der Bezeichnung des Widgets auch die Beschränkungen (z. B. Netzwerk- und Dateizugriff) festgelegt.
- *Name.css*: Enthält die Anweisungen und Formatvorlagen für die Gestaltung der Oberfläche des Widgets in Form eines Cascading Stylesheets.
- *Name.html*: Diese HTML-Datei stellt das Grundgerüst des Widgets dar. Über sie werden die Formatvorlagen und JavaScript-Dateien eingebunden.
- *Name.js*: Der eigentliche Programmcode des Widgets befindet sich in dieser JavaScript-Datei.

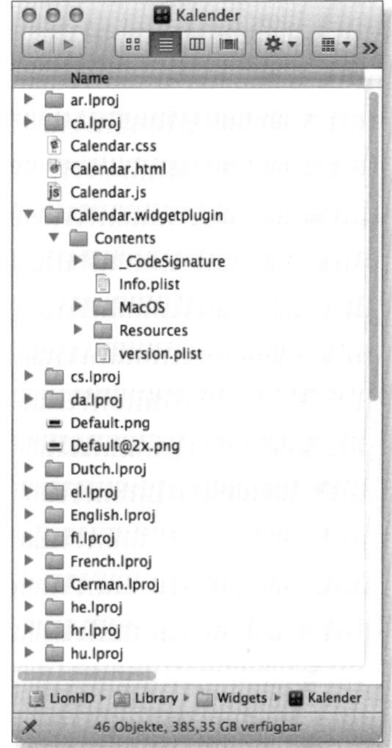

▲ **Abbildung 2.130**
Das» Kalender«-Widget enthält neben den obligatorischen Bestandteilen auch ein Plug-in.

Neben diesen Standardelementen ist es auch möglich, in einem Widget die zusätzlichen Dateien in eigenen Ordnern (z. B. Images) zu organisieren. Sofern der Programmcode umfangreicher und damit unübersichtlicher wird, ist die Verwendung und Einbettung weiterer JavaScript-Dateien möglich.

Eine Lokalisierung des Widgets in verschiedene Sprachen kann mit den in den Ordnern English.lproj und German.lproj enthaltenen Sprachdateien erfolgen. In Form einer Erweiterung (*.widgetplugin*) kann auch ein eigenständiges Programm in das Widget integriert und von diesem ausgeführt werden. Komplexere Aufgaben, die die Fähigkeiten von JavaScript übersteigen, lassen sich so auch mit einer Programmiersprache wie Objective-C bewältigen.

Widget Resources
Im Ordner /System/Library/WidgetResources finden Sie einige Standardelemente. Hierzu gehört zum Beispiel die Grafik für das kleine i, das die Voreinstellungen anzeigt. In den Unterordnern AppleClasses und AppleParser sind einige fertige Skripten und Klassen enthalten, auf die Entwickler wie auch Dashcode zurückgreifen können.

Vorgaben und Sicherheit | Die Widgets werden innerhalb des Prozesses `Dashboard` mit der Benutzerkennung des aktuellen Benutzers ausgeführt und unterliegen bei den Zugriffsrechten den gleichen Beschränkungen. Würden Sie sich als »root« an der grafischen Oberfläche anmelden, hätte ein Widget auch einen entsprechend weitreichenden Zugriff auf das Dateisystem. Über welche Berechtigungen das Widget darüber hinaus verfügt, können Sie der Datei *Info.plist* innerhalb des Widgets entnehmen. Sie finden dort Einträge in der Form `AllowSystem` oder `AllowInter-`

netPlugins, die die Verwendung erlauben, wenn Sie den Wert auf Yes setzen. Der Standardwert lautet No. Folgende Eigenschaften und Befugnisse können Sie einem Widget erteilen:

- AllowFileAccessOutsideOfWidget: Das Widget darf auf Dateien zugreifen, die außerhalb seines eigenen Bundles liegen.
- AllowInternetPlugins: Die Verwendung von Plug-ins wie QuickTime oder Flash ist erlaubt.
- AllowJava: Das Widget kann auch Java-Applets ausführen.
- AllowNetworkAccess: Die Verbindungen ins lokale Netzwerk und Internet werden nicht unterbunden.
- AllowSystem: Ermöglicht den Zugriff auf alle Befehle, die auch am Terminal zur Verfügung stünden.
- AllowFullAccess: Dem Widget stehen alle zuvor beschriebenen Möglichkeiten offen.

Prüfung vorab
Sind Sie im Begriff, ein neues und Ihnen bisher nicht bekanntes Widget zu installieren, sollten Sie mittels Quick Look einen Blick auf die in dem Bundle enthaltene Datei *Info.plist* werfen. Die in dieser Datei enthaltenen Freigaben sind mit den Absichten des Programmierers vergleichbar. Wenn Sie bei einem Widget, das lediglich die Zahl Pi auf mehrere Nachkommastellen berechnen soll, den Eintrag AllowFullAccess mit dem Wert Yes versehen vorfinden, ist ein detaillierter Blick in den Quellcode angeraten.

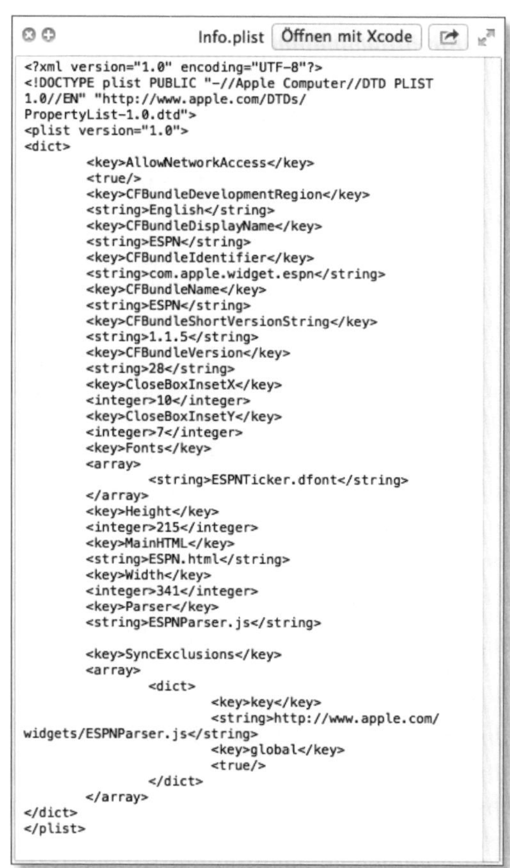


```
<?xml version="1.0" encoding="UTF-8"?>
<!DOCTYPE plist PUBLIC "-//Apple Computer//DTD PLIST
1.0//EN" "http://www.apple.com/DTDs/
PropertyList-1.0.dtd">
<plist version="1.0">
<dict>
	<key>AllowNetworkAccess</key>
	<true/>
	<key>CFBundleDevelopmentRegion</key>
	<string>English</string>
	<key>CFBundleDisplayName</key>
	<string>ESPN</string>
	<key>CFBundleIdentifier</key>
	<string>com.apple.widget.espn</string>
	<key>CFBundleName</key>
	<string>ESPN</string>
	<key>CFBundleShortVersionString</key>
	<string>1.1.5</string>
	<key>CFBundleVersion</key>
	<string>28</string>
	<key>CloseBoxInsetX</key>
	<integer>10</integer>
	<key>CloseBoxInsetY</key>
	<integer>7</integer>
	<key>Fonts</key>
	<array>
		<string>ESPNTicker.dfont</string>
	</array>
	<key>Height</key>
	<integer>215</integer>
	<key>MainHTML</key>
	<string>ESPN.html</string>
	<key>Width</key>
	<integer>341</integer>
	<key>Parser</key>
	<string>ESPNParser.js</string>

	<key>SyncExclusions</key>
	<array>
		<dict>
			<key>key</key>
			<string>http://www.apple.com/
widgets/ESPNParser.js</string>
			<key>global</key>
			<true/>
		</dict>
	</array>
</dict>
</plist>
```

Abbildung 2.131 ▸
In der Datei »Info.plist« definieren Sie unter anderem die Befugnisse des Widgets.

Prozesse | In der Aktivitätsanzeige erscheint das Dashboard in Form von mehreren Prozessen mit der Bezeichnung DASHBOARD.

Kapitel 3
Die Schaltzentrale: der Finder

Der Finder ist das zentrale Werkzeug zur Verwaltung Ihrer Dateien und Ordner. Er ist schon seit der allerersten Version von Mac OS fester Bestandteil des Betriebssystems. Mit OS X 10.8 bringt der Finder keine wirklich neuen Funktionen mit, die nicht schon in früheren Versionen enthalten waren.

In diesem Kapitel werden zunächst die einzelnen Funktionen des Finders besprochen. Anschließend finden Sie einige Hintergrundinformationen und erfahren, wie Dateien und Ordner unsichtbar werden, wie Pfadangaben aufgebaut sind und was es mit Bundles und symbolischen Links auf sich hat.

Finder neu starten

OS X 10.8 wurde so entwickelt, dass der Finder im Hintergrund immer aktiv ist. Sie können ihn nicht wie ein anderes Programm beenden. Wenn er nicht mehr reagieren sollte, halten Sie die Taste `alt` gedrückt und rufen das Kontextmenü im Dock auf. Sie finden dort die Option NEU STARTEN.

3.1 Tipps und Tricks im Alltag

Vieles in diesem Abschnitt werden Sie wahrscheinlich schon kennen und eingesetzt haben. Die folgenden Erläuterungen haben ihr Ziel dann erfüllt, wenn Sie den einen oder anderen Handgriff für sich neu entdecken und in Ihre Arbeitsweise integrieren.

▲ **Abbildung 3.1**
Mit gedrückt gehaltener Taste `alt` starten Sie den Finder neu.

Mit Dateien und Ordnern arbeiten

Der Finder bietet Ihnen einige Möglichkeiten, Dateien und Ordner komfortabel zu verwalten.

Neuer Ordner

⌘ + N

Neuer Ordner | Wenn Sie im Finder an einer beliebigen Stelle – also in einem Ordner, für den Sie Schreibrechte besitzen – einen leeren Ordner erstellen möchten, können Sie den Menüpunkt ABLAGE • NEUER ORDNER verwenden.

Dateien und Ordner auswählen | Wenn Sie nur eine Datei oder einen Ordner verschieben oder kopieren möchten, wählen Sie das Objekt mit einem einfachen Mausklick aus und ziehen es mit gedrückter Maustaste auf den Zielordner.

Abbildung 3.2 ▸
Mit gedrückt gehaltener Taste ⌘ wählen Sie mehrere nicht aufeinanderfolgende Objekte aus.

Sollen aus einem Ordner aber mehrere Objekte kopiert oder verschoben werden, stehen Ihnen mehrere Methoden zur Verfügung. Sie können mit der Tastenkombination ⌘ + A alle Objekte im aktiven Ordner auswählen. Selektieren Sie zuerst ein Objekt und wählen dann bei gedrückter Taste ⇧ ein zweites, markiert der Finder alle dazwischenliegenden Objekte ebenfalls. Halten Sie stattdessen die Taste ⌘ gedrückt, können Sie mit einem Mausklick mehrere Objekte in beliebiger Reihenfolge auswählen.

Schließlich können Sie in der Listendarstellung den Mauspfeil in die Freifläche rechts neben dem Namen eines Objekts platzieren und bei gedrückter Maustaste den Pfeil nach unten bewegen. Der Finder wählt nun alle Objekte aus, über die der Mauspfeil hinweggleitet.

Neuer Ordner mit Auswahl
ctrl + ⌘ + N

Neuer Ordner mit Auswahl | Haben Sie mehrere Objekte ausgewählt, die Sie in einen noch nicht existierenden Ordner verschieben möchten, dann können Sie über das Kontextmenü oder den Menüpunkt ABLAGE • NEUER ORDNER MIT AUSWAHL einen Ordner erstellen. Dieser bekommt den Namen NEUER ORDNER MIT OBJEKTEN zugewiesen, und die Dateien werden sofort in ihn verschoben.

Per Maus kopieren und verschieben | Die ausgewählten Objekte verschieben oder kopieren Sie, indem Sie sie bei gedrückter Maustaste auf den Zielordner ziehen. Befindet sich der Zielordner auf dem gleichen Volume wie die ausgewählten Objekte, werden diese in den Zielordner verschoben. Bei einem Zielordner, der sich auf einem anderen Volume befindet, werden die Dateien kopiert. Sollen die ausgewählten Objekte in einen Ordner auf dem gleichen Volume kopiert anstatt verschoben werden, halten Sie die Taste [alt] gedrückt. Der Mauspfeil wird dann von einem grünen Pluszeichen begleitet.

▲ **Abbildung 3.3**
Mit gedrückt gehaltener Taste [alt] kopieren Sie Objekte.

Auf anderes Volume verschieben | Wenn Sie Dateien oder Ordner auf ein anderes Volume bewegen möchten, halten Sie die Taste [⌘] gedrückt. Die Objekte werden dann auf die andere Festplatte oder Partition kopiert und die Originale vom Finder direkt gelöscht. Genau genommen, führen Sie also zwei Aktionen (Kopieren und Löschen) aus.

Aufspringende Ordner | Wenn Sie die ausgewählten Objekte auf einen Ordner ziehen und einen Moment warten, öffnet sich der Ordner in einem neuen Fenster, und Sie können durch seinen Inhalt navigieren und auf diese Weise weitere Ordner aufspringen lassen. Halten Sie die Leertaste gedrückt, dann springt der Ordner sofort auf. Die Wartezeit, bis der anvisierte Ordner aufspringt, können Sie in den Einstellungen des Finders vorgeben. Es ist auch möglich, dieses Verhalten komplett abzuschalten.

Ausklappende Ordner | In der Listendarstellung können Sie die zu kopierenden Objekte auf den Pfeil neben dem Namen des Ordners ziehen, und dieser wird ausgeklappt.

Mission Control | Haben Sie Objekte im Finder mit der Maus ausgewählt und halten Sie dabei die Maustaste gedrückt, dann können Sie auch die virtuellen Schreibtische über Mission Control aufrufen. Solange Sie die Maustaste nicht loslassen, verbleibt das ausgewählte Objekt am Mauszeiger. Sie können es dann in das gewünschte Fenster eines Programms ziehen. Es ist auch möglich, das Objekt auf einen anderen der oben angezeigten Schreibtische zu ziehen und damit zu diesem zu wechseln.

Objekt duplizieren
[⌘] + [D]

Duplizieren | Eine Kopie der Datei oder des Ordners an ihrem aktuellen Platz erzeugen Sie mit [⌘] + [D] oder über den Punkt Duplizieren im Kontextmenü. Der Finder fügt im Namen des Duplikats automatisch das Wort *Kopie* vor der Dateiendung ein.

▲ **Abbildung 3.4**
Ein ausgewähltes Objekt können Sie mittels Mission Control in ein anderes Fenster und auch auf einen anderen Schreibtisch bewegen.

Befindet sich bereits ein gleichnamiges Objekt im anvisierten Ordner, dann können Sie dieses ersetzen. Wählen Sie die Option Beide behalten, dann wird dem Namen der neuen Datei die Ziffer 2 am Ende hinzugefügt.

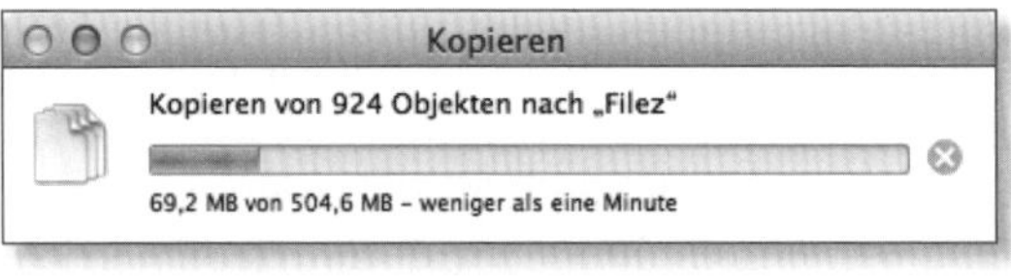

Abbildung 3.5 ▶
Den Kopiervorgang können Sie über das Kreuz abbrechen.

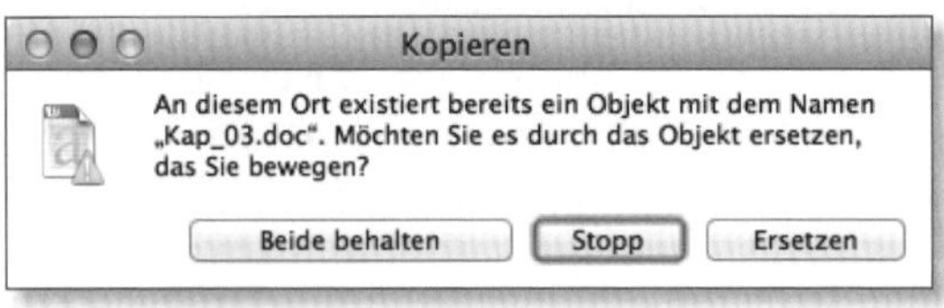

Abbildung 3.6 ▶
Ist bereits ein gleichnamiges Objekt im Zielordner vorhanden, dann können Sie es ersetzen.

Verweis in Zwischenablage

⌘ + C

Kopiervorgang abbrechen | Wenn Sie einen Kopiervorgang begonnen haben, wird Ihnen dessen Fortschritt in einem separaten Fenster angezeigt. Die Zeitschätzung sollten Sie dabei nicht allzu genau nehmen. Abbrechen können Sie das Kopieren durch einen Klick auf das Kreuz rechts neben dem Fortschrittsbalken. Brechen Sie einen Vorgang ab, verbleiben die schon kopierten Objekte im Zielordner und müssen gegebenenfalls von Hand gelöscht werden. Ordner und Dateien, die aktuell kopiert werden, werden im Finder hellgrau dargestellt.

Per Tastatur kopieren | Arbeiten Sie bevorzugt mit Kurzbefehlen über die Tastatur, können Sie das Objekt auch mit ⌘ + C in die Zwischenablage und mit ⌘ + V in den Ordner kopieren, den Sie anschließend öffnen. Mit der Tastenkombination ⌘ + alt + V können Sie die in der Zwischenablage befindliche Datei auch in diesen Ordner bewegen.

Verweis aus Zwischenablage
⌘ + V

Bewegen über Zwischenablage
⌘ + alt + V

Wenn Sie Dateien und Ordner in die Zwischenablage kopiert haben, dann können Sie sie auch in anderen Programmen einfügen. Fügen Sie die Objekte über ⌘ + V zum Beispiel in einer neuen E-Mail ein, dann werden sie als Anhänge an die Nachricht angefügt. In TextEdit fügen Sie über den Menüpunkt BEARBEITEN • EINFÜGEN die Icons, über BEARBEITEN • EINSETZEN UND STIL ANPASSEN die Datei- und Ordnernamen ein.

▲ **Abbildung 3.7**
Das Original eines Alias kann aufgerufen werden.

Bei einem Alias, dessen Icon mit einem kleinen Pfeil versehen wird, handelt es sich um einen Verweis auf eine Datei oder einen Ordner. Wenn Sie das Alias zweimal anklicken, dann wird die verlinkte Datei oder der Ordner geöffnet. Ein Alias können Sie, wie eine Datei, an eine beliebige Stelle, also zum Beispiel in den Ordner SCHREIBTISCH, bewegen.

Alias erzeugen | Mit ⌘ + L oder über den entsprechenden Punkt im Kontextmenü erzeugen Sie ein Alias. Halten Sie, wenn Sie ein Objekt ausgewählt haben, die Tasten alt + ⌘ gedrückt, dann wird anstelle einer Kopie ein Alias erzeugt.

Sie können einem Alias auch einen anderen Namen geben. Wenn Sie wissen möchten, auf welche Datei oder auf welchen Ordner das Alias deutet, dann verwenden Sie den Eintrag ORIGINAL ZEIGEN im Kontextmenü, den Menüpunkt ABLAGE • ORIGINAL ZEIGEN oder die Tastenkombination ⌘ + R.

▲ **Abbildung 3.8**
Das Icon eines Alias wird mit einem Pfeil versehen.

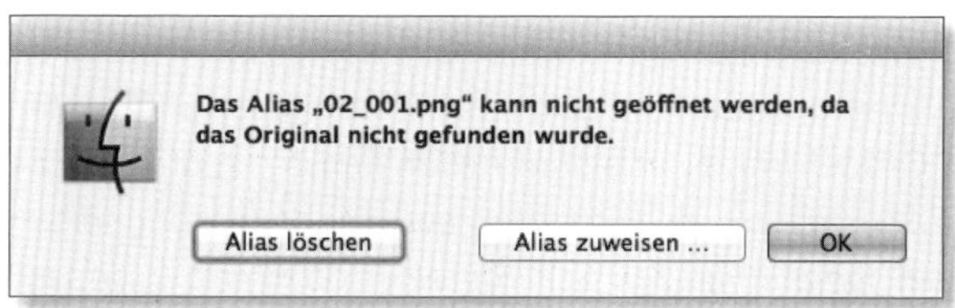

◄ **Abbildung 3.9**
Das Löschen der Originaldatei führt bei einem Alias zu einer Fehlermeldung.

Löschen Sie das ursprüngliche Objekt, deutet das Alias ins Leere, und Sie erhalten die Fehlermeldung aus Abbildung 3.9. Um das Alias wieder zu aktivieren, geben Sie eine andere Datei als Ziel der Verlinkung vor.

Links | Um auf eine Datei oder ein Verzeichnis zu verweisen, können Sie auch einen Link nutzen. Links werden Ihnen, wenn Sie sich etwas intensiver mit dem System auseinandersetzen, recht schnell begegnen. In Abschnitt 3.3 finden Sie Erläuterungen zu den Unterschieden und technischen Hintergründen.

Fenster und Darstellungen

Für die Darstellung von Ordnern und Dateien bietet der Finder eine Reihe von Möglichkeiten und Funktionen. Eine für alle Anwender optimale Darstellungsweise gibt es nicht, und Sie müssen für sich selbst herausfinden, welche der vielen Optionen Ihnen nützen und welche Sie eher von der Arbeit ablenken.

Position speichern | Der Finder speichert die Position eines Fensters für einen Ordner, wenn Sie es schließen. Möchten Sie, dass Ihr Benutzerordner oben links erscheint, platzieren Sie das Fenster, in dem er angezeigt wird, an der gewünschten Stelle, und schließen Sie es. Wenn Sie jetzt mit ⌘ + N oder ⌘ + ⇧ + H ein neues Fenster öffnen, sollte es an der vorherigen Stelle erscheinen. Welcher Ordner mit der Tastenkombination ⌘ + N geöffnet wird, legen Sie in den Einstellungen des Finders in der Ansicht ALLGEMEIN fest.

Die Art und Weise, wie der Finder die Position von Fenstern speichert, ist alles andere als ideal. Im Alltag ist Konfusion häufig vorprogrammiert, da die gängige Arbeitsweise vieler Anwender die Ordner im gleichen Fenster öffnet und damit die gespeicherten Positionen immer schnell durcheinanderkommen, wenn Fenster geschlossen werden.

Minimierte Darstellung | Wenn Sie die Symbolleiste über den Menüpunkt DARSTELLUNG • SYMBOLLEISTE AUSBLENDEN (⌘ + alt + T) deaktivieren, dann wird das Fenster in einer minimierten Fassung dargestellt. Bei einem so minimierten Fenster werden die Ordner immer in einem neuen Fenster geöffnet. Haben Sie die Darstellung als Symbole gewählt, dann können Sie die Größe der Icons über den Schieberegler oben rechts anpassen. Über DARSTELLUNG • SYMBOLLEISTE EINBLENDEN kehren Sie zur normalen Darstellung zurück. Sowohl die Status- als auch die Pfadleiste werden weiterhin angezeigt, wobei die Statusleiste nach oben verschoben wird.

◂ **Abbildung 3.10**
In der minimierten Ansicht eines Fensters werden die Symbolleiste und die Seitenleiste ausgeblendet.

Pfadleiste | Mit der Pfadleiste lassen Sie sich am unteren Rand des Fensters den Pfad des ausgewählten Objekts oder, wenn kein Objekt ausgewählt wurde, des angezeigten Ordners anzeigen. Bei langen Pfaden werden die Namen der Ordner abgeschnitten und erscheinen, sobald Sie den Mauspfeil über dem Ordner platzieren. Mit einem Doppelklick öffnen Sie einen Ordner innerhalb des Pfades. Wenn Sie das Kontextmenü (siehe Abschnitt 3.1) über einem Ordner aufrufen, dann stehen Ihnen einige Optionen auch direkt für den Ordner in der Pfadleiste zur Verfügung.

Tipp
Es ist auch möglich, Objekte in die Ordner im dargestellten Pfad zu ziehen, um sie zu kopieren oder zu bewegen.

In neuem Fenster öffnen
⌘

▴ **Abbildung 3.11**
Der Name eines Ordners bei der Darstellung eines langen Pfades wird eingeblendet, wenn sich der Mauspfeil über ihm befindet.

Ordner in neuem Fenster öffnen | Der Finder zeigt einen Ordner, den Sie mit einem Doppelklick öffnen, im gleichen Fenster an, sofern Sie nicht die Symbolleiste ausgeblendet haben. In den Einstellungen des Finders können Sie in der Ansicht ALLGEMEIN auch die Option ORDNER IMMER IM NEUEN FENSTER ÖFFNEN aktivieren. Alternativ halten Sie die Taste ⌘ gedrückt. In diesem Fall wird der Ordner bei einem Doppelklick in einem neuen Fenster geöffnet. Halten Sie stattdessen die Taste alt gedrückt, dann wird der Ordner ebenfalls in einem neuen Fenster geöffnet und das Ausgangsfenster gleichzeitig geschlossen.

Altes Fenster dabei schließen
alt

Darstellung wechseln
⌘ + 1, 2, 3 oder 4

▲ **Abbildung 3.12**
Sie können die Ansicht auch über die Symbolleiste des Finders auswählen.

Der Finder bietet Ihnen vier mögliche Ansichten der Dateien und Ordner. Sie aktivieren sie durch die Tastenkombination ⌘ + 1, 2, 3 oder 4 für das Fenster im Vordergrund.

Alternativ treffen Sie über das Menü DARSTELLUNG mit den Optionen ALS SYMBOLE, ALS LISTE, ALS SPALTEN und ALS COVER FLOW eine Auswahl, und schließlich stehen Ihnen die vier Ansichten in der Symbolleiste des Finders zur Auswahl.

Darstellungsoptionen
⌘ + J

Darstellungsoptionen | Über den Menüpunkt DARSTELLUNG • DARSTELLUNGSOPTIONEN EINBLENDEN rufen Sie ein Fenster auf, in dem Sie, abhängig von der gewählten Darstellung im aktiven Fenster des Finders, die Anzeige von Spalten oder weiteren Informationen konfigurieren.

Standard festlegen | Mit der Schaltfläche ALS STANDARD VERWENDEN definieren Sie die aktuelle Auswahl an anzuzeigenden Objekten als Voreinstellung für diese Darstellungsmethode. Mit der Option IMMER IN ...DARSTELLUNG ÖFFNEN geben Sie vor, dass dieser Ordner immer mit der aktuellen Darstellungsmethode angezeigt werden soll. In allen vier Ansichten können Sie darüber hinaus die SYMBOLVORSCHAU EINBLENDEN. Damit aktivieren Sie die Vorschau über Quick Look (siehe Abschnitt 7.1) für die Icons der Dateien.

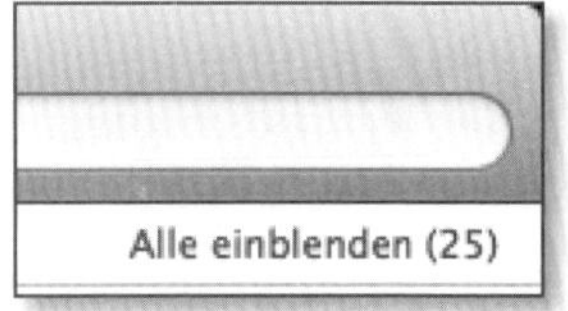

▲ **Abbildung 3.13**
In der Darstellung als Symbole können Sie über die kleine Schaltfläche oben rechts alle Objekte einblenden.

In Darstellung blättern | Die Option IN [DARSTELLUNG] BLÄTTERN, die Sie bei allen vier Darstellungsweisen auswählen können, bezieht sich auf die Darstellung der Unterordner. Ist diese Option aktiviert, dann werden sie in der Darstellung des übergeordneten Ordners angezeigt. Dies kann überschrieben werden, wenn für einen Unterordner eine andere Darstellung als Standard festgelegt wurde. Anders formuliert: Im Arbeitsalltag ist diese Option eher nutzlos.

Ausrichten nach
ctrl + ⌘ + 1 bis 7/0

Ausrichten nach ... | In OS X 10.7 wurde die Ausrichtung des Ordnerinhalts überarbeitet, die Sie in allen vier Darstellungen nutzen können. Dabei gruppiert der Finder die Dateien anhand ihres Typs, wenn Sie die Ausrichtung nach Art auswählen. Sie können die Darstellung stattdessen auch nach Zeitpunkten (Änderungsdatum, Erstellungsdatum) oder Dateigröße ausrichten. Über den Menüpunkt DARSTELLUNG • AUSRICHTEN NACH wählen Sie die Ausrichtung aus. Es stehen Ihnen für sieben der Ausrichtungen auch die Kurzbefehle ctrl + ⌘ + 1 bis 7 zur Verfügung. Die Ausrichtung aufheben können Sie über den Menüpunkt DARSTELLUNG • AUSRICHTEN NACH • OHNE (ctrl + ⌘ + 0).

◂ Abbildung 3.14
Richten Sie die Objekte nach ihrem Dateityp aus, dann unterteilt der Finder die Listenansicht.

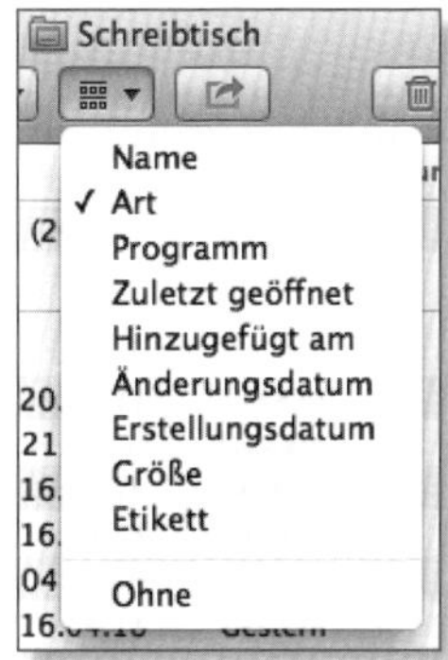

▴ Abbildung 3.15
Sie können die Ausrichtung auch über die Symbolleiste festlegen.

Abhängig von der Darstellung werden dann auch die Unterordner gruppiert. In Abbildung 3.16 wurde der Ordner MANUSKRIPT zuerst ausgewählt und dann mit → sein Inhalt eingeblendet, wie es in der Listendarstellung generell möglich ist. Auch die enthaltenen Objekte werden gruppiert; Sie finden daher unterhalb von MANUSKRIPT den Eintrag PDF-DOKUMENTE, der die in diesem Ordner enthaltenen PDF-Dateien zusammenfasst.

▴ Abbildung 3.16
In der Listenansicht werden die enthaltenen Elemente eines Ordners ebenfalls gruppiert.

Die Ausrichtung nach Art wird Ihnen durch die weiß und nicht grau hinterlegte Beschriftung der Spalten angezeigt. Ob und inwiefern Ihnen diese Darstellung nützt oder ob sie nicht eher hinderlich ist, hängt vom Inhalt der jeweiligen Ordner ab.

▴ Abbildung 3.17
Die Sortierung nach Art können Sie auch in der Spaltendarstellung nutzen.

Als Symbole | Die Ansicht der Dateien als Symbole ist vielleicht die bekannteste, sicher aber die älteste Darstellung im Finder. Wenn die Icons der Dateien und Ordner übereinanderliegen sollten, veranlassen Sie mit der Funktion DARSTELLUNG • AUFRÄUMEN NACH, dass der Finder die Icons so umgruppiert, dass alle wieder

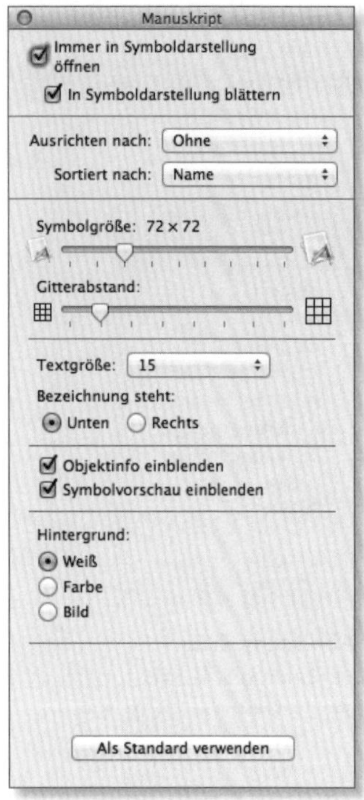

▲ **Abbildung 3.19**
In den Darstellungsoptionen der Symboldarstellung können Sie auch den Gitterabstand vorgeben.

sichtbar und nebeneinander angeordnet sind. Mit dem Schieberegler unten rechts ❶ bestimmen Sie die Größe der Icons.

Rufen Sie mit ⌘ + J die Darstellungsoptionen für die Ansicht ALS SYMBOLE auf, können Sie neben der SYMBOLGRÖSSE und auch die TEXTGRÖSSE vorgeben.

Der GITTERABSTAND bestimmt, wie viel Raum zwischen den Icons gelassen wird, wenn Sie sie über DARSTELLUNG • AUFRÄUMEN neu anordnen oder über die Icons automatisch ausrichten lassen.

▲ **Abbildung 3.18**
Wenn Sie die Objektinfos einblenden, wird die Anzahl der enthaltenen Objekte unterhalb der Bezeichnung angezeigt.

Wenn Sie die OBJEKTINFOS EINBLENDEN, wird unterhalb der Bezeichnung bei einem Ordner die Anzahl der enthaltenen Objekte und bei einer Datei deren Größe angezeigt. Sie können darüber hinaus für den Ordner eine Hintergrundfarbe oder ein Hintergrundbild festlegen. Wenn Sie sich für ein Hintergrundbild entscheiden, dann erscheint ein Quadrat mit der Beschriftung BILD HIERHER BEWEGEN. Ziehen Sie eine Bilddatei auf dieses Quadrat.

Bei der über Quick Look (siehe Abschnitt 7.1) verfügbaren Vorschau ist es in der Darstellung als Symbole möglich, PDF-, Film- und Tondateien abzuspielen. Bewegen Sie den Mauspfeil über eine Datei, dann erscheinen bei einer PDF-Datei zwei Pfeile zum Vor- und Zurückblättern, bei einer Film- oder Tondatei erscheint die bekannte Schaltfläche zum Abspielen. Sie nehmen auf diese Weise schnell einen Einblick in den Inhalt der jeweiligen Dateien, wobei sich bei einer Video- oder PDF-Datei eine Symbolgröße von mehr als 128 × 128 anbietet. Die Bedienelemente erscheinen nicht, wenn die Symbolgröße kleiner als 64 × 64 ist.

▲ **Abbildung 3.20**
In der Darstellung als Symbole können Sie PDF-, Ton- und Videodateien einsehen.

Als Liste | Die Darstellung ALS LISTE erlaubt Ihnen einen schnellen Überblick über die in einem Ordner enthaltenen Objekte und auch die Anzeige weiterer Informationen. Der kleine Pfeil, der links von einem Ordner angezeigt wird, dient dazu, diesen Ordner aufzuklappen und seinen Inhalt anzuzeigen.

Tipp
Halten Sie beim Ausklappen die Taste `alt` gedrückt, dann werden auch die enthaltenen Unterordner ausgeklappt. Die gedrückt gehaltene Taste `alt` beim Einklappen sorgt dafür, dass auch die Unterordner eingeklappt werden.

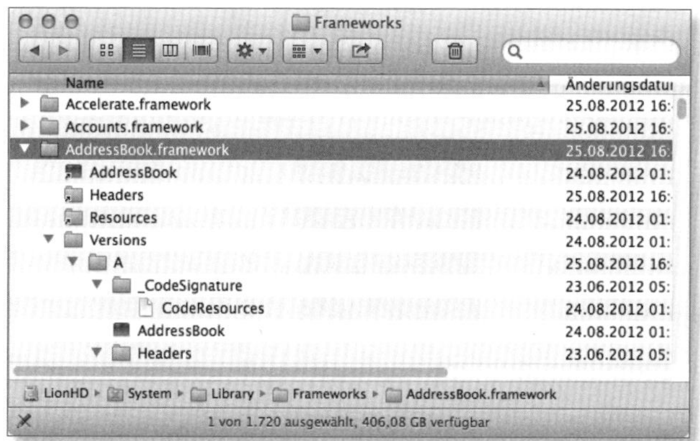

◂ **Abbildung 3.21**
Haben Sie die Taste `alt` gedrückt gehalten, dann werden alle Unterordner ebenfalls aufgeklappt.

Ob die Objekte auf- oder absteigend sortiert werden, stellen Sie ein, indem Sie in der Titelleiste des Fensters auf die Spalten NAME, ÄNDERUNGSDATUM etc. klicken. Diese Sortierung steht Ihnen nur dann zur Verfügung, wenn Sie auf die Ausrichtung verzichtet, also unter DARSTELLUNG • AUSRICHTEN NACH die Option OHNE ausgewählt haben.

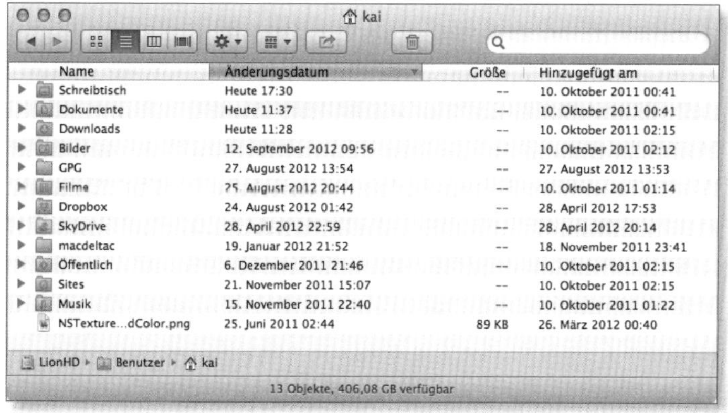

◂ **Abbildung 3.22**
Die Ausrichtung nach Änderungsdatum stellt in der Listendarstellung die aktuellsten Dateien nach oben.

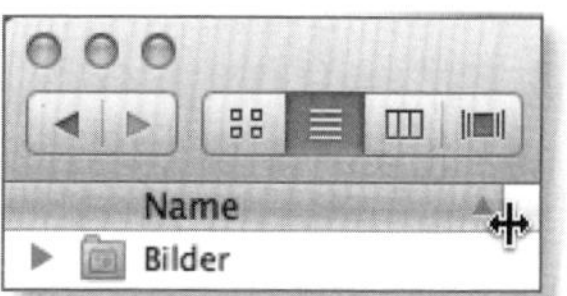

▴ **Abbildung 3.23**
Die Breite der Spalten passen Sie über die Titelleiste an.

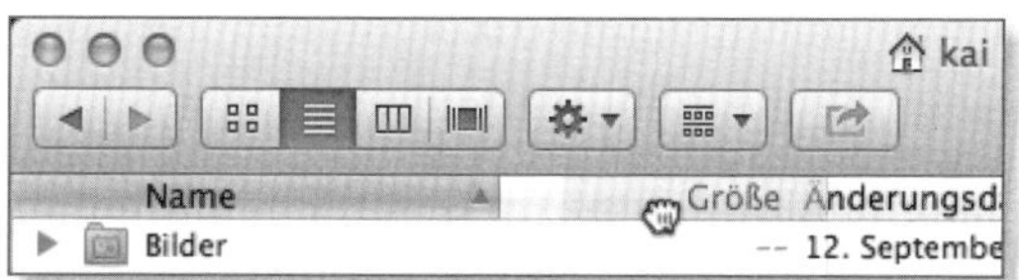

◂ **Abbildung 3.24**
Über die Titelleiste ändern Sie auch die Reihenfolge der Spalten.

In den Darstellungsoptionen der Ansicht ALS LISTE können Sie neben den anzuzeigenden Spalten auch auswählen, ob der Finder bei Ordnern und Partitionen ALLE GRÖSSEN BERECHNEN soll, wenn Sie die Spalte GRÖSSE anzeigen lassen. In diesem Fall wird Ihnen der Speicherplatz, den ein Ordner mitsamt der in ihm enthaltenen Dateien und Unterordner beansprucht, in der Spalte GRÖSSE angezeigt. Die Berechnung nimmt dabei ein wenig Zeit in Anspruch.

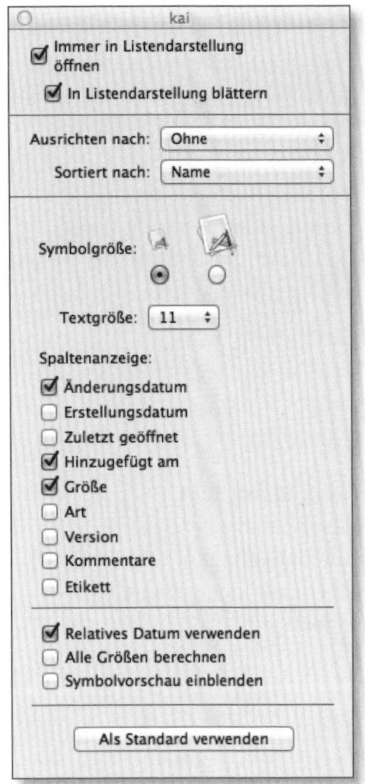

▲ **Abbildung 3.25**
In den Einstellungen legen Sie die anzuzeigenden Spalten fest.

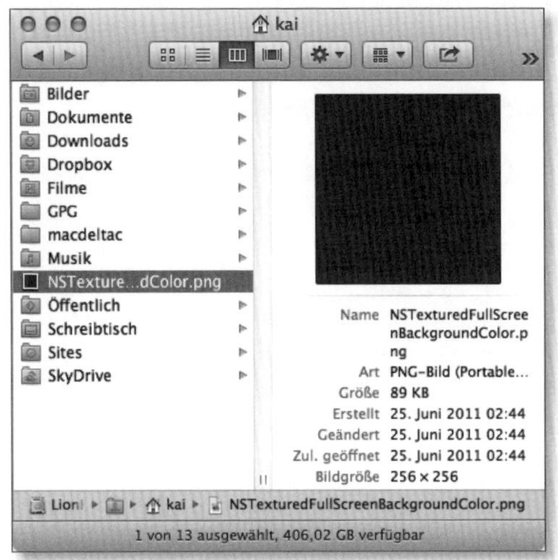

▲ **Abbildung 3.26**
In der Spaltendarstellung können Sie die Sortierung nach Art ebenso nutzen wie die Vorschau über Quick Look.

Über die Option RELATIVES DATUM VERWENDEN zeigt der Finder den aktuellen und vorigen Tag als HEUTE beziehungsweise GESTERN an.

▲ **Abbildung 3.27**
In den Einstellungen der Darstellung deaktivieren Sie bei Bedarf die Vorschau.

Als Spalten | Die Ansicht der Ordner ALS SPALTEN spart Ihnen bei der Navigation durch eine Ordnerhierarchie einige Mausklicks. Wählen Sie mit einem Klick einen Ordner aus, erscheint sein Inhalt sofort rechts in einer neuen Spalte. Ein doppelter Klick ist nicht notwendig. Das Kriterium für die Einteilung der Elemente können Sie auch hier über den Menüpunkt DARSTELLUNG • AUSRICHTEN NACH oder die Tastenkombinationen ctrl + ⌘ + 1 … 7/0 vorgeben.

In den Darstellungsoptionen dieser Ansicht können Sie eine Vorschau des ausgewählten Objekts aktivieren. Bei Dateitypen, die von Quick Look unterstützt werden, erhalten Sie eine entsprechende Vorschau. Die Vorschau in einer eigenen Spalte kann, da durch diese zusätzliche Spalte der Inhalt des Fensters nach links regelrecht wegrutscht, manchmal etwas störend wirken und in den Einstellungen dieser Darstellung abgeschaltet werden. Die

Möglichkeit der Vorschau von PDF-, Film- und Tondateien finden Sie ebenfalls hier.

Als Cover Flow | Die als COVER FLOW bezeichnete Darstellung orientiert sich an der Anzeige der Cover in iTunes. Sie teilt das Fenster in zwei horizontale Bereiche. Im oberen finden Sie den Inhalt des Ordners, wobei Ihnen der Finder hier eine über Quick Look erstellte Vorschau des Dateiinhalts präsentiert.

Nach links und rechts bewegen
[→]/[←]

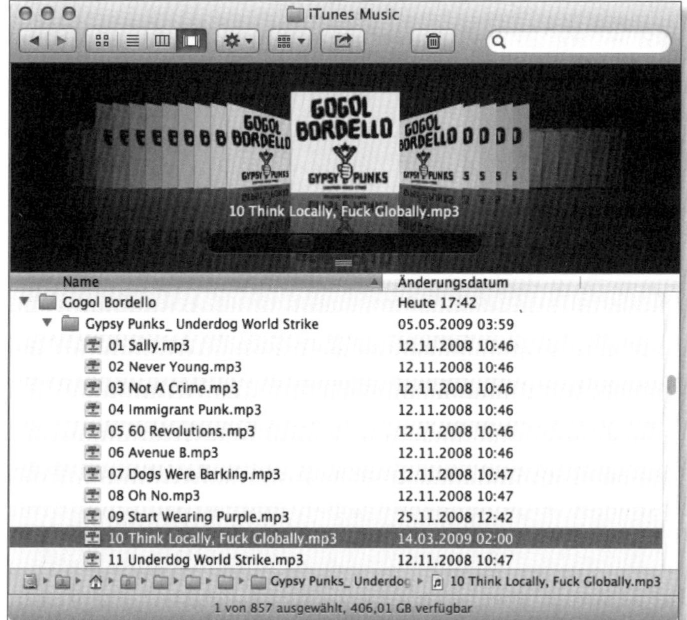

◂ **Abbildung 3.28**
Auch die Darstellung COVER FLOW ermöglicht eine Vorschau des Inhalts der Datei.

Tipp
Sie können Dateien und Ordner auch aus dem Vorschaubereich herausziehen und so kopieren oder verschieben.

Die untere Hälfte wird von der Listendarstellung eingenommen. Wenn Sie einen Ordner ausklappen, wird sein Inhalt angezeigt und in die Cover-Flow-Ansicht integriert. Die über [⌘] + [J] aufzurufenden Voreinstellungen dieser Darstellungsweise entsprechen der Listendarstellung.

Die Symbolleiste

Auch die Symbolleiste können Sie an Ihre individuellen Anforderungen anpassen, indem Sie mit einem Rechtsklick das Kontextmenü aufrufen und dort die Option SYMBOLLEISTE ANPASSEN auswählen. Alternativ steht Ihnen der Menüpunkt DARSTELLUNG • SYMBOLLEISTE ANPASSEN zur Verfügung.

Sie finden in den verfügbaren Symbolen auch die Funktionen AUSWERFEN, VERBINDEN mit einer Freigabe im Netzwerk, über INFORMATIONEN das gleichnamige Fenster sowie mit LÖSCHEN

▴ **Abbildung 3.29**
Um die Symbolleiste zu ändern, wählen Sie den entsprechenden Eintrag aus dem Kontextmenü aus.

Tipp
Wenn der Platz in der Seitenleiste und im Dock eng wird, können Sie Programme, Dateien und Ordner auch in der Symbolleiste des Finders ablegen. Ziehen Sie das jeweilige Icon einfach auf die Symbolleiste, und warten Sie einen kurzen Augenblick. Sie können es so wie die regulären Elemente platzieren. Halten Sie die Taste [⌘] gedrückt, dann lassen sich diese Elemente umgruppieren und wieder aus der Symbolleiste entfernen.

die Möglichkeit, die ausgewählten Objekte in den Papierkorb zu verschieben.

Wenn Sie auf die Anzeige der Pfadleiste verzichten wollen, steht Ihnen alternativ ein Symbol PFAD zur Verfügung, das in einem Ausklappmenü den Pfad des gerade angezeigten Ordners ausgibt.

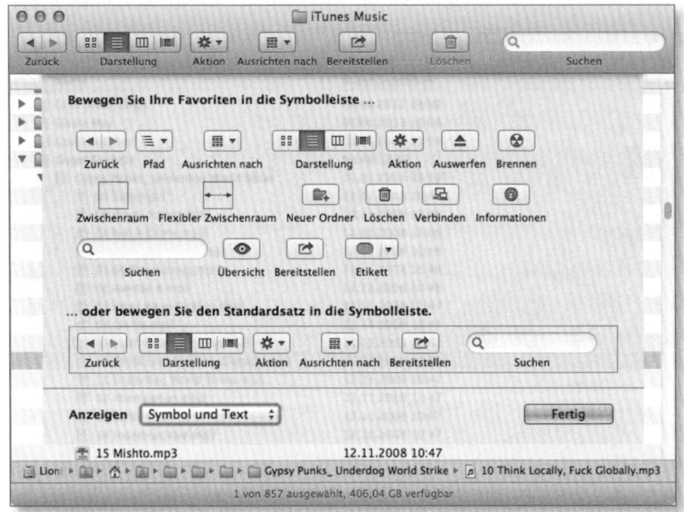

Abbildung 3.30 ▸
Die Symbolleiste des Finders können Sie an Ihre eigenen Anforderungen anpassen.

Das Symbol AKTION bietet Ihnen in einem Ausklappmenü alle Funktionen, die Sie sonst über das Kontextmenü aufrufen können.

Die Seitenleiste

Seitenleiste ein- und ausblenden
[⌘] + [alt] + [S]

Objekt favorisieren
[⌘] + [T]

Die Seitenleiste im Finder besteht aus drei Bereichen. Über den Menüpunkt DARSTELLUNG • SEITENLEISTE EIN-/AUSBLENDEN oder die Tastenkombination [⌘] + [alt] + [S] blenden Sie die Seitenleiste ein- und aus. Wenn Sie den Mauspfeil über die Bezeichnung einer Kategorie wie etwa FREIGABEN bewegen, erscheint rechts davon der Text AUSBLENDEN. Klicken Sie diesen an, dann wird diese Rubrik eingeklappt. Zum Ausklappen bewegen Sie erneut den Mauspfeil über die Rubrik und klicken den nun erscheinenden Text EINBLENDEN an.

Um der Seitenleiste Objekte hinzuzufügen, ziehen Sie diese entweder an die gewünschte Stelle der passenden Rubrik oder greifen auf den Menüpunkt ABLAGE • ZUR SEITENLEISTE HINZUFÜGEN zurück. Diesen erreichen Sie auch über die Tastenkombination [⌘] + [T]. Ein Element aus der Seitenleiste entfernen Sie wie ein Objekt im Dock, indem Sie es bei gedrückt gehaltener Maustaste aus der Seitenleiste ziehen und hierbei zusätzlich die Taste [⌘] gedrückt halten.

▲ **Abbildung 3.31**
Die Seitenleiste enthält drei einklappbare Kategorien.

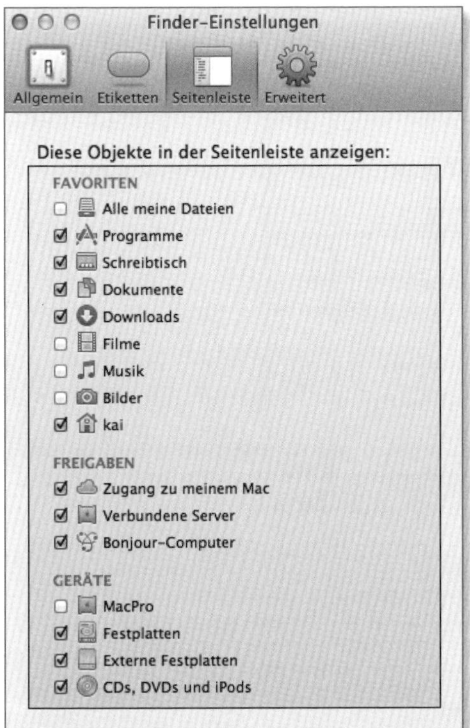

◀ **Abbildung 3.32**
Die Vorgaben für die Seitenleiste legen Sie in den EINSTELLUNGEN des Finders fest.

Die Elemente in der Seitenleiste reagieren auf einen Mausklick ähnlich wie die Dateien und Ordner. Ziehen Sie Dateien und Ordner auf einen Ordner in der Seitenleiste, um die Objekte in diesen zu kopieren oder zu verschieben. Sie können auch das Kontextmenü für ein Element in der Seitenleiste aufrufen. Wenn Sie ein Element in der Seitenleiste umbenennen, wird auch der Name des Originals geändert. Der Rubrik FAVORITEN können Sie auch Programme über [⌘] + [T] hinzufügen, die über einen Mausklick gestartet werden können.

Schriftgröße | Die Schriftgröße in der Seitenleiste entspricht den Vorgaben, die Sie in den Systemeinstellungen in der Ansicht ALLGEMEIN für die Option GRÖSSE DER SEITENLEISTENSYMBOLE getroffen haben.

Das Kontextmenü

Das Kontextmenü stellt viele der am häufigsten gebrauchten Funktionen direkt zur Verfügung. Um es aufzurufen, klicken Sie mit der rechten Maustaste oder halten bei einer Maus mit nur einer Taste beim Klicken [ctrl] gedrückt.

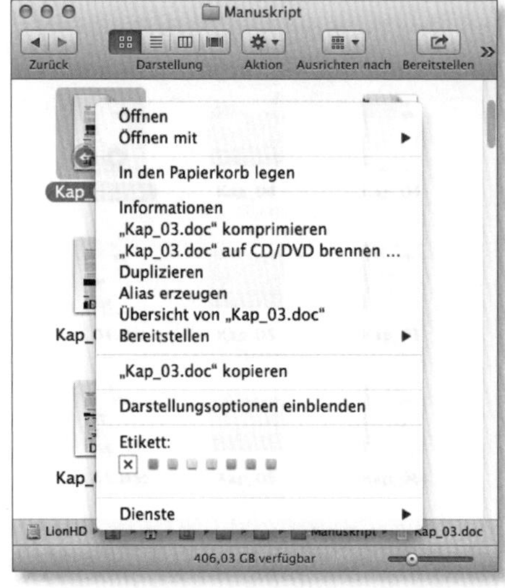

Abbildung 3.33 ▸
Im Kontextmenü stehen neben den bekannten Funktionen auch die Dienste und Ordneraktionen zur Auswahl.

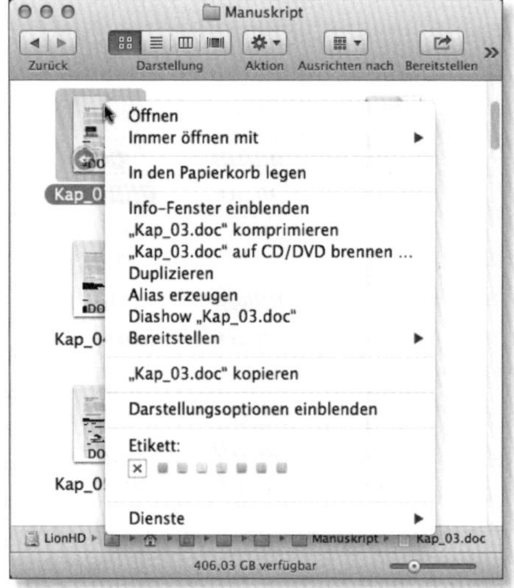

Abbildung 3.34 ▸
Halten Sie die Taste `alt` gedrückt, dann ändern sich einige der zur Verfügung stehenden Funktionen.

Die zur Verfügung stehenden Funktionen sind abhängig vom Typ des Objekts, über den Sie das Kontextmenü aufgerufen haben. Neben den selbsterklärenden Funktionen finden Sie unten die Dienste (siehe Abschnitt 2.5), und bei einem Verzeichnis können Sie die Ordneraktionen konfigurieren (siehe Abschnitt 26.9).

»Immer öffnen mit« | Rufen Sie das Kontextmenü auf, und halten Sie die Taste `alt` gedrückt, werden die verfügbaren Funktionen etwas modifiziert. Zunächst können Sie über Info-Fenster einblenden das schwebende Informationsfenster einblenden und anstelle der Übersicht gleich eine Diashow mit Quick Look starten.

Sie finden darüber hinaus die Option IMMER ÖFFNEN MIT. Wählen Sie hier ein Programm aus, dann wird diese eine Datei bei einem Doppelklick immer mit diesem Programm geöffnet.

Objekt in Papierkorb legen
⌘ + ←

Papierkorb entleeren
⌘ + ⇧ + ←

Der Papierkorb

In den Papierkorb, dessen Icon sich im Dock am Rand befindet, können Sie Dateien und Ordner bewegen, die Sie später löschen möchten. Bis Sie den Papierkorb entleeren, bleiben die Dateien zunächst erhalten und können auch wieder aus dem Papierkorb genommen werden. Um den Inhalt des Papierkorbs einzusehen, klicken Sie sein Icon im Dock an. Haben Sie ein Element im Papierkorb ausgewählt, dann können Sie es über den Menüpunkt ABLAGE • ZURÜCKLEGEN an den Platz verschieben, von dem aus es in den Papierkorb gelegt wurde.

Über den Menüpunkt FINDER • PAPIERKORB ENTLEEREN oder die Tastenkombination ⌘ + ⇧ + ← löschen Sie den Inhalt des Papierkorbs. Dabei werden die Dateien nicht sofort vollständig von der Festplatte gelöscht. Sie verbleiben vielmehr physikalisch auf dem Datenträger; lediglich der Eintrag im Dateisystem, der mithilfe des Dateinamens auf die Daten verweist, wird entfernt, und die Stellen, an denen sich die Daten auf dem Datenträger befinden, werden als beschreibbar oder leer gekennzeichnet. Es ist also – wenn auch in erster Linie theoretisch – noch möglich, eine gelöschte Datei mithilfe von speziellen Programmen wiederherzustellen, da sie ja auf der Festplatte noch vorhanden ist.

Tipp
Um den Papierkorb ohne Rückfrage (unabhängig von den Einstellungen des Finders) zu leeren, verwenden Sie die Tastenkombination ⌘ + alt + ⇧ + ←.

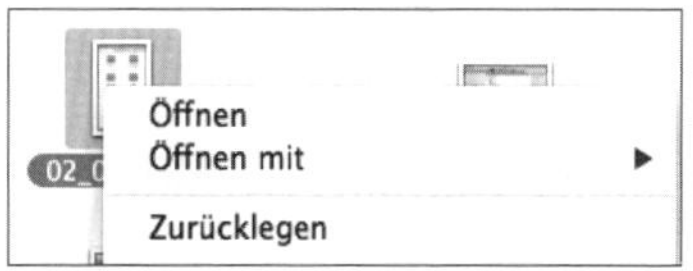

▲ **Abbildung 3.35**
Objekte im Papierkorb können Sie zurücklegen.

Dateien endgültig löschen | Wenn Sie möchten, dass die im Papierkorb enthaltenen Dateien nicht mehr so leicht zu rekonstruieren sind, wählen Sie im Finder den Menüpunkt FINDER • PAPIERKORB SICHER ENTLEEREN. Hierbei werden die Einträge der Dateien nicht nur aus dem Dateisystem gelöscht, sondern es werden auch die Daten auf dem Datenträger mit zufälligen Daten überschrieben und verbleiben damit nicht mehr auf den Magnetplatten der Festplatte.

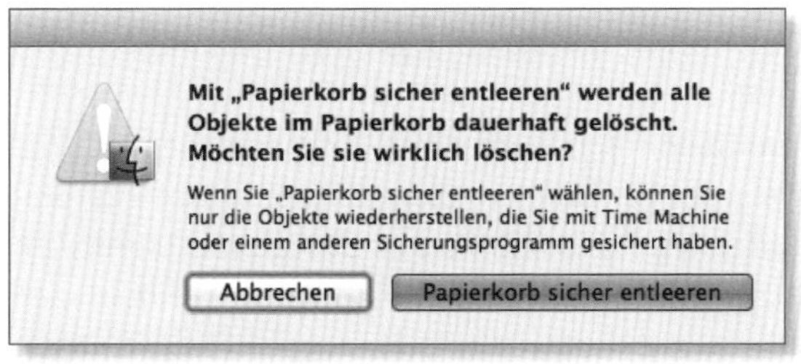

◄ **Abbildung 3.36**
Das sichere Entleeren des Papierkorbs kann einige Zeit in Anspruch nehmen.

Papierkorb konfigurieren | In den Einstellungen des Finders können Sie in der Ansicht ERWEITERT zunächst die Option VOR DEM ENTLEEREN DES PAPIERKORBS NACHFRAGEN deaktivieren. Der Papierkorb wird dann ohne Rückfrage gelöscht. Wenn Sie die Option PAPIERKORB SICHER ENTLEEREN aktivieren, dann wird der Eintrag PAPIERKORB ENTLEEREN aus dem Menü FINDER entfernt und die Tastenkombination [⌘] + [⇧] + [←] dem Eintrag PAPIERKORB SICHER ENTLEEREN zugewiesen.

Tipp

Mit dem Kurzbefehl [⌘] + [alt] + [I] blenden Sie eine schwebende Informationspalette (INFO ZU) ein, die Ihnen die Informationen zum aktuell ausgewählten Objekt anzeigt.

Informationen erhalten und ändern

Details zu den Eigenschaften und Zugriffsrechten eines Ordners oder einer Datei sehen Sie im Finder über das Fenster INFO ZU ein.

Wählen Sie eine Datei oder einen Ordner aus, und rufen Sie über das Kontextmenü, den Menüpunkt ABLAGE • INFORMATIONEN oder die Schaltfläche AKTION in der Symbolleiste das Fenster INFO ZU auf.

Informationen

[⌘] + [I]

▲ **Abbildung 3.37**
Das Fenster INFO ZU bietet eine Reihe von Details zu der ausgewählten Datei.

Allgemeine Informationen | Der Bereich ALLGEMEIN bietet Ihnen einen Überblick über die geläufigen Attribute der Datei oder des Ordners wie den ORT, die GRÖSSE und das Erstellungs- und Änderungsdatum.

Dokumente als Vorlagen | Wenn Sie die Datei als FORMULARBLOCK kennzeichnen, erstellt ein Doppelklick auf sie in Zukunft automatisch eine Kopie, die in dem voreingestellten Programm geöffnet wird. Wie von einem Quittungsblock, der an sich erhalten bleibt, wird ein Blatt abgerissen. Haben Sie zum Beispiel eine Vorlage für ein Briefpapier erstellt, vermeiden Sie mit FORMULARBLOCK, dass Sie versehentlich Änderungen an der Originaldatei vornehmen, wenn Sie einen Brief schreiben möchten, der auf dieser Dateivorlage basiert.

Dateien schützen | Außerdem können Sie vorgeben, ob die Datei vor Schreibzugriffen GESCHÜTZT werden soll. Eine geschützte Datei wird mit einem Schloss versehen, und Sie können sie nicht ohne Bestätigung in den Papierkorb legen oder verändern.

Weitere Informationen | Die weiteren Informationen hängen vom Typ der Datei ab. Bei Dateien, die der Finder nicht interpretieren kann, wird Ihnen nur der Zeitpunkt des letzten Zugriffs angezeigt. Bei Dateien, denen der Finder Informationen entnehmen kann, werden Sie zum Beispiel über Dimensionen, Farbraum, Titel, Interpret und ähnliche Metadaten informiert.

Vorschau | Im Bereich VORSCHAU des Fensters erhalten Sie eine Großansicht des Icons. Sollte es sich um eine Datei handeln, die Quick Look interpretieren kann, dann finden Sie an dieser Stelle kein Icon, sondern eine über Quick Look realisierte Vorschau des Inhalts.

Zusammengefasste Informationen | Haben Sie im Finder mehrere Objekte ausgewählt, können Sie mit dem Kurzbefehl [⌘] + [alt] + [I] ein Informationsfenster aufrufen, das gebündelte Informationen über die ausgewählten Objekte enthält. Alternativ halten Sie die Taste [ctrl] gedrückt, wenn Sie den Punkt INFORMATION aus dem Kontextmenü aufrufen. Dieser ändert sich dann in ZUSAMMENGEFASSTE INFO. Diese Zusammenfassung ist beispielsweise nützlich, wenn Sie die Gesamtgröße von mehreren Dateien schnell ermitteln möchten.

Im Bereich GRÖSSE zeigt Ihnen das Fenster die Summe der Größe aller ausgewählten Dateien an. Sie können so auch mehrere Dateien und Ordner in einem Durchgang schützen oder mehrere Ordner im Netzwerk freigeben (siehe Abschnitt 18.2).

▲ **Abbildung 3.38**
Das Fenster ZUSAMMENGEFASSTE INFOS errechnet die Gesamtgröße der ausgewählten Objekte.

Icons verändern | Die Standard-Icons von OS X 10.8 sind zwar recht ansehnlich, und bei der Darstellung der Datei im Finder wird bevorzugt die Vorschau mit Quick Look verwendet, sofern Sie die Symbolvorschau nicht deaktiviert haben. Vielleicht möchten Sie aber eigene Icons verwenden, um auch optisch verschiedene Dateien und Ordner identifizieren zu können oder weil Ihnen eine aus dem Internet geladene Kollektion von Icons im Stil von Windows 95 besonders gut gefällt. Um ein Icon zu ändern, rufen Sie das Informationsfenster auf und klicken oben auf das Icon. Es wird dann hellblau umrandet dargestellt.

Quellen im Internet
Möchten Sie Ihre Arbeitsumgebung mit individuellen Icons verschönern, bieten Ihnen die Webseiten *http://www.interfacelift.com* und *http://www.iconfactory.com* umfangreiche Sammlungen zum teilweise freien Download.

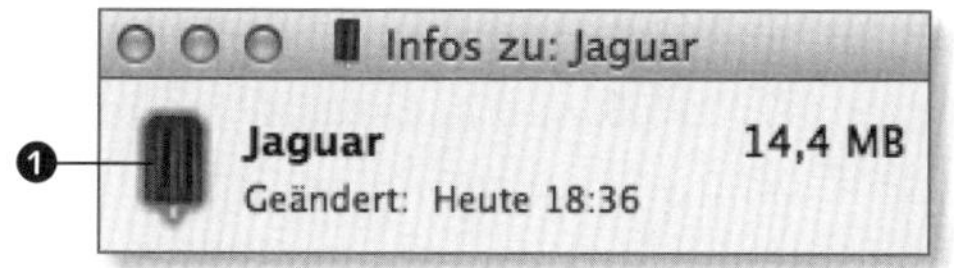

◄ **Abbildung 3.39**
Über die Zwischenablage und das Fenster INFO ZU tauschen Sie Icons ❶ aus.

Wählen Sie nun den Menüpunkt BEARBEITEN • KOPIEREN (oder den Kurzbefehl [⌘] + [C]), und das Icon wird als Bild in die Zwischenablage kopiert. Um es nun bei einer anderen Datei einzusetzen, öffnen Sie auch hier das Informationsfenster, klicken einmal auf das Icon und wählen BEARBEITEN • EINSETZEN ([⌘] + [V]). Um ein geändertes Icon zu löschen, aktivieren Sie das Icon und wählen BEARBEITEN • AUSSCHNEIDEN ([⌘] + [X]). Das geänderte Icon wird nun gelöscht, steht aber weiterhin in der Zwischenablage als Bild zur Verfügung.

Dateien Programmen zuweisen

Welches Programm gestartet wird, wenn Sie eine Datei im Finder mit einem Doppelklick öffnen, wird unter OS X 10.8 in erster Linie über die Dateiendung bestimmt. Wenn das Programm Vorschau für alle Dateien, deren Endung *.tif* lautet, als Standard vorgesehen ist, dann wird Vorschau gestartet, wenn Sie eine solche Datei im Finder mit einem Doppelklick ändern.

▲ **Abbildung 3.40**
Unter Öffnen mit wählen Sie ein anderes Programm aus.

Programm zuweisen | Im Informationsfenster finden Sie den Bereich Öffnen mit. Hier sehen Sie eine Liste der Programme, die gegenüber dem System erklärt haben, dass sie mit Dateien dieses Typs arbeiten können. Sie können aus der Liste ein bereits aufgeführtes Programm auswählen oder über den Eintrag Anderem Programm ein nicht aufgeführtes im Dateisystem suchen. Die Änderung gilt zunächst nur für die ausgewählte Datei und wird über ein erweitertes Attribut (siehe Abschnitt 3.3) gespeichert. Über die nun verfügbare Schaltfläche Alle ändern können Sie alle Dateien mit dieser Endung dem Programm zuweisen.

App Store durchsuchen | In dem Ausklappmenü Öffnen mit finden Sie auch einen Eintrag App Store. Über diesen starten Sie den Store und durchsuchen ihn nach Programmen, die Dateien des ausgewählten Typs öffnen können. Als Suchbegriff wird hier der Identifier in der Form com.adobe.pdf genutzt.

Immer öffnen mit ...
Sie können sich den Umweg über das Fenster Info zu sparen, indem Sie im Finder das Kontextmenü aufrufen und die Taste `alt` gedrückt halten. Mit der Option Immer öffnen mit weisen Sie der Datei dauerhaft ein bestimmtes Programm zu.

Launch Services | Für dieses Verhalten zuständig sind die Launch Services von OS X 10.8. Dahinter verbirgt sich eine Funktion, bei der Programme gegenüber dem System erklären, welche Dateitypen sie unterstützen. Diese Informationen werden unter anderem bei der Anmeldung eines Benutzers zusammengetragen, und daraus wird die oben erwähnte Liste zusammengestellt. Die Launch Services treten auch in Aktion, wenn Sie ein neues Programm installieren und starten. Unter OS X 10.8 wird in Einzelfällen die zugrunde liegende Datenbank beschädigt oder inkonsistent. In diesem Fall bauen Sie sie mit dem in Abschnitt 27.11 beschriebenen Befehl `lsregister` neu auf. Wenn Sie sich für den Inhalt der Datenbank interessieren, geben Sie am Terminal Folgendes ein:

```
/System/Library/Frameworks/CoreServices.framework/
Versions/A/Frameworks/LaunchsServices.framework/
Versions/A/Support/lsregister -dump
```

Sie erhalten dann eine wahrscheinlich recht lange Liste der bekannten Programme. Von Relevanz in diesem Zusammenhang sind Einträge mit der Angabe `claim`. Diese Dateitypen, deren Endungen unter `bindings` angegeben werden, werden von dem Programm beansprucht.

Etiketten Dateien und Ordnern zuweisen

Der Finder bietet Ihnen die Möglichkeit, Dateien und Ordnern eines von sieben Etiketten zuzuweisen. Wenn Sie die betreffenden Objekte ausgewählt haben, dann weisen Sie über den Menüpunkt ABLAGE • ETIKETT, das Kontextmenü oder das Ausklappmenü AKTION in der Symbolleiste das Etikett zu. Um ein Etikett wieder zu entfernen, wählen Sie den mit X markierten Eintrag.

In den Standardeinstellungen tragen die Etiketten Bezeichnungen, die ihren Farben entsprechen. In der Ansicht ETIKETTEN der Voreinstellungen des Finders können Sie für jedes Etikett eine eigene Bezeichnung eingeben.

Nützlich sind die Etiketten zum Beispiel in Verbindung mit der Suche über Spotlight, weil sie auch als Suchkriterium fungieren können.

▲ **Abbildung 3.41**
Die Etiketten können Sie der Symbolleiste hinzufügen.

Schneller mit Tastenkombinationen

Die Arbeit mit der Maus und den Symbolen mag zu Beginn einleuchtend und intuitiv sein, ist aber manchmal recht zeitraubend. Je nachdem, wie gut Sie mit der Tastatur umgehen können und ob Sie eventuell sogar das Zehn-Finger-System beherrschen, sind die Kurzbefehle und Tastenkombinationen eine echte Erleichterung und ermöglichen ein sehr viel schnelleres Arbeiten. Ein Vorgang als Beispiel:

Aus einem anderen Programm wechseln Sie mit ⌘ + ⇥ in den Finder. Mit ⌘ + N öffnen Sie ein neues Fenster, und mit ⌘ + ⇧ + H wechseln Sie in Ihren persönlichen Ordner. Die Listendarstellung aktivieren Sie mit ⌘ + 2, mithilfe von ↑ und ⇩ bewegen Sie sich dort durch die Ordner. Mit ⌘ + O öffnen Sie einen Ordner und wechseln auch hier mit ⌘ + 2 in die Listendarstellung. Auch hier wählen Sie wieder mit ↑ und ⇩ einen Unterordner oder eine Datei aus. Es wäre in der Listendarstellung auch möglich, mit → einen Ordner aus- und mit ← einen Ordner wieder einzuklappen.

Haben Sie es mit einer langen Liste zu tun, können Sie auch einfach einen oder mehrere Buchstaben eintippen und sich eine Auswahl der passenden Einträge anzeigen lassen. Befindet sich in einem Ordner zum Beispiel eine Bilddatei mit der Bezeichnung *Zylinder.tiff*, springt die Eingabe von »Z« in die Nähe dieser

Hinweis
Zugegeben, die Vorgehensweise über Tastaturkürzel ist relativ schwierig zu beschreiben, und die Arbeit mit der Maus (»Führen Sie einen Doppelklick auf das Safari-Symbol aus.«) mag leichter erscheinen. Wenn Sie aber hauptsächlich mit der Tastatur arbeiten, sparen Sie sich mit diesen Kürzeln mehr als einen Griff zur Maus. Präziser als die Arbeit mit dem Trackpad ist sie ohnehin.

Datei, wenn nicht sogar direkt auf diese. Mit »W« würde zum Beispiel die Datei *Wasser.tiff* ausgewählt, während »Wu« direkt zu *Wunder.tiff* spränge. Die so ausgewählte Datei könnten Sie mit [⌘] + [O] im voreingestellten Programm öffnen.

3.2 Dateien archivieren

Medien löschen
Wenn Sie ein wiederbeschreibbares Medium löschen wollen, können Sie dies über das Festplattendienstprogramm (siehe Abschnitt 9.6.6) erledigen. Auch die Arbeit mit Disk Images, die Sie ebenfalls über das Dienstprogramm brennen können, ist eine Alternative zu den Brennordnern.

Nicht alle Dateien und Ordner werden Sie dauerhaft nur auf Ihrer Festplatte speichern wollen. Der Finder bietet Ihnen die Möglichkeit, Dateien und Ordner auf eine CD oder DVD zu brennen. Mit dem Archivierungsprogramm können Sie Dateien und Ordner komprimieren und so Speicherplatz sparen oder die Übertragung über das Internet beschleunigen.

CDs und DVDs brennen

Das Brennen von Dateien auf CD- oder DVD-Rohlinge bietet das System von Haus aus. Spezielle Software wie Roxio Toast bringt zwar viele weitere Funktionen mit, für das einfache Archivieren reicht aber die Funktionalität von OS X vollkommen aus.

Abbildung 3.42 ▸
Das Verhalten beim Einlegen von Wechselmedien geben Sie über die Systemeinstellungen vor.

Leere Medien | In den Systemeinstellungen können Sie im Bereich CDs & DVDs festlegen, wie sich das System verhalten soll, wenn Sie ein leeres Wechselmedium einlegen. Wählen Sie die Option Aktion erfragen aus, erfolgt, wenn eine leere CD oder DVD eingelegt wurde, eine Rückfrage, was mit dem Medium geschehen soll. Um Ordner und Dateien darauf zu brennen, müssen Sie den Rohling im Finder öffnen.

Hinweis
Die zu brennenden Dateien sollten sich auf den Dateisystemen befinden, die direkt mit Ihrem Rechner verbunden sind. Das Hinzufügen von Dateien aus einer Freigabe im Netzwerk wird zwar nicht unterbunden, aber der Brennvorgang schlägt in der Regel fehl.

Der Datenträger steht Ihnen nun wie ein leerer Ordner zur Verfügung und kann auch umbenannt werden. Allerdings werden Dateien und Ordner, die Sie auf das Medium im Finder ziehen, nicht kopiert oder verschoben. Der Finder erstellt Aliasse auf die zu brennenden Objekte. Wenn Sie den Brennvorgang starten, werden anstelle der Aliasse die Originaldateien auf den Rohling geschrieben. Dies hat den Vorteil, dass die Dateien nicht zeitweilig doppelt im Dateisystem vorhanden sind. Wenn Sie den Rohling auswerfen, ohne den Brennvorgang durchzuführen, dann finden Sie anschließend auf dem Schreibtisch einen der nachfolgend beschriebenen Brennordner.

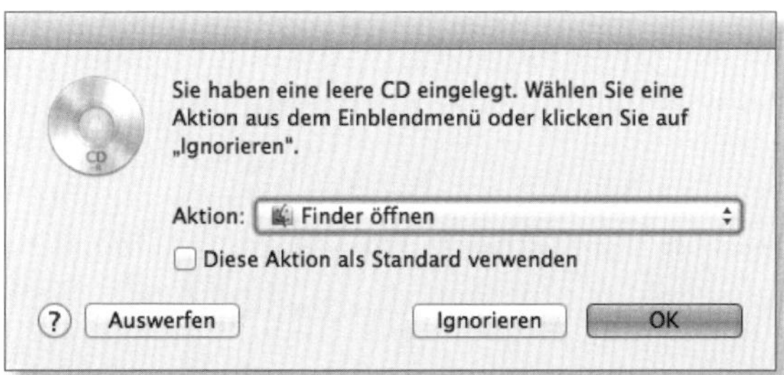

◂ **Abbildung 3.43**
Legen Sie einen leerer Datenträger ein, können Sie ihn zum Beispiel im Finder oder in iTunes öffnen.

Brennordner | Die Arbeit mit Rohlingen hat den Nachteil, dass Sie immer einen Datenträger einlegen müssen, wenn Sie Dateien und Ordner für einen Brennvorgang zusammenstellen möchten.

▾ **Abbildung 3.44**
Über den Pfeil im Kreis ❶ ermitteln Sie die benötigte Größe des Datenträgers.

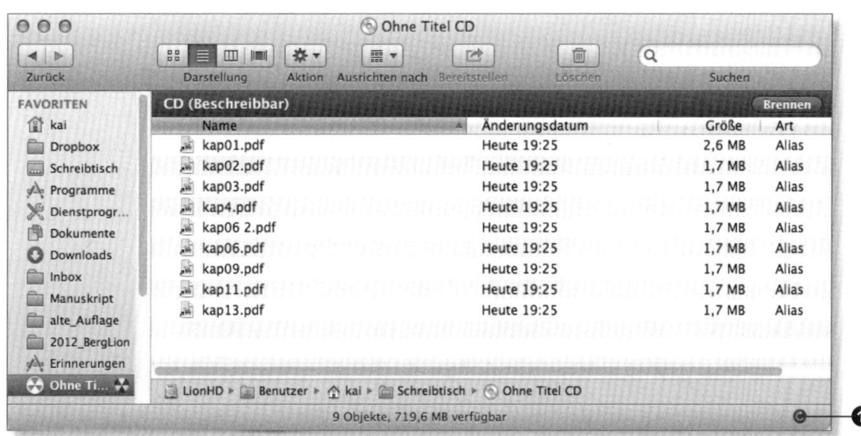

Schon mit Mac OS X 10.4 wurden die sogenannten *Brennordner* eingeführt. Einen solchen erstellen Sie über den Menüpunkt Ablage • Neuer Brennordner oder über das Kontextmenü an einer beliebigen Stelle im Dateisystem. Bewegen Sie Dateien und Ordner in ihn, dann behandelt der Finder diesen Vorgang so, als ob Sie die Dateien auf einen Rohling zögen: Er erstellt entsprechende Aliasse. In der Statusleiste finden Sie unten eine Angabe, wie groß die Speicherkapazität des Datenträgers sein muss. Mit dem Pfeil im Kreis ❶ aktualisieren Sie die Berechnung.

Ein normaler Ordner
An und für sich ist ein Brennordner ein normales Verzeichnis mit der Endung *.fpbf*. Der Finder wurde von Apple lediglich so programmiert, dass er Verzeichnisse mit dieser Endung als Brennordner behandelt.

Daten schreiben | Haben Sie alle Dateien und Ordner, die Sie auf den Datenträger schreiben möchten, in einem Brennordner oder im Ordner des Leermediums zusammengefasst, dann haben Sie

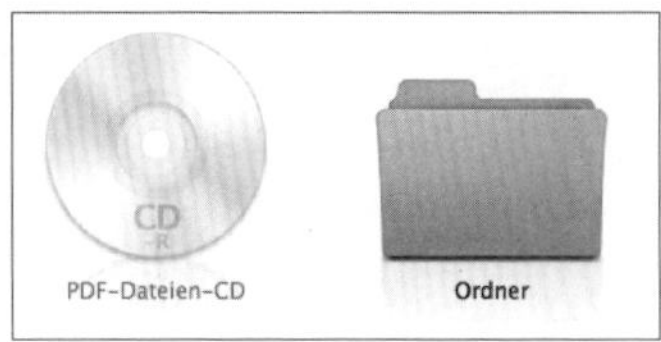

▲ **Abbildung 3.45**
Während des Brennvorgangs verwandelt sich der Ordner in eine transparente CD.

drei Möglichkeiten, den Brennvorgang zu starten. Öffnen Sie den Brennordner oder das Medium in einem Fenster, und lösen Sie mit der Schaltfläche BRENNEN den Schreibvorgang aus. Bei einem leeren Datenträger können Sie das Brennsymbol in der Seitenleiste anklicken oder diesen zum Brennen auch auf den Papierkorb ziehen, dessen Symbol sich dann in die Schaltfläche zum Brennen ändert. Schließlich steht Ihnen auch der Menüpunkt ABLAGE • »BEZEICHNUNG« BRENNEN zur Verfügung.

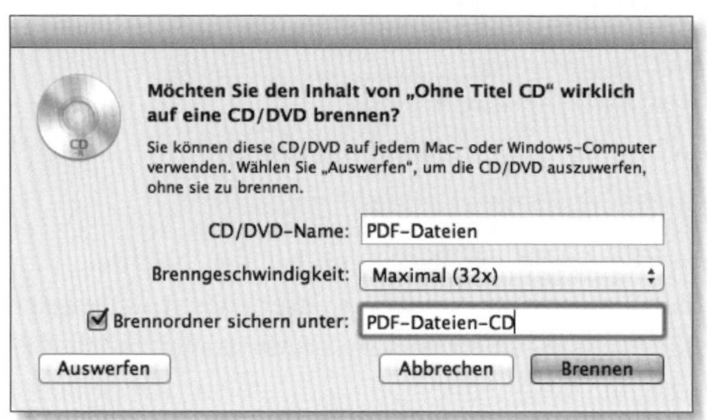

Abbildung 3.46 ▶
Die für einen Rohling zusammengestellten Dateien können Sie auch als Brennordner für eine spätere Verwendung sichern.

Vor dem Brennvorgang werden Sie gefragt, mit welcher BRENNGESCHWINDIGKEIT das Medium beschrieben werden und unter welchem Namen es erscheinen soll. Sie können die Zusammenstellung der Dateien bei einem Rohling in diesem Dialog auch noch in einem separaten Brennordner sichern, der Ihnen auch nach dem Brennvorgang zur Verfügung steht. Mit AUSWERFEN entfernen Sie den Rohling ohne Schreibvorgang.

ZIP-Archive und das Archivierungsprogramm

StuffIt
Ein unter OS X 10.8 in seltenen Fällen noch anzutreffendes Archivierungsprogramm ist das von der Firma Smith Micro vertriebene StuffIt. Es verwendet die Dateierweiterungen *.sit* und *.sitx*. Diese Komprimierungsmethode wird von OS X 10.8 nicht von Haus aus unterstützt. Mit dem kostenfreien Programm StuffIt Expander (*http://www.stuffit.com*) können Sie SIT-, SITX- und auch RAR-Dateien öffnen.

Um mehrere Dateien zum Beispiel per E-Mail zu verschicken oder platzsparend zu archivieren, bietet sich die Verwendung eines Archivs an. OS X 10.8 unterstützt eine ganze Reihe von verschiedenen Formaten, die ihre Vor- und Nachteile sowie speziellen Einsatzgebiete haben. Für die Weitergabe von Dateien und zum platzsparenden Archivieren haben sich ZIP-Archive mittlerweile als De-facto-Standard etabliert. Sie können auf allen gängigen Betriebssystemen erstellt und entpackt werden.

ZIP-Archive im Finder | Im Finder erstellen Sie ein Archiv von ausgewählten Dateien und Ordnern, indem Sie den Punkt KOMPRIMIEREN aus dem Kontextmenü, aus der Schaltfläche AKTION in der Symbolleiste oder aus dem Menüpunkt ABLAGE auswählen. Sie finden anschließend im selben Ordner das Archiv, entweder mit der Bezeichnung *Archiv.zip* oder, sofern Sie einen Ordner oder eine einzelne Datei komprimiert haben, *Name.zip*.

Archive im Finder entpacken | Um ein Archiv im Finder zu entpacken, öffnen Sie es mit einem Doppelklick. Der Finder startet dann wiederum das Archivierungsprogramm, und die in dem Archiv enthaltenen Dateien werden extrahiert; als Ziel wird zunächst der Ordner genutzt, in dem sich auch das Archiv befindet.

[tar]
Das Programm tar (Tape Archiver) ist im UNIX-Bereich ein bewährtes Mittel, um mehrere Dateien in einer zusammenzufassen. Sein Name rührt daher, dass zum Zeitpunkt seiner Entwicklung Sicherungskopien bevorzugt auf Bandlaufwerken (»tape« = englisch für »Band«) angelegt wurden.

◂ **Abbildung 3.47**
Das Archivierungsprogramm unterstützt mehrere Formate.

Das Archivierungsprogramm von OS X 10.8 unterstützt eigentlich alle unter UNIX-Systemen üblichen Archive. Während ZIP-Archive sich gut für die Weitergabe von Dateien und Ordnern eignen, werden TAR-Archive im Open-Source-Bereich gerne für die Weitergabe von Programmen und ihrem Quellcode genutzt. Das Gleiche gilt für CPIO-Archive, die ähnlich wie TAR-Archive aufgebaut sind.

Archivierungsprogramm konfigurieren | Öffnen Sie das Archivierungsprogramm mit einem Doppelklick auf die Datei im Verzeichnis /System/Library/CoreServices, können Sie zunächst über die Menüpunkte Ablage • Archiv erstellen und Archiv entpacken Ordner und Dateien auswählen. In den Voreinstellungen des Programms konfigurieren Sie sein Verhalten, wenn Dateien archiviert oder entpackt werden.

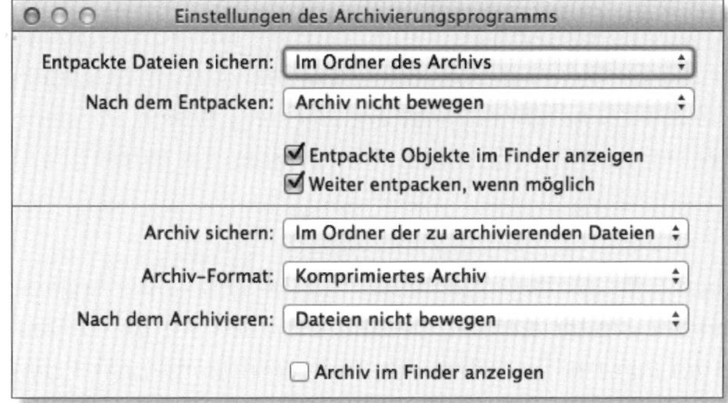

◂ **Abbildung 3.48**
In den Einstellungen des Archivierungsprogramms geben Sie die Verfahren Nach dem Entpacken und Nach dem Archivieren vor.

Sie können über Entpackte Dateien sichern und Archive sichern jeweils einen Ordner auswählen, in den die entpackten Dateien oder erstellten Archive verschoben werden. Ebenso

Format des Archivs
Im Finder werden immer ZIP-Archive erstellt. Im Archivierungsprogramm können Sie unter ARCHIV-FORMAT mit NORMALES ARCHIV eine CPIO-Datei und mit KOMPRIMIERTES ARCHIV eine komprimierte CPIO-Datei (*.cpgz*) erstellen. Die CPIO-Dateien sind eigentlich im Arbeitsalltag kaum verbreitet.

können Sie vorgeben, wie mit den Ursprungsdateien NACH DEM ENTPACKEN und NACH DEM ARCHIVIEREN verfahren werden soll. In den Standardeinstellungen verbleiben diese an ihrem Platz, können aber auch in den Papierkorb bewegt oder sofort gelöscht werden. Die Objekte können Sie sich nach Abschluss des jeweiligen Vorgangs auch im Finder anzeigen lassen.

Die Aktionen, die Sie unter NACH DEM ENTPACKEN und NACH DEM ARCHIVIEREN auswählen, werden auch vom Finder berücksichtigt. Dies ist ganz praktisch, wenn die wahrscheinlich nicht mehr benötigten Archive nach dem Entpacken automatisch in den Papierkorb bewegt werden. Die Option, Archive und vor allem Dateien nach dem Vorgang automatisch zu löschen, führt jedoch schnell zu ungewolltem Datenverlust. Eine fast optimale Einstellung für den Umgang mit Archiven im Finder besteht darin, unter NACH DEM ARCHIVIEREN die Option DATEIEN NICHT BEWEGEN und unter NACH DEM ENTPACKEN die Option ARCHIV IN DEN PAPIERKORB BEWEGEN auszuwählen.

3.3 Technische Hintergründe

Die Arbeit mit Dateien und Ordnern gestaltet sich etwas flüssiger und problemloser, wenn Sie einige technische Hintergründe kennen. Dieser Abschnitt stellt Ihnen einige Grundlagen und Verfahren vor, die Sie bei der Arbeit mit dem Finder kennen sollten. Die Erläuterungen setzen an einigen Stellen Grundkenntnisse bei der Arbeit mit dem Terminal (siehe Kapitel 6.1) voraus.

Ordner und Pfadangaben

Der Finder stellt Ihnen standardmäßig nur einen Ausschnitt der wirklich vorhandenen Dateien und Ordner in den Fenstern dar. So zeigt er die Ordner, die im weiteren Sinne zum UNIX-Unterbau von OS X 10.8 gehören, nicht an. Mit dem Befehl `ls` (siehe Abschnitt 6.3) lassen Sie sich diese Verzeichnisse am Terminal anzeigen.

Doppelpunkt
Beim klassischen Mac OS diente der Doppelpunkt anstelle des Schrägstrichs als Trennzeichen. Diese Konvention wurde weitgehend aufgegeben, sie kann Ihnen aber unter anderem bei der Arbeit mit AppleScript (siehe Abschnitt 26.3) noch begegnen.

Pfadangaben | Als *Pfad* wird bei einem UNIX-System die Angabe eines Verzeichnisses bezeichnet, bei dem die übergeordneten Verzeichnisse vorangestellt werden. Als Trennzeichen zwischen den Verzeichnissen dient der Schrägstrich /. Um die oberste Ebene des Dateisystems, das Startvolume, auszuwählen, wird ein einfacher / angegeben. Das Verzeichnis, das im Finder mit BENUTZER bezeichnet wird, heißt in Wirklichkeit USERS. Dessen Pfadangabe würde /USERS lauten. Das persönliche Verzeichnis des Benutzers mit dem Kurznamen KAI würde dementsprechend über die Pfadangabe /USERS/KAI angesprochen.

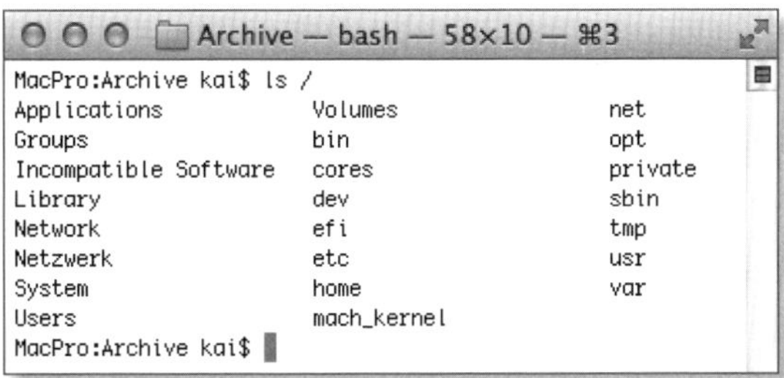

◂ **Abbildung 3.49**
Der Finder stellt einige Verzeichnisse nicht dar, die am Terminal mit ls angezeigt werden können.

Gehe zum Ordner | Über den Menüpunkt GEHE ZU • GEHE ZUM ORDNER können Sie den Pfad eines Ordners direkt in einem Textfeld angeben. Dabei spielt es keine Rolle, ob dieser Pfad normalerweise im Finder sichtbar ist oder nicht. Mit der Eingabe »/usr/share« rufen Sie das sonst unsichtbare Verzeichnis im Finder auf. Bei der Eingabe des Verzeichnisses steht Ihnen eine Funktion zum automatischen Vervollständigen zur Verfügung. Wenn Sie die Eingabe mit »/Sys« beginnen, dann wird sie nach zwei Sekunden zu /SYSTEM vervollständigt. Bei der Eingabe können Sie hier sowohl die deutschen (»/Benutzer«) als auch englischen (»/Users«) Bezeichnungen verwenden. Letztere wird zu ersterer vervollständigt.

Gehe zum Ordner
⌘ + ⇧ + G

◂ **Abbildung 3.50**
Mit der Funktion GEHE ZUM ORDNER öffnen Sie auch die sonst nicht angezeigten Verzeichnisse.

Programme und Dokumente im Bundle

Wenn Sie in Verbindung mit einem Programm wie Safari das Kontextmenü aufrufen, erscheint darin der Punkt PAKETINHALT ZEIGEN. Genau genommen, sind die Programme, wie sie sich bei der Anzeige des Ordners PROGRAMME darstellen, Ordner. Rufen Sie

Dokumente im Bundle
Sowohl die Bibliothek von iPhoto als auch die von PhotoBooth liegen in Form eines Bundles vor. Darüber hinaus gibt es einige Anwendungen, die ihre Dateien ebenfalls in Form eines Bundles speichern.

den Punkt PAKETINHALT ZEIGEN auf, wird Ihnen in einem neuen Fenster der Inhalt dieser Verzeichnisse angezeigt.

Diese Pakete – auch *Bundles* genannt – enthalten neben dem eigentlichen Programm einige Informationen in Form von Property-Listen; im Ordner RESOURCES finden Sie die Menüs und gegebenenfalls die Sprachdateien. Die Programmdatei, die tatsächlich ausgeführt wird, wird standardmäßig im Ordner MACOS abgelegt.

Abbildung 3.51 ▸ Das eigentliche Programm Safari ist innerhalb des Bundles im Ordner MACOS zu finden.

Der Finder wurde von Apple so programmiert, dass er Ordner, deren Namen mit .APP enden, als Bundle darstellt. Sie können dies leicht überprüfen, indem Sie einen neuen Ordner erstellen und ihm eine Bezeichnung wie BUNDLE.APP zuweisen. Er wird mit dem Icon eines nicht startfähigen Programms versehen.

Unsichtbare Dateien und Ordner

Werden als Bundle gekennzeichnete Ordner vom Finder schon nicht als solche dargestellt, verhält es sich mit Dateien, deren Namen mit einem Punkt beginnen, noch einmal anders. Erstellen Sie einen neuen Ordner, und versuchen Sie, seinen Namen in .NEU zu ändern, verweigert der Finder die Umbenennung.

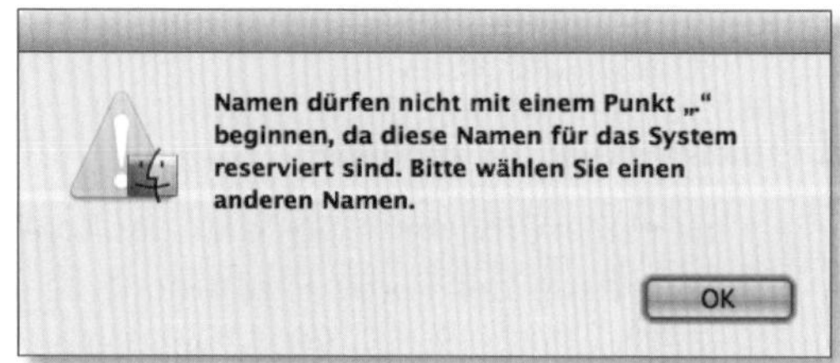

Abbildung 3.52 ▸ Der Finder lässt einen Namen, der mit einem Punkt beginnt, nicht zu.

Führender Punkt | Der Grund dafür ist recht simpel: Die Unsichtbarkeit von Dateien und Ordnern wird unter anderem dadurch definiert, dass ihr Name mit einem Punkt beginnt. Wenn Sie am Terminal den Befehl `ls -a` eingeben, sorgt die Option `-a` dafür, dass auch eigentlich unsichtbare Dateien und Verzeichnisse angezeigt werden. Dabei ist der Hinweis, dass diese Namen für das System reserviert seien, etwas irreführend, da Sie am Terminal mit den Befehlen `mv` oder `mkdir` (siehe Abschnitt 6.3) problemlos Ordner erstellen können, deren Namen mit einem Punkt beginnen.

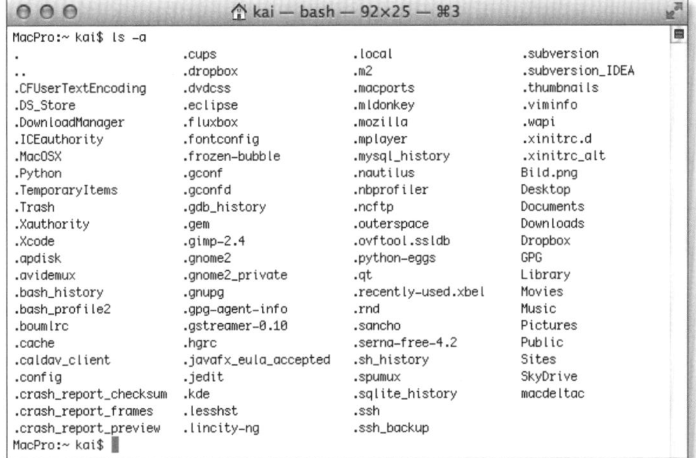

```
kai — bash — 92×25 — ⌘3
MacPro:~ kai$ ls -a
.                         .cups                    .local                   .subversion
..                        .dropbox                 .m2                      .subversion_IDEA
.CFUserTextEncoding       .dvdcss                  .macports                .thumbnails
.DS_Store                 .eclipse                 .mldonkey                .viminfo
.DownloadManager          .fluxbox                 .mozilla                 .wapi
.ICEauthority             .fontconfig              .mplayer                 .xinitrc.d
.MacOSX                   .frozen-bubble           .mysql_history           .xinitrc_alt
.Python                   .gconf                   .nautilus                Bild.png
.TemporaryItems           .gconfd                  .nbprofiler              Desktop
.Trash                    .gdb_history             .ncftp                   Documents
.Xauthority               .gem                     .outerspace              Downloads
.Xcode                    .gimp-2.4                .ovftool.ssldb           Dropbox
.apdisk                   .gnome2                  .python-eggs             GPG
.avidemux                 .gnome2_private          .qt                      Library
.bash_history             .gnupg                   .recently-used.xbel      Movies
.bash_profile2            .gpg-agent-info          .rnd                     Music
.boumlrc                  .gstreamer-0.10          .sancho                  Pictures
.cache                    .hgrc                    .serna-free-4.2          Public
.caldav_client            .javafx_eula_accepted    .sh_history              Sites
.config                   .jedit                   .spumux                  SkyDrive
.crash_report_checksum    .kde                     .sqlite_history          macdeltac
.crash_report_frames      .lesshst                 .ssh
.crash_report_preview     .lincity-ng              .ssh_backup
MacPro:~ kai$
```

◂ Abbildung 3.53
Im persönlichen Ordner befindet sich eine Reihe von unsichtbaren Verzeichnissen.

File Flags | Die zweite Möglichkeit, einen Ordner oder eine Datei verschwinden zu lassen, besteht in der Nutzung des File Flags `hidden`. Bei diesen File Flags handelt es sich um zurzeit nicht wirklich gebräuchliche Eigenschaften von Dateien, die unter älteren UNIX-Varianten genutzt wurden, um eine Datei zum Beispiel als bereits gesichert zu kennzeichnen.

(Un-)Sichtbar machen
Mit dem Befehl `chflags` in Kombination mit dem Schlüsselwort `hidden` bzw. `nohidden` verstecken Sie eine Datei oder einen Ordner. Mit der Eingabe `chflags nohidden ~/Library` würde das vorhandene Flag gelöscht, mit `chflags hidden ~/Library` wieder gesetzt.

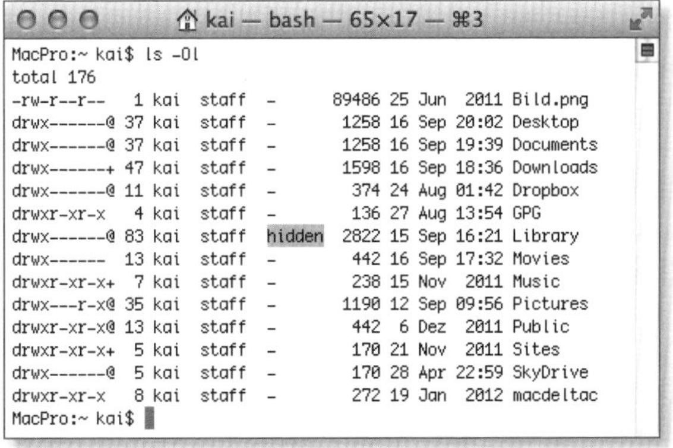

```
kai — bash — 65×17 — ⌘3
MacPro:~ kai$ ls -Ol
total 176
-rw-r--r--   1 kai  staff  -       89486 25 Jun  2011 Bild.png
drwx------@ 37 kai  staff  -        1258 16 Sep 20:02 Desktop
drwx------@ 37 kai  staff  -        1258 16 Sep 19:39 Documents
drwx------+ 47 kai  staff  -        1598 16 Sep 18:36 Downloads
drwx------@ 11 kai  staff  -         374 24 Aug 01:42 Dropbox
drwxr-xr-x   4 kai  staff  -         136 27 Aug 13:54 GPG
drwx------@ 83 kai  staff  hidden   2822 15 Sep 16:21 Library
drwx------  13 kai  staff  -         442 16 Sep 17:32 Movies
drwxr-xr-x+  7 kai  staff  -         238 15 Nov  2011 Music
drwx---r-x@ 35 kai  staff  -        1190 12 Sep 09:56 Pictures
drwxr-xr-x@ 13 kai  staff  -         442  6 Dez  2011 Public
drwxr-xr-x+  5 kai  staff  -         170 21 Nov  2011 Sites
drwx------@  5 kai  staff  -         170 28 Apr 22:59 SkyDrive
drwxr-xr-x   8 kai  staff  -         272 19 Jan  2012 macdeltac
MacPro:~ kai$
```

◂ Abbildung 3.54
Das File Flag `hidden` macht den Ordner LIBRARY unsichtbar.

Unter OS X 10.8 ist es möglich, einer Datei oder einem Ordner dieses Flag mit dem Befehl `chflags` zuzuweisen. Findet der Finder ein solches Flag, dann übergeht er die Datei oder den Ordner bei der Darstellung. Dieses File Flag wird unter anderem beim Ordner Library genutzt.

.DS_Store, .localized und .Trash | Die Datei *.DS_Store* hat die Aufgabe, die Darstellung des Ordners im Finder zu speichern. Sie enthält die Informationen, in welcher Darstellungsweise die enthaltenen Objekte angezeigt werden, wie die Icons innerhalb des Ordners dargestellt werden und ob die Standard-Icons durch andere ausgetauscht werden sollen. Mit der Datei *.localized*, die Sie in den Verzeichnissen Dokumente, Musik etc. finden, wird dem Finder signalisiert, dass er für diese Ordner eine entsprechende Übersetzung in der vom Anwender ausgewählten Sprache anzeigen soll. Beim Ordner .Trash handelt es sich um den Papierkorb.

Aliasse und symbolische Links

Bei einem Alias handelt es sich, sofern Sie mit dem Dateisystem HFS+ (siehe Abschnitt 9.2) arbeiten, um einen Verweis auf einen Eintrag im Katalog, der die Dateien auf der Festplatte verzeichnet. Ein Alias funktioniert auch dann noch, wenn Sie die mit ihm verknüpfte Datei verschieben. Der Eintrag innerhalb des Katalogs bleibt ja bestehen.

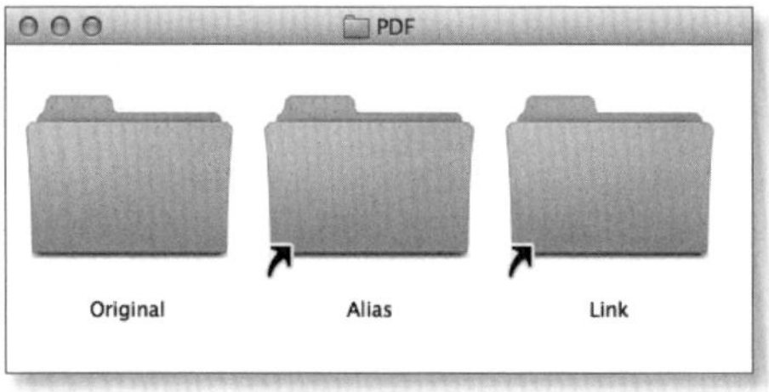

Abbildung 3.55 ▸
Ein symbolischer Link wird im Finder wie ein Alias mit einem Pfeil dargestellt.

Symbolische Links | Anders verhält es sich bei symbolischen Links, die bei anderen UNIX-Derivaten die Aufgaben eines Alias übernehmen und auch unter OS X verwendet werden. Bei einem symbolischen Link handelt es sich um einen Verweis auf den Eintrag in dem Verzeichnis, das das Zielobjekt enthält. Wird das Zielobjekt verschoben, weist der Link anders als bei einem Alias ins Leere. Ein symbolischer Link wird vom Finder ebenfalls mit einem Pfeil im Icon versehen. Symbolische Links können sowohl auf eine Datei als auch auf ein Verzeichnis deuten. In Abbildung 3.55 wurde ein Alias erstellt, das auf den Ordner Original deutet, und ein symbolischer Link mit dem gleichen Ziel.

Unterschiede | Optisch sind Aliasse und symbolische Links im Finder nicht zu unterscheiden. Der Unterschied tritt jedoch am Terminal zutage: Wenn Sie ein Alias erstellen, das auf ein Verzeichnis deutet, können Sie am Terminal nicht in dieses Verzeichnis wechseln. Ein Alias erscheint am Terminal wie eine Datei. Anders verhält es sich mit einem symbolischen Link: Hier wird Ihnen das Ziel des Links bei der Ansicht des Verzeichnisinhalts mit `ls -l` nach dem Pfeil angezeigt. Der symbolische Link in Abbildung 3.56 deutet auf das Verzeichnis ORIGINAL. Sie könnten mit der Eingabe `cd Link` in das Verzeichnis wechseln.

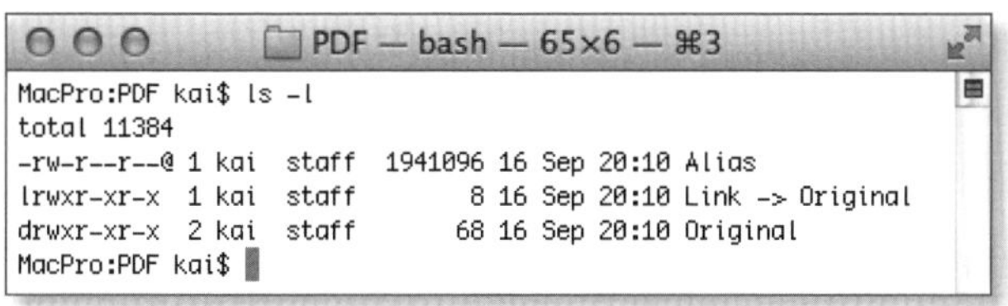

◂ **Abbildung 3.56**
Ein Alias wird am Terminal wie eine Datei behandelt, während bei einem Link dessen Ziel angegeben wird.

Harte Links | Ein harter Link deutet weder auf einen Eintrag im Katalog des Dateisystems noch in einem Verzeichnis, sondern direkt auf die auf dem Datenträger gespeicherten Daten. Die Datei ist also im Dateisystem zweimal vorhanden. In Abbildung 3.57 deuten *Buch.pdf* und *Buch2.pdf* auf exakt die gleichen Daten. Wenn Sie die Datei *Buch.pdf* löschen, haben Sie über die Datei *Buch2.pdf* immer noch Zugriff auf die Daten. Nähmen Sie Änderungen an der Datei *Buch.pdf* vor, würde sich auch die Datei *Buch2.pdf* ändern, da diese Datei ja dieselben Daten enthält wie *Buch.pdf*.

Time Machine
Dass harte Links nur auf Dateien deuten können, ist mit der Einführung der Time Machine nicht mehr ganz korrekt. Eine der wesentlichen Grundlagen der Time Machine besteht in der Verwendung von harten Links auf Verzeichnisse, einer neuen Fähigkeit des HFS+-Dateisystems. Allerdings gibt es keine Möglichkeit, solche Links selbst am Terminal zu erzeugen.

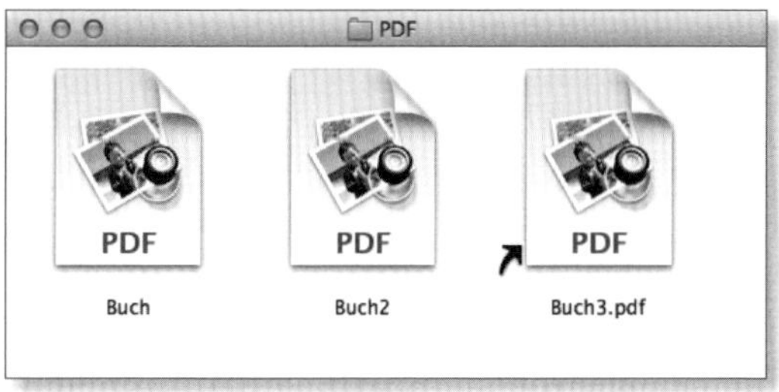

◂ **Abbildung 3.57**
Der harte Link stellt eine zweite Version der Ausgangsdatei dar.

Links erstellen | Zur Erstellung eines Links dient am Terminal der Befehl `ln`. Rufen Sie ihn ohne Option auf, wird ein harter Link erstellt. Dabei müssen Sie als Parameter zuerst die Quelle und dann das Ziel übergeben. Mit

```
ln ~/Documents/Buch.pdf ~/Desktop/Buch2.pdf
```

würden Sie einen harten Link auf die Datei *Buch.pdf* im Verzeichnis DOKUMENTE setzen, der auf dem Schreibtisch mit dem Namen BUCH2.PDF erscheint.

Einen symbolischen Link erstellen Sie, indem Sie `ln` die Option `-s` übergeben. So würden Sie mit

```
ln -s ~/Documents/Buch.pdf ~/Desktop/Buch2.pdf
```

einen symbolischen Link auf die Datei *Buch.pdf* erstellen, im Finder erschiene auf dem Schreibtisch ein Icon mit einem Pfeil und der Bezeichnung BUCH2.PDF. Geben Sie anstelle einer Datei ein Verzeichnis an, dann wird ein symbolischer Link auf ein Verzeichnis erstellt.

Erweiterte Dateiattribute

File Flags
Die Option GESCHÜTZT, die Sie im Fenster INFO ZU für eine Datei vergeben können, wird dagegen nicht über ein Attribut, sondern über ein File Flag realisiert. Letztere sind bei UNIX-Systemen schon lange üblich, und Sie können sie sich über `ls -lO` anzeigen lassen. Wurde die Datei geschützt, dann finden Sie dort den Eintrag `uchg` (*unchangeable*).

Einer Datei können Sie unter OS X weitere Informationen beigeben. Diese erweiterten Dateiattribute speichern Informationen, die nicht zu den eigentlichen Daten der Datei gehören. Dazu gehört zum Beispiel der Spotlight-Kommentar, den Sie im Fenster INFORMATION (siehe Abschnitt 3.1) eingeben können. Dieser wird nicht direkt in der Datei selbst gespeichert, sondern in einem erweiterten Attribut. Sichtbar sind diese Attribute im Finder und am Terminal in der Regel nicht.

Downloads — bash — 80×26 — ⌘2

```
MacPro:Downloads kai$ xattr -l xcode44auxtools6938114a.dmg
com.apple.diskimages.fsck: "???k&????}??A?Q
com.apple.diskimages.recentcksum: i:6559391 on 8E87A5FA-D6F2-3C13-A4B0-C8DFC0B04
2E0 @ 1343257972 - CRC32:$A9B71653
com.apple.metadata:kMDItemDownloadedDate:
00000000  62 70 6C 69 73 74 30 30 A1 01 33 41 B5 CF 21 66  |bplist00..3A..!f|
00000010  6B 7B 07 08 0A 00 00 00 00 00 00 01 01 00 00 00  |k{..............|
00000020  00 00 00 00 02 00 00 00 00 00 00 00 00 00 00 00  |................|
00000030  00 00 00 00 13                                   |.....|
00000035
com.apple.metadata:kMDItemWhereFroms:
00000000  62 70 6C 69 73 74 30 30 A1 01 5F 10 72 68 74 74  |bplist00.._.rhtt|
00000010  70 3A 2F 2F 61 64 63 64 6F 77 6E 6C 6F 61 64 2E  |p://adcdownload.|
00000020  61 70 70 6C 65 2E 63 6F 6D 2F 44 65 76 65 6C 6F  |apple.com/Develo|
00000030  70 65 72 5F 54 6F 6F 6C 73 2F 61 75 78 69 6C 69  |per_Tools/auxili|
00000040  61 72 79 5F 74 6F 6F 6C 73 5F 66 6F 72 5F 78 63  |ary_tools_for_xc|
00000050  6F 64 65 5F 5F 6C 61 74 65 5F 6A 75 6C 79 5F 32  |ode__late_july_2|
00000060  30 31 32 2F 78 63 6F 64 65 34 34 61 75 78 74 6F  |012/xcode44auxto|
00000070  6F 6C 73 36 39 33 38 31 31 34 61 2E 64 6D 67 08  |ols6938114a.dmg.|
00000080  0A 00 00 00 00 00 00 01 01 00 00 00 00 00 00 00  |................|
00000090  02 00 00 00 00 00 00 00 00 00 00 00 00 00 00 00  |................|
000000A0  7F                                               |.|
000000a1
com.apple.quarantine: 0002;501ee9e6;Safari;F448798D-6384-464D-9E99-0201BD979948|
com.apple.Safari
MacPro:Downloads kai$
```

Abbildung 3.58 ▶
Eine Datei kann über eine Reihe von erweiterten Attributen verfügen.

Die DMG-Datei in Abbildung 3.58 wurde mit Safari heruntergeladen. Safari hat für diese Datei einige erweiterte Attribute festgelegt: Zum Beispiel wird mit

```
com.apple.quarantine
```

die Datei unter Quarantäne gestellt, und es erfolgt eine Nachfrage, wenn Sie sie im Finder öffnen. Zum anderen wurde der URL des Downloads in

```
com.apple.metadata:KMDItemWhereFroms
```

gespeichert und wird Ihnen dann im Dialog als Quelle der Datei angezeigt.

Attribute einsehen | Mit dem Befehl `xattr` verschaffen Sie sich einen kleinen Einblick in die Werte der erweiterten Eigenschaften. Rufen Sie ihn ohne Option unter Angabe einer Datei oder eines Ordners auf, dann erhalten Sie eine Übersicht der vorhandenen Attribute. Mit `xattr -l Datei` werden Ihnen auch die Werte ausgegeben. Dies erfolgt in der Rohfassung, also den binären Daten, und die Zahlenreihen links enthalten die hexadezimalen Werte.

3.4 Dateien öffnen und speichern

Streng genommen, ist es keine Funktion des Finders, aber der Dialog zum Speichern eines Dokuments passt am besten in diesen Kontext, und er bietet Ihnen einige Funktionen, die auf dem Finder basieren. In den Dialogen zum Öffnen und Sichern wechseln Sie mit dem Dreieck zwischen der reduzierten und der detaillierten Ansicht. In der detaillierten Ansicht steht Ihnen neben der Seitenleiste auch Spotlight im Textfeld zur Verfügung.

iCloud
Wenn Sie die iCloud nutzen, dann enthält der Dialog zwei Ansichten. Neben der hier besprochenen Ansicht für die lokalen Dateien finden Sie dann auch die Ansicht für die in Abschnitt 4.10 beschriebene iCloud.

Information
⌘ + 7

Im Finder anzeigen
⌘ + R

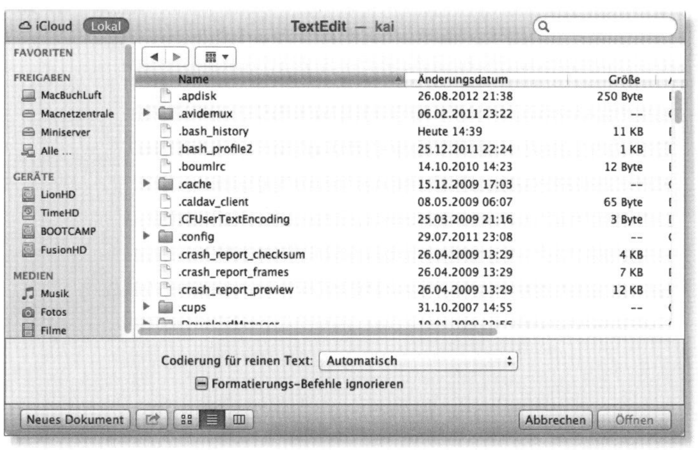

◂ **Abbildung 3.59**
Im Dialog zum Öffnen einer Datei können Sie die unsichtbaren Dateien und Ordner mit einer Tastenkombination einblenden.

Unsichtbare Objekte
⌘ + ⇧ + .

Gehe zum Ordner
⇧ + 7

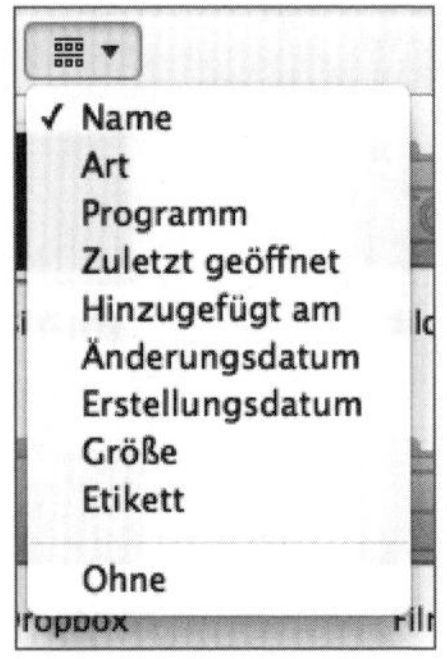

▲ **Abbildung 3.60**
Die Ausrichtung kann über das Icon ausgewählt werden.

Darüber hinaus können Sie eine Datei oder einen Ordner auswählen und mit ⌘ + I das Fenster INFO ZU im Finder direkt aus dem Dialog heraus öffnen oder sich mit ⌘ + R die Datei im Finder anzeigen lassen. Mit der Tastenkombination ⌘ + ⇧ + . (Punkt) blenden Sie die unsichtbaren Dateien ein und auch wieder aus. Mit der Leertaste können Sie die Vorschau von Quick Look auch aus diesem Dialog heraus aufrufen.

Über die Kurzbefehle ⌘ + 1 bis 3 können Sie die Darstellung wie auch im Finder auswählen. Ebenso können Sie über das Icon neben den beiden Pfeilen die schon besprochene Ausrichtung aktivieren.

Möchten Sie direkt zu einem Ordner gelangen, dessen Pfad Sie kennen, dann können Sie auch ⇧ + 7 eingeben. Dies wird vom Dialog als / interpretiert und die Funktion GEHE ZUM ORDNER ausgeführt.

Schließlich bieten Ihnen einige Programme, abhängig von den unterstützten Dateiformaten, auch eine Rubrik MEDIEN. Diese greift auf die über iLife und zum Teil auch andere Programme wie Aperture verfügbaren Bibliotheken und Sammlungen zurück.

Kapitel 4
Den Alltag organisieren

Dieses Kapitel widmet sich einem sehr großen Thema. Einen Großteil der Zeit, die Sie vor dem Bildschirm verbringen, werden Sie der Verarbeitung von Informationen widmen. Dazu gehören die Verwaltung von Adressbeständen, die Planung von Aufgaben, die Notierung von Sachverhalten, die Kommunikation und damit Mitteilung von Informationen über Mail, Nachrichten und FaceTime sowie die Recherche im Internet mit Safari.

Die einzelnen Programme erklären sich in ihrer grundlegenden Funktionsweise weitgehend selbst, und Apple bietet etwa für die Einrichtung eines E-Mail-Postfachs entsprechende Assistenten. In diesem Kapitel wird daher der Schwerpunkt auf die Funktionen gelegt, die nicht ganz so offensichtlich sind. Die iCloud steht Ihnen in allen Programmen zur Verfügung, die in diesem Kapitel beschrieben werden. Welche Vorzüge Ihnen die iCloud bietet, und wie Sie Daten synchron halten, wird im letzten Abschnitt beschrieben.

4.1 Vorbemerkungen

Der Vorteil von OS X 10.8 besteht darin, dass alle besprochenen Programme von einem Hersteller stammen und recht gut miteinander interagieren.

Voraussetzungen für Exchange
OS X 10.8 unterstützt die Version 2007 mit dem Service Pack 1 und Exchange 2010. Frühere Versionen wie Exchange 2003 werden nicht unterstützt. Auf dem Exchange-Server muss die Funktion Outlook Web Access (OWA) aktiviert sein, da OS X 10.8 anders als das iPhone das Verfahren Active Sync nicht unterstützt.

Exchange und Netzwerke | Seit Mac OS X 10.6 bietet das System eine Unterstützung von Microsoft Exchange. Bei Exchange handelt es sich um einen sehr verbreiteten Kommunikationsserver von Microsoft, der unter anderem E-Mail-Postfächer, eine Adressverwaltung und Kalender bietet. Eine wichtige Voraussetzung für die Nutzung von Exchange ist eine funktionierende DNS-Konfiguration (siehe Abschnitt 16.1). Ihr Rechner muss den Exchange-

Server im Netzwerk über seinen vollen Namen (zum Beispiel AD.FIRMA.COM) ansprechen können. Bevor Sie mit der Einrichtung der in diesem Kapitel beschriebenen Dienste für Mail, Kalender oder die Kontakte beginnen, sollten Sie im Zweifelsfall die Netzwerkkonfiguration und Namensauflösung überprüfen. Andernfalls werden Sie mit recht subtilen Problemen konfrontiert, deren Ursache man oft nicht in diesem Zusammenhang vermutet.

Zertifikat überprüfen
Kontakte kann die Identität des Servers „ad.samoa.kai" nicht überprüfen.
Das Zertifikat für diesen Server ist ungültig. Möglicherweise werden Sie mit einem Server verbunden, der vorgibt, „ad.samoa.kai" zu sein, und Ihre vertraulichen Daten gefährdet.
Zertifikat einblenden
Abbrechen
Fortfahren

Abbildung 4.1 ▸
Möglicherweise wurde das Zertifikat des Exchange-Servers von einer Ihrem System unbekannten Instanz signiert.

Hinweis
Ob Sie einem solchen Zertifikat in Zukunft immer vertrauen, sollten Sie genau abwägen. Das in Abbildung 4.1 dargestellte Zertifikat wird lediglich im lokalen Netzwerk verwendet. In diesem Fall ist die Meldung eher lästig, und dem Zertifikat kann immer vertraut werden. Nutzen Sie jedoch ein Exchange-Postfach bei einem Anbieter im Internet und sind Sie auf einmal mit einem nicht vertrauenswürdigen Zertifikat konfrontiert, dann sollten Sie misstrauisch werden und Ihren Anbieter kontaktieren.

Accounts und Zertifikate | Wahrscheinlich bei der Einrichtung eines Exchange-Kontos, aber möglicherweise auch bei der Konfiguration eines anderen E-Mail-Postfachs werden Sie die Mitteilung erhalten, dass ein Zertifikat nicht gültig ist und nicht überprüft werden kann. Der Hintergrund dieser Meldung besteht darin, dass der Datenverkehr zwischen Ihrem System und dem Server verschlüsselt wird und dabei der Secure Sockets Layer zum Einsatz kommt. Diese Verschlüsselung basiert auf Zertifikaten, von denen eines von einer Zertifizierungsinstanz vergeben wird.

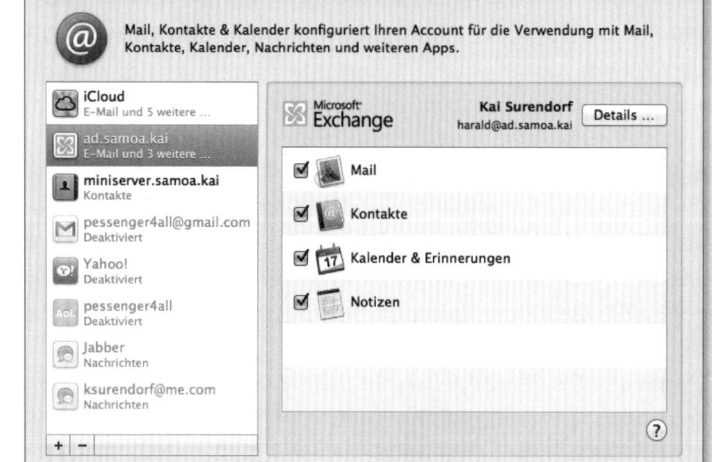

Abbildung 4.2 ▸
Ein eingerichtetes Benutzerkonto kann auch nur für ein bestimmtes Programm genutzt werden.

OS X 10.8 verfügt von Haus aus im Schlüsselbund über einen Satz solcher Zertifizierungsinstanzen (siehe Abschnitt 10.1), aber in einem Firmennetzwerk kann es gut möglich sein, dass diese Instanz Ihrem System nicht vertraut ist und Sie dementsprechend vor einer unsicheren Kommunikation gewarnt werden. Wenn Sie sicher sind, dass Sie mit dem richtigen Server kommunizieren, dann können Sie diesem Zertifikat vertrauen. Damit erscheint diese bisweilen lästige Meldung nicht mehr.

◄ **Abbildung 4.3**
In den Systemeinstellungen verwalten Sie zentral MAIL, KONTAKTE & KALENDER.

Mail, Kontakte & Kalender | Die enge Integration der drei Programme Mail, Kontakte und Nachrichten wird auch in den Systemeinstellungen deutlich. Sie finden dort die Ansicht MAIL, KONTAKTE & KALENDER, wo Sie zentral Benutzerkonten für Mail, Nachrichten, Kalender und die Kontakte verwalten. In der Ansicht ACCOUNT HINZUFÜGEN stehen Ihnen neben Microsoft Exchange zunächst auch GOOGLE MAIL, YAHOO! und einige weitere zur Auswahl. Wählen Sie einen der Dienste aus, dann werden Sie zur Eingabe der notwendigen Daten aufgefordert. Hierbei handelt es sich in der Regel um die E-Mail-Adresse oder das Benutzerkonto und das dazugehörige Kennwort. Gegebenenfalls müssen Sie bei der Einrichtung eines Exchange-Servers noch eine Serveradresse eingeben.

Im nächsten Schritt geben Sie dann vor, in welchen Programmen das eingerichtete Konto genutzt werden soll. Die Systemeinstellungen konfigurieren anschließend die ausgewählten Programme. Wenn Sie hier nachträglich eine Änderung vornehmen möchten, dann können Sie das eingerichtete Konto aus- und das nicht mehr gewünschte Programm abwählen.

Abbildung 4.4 ▶
Über den Eintrag ANDEREN ACCOUNT HINZUFÜGEN können Sie auch LDAP- und OS X-Server-Konten hinzufügen.

Andere | Der Eintrag ANDEREN ACCOUNT HINZUFÜGEN öffnet einen Dialog, in dem Sie weitere Konten anderer Typen hinzufügen können. E-Mail, Nachrichten, CalDAV und CardDAV sind selbsterklärend. Es ist möglich, dass Sie hier direkt von den Systemeinstellungen zu den im Folgenden beschriebenen Einzelkonfigurationen der Programme gelangen. Bei LDAP handelt es sich um einen Verzeichnisdienst (siehe Abschnitt 17.6), der auch eine Adressdatenbank zur Verfügung stellt.

Über den Eintrag OS X SERVERACCOUNT HINZUFÜGEN gelangen Sie zu einem weiteren Dialog, in dem Ihnen zunächst die im Netzwerk via Bonjour gefundenen OS X 10.8-Server aufgelistet werden. Wählen Sie dann einen Server aus, oder geben Sie die Adresse eines anderen ein, um im letzten Schritt Benutzerkonto und Kennwort einzugeben. Die Systemeinstellungen melden Sie nun an dem Server an, und abhängig von den aktivierten Diensten auf dem Server können Sie dann die gewünschten Programme auswählen. Diese Nutzung eines OS X-Servers ist nicht zu verwechseln mit der Anbindung an ein Open Directory (siehe Abschnitt 17.6).

4.2 Mail

War Mail in den ersten Versionen von Mac OS X noch eher eine technische Fallstudie, wie sich die Kommunikation mit einem Mailserver mit einer grafischen Oberfläche versehen lässt, hat sich dies mittlerweile grundlegend geändert. So ist die Unterstützung für IMAP mittlerweile stabil, Exchange wird unterstützt, und auch die weiteren Funktionen wie die Regeln und die Suche machen Mail zu einem unentbehrlichen Helfer und Organisator der Kommunikation. Mit OS X 10.8 wurden Mail einige kleine optische Neuerungen hinzugefügt.

Postfächer einrichten

Der erste Schritt bei der Arbeit mit Mail besteht darin, die E-Mail-Konten zu konfigurieren. Mail unterstützt unter OS X 10.8 vier Standards, um E-Mails von einem Mailserver abzurufen. POP3 (Post Office Protocol) ist das älteste und wohl geläufigste Verfahren; mit ihm können Sie nur die E-Mails vom Server abrufen, wobei Sie in den Einstellungen auch vorgeben können, dass die Nachrichten nicht umgehend vom Server gelöscht werden.

[SMTP]
Das Simple Mail Transfer Protocol (SMTP) dient zum Versand von E-Mails. Im Zuge der Einrichtung eines Postfachs werden Sie auch einen SMTP-Server konfigurieren, damit Sie Nachrichten verschicken können.

Der Vorzug von IMAP (Internet Message Access Protocol) besteht darin, dass Sie auf dem Mailserver Ordner anlegen und Nachrichten in diese verschieben können. Diese Ordnerstruktur können Sie mit Ihrem System synchronisieren, sodass Sie von einem anderen Rechner auf die gleiche Datenbasis zugreifen können. Eine Spielart dieses Standards ist Exchange IMAP, das auf die besonderen Anforderungen des Exchange-Servers Rücksicht nimmt. OS X 10.8 bietet Unterstützung für Microsoft Exchange in den Versionen 2007 und 2010.

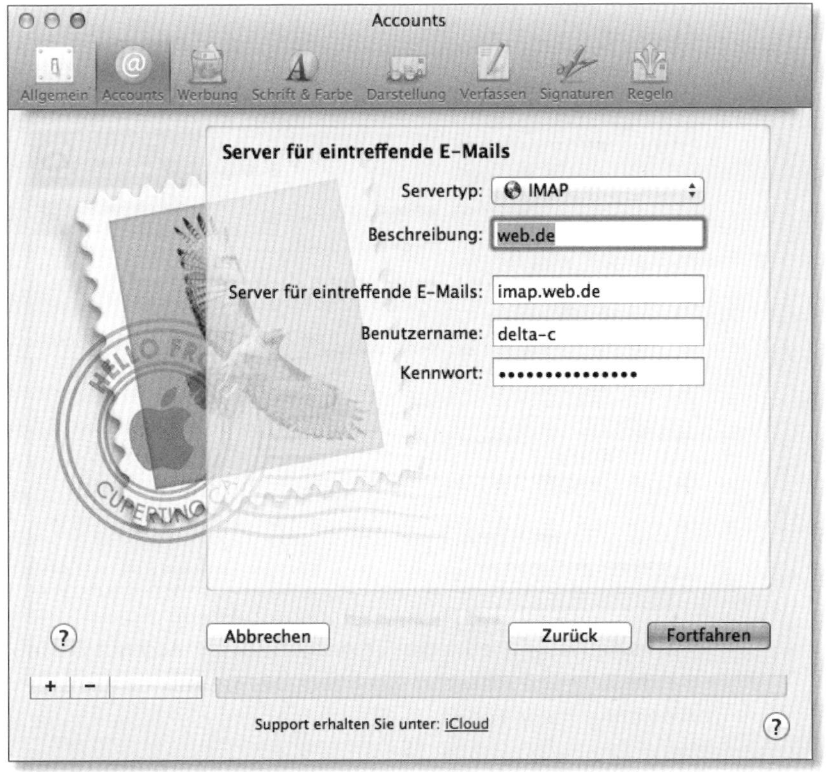

▼ Abbildung 4.5
Schlägt die automatische Konfiguration fehl, dann können Sie die Daten auch direkt eingeben.

Tipp
Wenn Sie beim Klick auf die Schaltfläche FORTFAHREN die Taste [alt] gedrückt halten, dann können Sie in jedem Fall im zweiten Schritt den SERVERTYP auswählen. Die automatische Konfiguration unterbleibt in diesem Fall.

Wenn Sie Mail das erste Mal starten oder in den Einstellungen des Programms die Ansicht ACCOUNTS auswählen und über das Pluszeichen ein neues Konto hinzufügen, dann wird ein Assistent gestartet. Hier geben Sie zunächst Ihren Namen, Ihre E-Mail-Adresse sowie das Kennwort für Ihr Postfach ein. Mail versucht dann, basierend auf der E-Mail-Adresse den passenden Server zu ermitteln. Sollte die automatische Konfiguration erfolgreich sein, dann wird die Konfiguration sofort abgeschlossen.

Andernfalls geben Sie die Parameter dann im nächsten Schritt des Assistenten ein. Wie die genauen Daten lauten, müssen Sie der Dokumentation Ihres Anbieters entnehmen. Unter SERVERTYP wählen Sie eines der zuvor beschriebenen Verfahren aus.

Server für ausgehende E-Mails | Im nächsten Schritt legen Sie den Server fest, über den Ihre Nachrichten verschickt werden. Auch diese Daten müssen Sie von Ihrem Anbieter erfragen. Es ist gut möglich, dass Sie hier die IDENTIFIZIERUNG VERWENDEN müssen. Offene Mailserver, über die jeder Nachrichten verschicken kann, waren lange Zeit eine der Quellen für unerwünschte Werbenachrichten, die auch als *Spam* bezeichnet werden.

Abbildung 4.6 ▸
Beim Server für ausgehende E-Mails ist wahrscheinlich eine Authentifizierung erforderlich.

Als letzten Schritt erhalten Sie auch hier eine Account-Zusammenfassung und schließen dann über die Schaltfläche ERSTELLEN die Konfiguration ab.

Einstellungen | Wenn Sie über mehr als ein Postfach verfügen, dann können Sie in der Ansicht ACCOUNTS in den Einstellungen von Mail weitere Konten hinzufügen, wobei das Programm Sie wieder mit dem Assistenten begleitet. Allerdings ist die Konfiguration eines SMTP-Servers zunächst nicht nötig, da der erste eingerichtete SMTP-Server für alle Postfächer genutzt wird.

Postfach-Verhalten | Der Reiter POSTFACH-VERHALTEN bietet für POP3- und IMAP-Konten etwas abweichende Optionen, die sich aber nur in Bezug auf die mit IMAP mögliche Speicherung auf dem Server unterscheiden. Sie können hier festlegen, wo Entwürfe gesichert werden und nach welcher Frist Nachrichten, die Sie in Mail in den Papierkorb verschoben haben, endgültig gelöscht werden.

IMAP | Bei einem IMAP-Konto können Sie hier die Option GESENDETE E-MAILS AUF DEM SERVER SICHERN aktivieren. Der Vorteil bei dieser Sicherung besteht darin, dass Sie auch von unterwegs auf den Server zugreifen und die von Ihnen verschickten E-Mails nachlesen können. Damit können Sie sich ein vollständiges Bild der Kommunikation verschaffen. Der Nachteil ist, dass Sie auf diese Weise deutlich mehr Speicherplatz auf dem Mailserver belegen werden, da die von Ihnen verschickten Nachrichten auf den Server kopiert werden.

Erweitert
Im Reiter ERWEITERT können Sie für das ausgewählte Konto weitere, eher technische Einstellungen vornehmen. Bei einem POP3-Konto können Sie hier auch vorgeben, wann die Nachrichten vom Server gelöscht werden. In den Standardeinstellungen werden sie sofort gelöscht; Sie können aber auch eine Frist vorgeben. Darüber hinaus können Sie hier den Account auch deaktivieren oder vom automatischen Empfang ausschließen. Bei einem IMAP-Konto können Sie, sofern der Server dies erlaubt, auch ein IMAP-PFAD-PRÄFIX für die Ordner vorgeben.

◂ **Abbildung 4.7**
Die Synchronisation mit dem Mailserver konfigurieren Sie im Reiter ERWEITERT.

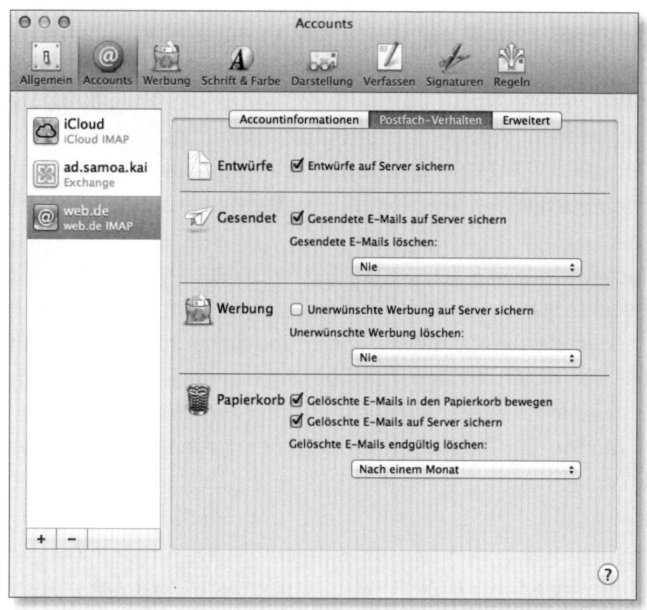

Abbildung 4.8 ▸
Über das Postfach-Verhalten geben Sie die Vorhaltezeit von Nachrichten im Papierkorb vor.

IMAP und Kopien | Bei der Arbeit mit einem IMAP-Postfach können Sie im Reiter Erweitert ebenfalls festlegen, ob der Inhalt des IMAP-Postfachs vollständig synchronisiert werden soll oder nicht. Wenn Sie zum Beispiel die Option Alle E-Mails ohne ihre Anhänge auswählen, dann sparen Sie Speicherplatz auf Ihrer Festplatte, haben aber nur dann Zugriff auf die Anhänge, wenn Sie mit dem Internet verbunden sind.

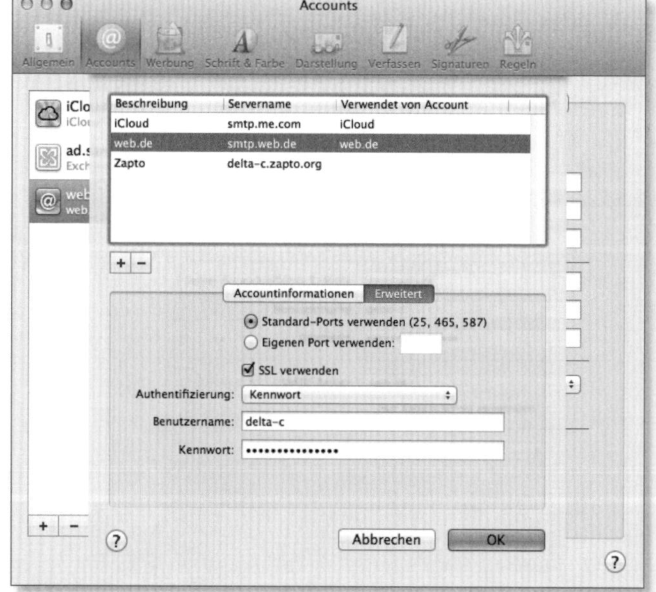

Abbildung 4.9 ▸
Die SMTP-Server bearbeiten Sie in den Accountinformationen.

Wenn Sie die Option KEINE KOPIEN VON E-MAILS BEHALTEN auswählen, dann arbeitet Mail nur online mit Ihrem Postfach zusammen. Die Suche in Ihren Nachrichten über Spotlight ist dann nicht mehr möglich.

Mehrere SMTP-Server | Normalerweise begnügt sich Mail mit einem SMTP-Server. Möglicherweise aber möchten oder müssen Sie mehrere Server zum Versand von Nachrichten nutzen. Sie können im Reiter ACCOUNTINFORMATIONEN unten für das Postfach den zu verwendenden SMTP-Server auswählen. In der Liste finden Sie auch einen Eintrag SMTP-SERVERLISTE BEARBEITEN. Wenn Sie diesen ausgewählt haben, dann erscheint ein Dialog, in dem Sie die Server löschen und neue hinzufügen können. Darüber hinaus können Sie hier die Adresse und Bezeichnung bearbeiten und unter ERWEITERT auch die Art der Identifizierung ändern.

Anbindung an Microsoft Exchange

Zur Anbindung an einen Exchange-Server geben Sie im Assistenten zunächst einfach Ihre Zugangsdaten ein. Wenn die Namensauflösung in Ihrem Netzwerk funktioniert und der Exchange-Server verfügbar ist, dann ermittelt Mail in der Regel automatisch die benötigten Parameter. Andernfalls wählen Sie unter SERVERTYP im zweiten Schritt EXCHANGE aus.

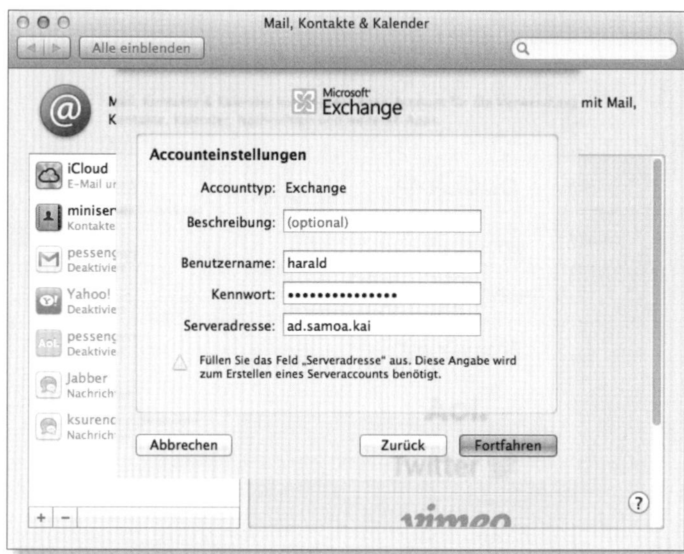

▲ **Abbildung 4.10**
Schlägt die automatische Ermittlung der Serverkonfiguration fehl, geben Sie die Daten direkt ein.

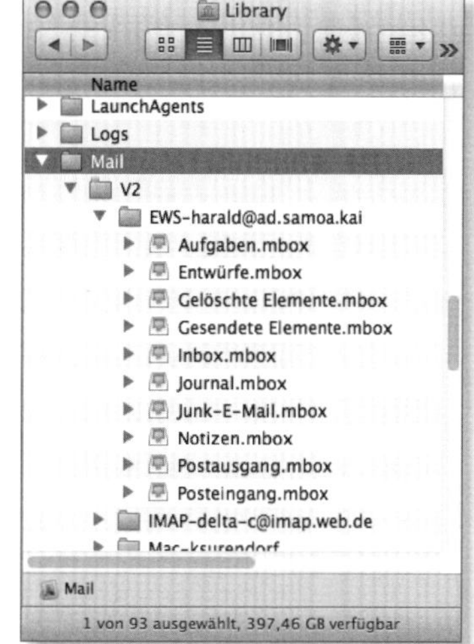

▲ **Abbildung 4.11**
Mail speichert die auf einem Exchange-Server gespeicherten Nachrichten auf der Festplatte.

Synchronisation | Wenn Sie sich am Exchange-Server angemeldet haben, dann lädt Mail die vorhandenen Nachrichten und Ordner herunter. Gespeichert werden sie im Ordner MAIL in Ihrer persönlichen Library (siehe Abbildung 4.11).

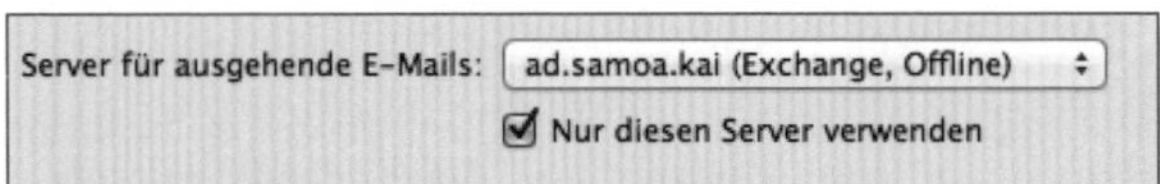

Abbildung 4.12 ▸
Der Server für ausgehende E-Mails wird vom Exchange-Server gestellt.

Exchange und SMTP | Bei der Arbeit mit Exchange sind Sie nicht auf den SMTP-Dienst des Exchange-Servers angewiesen. Es ist auch möglich, dass Sie einen anderen SMTP-Server nutzen, wenn Sie keinen Zugriff auf den Exchange-Server haben. Umgekehrt ist die Nutzung des Exchange-Servers für ausgehende E-Mails anderer Konten nicht vorgesehen.

E-Mails verfassen

▴ Abbildung 4.13
Über das Menü blenden Sie weitere Felder ein.

Wenn Sie eine Nachricht erstellen, dann geben Sie die Empfänger in den Feldern AN: und KOPIE: ein. Über das Menü links davon können Sie weitere Felder für diese Nachricht auswählen und so beispielsweise das ADRESSFELD »BLINDKOPIE« einblenden. Über die Option ANPASSEN können Sie sich zunächst alle Felder anzeigen lassen und dann über die Checkboxen vorgeben, welche Ihnen standardmäßig angezeigt werden sollen.

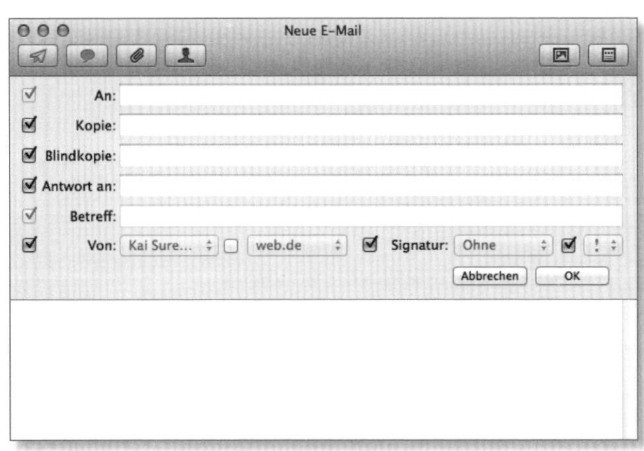

Abbildung 4.14 ▸
Die Felder können Sie auch dauerhaft anzeigen lassen.

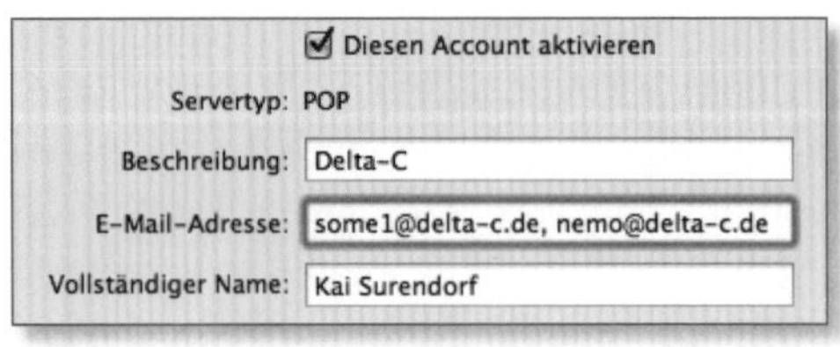

Abbildung 4.15 ▸
Weitere Adressen geben Sie durch Kommata getrennt ein.

Mehrere Adressen für ein Postfach | Wenn Sie über ein Postfach verfügen, dem mehr als eine E-Mail-Adresse zugewiesen wurde, dann können Sie bei der Erstellung einer Nachricht zwischen diesen Adressen auswählen. Zunächst müssen Sie in den Einstellungen in der Ansicht Account die anderen Adressen durch Kommata getrennt angeben. Bei der Erstellung einer Nachricht stehen Ihnen diese Adressen dann in dem Ausklappmenü in der Zeile Von: zur Verfügung. Haben Sie mehr als einen SMTP-Server konfiguriert, dann können Sie einen Server aus dem rechten Ausklappmenü auswählen.

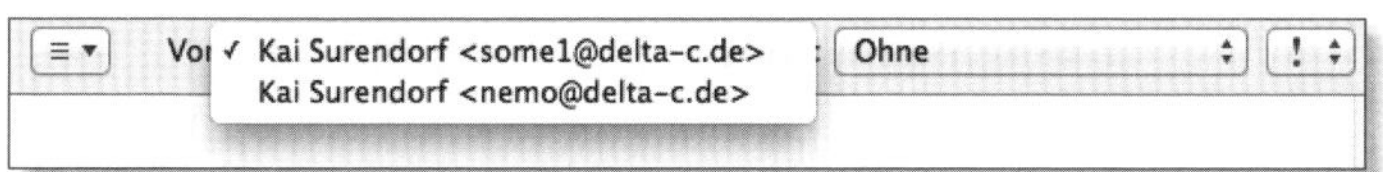
Kai Surendorf <some1@delta-c.de>
Kai Surendorf <nemo@delta-c.de>
Ohne

◂ **Abbildung 4.16**
Die Adressen stehen über das Ausklappmenü zur Verfügung.

Mehrere SMTP-Server | Wenn Sie mehrere E-Mail-Konten, die auf verschiedenen Servern residieren, verwenden, dann werden Sie möglicherweise verschiedene SMTP-Server für den Versand nutzen müssen. Der Grund dafür ist, dass viele SMTP-Server so konfiguriert wurden, dass sie nur E-Mails mit dem Absender der zu ihnen gehörenden Domain verschicken. So ist beispielsweise der Versand einer E-Mail mit der Adresse *kai@delta-c.de* über die SMTP-Server der iCloud (siehe Abbildung 4.17) nicht möglich. Beim Verfassen der E-Mail können Sie den SMTP-Server über das Ausklappmenü rechts neben den Adressen auswählen. Erhalten Sie die Fehlermeldung aus Abbildung 4.17, dann können Sie auch einen anderen Server auswählen.

Die E-Mail kann nicht über den Server „web.de" gesendet werden.
Die Adresse „some1@delta-c.de" des Absenders wurde vom Server „smtp.web.de" nicht akzeptiert.
Wählen Sie unten aus der Liste einen anderen Server für ausgehende E-Mails oder klicken Sie auf „Später versuchen", um die E-Mail in Ihrem Ausgangsfach zu lassen, bis sie gesendet werden kann.
Senden von: Kai Surendorf <some1@delta-c.de>
iCloud (Offline)
web.de
Zapto
SMTP-Serverliste bearbeiten
Verbindung prüfen
E-Mail bearbeiten
Später versuchen
Mit ausgewähltem Server versuchen

◂ **Abbildung 4.17**
Der Versand von E-Mails über SMTP-Server unterliegt gewissen Einschränkungen.

Format festlegen | In den Standardeinstellungen nutzt Mail Formatierungen für eine Nachricht. Dies führt dazu, dass anstelle eines reinen Textes ein ganzes HTML-Dokument verschickt wird. Während die Formatierung einer E-Mail, die einem Brief nahekommt, vielleicht aus ästhetischen Gründen angebracht sein mag, erhöhen Sie auf diese Weise das Datenaufkommen. Auch gibt es einige E-Mail-Programme, die mit solchen formatierten E-Mails nur schlecht umgehen können. Über den Menüpunkt FORMAT • IN REINEN TEXT UMWANDELN können Sie die Formatierungen löschen und einen reinen Text verschicken. Umgekehrt können Sie bei einem reinen Text über den nun verfügbaren Menüpunkt FORMAT • IN FORMATIERTEN TEXT UMWANDELN die Formatierung wieder ermöglichen.

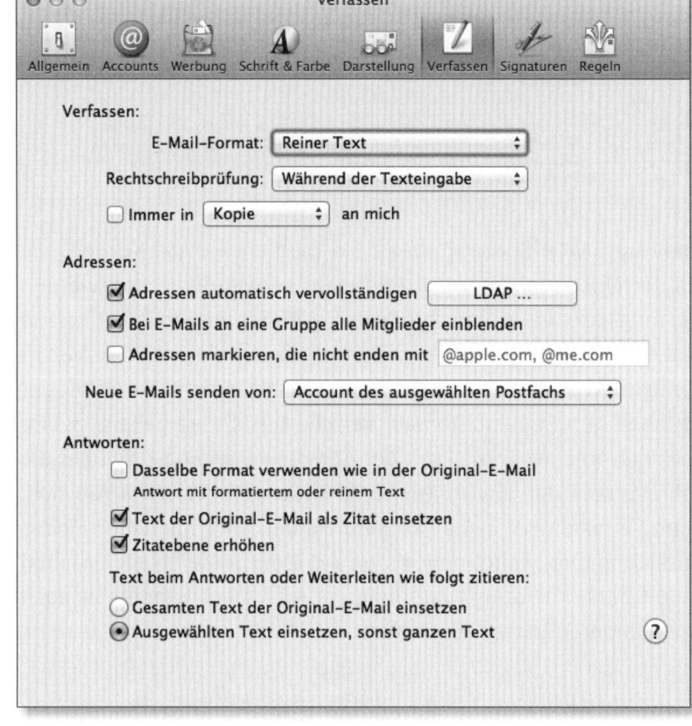

Abbildung 4.18 ▸
In den Einstellungen von Mail können Sie unter VERFASSEN unter anderem das E-MAIL-FORMAT festlegen.

Tipp
Es ist auch möglich, einen in der Zwischenablage befindlichen Text mit dem Menüpunkt BEARBEITEN • ALS ZITAT EINSETZEN (⌘ + ⇧ + V) in die Nachricht einzufügen und so quasi eine andere Quelle zu zitieren.

Zitieren | Wenn Sie auf eine erhaltene Nachricht antworten, dann können Sie diese auch als Zitat in Ihre E-Mail einfügen. Unter VERFASSEN stehen Ihnen dafür einige Optionen zur Verfügung. Das Zitat als solches können Sie über die Option TEXT DER ORIGINAL-E-MAIL ALS ZITAT EINSETZEN deaktivieren. Darüber hinaus können Sie auch die ZITATEBENE ERHÖHEN lassen, wenn Sie einen bereits zitierten Text erneut zitieren. Wenn Sie bei einer erhaltenen Nachricht einen Textabschnitt mit der Maus markieren, dann wird dieser als Zitat eingefügt. Dies entspricht der Option AUSGEWÄHLTEN TEXT EINSETZEN, SONST GANZEN TEXT. Über die Einstellungen können Sie auch festlegen, dass Mail den GESAMTEN TEXT DER ORIGINAL-E-MAIL EINSETZEN soll.

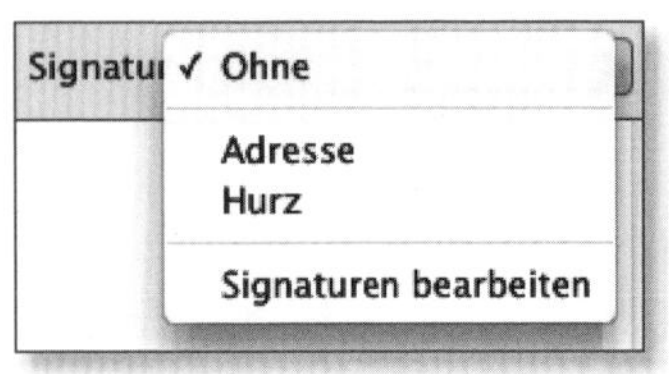

▲ **Abbildung 4.19**
Für jede Nachricht können Sie eine zuvor erstellte Signatur auswählen.

Die Konvention dieser Zitate beruht darauf, dass jeder Zeile des zitierten Textes eine spitze Klammer > vorangestellt wird. In Mail ist dies nicht sichtbar, weil hier ein Strich dargestellt wird.

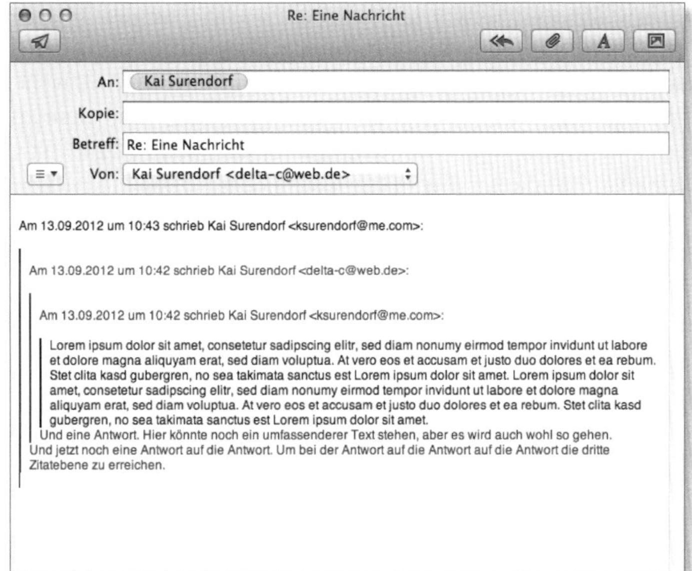

◂ **Abbildung 4.20**
Mithilfe von Zitaten kann die Kommunikation strukturiert werden.

Signaturen | Um eine Signatur an eine Nachricht anzuhängen, erstellen Sie diese in den Einstellungen des Programms in der gleichnamigen Ansicht. Damit Ihnen eine Signatur zur Auswahl steht, müssen Sie zuvor ein Konto auswählen. Wählen Sie den Eintrag ALLE SIGNATUREN aus, und ziehen Sie anschließend eine Signatur aus der mittleren Spalte auf ein Konto, um sie verfügbar zu machen. Im Ausklappmenü SIGNATUR AUSWÄHLEN können Sie vorgeben, welche Signatur standardmäßig ausgewählt werden soll. Es ist auch möglich, die Signaturen ZUFÄLLIG oder DER REIHE NACH auszuwählen.

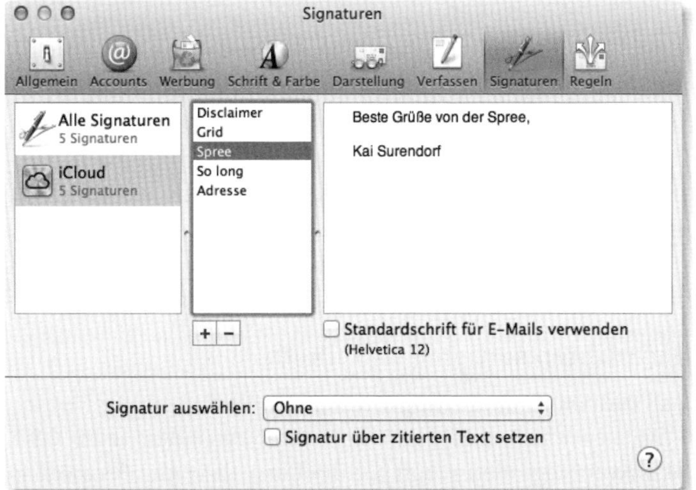

◂ **Abbildung 4.21**
Signaturen müssen Sie einem Konto zuweisen.

Nachrichten adressieren | Wenn Sie die von Ihnen benötigten Adressfelder eingeblendet haben, dann können Sie die Empfänger eingeben. In den Standardeinstellungen versucht Mail, wenn Sie einen Namen oder eine E-Mail-Adresse eingeben, diese zu vervollständigen. In den Einstellungen in der Ansicht VERFASSEN können Sie dies abschalten. Haben Sie einem Eintrag in Kontakte mehrere E-Mail-Adressen zugewiesen, dann erscheinen diese bei der Vervollständigung untereinander, und Sie wählen mit den Pfeiltasten eine Adresse aus und schließen die Auswahl mit [↵] ab. Sofern Sie in Kontakte die Anbindung an Exchange vorgenommen haben, wird auch dieser Datenbestand bei der Suche nach Empfängern berücksichtigt.

Intelligente Adressen
Sie können vorgeben, ob Sie sich bei einem vorhandenen Kontakt nur dessen Namen oder auch die E-Mail-Adresse anzeigen lassen möchten. In der Ansicht DARSTELLUNG der Einstellungen finden Sie die Option INTELLIGENTE ADRESSEN VERWENDEN. Ist diese Option nicht aktiv, dann wird neben dem Namen auch die ausgewählte E-Mail-Adresse angezeigt.

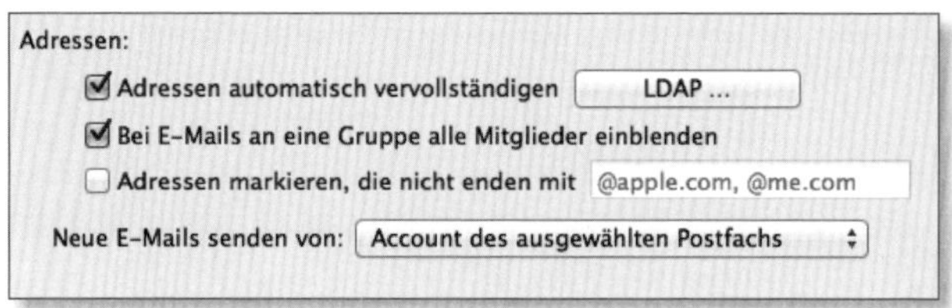

Abbildung 4.22 ▶
Die automatische Vervollständigung können Sie in den Einstellungen abschalten.

In Kontakte angelegte Gruppen können ebenfalls als Empfänger einer E-Mail dienen. Die Option BEI E-MAILS AN EINE GRUPPE ALLE MITGLIEDER EINBLENDEN sorgt dafür, dass Sie nach Eingabe einer Gruppe im Adressfeld die einzelnen Empfänger angezeigt bekommen. Dies ist, sofern ein Mitglied der Gruppe diese Nachricht nicht erhalten soll, ganz nützlich. Um eine Nachricht an mehrere Adressen zu verschicken, die nicht in Ihren Kontakten eingetragen sind, trennen Sie diese mit einem Komma.

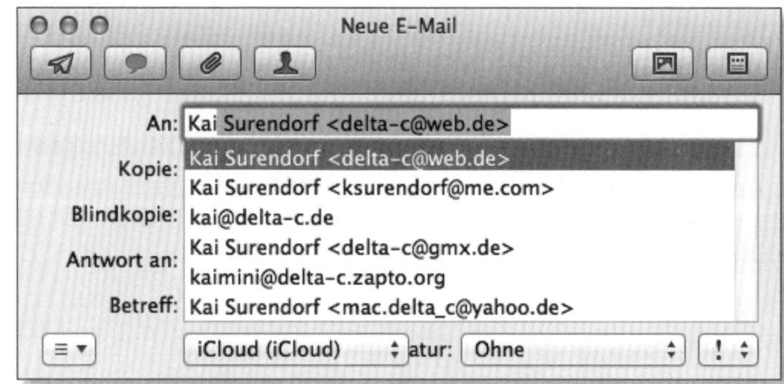

Abbildung 4.23 ▶
Stehen mehrere Adressen für einen Kontakt zur Verfügung, dann können Sie sie aus einer Liste auswählen.

Nachrichten sortieren und filtern

Mail stellt Ihnen einige Möglichkeiten zur Verfügung, der Flut von E-Mails Herr zu werden. Zunächst bietet Ihnen Mail unter OS X 10.8 zwei mögliche Layouts für die Darstellung des Fensters. In den Einstellungen des Programms finden Sie in der Ansicht DAR-

STELLUNG die Option KLASSISCHES LAYOUT VERWENDEN. Hiermit gelangen Sie zu der Darstellungsform, die Ihnen möglicherweise schon von früheren Versionen von Mac OS X bekannt ist. Diese in Abbildung 4.24 dargestellte Ansicht platziert links die Postfächer, oben die Liste der Nachrichten und unten den Text.

▼ Abbildung 4.24
Beim klassischen Layout wird die Liste der E-Mails oben angezeigt.

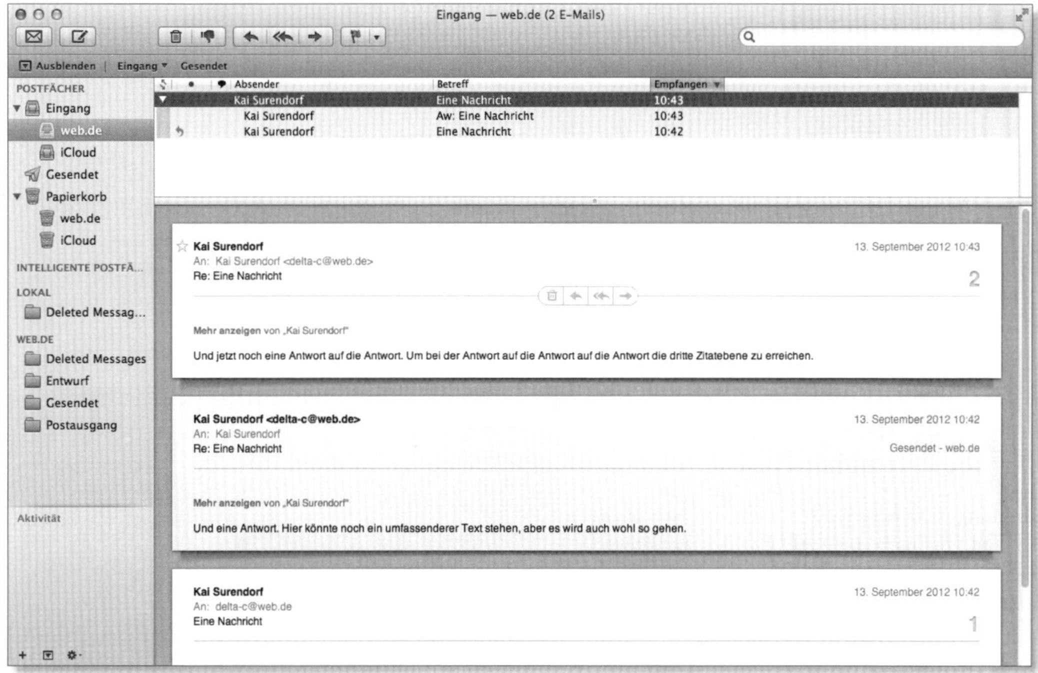

Klassisches Layout verwenden
Etikett für Empfänger/Kopie in der E-Mail-Liste anzeigen
Kontaktfotos in der E-Mail-Liste anzeigen
Listenansicht: 2 Zeilen

◂ Abbildung 4.25
In den Einstellungen können Sie unter anderem die Anzahl der Zeilen für die mittlere Spalte vorgeben.

Das neue Layout nutzt drei Spalten und eignet sich eigentlich recht gut für die Arbeit auf modernen Monitoren, deren Dimensionen eher in die Breite als in die Höhe gehen. In der mittleren Spalte finden Sie dann die Liste der Nachrichten, in der rechten den Text der ausgewählten Nachricht. In den Einstellungen erreichen Sie für dieses nicht näher bezeichnete neue Layout in der Ansicht DARSTELLUNG einige Optionen. Das Etikett zeigt Ihnen, ob Sie die Nachricht als erster Empfänger, als Kopie oder als Blindkopie erhalten haben. Nutzen Sie die Möglichkeit, Kontakten Fotos zuzuordnen, dann können Sie sich diese über die Option KONTAKTFOTOS IN DER E-MAIL-LISTE ANZEIGEN lassen. Mail gibt Ihnen einen Einblick in den Text der E-Mail, indem es die ersten Zeilen in der Listendarstellung anzeigt. Wie viele Zeilen angezeigt werden, geben Sie in den Einstellungen unter dem Punkt LISTENANSICHT vor. Es ist auch möglich, auf diese Art der Vorschau zu verzichten und den Punkt KEINE unter LISTENANSICHT auszuwählen.

▼ **Abbildung 4.26**
Das moderne Layout nutzt drei Spalten.

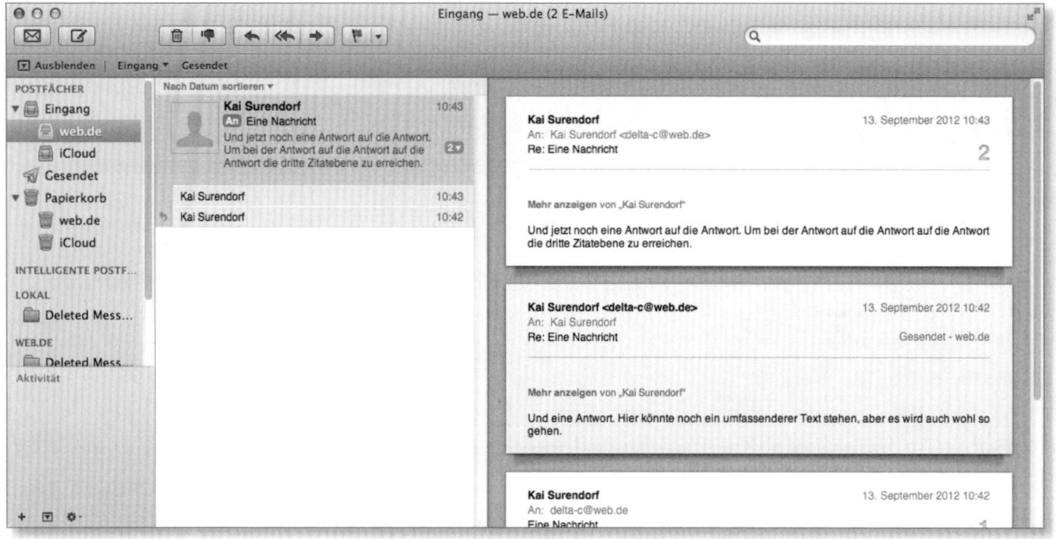

Abbildung 4.27 ▸
Über den Pfeil nach der Zahl blenden Sie den Verlauf ein und aus.

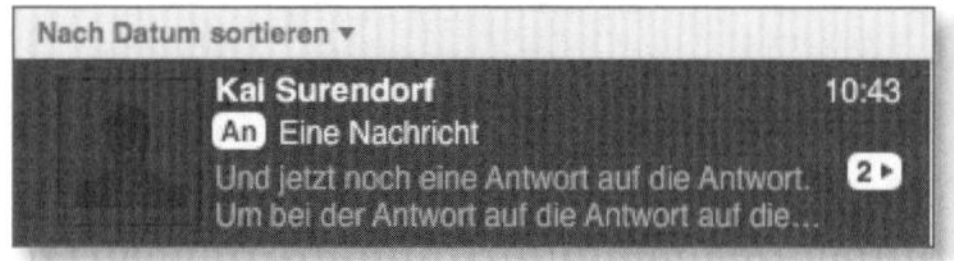

Konversationen | Eine sehr praktische Möglichkeit, den Diskussionsverlauf in vielen Mailwechseln zu überblicken, ist die nach Konversationen geordnete Darstellung. Über den Menüpunkt DARSTELLUNG • NACH KONVERSATION ORDNEN versucht Mail, in einem Ordner befindliche Nachrichten anhand des Betreffs zu gruppieren. Dabei geht das Programm einigermaßen intelligent vor und ignoriert Zusätze wie RE: oder AW:, die viele Programme dem Betreff bei einer Antwort hinzufügen. Zu einer Konversation gehörende E-Mails werden in der Darstellung zusammengefasst. Bei der Sortierung nach Datum gilt hier der Zeitpunkt der aktuellsten E-Mail im Verlauf.

Wählen Sie bei einer solchen Konversation den obersten Eintrag aus, dann wird Ihnen die gesamte Diskussion in der rechten Spalte chronologisch angezeigt. Die zur Konversation gehörenden Nachrichten werden unterhalb des Haupteintrags aufgelistet. Sie blenden sie über das kleine Icon mit der Zahl und dem Pfeil nach rechts beziehungsweise unten ein und aus. Mit einem Doppelklick auf den Haupteintrag öffnen Sie die gesamte Konversation in einem neuen Fenster.

Zugehörige E-Mails
Wenn Sie auf die Anzeige der zugehörigen Einstellungen generell verzichten möchten und nur in Ausnahmefällen die wirklich vollständige Konversation benötigen, können Sie sich über den Menüpunkt DARSTELLUNG • ZUGEHÖRIGE E-MAILS EINBLENDEN für die ausgewählte Konversation die nicht dargestellten Nachrichten anzeigen lassen.

◄ **Abbildung 4.28**
Die Anzeige von reinen Zitaten wird von Mail unterlassen.

Bei der Darstellung der Nachrichten blendet Mail Teile einer E-Mail aus, die eindeutig als reines Zitat zu identifizieren sind. In Abbildung 4.28 wurde bei der ersten angezeigten Nachricht der untere Bereich der E-Mail abgeschnitten. Mit einem Klick auf den Bereich Mehr anzeigen von ... lassen Sie sich auch dieses eingeblendete Zitat anzeigen. Über die Schaltfläche Ausblenden wird jedoch nicht die Nachricht von der Konversation ausgeschlossen, sondern lediglich die Empfängerliste minimiert. Wenn Sie eine Nachricht mehrfach erhalten haben, dann finden Sie hier auch die Anzahl der Duplikate.

Tipp
Um gezielt auf eine Nachricht in einer Konversation zu antworten oder diese weiterzuleiten, platzieren Sie den Mauspfeil unterhalb der organisatorischen Angaben. Es erscheint dann (siehe Abbildung 4.28) eine kleine Symbolleiste, mit der Sie diese Nachricht löschen, beantworten oder weiterleiten können.

Kai Surendorf
13. September 2012 10:43
An: Kai Surendorf <delta-c@web.de>
Re: Eine Nachricht
2
Mehr anzeigen von „Kai Surendorf"
Und jetzt noch eine Antwort auf die Antwort. Um bei der Antwort auf die Antwort auf die Antwort die dritte Zitatebene zu erreichen.

◄ **Abbildung 4.29**
In den Einstellungen können Sie auch die zugehörigen E-Mails einbeziehen.

In den Einstellungen des Programms finden Sie unten in der Ansicht Darstellung vier Optionen für die Anordnung nach Konversationen. Die Option Nicht gruppierte E-Mails farblich hervorheben bezieht sich dabei nicht direkt auf die zuvor beschriebene Anordnung. Sie sorgt dafür, dass bei ausgeschalteter Sortierung nach Konversationen die Nachrichten, die mit der aktuell ausgewählten zusammengehören könnten, farblich hervorgehoben werden. Die Konversationen selbst sind laut Standardeinstellungen dahingehend unvollständig, als dass von Ihnen versandte Nachrichten nicht einbezogen werden. Aktivieren Sie die Option Zugehörige E-Mails einbeziehen, dann durchsucht Mail auch den Ordner Gesendet und fügt die von Ihnen verschickten Mitteilungen an passender Stelle in den Gesprächsverlauf ein.

Header-Details
E-Mails wird zu Beginn – laut Standardeinstellungen nicht sichtbar – eine Reihe von Informationen zugefügt, die nicht nur den Empfänger definieren, sondern auch ihren Weg durch das Internet beschreiben und zum Beispiel auch eine Notiz über das verwendete Mailprogramm enthalten. Diese Informationen werden *Header* genannt. Mit der Einstellung Standard werden lediglich Absender, Betreff, Empfänger und das Datum angezeigt.

Weitere Darstellungsmodi | Die Darstellung ungelesener Nachrichten in Fettschrift erleichtert Ihnen die Suche nach noch zu beantwortender Post. Der Onlinestatus bezieht sich auf Kontakte,

[Web-Bugs]
Das automatische Laden einer nicht angehängten Bilddatei wird gerne genutzt, um dem Anwender einen sogenannten *Web-Bug* unterzuschieben. Hierbei handelt es sich um eine kleine Grafik, bei der der Absender dann über die Protokolle seines Servers ermitteln kann, ob die Grafik abgerufen wurde. Sie bestätigen damit ungewollt, dass Sie die E-Mail geöffnet haben.

bei denen Sie einen Instant Messenger eingetragen haben. Wenn Sie selbst mit dem Programm Nachrichten online sind, dann wird vor dem Namen des Kontakts ein grüner Punkt eingeblendet, wenn er verfügbar ist. Die Option NICHT LOKAL GESICHERTE BILDER IN HTML-E-MAILS ANZEIGEN sollten Sie in jedem Fall deaktivieren. Wenn Sie eine Nachricht erhalten, an die die Bilder nicht angehängt, sondern separat aus dem Internet geladen werden sollen, dann können Sie diese über die Schaltfläche BILDER ANZEIGEN, die rechts oberhalb der Nachricht erscheint, gezielt herunterladen.

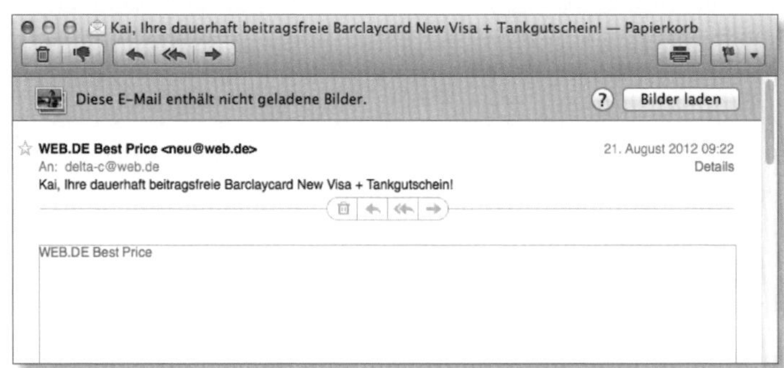

Abbildung 4.30 ▸
Auf die Anzeige nicht lokal gesicherter Bilder sollten Sie standardmäßig verzichten.

Hinweis
Nicht alle IMAP-Server unterstützen die Erstellung von Unterordnern. Es ist also möglich, dass Sie nur Ordner auf der obersten Ebene erstellen können.

Ordner | Nach einer gewissen Zeit werden Sie nicht umhinkommen, Ihre Nachrichten in Ordnern zu sortieren, um den Überblick zu behalten. Einen neuen Ordner, der von Mail als *Postfach* bezeichnet wird, erstellen Sie zum Beispiel über das Pluszeichen unterhalb der linken Spalte. Sie werden dann nicht nur nach dem Namen gefragt, sondern können auch festlegen, wo der Ordner angelegt wird. Arbeiten Sie mit einem IMAP-Konto, dann können Sie den Ordner auch auf dem Server erstellen. Die Ordnerstruktur wird dann zwischen Ihrem Rechner und dem Server synchronisiert.

Abbildung 4.31 ▸
Sie können Ordner LOKAL oder bei Verwendung von IMAP auf dem Server (WEB.DE) erstellen.

In Favoriten-Postfach bewegen

⌘ + ctrl + 1 bis 9

Die Favoritenleiste | Die Favoritenleiste finden Sie direkt unter der Symbolleiste. Ziehen Sie einen Ordner aus der Liste der Postfächer in die Favoritenleiste, dann wird er analog zum Dock dieser hinzugefügt. Ebenso können Sie einen Ordner durch einfaches Ziehen mit der Maus wieder entfernen. Nützlich werden diese Favoriten dann, wenn Sie E-Mails schnell mithilfe von Kurzbefehlen sortieren möchten. Über den Menüpunkt POSTFACH • IN DAS FAVORITEN-POSTFACH BEWEGEN oder eben den Kurzbefehl ⌘ + ctrl + 1 bis 9 verschieben Sie die ausgewählten Nachrichten in den ersten bis neunten Ordner in der Favoritenleiste. Sie können dieser Leiste mehr als neun Ordner hinzufügen, wobei ab dem zehnten kein Kurzbefehl mehr vergeben wird.

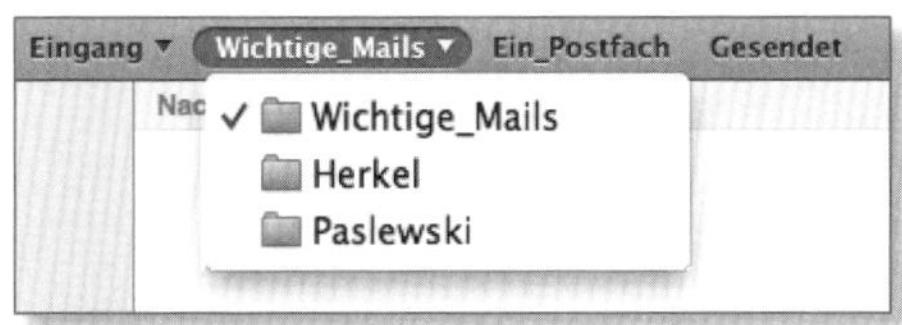

◂ **Abbildung 4.32**
Die Favoritenleiste stellt auch die Unterordner zur Verfügung.

Suche | Die Favoritenleiste kommt auch dann ins Spiel, wenn Sie im Textfeld oben rechts einen zu suchenden Begriff eingeben. In diesem Fall wird die Favoritenleiste um zwei Einträge zu Beginn und den Hinweis SUCHEN IN: ergänzt. Zunächst finden Sie den Eintrag ALLE und anschließend den Namen des aktuell ausgewählten Ordners. Die anderen Favoriten können Sie auswählen, um diese Ordner zu durchsuchen.

▾ **Abbildung 4.33**
Über die Favoritenleiste wählen Sie den zu durchsuchenden Ordner aus.

Intelligente Ordner | Mail unterstützt auch die Erstellung von intelligenten Ordnern, zum Beispiel über die Schaltfläche SICHERN in der Favoritenleiste. In dem über das Pluszeichen unten links erreichbaren Menü finden Sie außerdem die Option NEUES INTELLIGENTES POSTFACH, die einen Dialog öffnet, in dem Sie die Kriterien für die darzustellenden Nachrichten festlegen. Die intelligenten Ordner in Mail entsprechen in ihrer Funktionsweise denen des Finders, wobei Ihnen hier die für eine E-Mail relevanten Werte zur Verfügung stehen.

▾ **Abbildung 4.34**
Intelligente Ordner beziehungsweise Postfächer vereinfachen die Suche nach E-Mails.

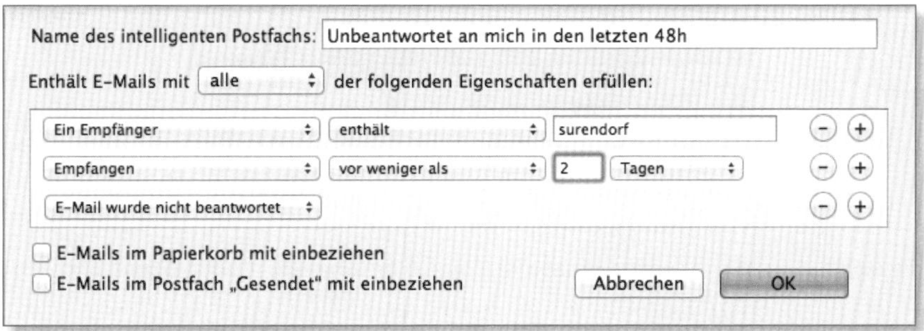

Intelligente Ordner werden in der Liste mit einem Zahnrad im Icon dargestellt. Wenn Sie mit einem IMAP-Konto arbeiten, dann müssen Sie die Nachrichten auch lokal speichern, da diese Suchfunktion auf Spotlight basiert. Der Inhalt eines intelligenten Ordners aktualisiert sich selbstständig.

Abbildung 4.35 ▸
Etikettierte E-Mails können Sie über die Seitenleiste auffinden.

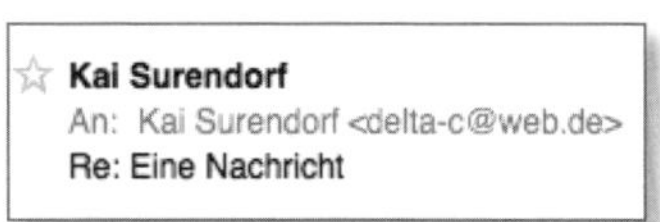

▴ Abbildung 4.36
Über das Sternchen kann ein Absender zu einem VIP erklärt werden.

Farben, Markierungen und VIPs | Für die eigenhändige Sortierung und Gruppierung der Nachrichten können Sie sowohl die Etiketten als auch Farben nutzen. Unter E-Mail • Etikett finden Sie, ähnlich wie im Finder, eine Reihe von Etiketten. Dem Etikett Rot wurde das Tastenkürzel ⌘ + ⇧ + L zugewiesen. Weisen Sie einer E-Mail ein Etikett zu, dann wird sie in der Liste in der Rubrik Erinnerungen unter Markiert aufgeführt. Nützlich sind diese Etiketten etwa, wenn Sie eine Reihe von E-Mails sowohl in Ordner verschieben als auch für die spätere Bearbeitung markieren möchten. Auf diese Weise erhalten Sie sowohl einen leeren Posteingang als auch direkten Zugriff auf die noch zu bearbeitenden Nachrichten, die unter Erinnerungen aufgelistet werden.

In OS X 10.8 neu hinzugekommen ist die Möglichkeit, Absender als VIPs zu markieren. Sie finden bei einer eingegangenen Mail ein Sternchen neben dem Namen, wenn Sie den Mauspfeil über diesem platzieren. Klicken Sie das Sternchen an, dann wird der Absender zu einem VIP. In der Liste links erscheint dann den Eintrag VIP. Dieser enthält Unterordner mit den Mails der jeweiligen Absender. Um einen VIP zu degradieren, klicken Sie einfach erneut das Sternchen an.

▴ Abbildung 4.37
VIPs werden automatisch in der linken Spalte angezeigt.

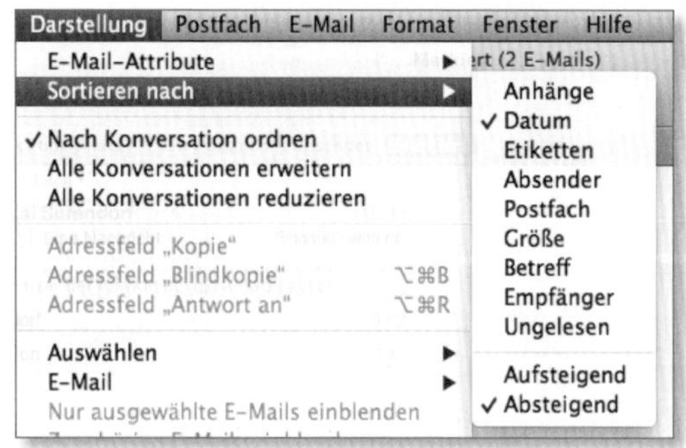

Abbildung 4.38 ▸
Nachrichten können anhand mehrerer Kriterien sortiert werden.

Einer E-Mail können Sie in der Liste auch eine individuelle Farbe zuweisen. Rufen Sie einfach über FORMAT • FARBEN EINBLENDEN die Farbpalette von OS X auf. Die von Ihnen dort ausgewählte Farbe wird der E-Mail dann für die Listendarstellung zugewiesen. Sie können der Symbolleiste auch eine Schaltfläche FARBEN hinzufügen. Diese Einfärbung von Nachrichten ist zum Beispiel bei archivierten Nachrichten, die Sie höchstens ein- bis zweimal im Jahr einsehen, ganz nützlich, um einige ganz wichtige optisch hervorzuheben. Damit wird die Liste der etikettierten E-Mails nicht unnötig aufgebläht.

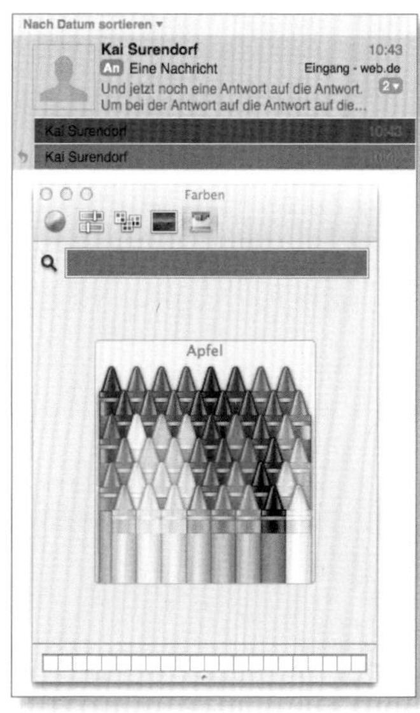

▲ **Abbildung 4.39**
Über die Palette können E-Mails farblich gekennzeichnet werden.

Regeln | Mithilfe der Regeln veranlassen Sie, dass eingehende Nachrichten aus dem Ordner EINGANG automatisch in einen passenden Ordner verschoben werden. Darüber hinaus bieten Ihnen die Regeln die Möglichkeit, Nachrichten zu markieren oder umzuleiten. In den Einstellungen finden Sie bereits die Regel NEUIGKEITEN VON APPLE, die die Verbraucherinformationen aus Cupertino automatisch blau einfärbt. Sie können diese Regel ohne Probleme ENTFERNEN.

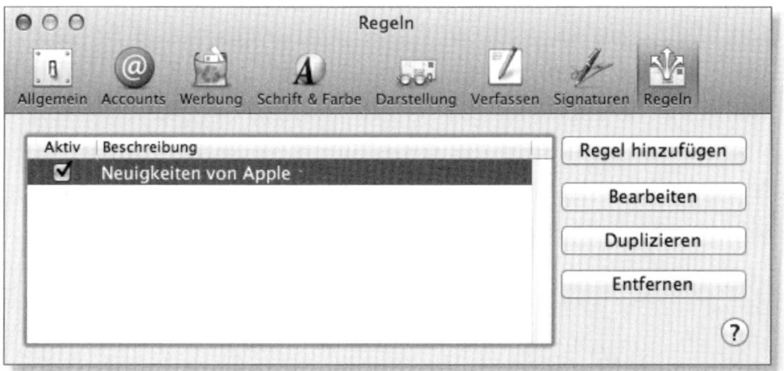

◀ **Abbildung 4.40**
Apple gibt bereits eine Regel vor.

◀ **Abbildung 4.41**
Mit einer Regel können Sie auch die Farbe des Textes in der Liste festlegen.

> **Tipp**
> Wenn Sie vor der Erstellung einer Regel eine Nachricht auswählen, dann erscheinen deren Eigenschaften (Absender, Betreff) automatisch in den Werten der Kriterien.

Wenn Sie eine REGEL HINZUFÜGEN, dann legen Sie in einem Dialog die zu erfüllenden Kriterien sowie die Aktionen fest. Hier fügen Sie über das Pluszeichen weitere Aktionen und Kriterien hinzu, wobei Sie sich bei mehr als einer Bedingung entscheiden können, ob alle oder eine erfüllt sein müssen. Als Aktionen stehen Ihnen neben dem Bewegen oder Kopieren in einen Ordner auch die automatische Beantwortung, Weiterleitung, Umleitung und Löschung zur Verfügung. Außerdem können Sie die FARBE FESTLEGEN sowie ein APPLESCRIPT AUSFÜHREN (siehe Abschnitt 6.7).

▲ **Abbildung 4.42**
Die Liste der E-Mail-Header können Sie von Hand erweitern.

Erweiterte Header | Wenn Sie an einer Mailingliste teilnehmen und Sie über diese Liste tägliche viele Nachrichten erhalten, dann bietet es sich an, diese Nachrichten aus dem Eingang in einen Ordner zu verschieben. Insbesondere bei Mailinglisten kommt es vor, dass die möglichen Bedingungen nicht ausreichen. Über den Eintrag HEADER-LISTE BEARBEITEN (siehe Abbildung 4.42) erstellen Sie weitere Bedingungen. Geben Sie hier den Namen des Headers, gefolgt von einem Doppelpunkt, an. Mit dem E-Mail-Header REPLY-TO: ist es Ihnen anschließend möglich, bei einer eingehenden E-Mail das Feld ANTWORT AN: auszuwerten. Die Arbeit mit den Headern ist auch beim Einsatz eines Spam-Filters auf dem Mailserver nützlich, denn Programme wie SpamAssasin bewerten Nachrichten und fügen die Bewertung den Headern hinzu. Über den Menüpunkt DARSTELLUNG • E-MAIL • ALLE HEADER werden alle Header vollständig aufgeführt.

Abbildung 4.43 ▼
Die Option ALLE HEADER stellt alle vorhandenen Header der Nachricht dar.

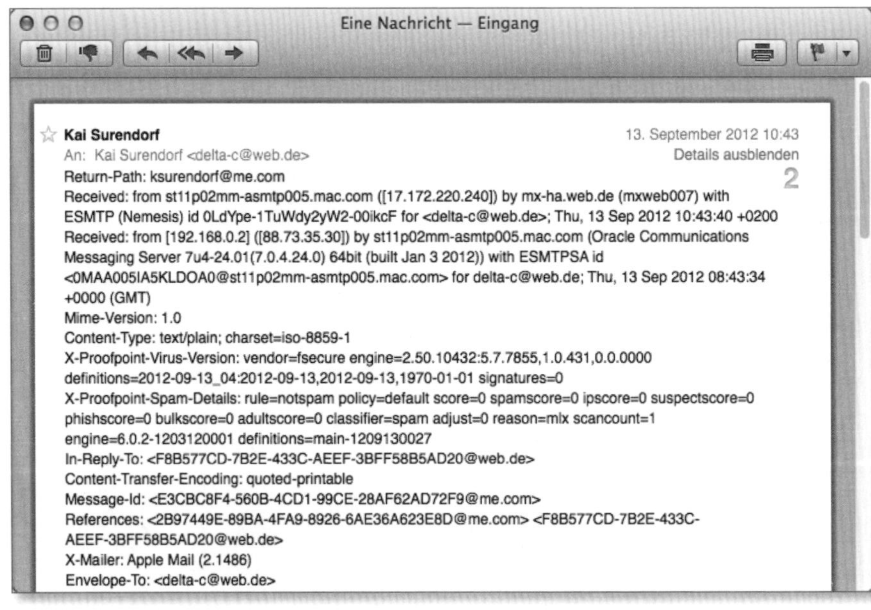

Mails verschlüsseln mit S/MIME

E-Mails sind eigentlich keine elektronischen Briefe, sondern Postkarten, die auf ihrem Weg zum Empfänger von jedem mitgelesen werden können. Es ist auch relativ einfach, den Absender einer E-Mail zu fälschen. Von Haus aus unterstützt Mail die Verschlüsselung mit S/MIME. Hierbei werden Zertifikate verwendet, die von einer Instanz signiert werden. Die Signatur sorgt für die Gültigkeit des Zertifikats.

In diesem Zusammenhang müssen Sie zwischen Signieren und Verschlüsseln unterscheiden. Mit einer Signatur wird dem Empfänger versichert, dass die Nachricht wirklich von Ihnen stammt und niemand Ihre E-Mail gefälscht hat. Sie ist dabei immer noch ohne Weiteres lesbar. Eine verschlüsselte E-Mail besagt zunächst nichts über Ihre wahre Identität, aber der Inhalt ist nicht mehr ohne den dazugehörigen Schlüssel oder das passende Zertifikat lesbar. In der Praxis werden Signierung und Verschlüsselung oft miteinander kombiniert.

Tipp
Wenn Sie eine E-Mail empfangen, die von Mail aus irgendeinem Grund überhaupt nicht lesbar dargestellt wird, dann können Sie sich mit der Option DARSTELLUNG • E-MAIL • REINE DATEI auch den puren Text der E-Mail anzeigen lassen.

S/MIME | Für die Verschlüsselung und Signierung über S/MIME benötigen Sie ein Zertifikat. Einige E-Mail-Provider wie web.de stellen ihren Kunden ein Zertifikat kostenlos zur Verfügung. Sie können aber auch von einer Firma wie VeriSign oder einem Verein wie CAcert Zertifikate beziehen. Zusammen mit Ihrem individuellen Zertifikat sollten Sie und der Empfänger Ihrer signierten und verschlüsselten Nachrichten das sogenannte Root-Zertifikat der ausgebenden Stelle installieren.

VeriSign
http://www.verisign.de

CAcert
http://www.cacert.org

◂ **Abbildung 4.44**
Das Root-Zertifikat gilt zunächst als nicht vertrauenswürdig.

OS X 10.8 bringt bereits eine Reihe dieser Root-Zertifikate mit, aber die Root-Zertifikate von web.de und CAcert gehören nicht dazu. Beide können Sie von den Webseiten der Firmen herunterladen.

Root-Zertifikat installieren | Diese Dateien mit der Endung *.der* öffnen Sie im Finder mit einem Doppelklick. Es wird anschließend die Schlüsselbundverwaltung aufgerufen. Sie erhalten hier den Hinweis, dass das System dieses Zertifikat noch nicht kennt und daher als nicht vertrauenswürdig einstuft. Über die Schaltfläche IMMER VERTRAUEN können Sie das Zertifikat Ihrem Schlüsselbund hinzufügen. Es wird dann zukünftig für die Überprüfung der von dieser Instanz ausgestellten Zertifikate herangezogen.

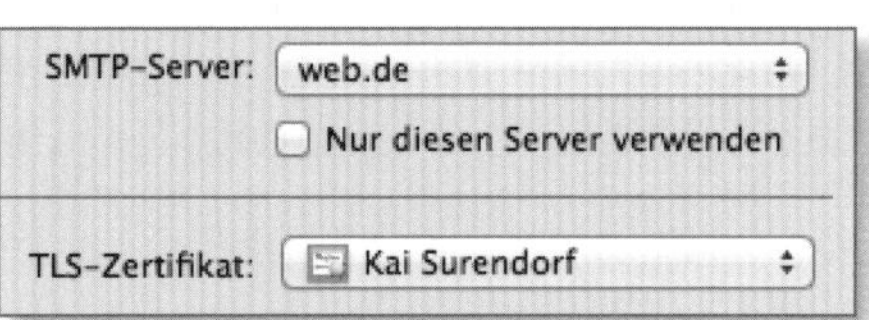

Abbildung 4.45 ▸
In den Einstellungen des Accounts wählen Sie das Zertifikat aus.

Mail-Zertifikat installieren | Der zweite Schritt besteht darin, dass Sie das Zertifikat, das Sie von dieser Stelle erhalten haben, ebenfalls herunterladen und erneut mit einem Doppelklick im Finder in der Schlüsselbundverwaltung öffnen. Sofern Sie ein Passwort für dieses Zertifikat verwendet haben, müssen Sie es vor dem Import in die Schlüsselbundverwaltung eingeben.

E-Mail signieren und verschlüsseln | Erstellen Sie nun unter Verwendung des Kontos, für das Sie ein Zertifikat besitzen, eine neue Nachricht, dann erscheinen rechts zwei neue Symbole. Mit dem rechten Symbol signieren Sie Ihre Mitteilung. Verfügt der Empfänger über das Root-Zertifikat der Stelle, von der Sie Ihr Zertifikat erhalten haben, dann kann er damit Ihre Identität als Absender überprüfen. Ihr Zertifikat wird dabei an die eigentliche Nachricht angehängt. Wenn Sie das Zertifikat des Empfängers bereits erhalten haben, dann können Sie Ihre Mitteilung über das Symbol mit dem Schloss zusätzlich verschlüsseln. Nur der Empfänger ist dann in der Lage, Ihre Mitteilung unter Verwendung seines Zertifikats zu lesen.

▴ Abbildung 4.46
Mit dem Icon ganz rechts wird die Mail signiert, das Icon mit dem Schloss sorgt für die Verschlüsselung.

E-Mails mit GPG verschlüsseln

Während die Signierung und Verschlüsselung über Zertifikate bereits in Mail integriert sind, können Sie die Verschlüsselung mittels GPG nachrüsten. Der Unterschied besteht darin, dass bei GPG ein Schlüsselpaar mithilfe eines Passworts erzeugt wird. Den ersten Schlüssel sollten Sie keinesfalls weitergeben. Er wird als *privater Schlüssel* bezeichnet. Den zweiten, öffentlichen Schlüssel geben Sie an Ihre Kommunikationspartner weiter. Wenn eine Nachricht oder eine Datei verschlüsselt wird, wird dazu Ihr öffentlicher Schlüssel genutzt. Eine Entschlüsselung ist dann nur möglich, wenn man sowohl über den privaten Schlüssel als auch das Passwort verfügt.

[PGP]
Das Programm Pretty Good Privacy wird schon seit Anfang der 90er-Jahre für die Verschlüsselung eingesetzt. Seitdem wurde PGP mal kommerziell, mal frei angeboten. Das Open-Source-Projekt GnuPG bietet eine freie Variante dieser Verschlüsselung.

GPGTools installieren | Das auch unter dem Namen GnuPG bekannte Projekt wurde vor einiger Zeit etwas reorganisiert, und eine Gruppe von Freiwilligen hat die Portierung für OS X übernommen.

GPGTools
http://www.gpgtools.org

Zur Drucklegung dieses Buches ergab sich allerdings das Problem, dass die Erweiterung GPGMail, mit er Sie direkt in Mail E-Mails verschlüsseln können, noch nicht für OS X 10.8 portiert worden war. Der Grund für diese Verzögerung besteht darin, dass aufgrund der Sandbox-Funktionalität die Grundstruktur des Plug-ins einer Überarbeitung bedarf. Diese Überarbeitung ist vergleichsweise zeitaufwendig und von den engagierten, aber eben ehrenamtlichen Entwicklern nicht ad hoc zu erledigen. Aber die Entwicklung der Erweiterung für Mail war bereits recht weit fortgeschritten und dürfte vielleicht schon verfügbar sein, wenn Sie dieses Buch lesen. Daher wird an dieser Stelle ausnahmsweise auf die Erläuterungen unter OS X 10.7 zurückgegriffen. Die Funktionsweise der Erweiterung dürfte sich auch unter OS X 10.8 nicht grundlegend ändern.

Hinweis
Auch wenn die Erweiterung für Mail noch nicht verfügbar ist, können Sie übergangsweise Nachrichten über den ebenfalls verfügbaren und abschließend beschriebenen Dienst ver- und entschlüsseln.

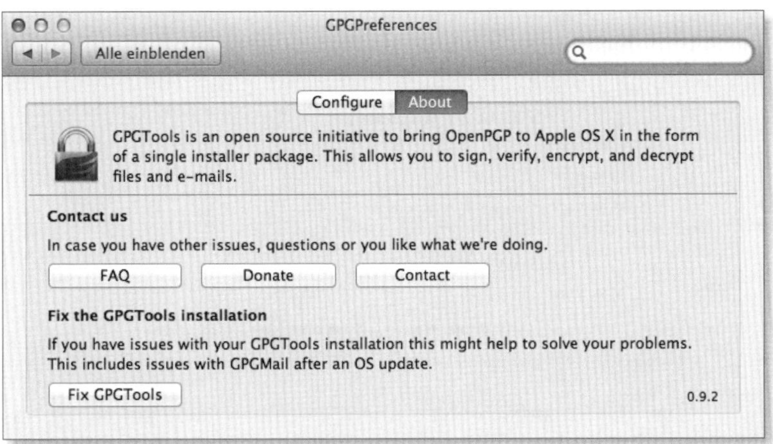

▼ **Abbildung 4.47**
Die Erweiterung für Mail können Sie entfernen und reparieren.

Von der Webseite müssen Sie zuerst das Installationspaket herunterladen und anschließend installieren. Nach der Installation finden Sie in den Systemeinstellungen die neue Ansicht GPGTools. Diese ermöglicht es Ihnen im Reiter About, die Installation, falls notwendig, zu reparieren. In der Ansicht GPGMail können Sie die Erweiterung für Mail entweder entfernen oder reparieren, sofern sie für OS X 10.8 verfügbar ist.

~/.gnupg
Die Schlüssel, die Sie mit GPG nutzen, werden nicht im Verzeichnis ~/Library, sondern in dem unsichtbaren Verzeichnis .gnupg in Ihrem persönlichen Ordner gesichert.

Die Beschreibung Fix GPG Tools deutet schon ein Problem an: Die Programmierschnittstelle für Erweiterungen in Mail wurde von Apple nie richtig dokumentiert und freigegeben. Bei Aktualisierungen des Betriebssystems kommt es vor, dass die aktuell installierte Version der GPG-Erweiterung mit der aktualisierten Version von Mail nicht zusammenarbeitet. Über die Schaltfläche Fix können Sie dann einen Reparaturversuch starten und gegebenenfalls eine neue Version installieren.

Abbildung 4.48 ▶
Das Kennwort für den Schlüssel müssen Sie zweimal nacheinander eingeben.

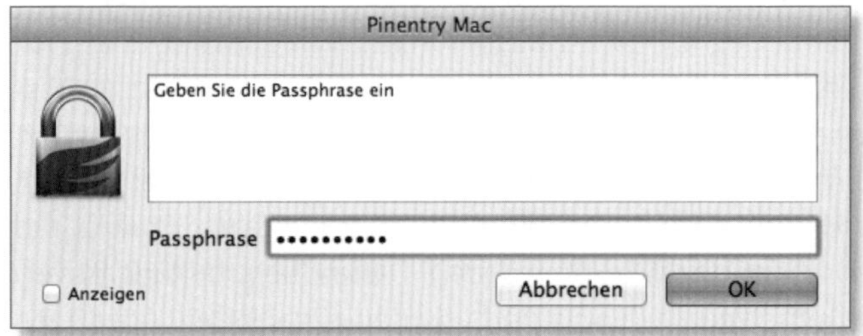

Schlüsselpaar erzeugen | Nach der Installation müssen Sie Ihr Schlüsselpaar erstellen. Im Ordner Programme finden Sie den GPG-Schlüsselbund. Dieser verwaltet die Schlüssel, die Sie für die Kommunikation nutzen.

Abbildung 4.49 ▶
Den neuen Schlüssel können Sie einer E-Mail-Adresse zuweisen.

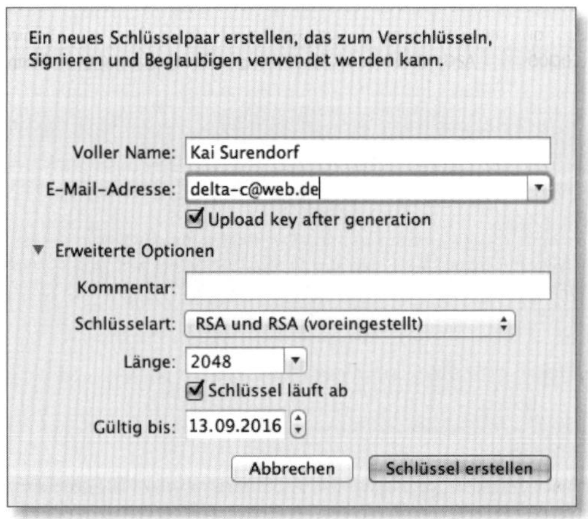

Über die Schaltfläche Neu rufen Sie einen Dialog auf (siehe Abbildung 4.47), in dem Sie Ihren Namen und Ihre E-Mail-Adresse eingeben können, aber nicht eingeben müssen. Der Dialog wird auch vom Installationsprogramm automatisch gestartet. Die Angabe einer E-Mail-Adresse kann ganz nützlich sein, weil auf diese Weise Ihr öffentlicher Schlüssel in Mail bei der Adressierung einer verschlüsselten Nachricht in den meisten Programmen automatisch ausgewählt wird. Danach müssen Sie das Kennwort, das in diesem Zusammenhang *Passphrase* genannt wird, für diesen Schlüssel zweimal eingeben.

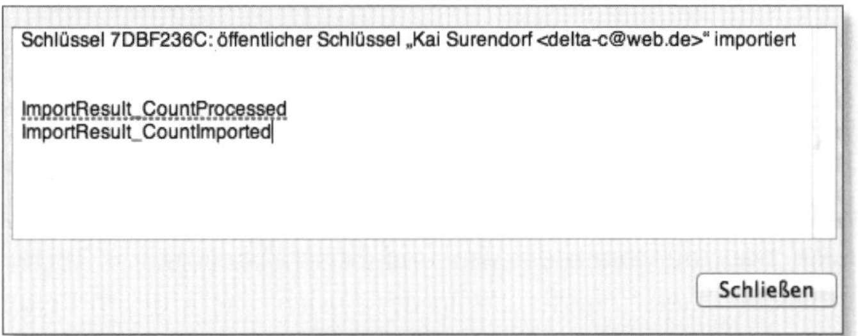

◂ **Abbildung 4.50**
Der öffentliche Schlüssel wurde importiert.

Schlüssel exportieren | Nachdem Ihr Schlüsselpaar erstellt wurde, wird es in der Liste der Schlüssel fett hervorgehoben. Zum Export Ihres öffentlichen Schlüssels wählen Sie den fetten Eintrag aus und klicken dann auf die Schaltfläche EXPORTIEREN. Bei dem exportierten Schlüssel, dem die Dateiendung *.asc* zugewiesen wurde, handelt es sich um eine reine Textdatei. Diese geben Sie an die Personen weiter, von denen Sie via GPG verschlüsselte Nachrichten erhalten möchten. Umgekehrt benötigen Sie deren öffentliche Schlüssel, um die Nachrichten zu entschlüsseln. Auch hier werden Sie eine auf *.asc* endende Datei erhalten. Diese öffnen Sie im Finder mit einem Doppelklick im GPG-SCHLÜSSELBUND oder wählen sie über die Schaltfläche IMPORTIEREN aus. Wenn ein Schlüssel importiert wurde, benachrichtigt GPG-SCHLÜSSELBUND Sie.

Hinweis
Bei der in diesem Abschnitt beschriebenen Erweiterung für Mail handelt es sich um die Fassung für OS X 10.7. Die Version für OS X 10.8 war noch in der Entwicklung. Es werden sich bei der Bedienung wahrscheinlich keine großen Änderungen ergeben.

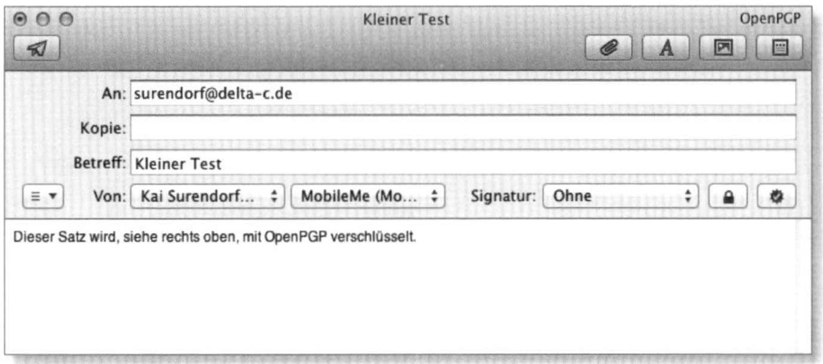

◂ **Abbildung 4.51**
Der Text oben rechts – hier in der Fassung für OS X 10.7 – zeigt an, wie die Nachricht verschlüsselt wird.

E-Mail verschlüsseln | Wenn Sie nun in Mail eine neue Nachricht erstellen, dann stehen Ihnen nach wie vor die bereits beschriebenen Schaltflächen für die Signierung und Verschlüsselung in der Symbolleiste zur Verfügung. Wenn Sie als Empfänger eine E-Mail-

Adresse eingeben, zu der ein passender PGP-Schlüssel vorhanden ist, dann finden Sie oben rechts in dem Fenster die Angabe OPENPGP. Sie zeigt an, dass die über das Schloss aktivierbare Verschlüsselung und auch die optionale Signierung über GPG erfolgen. Wenn Sie die E-Mail abschicken, dann werden Sie zur Eingabe des Kennworts für Ihren GPG-Schlüssel aufgefordert.

Nachrichten entschlüsseln | Wenn sich in Ihrem Postfach mit GPG verschlüsselte Nachrichten befinden, dann werden Sie zur Eingabe des Kennworts für Ihr Schlüsselpaar aufgefordert. Nachdem Sie dies korrekt eingegeben haben, können Sie die betreffenden Nachrichten lesen. Andernfalls erhalten Sie eine Fehlermeldung.

Entschlüsseln
Möglicherweise erhalten Sie verschlüsselte Nachrichten als Dateianhang mit der Dateiendung *.asc*. Hierbei handelt es sich um reine Textdateien. Sie können diese Anhänge zum Beispiel in TextEdit öffnen, den verschlüsselten Text markieren und abschließend über den Dienst OPENPGP: DECRYPT SELECTION entschlüsseln.

Den Dienst nutzen | Im Zuge der Installation wird auch ein Dienst eingerichtet, der Ihnen die Ver- und Entschlüsselung von Texten ermöglicht. Zuerst müssen Sie in der Ansicht TASTATUR im Reiter TASTATURKURZBEFEHLE die Dienste OPENPGP: DECRYPT SELECTION und OPENPGP: ENCRYPT SELECTION aktivieren. Sie können dann in Mail den Text, den Sie verschlüsseln möchten, markieren und den Dienst OPENPGP: ENCRYPT SELECTION auswählen. Es erscheint dann ein Fenster, in dem Sie den Schlüssel des Empfängers auswählen. Achten Sie darauf, dass als SECRET KEY der zuvor erstellte Schlüssel ausgewählt wird. Nach der Eingabe des Passworts wird der Text verschlüsselt wieder in die Mail eingefügt.

Abbildung 4.52 ▼
Über einen Dienst kann auch ohne Erweiterung ein Textabschnitt verschlüsselt werden.

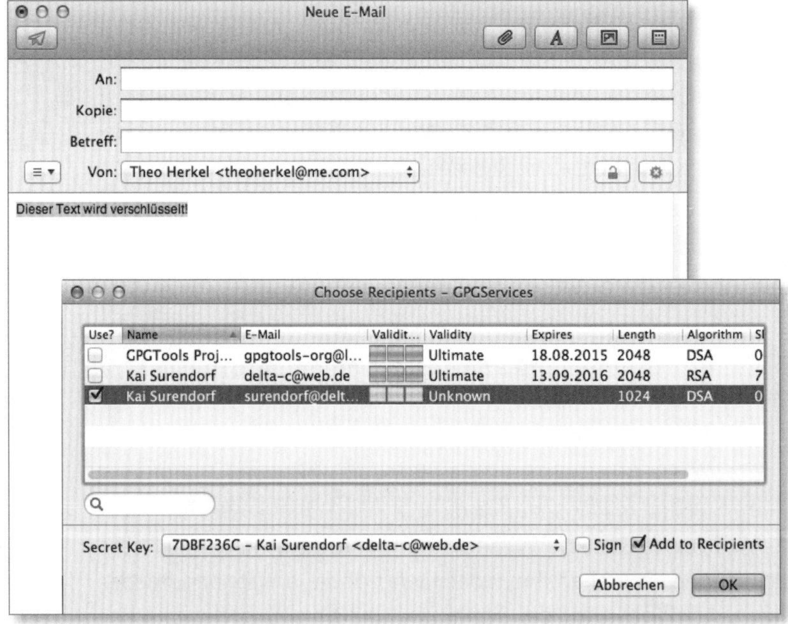

Ein paar technische Anmerkungen

Wenn Sie intensiv mit Mail arbeiten, werden Sie mit der Zeit hin und wieder auf Schwierigkeiten bei der Kommunikation mit Ihrem Mailserver stoßen. Dies ist insbesondere, aber nicht nur bei der Arbeit mit einem IMAP-Server der Fall.

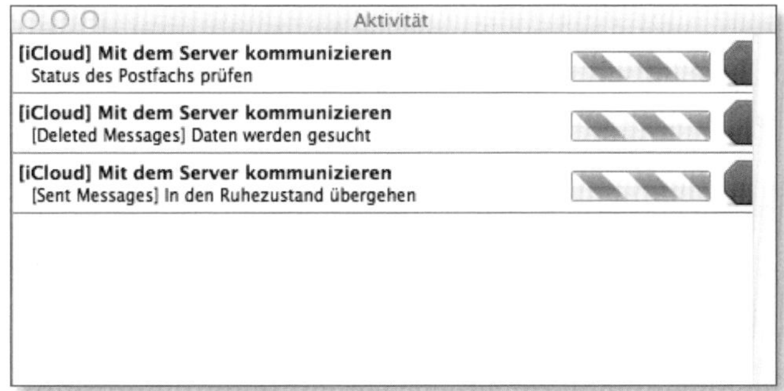

◂ **Abbildung 4.53**
Das Fenster Aktivität listet die aktuellen Vorgänge auf.

Aktivität | Wenn Sie den Eindruck haben, dass Mail bei einem Abruf von E-Mails oder dem Versand »hängengeblieben« ist, dann können Sie über den Menüpunkt Fenster • Aktivität eine Übersicht der aktiven Vorgänge aufrufen. Sie finden hier eine Liste der Vorgänge, die Mail im Hintergrund gerade abarbeitet. Dazu gehören auch der Fortschritt des Versands einer E-Mail sowie die Synchronisation von Ordnern auf einem IMAP-Server. Über die rote Schaltfläche können Sie einen Vorgang, etwa den Versand einer E-Mail, abbrechen.

◂ **Abbildung 4.54**
Über das Menü können Sie auch die Accountinformationen aufrufen.

Unterhalb der linken Spalte finden Sie eine Schaltfläche mit einem Zahnrad. Über diese erreichen Sie ein Menü, in dem Sie abhängig von der aktuellen Auswahl einen Ordner umbenennen oder löschen können. Mit der Anweisung [Kontoname] synchronisieren können Sie Ihren lokalen Datenbestand mit dem auf dem

IMAP-Server von Hand synchronisieren und so beispielsweise alle nicht lokal gespeicherten Nachrichten herunterladen. Über den Eintrag ACCOUNTINFORMATIONEN öffnen Sie ein Fenster, in dem Sie die in Abschnitt 4.2 beschriebenen Voreinstellungen für ein Konto vornehmen. Zusätzlich erhalten Sie hier Informationen über den Speicher, den Ihre Postfächer auf einem Server belegen. Wenn Ihnen für Ihre Mailbox nur ein begrenztes Kontingent an Speicherplatz zur Verfügung steht, dann können Sie sich hier einen Überblick verschaffen, wie viel Speicher Sie derzeit nutzen.

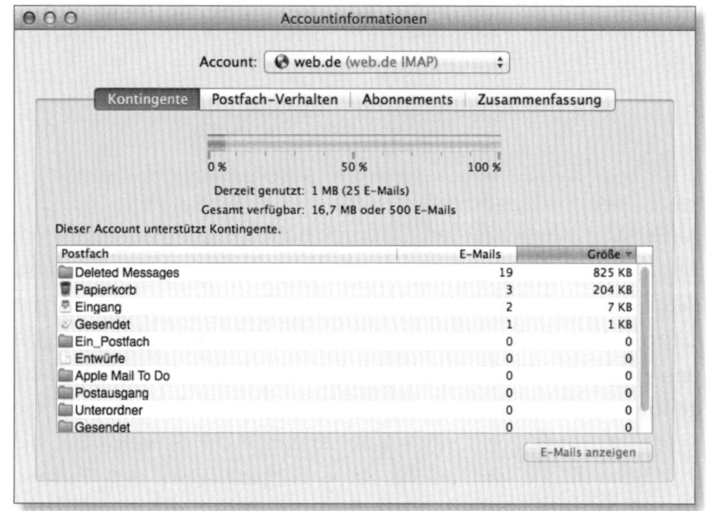

Abbildung 4.55 ▸
Die ACCOUNTINFORMATIONEN enthalten detaillierte Informationen über den Platzbedarf der Ordner.

.mbox
In einer MBOX-Datei werden die enthaltenen Nachrichten nacheinander in reinem Text zuzüglich ihrer Header gespeichert.

Exportieren | In diesem Menü finden Sie auch einen Eintrag POSTFACH EXPORTIEREN. Dieser ist verfügbar, wenn Sie in der linken Spalte einen Ordner ausgewählt haben. Erstellen Sie ein Archiv, dann erzeugt Mail einen Ordner mit der Endung .MBOX. Darin sehen Sie die drei Dateien *mbox*, *table_of_contents* und *Info.plist*. Das Dateiformat MBOX ist sehr alt und sehr verbreitet. Sie können diese MBOX-Dateien nutzen, um Ihre Nachrichten in einem anderen E-Mail-Programm zu importieren. Die meisten Programme – wie Thunderbird – unterstützen gegebenenfalls mithilfe einer Erweiterung den Import dieser Dateien, wobei sich dies nicht immer als problemlos erweist.

Wiederherstellen
Ebenfalls im Zusammenhang mit einem IMAP-Server ist die Funktion POSTFACH • WIEDERHERSTELLEN nützlich. Wenn Sie den Eindruck haben, dass die Darstellung der Nachrichten in einem Postfach nicht korrekt ist, dann können Sie über WIEDERHERSTELLEN einen Abgleich vornehmen.

IMAP und Ordner | Wenn Sie ein IMAP-Konto nutzen, das Sie auch über ein Web-Interface verwalten, dann nutzen Mail und das Web-Interface möglicherweise andere Ordner für die Speicherung von Entwürfen und gesendeten Nachrichten. In diesem Fall können Sie in der Spalte links ein Postfach wie SENT oder TRASH auswählen und ihm dann über den Menüpunkt POSTFACH • DIESES POSTFACH

VERWENDEN FÜR eine Aufgabe zuweisen. Auf diese Weise können Sie Ordner für gesendete Nachrichten, den Papierkorb, Entwürfe und unerwünschte Nachrichten individuell zuweisen.

4.3 Kalender

Die Verwaltung von Terminen mit dem Kalender kann die Anschaffung anderer Software und Projektplaner manchmal schon ersetzen. Einer der Vorteile von Kalender besteht darin, dass das Programm unter anderem auf Ihre Kontakte direkt zurückgreifen kann.

iCal
Ursprünglich trug der Kalender die Bezeichnung iCal.

Termine und Aufgaben

Im Fenster von Kalender finden Sie links eine Liste der vorhandenen Kalender. Sie können diese über die Schaltfläche KALENDER ein- und ausblenden. Einen neuen Kalender erstellen Sie über den Menüpunkt ABLAGE • NEUER KALENDER. Hier sehen Sie ein Untermenü, wenn Sie einen Internetdienst wie Google, Yahoo! oder iCloud konfiguriert haben. Dort können Sie auswählen, wo der neue Kalender erstellt werden soll.

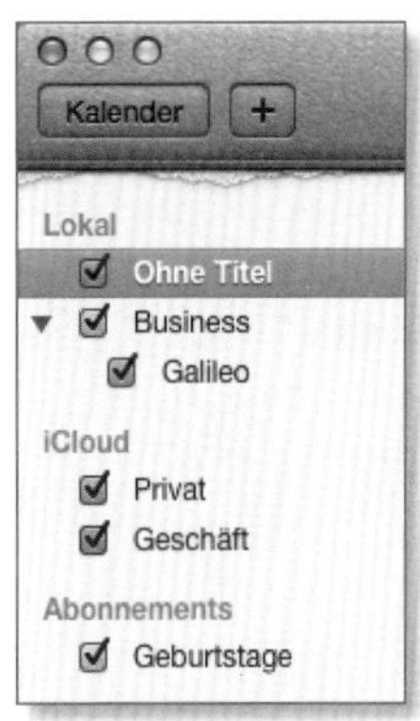

▲ **Abbildung 4.56**
Sie können Kalender auch in Gruppen unterteilen.

◂ **Abbildung 4.57**
Die schwebende Palette können Sie in den Einstellungen deaktivieren.

Ihnen steht darüber hinaus die Möglichkeit zur Verfügung, Kalender in Gruppen zu unterteilen. Eine neue Gruppe erstellen Sie über den Menüpunkt ABLAGE • NEUE KALENDERGRUPPE (⌘ + ⇧ + N). Kalender verschieben Sie in eine Gruppe, indem Sie über die Schaltfläche KALENDER zuerst die vorhandenen Kalender

▲ **Abbildung 4.58**
Ein neues Ereignis kann direkt eingegeben werden.

einblenden. Dann ziehen Sie den gewünschten Kalender in die Gruppe, wie Sie auch eine Datei im Finder in einen Ordner bewegen. Über die Häkchen vor den Kalendern blenden Sie diese ein und aus.

Ein neues Ereignis erstellen Sie, indem Sie entweder den Menüpunkt ABLAGE • NEUES EREIGNIS auswählen oder auf den Zeitpunkt doppelklicken, an dem das Ereignis stattfinden soll. Alternativ rufen Sie über das Pluszeichen in der Symbolleiste das Eingabefeld auf, um dort das Ereignis direkt in der Form DATUM UHRZEIT BESCHREIBUNG (15.9.2012 20:00 BEZEICHNUNG) oder DATUM beziehungsweise UHRZEIT BESCHREIBUNG einzugeben.

Anschließend können Sie einen Titel, den Zeitraum und eine eventuelle Wiederholung einstellen. Der URL sowie die Notiz bieten Raum für weitere Erklärungen. Mit den Anhängen haben Sie die Möglichkeit, mehrere Dateien an das Ereignis anzuhängen. Sie können nach der Auswahl einer oder mehrerer Dateien diese in der Palette doppelt anklicken und im Standardprogramm öffnen. Um einen Anhang zu entfernen, klicken Sie die Datei einmal an und drücken dann die Taste `Entf`.

Separates Fenster
Laut Standardeinstellungen erfolgt die Bearbeitung eines Ereignisses über die schwebende Palette. In den Einstellungen können Sie in der Ansicht ERWEITERT die Option EREIGNISSE IN SEPARATEM FENSTER aktivieren.

Abbildung 4.59 ▶
Der Teilnehmer wird über eine E-Mail zu dem Ereignis eingeladen.

▲ **Abbildung 4.60**
An ein Ereignis kann auch mehrfach erinnert werden.

Hinweise auf ein Ereignis | Wenn Sie ein neues Ereignis erstellt haben, dann wird zunächst kein Hinweis konfiguriert. Sie finden hinter HINWEIS den Hinweis OHNE. Wenn Sie diesen anklicken, können Sie in einem Ausklappmenü eine Erinnerung hinzufügen. Zu den möglichen Erinnerungen gehört eine Nachricht in einem schwebenden Fenster, auf Wunsch auch von einem Ton begleitet. Diese Nachricht erscheint auch dann, wenn Kalender nicht aktiv ist. Oder Sie schicken sich selbst eine E-Mail. Dazu müssen Sie in den Kontakten bei Ihrer Visitenkarte eine E-Mail-Adresse eingetragen haben. Wenn Sie als Erinnerung DATEI ÖFFNEN auswählen, dann wird zunächst Kalender selbst gestartet. Klicken Sie auf den

Eintrag ICAL unterhalb von DATEI ÖFFNEN, dann können Sie in diesem Menü über die Option EIGENE eine Datei auswählen.

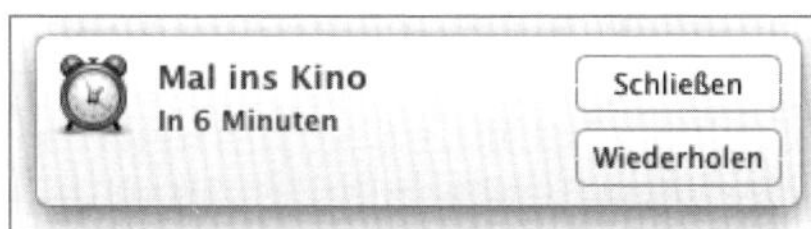

◄ **Abbildung 4.61**
Der Hinweis wird über die Mitteilungszentrale gegeben.

Teilnehmer | Wenn Sie den blauen und unterstrichenen Text TEILNEHMER HINZUFÜGEN anklicken, können Sie hier mehrere Namen aus Ihren Kontakten eingeben. Es erscheint dann in der Palette unten rechts eine Schaltfläche SENDEN, über die Sie dem Teilnehmer eine E-Mail mit der Einladung zu diesem Ereignis zuschicken können. Um einen Teilnehmer wieder zu löschen, klicken Sie ihn einmal an und drücken die Taste `Entf`.

▲ **Abbildung 4.62**
Im Dock wird die Anzahl der unbearbeiteten Ereignisse angezeigt.

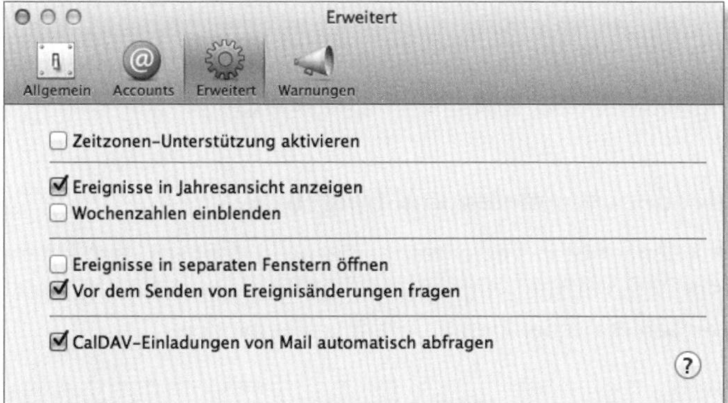

▲ **Abbildung 4.63**
Per E-Mail eingehende Einladungen können automatisch von Mail abgefragt werden.

An die E-Mail wird eine ICS-Datei angehängt. Wenn der Empfänger diese in Mail anklickt, wird sie automatisch in Kalender geöffnet. Er hat dann über das Icon mit dem Symbol eines Posteingangs in der Menüleiste die Möglichkeit, auf die Einladung zu reagieren. Über seine Entscheidung werden Sie als Absender durch Zusendung einer weiteren E-Mail informiert.

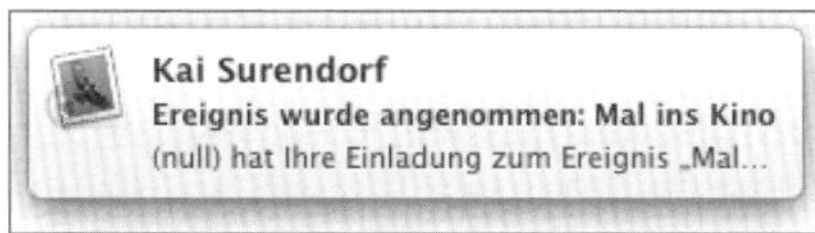

▲ **Abbildung 4.65**
Die Mitteilungszentrale informiert über den Eingang von Zu- und Absagen.

▲ **Abbildung 4.64**
Eingegangene Ereignisse werden in der Symbolleiste angezeigt.

In den Einstellungen von Kalender können Sie in der Ansicht ERWEITERT auch die Option CALDAV-EINLADUNGEN VON MAIL AUTOMATISCH ABFRAGEN aktivieren. In diesem Fall prüft Kalender Ihren Posteingang und zeigt Ihnen im Dock die Anzahl der unbearbeiteten Einladungen an. In der Symbolleiste finden Sie das zuvor erwähnte Icon, über das Sie die Liste der eingegangenen Ereignisse abrufen.

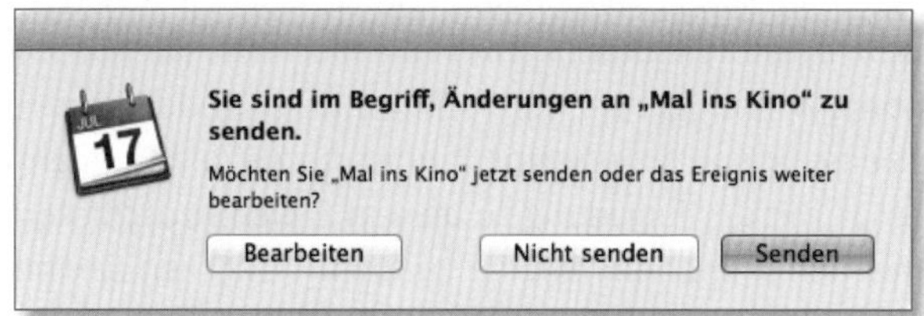

Abbildung 4.66 ▸
An die Verschiebung kann erinnert werden.

Wenn Sie ein Ereignis verlegen möchten, dann können Sie es auch mit der Maus zum neuen Zeitpunkt verschieben. Sie werden, sofern Sie Einladungen verschickt haben, gefragt, ob Sie die Empfänger über die Verschiebung benachrichtigen möchten.

Kalender abonnieren und freigeben

Der Kalender ist in begrenztem Umfang in der Lage, Ihre Kalender im Internet zu veröffentlichen. Sie können auch im Internet verfügbare Kalender in Ihre Datenbank einbinden.

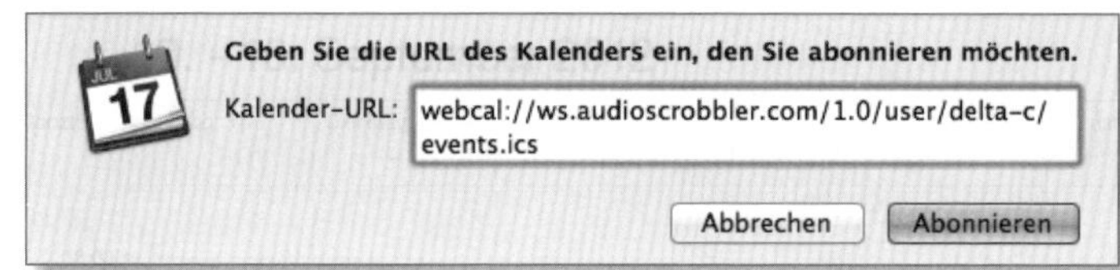

Abbildung 4.67 ▸
Über eine im Web verfügbare ICS-Datei können Sie einen Kalender abonnieren.

Kalender abonnieren | Um einen Kalender zu abonnieren, müssen Sie dessen URL im Internet herausfinden und dann über den Menüpunkt KALENDER • NEUES KALENDERABONNEMENT eingeben. Wenn Sie die Schaltfläche ABONNIEREN anklicken, versucht Kalender, die Datei herunterzuladen. Im zweiten Schritt legen Sie dann fest, ob Sie die enthaltenen Hinweise und Anhänge ebenfalls erhalten möchten.

Über die Option AUTOMATISCH AKTUALISIEREN können Sie ein Intervall vorgeben, innerhalb dessen Kalender die Datei erneut herunterlädt und den Kalender entsprechend aktualisiert. Die so eingebundenen Kalender erscheinen in der linken Spalte unter der Rubrik ABONNEMENTS. Mit einem Rechtsklick auf einen abonnierten Kalender und über den Menüpunkt INFORMATIONEN können Sie nachträglich die Optionen bearbeiten und zum Beispiel einen anderen URL vorgeben.

◀ **Abbildung 4.68**
Abonnierte Kalender können auch Hinweise und Anhänge enthalten.

Kalender veröffentlichen | Kalender selbst bietet Ihnen über den Menüpunkt BEARBEITEN • KALENDER VERÖFFENTLICHEN eine Möglichkeit für die Freigabe von Kalendern. Um Kalender zu veröffentlichen, muss der Webserver das WebDAV-Protokoll unterstützen und die Verzeichnisse im Internet verfügbar machen.

Google und Yahoo!
Nutzen Sie die Kalender-Dienste von Google oder Yahoo!, dann können Sie sie über die Einstellungen in der Ansicht ACCOUNTS hinzufügen. Die Konfiguration läuft dabei fast selbstständig ab, und wenn Sie das Konto auswählen, können Sie in dem dann verfügbaren Reiter STELLVERTRETUNG weitere Kalender – sofern verfügbar – einbinden. Google bietet zum Beispiel einen Kalender der deutschen Feiertage. Beide Onlinedienste unterstützen anders als das Abonnement die Bearbeitung von Ereignissen online.

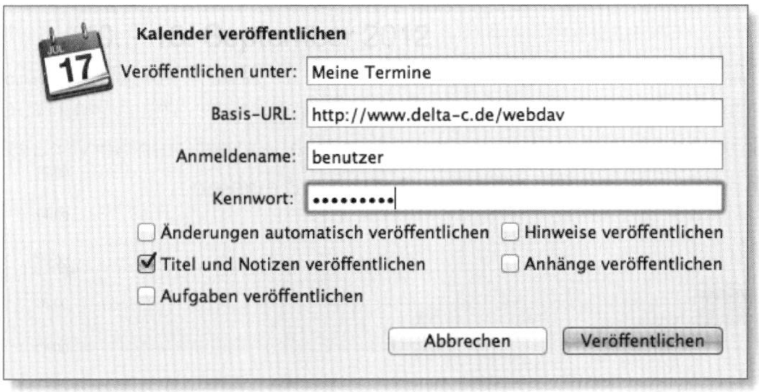

Kalender veröffentlichen
Veröffentlichen unter: Meine Termine
Basis-URL: http://www.delta-c.de/webdav
Anmeldename: benutzer
Kennwort: •••••••••
Änderungen automatisch veröffentlichen
Hinweise veröffentlichen
Titel und Notizen veröffentlichen
Anhänge veröffentlichen
Aufgaben veröffentlichen
Abbrechen
Veröffentlichen

▲ **Abbildung 4.69**
Für die Veröffentlichung eines Kalenders muss der Webserver WebDAV unterstützen.

Anbindung an Exchange und Gruppenfunktionen

Wenn Sie die Einstellungen von Kalender aufrufen, dann finden Sie dort die Ansicht ACCOUNTS. Hier können Sie neben den schon erwähnten Onlinediensten von Google und Yahoo! Kalender auch an einen Exchange-Server anbinden. Wenn Sie das Pluszeichen unterhalb der linken Spalte anklicken, dann wird ein Assistent aufgerufen, der Sie nach der E-Mail-Adresse und dem Kennwort Ihres Exchange-Postfachs fragt.

Nach der Anbindung finden Sie in der Liste der verfügbaren Kalender einen Eintrag des Exchange-Servers. Dieser lässt sich über den Eintrag BESCHREIBUNG in den ACCOUNTINFORMATIONEN umbenennen.

Abbildung 4.70 ▸
Die Anbindung an einen Exchange-Server wird über einen Assistenten vorgenommen.

Darunter sehen Sie die Kalender, die auf dem Exchange-Server für dieses Postfach erstellt wurden, und können bei Bedarf auch weitere Kalender erstellen, die Ihnen dann innerhalb der gesamten Exchange-Infrastruktur zur Verfügung stehen. In dem Reiter SERVEREINSTELLUNGEN geben Sie, sofern es der Exchange-Server erfordert, einen externen Server vor. Im Reiter STELLVERTRETUNG können Sie weitere Kalender, für die Ihnen auf dem Server Lese- oder Schreibrechte zugeteilt wurden, aktivieren.

Abbildung 4.71 ▸
Abhängig vom Standort ist eventuell eine Anpassung der SERVEREINSTELLUNGEN notwendig.

Bei der Erstellung und Bearbeitung von Ereignissen unterscheiden sich die Kalender auf einem Exchange-Server nicht von den normalen Kalendern. Lediglich die Farbe, die einem Kalender zugewiesen wurde, wird nicht übernommen. Wenn Sie zu einem

Ereignis Teilnehmer einladen, dann können Sie hier auch die auf einem Exchange-Server gespeicherten Kontakte auswählen. Die Eigenschaft ORT eines Ereignisses hat bei den normalen Kalendern eigentlich nur eine dekorative Funktion; bei der Arbeit mit Exchange können Sie die Eigenschaft jedoch nutzen, um die Belegungspläne zu berücksichtigen. Wenn auf dem Exchange-Server spezielle Raumpostfächer eingerichtet wurden, werden Ihnen diese bei der Eingabe eines Ortes zur Auswahl gestellt.

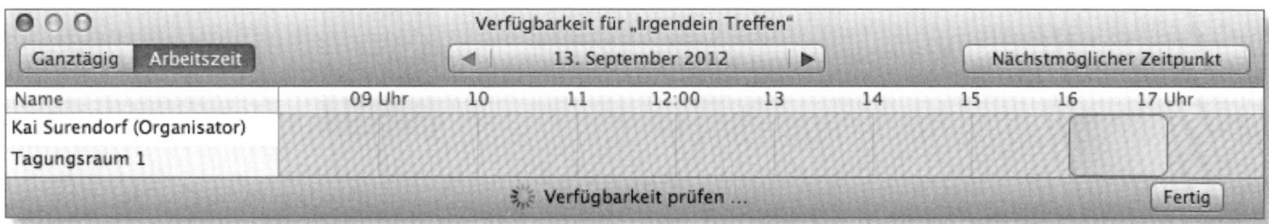

▲ **Abbildung 4.72**
Ein Ort wird in der Ansicht VERFÜGBARKEIT ebenfalls angezeigt.

Verfügbarkeit | Im Fenster VERFÜGBARKEIT, das Sie über den Menüpunkt FENSTER • VERFÜGBARKEIT aufrufen, finden Sie die Zeiträume, an denen die anzufragenden Teilnehmer basierend auf den Daten in ihren Exchange-Kalendern Zeit haben. Wenn Sie einen Ort vorgegeben haben, dann wird dessen Belegungsplan ebenfalls berücksichtigt. Der hervorgehobene Zeitraum repräsentiert in dieser Ansicht Ihren gewünschten Termin, und Sie können ihn an einen Zeitpunkt ziehen, an dem sowohl der Raum frei ist als auch alle gewünschten Teilnehmer Zeit haben. Wenn Sie nun die Schaltfläche FERTIG anklicken, dann wird die Einladung an die Teilnehmer geschickt und der Raum gebucht.

Die weitere Prozedur unterscheidet sich eigentlich nicht von den Einladungen, die Sie bei normalen Kalendern über Mail verschicken.

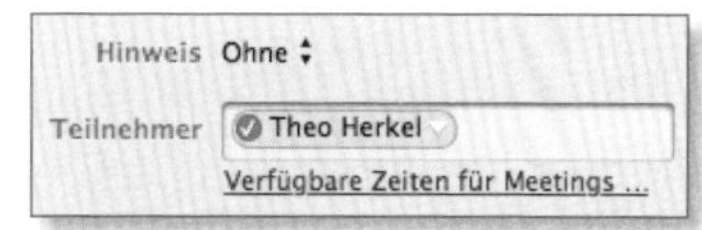

▲ **Abbildung 4.73**
Zusagen werden mit einem grünen Häkchen signalisiert.

4.4 Notizen

Neben den rüstigen Notizzetteln bietet OS X 10.8 das neue Programm Notizen. Dieses kann für die Speicherung auf die iCloud zurückgreifen und damit Ihre Notizen auf allen Geräten synchron halten. Das Programm selbst ist angenehm spartanisch gehalten und bietet an Funktionen nicht viel mehr, als für das Notieren von Informationen unbedingt erforderlich ist.

iCloud.com
Wenn Sie die iCloud zur Speicherung Ihrer Notizen verwenden, dann können Sie diese auch über den Webbrowser unter *http://www.icloud.com* bearbeiten.

Über die beiden Icons unterhalb der Liste der vorhandenen Notizen können Sie links die Ordner und Speicherorte einblenden. Bewegen Sie den Mauspfeil über einen Eintrag wie ICLOUD, dann erscheint ein kleines Pluszeichen, über das Sie einen neuen Ordner für Notizen erstellen können. Alternativ steht Ihnen auch der Menübefehl Ablage • Neuer Ordner zur Verfügung. Über das Pluszeichen unterhalb der Liste, den Menüpunkt Ablage • Neue Notiz oder den Kurzbefehl ⌘ + N können Sie eine neue Notiz erstellen und sofort mit der Eingabe beginnen.

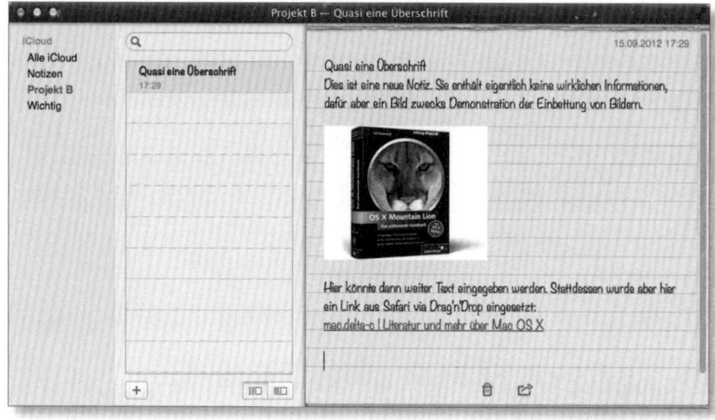

Abbildung 4.74 ▸
Notizen können auch Bilder und Links enthalten.

Löschen
Über das kleine Icon mit dem Papierkorb unterhalb der eigentlichen Notiz können Sie diese löschen.

In Ihre Notizen können Sie Bilder aus dem Finder hineinziehen oder aus der Zwischenablage einfügen. Bilder werden quasi als Zeichen im Text betrachtet, die Sie wie einen Buchstaben löschen können. Außerdem können Sie aus Safari einen URL aus der Adressleiste ziehen und damit einen Link in die Notiz einfügen.

Rufen Sie das Kontextmenü über einen Eintrag einer Notiz in der Liste auf, dann finden Sie dort auch einen Eintrag Öffnen. Damit wird die Notiz in einem neuen Fenster geöffnet. Ein Doppelklick erfüllt dieselbe Funktion. Auf diese Weise können Sie mehrere Notizen in einzelnen Fenstern öffnen.

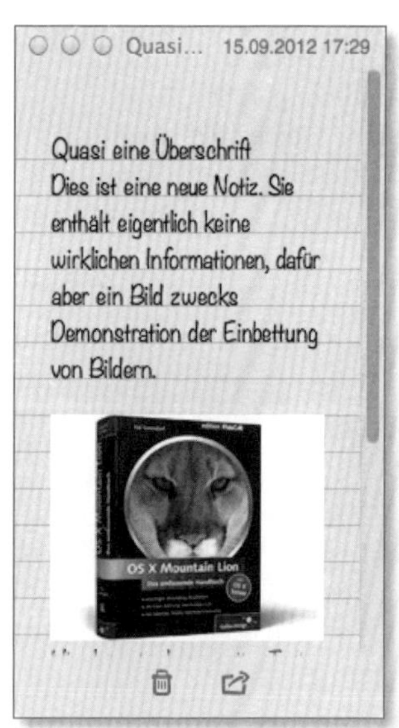

▲ Abbildung 4.75
Notizen können in einem eigenen Fenster geöffnet werden.

Standardschrift | Im Menü Format finden Sie die unter OS X 10.8 geläufigen Optionen zur Formatierung von Text. Hervorzuheben ist hier lediglich der Eintrag Standardschrift unter Schrift. Das Programm Notizen stellt Ihnen drei Schriftarten für den Fließtext Ihrer Notizen zur Verfügung. Weitere Einstellungen gibt es in dieser Form nicht.

4.5 Erinnerungen

Für die Verwaltung und Planung von Aufgaben gibt es eine Reihe von unterschiedlichen Systemen. Apple hat in OS X 10.8 ein neues, recht spartanisches Programm mit dem Namen Erinnerungen eingeführt, das Ihnen bei der Verwaltung von Listen mit Aufgaben behilflich ist.

◂ **Abbildung 4.76**
Wird die Seitenleiste ausgeblendet, dann können die Listen über die Punkte ausgewählt werden.

Das Programm unterstützt zwei Ansichten. Wenn Sie die Seitenleiste ausblenden, dann finden Sie unten eine Reihe von kleinen Punkten. Mit einem Klick auf einen Punkt kommen Sie zu der entsprechenden Liste. Umgekehrt können Sie die Seitenleiste über das Icon mit dem Pfeil ❶ einblenden. Darüber hinaus bietet Ihnen das Programm einen monatlichen Kalender. Punkte unter einem Eintrag zeigen an, dass an diesem Tag wenigstens eine Erinnerung ansteht.

In der linken Spalte finden Sie zunächst die eingerichteten Benutzerkonten. Diese können mehrere Listen enthalten, die Sie über Ablage • Neue Liste erstellen können.

▾ **Abbildung 4.77**
Eine Erinnerung kann zeit- und ortsabhängig erfolgen.

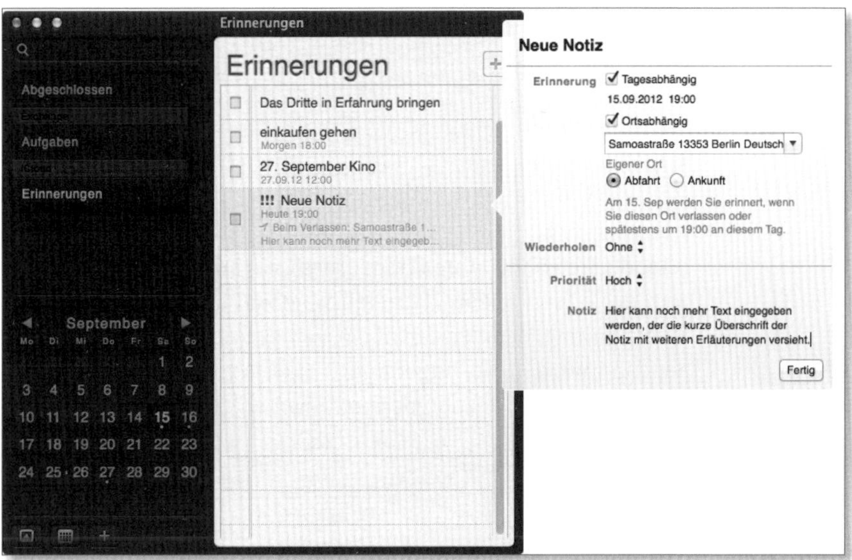

Über den Menüpunkt Ablage • Neu, den Kurzbefehl [⌘] + [N] oder das Pluszeichen rechts oben können Sie sich eine neue Erinnerung notieren. Diese besteht zunächst aus einem kurzen Text. Sie finden am rechten Rand ein Icon mit einem kleinen i. Klicken Sie dieses an, oder nutzen Sie den Kurzbefehl [⌘] + [I], und Sie können die Details der Erinnerung festlegen. Dazu gehört zunächst die Form der Erinnerung. Neben der Abhängigkeit vom Tag, also einem Zeitpunkt, können Sie auch einen Ort vorgeben. Sofern Sie die Ortungsdienste Ihres Geräts aktiviert haben, werden Sie benachrichtigt, sobald Ihr Gerät feststellt, dass Sie den Ort erreicht oder verlassen haben. Hier wurde von Gerät gesprochen, weil die Erinnerungen über die iCloud mit einem iPhone

Tipp
Das Programm Erinnerungen ist zum Teil in der Lage, anhand Ihrer Eingabe den Zeitpunkt zu erkennen. Geben Sie zum Beispiel »20:15 Uhr – Tatort« ein, dann wird automatisch eine Erinnerung um 20:15 Uhr erstellt.

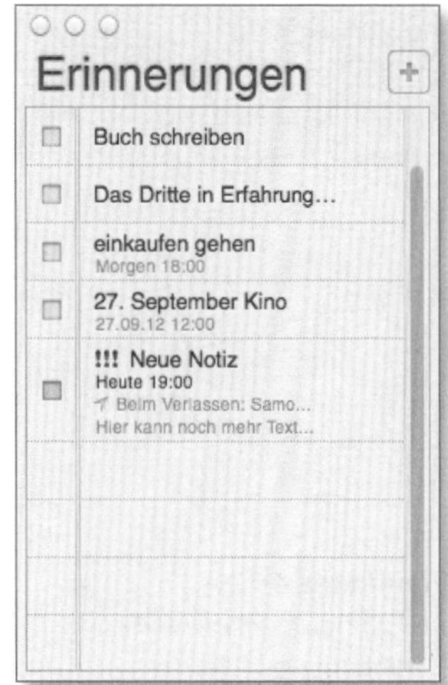

▲ **Abbildung 4.78**
Mit einem Doppelklick kann eine Liste in einem eigenen Fenster geöffnet werden.

synchronisiert werden können. Außerdem steht Ihnen eine Wiederholung der Erinnerung zur Auswahl. Unten im Fenster legen Sie die Priorität fest, die Ihnen in der Übersicht mit bis zu drei roten Anführungszeichen angezeigt wird. Darüber hinaus können Sie noch eine kurze Notiz ergänzen.

Erinnerungen abhaken | Vor jeder Erinnerung finden Sie eine Checkbox. Wenn Sie diese anklicken, gilt die Erinnerung als erledigt und wird in die Liste ABGESCHLOSSEN verschoben. Diese Liste enthält alle erledigten Erinnerungen. Entfernen Sie dort durch einen erneuten Klick das Häkchen, dann wird die Erinnerung wieder in die vorige Liste verschoben.

▲ **Abbildung 4.79**
MPI freigeben

iCloud | Sie können Ihre Erinneurngslisten auch mit anderen Nutzern der iCloud teilen. Platzieren Sie den Mauspfeil rechts neben einem Eintrag, dann erscheint ein kleines Symbol. Klicken Sie dies an, dann werden Sie aufgefordert, die E-Mail-Adressen oder Namen der anderen Teilnehmern einzugeben.

Abbildung 4.80 ▼
Erinneurngslisten auch mit anderen Nutzern der iCloud teilen

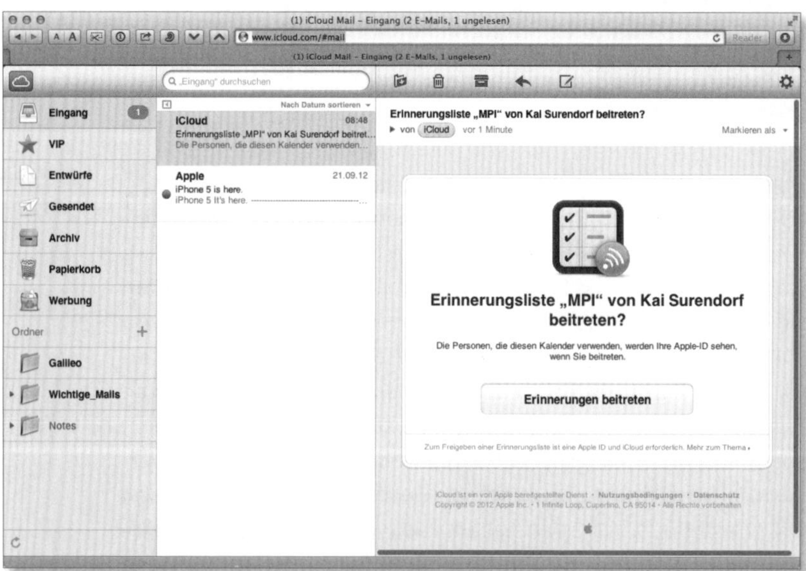

Anschließend wir eine E-Mail verschickt, die eine Einladung und einen Link beinhaltet. Wird der Link, der mit Erinnerungen beitreten bezeichnet wird, angeklickt, dann gelangt der Eingeladene zur Webseite der iCloud. Nachdem er sich mit seinem dortigen Konto angemeldet hat, kann er die freigegebene Liste ebenfalls abonnieren. Die Eingaben der Teilnehmer werden dann synchronisiert.

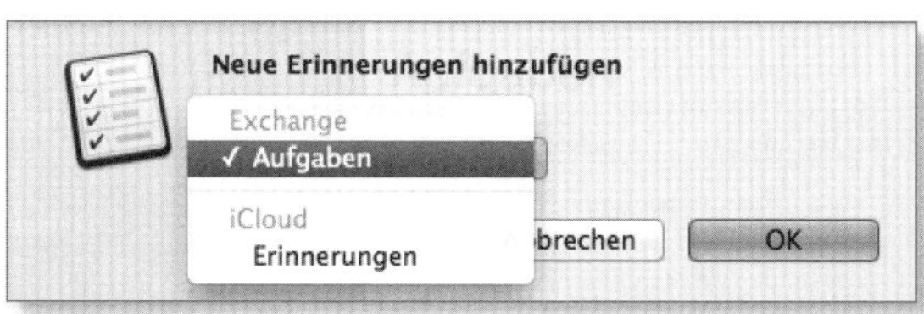

◀ **Abbildung 4.81**
Beim Import kann ein Konto ausgewählt werden.

Export und Import | Ihre Erinnerungen können Sie über den Menüpunkt Ablage • Exportieren in einer ICS-Datei speichern. Diese dient eigentlich zum Export von Kalendern und wird über einen Doppelklick im Finder auch im Programm Kalender geöffnet. Allerdings kann das Programm mit den Erinnerungen in dieser Form nicht arbeiten und verweigert den Import. Im Programm Erinnerungen können Sie die so exportieren Einträge über Ablage • Importieren wieder einlesen. Verwenden Sie mehr als ein Konto, dann können Sie entscheiden, welchem Konto die Erinnerungen hinzugefügt werden sollen.

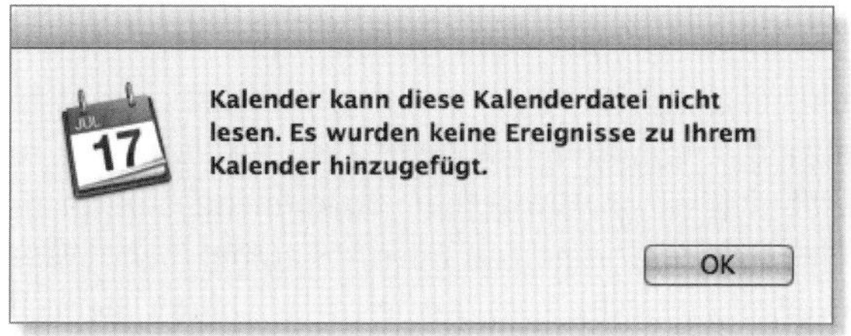

◀ **Abbildung 4.82**
Das Programm Kalender kann keine Informationen aus der Datei importieren.

4.6 Kontakte

Die im gleichnamigen Programm gespeicherten Kontakte werden unter OS X 10.8 von einer Reihe von Programmen genutzt. Unter anderem Mail, Safari, Kalender und Nachrichten können auf die hier gespeicherten Daten in der einen oder anderen Form zugreifen.

▲ **Abbildung 4.83**
Sowohl die Konten als auch die Gruppen können eingeblendet werden.

Drei Ansichten | Sie finden im unteren Bereich des Fensters drei Icons. Mit dem ersten blenden Sie neben der ausgewählten Adresse sowohl die Liste der Kontakte als auch links daneben die Gruppen und Konten ein. Mit dem zweiten beschränken Sie die

▲ **Abbildung 4.84**
Möglicherweise sind Datensätze zweimal vorhanden.

Abbildung 4.85 ▶
Wird die Verbindung zur iCloud abgebrochen, dann können die Kontakte lokal gespeichert werden.

Ansicht auf die Liste der Kontakte, und mit dem dritten wird nur der aktuell ausgewählte Kontakt dargestellt.

▲ **Abbildung 4.86**
Bei Verwendung der iCloud steht der lokale Speicher nur unter bestimmten Bedingungen zur Verfügung.

iCloud und der lokale Speicher | Wenn Sie die iCloud auch zur Synchronisierung der Kontakte nutzen, dann räumt OS X 10.8 bei der Speicherung der Kontakte der iCloud die Priorität ein. Das heißt, dass Ihnen die Speicherung der Kontakte auf Ihrer Festplatte unter Umgehung der iCloud vorerst nicht zur Verfügung steht. Selbstverständlich werden die Kontakte auf Ihrer Festplatte gespeichert und mit der iCloud dann synchronisiert. Aber Sie haben zunächst keine Möglichkeit, Adresslisten nach Speicherort zu unterscheiden und ausgewählte Kontakte ausschließlich lokal zu speichern. Es gibt allerdings Ausnahmen. So können Sie in Nachrichten Kontakte in Ihre dortige Freundesliste aufnehmen. Diese werden dann gegebenenfalls lokal gespeichert. Sollten Sie sich von der iCloud übergangsweise abmelden, die KONTAKTE BEHALTEN und später die Verbindung zu Apples Onlinedienst wieder herstellen, dann kann es sein, dass mehrere Datensätze für einen Eintrag existieren. Wenn Sie den Eintrag in der Liste ALLE KONTAKTE auswählen, dann finden Sie dort einen Hinweis VERKNÜPFTE KARTEN. Hierbei handelt es sich um Verweise auf die jeweiligen Datensätze. Diese doppelten Datensätze werden nicht über die Funktion VISITENKARTE • NACH DUPLIKATEN SUCHEN erfasst.

Kontakte verwalten

In den Kontakten wird zwischen Personen und Firmen unterschieden. Der wesentliche Unterschied besteht zunächst darin, dass Firmen in der Liste in fetter Schrift angezeigt werden; bei Personen wird lediglich der Nachname in fetter Schrift angezeigt.

Bild hinzufügen
Wenn Sie eine Grafikdatei auf das Symbol mit dem Kopf beziehungsweise dem Gebäude ziehen, dann wird sie dem Kontakt als Logo hinzugefügt. Sie können das Feld bei der Bearbeitung auch einmal anklicken und dann mit [⌘] + [V] ein in der Zwischenablage befindliches Bild einfügen. Ein Doppelklick öffnet eine Palette, in der Sie eine Datei AUSWÄHLEN oder ein Foto über eine Webcam aufnehmen können.

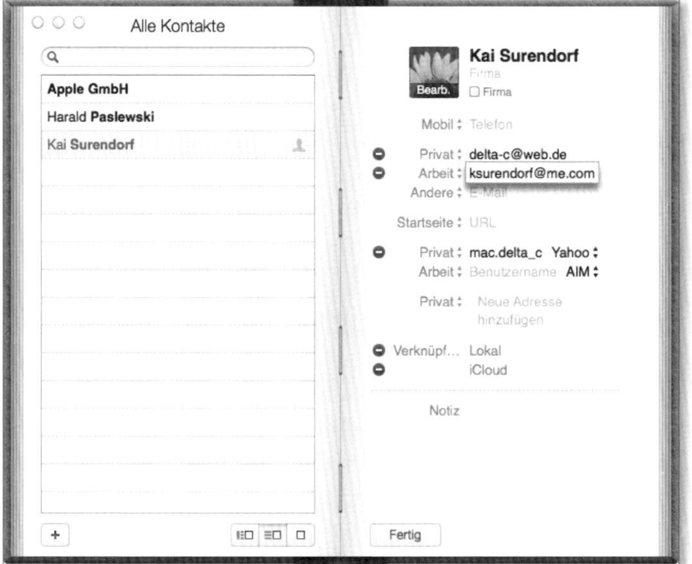

◂ **Abbildung 4.87**
Bei der Eingabe von Daten werden neue Felder automatisch hinzugefügt.

In der Detailansicht der Kontakte können Sie über das Pluszeichen unten einen neuen Kontakt erstellen. Anschließend versehen Sie nacheinander die einzelnen Felder mit Daten. Geben Sie in einem Feld Daten ein, also zum Beispiel eine E-Mail-Adresse, dann erscheint darunter automatisch ein weiteres leeres Feld, in das Sie eine zweite Adresse eingeben können. Geben Sie hier keine Adresse ein, dann verschwindet das überflüssige Feld, wenn Sie den Datensatz speichern. Wenn Sie alle Daten eingegeben haben, beenden Sie die Eingabe durch einen Klick auf die Schaltfläche FERTIG.

Um einen vorhandenen Kontakt zu löschen, wählen Sie ihn in der Spalte aus und drücken anschließend die Taste [Entf]. Sie erhalten vor dem Löschen noch eine Rückfrage.

Gruppen erstellen | Um eine Gruppe zu erstellen, klicken Sie das Pluszeichen rechts neben dem Speicherort, zum Beispiel ICLOUD, an. Kontakte fügen Sie einer Gruppe hinzu, indem Sie sie aus der Gruppe ALLE KONTAKTE oder ALLE ICLOUD auf die gewünschte Gruppe ziehen. Um einen Kontakt aus einer Gruppe zu löschen, wählen Sie ihn aus und drücken dann die Taste [←]. Neben Kontakten können Sie auch Gruppen einer anderen Gruppe hinzufügen, indem Sie sie einfach auf die übergeordnete Gruppe ziehen.

Verzeichnisse
In Abbildung 4.88 finden Sie auch einen Bereich VERZEICHNISSE. Neben den eingerichteten Verzeichnisdiensten (siehe Abschnitt 17.6) finden Sie hier auch die nachfolgend beschriebenen Exchange-Server.

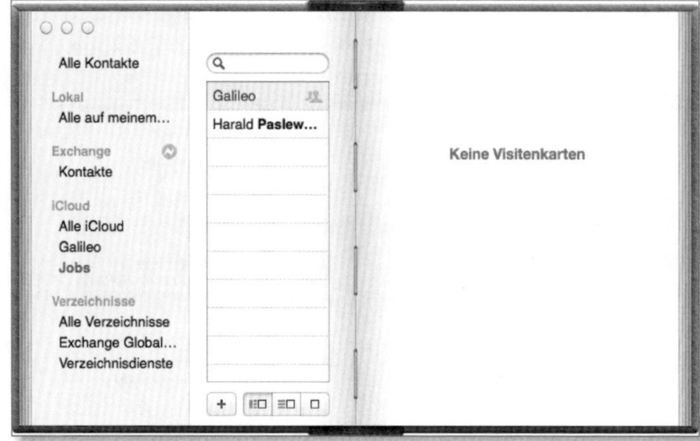

Abbildung 4.88 ▸
Sie können Gruppen anderen hinzufügen.

Intelligente Gruppen | Über den Menüpunkt Ablage • Neue intelligente Gruppe erstellen Sie eine Gruppe, deren Inhalt sich anhand der vorzugebenden Kriterien automatisch aktualisiert. In dem Dialog werden Sie nach dem Namen und den Kriterien gefragt. Das Verfahren entspricht den intelligenten Ordnern im Finder.

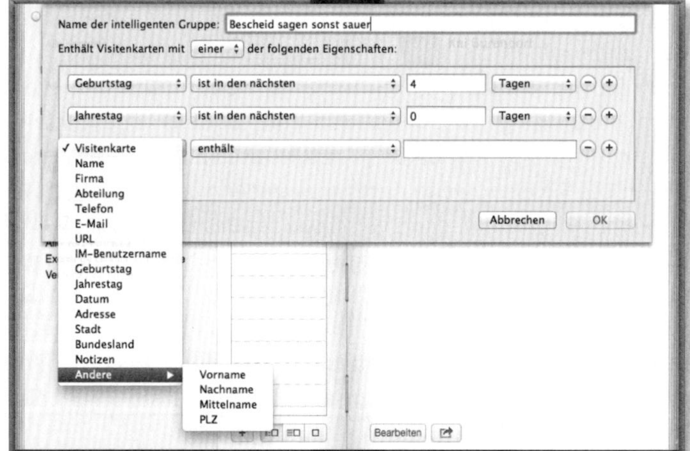

Abbildung 4.89 ▸
Intelligente Gruppen aktualisieren ihre Mitglieder selbstständig.

Kontextmenü | Wenn Sie einem Kontakt eine Telefonnummer zugewiesen haben, dann können Sie die Bezeichnung (Arbeit, Mobil) anklicken. Es erscheint dann ein Kontextmenü mit der Option Vergrössern, und die Nummer wird Ihnen sehr groß angezeigt. Bei anderen Einträgen können Sie über dieses Kontextmenü eine Suche über Spotlight durchführen, eine E-Mail an diese Adresse schicken oder sich die Umgebungskarte der Adresse anzeigen lassen.

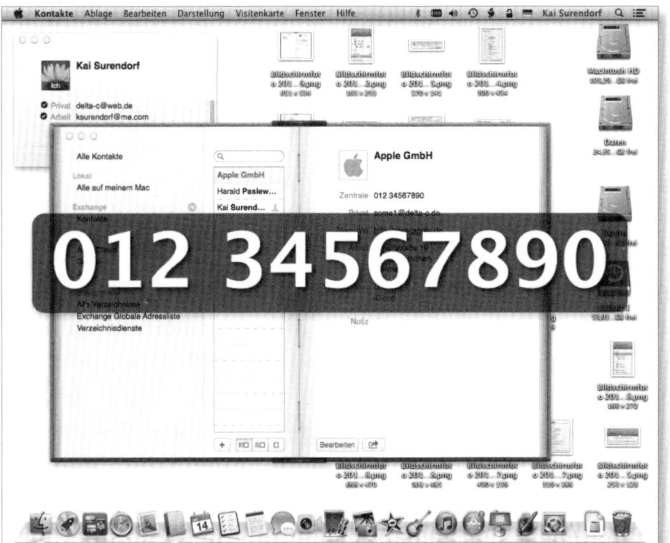

◀ **Abbildung 4.90**
Eine Telefonnummer kann vergrößert werden.

Tipp
Wenn Sie in Ihren Kontakten das Feld Geburtstag aktivieren und dort Daten eintragen, dann können Sie in Kalender in den Einstellungen in der Ansicht Allgemein die Option Geburtstagskalender einblenden aktivieren. Dieser erscheint in der Rubrik Abonnements.

Vorlage für Kontakte | Welche Felder Ihnen für die Daten zur Verfügung stehen, bestimmen Sie in den Einstellungen in der Ansicht Vorlage. Im Ausklappmenü erreichen Sie einige weitere Felder. Die Änderungen stehen Ihnen bei der Erstellung und Bearbeitung zur Verfügung.

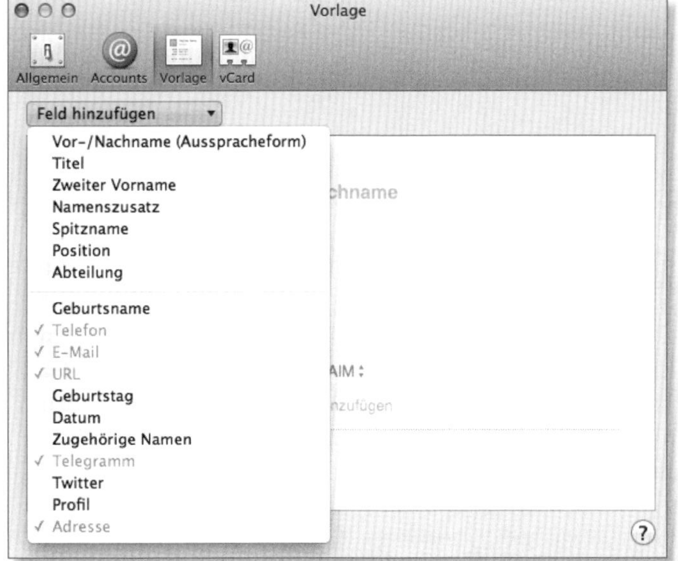

◀ **Abbildung 4.91**
Über die Vorlage konfigurieren Sie die verfügbaren Felder.

Anbindung an Exchange

Das Programm Kontakte berücksichtigt die in der Ansicht Mail, Kontakte & Kalender vorgenommenen Einstellungen. In den

[LDAP]
Wenn Sie einen Exchange-Server konfigurieren, dann finden Sie dort auch einen Accounttyp LDAP. Damit konfigurieren Sie einen Verzeichnisdienst, der das Protokoll LDAP nutzt. Die genauen Parameter müssen Sie in diesem Fall vom Administrator des Servers erfragen.

[CardDAV]
Der ACCOUNTTYP CARDDAV stellt eine zweite Alternative zu Exchange und LDAP dar. Dabei handelt es sich um einen von Apple ab OS X 10.7 Server unterstützten Dienst, der auf das WebDAV-Protokoll aufsetzt.

Einstellungen finden Sie in der Ansicht ACCOUNTS zunächst die Server, die bereits konfiguriert wurden. Über das Pluszeichen fügen Sie weitere Server hinzu.

Globale Liste | Wenn Sie die Anbindung an einen Exchange-Server vollzogen haben, dann erscheinen weitere Einträge in der Gruppenansicht. Zunächst finden Sie unter EXCHANGE die Benutzergruppen, die Sie auf dem Exchange-Server angelegt haben. Der Eintrag EXCHANGE GLOBALE ADRESSLISTE ermöglicht Ihnen die Suche in der Datenbank des Exchange-Servers. Abhängig von der Konfiguration des Servers ist diese Datenbank möglicherweise nicht aktuell. In den Standardeinstellungen von Exchange wird sie in der Regel um vier Uhr morgens aktualisiert. Sie können Kontakte, die Sie in der globalen Liste gefunden haben, auf diese Gruppe und ihre Untergruppen ziehen, um sie zu kopieren.

Abbildung 4.92 ▼
Die globale Adressliste eines Exchange-Servers können Sie online durchsuchen.

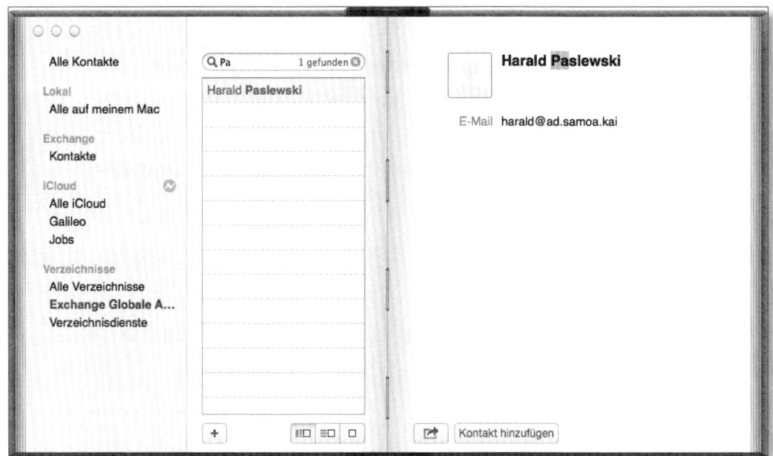

Weitere Funktionen

Yahoo!?
Den Abgleich der Kontakte mit Yahoo! stellen Sie in den Systemeinstellungen unter MAIL, KONTAKTE & KALENDER ein.

Neben der Verwaltung von Kontakten bietet Ihnen das Programm auch die Möglichkeit, Etiketten, Listen und Umschläge zu drucken. Außerdem können Sie Ihre Kontakte mit den Onlinediensten von Google synchronisieren sowie ein Backup Ihres Datenbestandes erstellen.

Abbildung 4.93 ▶
Sie können die Kontakte auch über das gleichnamige Widget auf dem Dashboard (siehe Abschnitt 2.10) durchsuchen.

Drucken | Über die Funktion ABLAGE • DRUCKEN können Sie die Gruppen oder die ausgewählten Kontakte in vier verschiedenen Stilen ausgeben. Das Programm enthält passende Stilvorlagen für den Ausdruck von Adressetiketten, Umschlägen, Listen und sogenannten Taschen-Adressbüchern.

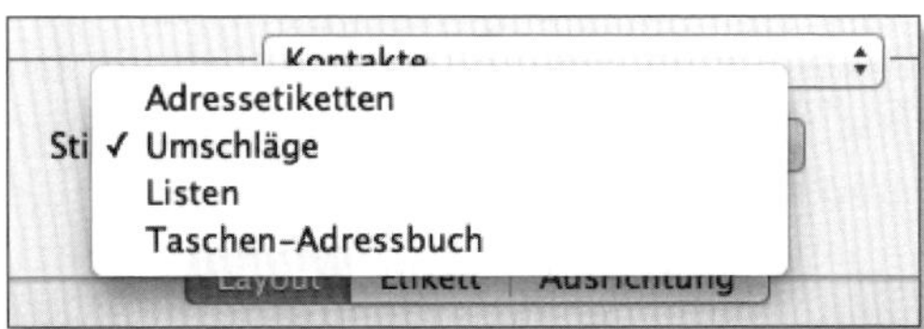

◂ **Abbildung 4.94**
Kontakte können Sie in vier verschiedenen Formen ausdrucken.

In dem Dialog können Sie dann abhängig vom ausgewählten Stil weitere Einstellungen treffen. So steht Ihnen beim Ausdruck von Etiketten beispielsweise das Layout AVERY A4 zur Auswahl, das den handelsüblichen Adressetiketten entspricht und die Kontakte passend ausgibt. In der Ansicht ETIKETT geben Sie die Darstellung sowie die auszugebenden Kontakte vor. Haben Sie zuvor Kontakte gezielt ausgewählt, dann werden diese – die Beschriftung ist etwas missverständlich – über den Eintrag ALLE ausgedruckt. Außerdem können Sie bei den Stilen die zu verwendende Schrift festlegen und die Ränder an Ihre Anforderungen anpassen.

▾ **Abbildung 4.95**
Die Druckfunktion der Kontakte unterstützt den Druck von Etiketten, Umschlägen und Listen.

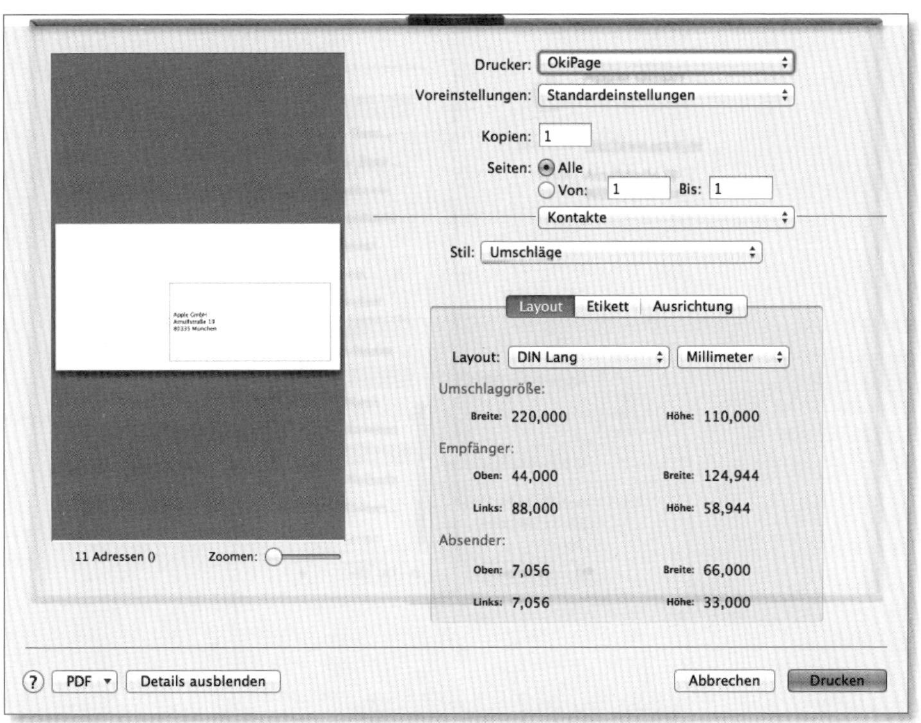

▲ **Abbildung 4.96**
Sie können die Kontakte in eine Datei exportieren.

Kontakte-Archiv Zwar werden Ihre Kontakte auch in der Time Machine (siehe Abschnitt 11.3) gesichert und können über diese rekonstruiert werden, aber möglicherweise möchten Sie Ihre Kontakte gezielt auf einen anderen Rechner transferieren. Die Erstellung eines Archivs kann auch dann angebracht sein, wenn Sie überhaupt kein Backup erstellen. Über den Menüpunkt ABLAGE • EXPORTIEREN • KONTAKTE-ARCHIV legen Sie zunächst den Ort und Namen der Datei fest. Anschließend werden alle vorhandenen Kontakte in einer ABBU-Datei gespeichert.

Diese können Sie anschließend über den Menüpunkt ABLAGE • IMPORTIEREN öffnen. Sie erhalten dann die Rückfrage, ob Sie wirklich alle bereits vorhandenen Kontakte überschreiben möchten. Eine Funktion, die Ihnen für jeden Kontakt eine individuelle Entscheidung ermöglicht, gibt es nicht.

Abbildung 4.97 ▶
Eine vCard kann auch mehrere Einträge enthalten.

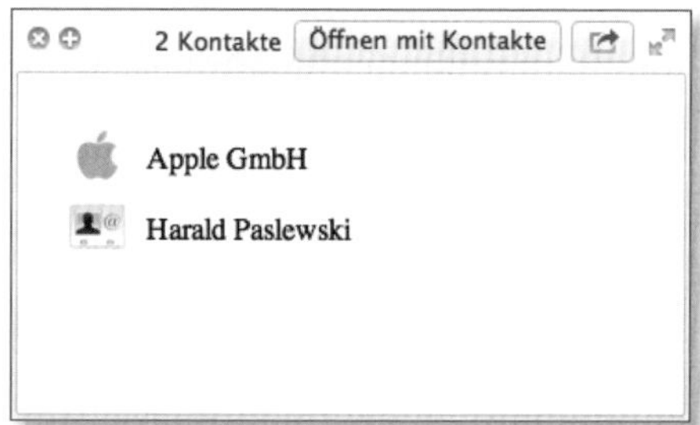

vCard | Bei einer vCard werden die Kontaktdaten in einer Textdatei gespeichert, deren Dateiendung *.vcf* lautet und die über einen standardisierten Aufbau verfügt. Diese Dateien sind sehr verbreitet, um in Form einer elektronischen Visitenkarte schnell und einfach Kontaktdaten weiterzugeben. Nicht wenige Firmen stellen eine solche Datei auf ihren Webseiten zum Download bereit. Sie erstellen eine vCard, indem Sie einen Kontakt aus der Liste auf den Schreibtisch ziehen.

Abbildung 4.98 ▶
Beim Import einer vCard können Sie Duplikate einzeln durchgehen.

Es ist auch möglich, mehrere Kontakte auszuwählen und dann den Menüpunkt ABLAGE • EXPORTIEREN • VCARD EXPORTIEREN aufzurufen. Die so gespeicherte Datei enthält die Adressdaten der ausgewählten Kontakte. Im Finder können Sie diese Dateien mit Quick Look einsehen. Um eine vCard zu importieren, öffnen Sie sie im Finder mit einem Doppelklick oder fügen sie in den Kontakten über den MENÜPUNKT ABLAGE • IMPORTIEREN Ihrem Datenbestand hinzu. Bei schon vorhandenen Einträgen gleichen Namens erhalten Sie eine Rückfrage vor dem Import und können dann die Duplikate einzeln überprüfen.

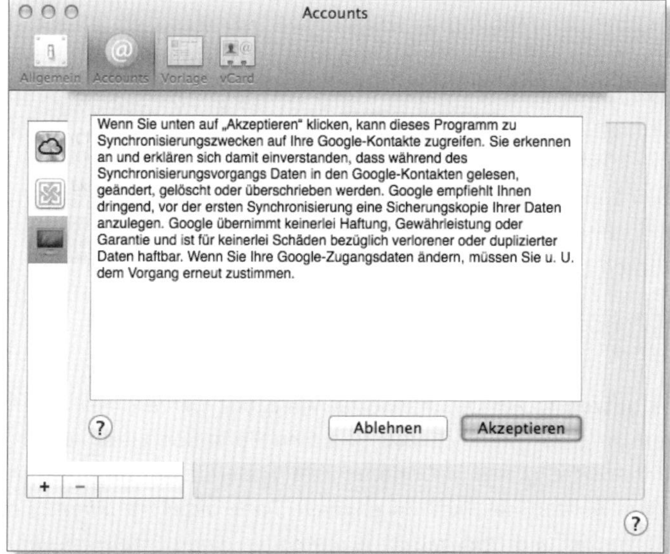

◂ **Abbildung 4.99**
Ihre lokalen Kontakte können Sie mit Google synchronisieren.

Yahoo! und Google | Das Programm Kontakte ist in der Lage, Ihre Kontakte mit den Onlineadressbüchern von Google zu synchronisieren, sofern Sie bei diesen Diensten über ein Benutzerkonto verfügen. Hierzu wählen Sie in den Einstellungen in der Ansicht ACCOUNTS LOKAL aus, aktivieren zunächst die Synchronisation und geben dann Ihre Zugangsdaten ein. Anschließend können Sie sich beim ersten Abgleich entscheiden, ob Sie die Daten zusammenführen oder die auf Ihrem Computer befindlichen ersetzen möchten.

4.7 Safari

Mit der Ankündigung eines eigenen Webbrowsers erntete Apple 2003 unter anderem vom Netscape-Mitbegründer Marc Andreessen einiges an Spott. Während Netscape heute nur noch Eingeweihten ein Begriff ist, hat sich der Funktionsumfang von

Safari über die Jahre hinweg enorm entwickelt, und neben eher optischen Verbesserungen wie den Vorschaubildern sind auch einige sehr nützliche Funktionen hinzugekommen wie die Tabs, die Leseliste, der Reader und das Menü ENTWICKLER.

Elegant surfen

Für den Abruf von Webseiten gibt es mittlerweile so viele einführende Literatur, dass sich dieser kursorisch gehaltene Abschnitt auf einige Punkte beschränkt, die man leicht übersieht. Eine der ersten Funktionen, die Sie aktivieren sollten, ist die Statusleiste, und zwar über den Menüpunkt DARSTELLUNG • STATUSLEISTE EINBLENDEN. Am unteren Rand des Fensters finden Sie nun eine Leiste, die Sie zunächst über den Fortschritt des Ladevorgangs einer Seite informiert. Wenn die Seite geladen wurde und Sie den Mauspfeil über einem Link platzieren, dann sehen Sie die Adresse, die über diesen Link geladen wird, zunächst in der Startseite. Sie können sich so über das Ziel eines Links informieren, ohne dass Sie ihn anklicken müssen.

Abbildung 4.100 ▸
Befindet sich der Mauspfeil über einem Link, dann wird dessen Ziel in der Statusleiste angezeigt.

http://www.sueddeutsche.de/panorama/magazin-

Tabs nutzen | Die Tabs haben die Aufgabe, mehrere Fenster in einem zu gruppieren. Zunächst können Sie in den Einstellungen in der Ansicht TABS drei Optionen konfigurieren. Mit der zweiten Option werden die Tabs im engeren Sinne aktiviert. Wenn Sie die Taste [⌘] gedrückt halten, während Sie einen Link anklicken, dann wird die so aufgerufene Seite in einem neuen Tab geöffnet, und die zuerst aufgerufene Webseite bleibt erhalten. Mit dieser Arbeitsweise können Sie auf einer Seite, die mehrere für Sie interessante Links enthält, in einem Durchgang mehrere Links öffnen, ohne dass Sie die zuerst geladene Seite verlassen müssen. Dieses Verfahren wird durch die Option NEUE TABS ODER FENSTER IM VORDERGRUND ÖFFNEN umgekehrt.

Abbildung 4.101 ▾
Die Funktionsweise der Tabs legen Sie in den Einstellungen fest.

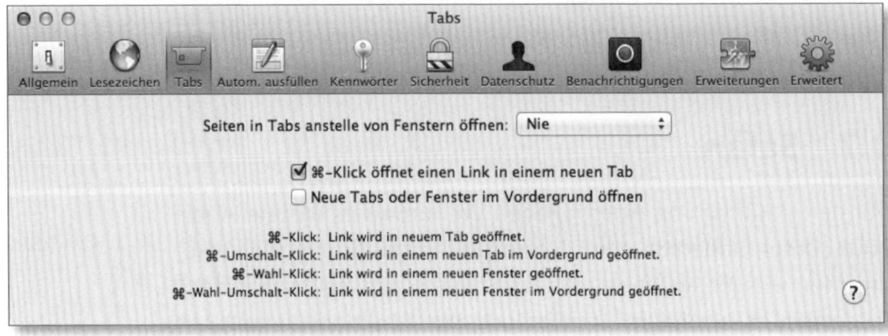

◂ **Abbildung 4.102**
Einen Tab können Sie aus der Leiste ziehen und in ein anderes oder eigenes Fenster bewegen.

Das Ausklappmenü SEITEN IN TABS ANSTELLE VON FENSTERN ÖFFNEN bietet Ihnen drei Optionen. Die Option bezieht sich auf Links, die Sie entweder in einem anderen Programm wie beispielsweise Mail oder aber auf einer Webseite anklicken. Wenn eine Webseite ein neues Fenster öffnen möchte, dann können Sie über die Option IMMER erzwingen, dass neue Fenster in einem Tab erscheinen. Mit der Option AUTOMATISCH werden solche Fenster nicht in einem Tab geöffnet. Es werden aber die Links, die Sie in einem anderen Programm anklicken, in einem Tab geöffnet.

▴ **Abbildung 4.103**
Die Tabs können auch nebeneinander dargestellt werden.

Tabs zusammenführen | Wenn Sie zu viele Fenster in Safari geöffnet haben, dann können Sie diese über den Menüpunkt FENSTER • ALLE FENSTER ZUSAMMENFÜHREN in einem Fenster vereinigen. Dabei erhält jede geöffnete Webseite einen eigenen Tab. Recht praktisch sind die Tastenkürzel für den Sprung zum nächsten oder vorherigen Tab. Sie lauten [⌘] + [⇧] + [→] sowie [⌘] + [⇧] + [←] oder aber [ctrl] + [→] und [ctrl] + [⇧] + [→].

Tabs überblicken | Über den Menüpunkt DARSTELLUNG • ALLE TABS EINBLENDEN ([⌘] + [alt] + [⇧] + [7]) können Sie alle geöffneten Tabs verkleinern und nebeneinander im Fenster anzeigen. Mit [←] beziehungsweise [→] oder über die kleinen Punkte am unteren Fensterrand können Sie die Tabs auswählen. Die Funktion ist nützlich, wenn Sie mehrere Tabs geöffnet haben, aber anhand der Überschrift in der Tableiste den gewünschten nicht identifizieren können. Mit einem Mausklick oder über die Leertaste wählen Sie den gesuchten Tab dann aus.

Reader ein-/ausblenden
[⌘] + [⇧] + [R]

Der Reader | Eine insbesondere für die Lektüre von Nachrichtenseiten recht praktische Funktion ist der Reader. Seine Aufgabe besteht darin, einen auf mehrere Webseiten verteilten Artikel in einer Ansicht zusammenzufassen. Wenn Safari einen solchen Artikel erkennt, dann finden Sie in der Adresszeile die kleine Schaltfläche ❶ READER. Wenn Sie sie anklicken, wird der eigentliche Text des Artikels zusammengefasst und über die eigentliche Webseite gelegt. Ein erneuter Klick auf die Schaltfläche READER blendet ihn wieder aus.

Abbildung 4.104 ▾
Der Reader fasst einen Artikel zusammen und stellt ihn leicht lesbar dar.

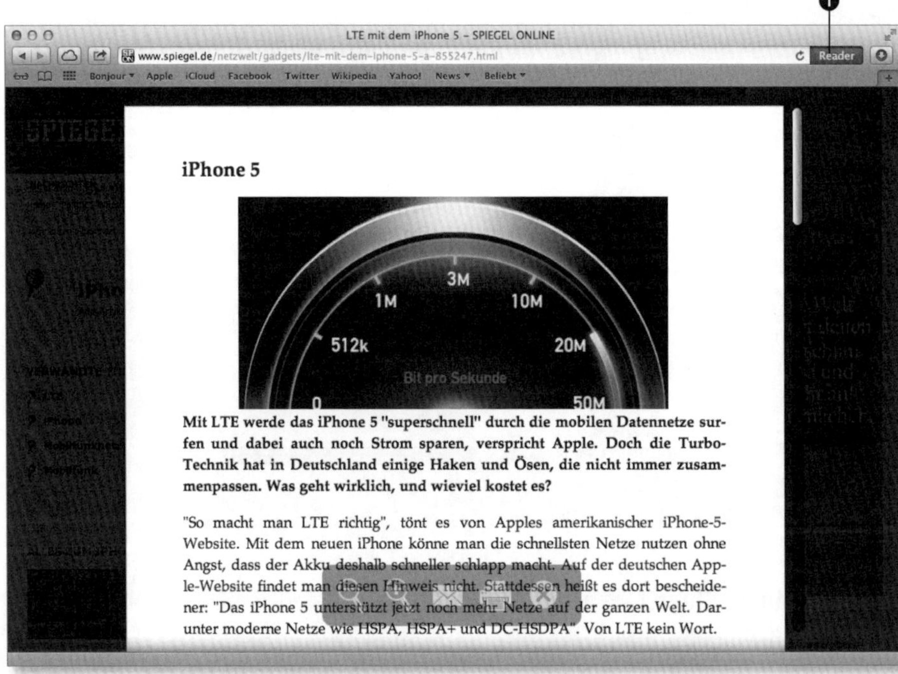

SSL-Zertifikat | Wenn Sie eine Webseite über eine verschlüsselte Verbindung aufrufen, dann sehen Sie links in der Adressleiste das Präfix *https*, das die Verschlüsselung signalisiert. Sie können das Symbol anklicken, um sich über das verwendete Zertifikat zu informieren.

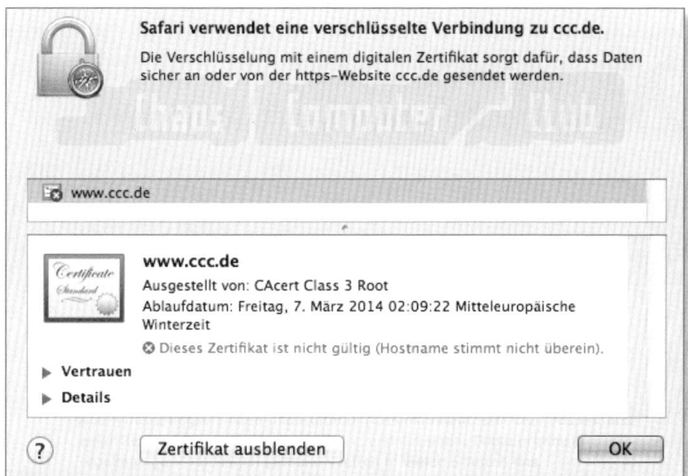

◂ **Abbildung 4.105**
Informationen über das verwendete Zertifikat können Sie in Safari einsehen.

PDF-Darstellung | Safari verfügt über eine Erweiterung, die Ihnen PDF-Dateien, die Sie herunterladen, direkt im Browserfenster anzeigt. Im unteren Bereich blenden sich vier Schaltflächen ein, wenn Sie den Mauspfeil in diese Fläche bewegen. Mit den Schaltflächen verkleinern oder vergrößern Sie die Anzeige, öffnen die Datei im Programm Vorschau oder speichern sie mit der Schaltfläche ganz rechts.

Datei herunterladen
`alt` + Mausklick

▾ **Abbildung 4.106**
Die Darstellung einer PDF-Datei passen Sie über das Kontextmenü an.

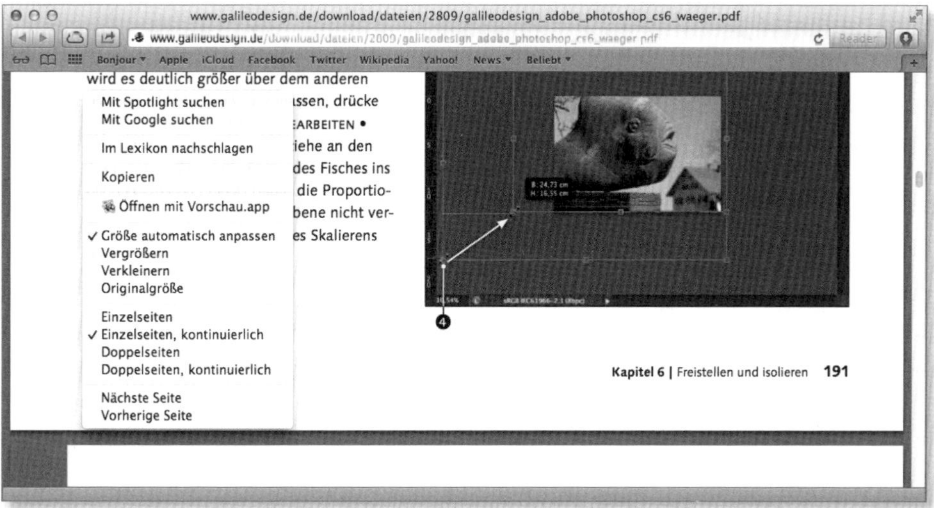

Mit einem Rechtsklick rufen Sie das Kontextmenü auf, um dann zum Beispiel auch Doppelseiten für die Darstellung zu verwenden. Am Rande: Wenn Sie eine PDF-Datei direkt speichern möchten, dann halten Sie einfach die Taste [alt] gedrückt, und die Datei wird in Ihren Download-Ordner geladen und nicht angezeigt.

Abbildung 4.107 ▼
Über die Liste der Downloads kann eine laufende Übertragung pausiert werden.

Download-Manager | Laden Sie eine Datei aus dem Internet herunter, dann wird sie dem Download-Manager hinzugefügt. In der Symbolleiste ganz rechts befindet sich ein Icon mit einem Pfeil nach unten. Wenn eine Datei heruntergeladen wird, dann finden Sie auch einen kleinen Fortschrittsbalken. Mit einem Klick auf das Symbol können Sie eine Liste der Dateien einblenden. Ein Klick auf das Symbol mit dem Kreuz hält den Download an. Abhängig von der Konfiguration des Webservers können Sie die Übertragung mit einem erneuten Klick auf das Icon fortsetzen. Über die Schaltfläche mit der Lupe wird Ihnen die Datei im Finder angezeigt. Die Schaltfläche Löschen entfernt alle abgeschlossenen Übertragungen aus der Liste.

Das Verzeichnis, in dem die heruntergeladenen Dateien gespeichert werden, geben Sie in den Einstellungen von Safari in der Ansicht Allgemein vor.

Die Lesezeichen, der Verlauf und die Leseliste

Zur Leseliste hinzufügen
[⇧] + Mausklick
[⌘] + [⇧] + [D]

Der Zweck der Leseliste ist es, Links auf und lokale Kopien von Webseiten, die Sie zu einem späteren Zeitpunkt lesen möchten, zu speichern. Dabei unterscheidet sie sich von den Lesezeichen darin, dass die Webseiten nur vorübergehend gespeichert werden sollen. Mit eine Klick auf das Icon mit der Brille, über den

Menüpunkt DARSTELLUNG • LESELISTE EINBLENDEN oder die Tastenkombination ⌘ + ⇧ + L rufen Sie die Leseliste auf.

▼ **Abbildung 4.108**
Die Leseliste wird links im Fenster eingeblendet.

Platzieren Sie den Mauspfeil über einem Eintrag in der Leseliste, dann erscheint rechts davon ein Icon, über das Sie den Eintrag direkt löschen können. Über die Schaltfläche ALLE lassen Sie sich die bisher der Leseliste hinzugefügten Webseiten anzeigen.

Über das Menü VERLAUF können Sie die zuletzt besuchten Webseiten direkt wieder aufrufen. Wie lange Seiten im Verlauf gespeichert werden, geben Sie über die Option OBJEKTE AUS VERLAUF ENTFERNEN in der Ansicht ALLGEMEIN der Einstellungen vor.

Alternativen
Leistungsfähige und von Safari unabhängige Alternativen zur Leseliste sind die Anbieter *http://www.getpocket.com* sowie *http://www.instapaper.com*.

Verlauf durchsuchen | Wenn Sie viele Webseiten abgerufen haben und eine bestimmte Webseite, deren Adresse Sie vergessen haben und die sich eigentlich noch im Verlauf befinden müsste, erneut besuchen möchten, dann wählen Sie den Menüpunkt VERLAUF • GESAMTEN VERLAUF ANZEIGEN (⌘ + alt + 2) aus. Wenn Sie dann im oberen Suchfeld ❶ (in Abbildung 4.110) einen Text eingeben, finden Sie meist recht schnell die besuchte und jetzt gesuchte Webseite. Die Vorschau der Webseiten können Sie, sollte sie nicht angezeigt werden, durch Herunterziehen des oberen schwarzen Balkens einblenden.

Tipp
Da sich die Untermenüs für die einzelnen Tage bei einer Vielzahl von Daten recht langsam aufbauen, kann es sinnvoll sein, hier anstelle der Vorgabe NACH EINEM MONAT in den Einstellungen in der Ansicht ALLGEMEIN den Zeitraum zu verkürzen.

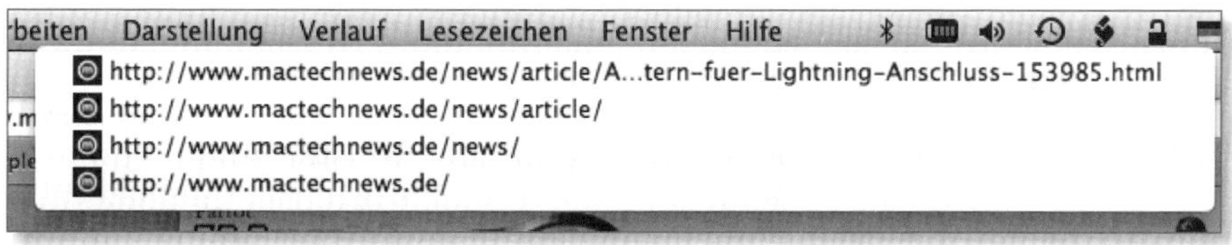

▲ **Abbildung 4.109**
Mit einem Rechtsklick auf die Titelleiste blenden Sie den Verlauf des aktuellen Fensters oder Tabs ein.

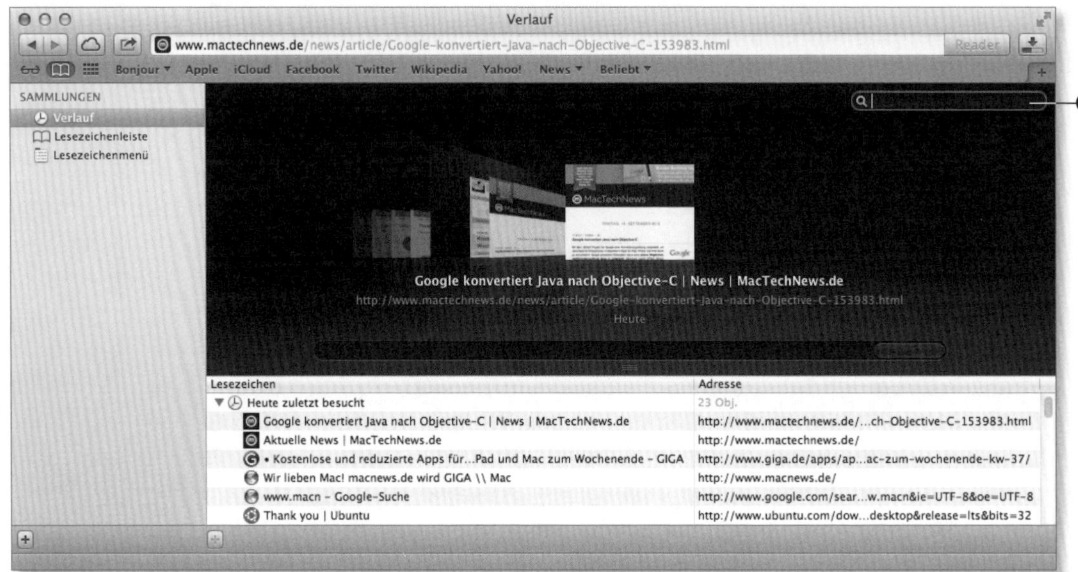

▲ **Abbildung 4.110**
Der Verlauf bietet eine Vorschau der besuchten Webseiten.

Lesezeichenleiste | Safari stellt Ihnen vier Sammlungen für Lesezeichen zur Verfügung. Die Lesezeichenleiste, die Sie über den Menüpunkt Darstellung • Lesezeichenleiste einblenden, ermöglicht den direkten Zugriff auf die Webseiten. Wenn Sie einen Eintrag direkt umbenennen möchten, können Sie einfach die Maustaste einen Moment gedrückt halten. Der Name kann dann bearbeitet werden.

Dabei haben Sie zwei Möglichkeiten, die Arbeit mit dieser Leiste noch etwas zu verfeinern. Zunächst können Sie, wenn Sie unter Sammlungen den Eintrag Lesezeichenleiste ausgewählt haben, einen Ordner erstellen. Wenn Sie Lesezeichen in diesem Ordner speichern, dann erscheinen sie, sobald Sie den Ordner aufklappen. Die Arbeit mit Ordnern in der Lesezeichenleiste ist meist etwas bequemer als über das Menü Lesezeichen.

Tipp
Sie können die ersten zehn regulären Lesezeichen in der Leiste auch durch die Tastenkombinationen [⌘] + [1] ... [0] direkt aufrufen. Bei der in Abbildung 4.110 dargestellten Leiste würde der Kurzbefehl [⌘] + [2] direkt die Webseite der iCloud aufrufen.

▲ **Abbildung 4.111**
Ordner in der Lesezeichenleiste lassen sich ausklappen.

Auto-Klick | Wenn Sie bei einem Ordner die Option Auto-Klick aktivieren, dann wird er nicht mehr ausgeklappt. Die darin enthaltenen Lesezeichen werden in einem Durchgang in Tabs im aktuellen Fenster geöffnet. Die Funktion Auto-Klick wird in der Lesezeichenleiste durch ein Quadrat nach dem Namen symbolisiert.

Weitere Einstellungen | Safari ist in der Lage, auf die Datenbestände der Kontakte zurückzugreifen sowie die über Bonjour im lokalen Netzwerk kommunizierten Webseiten als Lesezeichen darzustellen. Sie finden in den Einstellungen von Safari in der Ansicht Lesezeichen die entsprechenden Optionen.

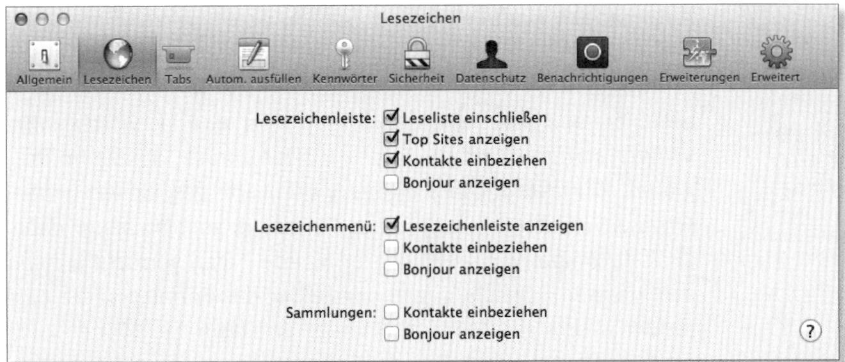

▲ **Abbildung 4.112**
Ob die in Ihren Kontakten gespeicherten Webseiten in Safari angezeigt werden, geben Sie in den Einstellungen vor.

Einstellungen und Erweiterungen

Die meisten Einstellungen von Safari sind eigentlich selbsterklärend. Der Vollständigkeit halber sei an dieser Stelle noch einmal auf die etwas problematische Option »SICHERE« DATEIEN NACH DEM LADEN ÖFFNEN hingewiesen. Ist sie aktiv, dann werden zum Beispiel Image-Dateien (siehe Abschnitt 9.6) direkt nach dem Download im Finder aktiviert. Dies stellt eine potenzielle Sicherheitslücke dar, weil es nicht unmöglich ist, dass die heruntergeladene Image-Datei in einer Form manipuliert wurde, die zum Beispiel Dateien löscht. Das ist zwar eine etwas theoretische Annahme, aber sie ist wahrscheinlich genug, sodass die Abwahl dieser Option recht sinnvoll ist.

▼ **Abbildung 4.113**
Das Öffnen vermeintlich sicherer Dateien sollten Sie unterbinden.

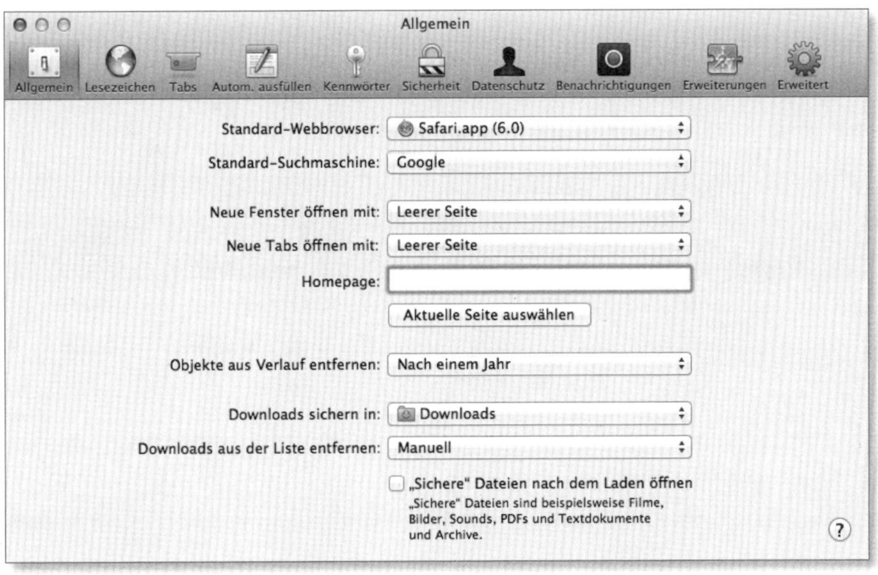

Hinweis
Wenn Sie das automatische Ausfüllen für die Benutzernamen und Kennwörter aktivieren, dann werden diese Informationen im Schlüsselbund gespeichert.

Automatisch ausfüllen | Eine Option, deren Sinn sich nicht auf den ersten Blick erschließt, ist die Ansicht AUTOMAT. AUSFÜLLEN. Hierbei geht es um die Formulare, die Sie auf einer Webseite ausfüllen und abschicken. Die INFO VON MEINER VISITENKARTE VERWENDEN greift auf die Informationen zurück, die Sie im Programm Kontakte für Ihre eigene Visitenkarte gespeichert haben. Ob die Vervollständigung eines Formulars gelingt, hängt dabei auch davon ab, wie es entwickelt wurde. Safari versucht anhand der internen Bezeichnungen der Felder des Formulars, die passenden Werte aus den Kontakten zu ermitteln. Sie können auch die automatische Eingabe von BENUTZERNAMEN UND KENNWÖRTERN einschalten.

Abbildung 4.114 ▼
Es ist auch möglich, Passwörter automatisch ausfüllen zu lassen.

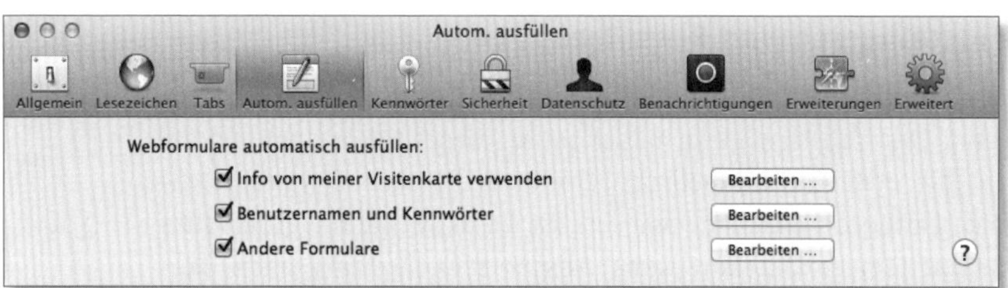

Wenn Sie diese Option aktivieren, dann werden Formulare, die ein Feld für ein Passwort enthalten, zukünftig automatisch ausgefüllt. Der Eintrag ANDERE FORMULARE bezieht sich auf alle Formulare überhaupt. Safari führt im Hintergrund Buch darüber, welche Werte Sie für Formulare einer Webseite eingegeben haben, und offeriert Ihnen, wenn Sie mit der Eingabe beginnen, eine Liste der bisher genutzten Werte. Über die Schaltflächen BEARBEITEN erreichen Sie hier eine Liste der Webseiten, auf denen Sie ein Formular abgeschickt haben, und können gezielt einen Eintrag oder gleich alle Einträge entfernen.

▼ Abbildung 4.115
Gespeicherte Zugangsdaten können nachträglich gelöscht werden.

Kennwörter | Damit Sie zur Verwaltung der Passwörter nicht die Schlüsselbundverwaltung starten müssen, verfügt Safari in den

Einstellungen auch über eine Ansicht KENNWÖRTER. Hier werden alle Zugangsdaten aufgelistet, die Sie in Safari gespeichert haben. Wenn nötig, können Sie die gespeicherten Daten ENTFERNEN.

▼ **Abbildung 4.116**
In der Ansicht DATENSCHUTZ können die Vorschläge einer Suchmaschine unterbunden werden.

Privatsphäre | Wenn Sie auf Ihre Privatsphäre im Netzwerk wert legen, dann können Sie in der Ansicht DATENSCHUTZ einige Einstellungen vornehmen. Zunächst können Sie die Ortungsdienste konfigurieren. Wenn Sie bei der Eingabe eines Suchbegriffs die Suggestionen von Google oder Yahoo! nicht wünschen, dann aktivieren Sie die Option VORSCHLÄGE DURCH SUCHMASCHINE NICHT ZULASSEN. Eine recht neue Entwicklung im Web ist das Do-Not-Track-Feld, das während der Kommunikation mit einem Webserver verschickt werden kann. Wenn Sie das TRACKING DURCH WEBSITES ABLEHNEN, dann wird Ihr Wunsch über dieses Feld beim Surfen mitgeteilt.

Tracking
Ein beliebtes und für kommerzielle Anbieter sehr interessantes Vorgehen besteht darin, dass Klickverhalten der Surfer und damit der möglichen Kunden im Detail aufzuzeichnen und zu analysieren. Während dies für Marketing-Experten höchst nützlich ist, wird dadurch auch die Persönlichkeit des Surfers transparent.

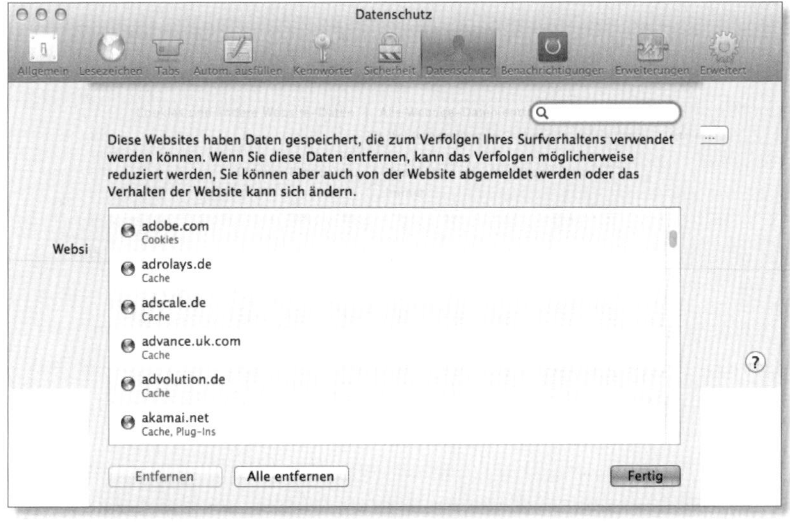

◀ **Abbildung 4.117**
In den DETAILS können Cookies und Daten gezielt gelöscht werden.

Cookies
Bei *Cookies* handelt es sich um Werte, die auf Ihrer lokalen Festplatte von einer Webseite mehr oder weniger dauerhaft gespeichert werden. Auf der einen Seite sind sie manchmal ganz nützlich, können aber auch ein Problem für den Datenschutz darstellen.

Schließlich können Sie entscheiden, wie Sie mit den Cookies umgehen möchten. In der Regel ist die Blockade von Dritten mehr oder weniger optimal. Was Apple in diesem Zusammenhang unter Werbeanbietern versteht, ist eher unklar. Auch wenn Sie diese blockieren, wird dennoch eine Reihe von Anbietern akzeptiert. Über die Schaltfläche DETAILS können Sie eine Liste der gespeicherten Cookies und auch weitere Daten aufrufen und hier gezielt Löschungen vornehmen.

[Silverlight]
Als Konkurrenz zu Flash versucht Microsoft in den letzten Jahren, die eigene Technologie Silverlight zu etablieren. Auch wenn Silverlight nicht sehr verbreitet ist, kann es sein, dass Sie Webseiten aufrufen, die diese Erweiterung voraussetzen. Auf den Webseiten von Microsoft wird auch eine Erweiterung für OS X 10.8 angeboten, die nach der Installation die Anzeige von Inhalten, die auf Silverlight basieren, ermöglicht.

Flash installieren | Die früheren Versionen von Mac OS X unterstützten über QuickTime von Haus aus das im Web gebräuchliche Flash-Format von Adobe. Nun ist aus verschiedenen Gründen Flash bei Apple nicht wohlgelitten, und so ist die direkte Unterstützung von Flash unter OS X 10.8 nicht vorhanden. Von der Webseite von Adobe (*http://www.adobe.de*) können Sie den Adobe Flash Player herunterladen.

Nach der Installation finden Sie in den Systemeinstellungen eine neue Ansicht FLASH PLAYER. Hier können Sie einige Einstellungen für den Flash Player vornehmen. Da Flash öfter mit bisweilen schwerwiegenden Sicherheitslücken zu kämpfen hat, sollten Sie dort auf jeden Fall im Reiter ERWEITERT die Option AUTOMATISCH NACH UPDATES SUCHEN aktivieren. Verfügbare Updates sollten Sie dann umgehend installieren.

Proxy-Server
Eine weitere Möglichkeit, Webinhalte zu filtern und automatisch anzupassen, bieten lokale Proxy-Server (siehe Abschnitt 17.3). So ist das Programm Glimmerblocker (*http://glimmerblocker.org*) in der Lage, die meisten Werbebanner zu filtern.

Erweiterungen verwalten | Nach der Installation von Flash können Sie die meisten Webseiten wieder so betrachten, wie Sie es von Windows oder einer älteren Mac OS X-Version gewohnt sind. Allerdings ist Flash eine sehr ressourcenhungrige Technologie und hat in der Vergangenheit immer mal wieder für Abstürze gesorgt. In diesem Zusammenhang können Ihnen die Erweiterungen für Safari nützen. Das Programm bietet eine kleine, recht effiziente Programmierschnittstelle, über die sich zielgerichtete Kleinstanwendungen realisieren lassen.

Abbildung 4.118 ▸
Über die Schaltfläche ERWEITERUNGEN HOLEN öffnen Sie die Webseite von Apple.

In den Einstellungen von Safari finden Sie in der Ansicht ERWEITERUNGEN die Schaltfläche ERWEITERUNGEN HOLEN. Über diese gelangen Sie zu der Webseite *http://extensions.apple.com*, die eine Reihe von Erweiterungen aufführt. Dort finden Sie neben verschiedenen Nachrichtendiensten wie der New York Times, einigen Twitter-Anwendungen und sonstigen mehr oder weniger nützlichen Anwendungen auch die Erweiterung CLICKTOFLASH. Diese blockiert Flash-Inhalte und macht sie erst nach einem Mausklick sichtbar. Über die Schaltfläche UPDATES links unten können Sie die Erweiterungen aktualisieren. Sie werden nicht von der normalen Softwareaktualisierung oder vom App Store erfasst.

Das Entwickler-Menü

Das Menü ENTWICKLER bietet einige Funktionen, die dann interessant werden, wenn Sie selbst Webseiten programmieren und gestalten. Aber auch im normalen Arbeitsalltag bietet es die eine oder andere hilfreiche Funktion. Aktivieren können Sie das Menü ENTWICKLER in der Ansicht ERWEITERT in den Einstellungen. Dort finden Sie die Option MENÜ »ENTWICKLER« IN DER MENÜLEISTE ANZEIGEN.

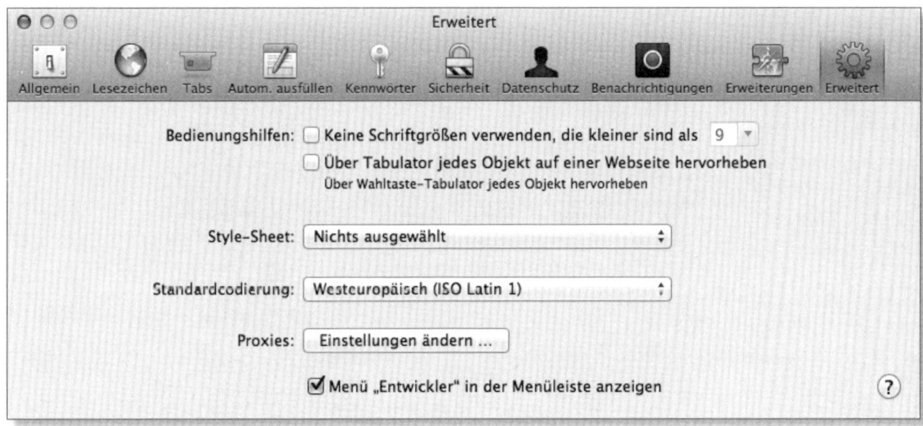

▼ Abbildung 4.119
Das Menü ENTWICKLER müssen Sie eigens aktivieren.

Benutzer-Agent | In dem Menü finden Sie einen Eintrag USER AGENT, der Ihnen eine Reihe von verschiedenen Browsern wie Firefox, Internet Explorer und Opera zur Auswahl stellt. Wenn Sie auf eine Webseite stoßen, die prüft, mit welchem Browser Sie im Web surfen, und Sie anschließend aussperrt, weil Sie nicht den Internet Explorer benutzen, dann können Sie hier einen anderen Browser auswählen. Laden Sie die Seite neu, dann gaukelt Safari dem Webserver vor, die Seite würde eigentlich mit dem Internet Explorer abgerufen.

Abbildung 4.120 ▸
Der Snippet-Editor stellt das Ergebnis von HTML-Code während der Eingabe dar.

Snippet-Editor | Mit dem Eintrag SNIPPET-EDITOR EINBLENDEN öffnen Sie ein kleines Fenster. Dieses teilt sich in zwei Bereiche. Geben Sie oben HTML-Quellcode ein; dessen Ergebnis wird Ihnen unten präsentiert. Dies ist ganz praktisch, wenn Sie zum Beispiel über ein Formular in einem Forum einen formatierten Beitrag abschicken möchten, aber dafür nicht eigens Ihren eigentlichen Editor starten möchten. Im Snippet-Editor sehen Sie direkt das ungefähre Ergebnis Ihres Codes, und Sie können ihn anschließend markieren, in die Zwischenablage kopieren und an der gewünschten Stelle einfügen.

▾ Abbildung 4.121
Das Fenster WEBINFORMATIONEN bietet eine Fülle von Entwicklungswerkzeugen.

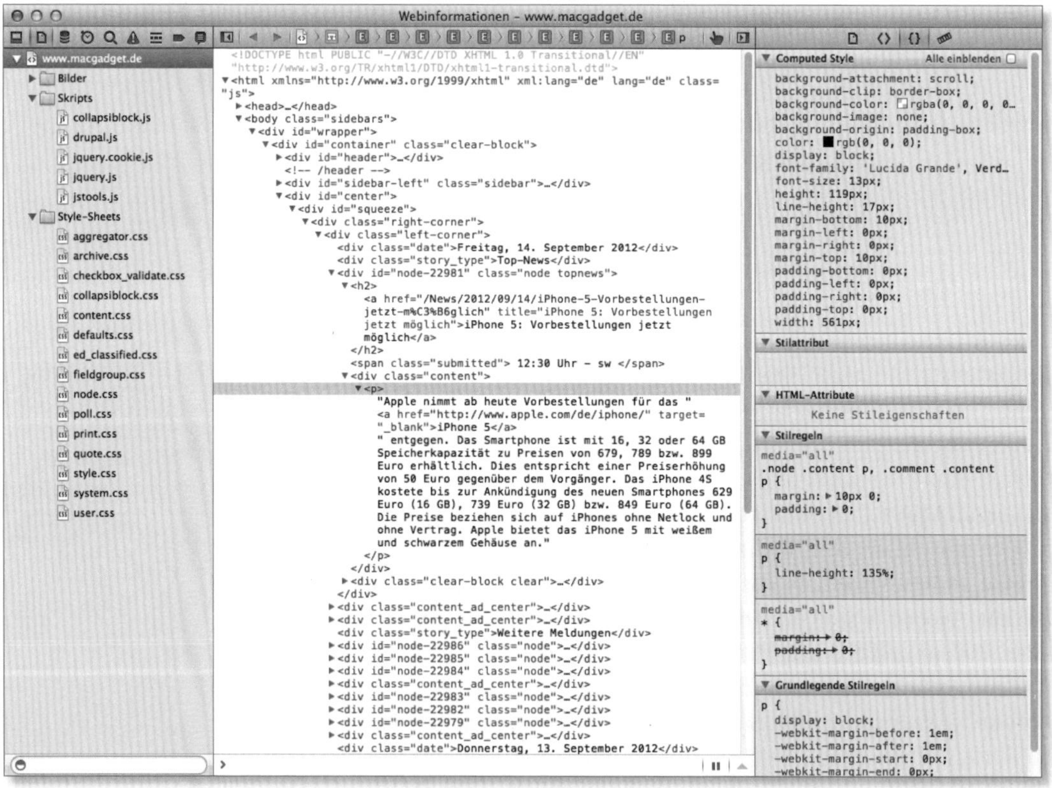

Webinformationen | Wenn Sie die WEBINFORMATIONEN über das Menü ENTWICKLER einblenden, dann erscheint ein neues Fenster, in dem Ihnen der HTML-Code der aufgerufenen Webseite hierarchisch dargestellt wird. Wählen Sie eine Zeile im Code aus, dann wird sie im Browserfenster hervorgehoben. Sie können Textpassagen mit einem Doppelklick ändern und so den dargestellten Text der aufgerufenen Webseite ändern. In der rechten Spalte finden Sie über das dritte Icon von links die CSS-Eigenschaften, die für das Element in der ausgewählten Zeile gelten.

Darüber hinaus können Sie in der Ansicht SKRIPTS die Ausführung von JavaScript überprüfen und nach Fehlern suchen. Die Ansicht RESSOURCEN hilft Ihnen, die Ladezeit der Webseite zu ermitteln. Und das sind noch nicht einmal alle Funktionen, die dieses Fenster bietet. Relevant sind sie in erster Linie für Menschen, die selbst Webseiten entwickeln und so Fehler aufspüren oder die Ladezeit der Webseite optimieren möchten.

Erweiterungen entwickeln
Die Entwicklungsumgebung für die Erweiterungen wurde in Safari gleich integriert und steht Ihnen über ENTWICKLER • EXTENSION BUILDER EINBLENDEN zur Verfügung. Die notwendigen Informationen für die Entwicklung eigener Erweiterungen finden Sie unter *http://developer.apple.mac/devcenter/safari*.

4.8 Nachrichten

Das Programm Nachrichten kann etwas mehr, als einfach nur iMessages zu verschicken. Während dies fast selbsterklärend ist und die Einrichtung eines AIM-Kontos schnell geschehen ist und Kontakte sich über das ausreichend große Pluszeichen unterhalb der Liste der Kontakte fast von selbst hinzufügen lassen, macht die geschickte Konfiguration des Programms und insbesondere der Kontakte die Kommunikation noch leichter.

Konten und nützliche Einstellungen

Nachrichten unterstützt genau genommen vier Protokolle. Neben den iMessages können Sie es auch zum Chatten über drei andere Verfahren nutzen. Wenn Sie ein Konto einrichten, dann stehen Ihnen als SERVERTYP sechs Optionen zur Verfügung. Dabei wird der Eintrag AIM von JABBER und GOOGLE TALK sowie Yahoo! getrennt. Während AIM auf dem Dienst AOL Instant Messenger aufsetzt, nutzen sowohl Google Talk als auch Jabber das XMPP-Protokoll. Yahoo! verwendet ein eigenes Protokoll. Um ein AIM-Konto zu nutzen, müssen Sie zuerst auf der Webseite *http://www.aim.com* einen sogenannten Screenname für sich registrieren.

[XMPP]
Das Protokoll XMPP hat in der Open-Source-Szene aufgrund des freien Jabber-Servers sehr schnell viele Anhänger gefunden. Auch Apple nutzt XMPP und bietet in Mac OS X Server mit dem Nachrichten-Dienst einen eigenen Chatserver, der sich für geschlossene Firmennetzwerke eignet.

Jabber | Während Sie bei der Anmeldung bei Google Talk lediglich Ihre Google-Mail-Adresse eingeben müssen, kann die Konfiguration eines Jabber-Kontos etwas aufwendiger sein. Dabei müssen Sie beachten, dass Nachrichten die Registrierung eines neuen Kontos nicht unterstützt. Hier müssen Sie entweder kurzzeitig auf ein anderes Programm zurückgreifen oder sich über die Webseite des Anbieters registrieren, sofern dies möglich ist. Sollten Sie bereits über ein Facebook-Konto verfügen, dann können Sie Nachrichten auch mit Facebook nutzen. Informationen finden Sie auf der Webseite von Facebook.

Das XMPP-Protokoll ermöglicht es, über die Grenzen der jeweiligen Server hinweg zu kommunizieren. Sie können also mit einem Google-Talk-Konto Kontakt zu anderen Anwendern aufnehmen, die einen anderen Jabber-Server nutzen. Allerdings ist es nicht möglich, von einem AIM-Konto einen Jabber-Anwender zu kontaktieren, weil hierfür keine Schnittstelle existiert.

Tipp
Sie können das Kontextmenü über einem Kontakt aufrufen und dann den Eintrag BLOCKIEREN auswählen. Der Kontakt wird dann der Liste der blockierten Personen hinzugefügt, aus der Sie ihn nachträglich löschen können.

Accounts konfigurieren | In den Einstellungen des Programms finden Sie, ähnlich wie bei Mail, eine Ansicht ACCOUNTS. Hier können Sie auch nachträglich weitere Konten hinzufügen. Auf jeden Fall vorhanden ist das Konto BONJOUR, das Sie zunächst in den ACCOUNTINFORMATIONEN aktivieren müssen. Damit wird der Chat im lokalen Netzwerk auch ohne einen zentralen Server möglich.

Privatsphäre | Wenn Sie nicht von jedem, der Ihr Pseudonym kennt, angesprochen werden möchten, dann können Sie im Reiter PRIVATSPHÄRE die PRIVATSPHÄREN-STUFE für das ausgewählte Konto konfigurieren. Über die beiden Schaltflächen LISTE BEARBEITEN geben Sie zugelassene oder blockierte Personen ein.

Abbildung 4.122 ▼
In der Ansicht PRIVATSPHÄRE konfigurieren Sie die Privatsphäre.

▲ **Abbildung 4.123**
Sie können die Neuformatierung eingehender Nachrichten erzwingen.

In der Ansicht NACHRICHTEN können Sie einige Einstellungen vornehmen, die die Darstellung der Chats betreffen. Zuerst können Sie hier die Farben und die zu verwendende Schrift festlegen.

Verläufe von Konversationen | In den Standardeinstellungen werden die Konversationen gelöscht, wenn Sie sie schließen. In der Ansicht NACHRICHTEN der Einstellungen des Programms finden Sie auch die Option ALLE VERLÄUFE BEIM SCHLIESSEN VON KONVERSATIONEN SICHERN. Ist diese Option aktiviert, dann können Sie in Zukunft einen Doppelklick auf einen Ihrer Kontakte ausführen, um das Protokoll der Konversationen aufzurufen. Dabei muss der Kontakt nicht online sein.

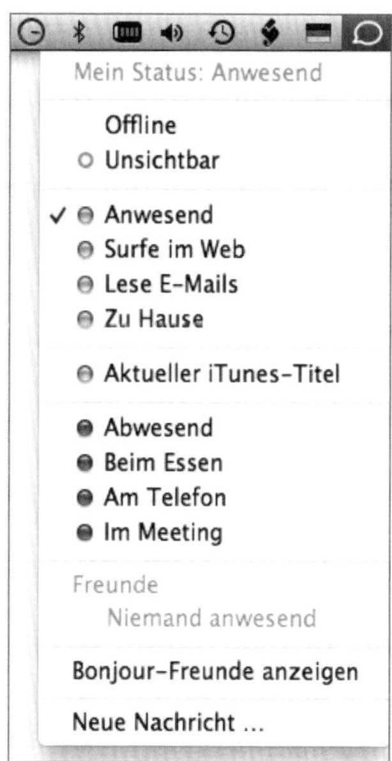

▲ **Abbildung 4.124**
Den Status können Sie auch über die Menüleiste konfigurieren.

Status in Menüleiste | In der Ansicht ALLGEMEIN finden Sie außerdem die Option STATUS IN MENÜLEISTE ANZEIGEN. Dadurch erscheint in der Menüleiste oben rechts ein Icon mit einer Sprechblase, und Sie können hier ein Protokoll auswählen und sich die darüber verfügbaren Kontakte anzeigen lassen. Auch können Sie Ihren Status direkt über dieses Menü ändern. Wenn Sie darüber hinaus die Option BEIM BEENDEN DES PROGRAMMS »NACHRICHTEN« STATUS AUF »OFFLINE« STELLEN abwählen, dann bleiben Sie über diesen Menüeintrag online. Wenn Sie beispielsweise auf jemanden für einen Chat warten und das Programm Nachrichten währenddessen nicht die ganze Zeit aktiv lassen möchten, dann bleiben Sie über den Eintrag in der Menüleiste online.

Abbildung 4.125 ▶
Mit den Meldungen lassen Sie sich auf verschiedene Weisen benachrichtigen.

Tipp
Sie können in den Informationen eines Kontakts auch für diesen eine individuelle Meldung konfigurieren. Wenn Sie ein AppleScript nur für einen ausgewählten Kontakt zuweisen möchten, dann konfigurieren Sie dies über dessen Informationen.

Meldungen | Das Programm meldet Ihnen Ereignisse, wenn ein Kontakt online geht oder eine Nachricht eingeht, mit einigen Geräuschen und Animationen. Diese MELDUNGEN können Sie in den Einstellungen konfigurieren, wobei Sie zuerst ein Ereignis auswählen und dann die entsprechende Aktion. Auf diese Weise ist es auch möglich, Nachrichten weitgehend stumm werden zu lassen, indem Sie alle Töne und Animationen deaktivieren. Wenn Sie sich die Ankündigung vorlesen lassen, dann wird auch der Name des Benutzers vorgelesen. Schließlich können Sie auch ein APPLESCRIPT AUSFÜHREN, wobei Sie in dem Skript einen besonderen Handler (siehe Abschnitt 26.9) verwenden müssen.

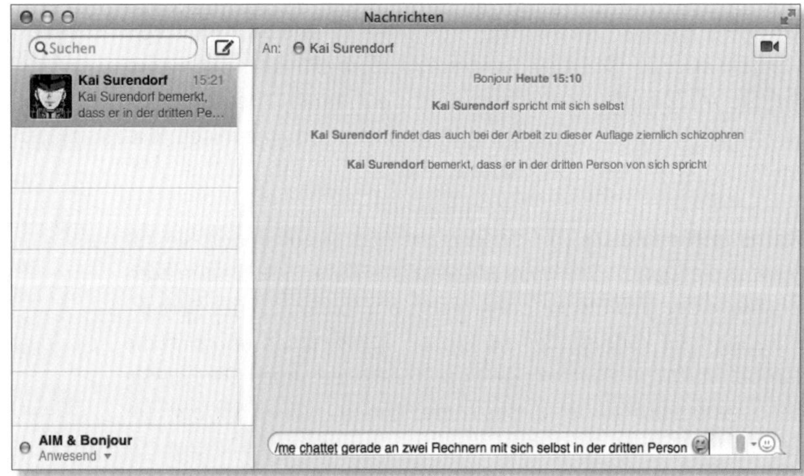

Abbildung 4.126 ▲
Über das Kürzel `/me` formulieren Sie einen Satz in der dritten Person.

Nachrichten austauschen

In Bezug auf die Chats selbst gibt es bei Nachrichten eigentlich keine richtigen Tricks oder Funktionen, die nicht selbsterklärend sind. Sie können anstelle der Emoticons das Kürzel `/me` nutzen, um einen Satz in der dritten Person einzuleiten. Der darauffolgende Text wird zentriert, und ihm wird Ihr Name oder Pseudonym vorangestellt. Für launige Nachrichten über Ihre nonverbale Kommunikation ist es ein praktisches Hilfsmittel.

Bilder, die Sie zuvor in die Zwischenablage kopiert haben, können Sie direkt in das Eingabefeld kopieren. Der Vorteil besteht darin, dass die Bilder nicht als separate Dateien übertragen, sondern direkt im Text dargestellt werden.

Tipp
Beim Verfassen einer Mitteilung fügen Sie einen Zeilenumbruch mit der Tastenkombination `alt` + `↵` ein.

4.9 FaceTime

Mit dem Programm FaceTime möchte Apple die Bildtelefonie auch auf dem iPhone voranbringen. FaceTime nutzt dabei nicht die Kommunikation über den Mobilfunkanbieter, sondern setzt ein WLAN-Netzwerk voraus.

Der für die Bildtelefonie notwendige und sehr umfangreiche Datenverkehr wird über das drahtlose WLAN-Netzwerk abgewickelt, und damit sparen Sie die Kosten für die meist teuren Mobilfunkanbieter. Um FaceTime unter OS X 10.8 nutzen zu können, müssen Sie eine Apple-ID eingeben. Anrufe nehmen Sie dann über Ihre E-Mail-Adresse entgegen. Ihre Kontakte werden von FaceTime in der rechten Spalte aufgelistet. Um einen Kontakt anzurufen, klicken Sie auf die Telefonnummer. Weitere Einstellungsmöglichkeiten bietet das Programm nicht.

▲ **Abbildung 4.127**
FaceTime benötigt eine Apple-ID.

4.10 iCloud

Apple war bisher mit seinen Angeboten im Web nicht sonderlich erfolgreich. Der Vorgänger zur iCloud, der Dienst MobileMe, zog harsche Kritik des verstorbenen Apple-Gründers Steve Jobs auf sich. Dessen Funktionen waren teilweise instabil und wenig durchdacht. Mit der iCloud hat Apple ein neues Konzept genutzt, um Daten wie Kontakte und Termine und Dateien im Internet zugänglich zu halten. Der Vorteil der iCloud besteht darin, dass der Dienst sehr eng mit OS X 10.8 verzahnt ist. Zunächst unterstützen die Programme Safari, Notizen, Kontakte und Aufgaben die Synchronisierung der Datenbestände über die iCloud. Letztere dient dann als zentraler Speicherplatz. Zum anderen können Programme Dateien direkt in der iCloud speichern. Dazu gehören zum Beispiel TextEdit und die Programme von iWork. Entwicklern ist es möglich, für ihre Programme ebenfalls auf die iCloud zurückzugreifen. Ob Programme die iCloud unterstützen, obliegt aber den Entwicklern.

iCloud.com
Die iCloud steht Ihnen auch im Browser zur Verfügung. Unter *http://www.icloud.com* können Sie sich mit Ihrer ID anmelden. Apples Angebot umfasst sowohl einen Webmailer als auch recht exakte Nachbildungen des Kalenders, der Notizen, Aufgaben und Kontakte.

Abbildung 4.128 ▸
Die Anmeldung oder Registrierung kann direkt in den Systemeinstellungen erfolgen.

Neuer Benutzer
Wenn Sie ein neues Benutzerkonto erstellen und dann die erste Anmeldung erfolgt, erscheint ebenfalls ein Assistent. Hier können Sie eine schon vorhandene Apple-ID für diesen Benutzer vorgeben oder eine neue Apple-ID registrieren.

iCloud einrichten

Wenn Sie noch nicht über eine Apple-ID verfügen, dann müssen Sie vor der Nutzung zunächst eine Apple-ID einrichten. Sie finden in den Systemeinstellungen in der Ansicht iCloud den Link Eine Apple-ID erstellen. Dieser ruft einen Assistenten auf, über den Sie nacheinander alle notwendigen Daten eingeben. Dabei wird auch die E-Mail-Adresse festgelegt. Verfügen Sie über eine Apple-ID, dann können Sie die Daten auch gleich eingeben.

Abbildung 4.129 ▸
Bei der Erstkonfiguration kann die Synchronisierung aktiviert werden.

Gerät suchen
Die Funktion, ein Gerät zu finden, versucht dessen Position über die in der Nähe befindlichen drahtlosen Netzwerke zu ermitteln. Sie kann nützlich sein, wenn Sie Ihr Gerät verloren oder vergessen haben. Unter *http://www.icloud.com* finden Sie nach der Anmeldung die Funktion Mein iPhone suchen. Diese Funktion sucht auch nach Ihren Rechnern.

Sie werden von den Systemeinstellungen dann gefragt, wie Sie die iCloud verwenden möchten. Wenn Sie die iCloud für die Synchronisierung der Daten verwenden möchten, dann aktivieren Sie die obere Option. Bei einem mobilen Rechner können Sie auch die Funktion MEINEN MAC SUCHEN verwenden. Damit ist die Erstkonfiguration der iCloud auch schon abgeschlossen.

Daten synchronisieren

Anschließend finden Sie in der Ansicht ICLOUD der Systemeinstellungen eine Liste der verfügbaren Dienste. Wenn Sie eines der Programme aktivieren, dann wird beispielsweise Mail automatisch eingerichtet, die Kontakte, Kalender, Erinnerungen und Notizen werden zentral in der iCloud gespeichert, und auch die Lesezeichen in Safari werden synchronisiert.

Safari und Tabs
Nutzen Sie die Synchronisierung der Lesezeichen in Safari, dann werden auch die offenen Tabs der Geräte synchronisiert. Sie finden dann in Safari in der Menüleiste ein Symbol der iCloud. Dies enthält die geöffneten Tabs aller Geräte inklusive iPad und iPhone, die an dieses iCloud-Konto angeschlossen sind.

Dateien in der iCloud speichern | Bei Programmen, die die iCloud unterstützen, wird der Dialog zum Speichern und Öffnen einer Datei in modifizierter Form dargestellt, wenn Sie den Dienst DOKUMENTE & DATEN aktiviert haben. Sie finden oben links die Schaltflächen ICLOUD und LOKAL. Die erste Schaltfläche stellt die Dateien dar, die dieses Programm in der iCloud gespeichert hat. Um einen Ordner zu erstellen, ziehen Sie analog zur Handhabung des iPhones oder des Launchpads eine Datei auf eine andere. Der Ordner kann umbenannt werden, indem Sie ihn zuerst ausklappen und dann seinen Namen anklicken.

Fotostream
Der Dienst Fotostream dient zur Synchronisation von Bildern, die sich auf einem iOS-Gerät befinden, mit iPhoto.

◂ **Abbildung 4.130**
Die iCloud unterstützt Ordner.

Um eine Datei aus der iCloud zu löschen, rufen Sie das Kontextmenü über der Datei auf und wählen den Eintrag IN DEN PAPIERKORB legen. Alternativ können Sie die Datei oder den Ordner auch aus dem Fenster auf den Papierkorb im Dock ziehen. Ansonsten verhält sich der Dialog in Bezug auf das Kopieren und Verschieben von Dateien und Ordnern wie ein Fenster des Finders. Ziehen Sie eine Datei oder einen Ordner aus dem Dialog in ein Fenster des Finders, dann erhalten Sie die Rückfrage, ob Sie die Datei aus der iCloud bewegen möchten. Halten Sie dabei die Taste `alt` gedrückt, dann wird eine Kopie erstellt.

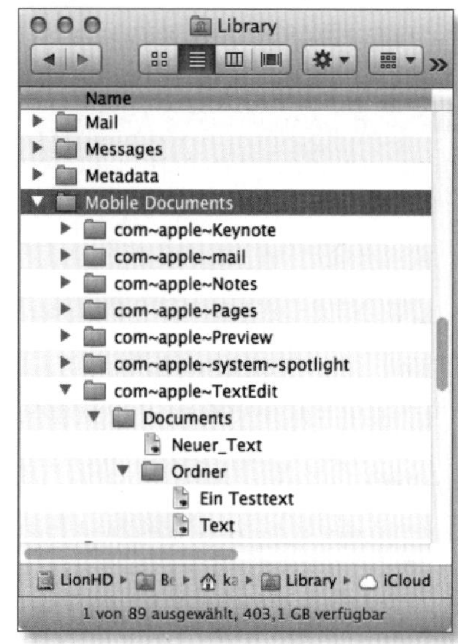

Abbildung 4.131 ▸
Lokale Kopien der Dateien befinden sich in der Library.

iCloud und Time Machine
Die Time Machine lässt sich auch in Verbindung mit der iCloud nutzen. Wenn Sie den Dialog zum Öffnen oder Speichern aufgerufen haben, können Sie Time Machine starten. Es ist nun möglich, durch die einzelnen Sicherungen der iCloud-Dateien zu navigieren und diese wiederherzustellen.

Die Dateien werden nicht direkt in die iCloud gespeichert, sondern zuerst auf Ihrer lokalen Festplatte zwischengespeichert. Dateien, die gerade oder in Kürze in die iCloud hochgeladen werden, wird unter ihrem Namen eine gestrichelte Wolke hinzugefügt. Die lokalen Kopien der iCloud-Dateien finden Sie im Ordner ~/LIBRARY/MOBILE DOCUMENTS. Dieser enthält für jedes Programm einen Unterordner, in dem Sie dann die eigentlichen Dateien und Ordner finden. Nützlich ist der direkte Zugriff auf diesen Ordner dann, wenn Sie Dateien im Finder aus der iCloud zum Beispiel auf Ihren Schreibtisch kopieren möchten. Andere Eingriffe wie das Löschen der Dateien sind weniger empfehlenswert, um die Synchronisierung der Dateien nicht zu gefährden.

iCloud verwalten

Account anzeigen
Über die Schaltfläche ACCOUNT ANZEIGEN können Sie Ihren aktuellen Vertrag einsehen und auch eine Kreditkarte für die Bezahlung angeben.

Ihr Speicherplatz in der iCloud ist begrenzt. In den Systemeinstellungen finden Sie unten einen Balken, der die aktuelle Belegung des Speicherplatzes anzeigt. Über die Schaltfläche VERWALTEN öffnen Sie ein Panel. Zunächst können Sie über die Schaltfläche oben rechts Ihr Kontingent aufstocken. Dann können Sie links ein Programm auswählen und erhalten dann eine Liste der von diesem Programm in der iCloud abgelegten Dateien. Diese lassen sich dann gezielt oder komplett löschen.

◄ **Abbildung 4.132**
Dateien können über die Systemeinstellungen gezielt gelöscht werden.

Alternativen und Ergänzungen

Die iCloud ist aufgrund der engen Verzahnung mit dem Betriebssystem sicherlich eine praktische Methode, um von verschiedenen Geräten an beliebigen Standorten auf Ihre Dateien zuzugreifen. Aber es gibt manchmal Situationen, in denen Sie Dateien und Ordner mit anderen Leuten online teilen möchten. Hier ist die iCloud eher schwach aufgestellt, weil es keine Möglichkeit gibt, die Dateien etwa auf einer Webseite zum Download anzubieten. Der Dienst Dropbox ist schon seit geraumer Zeit am Markt, bietet eine recht gute Integration in den Finder zwecks Synchronisation der Dateien, und über die Webseite können Sie Ordner gezielt freigeben. Das Skydrive von Microsoft ist bezüglich der Integration in OS X 10.8 noch nicht so weit gediehen, bietet aber etwas mehr Speicherplatz und eignet sich vor allem für Anwender, die in erster Linie mit Windows arbeiten. Neu auf dem Markt ist Google Drive. Auch dieser Dienst bietet eine Integration in den Finder und ermöglicht über die Webseite die Freigabe von Dateien und Ordnern.

Dropbox
http://www.dropbox.com

Microsoft Skydrive
http://www.windowslive.de/skydrive/

Google Drive
https://drive.google.com/

Kapitel 5
Audio, Video und QuickTime

OS X 10.8 bietet neben iTunes für die Unterhaltung und die Nutzung von Medien vielfältige Möglichkeiten. Die zentrale Komponente ist dabei QuickTime, das unter OS X 10.8 in der Version QuickTime X vorliegt. Darüber hinaus können Sie mit dem Programm Digitale Bilder Aufnahmen von einer Digitalkamera kopieren und auch einen Scanner nutzen. OS X unterstützt den Anschluss von MIDI-Geräten und deren Konfiguration. Und schließlich können Sie mit Photo Booth einige mehr oder weniger lustige Effekte mit Ihrer Webcam ausprobieren.

5.1 Systemeinstellungen Ton

Zunächst können Sie in den Systemeinstellungen in der Ansicht Ton im Reiter Toneffekte den Warnton festlegen. OS X 10.8 bringt von Haus aus bereits eine Reihe von Toneffekten mit. Diese befinden sich im Verzeichnis /System/Library/Sounds. Möchten Sie eine eigene Tondatei als Warnton verwenden, dann können Sie die Tondateien entweder in der allgemeinen Library oder in Ihrer persönlichen Library in den Ordner Sounds kopieren. Sollte dieser noch nicht existieren, dann erstellen Sie ihn einfach. Tondateien, die sich in Ihrer eigenen Library befinden, werden in den Systemeinstellungen mit dem Typ Eigene bezeichnet. Dateien, die im Verzeichnis /Library/Sounds liegen, werden mit Systemweit beschrieben.

AIFF und WAV
Tondateien, die Sie als Warnton verwenden möchten, speichern Sie am besten im Dateiformat AIFF oder WAV. Falls notwendig, konvertieren Sie sie über iTunes.

Im Ausklappmenü Toneffekte abspielen über legen Sie fest, welcher Anschluss zur Ausgabe des Warntons verwendet wird. Mit Ausgewähltes Tonausgabe-Gerät bestimmen Sie, dass das in der nachfolgend beschriebenen Ansicht Ausgabe festgelegte Gerät genutzt wird. Sie können hier zum Beispiel auch den eingebauten Lautsprecher anstelle des Kopfhörerausgangs auswählen. Das ist etwa ganz praktisch, wenn Sie mit Kopfhörern Musik hören, aber die bisweilen doch sehr eindringlichen Warntöne eben nicht im Kopfhörer zu hören sein sollen.

▲ **Abbildung 5.1**
Sie können die Geräte auch über die Menüleiste auswählen.

Abbildung 5.2 ▶
Für die Warntöne können Sie ein eigenes Gerät zur Ausgabe festlegen.

Mit der Option LAUTSTÄRKE IN DER MENÜLEISTE ANZEIGEN fügen Sie der Menüleiste oben rechts einen weiteren Eintrag mit einem stilisierten Lautsprecher als Icon hinzu. Klicken Sie ihn an, dann können Sie über einen Regler die Lautstärke festlegen. Dies ist zum Beispiel dann ganz nützlich, wenn Sie mit einer nicht von Apple stammenden Tastatur arbeiten, die die Tasten mit den Sonderfunktionen für die Lautstärke nicht unterstützt. Halten Sie die Taste `alt` gedrückt, wenn Sie das Menü aufrufen, dann können Sie EINGABE- und AUSGABEGERÄT ohne Umweg über die Systemeinstellungen direkt auswählen.

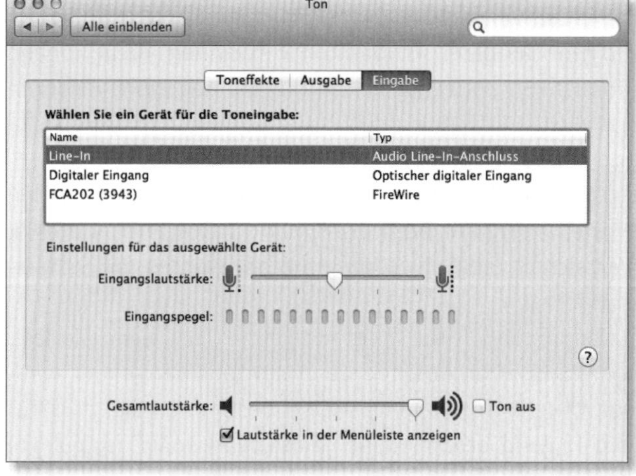

Abbildung 5.3 ▶
Die Eingangslautstärke lässt sich anhand des Eingangspegels in den Systemeinstellungen festlegen.

> **Hinweis**
> Einige Programme wie zum Beispiel GarageBand haben eigene Optionen für die Eingabe- und Ausgabegeräte, die Sie in den Einstellungen des jeweiligen Programms festlegen.

Eingabe und Ausgabe | Über die Reiter AUSGABE und EINGABE legen Sie fest, über welche Schnittstellen der Ton ausgegeben beziehungsweise aufgenommen werden soll. Abhängig von Ihrem Rechner finden Sie hier unterschiedliche Optionen. In Abbildung 5.2 ist zusätzlich ein über FireWire angeschlossenes Interface verfügbar. Während Sie unter Ausgabe bei einigen Anschlüssen die Balance zwischen dem rechten und dem linken Kanal festlegen, finden Sie unter Eingabe einen Regler für die Eingangslautstärke. Ist ein funktionsfähiges Mikrofon angeschlossen, dann schlägt der Eingangspegel aus, wenn Sie in das Mikrofon sprechen. Die Eingangslautstärke können Sie dann anhand des Pegels justieren.

5.2 QuickTime X

QuickTime hat eine lange Geschichte. Vorgestellt wurde es erstmals 1991 für das damalige System 6 und über die Jahre kontinuierlich weiterentwickelt. Dabei kamen immer neue Funktionen hinzu, und mit der Zeit entwickelte sich QuickTime zu einem enorm komplizierten Bestandteil des Betriebssystems. Einer der Gründe für die Komplexität bestand darin, dass jeweils aktuelle QuickTime-Versionen kompatibel mit den meisten vorangegangenen waren. Das unter OS X 10.8 verfügbare QuickTime X wurde von Grund auf neu entwickelt. Es bietet nur eine begrenzte Abwärtskompatibilität und auch weniger Funktionen. Bei Bedarf können Sie das veraltete QuickTime 7 nachträglich installieren.

Mehr als ein QuickTime Player

Im Ordner Programme finden Sie den QuickTime Player. Er dient zur Wiedergabe von Filmen und Tondateien. QuickTime bringt bereits Unterstützung für viele gängige Formate mit. Mit Flip4Mac können Sie auch die Unterstützung für unter Windows geläufige Formate nachrüsten.

Vollständige Liste
Die Liste der unterstützten Formate und Codecs finden Sie unter *http://support.apple.com/kb/HT3775*.

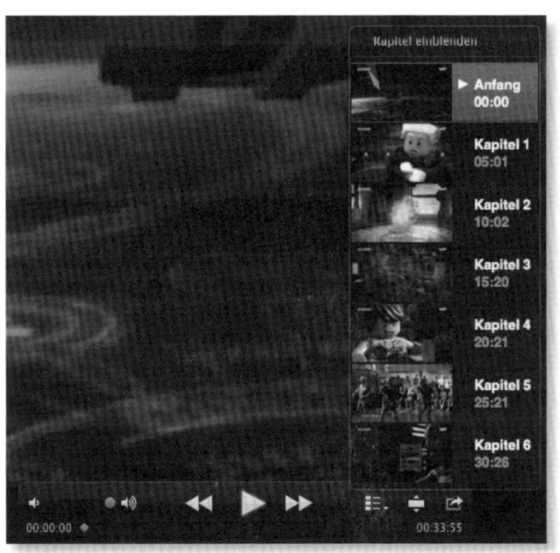

◂ Abbildung 5.4
Mit dem linken Icon werden die Proportionen nicht mehr berücksichtigt.

Bedienung | Die Bedienelemente des Players erscheinen, wenn Sie den Mauspfeil über dem Fenster platzieren. Mit der Maus können Sie die Steuerungsleiste an eine andere Position ziehen. Neben den sicher bekannten Elementen zum Starten/Stoppen sowie Vor- und Zurückspulen finden Sie oben rechts ein Icon mit zwei Pfeilen. Mit diesem Icon wechseln Sie in den Vollbildmodus (⌘ + F). Dabei berücksichtigt der QuickTime Player zunächst die Proportionen, und der Film belegt nicht den ganzen Bildschirm. Mit dem zweiten Icon von rechts können Sie den Film auf den ganzen Bildschirm vergrößern. Einige Filme können ein Inhaltsverzeichnis enthalten, das Sie über das dritte Icon von rechts ausklappen können. Neben der Darstellung auf dem ganzen Bildschirm können Sie über den Menüpunkt DARSTELLUNG • OBEN SCHWEBEN das Video immer im Vordergrund halten, unabhängig vom gerade aktuellen Programm.

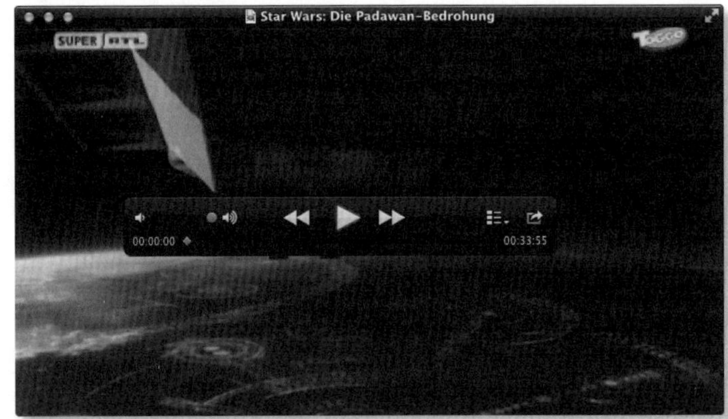

Abbildung 5.5 ▸ Die Steuerungsleiste können Sie verschieben.

Geschwindigkeit
Klicken Sie die Schaltflächen zum Vor- oder Zurückspulen mehrfach an, dann wird der Film in zwei-, vier- oder achtfacher Geschwindigkeit vor- oder zurückgespult.

Vor- und zurückspulen | Der kleine Punkt im unteren Bereich zeigt Ihnen die aktuelle Position im Film an. Sie können den Punkt verschieben, um vor- oder zurückzuspulen. Halten Sie die Maustaste einen Moment gedrückt, ohne die Maus zu bewegen, dann erscheinen Striche, und der nach links und rechts hin verfügbare Zeitrahmen wird auf einige Sekunden verkleinert. Auf diese Weise navigieren Sie Bild für Bild durch den Film.

Abbildung 5.6 ▸ Halten Sie die Maustaste einen Moment gedrückt, dann verkürzt sich der Zeitraum auf wenige Sekunden.

Film kürzen | Mit dem QuickTime Player können Sie in begrenztem Maß auch Filme schneiden. Über den Menüpunkt BEARBEITEN • TRIMMEN (⌘ + T) stellt der Player in der Steuerungsleiste eine Übersicht des gesamten Films zusammen. Je breiter das Fenster ist, desto mehr Vorschaubilder werden angezeigt. Sie können dann den gelben Bereich verkleinern und so den anzuzeigenden Zeitraum eingrenzen. Über den Menüpunkt DARSTELLUNG • AUDIOSPUR EINBLENDEN (⌘ + U) wird Ihnen anstelle der Vorschaubilder die Lautstärke der Tonausgabe angezeigt. Auf diese Weise können Sie den Film auch gemäß der Geräuschkulisse schneiden. Über BEARBEITEN • ALLES AUSWÄHLEN OHNE STILLE ist es möglich, dass sich der QuickTime Player für die Auswahl an der Lautstärke zu Beginn und am Ende orientiert. Bei dem in Abbildung 5.7 dargestellten Film würden die ersten und letzten Sekunden nicht ausgewählt. Mit der Schaltfläche TRIMMEN wird der Film dann geschnitten.

▲ **Abbildung 5.7**
Sie können einen Film auf einen Ausschnitt begrenzen.

▲ **Abbildung 5.8**
Anstelle der Vorschau kann auch die Lautstärke der Tonausgabe angezeigt werden.

▲ **Abbildung 5.9**
Anhand der roten Markierung wird der Clip geteilt.

Film schneiden | Neben dem Trimmen ist der QuickTime Player auch in der Lage, einen Film in einzelne Clips zu unterteilen. Sie können diese dann an einen anderen Zeitpunkt verschieben, drehen, spiegeln oder einzeln trimmen. Hierfür müssen Sie sich zunächst über DARSTELLUNG • CLIPS EINBLENDEN diese anzeigen lassen. Der rote Strich markiert die aktuelle Position im Video. Sie können ihn mit der Maus verschieben.

Über BEARBEITEN • CLIP TEILEN unterteilen Sie nun den Film in zwei Clips. Der Schnitt erfolgt an der Position, an der sich die rote Markierung befindet. Um Ihren Film weiter zu unterteilen, wählen Sie einen der nun entstandenen Clips mit der Maus aus, positionieren den roten Strich darin und rufen erneut die auch über ⌘ + Y aufrufbare Funktion CLIP TEILEN auf.

▲ **Abbildung 5.10**
Sie können Clips drehen und spiegeln.

Clip bearbeiten | Wenn Sie einen Clip ausgewählt haben, dann können Sie ihn über die Einträge im Menü BEARBEITEN drehen und spiegeln. Haben Sie den Clip gedreht, sodass seine Proportionen nicht mehr denen des Films entsprechen, dann können Sie über das Menü BEARBEITEN • CLIP-AUSRICHTUNG den Clip entsprechend positionieren, nicht aber beschneiden.

▲ **Abbildung 5.11**
Mit dem Icon ganz links spulen Sie den Film im Browser um 30 Sekunden zurück.

Clip positionieren | Einen Clip können Sie in die Zwischenablage kopieren und auch ausschneiden. Es ist außerdem möglich, ihn per Drag & Drop vor oder hinter einen anderen Clip zu positionieren. Mit dem Menüpunkt BEARBEITEN • CLIP NACH AUSWAHL EINFÜGEN fügen Sie eine andere Datei nach dem Clip ein, den Sie gerade ausgewählt haben.

Abbildung 5.12 ▶
Einen im Internet verfügbaren Film können Sie auch direkt im QuickTime Player abspielen.

URL öffnen | Finden Sie im Internet einen Film, den Sie sich gerne anschauen möchten, dann müssen Sie nicht zwingend das QuickTime-Plug-in für Safari bemühen. Rufen Sie über den direkten Link zur Filmdatei in Safari das Kontextmenü auf, dann finden Sie dort den Eintrag MIT QUICKTIME PLAYER ÖFFNEN. Sollten Sie etwa den URL zu einer Filmdatei per E-Mail erhalten haben, dann können Sie diesen in die Zwischenablage kopieren und im QuickTime Player den Menüpunkt ABLAGE • URL ÖFFNEN (⌘ + U) aufrufen. In dem Dialog geben Sie dann den URL ein. Über den Pfeil rechts können Sie den Verlauf der aufgerufenen Dateien einsehen.

Exportieren | Haben Sie einen Film geschnitten oder möchten ihn in einer für das iPhone optimierten Fassung exportieren, dann sichern Sie ihn über den Menüpunkt ABLAGE • EXPORTIEREN. Hier stehen Ihnen mehre Formate zur Verfügung. Neben einer für das iPhone und für das iPad optimierten Einstellung können Sie die Auflösungen 480p und 720p auswählen.

Welche Codecs, Auflösung, Dateigröße und Datenrate in einer Filmdatei verwendet werden, können Sie über das Fenster INFORMATIONEN (FENSTER • INFORMATIONEN EINBLENDEN oder [⌘] + [T]) einsehen.

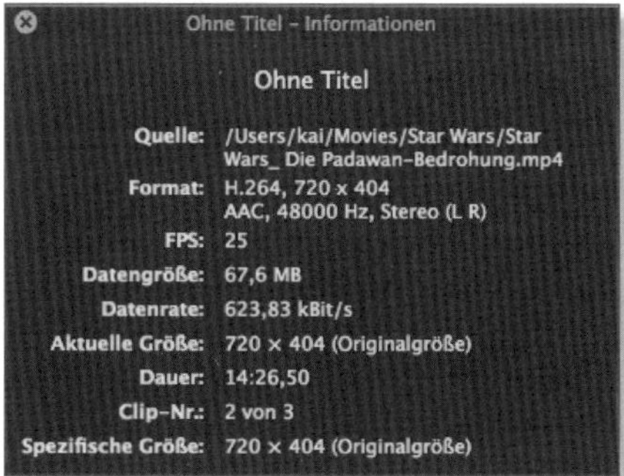

◂ **Abbildung 5.13**
Das Format und weitere Informationen können Sie über das Fenster INFORMATIONEN einsehen.

Für Web sichern | Und schließlich steht Ihnen die Möglichkeit EXPORTIEREN ZU im Menü ABLAGE zur Verfügung. Dort finden Sie den Eintrag WEB. Bei diesem Verfahren wird Ihr Film jedoch nicht in einer Datei, sondern in einem Ordner gesichert. Dessen Namen geben Sie im Feld SICHERN UNTER vor. Der Player schlägt Ihnen den Ordner FILME in Ihrem persönlichen Ordner vor.

◂ **Abbildung 5.14**
Sie können den Film in einer für das iPhone oder iPad optimierten Variante exportieren.

In dem Ordner finden Sie anschließend, abhängig von Ihrer Auswahl, mehrere Dateien. Die HTML-Datei können Sie in Safari öffnen. Sie enthält Anweisungen, wie Sie die so konvertierten Filmdateien in Ihre persönliche Webseite einbinden können.

Urheberrechte
Bei der Bereitstellung von Filmen sollten Sie natürlich das Copyright beachten. Es dürfte gravierende juristische Konsequenzen nach sich ziehen, die hier als Beispiel genutzte Aufnahme eines Star-Wars-Films als Datei zu veröffentlichen.

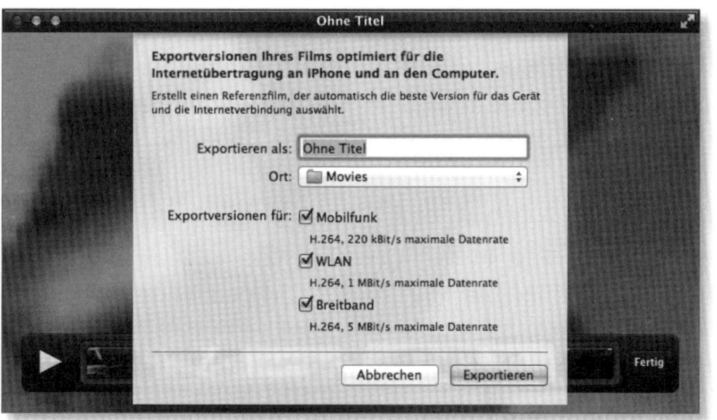

◂ **Abbildung 5.15**
Sie können den Film in drei Formaten für das Web sichern.

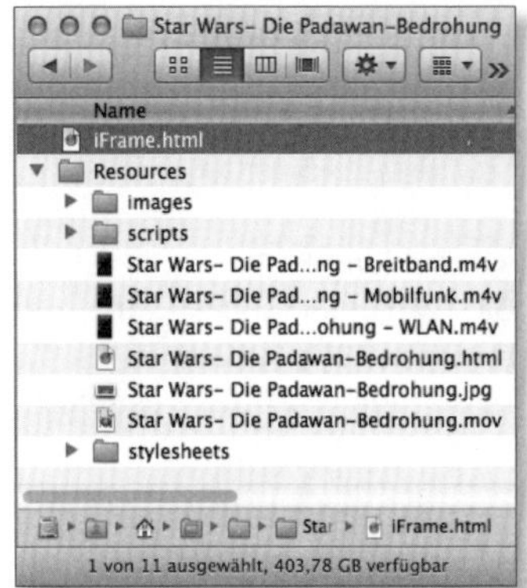

▲ **Abbildung 5.16**
Der Ordner enthält die Filme sowie die Anleitung.

Dabei bietet Ihnen Apple zwei Formen der Steuerung an. Mit der QUICKTIME-STEUERUNG wird der Film im Browser über das Plug-in von QuickTime abgespielt. Alternativ können Sie sich auch für die JAVASCRIPT-STEUERUNG entscheiden. Dabei werden die benötigten Ajax-Bibliotheken von Apple auf deren Webservern zur Verfügung gestellt. Unten finden Sie zwei Textfelder, die den notwendigen HTML-Code enthalten. Während Sie den oberen direkt in den `<head>`-Bereich Ihrer Webseite kopieren können, müssen Sie bei der Anweisung für den `<body>`-Bereich den URL beim `<a>`- und `<img>`-Tag noch anpassen. Anschließend kopieren Sie den unteren Quelltext an die Position Ihrer Webseite, an der der Film angezeigt werden soll.

Abbildung 5.17 ▶
Das Fenster EXPORTSTATUS zeigt nach dem Upload den Link zum Film an.

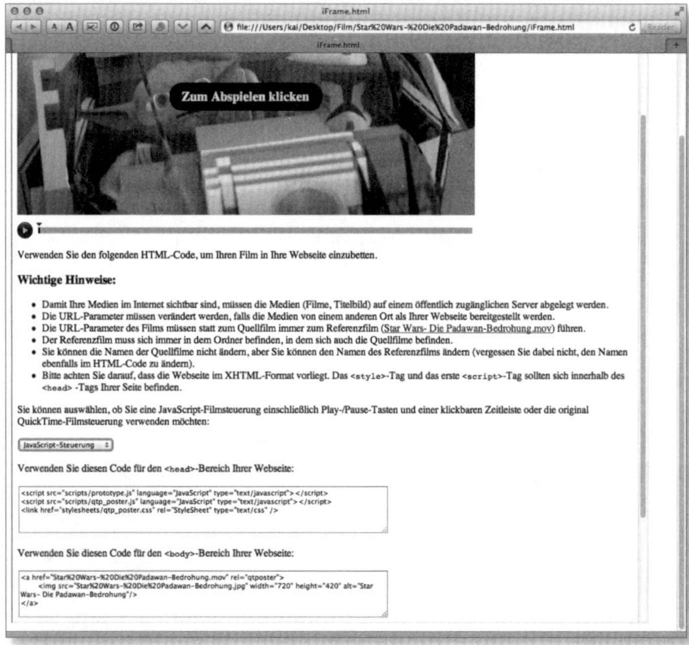

Abbildung 5.18 ▶
Den HTML-Quellcode können Sie mit leichten Änderungen direkt nutzen.

Bereitstellen | Fest in den QuickTime Player integriert ist die Bereitstellung eines Films auf YouTube, Vimeo, Flickr oder Facebook. Bei YouTube können Sie sich mit Ihrem dortigen Benutzerkonto anmelden.

In dem auch über Fenster • Exportstatus einblenden aufzurufenden Fenster finden Sie nach einem erfolgreichen Upload auch den URL, über den Ihr Film im Internet abrufbar ist.

Die Bereitstellung in iTunes über den Menüpunkt Ablage • Exportieren zu • iTunes fügt den Film Ihrer iTunes-Mediathek hinzu, wobei Ihnen abhängig von der Auflösung der Ursprungsdatei bis zu drei Optionen zur Auswahl stehen. Die Auflösung orientiert sich dabei an dem Gerät, auf dem der Film abgespielt werden soll. Ist die Auflösung des Ausgangsmaterials zu gering, dann stehen die Optionen iPad, iPhone 4 und Apple TV und Mac und PC gegebenenfalls nicht zur Verfügung.

◂ **Abbildung 5.19**
Stellen Sie den Film für iTunes bereit, dann stehen bis zu drei Auflösungen zur Verfügung.

QuickTime X erweitern

QuickTime X unterstützt bereits eine Vielzahl von Formaten, aber in diesem Bereich haben sich aufgrund der rasanten technischen Entwicklung noch jede Menge anderer Standards etabliert. Insbesondere unter Windows gelten für die Darstellung multimedialer Inhalte ganz andere Gepflogenheiten als unter OS X 10.8.

Flip4Mac WMV | Das Dateiformat Windows Media Video (WMV) stammt von Microsoft und ist unter allen zurzeit gebräuchlichen Windows-Varianten der Standard. Mit Flip4Mac WMV steht eine Erweiterung für QuickTime zur Verfügung, mit der Sie WMV-Dateien im QuickTime Player wiedergeben können. Auf der Webseite von Telestream sind neben der kostenlosen Version auch kostenpflichtige Versionen erhältlich, die den Export von WMV-Dateien im QuickTime Player ermöglichen. Zur Drucklegung dieses Buches war Flip4Mac noch in einer Betafassung verfügbar. Diese funktionierte allerdings bereits ohne Probleme. Es ist aber möglich, dass sich zwischen der hier besprochenen Betafassung und der finalen Version kleine Unterschiede ergeben haben.

Flip4Mac WMV
http://www.telestream.net/flip4mac-wmv/overview.htm

Hinweis
Neben dem Paket für Flip4Mac finden Sie in der Image-Datei auch ein Paket zur Installation von Silverlight (siehe Abschnitt 4.7).

Wundern Sie sich nicht, wenn Sie beim Download der kostenlosen Variante zum Download gegebenenfalls auf die Webseite von Microsoft geleitet werden. Microsoft hatte die Entwicklung des Windows Media Players für Mac OS X vor einiger Zeit eingestellt und diese Arbeit an Telestream übergeben.

Abbildung 5.20 ►
Flip4Mac bringt einen eigenen Player mit.

Nach der Installation finden Sie in den Systemeinstellungen die neue Ansicht Flip4Mac WMV. Hier können Sie einige Einstellungen für die Wiedergabe festlegen und finden darüber hinaus auch den Reiter Update. Flip4Mac WMV prüft im Hintergrund zunächst wöchentlich, ob Aktualisierungen vorliegen, und weist Sie auf Updates hin. Flip4Mac bringt mit der Version 3 auch einen eigenen Player mit, den Sie im Verzeichnis Programme finden. Dieser orientiert sich bezüglich der Bedienung am QuickTime Player.

Perian
http://www.perian.org

Perian | Eine Ergänzung zu Flip4Mac WMV ist nach wie vor Perian. Die Entwicklung von Perian wurde von den Entwicklern eingestellt. Das heißt, dass keine Updates und Fehlerkorrekturen mehr erscheinen. Die letzte verfügbare Version ist zunächst für OS X 10.7 gedacht. Sie funktioniert mit kleinen Einschränkungen aber auch noch unter OS X 10.8, und kann so die Standardfunktionen von QuickTime X ergänzen. Es ist aber möglich, dass sich dies im Zuge von Updates des Systems ändert und Perian nicht mehr funktioniert.

Perian wurde von seinen ehrenamtlichen Entwicklern als das Schweizer Taschenmesser für QuickTime angepriesen, und in der Tat trifft diese Charakterisierung zu. Perian ermöglicht unter anderem die Wiedergabe von AVI-Dateien. Außerdem wurden in Perian fast alle irgendwie frei verfügbaren Codecs integriert. Von der Webseite des Projekts können Sie sich eine Erweiterung für die Systemeinstellungen herunterladen. Wenn Sie diese mit einem Doppelklick im Finder installieren, dann werden beim Aufruf in den Systemeinstellungen auch die Codecs installiert. Über die Ansicht PERIAN in den Systemeinstellungen können Sie auch ein automatisches Update vornehmen oder Perian deinstallieren.

Wenn Sie mit der Pro-Version von QuickTime 7.6 Filme exportieren und konvertieren, dann kann es vereinzelt vorkommen, dass die Ergebnisse nicht Ihren Erwartungen entsprechen. Wahrscheinlich wurde bei einem solchen Export ein Encoder von Perian genutzt und nicht der von QuickTime 7.6. In einem solchen Fall können Sie Perian kurzzeitig über die Systemeinstellungen deinstallieren.

VLC Player
Keine Erweiterung, sondern eher eine Alternative ist der VLC Player (*http://www.videolan.org/vlc/*). Dieses Programm unterstützt ebenfalls eine ganze Reihe von Video- und Audiodateien.

QuickTime 7.6 installieren

QuickTime X unterstützt weniger Dateiformate als frühere QuickTime-Versionen. Ein vergleichsweise prominentes Beispiel ist QuickTimeVR, mit dem sich Panoramabilder darstellen lassen. Im Browser können solche Dateien zwar zum Teil noch angesehen werden, aber der QuickTime Player unterstützt das Format nicht mehr. Sie können bei Apple ein normales Installationspaket für QuickTime 7 herunterladen. Dieses wird zwar als Installationspaket für Mac OS X 10.6 ausgewiesen, ist aber auch für OS X 10.8 geeignet.

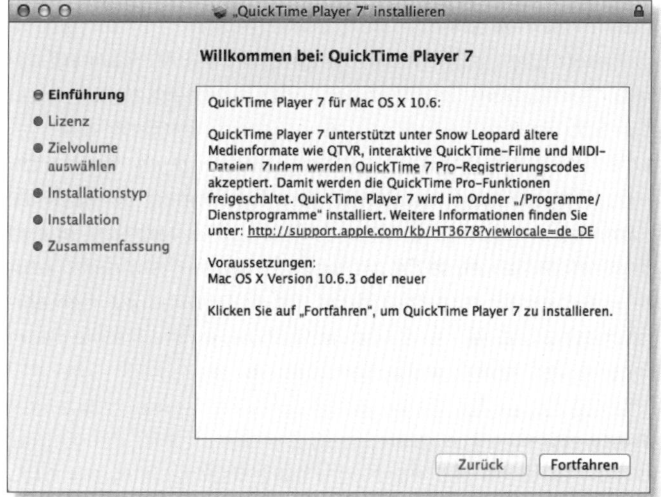

◂ **Abbildung 5.21**
Das für Mac OS X 10.6 gedachte Installationspaket ist auch für OS X 10.8 geeignet.

Nach der Installation finden Sie im Ordner DIENSTPROGRAMME den QuickTime Player 7. Haben Sie die Pro-Version von QuickTime 7.6 erworben, dann können Sie über den Menüpunkt QUICKTIME PLAYER 7 • REGISTRIERUNG die Seriennummer eingeben.

QuickTime 7-Download
http://support.apple.com/kb/DL923

5.3 Digitale Bilder

Das Programm Digitale Bilder kommt dann zum Zuge, wenn Sie nicht mit iPhoto oder Aperture arbeiten möchten. Es ermöglicht den Zugriff auf angeschlossene Kameras, iPods, iPhones und Scanner.

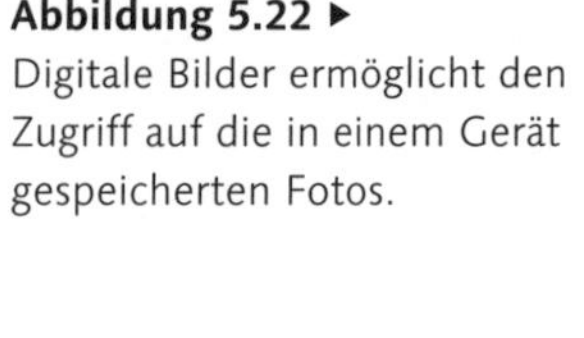

Abbildung 5.22 ▸
Digitale Bilder ermöglicht den Zugriff auf die in einem Gerät gespeicherten Fotos.

Fotos importieren

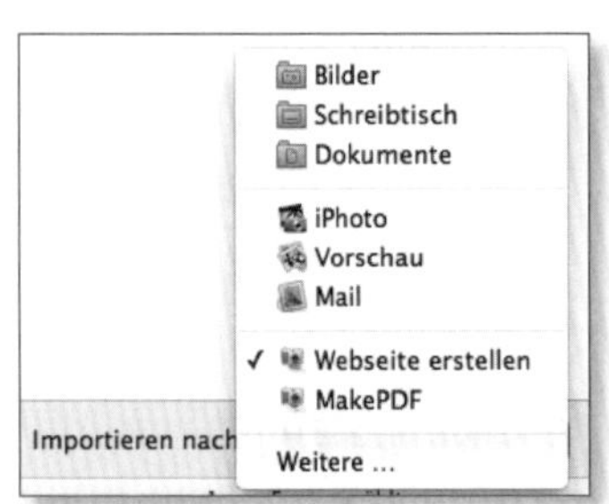

▲ Abbildung 5.23
Sie können Bilder auch an Arbeitsabläufe oder Programme übergeben.

Wenn Sie eine Kamera, einen iPod oder ein anderes Gerät angeschlossen oder, sofern vorhanden, eine Karte in ein Lesegerät eingelegt haben, dann erscheint es in der linken Spalte, sofern es von Digitale Bilder unterstützt wird. Nach einer kurzen Wartezeit sehen Sie rechts die gespeicherten Bilder. Über die Schaltflächen mit den Pfeilen ❷ können Sie die ausgewählten Bilder um 90 Grad drehen. Die rote Schaltfläche ❶ löscht die Auswahl auf der Kamera. Sie können die Bilder entweder direkt aus dem Fenster auf den Schreibtisch im Finder ziehen oder sie IMPORTIEREN.

In dem Ausklappmenü IMPORTIEREN NACH stehen Ihnen nicht nur Verzeichnisse zur Auswahl, sondern Sie können hier auch die Programme IPHOTO, VORSCHAU und MAIL als Ziel vorgeben und so die Bilder direkt an diese Programme übergeben. Mit dem Automator erstellen Sie Arbeitsabläufe unter Verwendung der entsprechenden Vorlage (siehe Abschnitt 25.6), an die Sie die Bilder übergeben und direkt verarbeiten können.

Webseite erstellen | Wählen Sie als Ziel des Imports den Eintrag WEBSEITE ERSTELLEN aus, dann wird ein Hilfsprogramm gestartet, das basierend auf den importierten Bildern eine Galerie erstellt. Dabei wird neben den Vorschaubildern auch eine HTML-Datei in dem Zielverzeichnis gespeichert, deren Quelltext Sie nutzen können, um die Galerie in Ihre persönliche Webseite zu integrieren.

Wenn Sie das Programm aus dem Ordner /SYSTEM/LIBRARY/IMAGE CAPTURE/AUTOMATIC TASKS direkt starten, dann können Sie in dessen Einstellungen sowohl die Farben für den Vorder- und Hintergrund als auch die Bildgrößen festlegen und darüber hinaus bei Bedarf den Bildnamen ausblenden.

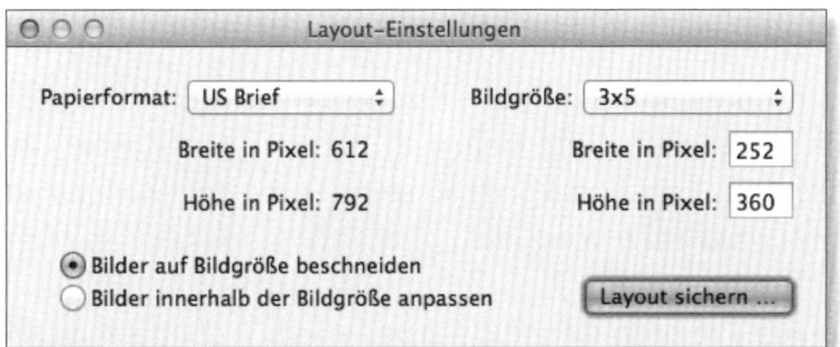

◂ **Abbildung 5.24**
Im Programm MakePDF können Sie ein eigenes Layout erstellen.

MakePDF | Die importieren Bilder können Sie auch in einer PDF-Datei zusammenfügen. Geben Sie als Ziel des Imports das Programm MakePDF vor, dann werden die Bilder importiert, und anschließend wird das Programm MakePDF gestartet. In den Standardeinstellungen erstellt es einen Kontaktbogen, auf dem mehrere Bilder untereinander angeordnet sind. Starten Sie das Programm selbst, und öffnen Sie ein paar Bilder, dann können Sie den Kontaktbogen selbst erstellen. Im Menüpunkt LAYOUT finden Sie eine Reihe von Ausgabeformaten und können über NEUES LAYOUT das Papierformat für die PDF-Datei vorgeben und so zum Beispiel auch DIN A5 als Seitengröße verwenden. Die PDF-Datei müssen Sie abschließend über ABLAGE • SICHERN speichern.

▴ **Abbildung 5.25**
Das Format der dargestellten Bilder wählen Sie über das Menü LAYOUT.

Einstellungen | Unten links finden Sie die Einstellungen für die ausgewählte Kamera. Im Ausklappmenü ANSCHLIESSEN VON KAMERA ÖFFNET: finden Sie neben IPHOTO auch DIGITALE BILDER und die VORSCHAU. Wählen Sie eines der Programme aus, dann wird dieses Programm automatisch gestartet, wenn diese Kamera angeschlossen wird. Sie finden hier auch einen AutoImporter. Damit werden die Bilder automatisch in das Verzeichnis AUTOIMPORT im Ordner BILDER kopiert, wenn Sie die Kamera anschließen. Wenn Sie die Option NACH DEM IMPORT LÖSCHEN aktivieren, dann bezieht sich diese sowohl auf die Funktion IMPORTIEREN im Programm Digitale Bilder als auch auf den AutoImporter. Diese Option steht Ihnen nicht bei allen Geräten zur Verfügung.

▴ **Abbildung 5.26**
Die ausgewählte Kamera kann automatisch mit einem Programm geöffnet werden.

Aufnehmen | Sofern Ihr Gerät diese Funktion unterstützt, können Sie Digitale Bilder auch als Auslöser für eine angeschlossene Kamera nutzen. Über den Menüpunkt ABLAGE • BILD AUFNEHMEN rufen Sie ein separates Fenster auf, über das Sie den Auslöser der Kamera drücken können.

Scanner

Das Programm Digitale Bilder ermöglicht Ihnen nicht nur den Zugriff auf Kameras, es ist auch in der Lage, einen Scanner anzusprechen. Voraussetzung ist allerdings, dass der Treiber des Scanners dem TWAIN-Standard entspricht oder der Treiber des Herstellers entsprechend angepasst wurde. Wurde ein passender Treiber installiert, dann sehen Sie den Scanner im Programm Digitale Bilder in der linken Spalte. Welche Funktionen und Einstellungen Ihnen dabei zur Verfügung stehen, hängt von dem Treiber ab. Am Rande: Das Programm Vorschau bietet Ihnen den Menüpunkt Ablage • Importieren von Gerät.

SANE und Vuescan
Die Unterstützung von Seiten der Hersteller lässt in Bezug auf aktuelle Treiber in vielen Fällen zu wünschen übrig. So sind viele ältere Scanner, die noch voll funktionsfähig sind, unter OS X 10.8 nicht zu gebrauchen, weil die Entwicklung der Treiber eingestellt wurde. Das Open-Source-Projekt SANE (*http://www.ellert.se/twain-sane/*) ermöglicht mit Einschränkungen die Nutzung vieler älterer Modelle. Allerdings war zur Drucklegung dieses Buches noch keine SANE-Version für OS X 10.8 verfügbar. Sollten Sie sich für SANE interessieren, dann lohnt sich ein Blick auf die Webseite, ob eine Version für OS X 10.8 angekündigt wird. Die Shareware Vuescan (*http://www.hamrick.com/*) stellt eine Alternative zu Digitale Bilder dar und bietet eine gute Unterstützung vieler älterer Geräte.

Scanvorgang | Je nach Gerät und installiertem Treiber stehen Ihnen verschiedene Optionen und Parameter für den Scanvorgang zur Verfügung. Über die Schaltfläche Details einblenden blenden Sie die in Abbildung 5.26 dargestellten Optionen beziehungsweise die entsprechenden für Ihr Gerät ein. Über die Schaltfläche Übersicht blenden Sie eine Vorschau des eingelegten Blatts ein. Ebenfalls abhängig vom Treiber des installierten Geräts ist die Größe des zu scannenden Bildes. Über die Schaltfläche Eigene Grösse verwenden können Sie bei dem in Abbildung 5.27 dargestellten Gerät den zu scannenden Bereich individuell anpassen.

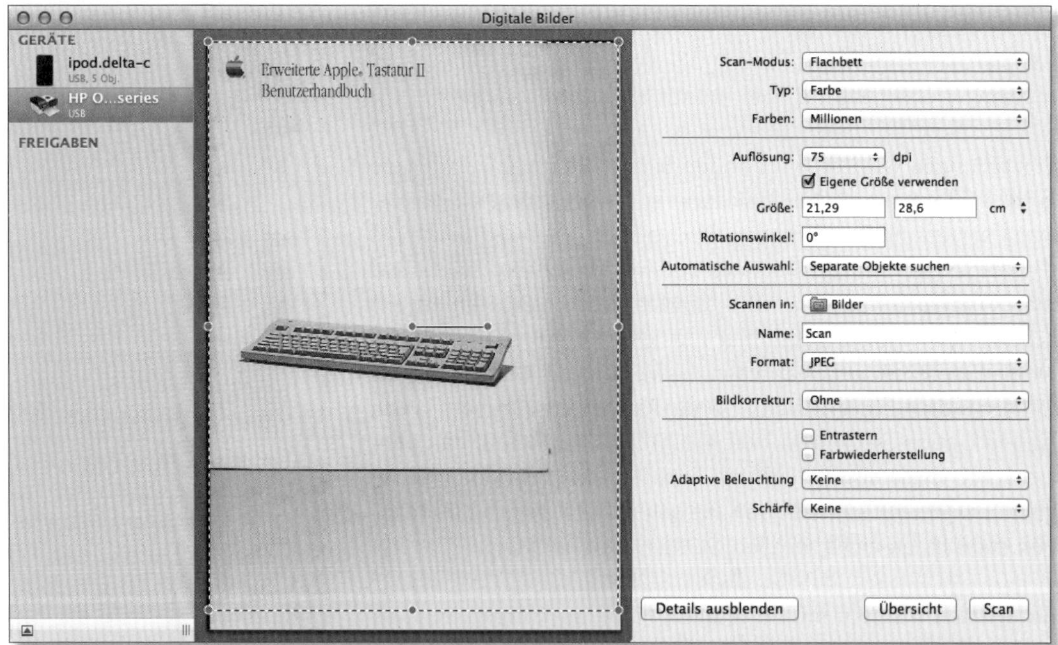

▲ **Abbildung 5.27**
Abhängig vom installierten Treiber können Sie die Parameter des Scanvorgangs einstellen.

Freigaben im Netzwerk

OS X 10.8 ist in der Lage, einen Scanner mit dem passenden Treiber im Netzwerk freizugeben. In den Systemeinstellungen finden Sie in der Ansicht FREIGABEN den Dienst SCANNERFREIGABE. Nachdem Sie den Dienst aktiviert und einen freizugebenden Scanner ausgewählt haben, erscheint auf anderen Rechnern im Netzwerk im Programm Digitale Bilder dieser Scanner im Bereich FREIGABEN. Eine separate Installation der Treiber ist hier nicht notwendig.

Hinweis

Der Zugriff auf einen freigegebenen Scanner kann im Netzwerk immer nur von einem Rechner aus erfolgen. Als Zugriff gilt hier die Auswahl des Scanners im linken Bereich, damit der Scanner freigegeben wird.

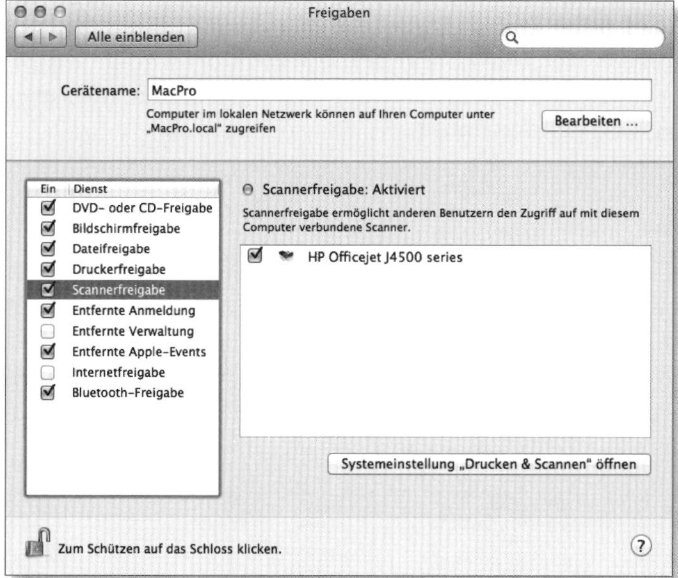

◂ **Abbildung 5.28**
Die Scannerfreigabe aktivieren Sie in den Systemeinstellungen.

▴ **Abbildung 5.29**
Der Zugriff auf einen Scanner kann immer nur von einem Rechner aus erfolgen.

5.4 iTunes 10

iTunes ist sicherlich das Programm, das von Apple am häufigsten aktualisiert und erweitert wird. Die meisten Funktionen wie das Wiedergeben von Musik oder die Auswahl eines Equalizers über FENSTER • EQUALIZER erschließen sich sehr schnell und stellen keine wirkliche Hürde dar. Erklärungsbedürftig wird iTunes dann, wenn es um die Organisation und Verwaltung Ihrer Medien geht.

Dieser Abschnitt möchte sich gezielt der Verwaltung und Organisation Ihrer Dateien widmen und dabei den iTunes Store und weitere Produkte wie das iPhone und den iPod außen vor lassen. Letztere werden von Apple dermaßen massiv beworben und dabei auch erklärt, dass der ursprüngliche Zweck von iTunes, Ihre Musik abzuspielen und zu organisieren, ein wenig aus dem Blick geraten ist.

Audion und SoundJam

iTunes hatte einen Vorläufer namens SoundJam. Dieses zunächst eigenständige Programm wurde von Apple aufgekauft, weiterentwickelt und in iTunes umbenannt. Dabei war SoundJam zunächst nur zweite Wahl, und Apple plante den Aufkauf einer Software namens Audion. Warum dieser Deal nicht zustande kam, können Sie unter *http://www.panic.com/extras/audionstory/* nachlesen.

Wichtiger Hinweis: Apple hat bei Drucklegung dieses Buches eine neue iTunes-Version angekündigt, die wir leider nicht mehr berücksichtigen konnten, weil sie uns noch nicht zur Verfügung stand. Menüpunkte und Arbeitsweisen können sich in der neuen Version im Einzelfall von der hier beschriebenen Vorgehensweise unterscheiden.

Medien organisieren

iTunes bietet für die Darstellung Ihrer Medien vier Ansichten. Während die *Cover Flow* genannte Ansicht optisch sehr ansprechend ist, wird sie etwas unübersichtlich, wenn Ihre Mediathek sehr viele Objekte enthält.

Abbildung 5.30 ▼
Lassen Sie sich den Spaltenbrowser wahlweise oben oder links anzeigen.

Die Ansicht als Gitter wäre eine Möglichkeit, wenn Sie in erster Linie komplette Alben hören und sich nicht einzelne Titel heraussuchen. Die Darstellung als Liste, wahlweise mit oder ohne Cover, mag zwar auf den ersten Blick recht bieder wirken, aber der dort verfügbare Spaltenbrowser erleichtert bei vielen Objekten die Übersicht.

Spaltenbrowser | Im Spaltenbrowser finden Sie aufbauend auf den Informationen der vorhandenen Medien eine Übersicht der aktuell in Ihrer Mediathek verfügbaren GENRES, INTERPRETEN und ALBEN. Wenn Sie dort einen Eintrag auswählen, dann wird die

Liste unten auf die Einträge beschränkt, deren Informationen mit der Auswahl übereinstimmen. So begrenzen Sie mit einem Mausklick die Anzeige auf einen Interpreten. Über den Menüpunkt DARSTELLUNG • SPALTENBROWSER können Sie auch die Spalten KOMPONISTEN und WERKE einblenden, wenn Sie in erster Linie klassische Musik hören.

Unterhalb des Spaltenbrowsers werden die vorhandenen Dateien und ihre Informationen angezeigt. Die in Abbildung 5.30 dargestellte Spalte mit den Titelnummern resultiert aus den im Folgenden beschriebenen Eigenschaften der Dateien. Mit einem Klick auf einen Eintrag in der Titelleiste sortieren Sie die Liste gemäß dieser Information. Wenn Sie die Liste nach INTERPRET oder ALBUM sortieren und die Information TITELNUMMER vergeben wurde, dann fasst iTunes die Alben zusammen und sortiert die Titel nach Nummer und nicht nach Name.

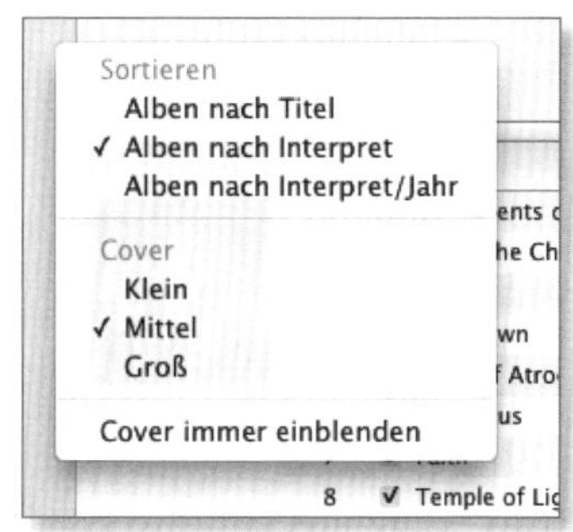

▲ **Abbildung 5.31**
Für die Darstellung der Albenliste können Sie auch ein kleines Cover verwenden.

Darstellungsoptionen

Musik

Spaltenanzeige

- [ ] Abtastrate
- [x] Album
- [ ] Album für Sortierung
- [ ] Album-Interpret
- [ ] Album-Interpret für Sortierung
- [ ] Albumwertung
- [ ] Art
- [ ] Beats pro Minute
- [ ] Beschreibung
- [ ] CD-Nummer
- [ ] Datenrate
- [x] Dauer
- [ ] Equalizer
- [ ] Erschienen
- [ ] Folgen-ID
- [ ] Folgennummer
- [ ] Geändert
- [ ] Genre
- [ ] Größe
- [ ] Hinzugefügt
- [ ] iCloud-Download
- [ ] iCloud-Status
- [x] Interpret
- [ ] Interpret für Sortierung
- [ ] Jahr
- [ ] Kategorie
- [ ] Kaufdatum
- [ ] Kommentar
- [ ] Komponist
- [ ] Komponist für Sortierung
- [ ] Name für Sortierung
- [ ] Sendung
- [ ] Sendung für Sortierung
- [ ] Staffel
- [ ] Titelnummer
- [ ] Übersprungen
- [ ] Werk
- [ ] Wertung
- [x] Wiedergaben
- [ ] Zuletzt gespielt
- [ ] Zuletzt übersprungen

Abbrechen OK

◄ **Abbildung 5.32**
Über die DARSTELLUNGSOPTIONEN wählen Sie die anzuzeigenden Spalten aus.

Darstellungsoptionen | Welche Spalten angezeigt werden, legen Sie über die DARSTELLUNGSOPTIONEN im Menü DARSTELLUNG fest. Die hier verfügbaren Spalten entsprechen den Informationen, die Sie Ihren Medien zuweisen können.

Darstellungsoptionen
⌘ + J

Infos | Über den Menüpunkt ABLAGE • INFORMATIONEN (⌘ + I) rufen Sie ein Fenster auf, in dem Sie die Eigenschaften der ausgewählten Datei im Reiter INFOS bearbeiten können. Sie können hier eine Reihe von Informationen eingeben, die für die Anzeige der Datei genutzt werden. Die Information CD-NUMMER hilft Ihnen, bei Werken, die auf mehr als einem Medium vorliegen, eine korrekte Gruppierung vorzunehmen. Wenn Sie für die erste CD die Werte 1 VON 2 und für die zweite 2 VON 2 vorgeben, dann

Tipp
Sie können auch mehrere Dateien bei gedrückt gehaltener Taste ⇧ markieren und dann das Fenster INFORMATIONEN aufrufen, um die Eigenschaften der ausgewählten Dateien gleichzeitig zu ändern.

werden die beiden CDs in der Übersicht zusammengefasst. Mit der Option TEIL EINER COMPILATION fassen Sie bei einer CD, die Werke unterschiedlicher Interpreten enthält, diese Dateien zusammen, sofern Sie die Liste nach dem Album sortieren lassen.

Abbildung 5.33 ▸
Im Reiter INFOS geben Sie die Daten einer Datei ein.

Tipp
Über die Schaltflächen ZURÜCK und WEITER können Sie den in der Liste vorangegangenen oder folgenden Titel auswählen und dessen Eigenschaften bearbeiten, ohne dass Sie das Fenster schließen müssen.

Sortierung | Sortieren Sie nach Interpret, dann können Sie sich bei einem Sampler mit der Eigenschaft INTERPRET FÜR SORTIERUNG behelfen. Wenn Sie hier für alle Dateien, die zu diesem Sampler gehören, einen Interpreten vorgeben, dann wird dieser für die Sortierung nach Interpret als Kriterium herangezogen. Damit werden diese Dateien nacheinander aufgelistet, angezeigt wird jedoch der Interpret, den Sie im Reiter INFOS vorgegeben haben.

Abbildung 5.34 ▸
Im Reiter SORTIERUNG können Sie einen abweichenden Interpreten eingeben.

Intelligente Wiedergabelisten | Intelligente Wiedergabelisten werden dynamisch unter Verwendung der zuvor besprochenen Informationen erstellt. Apple hat in iTunes bereits sieben dieser intelligenten Wiedergabelisten angelegt. Über den Menüpunkt Ablage • Neue intelligente Wiedergabeliste können Sie die Kriterien für eine neue Liste vorgeben. Anstelle des Menüpunkts können Sie auch die Taste alt gedrückt halten und das Icon mit dem Pluszeichen unten links, das nun ein Zahnrad darstellt, anklicken.

Ordner
Die Listen können Sie in Ordnern (Ablage • Neuer Wiedergabeliste-Ordner) gruppieren und so ein wenig Übersicht in die linke Spalte bringen.

▲ **Abbildung 5.35**
Kriterien einer intelligenten Wiedergabeliste können Sie auch verschachteln.

In den Eigenschaften der Wiedergabeliste können Sie eine Reihe von Kriterien vorgeben, die sich auf die Informationen der Dateien beziehen. Diese Kriterien können Sie auch miteinander verschachteln. Halten Sie die Taste alt gedrückt, dann ändert sich das Pluszeichen in ein Icon mit drei Punkten. Mit einem Klick auf dieses Icon erstellen Sie eine neue Untergruppe, in der Sie mehrere Kriterien vorgeben können. Die in Abbildung 5.35 dargestellte Liste wird zunächst die zwei in der Mediathek bereits vorhandenen Alben (Archives Vol.1 und Archives Vol.2) des angegebenen Interpreten enthalten.

Nur markierte Objekte
Mit der Option Nur markierte Objekte einbeziehen schließen Sie die Dateien aus, bei denen Sie in der Liste die Checkbox vor dem Namen abgewählt haben. Damit ist es möglich, Titel gezielt auszuschließen.

Automatisch aktualisieren | Die intelligenten Wiedergabelisten können automatisch aktualisiert werden. Haben Sie diese Option aktiviert und fügen Sie Ihrer Mediathek neue Dateien hinzu, die den Kriterien entsprechen, dann erscheinen diese Dateien automatisch in der Liste. Würde bei dem in Abbildung 5.35 dargestellten Beispiel nun ein drittes Album, das beispielsweise den Titel Archives Vol.3 trägt, der Mediathek hinzugefügt, dann würde es aufgrund des letzten Kriteriums automatisch in der Wiedergabeliste erscheinen.

Medien importieren und exportieren

Sie können in dem über ABLAGE • ZUR MEDIATHEK HINZUFÜGEN aufzurufenden Dialog nicht nur Dateien, sondern auch Ordner auswählen. Halten Sie die Taste ⌘ gedrückt, um mehrere Ordner nacheinander mit einem Mausklick zu markieren. Über die Schaltfläche ÖFFNEN werden nun die Ordner und ihre Unterordner nach Dateien durchsucht, die iTunes wiedergeben kann. Dies kann abhängig von der Anzahl der Dateien etwas Zeit in Anspruch nehmen.

Dateien hinzufügen

Ausführen: 1-05 The Hawker.mp3

Stopp

Abbildung 5.36 ▸
Der Import einer Ordnerhierarchie kann etwas Zeit in Anspruch nehmen.

Eine andere Möglichkeit bietet der Ordner AUTOMATISCH ZU ITUNES HINZUFÜGEN, den Sie in der iTunes-Library finden. Kopieren Sie Dateien in diesen Ordner, dann überprüft iTunes zunächst, ob das Programm mit den Dateien arbeiten kann. Dateien, die iTunes nicht unterstützt, werden in den Unterordner NICHT HINZUGEFÜGT verschoben. Alle anderen Dateien werden von iTunes im Hintergrund der Mediathek hinzugefügt und anschließend aus dem Ordner entfernt.

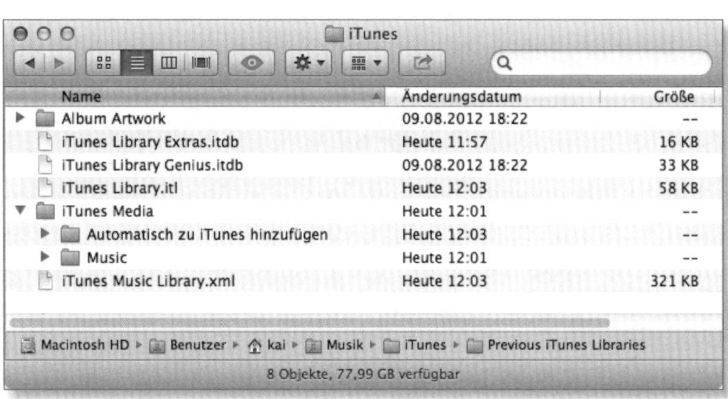

Abbildung 5.37 ▸
Über den Ordner AUTOMATISCH ZU ITUNES HINZUFÜGEN können Dateien und Ordner im Finder der iTunes-Mediathek hinzugefügt werden.

[Gracenote]
Die Option CD-TITELNAMEN AUTOMATISCH VOM INTERNET ABRUFEN führt beim Einlegen einer CD eine Abfrage beim Online-Dienst Gracenote durch. Dieser auch als CDDB bekannte Dienst stellt eine Datenbank zur Verfügung, die basierend auf der Dauer der einzelnen Musikstücke den Titel der CD ermittelt und die Namen der Musikstücke automatisch den Informationen der Dateien hinzufügt. Sie können auch den Menüpunkt ERWEITERT • TITELNAMEN EMPFANGEN nutzen, wenn Sie die Namen nicht automatisch abrufen.

CDs importieren | Um den Inhalt einer CD Ihrer Mediathek hinzufügen zu können, müssen die auf der Audio-CD vorhandenen Titel erst in ein digitales Format konvertiert werden. In den Einstellungen von iTunes können Sie in der Ansicht ALLGEMEIN zunächst vorgeben, wie iTunes auf eine eingelegte CD reagieren soll. Möchten Sie mehrere CDs importieren, dann können Sie mit der Option CD IMPORTIEREN UND AUSWERFEN diese Arbeit enorm beschleunigen.

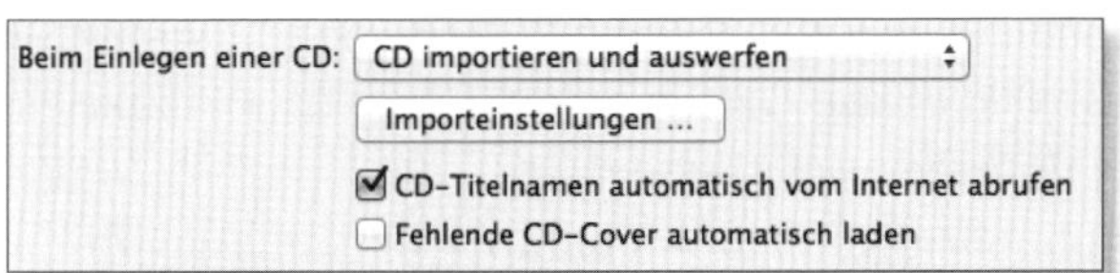

◂ **Abbildung 5.38**
Über die Option CD IMPORTIEREN UND AUSWERFEN importieren Sie mehrere CDs schnell hintereinander.

Eigene Einstellungen
Im Ausklappmenü EINSTELLUNGEN finden Sie neben einer Reihe von üblichen Voreinstellungen auch den Eintrag EIGENE. Hier können Sie je nach ausgewähltem Codierer individuelle Einstellungen zur Datenrate und zu weiteren Funktionen vornehmen.

Importeinstellungen | Wichtig in Verbindung mit der Digitalisierung einer CD sind die IMPORTEINSTELLUNGEN. Hier legen Sie fest, mit welchem Codierer die Musikstücke in eine Datei umgewandelt werden. Der APPLE LOSSLESS-CODIERER bietet die beste Tonqualität, erzeugt aber auch die größten Dateien. Neben dem von Apple für den iTunes Store verwendeten AAC-CODIERER finden Sie hier auch einen MP3-CODIERER. Wählen Sie einen der Codierer aus, dann erhalten Sie in dem Dialog eine kurze Beschreibung seines Aufgabengebiets. Die Auswahl eines Codierers für den Import einer CD kann notwendig sein, wenn Sie einen MP3-Player nutzen, der nur MP3-Dateien abspielen kann.

◂ **Abbildung 5.39**
Die IMPORTEINSTELLUNGEN legen Sie über die Einstellungen von iTunes fest.

Die Mediathek

Sie haben die Möglichkeit, iTunes die gesamte Verwaltung Ihrer Mediathek zu überlassen. In den Einstellungen des Programms finden Sie in der Ansicht ERWEITERT die OPTION ITUNES-MEDIENORDNER AUTOMATISCH VERWALTEN. Ist diese Option aktiv, dann erstellt iTunes eine Ordnerstruktur. Die oberste Ebene der Ordnerstruktur wird durch die Interpreten gebildet. In diesen Verzeichnissen werden Ordner für die Alben angelegt. Letztere enthalten dann die eigentlichen Dateien, wobei iTunes diese gemäß den Informationen einer Datei benennt. Berücksichtigt wird hierbei auch die Titelnummer. Ändern Sie die Informationen, indem Sie beispielsweise einen anderen Interpreten eingeben, dann erstellt iTunes den passenden Ordner und kopiert die Datei.

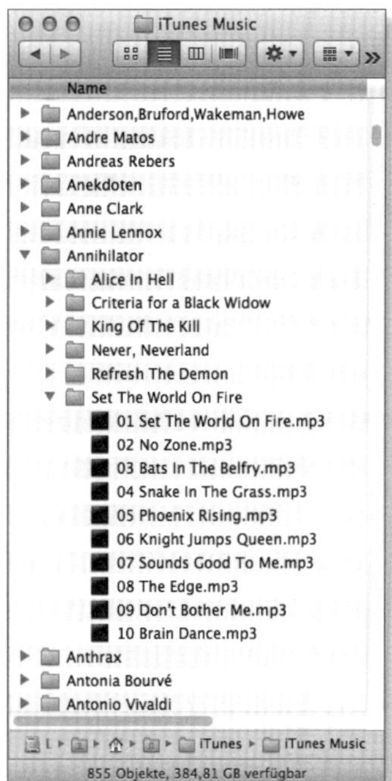

▴ **Abbildung 5.40**
iTunes benennt die Dateien gemäß den ihnen zugewiesenen Informationen um.

Mit der Option Beim Hinzufügen zur Mediathek ... stellen Sie sicher, dass wirklich alle Dateien, die Sie mit iTunes abspielen, auch durch iTunes verwaltet werden.

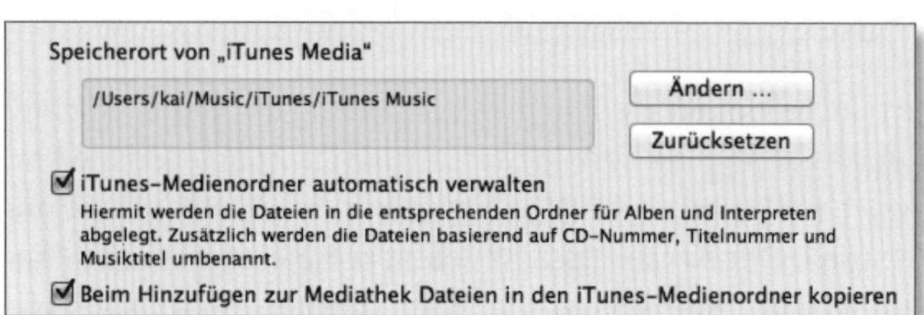

Abbildung 5.41 ▸
Die Verwaltung des Medienordners können Sie iTunes überlassen.

Medienordner ändern | Verwaltet iTunes den Medienordner, dann nimmt Ihnen dies viel Arbeit ab. Ein Problem kann dann auftreten, wenn der Speicherplatz auf Ihrem Startvolume knapp wird oder Sie – zum Beispiel bei einem mobilen Gerät – den iTunes-Medienordner grundsätzlich nicht in Ihrem persönlichen Ordner speichern möchten. iTunes bietet Ihnen die Möglichkeit, Ihre Mediathek in zwei Schritten zu verlagern. Zunächst können Sie in den Einstellungen über die Schaltfläche Ändern ein Verzeichnis, das sich auch auf einer externen Festplatte befinden kann, als Medienordner vorgeben.

Mediathek verlagern | Bei dieser Änderung bleiben die Dateien zunächst an ihrem ursprünglichen Platz. Im Menü Ablage • Mediathek finden Sie die Funktion Mediathek organisieren. Damit rufen Sie einen Dialog auf, in dem Ihnen zwei Optionen zur Auswahl stehen. Sie sehen hier die Option Dateien zusammenlegen. Wählen Sie sie aus, und klicken Sie auf OK, dann kopiert iTunes die Dateien aus dem alten Medienordner in den neuen. Die Originale werden dabei nicht angetastet, aber zukünftig von iTunes ignoriert. Sie können sie, nach einer Prüfung der Kopien, löschen. Fügen Sie nun Dateien Ihrer Mediathek hinzu, dann werden diese auf die externe Festplatte in den dortigen Medienordner kopiert.

Dateien zusammenführen
Wenn Sie iTunes bisher nicht die Verwaltung Ihrer Mediathek überlassen haben und Ihre Dateien über das Dateisystem verstreut sind, dann können Sie in dem Dialog auch die Option Auf iTunes-Medienverwaltung aktualisieren auswählen. Beide Optionen zusammen führen dazu, dass iTunes Ihre Dateien in den Medienordner kopiert und dessen Verwaltung übernimmt.

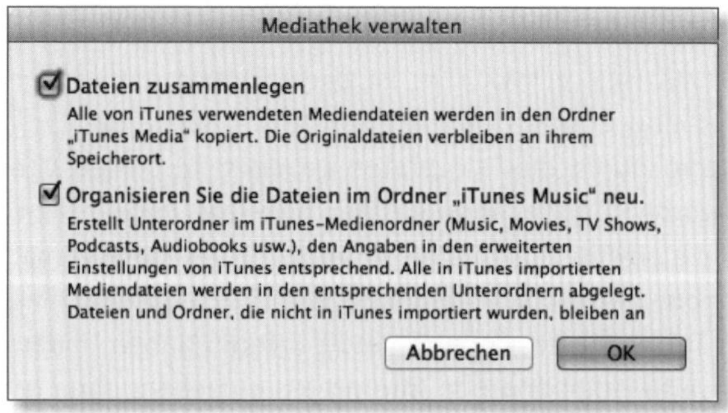

Abbildung 5.42 ▸
Mit der Option Dateien zusammenlegen können Sie den ursprünglichen Medienordner verlagern.

iOS-Geräte verwalten

Auch wenn die iCloud schon viele Aufgaben übernommen hat und in naher Zukunft noch mehr übernehmen wird, ist iTunes doch immer noch in weiten Teilen die zentrale Instanz zur Verwaltung Ihrer iOS-Geräte.

Backup erstellen | Um die auf einem iPod, iPad oder iPhone gespeicherten Daten wie die Notizzettel, Adressen und Einstellungen zu sichern, rufen Sie das Kontextmenü über das Gerät in der linken Spalte auf und wählen dort den Eintrag SICHERN aus. iTunes erstellt anschließend ein Backup der auf dem Gerät gespeicherten Daten, wobei Medien wie die Musik nicht gesichert werden.

Tipp
Bei Geräten mit einer aktuellen Version von iOS können Sie als Ziel des Backups auch die iCloud vorgeben und das Backup dort speichern.

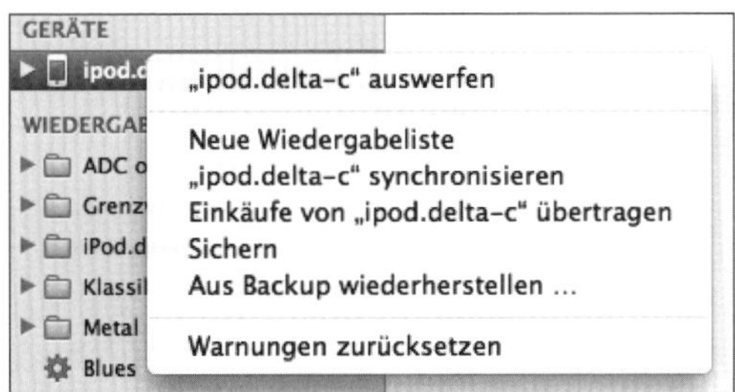

◂ **Abbildung 5.43**
Über das Kontextmenü können Sie ein Backup eines iPods erstellen.

Backup wiederherstellen | Im Kontextmenü finden Sie ebenfalls den Eintrag AUS BACKUP WIEDERHERSTELLEN, wenn Sie bereits ein Gerät gesichert haben. Hier erscheint anschließend ein Fenster, in dem Sie ein Gerät auswählen und dessen gesicherte Daten dann WIEDERHERSTELLEN.

◂ **Abbildung 5.44**
Vor der Wiederherstellung wählen Sie ein Gerät aus.

Einkäufe übertragen | In dem Kontextmenü, über das Sie das Backup erstellen und wieder einspielen, finden Sie auch die Option EINKÄUFE SYNCHRONISIEREN. Da der Store von Apple ja sowohl auf dem Gerät als auch in iTunes verfügbar ist, kann es vorkommen, dass Sie auf dem Gerät Applikationen erworben und installiert haben, die in iTunes noch nicht vorhanden sind. Über diese Option können Sie die installierte Software abgleichen.

Abbildung 5.45 ▲
Die Übersicht eines Geräts zeigt unten die Speicherbelegung an.

Überblick erhalten | Wenn Sie in der linken Spalte ein Gerät auswählen, dann stellt iTunes Ihnen dessen Status im Hauptfenster dar. Zunächst finden Sie unten eine Übersicht der Speicherkapazität und erfahren, von welchen Daten wie viel Speicherplatz in Anspruch genommen wird. Sie können über die Option iTunes öffnen, wenn dieser iPod angeschlossen wird festlegen, dass der Start von iTunes in der Tat automatisch erfolgt. Wenn Sie allerdings Ihr Gerät nur zum Aufladen anschließen möchten, dann kann sich diese Funktion als störend erweisen. Ist der Speicherplatz knapp und Ihre Mediathek angewachsen, dann ist die Option Titel mit höherer Datenrate konvertieren in hilfreich. Sie sorgt dafür, dass die Dateien während des Kopiervorgangs mit einer weniger leistungsfähigen Codierung berechnet werden. Dadurch werden die Dateien kleiner, und Sie können deutlich mehr Musik auf Ihr Gerät kopieren. Dabei nehmen Sie allerdings leichte Einbußen bei der Wiedergabequalität in Kauf.

Abbildung 5.46 ▶
Die Warnung, dass die schon vorhandenen Medien gelöscht werden, sollten Sie ernst nehmen.

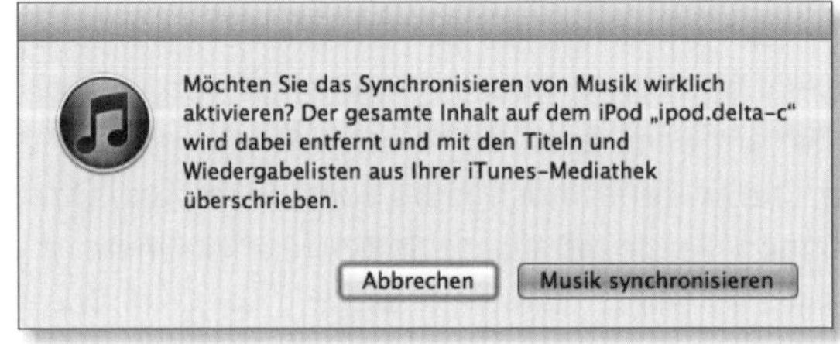

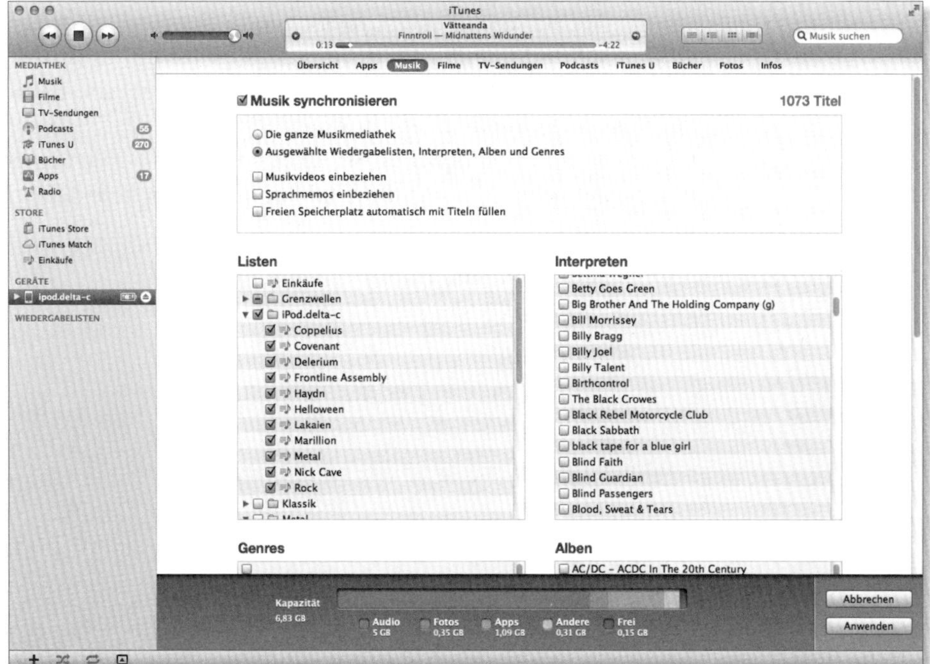

▲ **Abbildung 5.47**
Anstelle der gesamten Mediathek können auch ausgewählte Listen und Ordner synchronisiert werden.

Medien synchronisieren | Sie finden oben einige Reiter, über die Sie die Synchronisation der MUSIK, der FILME, der TV-SENDUNGEN, PODCASTS, BÜCHER und FOTOS konfigurieren können. Sie können sich hier zunächst entscheiden, ob Sie Ihre gesamten Medien synchronisieren möchten. Angesichts der Datenmengen stoßen eigentlich alle Geräte an die Grenzen ihrer Kapazität. Einfacher und präziser lässt sich dies lösen, indem Sie nur AUSGEWÄHLTE WIEDERGABELISTEN, INTERPRETEN, ALBEN UND GENRES SYNCHRONISIEREN. Diese können Sie dann im unteren Bereich des Fensters gezielt auswählen. Eine Möglichkeit, die Synchronisation noch weiter zu vereinfachen, kann darin bestehen, eigene Listen zum Beispiel für einen iPod anzulegen und nur diese zu synchronisieren. Auf diese Weise können Sie das Gerät auch diesbezüglich konfigurieren, wenn es gar nicht angeschlossen ist. Haben Sie Ihre Auswahl getroffen, dann wird Ihnen unten angezeigt, wie die Speicherbelegung nach der Synchronisation aussehen würde. Über die Schaltfläche ANWENDEN können Sie den Kopiervorgang starten.

Digitale Bilder
Die auf Ihrem Gerät gespeicherten Bilder und Fotos können Sie auch mit dem Programm Digitale Bilder verwalten. Hier ist die Oberfläche sehr viel leichter zugänglich, und das in Abschnitt 5.3 beschriebene Programm bietet deutlich mehr Funktionen.

Infos synchronisieren | Wenn Sie die iCloud nicht für die Speicherung und Synchronisation Ihrer Kontakte, Notizen und Kalender nutzen möchten, dann bietet Ihnen iTunes im Reiter INFOS die Möglichkeit, die Datenbestände abzugleichen. Auch hier können Sie wie bei den Medien auswählen, ob alle Kontakte übertragen oder nur ausgewählte Gruppen und Kalender abgeglichen werden sollen. Sie finden unter ERWEITERT auch die Möglichkeit, alle (!) vorhandenen Kontakte auf dem Gerät zu ersetzen. Bevor Sie diese Option, die zu einem exakten Abgleich führt, nutzen, sollten Sie sich überlegen, ob Sie auf dem Gerät Informationen gespeichert haben, die sich nicht auf Ihrem Rechner befinden.

Abbildung 5.48 ▼
Die schon vorhandenen Kontakte können ersetzt werden.

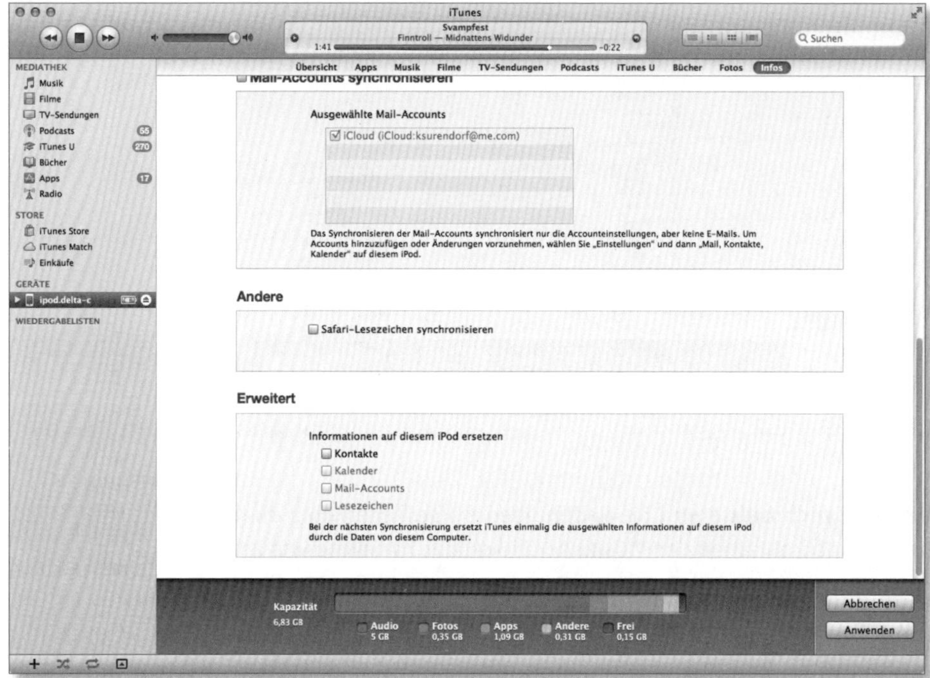

iTunes im Netzwerk

iTunes stellt Ihnen zwei einfache Möglichkeiten zur Verfügung, um Ihre Medien im Netzwerk zu nutzen.

Möchten Sie lediglich die Medien von einem anderen Rechner nutzen, dann können Sie in den Einstellungen von iTunes in der Ansicht FREIGABE die Option MEINE MEDIATHEK IM LOKALEN NETZWERK FREIGEBEN aktivieren. Sie können die Freigabe auf ausgewählte Wiedergabelisten beschränken. Neben den einzelnen Kategorien finden Sie die von Ihnen angelegten Listen im unteren Bereich. Darüber hinaus ist es möglich, dass Sie ein Kennwort vorgeben. Eine so freigegebene Mediathek wird mittels Bonjour automatisch im Netzwerk kommuniziert und erscheint auf einem anderen Rechner im Netzwerk automatisch in der linken Spalte unter FREIGABEN.

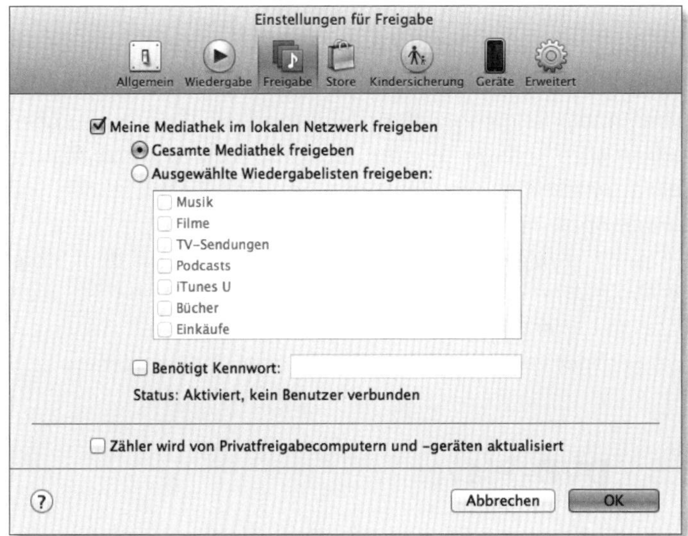

◂ **Abbildung 5.49**
Die Mediathek kann bei Bedarf nur nach Eingabe eines Kennworts genutzt werden.

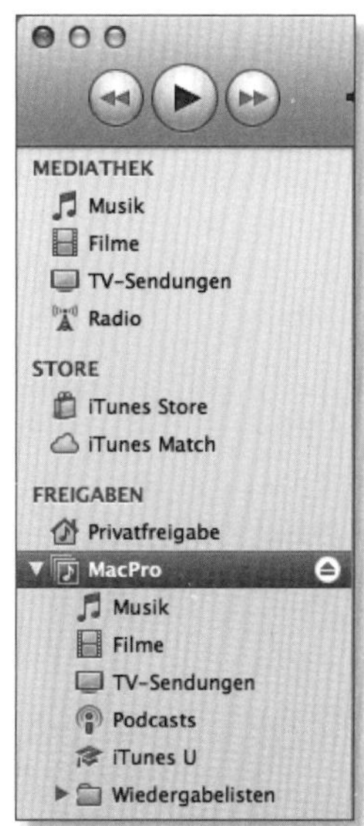

▴ **Abbildung 5.50**
Eine freigegebene Mediathek wird im Netzwerk mit dem Namen des Rechners kommuniziert.

Privatfreigabe | Während die zuvor besprochene Freigabe über Bonjour im lokalen Netzwerk erfolgt, können Sie auch die Privatfreigabe nutzen. Diese aktivieren Sie über den Menüpunkt ERWEITERT • PRIVATFREIGABE AKTIVIEREN. Sie werden dann aufgefordert, sich mittels Ihrer Apple-ID zu identifizieren.

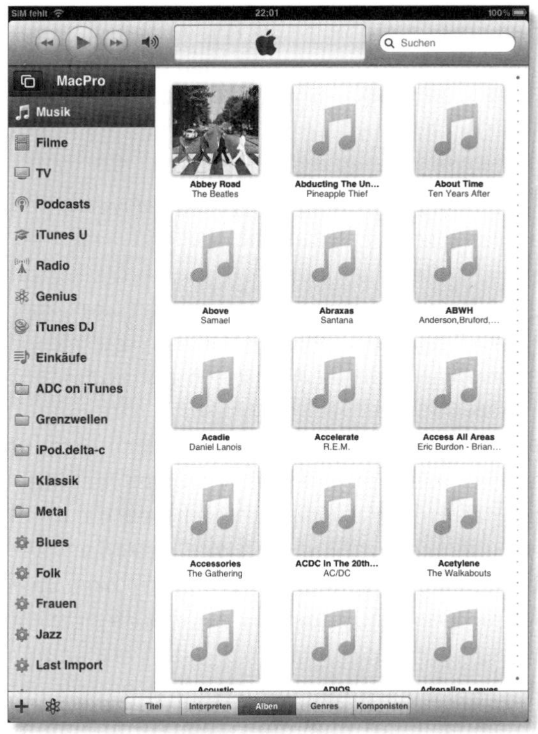

◂ **Abbildung 5.51**
Über das Programm Remote kann ein iPad, iPhone oder iPod als Fernsteuerung genutzt werden.

Die Kommunikation der Freigabe läuft in diesem Fall über die Server von Apple ab. Die Privatfreigabe unterscheidet sich von der Freigabe mittels Bonjour dadurch, dass beide Geräte mit derselben Apple-ID die Privatfreigabe nutzen. Sie können also über Bonjour allen Kollegen in Ihrem Büro Ihre Medien zur Verfügung stellen, während sich die Privatfreigabe auf die Geräte beschränkt, die Ihre Apple-ID nutzen.

Die Privatfreigabe ist recht nützlich, wenn Sie aus dem Store das Programm Remote von Apple installieren. Wenn Sie auch dieses mit Ihrer Apple-ID versehen, können Sie damit iTunes auf dem Rechner von einem iPod, iPhone oder iPad fernsteuern.

5.5 DVD-Player

Der DVD-Player von OS X 10.8 bietet Ihnen alle Funktionen, die Sie von handelsüblichen Geräten kennen. Neben der Sprachwahl, der Bedienung des Menüs der DVD und dem Abspielen in Zeitlupe verfügt der DVD-Player über ein paar Funktionen, die Ihnen bei der Wiedergabe von DVDs insbesondere im schulischen oder universitären Bereich von Nutzen sein können.

▲ **Abbildung 5.52**
Die Lesezeichen enthalten eine Vorschau.

Lesezeichen setzen | Möchten Sie auf eine bestimmte Szene direkten Zugriff erhalten, dann setzen Sie eine Markierung über den Menüpunkt STEUERUNG • NEUES LESEZEICHEN (⌘ + #). Der Menüpunkt blendet einen Dialog ein, in dem Sie für das Lesezeichen einen Namen vergeben können.

Über den Menüpunkt FENSTER • LESEZEICHEN können Sie die gesetzten Lesezeichen in einem separaten Fenster einsehen und auswählen. Über den Eintrag LESEZEICHEN in der Titelleiste des Fensters können Sie anstelle der LESEZEICHEN auch die Kapitel der DVD auswählen, sofern solche Markierungen enthalten sind. Über das Icon mit dem Zahnrad können Sie das Lesezeichen löschen und umbenennen sowie die Miniaturen ausblenden.

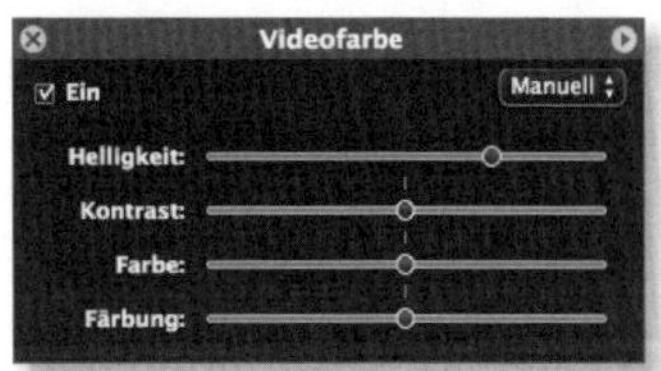

▲ **Abbildung 5.53**
Über das Fenster VIDEOFARBE passen Sie das Bild an.

Videofarbe | Wenn Sie eine DVD in einem abgedunkelten oder zu hellen Raum abspielen, dann verbessert die Anpassung der Videofarbe die Bildqualität für die Zuschauer gegebenenfalls. Über FENSTER • VIDEOFARBE können Sie eine Palette einbinden. Hier aktivieren Sie über EIN zuerst die Korrektur und passen dann über die Schieberegler die Darstellung an. Das Ausklappmenü oben rechts enthält einige Voreinstellungen. Über den Menüpunkt FENSTER • AUDIO-EQUALIZER passen Sie in der Palette anstelle der Videofarbe die Tonausgabe über Schieberegler an. Schließlich steht Ihnen in diesem Menü der VIDEO-ZOOM zur Verfügung. Mit den Schiebereglern vergrößern Sie die Darstellung des Bildes.

5.6 Audio MIDI Setup

Das Dienstprogramm Audio MIDI Setup ermöglicht Ihnen die Konfiguration der Tonquellen und Ausgänge. Haben Sie einen Anschluss ausgewählt, dann können Sie abhängig von dessen Technik verschiedene Parameter konfigurieren. Über die Schaltfläche LAUTSPRECHER KONFIGURIEREN können Sie, sofern Sie solche Geräte angeschlossen haben, auch den Surround-Sound einstellen.

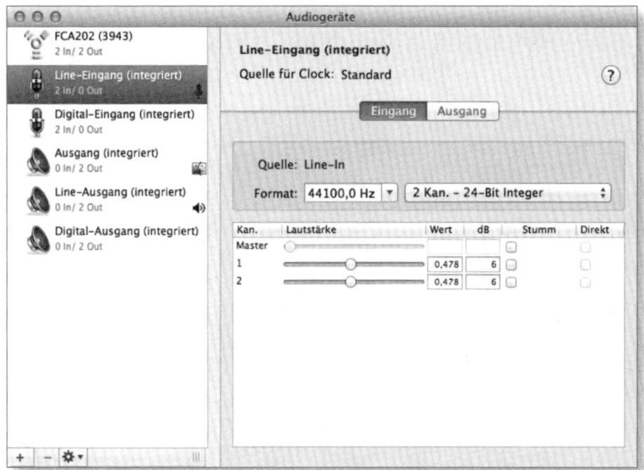

◂ Abbildung 5.54
Lautsprecher konfigurieren Sie im Dienstprogramm Audio MIDI Setup.

Haben Sie MIDI-Geräte angeschlossen, dann steht Ihnen über den Menüpunkt FENSTER • MIDI-FENSTER EINBLENDEN das MIDI-STUDIO zur Verfügung.

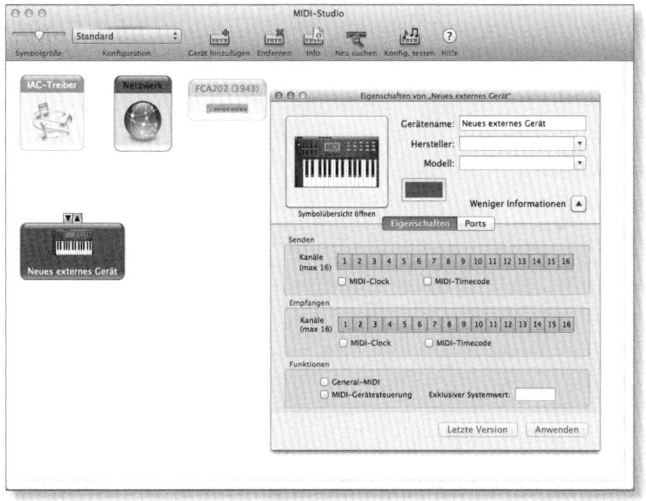

◂ Abbildung 5.55
Das MIDI-Studio rufen Sie über das Menü FENSTER auf.

5.7 Photo Booth

Quartz Composer
Wenn Sie selbst Effekte für Photo Booth erstellen möchten, dann können Sie das Programm Quartz Composer ausprobieren. Hierzu müssen Sie unter *http://developer.apple.com/downloads* die Graphic Tools for Xcode herunterladen. Das Programm setzt ein wenig Einarbeitung voraus, führt dann aber schnell zu interessanten Ergebnissen. Für die Erstellung der Effekte bietet es die Vorlage IMAGE FILTER.

Bei Photo Booth handelt es sich um ein reines Spaßprogramm. Es greift auf das Bild einer angeschlossenen Kamera zurück und erlaubt es Ihnen, dieses Bild mit einigen mehr oder weniger lustigen Effekten zu versehen. Über den Schieberegler links unten, der in Abbildung 5.56 nicht dargestellt wird, können Sie auch einen Film aufnehmen. Aufgenommene Bilder werden Ihnen in der Leiste unten aufgeführt, gespeichert werden sie im Archiv PHOTO BOOTH-MEDIATHEK im Ordner BILDER. Um an ein aufgenommenes Bild zu gelangen, rufen Sie das Kontextmenü darüber auf und wählen den Eintrag IM FINDER ZEIGEN aus.

Abbildung 5.56 ▸
Photo Booth bietet einige interessante Effekte.

Kapitel 6
Arbeiten mit dem Terminal

Für die Administration von OS X 10.8 ist das Terminal ein unverzichtbares Werkzeug. Auf den ersten Blick mag die Befehlseingabe am Terminal nicht sehr intuitiv wirken. Dabei ist die Arbeit am Terminal recht einfach, wenn Sie sich ein wenig mit den zugrunde liegenden Konzepten vertraut gemacht haben. Die Scheu vor den kryptischen Befehlsfolgen verliert sich dann erfahrungsgemäß recht schnell, und die Arbeit am Terminal ist eigentlich ein Herzstück von OS X 10.8. Was wäre ein offiziell zertifiziertes UNIX-System ohne Befehlseingabe?

Werkzeug im Alltag | Dieses Kapitel macht Sie mit den Grundlagen der Eingabe von Befehlen vertraut, zeigt Ihnen, welche Aufgabe die Shell `bash` hat, wie Sie sich im Dateisystem am Terminal bewegen, Dateien und Ordner kopieren, löschen und verschieben und wie Sie Texte am Terminal anzeigen und bearbeiten.

Manche Einstellungen von OS X 10.8 lassen sich am besten über das Terminal vornehmen, und spätestens, wenn Sie sich auf die Suche nach Fehlern und an die Problemlösung machen müssen, werden Terminal-Grundkenntnisse unverzichtbar sein.

Noch mehr UNIX?
Sie benötigen keine Einführung mehr und wollen UNIX auf Ihrem Mac voll ausreizen? Eine ausführliche Arbeit mit dem Terminal unter OS X auf über 500 Seiten finden Sie in dem Buch »OS X Lion und UNIX«, mittlerweile schon in der sechsten Auflage, ebenfalls geschrieben von Kai Surendorf und erschienen bei Galileo Press.

6.1 Die Grundlagen

Sie finden das Terminal im Ordner Dienstprogramme. Sie starten es mit einem Doppelklick – anschließend sehen Sie ein Fenster, dessen erste Zeilen denen in Abbildung 6.1 entsprechen.

Hinweis
In einigen Netzwerkkonfigurationen finden Sie anstelle des Namens Ihres Rechners auch die Angabe `localhost`. Diese bezeichnet in jedem Fall den Rechner, vor dem Sie gerade sitzen.

◂ **Abbildung 6.1**
Das Terminal nimmt Befehle entgegen und zeigt deren Ergebnisse an.

Mit `Last login` werden Sie über die Uhrzeit Ihrer letzten Anmeldung am Terminal, nicht am System allgemein, informiert. Die zweite Zeile enthält den Namen Ihres Rechners (hier `MacPro`), den Sie über die Systemeinstellungen in der Ansicht FREIGABEN vergeben haben. Darüber hinaus wird nach dem Doppelpunkt das aktuelle Verzeichnis angezeigt.

Englische Bezeichnungen
Die Standardordner wie FILME oder BILDER tragen am Terminal englische Namen. Der Grund dafür ist, dass die Verzeichnisse unter der Oberfläche eigentlich immer schon englische Bezeichnungen trugen. Sie werden lediglich vom Finder ins Deutsche oder eine andere voreingestellte Sprache übersetzt.

Die Tilde ~ und der Prompt | Laut Standardeinstellungen beginnt die Arbeit immer in Ihrem persönlichen Verzeichnis, das im Finder dem Ordner /BENUTZER/KURZNAME entspricht. Am Terminal wird eine Abkürzung in Form einer Tilde (~) verwendet. Außerdem gibt Ihnen die Zeile Aufschluss über den Benutzernamen, mit dem Sie aktuell arbeiten. Nach dem Dollar-Zeichen wartet ein Cursor auf Eingaben. Diese Eingabeaufforderung wird auch *Prompt* genannt.

Ein erster Befehl | Geben Sie nun als ersten Befehl `ls` ein, und drücken Sie dann [↵]. Als Ergebnis wird der Inhalt Ihres persönlichen Verzeichnisses angezeigt. Je nachdem, was Sie dort gespeichert und welche eigenen Ordner Sie dort angelegt haben, wird die Darstellung von der in Abbildung 6.1 etwas abweichen.

[Prompt]
Der Prompt stellt die Eingabeaufforderung am Terminal dar. Er wird um einige zusätzliche Informationen wie den Namen des Rechners und das aktuelle Verzeichnis ergänzt.

Verzeichnis wechseln | Nach der Ausgabe des Verzeichnisinhalts erscheint erneut der Cursor und wartet auf weitere Eingaben. Wenn Sie nun `cd Desktop` eingeben, wechseln Sie das aktuelle Arbeitsverzeichnis. Die Eingabe von `cd`, gefolgt von einem Verzeichnisnamen, entspricht einem Doppelklick auf das Symbol eines Ordners im Finder. Das Verzeichnis, in dem Sie sich jetzt befinden, ist nun DESKTOP – im Finder entspricht dies dem Schreibtisch.

Der Verzeichniswechsel wird Ihnen auch in der Eingabeaufforderung in der Form `MacPro:Desktop` angezeigt. Wenn Sie dahinter nun erneut `ls` eingeben, wird der Inhalt des Verzeichnisses ausgegeben. In diesem Beispiel wären das alle Dateien und Ordner, die sich auf Ihrem Schreibtisch befinden. Mit der erneuten Eingabe von `cd` ohne den Namen eines Verzeichnisses wechseln Sie jetzt zurück in Ihren persönlichen Ordner, es erscheint wieder die Tilde ~.

Bash 3.2
In OS X 10.8 verwendet Apple nach wie vor die Version 3.2 der `bash`, der »*Bourne Again Shell*«. Neben der `bash` gibt es eine ganze Reihe weiterer Shells mit unterschiedlichem Funktionsumfang.

Die Shell

Während Sie sich an Ihre ersten Schritte am Terminal wagen, greifen dabei im Hintergrund einige Programme und Komponenten des Systems ineinander. Dem Dienstprogramm Terminal kommt hierbei in erster Linie die Aufgabe zu, Ihre Eingaben entgegenzunehmen und die Ergebnisse auf dem Bildschirm im passenden Fenster anzuzeigen. Das Terminal ist also in erster Linie für die Ein- und Ausgabe zuständig.

Geben Sie einen Befehl ein, leitet das Terminal Ihre Tastatureingaben an die Shell weiter. Diese sorgt dafür, dass Ihre Befehle ausgeführt werden. Die eigentliche Arbeit, also das Auslesen des Inhalts eines Verzeichnisses, übernimmt in den meisten Fällen nicht die Shell selbst. Sie startet dafür ein weiteres Programm, das sich um das Auslesen kümmert und das Ergebnis an sie zurückgibt. Die Shell sorgt dann für die entsprechende Anzeige des Prozesses im Fenster des Terminals. Aufgrund dieser Übersetzungsleistung – indem die Shell Eingaben auswertet und Befehle zurückgibt – wird sie manchmal auch als *Interpreter* bezeichnet.

▲ **Abbildung 6.2**
Die meisten Befehle am Terminal sind eigentlich kleine Programme.

Befehle, Parameter, Optionen

Die Befehle, die am Terminal zur Verfügung stehen, liegen fast ausnahmslos in Form kleiner Programme vor. Im Finder wird ein solches Programm als Ausführbare Unix-Datei bezeichnet und mit einem grauen Icon versehen. Nach einer Eingabe wie `ls` sucht die Shell nach einem Programm mit dem Namen `ls`, startet es und wartet auf das Ergebnis des Systems.

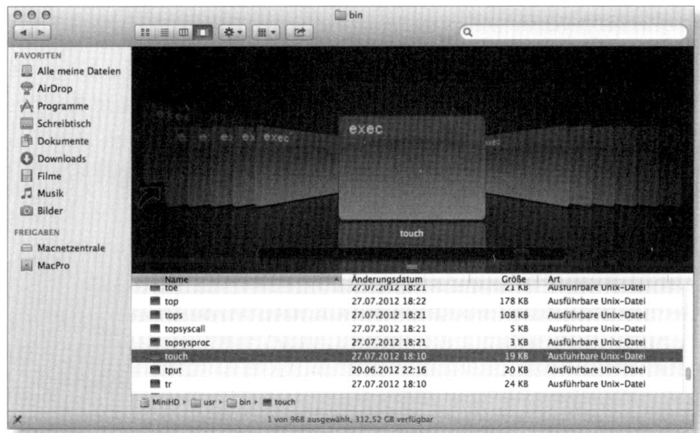

◂ **Abbildung 6.3**
Die Befehle für das Terminal werden in Verzeichnissen abgelegt, die der Finder sonst nicht anzeigt.

Verzeichnisse für Befehle | Die zur Verfügung stehenden Programme werden in besonderen Verzeichnissen abgelegt, die die Shell durchsucht. In den Standardeinstellungen sind dies die Verzeichnisse /bin, /sbin, /usr/bin, /usr/sbin, /usr/local/bin und gegebenenfalls /usr/X11/bin. Sie können sich den Inhalt dieser Verzeichnisse auch im Finder anzeigen lassen, wenn Sie den Menüpunkt Gehe zu • Gehe zu Ordner aufrufen und dort direkt zum Beispiel /usr/bin eingeben.

Akronyme

Befehle wie `cd` oder `ls` wirken auf den ersten Blick kryptisch. Es handelt sich dabei aber oft um Abkürzungen oder Akronyme für englische Wörter, die die Funktion charakterisieren. Mit `cd` wechseln Sie das aktuelle Verzeichnis. Im Englischen heißt dieser Vorgang *change directory*. Ebenso listet Ihnen `ls` (von *list*) den Inhalt eines Verzeichnisses auf. Und `cp` (für *copy*) kopiert eine Datei oder ein Verzeichnis an eine Stelle, die über Parameter angegeben wird.

»PATH«-Variable | Von entscheidender Bedeutung ist hierbei der Wert der `PATH`-Variablen. Bei solchen Umgebungsvariablen handelt es sich um einen Wert, der im Arbeitsspeicher vorgehalten wird. Im weiteren Sinne entspricht dies einer Voreinstellung. In der `PATH`-Variablen werden die fünf oder sechs zuvor genannten Verzeichnisse durch Doppelpunkte getrennt gespeichert. Die Ergänzung der `PATH`-Variablen (siehe Abschnitt 6.6.1) kann notwendig sein, wenn Sie eigene Programme, die am Terminal genutzt werden, installieren.

Mehrere Parameter
Viele Befehle lassen auch mehrere Parameter zu. So ist es etwa üblich, beim Kopieren einer Datei mit dem Befehl `cp` sowohl die zu kopierende Datei als auch den neuen Namen und das Ziel der Kopie in der Form `cp Alt.txt Neu.txt` anzugeben.

Parameter | Im ersten Beispiel mit der Eingabe von `ls` wurde lediglich der Befehl allein aufgerufen. Beim Wechsel des Verzeichnisses mit `cd` mussten Sie jedoch auch den Namen des Verzeichnisses angeben. Der Name ist dabei ein Parameter, den die Programme `ls` und `cd` bei ihrer Arbeit berücksichtigen. Die meisten Befehle, die Sie am Terminal verwenden können, verstehen solche Parameter. So können Sie mit `ls Movies` auch direkt den Inhalt des Ordners FILME ausgeben, ohne zuerst in das entsprechende Verzeichnis mit dem Befehl `cd` wechseln zu müssen.

Syntax
Fast alle Befehle am Terminal mitsamt ihren Optionen und Parametern sind folgendermaßen aufgebaut: `Befehl Option Parameter`

Optionen | Neben Parametern, die meistens das Ziel der auszuführenden Aktion darstellen, können Sie mit Optionen auch die Art und Weise beeinflussen, in der der Befehl ausgeführt wird. Eine solche Option definieren Sie bei den meisten Befehlen mit einem Minuszeichen, gefolgt von einem Buchstaben. So führt die Eingabe von `ls -l Music` zu einer etwas anderen Ausgabe des Verzeichnisinhalts als mit `ls` allein. Ihnen werden neben den Dateien und Ordnern auch einige ihrer Eigenschaften angezeigt:

```
drwxr-xr-x 6 kai staff 204 4 Okt 14:08 iTunes
```

Mit der Option `-l` signalisieren Sie dem Programm `ls`, dass es den Inhalt in einer detaillierten Langfassung ausgeben soll. Welche Optionen und Parameter ein Befehl entgegennimmt, hängt immer vom Befehl selbst ab. Informationen über die verfügbaren Optionen und Parameter finden Sie in der Dokumentation der Befehle (siehe Abschnitt 6.5).

[Relative und absolute Pfade]
Pfade können Sie auf zwei Arten vorgeben: absolut, also mit der Beschreibung des kompletten Pfads vom Grundverzeichnis aus, oder relativ, also von dem Punkt im Verzeichnisbaum aus, an dem Sie sich gerade befinden.

6.2 Navigation im Dateisystem

Die Navigation im Dateisystem erfolgt im Finder bequem über die Fenster, die Icons und gegebenenfalls einen Doppelklick. Am Terminal wechseln Sie mit dem Befehl `cd` das aktuelle Verzeichnis.

Pfadangaben | Wenn Sie ein neues Fenster im Terminal öffnen, ist Ihr persönlicher Ordner automatisch das aktuelle Verzeichnis. Je nach Ihrem Benutzernamen handelt es sich zum Beispiel um /USERS/KAI, was im Finder /BENUTZER/KAI entspräche. Um in ein Verzeichnis zu wechseln, geben Sie den Befehl cd, gefolgt vom Namen des Verzeichnisses, ein. Hierbei gilt es, zwischen relativen und absoluten Pfadangaben zu unterscheiden. Die absolute Angabe eines Pfades zu einem Verzeichnis beginnt immer mit einem Schrägstrich, gefolgt vom vollständigen Pfad. Zum Beispiel lautet der absolute Pfad zum persönlichen Verzeichnis des Benutzers Martin /USERS/MARTIN. Egal, in welchem Verzeichnis Sie sich befinden, mit

Tipp
Wenn Sie direkt in Ihr persönliches Verzeichnis wechseln möchten, können Sie auch einfach cd ohne weitere Optionen und Parameter eingeben.

```
cd /Users/Martin
```

würden Sie in dieses Verzeichnis wechseln. Möchten Sie in das Verzeichnis FILME des Benutzers Martin wechseln, können Sie sowohl

```
cd /Users/Martin/Movies
```

als auch – sollten Sie sich bereits in /USERS/MARTIN befinden – einfach nur

```
cd Movies
```

eingeben. Hier wird vor dem Verzeichnis MOVIES kein Schrägstrich angegeben, die Pfadangabe ist also relativ zum aktuellen Verzeichnis, also nicht ausgehend vom obersten Ordner Ihres Dateisystems, sondern vom aktuellen Arbeitsverzeichnis, in dem Sie sich gerade befinden.

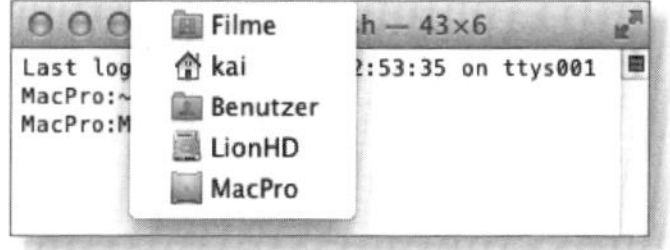

▲ **Abbildung 6.4**
Den aktuellen Pfad können Sie auch über das Proxy-Icon in der Titelleiste einsehen.

Verzeichnisse schnell wechseln | Möchten Sie vom Verzeichnis MOVIES in das Verzeichnis für Dokumente (DOCUMENTS) wechseln, können Sie in unserem Beispiel mit

```
cd /Users/Martin/Documents
```

eine absolute Pfadangabe verwenden. Einfacher und schneller getippt ist jedoch die relative Pfadangabe

Übergeordnetes Verzeichnis:
..

```
cd ../Documents
```

Die zwei Punkte stehen für das übergeordnete Verzeichnis (/USERS/MARTIN) des Verzeichnisses, in dem Sie sich befinden (/USERS/MARTIN/MOVIES).

Wenn Sie sich aktuell im Verzeichnis /USERS/MARTIN/DOCUMENTS befinden und in das Verzeichnis /USERS wechseln möchten, können Sie entweder wieder mit

```
cd /Users
```

den absoluten Pfad angeben oder mit

```
cd ../../
```

Persönlicher Ordner: ~

einfach zwei Ebenen in der Verzeichnishierarchie nach oben springen. Bei der Verwendung von cd kommt der Tilde (~), die Sie mit [alt] + [N] eingeben, eine besondere Bedeutung zu. Sie dient als Abkürzung für den persönlichen Ordner des jeweiligen Benutzers. Mit

```
cd ~/Documents
```

wechseln Sie in das Verzeichnis DOCUMENTS in Ihrem Nutzerverzeichnis, ganz gleich, wo Sie sich aktuell im Dateisystem befinden. Darüber hinaus ist die Shell so konfiguriert, dass auch die einfache Angabe von cd ohne eine Pfadangabe immer in Ihr persönliches Verzeichnis wechselt.

Abbildung 6.5 ▸ Mit den Befehlen cd und pwd navigieren Sie im Dateisystem.

```
Dokumente — bash — 80×7
Last login: Thu Aug 11 23:03:32 on ttys000
MacPro:~ kai$ cd Documents
MacPro:Documents kai$ ls
About Stacks.lpdf
MacPro:Documents kai$ pwd
/Users/kai/Documents
MacPro:Documents kai$
```

Present Working Directory
Wenn Sie vergleichsweise tief in die doch recht umfangreiche Verzeichnishierarchie hinabgestiegen sind, hilft Ihnen die kleine Gedächtnisstütze am Prompt nicht mehr weiter. Sie zeigt lediglich die letzten drei übergeordneten Verzeichnisse an und nicht den kompletten Pfad. Mit Eingabe von pwd gibt die Shell den vollständigen Pfad des aktuellen Arbeitsverzeichnisses aus. Auch pwd ist ein Akronym und steht für *present working directory*.

Zeichen mit \ maskieren | Optionen und Parameter trennen Sie am Terminal durch Leerzeichen. Dies kann bei einem Ordner oder einer Datei, in deren Namen sich ein Leerzeichen befindet, dazu führen, dass der dem Leerzeichen folgende Teil des Namens als Parameter interpretiert wird. Neben dem Leerzeichen können auch Klammern Probleme verursachen.

Sie umgehen dies, indem Sie Klammern und Leerzeichen in Pfadangaben das Zeichen \ ([alt] + [⇧] + [7]) voranstellen. Damit werden die problematischen Zeichen maskiert. In einen Ordner, dessen Name PROJEKTE (21.7.2011) lautet, wechseln Sie mit der Eingabe `cd Projekte\ \(21.7.2011\)`. Sie müssen hier also drei Zeichen maskieren.

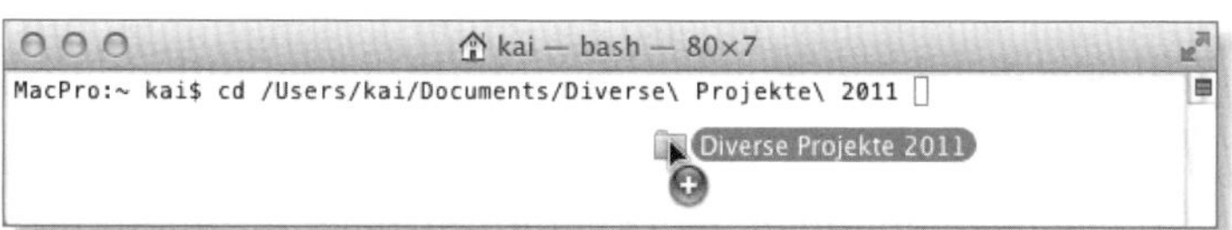

◂ **Abbildung 6.6**
Einen Ordner oder eine Datei können Sie in das Fenster ziehen.

Verzeichnisinhalt anzeigen | Mit dem Befehl `cd` wechseln Sie zwar das aktuelle Arbeitsverzeichnis, aber Sie erhalten keine Auskunft über den Inhalt des Verzeichnisses. Zu dessen Anzeige dient der bereits erwähnte Befehl

```
ls Verzeichnis
```

Wenn Sie einfach nur `ls` eingeben, dann wird Ihnen der Inhalt des aktuellen Verzeichnisses ausgegeben. Sie können aber auch ein Verzeichnis, dessen Inhalt Sie in Erfahrung bringen möchten, direkt angeben. Mit der Eingabe

```
ls ~/Documents
```

wird Ihnen der Inhalt des Verzeichnisses DOKUMENTE in Ihrem persönlichen Ordner angezeigt.

Informationen einholen | Geben Sie keine Option an, dann gibt `ls` lediglich die Namen der Dateien und Ordner des angegebenen Verzeichnisses aus. Mit der Option `-l` veranlassen Sie `ls`, Ihnen in einer Liste detaillierte Informationen über den Inhalt des Verzeichnisses zu geben. Dazu gehören auch die aktuell geltenden Zugriffsrechte (siehe Abschnitt 8.2). Darüber hinaus können Sie mit der Option `-a` auch die unsichtbaren Dateien, deren Namen mit einem Punkt beginnen, in die Ausgabe einbeziehen. Am Terminal sind diese Dateien zwar nicht wirklich unsichtbar, werden aber von der normalen Anzeige ausgeschlossen. Beide Optionen können Sie auch in einem Aufruf in der Form

```
ls -al ~/Documents
```

kombinieren.

Ganz viele Optionen

Auch wenn der Befehl `ls` lediglich den Inhalt eines Verzeichnisses anzeigt, verfügt er doch über eine erstaunliche Anzahl von Optionen. In der mit `man ls` aufzurufenden Dokumentation (siehe Abschnitt 6.5) finden Sie mehr als zwanzig Optionen, über die Sie die Ausgabe konfigurieren können.

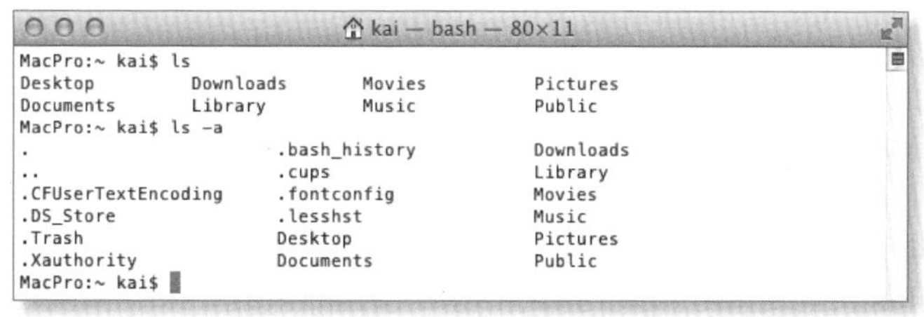

◂ **Abbildung 6.7**
Mit dem Befehl `ls` zeigen Sie über die Option `-a` auch die unsichtbaren Dateien an.

In diesem Fall erhalten Sie eine detaillierte Auflistung Ihres Ordners DOKUMENTE, in die auch die sonst nicht sichtbaren Dateien einbezogen werden.

6.3 Mit Dateien arbeiten

Hinweis

Wenn Sie am Terminal auf Dateien oder Ordner zugreifen möchten, für die Sie keine ausreichenden Zugriffsrechte besitzen, können Sie in begründeten Ausnahmefällen den Befehlen `cp`, `mv`, `rm` den Befehl `sudo` (siehe Abschnitt 14.3) voranstellen.

Am Terminal steht Ihnen eine Reihe von Befehlen für die Dateiverwaltung zur Verfügung. An und für sich stellen diese oft nur das Pendant zu den Funktionen des Finders dar, und in der täglichen Arbeit ist die Nutzung des Finders zunächst einfacher und intuitiver. Es kann aber erforderlich sein, Dateien von Hand am Terminal zu kopieren oder zu löschen. Sei es, weil Ihr System nicht mehr startet und Sie im Single-User-Modus eigenhändig Dateien löschen und verschieben müssen, oder sei es, dass Sie eine Konfigurationsdatei im Verzeichnis /ETC ändern und vorher eine Sicherheitskopie der alten Einstellungen erstellen möchten. Dabei gelten die zuvor beschriebenen Konventionen der Pfadangaben auch für alle Befehle zum Kopieren, Löschen und Verschieben.

Kopieren mit »cp« | Um eine Datei oder ein Verzeichnis zu kopieren, verwenden Sie den Befehl

```
cp Quelle Ziel
```

Als `Quelle` geben Sie den Namen oder Pfad der zu kopierenden Datei an, als Ziel entweder einen anderen Namen, ein anderes Verzeichnis oder beides. Mit

```
cp ~/Documents/Datei.rtf /Users/kai/Public/
```

kopieren Sie *Datei.rtf* aus Ihrem Ordner DOKUMENTE in den Ordner ÖFFENTLICH des Benutzers KAI. Achten Sie bei der Angabe eines Pfades als Ziel darauf, dass Sie die Angabe mit / abschließen. So behält `cp` dann den Namen der Ausgangsdatei bei. In Ihrem aktuellen Arbeitsverzeichnis erstellen Sie mit

```
cp Brief.rtf Meier.rtf
```

ein Duplikat der Datei *Brief.rtf* mit einem neuen Namen *Meier.rtf*, und mit

```
cp Brief.rtf ~/Backup/Meier.rtf
```

kopieren Sie die Datei in das (vorher zu erstellende) Verzeichnis BACKUP und weisen ihr gleichzeitig einen neuen Namen zu.

Verzeichnis kopieren | Wenn Sie anstelle einer einzelnen Datei den vollständigen Inhalt eines Verzeichnisses kopieren möchten, geben Sie Quelle und Ziel in der gleichen Form an, müssen sie aber durch die Option `-r` ergänzen. Die Eingabe

```
cp -r ~/Documents/ /Users/kai/Public/
```

kopiert Ihren Ordner DOKUMENTE samt Inhalt in den Ordner ÖFFENTLICH.

Tipp

Mit der zusätzlichen Option `-v` veranlassen Sie den Befehl `cp`, Sie am Terminal über den Verlauf des Kopiervorgangs zu informieren. Die Eingabe von `cp -vr ~/Documents /Users/Public` kopiert Ihr Verzeichnis DOKUMENTE in den Ordner FÜR ALLE BENUTZER und informiert Sie detailliert über den Verlauf des Kopiervorgangs.

Verschieben und Umbenennen mit »mv« | Zum Umbenennen einer Datei oder eines Verzeichnisses am Terminal gibt es keinen eigenen Befehl. Dies lässt sich aber auch mit dem Befehl

```
mv Quelle Ziel
```

bewerkstelligen, der eigentlich dem Verschieben von Dateien dient. Mit

```
mv Brief.rtf Brief2.rtf
```

ändern Sie den Namen der Datei *Brief.rtf* in *Brief2.rtf*.

Das Verschieben erfolgt ähnlich wie das Kopieren jeweils durch die Angabe eines Namens oder eines Pfades. Eine Datei im aktuellen Verzeichnis verschieben Sie mit

```
mv Brief.rtf ~/Documents/
```

in Ihren Ordner DOKUMENTE. Geben Sie nach dem Zielverzeichnis noch einen Namen an, etwa in der Form

```
mv Brief.rtf ~/Documents/Brief_1207.rtf
```

dann wird die Datei in den Ordner DOKUMENTE verschoben und in *Brief_1207.rtf* umbenannt.

Tipp

Über die Option `-p` können Sie auch gleich einen ganzen Pfad erzeugen. Mit `mkdir -p /Users/kai/Neuer/Pfad` erstellen Sie zuerst ein Verzeichnis NEUER und innerhalb dessen ein Verzeichnis PFAD.

Verzeichnis erstellen mit »mkdir« | Ein Verzeichnis erstellen Sie mit dem Befehl

```
mkdir Pfad
```

wobei die bloße Angabe eines Namens ein neues Verzeichnis im gerade aktuellen Verzeichnis erstellt. Geben Sie hingegen einen ganzen Pfad wie etwa

```
mkdir /Users/kai/Neu
```

an, wird das Verzeichnis NEU im persönlichen Ordner des Benutzers Kai angelegt, unabhängig von Ihrem aktuellen Arbeitsverzeichnis.

Löschen mit »rm« | Beim Löschen von Dateien am Terminal müssen Sie beachten, dass es dort kein Pendant zum Papierkorb gibt. Löschen Sie eine Datei mit dem Befehl

```
rm Datei
```

so stellt Ihnen das Betriebssystem keine Möglichkeit zur Verfügung, die Datei wiederherzustellen. Sie können den Befehl mit der Option `-i` (zum Beispiel `rm -i Brief.rtf`) veranlassen, vor dem Löschen einer Datei eine Bestätigung zu verlangen.

Verzeichnisse rekursiv löschen | Ebenso, wie Sie mit der Option `-r` ein ganzes Verzeichnis kopieren, können Sie mit der Option `-r` auch ein Verzeichnis und seinen Inhalt rekursiv löschen. Durch die Eingabe von

```
rm -r /Users/kai/Desktop/Kannweg
```

wird der auf dem Schreibtisch des Benutzers Kai befindliche Ordner KANNWEG mitsamt seinem Inhalt einschließlich Unterordnern gelöscht.

Sicheres Löschen mit »srm« | Der Befehl `srm` hat die Aufgabe, eine Datei nicht nur aus der Verzeichnisstruktur zu entfernen, sondern auch die in ihr enthaltenen Daten mit Leerdaten zu überschreiben. Er entspricht also dem sicheren Entleeren des Papierkorbs im Finder, jedoch bezogen auf eine Datei. Mit

```
srm Brief.rtf
```

wird die Datei *Brief.rtf* gelöscht und ihr Inhalt mit Leerdaten überschrieben. Sie ist auf diese Weise auch für versierte Computer-Forensiker so gut wie nicht mehr zu rekonstruieren.

Verzeichnis löschen mit »rmdir« | Wenn Sie ein Verzeichnis komplett entleert haben und es auch keine unsichtbaren Dateien enthält, können Sie anstelle des fehlerträchtigen Befehls `rm -r` auch den Befehl

```
rmdir /Pfad/zum/Verzeichnis
```

verwenden. Da `rmdir` nur leere Verzeichnisse aus dem Dateisystem entfernt, ist seine Verwendung weniger gefährlich als die Kombination `rm -r`. Beachten Sie, dass `rmdir` die Löschung eines Verzeichnisses auch dann verweigert, wenn sich darin noch unsichtbare Dateien und Ordner befinden. Sie können sich diese mit `ls -a Verzeichnis/` (siehe Abschnitt 6.2) anzeigen lassen.

6.4 Texte anzeigen und bearbeiten

Viele Konfigurationsdateien oder Protokolle, die das System im Hintergrund von Fehlermeldungen erstellt, liegen als Texte vor. Die Arbeit mit reinen Textdateien am Terminal mag etwas gewöhnungsbedürftig sein, aber in vielen Fällen ist die direkte Bearbeitung von Texten am Terminal einfach schneller.

Texte anzeigen mit »less«

Eine Textdatei anzeigen können Sie mit dem Befehl `less`, gefolgt vom Namen der anzuzeigenden Datei. Mit

```
less /etc/apache2/httpd.conf
```

rufen Sie die Konfigurationsdatei des Webservers Apache auf. Hierbei geben Sie mit `/etc/apache2/httpd.conf` den absoluten Pfad zu der Datei an. Wären Sie vorher mit

```
cd /etc/apache2/
```

in das entsprechende Verzeichnis gewechselt, hätte der Aufruf auch lediglich

```
less httpd.conf
```

lauten können. Mit den Tasten [↑] und [↓] navigieren Sie durch das Dokument. Die Leertaste blättert eine Seite weiter, und mit [B] blättern Sie eine Seite zurück. Die Taste [G] führt Sie zum

[more]

Der Vorgänger von `less` trug den bezeichnenden Namen `more`. Das Programm hatte den Nachteil, dass der Anwender nicht im Text zurücknavigieren konnte. Dieses Manko wurde mit `less` aufgehoben, und dementsprechend charakterisiert sich `less` in seiner Dokumentation als »opposite of more«.

Vorteile von »less«

Ein großer Vorteil von `less` liegt in der Geschwindigkeit und Effizienz. Wenn eine sehr große Textdatei angezeigt werden soll, dann lädt `less` nicht die gesamte Datei in den Arbeitsspeicher, sondern nur den gerade anzuzeigenden Bereich.

Beginn, die Tastenkombination ⇧ + G zum Ende des Textes. Die Taste Q beendet `less` und bringt Sie zurück zur Eingabeaufforderung.

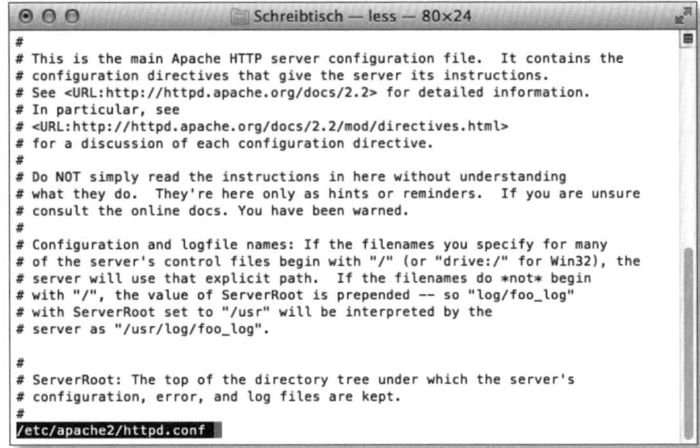

Schreibtisch — less — 80×24
#
This is the main Apache HTTP server configuration file. It contains the
configuration directives that give the server its instructions.
See <URL:http://httpd.apache.org/docs/2.2> for detailed information.
In particular, see
<URL:http://httpd.apache.org/docs/2.2/mod/directives.html>
for a discussion of each configuration directive.
#
Do NOT simply read the instructions in here without understanding
what they do. They're here only as hints or reminders. If you are unsure
consult the online docs. You have been warned.
#
Configuration and logfile names: If the filenames you specify for many
of the server's control files begin with "/" (or "drive:/" for Win32), the
server will use that explicit path. If the filenames do *not* begin
with "/", the value of ServerRoot is prepended -- so "log/foo_log"
with ServerRoot set to "/usr" will be interpreted by the
server as "/usr/log/foo_log".

#
ServerRoot: The top of the directory tree under which the server's
configuration, error, and log files are kept.
#
/etc/apache2/httpd.conf

Abbildung 6.8 ▸ Der Befehl `less` dient zur Anzeige von Textdateien.

Textstellen suchen | Wenn Sie eine bestimmte Textstelle suchen möchten, geben Sie zuerst / ein, gefolgt vom Suchbegriff, zum Beispiel `/Begriff`, und drücken abschließend ↵. Das Programm sucht nun die passenden Fundstellen und hebt sie hervor. Beim weiteren Blättern durch den Text werden alle Fundstellen weiterhin hervorgehoben angezeigt. Mit der Taste N springen Sie direkt zur nächsten Fundstelle, zur vorangegangenen gelangen Sie mit ⇧ und N.

Texte bearbeiten mit »nano«

Am Terminal steht eine ganze Reihe von Editoren zur Verfügung. Vom sehr gewöhnungsbedürftigen Editor `vi` bis hin zum umfangreichen `Emacs` gibt es einige Programme. Am einfachsten zu bedienen ist der Editor `nano`. Sie starten ihn durch die Eingabe von

```
nano Datei
```

Vorgang abbrechen
Mit der Tastenkombination ctrl + C können Sie die meisten Vorgänge wie den Dateimanager oder die Suche vorzeitig abbrechen.

Die Angabe der Datei ist dabei nicht zwingend erforderlich. Starten Sie den Editor nur mit `nano`, wird eine leere Datei angelegt, die Sie später mit einem Namen versehen können. Auch bei der Bearbeitung von Dateien mit `nano` gelten die Zugriffsrechte (siehe Abschnitt 8.2). Bei vielen Konfigurationsdateien, insbesondere im Verzeichnis /ETC, müssen Sie dem Aufruf von `nano` den Befehl `sudo` voranstellen, um Ihre Änderungen speichern zu können.

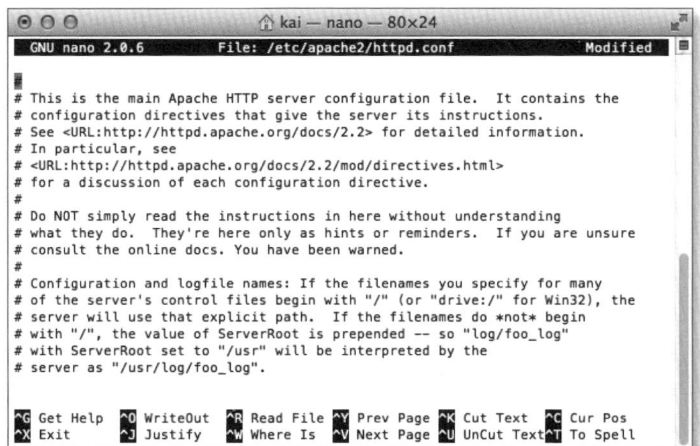
kai — nano — 80×24
GNU nano 2.0.6 File: /etc/apache2/httpd.conf Modified
#
This is the main Apache HTTP server configuration file. It contains the
configuration directives that give the server its instructions.
See <URL:http://httpd.apache.org/docs/2.2> for detailed information.
In particular, see
<URL:http://httpd.apache.org/docs/2.2/mod/directives.html>
for a discussion of each configuration directive.
#
Do NOT simply read the instructions in here without understanding
what they do. They're here only as hints or reminders. If you are unsure
consult the online docs. You have been warned.
#
Configuration and logfile names: If the filenames you specify for many
of the server's control files begin with "/" (or "drive:/" for Win32), the
server will use that explicit path. If the filenames do *not* begin
with "/", the value of ServerRoot is prepended -- so "log/foo_log"
with ServerRoot set to "/usr" will be interpreted by the
server as "/usr/log/foo_log".
^G Get Help ^O WriteOut ^R Read File ^Y Prev Page ^K Cut Text ^C Cur Pos
^X Exit ^J Justify ^W Where Is ^V Next Page ^U UnCut Text ^T To Spell

◂ Abbildung 6.9
Der Editor nano verfügt über wenige Funktionen, ist aber leicht zu bedienen.

Im Editor nano können Sie mit dem Cursor ganz normal in einem Text navigieren und an beliebigen Stellen Text einfügen oder löschen. Die am unteren Fensterrand aufgeführten Kürzel sprechen Sie mit ctrl an. Dementsprechend dient die Kombination ctrl + X zum Beenden des Programms. Sie erhalten bei einem noch nicht gesicherten Text eine Rückfrage, ob er gespeichert werden soll. Den aktuellen Stand speichern Sie mit ctrl + O, ohne dabei das Programm zu verlassen. Hierbei erhalten Sie eine Rückfrage zum Dateinamen. Mit der Eingabe von ↵ sichern Sie die Änderungen in der aktuellen Datei.

Tipp
Der Editor verfügt auch über eine kleine Zwischenablage. Mit ctrl + K wird die Zeile, in der sich der Cursor gerade befindet, in die Zwischenablage kopiert und gleichzeitig gelöscht. An die Stelle, an der sich der Cursor befindet, können Sie diese Zeile mit ctrl + U wieder einfügen, wobei die Kopie im Speicher erhalten bleibt. Diese Zwischenablage arbeitet nicht mit der normalen Zwischenablage von OS X zusammen. Sie können die so kopierte Zeile also nicht mit ⌘ + V in einer anderen Anwendung einfügen.

Datei öffnen ... | Den Inhalt einer anderen Textdatei können Sie direkt an der aktuellen Position des Cursors mit dem Kurzbefehl ctrl + R einfügen. Anschließend können Sie direkt eine Datei angeben oder mit ctrl + T einen kleinen Dateimanager aufrufen. Die Pfeiltasten dienen zur Auswahl eines Verzeichnisses, in das Sie mit ↵ und der Bestätigung der folgenden Rückfrage mit Y wechseln können. Eine ausgewählte Datei öffnen Sie ebenfalls mit ↵. Ihr Inhalt erscheint dann in der von Ihnen aktuell bearbeiteten Datei.

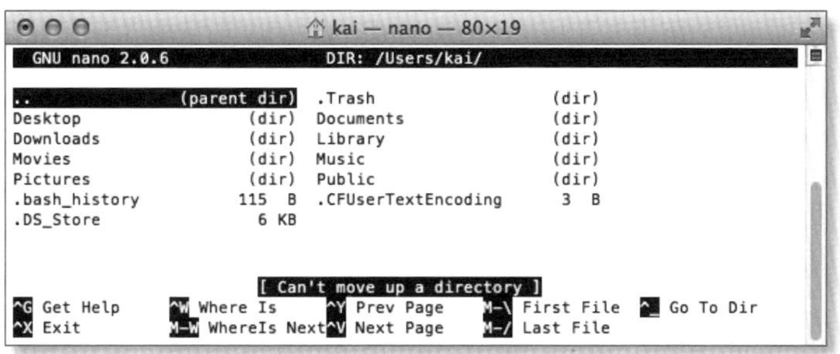
kai — nano — 80×19
GNU nano 2.0.6 DIR: /Users/kai/
.. (parent dir) .Trash (dir)
Desktop (dir) Documents (dir)
Downloads (dir) Library (dir)
Movies (dir) Music (dir)
Pictures (dir) Public (dir)
.bash_history 115 B .CFUserTextEncoding 3 B
.DS_Store 6 KB
[Can't move up a directory]
^G Get Help ^W Where Is ^Y Prev Page M-\ First File ^_ Go To Dir
^X Exit M-W WhereIs Next ^V Next Page M-/ Last File

◂ Abbildung 6.10
Der Editor nano verfügt über einen kleinen Dateimanager.

... und speichern | Der Dateimanager steht Ihnen auch beim Speichern einer Datei zur Verfügung. Haben Sie eine Datei neu angelegt, `nano` also ohne die direkte Angabe eines Dateinamens gestartet, dann können Sie den Editor mit `ctrl` + `O` zum Speichern auffordern. Anstatt den direkten Pfad für die Datei in der Form `/Users/kai/Datei.txt` anzugeben, können Sie auch hier mit `ctrl` + `T` den Dateimanager aufrufen, das entsprechende Verzeichnis auswählen und der Datei einen Namen geben.

Abbildung 6.11 ▶
Der zuvor eingegebene Suchbegriff wird in Klammern angegeben.

Textstellen suchen | Ähnlich wie `less` verfügt auch `nano` über eine eingebaute Suchfunktion. Mit `ctrl` + `W` erscheint eine Eingabezeile über den unten angezeigten Kurzbefehl. Dort geben Sie den zu suchenden Text ein und starten mit ↵ die Suche. Nun wird Ihnen das erste Suchergebnis angezeigt. Um zur nächsten Fundstelle zu gelangen, geben Sie erneut `ctrl` + `W` ein, dabei allerdings keinen Suchbegriff, sondern einfach nur ↵. Der vorangegangene Suchbegriff wird Ihnen in Klammern als Gedächtnisstütze angezeigt.

6.5 Die enthaltene Dokumentation

Zusammen mit dem Betriebssystem wird auch eine umfangreiche Dokumentation der am Terminal zur Verfügung stehenden Befehle installiert.

Navigation
In der Dokumentation können Sie die in Abschnitt 6.4 beschriebenen Tasten und Tastenkombinationen des Programms `less` zur Navigation nutzen. Am Terminal ist nämlich `less` für die Anzeige der manpages zuständig.

Manual Pages | Zu fast jedem Befehl ist eine zumindest rudimentäre Erläuterung vorhanden. Geben Sie dafür einfach den Befehl `man`, gefolgt vom Namen eines Befehls, ein. Mit

```
man less
```

rufen Sie etwa die Dokumentation des Befehls `less` auf. In Abbildung 6.12 sehen Sie die daraufhin angezeigte, als *Manual Page* (auch *man-page*) bezeichnete Dokumentation.

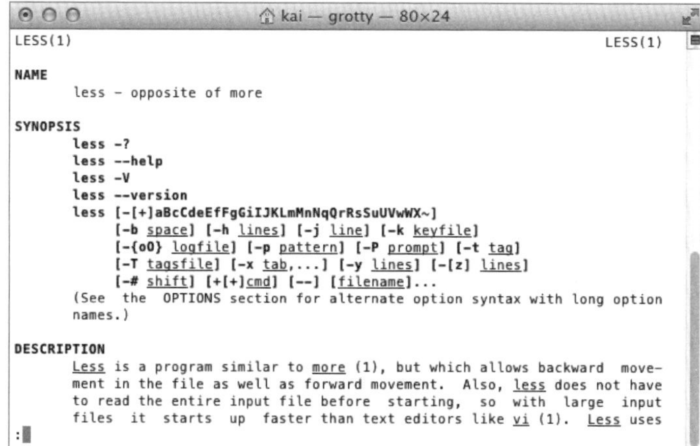

◂ **Abbildung 6.12**
Auch das eher einfache Programm `less` verfügt über eine Dokumentation.

Synopsis | Neben dem Namen und einer knappen Beschreibung der grundlegenden Funktion des Befehls erhalten Sie in der *Synopsis* eine Auflistung aller möglichen Optionen und Parameter.

Description | Wie Sie im Beispiel `less` sehen, haben Sie auch für die Anzeige von Textdateien viele Möglichkeiten. Am wichtigsten ist in der Regel die Erläuterung unter dem Punkt DESCRIPTION. Sie finden hier neben den grundlegenden Funktionen des Befehls auch Anmerkungen, inwiefern verschiedene Optionen ineinandergreifen und sich gegenseitig beeinflussen.

Manchmal schließt eine Option eine andere aus. Solche möglichen Konflikte werden hier erwähnt. Oft finden Sie am Ende der Dokumentation auch einige Beispiele, die die Funktionsweise des Befehls verdeutlichen.

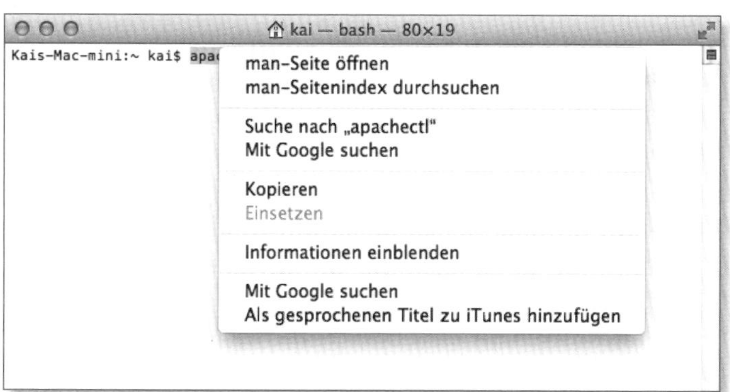

◂ **Abbildung 6.13**
Über das Kontextmenü können Sie eine man-Seite öffnen oder die Dokumentation durchsuchen.

Dienste für man-Seiten
Die Funktionen zum Öffnen und Durchsuchen der man-Seiten stehen Ihnen auch als Dienste (siehe Abschnitt 2.7) zur Verfügung. In der Ansicht TASTATUR unter dem Reiter TASTATURKURZBEFEHLE finden Sie in der Rubrik DIENSTE unter TEXT beide Funktionen, denen bereits ein Tastenkürzel zugewiesen wurde. Dies ist praktisch, wenn Sie sich beispielsweise im Browser ein Tutorial durchlesen und schnell die man-Seite eines beschriebenen Befehls öffnen möchten.

Wenn Sie mit der Maus ein Wort markieren und das Kontextmenü über diesem Wort aufrufen, dann finden Sie dort auch die Einträge MAN-SEITE ÖFFNEN und MAN-SEITENINDEX DURCHSUCHEN. Rufen Sie einen der Punkte auf, dann erscheint ein neues Fenster mit gelbem Hintergrund, in dem Ihnen die Dokumentation oder die Fundstellen innerhalb der Dokumentation angezeigt werden. Die Nachricht `[Prozess beendet]` weist darauf hin, dass dieses Fenster keine weiteren Befehle entgegennimmt.

man-pages ausdrucken | Die Lektüre der man-pages kann am Bildschirm insbesondere bei längeren Texten recht ermüdend sein. Sie liegen nicht als reine Textdatei vor, sondern es handelt sich um ein spezielles Format, das auch Fettschrift und Unterstreichungen enthält. Bei einfachem Copy & Paste und Ausdruck aus einem Editor würden diese Formatierungen verloren gehen.

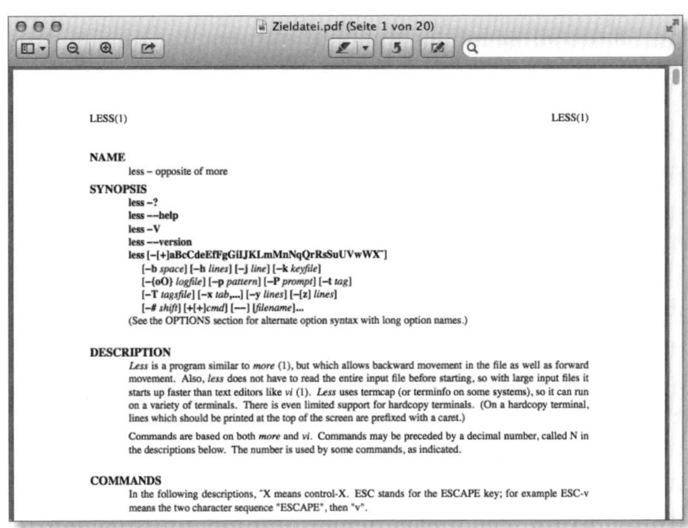

Abbildung 6.14 ▸
Die Dokumentation können Sie auch ausdrucken.

Mit einer Befehlskombination können Sie aus einer man-page aber eine PostScript-Datei erzeugen, die Sie mithilfe des Programms Vorschau ausdrucken können. Hierzu geben Sie das Kommando

```
man -t Befehl > Zieldatei.ps
```

ein, wobei Sie `Befehl` durch den Befehl ersetzen, dessen Dokumentation Sie konvertieren möchten. Sie erhalten anschließend eine *Zieldatei.ps* genannte Datei, die sich in dem Verzeichnis befindet, das Sie zuletzt mit `cd` ausgewählt haben. Öffnen Sie diese Datei im Programm Vorschau, sehen Sie in der Datei, was Sie sonst am Terminal angezeigt bekommen.

6.6 Effizienter mit dem Terminal arbeiten

Wenn Sie etwas intensiver mit dem Terminal arbeiten, um Ihr System zu administrieren und anzupassen, dann bietet Ihnen die Shell einige Funktionen, die eine etwas effizientere Arbeit ermöglichen.

Umgebungsvariablen

Die Einstellungen der Shell, die sowohl das Aussehen des Prompts betreffen als auch die Verzeichnisse, in denen die Shell nach Befehlen sucht, nehmen Sie in einer eigenen Datei mit dem Namen *.bash_profile* vor.

Datei erstellen
In einer normalen Installation ist keine Datei *.bash_profile* in Ihrem persönlichen Verzeichnis vorhanden. Diese können Sie mit `nano ~/.bash_profile` einfach erstellen und dann bearbeiten.

».bash_profile« | Wenn Sie ein Fenster des Terminals öffnen und die Shell in diesem Fenster gestartet wird, liest die Shell die Datei *.bash_profile* aus. In dieser Datei befinden sich Definitionen von Werten, die die Shell in ihrer Arbeitsweise beeinflussen. Sie werden *Umgebungsvariablen* genannt. Der Name ergibt sich daraus, dass sie die Arbeitsumgebung des Anwenders bestimmen. Sie befinden sich also genau genommen nicht in einer normalen Datei auf der Festplatte, sondern im Arbeitsspeicher des Rechners.

In der Datei *.bash_profile* lässt sich `bash` auf vielfältige Weise vom Anwender konfigurieren. Die Shell verfügt über eine Vielzahl von Optionen und Möglichkeiten, da Sie sie auch – der Begriff *Befehlszeilen-Interpreter* deutet es an – als einen Interpreter für Skripten an der Shell ähnlich wie AppleScript verwenden können.

Die »PATH«-Variable | Eine der wichtigsten Umgebungsvariablen ist `PATH`. Sie legt fest, in welchen Verzeichnissen die Shell nach Befehlen suchen soll. Wenn Sie sich näher mit dem UNIX-Kern von OS X 10.8 befassen, werden Sie vielleicht weitere Programme installieren, die Sie am Terminal verwenden möchten. Den aktuellen Inhalt der Variablen lassen Sie sich durch die Eingabe `echo $PATH` anzeigen. Die Ausgabe lautet in der Standardeinstellung:

[echo]
Der Befehl `echo` dient zur Ausgabe von Variablen oder Texten am Terminal. Sie können `echo` auch anstelle einer Variablen einen Text in Anführungszeichen übergeben, den der Befehl sofort am Terminal wieder anzeigt.
`echo` ist bei Shell-Skripten (siehe Abschnitt 6.6) recht nützlich.

```
/usr/bin:/bin:/usr/sbin:/usr/local/bin:/usr/X11/bin
```

Die Angabe `/usr/X11/bin` finden Sie nur, wenn Sie das Paket X11 ebenfalls installiert haben. Die einzelnen Ordner werden durch Doppelpunkte voneinander getrennt. Geben Sie einen Befehl wie `mv` oder `chmod` ein, durchsucht die Shell die in diesen Ordnern vorhandenen Dateien und prüft, ob es eine Übereinstimmung gibt. Dabei durchsucht sie die Liste von links nach rechts und führt die erste Fundstelle aus. Wenn Sie im Verzeichnis /USERS/KAI/SKRIPTEN einige Programme oder Skripten gespeichert haben, die an der Shell verwendet werden sollen, müssen Sie die PATH-Variable um diesen Pfad ergänzen.

Hinweis

Fügen Sie eigene Verzeichnisse immer ans Ende der PATH-Variablen an. Sie vermeiden so, dass die systemeigenen Befehle wie `chmod` oder `ls` durch andere Befehle, die über andere Software installiert wurden, ersetzt werden.

»export« | Umgebungsvariablen können Sie mit dem Befehl `export` ändern. Die PATH-Variable bestimmen Sie durch die Eingabe

```
export PATH="/usr/bin:/bin:/usr/sbin:/usr/local/bin:/
usr/X11/bin:/Users/kai/Skripten"
```

Mit dieser Eingabe werden die zu durchsuchenden Pfade um das Verzeichnis /USERS/KAI/SKRIPTEN ergänzt, und das Verzeichnis wird bei der Suche berücksichtigt.

Dauerhafte Änderungen | Um Umgebungsvariablen dauerhaft ändern zu können, müssen Sie eine Datei *.bash_profile* anlegen, falls sie noch nicht existiert. Rufen Sie mit

```
nano ~/.bash_profile
```

»export«

Die Funktionsweise von `export` besteht darin, zuerst den Namen der Variablen und nach dem Gleichheitszeichen in Anführungsstrichen den neuen Wert anzugeben. Diese Änderung gilt immer nur für das Fenster, in dem Sie den Befehl eingegeben haben.

den Editor auf, und fügen Sie die folgende Zeile ein:

```
export PATH="/usr/bin:/bin:/usr/sbin:/usr/local/bin:/
usr/X11/bin:/Users/kai/Skripten"
```

Nach dem Speichern stehen Ihnen die Änderungen an jeder neu gestarteten Shell zur Verfügung.

Abkürzungen definieren

»alias«

Die Anweisung `alias` hat nichts mit den Aliasen, die als Verweise auf Dateien und Ordner im Finder dienen, zu tun.

Wenn Sie intensiver mit dem Terminal arbeiten, wird es einige Befehlsfolgen geben, die Sie häufiger verwenden. Die Shell bietet die Möglichkeit, Befehlen eine Abkürzung zuzuweisen. Es ist damit möglich, anstelle des Befehls `cd ~/Movies` einfach nur `Filme` einzugeben und damit einen Wechsel in dieses Verzeichnis zu bewirken. Der Befehl `alias` ähnelt in seiner Funktionsweise `export`. Eine Abkürzung legen Sie durch die folgende Eingabe an:

```
alias Filme="cd ~/Movies"
```

Geben Sie anschließend nur `Filme` in die Kommandozeile ein, wechselt die Shell in das Verzeichnis `Movies` in Ihrem persönlichen Ordner. Ebenso wie Umgebungsvariablen verfallen diese Definitionen, wenn Sie das Fenster mit der Shell schließen. Um die Abkürzung für alle Fenster zu definieren, fügen Sie die Zeile der Datei *.bash_profile* hinzu.

Weitere nützliche Funktionen

Die Shell bietet Ihnen ein paar Funktionen, die Ihnen die Arbeit am Terminal etwas erleichtern. Dieser Abschnitt stellt Ihnen einige dieser Tricks vor, die Sie bei der normalen Arbeit mit OS X 10.8 nicht missen möchten.

Vorangegangener Befehl
[↓]

Folgender Befehl
[↓]

Historie der Befehle | Die Shell merkt sich im Hintergrund die eingegebenen Befehle. Den zuvor eingegebenen Befehl können Sie sich erneut am Prompt anzeigen lassen, indem Sie die Taste [↑] drücken. Mit [↑] fragen Sie nacheinander alle zuvor eingegebenen Befehle ab, während Sie mit [↓] in der Historie wieder eine Eingabe vorwärtsgehen.

Eingabe vervollständigen
[⇥]

Eingaben vervollständigen | Bei der Eingabe von Datei- und Verzeichnisnamen sowie bei Befehlen können Sie Ihre Eingabe automatisch vervollständigen. Geben Sie am Terminal `cd Doc`, gefolgt von [⇥], ein, dann vervollständigt die Shell `Doc` zu `Documents`, sofern Sie sich in Ihrem persönlichen Ordner befinden. Die Vervollständigung wird nur durchgeführt, wenn sie eindeutig ist. Dies bedeutet, dass `Doc` nicht zu `Documents` erweitert wird, wenn sich in Ihrem persönlichen Ordner ein Verzeichnis DOCUMENTS und ein Verzeichnis DOCUMENTATION befinden. Es erklingt ein Warnton. Drücken Sie nun zweimal kurz hintereinander [⇥], dann präsentiert Ihnen die Shell die verfügbaren Möglichkeiten.

Möglichkeiten anzeigen
[⇥] [⇥]

Zeilenanfang
[ctrl] + [A]

Zeilenanfang und -ende | Die sonst üblichen Tastenkombinationen, um an den Beginn oder an das Ende einer Zeile zu springen, funktionieren am Terminal nicht. Stattdessen bewegen Sie den Cursor mit [ctrl] + [A] an den Beginn und mit [ctrl] + [E] an das Ende der Zeile.

Zeilenende
[ctrl] + [E]

Fensterinhalt löschen | Mit der Tastenkombination [⌘] + [K] löschen Sie den Inhalt des aktuellen Fensters. Der Prompt befindet sich anschließend oben in dem leeren Fenster. Streng genommen, handelt es sich hierbei nicht um eine Funktion der Shell, sondern des Terminals.

Fensterinhalt löschen
[⌘] + [K]

Kleine Shell-Skripten erstellen

[Shebang]
Die erste Zeile, die mit den Zeichen #! beginnt, wird auch *Shebang* genannt. Sie enthält den Verweis auf das Programm oder die Shell, das die im Skript vorhandenen Befehle ausführen sollte. Mit `#!/usr/bin/python` würde ein Skript in der Programmiersprache Python ausgeführt.

Die Shell kann auch dazu dienen, Skripten auszuführen. In diesem Fall arbeitet sie im nichtinteraktiven Modus. Shell-Skripten sind ein machtvolles, aber bisweilen auch kompliziertes Werkzeug. Möglicherweise sind Ihnen unter Windows noch die Batch-Dateien geläufig, mit denen Sie eine Reihe von Anweisungen nacheinander ausführen. Shell-Skripten haben im Prinzip die gleiche Aufgabe.

Ein einfaches Skript kann aber auch schon aus wenigen Zeilen bestehen. In der ersten Zeile erfolgt die Angabe, welches Programm die folgenden Anweisungen interpretieren soll. Mit der Angabe `#!/bin/bash` verweisen Sie auf die `bash`.

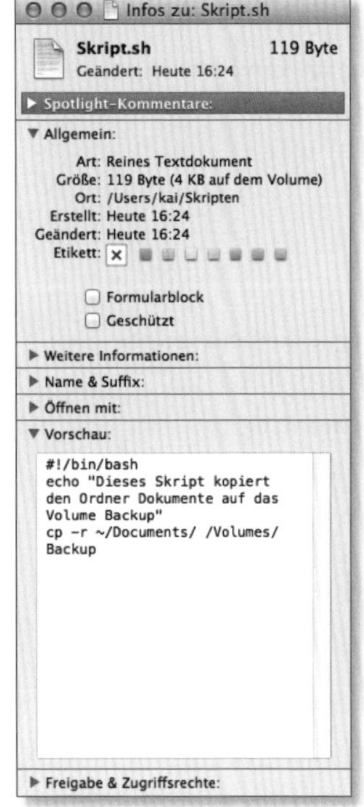

▲ **Abbildung 6.15**
Der Quellcode des Skripts wird unter Vorschau angezeigt.

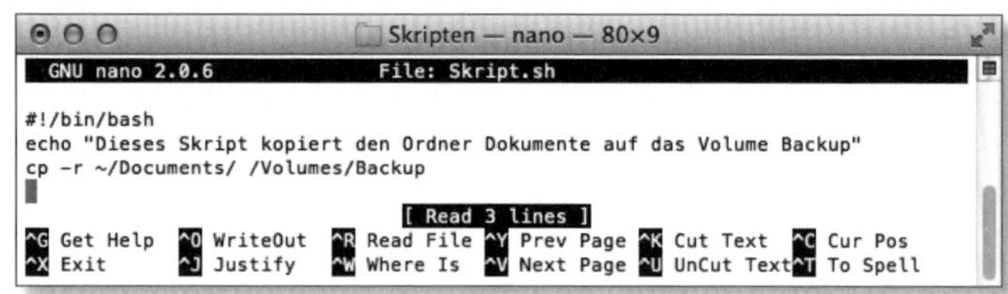

▲ **Abbildung 6.16**
Ein Shell-Skript sollte über eine Shebang-Zeile verfügen.

In einem Shell-Skript können Sie die meisten Befehle, die Ihnen auch im interaktiven Modus der Shell zur Verfügung stehen, verwenden. In Abbildung 6.16 wurde ein sehr einfaches Shell-Skript im Editor `nano` erstellt.

```
#!/bin/bash
echo »Dieses Skript kopiert den Ordner Dokumente auf
das Volume Backup«
cp -r ~/Documents /Volumes/Backup
```

Die drei Zeilen werden von oben nach unten abgearbeitet. Zuerst wird mit der Shebang-Zeile festgestellt, dass die `bash` die folgenden Befehle erhalten soll. Dann wird mit `echo` einfach nur der Text in Anführungszeichen am Terminal ausgeführt. Schließlich wird in der dritten Zeile ein Kopiervorgang mittels `cp` durchgeführt.

Abbildung 6.17 ▶
Einem Shell-Skript müssen Sie die passenden Zugriffsrechte zuweisen.

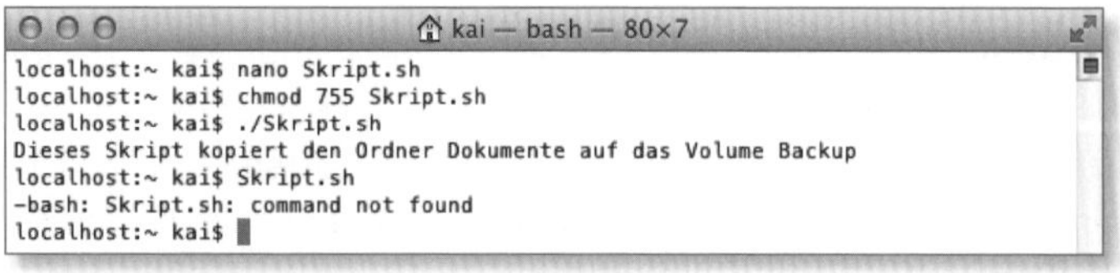

```
kai — bash — 80×7
localhost:~ kai$ nano Skript.sh
localhost:~ kai$ chmod 755 Skript.sh
localhost:~ kai$ ./Skript.sh
Dieses Skript kopiert den Ordner Dokumente auf das Volume Backup
localhost:~ kai$ Skript.sh
-bash: Skript.sh: command not found
localhost:~ kai$
```

Zugriffsrechte zuweisen | Haben Sie das kleine Skript gespeichert, müssen Sie ihm noch die entsprechenden Zugriffsrechte (siehe Abschnitt 8.2) mit `chmod 755 Skript.sh` zuweisen. Speichern Sie es dann in einem Ordner, beispielsweise /USERS/KURZNAME/SKRIPTEN, oder an einem anderen Platz, der in der `PATH`-Variablen eingetragen ist, und Sie können das Skript wie ein Programm am Terminal aufrufen. Es ist auch möglich, das Skript aus dem aktuellen Verzeichnis mit `./Skript.sh` aufzurufen und zu starten.

Das einfache Beispiel gibt bei einem Aufruf wie in Abbildung 6.17 zuerst den Text über `echo` aus und startet dann den Kopiervorgang. Hat das Skript seine Arbeit beendet, erscheint wieder der Prompt.

Aktuelles Verzeichnis
In dem in Abbildung 6.17 gezeigten Beispiel müssen Sie dem Aufruf des Skripts ein `./` voranstellen. Die Angabe von `./` greift auf den aktuellen Pfad zurück. Der direkte Aufruf mit `Skript.sh` führt zu einer Fehlermeldung.

Kapitel 7
Quick Look und Spotlight

Mit Quick Look und Spotlight bietet Ihnen OS X zwei Möglichkeiten, Dateien schnell zu finden und zu prüfen, ob es sich um die gesuchte handelt. Die Suchfunktion Spotlight ist in der Lage, auch den Inhalt einiger Dateien zu durchsuchen. Damit diese Suche schnell zu Ergebnissen führt, wird im Hintergrund eine Indexdatei angelegt und bei der Suche herangezogen. Wie Sie Ausdrücke formulieren und mit Spotlight sogar eine kleine Berechnung durchführen, erfahren Sie im zweiten Teil dieses Kapitels.

Der erste Teil stellt Ihnen die als *Quick Look* bezeichnete Vorschau von OS X 10.8 vor. Bei Quick Look handelt es sich um eine Funktion des Betriebssystems, die Sie zwar in erster Linie im Finder nutzen werden, die Ihnen aber auch an anderen Stellen im System zur Verfügung steht.

7.1 Übersicht mit Quick Look

Quick Look ist zunächst recht unscheinbar, dafür aber äußerst praktisch. Seine Aufgabe besteht darin, Ihnen schnell eine Vorschau des Inhalts einer Datei zu ermöglichen. Dabei ist der Aufbau von Quick Look modular, Sie können die Funktion also leicht um weitere Dateitypen ergänzen. Entwickler können Quick-Look-Funktionen in ihre Programme integrieren und eigene Generatoren zur Verfügung stellen.

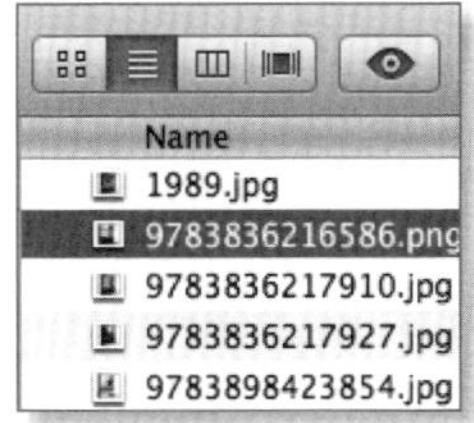

▲ **Abbildung 7.1**
Über das Symbol mit dem Auge können Sie die Übersicht aus der Symbolleiste aufrufen.

Einblick erhalten

Neben der hier im Mittelpunkt stehenden Übersicht im Finder können Sie Quick Look auch in Mail aufrufen, um einen Dateianhang, der von Quick Look interpretiert werden kann, einzusehen. Sie ersparen sich auf diese Weise das manuelle Öffnen beispielsweise von Word- und PDF-Dateien. In der Time Machine ist Quick Look nützlich, um eine Vorschau der Datei zu erhalten, die Sie wiederherstellen möchten.

Übersicht aufrufen | Im Finder rufen Sie die Übersicht auf, indem Sie entweder die Leertaste drücken, den Kurzbefehl [⌘] + [Y] verwenden oder die Schaltfläche ÜBERSICHT in der Symbolleiste des Finders anklicken. Im Dialog zum Öffnen oder Speichern einer Datei können Sie die Vorschau ausschließlich über die Leertaste aufrufen.

Abbildung 7.2 ▸
Ist kein passender Generator verfügbar, werden Details der ausgewählten Datei angezeigt.

Es erscheint dann ein schwebendes, hellgraues Fenster. Darin finden Sie, abhängig vom Typ der ausgewählten Datei, entweder eine Vorschau des Inhalts oder eine kurze Übersicht der Eigenschaften. Das Fenster selbst schwebt und zeigt Ihnen immer die Übersicht der aktuell ausgewählten Datei an. Sie können also die Übersicht aufrufen und dann nacheinander verschiedene Dateien auswählen, und die Übersicht passt sich immer der gerade selektierten Datei an. Wenn das System in der Lage ist, der Datei ein Programm zuzuordnen, dann finden Sie oben rechts die Schaltfläche ÖFFNEN MIT, gefolgt vom Namen des Programms.

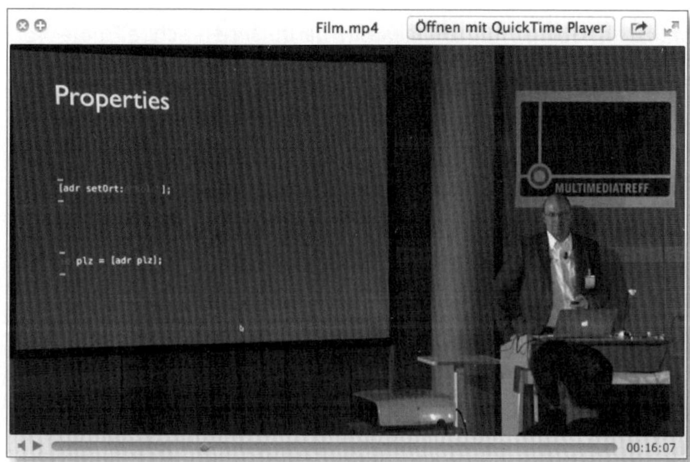

Abbildung 7.3 ▸
Ein Film kann direkt in der Übersicht abgespielt werden.

Ganzer Bildschirm | Mit den beiden Pfeilen oben rechts vergrößern Sie die Übersicht auf den ganzen Bildschirm und zeigen so beispielsweise Filme oder Bilder in voller Auflösung an. Sie können auch gleich den ganzen Bildschirm nutzen, indem Sie bei einer ausgewählten Datei den Kurzbefehl ⌘ + alt + Y verwenden oder die Taste alt gedrückt halten, wenn Sie auf das Symbol ÜBERSICHT in der Symbolleiste des Finders klicken. Zur normalen Ansicht kehren Sie mit der Taste esc zurück oder ebenfalls über die Tastenkombination ⌘ + alt + Y.

Ganzer Bildschirm
⌘ + alt + Y

◀ **Abbildung 7.4**
Haben Sie mehrere Dateien ausgewählt, dann können Sie sie über die Pfeile oben links durchgehen.

Diashow | Haben Sie mehrere Dateien ausgewählt, wird bei der Darstellung auf dem ganzen Bildschirm automatisch eine Diashow gestartet. Öffnen Sie die Übersicht hingegen im Fenster, dann finden Sie oben ❶ zwei Pfeile und ein Symbol mit vier Quadraten. ❷ Mit den Pfeilen nach links und rechts wechseln Sie manuell zum vorangegangenen und nächsten Objekt. Sie können hierzu auch → und ← verwenden. In der Diashow steht Ihnen, sofern Sie iPhoto installiert haben, unten eine Schaltfläche mit dem Icon des Programms zur Verfügung, mit der Sie die Datei in Ihre iPhoto-Bibliothek importieren können.

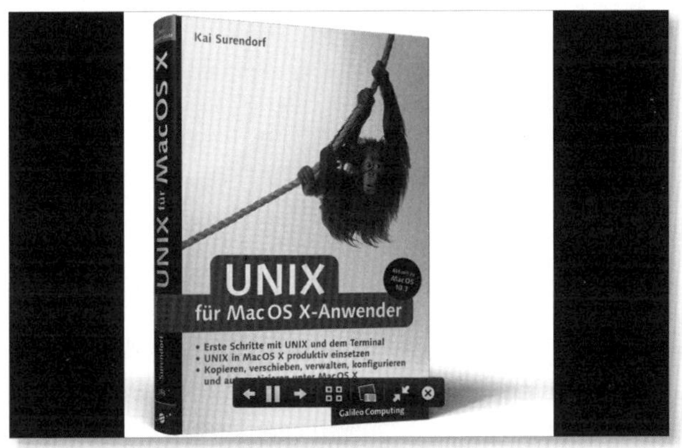

◀ **Abbildung 7.5**
Sie können eine Diashow anhalten und mit den Pfeiltasten von Hand steuern.

Abbildung 7.6 ▸
Die Index-Seite rufen Sie mit der Tastenkombination ⌘ + ↩ auf.

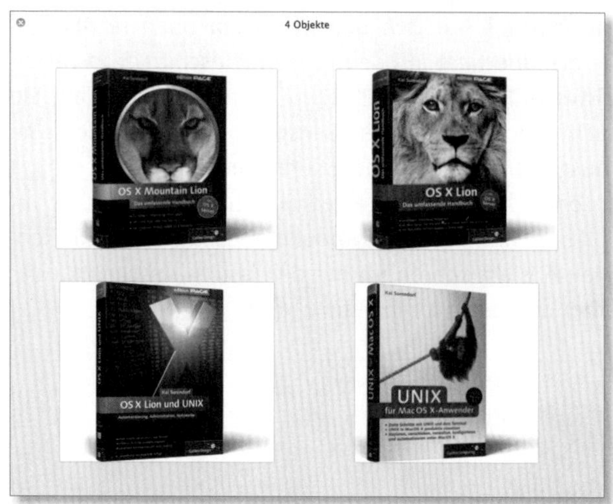

Index-Seite
⌘ + ↩

Index-Seite | Haben Sie mehrere Dateien ausgewählt, finden Sie in der unteren Leiste auch ein Symbol mit vier Rechtecken. Darüber oder über die Tastenkombination ⌘ + ↩ können Sie sich eine miniaturisierte Darstellung aller ausgewählten Dateien anzeigen lassen. Eine Datei für die volle Darstellung wählen Sie entweder mit einem Mausklick aus, oder Sie verschieben mit den Pfeiltasten die Auswahl und rufen mit ↩ die Vorschau der ausgewählten Datei auf. Haben Sie so viele Dateien ausgewählt, dass Quick Look diese Übersicht auf mehrere Seiten verteilt, dann können Sie auch mit den Tasten `Seite hoch` und `Seite runter` blättern.

Abbildung 7.7 ▸
Die Taste `alt` stellt das Bild in seiner Originalgröße dar.

Bild in Originalgröße
`alt`

Bilder betrachten | Das Fenster der Vorschau passt sich in der Größe dem dargestellten Inhalt an und versucht zum Beispiel bei einem Bild, es in Originalgröße darzustellen. Wenn Sie das Fenster selbstständig vergrößert haben oder die Darstellung sich auf den gesamten Bildschirm erstreckt, dann wird das Bild so weit vergrößert, dass es den gesamten Platz des Fensters oder Bildschirms ausfüllt. Mit der Taste `alt` können Sie das Bild auf die Originalgröße verkleinern.

◂ **Abbildung 7.8**
Durch eine PDF-Datei kann in der Voransicht geblättert werden.

PDF-Dateien anzeigen | Wenn Sie sich eine mehrseitige PDF-Datei anzeigen lassen, dann finden Sie rechts eine Übersicht der enthaltenen Seiten. Mit den Tasten `Seite hoch` und `Seite runter` blättern Sie im Dokument.

◂ **Abbildung 7.9**
Über den Pfeil nach unten rufen Sie in Mail eine Vorschau der Webseite auf.

Webseiten ohne Browser | Eine Datei mit der Endung *.webloc*, die auf eine Webseite verweist, können Sie ebenfalls mit Quick Look einsehen. In diesem Fall ruft Quick Look die angegebene Webseite auf und stellt sie im Fenster der Vorschau dar. Ein Klick auf einen Link selbst startet dann den Standardbrowser. Enthält eine Nachricht in Mail einen für das Programm identifizierbaren

Hyperlink, dann können Sie die Maus über diesem platzieren. Es erscheint dann rechts ein kleiner Pfeil nach unten, über den Sie direkt in Mail die Vorschau der Webseite aufrufen können.

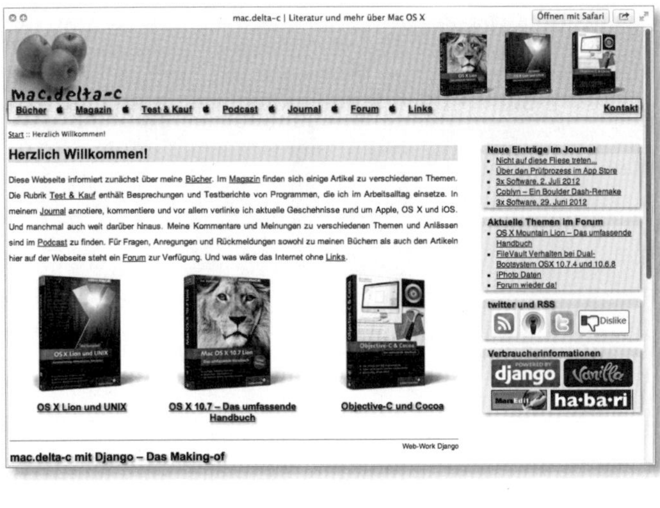

Abbildung 7.10 ▸
Quick Look bietet auch eine Vorschau von Webseiten.

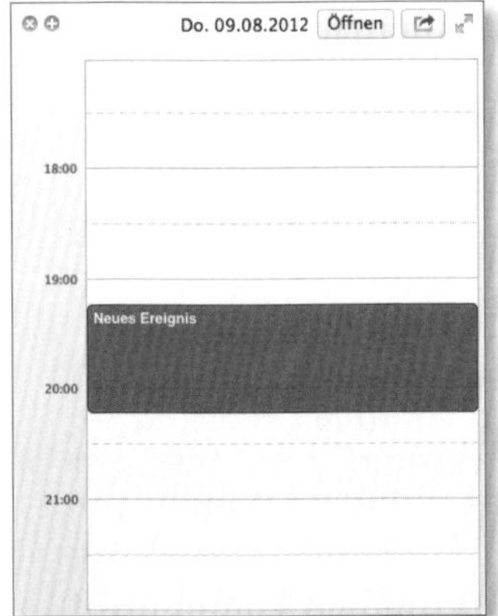

▲ Abbildung 7.11
Kalender-Ereignisse, die im Finder als Datei vorliegen, erhalten ebenfalls eine Vorschau.

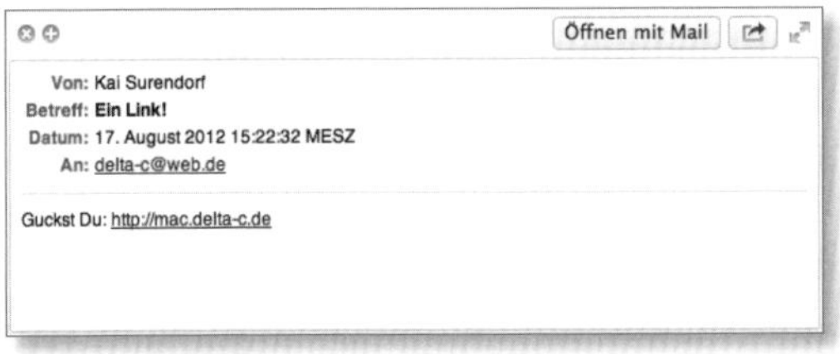

Öffnen mit Mail

Von: Kai Surendorf
Betreff: **Ein Link!**
Datum: 17. August 2012 15:22:32 MESZ
An: delta-c@web.de

Guckst Du: http://mac.delta-c.de

▲ Abbildung 7.12
Eine Nachricht aus Mail, die als Datei gespeichert wurde, können Sie über Quick Look ebenfalls einsehen.

Kalender, Mail und Kontakte | Sie können aus allen drei Programmen entsprechende Objekte wie eine E-Mail, ein Ereignis oder eine Adresse zum Beispiel auf den Schreibtisch ziehen. Rufen Sie dann die Vorschau für diese Dateien auf, dann wird Ihnen die Nachricht, das Ereignis oder die Adresse angezeigt. Praktisch ist dies zum Beispiel dann, wenn Ihnen eine Adresse in Form einer VCF-Datei (siehe Abschnitt 4.6) per E-Mail zugeschickt wurde und Sie vor dem Import in Ihr Adressbuch prüfen wollen, um welche Person mit welchen Daten es sich handelt.

Funktionsweise von Quick Look

Die Funktionsweise von Quick Look beruht im Wesentlichen auf zwei Komponenten. Im Hintergrund sind bei Bedarf die Dienste Quick Look UI Helper und Quick Look Helper aktiv und reagieren auf Anfragen eines Programms wie des Finders, der Time Machine oder Mail, eine Übersicht einzublenden.

Wenn eine Übersicht angefordert wird, greift das System auf einen sogenannten *Generator* für diese Übersicht zurück, lässt diesen die Übersicht erstellen und gibt die Darstellung an das Programm – genau genommen, an das Fenster – zurück.

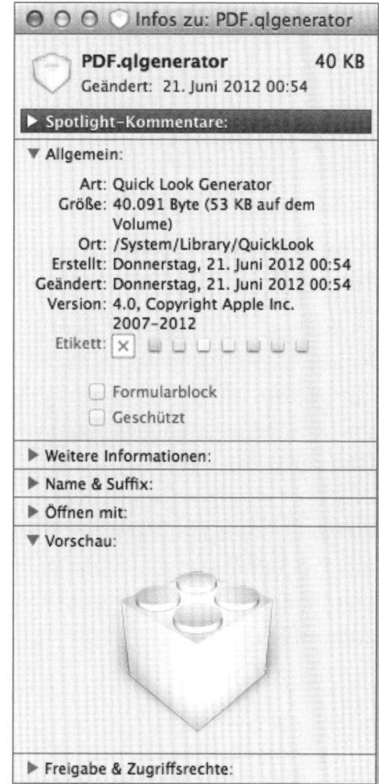

▲ **Abbildung 7.13**
Generatoren mit der Dateiendung »qlgenerator« sind für die Darstellung des Dateiinhalts zuständig.

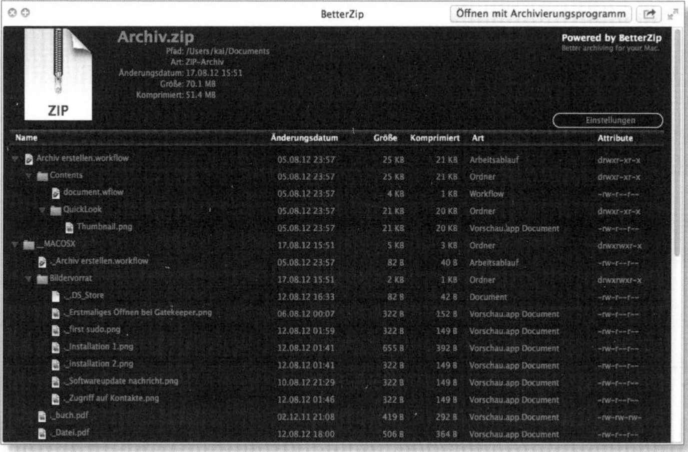

▲ **Abbildung 7.14**
Die Vorschau des ZIP-Archivs wurde über einen separaten Generator ermöglicht.

Generatoren als Plug-ins | Die Aufgabe der Generatoren besteht darin, die anzuzeigenden Dateien auszuwerten und die Darstellung des Inhalts zu liefern. Bei den Generatoren für Quick Look verhält es sich ähnlich wie bei den Importern für Spotlight (siehe Abschnitt 7.2). Die Erweiterungen, die OS X 10.8 von Haus aus mitbringt, finden Sie in den Verzeichnissen /SYSTEM/LIBRARY/QUICKLOOK und /SYSTEM/LIBRARY/FRAMEWORKS/QUICKLOOK.FRAMEWORK/VERSIONS/A/PLUGINS/.

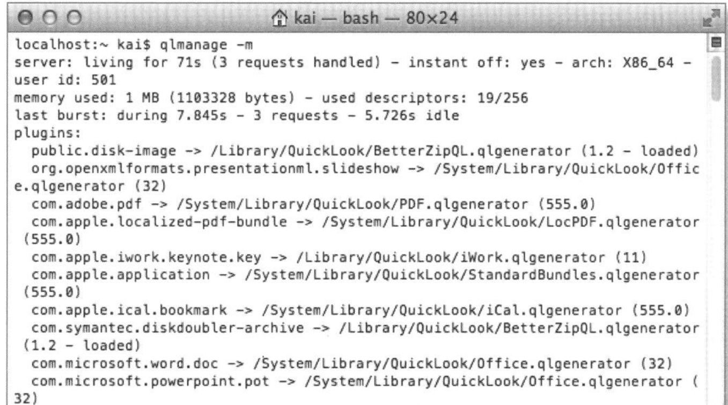

```
kai — bash — 80×24
localhost:~ kai$ qlmanage -m
server: living for 71s (3 requests handled) - instant off: yes - arch: X86_64 -
user id: 501
memory used: 1 MB (1103328 bytes) - used descriptors: 19/256
last burst: during 7.845s - 3 requests - 5.726s idle
plugins:
  public.disk-image -> /Library/QuickLook/BetterZipQL.qlgenerator (1.2 - loaded)
  org.openxmlformats.presentationml.slideshow -> /System/Library/QuickLook/Offic
e.qlgenerator (32)
  com.adobe.pdf -> /System/Library/QuickLook/PDF.qlgenerator (555.0)
  com.apple.localized-pdf-bundle -> /System/Library/QuickLook/LocPDF.qlgenerator
 (555.0)
  com.apple.iwork.keynote.key -> /Library/QuickLook/iWork.qlgenerator (11)
  com.apple.application -> /System/Library/QuickLook/StandardBundles.qlgenerator
 (555.0)
  com.apple.ical.bookmark -> /System/Library/QuickLook/iCal.qlgenerator (555.0)
  com.symantec.diskdoubler-archive -> /Library/QuickLook/BetterZipQL.qlgenerator
 (1.2 - loaded)
  com.microsoft.word.doc -> /System/Library/QuickLook/Office.qlgenerator (32)
  com.microsoft.powerpoint.pot -> /System/Library/QuickLook/Office.qlgenerator (
32)
```

◀ **Abbildung 7.15**
Mit dem Befehl `qlmanage -m` geben Sie die Liste der aktiven Generatoren aus.

Generatoren installieren | Generatoren mit der Dateiendung *.ql-generator* können Sie in den Verzeichnissen /LIBRARY/QUICKLOOK oder ~/LIBRARY/QUICKLOOK installieren. Das Verzeichnis QUICKLOOK in Ihrer persönlichen Library müssen Sie gegebenenfalls selbst erstellen.

Tipp

Sie können `qlmanage` mit dem Aufruf `qlmanage -p Datei` auch nutzen, um direkt vom Terminal die Vorschau der angegebenen Datei zu öffnen. Mit `qlmanage -t Datei` erhalten Sie eine verkleinerte Vorschau. Beenden Sie das Programm `qlmanage`, dann steht Ihnen der Prompt wieder zur Verfügung.

»qlmanage« | Der Befehl `qlmanage` ist in erster Linie für Entwickler gedacht, die eigene Erweiterungen für Quick Look schreiben. Sie können `qlmanage` aber auch nutzen, um sich die aktiven Generatoren von Quick Look anzeigen zu lassen. Rufen Sie hierzu den Befehl mit der Option `-m` auf. Nach der Eingabe von `qlmanage -m` erhalten Sie am Terminal eine Liste, in der zuerst der Uniform Type Identifier (siehe Abschnitt B.2) angegeben wird. Darauf folgt der absolute Pfad zu dem Generator, der für diese Dateitypen zuständig ist.

7.2 Suchen mit Spotlight

Relevante Informationen schnell zu finden, ist mittlerweile fast nicht mehr möglich. Selbst eine noch so ausgefeilte Ordnerstruktur, die mit viel Disziplin gepflegt wird, kann die Flut an Dateien und Daten kaum bewältigen. Die als *Spotlight* bezeichnete Suchfunktion hilft Ihnen bei dieser Herausforderung.

Spotlight bietet für die Suche nach Daten und Informationen eine ganze Reihe von nicht offensichtlichen Funktionen, die ich in diesem Abschnitt erläutere. Spotlight selbst ist mehr als die bloße Suche nach Dateien. Es handelt sich dabei um eine Technologie, die an vielen weiteren Stellen des Systems verwendet wird. So wird zum Beispiel auch die Suche nach Nachrichten in dem Programm Mail oder nach Kontakten über Spotlight realisiert.

[Metadaten]
Die wesentlichen Bestandteile der Datenbank sind neben den Dateinamen und Pfaden die sogenannten *Metadaten*. Zu den Metadaten gehören zum Beispiel das Erstellungs- und Änderungsdatum, der Eigentümer, bei Bildern die Auflösung und bei GarageBand-Projekten die Tonart. Bei einigen Dateitypen wie PDF ist Spotlight darüber hinaus in der Lage, auch den Inhalt der Datei zu indizieren und bei der Suche zu berücksichtigen.

Funktionsweise von Spotlight

Die Geschwindigkeit von Spotlight beruht darauf, dass das System im Hintergrund automatisch eine Datenbank anlegt, in der die relevanten Daten vorgehalten werden. Diese Funktion ist Ihnen bei der Installation (siehe Abschnitt A.1) wahrscheinlich bereits begegnet: Die blinkende Lupe rechts oben in der Menüleiste zeigt an, dass Spotlight einen Index im nicht sichtbaren Verzeichnis .SPOTLIGHT-V100 aufbaut. Für jedes eingebundene Volume wird eine eigene Datenbank angelegt. Bei einem zweiten Volume mit der Bezeichnung DATEN befindet sich die Datenbank im Verzeichnis /VOLUMES/DATEN/.SPOTLIGHT-V100.

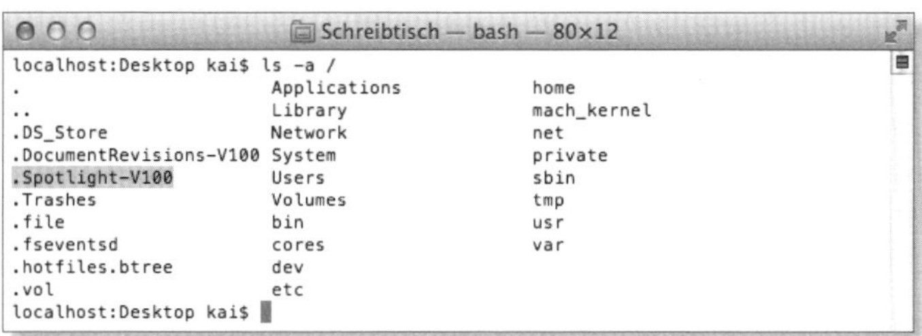

◂ **Abbildung 7.16**
Im Verzeichnis .Spotlight-V100 befindet sich eine im Finder nicht sichtbare Datenbank für Spotlight.

Permanente Aktualisierung | Spotlight aktualisiert die zugrunde liegende Datenbank automatisch. Im Hintergrund wird diese Aufgabe durch zwei Dämonen realisiert. Der Dämon `mds` ist die zentrale Instanz von Spotlight, der sowohl den Index verwaltet als auch auf eine Abfrage Ihrerseits antwortet. Über die nicht immer aktiven Prozesse `mdworker` und `mdwriter` werden die geänderten Daten laufend neu indiziert und die Informationen der Datenbank aktualisiert. Sie finden diese Prozesse möglicherweise mehrmals, da sie sowohl unter Ihrem Benutzerkonto als auch unter dem Benutzerkonto _spotlight arbeiten.

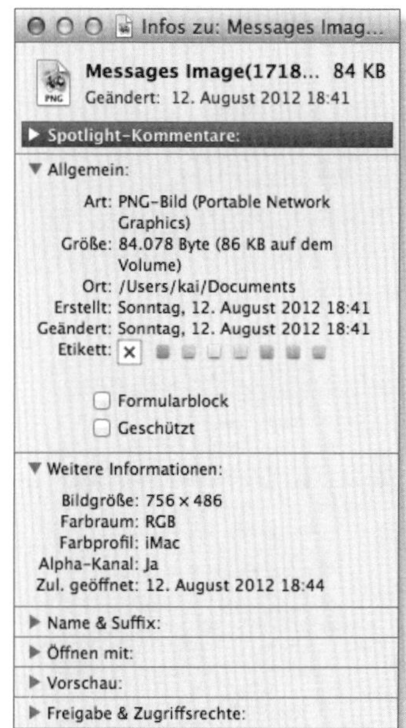

▴ **Abbildung 7.17**
Einige der indizierten Metadaten werden im Fenster Informationen angezeigt.

Importer | Welche Daten aus einer Datei extrahiert werden können und sollen, wird über einen sogenannten *Importer* definiert. Die Aufgabe eines Importers besteht in der Definition dessen, was aus den vorliegenden Dateien in die Datenbank eingelesen und unter welcher Rubrik es in der Suche zur Verfügung stehen soll. Dabei soll ein Importer zunächst möglichst wenige Daten importieren. Während zum Beispiel die Extrahierung von Texten aus PDF- und Word-Dateien weitgehend unproblematisch ist, wäre es kaum sinnvoll, auch Informationen über die in einem PDF-Dokument enthaltenen Bilder aus einer solchen Datei zu extrahieren. Damit würde die Spotlight-Datenbank viel zu umfangreich und die Suche dementsprechend langsam.

Die Importer mit der Dateiendung *.mdimporter* finden Sie zunächst in den Verzeichnissen /System/Library/Spotlight – in dem die Importer für die systemeigenen Dateitypen (zum Beispiel Automator-Aktionen, PDF-Dateien, Schriften) liegen – und /Library/Spotlight für die Dateiarten der installierten Programme. Sie finden im zweiten Verzeichnis auch eigenständige Importer, die Ihnen beispielsweise wie der Microsoft Office.mdimporter die Suche in Word-Dateien ermöglichen, ohne dass Sie das Programm von Microsoft installiert haben.

Es ist auch möglich, dass Importer innerhalb des Bundles einer Applikation gespeichert werden. Solche Importer werden in dem Moment aktiv, in dem Sie das Programm das erste Mal starten.

»fsevents«
Dass Spotlight im Hintergrund nur die Dateien indiziert, die geändert oder neu erstellt wurden, wird mit dem Dämon `fseventsd` realisiert. Seine Aufgabe besteht darin, im Hintergrund das Dateisystem auf Änderungen hin zu überwachen und diese Änderungen in der Datenbank */.fseventsd* zu protokollieren. Spotlight greift auf diese Informationen zurück.

Weitere Importer | Es gibt mittlerweile einige Importer, die die Fähigkeiten von Spotlight ohne dahinterstehendes Programm erweitern. Unter *http://www.macupdate.com* finden Sie über den Suchbegriff »Spotlight« eigenständige Importer, die Sie mit dem Befehl `mdimport` (siehe Abschnitt 7.2) aktivieren und überblicken können.

Hinweis
Die Spotlight standardmäßig zugewiesenen Kurzbefehle kollidieren mit denen für den Wechsel der Tastaturbelegung. Wenn Sie Letzteres ebenfalls nutzen möchten, müssen Sie die Tastaturkurzbefehle (siehe Abschnitt 2.7) entsprechend anpassen.

Spotlight aufrufen

Eine Suche über Spotlight können Sie auf mehrere Arten ausführen. Zunächst können Sie die in der Menüleiste fest verankerte Lupe mit einem Mausklick öffnen und so das Suchfeld sichtbar machen. Die Tastenkombination ⌘ + Leertaste erfüllt den gleichen Zweck. Führen Sie eine Suche aus, bei der es viele Fundstellen gibt, werden Ihnen nicht alle präsentiert. Sie können sich dann Alle im Finder zeigen lassen.

Darüber hinaus können Sie in fast allen Programmen die Tastenkombination ⌘ + alt + Leertaste verwenden, um direkt in den Finder zu springen und ein Fenster für eine detaillierte Suche zu öffnen. Eine dritte Möglichkeit besteht darin, im Finder die Tastenkombination ⌘ + F oder den Menüpunkt Ablage • Suchen aufzurufen.

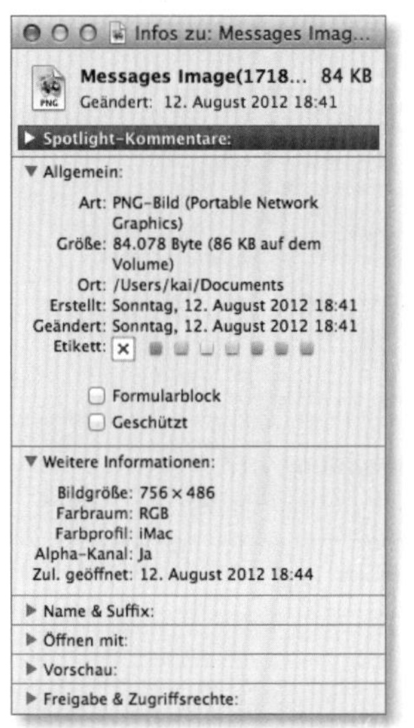

▲ **Abbildung 7.18**
Wenn Sie die Symbolleiste ausblenden, verbreitert sich das Eingabefeld der Suche.

Spotlight-Objekte | Es besteht durchaus ein Unterschied zwischen dem Aufruf von ⌘ + alt + Leertaste und ⌘ + F, der auf den ersten Blick nicht ersichtlich ist. Nutzen Sie die erste Möglichkeit, dann werden auch die sogenannten *Spotlight-Objekte* durchsucht. Dazu gehören zum Beispiel Kontakte, Termine und Aufgaben, die ja oftmals nicht in einer eigenen Datei, sondern als Bestandteil etwa eines Kalenders gespeichert sind.

Umgekehrt suchen Sie mit ⌘ + F im Finder nur nach Informationen, die als eigenständige Datei vorliegen. Diese Unterscheidung ist wichtig, wenn Sie schnell und direkt nach einer Datei oder aber mit der ersten Methode nach irgendeiner Information suchen möchten.

Tipp
Wenn Sie die Symbolleiste im Finder ausblenden (⌘ + alt + T), dann nimmt das Eingabefeld für den Suchbegriff die gesamte Breite ein.

Nach Informationen suchen

Die Menüleiste ermöglicht es Ihnen, schnell eine Suche durchzuführen. Geben Sie in das Suchfeld einen beliebigen Begriff ein, dann zeigt Ihnen Spotlight sortiert nach Rubriken die ersten Fundstellen an. Natürlich können Sie auch mehrere Termini eingeben und so die Suche etwas eingrenzen.

Mit der Eingabe wird eine Suche über die gesamte Datenbank ausgeführt, es werden Ihnen also alle Dateien, Ordner, Ereignisse usw. angezeigt, die an irgendeiner Stelle den oder die gesuchten Begriffe enthalten. Bei dieser Suche werden allerdings die Systemdateien ausgespart. Die Ordner /SYSTEM, /LIBRARY, ~/LIBRARY und den UNIX-Unterbau können Sie in die anschließend beschriebene Suche im Finder mithilfe der Option SYSTEMDATEIEN einbeziehen.

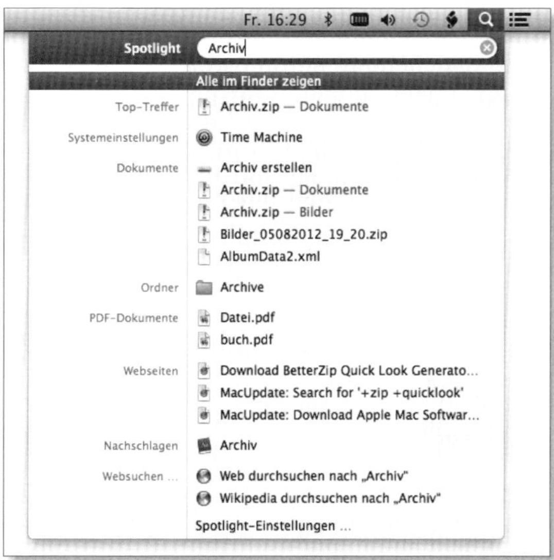

◄ **Abbildung 7.19**
Bei mehreren gleichlautenden Treffern wird das übergeordnete Verzeichnis in grauer Schrift aufgeführt.

Als TOP-TREFFER wird hier die Fundstelle aufgeführt, von der das System annimmt, dass sie am wahrscheinlichsten ist. Oft wird dabei vom Namen der Datei oder des Ordners ausgegangen. Platzieren Sie den Mauspfeil über einer Fundstelle, dann erscheinen nach zwei Sekunden entweder der komplette Pfad der Datei oder weitere Informationen des gefundenen Objekts. Bei gleichlautenden Fundstellen wird der Name des Ordners nach einem Gedankenstrich angezeigt.

Tastenkürzel | Sie können mit einigen Tastenkürzeln durch die Ergebnisse navigieren. Mit [↑] und [↓] wählen Sie das letzte beziehungsweise folgende Suchergebnis aus. Mit [⌘] + [↓] sowie [⌘] + [↑] springt die Auswahl zur vorangegangenen beziehungsweise folgenden Kategorie. Mit der Taste [↵] öffnen Sie das ausgewählte Element. Die Tastenkombinationen [⌘] + [R] sowie [⌘] + [↵] zeigt die ausgewählte Datei im Finder.

Tipp
Spotlight eignet sich sehr gut, um Programme über die Tastatur zu starten. Drücken Sie zunächst [⌘] + Leertaste, und geben Sie nun »Terminal« ein. Höchstwahrscheinlich wird das Programm als TOP-TREFFER behandelt und markiert. Mit der Taste [↵] können Sie das Programm nun direkt starten.

Quick Look und Spotlight | Quick Look und Spotlight wurden von Apple eng miteinander verzahnt. Wählen Sie über die Pfeiltasten ein Suchergebnis aus, und warten Sie einen Moment, dann wird links die Vorschau des Objekts eingeblendet. Dabei werden auch die von Ihnen installierten Generatoren (siehe Abschnitt 7.1) berücksichtigt. Drücken Sie die Taste [⌘], dann erscheint unten der Dateiname, mit [⌘] + [alt] blenden Sie den Pfad ein.

Abbildung 7.20 ▸
Über die Tastenkombination [⌘] + [alt] wird der Pfad zur ausgewählten Datei angezeigt.

Abbildung 7.21 ▸
Nach einer kurzen Wartezeit erscheint eine Vorschau des ausgewählten Eintrags.

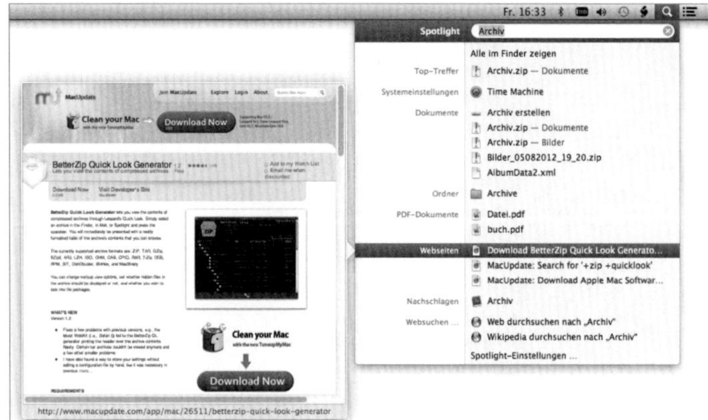

Abbildung 7.22 ▸
Mithilfe der Anführungszeichen suchen Sie nach einer Phrase.

Die einfache Suche kann bei einem prägnanten Suchbegriff schnell ans Ziel führen, bei einer großen Menge an Dateien, Ereignissen und Kontakten sind Sie aber entweder auf die im Folgenden dargestellte Suche im Finder angewiesen, oder Sie verwenden eine Reihe von Stichwörtern. Diese ermöglichen es Ihnen, die Suche weiter einzugrenzen und mehrere Kriterien zu formulieren.

Phrasensuche | Suchen Sie nach einer bestimmten Textstelle, dann können Sie diese in Anführungszeichen eingeben. Die Eingabe von »»Vorwort zur 5. Auflage«« sucht nach allen Dateien, in denen exakt diese Zeichenfolge enthalten ist. Dateien, in denen sich die drei Wörter unzusammenhängend an irgendwelchen Stellen befinden, gelten nicht als Ergebnis.

◂ **Abbildung 7.23**
Über das Schlüsselwort `Art` begrenzen Sie die Suche auf bestimmte Typen.

Kategorie eingrenzen | Weiter eingrenzen lässt sich die Suche, indem Sie ein Schlüsselwort für eine Kategorie verwenden. Somit blenden Sie die anderen Kategorien aus, und Sie erhalten für den gewünschten Typ mehr Platz in der Liste. So träfe die Eingabe von »»Vorwort zur 5. Auflage« Art:PDF« auf alle PDF-Dateien zu, in denen die Zeichenfolge enthalten ist. Word- und andere Textdokumente blieben außen vor. Beachten Sie, dass Sie zwischen `Art:` und dem Typ kein Leerzeichen einfügen dürfen.

Programme	`Art:Programm`
Lesezeichen	`Art:Lesezeichen`
Kontakte	`Art:Kontakt`
Ordner	`Art:Ordner`
Dokumente (beliebig)	`Art:Dokument`
E-Mails	`Art:E-Mail`
Ereignisse und Aufgaben	`Art:Ereignis`
Schriften	`Art:Schrift`
Bilder	`Art:Bild`
Film	`Art:Film`
Musik- und Tondateien	`Art:Musik`
Präsentationen	`Art:Präsentation`
Systemeinstellungen	`Art:Systemeinstellung`

◂ **Tabelle 7.1**
Schlüsselwörter für die Suche nach Kategorie

Als Kriterien stehen Ihnen zum Teil weitere Eigenschaften wie die Anzahl der Seiten oder die Breite eines Bildes zur Verfügung. Diese ermitteln sich am Terminal mit dem in Abschnitt 7.2 beschriebenen Befehl `mdls`.

Kombinationen
Es ist problemlos möglich, die hier beschriebenen Kriterien zu kombinieren. Mit der Eingabe »`Vorwort zur 5. Auflage`« `Art:PDF Geändert: <20.08.2011` würden Sie nach PDF-Dateien suchen, die die Zeichenfolge »Vorwort zur 5. Auflage« enthalten und vor dem 20. August 2011 geändert wurden.

Erstellungs- und Änderungsdatum | Neben der Angabe des Dateityps können Sie über die Schlüsselwörter `Erstellt:` und `Geändert:` nach Dateien und Objekten suchen, die zu einem bestimmten Datum erstellt oder geändert wurden. Mit `Erstellt:20.10.2009` begrenzen Sie die Suche auf die Dateien, die am 20. Oktober 2009 gespeichert wurden.

Mit < und > können Sie vorgeben, ob die zu suchenden Dateien vor oder nach dem angegebenen Datum erstellt oder geändert wurden. Ein Beispiel wäre `Geändert:>21.12.2007`. Wenn Sie Dateien suchen möchten, die an oder nach einem bestimmten Datum oder an oder vor dem angegebenen Datum erstellt wurden, stellen Sie = vor das Datum.

Die Eingabe von `Erstellt:>=20.12.2007` findet Dateien, die am oder nach dem 20. Dezember 2007 gesichert wurden. Beachten Sie, dass Sie das Zeichen = direkt vor dem Datum anfügen.

Dateiname | Wenn Sie den Namen der Datei kennen, aber nicht wissen, wo sie sich im Dateisystem befindet, können Sie das Schlüsselwort `Dateiname:` verwenden. Mit `Dateiname:kap16.pdf Spotlight` suchen Sie nach Dateien, die das Wort »Spotlight« enthalten und deren Name *kap16.pdf* lautet.

Boolesche Operatoren: UND – ODER – NICHT | In Mac OS X 10.5 wurde in Spotlight auch die Verwendung von booleschen Operatoren ermöglicht. Diese werden in Kombination mit der Phrasensuche und der Verwendung von Klammern zu einem sehr machtvollen, aber bisweilen vielleicht auch komplizierten Instrument.

Hinweis
Achten Sie auch hier auf die Großschreibung. `UND`, `ODER` und `NICHT` müssen großgeschrieben werden.

Kriterien | Die Aufgabe der Operatoren `UND`, `ODER` und `NICHT` besteht darin, dass Sie bei mehreren Kriterien vorgeben können, wie diese gewertet werden sollen. Mit der Eingabe von `Hegel UND Kant` werden nur die Dateien gefunden, in denen die angegebenen Wörter vorkommen. Dies entspricht dem normalen Verhalten von Spotlight.

Geben Sie hingegen `Hegel ODER Kant` vor, dann werden die Dateien gefunden, die einen der beiden Begriffe enthalten.

Mit `NICHT` schließen Sie ein Kriterium aus. Die Suche nach `Hegel NICHT "Durch die Ausübung"` findet alle Dokumente, die das Wort »Hegel«, aber nicht die Phrase »Durch die Ausübung« enthalten. Sie können so gezielt Dokumente ausschließen, von denen Sie wissen, dass Sie sie nicht finden möchten.

Klammern verwenden | Diese Operatoren können Sie durch die Verwendung von Klammern für noch präzisere Suchen verwenden. Dabei umschließen Sie die zusammengehörenden Kriterien mit Klammern. Mit der Abfrage

```
("Hegel argumentiert" UND Art:PDF) ODER (Hegel UND
Art:Mail)
```

würden Ihnen sowohl die PDF-Dateien angezeigt, in denen sich die Phrase »Hegel argumentiert« findet, als auch alle E-Mails, die »Hegel« enthalten. Dabei müssen Sie das zweite Kriterium nicht in Klammern angeben. Mit der Eingabe `(Hegel ODER Kant) NICHT Art:PDF` suchen Sie nach allen Dateien, in denen sich eines der beiden Wörter befindet und bei denen es sich nicht um eine PDF-Datei handelt.

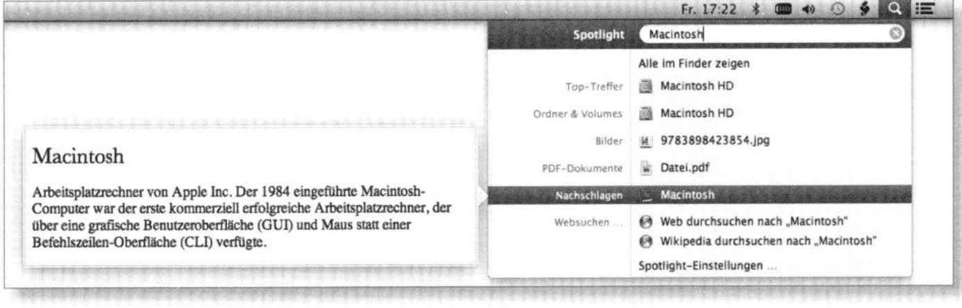

◂ **Abbildung 7.24**
Der Eintrag NACHSCHLAGEN greift auf das Lexikon des Systems zurück.

Definition nachschlagen | Spotlight durchsucht über die Kategorie NACHSCHLAGEN auch das in OS X 10.8 enthaltene Lexikon. Wählen Sie diesen Eintrag aus, dann wird das Programm Lexikon gestartet und Ihnen die Erläuterung angezeigt.

◂ **Abbildung 7.25**
Spotlight bietet auch die Möglichkeit, kleinere Berechnungen durchzuführen.

Rechnen mit »math.h« | Spotlight bietet Ihnen auch die Möglichkeit, Berechnungen durchzuführen. Zunächst können Sie einfache Berechnungen etwa mit `2 + 2` ausführen. Spotlight greift jedoch auf die mathematischen Funktionen des UNIX-Unterbaus zurück, sodass Sie mit dem passenden Kürzel auch andere Berechnungen durchführen, etwa mit `sqrt(8)` die Quadratwurzel ausrechnen können.

Wenn Sie sich für diese Berechnungen interessieren, können Sie am Terminal mit `man math` die Beschreibungen der in dieser Programmbibliothek enthaltenen Funktionen aufrufen.

Websuchen | Und schließlich können Sie über die Rubrik WEBSUCHEN wahlweise das Onlinelexikon Wikipedia oder den Katalog der in Safari voreingestellten Suchmaschine durchsuchen.

Dateien im Finder suchen

Quick Look
Sie können in den Fenstern der Suche im Finder wie auch in allen anderen Fenstern Quick Look verwenden, um sich so schnell einen Überblick über die gefundenen Dateien zu verschaffen.

Während die Suche über die Menüleiste schon recht flexibel ist, bietet Ihnen die Suche im Finder nicht nur eine komfortablere Oberfläche, sondern auch einige weitere Optionen, die Sie im Suchfeld nicht ohne Weiteres verwenden können. Auch ist die Verwendung boolescher Operatoren im Finder etwas einfacher und übersichtlicher zu handhaben.

Wichtig bei der Suche im Finder ist die Unterscheidung zwischen der Suche mit [⌘] + [F] oder [⌘] + [alt] + Leertaste. Die erste Tastenkombination – Sie können auch den Menüpunkt ABLAGE • SUCHEN auswählen – sucht nicht in den sogenannten *Spotlight-Objekten*. Zu diesen gehören unter anderem Aufgaben und Ereignisse im Kalender sowie Kontakte im Adressbuch.

Abbildung 7.26 ▸
Während der Eingabe schlägt das System Kriterien vor.

Rufen Sie die Suche auf, dann können Sie in das Textfeld ❶ einen Text eingeben und über das Pluszeichen ❷ Kriterien für die Suche vorgeben (siehe Abbildung 7.27).

Kriterien im Textfeld | Während der Eingabe des Textes beginnt das System sofort mit der Suche und schlägt Ihnen Kriterien vor. Dazu gehört in jedem Fall der DATEINAME. In Abbildung 7.28 kann über das Kriterium GELADEN VON die Suche nach Dateien begrenzt werden, die von der Apple-Webseite heruntergeladen wurden. Wählen Sie über die Pfeiltasten und abschließend die

Taste [↵] ein Kriterium aus, dann wird es dem Suchbegriff in blauer Farbe vorangestellt. Klicken Sie später auf das Kriterium, dann können Sie es über die Option ALLES wieder aufheben, also in diesem Fall nach allen Dateien suchen, die irgendwie mit Apple assoziiert werden.

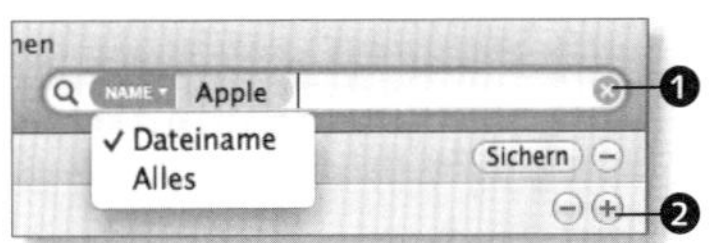

▲ **Abbildung 7.27**
Das Kriterium kann nachträglich aufgehoben werden.

◀ **Abbildung 7.28**
Über die Plus- und Minuszeichen können Sie weitere Kriterien hinzufügen und löschen.

Über das kleine Pluszeichen können Sie weitere Kriterien in einer grafischen Ansicht hinzufügen. Diese Kriterien werden Ihnen in einem Ausklappmenü zur Verfügung gestellt. Sie finden hier zunächst nur sechs Kriterien, die Sie zusammen mit einem Suchbegriff verwenden können. Wenn Sie beispielsweise nach PDF-Dateien, die das Wort »Apple« enthalten, suchen möchten, geben Sie in das Textfeld »Apple« ein und wählen dann unter ART den Typ PDF aus.

Mit den Schaltflächen + und – können Sie weitere Kriterien hinzufügen und wieder löschen. Beispielsweise können Sie die Suche nach PDF-Dateien mit dem Wort »Apple« auf diejenigen eingrenzen, die vor einem Monat erstellt wurden.

Ordner durchsuchen
Um einen Ordner zu durchsuchen, öffnen Sie ihn zuerst in einem eigenen Fenster im Finder. Rufen Sie dann die Suchfunktion über [⌘] + [F] auf, und Ihnen steht der Ordner hinter DURCHSUCHEN als Alternative zu DIESEN MAC und den FREIGABEN im Netzwerk zur Verfügung.

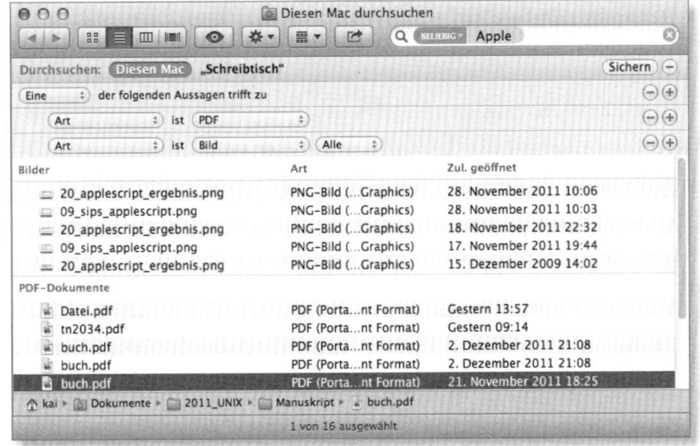

◀ **Abbildung 7.29**
Die Darstellung der Suchergebnisse können Sie auch nach Typ gruppieren lassen.

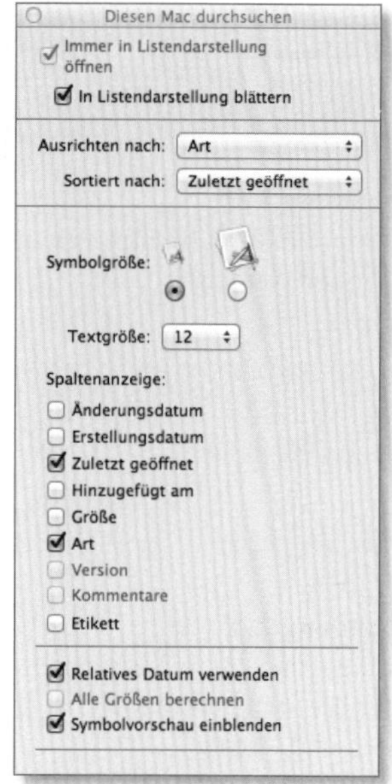

▲ **Abbildung 7.30**
Die Darstellung der Suchergebnisse können Sie wie für einen Ordner anpassen.

Darstellung | Die Darstellung der Ergebnisse können Sie ähnlich flexibel gestalten wie die der Verzeichnisse. Über den Menüpunkt DARSTELLUNG • DARSTELLUNGSOPTIONEN EINBLENDEN ([⌘] + [J]) geben Sie die anzuzeigenden Spalten vor, die Sie auch für die Sortierung der Ergebnisse nutzen können. Ebenfalls verfügbar ist die Ihnen vielleicht schon aus dem Ordner ALLE MEINE DATEIEN bekannte Ausrichtung nach ART, die die Ansicht gruppiert.

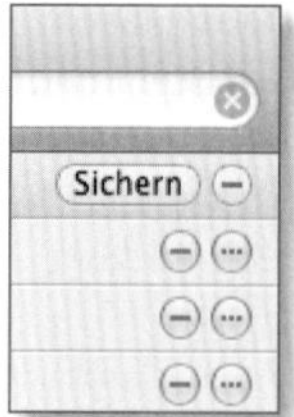

▲ **Abbildung 7.31**
Mit gedrückt gehaltener Taste [alt] können Sie boolesche Ausdrücke verwenden.

Boolesche Operatoren | Halten Sie bei der Erstellung der Liste der Kriterien die Taste [alt] gedrückt, verändert sich die Schaltfläche + in drei Punkte. Sie dient dann dazu, die Kriterien zu gruppieren, was in etwa der Funktionsweise der Klammern entspricht.

Erstellen Sie auf diese Weise eine Gruppe, können Sie zunächst in dem obersten Kriterium vorgeben, wie die Aussagen ausgewertet werden sollen. EINE entspräche hier dem Operator ODER, JEDE dem Operator UND und KEINE dem Operator NICHT. Die Kriterien darunter werden etwas nach rechts eingerückt. In Abbildung 7.32 wurden so zwei Zeiträume als Kriterien vorgegeben. Die Angabe EINE besagt, dass die Datei entweder innerhalb der letzten fünf Tage geöffnet oder innerhalb der letzten zwei Jahre geändert wurde.

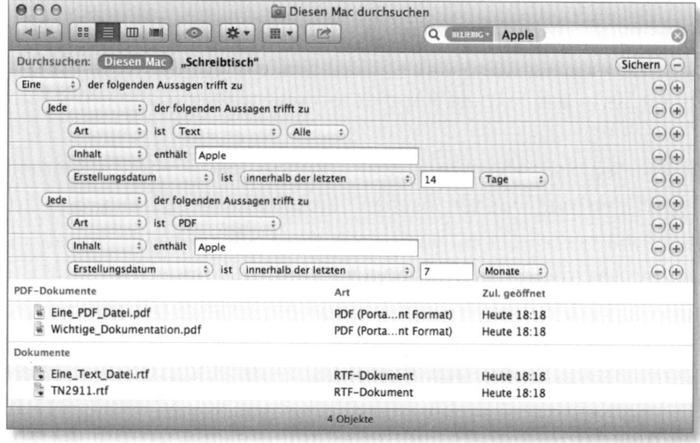

Abbildung 7.32 ►
Kriterien können Sie kombinieren und verschachteln.

Sie können bei diesen Abfragen auch Untergruppen verwenden. Wenn Sie die Taste [alt] gedrückt halten und dann die Schaltfläche mit den drei Punkten bei einem Eintrag anklicken, der bereits eingerückt ist, dann wird eine Untergruppe innerhalb der Kriterien erzeugt. In Abbildung 7.33 wurde zunächst mit dem Haupteintrag EINE DER FOLGENDEN AUSSAGEN TRIFFT ZU festgelegt, dass eines der folgenden eingerückten Kriterien zutreffen muss.

Die in Abbildung 7.33 dargestellte Abfrage findet alle Textdateien, die innerhalb der letzten vierzehn Tage erstellt wurden und das Wort »Apple« enthalten, sowie alle PDF-Dateien, die innerhalb der letzten sieben Monate erstellt wurden und ebenfalls das Wort »Apple« enthalten. Die Einträge JEDE DER FOLGENDEN AUSSAGEN TRIFFT ZU gruppieren die unter ihnen stehenden und eingerückten Kriterien. Nur wenn die Kriterien, die in diesen Untergruppen vorgegeben werden, erfüllt sind, wird die Datei als Suchtreffer gewertet.

Tipp
Sie können die Kriterien in dem Fenster auch per Drag & Drop verschieben und auf diese Weise neu arrangieren.

◂ **Abbildung 7.33**
Die Suche wurde auf zwei Zeiträume begrenzt.

Andere Suchkriterien | In dem Ausklappmenü für die Kriterien finden Sie am Ende einen Eintrag ANDERE. Rufen Sie diesen auf, erscheint in einem eigenen Fenster eine Liste aller Suchkriterien, die Ihnen über die auf Ihrem System installierten Importer zur Verfügung stehen. Die Liste ist, abhängig von den installierten Importern und Programmen, recht umfangreich. Sie fügen ein Kriterium zu Ihrer aktuellen Suche hinzu, indem Sie es auswählen und dann mit OK bestätigen.

Vielfältige Möglichkeiten
Auf den ersten Blick wirkt die umfangreiche Liste der verfügbaren Suchkriterien ein wenig erschlagend. Sie sind, ein wenig Experimentierfreude vorausgesetzt, jedoch ein sehr machtvolles Werkzeug. So könnten Sie einen intelligenten Ordner erstellen, der alle Bilder mit einer vertikalen Auflösung von 300 dpi enthält, die mit einem bestimmten Stichwort versehen und vor dem 28.2.2009 erstellt wurden und bei denen darüber hinaus ein Alpha-Kanal vorhanden ist. Bei einer großen Anzahl an Daten und Dateien sind solche komplexen Abfragen ganz hilfreich.

◂ **Abbildung 7.34**
Die Suchkriterien können Sie auch ins Menü übernehmen.

Wenn Sie die Option IM MENÜ aktivieren, steht sie Ihnen direkt im Ausklappmenü zur Verfügung. Die Übernahme ins Menü ist dann nützlich, wenn es einige Kriterien gibt, die Sie immer wieder für eine Suche nutzen.

Tipp
Das Auswählen der Option EINSCHLIESSEN für das Kriterium der SYSTEMDATEIEN kann sich, suchen Sie dort häufig nach Dateien, als recht lästig erweisen. Wenn Sie eine gespeicherte Suche in der Seitenleiste des Finders platzieren, bei der lediglich SYSTEMDATEIEN EINSCHLIESSEN als Kriterium gilt, können Sie sie als bequeme Vorlage nutzen.

Systemdateien durchsuchen | Das Kriterium SYSTEMDATEIEN unterscheidet sich von den anderen Kriterien dahingehend, dass es sich weniger auf die Datei als vielmehr auf ihre Position im Dateisystem bezieht. Wenn Sie das Kriterium SYSTEMDATEIEN hinzufügen und den Wert EINSCHLIESSEN auswählen, durchsucht Spotlight auch die Ordner /SYSTEM, /LIBRARY, ~/LIBRARY sowie den gesamten UNIX-Unterbau.

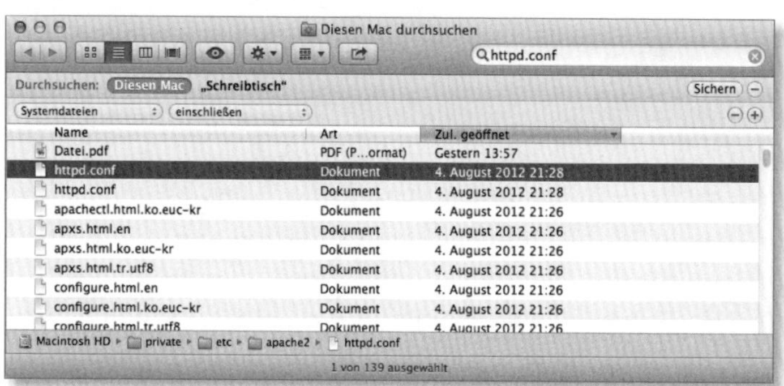

Abbildung 7.35 ▸
Die Systemdateien können bei der Suche berücksichtigt werden.

Spotlight-Objekte berücksichtigen | Je nachdem, wonach Sie suchen und wie es sich mit dem Bestand an Dateien und Daten auf Ihrem System verhält, ist es manchmal erwünscht, die Spotlight-Objekte, die keine eigenständigen Dateien darstellen, von der Suche auszuschließen oder in diese einzubeziehen. Hierzu können Sie das Suchkriterium SPOTLIGHT-OBJEKTE verwenden. Dieses Kriterium mag zwar überflüssig erscheinen – immerhin können Sie ja mit den Tastenkürzeln [⌘] + [alt] + Leertaste sowie [⌘] + [F] im Finder entscheiden, ob die Spotlight-Objekte berücksichtigt werden sollen oder nicht –, es ist aber spätestens dann sinnvoll, wenn Sie einen intelligenten Ordner angelegt haben und bei diesem die Spotlight-Objekte nachträglich einbeziehen oder ausschließen möchten.

Intelligente Ordner | Bei einem intelligenten Ordner handelt es sich um nichts anderes als um eine gespeicherte Suche. Über den Menüpunkt ABLAGE • NEUER INTELLIGENTER ORDNER oder die Tastenkombination [⌘] + [alt] + [N] rufen Sie das Suchfenster auf und geben die Kriterien für die Suche vor. Sie können auch im Fenster der detaillierten Suche die Schaltfläche SICHERN nutzen. Im letzteren Fall bietet Ihnen das System die Speicherung der Abfrage im Verzeichnis ~/LIBRARY/GESICHERTE SUCHABFRAGEN an. Das Verzeichnis heißt eigentlich SAVED SEARCHES und wird vom Finder eingedeutscht. Über das Fenster INFO ZU im Finder können Sie auch das Icon der gespeicherten Suche ändern.

◂ **Abbildung 7.36**
Einen intelligenten Ordner können Sie der Seitenleiste hinzufügen.

In beiden Fällen wird eine Property-Liste (siehe Abschnitt 13.2) mit der Dateiendung *.savedSearch* erzeugt. Sie speichert die Kriterien der Suche, und wenn Sie den Ordner, bei dem es sich ja eigentlich um eine Datei handelt, im Finder öffnen oder über die Seitenleiste aufrufen, dann wird eine Suche über Spotlight ausgeführt, und die Ergebnisse werden im Fenster des intelligenten Ordners angezeigt.

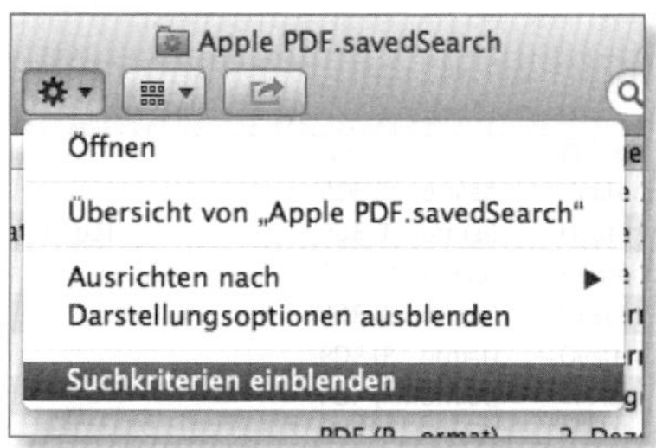

◂ **Abbildung 7.37**
Über das Ausklappmenü Aktion blenden Sie die Suchkriterien ein.

Kriterien nachträglich ändern | Haben Sie einen intelligenten Ordner angelegt oder eine Suchabfrage gespeichert, dann können Sie über die Schaltfläche Aktion die Suchkriterien einblenden. Die Option finden Sie auch im Kontextmenü, wenn Sie es über dem Ordner in der Seitenleiste aufrufen. Sie können dann die gespeicherten Suchkriterien ändern und Sichern.

Suchen am Terminal

Für die Suche am Terminal dienen Ihnen in erster Linie zwei Befehle: Mit `mdls` lassen Sie sich die zur Verfügung stehenden Metadaten einer Datei anzeigen, mit dem Befehl `mdfind` können Sie auch am Terminal mit Spotlight suchen.

Metadaten anzeigen | Dem Befehl `mdls` übergeben Sie als Parameter den Namen einer Datei, und er gibt Ihnen deren verfügbare Metadaten aus. Hierbei wird die Zeichenkette `kMDItem` der eigentlichen Bezeichnung der Eigenschaft vorangestellt; kMDItemNumberOfPages entspricht also der Anzahl der Seiten.

Abbildung 7.38 ►
Der Befehl mdls zeigt die verfügbaren Informationen einer Datei an.

```
Schreibtisch — bash — 80×35
localhost:Desktop kai$ mdls buch.pdf
kMDItemContentCreationDate     = 2007-04-14 12:01:27 +0000
kMDItemContentModificationDate = 2007-04-14 12:01:27 +0000
kMDItemContentType             = "com.adobe.pdf"
kMDItemContentTypeTree         = (
    "com.adobe.pdf",
    "public.data",
    "public.item",
    "public.composite-content",
    "public.content"
)
kMDItemCreator                 = " TeX output 2007.04.14:1401"
kMDItemDateAdded               = 2012-08-17 16:16:26 +0000
kMDItemDisplayName             = "buch.pdf"
kMDItemEncodingApplications    = (
    "dvipdfm 0.13.2c, Copyright \U00a9 1998, by Mark A. Wicks"
)
kMDItemFSContentChangeDate     = 2007-04-14 12:01:27 +0000
kMDItemFSCreationDate          = 2007-04-14 12:01:27 +0000
kMDItemFSCreatorCode           = ""
kMDItemFSFinderFlags           = 0
kMDItemFSHasCustomIcon         = 0
kMDItemFSInvisible             = 0
kMDItemFSIsExtensionHidden     = 0
kMDItemFSIsStationery          = 0
kMDItemFSLabel                 = 0
kMDItemFSName                  = "buch.pdf"
```

Tipp
Es kann sich lohnen, ein wenig mit mdls und der Verwendung der Rohdaten mittels kMDItem zu experimentieren. Je nach Datenbestand und Arbeitsweise können Sie so Suchabfragen formulieren und eingeben, die über die normale Oberfläche von Spotlight nur mit etlichen Mausklicks zu realisieren sind.

Dateien suchen | Die mit mdls ermittelten Eigenschaften können Sie sich mit dem Befehl mdfind zunutze machen. Der Befehl durchsucht die Spotlight-Datenbank nach dem vorgegebenen Kriterium und gibt Ihnen den absoluten Pfad zu der gefundenen Datei an. So führen Sie mit mdfind Apple eine Suche nach allen Dokumenten aus, bei denen sich in irgendeiner Form der Begriff »Apple« finden lässt. Mit der Option -onlyin und dem Pfad zu einem Verzeichnis beschränken Sie die Suche. Die Eingabe von mdfind -onlyin /Users/kai/Documents Apple durchsucht nur den Ordner Dokumente nach Dateien mit dem Wort »Apple«. Der Befehl mdfind durchsucht standardmäßig auch die Systemdateien.

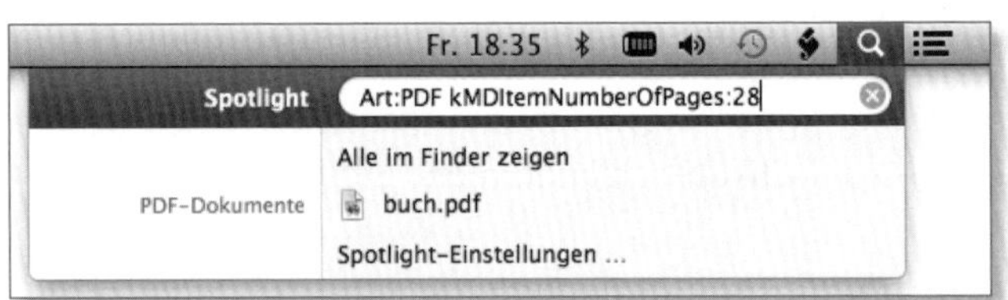

Abbildung 7.39 ►
Die über mdls ermittelten Bezeichnungen können Sie auch als Suchkriterien verwenden.

»kMDItem« nutzen | Sie können sich die nicht übersetzten Eigenschaften wie kMDItemNumberOfPages an zwei Stellen zunutze machen. Zuerst können Sie eine solche Eigenschaft mdfind als Suchkriterium übergeben: Mit mdfind kMDItemNumberOfPages=12 werden Ihnen alle Dateien angezeigt, die zwölf Seiten umfassen. Zweitens können Sie diese Abfrage auch im Suchfeld oben rechts verwenden, indem Sie dort einfach kMDItemNumberOfPages:12 eingeben.

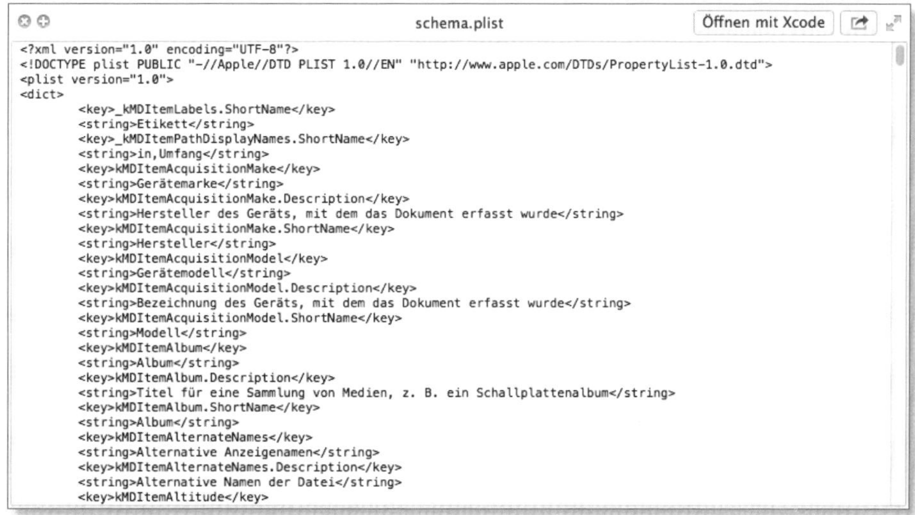


```
<?xml version="1.0" encoding="UTF-8"?>
<!DOCTYPE plist PUBLIC "-//Apple//DTD PLIST 1.0//EN" "http://www.apple.com/DTDs/PropertyList-1.0.dtd">
<plist version="1.0">
<dict>
	<key>_kMDItemLabels.ShortName</key>
	<string>Etikett</string>
	<key>_kMDItemPathDisplayNames.ShortName</key>
	<string>in,Umfang</string>
	<key>kMDItemAcquisitionMake</key>
	<string>Gerätemarke</string>
	<key>kMDItemAcquisitionMake.Description</key>
	<string>Hersteller des Geräts, mit dem das Dokument erfasst wurde</string>
	<key>kMDItemAcquisitionMake.ShortName</key>
	<string>Hersteller</string>
	<key>kMDItemAcquisitionModel</key>
	<string>Gerätemodell</string>
	<key>kMDItemAcquisitionModel.Description</key>
	<string>Bezeichnung des Geräts, mit dem das Dokument erfasst wurde</string>
	<key>kMDItemAcquisitionModel.ShortName</key>
	<string>Modell</string>
	<key>kMDItemAlbum</key>
	<string>Album</string>
	<key>kMDItemAlbum.Description</key>
	<string>Titel für eine Sammlung von Medien, z. B. ein Schallplattenalbum</string>
	<key>kMDItemAlbum.ShortName</key>
	<string>Album</string>
	<key>kMDItemAlternateNames</key>
	<string>Alternative Anzeigenamen</string>
	<key>kMDItemAlternateNames.Description</key>
	<string>Alternative Namen der Datei</string>
	<key>kMDItemAltitude</key>
```


▲ **Abbildung 7.40**
Nach Änderung des Suffixes der Datei »schema.strings« in »plist« können Sie sie über Quick Look einsehen.

Deutsche Kurzbezeichnung | Es ist auch möglich, die übersetzte Kurzbezeichnung einer Eigenschaft wie `kMDItemNumberOfPages` im Suchfeld oben rechts zu nutzen. Im Verzeichnis /System/Library/Frameworks/CoreServices.framework/Frameworks/Metadata.framework/Resources/German.lproj finden Sie eine Datei *schema.strings*. Diese können Sie auf Ihren Schreibtisch kopieren und der Kopie (nicht dem Original!) die Dateiendung *.plist* anstelle von *.strings* zuweisen. Die Rückfrage des Finders bestätigen Sie in diesem Fall. Anschließend können Sie die Datei über Quick Look einsehen. Es handelt sich eigentlich um eine einfache XML-Datei in Form einer Property-Liste (siehe Abschnitt 13.2).

Hinweis

Die Arbeit mit den Kürzeln funktioniert nicht mit allen Übersetzungen. Bei ihrer Verwendung sollten Sie ausprobieren, welche Kürzel zu Ergebnissen führen und welche nicht funktionsfähig sind.

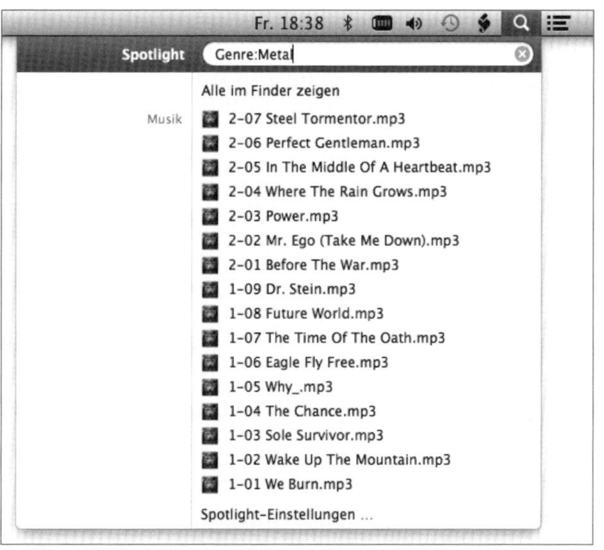

◂ **Abbildung 7.41**
Die deutsche Übersetzung von `kMDItemMusicalGenre` wird für die Suche genutzt.

Die Datei enthält sowohl die technischen Kurzbezeichnungen und deren deutsche Übersetzung als auch die dazugehörigen Beschreibungen. Unter `<key>` finden Sie die technische Bezeichnung, etwa `kMDItemAlbum`, darunter in der Angabe **`<string>`** die deutsche Übersetzung `Album`. Einträge mit dem Hinweis `Description` enthalten die deutsche Beschreibung der Eigenschaft.

Spotlight verwalten

Spotlight bietet zur Konfiguration und Administration recht wenige Funktionen und bedarf auch vergleichsweise selten der Aufmerksamkeit des Administrators. Die Ansicht SPOTLIGHT in den Systemeinstellungen besteht im Wesentlichen aus zwei Reitern. Unter SUCHERGEBNISSE können Sie für das Spotlight-Menü oben rechts die Reihenfolge und Anzeige der Kategorien ändern. Ebenso können Sie unten die Kurzbefehle für den Aufruf von Spotlight anpassen.

Abbildung 7.42 ▸
In den Systemeinstellungen können Sie sowohl die Kurzbefehle als auch die Anzeige und Reihenfolge der Kategorien ändern.

Privatsphäre anpassen | Im Reiter PRIVATSPHÄRE konfigurieren Sie das Indizierungs- und Suchverhalten von Spotlight, also der Prozesse `mds` und `mdworker`. Sie können hier Ordner hinzufügen, die von Spotlight nicht durchsucht werden sollen. Dies bedeutet in diesem Fall, dass die Ordner bei der Aktualisierung der Daten-

»VolumeConfiguration.plist«
Gespeichert werden diese Ausnahmen in der Datei *VolumeConfiguration.plist* im Verzeichnis der Spotlight-Datenbank des jeweiligen Volumes. Dies hat den Vorteil, dass die definierte Privatsphäre jeweils für das Volume gilt und Sie bei externen Datenträgern, die Sie an mehreren Rechnern verwenden, nicht auf die Einstellung der Privatsphäre von Spotlight achten müssen, wenn Sie das Gerät an einen anderen Rechner anschließen.

bank nicht mehr berücksichtigt werden und somit auch keine Suchergebnisse mehr produzieren. Sie können hier beliebige Ordner und Volumes hinzufügen und auf diese Weise von der Suche und Indizierung ausschließen.

Um die Suchergebnisse noch weiter zu verfeinern und anzupassen, können Sie auch einige Ordner aus ~/LIBRARY in die Privatsphäre übernehmen. Wenn Sie zum Beispiel die Suche in den mit Safari aufgerufenen Webseiten, die mit dem grauen Text HISTORY gekennzeichnet werden, als lästig empfinden, integrieren Sie den Ordner ~/LIBRARY/CACHES/METADATA/SAFARI/HISTORY in die Privatsphäre. Auch bei Mail schließen Sie durch das Hinzufügen von Unterordnern aus ~/LIBRARY/MAIL gezielt einige Ordner mit Nachrichten von der Suche aus, ohne jedoch ganz auf die Suche nach E-Mails verzichten zu müssen.

◂ **Abbildung 7.43**
Über den Reiter PRIVATSPHÄRE schließen Sie Ordner und Volumes von der Indizierung und Suche aus.

Beim Ausschluss von Ordnern müssen Sie darauf achten, dass dabei nicht unbeabsichtigte Nebeneffekte eintreten. Wenn Sie das Verzeichnis ~/LIBRARY/MAIL komplett von der Suche mittels Spotlight ausschließen, dann wird auch die Suche in Mail selbst nicht mehr funktionieren. Sie erhalten in manchen, aber nicht allen Fällen eine Warnung der Systemeinstellungen.

◂ **Abbildung 7.44**
Wenn der entsprechende Ordner von der Suche ausgeschlossen werden soll, dann weisen die Systemeinstellungen auf mögliche Probleme hin.

Importer verwalten | Neue Importer im Verzeichnis /LIBRARY/SPOTLIGHT werden von mds und mdworker bei der nächsten Anmeldung eines Benutzers berücksichtigt. Am Terminal aktivieren Sie mit dem Befehl mdimport neue Importer und überblicken die vorhandenen und aktiven.

Wenn Sie einen neuen, von einem Programm unabhängigen Importer wie WP_SPOTLIGHT für die Indizierung von WordPerfect-Dateien in das Verzeichnis /LIBRARY/SPOTLIGHT oder ~/LIBRARY/SPOTLIGHT kopiert haben, aktivieren Sie ihn am Terminal mit mdimport und der Option -r. In diesem Beispiel würde die Eingabe

```
mdimport -r ~/Library/Spotlight/WordPerfect.mdimporter
```

die Indizierung von WordPerfect-Dateien im Hintergrund aktivieren. Die Indizierung über einen neuen Importer erfolgt sukzessive im Hintergrund, sodass die Suchergebnisse über den neuen Importer nicht sofort zur Verfügung stehen.

Aktive Importer | Mit der Option -L weisen Sie den Befehl mdimport an, Ihnen die Liste aller aktiven Importer auszugeben. Sie finden hier auch die innerhalb eines Programm-Bundles gespeicherten Importer. Unter OS X 10.8.0 gibt dieser Befehl allerdings eine leere Liste aus. Es ist unklar, ob es sich hier um einen Bug oder eine Änderung handelt, die noch keinen Eingang in die Dokumentation Apples gefunden hat.

Privatsphäre
Sie können den Index für ein Volume auch neu anlegen, indem Sie die Partition erst zur PRIVATSPHÄRE in den Systemeinstellungen hinzufügen und aus dieser wieder entfernen. Auch in diesem Fall legt Spotlight im Hintergrund den Index neu an. Die Warnung von Spotlight, wenn Sie das Startvolume kurzzeitig in die Privatsphäre aufnehmen, können Sie dabei ignorieren.

Index neu anlegen | Manchmal wird die Datenbank von Spotlight durch einen Absturz oder einen Fehler im Dateisystem in Mitleidenschaft gezogen. Sie können sie, wenn Spotlight auf einmal falsche oder nicht nachvollziehbare Suchergebnisse liefert, für ein vorgegebenes Volume neu anlegen. Die zentrale Instanz für die Verwaltung der Datenbanken ist der Befehl mdutil.

Mit der Option -E, gefolgt von der Pfadangabe des Volumes, löschen Sie den derzeit vorhandenen Index und lassen ihn von Spotlight im Hintergrund neu anlegen. Um den Index des Startvolumes neu anzulegen, geben Sie sudo mdutil -E / ein; der Index der Partition BACKUP würde durch sudo mdutil -E /Volumes/Backup neu angelegt. Bis Spotlight mit der erneuten Indizierung beginnt, kann es einen Moment dauern.

Volume ausschließen | Eine Partition von der Indizierung durch Spotlight ausschließen können Sie einerseits, indem Sie das Volume zur Privatsphäre hinzufügen. Sie können andererseits mit dem Befehl `mdutil` und der Option `-i` den Status modifizieren. Mit `sudo mdutil -i off /Volumes/Daten` schalten Sie die Indizierung aus. Sie erhalten am Terminal die Rückmeldung `Indexing disabled`. Mit `sudo mdutil -i on /Volumes/Daten` aktivieren Sie sie wieder, und Spotlight legt, um auf den aktuellsten Stand zu kommen, einen neuen Index an.

Spotlight abschalten | Wenn Sie Spotlight vollständig abschalten möchten, bedienen Sie sich des Befehls `launchctl`, um den LaunchDaemon (siehe Abschnitt 13.3) zu deaktivieren, der den Prozess `mds` überwacht. Die Eingabe von

```
sudo launchctl unload -w /System/Library/LaunchDae-
mons/com.apple.metadata.mds.plist
```

fügt der Konfigurationsdatei die Eigenschaft `Disabled` hinzu. Nach einem Neustart des Systems ist Spotlight nicht mehr aktiv. Mit der Eingabe

```
sudo launchctl load -w /System/Library/LaunchDaemons/
com.apple.metadata.mds.plist
```

aktivieren Sie Spotlight wieder. Es bietet sich in diesem Fall an, den Index mit den zuvor beschriebenen Maßnahmen neu anzulegen.

Kapitel 8
Zugriffsrechte

Unter OS X 10.8 spielen Zugriffsrechte für Dateien und Ordner nach wie vor eine große Rolle, um die Sicherheit des Systems und seine Funktionsfähigkeit zu gewährleisten sowie die Dateien und Order der einzelnen Benutzer zu schützen und voneinander zu trennen.

Zwei Methoden | OS X 10.8 verwendet bei der Verwaltung von Zugriffsrechten zwei Methoden. Die erste besteht in dem hier als *POSIX-Rechte* bezeichneten Verfahren, bei dem einer Datei oder einem Ordner aufgeteilt in drei Kategorien (EIGENTÜMER, GRUPPE und ANDERE) mit der Lese-, Schreib- und Ausführungsberechtigung jeweils drei Rechte zugewiesen werden können. Diese POSIX-Rechte sind auf eigentlich allen UNIX- und Linux-Systemen verfügbar.

Daneben wurden bereits als Ergänzung mit Mac OS X 10.4 die sogenannten *Access Control Lists* (ACL) eingeführt. Während bei den POSIX-Rechten nur die drei Kategorien verfügbar sind und diese bei mehreren eingerichteten Benutzern schnell an ihre Grenzen stoßen, können Sie bei den Access Control Lists beliebig lange Listen für die Zugriffssteuerung erstellen. Dabei sind sie flexibler als die POSIX-Rechte, da die Rechte für beliebig viele Benutzer und Gruppen definiert werden können. Sie stellen auch eine Grundlage für die Freigabe von Ordnern im Netzwerk dar.

Finder und Terminal
Die Zuweisung von Zugriffsrechten über den Finder ist, sofern es sich um Freigaben im Netzwerk oder für andere Benutzerkonten des Systems handelt, recht komfortabel und wenig fehlerträchtig. Allerdings haben auch die Befehle am Terminal wie `chmod` und `chown` nach wie vor ihre Berechtigung, um eine Datei beispielsweise als ausführbar zu definieren oder um Probleme des Systems zu beheben.

8.1 Zugriffsrechte im Finder

Im Finder legen Sie die Zugriffsrechte für einen Ordner oder eine Datei im Fenster INFOS ZU in der Ansicht FREIGABE & ZUGRIFFSRECHTE fest. Die Ansicht teilt Ihnen zunächst die Ihnen derzeit zu-

Hinweis
Um die Zugriffsrechte im Finder zu ändern, müssen Sie sich bei einigen Aktionen über das Schloss unten rechts als Administrator identifizieren.

stehenden Rechte – SIE DÜRFEN LESEN UND SCHREIBEN bei Dateien in Ihrem persönlichen Ordner – mit.

Darunter finden Sie eine Liste, in der Ihnen links die Benutzerkonten und Gruppen angezeigt werden, für die Zugriffsrechte definiert wurden. Hier sind in der Regel drei Kategorien vorhanden, die die POSIX-Rechte widerspiegeln. Bei Dateien und Ordnern innerhalb Ihres persönlichen Ordners handelt es sich zunächst um Ihr Benutzerkonto (ICH), dann folgen die Gruppe STAFF, der alle über die Systemeinstellungen angelegten Benutzer angehören, und mit der Angabe EVERYONE alle anderen Benutzerkonten.

▲ **Abbildung 8.1**
Die Zugriffsrechte legen Sie im Finder im Fenster INFO ZU fest.

Zugriffsrechte für Dateien | Im Ausklappmenü in der Spalte ZUGRIFFSRECHTE können Sie bei Ihrem Benutzerkonto sowie bei der Gruppe STAFF zwischen der Vorgabe LESEN & SCHREIBEN sowie NUR LESEN auswählen. Bei der Vorgabe für alle anderen Benutzerkonten können Sie zusätzlich KEINE RECHTE vergeben. Diese Standardeinstellung für Dateien, die Sie selbst erstellt haben, ermöglicht es Ihnen, die Datei zu verändern und zu öffnen. Benutzer der Gruppe STAFF, zu der alle über die Systemeinstellungen angelegten (menschlichen) Benutzerkonten gehören, können die Datei öffnen, sofern sie über die passenden Zugriffsrechte für das übergeordnete Verzeichnis verfügen.

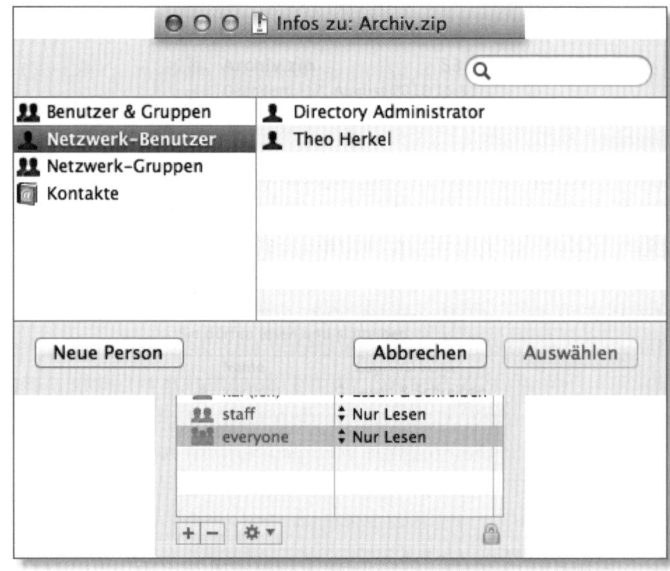

Abbildung 8.2 ▸
Die Benutzerkonten der Verzeichnisdienste werden in den Rubriken NETZWERK-BENUTZER und NETZWERK-GRUPPEN aufgelistet.

Über das Plus- und Minuszeichen unterhalb der Liste können Sie weitere Benutzer und Gruppen zuweisen und für diese Zugriffsrechte vergeben.

Wenn Sie über das Pluszeichen einen Benutzer oder eine Gruppe zuweisen, erscheint ein Panel. Sofern Ihr Rechner mit einem Verzeichnisdienst (siehe Abschnitt 17.6) verbunden ist, finden Sie die dort eingerichteten Benutzerkonten und Gruppen in den Rubriken NETZWERK-BENUTZER und NETZWERK-GRUPPEN.

Über die Schaltfläche NEUE PERSON können Sie direkt aus diesem Dialog heraus ein neues Benutzerkonto erstellen und mit einem Passwort versehen. Dabei wird der Name des Eintrags für ein Benutzerkonto vom Typ NUR FREIGABE erstellt, und Sie müssen ein Passwort für dieses neue Konto zuweisen. Darüber hinaus ist es möglich, auf die Kontakte zurückzugreifen und für einen der dort vorhandenen Einträge ein Konto zu erstellen. Auch hier wird ein Benutzerkonto vom Typ FREIGABE erstellt, und Sie müssen ein Passwort vergeben.

Wählen Sie eines der Benutzerkonten oder eine der Gruppen aus, und klicken Sie auf AUSWÄHLEN, um die Gruppe oder den Benutzer der Datei zuzuweisen.

Wenn Sie weitere Benutzer und Gruppen zuweisen und ihnen irgendwelche Rechte einräumen, werden diese der Liste oben hinzugefügt. Die POSIX-Rechte werden immer unten aufgeführt.

In Abbildung 8.3 wurden die Rechte für die Datei modifiziert. Der Eigentümer KAI (ICH) darf die Datei nach wie vor öffnen und ändern, ebenso der Benutzer mit dem Kurznamen THEO. Die zur Gruppe mit dem Kurznamen DESIGNER gehörigen Benutzer können die Datei öffnen und sich so über den Stand der Arbeit von KAI und THEO informieren. Es ist den Mitgliedern dieser Gruppe jedoch nicht möglich, die Datei zu speichern und so die Arbeit der beiden Benutzer zu stören. Alle anderen Benutzer, die nicht zu den Gruppen DESIGNER und STAFF gehören, haben für die Datei KEINE RECHTE.

Hinweis
Die Anzeige in der Liste im Finder nutzt immer den Kurznamen des Kontos oder der Gruppe und nicht den Langnamen, den Sie über die Systemeinstellungen vorgeben. Sollten Sie Gruppen nachträglich umbenannt haben, dann kann dies zu Verwirrung führen.

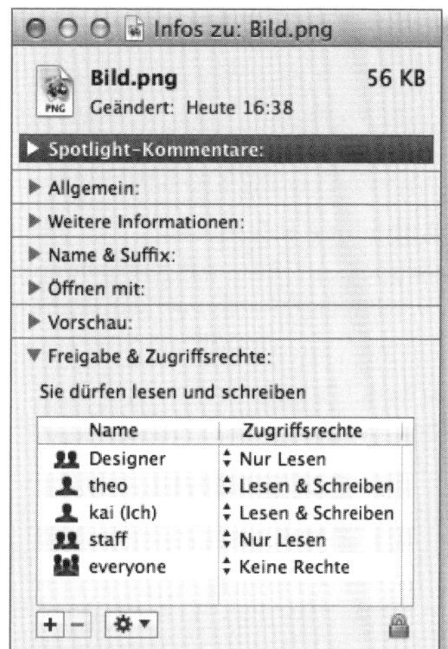

▲ **Abbildung 8.3**
Die Zugriffsrechte wurden um die Gruppe DESIGNER sowie den Benutzer THEO ergänzt.

Die Gruppe »staff« | In den POSIX-Rechten muss immer irgendein Eintrag für eine Gruppe vorhanden sein. Wenn Sie die Gruppe STAFF über das Minuszeichen löschen, dann gibt es zwei Möglichkeiten: Wenn sich mehrere Gruppen in der Liste befinden, dann wird die zuoberst stehende Gruppe nach unten gerückt und als Gruppe für die POSIX-Rechte eingetragen. Wenn keine weitere Gruppe in der Liste vorhanden ist, dann wird die Gruppe WHEEL im Hintergrund zugewiesen. Diese wird im Finder nicht angezeigt, und dementsprechend verschwindet die Gruppe der POSIX-Rechte aus der Liste. Wenn Sie diesen Zustand nachträglich korrigieren wollen, dann können Sie den Befehl `chgrp` (siehe Abschnitt 8.2) am Terminal nutzen, um die Gruppe STAFF erneut zuzuweisen.

Hinweis
Unter OS X 10.8.0 ist diese Funktion noch nicht ganz ausgereift. Im Finder wird Ihnen als Benutzer- oder Gruppenname manchmal lediglich LADEN ... angezeigt, bis der Finder neu gestartet wurde.

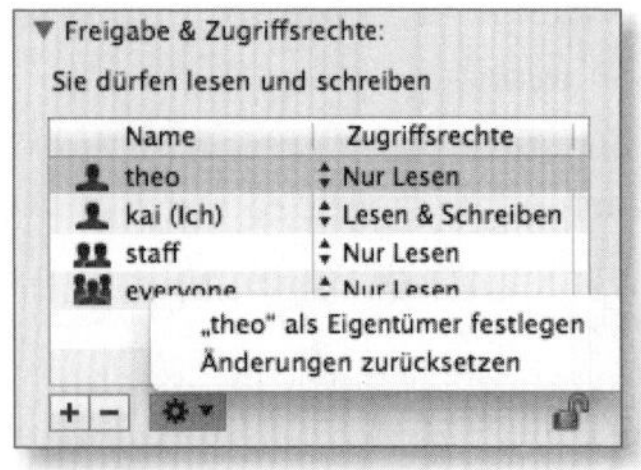

▲ **Abbildung 8.4**
Den Eigentümer ändern Sie über das Werkzeugmenü.

Eigentümer ändern | Über das Werkzeugmenü unten können Sie zunächst etwaige Änderungen zurücksetzen. Es werden dann wieder die Zugriffsrechte verwendet, die galten, als Sie das Fenster geöffnet haben. Ihnen steht dort auch, wenn Sie in der Liste einen Benutzer ausgewählt haben, die Option »Benutzer« als Eigentümer festlegen zur Verfügung. Der Eigentümer einer Datei wird in der Liste immer als unterster Benutzer angezeigt.

Zugriffsrechte bei Ordnern | Bei Zugriffsrechten für Ordner verhält es sich weitgehend ähnlich wie bei denen für Dateien. Es gibt jedoch eine Besonderheit: Können Sie bei Dateien entweder nur den Lesezugriff oder gleich beide Zugriffsarten freigeben, können Sie bei einem Ordner auch lediglich den Schreibzugriff für andere Benutzer mit dem Recht Nur Schreibzugriff (Briefkasten) ermöglichen.

Abbildung 8.5 ►
Ordner, auf die nicht zugegriffen werden kann, erhalten ein Warnzeichen, während Briefkästen mit einem Pfeil nach unten gekennzeichnet werden.

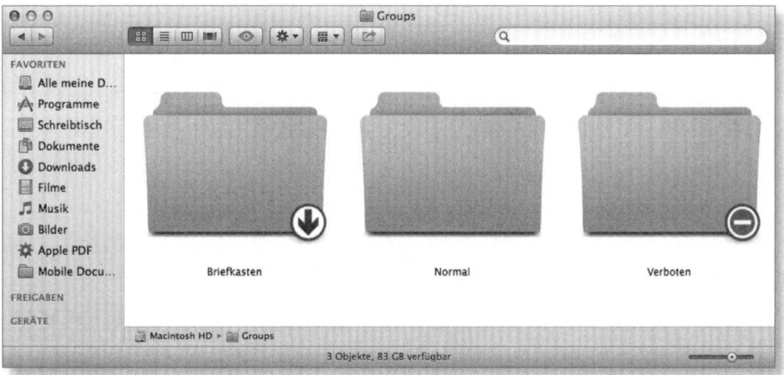

Vererbung für neue Objekte
Bei der Arbeit mit freigegebenen Ordnern können Sie die Zugriffsrechte für einen Ordner um die in Abschnitt 19.1 beschriebene Vererbung der Rechte ergänzen. Damit erreichen Sie, dass neuen Objekten automatisch die Zugriffsrechte des übergeordneten Ordners vererbt werden.

Der Grund dafür ist, dass Sie so einen Ordner erstellen können, in dem andere Benutzer – auch über das Netzwerk – Dateien speichern können. Da diese Benutzer aber den Ordner nicht lesen können und somit keine Informationen über die darin enthaltenen Dateien bekommen, können sie auch keine der von anderen Benutzern abgelegten Dateien löschen.

Auf Unterobjekte anwenden | Wenn Sie die Zugriffsrechte für einen Ordner ändern, steht Ihnen im Werkzeugmenü neben der Option Änderungen zurücksetzen auch die Möglichkeit Auf alle Unterobjekte anwenden zur Verfügung. Bei Ordnern, die zum Betriebssystem gehören, sollten Sie mit dieser Funktion sehr vorsichtig sein, sofern Sie sie überhaupt nutzen.

Was sich erst einmal sehr theoretisch anhört, wird in der Praxis von Apple für den sogenannten Briefkasten im Ordner Öffentlich praktisch eingesetzt. Seine Aufgabe besteht darin, dass andere Benutzer Dateien in Ihr persönliches Verzeichnis kopieren können, dabei aber keinen Einblick in die dort schon vorhandenen Dateien und Ordner bekommen. Andere Benutzer, insbesondere im Netzwerk, können Ihnen so Dateien schicken, aber nicht die bereits vorhandenen einsehen und löschen.

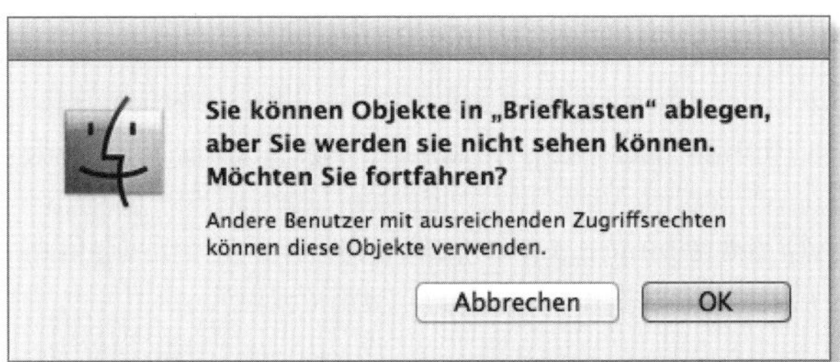

◂ **Abbildung 8.6**
Dateien für andere Benutzer können Sie in deren BRIEFKASTEN kopieren.

Zugriffsrechte anwenden | Die Konfiguration der Zugriffsrechte für Ordner ist insbesondere im Netzwerk notwendig, wenn Sie zum Beispiel innerhalb des Verzeichnisses ÖFFENTLICH neben dem BRIEFKASTEN weitere Unterordner einrichten möchten, die Sie für Gruppen oder Benutzer im Netzwerk freigeben wollen.

Angenommen, in Ihrem Netzwerk haben Sie drei Gruppen angelegt: »Designer«, »Management« und »Entwickler«. Zur Abwicklung eines Projekts haben Sie in Ihrem persönlichen Ordner neben DOKUMENTE, MUSIK etc. einen weiteren Ordner PROJEKT_1 erstellt, diesen im Netzwerk freigegeben und dabei den Mitgliedern der drei Gruppen die Anmeldung an dieser Freigabe ermöglicht. Innerhalb von PROJEKT_1 gibt es drei Unterordner: GESTALTUNG, ENTWICKLUNG und BÜRO.

Mithilfe der Zugriffsrechte könnten Sie nun leicht folgende Zuteilung von Rechten vornehmen: Mitglieder der Gruppe »Management« haben vollen Zugriff auf den Ordner BÜRO und Lesezugriff auf die Ordner GESTALTUNG und ENTWICKLUNG, um den Stand der Arbeiten der Projektmitarbeiter in den Gruppen »Designer« und »Entwickler« zu überwachen. Die Gruppe »Designer« hat vollen Zugriff auf den Ordner GESTALTUNG, Lesezugriff auf den Ordner ENTWICKLUNG und keinen Zugriff auf BÜRO. Analog haben die »Entwickler« vollen Zugriff auf ENTWICKLUNG, aber nur Lesezugriff auf GESTALTUNG und wiederum keinen auf BÜRO.

Mit dieser Trennung wäre über die Zugriffsrechte vermieden, dass »Entwickler« und »Gestalter« Einsicht in vertrauliche Vertragsdaten im Ordner BÜRO nehmen, während sich das »Management« jederzeit einen Überblick über den Stand der Dinge verschaffen kann, ohne jedoch als fachfremde Personen die Arbeit der jeweiligen Experten zu stören. Wie Sie diese Zugriffsrechte in Ihrem Netzwerk oder auf Ihrem lokalen System zuteilen, hängt jeweils von Ihren persönlichen Anforderungen ab.

8.2 Zugriffsrechte am Terminal

Die Zuweisung von Rechten über das Informationsfenster ist im alltäglichen Gebrauch von OS X 10.8 völlig ausreichend. Allerdings ist es hiermit nicht möglich, eine Datei als ausführbar zu kennzeichnen. Letzteres ist zum Beispiel bei der Erstellung eines Shell-Skripts (siehe Abschnitt 6.6) notwendig. Auch ist die Änderung der Zugriffsrechte von Systemdateien, wenn Sie zum Beispiel eine Voreinstellungsdatei modifizieren, in Ausnahmefällen nötig. Dies nehmen Sie am besten am Terminal vor.

POSIX-Rechte | Am Terminal können Sie zunächst die POSIX-Rechte mit dem Befehl

```
ls -l
```

einsehen. Sie erhalten eine detaillierte Liste der in einem Verzeichnis vorhandenen Dateien; in der linken Spalte erscheinen die Zugriffsrechte in Form von mehreren Buchstaben. Der erste Buchstabe – im Beispiel in Abbildung 8.7 ist es ohne Ausnahme `d` – enthält die Informationen über den Dateityp. Ein Verzeichnis (*Directory*) wird mit `d`, eine Datei mit `-` und ein symbolischer Link mit `l` aufgeführt.

```
Virtmac:~ kai$ ls -l
total 0
drwx------+ 11 kai  staff   374 22 Aug 17:09 Desktop
drwx------+ 20 kai  staff   680 22 Aug 16:58 Documents
drwx------+  8 kai  staff   272 22 Aug 16:34 Downloads
drwx------@ 55 kai  staff  1870 20 Aug 23:31 Library
drwx------+  4 kai  staff   136 17 Aug 14:29 Movies
drwx------+ 20 kai  staff   680 17 Aug 18:36 Music
drwx------+ 11 kai  staff   374 17 Aug 15:14 Pictures
drwxr-xr-x+  4 kai  staff   136  4 Aug 23:10 Public
Virtmac:~ kai$
```

Abbildung 8.7 ▸
Mit dem Befehl `ls -l` listen Sie die POSIX-Rechte auf.

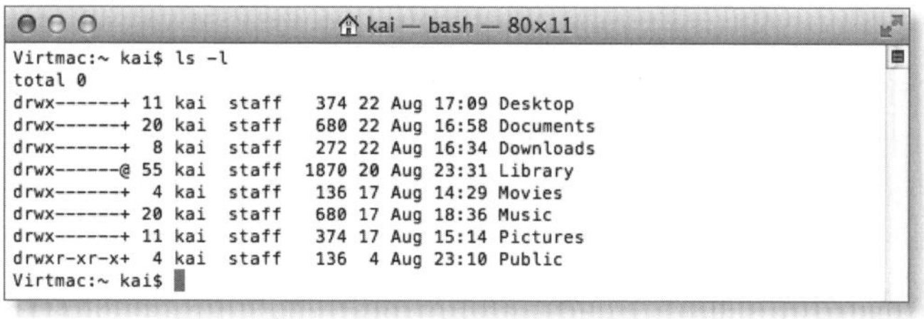

Die folgenden Buchstaben, wie zum Beispiel `rwxr-xr-x`, stellen die Zugriffsrechte dar. Hierbei spiegeln die ersten drei die Rechte des Eigentümers wider, der die Datei lesen (`r`), verändern (`w`) und ausführen (`x`) darf; sein Kurzname wird Ihnen in der folgenden Spalte (`kai`) angezeigt. Die nächsten drei Zeichen geben die Rechte der Gruppe wieder, die der Datei oder dem Verzeichnis zugewiesen wurde. Sie finden den Namen der Gruppe (`staff`) neben dem Kurznamen des Eigentümers. Mitglieder der Gruppe dürfen das Verzeichnis oder die Datei lesen (`r`) und ausführen (`x`), nicht aber verändern (`-`). Das Gleiche gilt für alle anderen Benutzer, was aus den folgenden drei Zeichen hervorgeht. Bei der Angabe `rwx------` verfügt der Besitzer über alle Rechte, die Gruppe und alle anderen über keine.

Flags mit »@«
In Abbildung 8.7 finden Sie in der Zeile `Library` zusätzlich das Zeichen `@`. Dieses weist darauf hin, dass hier ein File Flag vergeben wurde. Hier handelt es sich um den Urzustand des Benutzerordners; die Library ist unsichtbar. Das Flag lässt sich mit dem Befehl `chflags` (siehe Abschnitt A.2) entfernen.

Zugriffsrechte zuweisen | Für die Zuweisung von POSIX-Rechten, Eigentümern und Gruppen stehen am Terminal drei Befehle zur Verfügung: Mit `chmod` definieren Sie Zugriffsrechte, Eigentümer und Gruppen ändern Sie mit `chown` und `chgrp`. Sind Sie Eigentümer einer Datei, dann können Sie mit

```
chmod Rechte Datei
```

deren Zugriffsrechte ändern. Die Zugriffsrechte geben Sie in der Regel mithilfe von drei Zahlen an, die die Rechte definieren. Welche Zahl für welche Zugriffsrechte anzugeben ist, ergibt sich aus Tabelle 8.1.

	Besitzer	Gruppe	andere
Lesen	4	4	4
Schreiben	2	2	2
Ausführen	1	1	1

◄ **Tabelle 8.1**
Ziffern für die Vergabe von Zugriffsrechten am Terminal

Sie müssen immer eine Zahl, die für eine zu vergebende Berechtigung steht, zu den anderen addieren. Wenn Sie für sich als Besitzer den Lese- und den Schreibzugriff zulassen, die Ausführbarkeit aber unterbinden wollen, wäre die anzugebende Zahl 6. Soll die Datei nur lesbar sein, wäre 4 einzugeben. Für die Zuweisung aller Rechte dient die 7, für keines die 0.

Ausführbare Verzeichnisse
Die Ausführbarkeit eines Verzeichnisses ermöglicht den Wechsel über `cd` in dieses Verzeichnis. Wenn Sie sich mit `chmod 400 Verzeichnis` lediglich den Lesezugriff zugestehen, können Sie den Inhalt zwar mit `ls Verzeichnis/` ausgeben, der Wechsel mit `cd Verzeichnis` wird Ihnen jedoch mit der Meldung `Permission denied` verweigert.

Die erste Zahl definiert die Rechte des Besitzers der Datei, die zweite Zahl die Rechte der Gruppe und die dritte die Rechte für alle restlichen Benutzer. Um also sich selbst bei einer Datei alle Rechte zu geben und sowohl den restlichen Benutzern in seiner Gruppe als auch allen anderen Benutzern keine Rechte zuzugestehen, würde der Befehl lauten:

```
chmod 700 Datei
```

Um dem Eigentümer Lese- und Schreibzugriff zu ermöglichen sowie den Mitgliedern Ihrer Gruppe und allen restlichen Benutzern gar keine Rechte zuzuweisen, verwenden Sie `chmod 740 Datei`. Jeder Benutzer erhält alle Rechte mit `chmod 777 Datei`. Alle Rechte entfernen Sie mit `chmod 000 Datei`.

Eigentümer ändern | Um den Besitzer einer Datei zu ändern, verwenden Sie den Befehl

```
chown Benutzer Datei
```

Hinweis

Um den Besitzer für eine Datei zu ändern, müssen Sie den Befehl `chown` mittels `sudo` als Super-User (siehe Abschnitt 14.3) ausführen. Der Grund dafür liegt auf der Hand: Könnte jeder Benutzer seine Dateien beispielsweise dem Super-User »root« unterschieben, ließen sich sehr schnell Skripten aus- und sonstige Manipulationen durchführen, die die Sicherheit des Systems kompromittieren würden.

Sie müssen diesen mit `sudo` als Administrator ausführen. Um eine Datei, die Ihnen als Benutzer `kai` gehört, dem Benutzer `theo` zuzuweisen, geben Sie Folgendes ein:

```
sudo chown theo Datei
```

Soll der Datei eine andere Gruppe zugewiesen werden, können Sie auf die Angabe von `sudo` verzichten, sofern Sie der zuzuweisenden Gruppe angehören. Der Befehl zum Ändern der Gruppenzugehörigkeit einer Datei lautet:

```
chgrp Gruppe Datei
```

Er funktioniert genauso wie `chown`. Soll die Datei einer Gruppe zugewiesen werden, der Sie nicht angehören, müssen Sie sich wiederum des Befehls `sudo` bedienen. Die Angaben in dieser Form gelten auch für Verzeichnisse.

Wenn Sie in einem Durchgang sowohl Eigentümer als auch Gruppe ändern möchten, dann rufen Sie `chown` mit dem Parameter `Benutzer:Gruppe Datei` auf. Die Eingabe von

```
sudo chown kai:staff Datei
```

würde der Datei den Benutzer `kai` und die Gruppe `staff` zuordnen.

[Access Control Entry]
Die einzelnen nummerierten Einträge in einer Access Control List werden als *Access Control Entry* (ACE) bezeichnet.

Access Control Lists | Am Terminal lassen Sie sich die Access Control Lists mit dem Aufruf von `ls -el` anzeigen. Sie erhalten dann zusätzlich eine nummerierte Liste der Einträge der Access Control Lists. Hier interpretiert das System die Einträge aufsteigend und wendet das Zugriffsrecht an, das zuerst zutrifft.

In Abbildung 8.8 erhält der Benutzer mit dem Kurznamen `theo` vollen Lese- und Schreibzugriff auf das Verzeichnis `DesignerProjekt`, da für ihn mit `user:theo` der erste Eintrag (`0`) in der Zugriffsliste definiert wurde. Dies geschieht unabhängig davon, ob er einer der Gruppen `Designer` oder `staff` angehört, für die der folgende Eintrag `1` erstellt wurde.

▼ Abbildung 8.8
Die ACL werden durchnummeriert und aufsteigend interpretiert.

Öffentlich — bash — 130×9

```
Virtmac:Public kai$ ls -el
total 0
drwxr-xr-x+ 2 kai  staff   68 22 Aug 17:20 DesignerProjekt
 0: user:theo allow list,add_file,search,add_subdirectory,delete_child,readattr,writeattr,readextattr,writeextattr,readsecurity
 1: group:Designer allow list,search,readattr,readextattr,readsecurity
drwx-wx-wx+ 3 kai  staff  102  4 Aug 23:10 Drop Box
 0: user:kai allow list,add_file,search,delete,add_subdirectory,delete_child,readattr,writeattr,readextattr,writeextattr,readsecur
ity,writesecurity,chown,file_inherit,directory_inherit
Virtmac:Public kai$
```

Gehörte ein Benutzer der Gruppe `Designer` an, dann würden für ihn die definierten Rechte im Eintrag 1 gelten. Sofern bei einem Benutzer keiner der Einträge zutrifft, werden für ihn die Rechte der Kategorie `staff` beziehungsweise `everyone` der POSIX-Rechte verwendet.

Einträge verstehen | Die Rechte der Einträge in einer Access Control List definieren Sie über die Stichwörter, die auf den Namen des Benutzers oder der Gruppe folgen. Hierbei legen Sie zunächst mit `allow` und `delete` fest, ob die über die folgenden Stichworte definierten Aktionen dem Benutzer oder der Gruppe zustehen oder ihnen verboten werden sollen.

Daran schließt sich eine Reihe von Stichwörtern an, die die einzelnen Aktionen definieren. So wird mit `read` und `write` der Lese- und Schreibzugriff für Dateien festgelegt und mit `append` sogar noch vorgegeben, ob an die bereits vorhandene Datei weitere Daten angefügt werden dürfen. Dies mag auf den ersten Blick bei einer Bilddatei widersinnig erscheinen, aber zum Beispiel bei einem Protokoll für das Dienstprogramm Konsole, bei dem die einzelnen Einträge zeilenweise unten angefügt werden, ist diese Eigenschaft höchst sinnvoll. So können Sie Zugriffsrechte für ein Protokoll vergeben, bei dem Systemdienste über `append` Zeilen ans Ende anfügen können. Da Ihnen aber die Berechtigung für `write` fehlt, können Sie keine bereits erstellten Zeilen innerhalb des Protokolls überschreiben.

»deny delete«
Wenn Sie sich die Access Control Lists für die Verzeichnisse in Ihrem persönlichen Ordner anzeigen lassen, werden Sie dort bei jedem nicht freigegebenen Ordner einen Eintrag `everyone deny delete` finden. Dieser führt dazu, dass das Löschen von Objekten auf jeden Fall untersagt ist, wenn Sie den Ordner (versehentlich) freigeben sollten.

Einträge erstellen | Für die Erstellung eines Eintrags in einer Access Control List stehen insgesamt mehr als 20 Stichwörter zur Verfügung. Sie können diese nutzen, um eine sehr fein granulierte Zugriffssteuerung zu entwickeln.

Hierzu dient wiederum der Befehl `chmod` in Verbindung mit der Option `+a`. An ihn schließt sich in Anführungszeichen der zu erstellende Eintrag an. Mit

```
chmod +a "kai deny delete" Datei
```

würden Sie dem Benutzer mit dem Kurznamen `kai` das Löschen der angegebenen Datei explizit untersagen, ansonsten hätte er aber, abhängig von den anderen definierten Zugriffsrechten, durchaus Schreibzugriff. Details dazu erfahren Sie in der über `man chmod` abrufbaren Dokumentation (siehe Abschnitt 6.5) des Befehls `chmod`.

Hinweis
Im Arbeitsalltag ist diese eigenhändige Zuweisung von Einträgen selten notwendig, weil das Fenster INFOS ZU im Finder eigentlich die beste Kombination für das zu erreichende Ziel (LESEN & SCHREIBEN, LESEN, BRIEFKASTEN, KEINE RECHTE) verwendet. Lediglich bei Verzeichnissen ist die in Abschnitt 19.1.2 beschriebene Vererbung eine sinnvolle Ergänzung.

Hinweis

Auch beim Erstellen und Löschen von Einträgen gelten die Eigentümer. Sofern Sie als Administrator eine fremde Datei oder ein fremdes Verzeichnis ändern möchten, müssen Sie chmod den Befehl sudo voranstellen.

Einträge löschen | Während die Erstellung von Hand unter OS X 10.8 selten notwendig ist, ist die eigenhändige Löschung eines Eintrags manchmal nötig, etwa wenn Sie über SSH (siehe Abschnitt 17.2) auf Ihren Rechner zugreifen. Während Sie mit der Option `+a` einen Eintrag hinzufügen, dient `-a` zum Entfernen. Einen ganzen Eintrag löschen Sie, indem Sie der Option `-a` noch ein Doppelkreuz hinzufügen, also `-a#` verwenden. Darauf folgen die Nummer des zu löschenden Eintrags und der Name der Datei oder des Verzeichnisses. Die Eingabe von `chmod -a# 0 Datei` löscht den ersten Eintrag in der Access Control List der angegebenen Datei.

Kapitel 9
Festplatten und Dateisysteme

Werden Daten auf einer Festplatte oder einer CD gespeichert, dann werden sie lediglich in Zylindern, Headern und Sektoren auf die Platte geschrieben. Die Organisation der Dateien im Finder ist also nur ein vom Dateisystem erstelltes Abbild. In diesem Kapitel soll es darum gehen, wie OS X 10.8 mit Ihren Daten und Speicherträgern umgeht und welche Funktionen Ihnen bei der Verwaltung Ihrer Datenträger zur Verfügung stehen.

9.1 Hintergründe

Dateisysteme haben die Aufgabe, Dateien auf einem Datenträger wie einer Festplatte oder einer DVD zu organisieren. Dabei wird in den Dateisystemen Buch darüber geführt, an welcher Stelle auf dem Datenträger sich die Daten befinden, ob sie in einem Verzeichnis liegen – und, wenn ja, in welchem – und mit welcher Bezeichnung sie versehen wurden.

FUSE und NTFS-3G
Sie finden am Ende dieses Kapitels einen Abschnitt zum OpenSource-Projekt FUSE und dem Treiber NTFS-3G. Damit wird der Schreibzugriff auf NTFS-Datenträger möglich.

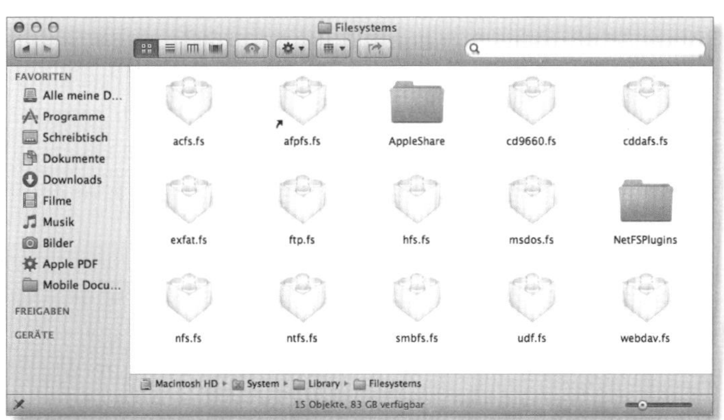

◂ **Abbildung 9.1**
Die von OS X 10.8 unterstützten Dateisysteme werden mithilfe von Modulen realisiert.

Modularer Aufbau | Da diese Dateisysteme in ihrer Funktionsweise sehr unterschiedlich sind, benötigt OS X jeweils ein Programm, das für die Ansprache des Dateisystems sorgt. Im Ordner

/System/Library/Filesystems finden Sie mehrere Ordner und Dateien wie zum Beispiel *msdos.fs*. Diese Erweiterungen werden vom System bei Bedarf aktiviert und zur Einbindung des Dateisystems geladen.

Erweiterte Attribute
Bei vielen Betriebssystemen wie auch OS X 10.8 werden zusätzlich zu den konkreten Daten (z. B. zu einem Text) weitere Informationen (z. B. ein Icon) gespeichert. Daher unterstützen Dateisysteme wie das von OS X 10.8 nach wie vor verwendete HFS auch die sogenannten Metadaten und erweiterten Dateiattribute.

Partitionen, Slices, Volumes | Als die Speicherkapazität von Datenträgern und insbesondere Festplatten mit der Zeit immer größer wurde, bot es sich an, diese in mehrere Bereiche zu unterteilen. Dateisysteme sind nicht in der Lage, unbegrenzt viele Dateien zu verwalten. Bei der Anzahl an Dateien, die sich innerhalb eines Dateisystems verwalten lassen, gibt es je nach Dateisystem Grenzen. Aus diesem Grund können Datenträger in mehrere Bereiche, die *Partitionen* genannt werden, unterteilt und so mehrere Dateisysteme auf einer Festplatte eingerichtet werden.

Innerhalb der Dokumentation von OS X 10.8 ist die Terminologie ein wenig unübersichtlich. Sie werden hier auch auf den Begriff *Slices* stoßen. Damit werden innerhalb des UNIX-Kerns Partitionen bezeichnet. Ergänzend wird auch der Terminus *Volume* verwendet. Dieser bezeichnet ebenfalls eine Partition, die in diesem Fall mit einem von OS X 10.8 direkt unterstützten Dateisystem versehen wurde und im Finder unter einem Namen erscheint.

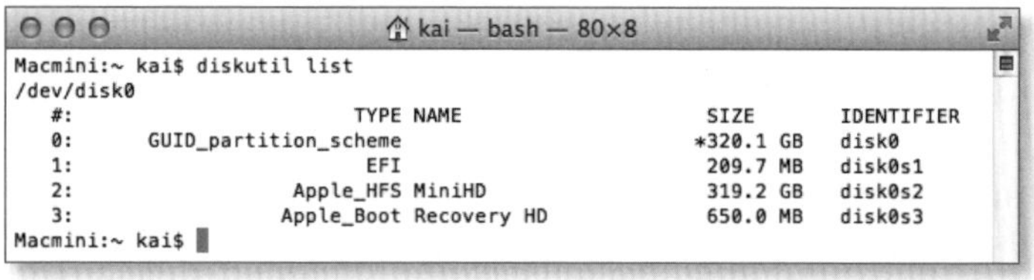

Abbildung 9.2 ▸
Sie können eine Festplatte in eine oder mehrere Partitionen unterteilen.

```
kai — bash — 80×8
Macmini:~ kai$ diskutil list
/dev/disk0
   #:                       TYPE NAME                    SIZE       IDENTIFIER
   0:      GUID_partition_scheme                        *320.1 GB   disk0
   1:                        EFI                         209.7 MB   disk0s1
   2:                  Apple_HFS MiniHD                  319.2 GB   disk0s2
   3:                 Apple_Boot Recovery HD             650.0 MB   disk0s3
Macmini:~ kai$
```

Recovery HD
Die in Abbildung 9.2 mit dem Identifier disk0s3 versehene Partition Recovery HD enthält das Rettungssystem, das mit OS X 10.8 parallel zum normalen System installiert wird. Die Partition wird Ihnen im Festplattendienstprogramm nicht angezeigt.

Partitionen anzeigen | Mit dem Befehl `diskutil list` lassen Sie sich am Terminal die Partitionen Ihrer Datenträger anzeigen. In Abbildung 9.2 wurde mit `diskutil list disk3` die Partitionstabelle der Festplatte ausgegeben, von der das System gestartet wurde. Wundern Sie sich nicht, wenn mehr Partitionen angezeigt werden, als Sie ursprünglich mit dem Festplattendienstprogramm eingerichtet haben.

In Abbildung 9.2 sehen Sie als Erstes eine kleine, im Finder und im Festplattendienstprogramm nicht sichtbare Partition vom Typ EFI. Sie enthält einige zum Start des Systems notwendige Informationen. Die zweite im Finder sichtbare Partition wurde mit dem Dateisystem HFS (in der Spalte TYPE) versehen und trägt den Namen MiniHD. Sie enthält das Betriebssystem, von dem in diesem Fall gestartet wurde. Dieser Name wird auch im Finder verwendet. Die dritte Partition (Recovery HD) ist im Finder nicht sichtbar und enthält das Rettungssystem.

Medien-Identifikation | Um Laufwerke wie Festplatten anzusprechen, untersucht das Betriebssystem nach dem Start die vorgefundene Hardware. Sind Treiber für die gefundenen Festplatten, CD-ROM- oder anderen Laufwerke vorhanden, legt das System im Verzeichnis /Dev Dateien in der Form *disk0s2* an. Jede dieser Dateien steht für eine Partition des jeweiligen Datenträgers.

Die zweite Partition oder der zweite Slice würde dementsprechend über /Dev/Disk0s2 angesprochen. Diese Dateien dienen im UNIX-Unterbau von OS X 10.8 dazu, die Partitionen direkt anzusprechen, und werden bei der Einbindung von Dateisystemen (siehe unten) ebenfalls abgefragt.

Eindeutige Identifizierung
Partitionen mit HFS+-Dateisystem wird neben dem Namen und der Medienidentifikation auch eine Univ. eindeutige Identifizierung zugewiesen. Diese eindeutige Zeichenkette (siehe Abbildung 9.3) dient dazu, die Partition unabhängig von ihrem Namen identifizieren zu können. Dies wird zum Beispiel bei Time Machine verwendet, um auch bei einer Namensänderung mit der Sicherung fortfahren zu können.

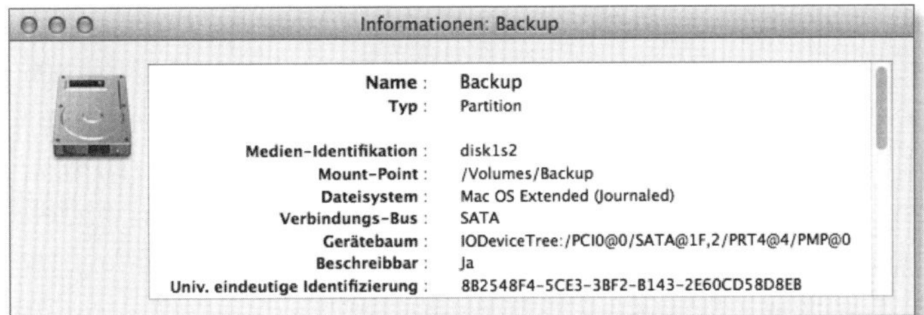

◂ **Abbildung 9.3**
Die Medien-Identifikation enthält sowohl die Nummer des Datenträgers als auch die der Partition.

Mount-Points | Die Partition, auf der sich das aktive System befindet und von der aus Sie den Rechner gestartet haben, wird automatisch als Verzeichnis / eingebunden. Sie entspricht damit der höchsten Ebene in der Ordnerstruktur von OS X 10.8.

Andere Partitionen und Wechselmedien werden in die Verzeichnisstruktur des Startvolumes integriert. Im Ordner /Volumes finden Sie jeweils als Verzeichnis die Partitionen der vorhandenen Festplatten und auch die über das Netzwerk eingebundenen Freigaben. In Abbildung 9.3 wurde die Partition Backup der externen Festplatte als Ordner im Verzeichnis /Volumes/Backup angelegt. Den Ordner, an dessen Stelle ein Dateisystem eingegliedert wird, bezeichnet man auch als *Mount-Point*. Er wird Ihnen auch im Festplattendienstprogramm angezeigt (siehe Abbildung 9.3).

[Mounten]
Die Bezeichnung »Mount-Point« hat ihren Ursprung darin, dass am Terminal zur Einbindung von Dateisystemen der Befehl `mount` verwendet wird. Umgangssprachlich wird die Aktivierung von Dateisystemen auch als »Mounten« bezeichnet. Zur Einbindung von Dateisystemen stehen am Terminal spezielle Befehle wie `mount_hfs` oder `mount_msdos` zur Verfügung.

Gleichnamige Volumes | Sollte bei Ihnen der Fall eintreten, dass Sie zwei Dateisysteme aktivieren, die den gleichen Namen (z. B. Daten) tragen, legt das System im Ordner /Volumes Verzeichnisse mit dem Namen Daten an und nummeriert diese fortlaufend durch. Haben Sie zwei Partitionen mit dem Namen Daten eingebunden, erhalten Sie im Ordner /Volumes dementsprechend ein Verzeichnis namens Daten und ein weiteres mit der Bezeichnung Daten 1, das die andere Partition enthält. Im Finder erscheinen beide Partitionen jedoch unter dem gleichlautenden Namen Daten.

Automatische Einbindung von Datenträgern | Wenn Sie eine DVD einlegen oder eine externe Festplatte anschließen, stellt Ihnen das System die gefundenen Partitionen automatisch zur Verfügung und erledigt die Einbindung im Hintergrund. Zuständig für diese Arbeit, die sowohl die Suche nach vorhandenen Partitionen als auch die Einbindung unter /VOLUMES umfasst, ist der Dämon `diskarbitrationd`. Er wird beim Start des Systems aufgerufen und bleibt für die gesamte Laufzeit im Hintergrund. Direkt nach dem Start prüft er vorgefundene Datenträger und bindet deren Dateisysteme ein. Wenn ein Medium in ein Laufwerk gesteckt oder per USB an den Rechner angeschlossen wird, teilt das System dies dem Dämon mit. Dieser prüft dann die Datenträger und bindet die Dateisysteme ein.

Warnung
Konsultieren Sie vor der Erstellung der Datei */etc/fstab* unbedingt die entsprechende Dokumentation (`man diskarbitrationd`), um Fehler und Datenverluste zu vermeiden. Sichern Sie, bevor Sie mit verschiedenen Mount-Points arbeiten, unbedingt Ihre Daten. Sie finden darüber hinaus im Verzeichnis /ETC bereits eine Datei *fstab.hd*. Diese enthält außer einem Hinweis keine Einträge, und Sie sollten sie auch nicht modifizieren.

Die Datei »/etc/fstab« | Unter vielen UNIX-Varianten und Linux ist es üblich, in der Datei */etc/fstab* die Informationen zu speichern, an welcher Stelle im Dateisystem des Rechners andere Dateisysteme wie externe Festplatten eingebunden werden und nach welchen Kriterien dies erfolgt.

Unter OS X 10.8 ist die Datei */etc/fstab* zunächst nicht vorhanden. Sie können sie aber von Hand erstellen (`sudo nano /etc/fstab`), und sie wird dann von `diskarbitrationd` auch konsultiert. Dabei hat die Datei */etc/fstab* unter OS X eine andere Aufgabe: Sie dient nicht dazu, Dateisysteme einzubinden, sondern dazu, Ausnahmen von dem oben beschriebenem Verhalten in Bezug auf das Verzeichnis /VOLUMES zu definieren. Wenn Sie also eine Partition an einer anderen Stelle im Dateisystem einbinden möchten oder müssen und vielleicht sogar nur Lesezugriff zulassen wollen, dann müssen Sie die Datei */etc/fstab* modifizieren.

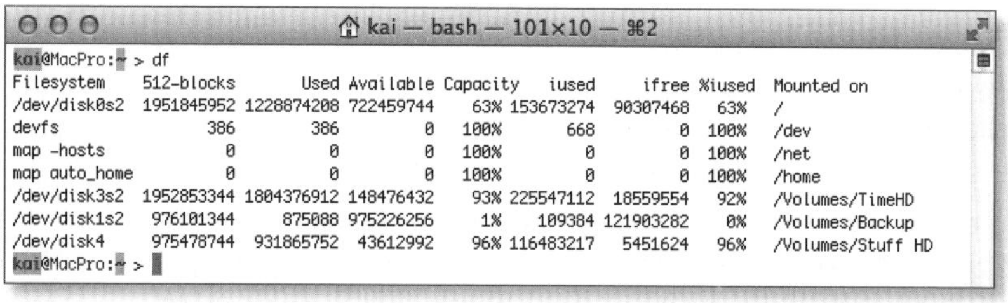

```
kai — bash — 101×10 — ⌘2
kai@MacPro:~ > df
Filesystem     512-blocks       Used Available Capacity     iused      ifree %iused  Mounted on
/dev/disk0s2   1951845952 1228874208 722459744      63% 153673274   90307468    63%  /
devfs                 386        386         0     100%       668          0   100%  /dev
map -hosts              0          0         0     100%         0          0   100%  /net
map auto_home           0          0         0     100%         0          0   100%  /home
/dev/disk3s2   1952853344 1804376912 148476432      93% 225547112   18559554    92%  /Volumes/TimeHD
/dev/disk1s2    976101344     875088 975226256       1%    109384  121903282     0%  /Volumes/Backup
/dev/disk4      975478744  931865752  43612992      96% 116483217    5451624    96%  /Volumes/Stuff HD
kai@MacPro:~ > 
```

Abbildung 9.4 ▲
Mit dem Befehl `df` lassen Sie sich den verfügbaren Speicherplatz anzeigen.

Freie Kapazität | Wenn Sie einen schnellen Überblick über den verfügbaren Speicherplatz aller eingebundenen Laufwerke bekommen möchten, können Sie am Terminal den Befehl `df` eingeben. Er zeigt Ihnen (siehe Abbildung 9.4) in der Spalte CAPACITY den belegten Speicherplatz an. Die Angabe DEVFS gehört zur internen Verwaltung des Systems, die beiden Einträge MAP werden bei der Einbindung von einigen NFS-Freigaben genutzt. Wenn Sie über das Netzwerk Freigaben eingebunden haben, dann werden diese hier ebenfalls aufgeführt.

9.2 Dateisysteme

Dieser Abschnitt beschreibt die Dateisysteme, die OS X 10.8 bei direkt an den Rechner angeschlossenen Datenträgern nutzen kann.

Dateisysteme im Netzwerk
Freigaben, die Sie über das Netzwerk an Ihren Rechner anbinden, werden auch im Verzeichnis /VOLUMES eingebunden. Streng genommen, handelt es sich bei WebDAV, AFP und SMB nicht um Dateisysteme, sondern um Netzwerkprotokolle. Relevant bei der Einbindung von Dateisystemen über das Netzwerk ist hier nicht das Dateisystem des Laufwerks, sondern das Netzwerkprotokoll, über das die Freigabe erfolgt.

Hierarchical File System (HFS+)

Das *Hierarchical File System* (HFS) ist nach wie vor das bevorzugte Dateisystem unter OS X 10.8. Es stammt von Apple selbst und wurde im Laufe der Jahre an die gewachsenen Anforderungen immer weiter angepasst. Bei der Arbeit mit OS X 10.8 hat sich die Verwendung von HFS als die schnellste Lösung herausgestellt.

HFS und HFS+ | Da HFS schon etwas älteren Datums ist, war es ursprünglich nicht darauf ausgelegt, Festplatten mit den heute üblichen Kapazitäten zu verwalten. Dies führte dazu, dass die alte Version von HFS nicht in der Lage war, den Speicherplatz auf sehr großen Festplatten adäquat zu verwalten. Mit der Einführung von HFS+ – im Festplattendienstprogramm mit der Bezeichnung MAC OS X EXTENDED versehen – hat Apple diese Grenzen erweitert und weitgehend zukunftssicher gemacht. Immerhin besteht OS X 10.8 in seiner Standardinstallation aus mehreren Zehntausend einzelner Dateien.

Alias
Durch die Verwendung eines Katalogs funktionieren bei HFS Aliasse auch dann noch, wenn ihr Ziel in ein anderes Verzeichnis verschoben wurde.

Hierarchischer Aufbau | Um Dateien auf der Festplatte zu speichern und den Zugriff auf die enthaltenen Daten zu ermöglichen, wird jeder Datei und jedem Verzeichnis eine eindeutige Nummer zugewiesen. Diese wird in einem zentralen Katalog (*B-Tree Catalogue*), über den das System den Aufbau ermittelt, gespeichert. Die hierarchische Struktur ergibt sich dadurch, dass zusätzlich zu der eindeutigen Identifikationsnummer die Nummer des Verzeichnisses gespeichert wird, in dem sich das Objekt befindet. Um den Inhalt eines Verzeichnisses zu ermitteln, wird – vereinfacht ausgedrückt – der Katalog nach allen Objekten durchsucht, die als übergeordnetes Attribut das anzuzeigende Verzeichnis enthalten.

Warnung
Sie sollten die Variante »case sensitive« nur dann nutzen, wenn Sie sie wirklich benötigen. Es ist sehr wahrscheinlich, dass mit einem Dateisystem, das Groß- und Kleinschreibung unterscheidet, einige ältere Programme nicht mehr funktionieren. Der Grund ist hier oft, dass die Entwickler auf die Groß- und Kleinschreibung nicht penibel geachtet haben und beispielsweise auf einen Ordner CARBON.FRAMEWORK zugreifen möchten. Dieser heißt aber eigentlich CARBON.FRAMEWORK.

Groß- und Kleinschreibung | HFS+ merkt sich zwar die Groß- und Kleinschreibung der Dateinamen, unterscheidet aber nicht danach. Dieses Verhalten wird auch *case preserving* genannt.

Wenn Sie, wie im Folgenden beschrieben, eine Partition mit HFS+ formatieren, dann steht Ihnen dort auch die Variante GROSS-/KLEINSCHREIBUNG zur Verfügung. In diesem Fall wird nach Groß- und Kleinschreibung unterschieden, und mit *Install.sh* und *INSTALL.SH* würden zwei verschiedene Dateien bezeichnet. Dieses Verhalten wird auch als *case sensitive* bezeichnet.

Die Unterscheidung der Groß- und Kleinschreibung sollten Sie eigentlich nur verwenden, wenn Sie einige Programme aus dem UNIX-Bereich installieren möchten, die zwingend ein Dateisystem benötigen, das case sensitive ist. Ansonsten können Sie es bei dem üblichen »Case-Preserving«-Verhalten von HFS+ belassen.

._Datei
Um sowohl die Resource Forks als auch die Extended Attributes auf anderen Dateisystemen wie zum Beispiel FAT32 nutzbar zu machen, verwenden der Finder und die meisten Befehle am Terminal eine im Finder unsichtbare ._-Datei. Diese beginnt mit ._, und ihr Name entspricht der Datei, zu der sie gehört. Aus diesem Grund finden Sie zum Beispiel auf vielen Windows-Servern eine Reihe solcher ._-Dateien, die mögliche Resource Forks und erweiterte Attribute enthalten. Im Finder jedoch erscheinen diese Dateien als einzelne Datei.

Resource Forks | Eine Besonderheit von HFS+ im direkten Vergleich zu den nachfolgend beschriebenen Dateisystemen sind die sogenannten *Resource Forks*. Unter dem klassischen Mac OS war es üblich, bei einer Datei zusätzlich zu den eigentlichen Daten (z. B. dem Text) weitere Metadaten (z. B. das Icon) zu speichern. Diese Metadaten, die als zusätzliche Ressourcen bezeichnet werden können, werden von HFS+ automatisch der jeweiligen Datei zugeordnet. Wenn Sie also zum Beispiel eine Grafik in Photoshop gespeichert haben und hier sowohl ein spezielles Icon als auch eine Vorschau erstellt werden, dann wurden bei vielen Versionen von Photoshop die letzten beiden Elemente in einem Resource Fork gespeichert. HFS+ ordnet automatisch jeder Datei ihre Ressourcen zu, sodass sie als eine Datei erscheint, obwohl es, genau betrachtet, mindestens zwei sind. Mit der Einführung der Kompression in HFS+ (siehe Abschnitt 9.3) feierten die Resource Forks mit Mac OS X 10.6 ein eher unerwartetes Revival.

Extended Attributes | Diese erweiterten Attribute einer Datei (siehe Abschnitt 3.3) ähneln ein wenig den Resource Forks, haben aber in der Regel eine klar umrissene Aufgabe. Sie wurden mit Mac OS X 10.4 eingeführt.

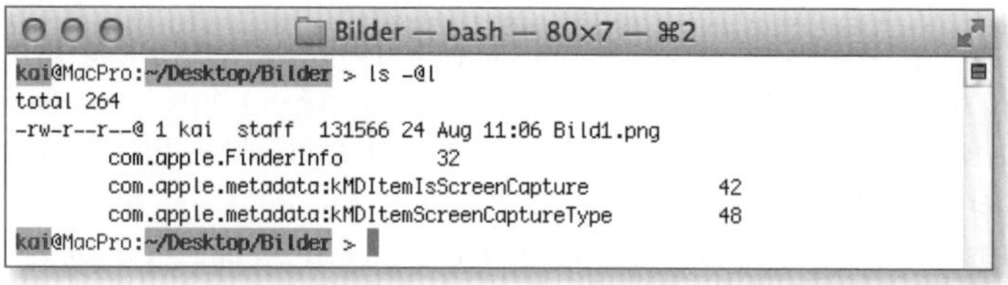

Abbildung 9.5 ▸
Der Befehl `ls -@l` listet die erweiterten Attribute einer Datei auf.

```
Bilder — bash — 80×7 — ⌘2
kai@MacPro:~/Desktop/Bilder > ls -@l
total 264
-rw-r--r--@ 1 kai  staff  131566 24 Aug 11:06 Bild1.png
        com.apple.FinderInfo         32
        com.apple.metadata:kMDItemIsScreenCapture         42
        com.apple.metadata:kMDItemScreenCaptureType       48
kai@MacPro:~/Desktop/Bilder >
```

Die Aufgabe dieser erweiterten Attribute besteht zum Beispiel darin, Dateien, die Sie über Safari aus dem Internet geladen haben, unter Quarantäne zu stellen. Die erweiterten Attribute werden auch von Time Machine genutzt, um die gesicherten Dateien zu verwalten. Am Terminal lassen Sie mit dem Befehl `ls` in Kombination mit den Optionen `-@l` die erweiterten Attribute einer Datei oder eines Ordners auflisten. Mit dem Befehl `xattr` (siehe Abschnitt 3.3.5) erhalten Sie noch detailliertere Informationen.

Verschlüsselte und dynamische Partitionen mit CoreStorage

OS X 10.8 ist in der Lage, eine Partition zu verschlüsseln. Dabei erscheint die Partition nach wie vor als Volume im Finder; Sie müssen lediglich ein auch im Schlüsselbund ablegbares Passwort eingeben, um Zugriff auf die Dateien zu erhalten.

Immer noch nicht fertig
Wenn Sie mit dem Festplattendienstprogramm oder `diskutil` am Terminal arbeiten, dann werden Sie feststellen, dass CoreStorage noch lange nicht alle Funktionen zur Verfügung stellt, die diese Technik prinzipiell zu bieten vermag. So verweist das Dienstprogramm auf den Befehl `diskutil`, wenn Sie die Partitionierung eines verschlüsselten Volumes ändern möchten – ein für Apple äußerst ungewöhnlicher Hinweis.

Abstraktion mit LVM | Hinter dieser lang erwarteten Funktion verbirgt sich mehr als ein Algorithmus zur Verschlüsselung von Daten. Genau genommen, handelt es sich hierbei auch nicht um ein Dateisystem, sondern um ein in OS X 10.7 neu eingeführtes Verfahren zur Verwaltung von Datenträgern und Partitionen. Die Aufgabe von CoreStorage besteht darin, verschiedene Partitionen auf einer Festplatte zusammenfassen zu können und diese im Finder als ein Volume darzustellen. Dieser *Logical Volume Manager* (LVM) abstrahiert also von den eigentlichen Datenträgern und erlaubt es zum Beispiel, ein Dateisystem über mehrere Datenträger hinweg zu organisieren. Dies geschieht im Hintergrund durch entsprechende Treiber und ist für den Anwender und auch die Programme in der Regel nicht sichtbar. Diese Aufgabe übernimmt die Kernel Extension CORESTORAGE.KEXT.

▼ Abbildung 9.6
Eine verschlüsselte Partition wird im Finder mit einem kleinen Hinweis versehen.

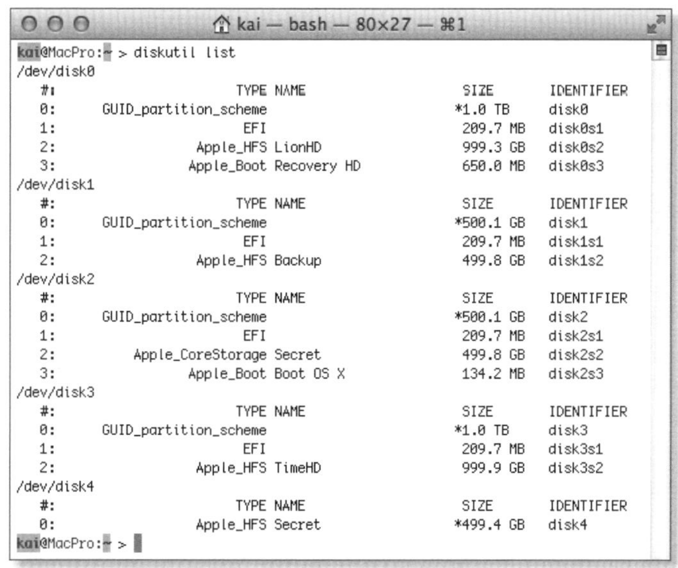
```
kai — bash — 80×27 — ⌘1
kai@MacPro:~ > diskutil list
/dev/disk0
   #:                       TYPE NAME                    SIZE       IDENTIFIER
   0:      GUID_partition_scheme                        *1.0 TB     disk0
   1:                        EFI                         209.7 MB   disk0s1
   2:                  Apple_HFS LionHD                  999.3 GB   disk0s2
   3:                 Apple_Boot Recovery HD             650.0 MB   disk0s3
/dev/disk1
   #:                       TYPE NAME                    SIZE       IDENTIFIER
   0:      GUID_partition_scheme                        *500.1 GB   disk1
   1:                        EFI                         209.7 MB   disk1s1
   2:                  Apple_HFS Backup                  499.8 GB   disk1s2
/dev/disk2
   #:                       TYPE NAME                    SIZE       IDENTIFIER
   0:      GUID_partition_scheme                        *500.1 GB   disk2
   1:                        EFI                         209.7 MB   disk2s1
   2:          Apple_CoreStorage Secret                  499.8 GB   disk2s2
   3:                 Apple_Boot Boot OS X               134.2 MB   disk2s3
/dev/disk3
   #:                       TYPE NAME                    SIZE       IDENTIFIER
   0:      GUID_partition_scheme                        *1.0 TB     disk3
   1:                        EFI                         209.7 MB   disk3s1
   2:                  Apple_HFS TimeHD                  999.9 GB   disk3s2
/dev/disk4
   #:                       TYPE NAME                    SIZE       IDENTIFIER
   0:                  Apple_HFS Secret                 *499.4 GB   disk4
kai@MacPro:~ >
```

◄ Abbildung 9.7
Die verschlüsselte Partition SECRET auf DISK2 wurde als gleichnamiges Volume unter DISK4 eingebunden.

In Abbildung 9.6 finden Sie die Partition SECRET auf der Festplatte mit dem Bezeichner DISK2. Diese wurde verschlüsselt, und bei der Verschlüsselung wurde zusätzlich die Partition BOOT OS X (DISK2S3) hinzugefügt. Wenn OS X 10.8 diese Partition vom Typ APPLE_CORESTORAGE aktiviert, dann wird ein neuer, physikalisch nicht vorhandener Datenträger im System erzeugt (DISK4). Über diesen Datenträger ist das System dann in der Lage, die verschlüsselte Partition anzusprechen. Sie verfügt über das Standarddateisystem APPLE_HFS. Im Finder finden Sie unter FORMAT lediglich den Hinweis VERSCHLÜSSELT, obwohl Sie auf das Volume ganz normal zugreifen können.

Einschränkungen | Die Arbeit mit CoreStorage erfordert mindestens OS X 10.7. Ältere Versionen von Mac OS X geben allenfalls einen Hinweis, dass dieses Volume nicht genutzt werden kann. CoreStorage selbst bietet wenigstens theoretisch eine Reihe von Funktionen, mit denen sich Dateisysteme und Datenträger sehr vielfältig und flexibel arrangieren lassen. Obwohl CoreStorage bereits mit OS X 10.7 eingeführt wurde, haben sich unter OS X 10.8 keine relevanten Änderungen ergeben. Die Funktionen sind nach wie vor erst in Ansätzen vorhanden, noch nicht ausreichend dokumentiert und erprobt, und daher sollten Sie den Einsatz von CoreStorage auf die Erstellung verschlüsselter Partitionen (siehe Abschnitt 9.9) beschränken.

MS-DOS-Dateisystem (FAT) und ExFAT

Maximale Dateigröße
Aufgrund der Beschränkungen des Dateisystems ist es unter FAT nicht möglich, Dateien größer als ungefähr 4,29 GB zu erzeugen. Diese Grenze kann sich insbesondere bei Videodateien als wichtig und lästig erweisen.

Im Zuge der Einführung von Boot Camp erlebte das FAT32-Dateisystem von Microsoft eine kleine Renaissance. Im Windows-Bereich ist es zwar weitgehend durch das deutlich leistungsfähigere NTFS abgelöst worden, allerdings besteht bei FAT32 ein Vorteil darin, dass OS X 10.8 und eine Vielzahl weiterer Systeme es von Haus aus lesen und schreiben können. Im Festplattendienstprogramm wird es als MS-DOS-DATEISYSTEM (FAT) bezeichnet. FAT steht für »File Allocation Table«.

ExFAT | Das Dateisystem *FAT* stößt recht schnell an seine Grenzen. Umgekehrt kann sein Nachfolger NTFS nicht überall eingesetzt werden. Als Kompromiss führte Microsoft das Dateisystem *ExFAT* ein, das auch von OS X 10.8 unterstützt wird und im Festplattendienstprogramm unter diesem Namen erscheint. Das bevorzugte Einsatzgebiet von ExFAT sollen USB-Sticks, SD-Cards und weitere Wechselmedien sein. Möchten Sie mittels Boot Camp unter Windows XP und Vista auf Medien zugreifen, die das Dateisystem

ExFAT verwenden, dann müssen Sie von Microsoft ein Update herunterladen und installieren.

New Technology File System (NTFS)

Das Dateisystem *NTFS*, das Microsoft mit Windows NT einführte, kann unter OS X 10.8 gelesen werden. Die in OS X 10.8 enthaltene, aber nicht dokumentierte Unterstützung des Schreibzugriffs ist weit davon entfernt, als stabil und ausgereift zu gelten. Um Schreibzugriff auf eine NTFS-Partition zu erhalten, die Sie mit Windows angelegt haben, müssen Sie ein Programm wie FUSE und den entsprechenden NTFS-3G-Treiber (siehe Abschnitt 9.7) installieren.

Weitere Dateisysteme

Neben HFS+ als im weiteren Sinne hauseigenes Dateisystem ist OS X 10.8 in der Lage, einige weitere Dateisysteme auf angeschlossenen Festplatten und Wechselmedien zu lesen:

- **Audio-CD:** Das Format normaler Audio-CDs. Diese können Sie zum Beispiel in iTunes importieren.
- **ISO-9660:** Hierbei handelt es sich um den Standard für Daten-CDs. Dieses Dateisystem kann sowohl unter OS X 10.8 als auch unter Windows und Linux gelesen werden.
- **Universal Disk Format (UDF):** UDF wird für DVDs verwendet. OS X ist somit in der Lage, handelsübliche DVDs abzuspielen und Daten auf diesen zu sichern.

Nicht mehr unterstützte Dateisysteme

Bis Mac OS X 10.4 stand auch das *UNIX File System* (UFS) zur Formatierung einer Partition im Festplattendienstprogramm zur Auswahl. Auch der Start eines Systems von einer UFS-Partition war möglich. Mittlerweile wurde die Unterstützung für UFS aber eingestellt.

[HFS]
OS X 10.7 war wahrscheinlich das letzte Betriebssystem, das das ganz alte Dateisystem HFS noch lesen und schreiben konnte. Wenn Sie noch Datenbestände aus der Zeit vor Mac OS 8 archiviert haben, dann wäre es vielleicht an der Zeit, diese auf einen neuen Datenträger mit einem aktuellen Dateisystem zu migrieren.

In Mac OS X 10.5 wurde der Lesezugriff auf das von Sun entwickelte ZFS-Dateisystem eingeführt. In Mac OS X 10.6 wurde diese Unterstützung ersatzlos gestrichen, obwohl Apple im Vorfeld kurzzeitig damit geworben hatte. Dass ZFS in OS X noch Eingang finden wird, ist eher nicht zu vermuten, da Apple mit CoreStorage eine eigene Lösung in petto hat. Diese ist zwar (noch) nicht so leistungsfähig wie ZFS, aber auf die Anforderungen von OS X zugeschnitten.

9.3 Exkurs: Journaling, Defragmentierung, Komprimierung

Apple führte im Rahmen der Entwicklung von Mac OS X 10.2 das sogenannte *Journaling* ein.

Einsatz auf Servern
Dass das Journaling zuerst seine Anwendung in der Server-Variante von Mac OS X fand, liegt auch darin begründet, dass Server, wenn sie abstürzen, möglichst schnell wieder ihre Arbeit im Netzwerk aufnehmen sollen. Da insbesondere bei großen Datenmengen die Prüfung des Dateisystems enorm viel Zeit beanspruchen kann, wird mithilfe des Journalings diese Prüfung beschleunigt.

Buchführung im Hintergrund | Haben Sie eine Partition mit dem Format MAC OS X EXTENDED (JOURNALED) formatiert, führt das System im Hintergrund Buch darüber, welche Dateien geöffnet und noch nicht geschlossen wurden.

Stürzt das System ab oder wird der Rechner zum Beispiel durch einen Stromausfall gewaltsam beendet, dann konsultiert das Betriebssystem dieses Journal beim nächsten Start. Stellt es dabei fest, dass das Dateisystem aufgrund eines Absturzes nicht korrekt ausgehängt wurde, wird eine Prüfung veranlasst. Dabei werden, gestützt auf dieses Journal, gezielt nur die Dateien und Verzeichnisse geprüft, die nicht korrekt geschlossen wurden und bei denen zu erwarten ist, dass Fehler aufgetreten sind. Damit wird der Prüfvorgang insgesamt erheblich beschleunigt.

Mit der Schaltfläche JOURNALING AKTIVIEREN können Sie diese Funktion für Partitionen, die mit dem Dateisystem MAC OS X EXTENDED versehen wurden, nachträglich aktivieren, ohne die Partition zu löschen.

Kriterien für die Verlagerung
Die Verlagerung führt das System automatisch im Hintergrund durch, wenn die Datei kleiner als 20 MB, nicht geöffnet, nicht schreibgeschützt und auf mehrere Blöcke verteilt ist. Dieses Verhalten kann und muss vom Anwender nicht beeinflusst werden.

Defragmentierung »on the fly« | Wenn Sie eine Zeit lang mit einem Datenträger arbeiten und Dateien darauf speichern und wieder löschen, wird irgendwann unweigerlich der Fall eintreten, dass aus Platzmangel oder aus anderen Gründen die Dateien nicht mehr an einem Stück, also hintereinander, auf dem Datenträger vorliegen. Sie sind an mehreren Stellen oder Blöcken auf der Festplatte verstreut, und diese muss sich, um die vollständige Datei zusammenzufügen, die entsprechenden Blöcke zusammensuchen. Dieses Verfahren nimmt natürlich Zeit in Anspruch und reduziert die Arbeitsgeschwindigkeit. In diesem Fall wird von *fragmentierten Daten* oder auch *Fragmentierung* gesprochen.

Unter Microsoft Windows war und ist es für Administratoren oft üblich, mithilfe von Dienstprogrammen die Dateien auf der Festplatte zu defragmentieren. OS X 10.8 verfügt von Haus aus über zwei Mechanismen, die eine Fragmentierung verhindern und die Leistung der Festplatte optimieren. Zum einen werden Dateien, die kleiner als 20 MB sind, vom System automatisch an eine andere Stelle auf der Festplatte kopiert. Vorausgesetzt, es ist noch genügend Platz im Dateisystem vorhanden, wird die Datei an ihrer neuen Stelle wieder zusammengefügt.

»Heiße« Dateien | Darüber hinaus verfügt OS X bei HFS+-Partitionen über die Fähigkeit, häufig benutzte Dateien in den Bereich der Festplatte zu verlagern, der am schnellsten angesprochen werden kann. Dieses Verfahren ermöglicht den beschleunigten Zugriff gezielt auf die Dateien, die häufig benötigt werden.

Um dies zu realisieren, legt das System im Hintergrund einen eigenen, separaten Katalog (/.HOTFILES.BTREE) an. Dieser wird auf der höchsten Ebene des Dateisystems abgelegt, und Sie können ihn sich, wie auch andere unsichtbare Dateien, mit dem Befehl `ls -a /` am Terminal anzeigen lassen. Sie sollten diese Datei nicht ändern oder löschen. Das Verfahren wird von OS X automatisch im Hintergrund angewandt und bedarf keiner Einflussnahme durch den Anwender.

Nicht erforderlich: Zusatzsoftware
Die Anschaffung von zusätzlicher Software, die vorgibt, die Leistung der Festplatte zu optimieren und die Dateien zu defragmentieren, ist unter OS X 10.8 eigentlich unnötig. Die wirklich relevanten Arbeiten erledigt das System automatisch im Hintergrund.

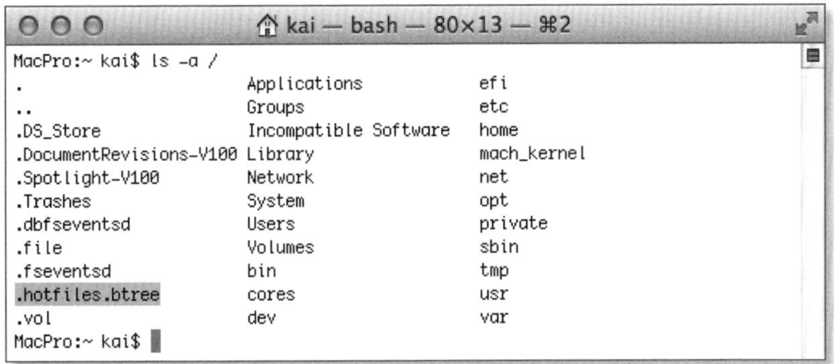

▼ **Abbildung 9.8**
Der Katalog .HOTFILES.BTREE führt Buch über die häufig benötigten Dateien.

Komprimierung | Seit Mac OS X 10.6 verfügt das Dateisystem HFS+ über die Möglichkeit, Dateien zu komprimieren. Diese Komprimierung wird aber nicht bei allen Dateien angewandt. Der Einsatz beschränkt sich auf die Dateien, die zum Betriebssystem gehören. So werden zum Beispiel fast alle Programme, die mit OS X 10.8 installiert wurden, auf diese Weise komprimiert. Schließen Sie die Festplatte an einen Rechner an, auf dem eine ältere Version von Mac OS X installiert wurde, dann erscheinen diese komprimierten Dateien als leer, und die Dateigröße wird mit 0 KB angegeben. Ein direkter Zugriff auf die komprimierten Dateien kann von einem älteren System nicht erfolgen.

Der Grund dafür ist, dass bei den komprimierten Dateien die eigentlichen Daten in den Resource Fork oder die erweiterten Dateiattribute ausgelagert werden. Es tritt also der etwas paradoxe Fall ein, dass die eigentlichen Daten der Datei neben der Datei gespeichert werden, während die Datei selbst weitgehend leer bleibt.

»ditto« und »afscexpand«
Am Terminal könnten Sie den in diesem Buch nicht weiter besprochenen Befehl `ditto` nutzen, um die zu kopierenden Dateien zu komprimieren oder zu dekomprimieren.

9.4 Festplattendienstprogramm

»diskutil«
Wenn Sie Ihre Datenträger lieber am Terminal verwalten, formatieren und partitionieren möchten, steht Ihnen der Befehl `diskutil` zur Verfügung. Dieser verfügt über eine umfangreiche Dokumentation, die Sie mit `man diskutil` (siehe Abschnitt 6.5) aufrufen.

Bei der Arbeit mit Dateisystemen und Datenträgern ist normalerweise unter einem UNIX-System eine Vielzahl von Befehlen am Terminal wie `mount`, `newfs`, `fsck` und `pdisk` zu verwenden. Das Festplattendienstprogramm bietet eine komfortable Alternative und fasst alle wichtigen Optionen in einer Oberfläche zusammen. Neben den direkten Funktionen, die der Finder bietet, wie das Auswerfen und Brennen von Wechselmedien, ist das Festplattendienstprogramm ein bewährtes Hilfsmittel, um Festplatten und auch – der Name täuscht in diesem Fall – Wechselmedien zu löschen, zu partitionieren und mit Dateisystemen zu versehen.

Das Protokoll | Jede Aktion, die Sie im Festplattendienstprogramm ausführen, wird vom Programm im Protokoll aufgezeichnet. Mit [⌘] + [L] oder dem Button PROTOKOLL können Sie es sich anzeigen lassen. Um auch nachträglich Ihre Arbeiten nachverfolgen zu können, rufen Sie das Dienstprogramm Konsole (siehe Abschnitt 27.3.1) auf. Das Protokoll des Festplattendienstprogramms wird im Bereich ~/LIBRARY/LOGS mit der Bezeichnung *DiskUtility.log* gespeichert.

Abbildung 9.9 ▸
Aktionen im Festplattendienstprogramm werden protokolliert.

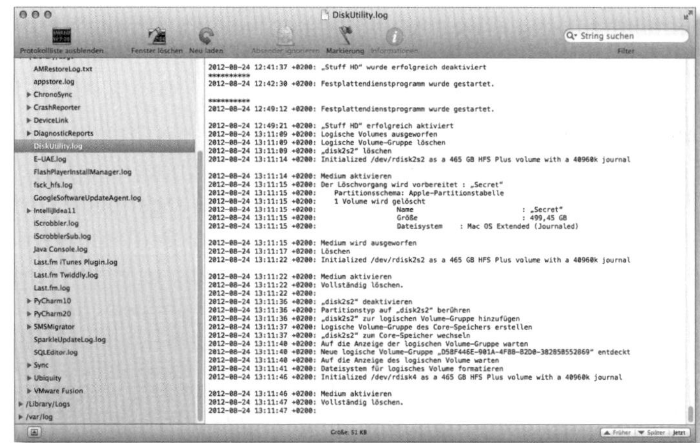

Datenträger auswerfen
Das Festplattendienstprogramm dient auch dazu, Datenträger zu deaktivieren und wieder in das Dateisystem von OS X einzubinden. Wenn Sie in der linken Spalte des Programms ein Laufwerk und keine Partition auswählen, steht Ihnen bei einem Wechselmedium die Funktion AUSWERFEN zur Verfügung. Wenn Sie eine externe Festplatte auswerfen, dann werden dabei alle Partitionen deaktiviert.

Medien (de-)aktivieren und auswerfen

Wählen Sie in der linken Spalte eine Partition aus, können Sie diese DEAKTIVIEREN. Die Partition wird aus dem Dateisystem von OS X 10.8 ausgeklinkt und steht im Finder und auch am Terminal nicht mehr zur Verfügung. Die Dateien der Partition bleiben erhalten, es kann aber kein Lese- und kein Schreibzugriff mehr erfolgen. Sie erscheint in der Liste in grauer Schrift.

Eine Partition, die Sie mit der Funktion DEAKTIVIEREN oder über den Finder aus dem Dateisystem von Mac OS X ausgeklinkt haben, können Sie wieder aktivieren, indem Sie den hellgrauen Namen auswählen. Der Button DEAKTIVIEREN ändert sich nun in AKTIVIEREN. Klicken Sie ihn an, wird die Partition wieder im Verzeichnis /VOLUMES aktiviert.

Bei Partitionen, die sich auf einem Wechselmedium befinden, führt eine Deaktivierung dazu, dass sie zwar ausgeklinkt werden, der Datenträger aber trotzdem im Laufwerk bleibt.

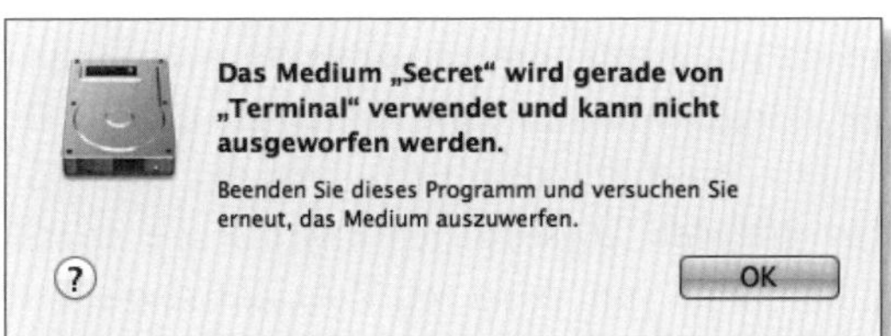

◂ **Abbildung 9.10**
Der Finder weist auf das Programm hin, das den Auswurf verhindert.

Geöffnete Dateien | Eine Partition oder ein Medium kann nur ausgeworfen werden, wenn alle darauf befindlichen Dateien geschlossen wurden und kein Zugriff mehr erfolgt. Im Festplattendienstprogramm erhalten Sie den Hinweis, dass das Deaktivieren fehlgeschlagen ist. Allerdings gibt Ihnen das Dienstprogramm nicht preis, welches Programm derzeit auf den Datenträger zugreift. Wenn Sie die Partition im Finder auf den Papierkorb im Dock ziehen oder mit der Tastenkombination [⌘] + [E] auswerfen möchten, dann werden Sie über das Programm informiert.

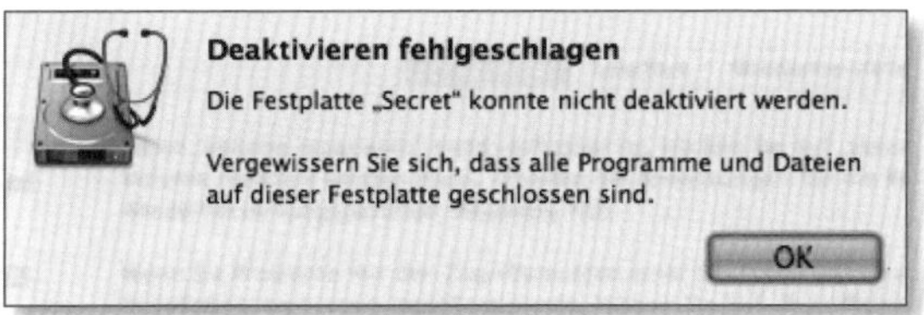

◂ **Abbildung 9.11**
Das Festplattendienstprogramm informiert Sie nicht über das Programm, das auf die Festplatte zugreift.

Datenträger partitionieren

Für die Aufteilung einer Festplatte in mehrere Partitionen kann es eine Reihe von Gründen geben. Wenn Sie Windows parallel zu OS X verwenden möchten, dann bleibt Ihnen nichts anderes übrig, als die interne Festplatte zu partitionieren. Aber auch jenseits des Einsatzes von Boot Camp kann es Gründe geben, Ihre Festplatten in mehrere Partitionen zu unterteilen, zum Beispiel eine bessere Übersicht der Daten oder die Trennung einer Festplatte etwa in Video oder Audio.

Sie können darüber hinaus vorhandene Partitionen, wie im Folgenden beschrieben, mit Einschränkungen verkleinern und

Warnung
Auch wenn das Erstellen und Löschen von Partitionen unter OS X 10.8 in der Regel reibungslos funktioniert, sind Sie vor Datenverlusten und Bedienfehlern bei einem dermaßen umfassenden Schritt nicht gefeit. Bevor Sie die Partitionstabelle ändern, sollten Sie daher in jedem Fall ein Backup Ihrer Daten machen.

den so frei gewordenen Speicherplatz für eine neu zu erstellende Partition nutzen.

Mac OS 9
Bis Mac OS X 10.6 war es bei der Apple-Partitionstabelle möglich, notwendige Treiber für Mac OS 9 zu installieren.

Drei Partitionsschemata | Mit der Umstellung auf die Prozessoren von Intel und damit einhergehend der Verwendung der EFI für den Start des Rechners haben sich auch bei den zu verwendenden Partitionsschemata Änderungen im Vergleich zu den letzten Versionen ergeben. OS X 10.8 nutzt drei Schemata für folgende Einsatzgebiete:

Richtiges Schema auswählen
Welches dieser drei Schemata Sie auswählen, hängt in erster Linie vom Verwendungszweck der so aufgeteilten Festplatte ab. Arbeiten Sie mit einem aktuellen Rechner und möchten Sie das System auf einer erstellten Partition installieren und starten, müssen Sie die GUID-Partitionstabelle verwenden. Um die Festplatte an einen Rechner anschließen zu können, auf dem Mac OS X 10.3 oder älter installiert ist, müssen Sie die Apple-Partitionstabelle nutzen. Soll der Datenträger auch unter Windows XP Home/Pro oder einer noch älteren Windows-Version genutzt werden, wählen Sie Master Boot Record aus.

- GUID-Partitionstabelle: Diese wird für das Startvolume auf aktuellen Rechnern von Apple, die mit einem Intel-Prozessor ausgestattet sind, verwendet. Sie können innerhalb der GUID-Partitionstabelle Partitionen mit dem HFS+- und mit dem MS-DOS-Dateisystem erstellen. Dieses Schema wird bisweilen mit GPT abgekürzt und auch von Windows Vista/7/8 sowie den 64-Bit-Versionen von Windows XP unterstützt.
- Apple-Partitionstabelle: Dieses Schema war für das Startvolume auf einem Rechner mit einem PowerPC-Prozessor vorgesehen. OS X 10.8 ist zwar in der Lage, mit dem Schema zu arbeiten. Es kann allerdings nicht von einem so partitionierten Datenträger gestartet werden.
- Master Boot Record: Dieses eigentlich aus der Windows-Welt stammende Schema unterstützt sowohl HFS+ als auch das MS-DOS-Dateisystem. Allerdings können Sie hier die Partitionen nicht nachträglich ändern.

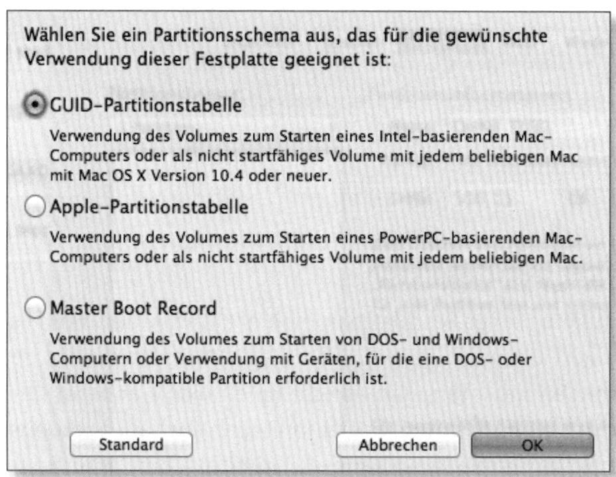

Abbildung 9.12 ▸
Das Festplattendienstprogramm erläutert die Anwendungsgebiete der Partitionsschemata.

Warnung
Beachten Sie, dass durch die Partitionierung die schon vorhandenen Dateien gelöscht werden. Achten Sie also bei der Arbeit darauf, dass Sie die richtige Festplatte auswählen, und erstellen Sie gegebenenfalls ein Backup Ihrer Dateien.

Festplatte partitionieren | Um im Festplattendienstprogramm eine komplette Festplatte mit einem neuen Partitionsschema in eine vorgegebene Anzahl von Partitionen aufzuteilen, wählen Sie die Festplatte (in Abbildung 9.13 500,11 GB WDC) in der linken

Liste aus ❷. Wechseln Sie dann in den Reiter PARTITION ❹, und wählen Sie im Ausklappmenü PARTITIONSLAYOUT ❸ die Anzahl der Partitionen aus, in die die Festplatte unterteilt werden soll. Über die Schaltfläche OPTIONEN ❾ wählen Sie aus den drei Schemata (siehe Abbildung 9.12) das gewünschte aus.

Das Festplattendienstprogramm teilt den verfügbaren Speicherplatz zwischen den zu erstellenden Partitionen zunächst gleichmäßig auf. Sie können die Größen ändern, indem Sie die Trennlinie ❽ zwischen den Partitionen mit der Maus nach oben oder unten ziehen. Alternativ können Sie auch in das Feld einer Partition klicken und diese damit auswählen. Es ist Ihnen jetzt möglich, unter NAME ❺ gleich eine Bezeichnung für die Partition zu vergeben und eine GRÖSSE ❼ direkt einzugeben. Das Festplattendienstprogramm passt dann die Größe der folgenden Partition an. Unter FORMAT ❻ legen Sie das Dateisystem für die ausgewählte Partition fest.

Hinweis

Wenn Sie eine Partition verschlüsselt haben und damit CoreStorage in Aktion tritt, dann können Sie die Partitionierung nicht mehr über das Festplattendienstprogramm vornehmen und müssen stattdessen mit `diskutil` am Terminal arbeiten.

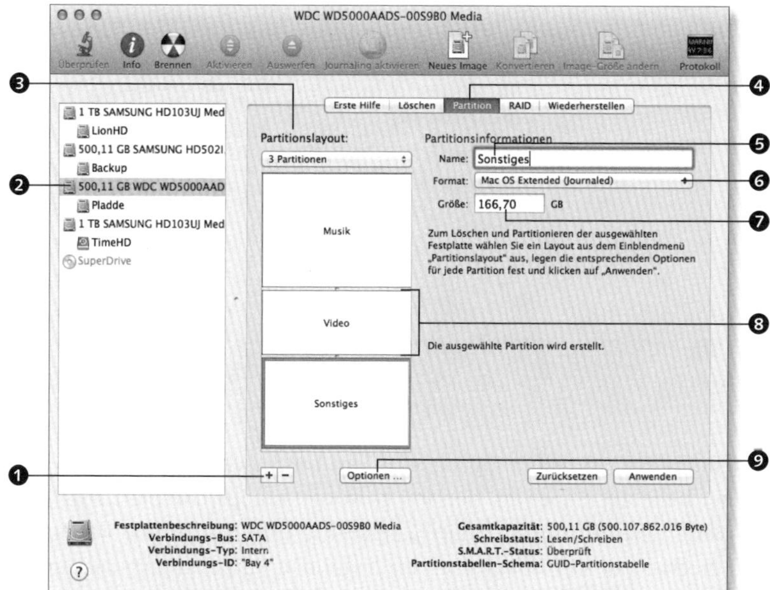

◂ **Abbildung 9.13**
Die zu erstellenden Partitionen können Sie mit Namen, Format und Größe versehen.

Mit der Schaltfläche + ❶ teilen Sie die ausgewählte Partition in zwei gleich große, mit – löschen Sie sie. Haben Sie sich auf diese Weise Ihre gewünschte Partitionierung erstellt, dann schreiben Sie diese mit der Schaltfläche ANWENDEN auf die Festplatte. Zum aktuellen Stand der derzeitigen Partitionierung gelangen Sie mit der Schaltfläche ZURÜCKSETZEN. Bevor die Partitionstabelle geändert wird, teilt Ihnen das Festplattendienstprogramm mit, welche Partitionen gelöscht und welche erstellt werden.

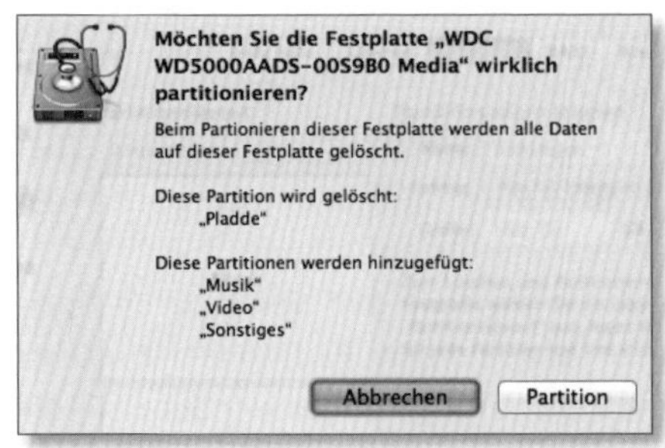

Abbildung 9.14 ▸
Das Festplattendienstprogramm weist auf die vorhandenen Partitionen hin, die gelöscht werden.

Partitionierung ändern | Das Festplattendienstprogramm erlaubt es Ihnen, die vorhandene Partitionierung einer Festplatte nachträglich zu ändern. Dabei gelten jedoch einige Einschränkungen.

> **Hinweis**
> Die nachträgliche Änderung der Partitionierung funktioniert zwar meistens einwandfrei, aber bei einem dermaßen tiefen Eingriff in Ihre Dateiverwaltung sollten Sie in jedem Fall vorher ein Backup erstellen.

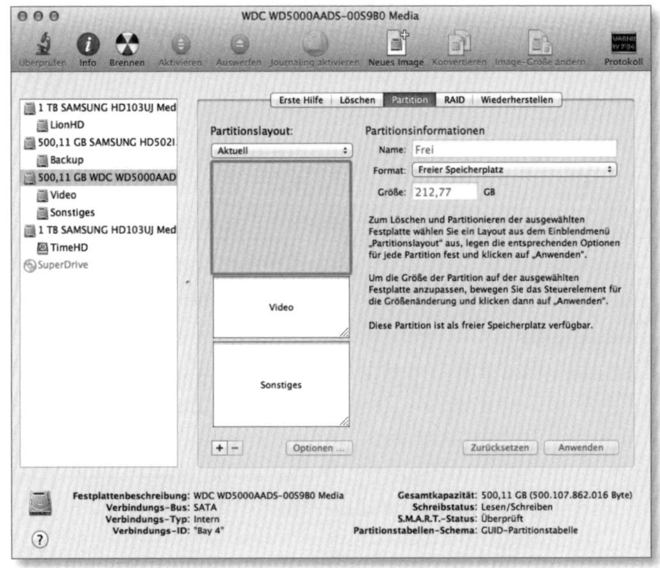

Abbildung 9.15 ▸
Partitionen können Sie nur »nach unten hin« vergrößern.

Zunächst ist es nicht möglich, eine Partition zu verkleinern und einer beliebigen anderen den frei gewordenen Speicherplatz zuzuweisen. Beim Löschen einer Partition kann der so frei gewordene Speicher nur der direkt über ihr liegenden Partition zugewiesen werden.

Wenn sich auf einer Festplatte unter anderem zwei Partitionen MUSIK und VIDEO befinden, von denen sich MUSIK an erster Stelle befindet, dann könnten Sie zwar die Partition MUSIK löschen, den in der Darstellung des Festplattendienstprogramms frei gewordenen Speicher jedoch nicht der Partition VIDEO zuweisen. Dieser Zustand wird in Abbildung 9.15 dargestellt. Hätten Sie stattdessen die Partition VIDEO gelöscht, dann hätten Sie anschließend die Partition MUSIK vergrößern können. Die Partition SONSTIGES würde bei beiden Vorgängen nicht verändert.

Wiederherstellungspartition | Haben Sie OS X 10.8 mit dem Rettungssystem installiert, dann wird diese Partition vom System bei Bedarf verschoben. Würde die in Abbildung 9.16 dargestellte Partition LionTM (disk0s4) gelöscht, dann ließe sich die Partition LionHD, bei der es sich um das Startvolume handelt, problemlos um den frei gewordenen Speicherplatz vergrößern. Das Festplattendienstprogramm verschiebt automatisch die Wiederherstellungspartition an die passende Stelle.

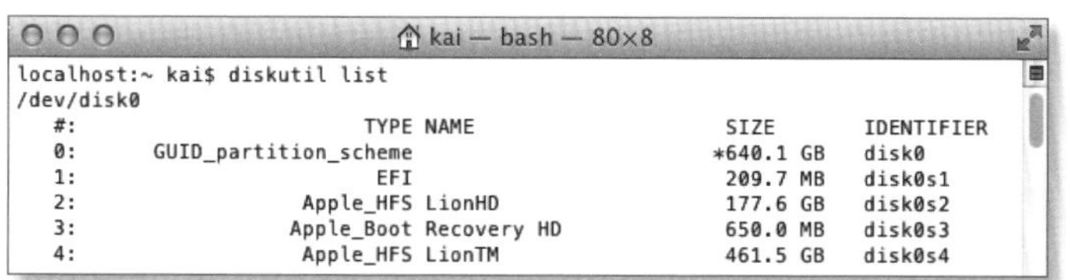

◂ Abbildung 9.16
Würde die Partition LionTM gelöscht, dann würde die Rettungspartition beim Vergrößern von LionHD verschoben.

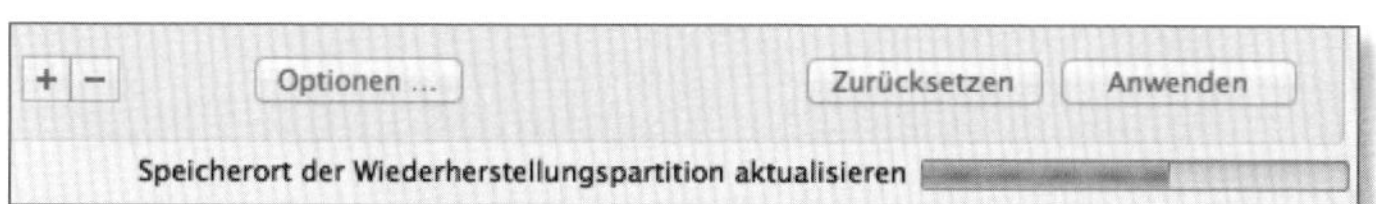

◂ Abbildung 9.17
Das Festplattendienstprogramm verschiebt die Rettungspartition an die passende Stelle.

Partition teilen | Eine Partition teilen Sie, indem Sie sie in der Liste auswählen und dann auf die Schaltfläche + klicken. Abhängig vom verfügbaren Speicherplatz, der Ihnen auch unter den Volume-Informationen angezeigt wird, teilt das Festplattendienstprogramm die Partition entweder in zwei gleich große Partitionen oder, sofern mehr als die Hälfte des Speicherplatzes bereits belegt ist, weist der neu zu erstellenden Partition den noch verfügbaren Speicherplatz der ursprünglichen zu. In diesem Fall wäre auf der Ausgangspartition kein verfügbarer Speicherplatz mehr vorhanden. Sie können die Größe der zu erstellenden Partition aber durch das Verschieben der Trennlinie reduzieren und so auf der Ausgangspartition noch freien Speicherplatz vorhalten.

Wenn Sie eine Partition teilen, wird die neue Partition immer unterhalb der ursprünglichen in die Partitionstabelle eingefügt. Darüber hinaus wird der Name der Ausgangspartition aufsteigend nummeriert. Mit Anwenden erstellen Sie die neue Partition, die Schaltfläche Zurücksetzen zeigt wieder die aktuell auf der Festplatte gespeicherte Partitionstabelle.

Volume umbenennen
Wenn Sie eine Partition lediglich mit einem anderen Namen versehen möchten, sollten Sie dies nicht über das Festplattendienstprogramm erledigen. Wählen Sie das Volume einfach im Finder aus, und ändern Sie den Namen wie bei einer normalen Datei. Die Funktion Löschen des Festplattendienstprogramms erstellt immer ein neues Dateisystem.

Partitionen löschen

Möchten Sie ein existierendes Volume löschen, dabei aber die ursprüngliche Partitionierung der Festplatte beibehalten und die anderen Volumes auf dem Datenträger nicht antasten, dann wählen Sie einfach die zu löschende Partition in der linken Liste aus und anschließend den Reiter LÖSCHEN. Sie können in dieser Ansicht einen anderen Namen vergeben und unter FORMAT ein anderes Dateisystem vorgeben. Mit LÖSCHEN wird das Volume geleert und steht Ihnen wieder mit seiner vollständigen Speicherkapazität zur Verfügung.

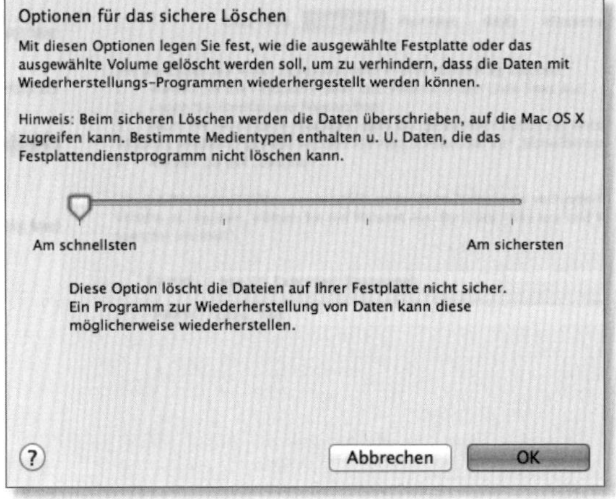

Abbildung 9.18 ▸
Wenn eine Partition gelöscht wird, kann ihr Speicherplatz mit Leerdaten überschrieben werden.

Irreversibel löschen
Das siebenmalige Überschreiben mag ein wenig überdimensioniert anmuten, aber es gibt durchaus spezialisierte Firmen, die auch Daten auf einem einfach beschriebenen Volume wieder rekonstruieren können.

Mit Daten überschreiben | Hinter dem Punkt SICHERHEITSOPTIONEN verbirgt sich die Möglichkeit, den Speicherplatz der Partition mit Leerdaten zu überschreiben. Wenn sich auf der zu löschenden Partition sensible Daten befinden oder befunden haben, ist es auch nach dem einfachen Löschen des Volumes möglich, diese Daten zu rekonstruieren. Sie befinden sich weiterhin auf dem Datenträger, sind aber in keinem Dateisystem mehr eingetragen. Mit geeigneten Programmen lassen sich diese Daten durchaus rekonstruieren. In den SICHERHEITSOPTIONEN können Sie vorgeben, wie oft der Speicherplatz überschrieben werden soll.

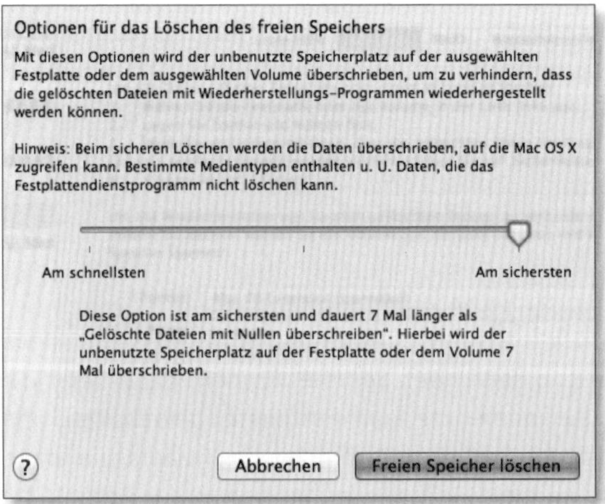

Abbildung 9.19 ▸
Auch freigegebener Speicherplatz kann mit Daten überschrieben werden.

Freien Speicher löschen | Die Möglichkeit, freien Speicher mit Leerdaten zu überschreiben, mag auf den ersten Blick widersinnig anmuten, erfüllt aber doch eine wichtige Funktion.

Haben Sie im Finder Dateien in den Papierkorb gelegt und diesen normal geleert, sind diese Dateien immer noch auf der Festplatte vorhanden und können rekonstruiert werden. Aus diesem Grund bietet Ihnen der Finder auch die Möglichkeit, den Papierkorb sicher zu entleeren und dabei die Dateien sofort zu überschreiben. Wenn Sie dies einmal vergessen haben und dennoch sichergehen möchten, dass die betreffenden Dateien wirklich gelöscht werden, wählen Sie das Volume, auf dem sich die Daten befinden, im Festplattendienstprogramm aus. Im Reiter LÖSCHEN finden Sie die Möglichkeit FREIEN SPEICHER LÖSCHEN und können so den Speicherplatz mit Leerdaten füllen. Die nicht sicher gelöschten Daten werden so nachträglich überschrieben und sind nur schwer bis gar nicht wiederherzustellen.

FileVault 2 und verschlüsselte Partitionen

Seit Mac OS X 10.3 kann der persönliche Ordner eines Benutzers verschlüsselt werden. Dieses als *FileVault* bezeichnete Verfahren bestand in den vorangegangenen Versionen darin, dass der persönliche Ordner komplett in eine verschlüsselte Image-Datei (siehe Abschnitt 9.6) verschoben wurde. Meldete sich dieser Benutzer an, dann wurde diese Abbildung automatisch unter /USERS aktiviert. Nützlich war dieses Verfahren allenfalls für mobile Rechner mit äußerst sensiblen Daten, die verschlüsselt werden mussten. Im Arbeitsalltag eines normalen Anwenders erwies sich die erste Inkarnation von FileVault als eher lästig.

Nachteile von FileVault 1
Dieses Verfahren hatte einige gravierende Nachteile. So musste der Anwender bei der Abmeldung immer ein wenig warten, bis die Abbildung verschlüsselt und aufgeräumt wurde. Darüber hinaus arbeitete dieses Verfahren nicht wirklich mit Time Machine zusammen, denn eine automatische Sicherung konnte erst zum Zeitpunkt der Abmeldung erfolgen, nicht aber in den stündlichen Intervallen.

FileVault 2 | Basierend auf dem Verfahren *CoreStorage*, ist es unter OS X 10.8 möglich, ganze Partitionen zu verschlüsseln. Dazu gehört auch das Startvolume. Dies hat den Vorteil, dass wirklich das gesamte System verschlüsselt wird und nicht ein bestimmter Ordner.

FileVault 2 – Voraussetzungen
FileVault 2 können Sie nur auf einer Festplatte aktivieren, auf der das System Änderungen an der Partitionstabelle vornehmen und eine neue Partition hinzufügen kann. Dies ist nicht der Fall, wenn Sie mittels Boot Camp Windows installiert und weitere Änderungen wie die Installation von Linux vorgenommen haben.

Anmeldung nach Einschalten | Wenn Sie, wie im Folgenden beschrieben, FileVault 2 für das Startvolume aktivieren, dann präsentiert Ihnen Ihr Rechner nach dem Einschalten einen Anmeldebildschirm ähnlich dem normalen Anmeldefenster (siehe Abschnitt 14.4) von OS X 10.8. Sie müssen hier das Passwort für einen Benutzer eingeben. Erst dann wird der Zugriff auf das Startvolume freigegeben, und der eigentliche Bootvorgang beginnt. Dabei wird das normale Anmeldefenster von OS X 10.8 (siehe

Abschnitt 14.4) übersprungen, da Sie sich ja bereits nach dem Einschalten authentifiziert haben.

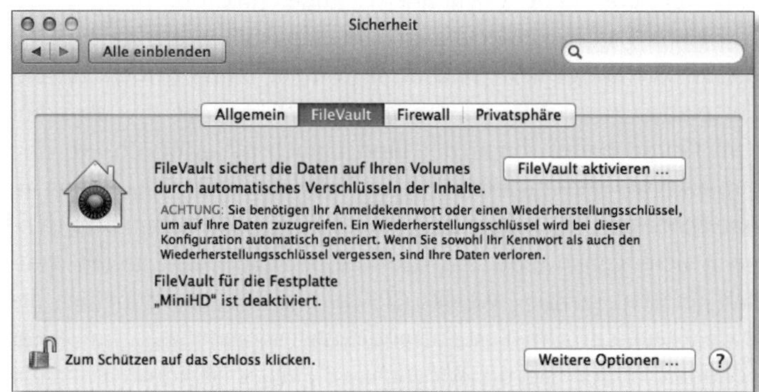

Abbildung 9.20 ▸
FileVault 2 aktivieren Sie in den Systemeinstellungen in der Ansicht SICHERHEIT.

FileVault 2 aktivieren | FileVault 2 aktivieren Sie nicht über das Terminal oder das Festplattendienstprogramm, sondern in der Ansicht SICHERHEIT der Systemeinstellungen. Der Reiter FILEVAULT stellt Ihnen neben einer Reihe von Erklärungen auch die Schaltfläche FILEVAULT AKTIVIEREN zur Verfügung.

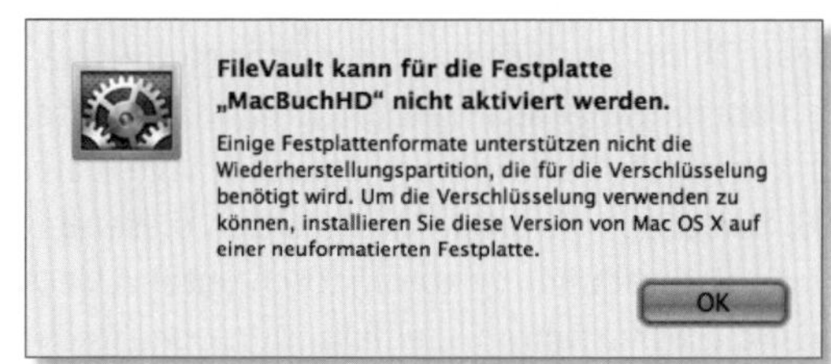

Abbildung 9.21 ▸
Abhängig von der aktuellen Partitionstabelle ist die Aktivierung von FileVault nicht möglich.

Benutzer aktivieren | Der erste Schritt der Aktivierung von FileVault 2 besteht in der Eingabe der Passwörter derjenigen Benutzer, die anschließend nach dem Einschalten des Rechners den Zugriff auf das Startvolume freischalten können. Apples Hinweis, dass jeder Benutzer erst sein Kennwort eingeben müsse, ist etwas irreführend.

Neu hinzugefügte Benutzer
Wenn Sie nach der Aktivierung von FileVault ein Benutzerkonto hinzufügen, dann hat dieses automatisch Zugriff auf das Startvolume. Benutzer, die Sie bei der Erstellung von FileVault nicht aktiviert haben, können Sie zu einem späteren Zeitpunkt über die Ansicht SICHERHEIT der Systemeinstellungen aktivieren. Sie finden dort den Hinweis EINIGE BENUTZER KÖNNEN DIE FESTPLATTE NICHT ENTSPERREN, gefolgt von der Schaltfläche BENUTZER AKTIVIEREN.

Abbildung 9.22 ▸
Zuerst müssen Sie die Passwörter der einzelnen Benutzerkonten eingeben.

Mit der in Abbildung 9.22 dargestellten Konfiguration wäre nur der Benutzer Kai Surendorf in der Lage, das System zu starten. Gleichwohl könnten die anderen beiden Benutzer nach dessen Abmeldung oder über den schnellen Benutzerwechsel auf das System zugreifen. Haben Sie die gewünschten Benutzerkonten aktiviert, dann können Sie FORTFAHREN.

Wiederherstellungsschlüssel | Im zweiten Schritt wird Ihnen der Wiederherstellungsschlüssel angezeigt. Diesen Code können Sie eingeben, wenn Sie alle Passwörter vergessen haben und die Festplatte nicht mehr freischalten können. Apples Beschreibung dieses Codes als »Sicherheitsnetz« ist in diesem Fall zutreffend.

Hinweis

Wenn Sie sich diesen Code notieren und den Zettel, auf dem der Code notiert wurde, aufheben, dann wäre dessen Platz, sofern Sie mit äußerst kritischen Daten arbeiten, auf jeden Fall im Tresor oder an einem vergleichbaren Ort. Mit diesem Code ist der Zugriff auf das gesamte Startvolume problemlos möglich.

◂ **Abbildung 9.23**
Der Wiederherstellungsschlüssel wird einmalig angezeigt.

Bei Apple sichern | Wenn Sie möchten, hinterlegen Sie den Wiederherstellungsschlüssel bei Apple. Damit können Sie, sollten Sie neben den Passwörtern auch den Schlüssel vergessen haben, diesen bei Apple abrufen.

Aktivieren Sie diese Option, dann müssen Sie drei Fragen auswählen und die entsprechenden Antworten eingeben. Diese werden zusammen mit dem Schlüssel an Apple geschickt und dort gespeichert. Sinnvoll ist dieses Vorgehen dann, wenn Sie vergesslich sind und eine dritte Möglichkeit zur Wiederherstellung der verschlüsselten Daten benötigen. Möglicherweise stellt dies aber eine Sicherheitslücke dar, denn Apple kann die persönliche Identität der Person, die den Schlüssel abfragt, nicht überprüfen. Wenn Sie also in Ihrem Bekanntenkreis jemandem nicht trauen, der oder diejenige jedoch die Antworten auf die Fragen erraten könnte, dann sollten Sie auf die Speicherung bei Apple eher verzichten.

Hinweis

Es gibt möglicherweise für den geschäftlichen Einsatz eines (mobilen) Rechners Vorgaben, die Ihnen die Speicherung des Schlüssels bei Apple von vornherein untersagen.

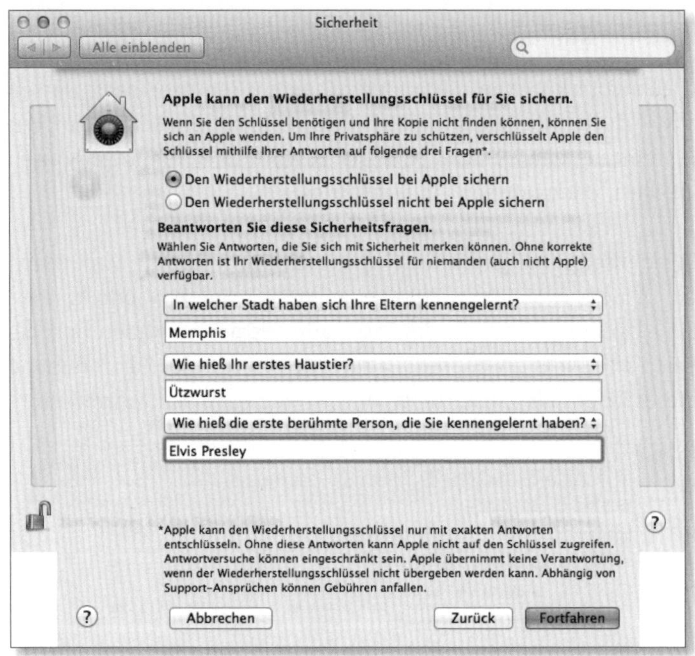

Abbildung 9.24 ▸
Auf Wunsch speichert Apple den Schlüssel zur Wiederherstellung.

Neustart und Verschlüsselung | Haben Sie sich den Schlüssel gemerkt, aufgeschrieben oder an Apple geschickt, dann wird ein Neustart erforderlich. Nach diesem Neustart erscheint der eingangs erwähnte Anmeldebildschirm. Die eigentliche Verschlüsselung des Systems erfolgt anschließend im Hintergrund und kann mehrere Stunden in Anspruch nehmen. In den Systemeinstellungen können Sie sich dabei über den Fortschritt der Verschlüsselung informieren. Erst wenn dieser Vorgang abgeschlossen ist, sind die auf dem Startvolume vorhandenen Dateien verschlüsselt. Am Rande: Die Abschätzung des Zeitaufwands sollten Sie nicht als verbindlich auffassen.

Abbildung 9.25 ▸
Die Entschlüsselung von FileVault dauert in der Regel mehrere Stunden.

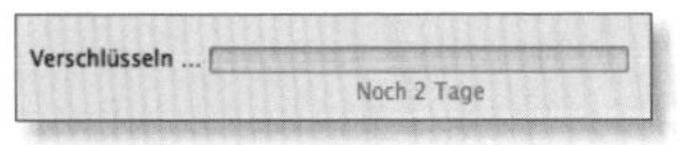

▲ Abbildung 9.26
Die Verschlüsselung erfolgt im Hintergrund und kann mehrere Stunden in Anspruch nehmen.

FileVault 2 deaktivieren | Wenn Sie zu einem späteren Zeitpunkt auf die Verschlüsselung verzichten möchten, dann schalten Sie FileVault über die Ansicht SICHERHEIT mit der Schaltfläche FILEVAULT DEAKTIVIEREN ab. In diesem Fall beginnt das System im Hintergrund mit der Entschlüsselung der Partition, was ebenfalls einige Stunden dauern kann. Nach Abschluss der Entschlüsselung wird die gesamte CoreStorage-Konstruktion aufgelöst und Ihr Startvolume als einzelne Partition wiederhergestellt.

Partitionen direkt verschlüsseln | Das Festplattendienstprogramm stellt Ihnen die Verschlüsselung zur Auswahl, wenn Sie den Inhalt einer schon vorhandenen Partition löschen und diese mit einem frischen Dateisystem versehen möchten. Die Verschlüsselung steht Ihnen hingegen nicht zur Auswahl, wenn Sie ein neues Partitionslayout für eine Festplatte erstellen. Sie müssen hier beachten, dass Sie die Verschlüsselung nicht nachträglich aufheben können, wenn Sie im Festplattendienstprogramm die Option VERSCHLÜSSELT auswählen. Aktivieren Sie, wie nachfolgend beschrieben, die Verschlüsselung im Finder oder mittels `diskutil`, dann können Sie diese nachträglich aufheben.

Hinweis

Der Befehl `diskutil` bietet einige weitere Funktionen in Verbindung mit CoreStorage, die aber bisher weder erprobt noch umfangreich dokumentiert wurden. Dieser Abschnitt beschränkt sich nicht zuletzt aus Gründen der Datensicherheit auf die Ver- und Entschlüsselung von Partitionen.

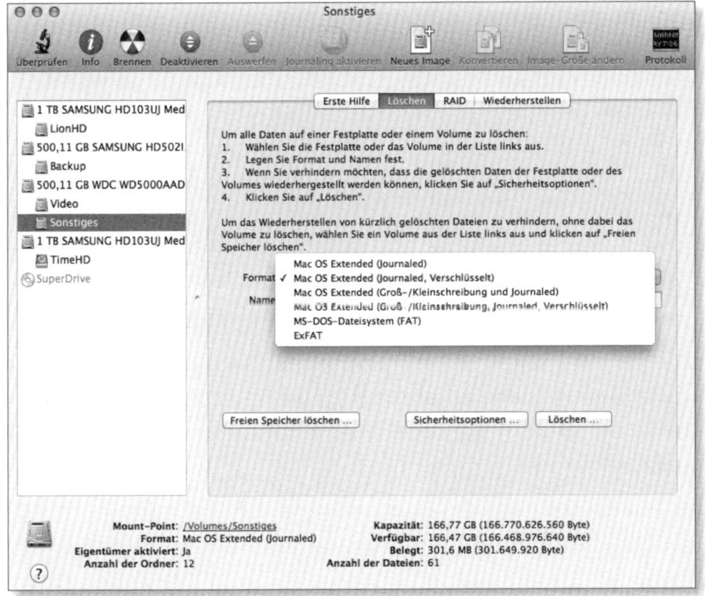

◄ **Abbildung 9.27**
Die Verschlüsselung steht beim Löschen einer Partition zur Auswahl, nicht bei der Erstellung eines neuen Partitionslayouts.

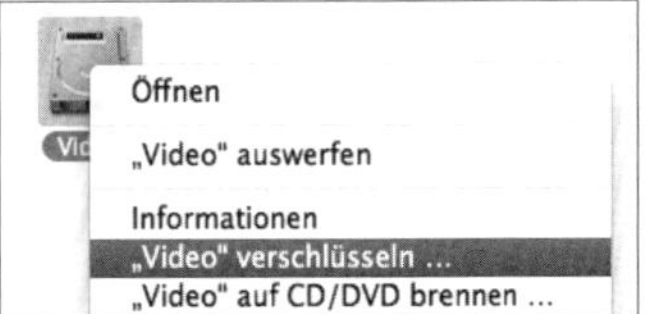

▲ **Abbildung 9.28**
Die Verschlüsselung kann im Finder über das Kontextmenü veranlasst werden.

Partitionen nachträglich verschlüsseln | Um eine schon vorhandene Partition unter Beibehaltung der vorhandenen Dateien zu verschlüsseln, können Sie im Finder die Partition auswählen und im Kontextmenü die Option VERSCHLÜSSELN anklicken. Der Finder fordert Sie dann auf, ein Kennwort für die zu verschlüsselnde Partition zu vergeben, und beginnt anschließend im Hintergrund mit der Verschlüsselung. Während die Partition verschlüsselt wird, steht Ihnen der Punkt ENTSCHLÜSSELN im Kontextmenü nicht zur Verfügung. Möglicherweise müssen Sie einen Neustart durchführen, um die Partition entschlüsseln zu können.

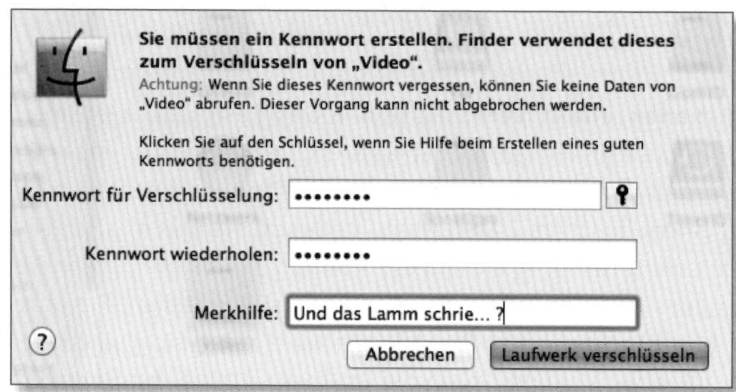

Abbildung 9.29 ▸
Das Passwort kann direkt im Finder vergeben werden.

Am Terminal können Sie den Befehl `diskutil` nutzen. Der Befehl bietet Ihnen über die Option `coreStorage` – die sich auch zu `cs` abkürzen lässt – die Möglichkeit, CoreStorage-Volumes zu erzeugen und auch wieder aufzuheben.

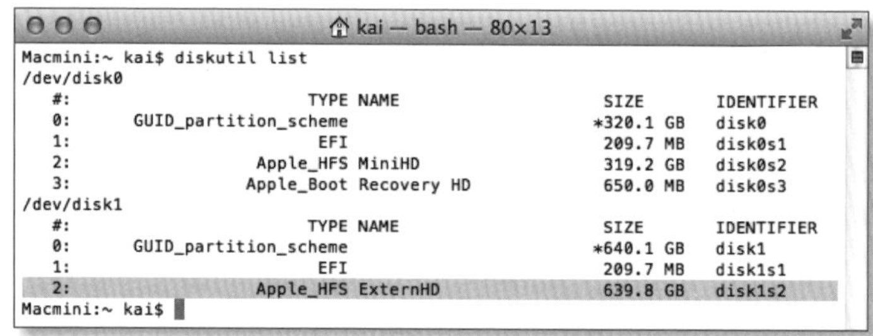

Abbildung 9.30 ▸
Die Partition EXTERNHD mit dem IDENTIFIER DISK1S2 soll verschlüsselt werden.

Zur Verschlüsselung einer Partition benötigen Sie die Medien-Identifikation (siehe Abschnitt 9.1), die in der Ausgabe von `diskutil` als IDENTIFIER bezeichnet wird. Geben Sie am Terminal einfach

```
diskutil list
```

ein, und Sie erhalten eine Übersicht aller Festplatten und der vorhandenen Partitionen. In diesem Beispiel soll die Partition mit dem Namen VMs und der Medien-Identifikation DISK2S2 konvertiert werden. Der nächste Schritt besteht darin, `diskutil` über die Option `cs`, gefolgt von `convert`, anzuweisen, diese Partition zu konvertieren und damit zu verschlüsseln.

```
kai — bash — 80×16
Macmini:~ kai$ diskutil cs convert disk1s2 -stdinpassphrase
New passphrase for converted volume:
Started CoreStorage operation on disk1s2 ExternHD
Resizing disk to fit Core Storage headers
Creating Core Storage Logical Volume Group
Attempting to unmount disk1s2
Switching disk1s2 to Core Storage
Waiting for Logical Volume to appear
Mounting Logical Volume
Core Storage LVG UUID: C86AC1B9-86E4-456F-A27E-F943B35B6346
Core Storage PV UUID: 796D873A-3512-4C0A-9955-B0FE0F843534
Core Storage LV UUID: B6B701E5-8333-4999-875D-BD916C9CA05C
Core Storage disk: disk2
Finished CoreStorage operation on disk1s2 ExternHD
Encryption in progress; use `diskutil coreStorage list` for status
Macmini:~ kai$
```

◂ Abbildung 9.31
Der Befehl `diskutil` informiert über den Fortschritt der Konvertierung.

Dem Befehl übergeben Sie darüber hinaus die Medien-Identifikation der Partition und schließlich die Option `-stdinpassphrase`. Letztere ermöglicht Ihnen die Eingabe des Passworts für die Partition am Terminal. Der Befehlsaufruf lautet in diesem Fall

```
diskutil cs convert disk2s2 -stdinpassphrase
```

Anschließend wird die Partition konvertiert und sofort wieder eingebunden.

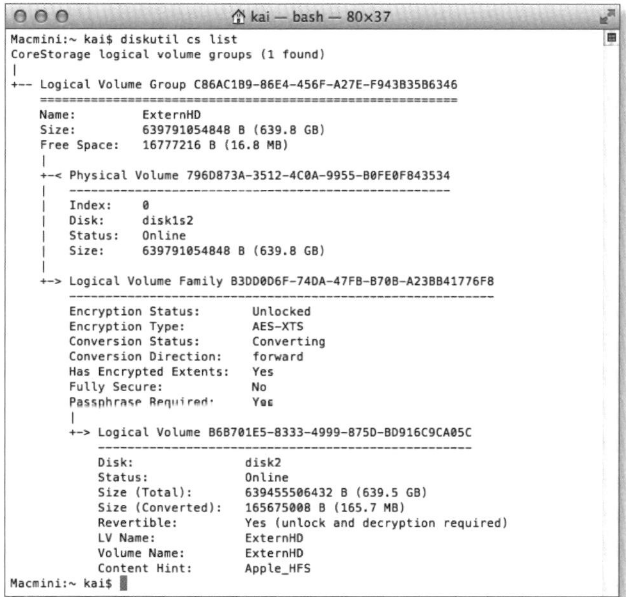

```
kai — bash — 80×37
Macmini:~ kai$ diskutil cs list
CoreStorage logical volume groups (1 found)
|
+-- Logical Volume Group C86AC1B9-86E4-456F-A27E-F943B35B6346
    =========================================================
    Name:         ExternHD
    Size:         639791054848 B (639.8 GB)
    Free Space:   16777216 B (16.8 MB)
    |
    +-< Physical Volume 796D873A-3512-4C0A-9955-B0FE0F843534
    |   ----------------------------------------------------
    |   Index:    0
    |   Disk:     disk1s2
    |   Status:   Online
    |   Size:     639791054848 B (639.8 GB)
    |
    +-> Logical Volume Family B3DD0D6F-74DA-47FB-B70B-A23BB41776F8
        ----------------------------------------------------------
        Encryption Status:       Unlocked
        Encryption Type:         AES-XTS
        Conversion Status:       Converting
        Conversion Direction:    forward
        Has Encrypted Extents:   Yes
        Fully Secure:            No
        Passphrase Required:     Yes
        |
        +-> Logical Volume B6B701E5-8333-4999-875D-BD916C9CA05C
            ---------------------------------------------------
            Disk:               disk2
            Status:             Online
            Size (Total):       639455506432 B (639.5 GB)
            Size (Converted):   165675008 B (165.7 MB)
            Revertible:         Yes (unlock and decryption required)
            LV Name:            ExternHD
            Volume Name:        ExternHD
            Content Hint:       Apple_HFS
Macmini:~ kai$
```

◂ Abbildung 9.32
Der Befehl `diskutil` informiert über den Status der Verschlüsselung.

Verschlüsselung im Hintergrund | Auch hier erfolgt die Verschlüsselung der Partition im Hintergrund. Mit der Eingabe von

```
diskutil cs list
```

lassen Sie sich die mittels CoreStorage realisierten Volumes anzeigen. Lautet der `Conversion Status Converting`, dann wird das

Volume ver- oder entschlüsselt. Lautet die Angabe nach `Conversion Direction forward`, dann wird es verschlüsselt, andernfalls entschlüsselt.

Abbildung 9.33 ▸
Das Icon einer nicht freigegebenen Partition wird im Festplattendienstprogramm mit einem Tresorschloss versehen.

Freigabe | Nach einem Neustart wird das System die zuvor verschlüsselte Partition aktivieren. Dabei werden Sie nach dem Kennwort gefragt. Erst nach der Eingabe des richtigen Kennworts steht Ihnen die Partition im Finder als Volume zur Verfügung. Wenn Sie diesen Vorgang ABBRECHEN, dann können Sie zu einem späteren Zeitpunkt problemlos die Partition im Festplattendienstprogramm aktivieren. Wählen Sie sie in der linken Spalte aus, dann finden Sie in der Symbolleiste die Schaltfläche SCHUTZ AUFHEBEN, die erneut den in Abbildung 9.34 dargestellten Dialog aufruft.

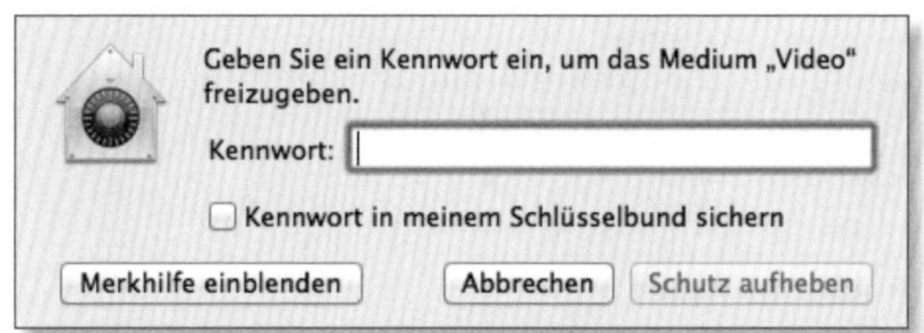

Abbildung 9.34 ▸
Die verschlüsselte Partition benötigt die Eingabe eines Kennworts.

Partition entschlüsseln | Wenn Sie eine Partition nachträglich entschlüsseln möchten, dann können Sie zunächst im Kontextmenü des Finders die Option ENTSCHLÜSSELN auswählen. Sollte Ihnen die Option nicht zur Verfügung stehen, dann können Sie am Terminal durch die Eingabe von `diskutil cs list` die Übersicht der CoreStorage-Partitionen aufrufen. Finden Sie bei der verschlüsselten Partition die Angabe `No` unter `Revertible`, dann sind Sie gezwungen, die Dateien von dieser Partition zu kopieren und die Partition zu löschen.

Am Terminal können Sie den Befehl `diskutil` nutzen, um die Verschlüsselung aufzuheben. Die Option `revert` in Verbindung mit `cs` weist `diskutil` an, das verschlüsselte CoreStorage-Volume in eine normale Partition zu konvertieren und zu entschlüsseln. Bei der Option `revert` geben Sie die Nummer des logischen Volumes, das entschlüsselt werden soll, ein. Diese finden Sie am Terminal in der Ausgabe von

```
diskutil cs list
```

am unteren Ende der Auflistung. Bei der in Abbildung 9.35 dargestellten Konstellation würde es sich um die Partition DISK4 handeln.

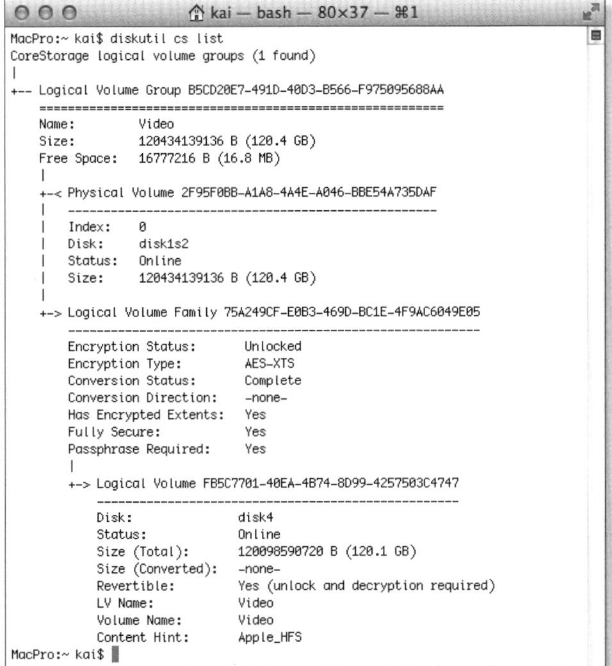

◂ Abbildung 9.35
Die Angabe DISK4 führt zur Entschlüsselung des Volumes VIDEO.

Der Aufruf von `diskutil` zur Entschlüsselung würde in diesem Fall dann

```
diskutil cs revert disk4
```

(siehe Abbildung 9.36) lauten. Sie werden von `diskutil` aufgefordert, das Passwort der verschlüsselten Partition einzugeben. Die Entschlüsselung erfolgt auch hier im Hintergrund. In der Ausgabe von `diskutil cs list` finden Sie unter `Conversion Direction` dann die Angabe `backward`. Wenn die Partition entschlüsselt wurde, wird sie als normales Volume wieder aktiviert.

◂ Abbildung 9.36
Über die Nummer des logischen Volumes kann mittels `revert` die Entschlüsselung begonnen werden.

9.5 Erste Hilfe

Es kommt – wenn auch selten – vor, dass ein Dateisystem auf einer Partition beschädigt wird. Die Gründe hierfür sind vielfältig – der Absturz eines Programms, eine fehlerhaft programmierte Applikation, eine Kernel Panic, ein Stromausfall oder ein anderer Grund, und die Zuordnung von Verzeichnissen und Dateien stimmt nicht mehr überein.

Wann prüfen?
Eine Prüfung ist insbesondere dann angeraten, wenn Ihr System nicht mehr stabil arbeitet oder abgestürzt ist. Sie sollten mit der Funktion VOLUME ÜBERPRÜFEN zuerst eine Prüfung ohne anschließende Reparatur veranlassen. Sie erhalten, je nach Dateisystem, einen kurzen Überblick, welche Bereiche und möglichen Fehlerquellen gerade überprüft werden.

Überprüfen ... | Für diese Fälle hat Apple im Festplattendienstprogramm die Funktion ERSTE HILFE vorgesehen. Den Namen sollten Sie in diesem Fall wörtlich nehmen. Denn die Funktion prüft nur, ob das Dateisystem in sich stimmig ist. Sie untersucht nicht, ob die Festplatte oder der Datenträger beschädigt ist oder ob Dateien, die korrekt in den Verzeichnissen eingetragen sind, vielleicht intern beschädigt sind. Das Festplattendienstprogramm ist in der Lage, sowohl HFS in seinen Varianten inklusive CoreStorage als auch das MS-DOS-Dateisystem zu prüfen und zu reparieren.

Abbildung 9.37 ▸
Mit der Funktion ERSTE HILFE überprüfen Sie ein Dateisystem und reparieren es gegebenenfalls.

... und reparieren | Sollte das Festplattendienstprogramm Fehler in der Verzeichnisstruktur entdecken, legt es Ihnen in roter Schrift eine Reparatur nahe. Mit VOLUME REPARIEREN veranlassen Sie, dass das Dateisystem erneut geprüft wird und die vorhandenen Fehler korrigiert werden.

Startvolume reparieren
Sie können die Partition, von der aus Sie Ihr System gestartet haben, mit dem Festplattendienstprogramm prüfen, aber nicht reparieren. Für eine solche Reparatur müssen Sie das Rettungssystem starten oder vom USB-Stick booten und dort das Festplattendienstprogramm aufrufen.

Wenn Fehler gefunden und erfolgreich repariert wurden, sollten Sie anschließend die Partition erneut überprüfen. So stellen

Sie sicher, dass die Reparatur wirklich erfolgreich war, oder leiten, wenn nötig, einen weiteren Reparaturvorgang ein.

◂ **Abbildung 9.38**
Bei einem CoreStorage-Volume wird zuerst die Struktur und anschließend das Dateisystem überprüft.

Daten sichern | Manchmal ist das Dateisystem so stark beschädigt, dass die Möglichkeiten des Festplattendienstprogramms nicht für eine Reparatur ausreichen. Oft wird dies durch die Meldung DER ZUGRUNDE LIEGENDE PROZESS MELDETE EINEN FEHLER sichtbar, die auch nach mehrmaligen Prüf- und Reparaturversuchen erscheint.

In diesem Fall bleibt Ihnen leider nur die Möglichkeit, die Daten des Volumes auf eine andere Partition zu kopieren und mit der Funktion LÖSCHEN ein neues Dateisystem anzulegen. Dies mag unbefriedigend sein, aber das Programm von Apple bietet einfach keine weiteren Funktionen. Möglicherweise sind Sie zur Datenrettung auf die Programme von Drittanbietern (siehe Abschnitt 28.1) angewiesen.

Gesamtkapazität: 500,11 GB (500.107.862.016 Byte)
Schreibstatus: Lesen/Schreiben
S.M.A.R.T.-Status: Überprüft
Partitionstabellen-Schema: GUID-Partitionstabelle

◂ **Abbildung 9.39**
Der S.M.A.R.T.-STATUS informiert Sie über den Zustand einer internen Festplatte.

Der S.M.A.R.T.-Status | Wenn Fehler auftreten, sollten Sie bei einer internen Festplatte auch den S.M.A.R.T.-Status überprüfen. Wählen Sie die Festplatte in der linken Leiste aus, und beachten Sie unten die Angabe des S.M.A.R.T.-STATUS. Lautet er ÜBERPRÜFT, ist die Selbstdiagnose der Festplatte erfolgreich, und diese kann keinen Fehler an sich feststellen. Wenn der Status hingegen mit DROHT AUSZUFALLEN angegeben wird, müssen Sie sofort alle Daten von diesem Datenträger kopieren und sichern. Sie müssen die defekte Festplatte unbedingt und schnellstmöglich gegen eine neue austauschen.

Redundant Array of Independent Disks (RAID)

OS X 10.8 bietet Ihnen die Möglichkeit, mehrere Festplatten und Partitionen zu einer zusammenzufassen. Diese Verfahren werden mit *Redundant Array of Independent Disks* (kurz: RAID) bezeichnet. OS X 10.8 bietet drei Formen von RAID für unterschiedliche Zwecke.

Trotz RAID: Backup
Ein gespiegeltes RAID-System entbindet Sie im Übrigen nicht von der Notwendigkeit, Backups zu erstellen. Zwar liegen die Dateien mehrfach vor, aber es kann trotzdem vorkommen, dass das Dateisystem gelöscht wird oder anderweitig Fehler auftreten, die eine Kopie außerhalb der aktiven Dateisysteme notwendig machen.

Gespiegeltes RAID-System | Hierbei werden zwei und mehrere Festplatten (nicht Partitionen) zusammengefasst. Die Daten werden auf allen Festplatten in der gleichen Form vorgehalten. Sollte eine Festplatte ausfallen, dann sind die Dateien immer noch auf der oder den anderen Festplatten vorhanden und können von diesen gelesen und auf diese geschrieben werden. Mit einem gespiegelten RAID-System wird die Ausfallsicherheit eines Systems in Bezug auf defekte Datenträger verkleinert. Ein gespiegeltes RAID-System wird auch als RAID 1 bezeichnet. Wenn Sie mehrere Festplatten mit unterschiedlicher Geschwindigkeit zu einem gespiegelten RAID-System verbinden, bestimmt der kleinste gemeinsame Nenner bei Größe und Geschwindigkeit die Fähigkeiten des RAIDs. Verbinden Sie eine langsame Festplatte von 400 GB mit einer sehr schnellen Festplatte von 640 GB, stehen Ihnen in einem gespiegelten RAID nur gut 400 GB zur Verfügung, und dies mit der Geschwindigkeit der langsameren Festplatte. In der Regel sollten Sie nur Festplatten gleicher Größe in einem gespiegelten RAID-System verbinden.

Hardware-RAID
Neben den Typen 0 und 1 – die genau genommen über eine spezifizierte Partitionstabelle und entsprechende Treiber umgesetzt werden – gibt es verschiedene Methoden, ein RAID mithilfe geeigneter Hardware zu realisieren. Diese hardwarebasierten Lösungen erweisen sich in der Praxis als sehr viel zuverlässiger und auch schneller, sind dafür aber auch recht teuer.

RAID-System (Verteilt) | Erstellen Sie ein RAID-System, das Apple mit der Bezeichnung VERTEILT versehen hat, erscheinen die damit verbundenen Festplatten als ein Volume, und dessen Größe ergibt sich aus der Addition der Kapazitäten der eingebundenen Festplatten. Eine Festplatte mit der Kapazität von 500 GB und eine Festplatte mit der Kapazität 1 TB ergäben, als RAID-SYSTEM (VERTEILT) verbunden, ein Volume im Finder, dessen maximale Speicherkapazität ungefähr 1,5 TB beträgt. Wenn bei einem verteilten RAID eine der Festplatten ausfällt, dann sind die im RAID gespeicherten Dateien höchstwahrscheinlich verloren. Während also ein gespiegeltes RAID die Ausfallsicherheit erhöht, ist die Gefahr eines Datenverlusts bei einem verteilten RAID dementsprechend höher.

Zusammengefasste Laufwerke | Diese Form von verbundenen Partitionen ist im engeren Sinne kein RAID, sondern eine Spezialität von OS X 10.8. Bei diesem RAID-Typ fassen Sie mehrere Partitionen, die sich auch auf verschiedenen Datenträgern befinden können, zu einer Partition zusammen. Hierbei werden nur die Partitionen zusammengefasst und nicht, wie bei den beiden anderen Varianten, die Datenträger. Diese Funktion ermöglicht es Ihnen, durch die Zusammenfassung mehrerer Partitionen auch enorm große Dateien über diese hinweg zu verteilen.

Dabei können Sie aber eine Festplatte durchaus in zwei Partitionen unterteilen, von denen eine separat im Finder verwendet und die andere in ein zusammengefasstes Laufwerk mit weiteren Partitionen anderer Festplatten integriert wird. Ob dies im Einzelfall sinnvoll ist und ob die leicht reduzierte Arbeitsgeschwindigkeit dieser im weiteren Sinne virtuellen Partition dies rechtfertigt, hängt von Ihrer Hardware und der aktuellen Einteilung Ihrer Festplatten ab.

◄ **Abbildung 9.40**
Bei der Erstellung eines RAIDs werden die Festplatten oder Partitionen aus der Seitenleiste in das RAID gezogen.

RAID erstellen | Um ein RAID, gleich welcher Art, zu erstellen, wählen Sie im Festplattendienstprogramm den gleichnamigen Reiter aus. Sie können für das RAID-System einen Namen ver-

Warnung
Sie sollten die Erstellung eines RAIDs keinesfalls abbrechen oder den Rechner in diesem Moment zwangsweise neu starten. Sonst kann es sein, dass Ihr Rechner gar nicht mehr bootet und Sie die Festplatten ausbauen oder mithilfe von Linux (!) die defekten Partitionstabellen manuell löschen müssen. Letztere können einen Start von OS X 10.8 auch vom Rettungssystem und vom USB-Stick verhindern.

geben, der im Finder und unter dem Verzeichnis /VOLUMES verwendet wird. Ebenso wählen Sie unter FORMAT das für das RAID zu verwendende Dateisystem und als RAID-TYP eine der oben beschriebenen Varianten. Wenn Sie nun auf das Pluszeichen klicken, erscheint das noch leere RAID in der Liste.

Ziehen Sie dann mit der Maus die gewünschten Laufwerke oder Partitionen aus der linken Liste in das RAID. Mit dem Minuszeichen entfernen Sie ein RAID oder ein Laufwerk aus der Übersicht. Wenn Sie alle Laufwerke oder Partitionen zusammengestellt haben, wird mit ERSTELLEN das RAID konfiguriert. Dieser Vorgang kann einige Minuten in Anspruch nehmen.

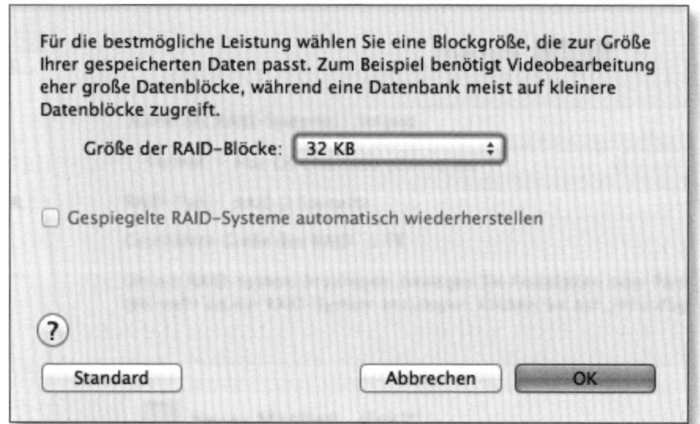

Abbildung 9.41 ▸
In den Optionen legen Sie die Blockgröße fest.

RAID-Optionen einstellen | Wenn das RAID erstellt wurde, erscheint es in der Übersicht der Festplatten und Dateisysteme. Ob Sie bei der Erstellung eines RAIDs mit OPTIONEN eine andere BLOCKGRÖSSE der Daten vorgeben möchten, hängt von den verwendeten Festplatten ab. Die BLOCKGRÖSSE gibt die Datenmenge vor, in die die Dateien gestückelt und auf die Festplatten verteilt werden. In der Regel ist die Vorgabe von Apple optimal.

RAID entfernen | Um ein existierendes RAID-System zu löschen und die zusammengefassten Partitionen wieder einzeln zu verwenden, wählen Sie es einfach in der Liste der Festplatten und Partitionen aus, und klicken auf LÖSCHEN. Bei einem verteilten RAID und zusammengefassten Laufwerken gehen vorhandene Dateien verloren.

Gespiegeltes RAID wiederherstellen | Wenn bei einem gespiegelten RAID eine der Festplatten ausfällt, dann stehen Ihnen die Dateien nach wie vor zur Verfügung. Im Festplattendienstprogramm wird dieses RAID-System orange dargestellt, und wenn Sie sich das RAID anzeigen lassen, dann werden Sie über die nicht mehr funktionsfähige oder fehlende Festplatte informiert.

◂ **Abbildung 9.42**
Fällt eine der Festplatten aus, dann wird ein gespiegeltes RAID als EINGESCHRÄNKT bezeichnet.

Sie haben anschließend die Möglichkeit, eine neue Festplatte einzubauen und dem gespiegelten RAID hinzuzufügen. Nach dem Einbau der neuen Festplatte wählen Sie zuerst das RAID – in Abbildung 9.42 der Eintrag oberhalb von NEUES RAID-SYSTEM 1 – aus. Dann wählen Sie den RAID-Teilbereich aus, hinter dem in roter Schrift FEHLT angegeben wird, und klicken einmal auf das Minuszeichen links neben OPTIONEN. Die Schaltfläche WIEDERHERST ändert sich in ZURÜCKSTUFEN, und nach dem Zurückstufen können Sie die neue Festplatte aus der linken Spalte in das RAID ziehen.

◂ **Abbildung 9.43**
Die Wiederherstellung eines gespiegelten RAIDs kann einige Stunden dauern.

Mit der Schaltfläche WIEDERHERSTELLEN sorgen Sie nun dafür, dass die auf der noch funktionierenden Festplatte vorhandenen Dateien auf der zweiten, neuen Festplatte gespiegelt werden. Dieser Vorgang kann, abhängig von der Größe der Festplatten, einige Zeit in Anspruch nehmen.

Partition duplizieren

Startvolume duplizieren
Die einfachste Möglichkeit, das Startvolume Ihres Systems zu duplizieren, besteht im Start des Rettungssystems oder im Booten vom USB-Stick. Rufen Sie dort das Festplattendienstprogramm auf, und Sie können über die dann ebenfalls verfügbare Funktion WIEDERHERSTELLEN eine exakte Kopie Ihres Startvolumes auf einer externen Festplatte erstellen.

Das Festplattendienstprogramm ermöglicht es Ihnen, eine exakte Kopie einer Partition zu erstellen. Wählen Sie hierzu eine Partition in der linken Übersicht aus, und wechseln Sie dann in den Reiter WIEDERHERSTELLEN. Dort ziehen Sie in das Feld QUELLE die zu duplizierende Partition aus der Liste links. In das Feld ZIELMEDIUM ziehen Sie das Icon der Partition, die das Duplikat enthalten soll. Abhängig von der Größe der Partition und dem verwendeten Anschluss kann dieser Vorgang mehrere Stunden in Anspruch nehmen.

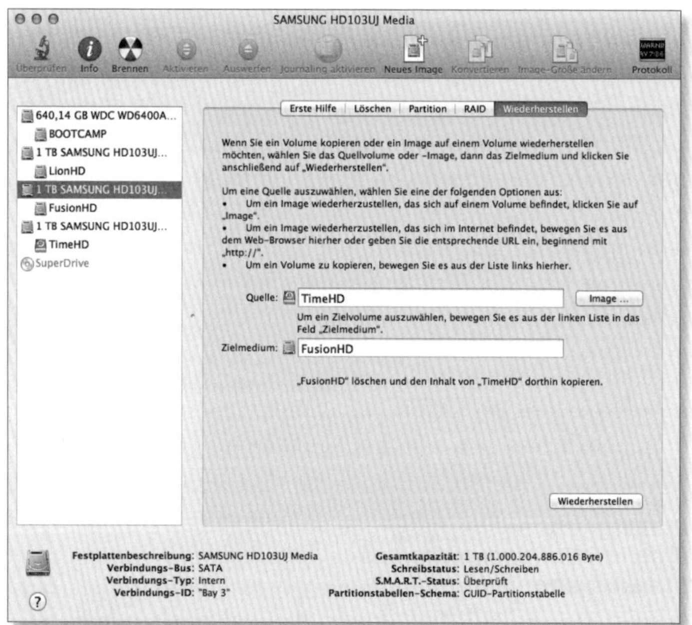

Abbildung 9.44 ▸
Das Festplattendienstprogramm ermöglicht mit der Funktion WIEDERHERSTELLEN das Duplizieren ganzer Partitionen.

9.6 Mit Image-Dateien arbeiten

Um Ordner oder auch ganze Partitionen zu sichern, zu kopieren, weiterzugeben und zu brennen, können Sie unter OS X 10.8 sogenannte *Image-Dateien* verwenden.

Grundlagen

Bei Image-Dateien handelt es sich um einzelne Dateien mit der Endung *.dmg* oder *.sparseimage*, die ein ganzes Dateisystem enthalten. Diese im weiteren Sinne virtuellen Dateisysteme können im Finder mit einem Doppelklick aktiviert werden. Anschließend wird das Programm DiskImageMounter aufgerufen. Es liest die Abbildung ein und aktiviert sie wie eine normale Partition im Verzeichnis /VOLUMES. Das in der Image-Datei enthaltene Dateisystem steht anschließend wie eine Festplatte im Finder zur Verfügung. Aktivierte Abbildungen merkt sich das System im Festplattendienstprogramm und listet sie unterhalb der Festplatten auf.

Tipp
Zum Beispiel lassen sich diese Abbildungen sehr gut als Anhang per E-Mail versenden oder zum Download auf einer Webseite anbieten. Aus diesem Grund sind DMG-Dateien auch bei Softwareanbietern sehr beliebt. Image-Dateien eignen sich gut, um exakte Kopien von Ordnern oder Festplatten zu erstellen.

Überprüfung im Hintergrund | Wenn Sie eine Abbildung zum ersten Mal aktivieren, dann überprüft das System automatisch das enthaltene Dateisystem. Im Dienstprogramm Konsole finden Sie im Ordner ~/LIBRARY/LOGS das Protokoll *fsck_hfs.log*. Dieses enthält auch die Ergebnisse der Prüfungen.

▼ **Abbildung 9.45**
Image-Dateien werden im Festplattendienstprogramm unterhalb der physikalischen Laufwerke aufgeführt.

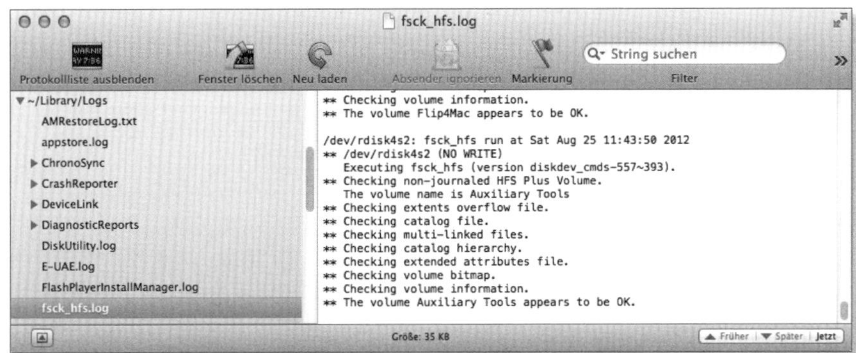

Erste Hilfe | Es kommt vor, dass das enthaltene Dateisystem einer Abbildung beschädigt wird. In diesem Fall starten Sie das Festplattendienstprogramm und ziehen die DMG- oder SPARSEBUNDLE-Datei in die linke Spalte des Fensters. Es steht Ihnen dann die Funktion ERSTE HILFE (siehe Abschnitt 9.5) zur Verfügung, um das Dateisystem zu überprüfen und gegebenenfalls den Versuch einer Reparatur zu veranlassen.

▲ **Abbildung 9.46**
Wenn Sie eine Abbildung zum ersten Mal aktivieren, dann prüft das System im Hintergrund das enthaltene Dateisystem.

Image-Datei auswerfen | Benötigen Sie die Dateien in einer Image-Datei nicht mehr, können Sie das Image wie auch eine CD im Finder deaktivieren. Ziehen Sie sein Icon einfach auf den Papierkorb im Dock, dessen Symbol sich in die Auswurf-Taste verwandelt. Sie können das Icon der Abbildung im Finder auch auswählen und mit der Tastenkombination [⌘] + [E] auswerfen.

Leere Image-Datei erstellen

OS X 10.8 bietet Ihnen mehrere Optionen für Image-Dateien an. Ob und welche Sie davon nutzen, hängt vom Einsatzzweck der jeweiligen Abbildung ab. Möchten Sie sensible Daten archivieren, mit einem Passwort versehen und in einer verschlüsselten Datei speichern, werden Sie ein anderes Format nutzen, als wenn Sie eine exakte Kopie eines Ordners erstellen, um diesen per E-Mail an einen Kollegen zu versenden.

Über den Menüpunkt ABLAGE • NEU • LEERES IMAGE (⌘ + alt + N) erzeugen Sie eine neue Abbildung mit allen verfügbaren Optionen. In dem Dialog geben Sie zunächst den Namen der Datei der Abbildung (SICHERN UNTER) und den Namen des Volumes (NAME), unter dem die im Finder eingebundene Abbildung erscheint, vor.

Abbildung 9.47 ▸ Bei der Erstellung einer Image-Datei können Sie im Festplattendienstprogramm verschiedene Optionen vorgeben.

Größe nachträglich ändern
Die Größe einer beschreibbaren Abbildung können Sie nachträglich ändern, indem Sie die Datei in der linken Spalte auswählen. Ihnen steht dann die Schaltfläche IMAGE-GRÖSSE ÄNDERN in der Symbolleiste zur Verfügung.

- GRÖSSE: Der Abbildung können Sie eine feste Größe zuweisen. Dies ist nützlich, wenn Sie sie anschließend auf CD oder DVD brennen möchten. Sie verhindern auf diese Weise, dass sich im Image mehr Daten befinden, als der Datenträger an Speicherkapazität bietet. Das Festplattendienstprogramm bietet Ihnen verschiedene Größen, die für Datenträger üblich sind, bereits in der Auswahl an. Mit dem Unterpunkt EIGENE können Sie von Hand eine Größe vorgeben, wenn die Image-Datei zum Beispiel im World Wide Web heruntergeladen und das Datenvolumen nicht zu groß werden soll.
- FORMAT: Hier wählen Sie das Dateisystem für das zu erstellende Volume aus.
- VERSCHLÜSSELUNG: Apple stellt Ihnen zwei Methoden der Verschlüsselung zur Auswahl: Die 128-BIT-AES-VERSCHLÜSSELUNG findet auch bei FileVault Verwendung und stellt einen Kompromiss zwischen kryptografischer Sicherheit und Geschwin-

digkeit dar. Die 256-BIT-AES-VERSCHLÜSSELUNG ist schwerer zu brechen, allerdings kostet diese Variante Rechenkapazität für die Verschlüsselung.

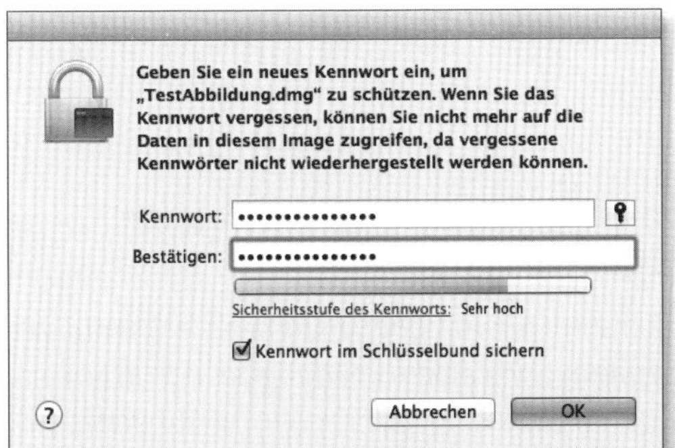

◂ **Abbildung 9.48**
Für eine verschlüsselte Image-Datei vergeben Sie bei der Erstellung ein Passwort.

- PARTITIONEN: Für eine so erstellte Abbildung können Sie auch eine Partitionstabelle vorgeben. Dies ermöglicht es Ihnen, anschließend die Festplattenabbildung mit dem zuvor beschriebenen Verfahren in mehrere Partitionen (siehe Abbildung 9.49) zu unterteilen. Aktivieren Sie die Abbildung, dann erscheinen die Partitionen als Volumes im Finder.
- IMAGE-FORMAT: Als Format für die Abbildung stehen Ihnen vier Möglichkeiten zur Verfügung. Wählen Sie BESCHREIBBARES IMAGE, belegt die DMG-Datei so viel Speicherplatz auf der Festplatte, wie Sie als VOLUMEGRÖSSE vorgegeben haben. Wenn Sie ein MITWACHSENDES IMAGE mit der Dateiendung *.sparseimage* erstellen, beschränkt sich sein Speicherbedarf auf die tatsächlich innerhalb der Volumes der Abbildung vorhandenen Dateien.

Tipp

Verschlüsselte Abbildungen eignen sich gut, um vertrauliche Daten zu speichern und nur bei Bedarf zu aktivieren. Sie verzichten so auf die Verschlüsselung der gesamten Partition, können aber kritische Daten verschlüsseln. Beachten Sie, dass laut Standardeinstellungen (siehe Abbildung 9.46) das Kennwort automatisch im Schlüsselbund abgelegt wird.

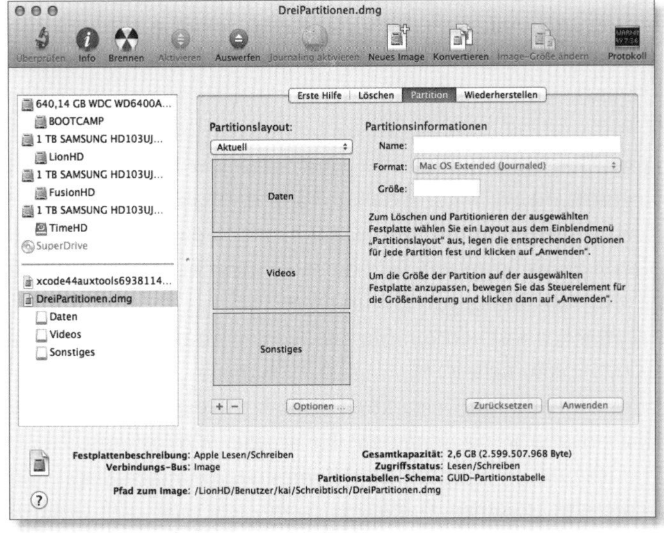

◂ **Abbildung 9.49**
Bei Verwendung einer Partitionstabelle können Sie Abbildungen unterteilen.

Eine SPARSEBUNDLE-Datei erzeugen Sie mit der Option MITWACHSENDES BUNDLE-IMAGE. Hierbei handelt es sich nicht um eine einzelne Datei, sondern um einen im Finder als Bundle angezeigten Ordner. Mit dem IMAGE-FORMAT DVD/CD-MASTER erstellen Sie Image-Dateien, die anschließend exakt auf einen Datenträger gebrannt werden können.

Abbildung von einem Ordner, einem Volume oder einer Festplatte erstellen

Neben einer zunächst leeren Abbildung können Sie über das Festplattendienstprogramm auch eine Abbildung basierend auf einem Ordner, einer Partition oder einer ganzen Festplatte erstellen.

Startvolume
Um eine Abbildung Ihres Startvolumes auf einer externen Festplatte zu erstellen, starten Sie vom Rettungssystem oder USB-Stick und rufen das dort enthaltene Festplattendienstprogramm auf, wie in Abschnitt 27.7 beschrieben.

Image von Festplatte | Erstellen Sie eine Abbildung von einer ganzen Festplatte, dann wird diese vom Festplattendienstprogramm für die Dauer des Kopiervorgangs deaktiviert.

Wählen Sie, um eine Abbildung von einer Festplatte oder einer Partition zu erstellen, diese in der linken Spalte aus. Ihnen steht dann über den Menüpunkt ABLAGE • NEU • IMAGE VON DISK1 oder ähnlich die Möglichkeit zur Verfügung, die Dateistruktur der Festplatte in einer Datei abzubilden.

Temporärer Speicher
Erzeugen Sie eine Abbildung, die auf einem Ordner, einer Partition oder einer Festplatte basiert, wird, auch wenn Sie die Komprimierung aktivieren, auf dem Zielmedium deutlich mehr Speicherplatz benötigt, als die Abbildung am Ende beanspruchen wird. Das Festplattendienstprogramm benötigt temporären Speicherplatz, in dem es Daten zwischenlagert, bevor sie schließlich in die Abbildung kopiert werden.

Image von Ordner | Bei einem Ordner wählen Sie den Menüpunkt ABLAGE • NEU • IMAGE VON ORDNER (⌘ + ⇧ + N) aus. Anschließend wählen Sie einen Ordner aus, von dem eine Abbildung erstellt wird. Sie sollten vorher sicherstellen, dass keine der in dem Ordner enthaltenen Dateien mehr vom System geöffnet ist oder beschrieben wird. Aus diesem Grund können Sie mit diesem Verfahren auch keine einwandfreie Abbildung Ihres persönlichen Ordners erstellen, da insbesondere das Verzeichnis ~/LIBRARY sich permanent ändert.

Lesen/Schreiben | Wenn Sie eine Abbildung auf diese Weise erstellen, wird als IMAGE-FORMAT vom Festplattendienstprogramm KOMPRIMIERT vorgegeben. Damit spart die Datei zwar Speicherplatz auf der Festplatte, allerdings können Sie keine Änderungen an der Abbildung vornehmen. Um Dateien aus der Abbildung nachträglich löschen oder hinzufügen zu können, wählen Sie als IMAGE-FORMAT die Option LESEN/SCHREIBEN. Binden Sie eine so erstellte Abbildung ein, können Sie im Finder Dateien daraus löschen und in sie kopieren. Es ist über die Schaltfläche KONVERTIEREN auch möglich, eine komprimierte Image-Datei in eine beschreibbare umzuwandeln.

◀ **Abbildung 9.50**
Um an der Abbildung eines Ordners oder einer Partition später Änderungen vornehmen zu können, müssen Sie als Image-Format Lesen/Schreiben auswählen.

Image-Dateien wiederherstellen

Um die in einer Abbildung gesicherten Dateien in einem Durchgang wieder auf eine Partition zu schreiben – sie also aus der Abbildung wiederherzustellen –, wechseln Sie zuerst in den Reiter Wiederherstellen. Ziehen Sie die Abbildung in das Feld Quelle, oder öffnen Sie eine im Festplattendienstprogramm nicht aufgeführte Datei über die Schaltfläche Image. Die Partition, auf die die Daten geschrieben werden sollen, muss aktiviert sein; ziehen Sie sie dann in das Feld Zielmedium. Bei diesem Vorgang wird der vorhandene Inhalt des Ziels komplett gelöscht. Vor der Wiederherstellung der Abbildung müssen Sie diese überprüfen. Wählen Sie hierzu den Menüpunkt Images • Image für das Wiederherstellen überprüfen aus; in einigen Fällen führt die Schaltfläche Image überprüfen nicht zu einer Fehlermeldung.

Netzwerk
Es ist auch möglich, eine Datei wiederherzustellen, die auf einem Webserver liegt. Geben Sie hierzu in das Feld Quelle den URL zu der Datei ein, etwa »http://miniserver.local/~/kai/Backup.dmg«. Die Wiederherstellung über das Netzwerk dauert dagegen deutlich länger.

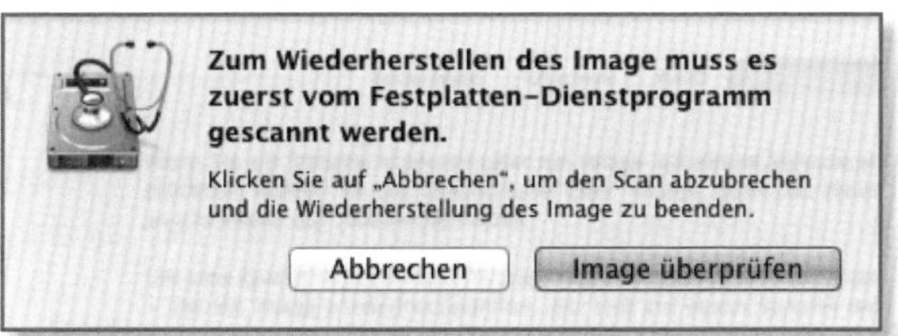

◀ **Abbildung 9.51**
Für die Wiederherstellung müssen Sie die Image-Datei erst überprüfen.

Image-Dateien überprüfen

Damit Ihnen bei der Archivierung von Dateien in Image-Dateien keine Fehler unterlaufen und Sie keine Daten verlieren, bietet Ihnen das Festplattendienstprogramm zwei Möglichkeiten, die Integrität einer Abbildung zu prüfen.

Dateisystem prüfen | Einerseits können Sie über Images • Überprüfen eine DMG-, SPARSEIMAGE-, SPARSEBUNDLE- oder CDR-Datei auf einen korrekten Aufbau hin testen. Findet das Dienstprogramm innerhalb der Image-Datei keine korrekte Partitionstabelle, die in das Dateisystem eingebunden werden könnte, erhalten Sie eine Fehlermeldung. Die Abbildung ist dann beschädigt. Mit der zuvor beschriebenen Funktion ERSTE HILFE können Sie bei einer beschreibbaren Abbildung eine Reparatur versuchen.

Störfaktor Spotlight
Die Arbeit mit den CRC32-Prüfsummen ist eigentlich nur dann sinnvoll, wenn Sie über das Rettungssystem oder vom USB-Stick gestartet haben. Im normalen Betrieb würde zum Beispiel Spotlight durch das automatische Anlegen des Indexes die Prüfsumme sofort manipulieren. Im normalen Arbeitsalltag mit aktivierten Partitionen ist die Arbeit mit CRC32-Prüfsummen eigentlich nicht praktikabel.

Prüfsumme | Die normale Überprüfung einer Abbildung stellt nur sicher, dass sich in dieser Dateisysteme befinden, die über den Finder aktiviert werden können. Mithilfe der Prüfsumme gewährleisten Sie, dass die Dateien und Ordner korrekt kopiert wurden. Diese Prüfsumme in der Form »$540B47A0« stellt eine Quersumme der in einer Partition oder Abbildung vorhandenen Dateien dar. Sie resultiert aus einem Algorithmus, der den Inhalt der Dateien abfragt und addiert. Das Ergebnis ist für jede Konstellation von Dateien einmalig und kann daher zur Prüfung des Kopiervorgangs verwendet werden.

Haben Sie zum Beispiel von einer Image-Datei eine Partition wiederhergestellt, dann können Sie die Prüfsummen miteinander vergleichen. Mit dem Menüpunkt IMAGES • PRÜFSUMME • CRC32 IMAGE-PRÜFSUMME wird die Prüfsumme der Partition berechnet. Gegebenenfalls müssen Sie sich als Administrator identifizieren. Notieren Sie sich den ausgegebenen Wert. Wählen Sie dann die Image-Datei aus, von der aus Sie die Partition kopiert haben, und lassen Sie erneut die Prüfsumme berechnen.

Abbildung 9.52 ▸
Die MD5-Prüfsumme einer Datei kann am Terminal angezeigt werden.

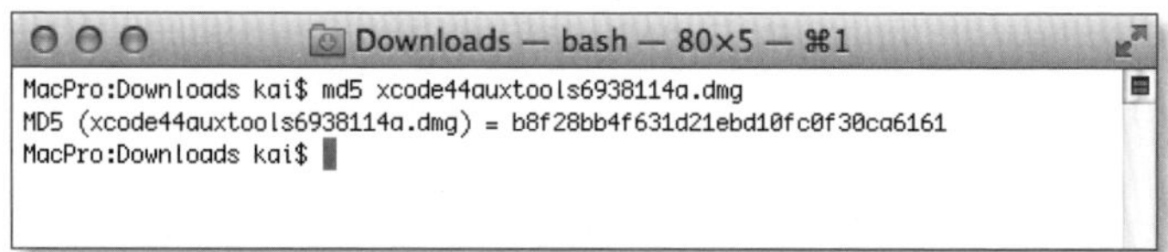

Stimmen die Werte nicht überein, ist der Kopiervorgang möglicherweise nicht korrekt abgelaufen. Selbstverständlich ändert sich die Prüfsumme in dem Moment, in dem irgendeine Änderung erfolgte. Wird irgendeine Datei von Ihnen oder dem System geändert, erhalten Sie eine andere Prüfsumme.

MD5-Prüfsummen | Neben der CRC32-Prüfsumme bot das Festplattendienstprogramm in den früheren Versionen von Mac OS X auch die Berechnung einer MD5-Prüfsumme. Bei einigen im Internet verfügbaren Programmen geben Ihnen die Entwickler die MD5-Prüfsumme der zum Download verfügbaren Dateien an. Mit dieser Prüfsumme soll sichergestellt werden, dass Sie auch wirklich die gewünschten Dateien herunterladen und nicht etwa Opfer eines trojanischen Pferdes werden. Die MD5-Prüfsumme einer Datei lassen Sie sich am Terminal mit der Eingabe von `md5 Datei` anzeigen.

Image-Dateien brennen

Wenn Sie Dateien in einer Abbildung archiviert haben, können Sie diese über das Festplattendienstprogramm auf CD oder DVD brennen.

Kopie erstellen | Es ist auch möglich, eine exakte Kopie einer DVD oder CD zu erstellen. Legen Sie hierzu den zu duplizierenden Datenträger ein, und wählen Sie ihn dann in der linken Liste im Festplattendienstprogramm aus. Achten Sie darauf, dass Sie hier das Laufwerk wählen und nicht eine auf dem Datenträger enthaltene Partition.

Erstellen Sie über Ablage • Neu • Image von disk3 oder ähnlich eine Abbildung des Datenträgers, und wählen Sie hier als Dateiformat DVD/CD-Master. Diese Datei enthält eine Spiegelung des Datenträgers, und Sie können sie anschließend im Festplattendienstprogramm auswählen und brennen.

CDR-Datei

Erstellen Sie im Festplattendienstprogramm eine Abbildung von einem Ordner über Ablage • Neu • Image von Ordner, dann können Sie als Format auch DVD/CD-Master auswählen. Der Nutzen der so erzeugten CDR-Dateien gegenüber dem Brennvorgang eines Ordners im Finder besteht darin, dass Sie auf diese Weise den aktuellen Stand zwischenspeichern, normal mit dem Ordner und seinem Inhalt weiterarbeiten und gegebenenfalls noch eigenhändig Änderungen an den in der Abbildung enthaltenen Dateien vornehmen können.

Wechselmedium löschen | Wenn Sie Datenträger verwenden, die wiederbeschreibbar sind (CD-RW/DVD-RW), können Sie sie mit dem Festplattendienstprogramm löschen. Legen Sie hierzu einfach den Datenträger ein, und warten Sie, bis er im Festplattendienstprogramm angezeigt wird. Wählen Sie nun den Datenträger (nicht eine Partition oder eine Brenn-Session) aus, und wechseln Sie dann in den Reiter Löschen. Sofern bisher mit dem Datenträger keine Probleme aufgetreten sind, können Sie zum Löschen die Option Schnell wählen.

▼ Abbildung 9.53
Wiederbeschreibbare DVDs und CDs können Sie im Festplattendienstprogramm löschen.

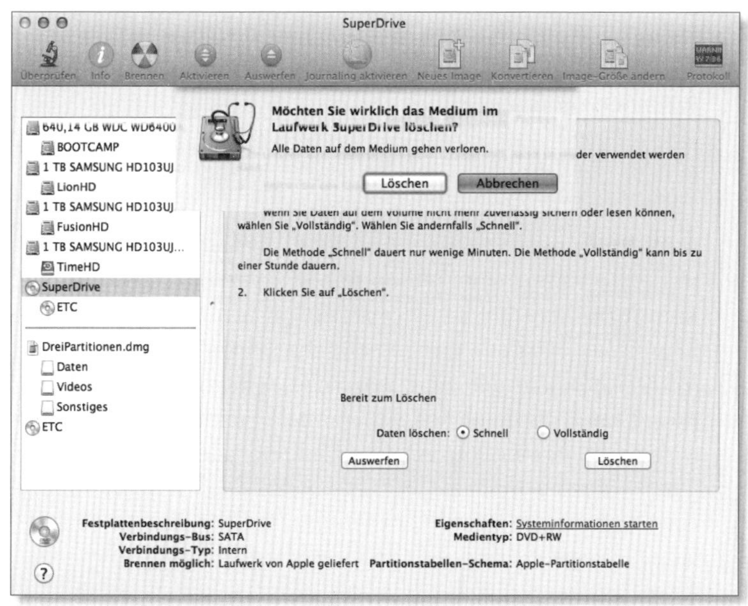

9.7 Exkurs: Schreibzugriff auf NTFS-Partition

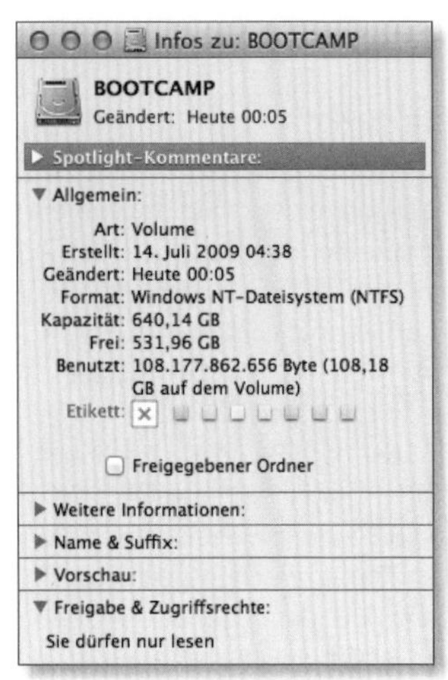

▲ **Abbildung 9.54**
Der Schreibzugriff auf die Boot-Camp-Partition ist nicht möglich.

OS X 10.8 ist von Haus nicht wirklich in der Lage, auf Partitionen mit dem Dateisystem NTFS zu schreiben. Zwar ist ein Schreibzugriff in OS X 10.8 vorhanden, aber hierbei handelt es sich bei Weitem nicht um eine ausgereifte Lösung. Vielmehr hat diese Funktion bestenfalls einen experimentellen Charakter und würde im alltäglichen Einsatz mit Sicherheit zu Datenverlusten führen.

Darum können Sie bei einem mittels Boot Camp installierten Windows 7 von OS X 10.8 aus keine Dateien auf die Windows-Partition schreiben, was den Datenaustausch zwischen den beiden Systemen erschwert. Der Grund besteht darin, dass das Dateisystem NTFS geistiges Eigentum von Microsoft ist und noch nicht offengelegt wurde.

FUSE for OS X | Neben den abschließend besprochenen kommerziellen Produkten von Paragon und Tuxera besteht eine Lösung dieses Problems in der Installation von FUSE for OS X und des freien NTFS-Treibers NTFS-3G. Bei FUSE for OS X handelt es sich um ein Open-Source-Projekt. Hierbei bedeutet die Abkürzung FUSE »*Filesystem in User Space*«.

[MacFUSE]
Bei FUSE for OS X handelt es sich um einen Nachfolger des zwischenzeitlich eingestellten Projekts MacFUSE.

Das Konzept besteht darin, dass die Dateisysteme nicht über das Betriebssystem selbst, sondern über Programme, die vom angemeldeten Benutzer ausgeführt werden, eingebunden und angesprochen werden. FUSE stellt somit den technologischen Rahmen für eigene Treiber zur Verfügung, die dann den eigentlichen Zugriff auf die Dateisysteme realisieren. Einer der verfügbaren Treiber ist NTFS-3G, der dann den Schreibzugriff auf NTFS-Partitionen ermöglicht.

FUSE for OS X
http://osxfuse.github.com

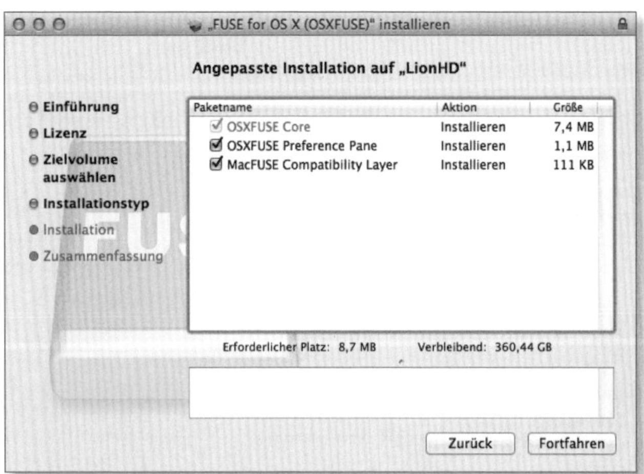

Abbildung 9.55 ▶
Den MacFUSE Compatibility Layer müssen Sie ebenfalls installieren.

FUSE installieren | Die aktuelle Version kann unter *http://osxfuse.github.com* heruntergeladen werden. In der heruntergeladenen Image-Datei finden Sie ein Installationspaket INSTALL OSXFUSE 2.X. Bei der Installation müssen Sie darauf achten, das Paket MACFUSE COMPATIBILITY LAYER ebenfalls zu installieren.

Systemeinstellungen | Nach der Installation finden Sie in den Systemeinstellungen die Ansicht FUSE FOR OS X. Hier können Sie FUSE mit CHECK FOR UPDATES aktualisieren und über REMOVE OSXFUSE gegebenenfalls wieder deinstallieren.

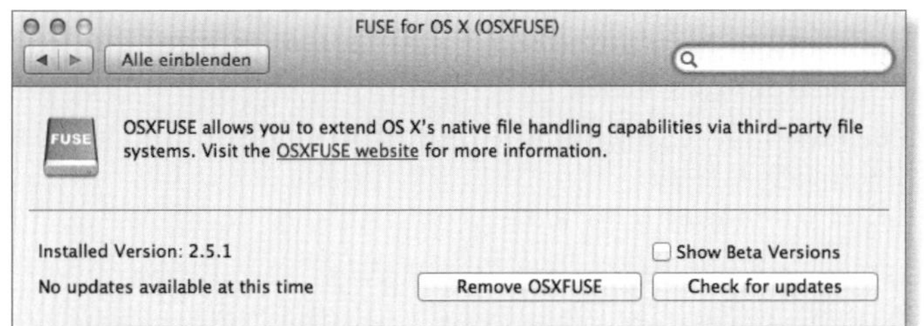

◄ **Abbildung 9.56**
Über die Systemeinstellungen aktualisieren Sie die Installation von FUSE.

Treiber NTFS-3G installieren | Während FUSE lediglich den technischen Rahmen für die Einbindung anderer Dateisysteme zur Verfügung stellt, ermöglicht der Treiber NTFS-3G den Schreibzugriff auf eine NTFS-Partition. Ursprünglich wurde von der Firma Tuxera ein quelloffener Treiber zur Verfügung gestellt. In der Zwischenzeit steht dieser Treiber nur noch in seiner kostenpflichtigen Variante zur Verfügung. Es ist aber nach wie vor möglich, eine ältere Version des Treibers vom Oktober 2010 unter *http://sourceforge.net/projects/catacombae/files/* zu beziehen. Der Treiber ist auch unter OS X 10.8 funktionsfähig, allerdings müssen Sie über einen Patch einen nervigen Hinweis unterdrücken.

Tuxera
Die Firma Tuxera stellt den quelloffenen Treiber NTFS-3G zur Verfügung. Darüber hinaus bietet Tuxera eine kostenpflichtige Variante des NTFS-Treibers, die deutlich schneller ist und besser gewartet wird.

◄ **Abbildung 9.57**
Bei der Installation des Treibers NTFS-3G dürfen Sie MacFUSE nicht installieren.

▲ **Abbildung 9.58**
Nach dem Neustart werden NTFS-Partitionen über FUSE aktiviert.

Auch hier finden Sie in der Image-Datei ein Installationspaket. Bei der Installation sollten Sie beim Schritt INSTALLATIONSTYP eine angepasste Installation vornehmen und, sofern das Paket noch enthalten ist, die Installation von MacFUSE abwählen. Beim Installationsschritt CACHING MODE sollten Sie die Option NO CACHING wählen.

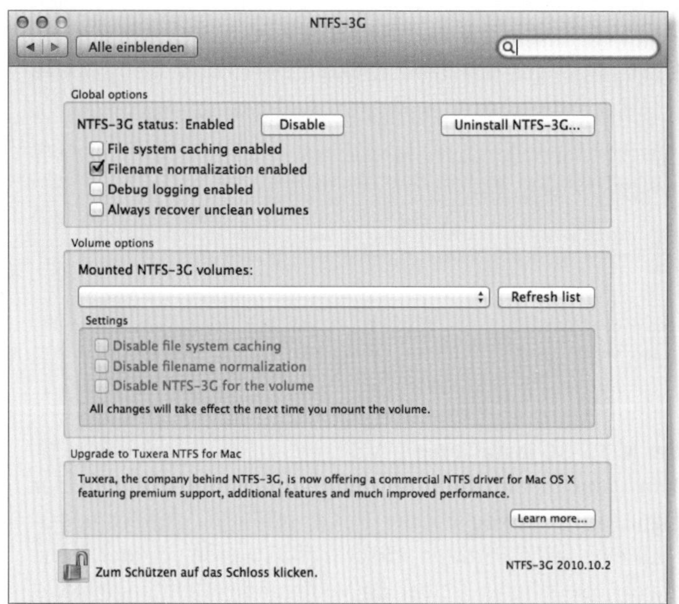

Abbildung 9.59 ▶
Über die Systemeinstellungen können Sie den Treiber auch wieder deinstallieren.

Systemsteuerung | Nach dem obligatorischen Neustart finden Sie in den Systemeinstellungen die Ansicht NTFS-3G. Hier können Sie verschiedene Parameter für die Einbindung der NTFS-Partitionen auswählen. Allerdings haben sich die Standardeinstellungen als ausreichend praktikabel erwiesen.

Hinweis abschalten | Wenn Sie die NTFS-Partitionen über NTFS-3G eingebunden haben, werden Sie in recht kurzen Abständen einen Hinweis auf einen Time Out erhalten. Unter *https://github.com/bfleischer/fuse_wait/downloads* finden Sie ein auch unter OS X 10.8 installierbares Paket, das die Installation von NTFS-3G dahingehend korrigiert, dass der Time Out nicht mehr auftritt.

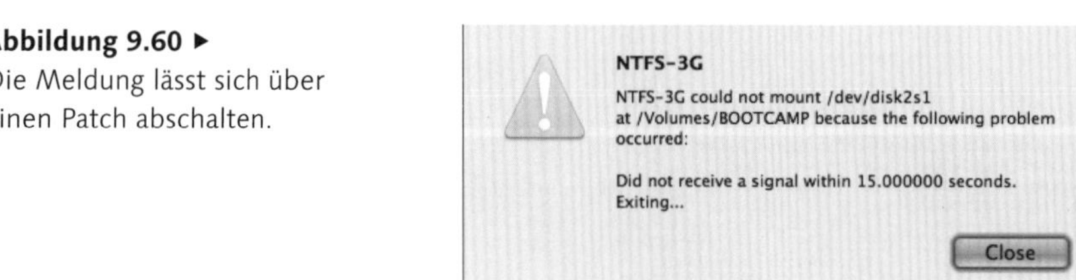

Abbildung 9.60 ▶
Die Meldung lässt sich über einen Patch abschalten.

Kommerzielle Alternativen | Wenn Sie mit der Performance der Kombination FUSE for OS X und NTFS-3G nicht zufrieden sind – die Lösung ist in der Tat recht langsam –, dann stehen Ihnen zwei kommerzielle Lösungen zur Verfügung. Zunächst gibt es die schon erwähnte kostenpflichtige Variante des NTFS-Treibers von Tuxera (*http://www.tuxera.com*). Eine Alternative, die auch eine deutsche Benutzeroberfläche bietet, ist das Produkt NTFS für Mac OS X von Paragon. Beide Programme können Sie für einen begrenzten Zeitraum ausprobieren. Die Investition kann sich dann lohnen, wenn Sie etwas intensiver mit NTFS-Partitionen arbeiten möchten oder müssen. Wenn Sie lediglich hin und wieder eine kleinere Datei auf die Boot-Camp-Partition kopieren möchten, dann kann die Kombination FUSE und NTFS-3G ausreichen.

Kommerzielle Alternativen
http://www.tuxera.com
http://www.paragon-software.com/de

Kapitel 10
Dienstprogramme

Im Arbeitsalltag können Ihnen einige der Dienstprogramme eine Hilfe sein. Die Schlüsselbundverwaltung speichert nicht nur Passwörter und Zertifikate, sondern auch verschlüsselte Notizen. TextEdit ist zwar noch keine ausgereifte Textverarbeitung, aber unter anderem zur Konvertierung von Texten manchmal sehr nützlich.

10.1 Schlüsselbundverwaltung

Die Schlüsselbundverwaltung, die Sie im Ordner DIENSTPROGRAMME finden, hat innerhalb des Systems drei Aufgaben:

- Sie speichert Passwörter, die Sie zur Authentifizierung bei Webseiten, Servern und Chat- und E-Mail-Diensten verwenden.
- Sie verwaltet sogenannte *Schlüssel*, mit deren Hilfe Sie E-Mails verschlüsseln können.
- Sie verwaltet und speichert die Zertifikate von Webseiten, deren Übertragung verschlüsselt wird.

Erste Hilfe
Hin und wieder kommt es vor, dass innerhalb des Schlüsselbunds die Zugriffsrechte durcheinandergeraten oder Einträge fehlerhaft sind und von Programmen nicht ausgelesen werden können. Für diese Fälle bietet der Schlüsselbund seine eigene Funktion der Ersten Hilfe, die Sie über den Menüpunkt SCHLÜSSELBUND • SCHLÜSSELBUND – ERSTE HILFE aufrufen. Sie können, wenn Sie sich als Administrator identifiziert haben, eine Überprüfung veranlassen und, sofern Fehler aufgetreten sind, versuchen, diese zu beheben.

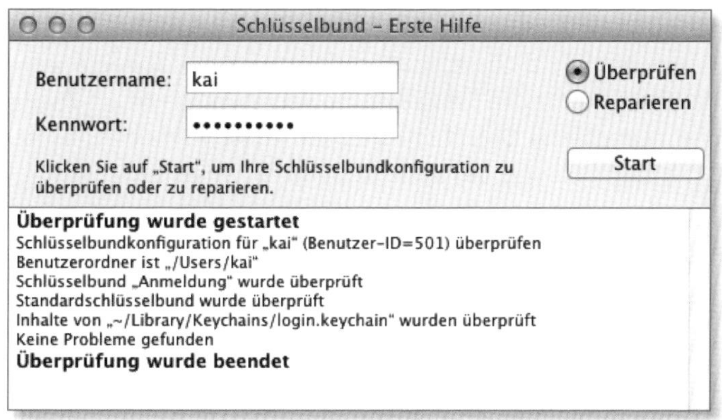

◀ **Abbildung 10.1**
Die Schlüsselbundverwaltung verfügt über eine eigene ERSTE HILFE.

Informationen zur Verschlüsselung von E-Mails finden Sie in Abschnitt 4.2. Eine weitere Aufgabe des Schlüsselbunds, die aber nicht direkt mit der Funktionsweise des Systems zusammenhängt, besteht in der Speicherung verschlüsselter Notizen.

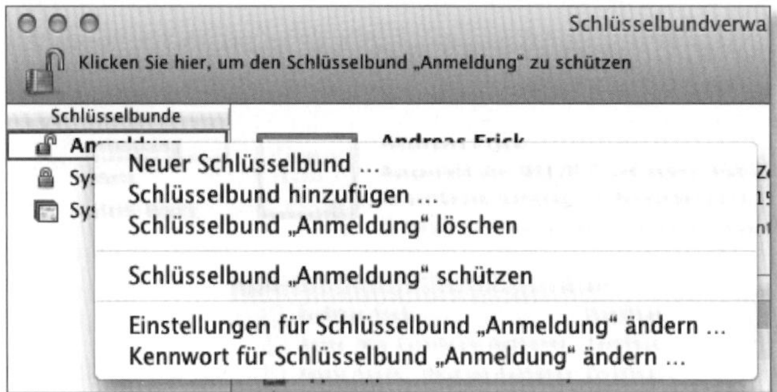

Abbildung 10.2 ▸
Über das Kontextmenü können Sie einen Schlüsselbund schützen.

Keychains | Die in der Schlüsselbundverwaltung gesammelten Passwörter und Zertifikate werden in sogenannten *Keychains* – man könnte auch sagen »Schlüsselbunde« – gespeichert. Die persönlichen Passwörter werden unter ~/LIBRARY/KEYCHAINS abgelegt. Die Passwörter für das System und die Zertifikate finden Sie unter /LIBRARY/KEYCHAINS.

Schlüsselbund »Anmeldung« | Der Schlüsselbund ANMELDUNG wird zunächst standardmäßig für Ihre Daten genutzt. Schlüsselbunde können eigene Passwörter besitzen, um so die Sicherheit zu erhöhen. In der Ansicht ERSTE HILFE der Einstellungen können Sie durch die Option KENNWORT FÜR DEN SCHLÜSSELBUND »ANMELDUNG« MIT DEM ACCOUNT-KENNWORT SYNCHRONISIEREN dafür sorgen, dass das Passwort Ihres Benutzerkontos mit dem dieses Schlüsselbunds übereinstimmt. Dadurch kann ohne weitere Eingabe eines Passworts auf die gesicherten Daten zugegriffen werden. Ist diese Option deaktiviert, dann können Sie den Schlüsselbund auswählen und über den Menüpunkt BEARBEITEN • KENNWORT FÜR SCHLÜSSELBUND »ANMELDUNG« ÄNDERN ein separates Passwort für den Schlüsselbund vergeben. Wenn ein Zugriff auf ein gesichertes Objekt erfolgt, dann müssen Sie sich von jetzt an mit dem Passwort des Schlüsselbunds autorisieren.

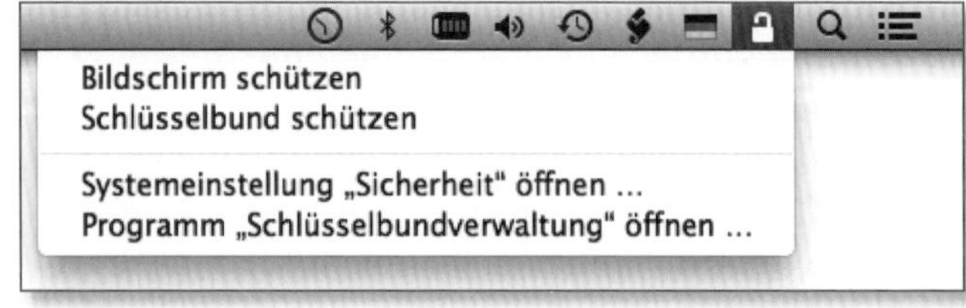

Abbildung 10.3 ▸
Über die Menüleiste können Sie den Bildschirm sperren.

Status in Menüleiste | In der Ansicht ALLGEMEIN können Sie die Option SCHLÜSSELBUNDSTATUS IN DER MENÜLEISTE ANZEIGEN aktivieren. Sie finden dann oben rechts in der Menüleiste einen Eintrag mit einem geöffneten oder verschlossenen Schloss. Neben dem Schutz des Schlüsselbunds haben Sie hier Zugriff auf die Ansicht SICHERHEIT der Systemeinstellungen und das Programm Schlüsselbundverwaltung. Darüber hinaus finden Sie hier die Option BILDSCHIRM SCHÜTZEN. Wählen Sie diese aus, dann wird sofort der Bildschirmschoner aktiviert und erst nach Eingabe des Kennworts des aktuellen Benutzerkontos wieder abgeschaltet. Eine Anmeldung mit einem anderen Benutzer ist bei einem geschützten Bildschirm so nicht mehr möglich.

Passwörter speichern und verwalten

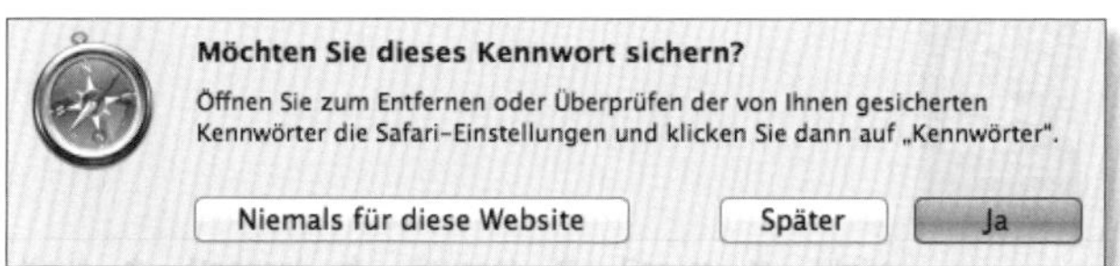

▲ **Abbildung 10.4**
Programme wie zum Beispiel Safari können Zugangsdaten im Schlüsselbund sichern.

Wenn Sie die Schlüsselbundverwaltung aufrufen, finden Sie in der linken Leiste eine Übersicht der enthaltenen Kategorien. Die ZERTIFIKATE ❸ sind für die verschlüsselte Übertragung einer Webseite im Internet zuständig. Die SCHLÜSSEL ❷ werden bei der Codierung von E-Mails verwendet. Im Bereich KENNWÖRTER ❶ sehen Sie die Passwörter, die Sie im Schlüsselbund gespeichert haben. In dieser Ansicht finden Sie unter ART einen Hinweis auf den Verwendungszweck des Passworts.

Passwörter einmal eingeben
Rufen Sie zum Beispiel eine Webseite auf, die durch ein Passwort geschützt ist, können Sie Safari anweisen, dieses Passwort und auch die damit verbundene Benutzerkennung im Schlüsselbund zu speichern. Besuchen Sie diese Webseite zu einem späteren Zeitpunkt erneut, dann müssen Sie das Passwort nicht erneut eingeben, sondern Safari liest es aus dem Schlüsselbund.

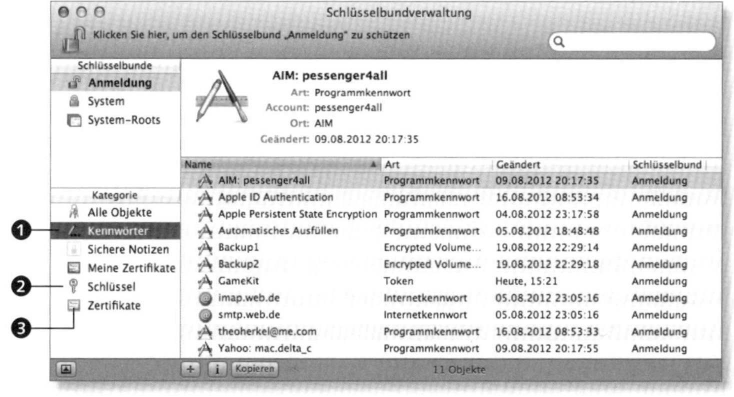

◂ **Abbildung 10.5**
Der Schlüsselbund erlaubt die zentrale Verwaltung von Passwörtern.

Kennwort löschen
Möchten Sie ein Kennwort löschen, weil es möglicherweise nicht mehr korrekt ist, dann wählen Sie es in der Liste aus und drücken die Taste [←].

Kennwörter verwalten | Haben Sie Passwörter in einem Programm wie zum Beispiel Safari gesichert, können Sie auch anderen Applikationen den Zugriff auf diese Zugangsdaten erlauben. Wählen Sie hierzu in der Liste der gesicherten Passwörter das gewünschte aus, und klicken Sie auf das kleine I am unteren Rand des Fensters, oder führen Sie einen Doppelklick aus.

In dem Informationsfenster können Sie im Reiter ZUGRIFF mit dem Pluszeichen ❷ weitere Programme hinzufügen. Ebenso können Sie ALLEN PROGRAMMEN DEN ZUGRIFF ERMÖGLICHEN ❶. Änderungen müssen Sie, wie bei allen Aktionen im Schlüsselbund, explizit sichern ❸ und sich dafür durch die Eingabe Ihres Passworts authentifizieren.

Nicht jedes Passwort für jedes Programm freigeben
Die Nachfrage hat den Hintergrund, Sie vor unbefugten Zugriffen auf den Schlüsselbund zu warnen. Es wäre etwa möglich, Ihnen mit ein paar Tricks ein modifiziertes Programm unterzuschieben, das Ihre Daten anderweitig – eventuell sogar für kriminelle Zwecke – nutzt. Mit der Nachfrage wird vermieden, dass Programme, die ohne Ihr Wissen geändert wurden, auf vertrauliche Daten zugreifen können. Haben Sie durch die entsprechende Funktion allen Programmen den Zugriff auf einen Eintrag ermöglicht, dann erfolgt diese Nachfrage natürlich nicht, denn die Daten sind ja frei verfügbar.

▲ **Abbildung 10.6**
Mehrere Programme können auf gesicherte Passwörter zugreifen.

Zugriff von Programmen | Wenn Sie die Freigaben im Informationsfenster erteilt haben, können Programme auf gespeicherte Passwörter zugreifen und zum Beispiel auf einer Webseite Formulare automatisch ausfüllen. Auch das Programm Nachrichten kann sich so ohne die Eingabe eines Passworts am Server von AOL identifizieren.

Abbildung 10.7 ▸
Wurde ein Programm geändert, dann stehen die im Schlüsselbund gespeicherten Informationen nicht mehr ohne Weiteres zur Verfügung.

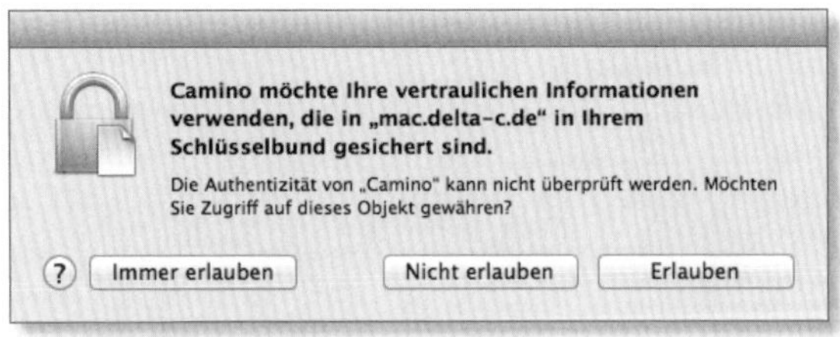

Installieren Sie eine neue Version eines Programms – sei es durch ein Update des Betriebssystems oder indem Sie eine neue Version vom Hersteller beziehen – und greift dieses Programm in der neuen Version zum ersten Mal auf die im Schlüsselbund gespeicherten Daten zu, dann werden Sie nach dem Kennwort Ihres Schlüsselbunds gefragt. Sie werden darauf hingewiesen, dass die Authentizität des Programms nicht überprüft werden konnte.

Zertifikate verwalten

Zertifikate dienen nicht nur zur Verschlüsselung von E-Mails (siehe Abschnitt 4.2), sondern generell der gesicherten Datenübertragung. Sie werden, wenn Sie intensiv mit OS X 10.8 arbeiten, öfter mit Zertifikaten konfrontiert werden. In der Schlüsselbundverwaltung finden Sie zunächst im Schlüsselbund SYSTEM-ROOTS die Wurzelzertifikate, die OS X 10.8 von Apple mitgegeben wurden. Dies sind die Instanzen, anhand derer die anderen Zertifikate überprüft werden.

Kompromittierte Zertifikate
Auch wenn Apple eigentlich die Verantwortung für die Vertrauenswürdigkeit der Zertifikate und der Aussteller trägt, sind auch in diesem sensiblen Bereich Fehler nie ganz auszuschließen. So ist es in der Vergangenheit vorgekommen, dass ein von Apple ausgeliefertes Wurzelzertifikat kompromittiert war.

◂ **Abbildung 10.8**
Unter SYSTEM-ROOTS werden die vom System bereitgestellten Zertifikate aufgelistet.

Zertifikat löschen | Wenn Sie ein Zertifikat löschen möchten, dann mussen Sie zuerst den Schutz des Schlüsselbunds SYSTEM-ROOTS mit einem Klick auf das Schloss oben links aufheben. Geben Sie dann den Namen des Zertifikats in das Suchfeld oben rechts ein. Erst wenn die Anzeige sich auf die Suchergebnisse beschränkt, steht Ihnen im Kontextmenü die Funktion LÖSCHEN zur Verfügung.

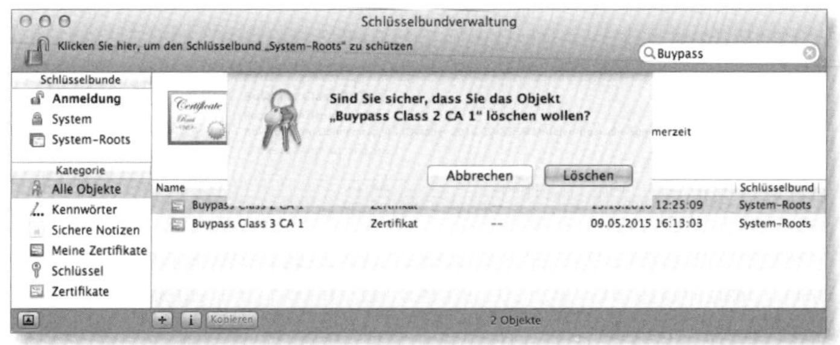

◂ **Abbildung 10.9**
Das Löschen eines Wurzelzertifikats ist nur über die vorhergehende Suche möglich.

Zertifikat hinzufügen | Wenn Sie ein Zertifikat dem Schlüsselbund hinzufügen möchten, dann öffnen Sie die kopierte oder aus dem Netzwerk heruntergeladene Datei mit der Endung *.der* im Finder mit einem Doppelklick. Die Schlüsselbundverwaltung präsentiert Ihnen anschließend das Zertifikat. Sie können hier festlegen, ob Sie ihm vertrauen möchten oder nicht. Wenn Sie das in Abbildung 10.10 dargestellte Zertifikat von Web.de dem Schlüsselbund hinzufügen, ist die Überprüfung von verschlüsselten E-Mails über diese Instanz möglich.

Abbildung 10.10 ▸
Bevor Sie ein Zertifikat hinzufügen, können Sie dessen Vertrauensstellung festlegen.

»Anmeldung« und »System« | Die Arbeit mit den Zertifikaten ist auch der Punkt, an dem der Schlüsselbund SYSTEM ins Spiel kommen kann. Fügen Sie auf die zuvor beschriebene Weise ein Zertifikat Ihrem Schlüsselbund hinzu, dann steht es nur Ihrem Benutzerkonto zur Verfügung. Es befindet sich in Ihrem Schlüsselbund ANMELDUNG. Wenn Sie möchten, dass dieses Zertifikat allen Benutzerkonten Ihres Systems zur Verfügung steht, dann ziehen Sie es aus Ihrem Schlüsselbund einfach auf den Schlüsselbund SYSTEM oben links.

Sichere Notizen anlegen

Eine weitere Funktion des Schlüsselbunds ist die Möglichkeit, sichere Notizen anzulegen. Eine sichere Notiz ist ein verschlüsselter Text, dessen Inhalt nur angezeigt wird, wenn das Passwort des Benutzers korrekt eingegeben wurde.

Notiz anlegen | Über die Funktion ABLAGE • NEU • SICHERE NOTIZ oder die Tastenkombination [⌘] + [⇧] + [N] legen Sie eine neue Notiz an, vergeben einen Namen und können direkt den Text eingeben.

◂ **Abbildung 10.11**
Der Schlüsselbund kann auch sichere Notizen enthalten.

Notiz bearbeiten | Wenn Sie eine gespeicherte Notiz lesen oder ändern möchten, wählen Sie sie mit einem Doppelklick in der Liste des Schlüsselbunds aus. Erst wenn Sie das Häkchen bei der Funktion Text einblenden setzen, fordert Sie das Programm auf, Ihr Passwort einzugeben. Nun ist der Text sichtbar, und Sie können ihn bei Bedarf ändern. Damit die Änderungen wirksam werden, müssen Sie sie explizit Sichern.

10.2 TextEdit

Wenn Sie für einen kurzen und einfach gehaltenen Text nicht sofort Word oder OpenOffice.org starten möchten, dann ist TextEdit in der Regel eine ausreichende und vor allem schnelle Alternative. Für die Bearbeitung von Text können Sie die in Abschnitt 2.8 beschriebenen Funktionen nutzen.

Quellcode
Der Quellcode von TextEdit steht Ihnen unter *https://developer.apple.com/library/mac/#samplecode/TextEdit/* zum Download zur Verfügung.

Reiner Text | Wenn Sie eine neue Datei erstellen, dann wird in den Standardeinstellungen ein RTF-Dokument erzeugt. Möchten Sie eine Konfigurationsdatei anlegen, wie sie beispielsweise im Verzeichnis /etc (siehe Abschnitt 13.2) vorliegen, dann löschen Sie über den Menüpunkt Format • In reinen Text umwandeln die Formatierungen und erzeugen eine reine Textdatei.

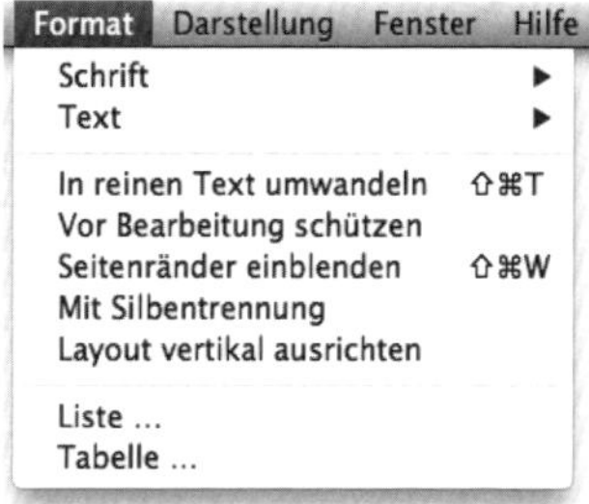

▴ **Abbildung 10.12**
Formatierter Text kann in reinen Text umgewandelt werden.

Datei konvertieren | TextEdit unterstützt neben reinem Text und RTF auch HTML, das von OpenOffice.org/LibreOffice genutzte OpenDocument-Format sowie das Dateiformat von Word 2007, von Word 2003 und – etwas antiquiert, aber immer noch verbreitet – von Word 97. TextEdit ist in der Lage, solche Dateien zu öffnen, wobei naturgemäß die Formatierungen bei komplexen Dokumenten etwas verrutschen können und auch komplexe Funktionen wie Feldbefehle nicht unterstützt werden. Einen Text

»textutil«
Wenn Sie sehr viele Texte konvertieren müssen, weil Sie beispielsweise ein Archiv aufbereiten müssen, dann können Sie am Terminal auf den Befehl `textutil` zurückgreifen. Dieser bietet fast alle Funktionen, die TextEdit für das Speichern und Öffnen von Dokumenten zur Verfügung stellt.

können Sie in eines dieser Formate speichern; sie stehen Ihnen im Dialog hinter DATEIFORMAT zur Auswahl.

Abbildung 10.13 ▸
TextEdit unterstützt das Öffnen und Speichern von OpenOffice.org- und Word-Dateien.

Voreinstellung | Etwas versteckt im Reiter ÖFFNEN UND SICHERN der Voreinstellungen befindet sich die Option, sich bei RTF- und HTML-Dateien die Codes für die Formatierungen anzeigen zu lassen. Dies kann nützlich sein, wenn ein Dokument nicht wie erwartet dargestellt wird und Sie sich mit HTML beziehungsweise RTF ein wenig auskennen.

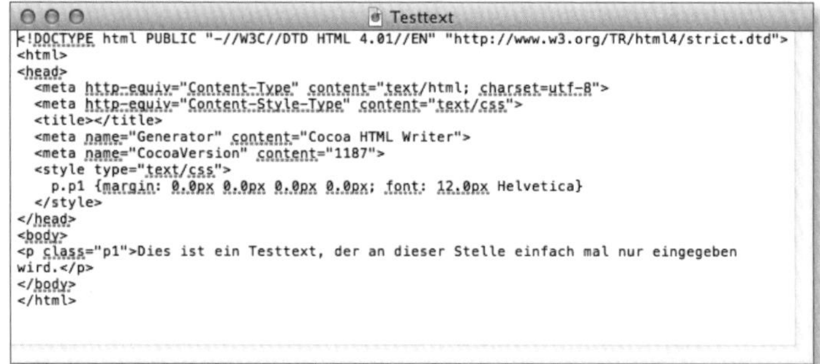

Abbildung 10.14 ▸
Die Formatierungsbefehle können bei einer HTML-Datei angezeigt werden.

10.3 Rechner

Das Programm Rechner bietet neben den einfachen Grundrechenarten ein paar weitere Funktionen. Im Menü DARSTELLUNG finden Sie auch die Optionen WISSENSCHAFTLICH und PROGRAMMIERER. Damit erweitern Sie den Funktionsumfang des dargestellten Taschenrechners. Um den Verlauf Ihrer Berechnungen nachzuvollziehen, können Sie über FENSTER • BELEG EINBLENDEN ein kleines Fenster einbinden, das Ihnen die Berechnungen und deren Ergebnisse auflistet.

▴ **Abbildung 10.15**
Der Beleg zeigt die ausgeführten Berechnungen an.

◀ **Abbildung 10.16**
Wechselkurse werden online aktualisiert.

Umrechnen | Den aktuell angezeigten Wert des Rechners können Sie über die Einträge im Menü UMRECHNEN von einer Maßeinheit in eine andere umrechnen. Dabei stehen nicht nur gängige Einheiten wie Fahrenheit und Celsius zur Verfügung. Sie können darüber hinaus von einer Währung in eine andere umrechnen, wobei die aktuellen Wechselkurse online aktualisiert werden können.

10.4 Grapher

Das Dienstprogramm Grapher könnte ein eigenes Kapitel füllen. Seine Aufgabe besteht darin, Funktionen zu berechnen. Wenn Sie das Programm starten, können Sie aus einer Reihe von Vorlagen auswählen. Anschließend können Sie eine oder mehrere Gleichungen eingeben, deren Berechnung Ihnen dann im Fenster dargestellt wird. Über den Menüpunkt FENSTER • GLEICHUNGSPALETTE können Sie sich die verfügbaren Operatoren und Symbole anzeigen lassen und in das Feld oben ❶ eingeben.

Tipp

Wenn Sie ein Faible für Mathematik haben, dann wird Sie wahrscheinlich die Funktion GLEICHUNG • ANIMATION ERSTELLEN begeistern. Sie können damit die Darstellung der Funktion als Film sichern.

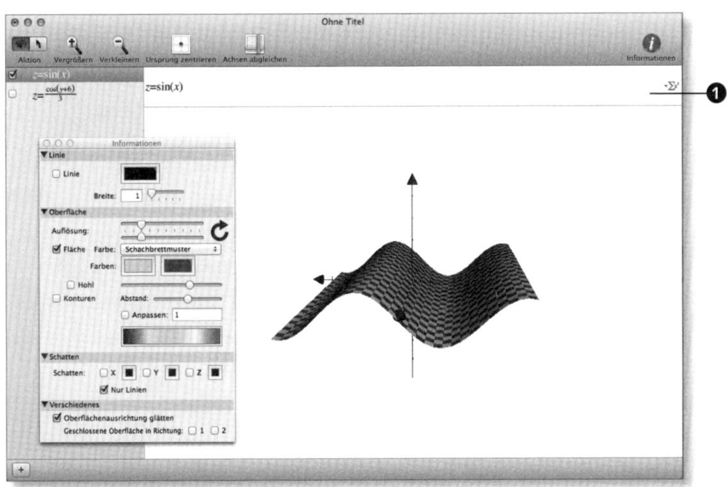

◀ **Abbildung 10.17**
Das Programm Grapher dient zur Berechnung und Darstellung mathematischer Funktionen.

10.5 Notizzettel

> **Tipp**
> Mit einem Doppelklick auf die Titelleiste einer Notiz oder den Menüpunkt FENSTER • REDUZIEREN wird diese minimiert. Es erscheint nur noch der Anfang des enthaltenen Textes. Ein erneuter Doppelklick stellt die Notiz wieder komplett dar.

Das Programm Notizzettel hat eine lange Geschichte, und seine Optik und Handhabung haben sich seit mehr als eineinhalb Jahrzehnten nicht grundlegend geändert. Sie können hier Notizzettel anlegen und in diese Text, Bilder und auch Audiodateien einfügen. Ein Vorteil der Notizzettel gegenüber dem Programm Notizen besteht darin, dass Notizzettel sich immer im Vordergrund befinden können, wenn Sie für den aktuellen Zettel den Menüpunkt NOTIZ • IMMER IM VORDERGRUND AUSWÄHLEN. Um den Bildschirm nicht zu sehr zu füllen, können Sie darüber hinaus über den Menüpunkt TRANSPARENTES FENSTER die hinter dem Zettel befindlichen Elemente zumindest teilweise sichtbar machen.

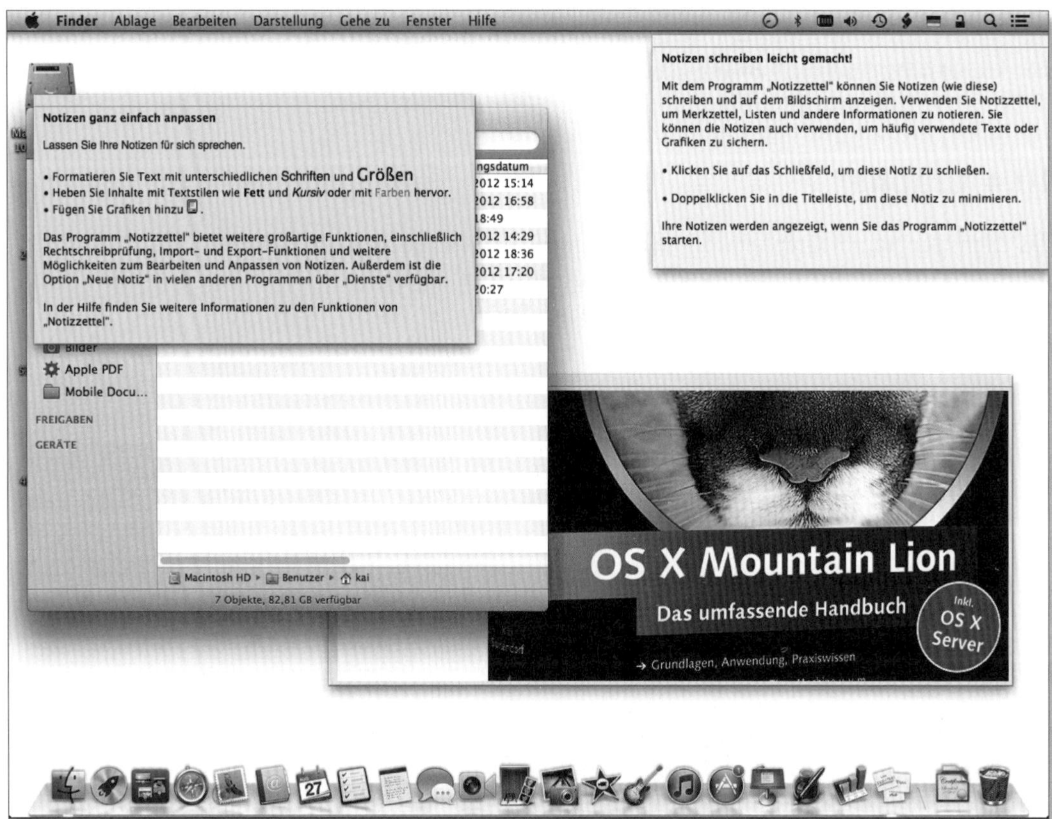

▲ **Abbildung 10.18**
Notizzettel können Sie dauerhaft und transparent in den Vordergrund stellen.

10.6 Schach und das Game Center

Das Ihnen vielleicht schon vom iPhone bekannte Game Center steht Ihnen mit OS X 10.8 auch auf Ihrem Rechner zur Verfügung. Nachdem Sie das Programm mit der an einen Roulette-Tisch erinnernden Oberfläche das erste Mal gestartet haben, werden Sie aufgefordert, eine Apple-ID einzugeben und gegebenenfalls Ihr Geburtsdatum und ein Pseudonym festzulegen. Das Center selbst teilt sich in vier Ansichten auf. Unter ICH können Sie neben einem Motto auch mit einem Klick auf die Icons am Rand den App Store starten und nach weiteren Spielen suchen, die das Game Center nutzen. Unter FREUNDE können Sie weitere Mitstreiter über Ihre Apple-ID einladen. Schließlich finden Sie unter SPIELE die bereits installierten Programme, die das Game Center unterstützen. Einige dieser Programme bieten Statistiken im Sinne von Erfolgen. Darüber hinaus offeriert Ihnen diese Ansicht weitere Programme, die Sie im App Store kaufen können. Wenn Sie von anderen Spielern eingeladen werden, dann finden Sie solche Einladungen unter ANFRAGEN.

▲ **Abbildung 10.19**
Wird auf die Einladung eines Freundes verzichtet und die Schaltfläche JETZT SPIELEN genutzt, dann vermittelt das Game Center einen unbekannten Mitspieler.

▲ **Abbildung 10.20**
Das Game Center ermöglicht das Spiel mit und gegen Freunde.

Das Programm Schach, das bereits seit Mac OS X 10.0 Bestandteil des Systems ist, ermöglicht Partien über das Game Center. Wenn Sie das Game Center bereits konfiguriert haben, dann können Sie über den Menüpunkt SPIEL • NEUES SPIEL eine neue Partie beginnen. Wählen Sie hier unter SPIELE den Eintrag GAME CENTER-MATCH aus, dann können Sie im zweiten Schritt über das Game Center einen Freund einladen. Alternativ können Sie auch einfach auf die Schaltfläche JETZT SPIELEN klicken. Ihnen wird dann vom Game Center ein (unbekannter) Spieler zugewiesen.

▲ **Abbildung 10.21**
Das Programm Schach bringt von Haus aus eine Unterstützung für das Game Center mit.

10.7 X11

XQuartz
http://xquartz.macosforge.org

Unter fast allen Linux-Distributionen und UNIX-Derivaten stellt der X11-Server die technische Grundlage für die Arbeit mit einer grafischen Oberfläche dar.

Abbildung 10.22 ▶
Der X11-Server ist nicht mehr Bestandteil der Standardinstallation.

Dabei übernimmt X11 die Verwaltung der Fenster. Es gibt einige Programme unter anderem aus dem Linux-Bereich, die nicht für die grafische Oberfläche von OS X 10.8 angepasst wurden, aber mithilfe des X11-Servers gestartet werden können.

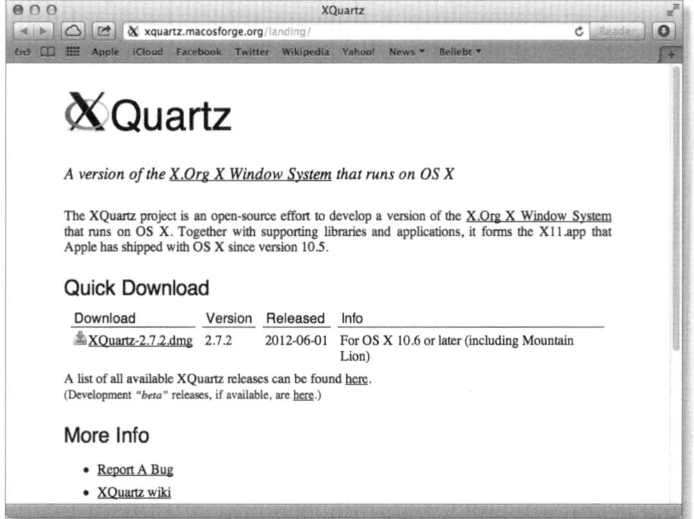

◂ Abbildung 10.23
Von der Webseite des Projekts XQuartz können Sie ein Installationspaket herunterladen.

Bei der Installation von OS X 10.8 wird ein Element X11 standardmäßig im Ordner DIENSTPROGRAMME installiert. Hierbei handelt es sich aber genau genommen um einen Platzhalter. Wenn Sie dieses Element X11 zum ersten Mal starten, erhalten Sie einen Hinweis und werden auf eine Informationsseite von Apple umgeleitet.

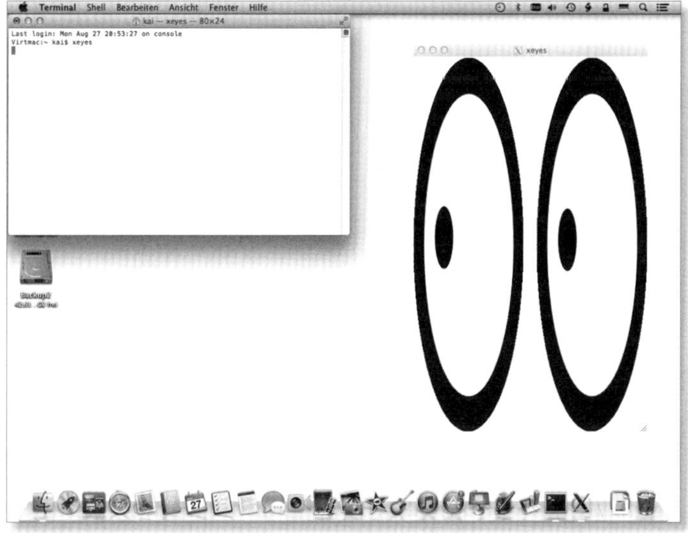

◂ Abbildung 10.24
Auf X11 angewiesene Programme wie `xeyes` können Sie unter OS X 10.8 durch den einfachen Aufruf am Terminal starten. `launchd` übernimmt dann den Start des X11-Servers.

Mit OS X 10.7 hat Apple begonnen, die Entwicklung von X11 auszulagern und im freien, von Apple jedoch unterstütztem Projekt XQuartz weiterzuführen. Ihnen steht auf der Webseite dieses Projekts eine Image-Datei zum Download zur Verfügung, die ein Installationspaket enthält. Nach dessen Installation, die eine Ab- und erneute Anmeldung erfordert, können Sie das Element XQuartz im Ordner DIENSTPROGRAMME mit einem Doppelklick starten, und es erscheint zunächst ein Terminal-Fenster. Über X11 • BEENDEN stoppen Sie den Server wieder.

Eigenheiten | Der Begriff *Element* wurde hier bewusst verwendet, denn im Ordner DIENSTPROGRAMME befindet sich nicht der eigentliche X11-Server. Dieser wird nach wie vor im Verzeichnis /USR/X11 installiert. Wenn Sie bereits mit X11 gearbeitet haben, dann müssen Sie unter OS X 10.8 an einigen Stellen umdenken. So übernimmt `launchd` den Start von Programmen, die einen X11-Server benötigen. Haben Sie X11 beendet, dann können Sie am Terminal einfach einen Befehl wie `xeyes` eingeben, und der von `xeyes` benötigte X11-Server wird automatisch gestartet. Die Verwendung von `launchd` müssen Sie auch bei der Arbeit mit X11 im Netzwerk beachten, den unter OS X 10.8 wird die Umgebungsvariable `DISPLAY` von `launchd` verwaltet und darf nicht durch den Anwender gesetzt werden.

TEIL II
Das System verwalten

Kapitel 11
Time Machine

Mit dem Sichern der Daten ist das ja so eine Sache. Eigentlich müsste man es tun, vergisst es aber dann doch, und im Fall der Fälle steht man plötzlich ohne Sicherheitskopie da, und Murphy's Law hat wieder mal zugeschlagen. Dabei war es in der Vergangenheit gar nicht einmal so sehr der vermeintlichen Faulheit der Anwender oder Administratoren anzulasten, dass Konzepte der Datensicherung oft nicht aufgingen. Vielmehr waren und sind viele Backup-Programme umständlich zu bedienen, und die Benutzerführung ist vieles, aber bestimmt nicht intuitiv.

Mit Time Machine ist Apple diesem Problem in zweifacher Hinsicht begegnet. Zum einen ist Time Machine Bestandteil des Betriebssystems und damit ziemlich exakt auf die speziellen Anforderungen von OS X 10.8 zugeschnitten. Zum anderen wurde Time Machine mit einer grafischen Oberfläche versehen, die eine einfache und vor allem nachvollziehbare Bedienung des Programms ermöglicht.

Time Machine und Boot Camp
Time Machine ist nicht in der Lage, die mit Boot Camp erstellte Windows-Partition zu sichern, und unterstützt die Dateisysteme FAT32 und NTFS nicht. Für die Datensicherungen unter Windows bietet es sich nach derzeitigem Stand an, auf die von Windows zur Verfügung gestellten Mechanismen zurückzugreifen. Um ein Duplikat Ihrer Boot-Camp-Partition zu erzeugen, können Sie auf das kostenpflichtige Programm Winclone 3 (*http://twocanoes.com/winclone/*) zurückgreifen.

11.1 Erwägungen im Vorfeld

Time Machine ist in vielerlei Hinsicht ein gelungener Kompromiss zwischen den technischen Anforderungen an eine Backup-Lösung und einer grafischen Oberfläche, die die Wiederherstellung von Daten und Dateien vereinfacht.

Stündlich, täglich, wöchentlich | Das Konzept von Time Machine beruht darauf, dass auf einer externen Festplatte alle 60 Minuten die seit dem letzten Backup vorgenommenen Änderungen im Dateisystem gesichert werden.

Wenn Sie zum ersten Mal ein Backup Ihrer Dateien erstellen, legt Time Machine auf der externen Festplatte den Hauptordner BACKUPS.BACKUPDB an. Dann wird ein Unterordner für die Backups Ihres Systems erstellt, dessen Name dem Gerätenamen Ihres

Gerätename
Time Machine hat Probleme mit Umlauten und Sonderzeichen im Gerätenamen, den Sie in den Systemeinstellungen in der Ansicht FREIGABEN festlegen. Um mit Time Machine problemlos arbeiten zu können, sollten Sie im Gerätenamen auf Sonderzeichen und Umlaute besser verzichten.

Daten archivieren
Aufgrund des zeitgebundenen Konzepts von Time Machine eignet sich das System nicht für die dauerhafte Archivierung von Dateien. Abhängig von der Zeit und Festplattenkapazität wird es vorkommen, dass Dateien aus dem Backup gelöscht werden. Es wäre also fatal, Dateien, die Sie im Finder gelöscht haben, sicher in der Time Machine zu wähnen. Es bietet sich daher an, Dateien, die beispielsweise zu einem abgeschlossenen Projekt gehören und die Sie dauerhaft behalten möchten, eigens auf DVD zu brennen oder außerhalb des Backups zu archivieren.

Rechners entspricht. In diesem Ordner legt Time Machine weitere Unterordner an, die die Sicherungskopien enthalten. Dabei gibt der Name »2012-08-07-134147« den Zeitpunkt wieder, zu dem die Sicherung erstellt wurde, also den 7. August 2012 um 13:41 Uhr. Die Angabe »47« entspricht den Sekunden. Der Verweis LATEST deutet auf das letzte Backup, und er wird vom System nach jeder Sicherung aktualisiert.

Diese stündlichen Sicherungen werden von Time Machine nach zwei Tagen endgültig zu einem täglichen Backup zusammengefasst. Die täglichen Sicherungen werden dann zu einer wöchentlichen zusammengefasst, die so lange vorgehalten wird, bis auf der Festplatte kein Speicherplatz mehr vorhanden ist.

Wenn die Festplatte für die Sicherungskopien voll ist, werden die wöchentlichen Backups nach und nach gelöscht. Es ist also von der Kapazität der Festplatte, die Sie für Time Machine verwenden, abhängig, wie viele Zeiträume gespeichert werden.

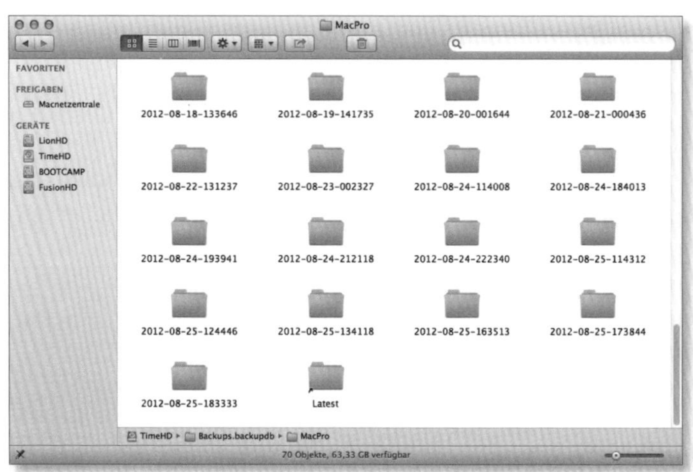

Abbildung 11.1 ▸
Der Zeitpunkt der Sicherung wird für den Namen des Ordners verwendet.

Hard Links auf Verzeichnisse | Für jede der stündlichen Sicherungen wird zunächst ein neuer Ordner angelegt. Damit die Sicherungskopien möglichst wenig Platz benötigen, arbeitet Time Machine mit sogenannten *Hard Links* (siehe Abschnitt 3.3) auf Verzeichnisse. Diese verweisen, falls es keine Änderung gegeben hat, auf die zurückliegende Kopie.

Für den Anwender stellt es sich, wenn Sie die Ordnerstruktur im Finder durchgehen, so dar, dass zu jedem Zeitpunkt alle Ordner gleichzeitig vorhanden sind. Würden Sie die Festplatte, die die Sicherungskopien enthält, auf einem System mit Mac OS X 10.4 öffnen, würde diese Struktur der Hard Links auf Verzeichnisse transparent, denn unter einer älteren Version von Mac OS X werden sie als Aliasse dargestellt.

Wenn eine Sicherung begonnen wird, dann findet sich im Protokoll eine Zeile `Starting automatic backup`. Darauf folgt eine Prüfung, ob auf dem Backup-Medium genügend Speicherplatz für die jetzt zu kopierenden Dateien frei ist. Wenn dies der Fall ist, dann ist kein »thinning« im Vorfeld notwendig, und Sie finden im Protokoll eine Zeile mit dem Hinweis `No pre-backup thinning needed`. Wenn zu diesem Zeitpunkt ein wöchentliches Backup gelöscht wird, um den notwendigen freien Speicherplatz herzustellen, dann können Sie sich auch einen Hinweis geben lassen (siehe Abschnitt 11.2). Anschließend wird die Sicherung durchgeführt, was mit einer Meldung in der Form `Copied ... files ...` protokolliert wird. Daraufhin wird geprüft, ob zurückliegende Backups gelöscht werden können. Im Protokoll finden Sie bei solchen Löschungen dann eine mit `Deleted` beginnende Zeile. Darauf folgen ein Eintrag `Post-backup thinning complete` und die Anzahl der gelöschten Kopien, wobei der gelöschte Pfad angegeben wird.

»backupd«
Im Hintergrund wacht der Dämon `backupd` darüber, ob ein Backup zu erstellen ist. Wenn dies nach 60 Minuten der Fall ist, greift er auf die Änderungen seit der letzten Sicherung zurück und führt den Kopiervorgang durch. Dabei verwendet der Dämon die Datenbank von `fseventsd`, um die in den letzten 60 Minuten erstellten oder geänderten Dateien zu ermitteln.

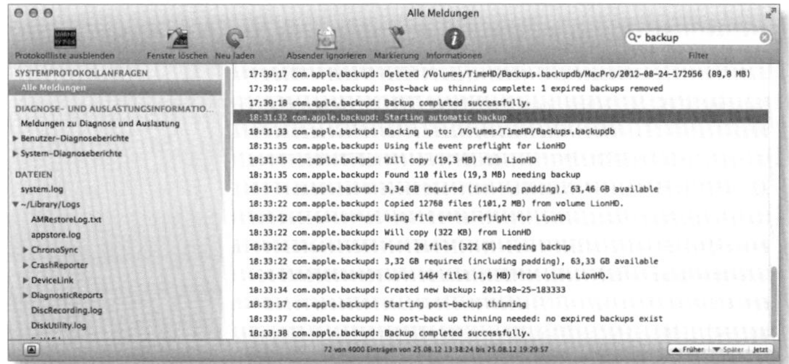

◂ Abbildung 11.2
In den Protokollen wird über die Sicherungen detailliert Buch geführt.

Einschränkungen | Neben dieser zeitlichen Einschränkung, die wenigstens langfristig zu ungewollten Löschungen führen könnte, müssen Sie einige weitere Punkte beim Einsatz von Time Machine beachten. Dazu gehört zum Beispiel das Hinzufügen einer weiteren Partition zu den zu sichernden Objekten. Dies kann, wenn Sie den Benutzerordner auf eine zweite externe Festplatte verlagern, auch automatisch im Hintergrund passieren, was dann den zuvor beschriebenen Löschvorgang unbemerkt auslösen kann. Insofern sollten Sie immer ein Auge auf den noch freien Speicherplatz haben, wenn Sie nicht die ältesten Sicherungen verlieren möchten.

Bei sehr großen einzelnen Dateien kann es in Verbindung mit Time Machine durchaus zu Problemen im Rahmen der stündlichen Sicherung kommen. Wenn zum Beispiel eine umfangreiche Datenbank gesichert werden soll, kann dies durchaus ein paar Minuten dauern. Nehmen Sie in diesem Moment Änderungen an der Datenbank vor, dann ist die Sicherheitskopie eventuell nicht funktionsfähig. Der gleiche Effekt kann auch eintreten, wenn

Nicht zu sichernde Objekte
Apple hat die Entwickler angewiesen, in den Eigenschaften eines Programms vorzugeben, welche Ordner von der Sicherung in jedem Fall ausgeschlossen werden sollen. Dazu gehören in den Standardeinstellungen auf jeden Fall die Zwischenspeicher (Caches), die sich dermaßen schnell ändern können, dass eine Sicherung nicht möglich ist. Darüber hinaus werden diese Caches auch für die Wiederherstellung des Systems nicht benötigt.

Sie mit sehr großen Projektdateien in iMovie oder Final Cut Pro arbeiten.

In solchen Fällen sollten Sie erwägen, auf die Sicherung dieser Ordner mit Time Machine zu verzichten, und Sicherheitskopien von Hand erstellen. Umgekehrt kann es auch bei der Wiederherstellung von Dateien zu Problemen kommen, wenn zum Beispiel ein Programm Daten in einer speziellen Ordnerstruktur speichert. Wenn Sie diesen Ordner aus dem Backup wiederherstellen, dann sollten Sie das betreffende Programm vorher beenden.

Mobile Backups
Bei einem mobilen Rechner ist Time Machine von Haus aus so konfiguriert, dass auf dem Startvolume Sicherungen angelegt werden, wenn das Backup-Medium nicht erreichbar ist. Dies ist keine vollwertige Sicherung, aber wenn Sie unterwegs versehentlich eine Datei löschen, dann können Sie die Datei aus der lokalen Sicherung wiederherstellen.

Time Machine im Netzwerk | Im nächsten Abschnitt wird auch die Sicherung über das Netzwerk auf einer Freigabe beschrieben. Apple unterstützt drei Möglichkeiten, ein Backup über das Netzwerk vorzunehmen:

1. Bei der Time Capsule handelt es sich um eine spezielle Variante der AirPort-Basisstation mit einer eingebauten Festplatte.
2. An eine normale AirPort-Basisstation können Sie eine USB-Festplatte anschließen und im Netzwerk freigeben.
3. Unter Mac OS X Server in den Versionen 10.5 und 10.6 sowie unter OS X 10.7 und OS X 10.8 (normal und Server) können Sie einen freigegebenen Ordner als Zielmedium für Time Machine auswählen.

Abbildung 11.3 ▸
Die mitwachsende Festplattenabbildung wird unter der Bezeichnung Time-Machine-Backups ❶ im Finder angezeigt.

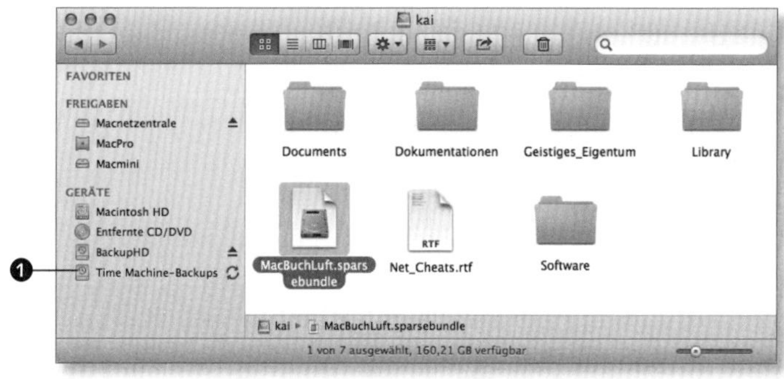

Wiederherstellung im Netzwerk
Time Machine ermöglicht die Wiederherstellung Ihres Systems, indem Sie das Rettungssystem booten.

Bei jeder dieser Varianten wird auf dem Server eine mitwachsende Image-Datei (siehe Abschnitt 9.6) erstellt, die dann als Volume mit der Bezeichnung Time Machine-Backups auf Ihrem Schreibtisch erscheint. Innerhalb der Abbildung finden Sie dann die zuvor beschriebene Ordnerstruktur.

Time Machine und NAS | Die Nutzung der Time Machine in Verbindung mit handelsüblichen Netzwerkfestplatten (*Network Attached Storage – NAS*) kann nicht wirklich empfohlen werden. Wenn diese Geräte eine Unterstützung für das AFP-Protokoll bieten, dann beruht diese in den vielen Fällen auf einer Version von Netatalk (siehe Abschnitt 19.8). Erst die Version 2.2.1 von Netatalk bietet eine vollständige Implementation des AFP-Protokolls. Wenn Sie planen, Ihre Time-Machine-Backups auf einer solchen Netzwerkfestplatte zu sichern, dann sollten Sie sicherstellen, dass die aktuellste Version der Software installiert ist. Gegebenenfalls müssen Sie gemäß der Anleitung des Herstellers ein Update der Firmware vornehmen.

Ein anderes Problem kann darin bestehen, dass einige der älteren handelsüblichen Geräte mit der internen Datenstruktur einer mitwachsenden Image-Datei nicht arbeiten können und regelrecht abstürzen.

Netatalk-Version 2.2
Das NAS sollte Netatalk wenigstens in der Version 2.2 unterstützen. Einige Hersteller bewarben ihre Geräte, die mit einer älteren Version von Netatalk ausgeliefert wurden, mit dem Hinweis, dass Time Machine vollständig unterstützt würde. Hierbei handelt es sich zumindest um ein fragwürdiges Werbeversprechen.

Fazit | Bei der Wahl des Speichermediums wäre daher eher eine konservative Strategie zu empfehlen. Für die Datensicherung ein Verfahren zu nutzen, das erfahrungsgemäß nicht verlässlich arbeitet, führt das zu erreichende Ziel ad absurdum. Time Machine ist ein Kompromiss. Die Art und Weise, wie Backups aus dem Archiv verschwinden können, macht das System für eine stringente Archivierung Ihrer Dateien mehr oder weniger ungeeignet. Die Hauptaufgabe von Time Machine besteht darin, Sie vor Datenverlusten und versehentlichen Löschungen zu schützen. Diese Aufgabe erfüllt das System jedoch sowohl aufgrund der guten Integration ins Betriebssystem als auch aufgrund der intuitiven Benutzerführung sehr gut.

Ob Sie sich zusätzlich zu Time Machine ein anderes Programm zur Datensicherung anschaffen oder bei einigen Dateien und Ordnern diese zusätzlich eigenhändig archivieren, hängt von der Struktur Ihres Datenbestands ab.

Doppelt hält oft besser
Ob Sie sich zusätzlich zu Time Machine noch ein anderes Programm zur Datensicherung anschaffen oder bei einigen Dateien und Ordnern diese zusätzlich eigenhändig archivieren, hängt von Ihrem Datenbestand ab. Aber gerade bei wichtigen Dateien kann eine doppelte Sicherung kein Fehler sein, denn auch der Datenträger des Backups kann kaputtgehen.

11.2 Time Machine konfigurieren

Wenn Sie eine externe Festplatte an Ihren Rechner anschließen und Sie Time Machine noch nicht konfiguriert haben, erhalten Sie vom System automatisch eine Rückfrage, ob Sie dieses Volume für Time Machine nutzen möchten.

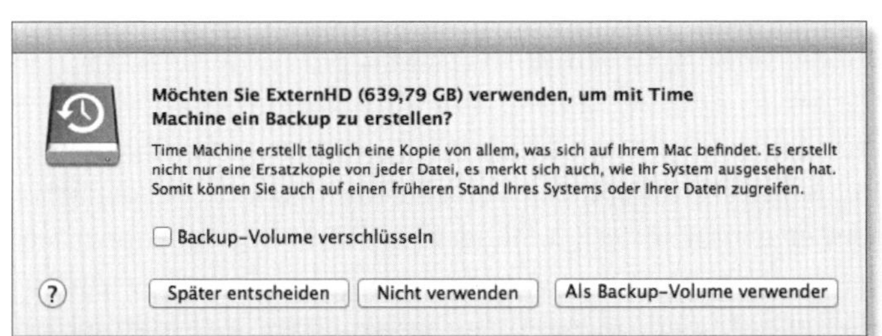

◂ **Abbildung 11.4**
Werden eine oder mehrere Festplatte(n) angeschlossen, dann können Sie diese als Backup-Medium nutzen.

HFS+ als Dateisystem
Bei einem Datenträger, der direkt an Ihren Rechner angeschlossen wurde, müssen Sie das Dateisystem HFS+ verwenden, damit Time Machine ein Backup darauf erstellen kann.

Sie können diese Rückfrage bestätigen und so die Erstellung der ersten Sicherung veranlassen. Alternativ können Sie auch in den Systemeinstellungen in der Ansicht TIME MACHINE ein VOLUME AUSWÄHLEN.

Abbildung 11.5 ▶
Die möglichen Ziele im Netzwerk stehen neben den angeschlossenen Festplatten zur Auswahl.

Möchten Sie die Datensicherung über das Netzwerk vornehmen, dann müssen Sie zunächst die Freigabe, auf der das Backup gesichert werden soll, im Finder einbinden. In den Systemeinstellungen können Sie dann in der Ansicht TIME MACHINE über die Schaltfläche VOLUME AUSWÄHLEN die Freigabe auswählen. In Abbildung 11.5 steht neben der externen Festplatte der freigegebene Ordner KAI zur Auswahl. Hierbei handelt es sich um einen Ordner, der sich auf einer Festplatte befindet, die an einer AirPort-Basisstation angeschlossen wurde. Ihnen stehen nur freigegebene Ordner als Zielmedium für ein Backup zur Verfügung, bei denen Sie sich mit einem Benutzernamen und einem Kennwort anmelden müssen. Eine Sicherung in einem Ordner, auf den Sie als Gast zugreifen, ist so nicht möglich.

Abbildung 11.6 ▶
Das Backup-Volume ❶ wird im Finder mit einem Icon mit einer Uhr angezeigt.

Tipp
Wenn Sie die Sicherung über eine drahtlose Netzwerkverbindung vornehmen, dann kann es beim ersten Backup sehr viel Zeit sparen, die Verbindung stattdessen über ein Ethernet-Kabel herzustellen.

Haben Sie das Ziel für die Datensicherung ausgewählt, wird die erste Sicherung erstellt. Sie werden über den Verlauf sowohl in einem eigenen Fenster im Finder als auch in den Systemeinstellungen informiert. Dieser Vorgang kann abhängig von der Anzahl und der Größe der zu sichernden Dateien einige Zeit in Anspruch nehmen. Auf dem Backup-Volume wird auch ein Index für Spotlight angelegt, mit dessen Hilfe Sie später die gesicherten Dateien durchsuchen können.

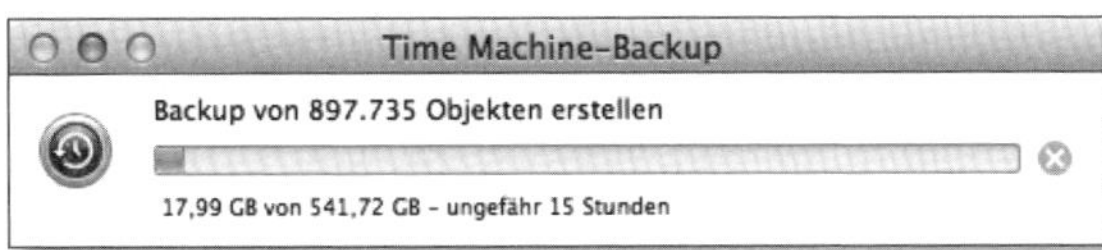

◂ **Abbildung 11.7**
Die Erstellung des ersten Backups kann einige Zeit dauern.

Die für die Verwendung von Time Machine vorgesehene Partition wird Ihnen im Finder mit einem Icon angezeigt, das eine Uhr und einen kreisförmigen Pfeil darstellt. Sie können durchaus weitere Dateien und Ordner auf diese Partition außerhalb der Ordnerstruktur unter BACKUPS.BACKUPDB kopieren, sofern Sie bereit sind, die Einbußen des Speicherplatzes, der möglicherweise benötigt wird, in Kauf zu nehmen.

Verzögerte Sicherung
Wenn die Festplatte oder der freigegebene Ordner für die Datensicherung nicht verfügbar ist, dann wird die Sicherung in dem Moment ausgeführt, in dem die Festplatte wieder angeschlossen wird. Bei einem mobilen Rechner wird bei Bedarf eine lokale Sicherung erstellt.

◂ **Abbildung 11.8**
In den Systemeinstellungen können Sie Volumes für die Sicherung hinzufügen oder entfernen ❷ sowie in den OPTIONEN ❸ Ordner von der Sicherung ausschließen.

Systemeinstellungen | In den Systemeinstellungen in der Ansicht TIME MACHINE erhalten Sie Informationen über den auf dem Backup-Volume noch verfügbaren Speicherplatz sowie über den Zeitpunkt des ältesten, letzten und nächsten Backups.

◂ **Abbildung 11.9**
Wird ein weiteres Medium ausgewählt, dann kann die Sicherung ergänzend auf diesem Medium erfolgen.

Mobile Geräte
Sinnvoll ist diese Funktion insbesondere dann, wenn Sie mit einem mobilen Gerät sowohl im Büro als auch zu Hause arbeiten, und an beiden Plätzen jeweils eine Festplatte für die Sicherung nutzen. Sie geben dann beide Medien als Ziel für die Sicherung an, und es wird im Hintergrund automatisch auf der jeweils verfügbaren Festplatte gesichert.

Mehrere Backup-Medien | OS X 10.8 ist in der Lage, mehrere Festplatten und Freigaben im Netzwerk als Sicherungsmedien zu nutzen. Über die Schaltfläche BACKUP-VOLUME HINZUFÜGEN ODER ENTFERNEN beziehungsweise VOLUME AUSWÄHLEN können Sie ein weiteres Medium für die Sicherung auswählen. Sie erhalten von den Systemeinstellungen dann eine Rückfrage, ob Sie das schon genutzte Medium ersetzen oder BEIDE VERWENDEN möchten. Verwenden Sie beide Medien, dann nimmt Time Machine die Sicherung abwechselnd auf den Medien vor. Greifen Sie auf dieses Verfahren zurück und sind beide Medien gleichzeitig angeschlossen, dann müssen Sie bei der im Folgenden beschriebenen Wiederherstellung darauf achten, dass das richtige Medium aktiv ist.

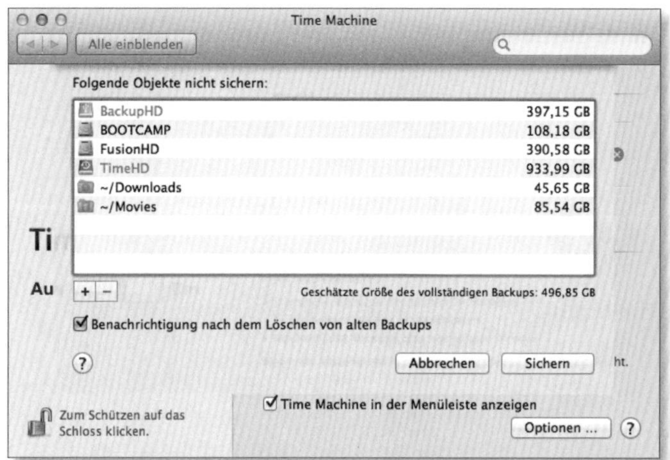

Abbildung 11.10 ▸
Sie können Ordner und Partitionen von der Sicherung ausschließen.

Nachträglicher Ausschluss
Wenn Sie einen Ordner ausschließen, von dem bereits Backups erstellt wurden, dann bleiben diese in Time Machine verfügbar. Backups werden beim nachträglichen Ausschluss eines Ordners nicht gelöscht.

Ordner ausschließen | Über die Schaltfläche OPTIONEN wählen Sie die Ordner und Partitionen aus, die von der Sicherung über Time Machine ausgeschlossen werden sollen. Welche Ordner und Partitionen Sie hier angeben, hängt von Ihrem persönlichen Datenbestand ab. Bei den Pfadangaben berücksichtigen die Systemeinstellungen für die Darstellung das aktuelle Benutzerkonto. Der Ordner ~/MOVIES verweist auf Ihren Ordner FILME. Würden Sie mit einem anderen Benutzerkonto die Einstellung aufrufen, dann würde der Ordner mit /USERS/KURZNAME/MOVIES aufgeführt. Es wird also nicht jeder Ordner FILME aller Benutzerkonten ausgeschlossen.

Dokumente sperren
Die Option DOKUMENTE SPERREN [ZEITRAUM] NACH DEM LETZTEN BEARBEITEN ist in diesem Zusammenhang ein wenig missverständlich. Sie bezieht sich auf die Versionierung von Dokumenten (siehe Abschnitt 2.3). Damit soll vermieden werden, dass Sie ein Dokument versehentlich bearbeiten.

Abbildung 11.11 ▸
Sie können die Sicherung des Systems unterbinden.

Systemdateien ausschließen | Neben den eingangs erwähnten Einschränkungen können Sie auch den Ordner /SYSTEM zu den nicht zu sichernden Objekten hinzufügen. Sie erhalten dann den Dialog aus Abbildung 11.11 und können sich entscheiden, ob nur der Ordner /SYSTEM oder alle Systemdateien ausgeschlossen werden sollen. Wenn Sie den Systemordner in irgendeiner Form ausschließen, sind Sie anschließend nicht mehr in der Lage, Ihr System, wie im Folgenden beschrieben, vollständig von einer Sicherungskopie über das Rettungssystem wiederherzustellen.

Löschen alter Backups | In diesem Dialog finden Sie darüber hinaus die Option BENACHRICHTIGUNG NACH DEM LÖSCHEN VON ALTEN BACKUPS. Sie bewirkt, dass Sie eine Mitteilung erhalten, wenn der Speicherplatz auf dem Backup-Volume nicht mehr ausreicht und Time Machine beginnt, ältere Backups zu verwerfen. Sie bekommen damit die Chance, Ihre Datensicherung gegebenenfalls auf einem anderen Medium fortzusetzen.

Backup während Batteriebetrieb
Bei einem mobilen Rechner finden Sie hier auch die Option BACKUP WÄHREND BATTERIEBETRIEB. Die Erstellung des Backups kann die Laufzeit eines Akkus reduzieren.

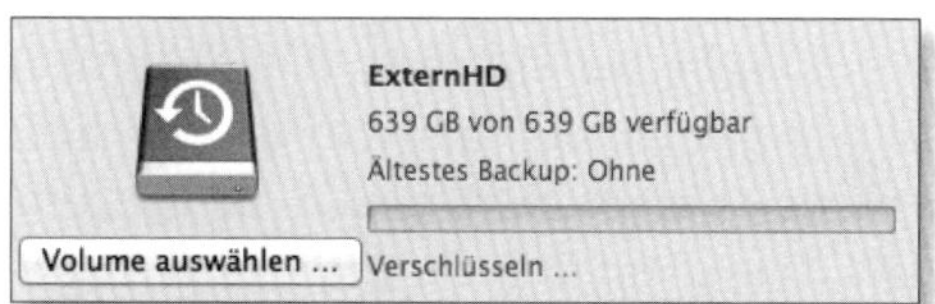

◂ **Abbildung 11.12**
Die Verschlüsselung des Backups kann einige Zeit in Anspruch nehmen.

Verschlüsselung | Sie können bei der Auswahl des Zielmediums vorgeben, dass die Verschlüsselung auf der Ebene des Dateisystems (siehe Abschnitt 9.4) genutzt werden soll. Das System fordert Sie dann auf, ein Backup-Kennwort zu erstellen, mit dem die Backup-Partition geschützt wird. Sie können die Verschlüsselung auch nachträglich aktivieren. Wenn Sie die Partition für die Sicherung verschlüsseln, werden Sie nach der Anmeldung nach Ihrem Passwort gefragt, um Zugriff auf die Backups zu erhalten.

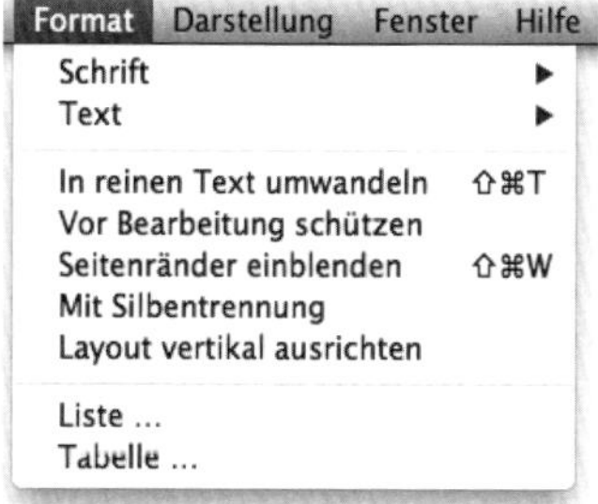

▴ **Abbildung 11.13**
Der Zugriff auf die verschlüsselten Backups erfolgt nur nach Eingabe des Kennworts.

◂ **Abbildung 11.14**
Sie können die Sicherung verschlüsseln.

▲ **Abbildung 11.15**
Einige Funktionen stehen über die Menüleiste zur Verfügung.

Status in Menüleiste | In den Systemeinstellungen finden Sie auch die Option Time Machine in der Menüleiste anzeigen. Über den Eintrag in der Menüleiste, dessen Icon ebenfalls mit dem eingekreisten Pfeil versehen wird, können Sie sich über den Zeitpunkt der letzten Sicherung informieren, ein Backup außerhalb des Zeitplans erstellen (Backup jetzt erstellen) sowie die Time Machine öffnen, um Dateien und Ordner wiederherzustellen. Halten Sie die Taste [alt] gedrückt, während Sie das Menü aufrufen, dann ändert sich der Eintrag Time Machine öffnen in Andere Backups Volumes durchsuchen. Sie können dann, wie im folgenden Abschnitt beschrieben, ein anderes Backup-Medium als Quelle für die Wiederherstellung auswählen. Sie finden dort dann ebenfalls den Eintrag Backups überprüfen. Dieser war unter OS X 10.8.1 ausgegraut und hatte keine Funktion.

Platzbedarf ermitteln
Wenn Sie herausfinden möchten, wie viel Speicherplatz die lokalen Sicherungen belegen, dann bringen Sie dies am Terminal mit der Eingabe von `sudo du -h -d 0 /.MobileBackups` in Erfahrung.

Lokale Sicherungen | Arbeiten Sie mit einem mobilen Gerät und steht kein Backup-Medium zur Verfügung, weil Sie beispielsweise unterwegs sind, dann erstellt OS X 10.8 lokale Sicherungen auf dem Startvolume. Deren Aufgabe besteht darin, Ihnen die Wiederherstellung versehentlich gelöschter Dateien zu ermöglichen. Auf der obersten Ebene des Dateisystems finden Sie das Verzeichnis .MobileBackups. Dieses enthält eine ähnliche Verzeichnisstruktur, wie sie auf einem normalen Backup-Medium vorhanden ist.

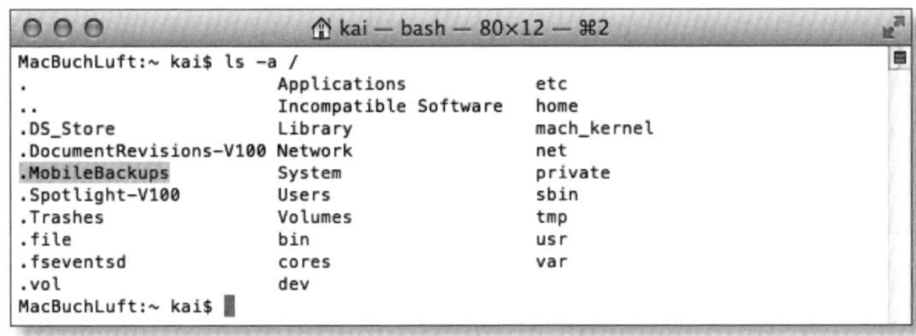

Abbildung 11.16 ▶
Das Verzeichnis .MobileBackups enthält die lokalen Sicherungen, wenn das Backup-Medium nicht verfügbar ist.

»tmutil«
Der in OS X 10.7 neu hinzugekommene Befehl `tmutil` bietet noch einige weitere Funktionen zur Steuerung von Time Machine. Die über `man tmutil` abrufbare Dokumentation stellt Ihnen die einzelnen Funktionen vor.

Es kommt vor, dass der Ordner .MobileBackups zu viel Platz in Anspruch nimmt und Sie auf diese Form der Sicherungen verzichten möchten, um Festplattenplatz freizugeben. Beispielsweise bei einem MacBook Air kann dies recht schnell notwendig werden. Mit dem Befehl `tmutil`, dem Sie in diesem Fall `sudo` (siehe Abschnitt 14.3) voranstellen müssen, deaktivieren Sie die lokalen Sicherungen:

```
sudo tmutil disablelocal
```

Der Speicherplatz wird nach einiger Zeit wieder verfügbar. Aktivieren lassen sich die lokalen Sicherungen mit der Eingabe

```
sudo tmutil enablelocal
```

Weitere Konfigurationen | Es sind einige Manipulationen von Time Machine möglich, etwa indem Sie über den Wert der Eigenschaft STARTINTERVAL des LaunchDaemons COM.APPLE.BACKUPD-AUTO im Verzeichnis /SYSTEM/LIBRARY/LAUNCHDAEMONS das Intervall für die Sicherung ändern. Vielleicht sollten Sie aber bei einem so elementaren Dienst wie Time Machine eher konservativ vorgehen, sich also an den von Apple erprobten und freigegebenen Einstellungen orientieren.

11.3 Time Machine verwenden

Das zentrale Element für die Wiederherstellung von Dateien und Objekten ist das Programm Time Machine, das Sie im Ordner /PROGRAMME finden. Es bietet sich an, dieses Programm im Dock abzulegen.

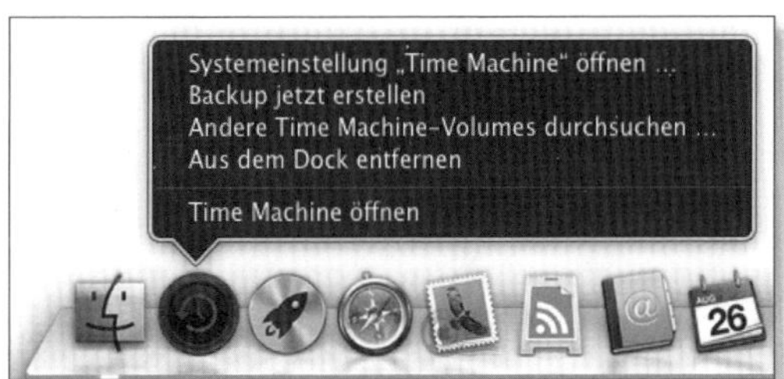

▲ **Abbildung 11.17**
Die Rekonstruktion kann auch aus einem anderen Backup erfolgen.

Hinweis
Diese Funktion war wenigstens bis OS X 10.8.1 fehlerhaft. Angeschlossene und funktionsfähige Backups wurden – anders als vorgesehen – nicht angezeigt. Abbildung 11.17 wurde unter OS X 10.7 erstellt.

Andere Time-Machine-Volumes durchsuchen | Rufen Sie das Kontextmenü im Dock auf, dann können Sie auch ANDERE TIME MACHINE-VOLUMES DURCHSUCHEN. Wählen Sie diese Option aus, durchsucht das System alle angeschlossenen Festplatten nach einem Ordner BACKUPS.BACKUPDB auf der obersten Ebene. Die dann gefundenen Archive werden Ihnen zur Auswahl gestellt, und Sie können mit dieser Funktion das ausgewählte Archiv anstelle des Backups Ihres Systems durchsuchen und Daten von dem anderen Backup-Volume wiederherstellen. Diese Funktion ist sehr nützlich, wenn Sie auf Archive zurückgreifen, die von einem anderen Rechner stammen, und Dateien transferieren möchten.

▲ **Abbildung 11.18**
Time Machine sollte auf Wunsch auch andere Backups zur Verfügung stellen.

Dateien und Ordner wiederherstellen

> **Hinweis**
> Öffnen Sie in Time Machine einen Ordner, der zu einem späteren Zeitpunkt erstellt wurde – von dem also keine Backups über den gesamten Zeitraum hinweg existieren können –, dann ändern sich die Zeitleiste und die Darstellung entsprechend.

Wenn Sie im Finder einen Ordner in einem Fenster öffnen, können Sie mit dem Programm Time Machine im Dock oder über den Eintrag in der Menüleiste oben rechts das Archiv mit den gesicherten Dateien durchsuchen. Dabei wird die normale Darstellung des Systems ausgeblendet und von einer Weltraum-Ansicht überdeckt. Wenn Sie Ihre Sicherung auf zwei verschiedenen Medien vornehmen, dann wird Ihnen in dieser Darstellung der Inhalt des Mediums angezeigt, auf dem zuletzt eine Sicherung erfolgt ist. Um das Medium zu wechseln, können Sie manuell eine Sicherung über den Menüpunkt BACKUP JETZT ERSTELLEN vornehmen.

Innerhalb dieses Fensters wird Ihnen zunächst der Ordner angezeigt, der im vordersten Fenster des Finders dargestellt wurde. Sie können im Dateisystem genau so navigieren wie im Finder, wobei die Ihnen zur Verfügung stehenden Ordner vom Stand des Dateisystems zum ausgewählten Zeitpunkt abhängen.

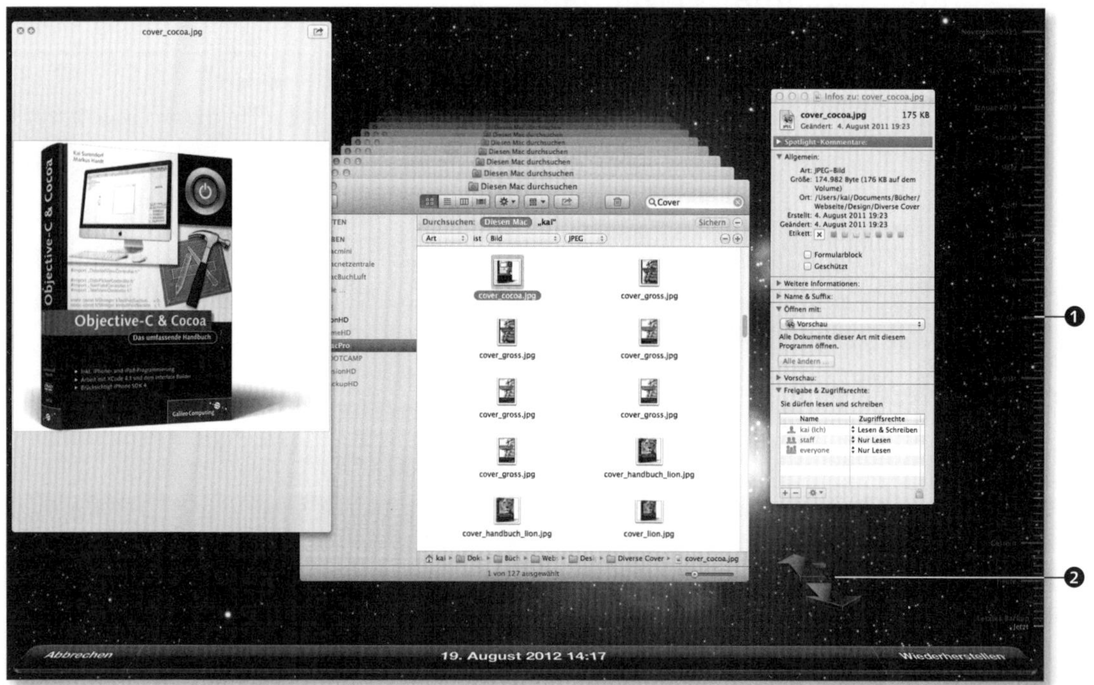

▲ **Abbildung 11.19**
Im Wechselspiel mit anderen Komponenten wie Quick Look und Spotlight wird ein schnelles Auffinden der gesuchten Datei möglich.

In dieser Darstellung finden Sie rechts die Zeitleiste ❶, mit der Sie zu einem Zeitpunkt in der Vergangenheit zurückspringen können. Wenn Sie den Mauspfeil über einer der Markierungen platzieren, wird diese hervorgehoben, und es erscheint der Zeitpunkt der Sicherung. Wird die Zeitangabe lila dargestellt, dann handelt es sich um eine Sicherung auf einem Backup-Volume. Weiß bedeutet, dass es sich um eine lokale Sicherung unter /.MOBILEBACKUPS handelt.

Alternativ dazu können Sie auch die Pfeile rechts unten ❷ verwenden, um zum vorigen oder nächsten Zeitpunkt in der Vergangenheit zu springen. Die Darstellung des Ordners ändert sich dann entsprechend, und es werden Ihnen die Dateien angezeigt, die sich zu diesem Zeitpunkt in dem Ordner befanden.

Tipp
Sie können auch die Titelleiste eines weiter hinten liegenden Fensters anklicken, um diesen Zeitpunkt in den Vordergrund zu holen. Darüber hinaus können Sie die Animationen in Zeitlupe betrachten, indem Sie die Taste [⇧] gedrückt halten. Mit [esc] verlassen Sie die Ansicht, ebenso mit einem Klick auf das Schließ-Gadget in der oberen linken Ecke des Fensters.

Integration von Quick Look und Spotlight | Wurde eine Datei zwischenzeitlich geändert und möchten Sie auf den alten Stand zurückgreifen, zeigt sich die Stärke von Time Machine: Wie auch im Finder können Sie sich hier über Quick Look (siehe Abschnitt 7.1) den Inhalt der Datei anzeigen lassen. Darüber hinaus können Sie das Fenster INFOS ZU des Finders aufrufen und so die Dateigröße und das Änderungsdatum der Datei einsehen.

Backups gezielt löschen | In dem Aktionsmenü in der Symbolleiste des Fensters finden Sie, wenn Sie ein Objekt ausgewählt haben, auch die Funktionen BACKUP LÖSCHEN sowie ALLE BACKUPS VON ... LÖSCHEN. Mit der Aktion BACKUP LÖSCHEN entfernen Sie die aktuell dargestellte Sicherung. Wenn Sie sich also beispielsweise die Sicherung von 8:15 Uhr anzeigen lassen und die Funktion BACKUP LÖSCHEN auswählen, dann stehen Ihnen zukünftig nur noch die Sicherungen von 7:15 Uhr und 9:15 Uhr zur Verfügung. Die dazwischenliegende Sicherung wurde gelöscht.

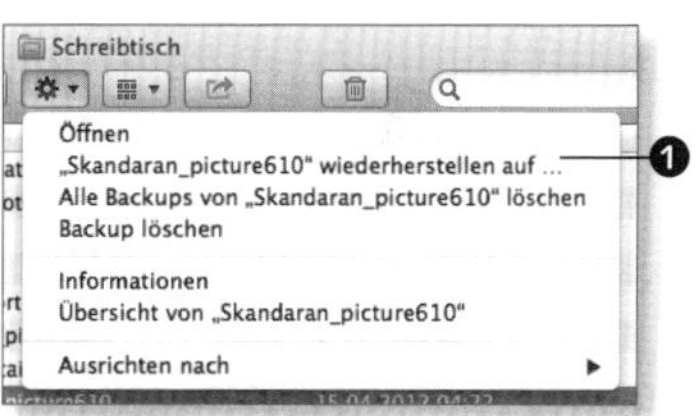

▲ **Abbildung 11.20**
Backups können Sie über das Aktionsmenü gezielt löschen.

Die Funktion ALLE BACKUPS VON ... LÖSCHEN bezieht sich auf die ausgewählte Datei oder den ausgewählten Ordner. Die Funktion ist dann sinnvoll, wenn Sie aus Gründen der Privatsphäre eine Datei nicht mehr rekonstruieren oder wenn Sie innerhalb des Backup-Volumes Platz schaffen möchten, indem Sie etwa eine sehr große Projektdatei von iMovie gezielt aus der Datensicherung entfernen.

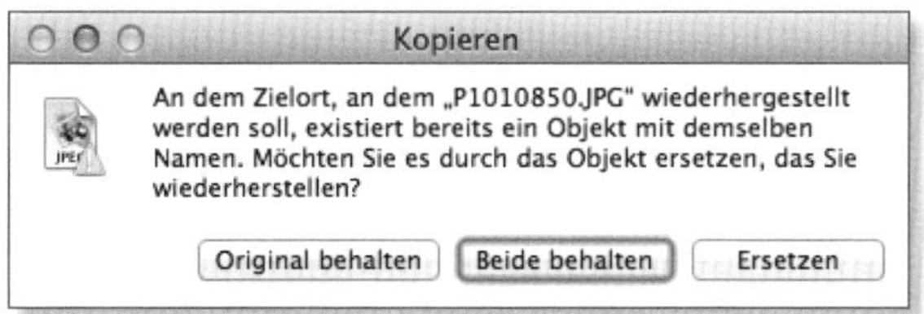

◀ **Abbildung 11.21**
Befindet sich am Zielort bereits eine gleichnamige Datei, dann kann diese ersetzt werden.

Wiederherstellen | Haben Sie die vermisste Datei oder den vermissten Ordner gefunden, dann können Sie das Element DATEI WIEDERHERSTELLEN AUF ❶ auswählen. Es erscheint dann ein Dialog, in dem Sie den Ordner auswählen können, in den die Datei oder der Ordner wiederhergestellt wird.

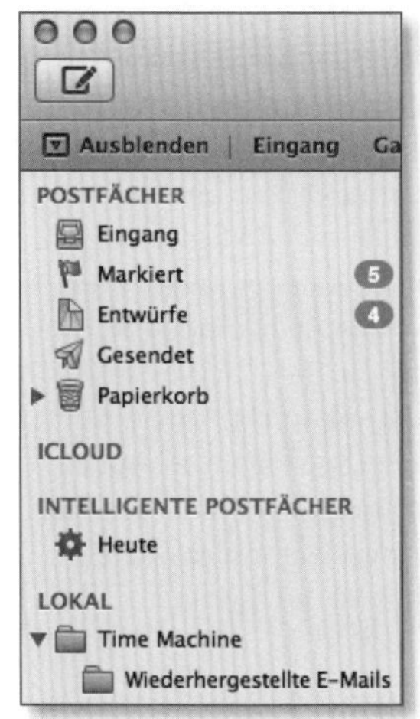

▲ **Abbildung 11.22**
Wiederhergestellte E-Mails werden in einem eigenen Ordner gesichert.

Falls sich an dieser Stelle ein gleichnamiges, neueres Objekt befindet, erhalten Sie eine Rückfrage (siehe Abbildung 11.21), und Sie können sich entscheiden, ob Sie das ORIGINAL BEHALTEN, BEIDE BEHALTEN oder das Objekt ERSETZEN möchten. Wenn Sie beide behalten, wird die wiederhergestellte Datei mit dem Zusatz (ORIGINAL) versehen.

Mail und Kontakte

Time Machine können Sie nicht nur in Verbindung mit dem Finder, sondern auch mit Mail und den Kontakten verwenden.

Wenn sich beispielsweise Mail im Vordergrund befindet, können Sie mit einem Klick auf das Time-Machine-Icon im Dock auf das Archiv der E-Mails zurückgreifen. Die Darstellung entspricht bei Mail und den Kontakten der zuvor beschriebenen Darstellung im Finder. Es wird lediglich das Fenster des jeweiligen Programms und nicht das des Finders dargestellt. Sie können auf diese Weise versehentlich gelöschte E-Mails, Kontakte oder Fotos wiederherstellen. Bei E-Mails müssen Sie, sofern Sie mit IMAP arbeiten, darauf achten, dass Sie Kopien dieser Nachrichten auf Ihrer Festplatte speichern.

iPhoto
In den früheren Versionen von OS X war es auch möglich, Time Machine in Verbindung mit iPhoto zu nutzen und gezielt einzelne Bilder aus dem Backup zurückzukopieren. Diese Funktion wurde mit OS X 10.7 gestrichen.

In den Kontakten werden nicht nur die Kontakte selbst, sondern auch Änderungen der Kontakte zur Wiederherstellung angeboten. Sie können also über Time Machine auch eine Änderung an einem Kontakt revidieren. Hier erhalten Sie ebenfalls eine Rückfrage, wenn noch ein gleichnamiger Kontakt existiert. Wiederhergestellte Kontakte werden der Gruppe LETZTER IMPORT hinzugefügt.

System wiederherstellen

Warnung
Den Hinweis, dass bei der Wiederherstellung des gesamten Systems das Zielvolume gelöscht wird, sollten Sie ernst nehmen. Insbesondere dann, wenn Sie eine Aktualisierung des Systems revidieren möchten, in der Zwischenzeit aber Dateien erstellt haben, die Sie behalten wollen. Sie sollten diese Dateien vor der Wiederherstellung des alten Systems auf einem anderen Datenträger sichern.

Wenn Sie die Systemdateien nicht von der Sicherung ausgeschlossen haben, können Sie ein Time-Machine-Backup auch nutzen, um das gesamte System in einem startfähigen Zustand wiederherzustellen. Auf diese Weise revidieren Sie beispielsweise eine (fehlgeschlagene) Aktualisierung des Systems. Letzteres ist vielleicht auch notwendig, wenn eines Ihrer benötigten Programme durch die Aktualisierung auf zum Beispiel OS X 10.8.3 nicht mehr lauffähig ist.

Rettungssystem | Um das gesamte System wiederherzustellen, starten Sie zunächst über das Rettungssystem (siehe Abschnitt 27.7) oder über den eventuell vorhandenen USB-Stick und wählen im ersten Dialog den Punkt AUS TIME MACHINE-BACKUP WIEDER-

HERSTELLEN. Es wird dann auf den angeschlossenen Festplatten gesucht. Diese werden Ihnen, unterteilt nach den vorgefundenen Gerätenamen, zur Auswahl gestellt. Besteht eine Netzwerkverbindung, dann werden auch die im Netzwerk gefundenen Freigaben auf einer AirPort-Basisstation aufgeführt. Hier können Sie über die Schaltfläche VERBINDEN den Benutzernamen und das Passwort eingeben.

◂ **Abbildung 11.23**
Nach dem Start über das Rettungssystem stehen neben den direkt angeschlossenen auch die im Netzwerk verfügbaren Backups zur Auswahl.

Haben Sie ein Time-Machine-Archiv ausgewählt, erhalten Sie eine Liste der gesicherten Zeitpunkte, die sich in diesem Archiv befinden. Darüber hinaus sehen Sie in dieser Übersicht die exakte Version des Systems. Wenn Sie dann auf FORTFAHREN klicken und das Zielvolume auswählen, wird Letzteres gelöscht und die gesicherte Version von OS X 10.8 wieder eingespielt. Dieser Vorgang kann einige Zeit in Anspruch nehmen.

◂ **Abbildung 11.24**
Neben dem Zeitpunkt der Sicherung wird in der zweiten Spalte auch die exakte Version von OS X 10.8 angegeben.

Kapitel 12

Prozesse und Hintergrundaktivitäten

Ein Betriebssystem wie OS X 10.8 besteht aus einer Vielzahl von Diensten und Programmen, die oft unsichtbar im Hintergrund ihre Arbeit verrichten. Die Anzahl dieser Dienste ist in dem Maße gewachsen, wie das System weitere Funktionen – und sei es nur die Ansprache von Geräten über Bluetooth – zur Verfügung stellt. Die Verwaltung und das Management solcher Prozesse sind die Themen dieses Kapitels. Den Schwerpunkt bilden dabei das Dienstprogramm Aktivitätsanzeige und einige Befehle am Terminal.

12.1 Grundlagen

Jedes Programm, das vom Betriebssystem oder Anwender gestartet wird, ist grundsätzlich ein eigener *Prozess*. Prozesse werden vom Kernel verwaltet, der ihnen je nach Bedarf Rechenzeit und Arbeitsspeicher zuteilt.

Programme und Dämonen

Dabei haben Prozesse wie auch Dateien eindeutige Besitzer. In der Regel gehört ein Prozess zu dem Benutzer, der ihn gestartet hat, und verfügt auch über dessen Zugriffsrechte im Dateisystem. Der Sinn dieser Zuordnung besteht in der Begrenzung des Zugriffs auf Ressourcen. Es würde die Sicherheit des Systems gefährden, wenn zum Beispiel der Apache-Webserver Zugriff auf den Ordner /SYSTEM/LIBRARY erhielte. Immerhin ist der Webserver ein bevorzugtes Angriffsziel für Hacker.

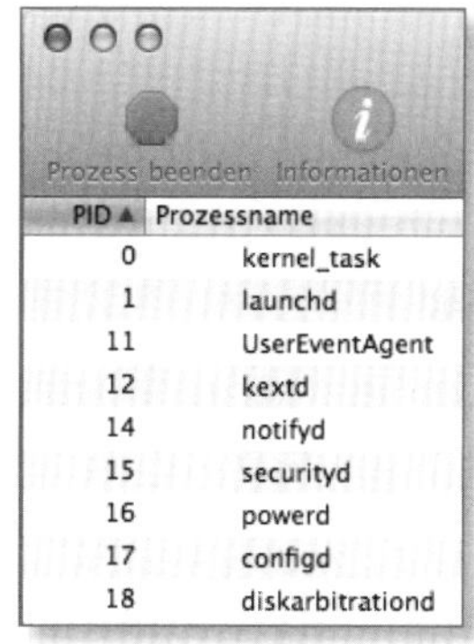

▲ **Abbildung 12.1**
Jeder Prozess verfügt über eine eindeutige Prozessnummer, »PID« genannt.

PID | Um die aktiven Prozesse zu verwalten, wird jedem eine eindeutige Nummer zugewiesen. Diese **P**rocess **Id**entification (PID) dient dem System zur Identifikation der aktiven Prozesse. Darüber können die einzelnen Prozesse gezielt angesprochen werden.

Dämonen | Bei einem UNIX-System wie OS X 10.8 wird zwischen normalen Applikationen, die der Anwender startet und die mit ihm interagieren, und Hintergrundprozessen, die Funktionen des Betriebssystems realisieren, unterschieden. Diese Hintergrundprozesse werden auch als *Dämonen* (englisch »daemon«) bezeichnet.

Oft können Sie solche Prozesse am Namen erkennen: Der Prozess `securityd` verwaltet eine Reihe von Sicherheitseinstellungen und -richtlinien des Systems. Dabei steht `d` für »daemon«, und `security` gibt schon einen Hinweis auf seine Aufgabe.

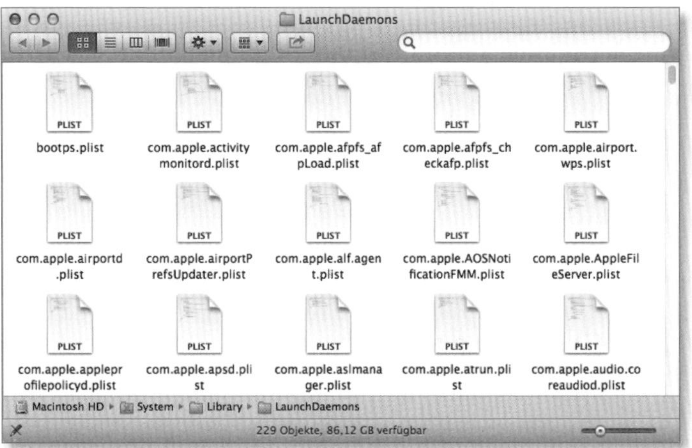

Abbildung 12.2 ▸
Viele Systemdienste werden von `launchd` mittels der Property-List-Dateien gestartet.

[init.d]
Wenn Sie bereits mit einem anderen UNIX-Derivat oder mit Linux gearbeitet haben, werden Sie vielleicht die `init`-Skripten vermissen. In OS X 10.8 werden die vergleichbaren Aufgaben von `launchd` übernommen. Auch die Aufgaben von `xinetd` für den Start von Servern übernimmt `launchd`.

»launchd« | Ein besonderer Dämon ist `launchd`, der in der Aktivitätsanzeige mit der PID 1 versehen wird. Er ist der erste Prozess, der beim Start des Systems aktiviert wird. Seine Aufgabe besteht unter anderem darin, fast alle Systemdienste zu starten oder zu stoppen. Die Steuerung dieser LaunchDaemons wird über Property-Listen vorgenommen. Diese finden Sie in den Verzeichnissen /System/Library/LaunchDaemons für die Dienste, die direkt von Apple zur Verfügung gestellt werden und im weiteren Sinne zum Betriebssystem gehören, und unter /Library/LaunchDaemons für Dienste von Fremdherstellern. Neben den LaunchDaemons gibt es die LaunchAgents. Diese werden gestartet, wenn der Benutzer sich angemeldet hat.

»launchd« und die Hierarchie
Die Hierarchie der Prozesse ist unter OS X 10.8 etwas weniger ausgeprägt als unter anderen Linux- und UNIX-Varianten. Das liegt daran, dass unter OS X 10.8 `launchd` zum Start und zur Verwaltung sowohl der Systemdienste als auch der durch den Benutzer gestarteten Programme dient. Daher finden Sie auch zwei Prozesse `launchd` in der Aktivitätsanzeige. Der erste mit der PID 1 steuert die Systemdienste, der andere unter der Benutzerkennung des Anwenders die von diesem gestarteten Programme.

Hierarchie der Prozesse | Die Prozesse unterliegen einer Hierarchie. Das System führt Buch darüber, welcher Prozess durch einen anderen gestartet wird. Diese Hierarchie wird angezeigt, wenn Sie das Terminal gestartet haben. Sie finden dann in der Aktivitätsanzeige einen Eintrag Terminal und, sofern Sie die hierarchische Anzeige ausgewählt haben, diesem untergeordnet die Shell `bash`. Die Prozesse sind von den ihnen übergeordneten abhängig. Das heißt, wenn Sie das Terminal als übergeordneten Prozess beenden, werden auch die ihm untergeordneten zwangsweise beendet.

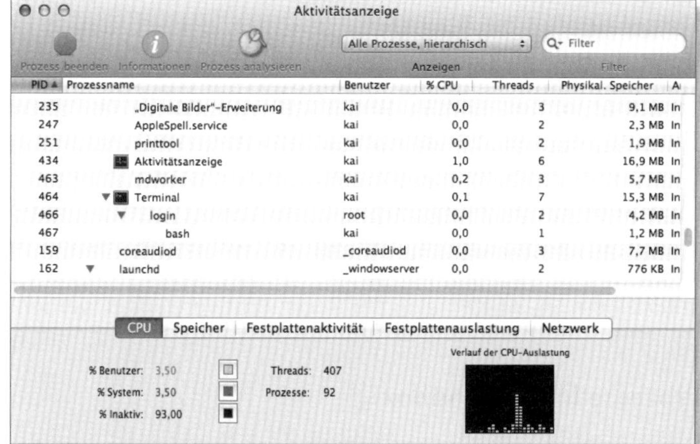

◄ **Abbildung 12.3**
Die Prozesse unterliegen einer Hierarchie. `bash` ist `login` untergeordnet, das wiederum im Terminal ausgeführt wurde.

32-Bit- und 64-Bit-Modus

Mit Mac OS X 10.6 hat durchgängige 64-Bit-Unterstützung Einzug gehalten. Etwas vereinfacht umschrieben, führt diese Unterstützung dazu, dass Programme einen größeren Adressbereich im Arbeitsspeicher schneller ansprechen können. Bei einem Programm wie Mail kommt dieser Vorteil nicht so zum Tragen. Bei einem Programm zur Bildbearbeitung, das regelmäßig sehr große Datenmengen zu verarbeiten hat, sind die Auswirkungen dagegen schnell spürbar.

▲ **Abbildung 12.4**
Im Fenster INFO ZU legen Sie fest, ob das Programm im 32- oder im 64-Bit-Modus ausgeführt wird.

Cocoa und Carbon | Das Programm Adobe Photoshop eignete sich hier bis zur Version CS5 nicht als Beispiel. Damit ein Programm im 64-Bit-Modus ausgeführt werden kann, muss es die Cocoa-Bibliothek verwenden. Die angekündigte 64-Bit-Unterstützung der Carbon-Bibliothek wurde von Apple damals überraschend und ohne weitere Erklärungen (zum Entsetzen der Entwickler von Adobe) fallen gelassen.

In den Standardeinstellungen werden so gut wie alle Programme, die in OS X 10.8 von Haus aus enthalten sind, im 64-Bit-Modus ausgeführt. Bei Programmen von Drittherstellern obliegt es den Entwicklern, eine 64-Bit-Variante anzubieten. Mittlerweile sind fast alle aktuellen Programme und Applikationen in einer 64-Bit-fähigen Fassung verfügbar.

Im 32-Bit-Modus öffnen | Ein möglicher Grund, ein Programm trotzdem im 32-Bit-Modus auszuführen, besteht darin, dass Sie Erweiterungen für dieses Programm installiert haben, die nur in einer 32-Bit-Fassung vorliegen. Dies ist bei einigen wenigen älteren Programmen noch der Fall. Sie können dann im Finder das Fenster INFO ZU des Programms auswählen und die Option IM 32-BIT-MODUS ÖFFNEN aktivieren. Unter OS X 10.8 ist dies aber nur noch in Ausnahmefällen notwendig.

32-Bit-Kernel
Der Kernel von OS X 10.8 ist nicht mehr in der Lage, im 32-Bit-Modus zu starten.

Kernel | Auch der Kernel von OS X 10.8 liegt in einer 64-Bit-Fassung vor. Kernel Extensions (siehe Abschnitt B.1) müssen ebenfalls in einer 64-Bit-Version vorliegen. Eine veraltete Kernel Extension, die nur in einer 32-Bit-Fassung vorhanden ist, kann unter einem 64-Bit-Kernel in der Regel nicht verwendet werden.

Prozesse in der Sandbox

Die Aufgabe der als *Sandbox* bezeichneten Funktion besteht darin, dass Prozesse in einen virtuellen Käfig gesperrt werden und einige Arbeitsschritte nicht mehr ausführen dürfen. So kann einem Prozess, der in eine Sandbox gesperrt wurde, untersagt werden, auf das Dateisystem oder das Netzwerk zuzugreifen. Mithilfe dieser Einschränkungen lässt sich die Sicherheit des Betriebssystems steigern, und es lässt sich zum Beispiel besser gegen Hacker-Angriffe schützen.

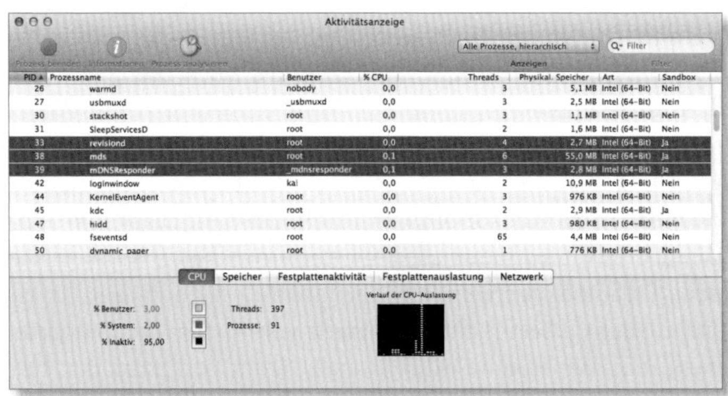

Abbildung 12.5 ▸
Die drei markierten Prozesse wurden in eine Sandbox gesperrt.

In der Aktivitätsanzeige blenden Sie über DARSTELLUNG • SPALTEN die Spalte SANDBOX ein. Sie finden dann in der Spalte jeweils die Angabe JA oder NEIN. In Abbildung 12.5 wurde zum Beispiel der Prozess MDNSRESPONDER in eine Sandbox gesperrt. Dessen Aufgabe besteht unter anderem in der Kommunikation des Gerätenamens über Bonjour im Netzwerk. Damit wäre er theoretisch ein gutes Ziel für einen Angriff, mit dem sich ein Hacker Zugriff zum

Dateisystem verschaffen könnte. Da aber die Kommunikation des Gerätenamens im Netzwerk keines vollständigen Zugriffs auf alle Dateien bedarf, wurde der Prozess in eine Sandbox gesperrt. Deren Konfiguration erlaubt mDNSResponder den Schreibzugriff nur auf einige ausgewählte Verzeichnisse.

»sandboxd« und Profile | Die Überwachung dieser Verbote und Genehmigungen obliegt dem Dämon `sandboxd` in Verbindung mit einer Kernel Extension. Der Dämon greift unter anderem auf die in den Verzeichnissen /usr/share/sandbox und /System/Library/Sandbox gespeicherten Profile zurück. In diesen Textdateien wird definiert, was einem Prozess wie `mDNSResponder` oder `quicklookd` erlaubt und verboten ist.

Hinweis
Die Manipulation der Profile im Verzeichnis /usr/share/sandbox ist nicht notwendig, um die Sicherheit Ihres Systems zu erhöhen. Die Erstellung und Konfiguration eines funktionsfähigen Profils sind eine eher komplexe Angelegenheit, und Apples Standardeinstellungen für die Systemdienste sind mehr als ausreichend.

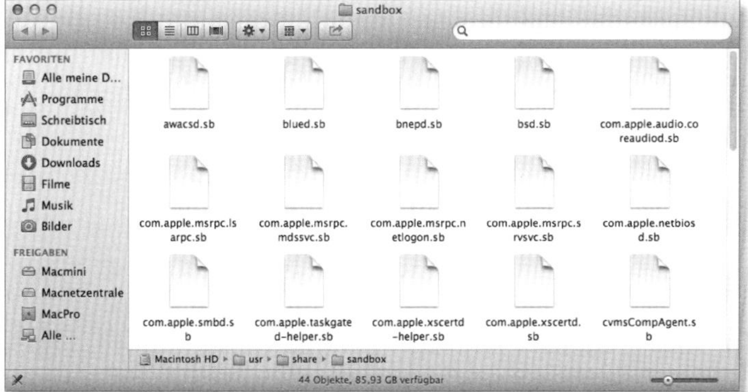

◂ **Abbildung 12.6**
Für eine Reihe von Systemdiensten liegen individuelle Sandbox-Profile vor.

Die Sandbox und der App Store | Seit Sommer 2012 müssen alle Programme, die über den App Store vertrieben werden, in einer Sandbox ablaufen. Zur Erstellung eines Profils für die Sandbox stehen in Xcode einige Funktionen zur Verfügung. Mit diesem Schritt erhöht Apple auf der einen Seite die Sicherheit für den Anwender, weil auf diese Weise die Zugriffsmöglichkeiten der Anwendungen streng reguliert werden. Auf der anderen Seite gibt es viele Programme, deren Funktionen gar nicht durch eine Sandbox kontrolliert werden können, weil sie für ihre Aufgabe umfangreicheren oder vollständigen Zugriff auf das System benötigen. Letzteres ist vom ausführenden Anwender dann natürlich gewünscht. Insofern ist der Zwang zur Sandbox im App Store eine etwas zweischneidige Angelegenheit, weil auf der einen Seite die Sicherheit gesteigert wird, aber einige Programme von vornherein nicht über den App Store vertrieben werden können, obwohl sie keine Sicherheitslücken aufweisen und keinen Schadcode enthalten.

12.2 Die Aktivitätsanzeige

Die Aktivitätsanzeige ist das Dienstprogramm, mit dem Sie die Auslastung Ihres Systems und die aktiven Prozesse am einfachsten überblicken können. Neben der Anzeige der Prozesse können Sie darüber auch Signale an Prozesse senden, um diese vorzeitig zu beenden. Darüber hinaus zeigt Ihnen die Aktivitätsanzeige die Auslastung Ihres Systems in Form einiger Grafiken an.

Informationen über Prozesse

Hierarchie
Sie können die Anzeige der aktiven Prozesse durch das Ausklappmenü in der Symbolleiste modifizieren. Während die Option ALLE PROZESSE, HIERARCHISCH anzeigt, welcher Prozess einem anderen untergeordnet ist, grenzen Sie durch die anderen Optionen wie MEINE PROZESSE oder SYSTEMPROZESSE die Anzeige auf diejenigen ein, die Ihrem Benutzerkonto oder dem Benutzer »root« zugeordnet wurden.

In der Liste der aktiven Prozesse können Sie über den Menüpunkt DARSTELLUNG • SPALTEN bis zu 15 Spalten einblenden, die Ihnen weitere Informationen über die einzelnen Prozesse vermitteln.

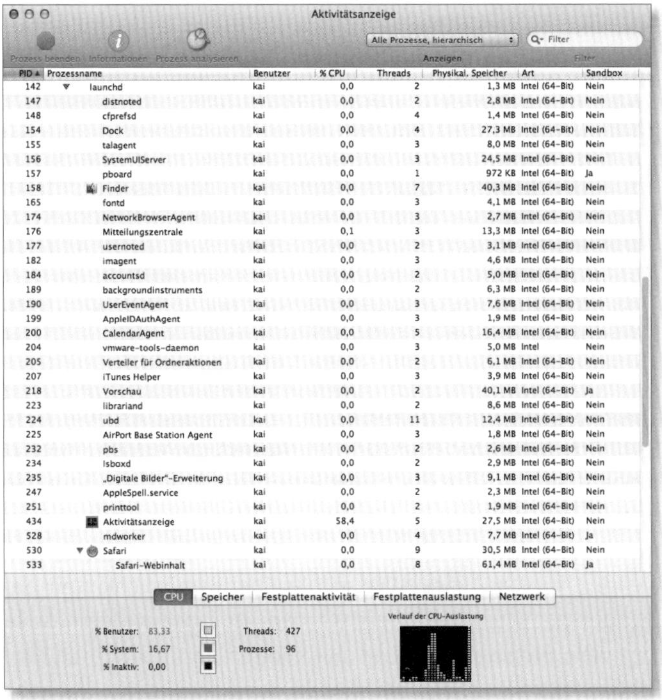

Aktivitätsanzeige

Prozess beenden | Informationen | Prozess analysieren | Alle Prozesse, hierarchisch (Anzeigen) | Filter

PID ▲	Prozessname	Benutzer	% CPU	Threads	Physikal. Speicher	Art	Sandbox
142	▼ launchd	kai	0,0	2	1,3 MB	Intel (64-Bit)	Nein
147	distnoted	kai	0,0	2	2,8 MB	Intel (64-Bit)	Nein
148	cfprefsd	kai	0,0	4	1,4 MB	Intel (64-Bit)	Nein
154	Dock	kai	0,0	4	27,3 MB	Intel (64-Bit)	Nein
155	talagent	kai	0,0	3	8,0 MB	Intel (64-Bit)	Nein
156	SystemUIServer	kai	0,0	3	24,5 MB	Intel (64-Bit)	Nein
157	pboard	kai	0,0	1	972 KB	Intel (64-Bit)	Ja
158	Finder	kai	0,0	7	40,3 MB	Intel (64-Bit)	Nein
165	fontd	kai	0,0	3	4,1 MB	Intel (64-Bit)	Nein
174	NetworkBrowserAgent	kai	0,0	3	2,7 MB	Intel (64-Bit)	Nein
176	Mitteilungszentrale	kai	0,1	3	13,3 MB	Intel (64-Bit)	Nein
177	usernoted	kai	0,0	2	3,1 MB	Intel (64-Bit)	Nein
182	imagent	kai	0,0	3	4,6 MB	Intel (64-Bit)	Nein
184	accountsd	kai	0,0	2	5,0 MB	Intel (64-Bit)	Nein
189	backgroundinstruments	kai	0,0	2	6,3 MB	Intel (64-Bit)	Nein
190	UserEventAgent	kai	0,0	3	7,6 MB	Intel (64-Bit)	Nein
199	AppleIDAuthAgent	kai	0,0	3	1,9 MB	Intel (64-Bit)	Nein
200	CalendarAgent	kai	0,0	5	16,4 MB	Intel (64-Bit)	Nein
204	vmware-tools-daemon	kai	0,0	3	5,0 MB	Intel	Nein
205	Verteiler für Ordneraktionen	kai	0,0	2	6,1 MB	Intel (64-Bit)	Nein
207	iTunes Helper	kai	0,0	3	3,9 MB	Intel (64-Bit)	Nein
218	Vorschau	kai	0,0	2	40,1 MB	Intel (64-Bit)	Ja
223	librariand	kai	0,0	2	8,6 MB	Intel (64-Bit)	Nein
224	ubd	kai	0,0	11	12,4 MB	Intel (64-Bit)	Nein
225	AirPort Base Station Agent	kai	0,0	3	1,8 MB	Intel (64-Bit)	Nein
232	pbs	kai	0,0	2	2,6 MB	Intel (64-Bit)	Nein
234	lsboxd	kai	0,0	2	2,9 MB	Intel (64-Bit)	Nein
235	„Digitale Bilder"-Erweiterung	kai	0,0	3	9,1 MB	Intel (64-Bit)	Nein
247	AppleSpell.service	kai	0,0	2	2,3 MB	Intel (64-Bit)	Nein
251	printtool	kai	0,0	2	1,9 MB	Intel (64-Bit)	Nein
434	Aktivitätsanzeige	kai	58,4	5	27,5 MB	Intel (64-Bit)	Nein
528	mdworker	kai	0,0	4	7,7 MB	Intel (64-Bit)	Ja
530	▼ Safari	kai	0,0	9	30,5 MB	Intel (64-Bit)	Nein
533	Safari-Webinhalt	kai	0,0	8	61,4 MB	Intel (64-Bit)	Ja

CPU | Speicher | Festplattenaktivität | Festplattenauslastung | Netzwerk

% Benutzer: 83,33 Threads: 427
% System: 16,67 Prozesse: 96
% Inaktiv: 0,00
Verlauf der CPU-Auslastung

Abbildung 12.7 ▸
In der Aktivitätsanzeige können die aktiven Prozesse in einer hierarchischen Struktur dargestellt werden.

Die Spalte PROZESS-ID oder PID gibt Ihnen die eindeutige Nummer an, anhand derer das Programm im System identifiziert wird. Der Prozessname entspricht entweder dem Namen der ausführbaren UNIX-Datei wie `securityd` oder dem des Programms wie Safari. Bei Programmen wie dem Finder oder Safari wird Ihnen zusätzlich das Icon angezeigt.

Die Spalte BENUTZER gibt an, unter welchem Konto der Prozess ausgeführt wird und über welche Rechte er im Dateisystem verfügt.

Tipp
Wenn Sie in der Liste der Prozesse mehrere bei gedrückt gehaltener Taste ⌘ auswählen, können Sie über den Eintrag AUSGEWÄHLTE PROZESSE im Ausklappmenü in der Symbolleiste die Anzeige auf diese begrenzen.

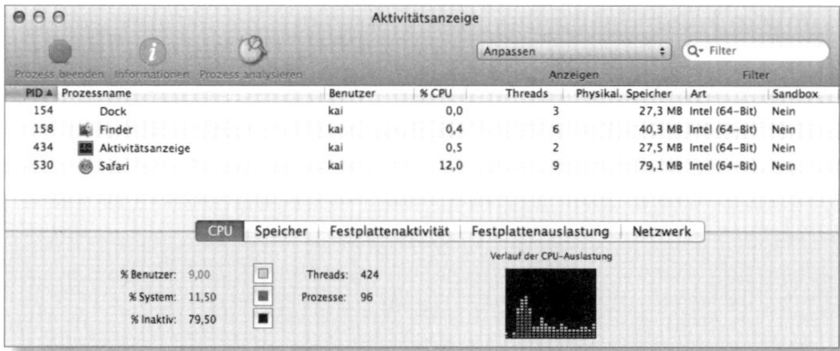

◄ **Abbildung 12.8**
Sie können die Anzeige auch auf einige ausgewählte Prozesse begrenzen.

Tipp
Sofern Sie nicht die hierarchische Anzeige ausgewählt haben, können Sie über das Textfeld FILTER die Anzeige auf die Prozesse begrenzen, deren Namen dem dort eingegebenen Text entsprechen.

Rechenzeit | Die Spalten % CPU und CPU-ZEIT zeigen an, wie viel Rechenzeit der Prozess beansprucht. Ein Prozentwert von 0 besagt, dass der Prozess aktuell ruht. Er kann Befehle entgegennehmen, ist aber ansonsten nicht aktiv. Bei einem Wert von 80 % beansprucht der Prozess einen Großteil der verfügbaren Ressourcen.

Die Anzeige in der Spalte CPU-ZEIT hingegen ist ein absoluter Wert und gibt wieder, wie viel Rechenzeit der Prozess in der Vergangenheit beansprucht hat. Die Erklärung, wie sich diese Zahl berechnet, würde zu einem längeren Exkurs über das Verhalten des Kernels führen. Generell gilt: Je höher die Zahl ist, desto mehr Rechenzeit hat der Prozess benötigt.

[Thread]
Es ist Programmen möglich, mehrere Aufgaben gleichzeitig zu übernehmen. Einige Prozesse starten hierzu intern einen Unterprozess, der auch als *Thread* bezeichnet wird.

Speicherbelegung | Die Aktivitätsanzeige bietet vier Spalten für die Darstellung der Speicherbelegung. Hierbei gibt die Spalte PHYSIKAL. SPEICHER an, wie viel des eingebauten Arbeitsspeichers der Prozess in Anspruch nimmt.

[Ports]
Die Spalte PORTS bezieht sich nicht auf die Verbindungen im Netzwerk. Als *Port* wird hier eine Möglichkeit bezeichnet, Nachrichten zwischen zwei Prozessen zu verschicken.

Der Wert unter VIRT. SPEICHER ist in der Regel enorm hoch, da hier die Summe der eingebundenen Frameworks wiedergegeben wird. So kann der zu Spotlight gehörende Prozess `mds` knapp 60 MB physikalischen, aber 800 MB virtuellen Speicher benutzen. Der Grund besteht darin, dass `mds` zur Indizierung der Dateien eine ganze Reihe von Frameworks einbinden muss.

Plötzl. Beendigung
In der Spalte PLÖTZL. BEENDIGUNG finden Sie die Angaben JA und NEIN. Hierbei bedeutet NEIN, dass dieser Prozess vom System überwacht und, sollte er abstürzen, neu gestartet wird.

Als PRIVATER SPEICHER werden die Bereiche bezeichnet, die das Programm gegenüber dem Kernel als für andere Prozesse nicht zugänglich deklariert hat.

Der Wert unter GEMEINS. SPEICHER gibt wieder, in welchem Umfang der Prozess auf die Speicherbereiche anderer Prozesse zugreift.

Art | In der Spalte ART bedeutet die Angabe INTEL, dass der Prozess im 32-Bit-Modus ausgeführt wird. Andernfalls lautet die Angabe INTEL (64-BIT).

Sandbox | Die Spalte SANDBOX informiert Sie darüber, ob der Prozess in einer Sandbox ausgeführt wird oder nicht.

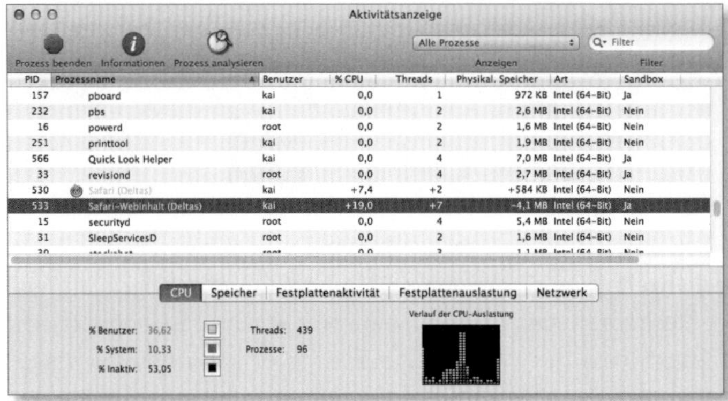

Abbildung 12.9 ►
Werden Deltas eingeblendet, zeigt die Aktivitätsanzeige die Veränderungen des Prozesses.

Deltas anzeigen | Veränderungen in der Beanspruchung von Ressourcen können Sie sich über den Menüpunkt DARSTELLUNG • DELTAS FÜR PROZESS EINBLENDEN anzeigen lassen. Dem Namen des ausgewählten Prozesses wird in Klammern die Angabe DELTAS angefügt. In den anderen Spalten erscheinen nun nicht mehr die absoluten Werte, sondern den Angaben wird »+« und »–« vorangestellt. Die nun angezeigten Werte geben die Veränderung gegenüber der letzten Anzeige wieder.

Beginnt ein Prozess also, mehr Rechenzeit als zuvor zu beanspruchen, dann erhalten Sie in der Spalte % CPU eine Angabe »+19,0«. Gibt der Prozess Ressourcen wieder frei, dann wird ein negativer Wert angegeben.

Prozesse im Detail | Wählen Sie einen Prozess aus und klicken anschließend auf die Schaltfläche INFORMATIONEN ([⌘] + [I]), erscheint in einem eigenen Fenster eine Übersicht der für den ausgewählten Prozess verfügbaren Details.

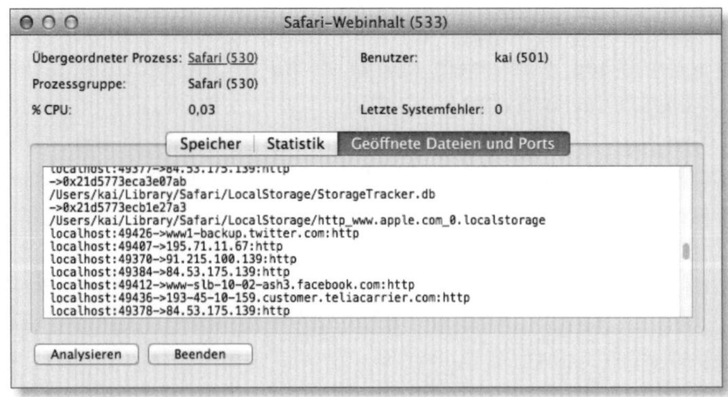

Abbildung 12.10 ►
Die Informationen eines Prozesses geben auch Aufschluss über die geöffneten Dateien und Verbindungen ins Netzwerk.

Die unter SPEICHER und STATISTIK angegebenen Werte entsprechen weitgehend den Angaben, die auch in den Spalten des Hauptfensters zu finden sind. Bei den Prozessen, die Ihrem Benutzerkonto zugeordnet sind, finden Sie auch den Reiter GEÖFFNETE DATEIEN UND PORTS. In dieser Liste werden zunächst alle Dateien, auf die der Prozess zugreift, aufgeführt.

Hat der Prozess eine Verbindung ins Netzwerk aufgenommen, werden Ihnen auch diese Verbindungen angezeigt. In Abbildung 12.10 werden die Informationen von Safari dargestellt. Die Angabe LOCALHOST:49412->WWW-SLB-10-02-ASH3.FACEBOOK.COM:HTTP gibt hier Aufschluss über eine Verbindung ins Netzwerk, wobei LOCALHOST für Ihren Rechner im lokalen Netzwerk und WWW-SLB-10-02-ASH3.FACEBOOK.COM für die Adresse des entfernten Rechners steht. Bei dieser Verbindung wird das *Hypertext Transfer Protocol* (HTTP) verwendet.

Analysieren
Die Analyse eines Prozesses fasst die ausgeführten Threads und Aufrufe zusammen. Die Anzeige entspricht der Ausführung des Befehls `sample` und ist in erster Linie für Entwickler interessant.

Signale senden und Prozesse beenden

Die Aktivitätsanzeige ermöglicht es Ihnen, Signale an Prozesse zu senden. In den frühen Tagen der UNIX-Systeme war das Senden solcher Signale ein recht üblicher Weg, um Prozesse zu beenden oder anzuhalten. Mit der Zeit hat sich eine ganze Reihe von Signalen etabliert, die aber heutzutage kaum noch gebraucht werden.

Von Relevanz sind in erster Linie die Signale AUFLEGEN (SIGHUP), mit dem ein Prozess beendet und sofort neu gestartet wird, und BEENDEN (SIGKILL) zum sofortigen Beenden. Auch bei den Signalen werden die Zugriffsrechte beachtet: Sie können Signale nur an die Prozesse senden, die Ihrem Benutzerkonto zugeordnet sind. Sofern dies nicht der Fall ist, müssen Sie sich als Administrator identifizieren. Das Signal wird dann via `sudo` (siehe Abschnitt 14.3) gesendet.

Prozess beenden | Einen Prozess abbrechen können Sie in der Aktivitätsanzeige, indem Sie ihn auswählen und dann den Menüpunkt DARSTELLUNG • PROZESS BEENDEN ([⌘] + [alt] + [Q]) aufrufen. Sie erhalten von der Aktivitätsanzeige eine Rückfrage (siehe Abbildung 12.11), ob Sie den Prozess BEENDEN oder SOFORT BEENDEN möchten. Hierbei bedeutet Ersteres, dass dem Prozess mitgeteilt wird, er möge sich zum nächstmöglichen Zeitpunkt beenden. Dies entspricht in etwa dem Menüpunkt ABLAGE • BEENDEN.

Wenn Sie hingegen auf SOFORT BEENDEN klicken, wird versucht, den Prozess ad hoc aus dem Arbeitsspeicher zu entfernen. Er hat dabei nicht mehr die Möglichkeit, offene Dateien zu schließen.

Auflegen (SIGHUP)
Das Signal SIGHUP ist nützlich, wenn Sie die Voreinstellungen (oft unter /ETC) eines Prozesses wie beispielsweise `cupsd` verändert haben. Hier führt das Signal SIGHUP dazu, dass der Prozess beendet wird und anschließend sofort neu startet. Dabei bleibt jedoch die PID erhalten, und beim Neustart werden die geänderten Voreinstellungen eingelesen.

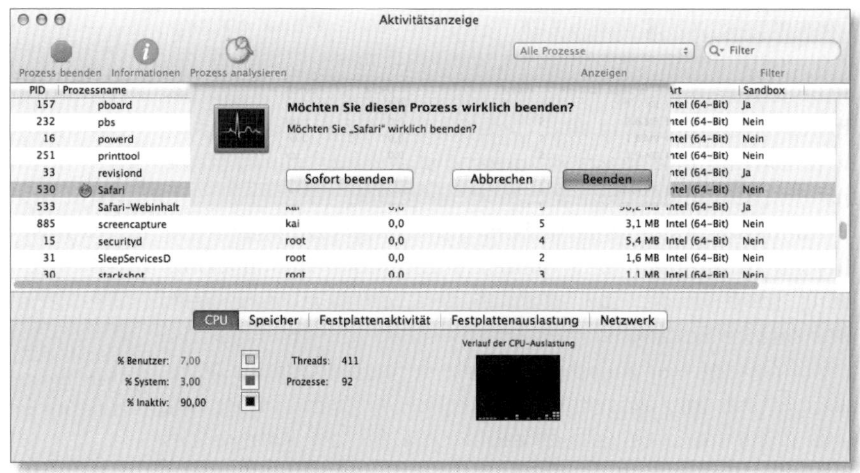

▲ **Abbildung 12.11**
Prozesse können Sie auch über die Aktivitätsanzeige beenden.

Programme sofort beenden | Sie können ein Programm auch beenden, ohne die Aktivitätsanzeige zu starten. Hierzu dient die Tastenkombination ⌘ + alt + esc. Es erscheint dann das Fenster aus Abbildung 12.12. Hier beschränkt sich die Anzeige allerdings auf die Programme, die über eine grafische Oberfläche verfügen. Einen Dämon, der im Hintergrund nicht mehr reagiert, können Sie auf diese Weise nicht beenden.

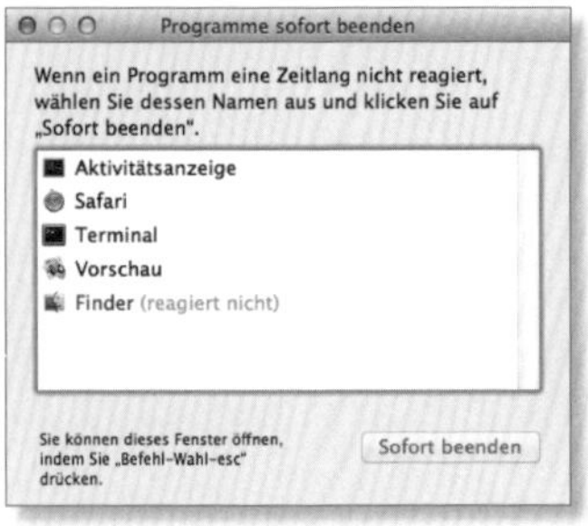

Programme sofort beenden
Wenn ein Programm eine Zeitlang nicht reagiert, wählen Sie dessen Namen aus und klicken Sie auf „Sofort beenden".
Aktivitätsanzeige
Safari
Terminal
Vorschau
Finder (reagiert nicht)
Sie können dieses Fenster öffnen, indem Sie „Befehl-Wahl-esc" drücken.
Sofort beenden

▲ **Abbildung 12.12**
Mit der Tastenkombination ⌘ + alt + esc beenden Sie Programme sofort.

Nicht reagierende Programme | Wenn ein Prozess abstürzt, erscheint in der Aktivitätsanzeige oder im Fenster Programme sofort beenden in Klammern der Hinweis reagiert nicht. Bei einem nicht mehr reagierenden Prozess sollten Sie noch einen Moment abwarten. Hin und wieder erledigt sich der Sachverhalt von selbst. Sollte das Programm aber auch nach einer kurzen Wartezeit immer noch nicht wieder reagieren, klicken Sie auf Sofort beenden.

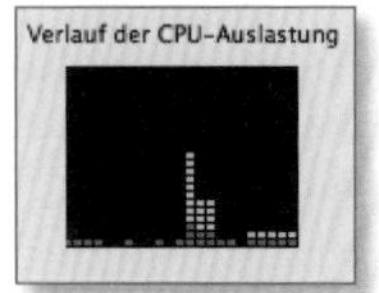

▲ **Abbildung 12.13**
Der Verlauf der CPU-Auslastung gibt Aufschluss über die Belastung des Systems in den letzten Minuten.

Systemauslastung überblicken

Die Aktivitätsanzeige ermöglicht Ihnen auch einen Einblick in die aktuelle Auslastung Ihres Rechners. Dies geschieht in erster Linie durch die fünf Reiter im unteren Bereich des Fensters. Diese umfassen im Einzelnen:

CPU | In der Ansicht CPU finden Sie drei Prozentwerte: Benutzer, System und Inaktiv. Hier werden die Prozesse, die nicht zu Ihrem Benutzerkonto gehören, unter System zusammengefasst.

Prozesse, die Sie gestartet haben und die Ihrem Benutzerkonto zugeordnet wurden, werden unter BENUTZER zusammengefasst.

Speicher | Die Belegung des Arbeitsspeichers zeigt Ihnen die Aktivitätsanzeige in einem Tortendiagramm an. Hierbei entspricht der Wert AKTIV dem durch Prozesse belegten Speicher.

Als RESERVIERT werden die Bereiche betrachtet, die nicht auf die Festplatte ausgelagert werden dürfen, sondern immer im Arbeitsspeicher verbleiben müssen. Dies betrifft in erster Linie elementarste Bestandteile des Systems.

Als INAKTIV werden umgekehrt die Bereiche betrachtet, die auf die Festplatte ausgelagert werden können, weil sie derzeit nicht genutzt werden. Oft gehören diese Bereiche Prozessen, die gerade pausieren.

[Virtueller Speicher]
Die enorme GRÖSSE DES VIRTUELLEN SPEICHERS mit mehr als 219 GB besagt nichts über die Auslagerung des Arbeitsspeichers auf die Festplatte. Dieser Wert ist die absolute Summe der durch die Prozesse verwendeten virtuellen Speicherbereiche und ist wirklich rein virtuell.

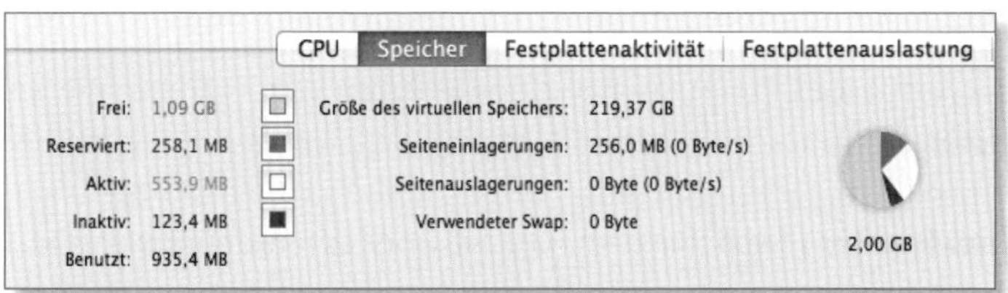

◂ **Abbildung 12.14**
Die Belegung des Arbeitsspeichers wird in einem Tortendiagramm dargestellt.

Seitenauslagerungen | Wenn der freie Arbeitsspeicher knapp wird, beginnt der Kernel, einzelne Bereiche des Arbeitsspeichers auf die Festplatte auszulagern. Dabei wird der Speicher in Seiten unterteilt, die dann einzeln ausgelagert werden. Der so auf der Festplatte zwischengelagerte Inhalt wird bei Bedarf wieder in den Arbeitsspeicher geladen.

OS X 10.8 verhält sich bei der Ein- und Auslagerung dieser Seiten recht intelligent, dennoch geht die Auslagerung von Teilen des Arbeitsspeichers auf die langsamere Festplatte natürlich zu Lasten der Geschwindigkeit des Systems. Die Aktivitätsanzeige zeigt Ihnen den Umfang der SEITENAUSLAGERUNGEN sowie den durch die Auslagerungen benötigten Speicherplatz auf der Festplatte (VERWENDETER SWAP) an.

Swapfile
Die ausgelagerten Seiten des Arbeitsspeichers werden im Verzeichnis /VAR/VM gespeichert.

Festplattenaktivität | In der Ansicht FESTPLATTENAKTIVITÄT erhalten Sie statistische Daten über die Lese- und Schreibzugriffe sowie über die gelesenen und geschrieben Daten. Darüber hinaus finden Sie dort, versehen mit der Angabe /s, die Geschwindigkeit, mit der die aktuellen Lese- und Schreibzugriffe erfolgen.

Die Ansicht FESTPLATTENAUSLASTUNG zeigt Ihnen den genutzten und den freien Speicherplatz auf den eingebundenen Volumes an.

Netzwerk | In der Ansicht NETZWERK führt die Aktivitätsanzeige Buch über die Daten, die über das Netzwerk ausgetauscht wurden. Sie finden dort die Summe der empfangenen und gesendeten Daten und Pakete sowie die Geschwindigkeit der Übertragung.

CPU | Speicher | Festplattenaktivität | Festplattenauslastung | Netzwerk

Höchstwert: 27 KB/s

Empfangene Pakete:	495789	Empfangene Daten:	425,5 MB
Gesendete Pakete:	273502	Gesendete Daten:	29,0 MB
Empfangene Pakete/s:	0	Empfangene Daten/s:	0 Byte/s
Gesendete Pakete/s:	0	Gesendete Daten/s:	0 Byte/s

Pakete Daten

Abbildung 12.15 ▸
Die Ansicht NETZWERK stellt den ein- und ausgehenden Datenverkehr dar.

▴ Abbildung 12.16
Die Belegung des Arbeitsspeichers kann als Icon im Dock angezeigt werden.

Symbol im Dock | Anstelle des Icons können Sie sich über den Menüpunkt DARSTELLUNG • SYMBOL IM DOCK auch Informationen über die Auslastung des Systems anzeigen lassen. Hierbei können Sie sich im Dock sowohl über die NETZWERKAUSLASTUNG, die FESTPLATTENAKTIVITÄT und die SPEICHERAUSLASTUNG als auch über die AKTUELLE CPU-AUSLASTUNG sowie deren VERLAUF informieren lassen.

Drei Fenster | Schließlich können Sie über den Menüpunkt FENSTER noch drei weitere einblenden.

Der VERLAUF DER CPU-AUSLASTUNG zeigt Ihnen selbigen in einem separaten Fenster an.

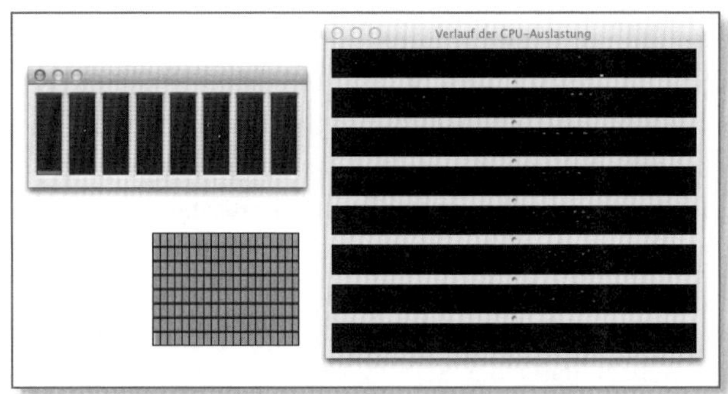

Abbildung 12.17 ▸
Über drei schwebende Fenster können die aktuelle Prozessorauslastung und ihr Verlauf dargestellt werden.

Die AKTUELLE CPU-AUSLASTUNG ruft ein Fenster mit blauen Balken auf, die die Auslastung des Prozessors illustrieren. Jeder der hier dargestellten Balken repräsentiert einen Kern des Prozessors. Wird ein Intel Core 2 Duo verwendet, dann finden Sie hier dementsprechend zwei Spalten.

Die unaufdringlichste Form der Darstellung ist der BALKEN FÜR CPU-AUSLASTUNG. Diesen können Sie sich horizontal oder vertikal anzeigen lassen. Er verfügt über kein Gadget zum Schließen, kann aber per Drag & Drop an einer beliebigen Stelle auf dem Bildschirm platziert werden.

12.3 Prozesse am Terminal verwalten

Neben der Aktivitätsanzeige gibt es auch am Terminal einige Befehle, mit denen Sie die aktiven Prozesse anzeigen, die Systemauslastung überblicken und Programme zwangsweise beenden können. Haben Sie mittels SSH (siehe Abschnitt 17.2.1) eine Verbindung zu einem anderen Rechner aufgenommen, werden Ihnen diese Befehle bei der Administration des entfernten Rechners eine große Hilfe sein.

Prozesse anzeigen

Zur einfachen Anzeige aktiver Prozesse dient der Befehl:

```
ps [Option]
```

Rufen Sie ps ohne eine Option auf, zeigt er Ihnen lediglich die Programme, die Sie aus dem jeweiligen Fenster des Terminals heraus gestartet haben. In der Regel ist dies lediglich die Shell an sich. Mit dem Aufruf von ps x erhalten Sie eine Liste, die der in Abbildung 12.18 ähneln sollte. Es handelt sich hierbei um alle Prozesse, die von Ihrem Benutzerkonto aus gestartet wurden.

Die vollständige Liste aller aktiven Prozesse des Systems erhalten Sie mit ps aux. Die Spalte PID gibt hier die eindeutige Prozessnummer des jeweiligen Programms wieder.

In der Spalte COMMAND wird der absolute Pfad zu der ausführbaren Datei angegeben. Haben Sie zum Beispiel den Browser Safari gestartet, erhalten Sie hier nicht die bloße Angabe SAFARI, sondern den ganzen Pfad zur ausführbaren Datei innerhalb des Bundles von Safari.

»ps auxww«
Da die Pfadangaben oft etwas zu lang sind, um noch im Fenster des Terminals dargestellt zu werden, können Sie den Befehl ps mit der Option ww anweisen, die Zeilen umzubrechen. Mit der Eingabe von ps auxww werden Ihnen alle Prozesse angezeigt. Dabei wird der Pfad nicht wie in Abbildung 12.18 abgeschnitten, sondern vollständig angegeben. Sie können mit der Eingabe von ps auxww das Programm eines Prozesses innerhalb Ihres Dateisystems exakt lokalisieren.

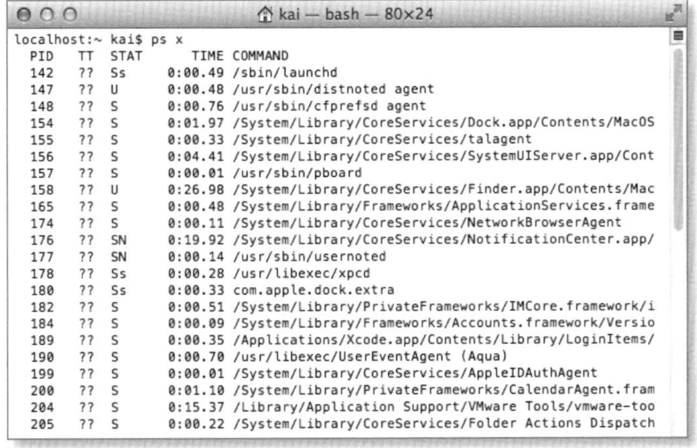

◂ **Abbildung 12.18**
Der Befehl ps x zeigt die aktiven Prozesse des Benutzers an.

Systemauslastung überblicken

Um sich am Terminal einen Überblick über die aktiven Prozesse zu verschaffen, verwenden Sie den Befehl `top`. Dieser übernimmt dann den gesamten im Fenster zur Verfügung stehenden Platz und zeigt Ihnen – regelmäßig aktualisiert – die aktuellen Prozesse an. Sie beenden `top` mit der Eingabe von [Q]. Die angezeigten Informationen entsprechen weitgehend denen der Aktivitätsanzeige.

Abbildung 12.19 ▸
Der Befehl `top` zeigt die aktuelle Auslastung des Systems am Terminal an.

kai — bash — 80×24

```
localhost:~ kai$ ps x
  PID   TT  STAT      TIME COMMAND
  142   ??  Ss     0:00.49 /sbin/launchd
  147   ??  U      0:00.48 /usr/sbin/distnoted agent
  148   ??  S      0:00.76 /usr/sbin/cfprefsd agent
  154   ??  S      0:01.97 /System/Library/CoreServices/Dock.app/Contents/MacOS
  155   ??  S      0:00.33 /System/Library/CoreServices/talagent
  156   ??  S      0:04.41 /System/Library/CoreServices/SystemUIServer.app/Cont
  157   ??  S      0:00.01 /usr/sbin/pboard
  158   ??  U      0:26.98 /System/Library/CoreServices/Finder.app/Contents/Mac
  165   ??  S      0:00.48 /System/Library/Frameworks/ApplicationServices.frame
  174   ??  S      0:00.11 /System/Library/CoreServices/NetworkBrowserAgent
  176   ??  SN     0:19.92 /System/Library/CoreServices/NotificationCenter.app/
  177   ??  SN     0:00.14 /usr/sbin/usernoted
  178   ??  Ss     0:00.28 /usr/libexec/xpcd
  180   ??  Ss     0:00.33 com.apple.dock.extra
  182   ??  S      0:00.51 /System/Library/PrivateFrameworks/IMCore.framework/i
  184   ??  S      0:00.09 /System/Library/Frameworks/Accounts.framework/Versio
  189   ??  S      0:00.35 /Applications/Xcode.app/Contents/Library/LoginItems/
  190   ??  S      0:00.70 /usr/libexec/UserEventAgent (Aqua)
  199   ??  S      0:00.01 /System/Library/CoreServices/AppleIDAuthAgent
  200   ??  S      0:01.10 /System/Library/PrivateFrameworks/CalendarAgent.fram
  204   ??  S      0:15.37 /Library/Application Support/VMware Tools/vmware-too
  205   ??  S      0:00.22 /System/Library/CoreServices/Folder Actions Dispatch
```

Prozesse »killen«

Prozesse können Sie am Terminal mithilfe des recht martialisch benannten Befehls `kill` beenden. Sie müssen `kill` als Parameter die PID des zu beendenden Prozesses übergeben. Mit

```
kill 127
```

beenden Sie den Prozess mit der entsprechenden PID. Sollte es sich um einen Prozess handeln, der eingefroren ist und sich auf diese Weise nicht beendet, können Sie durch

```
kill -KILL 127
```

am Terminal das gleiche Signal senden, wie es durch die Option SOFORT BEENDEN über die Aktivitätsanzeige erfolgt. Beachten Sie, dass Sie mit `kill` nur Prozesse beenden können, deren Eigentümer Sie sind. Um einen Prozess des Systems oder eines anderen Benutzers zu beenden, müssen Sie dem Befehl `sudo` voranstellen. Mit der Eingabe von `sudo kill 127`, gefolgt vom Passwort des Administrators, wird der Prozess auch dann beendet, wenn er dem Benutzer »root« gehören sollte.

»killall«
Wenn Sie über das Terminal Applikationen wie den Finder oder das Dock beenden möchten, können Sie mit dem Befehl `killall Name` den Namen anstelle der PID verwenden. Mit `killall Dock` beenden Sie das Dock, und es wird automatisch neu gestartet. Die Eingabe von `killall Finder` führt zu dessen Neustart. Mit `killall SystemUIServer` können Sie den Teil der Menüleiste rechts oben neu starten.

Kapitel 13
OS X 10.8 administrieren

Eigentlich dreht es sich in diesem Buch fast durchgängig um die Administration und Konfiguration von OS X 10.8. Aber neben der Verwaltung von Benutzern, Netzwerk, Druckern, Prozessen, Dateien, Farben und Schriften gibt es noch einiges mehr zu verwalten. In diesem Kapitel geht es um die Themen, die im Alltag immer wieder aktuell sind, sich aber nicht unter großen Schlagwörtern wie »Netzwerk« oder »Benutzerverwaltung« zusammenfassen lassen.

Dieses Kapitel wirft zunächst einen Blick auf die Installation von Programmen und auf den App Store. Um Ihr System an Ihre Anforderungen anzupassen, steht Ihnen eine Reihe von Voreinstellungen zur Verfügung, die in Form von Property-Listen oder Textdateien angelegt werden. Das Format der Property-Listen wird hier ebenso beschrieben wie die Orte, an denen sie innerhalb der Dateistruktur abgelegt werden.

Xcode installieren
Spätestens wenn Sie Property-Listen bearbeiten oder eigene LaunchAgents erstellen, werden Sie Xcode installieren müssen, wie in Abschnitt A.1 beschrieben.

Der Dämon `launchd` dient unter anderem dazu, Programme und Skripten zu einem bestimmten Zeitpunkt oder bei einem bestimmten Ereignis zu starten. Diese LaunchAgents sind in bestimmten Situationen sehr nützlich und lassen sich schnell mit der Erstellung einer Property-Liste konfigurieren.

Schließlich finden Sie in diesem Kapitel noch eine Reihe weiterer Systemeinstellungen, die in den anderen Teilen dieses Buches nicht behandelt werden, aber dennoch die eine oder andere nützliche Einstellung ermöglichen.

Andere Installationsverfahren
Neben den Verfahren, die von Apple direkt entwickelt wurden, gibt es weitere Lösungen, zum Beispiel den Installer von VISE oder die Eigenentwicklungen von Adobe, die ebenfalls die Applikation installieren und ergänzende Dateien etwa in der Library ablegen. Oft, aber nicht immer, finden Sie bei diesen Installationsprogrammen ein Protokoll mit der Dateiendung *.log* auf Ihrem Desktop oder in Ihrem persönlichen Ordner.

13.1 Programme installieren

Zur Installation von Software gibt es unter OS X 10.8 mehrere Möglichkeiten. Zum einen können Sie Programme, die nicht auf die Unterstützung von Kernel Extensions oder auf eigene Dienste im Hintergrund angewiesen sind, durch Kopieren in die Ordner

PROGRAMME oder DIENSTPROGRAMME recht einfach installieren. Bei komplexeren Installationen bietet OS X 10.8 das Installationsprogramm, das sich im Verzeichnis /SYSTEM/LIBRARY/CORESERVICES befindet. Und schließlich bietet Ihnen der App Store eine komfortable, wenn auch eingeschränkte Möglichkeit, Programme zu erwerben, zu installieren und zu aktualisieren.

Mit OS X 10.8 hat der Gate Keeper Einzug gehalten. Dieser binäre Türsteher regelt, welche Programme ausgeführt werden dürfen. Auf diese Weise soll Sie der Gate Keeper vor Viren und trojanischen Pferden schützen. Er kann sich aber auch als hinderlich erweisen, sodass Sie ihn abschalten möchten.

„Install Adobe Flash Player.app" ist ein Programm, das aus dem Internet geladen wurde. Möchten Sie es wirklich öffnen?
Beim Öffnen von Programmen auf diesem Image nicht warnen
„Install Adobe Flash Player.app" befindet sich auf dem Image „install_flash_player_osx.dmg". Safari hat dieses Image heute um 22:05 von get.adobe.com geladen.
Webseite anzeigen
Abbrechen
Öffnen

Abbildung 13.1 ▸
Haben Sie Programme mit Safari aus dem Internet geladen, müssen Sie ihren ersten Start bestätigen.

Geladene Programme | Wenn Sie Programme mit Safari aus dem Internet herunterladen, wird diesen das erweiterte Dateiattribut `com.apple.quarantine` und möglicherweise auch `com.apple.metadata:kMDItemWhereFroms` angehängt. Das erste Attribut stellt das Programm unter Quarantäne, und das zweite speichert den URL, von dessen Adresse es heruntergeladen wurde. Wenn Sie das Programm das erste Mal starten, erhalten Sie den Hinweis, dass es aus dem Internet geladen wurde, und müssen den Start bestätigen.

Softwarelizenzen | Wenn Sie ein nicht im App Store erworbenes Shareware-Programm installieren, werden Sie bei der Installation oder beim ersten Start oft nach dem erworbenen Lizenzschlüssel oder nach der Seriennummer gefragt. Wo diese Informationen gespeichert werden, ist von Programm zu Programm unterschiedlich. Einige legen sie direkt im Bundle des Programms ab, sodass das Programm für alle Benutzer als registriert gilt. Andere speichern diese Information in den Voreinstellungen unter ~/LIBRARY/PREFERENCES oder an anderer Stelle.

▴ Abbildung 13.2
Über das gleichnamige Programm können Sie im App Store einkaufen.

Der App Store und seine Alternativen

Der recht große Erfolg des App Stores auf dem iPhone hat Apple dazu bewogen, mit OS X 10.7 eine Version für Computer einzuführen. Mittlerweile zeichnet sich doch recht deutlich ab, dass sich der App Store für Apple zum bevorzugten Instrument für die Softwaredistribution entwickelt. OS X 10.8 ist ausschließlich über den App Store erhältlich. Und auch viele andere Programme von Apple erscheinen erst im App Store und sind, wenn überhaupt, erst mit Verzögerung auf einem Datenträger erhältlich.

Chancen und Grenzen | Der App Store bietet Entwicklern die Möglichkeit, ihre Programme einfach und ohne eine eigene Infrastruktur für die Zahlungsabwicklung anzubieten. Für Anwender sind der Einkauf und die Installation über den App Store recht praktisch und aufgrund der Vorabprüfung der angebotenen Programme durch Apple recht sicher.

Aber auch wenn der App Store überaus praktisch zu sein scheint, birgt das Konzept doch einige Probleme. Es ist Apples alleinige Entscheidung, ob ein Programm in das Angebot aufgenommen wird oder nicht. Darüber hinaus gibt es eine Reihe technischer Beschränkungen, die dazu führen, dass viele Programme aufgrund ihrer Funktionalität gar nicht im App Store angeboten werden können. Apples Vorgaben für die Funktionen eines Programms sind vergleichsweise streng. So dürfen Programme, die über den App Store vertrieben werden sollen, zum Beispiel keine Kernel Extensions und andere Systemdienste installieren. Damit fallen Programme wie VMware Fusion (siehe Abschnitt 15.3) von vornherein durch das Raster.

Zensur?
Die Ablehnung einiger Programme führte in letzter Zeit immer mal wieder zu dem Vorwurf, Apple würde das Angebot des App Stores willkürlich zensieren. Der Vorwurf ist vielleicht nicht ganz von der Hand zu weisen, aber die Frage ist auch, ob es sich hier wirklich um Zensur handelt oder nicht eher um Arbeitsüberlastung oder Fehler des Teams, das für die Begutachtung der eingereichten Programme zuständig ist. Dessen ungeachtet läuft ein so zentralisierter und global verfügbarer Vertriebskanal wie der App Store immer Gefahr, das Angebot unnötig einzuschränken oder den Markt zu verzerren.

◄ **Abbildung 13.3**
Der Store von Bodega offeriert auch Programme, die nicht im App Store zu finden sind.

Alternativen | Wenn Sie ein Programm nicht im App Store finden, dann gibt es Alternativen. Zunächst können Sie auf das recht gut gepflegte Verzeichnis unter *http://www.macupdate.com*

Andere Länder
Über das Icon mit der stilisierten Deutschlandfahne unten rechts wählen Sie den App Store eines anderen Landes aus. In Einzelfällen sind Programme im deutschen Store nicht verfügbar, aber der Store anderer Länder bietet dieses Programm an.

zurückgreifen. Mit ein wenig Schulenglisch finden Sie hier wahrscheinlich recht schnell das gesuchte Programm. Wünschen Sie hingegen einen ähnlichen Funktionsumfang, wie ihn der App Store bietet, dann stellt der Shop von Bodega (*http://appbodega.com*) eine Alternative dar. Hier wird ebenfalls eine zentrale Abwicklung der Zahlungen angeboten.

Einkaufen im App Store | Wenn Sie das Programm App Store starten, wird zunächst die Startseite des Stores geladen. Hier finden Sie eine Auswahl der aktuellen und beliebten Programme. Wichtig für die Verwaltung ist das Menü ALLES AUF EINEN KLICK. Über den Link ACCOUNT können Sie sich entweder mit einer schon vorhandenen Apple-ID anmelden oder eine neue erstellen. Zur Erstellung geben Sie in mehreren Schritten Ihre persönlichen Daten und Ihr gewünschtes Zahlungsmittel an. Zur Drucklegung dieses Buches war die Zahlung im App Store mit Kreditkarten der Anbieter VISA, MasterCard und AMEX sowie über den Anbieter ClickandBuy möglich. Anschließend können Sie im Store stöbern und direkt Programme kaufen.

Einlösen
Der Link EINLÖSEN ❶ ermöglicht Ihnen die Eingabe eines Codes, der entweder einem bestimmten Geldwert entspricht oder Ihnen den Download eines Programms ermöglicht.

Abbildung 13.4 ▸
Wenn noch keine Apple-ID vorhanden ist, können Sie sie direkt im App Store erstellen.

Fünf Ansichten
Der App Store bietet Ihnen fünf Ansichten, die Sie auch über den Menüpunkt STORE aufrufen können. Während IM SPOTLIGHT, TOP-HITS und KATEGORIEN zum Stöbern einladen sollen, finden Sie unter EINKÄUFE die von Ihnen erworbenen Programme. Über UPDATES können Sie, wie im Folgenden beschrieben, die gekauften Programme aktualisieren, sobald eine Aktualisierung im App Store vorliegt.

Installation aus dem App Store | Zum Erwerb eines Programms klicken Sie auf die Schaltfläche mit der Preisangabe. Diese ändert ihre Beschriftung dann in APP KAUFEN. Nach einem erneuten Klick wird das Programm gekauft, sofort heruntergeladen und installiert.

Während des Downloads erscheint unterhalb des Launchpad-Icons ein blauer Fortschrittsbalken. Blenden Sie das Launchpad ein, dann finden Sie dort die erworbenen, aber noch im Download begriffenen Programme ebenfalls mit einem Fortschrittsbalken. Und schließlich können Sie sich im App Store in der Ansicht EINKÄUFE darüber informieren, welche Programme gerade heruntergeladen werden.

◂ **Abbildung 13.5**
Mit einem zweifachen Klick auf das Preisschild ❷ kaufen Sie das Programm. Mit dem Klick ändert sich der Button vom Preisschild in »App kaufen«.

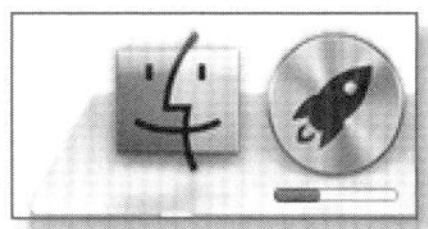

▴ **Abbildung 13.6**
Das Icon von Launchpad zeigt den Fortschritt des Downloads an.

Abgebrochene Downloads | Sie müssen für den Download eines umfangreichen Programms nicht die ganze Zeit mit dem Internet verbunden sein. Der Download kann problemlos unterbrochen werden. Sind Sie wieder mit dem Netzwerk verbunden, wird der Download im Hintergrund fortgesetzt und abgeschlossen. Wenn Sie den Eindruck haben, dass ein Programm heruntergeladen werden müsste, dies aber nicht geschieht, dann können Sie über den Menüpunkt Store • Nach nicht abgeschlossenen Downloads suchen das System zur Prüfung auffordern.

Löschen und erneut installieren | Stellen Sie fest, dass Sie ein erworbenes Programm nicht mehr benötigen, und möchten Sie es deinstallieren, dann können Sie es aus dem Ordner Programme in den Papierkorb verschieben und diesen leeren. Der App Store registriert diese Deinstallation. In der Ansicht Einkäufe finden Sie hinter einem gelöschten Programm die Schaltfläche Installieren. Sie haben so auch später Zugriff auf die mit Ihrer Apple-ID gekauften Programme. Sofern Sie keine weiteren Schritte unternehmen, sollten die Voreinstellungen und möglicherweise auch Daten gelöschter Programme erhalten bleiben. In der Regel finden Sie diese im Ordner ~/Library/Preferences und ~/Library/Application Support.

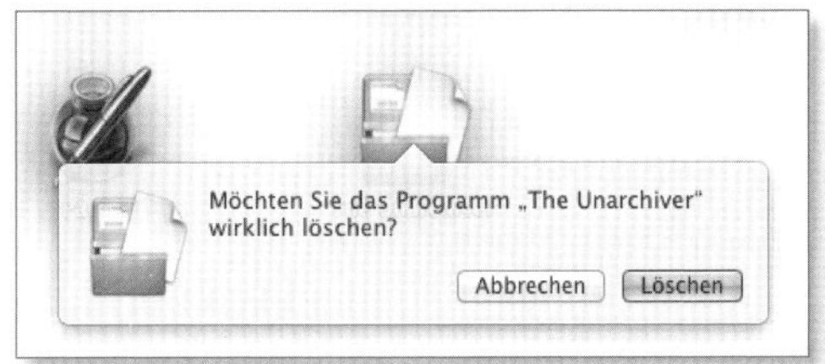

◂ **Abbildung 13.7**
Die Deinstallation eines Programms kann auch über das Launchpad erfolgen.

Deinstallation im Launchpad | Sofern Sie viele Programme installiert und dabei den Überblick verloren haben, welches aus dem App Store und welches aus einer anderen Quelle stammt, können Sie das Entfernen auch über das Launchpad vornehmen. Nachdem Sie das Launchpad eingeblendet haben, erscheint bei gedrückt gehaltener [alt]-Taste ein schwarzes Schließ-Gadget. Dies erscheint nur bei den Programmen, die Sie über den App Store erworben haben. Andere Programme werden von dieser Funktion nicht tangiert. Nach einem Klick auf dieses Schließ-Gadget erhalten Sie die Rückfrage, ob Sie das Programm wirklich löschen möchten. Sofern Sie diese bestätigen, wird die Applikation aus dem Ordner PROGRAMME entfernt. Sie steht Ihnen aber im App Store zur erneuten Installation in der Ansicht EINKÄUFE zur Verfügung.

Sandbox und Signierung
Apple verwendet unter anderem zwei Technologien, um die Integrität der erworbenen Programme zu gewährleisten. Zunächst wird der ausführbare Code der Programme mit einer digitalen Signatur versehen. Darüber hinaus werden ab Sommer 2012 alle Programme aus dem Store in eine sogenannte *Sandbox* (siehe Abschnitt 13.1) gesperrt.

Technische Hintergründe | Der App Store baut technisch unter anderem auf dem Installationsprogramm des Systems auf. Nach Kauf und Download eines Programms wird dessen Installationspaket in einem im Finder nicht sichtbaren Unterordner COM.APPLE.STORE unter /VAR/FOLDERS/ zwischengespeichert, installiert und unmittelbar wieder gelöscht. Verantwortlich für die dahinterstehende Logistik ist der Dämon `storeagent`, der bei Bedarf gestartet wird. Quittungen für diese Installationsvorgänge finden Sie im Ordner /VAR/DB/RECEIPTS. Installationen aus dem Store werden auch im nachfolgend beschriebenen Protokoll *install.log* (siehe Abschnitt 13.1) vermerkt.

Softwareaktualisierung und Updates aus dem App Store

Andere Aktualisierung
Größere Firmen wie Adobe und Microsoft nutzen für ihre Produkte eigene Verfahren, um Updates anzubieten und einzuspielen. Kleinere Anbieter, deren Programme nicht über den App Store vertrieben werden, greifen oft auf das Framework Sparkle zurück, um Ihnen Updates direkt im jeweiligen Programm offerieren zu können.

Unter OS X 10.7 gab es zwei Funktionen, um das Betriebssystem und über den App Store erworbene Programme zu aktualisieren. Die als *Softwareaktualisierung* bezeichnete Funktion war für die Aktualisierung des Betriebssystems und einer Reihe von Apple verkaufter Programme wie iLife und iWork zuständig.

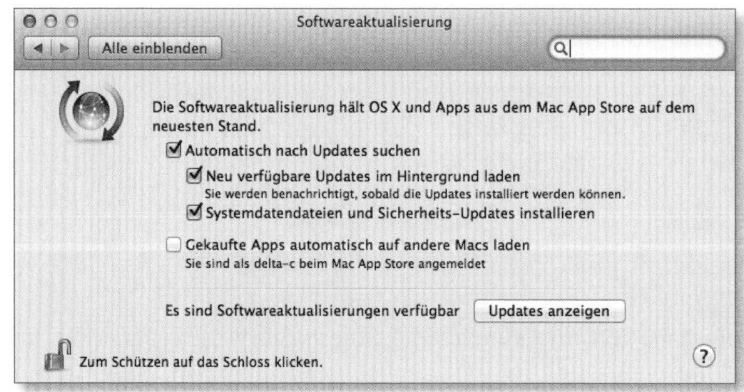

Abbildung 13.8 ▸
In der Ansicht SOFTWAREAKTUALISIERUNG der Systemsteuerung können Sie den automatischen Download von Updates aktivieren.

Der Eintrag Softwareaktualisierung im Apfel-Menü ist eine Reminiszenz an das Programm. Für Updates der im App Store gekauften Programme gab es eine entsprechende Funktion im Programm App Store. Unter OS X 10.8 hat Apple beide Funktionen im App Store zusammengefasst. Durch die Zusammenführung der beiden Funktionen werden daher auch von DVD installierte iLife- und iWork-Pakete über den App Store aktualisiert.

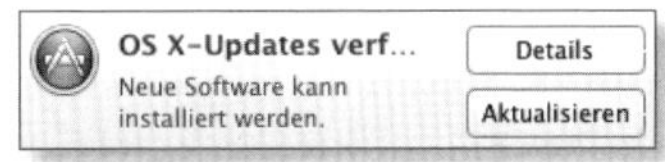

▲ **Abbildung 13.9**
Bei verfügbaren Updates erhalten Sie eine entsprechende Mitteilung.

Aktualisierung konfigurieren | In den Systemeinstellungen können Sie in der Ansicht Softwareaktualisierung vier Einstellungen vornehmen. Über die Option Automatisch nach Updates suchen erhalten Sie eine Nachricht, wenn Aktualisierungen verfügbar sind. Sie müssen hierzu das Programm App Store nicht eigens öffnen. Wenn Sie die Option Neu verfügbare Updates im Hintergrund laden, werden die verfügbaren Aktualisierungen automatisch in das Verzeichnis /Library/Updates geladen. Auf diese Weise sparen Sie sich die Wartezeit für den Download, wenn Sie die Updates einspielen möchten.

Die Option Systemdatendateien und Sicherheits-Updates installieren bezieht sich auf kleine Aktualisierungen der Sicherheit. Ist die Option aktiviert, dann werden Aktualisierungen dieser Datei automatisch im Hintergrund eingespielt.

Schließlich können Sie über die Funktion Gekaufte Apps automatisch auf andere Macs laden Ihre Einkäufe unmittelbar auf andere Rechner übertragen, sobald Sie sich dort mit Ihrer Apple-ID angemeldet haben. Auf der einen Seite ist die Funktion sehr bequem, um die installierte Software synchron zu halten. Auf der anderen Seite kann dies aber auch zu nicht gewünschtem Datentransfer führen. Ob Sie die Funktion nutzen, hängt vom Einsatzzweck Ihrer jeweiligen Rechner ab und davon, ob Sie auf allen Systemen alle Programme benötigen.

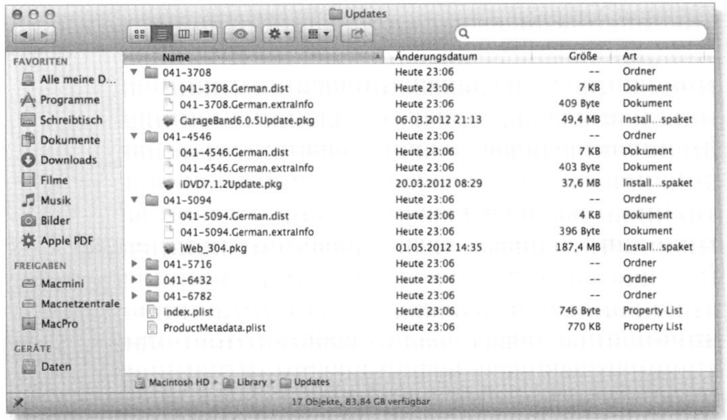

◂ **Abbildung 13.10**
Heruntergeladene und noch zu installierende Updates werden im Verzeichnis /Library/Updates gespeichert.

Aktualisierung vornehmen | Wenn Aktualisierungen vorliegen, dann wird Ihnen die Anzahl der verfügbaren Updates im Icon des Programms App Store im Dock angezeigt. In der Ansicht UPDATES des App Stores finden Sie dann eine Übersicht der verfügbaren Aktualisierungen. Updates des Systems und der Programme von Apple werden dabei unter SOFTWARE-AKTUALISIERUNG zusammengefasst. Über die Schaltfläche UPDATE können Sie die Installation starten. Weitere Möglichkeiten, auf den Installationsvorgang Einfluss zu nehmen, haben Sie an dieser Stelle nicht.

[Security Update]
Wenn es sich um ein sogenanntes *Security Update* handelt, sollten Sie die Installation so schnell wie möglich vornehmen, insbesondere wenn Ihr Rechner dauerhaft mit dem Internet verbunden ist. Zwar ist UNIX ein durchaus sicheres System, aber hin und wieder werden doch gravierende Sicherheitslücken entdeckt, die es auf jeden Fall schnell zu schließen gilt. Oft ist die Dateigröße dieser Security Updates recht gering (weniger als ein Megabyte), und Sie sollten mit der Aktualisierung nicht zögern.

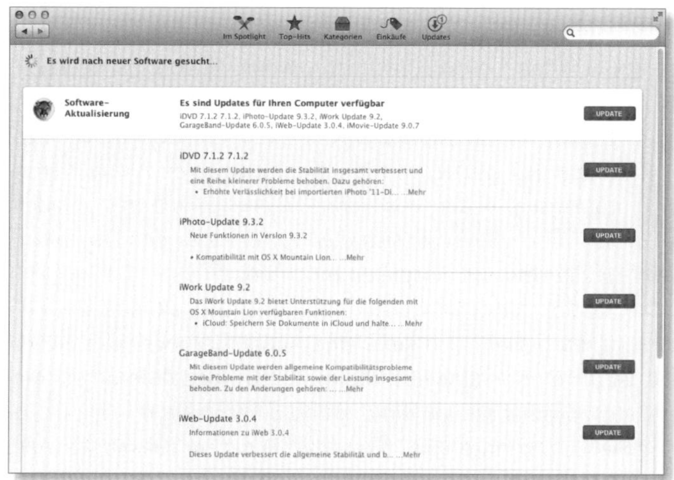

Abbildung 13.11 ▸
Updates der von Apple stammenden Programme werden unter SOFTWARE-AKTUALISIERUNG zusammengefasst.

Wenn ein Update einen Neustart erfordert, dann informiert Sie der App Store darüber. In solchen Situationen sollten Sie alle Programme beenden und dabei alle geöffneten Dateien sichern. Eine Verzögerung des Neustarts sollten Sie in diesen Fällen nicht vornehmen.

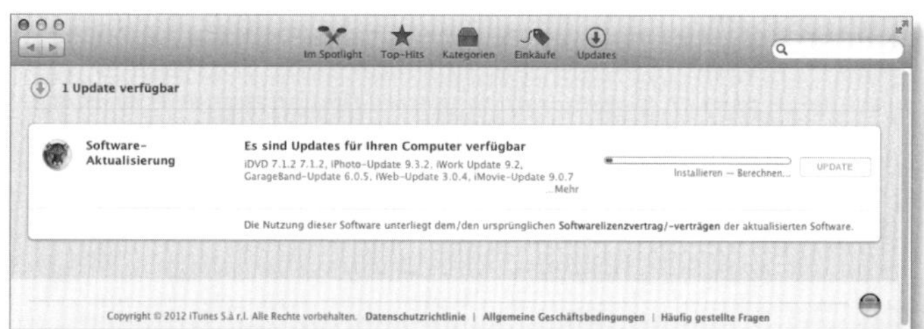

Abbildung 13.12 ▸
Während der Installation der Updates informiert Sie der App Store über den Fortschritt.

Update zurücknehmen | In den letzten Jahren hat sich die Softwareaktualisierung von Apple als sehr zuverlässig erwiesen. Dennoch können Sie Fehler und Probleme, die durch ein Update verursacht werden, nie ganz ausschließen. Insofern ist es durchaus sinnvoll, ein neues Update nicht sofort einzuspielen, sondern zwei bis drei Tage zu warten und anschließend Erfahrungsberichte anderer Anwender und Administratoren im Internet einzusehen.

Wenn Sie die Time Machine nutzen, können Sie eine fehlgeschlagene Aktualisierung des Systems auch über einen Start des Rettungssystems (siehe Abschnitt 27.7) zurücknehmen.

Firmware-Update | Bei einigen Rechnermodellen und Geräten aktualisiert Apple gelegentlich die Firmware. Diese Aktualisierung erfolgt in der Regel über ein eigenständiges Programm, das über die Softwareaktualisierung heruntergeladen und im Ordner DIENSTPROGRAMME gespeichert wird.

Um die Firmware Ihres Rechners zu aktualisieren, starten Sie das Programm und erhalten dann genaue Anweisungen, die von Modell zu Modell unterschiedlich sind. Sie sollten ihnen folgen und bei einem mobilen Rechner sicherstellen, dass er an das Stromnetz angeschlossen ist.

Pakete installieren

Obwohl sich der App Store inzwischen zum bevorzugten Vertriebsweg für Programme entwickelt hat, kann er aufgrund der technischen Beschränkungen bei Weitem nicht das gesamte Spektrum der verfügbaren Programme abdecken. Nicht wenige Programme benötigen weitere Hilfsprogramme und auch Kernel Extensions, um ihre Aufgaben zu erfüllen. Oft wird diese Software über Pakete installiert.

▲ **Abbildung 13.13**
Über die Pakete können auch Hilfsprogramme installiert werden.

Um Programme mit dem Installationsprogramm installieren zu können, müssen sie von den Entwicklern zu einem sogenannten *Paket* mit der Dateiendung *.pkg* oder *.mpkg* zusammengefasst werden.

Bundles und XAR | Mit Mac OS X 10.5 hat Apple ein weiteres Format für diese Pakete eingeführt, das auf dem Open-Source-Projekt XAR beruht. Dieses arbeitet nicht mehr mit einem Bundle, sondern dabei handelt es sich um eine einzelne Datei, deren Inhalt Sie im Finder allerdings nicht mehr über das Kontextmenü einsehen können.

[XAR]
Der Vorteil von XAR gegenüber anderen Formaten besteht unter anderem in einer besseren Kompression, die zu kleineren Installationsdateien führt. Darüber hinaus wird am Beginn der Datei eine XML-Datei integriert, die Details über den vorzunehmenden Installationsvorgang und dessen Voraussetzungen enthält.

◂ **Abbildung 13.14**
Abhängig von den Einstellungen des Gate Keepers verweigert das Installationsprogramm die Verwendung von Paketen.

Das Format bringt auch für das Installationsprogramm einige weitere Funktionen mit sich, etwa die Signierung von Paketen mit Zertifikaten, die gezielte Aktualisierung von bereits installierten Programmen und auch den Download von benötigten Paketen aus dem Internet während des Installationsvorgangs. Die Nutzung dieser Fähigkeiten obliegt den Entwicklern.

Zertifikate
Mit XAR ist es möglich, einem Installationspaket ein Zertifikat mitzugeben. Die Aufgabe dieses Zertifikats besteht darin, Ihnen die Authentizität der Quelle, also in erster Linie des Softwareanbieters, zu garantieren. Es sagt zunächst nichts über den eigentlichen Inhalt des Pakets aus.

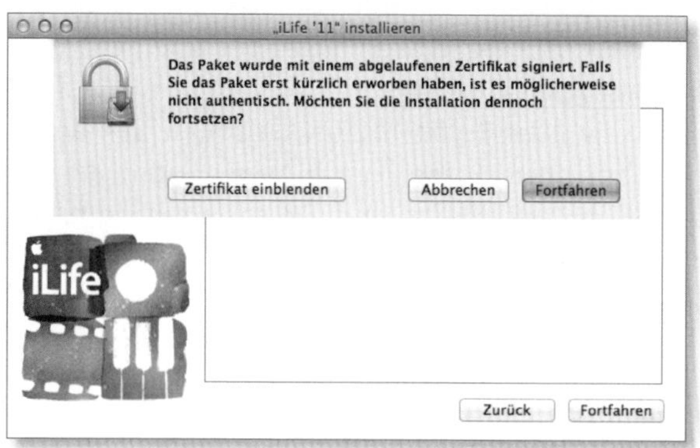

Abbildung 13.15 ▸
In einigen Fällen ist das Zertifikat bereits abgelaufen, obwohl das Paket an sich vollkommen integer ist.

Pakete installieren | Ein Installationspaket öffnen Sie im Finder mit einem einfachen Doppelklick. Damit starten Sie das Installationsprogramm. Die Installation erfolgt in mehreren Schritten, die Ihnen am linken Rand des Fensters angezeigt werden.

[MPKG]
Neben den normalen Paketen, die eine einzelne Installation vornehmen, gibt es sogenannte *Meta-Packages* mit dem Suffix *.mpkg*. Sie fassen mehrere Pakete zusammen und dienen bei der Installation als übergeordnete Instanz, mit der die eigentliche Installation vorgenommen wird.

Dateien einsehen | Vor der Installation können Sie über Ablage • Dateien einblenden die Dateien einsehen, die mit dem Paket installiert werden. Bei dieser Liste spielen die Pfadangaben eine entscheidende Rolle. In Abbildung 13.16 beginnen sie mit »/«, die Dateien werden also von der höchsten Ebene Ihres Startvolumes ausgehend installiert. Es ist auch möglich, dass Pakete Ihnen den Ort der Installation zur Auswahl stellen.

▲ Abbildung 13.16
Über den Menüpunkt Ablage • Dateien einblenden sehen Sie die zu installierenden Dateien ein.

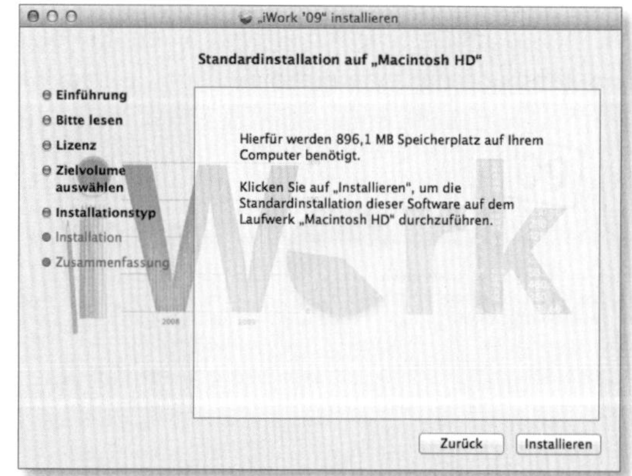

▲ Abbildung 13.17
Der Installationsvorgang teilt sich in mehrere Schritte.

OS X 10.8 unterstützt die Installation von Programmen in Ihrem persönlichen Verzeichnis. Pakete, die Ihnen im Schritt INSTALLATIONSTYP die Auswahl eines Ortes für die Installation erlauben, führen eine Dateiliste, deren Pfadangaben mit ».⁄« beginnen. Diese Pfadangabe gilt dann relativ zum gewählten Ort der Installation.

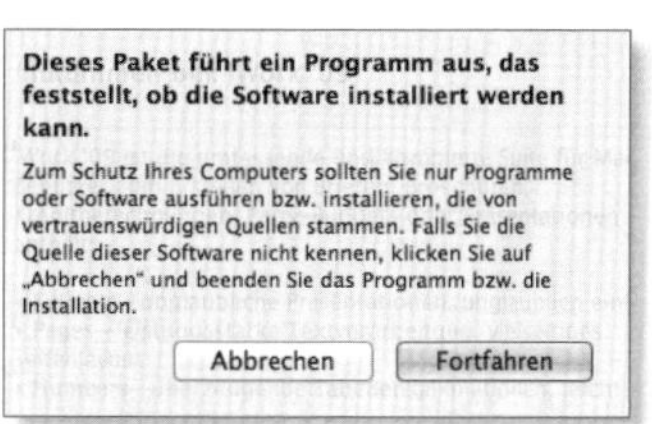

▲ **Abbildung 13.18**
Das Installationsprogramm weist vor der Ausführung eines Skripts darauf hin.

Shell-Skripten | In ein Installationspaket können Entwickler Shell-Skripten (siehe Abschnitt 6.6) integrieren, die entweder vor oder nach der Installation ausgeführt werden. Die Aufgabe dieser Skripten vor der Installation besteht oft darin, zu ermitteln, ob bereits eine Installation vorliegt oder ob Ihr System die Mindestanforderungen erfüllt.

Die Skripten, die nach der Installation ausgeführt werden, dienen meist dazu, benötigte Benutzerkonten über den Befehl `dscl` zu erzeugen oder Dateien aus dem Installationspaket an eine andere Stelle zu verschieben. Letzteres ist zum Beispiel bei Kernel Extensions der Fall.

Protokoll der Installation | Da Sie in der normalen Darstellung des Installationsprogramms während der Installation nicht über die Aktivitäten solcher Skripten informiert werden, können Sie sich über den Menüpunkt FENSTER • INSTALLATIONSPROTOKOLL das Protokoll der Installation anzeigen lassen. Wenn Sie dort anstelle von NUR FEHLERMELDUNGEN ANZEIGEN die Option ALLE MELDUNGEN ANZEIGEN auswählen, erhalten Sie in den meisten Fällen auch Einsicht in die Ausgaben vorhandener Skripten.

»install.log«
Im Dienstprogramm Konsole können Sie die Protokolle bereits erfolgter Installationen in der Datei *install.log* im Verzeichnis /VAR/LOG auch nachträglich einsehen.

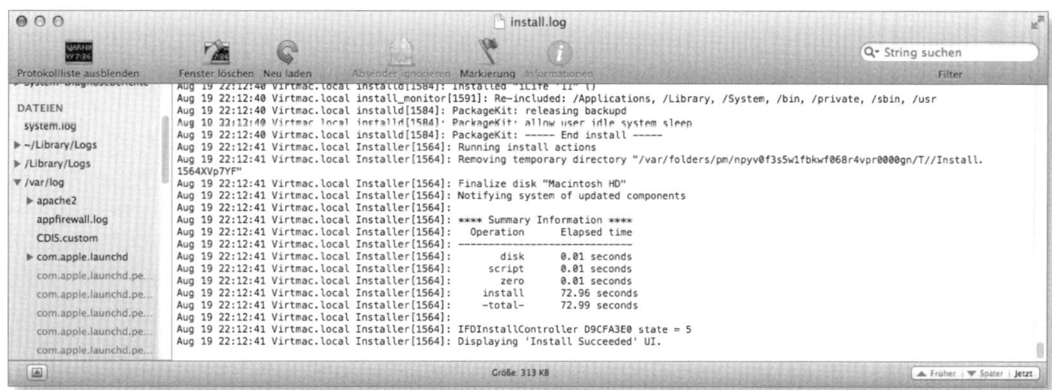

▲ **Abbildung 13.19**
Das Installationsprotokoll informiert über den Fortschritt und etwaige Fehler.

Quittung für Installationen | Haben Sie Software über das Installationsprogramm oder aus dem App Store installiert, wird im Ordner /VAR/DB/RECEIPTS eine Quittung für die Installation gesichert. Die Property-Listen enthalten Informationen über die installierte Version des Pakets sowie den Pfad, unter dem es installiert wurde. Darüber hinaus werden bei Paketen von Apple in vielen Fällen auch Informationen für das Zurücksetzen der Zugriffsrechte (siehe Abschnitt 27.11) benötigt. Die BOM-Dateien enthalten unter anderem eine Liste der installierten Dateien.

[Bill of Materials]
Bei den BOM-Dateien handelt es sich quasi um Quittungen für die erhaltenen Dateien, daher auch der Name »Bill of Materials«. Mit dem Befehl `lsbom` können Sie bei Interesse direkt diese Dateien einsehen.

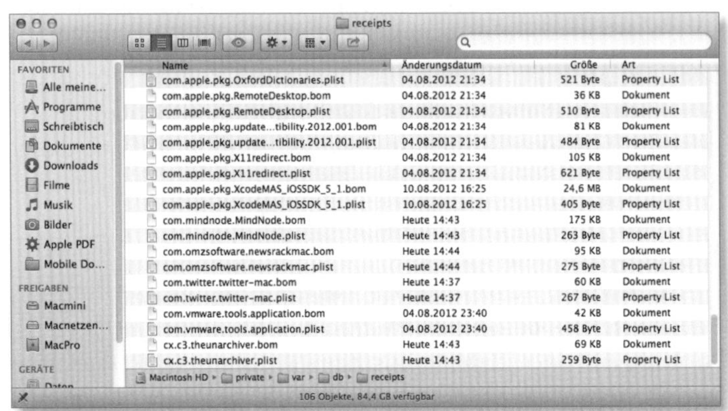

▲ **Abbildung 13.20**
Das Verzeichnis /VAR/DB/RECEIPTS enthält die Quittungen der installierten Pakete.

»InstallHistory.plist«
Interessieren Sie sich für alle Installationsvorgänge, die mit dem Installationsprogramm durchgeführt wurden, dann finden Sie in der Datei *InstallHistory.plist* im Verzeichnis /LIBRARY/RECEIPTS eine vollständige Liste. Diese enthält auch Vorgänge, deren Quittungen sich nicht mehr im Verzeichnis /VAR/DB/RECEIPTS befinden.

Zugriff mit »pkgutil« | Am Terminal greifen Sie mit dem Befehl `pkgutil` auf diese Quittungen zu. Durch die Eingabe von

```
pkgutil --pkgs
```

können Sie sich zunächst eine Liste der installierten Pakete anzeigen lassen. Diese Pakete werden nach dem Prinzip der umgekehrten Domainnamen (*com.apple.pkg.iPhoto*) benannt. Diese Bezeichnung können Sie in Verbindung mit der Option `--files` etwa in der Form `pkgutil --files com.apple.pkg.iPhoto` nutzen, um sich die über ein Paket installierten Dateien anzeigen zu lassen. Dies ist ganz nützlich, wenn Sie ein Paket installiert haben, das Sie später komplett inklusive etwaiger Kernel Extensions deinstallieren möchten. Sofern der Hersteller kein Programm zur Deinstallation mitgeliefert hat, können Sie anhand dieser Liste nahezu alle Dateien und Verzeichnisse aufspüren, die für eine vollständige Installation gelöscht werden müssten.

Hinweis
Bei der Suche nach installierten Dateien und Ordnern müssen Sie im Hinterkopf behalten, dass während des Installationsvorgangs Shell-Skripten ausgeführt werden können, die Dateien und Ordner an eine andere Stelle verschieben. Hier kann ein wenig Forensik oder die Suche mittels Spotlight unter Berücksichtigung der Systemdateien (siehe Abschnitt 7.2) zum Ziel führen.

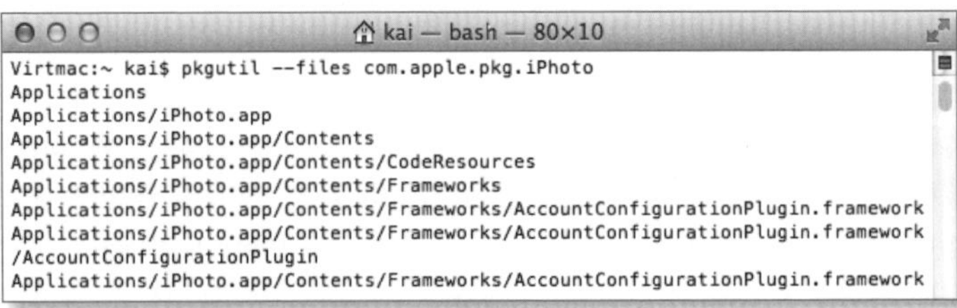

Abbildung 13.21 ▸
Über die Option `--files` in Verbindung mit der Bezeichnung eines Pakets sehen Sie die installierten Dateien ein.

Startobjekte | Einige wenige ältere Programme, die noch nicht mit dem nachfolgend beschriebenen `launchd` arbeiten, installieren im Verzeichnis /LIBRARY/STARTUPITEMS ein Startobjekt, um zum Beispiel einen Dienst im Hintergrund zu starten. Dieses Verfahren wird zwar von Apple ausdrücklich nicht mehr empfohlen, aber von OS X 10.8 nach wie vor unterstützt.

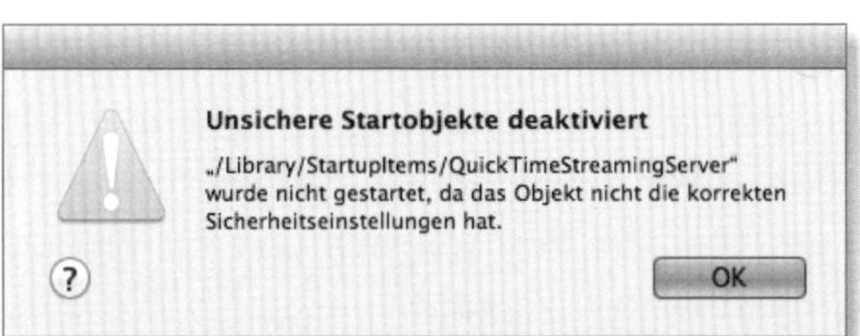

◂ **Abbildung 13.22**
Unsichere Startobjekte werden nicht ausgeführt.

Es kommt bei einigen Programmen vor, dass die Zugriffsrechte nicht korrekt gesetzt wurden. Stößt das System beim Ausführen auf ein solches Objekt, wird dieses nicht gestartet; Sie erhalten stattdessen nach der Anmeldung die Nachricht aus Abbildung 13.22.

Wenn Sie sicher sind, dass das bemängelte Startobjekt eigentlich ausgeführt werden sollte, weil Sie vor dem Neustart ein Programm installiert haben, dessen Bezeichnung sich mit der des Startobjekts deckt, dann können Sie die Zugriffsrechte korrigieren. Mit der Eingabe von

Privilege Escalation
Mit diesen restriktiven Zugriffsrechten wird vermieden, dass die Zugriffsrechte und Privilegien dieses Startobjekts eskalieren. Hätten andere Benutzer ebenfalls Schreibrechte an dem Startobjekt, dann könnte dieses im Hintergrund manipuliert werden.

```
sudo chown -R root:wheel /Library/StartupItems/Name
```

weisen Sie dem Ordner den Super-User als Besitzer zu. Mit der Eingabe von

```
sudo chmod -R 755 /Library/StartupItems/Name
```

korrigieren Sie die Zugriffsrechte anschließend dahingehend, dass nur noch der Super-User Schreibzugriff auf den Inhalt dieses Verzeichnisses erhält; andere Benutzer dürfen den Inhalt ausführen.

Eigene Installationspakete erstellen

Die Erstellung eigener Installationspakete ist nicht nur für Entwickler nützlich. Wenn Sie in einem Netzwerk mehrere Rechner neu einrichten und bei jedem eine festgelegte Anzahl von Programmen verfügbar sein soll, ist die Erstellung eines eigenen Pakets, das die notwendigen Programme in einem Durchgang installiert, hilfreich. Für diese Aufgabe steht Ihnen der *Package Maker* zur Verfügung. Der Package Maker ist Bestandteil der Au-

Format der Pakete
Wenn Sie mit dem Package Maker ein neues Paket erstellen, fragt Sie das Programm nach dem Ziel (MINIMUM TARGET). Abhängig von der ausgewählten Version wählt es dann das passende Format für das Paket. Entscheiden Sie sich hier für MAC OS X V10.5 LEOPARD, wird das XAR-Format verwendet.

xiliary Tools for Xcode, die Sie sich unter *http://developer.apple.com/downloads* herunterladen können.

Install Destination | Nach dem Start fragt Sie der Package Maker nach der ORGANIZATION, mit der das Installationspaket identifiziert werden soll, sowie nach dem MINIMUM TARGET für das Installationspaket. Im Hauptfenster können Sie nun das eigentliche Paket zusammenstellen. Dieses finden Sie oben in der linken Leiste. Wenn Sie es anklicken – in Abbildung 13.23 wird es mit INTERNER ROLLOUT bezeichnet –, können Sie im Hauptfenster die Eigenschaften wie den Titel, die Beschreibung und das Ziel der Installation (INSTALL DESTINATION) vorgeben.

Unter INSTALL DESTINATION stehen Ihnen drei Optionen zur Verfügung. Mit VOLUME SELECTED BY USER ermöglichen Sie dem Anwender, die Installation auf einem beliebigen Volume vorzunehmen. Aktivieren Sie SYSTEM VOLUME, dann erscheint im Installationsprogramm die Option FÜR ALLE BENUTZER DIESES COMPUTERS INSTALLIEREN. USER HOME DIRECTORY ermöglicht im Installationsprogramm die Entscheidung NUR FÜR MICH INSTALLIEREN, wobei dann das persönliche Verzeichnis als Ziel gewählt wird.

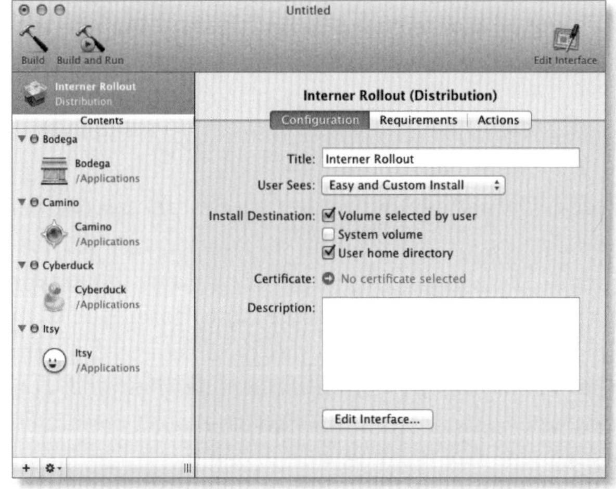

Abbildung 13.23 ▸
Programme und Dateien fügen Sie per Drag & Drop zu einem Paket hinzu.

Edit Interface
Über die Schaltfläche EDIT INTERFACE ändern Sie bei Bedarf die Benutzeroberfläche des Installationspakets. Dazu gehören unter anderem die Erläuterungen und der grafische Hintergrund des Fensters.

Programme hinzufügen | Anschließend fügen Sie die zu installierenden Programme unter CONTENTS hinzu. Ziehen Sie Programme aus dem Finder einfach in diese Spalte, oder wählen Sie über das Pluszeichen unten ein Programm aus. Die Programme werden jeweils in einem eigenen Unterpaket gleichen Namens eingefügt.

Wählen Sie das Paket des Programms (siehe Abbildung 13.24) aus, und Sie können über die Optionen hinter INITIAL STATE vorgeben, ob Sie das Paket dem Anwender zur Wahl stellen möchten oder nicht. Aktivieren Sie die Option SELECTED, gilt das Paket als ausgewählt und wird, sofern der Anwender keine gegenteilige Entscheidung trifft, installiert.

Eine Unterscheidung unterbinden Sie, indem Sie die Option ENABLED deaktivieren. Das Paket erscheint dann in der Liste, wird allerdings ausgegraut, und der Anwender kann keine Änderung vornehmen. Diese Option ist hilfreich, um einige Pakete obligatorisch zu installieren.

Mit der Option HIDDEN verstecken Sie das Paket in der Liste; es wird dann zwar immer noch installiert, erscheint aber nicht mehr in der Auswahl.

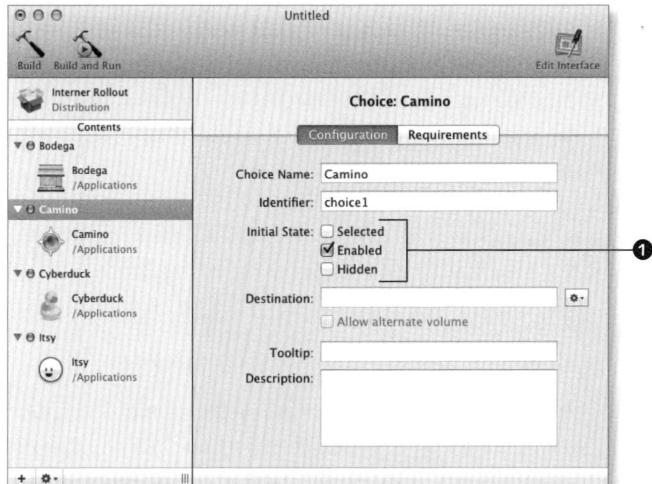

◂ **Abbildung 13.24**
Über die Optionen bei INITIAL STATE ❶ stellen Sie das Paket dem Anwender zur Auswahl.

»Build« | Um das Installationspaket zu erstellen, klicken Sie die Schaltfläche BUILD an. Der Package Maker sammelt nun die notwendigen Informationen und Dateien und erstellt das Installationspaket an dem von Ihnen ausgewählten Ort. Über BUILD AND RUN können Sie auch anschließend das Installationsprogramm sofort starten.

Der Gate Keeper

Mit OS X 10.8 hat Apple die neue Funktion *Gate Keeper* eingeführt. Mit dem Gate Keeper wird gesteuert, welche Programme auf Ihrem System ausgeführt werden dürfen und welche nicht. Die Entscheidungen des Gate Keepers beruhen auf der Quelle des Programms. In den Systemeinstellungen finden Sie in der Ansicht SICHERHEIT im Reiter ALLGEMEIN den Bereich PROGRAMME AUS FOLGENDEN QUELLEN ERLAUBEN. Hier stehen Ihnen drei Optionen zur Verfügung. Die restriktivste Einstellung ist die ausschließliche Beschränkung auf Programme, die Sie im App Store erworben haben. Nutzen Sie die zweite Option (MAC APP STORE UND VERIFIZIERTE ENTWICKLER), dann werden auch Programme ausgeführt, denen ein gültiges und von Apple akzeptiertes Zertifikat mitgegeben wurde. Schließlich können Sie auch KEINE EINSCHRÄNKUNGEN vornehmen und erhalten dann den Hinweis, dass Ihr System nun etwas weniger sicher sei.

Abbildung 13.25 ▸
Der Gate Keeper verfügt über drei Einstellungsmöglichkeiten.

Erweitertes Dateiattribut
Beim ersten Start eines unbekannten und nicht signierten Programms spielt das Dateiattribut `com.apple.quarantine` eine Rolle. Existiert dieses Dateiattribut, dann unterbindet der Gate Keeper den Start, sofern Sie Einschränkungen vorgegeben haben.

Der Zweck des Gate Keepers besteht in erster Linie darin, den versehentlichen Start von Programmen zu verhindern, die die Sicherheit Ihres System kompromittieren können. Auch in den restriktiven Einstellungen können Sie ein bestimmtes Programm über den Eintrag ÖFFNEN im Kontextmenü des Finders starten. Das System merkt sich, welche Programme auf diese Weise ausdrücklich gestartet wurden, und der Hinweis unterbleibt.

Abbildung 13.26 ▸
Der Gate Keeper unterbindet den Start eines Programms, das nicht signiert wurde.

13.2 Voreinstellungen

Ob und wie die Voreinstellungen für eine Software gespeichert werden, ist von Programm zu Programm ganz unterschiedlich. Die von Apple bevorzugte und empfohlene Methode sind die

Property-Listen, deren Format und Bearbeitung im Folgenden beschrieben werden. Nicht alle Programme – insbesondere wenn sie aus dem Open-Source- oder UNIX-Spektrum stammen – machen sich die Vorgaben von Apple zunutze.

Darüber hinaus gibt es zwei weitere Dateien, *Environment.plist* und *.Globalpreferences.plist*, die das Verhalten Ihres Systems beeinflussen können.

Unsichtbare Verzeichnisse und Textdateien

Nutzen Sie Programme wie die GPGTools, deren Wurzeln in anderen UNIX-Derivaten oder in Linux zu finden sind, kann es sein, dass diese Programme ihre Voreinstellungen nicht im Ordner PREFERENCES in Ihrer Library ablegen, sondern in unsichtbaren Verzeichnissen in Ihrem persönlichen Ordner.

/etc
Das Verzeichnis /ETC wird in diesem Buch an vielen Stellen angesprochen. In ihm befinden sich die Voreinstellungen einiger Systemdienste und Server wie des Apache-Webservers.

Auch wenn sich diese Programme oftmals nahtlos in die Oberfläche von OS X 10.8 integrieren und optisch kaum ein Unterschied auszumachen ist, werden Sie bei der Suche nach den Voreinstellungen vielleicht nicht fündig.

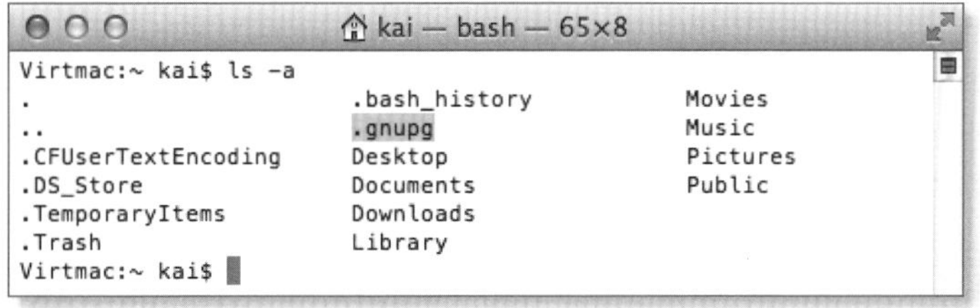

◀ **Abbildung 13.27**
Im persönlichen Benutzerordner finden sich in unsichtbaren Verzeichnissen (mit einem Punkt beginnend) die Voreinstellungen vieler Programme aus dem UNIX-Spektrum.

Am Terminal können Sie sich mit dem Befehl `ls -a` (siehe Abschnitt 13.27) die im Finder nicht sichtbaren Verzeichnisse anzeigen lassen, zum Beispiel mit `cd .gnupg` in sie hineinwechseln und die darin enthaltenen Voreinstellungsdateien bearbeiten. In der Regel handelt es sich dabei um einfache Textdateien, die Sie mit dem Editor `nano` modifizieren können.

Kommentare mit #
In vielen der Einstellungsdateien dient die Raute # dazu, einen Kommentar einzuleiten. Solche Zeilen enthalten Erläuterungen der Voreinstellungen und werden von dem Programm ignoriert.

Preferences und Property-Listen

Das von den meisten Programmen und dem Betriebssystem für die Speicherung von Voreinstellungen genutzte Format sind die Property-Listen mit der Dateiendung *.plist*. Hierbei handelt es sich um XML-Dateien, deren Aufbau von Apple festgelegt wurde.

Viele Voreinstellungen des Betriebssystems finden Sie im Verzeichnis /LIBRARY/PREFERENCES. Dazu gehören in erster Linie die Komponenten, die von Apple selbst entwickelt wurden, während Voreinstellungen für Programme und Dienste aus dem Open-

Source-Spektrum in erster Linie im Verzeichnis /etc (siehe oben) liegen.

Umgekehrte Domainnamen
Namensgebungen wie com.apple.mail mögen auf den ersten Blick verwirren. Betrachten Sie sie genauer, lesen sie sich wie eine Adresse im World Wide Web, bloß rückwärts. Apple selbst spricht auch von *Domains* für Voreinstellungen. Die Idee hinter der Schreibweise ist, die Voreinstellungen auch nach Herstellern trennen zu können. So speichert zum Beispiel der Browser Camino, der von einer gemeinnützigen Stiftung verantwortet wird, seine Voreinstellungen in der Datei *org.mozilla.camino.plist*.

Die Voreinstellungen, die Sie für Programme vornehmen, werden im Verzeichnis ~/Library/Preferences gespeichert. Darüber hinaus nutzen viele Programme dieses Format für die Speicherung anderer Informationen. Safari etwa speichert die Lesezeichen in der Datei *Bookmarks.plist*.

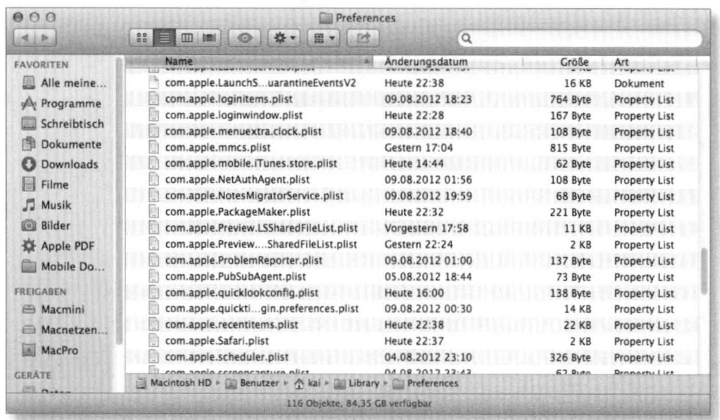

Abbildung 13.28 ▶
Die individuellen Einstellungen der meisten Programme werden in der Library unter Preferences gespeichert.

Einsicht mit Quick Look | Wenn Sie einen schnellen Blick in den Inhalt einer Property-Liste werfen möchten, rufen Sie im Finder mit Quick Look die Übersicht auf. Sie erhalten dann einen Einblick in den Quelltext der XML-Datei.

Abbildung 13.29 ▶
Property-Listen können Sie unter anderem mit Quick Look einsehen.

[Property List Editor]
Bis Mac OS X 10.6 gab es ein kleines Programm namens Property List Editor, dessen Aufgabe einzig und allein in der Bearbeitung von Property-Listen bestand. Warum seine Funktionalität komplett in Xcode aufgegangen ist, ist nach wie vor nicht ersichtlich.

Bearbeitung mit Xcode | Mit Xcode können Sie nicht nur ganze Programme entwickeln, sondern auch diese eher kleinen XML-Dateien bearbeiten. Eine schon existierende Property-List-Datei öffnen Sie in Xcode über den Menüpunkt File • Open oder mit einem Doppelklick im Finder. Zur Erstellung einer neuen Datei öffnen Sie über den Menüpunkt FILE • NEW • FILE die in Xcode enthaltenen Vorlagen. Lassen Sie sich dabei von der Vielzahl der Dateitypen nicht irritieren. Sie finden unter MAC OS X im Eintrag RESOURCE die Vorlage PROPERTY LIST.

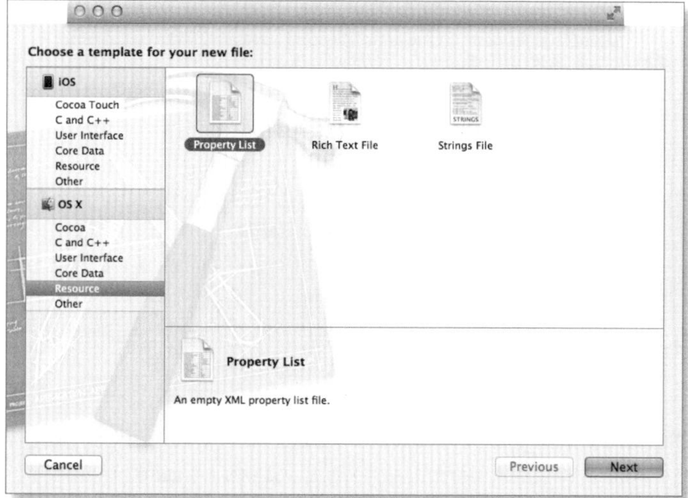

◂ **Abbildung 13.30**
Die Rubrik RESOURCE enthält die Vorlage für eine Property-Liste.

Haben Sie eine neue Property-Liste in Xcode erstellt, dann sind Sie zunächst mit einem leeren Fenster konfrontiert, das lediglich den Eintrag ROOT enthält. Wenn Sie diesen Eintrag ausgewählt haben, können Sie über den Menüpunkt EDITOR • ADD ITEM den ersten Eintrag hinzufügen. Weitere Einträge können Sie auch über die kleinen Plus- und Minuszeichen ❷ erzeugen beziehungsweise löschen. Diese erscheinen, wenn Sie einen Eintrag ausgewählt haben.

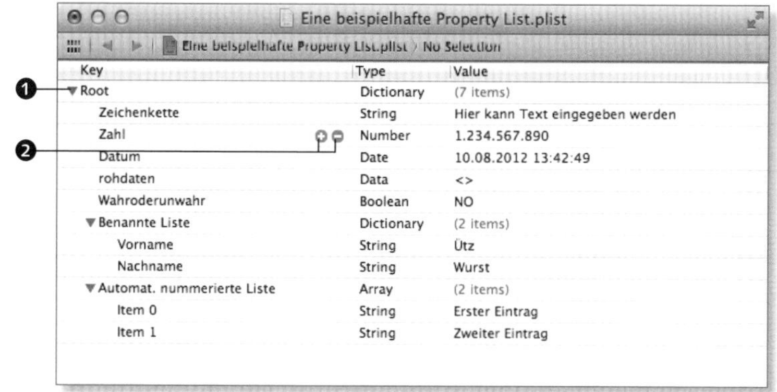

◂ **Abbildung 13.31**
Über das Plus- und Minuszeichen ❷ erstellen und löschen Sie Einträge.

Property-Listen bearbeiten | Jeder dieser Einträge ist einem Typ zugewiesen, der seinen Inhalt definiert. Der Grund hierfür liegt in einer einigermaßen effizienten Speichermethode und Verfahrensweise bei der Programmierung. Einen Typ vergeben Sie über das Ausklappmenü in der mittleren Spalte (TYPE).

> **Hinweis**
> Die Typen sollten Sie nicht entgegen der vom Programm vorgenommenen Definition ändern.

Folgende Typen können zugeordnet werden:

- STRING: Ein Eintrag vom Typ STRING enthält als Wert Text in Form alphanumerischer Zeichen.
- NUMBER: In einem solchen Typ werden ausschließlich Ganzzahlen gespeichert.
- DATA: Dieser Typ enthält binäre Daten. Dies können zum Beispiel Grafikdateien eines Icons oder eine Voransicht des zuletzt benutzten Dokuments sein.
- BOOLEAN: Dieser Typ kann lediglich zwei Werte enthalten: wahr (`true`/YES) oder falsch (`false`/NO).
- DICTIONARY: Ein Dictionary enthält keine Daten an sich, dafür aber Untereinträge in Form weiterer Einträge.
- ARRAY: In einem Array können mehrere Einträge zusammengefasst werden, die aufsteigend nummeriert werden.

> **Hinweis**
> Wenn Sie auf diese Weise in die Voreinstellungen von Programmen eingreifen, aktivieren Sie vielleicht eine versteckte Funktion. Es ist aber ebenso gut möglich – wenn nicht sogar wahrscheinlicher –, dass das Programm anschließend nicht mehr funktioniert. In diesem Fall sollten Sie unbedingt auf eine zuvor erstellte Sicherheitskopie der Datei zurückgreifen.

Die Werte können Sie mit einem Doppelklick auf den Eintrag in der Spalte VALUE ändern. Beim Typ BOOLEAN können Sie über das Ausklappmenü entscheiden, ob der Wert wahr (YES) oder unwahr (NO) sein soll. Ansonsten können Sie bei STRING einen Text frei eingeben und auch das Datum frei ändern, sofern Sie sich an das vorgegebene Format halten. Einen neuen Eintrag unterhalb des aktuell ausgewählten erzeugen Sie über das kleine Pluszeichen, den aktuell ausgewählten löschen Sie über das Minuszeichen.

Bei Listen vom Typ DICTIONARY und ARRAY erzeugen Sie mit dem Pluszeichen dann einen Untereintrag, wenn Sie die Liste mithilfe des vorangestellten grauen Dreiecks ❶ ausgeklappt haben (siehe Abbildung 13.31). Ist die Liste eingeklappt, dann wird ein neuer Eintrag auf der Ebene der Liste erzeugt.

Property-Listen prüfen | Property-Listen folgen einem von Apple in Form einer Doctype Declaration vorgegebenen Format. Infolge von Programmabstürzen kann es zu Beschädigungen kommen. Um die Datei einer syntaktischen Prüfung zu unterziehen, können Sie am Terminal einen Befehl nach folgendem Schema eingeben:

> **Hinweis**
> Der Befehl `plutil` prüft die Datei nur auf syntaktische Korrektheit. Er ermittelt nicht, ob die enthaltenen Werte bei einem Programmierfehler im Programm einen Absturz auslösen.

```
plutil Dateiname
```

Wenn Sie mit `cd ~/Library/Preferences` am Terminal in das Verzeichnis Ihrer persönlichen Voreinstellungen wechseln, können Sie mit der Eingabe `plutil com.apple.mail.plist` die Datei der Voreinstellungen von Mail überprüfen. Wenn sie vom Aufbau her fehlerfrei ist, erhalten Sie die Ausgabe `OK`.

Binäre Property-Listen | Die XML-Dateien liegen entweder als reiner Text vor, der sich auch in einem beliebigen Editor bearbeiten ließe, oder in binärer Form. Sie können mit `plutil` eine Property-Liste in lesbaren Text umwandeln. Rufen Sie `plutil` mit der Option `-convert` auf, und geben Sie mit dem Parameter `xml1` das Format XML anstelle von binär vor. Der Aufruf würde vollständig

```
plutil -convert xml1 com.apple.mail.plist
```

lauten, sofern die Datei binär vorliegt. Die Umwandlung kann dann notwendig werden, wenn Sie sich beispielsweise über SSH an einem Rechner angemeldet haben und Änderungen nur über die Shell vornehmen können.

Der Befehl »defaults« | Wenn Sie anfangen, mehr mit dem Terminal zu arbeiten, werden Sie vielleicht auch die eine oder andere Voreinstellung direkt manipulieren wollen. Hierzu steht Ihnen der Befehl `defaults` zur Verfügung. Er modifiziert die Voreinstellungen des Benutzers, von dem er aufgerufen wurde.

»Environment.plist«
Bis OS X 10.7 konnten Werte in sogenannten *Umgebungsvariablen* über die Datei *environment.plist* im Verzeichnis ~/.MacOSX gesetzt werden. OS X 10.8 unterstützt dieses Verfahren nicht mehr.

Sie müssen `defaults` eine Aktion (`read` oder `write`) vorgeben. Darauf folgt die zu lesende oder zu ändernde Voreinstellung in Form ihres umgekehrten Domain-Namens. Die Eingabe `defaults read com.apple.mail` gibt Ihnen die aktuellen Voreinstellungen von Mail am Terminal aus.

Wenn Sie einen Wert mit `write` ändern oder neu erstellen möchten, geben Sie zuerst seinen Namen und dann den neuen Wert an. Wenn der Wert einem bestimmten Typ entsprechen soll, geben Sie diesen mit einem Minuszeichen vor.

Der Befehl `defaults` ist recht beliebt, um sogenannte »Hacks«, mit denen verborgene Funktionen eines Programms aktiviert werden, zu nutzen. So würden Sie mit

Neustart
Die meisten dieser Manipulationen erfordern den Neustart des Programms oder Dienstes. Im Falle des Docks können Sie es mit `killall Dock` neu starten.

```
defaults write com.apple.dock no-glass -boolean YES
```

das zweidimensionale Dock auch am unteren Bildschirmrand aktivieren. Hier würde die Eigenschaft `no-glass` den Einstellungen `com.apple.dock` hinzugefügt und dabei der Typ `-boolean` verwendet. Der eigentliche Wert ist `YES`, also wahr. Mit der Eingabe von

```
defaults write com.apple.dock no-glass -boolean NO
```

können Sie die Änderung zurücknehmen und wieder zur standardmäßigen Darstellung zurückkehren.

Der Befehl »open«
Mit dem Befehl open öffnen Sie am Terminal Dateien in dem Programm, in dem sie auch bei einem Mausklick im Finder geöffnet würden. open simuliert also quasi einen Doppelklick.

Global Preferences | Die im Finder unsichtbare Datei *.Globalpreferences.plist* im Verzeichnis ~/LIBRARY/PREFERENCES enthält die Voreinstellungen für viele Elemente der grafischen Benutzeroberfläche. Um diese Datei in Xcode zu bearbeiten, geben Sie am Terminal den Befehl

```
open ~/Library/Preferences/.GlobalPreferences.plist
```

ein. Die Datei wird anschließend geöffnet. Ändern Sie den Wert des Eintrags APPLESCROLLANIMATIONENABLED von YES auf NO, dann entspricht dies der Abwahl der Option GLEICHMÄSSIGES BEWEGEN VERWENDEN in der Ansicht ALLGEMEIN der Systemeinstellungen. Gegebenenfalls müssen Sie sich nach dem Speichern der Änderung ab- und wieder anmelden. Am Rande: Weisen Sie den Eigenschaften wie APPLEAQUACOLORVARIANT eigene Werte zu, kann es sein, dass sich Ihr System anschließend instabil verhält oder einige Funktionen nicht mehr wie gewünscht funktionieren.

13.3 Der Dämon »launchd«

[cron]
Unter vielen UNIX-Derivaten und Linux wird die Aufgabe, Programme nach einem Zeitplan zu starten, von dem Dienst cron übernommen. Dieser ist in OS X 10.8 noch vorhanden, allerdings wird auch er von launchd kontrolliert. Im direkten Vergleich zu cron ist die Arbeit mit launchd deutlich flexibler und komfortabler.

Die Aufgaben und Funktionen des Dämons launchd sind recht vielfältig. Zunächst ist er beim Start des Systems dafür zuständig, dass viele Systemdienste gestartet werden. Er ist die übergeordnete Instanz, die diese Dienste überwacht, bei Bedarf neu startet und ihnen Ressourcen des Rechners zuteilt. Darüber hinaus kann er Programme nach einem Zeitplan und in Intervallen ausführen.

»LaunchDaemon« und »LaunchAgent« | Das Konzept von launchd beruht auf zwei Formen von Diensten. Als *LaunchDaemon* wird ein Dienst bezeichnet, der ohne grafische Oberfläche arbeitet und im Hintergrund aktiv ist. Ein Beispiel wäre der Webserver Apache, der über keine Oberfläche verfügt und im Hintergrund die aufgerufenen Webseiten ausliefert, oder auch die zentrale Instanz des Drucksystems cupsd.

[inetd]
Unter Linux ist der Dämon inetd für den Start von Servern bei Bedarf zuständig. Um die Portierung von Programmen zu erleichtern, verfügt launchd über die Möglichkeit, dem Dämon den Start über inetd vorzutäuschen.

Es ist mit launchd auch möglich, Dienste nur bei Bedarf zu starten. Dazu gehört beispielsweise die entfernte Anmeldung über SSH (siehe Abschnitt 17.2). Der für die Anmeldung zuständige Dämon sshd ist nicht die ganze Zeit aktiv, sondern er wird von launchd gestartet, wenn eine Anfrage auf dem entsprechenden Port eingeht. Ein LaunchDaemon arbeitet unabhängig davon, ob sich ein Benutzer am System angemeldet hat.

Ein *LaunchAgent* wird erst dann ausgeführt, wenn sich ein Benutzer am System angemeldet hat. Ein Beispiel wäre hier die über das Programm `pboard` realisierte Zwischenablage. Sie ist nicht aktiv, wenn das System mit dem Anmeldebildschirm auf die Identifizierung eines Anwenders wartet, wird aber dann gestartet, wenn sich ein Benutzer anmeldet. Anders als ein LaunchDaemon kann ein LaunchAgent die grafische Benutzeroberfläche nutzen, unterliegt hier aber einigen kleinen Einschränkungen.

Fünf Verzeichnisse | Verwaltet und konfiguriert werden sowohl die LaunchDaemons als auch die LaunchAgents über Property-Listen, in denen die benötigten Angaben wie der Pfad des auszuführenden Programms, der Name des Dienstes, die Kommunikation des Dienstes im Netzwerk über Bonjour und auch die Zeitpunkte für den zeitgesteuerten Start enthalten sind. Diese Property-Listen werden in fünf Verzeichnissen abgelegt:

- /SYSTEM/LIBRARY/LAUNCHDAEMONS: Hier werden die meisten Dienste des Systems konfiguriert, die über einen Dämon im Hintergrund realisiert werden. Dazu gehören die meisten Server-Dienste.
- /SYSTEM/LIBRARY/LAUNCHAGENTS: Die systemeigenen Dienste, die nach der Anmeldung des Benutzers ausgeführt werden, finden sich in diesem Verzeichnis. Dazu gehören beispielsweise die Zwischenablage oder auch die Suche über Spotlight.
- /LIBRARY/LAUNCHDAEMONS: In diesem zunächst leeren Ordner werden Dämonen von Fremdherstellern konfiguriert.
- /LIBRARY/LAUNCHAGENTS: Dieser ebenfalls zunächst leere Ordner enthält LaunchAgents von Fremdherstellern oder auch eigene, die für alle Benutzer des Systems gelten sollten.
- ~/LIBRARY/LAUNCHAGENTS: Auch in der persönlichen Library können LaunchAgents konfiguriert werden. Diese werden dann aktiv, wenn sich der betreffende Benutzer angemeldet hat.

Warnung
Vermeiden Sie das manuelle Löschen von Dateien aus den Ordnern /SYSTEM/LIBRARY/LAUNCHDAEMONS und /SYSTEM/LIBRARY/LAUNCHAGENTS.

Diese Unterteilung in fünf Verzeichnisse ist bei der Trennung zwischen den Diensten, die zum Betriebssystem an sich gehören, und denen, die Sie selbst entweder per Hand oder über die Installation einer Software eingerichtet haben, sehr hilfreich.

Zur besseren Übersicht hat Apple bei der Bezeichnung auf die umgekehrten Domainnamen zurückgegriffen, und so heißt die für den Start des LaunchAgents der Zwischenablage zuständige Datei *com.apple.pboard.plist*.

LaunchAgents als Beispiele
Dieser Abschnitt stellt Ihnen die Einrichtung zweier LaunchAgents vor. Die dabei beschriebenen Parameter können Sie auch für die Einrichtung eines LaunchDaemons nutzen. Die Arbeit mit einem LaunchDaemon ist in der Regel dann nötig, wenn Sie Server installieren, die ohne vorherige Anmeldung eines Benutzers ausgeführt werden sollen.

Verwaltung mit »launchctl« | Die Inhalte der Ordner werden nach dem Start und der Anmeldung automatisch eingelesen und ausgewertet. Während des Betriebs von OS X können Sie mit dem Befehl `launchctl` Dienste aktivieren und deaktivieren.

Nützlich ist `launchctl` unter anderem dann, wenn Sie, wie in den nächsten Abschnitten beschrieben, eigene LaunchAgents einrichten und testen möchten. Sie ersparen sich den Neustart und können im laufenden Betrieb die aktiven LaunchAgents und LaunchDaemons konfigurieren.

Programme in Intervallen starten

Pfad ins Bundle

Bei der Arbeit mit `launchd` müssen Sie den Pfad zur ausführbaren Datei angeben. Sichern Sie Ihr AppleScript als Programm, dann müssen Sie anschließend den Pfad zur ausführbaren Datei innerhalb des Bundles angeben, beispielsweise `/Users/kai/Library/Skripten/Regular.app/Contents/MacOS/applet`.

In einem ersten Beispiel soll ein LaunchAgent für ein AppleScript, das als Programm gespeichert wurde, alle fünf Minuten ausgeführt werden. Hierzu benötigen Sie zunächst das AppleScript. Für Testzwecke können Sie ein einfaches Script mit der Zeile

```
tell application "Finder" to display dialog "Hallo"
```

erstellen. Dies hat den Vorteil, dass Sie eine Nachricht im Finder erhalten, wenn der LaunchAgent ausgeführt wird. Für den produktiven Einsatz wäre natürlich ein Skript, das auch wirklich Aufgaben verrichtet, angebracht. Aber mit der Benachrichtigung im Finder können Sie schnell prüfen, ob Ihr LaunchAgent wie gewünscht funktioniert.

Im Skripteditor geben Sie als DATEIFORMAT für das AppleScript PROGRAMM (siehe Abschnitt 26.10) vor. Erstellen Sie dann in Ihrer persönlichen Library einen Unterordner SKRIPTEN, in dem Sie das AppleScript mit dem Namen »Regular« speichern. Es erhält das Suffix *.app*, der vollständige Name lautet also *Regular.app*.

Hinweis

Der `launchd` ist sehr sensibel in Bezug auf die Typen der Eigenschaften. Wenn Sie für die Eigenschaft STARTINTERVAL den Typ STRING und nicht NUMBER auswählen, wird der LaunchAgent von `launchd` nicht ausgeführt, und Sie erhalten eine Fehlermeldung in der Konsole, wie im Folgenden beschrieben.

Property-Liste erstellen | Für einen regelmäßigen Start des Programms werden in der Property-Liste drei Einträge benötigt:

- LABEL: Dieser Eintrag vom Typ STRING gibt die Bezeichnung vor, unter der der LaunchAgent von `launchd` identifiziert wird. Hierbei werden die umgekehrten Domainnamen verwendet, und Sie können als Bezeichnung zum Beispiel »com.kai.test« verwenden.
- PROGRAM: Dieser Eintrag gibt den absoluten Pfad zum auszuführenden Programm an. Als Typ müssen Sie wiederum STRING verwenden.
- STARTINTERVAL: Dieser Eintrag vom Typ NUMBER enthält eine ganze Zahl, die in Sekunden den Zeitabstand zwischen den Starts des Programms enthält.

In Xcode rufen Sie zunächst über den Menüpunkt FILE • NEW • FILE die Vorlagen für die Dateien auf und wählen aus der Rubrik RESOURCE unter MAC OS X die Vorlage PROPERTY LIST. Über den

Menüpunkt Editor • Add Item erstellen Sie den ersten Eintrag. Geben Sie hier als Bezeichnung Label und unter Type String vor. In der Spalte Value geben Sie die Bezeichnung, unter der der LaunchDaemon von `launchd` verwaltet werden soll, ein. In diesem Fall ist es com.kai.test.

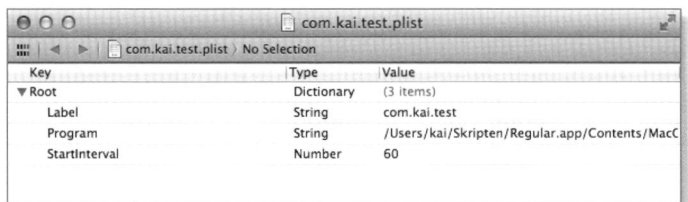

com.kai.test.plist

com.kai.test.plist › No Selection

Key	Type	Value
▼ Root	Dictionary	(3 items)
Label	String	com.kai.test
Program	String	/Users/kai/Skripten/Regular.app/Contents/MacC
StartInterval	Number	60

◂ **Abbildung 13.32**
Für den LaunchAgent benötigen Sie drei Eigenschaften.

Nachdem Sie den Eintrag Label ausgewählt haben, erscheint ein kleines Pluszeichen, über das Sie einen weiteren Eintrag erzeugen. Dessen Bezeichnung lautet Program, und als Typ weisen Sie wiederum String zu. Geben Sie dann unter Value den absoluten Pfad zu dem auszuführenden Programm ein.

Der dritte Eintrag erhält die Bezeichnung StartInterval, und Sie müssen als Typ Number vorgeben. Unter Value legen Sie die Anzahl der Sekunden fest, die zwischen den einzelnen Ausführungen liegen sollen. Die in Abbildung 13.32 verwendete Anzahl von 60 ist im alltäglichen Gebrauch sicherlich zu gering, aber ganz gut geeignet, um den LaunchAgent zu testen.

»LaunchAgent« aktivieren | Speichern Sie diese Property-Liste im Ordner ~/Library/LaunchAgents, wobei Sie der Übersicht halber den Namen verwenden sollten, den Sie auch als Label vergeben haben. In diesem Beispiel wurde die Datei als *com.kai.test.plist* gespeichert. Sollte der Ordner LaunchAgents noch nicht existieren, können Sie ihn problemlos selbst erstellen.

Um den LaunchAgent zu testen, müssen Sie ihn nun mit `launchctl` aktivieren. Dieser Befehl verfügt über die Aktionen `load` zur Aktivierung und `unload` zur Deaktivierung von LaunchAgents und LaunchDaemons.

Ordneraktionen
Auch die Ordneraktionen, die Sie mit dem Automator oder mit AppleScript nutzen können, werden über LaunchAgents realisiert. Es kann also sein, dass Sie im Verzeichnis ~/Library/LaunchAgents bereits zwei Dateien vorfinden.

Beiden müssen Sie den Pfad zu der Property-Liste übergeben, die den LaunchAgent oder LaunchDaemon konfiguriert. In diesem Beispiel würde der Aufruf wie folgt lauten:

```
launchctl load /Users/kai/Library/LaunchAgents/com.
kai.test.plist
```

Wenn Ihr LaunchAgent funktioniert, erhalten Sie alle 60 Sekunden eine Nachricht im Finder. Um den LaunchAgent zu deaktivieren und das AppleScript für den produktiven Einsatz zu überarbeiten, schalten Sie den LaunchAgent durch die Eingabe des folgenden Befehls ab:

```
launchctl unload /Users/kai/LaunchAgents/com.kai.
test.plist
```

»throttle«
Wenn ein LaunchAgent zu schnell hintereinander ausgeführt wird, dann wird er von `launchd` zurückgestellt. In einem solchen Fall finden Sie im Protokoll einen Eintrag mit dem Vermerk `throttle`.

Fehlersuche | Der Befehl `launchctl` ist in Bezug auf etwaige Fehlermeldungen etwas schweigsam. Wenn Ihr LaunchAgent nicht so funktioniert, wie Sie es erwarten, dann finden Sie die Fehlermeldungen von `launchd` im Dienstprogramm Konsole. Wählen Sie die Ansicht ALLE MELDUNGEN, und grenzen Sie die Anzeige durch die Eingabe der Bezeichnung Ihres LaunchAgents im FILTER ein.

▲ **Abbildung 13.33**
Fehlermeldungen von `launchd` finden Sie im Dienstprogramm Konsole.

In Abbildung 13.33 wurde ein falscher Pfad zur ausführbaren Datei angegeben: Es fehlt die Angabe LIBRARY vor SKRIPTEN. Der LaunchAgent wurde von `launchctl` ohne Fehlermeldung am Terminal aktiviert. Um den Fehler zu finden, ist in diesem Fall ein genauer Blick in die Konsole notwendig.

Relative Pfadangaben
In diesem Beispiel wird mit absoluten Pfadangaben gearbeitet. Wenn Sie anstelle von /GROUPS mit ~/MOVIES den Ordner FILME des aktuell angemeldeten Benutzers kopieren möchten, dann müssen Sie noch einen weiteren Eintrag mit der Bezeichnung ENABLEGLOBBING vom Typ BOOLEAN hinzufügen und unter VALUE YES auswählen. Dieser Wert sorgt dafür, dass relative Pfadangaben vor der Ausführung ausgewertet werden und abhängig vom angemeldeten Benutzer ~/MOVIES als /USERS/KAI/MOVIES übergeben wird.

Programme zu bestimmten Zeitpunkten starten

Auch das zweite Beispiel soll ein Programm nach einem Zeitplan starten. Allerdings wird nicht der Abstand in Sekunden zwischen den einzelnen Ausführungen vorgegeben, sondern der exakte Zeitpunkt in Form der Uhrzeit. Darüber hinaus wird kein Programm aufgerufen – der Start des AppleScripts *Regular.app* im ersten Beispiel entspricht in etwa einem Doppelklick im Finder –, sondern der Befehl `cp` (siehe Abschnitt 6.3) zusammen mit zwei Parametern und einer Option. Außerdem soll der LaunchAgent nicht nur für einen Benutzer, sondern für alle Benutzer unter /LIBRARY/LAUNCHAGENTS eingerichtet werden.

Das zu erreichende Ziel besteht darin, das zuvor im Finder erstellte und im Netzwerk freigegebene Verzeichnis /GROUPS täglich um 18:15 Uhr auf eine externe Festplatte zu kopieren.

Hierbei werden folgende Einträge in der Property-Liste verwendet:

- LABEL: Vergeben Sie erneut eine Bezeichnung, und verwenden Sie wiederum den Typ STRING.
- PROGRAMARGUMENTS: Bei diesem Eintrag handelt es sich um eine Liste (ARRAY). Seine nummerierten Untereinträge vom Typ STRING geben nacheinander den Pfad des aufzurufenden Befehls sowie die Parameter und Optionen wieder.
- STARTCALENDARINTERVAL: Diese Liste des Typs DICTIONARY enthält benannte Untereinträge vom Typ NUMBER, mit denen Sie den Zeitpunkt der Ausführung festlegen.

Legen Sie in Xcode zuerst eine neue Datei basierend auf der Vorlage PROPERTY LIST an, und erstellen Sie über EDITOR • ADD ITEM den ersten Eintrag. Hier wird, wie auch im ersten Beispiel, zunächst die Eigenschaft LABEL erstellt. In diesem Beispiel wird die Bezeichnung COM.KAI.KOPIE verwendet. Wählen Sie den Eintrag LABEL aus, und erstellen Sie über das kleine Pluszeichen einen neuen Eintrag. Geben Sie hier die Bezeichnung »ProgramArguments« ein, und wählen Sie unter TYPE ARRAY.

Es erscheint nun links neben dem Namen ein Pfeil. Klicken Sie diesen einmal an, dann wird die Liste, die zum jetzigen Zeitpunkt noch leer ist, ausgeklappt, und Sie können mit dem Pluszeichen neue Untereinträge hinzufügen. Diese werden von Xcode automatisch mit 0 beginnend nummeriert.

Aufruf zusammenstellen | In dem Array müssen Sie vier Einträge vom Typ STRING definieren. Der erste – mit ITEM 0 beschriebene – enthält den absoluten Pfad zum aufzurufenden Befehl. In diesem Beispiel lautet die Angabe /BIN/CP.

Als zweiter Eintrag, ITEM 1, wird die Option vorgegeben, mit der der Befehl aufgerufen werden soll. Der Eintrag lautet hier -R, um das Verzeichnis samt Inhalt zu kopieren (siehe Abschnitt 6.3).

Als dritter und vierter Eintrag werden die jeweiligen Parameter benötigt. Dies ist zunächst /GROUPS für das zu kopierende Verzeichnis und in diesem Beispiel /VOLUMES/STUFF für das Verzeichnis, in dem die Kopie erfolgen soll.

Diese vier Einträge entsprechen, da sie nacheinander zusammengefügt werden, der direkten Eingabe im Terminal von:

```
/bin/cp -r /Groups /Volumes/Stuff
```

Pfad ermitteln
Am Terminal ermitteln Sie den Pfad zu einem Programm, indem Sie den Befehl `which` verwenden. Er sucht innerhalb der über `PATH` definierten Pfade nach der ausführbaren Datei. So erhalten Sie auf die Eingabe `which cp` die Ausgabe `/bin/cp`. Diesen Pfad können Sie im Property List Editor eingeben.

Zeitpunkt festlegen | Der letzte Schritt besteht in der Angabe des Zeitpunkts, zu dem der LaunchAgent seine Arbeit verrichten

Hinweis
Achten Sie bei der Zusammenstellung der Property-Liste unbedingt auf die korrekte Vorgabe der Typen. Wenn Sie versehentlich bei der Eigenschaft MINUTE als Typ STRING und nicht NUMBER vorgeben, wird Ihr LaunchAgent nicht ausgeführt.

soll. Wählen Sie zunächst den Eintrag PROGRAMARGUMENTS aus, klappen Sie ihn über das Dreieck ein, und erstellen Sie dann über das kleine Pluszeichen einen weiteren Eintrag auf dieser Ebene. Geben Sie hier als Bezeichnung »StartCalendarInterval« ein und als Typ DICTIONARY.

Diese benannte Liste verhält sich in Bezug auf die Untereinträge wie das zuvor besprochene Array, wobei Xcode die Einträge nicht nummeriert. Vielmehr geben Sie bei diesen Untereinträgen eine Bezeichnung ein, mit der Sie den Zeitpunkt der Ausführung exakt definieren.

Die Zeitpunkte für STARTCALENDARINTERVAL geben Sie über die folgenden Einträge vor:

- MINUTE: die Minute der Ausführung
- HOUR: die Stunde der Ausführung
- DAY: der Kalendertag der Ausführung
- MONTH: der Monat der Ausführung
- WEEKDAY: der Wochentag der Ausführung, wobei 0 und 7 den Sonntag bezeichnen

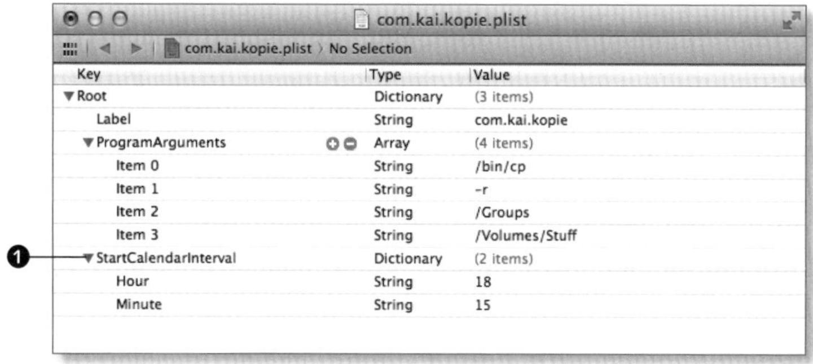

Abbildung 13.34 ▸
Über die Eigenschaft STARTCALENDARINTERVAL ❶ legen Sie den Zeitpunkt der Ausführung fest.

Sie können die fünf möglichen Einträge nutzen, um den Zeitpunkt vorzugeben. Wenn Sie eine Angabe nicht verwenden, dann interpretiert `launchd` daraus, dass der LaunchAgent zu jeder Stunde, an jedem Tag oder in jedem Monat ausgeführt werden soll. Mit den Werten aus Abbildung 13.33 wird er jeden Tag um Viertel nach sechs ausgeführt.

»Dubious Ownership«
Die Übergabe der Property-Liste an den Benutzer »root« und der Entzug der Schreibrechte an der Datei für alle anderen Benutzer ist notwendig, um die Sicherheit des Systems zu gewährleisten. Wenn die Datei nicht dem Benutzer »root« gehört, dann erhalten Sie von `launchctl` den Hinweis `Dubious ownership`, und der LaunchAgent wird nicht aktiviert. Die Nachricht finden Sie auch im Protokoll.

Eigentümer anpassen | Sichern Sie die Datei zunächst in einem beliebigen Ordner, beispielsweise mit dem Dateinamen *com.kai.kopie.plist*. Verschieben Sie die Datei dann im Finder in das Verzeichnis /LIBRARY/LAUNCHAGENTS, wobei Sie sich als Administrator identifizieren müssen. Am Terminal müssen Sie der Datei dann noch den passenden Eigentümer und eingeschränkte Zugriffsrechte zuweisen. Mit der Eingabe

```
sudo chown root:wheel /Library/LaunchAgents/com.kai.
kopie.plist
```

gehört die Datei fortan dem Benutzer »root« und zur Gruppe »wheel«. Die Zugriffsrechte schränken Sie schließlich mit

```
sudo chmod 644 /Library/LaunchAgents/com.kai.kopie.
plist
```

dahingehend ein, dass nur der Benutzer »root« die Datei bearbeiten darf; Mitglieder der Gruppe »wheel« und alle anderen Benutzer dürfen sie lediglich lesen.

Nach einem Neustart wird der LaunchAgent für jeden Benutzer des Systems nach der Anmeldung aktiviert. Dies führt dazu, dass bei einem angemeldeten Benutzer das Verzeichnis /GROUPS um Viertel nach sechs, also quasi zum Feierabend, kopiert wird.

Weitere Möglichkeiten

Für sehr fortgeschrittene Konfigurationen bietet `launchd` eine Reihe von weiteren Möglichkeiten, Parametern und Funktionen. So können Sie beispielsweise über die Eigenschaft WATCHPATHS Ordner auf Änderungen hin überwachen und einen LaunchAgent dann starten, wenn dieser Ordner geändert wird. Die Ordneraktionen im Finder beruhen auf dieser Funktion.

Ebenso ist es möglich, über die Funktion STARTONMOUNT einen LaunchAgent dann zu starten, wenn ein Dateisystem eingebunden wird. Darüber hinaus gibt es für die Einrichtung von Servern als LaunchDaemon mehr als ein Dutzend Einstellungen und Eigenschaften.

Dokumentation
Am Terminal finden Sie in den man-pages weitergehende Informationen. Sowohl der Befehl `launchctl` (`man launchctl`) als auch `launchd` selbst (`man launchd`) sowie die möglichen Eigenschaften in den Property-Listen (`man launchd.plist`) wurden mit detaillierten Dokumentationen versehen.

13.4 Java

Die Programmiersprache Java und viele sie unterstützende Bibliotheken waren in Mac OS X schon seit Beginn seiner Entwicklung Ende der 90er-Jahre vorhanden. Seit OS X 10.7 wird Java nicht mehr standardmäßig installiert. Einer der Gründe ist die Aktualisierung und Wartung des installierten Java-Systems. In der Vergangenheit übernahm Apple dies selbst, investierte aber nicht wirklich viele Ressourcen. Dies führte dann zu veralteten Java-Installationen. Seit OS X 10.7 wird die Wartung der Java-Installation von Oracle übernommen und über die Softwareaktualisierung bereitgestellt.

Java 7
Für OS X 10.8 ist auch eine Fassung der aktuellen Version 7 von Java erhältlich. Diese beziehen Sie allerdings nicht über die hier beschriebene Aktualisierung, sondern direkt von Oracle selbst (*http://www.java.com/*). Sofern Sie nicht selbst Programme in Java entwickeln möchten, benötigen Sie den sogenannten *JRE-Download*. Haben Sie die Java-Variante von Oracle installiert, dann ist die Funktionsweise des Programms Java-Einstellungen eingeschränkt. Sie finden in den Systemeinstellungen eine entsprechende Ansicht.

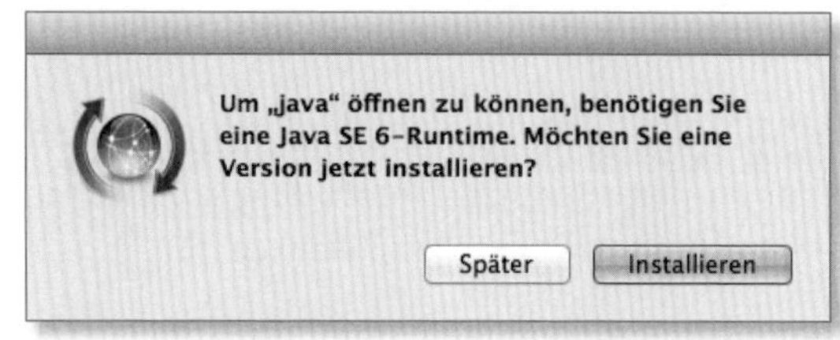

Abbildung 13.35 ▶
Wird ein Java-Programm bei fehlender Java-Installation gestartet, dann bietet die Softwareaktualisierung die Installation an.

Eine nicht vorhandene Java-Runtime kann Ihnen an vielen Stellen begegnen. So gibt es immer noch eine stattliche Anzahl an Webseiten, die Java-Applets einbinden und zum Beispiel für die Navigation verwenden. Und wenn Sie ein in Java geschriebenes Programm wie den Editor jEdit starten, werden Sie ebenfalls auf die fehlende Java-Runtime hingewiesen.

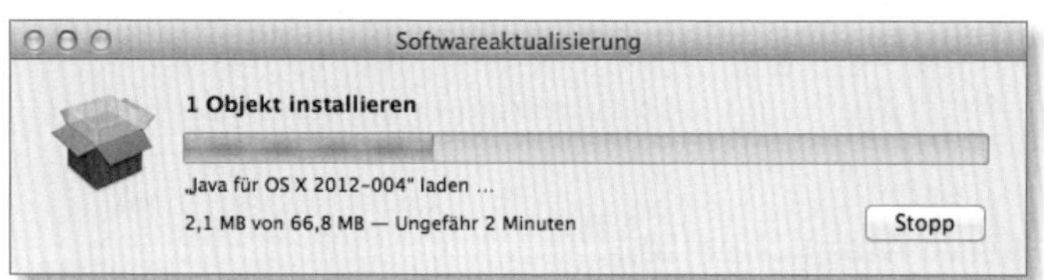

Abbildung 13.36 ▶
Die Installation wird von OS X 10.8 automatisch vorgenommen.

Java installieren

Die einfachste Möglichkeit, eine funktionierende Java-Installation zu erhalten, besteht in der Eingabe des Befehls `java` im Terminal. Erhalten Sie den Hinweis `No Java runtime present, requesting install` auf eine fehlende Java-Runtime, dann können Sie über die Schaltfläche INSTALLIEREN den Download und die Installation starten. Die Installation erfordert keinen Neustart.

Java konfigurieren

Java-Einstellungen

Im Ordner DIENSTPROGRAMME finden Sie das Programm Java-Einstellungen. Es ist in erster Linie für Entwickler interessant.

Für die normale Administration von OS X 10.8 ist im Reiter ALLGEMEIN manchmal die Reihenfolge der zu verwendenden Java-Versionen notwendig. In der Regel wird hier die 64-Bit-Version an die erste Position gesetzt.

Die Option APPLET-PLUG-INS UND WEB-START-PROGRAMME AKTIVIEREN ermöglicht es Ihnen, Java-Programme in einem Browser wie Safari auszuführen. Dessen ungeachtet müssen Sie ebenfalls in den generellen Einstellungen des Browsers Java zulassen.

In der Ansicht ERWEITERT können Sie unter anderem die Java-Konsole einblenden. Die Aufgabe dieser Konsole entspricht in etwa dem gleichnamigen Dienstprogramm, da hier die Fehlermeldungen und Warnungen eines Java-Programms dargestellt werden.

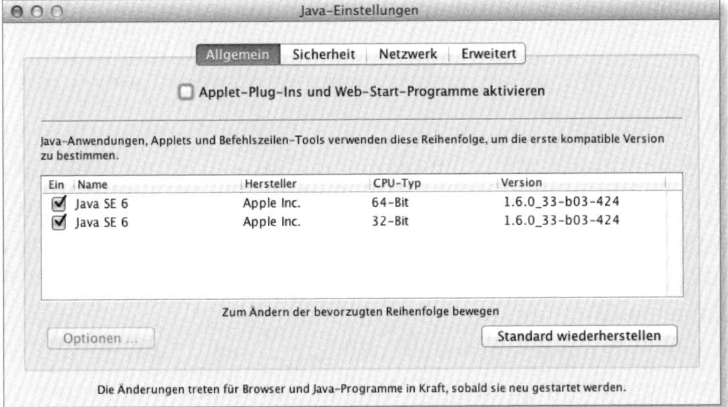

◂ **Abbildung 13.37**
Sie können auch die 32-Bit-Version wählen.

Java_Home
Bei einigen Java-Programmen kann es erforderlich sein, dass Sie diesen den Pfad zu Ihrer Java-Installation übergeben. Unter OS X lautet dieser /LIBRARY/JAVA/HOME.

13.5 Firmware-Kennwort

Wenn Sie Ihren Rechner einschalten oder neu starten, dann ist die Firmware dafür zuständig, das ausgewählte Betriebssystem zu starten. Sie können für diese Firmware ein Kennwort vergeben. Mit dem Kennwort erreichen Sie, dass die in Abschnitt 27.8 beschriebenen Tastenkombinationen für die unterschiedlichen Startmodi nur nach Eingabe des Kennworts genutzt werden können. Ebenfalls ist es nur nach Eingabe des Kennworts möglich, mit gedrückt gehaltener Taste `alt` ein anderes Startvolume auszuwählen.

Warnung
Wenn Sie das Firmware-Kennwort und das Kennwort für die administrativen Benutzer Ihres Systems vergessen, dann können Sie versuchen, dass Kennwort durch Ausbau eines Speicherriegels und Zurücksetzen des PRAMs (siehe Abschnitt 27.11) zu löschen. Sollte dies nicht zum Erfolg führen, dann ist Ihr Rechner ein Fall für den Servicetechniker.

◂ **Abbildung 13.38**
Über das Menü DIENSTPROGRAMME starten Sie das Programm Firmware-Kennwort.

Kennwort vergeben | Um die Firmware mit einem Kennwort zu versehen, können Sie vom Rettungssystem oder dem USB-Stick booten und dann über DIENSTPROGRAMME • FIRMWARE-KENNWORT das dazu notwendige Dienstprogramm starten. Das Dienstprogramm informiert Sie darüber, ob zurzeit ein Firmware-Kennwort festgelegt wurde. Nach einem Klick auf die Schaltfläche FIRMWARE-KENNWORT AKTIVIEREN werden Sie aufgefordert, das Passwort zweimal einzugeben.

Abbildung 13.39 ▸
Über die Schaltfläche FIRMWARE-KENNWORT AKTIVIEREN legen Sie das Passwort fest.

Wenn Sie nach der Festlegung des Passworts einen Neustart ausführen und dabei zum Beispiel die Taste `alt` gedrückt halten, fordert Sie der Rechner zuerst zur Eingabe des Firmware-Kennworts auf. Das Kennwort sollte nur aus Buchstaben und Ziffern bestehen, und Sie sollten Umlaute und Sonderzeichen vermeiden.

▲ Abbildung 13.40
Der Rechner fordert Sie zur Eingabe des Passworts auf.

Die Aufgabe des Kennworts besteht in erster Linie darin, den Start von einem anderen System zu vermeiden. Notwendig ist dies zum Beispiel in Klassenräumen, wenn Sie vermeiden möchten, dass Schüler von einem anderen System starten oder im Single-User-Modus die Benutzerdatenbank manipulieren. Damit das Firmware-Kennwort seine Aufgabe erfüllen kann, sollten Sie die automatische Anmeldung der Benutzer deaktivieren. Damit ist es nur noch administrativen Benutzern möglich, in den Systemeinstellungen in der Ansicht STARTVOLUME ein anderes System vorzugeben.

Kennwort deaktivieren | Um das Kennwort nachträglich zu deaktivieren, starten Sie erneut das Rettungssystem oder booten vom USB-Stick und führen das Dienstprogramm Firmware-Kennwort erneut aus. Sie haben dann die Möglichkeit, das Firmware-Kennwort zu deaktivieren. Beachten Sie, dass Sie zur Deaktivierung das Kennwort eingeben müssen.

13.6 Weitere Systemeinstellungen

Spotlight
In den Systemeinstellungen sind die Fähigkeiten von Spotlight enthalten. Geben Sie im Feld oben rechts einen Begriff wie »Netzwerk« oder »Bluetooth« ein, werden Ihnen neben der Liste, aus der Sie direkt auswählen können, auch die Bereiche hervorgehoben, in denen der gesuchte Begriff vorkommt. Diese Suchfunktion umfasst nicht alle Erweiterungen von Drittanbietern.

Die Systemeinstellungen lassen sich mit einer Schaltzentrale vergleichen, in der alle Einstellungen zusammenlaufen. Viele sind selbsterklärend, einige in ihrer Bedeutung aber auch nicht so offensichtlich. In diesem Abschnitt werfen wir einen Blick darauf.

Anpassen | Über den Menüpunkt EINSTELLUNGEN • ANPASSEN können Sie Ansichten abwählen, die Sie nicht benötigen, und so die Übersicht verbessern. Mit der Schaltfläche FERTIG sichern Sie die Auswahl. Halten Sie bei der Schaltfläche ALLE EINBLENDEN die

Maustaste etwas länger gedrückt, dann erscheint die Liste mit allen Ansichten, und Sie können direkt von einer Ansicht zur anderen wechseln, ohne dass Sie zuvor die Übersicht einblenden müssen.

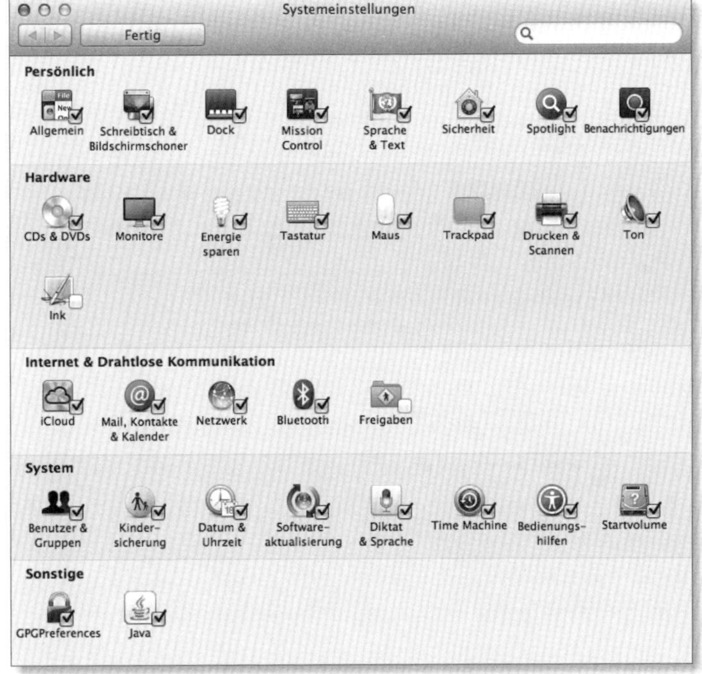

◄ **Abbildung 13.41**
Sie können Ansichten gezielt abwählen.

▲ **Abbildung 13.42**
Über das Kontextmenü können Sie Module der Systemeinstellungen wieder entfernen.

Preference Panes installieren | Es ist möglich, die Funktionen der Systemeinstellungen durch solche von Drittanbietern zu ergänzen. Erweiterungen, die nicht von Apple stammen, werden in der Rubrik Sonstige abgelegt. Sie können die Preference Panes in den Ordnern /Library/PreferencePanes oder ~/Library/PreferencePanes ablegen.

Im Finder öffnen Sie diese Dateien auch mit einem Doppelklick. Es starten dann die Systemeinstellungen, und Sie werden gefragt, ob Sie die Voreinstellungen für sich oder für alle Benutzer des Systems installieren möchten. Um sie zu entfernen, löschen Sie sie entweder aus dem Ordner oder über das Kontextmenü.

Sicherheit

Die Ansicht Sicherheit unterteilt sich in vier Reiter – die Konfiguration der Firewall wird in Abschnitt 17.5, die von FileVault in Abschnitt 9.4 und die des Gate Keepers in Abschnitt 13.1 besprochen.

Mitteilung
Wenn Sie bei einem gesperrten Rechner eine Mitteilung am Anmeldefenster einblenden möchten, dann können Sie zunächst eine Mitteilung für den gesperrten Bildschirm festlegen und die Mitteilung bei gesperrtem Bildschirm dann einblenden.

Ruhezustand und Bildschirmschoner | Zunächst können Sie über die Schaltfläche KENNWORT ÄNDERN das Passwort Ihres Benutzerkontos ändern. Dies entspricht der Änderung des Passworts in der Ansicht BENUTZER & GRUPPEN. Die Option AUTOMATISCHE ANMELDUNG DEAKTIVIEREN erzwingt den Anmeldebildschirm nach dem Start des Rechners. Auch diese Funktion hat eine Entsprechung in der Ansicht BENUTZER & GRUPPEN.

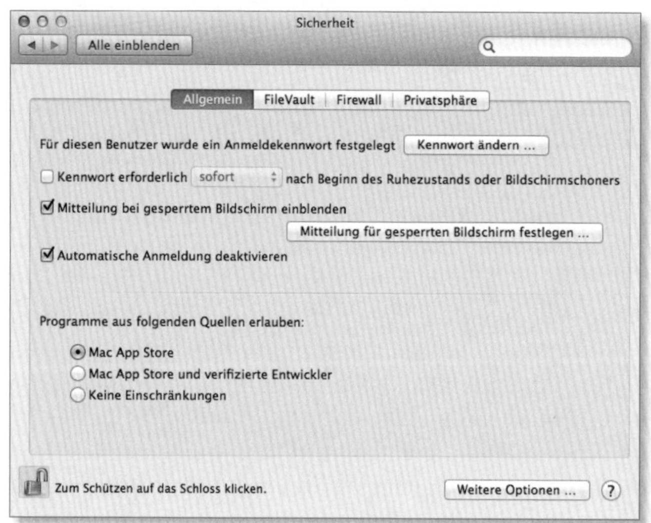

Abbildung 13.43 ▸
Im Reiter ALLGEMEIN können Sie eine Mitteilung für einen gesperrten Bildschirm festlegen.

Wenn Sie Ihren Rechner für eine Kaffeepause verlassen, dann sorgt der Punkt KENNWORT ERFORDERLICH ... NACH BEGINN DES RUHEZUSTANDS ODER BILDSCHIRMSCHONERS dafür, dass Ihr Rechner erst nach der Eingabe eines Passworts wieder freigegeben wird. Sie können auch eine Frist vorgeben, während der kein Kennwort eingegeben werden muss.

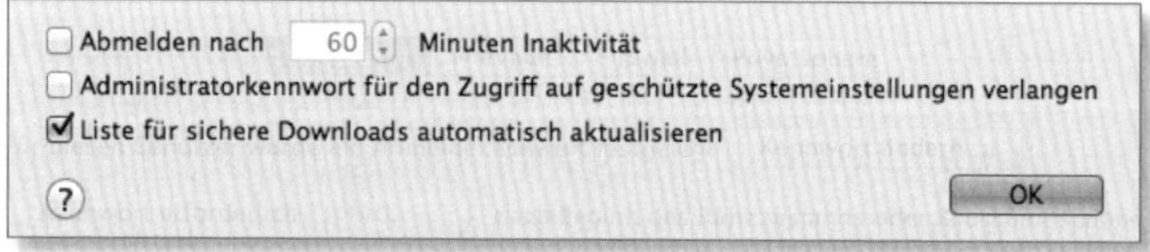

Abbildung 13.44 ▸
In den weiteren Optionen können Sie die automatische Abmeldung aktivieren.

Über die Schaltfläche WEITERE OPTIONEN erhalten Sie ein Panel mit drei weiteren Einstellungen. Der Punkt ABMELDEN NACH ... MINUTEN INAKTIVITÄT führt dazu, dass der aktuelle Benutzer automatisch abgemeldet wird, wenn die Anzahl der vorgegebenen Minuten verstrichen ist, ohne dass eine Eingabe des Benutzers erfolgte. Dabei versucht das System, alle aktiven Programme zu beenden. Der Abmeldevorgang kann gegebenenfalls von Programmen unterbrochen werden, die auf eine Rückmeldung des

Benutzers warten, wenn Sie die automatische Speicherung der Dokumente (siehe Abschnitt 2.3) abgeschaltet haben oder diese nicht unterstützt wird.

Geschützte Systemeinstellungen | Wenn Sie die Option ADMINISTRATORKENNWORT FÜR DEN ZUGRIFF AUF SYSTEMEINSTELLUNGEN MIT SCHLOSSSYMBOL VERLANGEN aktivieren, wird die Authentifizierung als Administrator bei jeder Systemeinstellung verlangt, bei der das Schloss unten links entsperrt werden muss.

Sichere Downloads | Die Option LISTE FÜR SICHERE DOWNLOADS AUTOMATISCH AKTUALISIEREN ist etwas missverständlich. Zutreffender wäre eher die Bezeichnung »unsichere Downloads«. Auch für OS X 10.8 gibt es mittlerweile eine noch sehr kleine, aber dennoch vorhandene Anzahl von sogenannter *Malware*. Diese Schadprogramme nisten sich im System ein und löschen entweder Dateien oder versuchen, Daten des Anwenders zu ermitteln. Apple hat darauf mit einer Funktion des Systems reagiert, die einige der bekannten Schadprogramme automatisch identifizieren soll. Die Liste der bekannten Programme wird über diese Option automatisch aktualisiert. Sie finden diese Liste im Verzeichnis /SYSTEM/LIBRARY/CORESERVICES/CORETYPES.BUNDLE/CONTENTS/RESOURCES in der Datei *XProtect.plist*.

Virenscanner notwendig?
Ob für OS X 10.8 ein Virenscanner installiert und genutzt werden sollte, ist aus technischer Sicht nicht eindeutig zu beantworten. Die Liste der existierenden Schadprogramme ist noch sehr kurz, und wirklich gefährliche Viren oder Würmer waren zur Drucklegung dieses Buches nicht bekannt. Dies kann sich aber jeden Tag ändern. Umgekehrt haben sich nach meinem persönlichen Dafürhalten die Anbieter von Virenscannern unter OS X ganz bestimmt nicht mit Ruhm bekleckert und ihre Programme mit teilweise nutzlosen und im Alltag hinderlichen Funktionen überfrachtet. Sollten Sie aus juristischen Gründen einen Virenscanner einsetzen müssen, dann können Sie auf die Open-Source-Lösung ClamXav (*http://www.clamxav.com*) zurückgreifen.

XProtect.plist   Öffnen mit Xcode

```
<?xml version="1.0" encoding="UTF-8"?>
<!DOCTYPE plist PUBLIC "-//Apple//DTD PLIST 1.0//EN" "http://www.apple.com/DTDs/PropertyList-1.0.dtd">
<plist version="1.0">
<array>
	<dict>
		<key>Description</key>
		<string>OSX.RSPlug.A</string>
		<key>LaunchServices</key>
		<dict>
			<key>LSItemContentType</key>
			<string>com.apple.installer-package</string>
		</dict>
		<key>Matches</key>
		<array>
			<dict>
				<key>MatchFile</key>
				<dict>
					<key>NSURLNameKey</key>
					<string>Archive.bom</string>
				</dict>
				<key>MatchType</key>
				<string>Match</string>
				<key>Pattern</key>

<string>4D6F7A696C6C61706C75672E706C7567696E00*5665726966696564446F776E6C6F6164506C7567696E00*5665726966696564446F776E6C6F6164506C7567696E2E7273726300</string>
```

▲ **Abbildung 13.45**
Die Datei »XProtect.plist« enthält eine Liste der Apple bekannten Schadprogramme.

Privatsphäre | Der Reiter PRIVATSPHÄRE stellt Ihnen drei Optionen zur Verfügung. Die von Ihnen im gleichnamigen Programm gespeicherten Kontakte stehen auch anderen Programmen zur Verfügung. Um Missbrauch Ihrer Daten vorzubeugen, etwa wenn ein angeblich zur Bildbearbeitung gedachtes Programm auf einmal Ihre Kontakte an einen Rechner im Internet schickt, können

»tccutil«
Über das Terminal können Sie mit dem Befehl `tccutil reset AddressBook` die Einstellungen vollständig zurücksetzen.

Sie den Zugriff einschränken. In der Ansicht KONTAKTE werden die Programme aufgeführt, denen der Zugriff erlaubt wurde. Sie können einem Programm hier auch nachträglich die Berechtigung entziehen.

Abbildung 13.46 ►
Programmen kann der Zugriff auf die Adressen auch nachträglich entzogen werden.

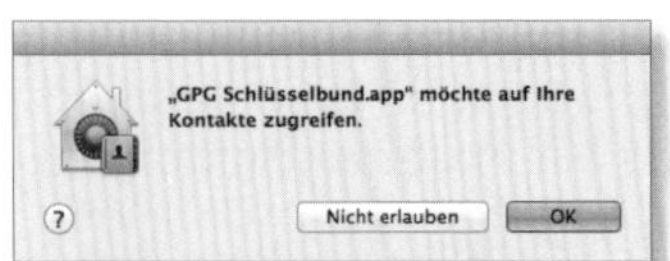

▲ Abbildung 13.47
Möchte ein Programm auf die Kontakte zugreifen, dann muss ihm dies explizit erlaubt werden.

Ortungsdienste | Zunächst können Sie in der Ansicht DIAGNOSE & NUTZUNG die Option DIAGNOSE- & NUTZUNGSDATEN AN APPLE SENDEN abschalten. Diese Funktion ist standardmäßig aktiviert und hat in dieser Form lediglich die Aufgabe, Apple bei der Qualitätssicherung zu helfen. Ob Sie sie aktivieren, ist Ihnen überlassen. Technische Gründe gibt es nicht. Darüber hinaus finden Sie hier die Ortungsdienste. Wenn Sie auf ORTUNGSDIENSTE AKTIVIEREN klicken, können Programme auf Funktionen des Systems zugreifen, anhand derer Ihre aktuelle Position bestimmt werden kann. Dies ist zum Beispiel bei der Arbeit mit Google Maps recht nützlich; die Webseite bietet eine entsprechende Schaltfläche. Sie können diese Funktion abschalten, wenn Sie diese Form der Überwachung nicht wünschen.

Ortungsdienste und WLAN
Die technische Grundlage für die Ortsbestimmung sind unter anderem die in Ihrem Umkreis verfügbaren drahtlosen Netzwerke. Anhand derer versucht das System, Ihre aktuelle Position zu bestimmen, was zumindest in Ballungsräumen recht gut funktioniert. Auf Rechnern ohne AirPort-Karte können Sie diese Funktion nicht nutzen.

Abbildung 13.48 ►
Die Ortungsdienste aktivieren Sie unter PRIVATSPHÄRE.

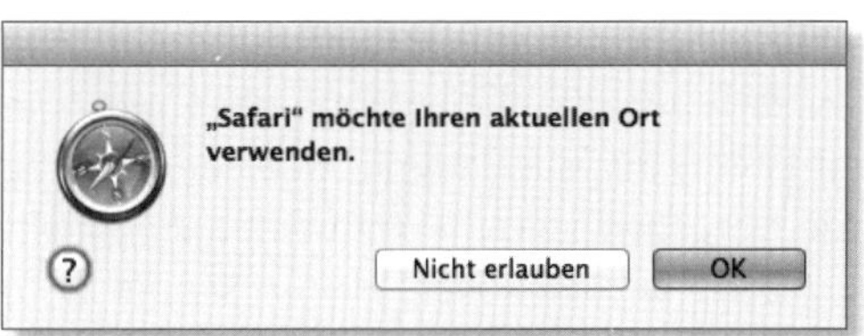

◄ **Abbildung 13.49**
Vor der Übermittlung der Position bittet Safari um Erlaubnis.

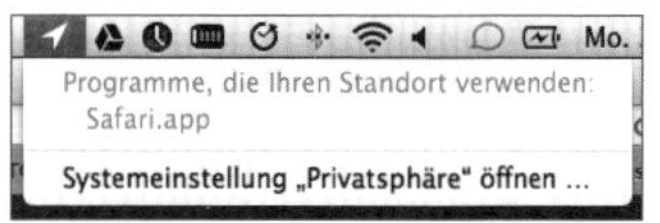

▲ **Abbildung 13.50**
In der Menüleiste werden die Programme aufgelistet, die Zugriff auf die Ortungsdienste erhalten haben.

Energie sparen und Startzeit des Rechners festlegen

Um den Stromverbrauch Ihres Rechners zu reduzieren, geben Sie in der Ansicht ENERGIE SPAREN die Einstellungen für den Ruhezustand vor. In diesem Zustand wird der Bildschirm abgeschaltet oder in den Sparmodus versetzt, und die Festplatten werden ebenfalls heruntergefahren. Wenn Sie ein mobiles Gerät einsetzen, dann teilt sich die Ansicht ENERGIE SPAREN in zwei Reiter für die jeweilige Stromquelle.

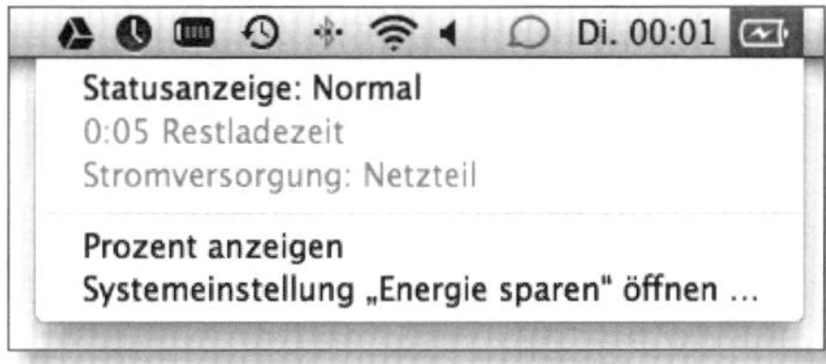

◄ **Abbildung 13.51**
Mit gedrückt gehaltener Taste [alt] wird der Status der Batterie angezeigt.

Sie können anhand der Schieberegler die Wartezeit ändern, wobei Sie den Ruhezustand des Monitors unabhängig von dem des Rechners einstellen können. Abhängig von der gewählten Stromquelle können Sie hier weitere Optionen festlegen, mit denen sich Strom sparen und damit die Laufzeit der Batterie erhöhen lässt.

»caffeinate«
Wenn Ihnen der Ruhezustand bei der Arbeit mit Befehlen am Terminal in die Quere kommt, dann können Sie auf den Befehl `caffeinate` zurückgreifen. Der Befehl, dessen Dokumentation Sie über `man caffeinate` aufrufen können, ist auch in der Lage, den Ruhezustand für eine gewisse Frist zu verzögern.

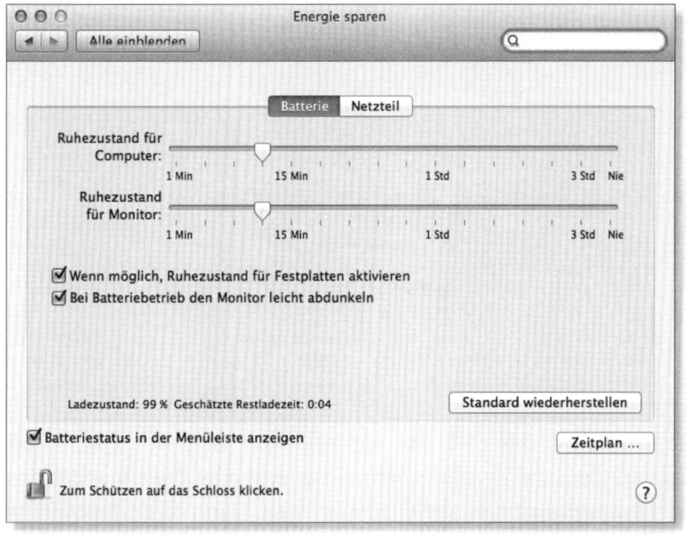

◄ **Abbildung 13.52**
Bei einem mobilen Gerät legen Sie die Einstellungen für jede Stromquelle einzeln fest.

Tipp
Die Verringerung der Helligkeit nicht nur über die Systemeinstellungen, sondern auch eigenhändig kann die Laufzeit eines Akkus durchaus erhöhen.

Darüber hinaus ist es möglich, sich den BATTERIESTATUS IN DER MENÜLEISTE ANZEIGEN zu lassen. Sie finden dann oben rechts in der Menüleiste einen Eintrag für die Batterie. Über den Eintrag ANZEIGEN können Sie vorgeben, welche Informationen direkt in der Menüleiste angezeigt werden sollen. Halten Sie die Taste `alt` gedrückt, wenn Sie den Menüpunkt anklicken, dann erscheint der Eintrag STATUSANZEIGE. Wählen Sie ihn aus, erscheint ein Fenster, das Ihnen die Informationen zum Status Ihrer Batterie erläutert.

In den Einstellungen für das Netzteil können Sie die in Abschnitt 17.2 besprochene Funktion BEI NETZWERKZUGRIFF AUFWACHEN aktivieren.

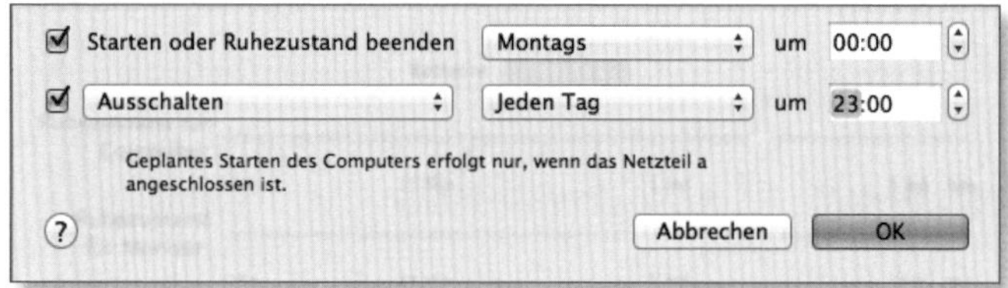

Abbildung 13.53 ▸
Über die Schaltfläche ZEITPLAN können Sie den Rechner zu bestimmten Uhrzeiten starten und ausschalten.

Datum & Uhrzeit

[Network Time Protocol]
Wenn Sie DATUM & UHRZEIT AUTOMATISCH EINSTELLEN lassen, nimmt Ihr System über das Internet Kontakt zu den Zeitservern von Apple auf und stellt die Uhrzeit Ihres Rechners automatisch nach diesen Servern. Grundlage hierfür ist das Network Time Protocol, und im Hintergrund übernimmt der Dämon `ntpd` die Synchronisation.

In der Ansicht DATUM & UHRZEIT legen Sie nicht das Format der Anzeige fest, wohl aber die Zeitzone und das auf Ihrem System eingestellte Datum.

Abbildung 13.54 ▸
In der Ansicht DATUM & UHRZEIT aktivieren Sie die Synchronisation über einen Zeitserver von Apple.

Das Festlegen der ZEITZONE kann wichtig sein, wenn Sie Ihren Rechner auf eine Reise mitnehmen oder ihn an die Uhrzeit eines weit entfernten Ortes angleichen müssen. Dann sorgt die Modifikation der Zeitzone im Zusammenhang mit der automatischen Synchronisation für eine korrekte Buchführung über die Änderungsdaten Ihrer Dateien. Wenn Ihr Rechner über eine AirPort-Karte verfügt, dann finden Sie hier auch die Option ZEITZONE AUTOMATISCH ANHAND DES AUFENTHALTSORTS FESTLEGEN. Ist diese Option aktiviert, dann versucht das System, anhand der Konstellationen der erreichbaren Netzwerke Ihre Position zu bestimmen, was in der Praxis recht gut funktioniert.

Das Aussehen der Zeitanzeige in der Menüleiste können Sie unter UHR an Ihre Vorstellungen anpassen. Es gibt auch die Möglichkeit, sich die Uhrzeit mithilfe der Sprachausgabe Ihres Systems innerhalb eines bestimmten Intervalls vorlesen zu lassen.

▲ **Abbildung 13.55**
Den Wochentag und das Datum können Sie der Uhr in der Menüleiste hinzufügen.

Sprache & Text

In der Ansicht SPRACHE & TEXT legen Sie die Sprache des Systems und die Formate für das Datum sowie die Währung fest.

Im Reiter SPRACHEN finden Sie eine Liste der Sprachen, die das System für die Darstellung auf dem Bildschirm verwenden soll. Hier steht, sofern Sie bei der Installation keine andere Sprache ausgewählt haben, DEUTSCH an erster Stelle.

▲ **Abbildung 13.56**
Die Liste enthält viele weitere Dialekte und Sprachen, die standardmäßig nicht aktiv sind.

◀ **Abbildung 13.57**
Die installierten Sprachmodule können Sie in die gewünschte Reihenfolge bringen.

Die darunter aufgeführten Sprachen können Sie in eine andere Reihenfolge ziehen. Wenn Sie beispielsweise ENGLISH an die erste Stelle platzieren, nutzen alle Programme, die Sie von diesem Zeitpunkt an starten, eine englische Oberfläche. Sie erhalten in den

Systemeinstellungen einen Hinweis, dass die neuen Einstellungen nur für neu gestartete Programme gelten. Über die Schaltfläche Liste bearbeiten können Sie nicht benötigte Sprachen aus der Liste entfernen. Sie finden in dieser Liste unten eine ganze Reihe von Sprachen wie Kisuaheli, die in den Standardeinstellungen von OS X 10.8 nicht berücksichtigt werden. Sie können diese bei Bedarf nachträglich aktivieren.

Sortierung der Listen | Die Reihenfolge für sortierte Listen wirkt sich unter anderem auf die Darstellung der Listenansicht im Finder aus. Hier sollten Sie eine Methode auswählen, die sich an den für die jeweilige Sprache üblichen Gepflogenheiten orientiert. Neben Deutsch steht Ihnen die Option Telefonbuch-Sortierregeln zur Verfügung.

Wortgrenze
Die Auswahl Standard unter Wortgrenze können Sie so beibehalten, sofern Sie nicht Programme entwickeln. Die Option Englisch (Vereinigte Staaten, Posix) dient dazu, dass sich das Verhalten des Systems bei der Auswahl von Wörtern zum Beispiel über einen Doppelklick an den Anforderungen von Programmiersprachen orientiert.

Text | In der Ansicht Text finden Sie zunächst die in Abschnitt 2.8 besprochenen automatischen Ersetzungen. Darüber hinaus können Sie hier die Sprache für die Rechtschreibprüfung auswählen. Die intelligenten Anführungszeichen beziehen sich auf die Funktion Intelligente Anführungszeichen, wobei der erste Eintrag für die Tastenkombination ⇧ + 2 und der untere Eintrag für die Tastenkombination ⇧ + # genutzt wird.

▲ **Abbildung 13.58**
Die zu verwendenden Anführungszeichen wählen Sie im Reiter Text aus.

Formate vorgeben | Im Reiter Region finden Sie die Einstellungen für das Datum, die Uhrzeit und die Zahlen. OS X bringt eine ganze Reihe von standardisierten Formaten mit, die Sie unter Region auswählen können. Die zur Verfügung stehenden Gepflogenheiten orientieren sich zunächst an der ausgewählten Sprache. Wenn Sie sich Alle Regionen anzeigen lassen, können Sie aus einer langen Liste auswählen, welches Format Sie verwenden möchten.

Viele Programme greifen auf diese Einstellungen des Systems zurück, und so orientieren sich einige Textverarbeitungen eben an den hier vorgegebenen Formaten.

Formate anpassen | Über die Schaltfläche Anpassen passen Sie sowohl die Formate für die Uhrzeit als auch für das Datum und die Zahlen an Ihre eigenen Anforderungen an. Es erscheint dann jeweils ein Fenster mit einer Eingabezeile, in dem Sie die hellblau unterlegten Elemente an die passende Stelle ziehen. Andere Elemente wie Punkte oder Leerzeichen können Sie direkt dort eingeben.

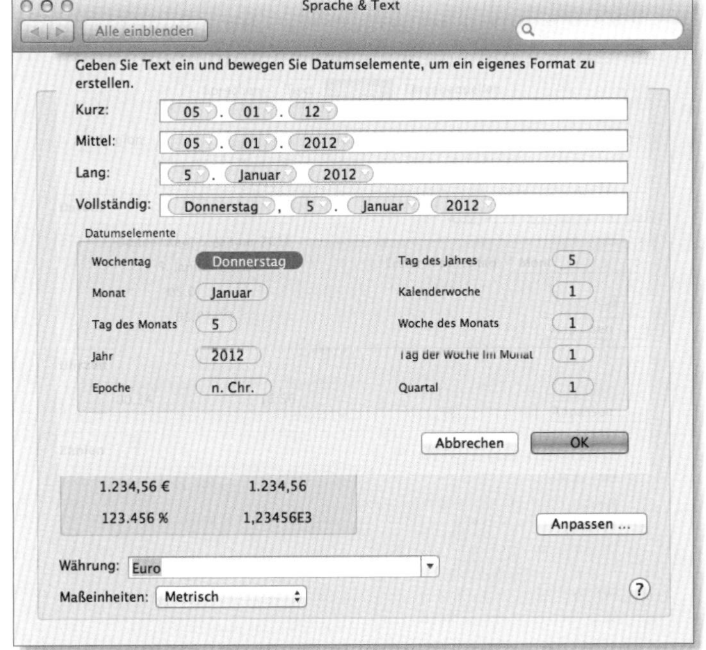

◂ **Abbildung 13.59**
Die Formate für das Datum, für die Uhrzeit und für Zahlen können Sie eigens definieren.

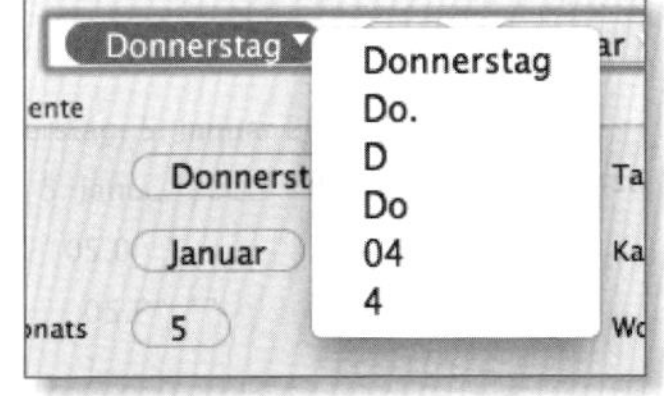

▴ **Abbildung 13.60**
Die Formate können Sie durch die Bestandteile zusammensetzen.

Über den kleinen weißen Pfeil, der sich in der hellblauen Umrandung der Elemente befindet, können Sie weitere Einstellungen vornehmen. Hierzu gehört zum Beispiel eine führende Null beim Tag. Ändern Sie die Vorgaben auf diese Weise ab, finden Sie unter Region die Auswahl Eigene. Mit der Auswahl von Deutsch könnten Sie dann wieder zum Standard zurückkehren.

Eingabequellen pro Dokument
Die Option Für jedes Dokument eine andere zulassen sorgt dafür, dass sich das System merkt, für welches offene Dokument Sie eine andere Tastaturbelegung ausgewählt haben.

Eingabequellen | Im Reiter Eingabequellen können Sie neben der wahrscheinlich aufgrund der Sprachwahl voreingestellten deutschen Tastaturbelegung aus einer ganzen Reihe von weiteren Sprachen auswählen und zum Beispiel mit US auf die QWERTY-Belegung zurückgreifen. Wenn Sie sich die Eingabequellen in der Menüleiste anzeigen lassen, erscheint oben rechts ein Eintrag in der Menüleiste. Haben Sie mehr als eine Tastaturbelegung ausgewählt, dann wird die jeweilige Flagge angezeigt. Andernfalls stehen Ihnen die im Folgenden beschriebenen Funktionen Tastaturübersicht und Zeichenübersicht zur Auswahl, sofern Sie diese aktiviert haben.

▲ **Abbildung 13.61**
Die Tastaturbelegungen ❶ stehen über die Menüleiste zur Auswahl.

Es ist auch möglich, mit einer Tastenkombination zwischen den Tastaturbelegungen zu wechseln. In den Standardeinstellungen werden hierfür die Kurzbefehle ⌘ + Leertaste sowie ⌘ + alt + Leertaste verwendet. Diese kollidieren mit den Kurzbefehlen für Spotlight. Wollen Sie sie nutzen, müssen Sie daher (siehe Abschnitt 2.9) die Kurzbefehle entweder für Spotlight oder für den Wechsel der Tastaturbelegung in der Systemeinstellung für die Tastaturkurzbefehle ändern.

Abbildung 13.62 ▶
Die Ansicht Eingabequellen enthält eine ganze Reihe von möglichen Tastaturbelegungen.

Wenn Sie die Option Tastatur-/Zeichenübersicht aktivieren, können Sie über das Menü in der Symbolleiste sowohl die in Abschnitt 2.8 beschriebene Zeichenpalette aufrufen als auch eine

Palette, die die aktuelle Tastaturbelegung darstellt. Drücken Sie eine Taste wie ⇧ oder alt, dann ändert sich die Darstellung entsprechend.

◂ **Abbildung 13.63**
Die Option Tastaturübersicht zeigt die Belegung der Tasten an.

13.7 Systemwartung und -optimierung

Über die Notwendigkeit, OS X 10.8 zu warten und gegebenenfalls zu optimieren, werden bisweilen recht emotionale Debatten geführt. Dabei ist es entscheidend, was jeweils unter den Begriffen »Wartung« und »Optimierung« verstanden wird. So ist jede Installation eines Updates ja eigentlich schon eine Wartungsmaßnahme, und insbesondere bei der Optimierung kommt es wirklich darauf an, wie man diesen Begriff auffasst.

Der Punkt bei OS X 10.8 besteht darin, dass es eigentlich keine direkte Wartungsmaßnahme in dem Sinne gibt, dass Sie mit der Ausführung von Befehlen und Programmen Problemen vorbeugen können. In der Regel gibt es einige Maßnahmen, mit denen Sie aufgetretenen Problemen abhelfen können – diese werden im Kapitel »Troubleshooting« besprochen. Problemen vorbeugen, um beispielsweise Abstürze zu vermeiden oder die Arbeitsgeschwindigkeit des Systems konstant zu halten, müssen Sie nicht.

Feudeln!?
Apple selbst gab bis vor einiger Zeit in einem Dokument mit dem Titel »Schnellhilfe für die Pflege des Mac« *(http://support.apple.com/kb/HT1147?viewlocale=de_DE)* allen Ernstes folgende Empfehlung: »Staub und andere Verschmutzungen können dem Computerinneren schaden. Halten Sie daher Ihren Arbeitsplatz immer sauber.«

»cron jobs« | Es gibt unter OS X 10.8 drei LaunchDaemons, die täglich, wöchentlich beziehungsweise monatlich frühmorgens ausgeführt werden. Sie werden verschiedentlich auch als »cron jobs« bezeichnet, weil sie bis Mac OS X 10.3 durch den Dämon `crond` ausgeführt wurden. Dabei werden jeweils mehrere Shell-Skripten aus den Verzeichnissen /etc/periodic/daily, /etc/periodic/weekly und /etc/periodic/monthly aufgerufen.

Die Aufgabe dieser Skripten besteht in erster Linie darin, die Protokolldateien im Verzeichnis /var/log zu komprimieren und so ein wenig Speicherplatz auf der Festplatte freizugeben. Bei der geringen Größe der Protokolle von nur einigen MB fällt diese Komprimierung angesichts der heute gebräuchlichen Kapazität der Festplatten nicht ins Gewicht. Wenn Sie möchten, führen

»weekly«
Die Aussage, dass die Skripten in erster Linie Protokolle komprimieren, muss bei dem über `sudo periodic weekly` aufzurufenden Skript ein wenig abgeschwächt werden. Hierbei werden zwei Datenbanken aktualisiert, die von den Befehlen `locate` und `whatis` genutzt werden.

Sie diese Skripten durch die Aufrufe `sudo periodic daily`, `sudo periodic weekly` und `sudo periodic monthly` eigenhändig aus.

Caches löschen? | Das System legt im Hintergrund in den Verzeichnissen /SYSTEM/LIBRARY/CACHES, /LIBRARY/CACHES und ~/LIBRARY/CACHES sowie unter /VAR/FOLDERS eine Reihe von Zwischenspeichern an. Die Aufgabe dieser Caches besteht darin, dem System einen schnelleren Zugriff auf häufig benötigte Daten zu ermöglichen. Das eigenhändige Löschen dieser Zwischenspeicher bringt keinen Geschwindigkeitsvorteil, vielmehr verlangsamt es den Systemstart. Nur wenn diese Zwischenspeicher korrupt werden, kann die Löschung etwa mit dem Befehl `atsutil` notwendig sein. Allerdings fällt diese Aufgabe eher in den Bereich Troubleshooting und nicht unter Wartung.

Vorsicht mit Systemoptimierern
Gelegentlich werden auch verschiedene Programme empfohlen, die selbstständig in einem Durchlauf Optimierungen vornehmen. Mittlerweile gibt es fast ein Dutzend dieser Programme. Bei vielen wurde der Quellcode nicht freigegeben, sodass eine präzise Aussage, was genau ausgeführt wird, schlichtweg nicht möglich ist. Sie sollten sich beim Einsatz solcher Programme – sofern Sie sie überhaupt nutzen möchten – immer bewusst sein, dass Sie keinen Einblick darin haben, was dieses Programm, dem Sie gerade mithilfe Ihres Administratorpassworts freien und vollständigen Zugriff auf Ihr System gegeben haben, überhaupt macht.

Prebinding | In älteren Versionen von Mac OS X war es bisweilen notwendig, das Prebinding von Hand zu aktualisieren. Dessen Aufgabe besteht darin, Programmbibliotheken, die von Programmen eingebunden werden, schon vorab zu laden. Dies beschleunigte den Start einiger Programme. Mit Mac OS X 10.5 hat Apple einige Verbesserungen und Änderungen an dem Dämon `dyld`, der für das dynamische Laden von Bibliotheken zuständig ist, vorgenommen. Die Aktualisierung des Prebindings ist auch unter OS X 10.8 nicht mehr notwendig.

Ein paar Worte zum Schluss | Die Kürze dieses Abschnittes mag überraschen, wenn Sie ihn ins Verhältnis zum ganzen Buch setzen. Abschließend eine Beobachtung, die aus den Rückmeldungen der Leser der früheren Auflagen, aus meinem persönlichen Umfeld und auch aus der Arbeit mit meinen eigenen Rechnern und Systemen resultiert: Während die eigenen Computer nie mit den zuweilen empfohlenen Methoden »gewartet« und »optimiert« wurden und sich von Version 10.4.0 bis 10.8.0 eigentlich keine nennenswerten oder gar gravierenden Probleme ergaben, stieg die Anzahl der Probleme und Schwierigkeiten in der Regel dort an, wo versucht wurde, das System eigenhändig mit den hier diskutierten Methoden zu warten. Dies ist natürlich nur ein subjektiver Eindruck, aber er spiegelt sicherlich eine Tendenz wider.

Kapitel 14
Benutzer und Gruppen verwalten

Unter OS X 10.8 ist genau geregelt, wem welche Datei gehört und wer sie lesen und ändern darf. Darüber hinaus können Sie Benutzern einige Funktionen des Systems vorenthalten, um Probleme zu vermeiden. In diesem Kapitel erfahren Sie alles über die Administration von Benutzern und Benutzergruppen.

14.1 Grundlagen

Die Verwendung von Benutzerkonten hat unter UNIX-Systemen eine lange Tradition, und die Zugriffsrechte werden deutlich strenger gehandhabt, als dies unter Windows lange der Fall war. Im direkten Vergleich zu aktuellen Windows-Versionen ist die Verwaltung der Benutzerkonten sehr viel komfortabler und deutlich besser ins System integriert, werden Sie doch nicht alle naselang nach Ihrer Zustimmung gefragt.

[NetInfo]
Bis Mac OS X 10.4 wurden die lokalen Benutzerkonten über das NetInfo-System verwaltet. Mit Mac OS X 10.5 hat Apple NetInfo aufgegeben. In den man-pages unter anderem von `dscl` werden Sie noch vereinzelt auf diesen Begriff stoßen.

System schützen | Wenn Ihnen für eine Datei die benötigten Rechte fehlen, verweigert Ihnen das System kategorisch jeglichen Zugriff. So ist es möglich, das System gegen unbefugte Zugriffe besser abzusichern. Eine Datei, die Sie nicht explizit für einen Benutzer als ausführbar gekennzeichnet haben, kann von diesem auch nicht gestartet werden. Das Risiko, dass Sie sich einen Virus einfangen, wird so deutlich reduziert.

Protokolle
Die Einteilung in Benutzer hat noch einen weiteren, bei der Verwaltung eines Systems nicht zu unterschätzenden Vorteil: Anhand der Protokolle (siehe Abschnitt 27.3) kann oft detailliert nachvollzogen werden, welcher Anwender welche Aktionen ausgeführt hat. Bei Problemen kann die entsprechende Person angesprochen oder auch zur Verantwortung gezogen werden.

Privatsphäre schützen | Durch die strenge Rechtevergabe wird auch die Privatsphäre der Anwender besser geschützt. UNIX ist in seiner langen Entwicklungsgeschichte von jeher als ein System entwickelt worden, das bevorzugt im Netzwerk mit mehreren Hundert, wenn nicht gar Tausend Beteiligten arbeitet. Damit Anwender jeweils nur Zugriff auf ihre Daten und nicht auf die der

Kollegen oder gar Konkurrenten erhalten, werden die Zugriffsmöglichkeiten eingeschränkt.

Ressourcen begrenzen | Neben den Zugriffsrechten, die Sie auch vor Schaden bewahren, wenn ein Hintergrundprozess aus dem Ruder laufen sollte, ist es mit der Einrichtung von Benutzern auch möglich, die Ressourcen eines Rechners zu verwalten.

Da jedes laufende Programm einen Eigentümer hat, kann dadurch auch der Zugriff innerhalb des Dateisystems eingeschränkt werden. Zum Beispiel verfügt der Webserver Apache über eine eigene Benutzerkennung (_www) und kann nur auf die Verzeichnisse und Dateien zugreifen, die ihm und seiner Benutzergruppe zugewiesen wurden. Damit wird verhindert, dass der Webserver, wenn er im Internet frei zugänglich ist, Dateien des Betriebssystems manipuliert.

BSD-Konfigurationsdateien
Unter Linux und vielen UNIX-Derivaten werden die Benutzerkonten über Textdateien im Verzeichnis /ETC verwaltet. Diese enthalten unter OS X 10.8 automatisch eine Liste der Benutzerkonten für Systemdienste.

Datenbank | Die Vorgaben der Benutzerkonten, Gruppen und noch einige weitere Einstellungen werden in einer Datenbank im Verzeichnis /VAR/DB/DSLOCAL gespeichert. Sie finden hier eine nur für den Super-User zugängliche Verzeichnisstruktur, in der die einzelnen Einträge, wie zum Beispiel ein über die Systemeinstellungen erstelltes Benutzerkonto, in Property-Listen (siehe Abschnitt 13.2) gespeichert werden. Der Aufbau der Datensätze und der Datenbank orientiert sich sehr stark an den Spezifikationen von LDAP (siehe Abschnitt 17.6). Während die Möglichkeiten der Systemeinstellungen, diese Datenbank zu bearbeiten, eher grundlegender Natur sind, können Sie über das in Abschnitt 17.6 beschriebene Programm Verzeichnisdienste auf die Datenbank direkt zugreifen. Darüber hinaus steht Ihnen am Terminal der Befehl `dscl` zur Verfügung.

»opendirectoryd« | Im Hintergrund arbeitet der Dämon `opendirectoryd`. Er ist unter anderem zuständig für die Verwaltung dieser Datenbank und antwortet auf Anfragen aus dem System, wenn zum Beispiel ein Benutzer sich über sein Passwort identifizieren möchte. Daneben übernimmt er eine Reihe von weiteren Aufgaben, wie etwa die Auflösung von Rechnernamen im Netzwerk.

[Erster Benutzer]
Haben Sie OS X 10.8 gerade installiert und keine Einstellungen von einem anderen System übernommen, existiert lediglich ein Benutzerkonto. Es handelt sich dabei um das Konto, das Sie während des Installationsvorgangs angelegt haben. Dieser erste auf Ihrem System angelegte Benutzer verfügt zunächst über die Rechte zur Verwaltung des Systems.

14.2 Benutzer verwalten

In den Systemeinstellungen finden Sie in der Ansicht BENUTZER eine Liste der auf Ihrem System angelegten Benutzerkonten und Gruppen für menschliche Benutzer. »Menschlich« deshalb, da es auch möglich ist, dass Programme und Systemdienste eine eigene Benutzer- und Gruppenkennung besitzen. Solche nicht menschlichen Benutzer werden von den Systemeinstellungen nicht aufgeführt, können aber über das Programm Verzeichnisdienste und am Terminal mit `dscl` eingesehen und bearbeitet werden.

Vier Typen | Neben den Gruppen können Sie vier verschiedene Typen von Benutzerkonten verwenden. Zuerst gibt es den STANDARD. Unter Benutzerkonten dieses Typs können Programme gestartet und beendet, Verbindungen ins Netzwerk aufgebaut und Dateien und Dokumente innerhalb des persönlichen Ordners gespeichert werden.

Bei einem Konto vom Typ ADMINISTRATOR (siehe Abschnitt 14.3) sind diese Möglichkeiten natürlich auch gegeben, allerdings ist es einem Anwender unter diesem Konto möglich, sich für einen begrenzten Zeitraum durch die Eingabe seines Passworts administrative Rechte des Super-Users zu verschaffen. Darüber hinaus stehen ihm einige Verzeichnisse unter /LIBRARY zur Verfügung.

Ist für ein Benutzerkonto die Option VERWALTET DURCH DIE KINDERSICHERUNG aktiviert, kann ein Administrator die verfügbaren Möglichkeiten und Funktionen drastisch einschränken. Geben Sie Ordner im Netzwerk frei, können Sie anderen Anwendern in Ihrem Netzwerk den Zugriff mit einem Benutzerkonto vom Typ NUR FREIGABE gewähren.

Neues Benutzerkonto erstellen

Ein neues Benutzerkonto erstellen Sie mit einem Klick auf das Pluszeichen links unten ❻.

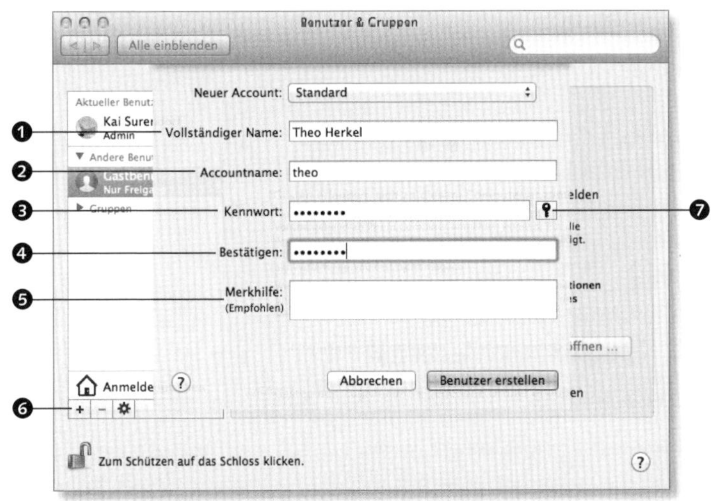

◂ **Abbildung 14.1**
Einen neuen Benutzer erstellen Sie mit dem Pluszeichen ❻.

Zunächst geben Sie über NEUER ACCOUNT den Typ des Benutzerkontos vor. Darunter geben Sie dann den vollständigen Namen des Benutzers ❶ ein, wie er im Anmeldebildschirm und auch für die Kontakte verwendet wird.

Der ACCOUNTNAME ❷, auch *Kurzname* genannt, wird vom System automatisch basierend auf dem vollständigen Namen vorgeschlagen. Sie können ihn aber nach eigenen Vorstellungen ändern, sofern Sie dabei Kleinbuchstaben verwenden und Leerzeichen vermeiden. Der Kurzname wird unter anderem für die Anmeldung am Terminal verwendet. Er gibt darüber hinaus den Namen des persönlichen Ordners unter /USERS vor. Wählen Sie den Kurznamen mit Bedacht, denn die nachträgliche Änderung ist nicht unproblematisch.

Hinweis
Sie sollten auf keinen Fall als Passwort einfache Namen von Familienangehörigen, Haustieren oder bekannten Persönlichkeiten wählen. Auch ist es nicht sinnvoll, ein echtes Wort wie »Apple« oder gar »Passwort« zu verwenden. Ein gutes, weil sicheres Kennwort besteht aus einer mindestens sechs, besser aber acht oder mehr Zeichen langen zufälligen Kette von Buchstaben und Ziffern.

Passwort vergeben | Nach dem Kurznamen müssen Sie das Passwort sowohl unter KENNWORT ❸ als auch im Feld BESTÄTIGEN ❹ eingeben. Die Merkhilfe ❺ kann als Gedankenstütze dienen, wenn Sie sich im Anmeldefenster mehrmals vertippen, und einen Hinweis auf das zu verwendende Passwort (»Wie heißt das Haustier, und wie ist die Quersumme seines Geburtsdatums?«) geben. Auch wenn sie von Apple mit dem Hinweis EMPFOHLEN versehen wurde, sollte die Verwendung einer Merkhilfe bedacht sein. Sie erleichtert unter Umständen auch Fremden das Erraten Ihres Passworts.

Kennwortassistent | Wenn Sie bei der Wahl eines Passworts etwas unsicher sind, können Sie mit einem Klick auf den kleinen Schlüssel ❼ die Funktion KENNWORTASSISTENT aufrufen. Basierend auf der ART des Passworts (EINPRÄGSAM, ZUFÄLLIG, ...), unterbreitet er Ihnen einen VORSCHLAG. Sie können dabei die Länge des Passworts einstellen. Je länger das Passwort, desto schwerer ist es zu erraten.

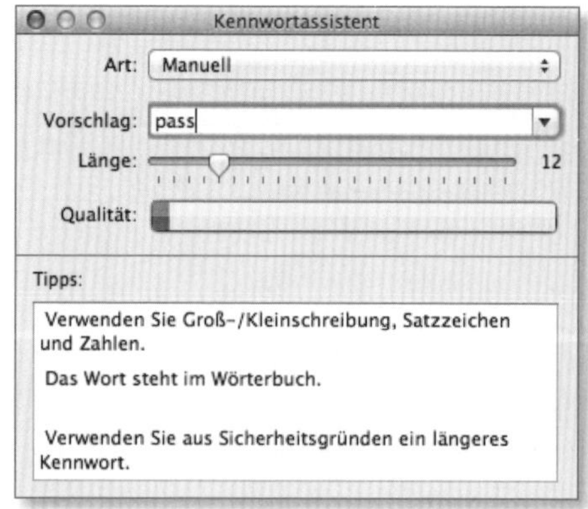

Abbildung 14.2 ▸
Der Kennwortassistent hilft bei der Vergabe eines sicheren Passworts.

Der Balken der QUALITÄT zeigt Ihnen, wie schwierig es voraussichtlich wäre, Ihr Kennwort herauszufinden. Wenn dieser Balken im roten Bereich ist, verwenden Sie ein zu kurzes und sehr leicht zu erratendes Passwort.

Sichere Passwörter | Sie finden im Kennwortassistenten unter TIPPS Hinweise, wenn Ihr Kennwort etwa nur aus Kleinbuchstaben besteht oder gar ein real existierendes Wort ist. Letztere, wie zum Beispiel »Apple«, sind besonders unsicher, weil es mittlerweile ganze Datenbanken gibt, die gezielt echte Wörter oder Kombinationen daraus (»Apple123«, »1Apple4«) abfragen und so die Zeit bis zum erfolgreichen Einbruch gehörig verkürzen. Angriffe dieser Art werden auch *Dictionary Attacks* genannt. Die Art FIPS-181-KOMPATIBEL basiert auf einem Verfahren von US-Regierungsbehörden. Diese Methode hat den Vorteil, dass das vorgeschlagene Passwort in keinem Wörterbuch steht, aber dennoch recht leicht zu merken ist. Lediglich ein bis zwei Ziffern und ein Satzzeichen wären im besten Fall noch zu ergänzen.

Persönliches Verzeichnis | Wenn Sie die Schaltfläche ACCOUNT ERSTELLEN anklicken, wird der neue Benutzer in der Datenbank angelegt und erscheint automatisch in der Liste unter ANDERE ACCOUNTS. Zeitgleich richtet das System im Hintergrund im Ordner /BENUTZER das persönliche Verzeichnis des neuen Benutzers ein, sofern Sie als Typ nicht NUR FREIGABE ausgewählt haben. Der Name des Ordners entspricht dem gewählten Kurznamen für den Benutzer.

Hinweis
Wenn Sie sich im Anmeldefenster nicht die Liste der verfügbaren Benutzerkonten, sondern die Felder für den Namen und das Passwort anzeigen lassen, lauten die für die Anmeldung als Gast notwendigen Eingaben jeweils `guest`.

Der Gastbenutzer

Eine Besonderheit ist der sogenannte GASTBENUTZER, der immer in der Liste aufgeführt wird. Er erfüllt zwei Aufgaben, die Ihnen mit ANMELDUNG und FREIGABE unterhalb seines Namens angezeigt werden.

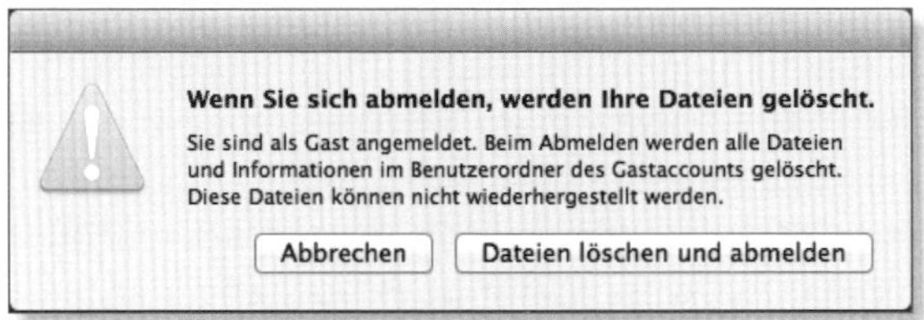

◂ **Abbildung 14.3**
Der Inhalt des Benutzerordners wird nach der Abmeldung gelöscht.

Wählen Sie den GASTBENUTZER aus, dann können Sie zunächst GÄSTEN ERLAUBEN, SICH AN DIESEM COMPUTER ANZUMELDEN. Zusätzlich können Sie die KINDERSICHERUNG AKTIVIEREN (siehe Abschnitt 14.2). Dies führt dazu, dass im Anmeldefenster der Benutzer GASTBENUTZER in der Liste der verfügbaren Benutzer erscheint. Für die Anmeldung mit diesem Benutzer ist kein Passwort erforderlich. Der GASTBENUTZER ist nützlich, wenn Sie Dritten einen einmaligen Zugriff auf Ihren Rechner ermöglichen wollen, diese jedoch keine Dateien dauerhaft speichern sollen. Der persönliche Ordner dieses Benutzers unter /BENUTZER/GUEST wird nach der Abmeldung vom System automatisch gelöscht. Ein entsprechender Hinweis bei der Abmeldung wird gegeben.

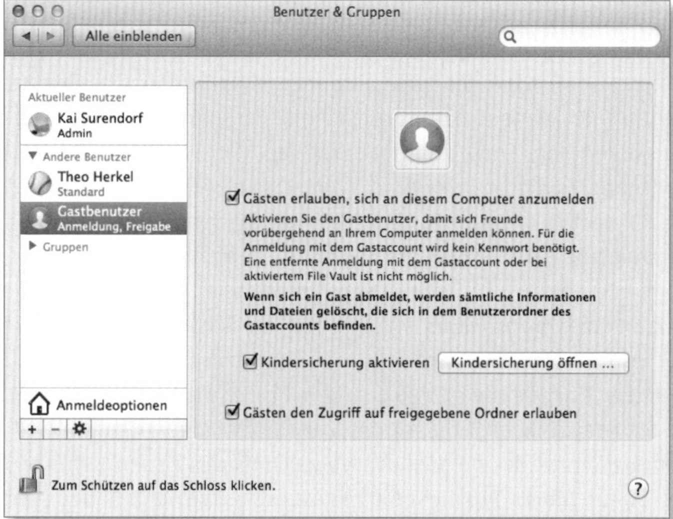

Abbildung 14.4 ▶
Den GASTBENUTZER können Sie sowohl für die Anmeldung am Rechner als auch über das Netzwerk konfigurieren.

Ob die Einrichtung eines Gastbenutzers insbesondere bei einem mobilen Rechner, der Ihnen gestohlen werden könnte, eine gute Idee ist, sei dahingestellt. Auch über die Anmeldung als Gast könnte sich ein versierter Angreifer durchaus umfassenden Zugang verschaffen. Aus diesem Grund schlägt Ihnen das System auch die Aktivierung der Kindersicherung (siehe Abschnitt 14.2) für dieses Benutzerkonto vor.

Hinweis
Wenn Sie Ihren Rechner in einem Netzwerk einsetzen, in dem Sie die Dateifreigabe aktiviert haben, aber nicht allen Teilnehmern im Netzwerk vertrauen können, sollten Sie den Zugriff für Gäste auf freigegebene Ordner an dieser Stelle deaktivieren (siehe Abschnitt 19.2).

Freigaben im Netzwerk | Die zweite Funktion des Gastaccounts besteht nicht in der Anmeldung als Benutzer, sondern in der Möglichkeit für andere Anwender im Netzwerk, ohne vorherige Anmeldung die freigegebenen Ordner zu durchsuchen. Dies wird über die Option GÄSTEN DEN ZUGRIFF AUF FREIGEGEBENE ORDNER ERLAUBEN realisiert. Auf diese Weise ist es von jedem anderen Rechner im Netzwerk aus möglich, auf die Ordner zuzugreifen, bei denen in der Ansicht FREIGABEN für die Benutzergruppe JEDER Leseberechtigung vorgesehen wurde. Genau genommen, wird gar nicht in die Benutzerverwaltung eingegriffen, sondern beim Dienst DATEIFREIGABE wird beim AFP-Server der Gastzugang (siehe Abschnitt 19.2) aktiviert.

Benutzerkonto konfigurieren

Neben dem Bild, mit dem der Benutzer im Anmeldefenster erscheint, können Sie auch Ihre VISITENKARTE ÖFFNEN. Mit dieser Schaltfläche gelangen Sie direkt in das Programm Kontakte zu Ihrem persönlichen Eintrag. Sie finden hier auch die Möglichkeit, Ihr Kennwort zu ändern. Bei einem anderen Benutzerkonto, mit dem Sie nicht aktuell angemeldet sind, heißt diese Funktion gegebenenfalls KENNWORT ZURÜCKSETZEN. Ihre APPLE-ID für die Nutzung der Internetdienste von Apple wird Ihnen hier ebenfalls angezeigt.

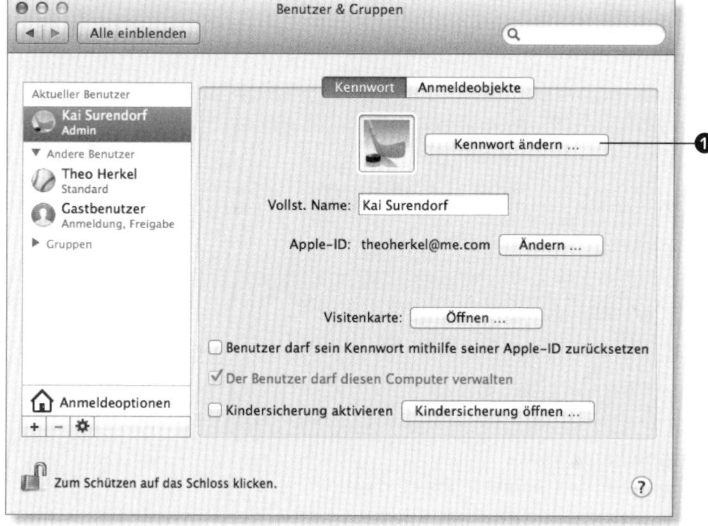

◄ **Abbildung 14.5**
Neben dem Bild für das Benutzerkonto können Sie auch das Kennwort ändern ❶.

Kennwort mit Apple-ID zurücksetzen | Wenn Sie über ein Konto bei Apple verfügen, dann können Sie auch dieses nutzen, um Ihr Kennwort zurückzusetzen. Hierzu aktivieren Sie zunächst die Option BENUTZER DARF SEIN KENNWORT MITHILFE SEINER APPLE-ID ZURÜCKSETZEN. Gibt dieser Benutzer nun am Anmeldefenster mehrfach hintereinander ein falsches Kennwort ein, dann bietet das System die Möglichkeit an, es mithilfe der Apple-ID zurückzusetzen. Im zweiten Schritt wird der Anwender nach seiner vollständigen Apple-ID sowie deren Passwort gefragt. Nach der Eingabe vergleicht das Betriebssystem die Daten mit den bei Apple hinterlegten und ermöglicht die Eingabe eines neuen Kennworts für das Benutzerkonto. Dabei wird ein neuer Schlüsselbund (siehe Abschnitt 10.1) angelegt. Zugriff auf den früheren Schlüsselbund

▲ **Abbildung 14.6**
Das Kennwort können Sie mithilfe der Apple-ID zurücksetzen.

▲ **Abbildung 14.7**
Die Apple-ID muss vollständig eingegeben werden.

erhalten Sie nur, wenn Sie sich das alte Kennwort in Erinnerung rufen.

Anmeldeobjekte | Eine nützliche Funktion verbirgt sich hinter dem Punkt ANMELDEOBJEKTE. Diese sind nicht zu verwechseln mit den nach dem Start des Rechners abgearbeiteten LaunchDaemons und auch nicht mit den LaunchAgents (siehe Abschnitt 13.3). Die Anmeldeobjekte eines Benutzers werden ausgeführt, wenn er sich angemeldet hat, und gelten zunächst nur für das jeweilige Benutzerkonto. An und für sich entspricht ihr Verhalten einem Doppelklick auf das jeweilige Programm oder, sofern Sie ein Dokument hinzugefügt haben, der jeweiligen Datei. In der Liste finden Sie auch die Angabe der ART des Objekts.

Hinweis
Die Startobjekte eines Benutzers werden im Ordner ~/LIBRARY/PREFERENCES in der Datei *com.apple.loginitems.plist* gespeichert. Falls ein Startobjekt Ihren Rechner sofort nach der Anmeldung blockiert, können Sie einen sicheren Systemstart (siehe Abschnitt 27.8) durchführen und die Datei löschen.

▲ **Abbildung 14.8**
Objekte in den Anmeldeobjekten werden nach der Anmeldung automatisch geöffnet.

Im Finder zeigen
Rufen Sie das Kontextmenü über einen Eintrag in den Anmeldeobjekten auf, dann erscheint dort der Punkt IM FINDER ZEIGEN. Diese Funktion ist nützlich, wenn sich Programme nach der Installation automatisch in die Anmeldeobjekte einfügen und dabei auf Skripten zurückgreifen, die nicht auf den ersten Blick mit dem installierten Programm in Verbindung zu bringen sind.

Sie können hier mit dem Plus- und Minuszeichen Programme und Dateien hinzufügen und löschen. Es ist auch möglich, Objekte aus dem Finder in diese Liste zu ziehen. Arbeiten Sie zum Beispiel intensiv und ausschließlich mit InDesign, können Sie das Programm hier hinzufügen, und es wird jedes Mal sofort nach der Anmeldung gestartet. Sie sparen sich somit den Klick auf das Icon im Dock. Die Funktion AUSBLENDEN stellt das Programm nach dem Start automatisch in den Hintergrund, analog zu der Funktion, die Sie mit [⌘] + [H] aufrufen.

Alle Benutzer | Es ist möglich, dass Anmeldeobjekte für alle Benutzerkonten vorgesehen sind. Diese werden in Klammern mit dem Zusatz ALLE BENUTZER gekennzeichnet. Arbeiten Sie mit einem administrativen Benutzerkonto, dann können Sie ein solches

Objekt mit dem Minuszeichen löschen. Um selbst Anmeldeobjekte für alle Benutzerkonten vorzugeben, können Sie Ihre Datei *loginwindow.plist* kopieren (siehe Abschnitt 14.4).

Benutzerkonten löschen

Ein nicht mehr benötigtes Benutzerkonto löschen Sie, indem Sie es in der Liste auswählen und dann auf das Minuszeichen klicken. Es erscheint ein Dialog, in dem Sie gefragt werden, was mit dem persönlichen Ordner des Benutzers geschehen soll. Zusätzlich zur normalen Löschung des Ordners haben Sie die Möglichkeit, die Dateien mit Leerdaten zu überschreiben und so die Wiederherstellung zu erschweren.

▲ **Abbildung 14.9**
Die Ordner gelöschter Benutzer lassen sich in Image-Dateien archivieren.

Benutzerordner archivieren | Wenn Sie den BENUTZERORDNER ALS IMAGE SICHERN lassen, wird dieser zu einer Image-Datei zusammengefasst und ins Verzeichnis /BENUTZER/GELÖSCHTE BENUTZER verschoben. Der Zugriff auf dieses Verzeichnis steht nur Administratoren offen, und die DMG-Datei kann wie jede andere Abbildung auch im Finder eingebunden werden.

◂ **Abbildung 14.10**
Der persönliche Ordner eines Benutzers kann aufbewahrt oder gelöscht werden.

Wenn Sie den persönlichen Ordner nicht verändern, bleibt er unter /BENUTZER, und seinem Namen wird (GELÖSCHT) hinzugefügt. Wenn Sie sich die Zugriffsrechte eines solchen Ordners anzeigen lassen, dann wird als Eigentümer der Benutzer _UNKNOWN oder LADEN ... aufgeführt. Am Terminal würde bei der Eingabe von `ls -el /Users` bei diesem Verzeichnis als Eigentümer die zuvor für dieses Konto verwendete BENUTZER-ID (siehe Abschnitt 14.2) angegeben, und bei einer Access Control List (siehe Abschnitt 8.2) würde die UUID (siehe Abschnitt 14.2) aufgeführt. Um Zugriff auf die so noch vorhandenen Dateien eines gelöschten Benutzers zu erhalten, müssen Sie den Eigentümer und, je nach Anforderung, auch die Zugriffsrechte (siehe Abschnitt 8.2) ändern.

Dateien eines gelöschten Benutzers, die sich zum Zeitpunkt der Löschung nicht innerhalb seines persönlichen Ordners befanden, verbleiben an ihrem Platz. Es kann also durchaus vorkommen, dass Sie im Ordner FÜR ALLE BENUTZER oder an anderer Stelle noch Dateien finden, die einem mittlerweile gelöschten Benutzer gehören.

Erweiterte Optionen und der Accountname

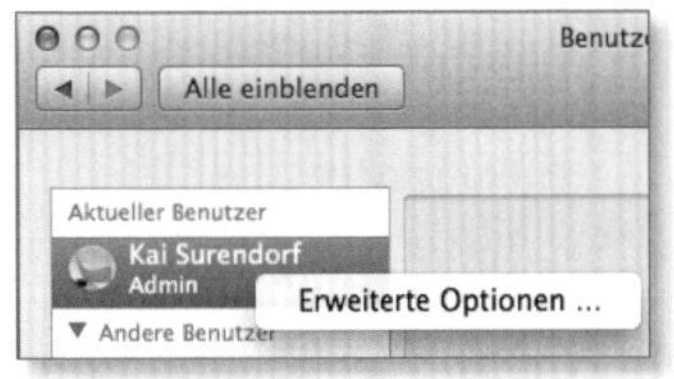

▲ **Abbildung 14.11**
Die ERWEITERTEN OPTIONEN eines Benutzerkontos rufen Sie über das Kontextmenü auf.

Wenn Sie über einen Benutzer in der Liste das Kontextmenü aufrufen, erscheint dort als einziger Punkt ERWEITERTE OPTIONEN. In dieser Ansicht können Sie einige Details des Benutzerkontos ändern, die sich nicht, wie das Bild des Benutzers, auf die grafische Oberfläche, sondern direkt auf die Eigenschaften in der Datenbank beziehen.

Abbildung 14.12 ▶
Die Warnung in den ERWEITERTEN OPTIONEN sollten Sie auf jeden Fall ernst nehmen.

Die Warnung in diesem Fenster wurde von Apple nicht ohne Grund angebracht. Wenn Sie hier unbedacht Änderungen vornehmen, wird das Benutzerkonto unbrauchbar, oder Sie verlieren den Zugriff auf Dateien und Ordner. Bis auf die Einstellung der ANMELDE-SHELL und der ALIASSE sollten Sie Änderungen hier nur dann vornehmen, wenn es einen technischen Grund dafür gibt.

In der Regel nicht zu ändern sind die Benutzer-ID, die Gruppe und insbesondere die UUID. Alle drei Eigenschaften werden in Abschnitt 14.5 erklärt.

Die Pfadangabe unter Anmelde-Shell definiert das Programm, das am Terminal als Shell ausgeführt wird. In der Regel ist das die auch in diesem Buch verwendete Bourne Again Shell (`bash`). Wenn Sie eine andere Login-Shell bevorzugen, weil Sie unter Linux oder einem anderen UNIX-Derivat mit der `tcsh` oder `zsh` gearbeitet haben, stehen Ihnen diese Shells im Ausklappmenü zur Verfügung.

Apple-ID und Aliasse
Wenn Sie einen Internetdienst von Apple nutzen, dann finden Sie unter den Aliassen bereits Einträge. Diese dienen dazu, die zu Ihrem Benutzerkonto gehörenden Identitäten zu speichern.

Accountname ändern? | Eine Frage, die immer mal wieder aufkommt, ist die nach der Änderung des Accountnamens. Es kommt durchaus vor, dass ein zu langer Accountname bei der Arbeit am Terminal etwas hinderlich ist – allerdings lässt sich ja der Tippaufwand durch die Verwendung der Vervollständigung via [→] (siehe Abschnitt 6.6) minimieren.

Während in den früheren Versionen von Mac OS X bis zu 40 Einzelschritte für eine erfolgreiche und korrekte Änderung des Accountnamens notwendig waren, bietet Apple jetzt eine Möglichkeit mit grafischer Oberfläche an, und die Änderung erfolgt ohne Rückfrage. Wenn Sie den Accountnamen in den Erweiterten Optionen des Benutzerkontos ändern, werden im Hintergrund zwei Aktionen ausgeführt: Zum einen wird innerhalb der Benutzerdatenbank der Eintrag des Benutzerkontos entsprechend geändert, zum anderen verwendet das System ab jetzt den geänderten Accountnamen für die Darstellung der Zugriffsrechte. Sie können das unter anderem am Terminal mit `ls -l ~/` (siehe Abschnitt 6.3) überprüfen.

Fallstricke | Auch wenn die Änderung des Accountnamens unter OS X 10.8 recht einfach erscheint, wird die Änderung an dieser Stelle ausdrücklich nicht empfohlen. Aus Anwendersicht handelt es sich bei einem zu langen oder unpassenden Accountnamen in erster Linie um ein ästhetisches Problem.

Ebenso ist es sehr gut möglich, dass Sie Programme installiert haben, die bei ihrer internen Verwaltung an irgendeiner Stelle auf den Accountnamen zurückgreifen und nach der Änderung nicht mehr funktionieren, oder dass Sie in diesem Zusammenhang Daten verlieren. Eine nachträgliche Änderung des Accountnamens kann sich durchaus als Hypothek erweisen und, abhängig von den von Ihnen verwendeten Programmen und installierten Erweiterungen, Grund für Probleme sein, die nicht unmittelbar auf den Accountnamen zurückzuführen sind.

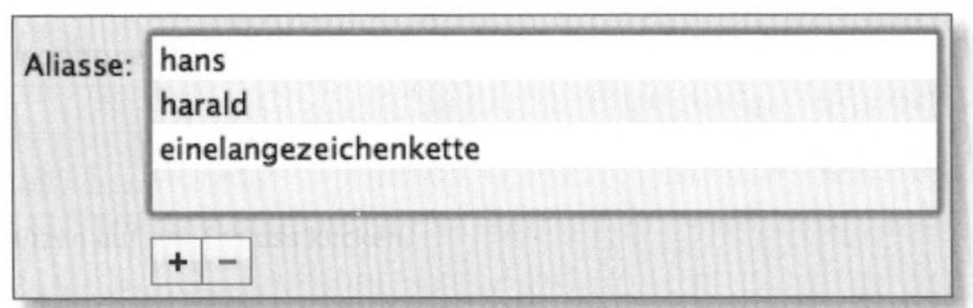

Abbildung 14.13 ▸
Für einen Benutzer können Sie beliebig viele ALIASSE erstellen.

Alias statt Änderung | Wenn sich ein zu langer Accountname bei der Arbeit am Terminal doch einmal als hinderlich erweisen sollte, etwa weil Sie für die entfernte Anmeldung über SSH (siehe Abschnitt 17.2) immer die Zeile `ssh haraldewaldpaslewski@192.168.0.3` eingeben müssen, dann können Sie für ein Benutzerkonto ALIASSE vergeben. Diese funktionieren vom Prinzip her wie die Verweise im Finder und deuten auf das Benutzerkonto, für das sie erstellt wurden. Haben Sie ein prägnantes Alias erstellt, können Sie es im Anmeldefenster bei der Eingabe des Benutzernamens und am Terminal verwenden. Die Anmeldung mittels SSH könnte dann über `ssh harald@192.168.0.3` erfolgen, ebenso wäre der Benutzerwechsel am Terminal mit `su harald` möglich.

Benutzerordner verlagern

Wenn auf Ihrer internen Festplatte der Speicherplatz eng wird, kann die Verlagerung des persönlichen Ordners eines oder mehrerer Benutzer auf eine externe Festplatte mit mehr Kapazität geboten sein. Eine Verlagerung des Benutzerordners erreichen Sie auf folgende Weise: Beenden Sie zunächst alle aktiven Programme. Im Finder kopieren Sie dann Ihren persönlichen Ordner, indem Sie ihn über das Icon mit dem Häuschen an die gewünschte Stelle auf der externen Festplatte ziehen. Kopieren Sie unbedingt den Ordner, anstatt ihn zu verschieben. Wählen Sie dabei nicht die Verzeichnisse wie DOKUMENTE, MUSIK und LIBRARY aus, da sonst die unsichtbaren Dateien (siehe Abschnitt 3.3) nicht mitkopiert werden.

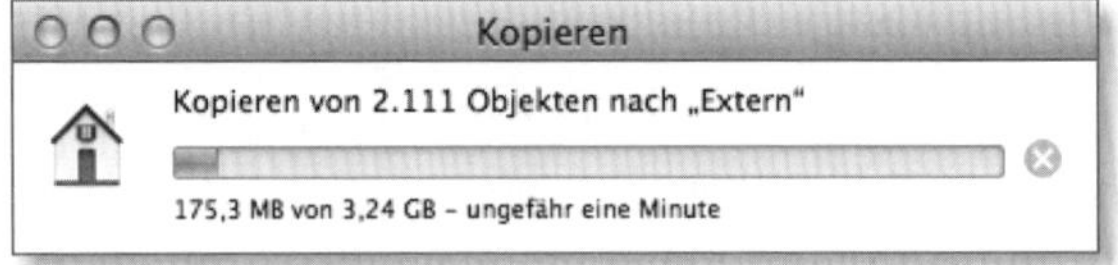

Abbildung 14.14 ▸
Der Benutzerordner selbst sollte kopiert werden.

Neustart | Starten Sie nach dem Kopiervorgang die Systemeinstellungen, und rufen Sie die ERWEITERTEN OPTIONEN für das Benutzerkonto auf. Wählen Sie unter BENUTZERORDNER den Ordner auf der externen Festplatte.

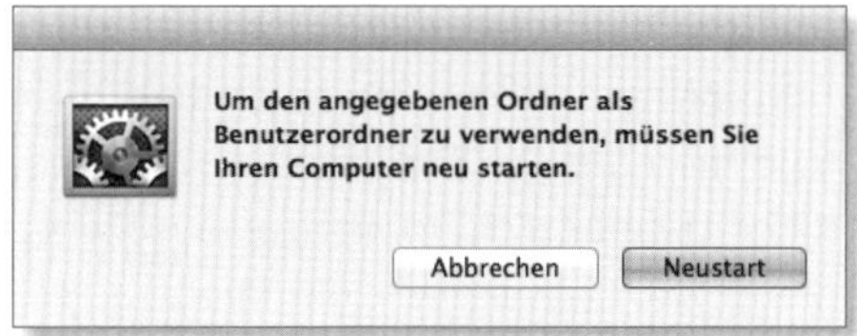

Um den angegebenen Ordner als Benutzerordner zu verwenden, müssen Sie Ihren Computer neu starten.
Abbrechen
Neustart

◂ **Abbildung 14.15**
Das System fordert einen sofortigen Neustart.

Haben Sie Ihren Benutzerordner auf eine externe Festplatte verlagert, dann sollten Sie das unter /BENUTZER befindliche Original noch eine Weile vorrätig halten und Sicherungskopien erstellen, bis Sie annehmen können, dass die Verlagerung ohne Probleme verlaufen ist. In Einzelfällen ist es notwendig, die Pfadangabe zum Benutzerordner zu korrigieren.

Time Machine | Wenn Sie die Festplatte oder Partition, auf der sich der verlagerte Benutzerordner befindet, von der Sicherung in der Time Machine ausgeschlossen haben, dann sollten Sie anschließend die Einstellungen der Time Machine (siehe Abschnitt 11.2) überprüfen und sicherstellen, dass der Ordner beim Backup berücksichtigt wird.

Benutzer in Gruppen einteilen

Die Erstellung von und die Arbeit mit Benutzergruppen ist sinnvoll, wenn Sie im Netzwerk Ordner für mehrere Anwender freigeben möchten, dabei aber nicht jede Freigabe für alle Anwender verfügbar sein soll. Wird Ihr System von mehreren Personen genutzt, dann können Sie mit Benutzergruppen auch erreichen, dass zum Beispiel die im Ordner FÜR ALLE BENUTZER abgelegten Dateien in Unterordnern gruppiert werden können. Dabei können Sie die Gruppen den entsprechenden Ordnern im Finder (siehe Abschnitt 8.1) zuweisen.

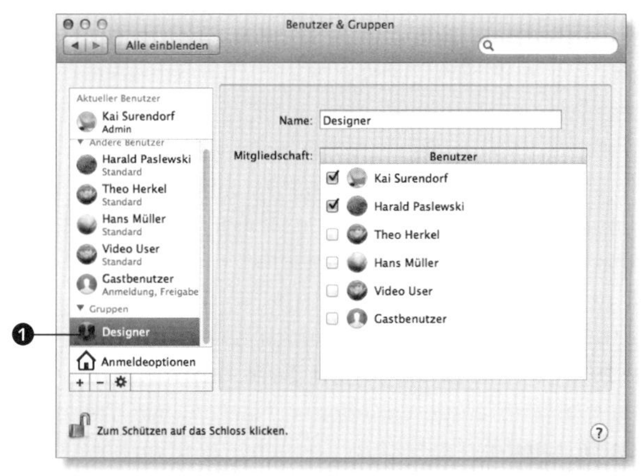

◂ **Abbildung 14.16**
Benutzer können einer Gruppe ❶ zugeordnet werden.

Eine Gruppe erstellen und entfernen Sie wie auch ein Benutzerkonto über das Plus- und Minuszeichen unterhalb der linken Spalte. Bei einer Gruppe können Sie nur den Namen vorgeben. Sie wird anschließend in der Liste aufgeführt, und wenn Sie sie auswählen, können Sie unter Mitgliedschaft die Benutzer bestimmen, die zu der Gruppe gehören sollen.

Abbildung 14.17 ▸
Sie können Gruppen ineinander verschachteln.

Verschachtelte Gruppen | Es ist auch möglich, Gruppen miteinander zu verschachteln, also eine Gruppe als Mitglied einer anderen Gruppe zu definieren. In diesem Fall erhalten die Benutzer, die Mitglied der untergeordneten Gruppe sind, automatisch die Rechte der übergeordneten.

Von den in Abbildung 14.17 aufgeführten Benutzern wurden Kai Surendorf und Harald Paslewski der Gruppe Designer als Mitglieder zugewiesen. Die beiden Benutzer können auf die Ordner und Dateien zugreifen, für die diese Gruppe die Berechtigung besitzt. Zusätzlich wurde die Gruppe ProjektA erstellt. Hier wurden der Benutzer Theo Herkel und außerdem die Gruppe Designer als Mitglied zugewiesen. Auf Ordner und Dateien, zu denen die Gruppe ProjektA im Finder Zugang bekommen hat, können somit Theo Herkel und alle Mitglieder der Gruppe Designer zugreifen. Die beiden anderen Benutzer gehören keiner der beiden Gruppen an und können auf Ordner und Dateien, die für eine der beiden Gruppen, aber nicht explizit für sie freigegeben sind, nicht zugreifen.

▴ Abbildung 14.18
Die Namen der Gruppen werden im Finder und am Terminal zusammengeschrieben ❶.

Namensgebung der Gruppen | Bei den Bezeichnungen der Gruppen müssen Sie beachten, dass das System zwei Namen verwendet. Zunächst gibt es den ausgeschriebenen Namen, den Sie in den Systemeinstellungen leicht ändern können. Darüber hinaus verwendet das System in der Benutzerdatenbank und bei der Darstellung der Zugriffsrechte im Finder den Kurznamen der jeweiligen Gruppe. Bei diesem werden etwaige Leerzeichen entfernt. Verwendung findet dieser Kurzname im Finder (siehe Abbildung 14.18) und bei der Vergabe von Zugriffsrechten im Terminal.

Beachten Sie, dass Sie den Kurznamen einer Gruppe nicht nachträglich ändern sollten. Würden Sie die Gruppe PROJEKTA in EILIGES PROJEKT umbenennen, würde die Kurzform PROJEKTA im Finder und am Terminal weiterhin verwendet und nicht in EILIGES-PROJEKT geändert werden. Dies führt, wenn Sie Gruppen nachträglich umbenennen, insbesondere am Terminal bei der Arbeit mit `ls -el` manchmal zu Verwirrung.

Die Kindersicherung

Mit der Kindersicherung, die Sie in der gleichnamigen Ansicht der Systemeinstellungen verwalten, bietet Ihnen OS X 10.8 die Möglichkeit, für Benutzerkonten Einschränkungen vorzusehen. Diese können nur von einem administrativen Benutzerkonto aufgehoben oder angepasst werden. Wenn Sie ein neues Benutzerkonto erstellen, dann steht Ihnen hier auch der Typ VERWALTET DURCH DIE KINDERSICHERUNG zur Verfügung. Es ist auch möglich, für ein schon vorhandenes Konto nachträglich die Kindersicherung zu aktivieren. Wenn ein Konto Einschränkungen durch die Kindersicherung unterliegt, dann wird sein Name in der linken Spalte mit dem Zusatz VERWALTET versehen.

Hinweis
Die Kindersicherung ist nicht absolut sicher. Ein versierter Anwender könnte zum Beispiel den Rechner im Single-User-Modus (siehe Abschnitt 27.8) starten und anschließend die Einstellungen für das Benutzerkonto direkt in der Datenbank *DSLocal* manipulieren und so den Schutz aufheben.

◂ **Abbildung 14.19**
Über die Kindersicherung grenzen Sie die verfügbaren Programme ein.

Altersbegrenzung
Die Option App Store Apps erlauben ermöglicht es Ihnen, auf die Altersfreigabe im Store zurückzugreifen. Die Auswahl bis 9+ gibt alle Programme frei, die für dieses Alter als akzeptabel klassifiziert wurden.

In der Ansicht Kindersicherung finden Sie in der linken Spalte zunächst die eingerichteten Benutzerkonten. Wenn die Sicherung bereits aktiv ist, dann können Sie in dieser Ansicht die Einschränkungen vornehmen. In der Ansicht Apps geben Sie für dieses Benutzerkonto den anschließend beschriebenen einfachen Finder vor und schränken auf Wunsch die zur Verfügung stehenden Programme ein. In der Liste finden Sie in der Rubrik Andere Apps auch die Programme, die Sie selbst installiert und nicht aus dem App Store geladen haben. Diese Rubrik kann recht umfangreich sein, da hier auch die Werkzeuge für die Entwickler aufgeführt werden.

Hinweis
Bevor Sie den einfachen Finder freigeben, sollten Sie die Einstellungen kurz prüfen. Möglicherweise befinden sich zum Beispiel in der Menüleiste oben rechts Einträge, die für das eingeschränkte Benutzerkonto nicht geeignet sind.

Der einfache Finder | Der einfache Finder (siehe Abbildung 14.20) reduziert die Möglichkeiten auf ein Minimum. Im Dock befinden sich drei Ordner (Programme, Dokumente und Für alle Benutzer). Werden diese angeklickt, dann erscheint das Fenster in der Mitte. Bei den Programmen befinden sich dort Aliasse auf diejenigen, die für dieses Benutzerkonto zugelassen wurden.

Abbildung 14.20 ▸
Der einfache Finder bietet nur drei Ordner sowie die zugelassenen Programme.

In den anderen Reitern können Sie das Benutzerkonto noch weiter einschränken, wobei die Optionen jeweils selbsterklärend sind. Nützlich in Kombination mit der entfernten Verwaltung sind in jedem Fall die Protokolle, denn auf diese Weise können Sie auch über das Netzwerk das Surfverhalten Ihrer Kinder überwachen.

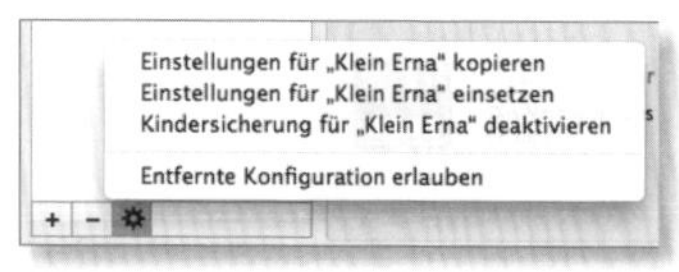

▲ Abbildung 14.21
Die Einstellungen für ein Konto können Sie kopieren und wieder einsetzen.

Möchten Sie mehrere Benutzerkonten mit den vorgenommenen Einschränkungen versehen, dann können Sie diese Einstellungen über das Werkzeugmenü unterhalb der linken Spalte kopieren, dann ein anderes Konto auswählen und wiederum über das Werkzeugmenü einsetzen. Die Kindersicherung für ein Konto können Sie über dieses Menü auch deaktivieren.

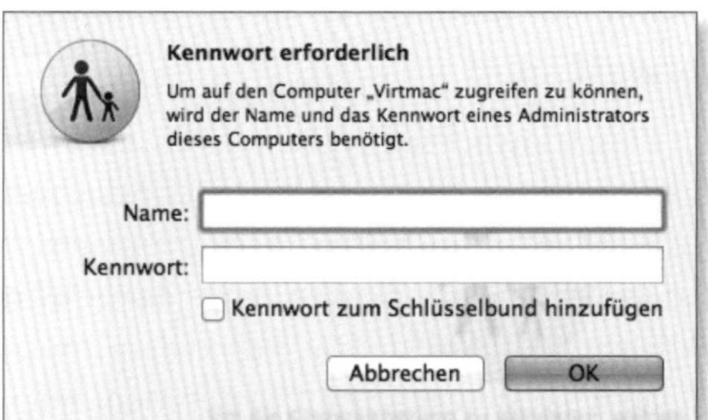

◀ **Abbildung 14.22**
Um die Kindersicherung über das Netzwerk zu konfigurieren, müssen Sie sich authentifizieren.

Entfernte Konfiguration | Die entfernte Konfiguration aktivieren Sie entweder über die Option KINDERSICHERUNG VON EINEM ANDEREN COMPUTER AUS VERWALTEN bei einem noch nicht der Kindersicherung unterworfenem Konto oder über das Werkzeugmenü unterhalb der linken Spalte.

◀ **Abbildung 14.23**
Die Kindersicherung eines anderen Rechners können Sie über das Netzwerk konfigurieren.

Befinden sich in Ihrem Netzwerk Rechner, bei denen die entfernte Konfiguration der Kindersicherung aktiviert wurde, dann erscheinen diese in der linken Spalte. Wenn Sie einen Rechner auswählen, müssen Sie sich mit einem administrativen Benutzer-

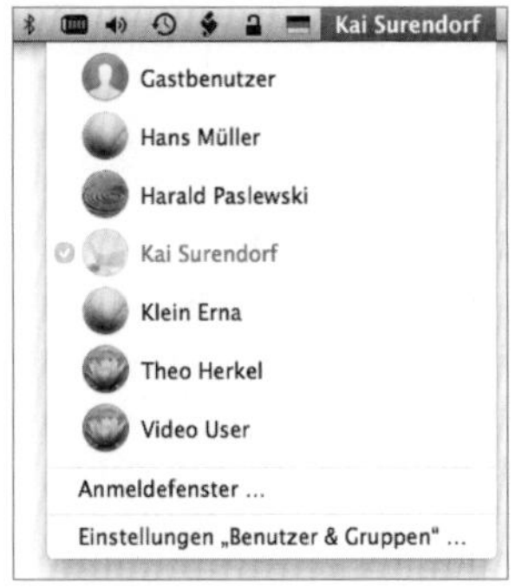

▲ **Abbildung 14.24**
Der schnelle Benutzerwechsel erfolgt über die Menüleiste.

konto authentifizieren. Es erscheint nun eine Liste der Benutzer, die auf dem anderen Rechner eingerichtet wurden, und die Kindersicherung kann nun über das Netzwerk konfiguriert werden.

Schneller Benutzerwechsel

Der Sinn des schnellen Benutzerwechsels besteht darin, zwischen verschiedenen Benutzerkonten wechseln zu können, ohne vorher sämtliche Programme beenden und sich abmelden zu müssen.

Sie können ihn in den Systemeinstellungen unter dem Punkt ANMELDEOPTIONEN aktivieren. Entscheiden Sie sich in den OPTIONEN für das SYMBOL, sparen Sie ein wenig Platz in der Menüzeile. Anschließend finden Sie im rechten Teil der Menüleiste eine Liste mit allen verfügbaren Benutzern, mit denen eine Anmeldung an der grafischen Oberfläche möglich ist. Angemeldete Benutzer werden mit einem orangenfarbenen Häkchen versehen.

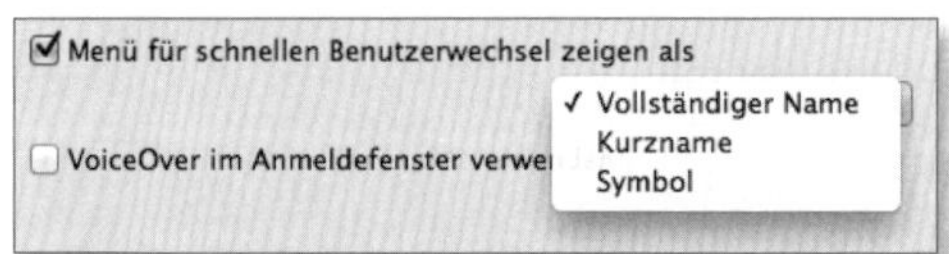

Abbildung 14.25 ▸
Der schnelle Benutzerwechsel kann in drei Formen angezeigt werden.

Wählen Sie nun aus der Liste in der Menüleiste einen anderen Benutzer aus, erscheint das Anmeldefenster und legt sich über die derzeit aktiven Fenster. Haben Sie sich erfolgreich identifiziert, wird der Bildschirm weggeklappt, und Sie arbeiten als der andere Benutzer. Dabei bleiben die gestarteten Programme des anderen Benutzers im Arbeitsspeicher und sind auch weiterhin aktiv.

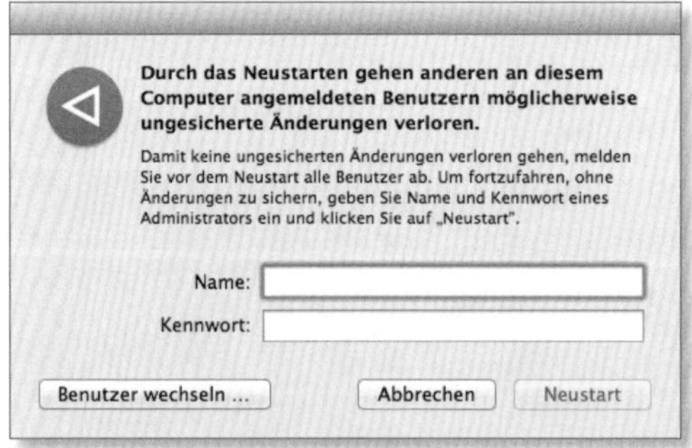

Abbildung 14.26 ▸
Ist im Hintergrund noch ein Benutzer angemeldet, können Daten verloren gehen.

Erzwungene Abmeldung | Ob Sie den schnellen Benutzerwechsel einsetzen, hängt auch ein wenig von Ihrem Arbeitsumfeld ab. Wenn Sie den Benutzer wechseln und im Hintergrund ein anderer Benutzer angemeldet bleibt, können Sie den Rechner weder ausschalten noch neu starten, solange der andere Benutzer sich nicht abgemeldet hat. In diesem Fall können Sie mit der Authentifizierung als Administrator den anderen Benutzer zwangsweise abmelden. Sofern Dokumente noch nicht gesichert sind, gehen alle entsprechenden Änderungen verloren.

14.3 Administratoren und der Super-User »root«

Der erste Benutzer, den Sie im Zuge einer Neuinstallation anlegen, übernimmt zunächst automatisch die Rolle eines Administrators.

Weitere Administratoren
Neben dem ersten Benutzerkonto können Sie weitere Administratoren anlegen. Erstellen Sie ein neues Benutzerkonto, können Sie als Typ ADMINISTRATOR vorgeben. Einen Benutzer, der bereits als normaler Anwender eingerichtet wurde, können Sie nachträglich zum Administrator machen, indem Sie in den Systemeinstellungen in der Ansicht des Kontos die Option DER BENUTZER DARF DIESEN COMPUTER VERWALTEN aktivieren. Selbstverständlich ist es nicht möglich, dass sich ein normaler Benutzer selbst zum Administrator erklärt.

Verwaltung des Systems | Administratoren unterscheiden sich von normalen Benutzerkonten dadurch, dass sie neue Software installieren und Updates des Systems vornehmen dürfen und bei den Systemeinstellungen keinen Einschränkungen unterliegen. Die Unterscheidung hat ihren Grund in der Sicherheit des Systems. Arbeiten Sie unter einer normalen Benutzerkennung, können Sie Programme starten und Dokumente sichern, die meisten Einstellungen des Systems bleiben Ihnen aber verwehrt und sind nur nach Eingabe eines Administratorpassworts zugänglich.

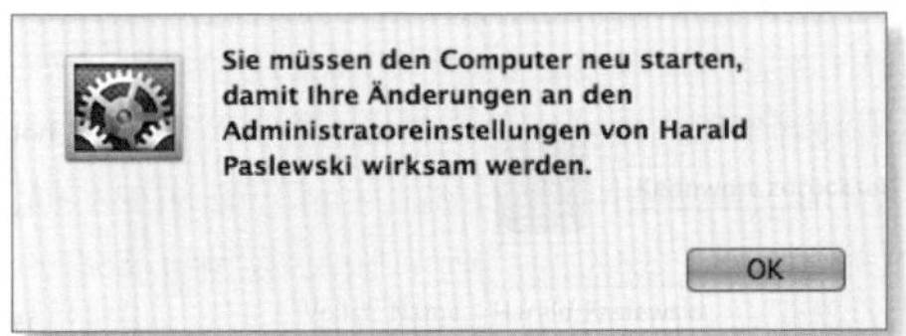

◄ Abbildung 14.27
Die Beförderung zum Administrator wird erst nach einem Neustart wirksam.

Teilen Sie sich zum Beispiel mit mehreren Benutzern einen Rechner, dann besteht die Aufgabe des Administrators darin, das System zu konfigurieren und für die anderen Benutzer einzurichten. Gerade wenn Sie Ihren Rechner mit jemandem zusammen benutzen, der über vergleichsweise geringe Kenntnisse verfügt, schützt die Unterteilung in Administratoren und normale Benutzer vor Fehlern und Problemen.

▲ Abbildung 14.28
Wurde die Option DER BENUTZER DARF DIESEN COMPUTER VERWALTEN aktiviert, wird sein Typ von STANDARD in ADMIN geändert.

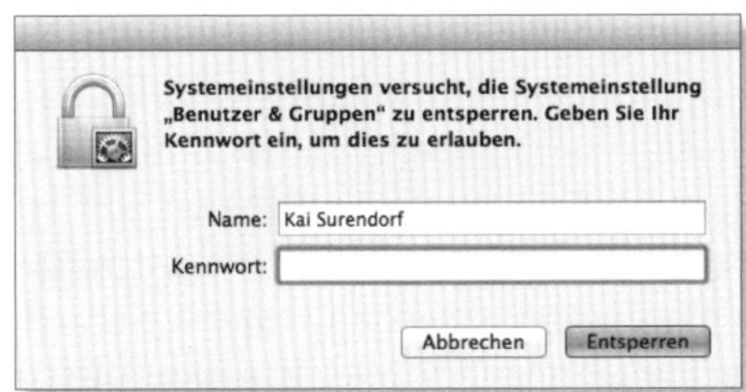

▲ Abbildung 14.29
Bei einigen Funktionen ist die Eingabe eines Administratorpassworts zwingend erforderlich.

Einschränkungen | Auch Administratoren unterliegen gewissen Einschränkungen. So können sie zum Beispiel nicht den Ordner /SYSTEM löschen oder in den Papierkorb legen, sofern sie nicht vorher mutwillig die Zugriffsrechte manipuliert haben. Diese Beschränkungen haben auch den Sinn, vor unerwünschten und unbeabsichtigten Fehlern zu schützen.

In Programmen wie den Systemeinstellungen oder dem Finder können Sie diese Einschränkungen für einen begrenzten Zeitraum aufheben. Dazu dient in der Regel das Schloss, das Sie in den Systemeinstellungen unten links, im Fenster INFOS ZU im Finder bei den Zugriffsrechten unten rechts finden. Bei der Installation von Programmen über das Installationsprogramm werden Sie, sofern das Programm noch weitere Bestandteile außerhalb des Ordners PROGRAMME installiert, ebenfalls nach dem Passwort Ihres Benutzerkontos gefragt. In jedem dieser Fälle dient die Eingabe Ihres Passworts dazu, kurzzeitig die Beschränkungen aufzuheben.

Benutzerwechsel am Terminal

Wenn Sie bestimmte Funktionen am Terminal aufrufen möchten, kann es erforderlich sein, dass diese Befehle nicht unter Ihrer normalen Benutzerkennung ausgeführt werden, sondern als Super-User. Daneben ist es in Einzelfällen notwendig, am Terminal zu einem anderen Benutzerkonto zu wechseln, um beispielsweise eine Datei zu löschen, die Ihnen nicht gehört, aber trotzdem gelöscht werden soll. Ein solcher Benutzerwechsel ist auch notwendig, um am Terminal bestimmte Befehle auszuführen, mit denen Sie Ihr System verwalten und konfigurieren können.

Am Terminal stehen Ihnen zwei Möglichkeiten zur Verfügung:

- Der Befehl `sudo` führt die anschließend anzugebenden Befehle als Super-User aus.
- Mit `su` und der Angabe des Accountnamens wechseln Sie zu einem anderen Benutzer.

[Grace Period]
Wenn Sie sich bei der Ausführung eines Befehls mittels `sudo` erfolgreich mit einem Passwort authentifiziert haben, werden Sie für einen Zeitraum von ungefähr fünf Minuten bei einer erneuten Eingabe von `sudo` nicht mehr nach Ihrem Passwort gefragt. Das System merkt sich die Authentifizierung, was bei direkt aufeinanderfolgenden Eingaben mittels `sudo` den Komfort ein wenig erhöht.

... mit »sudo« | Mit `sudo` arbeiten Sie nicht dauerhaft als Super-User, sondern es werden lediglich die folgenden Befehle als Super-User ausgeführt. Stellen Sie `sudo` einem Befehl am Terminal voran, müssen Sie sich anschließend mit Ihrem Passwort authentifizieren. `sudo` kann nur von Benutzern verwendet werden, die Sie als Administratoren eingerichtet haben, bei denen Sie also in den Systemeinstellungen den Punkt DER BENUTZER DARF DIESEN COMPUTER VERWALTEN aktiviert haben.

Die Arbeit mit `sudo` wird von Apple seit Langem bevorzugt. Einerseits ist das Fehlerpotenzial deutlich geringer, da Sie sich lediglich kurzzeitig allumfassende Rechte verschaffen und jedem dieser Befehle explizit sudo voranstellen müssen. Andererseits ist ein System, in dem das Benutzerkonto »root« nicht aktiviert ist, zunächst deutlich schwerer zu hacken. Ein Einbrecher muss dafür zuerst den Benutzernamen eines Administrators kennen, um anschließend das korrekte Passwort herauszufinden.

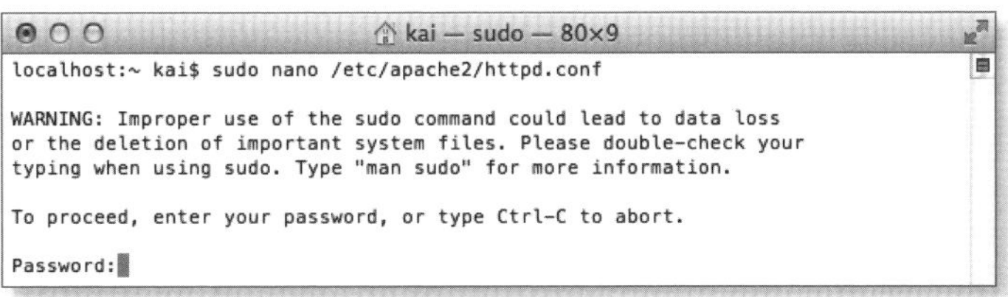

◀ **Abbildung 14.30**
Wird zum ersten Mal mit sudo ein Befehl als Administrator ausgeführt, weist OS X 10.8 auf die damit verbundene Verantwortung hin.

... mit »su« | Einen schnellen Benutzerwechsel am Terminal veranlassen Sie mit dem Befehl su. Diesem übergeben Sie als Parameter den Kurznamen des Benutzers, unter dessen Benutzerkonto Sie die folgenden Befehle ausführen möchten. Mit

```
su theo
```

werden Sie am Terminal aufgefordert, das Passwort des Benutzerkontos von theo einzugeben. Wenn Sie sich mit dem Passwort authentifiziert haben, werden die folgenden Befehle unter der Benutzerkennung von theo ausgeführt, was natürlich auch die Zugriffsrechte für die Dateien und Verzeichnisse einschließt.

Um die Arbeit unter diesem fremden Benutzerkonto am Terminal wieder zu beenden, geben Sie einfach exit ein. Die Shell kehrt dann wieder zu Ihrem Benutzerkonto zurück.

Hinweis

Sie sollten auch beim Verschieben einer Datei als Super-User Vorsicht walten lassen, da hier die meisten Sicherheitsbeschränkungen aufgehoben werden und viele Befehle anders als zum Beispiel der Finder am Terminal keine Bestätigung verlangen. Immerhin stehen Ihnen auf diese Weise auch die Inhalte der persönlichen Ordner offen.

▲ **Abbildung 14.31**
Mit dem Befehl su wechseln Sie den aktiven Benutzer am Terminal.

Wer bin ich?
Falls Sie den Überblick verlieren sollten, können Sie sich mit dem einfachen Befehl whoami anzeigen lassen, als welcher Benutzer Sie gerade am Terminal agieren.

Root-Shell mit »sudo -s« | Wenn Sie am Terminal mehrere Befehle nacheinander eingeben möchten, für die Sie als Super-User mit den entsprechenden Rechten und Befugnissen ausgestattet sein müssen, dann können Sie am Terminal mit sudo -s, gefolgt

»sudo -s« contra »su«
Zwar könnten Sie, wenn Sie dem Benutzer »root«, wie im Folgenden beschrieben, ein Passwort zugewiesen haben, auch mit der Eingabe von su als Super-User am Terminal arbeiten. Allerdings erreichen Sie mit sudo -s das gleiche Ziel, sparen sich aber die Aktivierung des Benutzers.

von der Eingabe Ihres Passworts, einen Wechsel zu »root« vollziehen, ohne vorher den Super-User selbst aktiviert zu haben.

Genau genommen, wird eine Instanz der `bash`-Shell gestartet, die unter der Benutzerkennung des Super-Users läuft. Dementsprechend verfügt sie über alle Rechte des Super-Users, und allen Befehlen, die über sie ausgeführt werden, werden diese Rechte vererbt.

Hinweis

Wechseln Sie mit `sudo -s` zum Super-User, dann sollten Sie alle Eingaben genau abwägen. Dies gilt insbesondere für das Löschen von Dateien mittels `rm`.

Die Wechsel über `sudo -s` ist dann nützlich, wenn Sie im Verzeichnis /ETC nacheinander einige Konfigurationsdateien mit `nano` bearbeiten und nicht allen Aufrufen `sudo` voranstellen sowie alle fünf Minuten Ihr Passwort eingeben möchten.

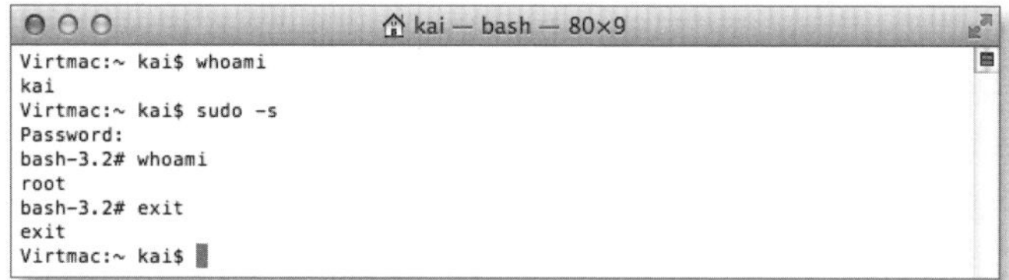

Abbildung 14.32 ▸
Mit der Eingabe von `sudo -s` wechseln Sie zu einer Root-Shell.

Überwachung der Wechsel | Wechseln Sie mittels `sudo` oder `su` zu einem anderen Benutzerkonto, werden alle Aufrufe im Protokoll *secure.log* protokolliert. Sie können sich diese Datei im Dienstprogramm Konsole anzeigen lassen und als Filter SU, SUDO oder ROOT verwenden. Damit schränken Sie die Anzeige im Protokoll auf die Zeilen ein, die für die Protokollierung eines Wechsels in Frage kommen.

▲ Abbildung 14.33
Der Aufruf der Befehle `sudo` und `su` wird protokolliert.

Das Protokoll gibt Ihnen Aufschluss über den Zeitpunkt des Wechsels (`Sep 3 09:0:09`), den Rechnernamen (`MacPro`), den aufgerufenen Befehl (`su` oder `sudo`) und den Benutzer, von dem der Wechsel ausging (`kai`). `ttys001`, `ttys002` ... bezeichnen das erste, zweite ... Fenster des Terminals, und hinter `PWD` wird das zum Zeitpunkt des Aufrufs aktuelle Arbeitsverzeichnis (`/Users/kai`) angegeben. Die Gleichung `USER=root` und die Angabe `kai` to nemo zeigen Ihnen, zu welchem Benutzerkonto gewechselt wurde. Hinter COMMAND= finden Sie den Befehl, der mittels sudo als »root« ausgeführt wurde. Wenn ein falsches Kennwort eingegeben wurde, werden Sie auch darüber informiert, wie oft (1 incorrect password attempt) dies erfolgt ist.

Einbruchsversuche
Diese sehr akribische Form des Protokolls hat den Zweck, Einbruchsversuche auf Ihrem Rechner möglichst einfach nachzuvollziehen und zu ersehen, wann eventuell ein normaler Benutzer Ihres Rechners versucht hat, sich erweiterte Zugriffsrechte zu verschaffen. Aus diesem Grund versuchen Hacker, wenn sie erfolgreich in einen Server eingebrochen sind, oft zuerst, die Protokolle zu löschen oder die Spuren darin zu verwischen.

Der Super-User »root«

Unter fast allen UNIX-Varianten gibt es nur einen speziellen Benutzer, bei dem alle Schranken fallen. Dieser agiert unter der Kennung »root«. Er kann so gut wie alle Beschränkungen außer Kraft setzen, und das System gibt kaum Warnungen bei eventuellen Gefahren aus. Vielmehr wird vorausgesetzt, dass jemand, der so viel Verantwortung erhalten hat, genau weiß und darauf achtet, was er tut.

»root« aktivieren? | In der Standardinstallation von OS X 10.8 können Sie sich nicht als Benutzer »root« anmelden. Der Grund dafür ist, dass für diesen Benutzer kein Passwort vergeben wurde.

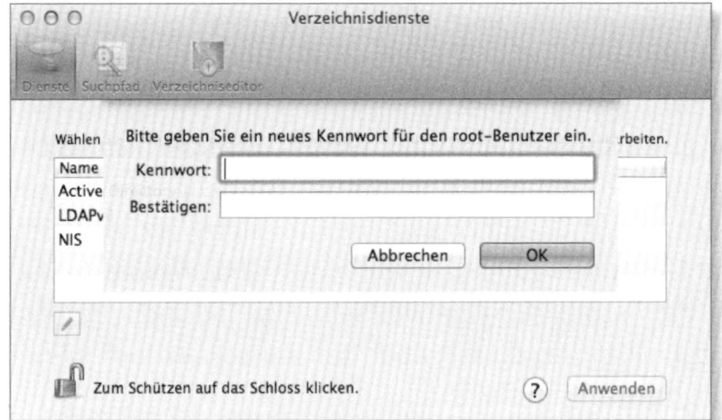

◂ **Abbildung 14.34**
Das Programm Verzeichnisdienste ermöglicht die Aktivierung des »root«-Benutzers.

Sie können mit dem anschließend beschriebenen Verfahren im Programm Verzeichnisdienste ein Passwort vergeben. Die Aktivierung des Super-Users »root« ist aber eigentlich nicht nötig. Ausnahmslos alle in diesem Buch beschriebenen administrativen Aufgaben können Sie über die Entsperrung mittels des Schlosses in der grafischen Oberfläche oder über sudo am Terminal erreichen. Einen technischen Grund für die Anmeldung an der grafischen Oberfläche als »root« gibt es bei den regulären Arbeiten mit OS X 10.8 eigentlich nicht. Auch bei der Fehlerbehebung ist die Anmeldung mit dem Benutzer »root«, wenn überhaupt, nur in sehr seltenen Ausnahmefällen nötig.

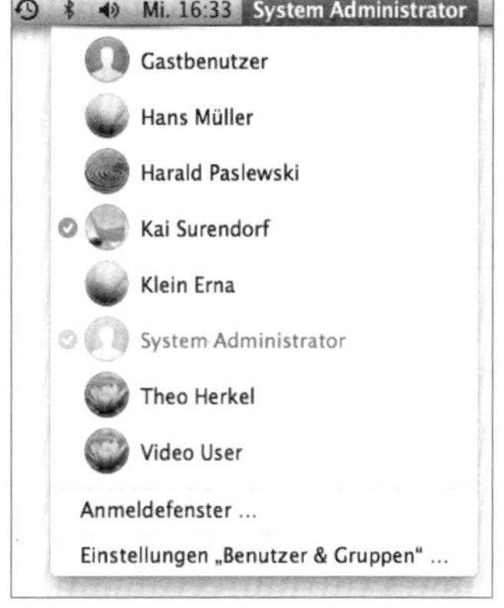

▴ **Abbildung 14.35**
Der Benutzer »root« wird als SYSTEM ADMINISTRATOR aufgeführt.

Wenn Sie den Benutzer dennoch aktivieren möchten, können Sie die Aktivierung über das Programm Verzeichnisdienste (siehe

Abschnitt 17.6) im Verzeichnis /System/Library/CoreServices vornehmen. Starten Sie das Programm, klicken Sie im Hauptfenster auf das Schloss, und identifizieren Sie sich durch Eingabe Ihres Passworts. Ihnen steht jetzt der Menüpunkt Bearbeiten • Root-Benutzer aktivieren zur Verfügung. Wählen Sie ihn aus, fordert Sie das Programm auf, ein neues Kennwort für den »root«-Benutzer einzugeben.

14.4 Das Anmeldefenster konfigurieren

Das Anmeldefester ist das Tor zur grafischen Oberfläche von OS X 10.8. Aber es ermöglicht Ihnen nicht nur die Auswahl eines Benutzerkontos und die Eingabe eines Passworts, sondern verfügt auch über einige weitere Fähigkeiten.

Anmeldeoptionen einstellen

Automatische Anmeldung unterbinden
Wenn Sie den sicheren Systemstart (siehe Abschnitt 27.8) durchführen, dann wird die automatische Anmeldung ebenfalls unterbunden.

Die grundlegenden Funktionen des Anmeldefensters konfigurieren Sie in den Systemeinstellungen in der Ansicht Benutzer, indem Sie dort den Punkt Anmeldeoptionen auswählen. Zunächst sollten Sie die Automatische Anmeldung deaktivieren, sofern dies noch nicht geschehen ist.

Ob Sie die Tasten »Neustart«, »Ruhezustand« und »Ausschalten« anzeigen, hängt von der Verwendung Ihres Rechners ab. Fungiert Ihr Rechner als Server im Netzwerk, der auch dann noch Daten ausliefern soll, wenn niemand angemeldet ist, dann kann die Ausblendung sinnvoll sein. Sitzt jemand vor Ihrem Rechner, dann kann er diesen über den Ausschaltknopf immer noch zwangsweise herunterfahren.

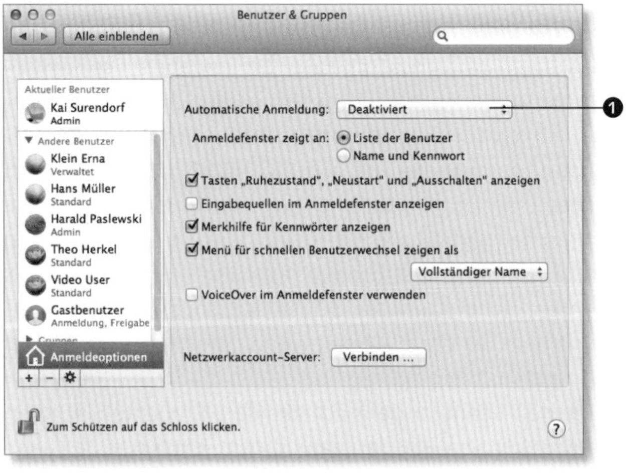

Abbildung 14.36 ▸
In den Anmeldeoptionen sollten Sie die Automatische Anmeldung auf jeden Fall deaktivieren ❶.

Ob Sie sich die Liste der Benutzer oder Name und Kennwort anzeigen lassen, ist in erster Linie eine Frage des Komforts. Bei der Liste müssen Sie nur den Benutzer auswählen und dessen Passwort eingeben. Allerdings können Sie auch bei der Liste zu den Eingabefeldern gelangen, indem Sie einen Benutzer auswählen und dann den Kurzbefehl alt + ↵ eingeben.

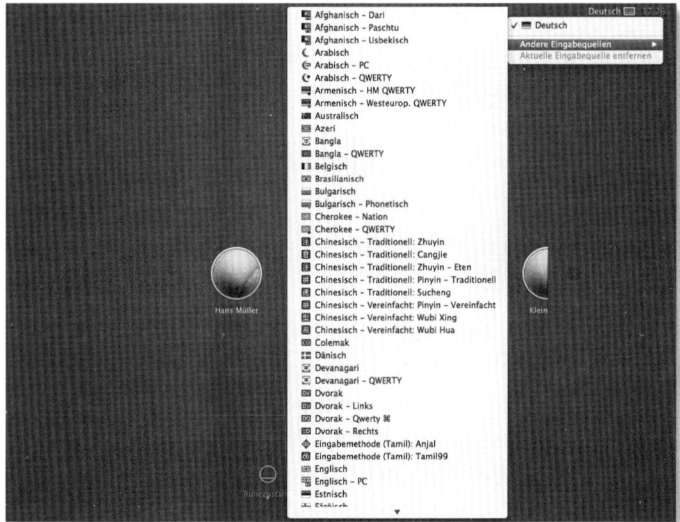

◂ **Abbildung 14.37**
Die Eingabequellen werden oben rechts auf dem Bildschirm angezeigt.

Eingabequellen | Die Anzeige der Eingabequellen kann nützlich sein, wenn Ihr Rechner von Personen verwendet wird, die eine andere Sprache als Deutsch eingestellt haben und in deren Passwörtern sich Zeichen einer Fremdsprache befinden, die über eine deutsche Tastaturbelegung nicht einzugeben sind.

Netzwerk-Accounts | Sofern Ihr System mit einem oder mehreren Verzeichnisdiensten (siehe Abschnitt 17.6) verbunden ist, können Sie über Benutzern mit Netzwerk-Accounts die Anmeldung an diesem Computer erlauben vorgeben, ob die im Open Directory oder Active Directory vorhandenen Benutzerkonten für die Anmeldung an diesem Rechner genutzt werden dürfen. Über Optionen können Sie auch einige Benutzerkonten aus dem Verzeichnis gezielt für die Anmeldung freigeben.

Hinweis
Die Option bezüglich der Netzwerk-Accounts erscheint nur, wenn die Verbindung zum Verzeichnisdienst eingerichtet wurde.

Merkhilfe | Die Aktivierung der Merkhilfe kann abhängig davon, wie leicht diese für Fremde zu erraten ist, die Sicherheit Ihres Systems durchaus kompromittieren. Die Einblendung erfolgt in jedem Fall, nachdem das Passwort mehrfach hintereinander falsch eingegeben wurde. Ansonsten kann die Merkhilfe direkt über das graue Fragezeichen im Textfeld eingeblendet werden.

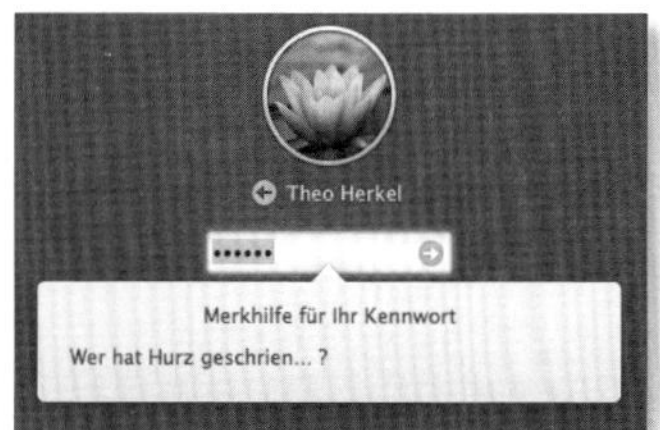

▴ **Abbildung 14.38**
Die Merkhilfe wird über das Fragezeichen eingeblendet.

VoiceOver | Sie können für das Anmeldefenster auch die Funktion VoiceOver aktivieren. Dem Anwender werden dann bei Verwendung der Listenansicht die verfügbaren Benutzerkonten vorgetragen und weitere Optionen vorgelesen. Die Verwendung von VoiceOver wird mit einem schwarzen Rahmen signalisiert.

Nachrichten und Informationen im Anmeldefenster

Das Anmeldefenster können Sie auch so konfigurieren, dass es Ihnen einige Informationen über den Status Ihres Systems mitteilt. Darüber hinaus können Sie sich im Anmeldefenster eine Nachricht anzeigen lassen, mit der Sie Benutzern schon vor der Anmeldung etwas mitteilen können.

Version 10.8 (Build 12A269) Deutsch 17:44

Abbildung 14.39 ▸
Im Anmeldebildschirm kann oben rechts die genaue Versionsnummer des Systems abgerufen werden.

Informationen im Anmeldefenster | Sie können sich im Anmeldefenster oben rechts Informationen über das System anzeigen lassen. Hierzu müssen Sie die Funktion zunächst über den Befehl `defaults` aktivieren, indem Sie den Voreinstellungen des Anmeldefensters eine Eigenschaft mit einem Wert hinzufügen. Die Eingabe hierzu lautet

```
sudo defaults write /Library/Preferences/com.apple.
loginwindow AdminHostInfo Wert
```

Anstelle von `Wert` geben Sie `HostName` für den Gerätenamen, `IPAddress` für die IP-Adresse sowie `SystemVersion` für die exakte Version der von Ihnen installierten OS X 10.8-Version an.

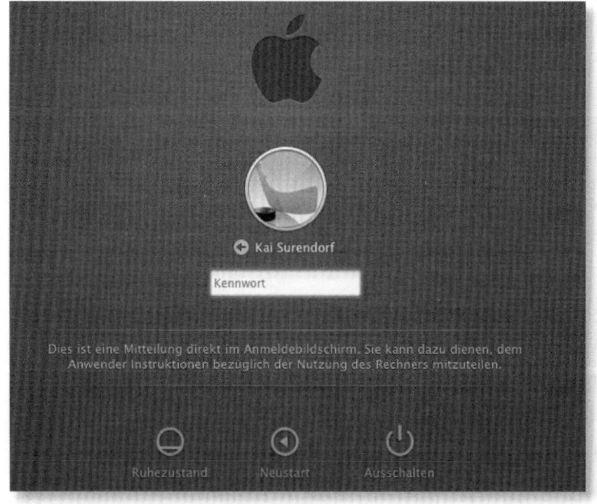

Abbildung 14.40 ▸
Unterhalb der Benutzerkonten kann ein Text angezeigt werden.

Diese Informationen erscheinen, wenn Sie im Anmeldebildschirm auf die Uhr rechts oben klicken. Klicken Sie mehrfach auf die Uhr, dann wird die nächste Information angezeigt. Der Wert von `AdminHostInfo` bestimmt, welcher Wert als Erstes nach einem Klick auf die Uhr angezeigt wird.

Nachricht im Anmeldefenster | Das Anmeldefenster ist auch in der Lage, eine Nachricht unterhalb der Information darzustellen. Auch hier müssen Sie die Voreinstellungen des Anmeldefensters manipulieren. Für die Anzeige einer Nachricht ist der Wert der Eigenschaft `LoginwindowText` zuständig. Sie ändern ihn mit dem Aufruf:

```
sudo defaults write /Library/Preferences/com.apple.
loginwindow LoginwindowText »Nachricht«
```

Hinweis

Verzichten Sie bei dem Text nach Möglichkeit auf Satzzeichen wie !, ; und :. Diese werden am Terminal von der Shell nicht als Zeichen, sondern als Anweisung interpretiert, was zu einer Fehlermeldung führen würde.

Anstelle von `Nachricht` geben Sie den Text an, der im Anmeldefenster erscheinen soll, wobei Sie die Anführungszeichen eingeben müssen (siehe Abbildung 14.41). Den Text können Sie wieder löschen mit der Eingabe von:

```
sudo defaults delete /Library/Preferences/com.apple.
loginwindow delete LoginwindowText
```

▲ **Abbildung 14.41**
Mit dem Befehl `defaults` können Sie dem Anmeldefenster eine Nachricht hinzufügen.

PolicyBanner | Mithilfe der Datei *PolicyBanner* können Sie den Anwender vor der Anmeldung zwingen, eine Vereinbarung zur Kenntnis zu nehmen und diese zu AKZEPTIEREN. Hierzu erstellen Sie zum Beispiel in TextEdit eine Datei, die den Text dieser Vereinbarung enthält. Dabei können Sie neben Formatierungen auch Bilder einbetten. Das Anmeldefenster ist in der Lage, reine Textdateien mit der Endung *.txt* sowie RTF-Dateien mit den Endungen *.rtf* und *.rtfd* anzuzeigen. Speichern Sie die Datei unter dem Namen *PolicyBanner* mit dem entsprechenden Suffix (beispielsweise *PolicyBanner.rtfd*), und verschieben Sie sie anschließend in das Verzeichnis /LIBRARY/SECURITY.

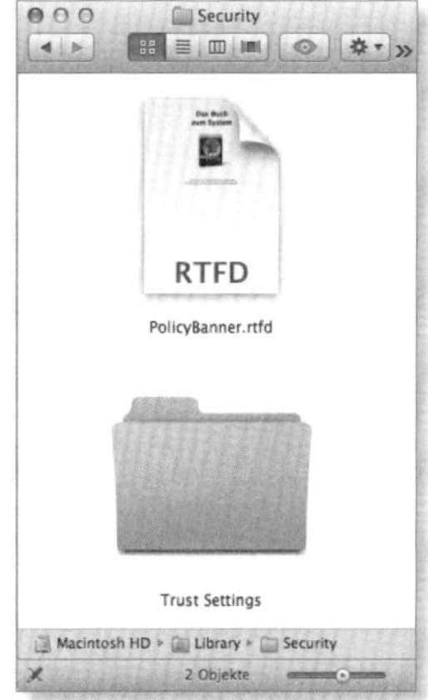

▲ **Abbildung 14.42**
Die Datei »PolicyBanner« wird im Verzeichnis /LIBRARY/SECURITY gespeichert.

Der Text wird anschließend in einem Fenster VEREINBARUNG angezeigt, und die Anmeldung ist erst möglich, wenn der Anwender die Schaltfläche AKZEPTIEREN angeklickt hat. Wenn Sie dieses Banner nicht mehr benötigen, entfernen Sie die Datei ganz einfach aus dem Ordner.

Abbildung 14.43 ▸ Mithilfe der Datei »PolicyBanner« wird eine obligatorische Vereinbarung vor der Anmeldung angezeigt.

Benutzer nicht auflisten

In Einzelfällen ist es erwünscht, dass in der Liste verfügbarer Benutzer und im Menü für den schnellen Benutzerwechsel ausgewählte Benutzer nicht angezeigt werden. Sie schließen Benutzer von der Liste aus, indem Sie für den Wert `HiddenUsersList` der Voreinstellungen des Anmeldefensters eine Liste der Kurznamen der auszublendenden Benutzer vorgeben. Die Eingabe lautet:

```
sudo defaults write /Library/Preferences/com.apple.
loginwindow HiddenUsersList -array Kurzname1 Kurz-
name2
```

Sie können auch nur einen Kurznamen angeben. Die in dieser Liste befindlichen Benutzerkonten werden Ihnen im Anmeldefenster nicht mehr angezeigt. Mit folgender Eingabe machen Sie die Änderung wieder rückgängig:

```
sudo defaults delete /Library/Preferences/com.apple.
loginwindow HiddenUsersList
```

14.5 Die Datenbank »DSLocal«

Mit Mac OS X 10.5 hat Apple die Benutzerverwaltung des Systems einer Generalüberholung unterzogen. Anstelle des alten NetInfo-Systems wird jetzt ein neues und etwas moderneres System verwendet. Es orientiert sich am LDAP-Standard und lehnt sich sehr eng an Open Directory an, mit dem unter OS X Server die Benutzerdaten im Netzwerk zentral verwaltet werden. Die lokale Benutzerdatenbank wird nachfolgend mit *DSLocal* bezeichnet, was man ungefähr mit »lokaler Verzeichnisdienst«« (*local directory service*) umschreiben könnte.

Grundlagen und Aufbau

Das zentrale Element für die Verwaltung der Datenbank und die Authentifizierung der Benutzer ist der Dämon `opendirectoryd`. Er arbeitet im Hintergrund und wartet auf die Anfrage eines Programms oder Dienstes nach einem Benutzerkonto oder einer Gruppenzugehörigkeit. Der Dämon `opendirectoryd` erfüllt darüber hinaus die Aufgabe, Anfragen nach einer Domain etwa im Internet zu beantworten (siehe Abschnitt 16.1.7).

»dscl« und Verzeichnisdienste
Um den Inhalt der Datenbank einzusehen und gegebenenfalls zu bearbeiten, können Sie am Terminal auf den Befehl `dscl` zurückgreifen. Eine grafische Benutzeroberfläche stellt das Programm Verzeichnisdienste aus dem Verzeichnis /SYSTEM/LIBRARY/CORESERVICES zur Verfügung.

Property-Listen | Die Datenbank *DSLocal* setzt sich aus einer ganzen Reihe von Property-List-Dateien zusammen. Diese werden im Verzeichnis /VAR/DB/DSLOCAL gespeichert, auf das lediglich der Super-User zugreifen kann. Wenn Sie einen Blick in das Verzeichnis werfen möchten, geben Sie `sudo ls /var/db/dslocal/nodes/Default` ein.

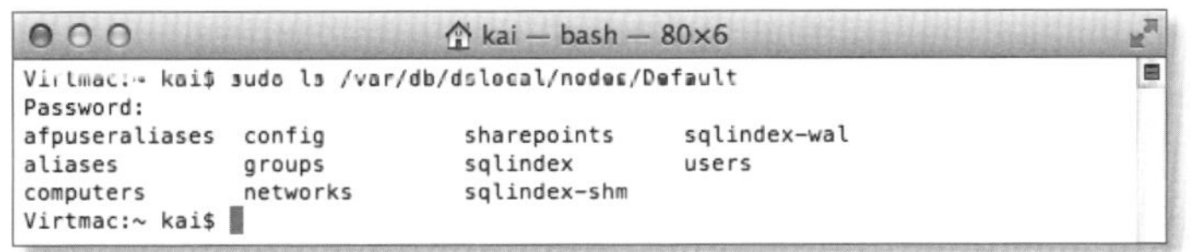

◂ **Abbildung 14.44**
Die Datenbank »DSLocal« unterteilt sich in mehrere Ordner, die Property-Listen enthalten.

Im Unterverzeichnis NODES/DEFAULT (siehe Abbildung 14.45) finden Sie wiederum eine Reihe von Ordnern, die die eigentliche Datenbank darstellen. Zum Beispiel finden Sie innerhalb des Ordners USERS für jedes eingerichtete Benutzerkonto eine PLIST-Datei. In der Property-Liste werden die notwendigen Eigenschaften und Werte des Benutzerkontos gespeichert.

Die Verwendung von Property-Listen macht die Datenbank selbst sowohl flexibel als auch transparent. Flexibel, weil innerhalb der Property-Liste weitere Elemente gespeichert werden können. Es lässt sich zum Beispiel ein individuelles Benutzerbild in binärer Form direkt in der Property-Liste speichern, und auch bei einigen Eigenschaften ist die Verwendung einer weiteren Property-Liste in der Property-Liste nützlich. So werden, wenn Sie die Kindersicherung verwenden, die Rechte für das Benutzerkonto in einer eigenen Property-Liste gespeichert, die in der Property-Liste des Benutzerkontos enthalten ist. Transparent, weil Sie auch mit dem Property List Editor oder einem Texteditor wie `nano` die Einträge der Datenbank bearbeiten können – es handelt sich ja um XML-Dateien.

Knoten
Unter KNOTEN müssen Sie für die Bearbeitung der lokalen Datenbank den Eintrag /LOCAL/DEFAULT auswählen. Wären Sie mit einem Verzeichnisdienst verbunden, dann könnten Sie hier auch die Datenbank des Servers auswählen und Änderungen an der Datenbank über das Netzwerk vornehmen.

Nicht nur Benutzer | Der Name der Datenbank *DSLocal* deutet schon an, dass die Datenbank noch mehr Informationen speichert als einfach nur die Daten der Benutzer und Gruppen. Es handelt sich in der Tat um einen kleinen Verzeichnisdienst, der neben den Benutzern noch einige andere Informationen enthält. Dazu gehören zum Beispiel die freigegebenen Ordner.

Der Verzeichniseditor im Dienstprogramm Verzeichnisdienste

Das Programm Verzeichnisdienste, das Sie im Ordner /SYSTEM/LIBRARY/CORESERVICES finden, stellt Ihnen eine grafische Oberfläche für die Benutzerdatenbank zur Verfügung. Wenn Sie das Programm gestartet haben, dann können Sie neben den Verzeichnisdiensten (siehe Abschnitt 17.6) auch den Verzeichniseditor einblenden.

Abbildung 14.45 ▸
Der Verzeichniseditor ermöglicht die Bearbeitung der Datenbank »DSLocal«.

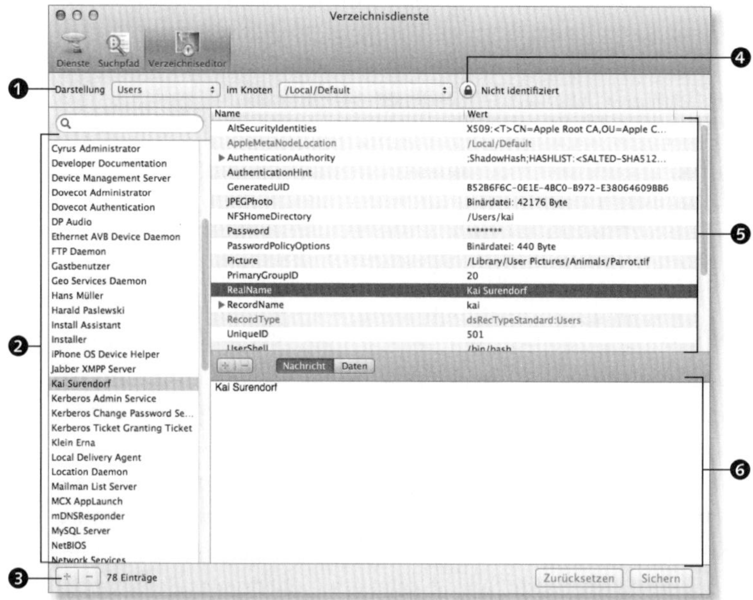

Wählen Sie hier zunächst im Ausklappmenü DARSTELLUNG ❶ die Rubrik aus, deren Einträge Sie sich in der Spalte links ❷ anzeigen lassen möchten. Um Änderungen an der Datenbank vornehmen zu können, müssen Sie sich zunächst mit einem Klick auf das Schloss ❹ authentifizieren. Solange das Schloss nicht geöffnet ist, können Sie die Einträge der Datenbank lediglich einsehen. Bei der Authentifizierung können Sie den vollständigen Namen des Benutzerkontos oder den Accountnamen eingeben. Haben Sie in der linken Spalte einen Datensatz ausgewählt, dann erscheinen dessen Eigenschaften in der Mitte ❺ des Fensters. Der Wert der ausgewählten Eigenschaft wird im unteren Drittel ❻ angezeigt. Über die Plus- und Minuszeichen ❸ können Sie jeweils neue Datensätze oder Eigenschaften hinzufügen beziehungsweise löschen.

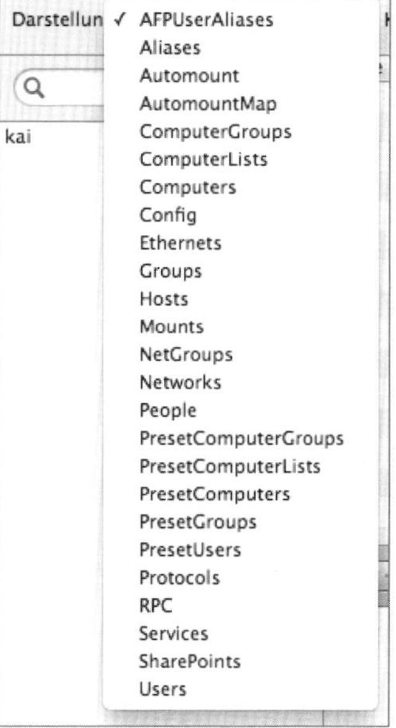

▲ **Abbildung 14.46**
Das Ausklappmenü DARSTELLUNG ermöglicht die Auswahl der Rubrik.

Werte einsehen | Property-Listen sind recht flexibel, was die Art der enthaltenen Daten angeht. So können neben Text auch binäre Daten direkt in der Property-Liste gespeichert werden. Dies ist zum Beispiel dann der Fall, wenn Sie ein individuelles Bild für ein Benutzerkonto festgelegt haben. In dem Bereich, in dem die Werte der Eigenschaften angezeigt werden, erscheint bei der Auswahl der Eigenschaft JPEGPHOTO dann das Bild. Über die Schaltfläche DATEN können Sie dann zur Ansicht der Rohdaten wechseln. Letzteres ist aber im Arbeitsalltag eher selten angebracht.

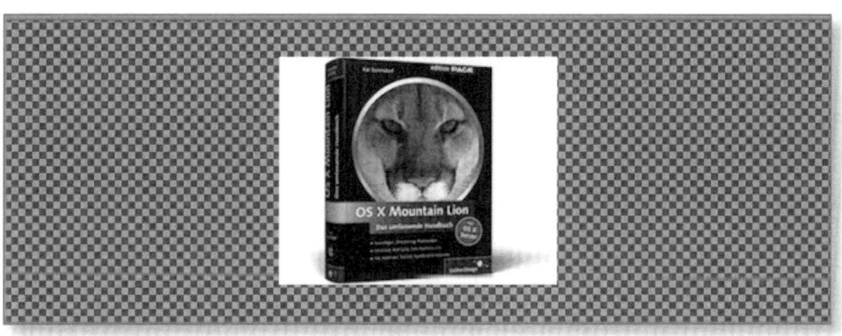

▲ **Abbildung 14.47**
In der Property-Liste gespeicherte binäre Daten werden vom Verzeichniseditor problemlos angezeigt.

Tipp
Änderungen an der Datenbank werden erst nach einem Klick auf die Schaltfläche SICHERN wirksam. Möchten Sie etwaige und noch nicht gesicherte Änderungen verwerfen, dann stellen Sie über die Schaltfläche ZURÜCKSETZEN den zuletzt gespeicherten Zustand wieder her.

Relevante Kategorien

Die Grundstruktur der Datenbank leitet sich in wesentlichen Teilen von den Fähigkeiten ab, über die die Server-Variante von OS X 10.8 verfügt. Diese Informationen werden auch in *DSLocal* gespeichert, und die Einträge sind, in erster Linie pro forma, auch vorhanden. Lassen Sie sich nicht von der langen Liste irritieren, die Ihnen im Menü DARSTELLUNG begegnet. An sich ist die Datenbank durchaus überschaubar.

Letzte Anmeldung
Wenn Sie sich einen Datensatz der Rubrik AFPUSERALIASES anzeigen lassen, dann finden Sie dort auch die Eigenschaft `last_login_time` und einen Wert in der Form `1199385865`. Dieser speichert den Zeitpunkt der letzten Anmeldung; am Terminal können Sie sich mit `date -r 1199385865` den Zeitpunkt in einer lesbaren Form anzeigen lassen.

Die relevanten Einträge für den Einsatz ohne OS X Server sind:

- AFPUSERALIASES: In diesem Verzeichnis wird für jeden Benutzer, der sich am AFP-Server in Ihrem System anmeldet, ein Eintrag erstellt.
- GROUPS: Hier werden die Benutzergruppen gespeichert. Diese umfassen sowohl die Gruppen des Systems, deren Namen mit _ beginnen, als auch diejenigen, die Sie über die Systemeinstellungen angelegt haben.
- MOUNTS: Hier können Freigaben im Netzwerk beim Start des Systems automatisch eingebunden werden.
- SHAREPOINTS: Diese Kategorie enthält die im Netzwerk freigegebenen Ordner (siehe Abschnitt 19.1.1).
- USERS: Hier befinden sich die Datensätze der Benutzerkonten. Analog zu den Gruppen beginnen die Benutzer, die für Systemdienste angelegt wurden, mit _, während »menschliche« Benutzerkonten mit ihrem Kurznamen benannt werden.

Aufbau eines Benutzerkontos

Wenn Sie sich die Eigenschaften eines Benutzerkontos in der Rubrik USERS anzeigen lassen, wird die Ausgabe ungefähr der aus Abbildung 14.49 entsprechen. Zu den elementaren und notwendigen Eigenschaften gehören:

- RECORDNAME: Der Kurzname des Benutzers, über den dieser auch in *DSLocal* identifiziert wird. Diesem untergeordnet werden die Aliasse (siehe Abschnitt 14.2.5).
- REALNAME: Hier steht der ausgeschriebene Name des Benutzers, wie er Ihnen im System an vielen Stellen angezeigt wird.
- UNIQUEID: Hierbei handelt es sich jeweils um eine nur einmal zu vergebende Nummer, die den Benutzer eindeutig kennzeichnet. Bei UNIX-Systemen werden die Benutzer und die Gruppen auch über diese Nummern identifiziert. Bei der Vergabe dieser Nummern hat der Benutzer »root« immer die Nummer 0, während normale Benutzer von 500 an aufwärts durchnummeriert werden. Systemdienste, die eine eigene Benutzerkennung benötigen, erhalten Nummern von 1 bis 499 und werden im Anmeldefenster nicht angezeigt.
- PRIMARYGROUPID: Hier wird die eindeutige Nummer der Gruppe angegeben, über die dieser Benutzer zuerst identifiziert werden soll. In Abbildung 14.49 handelt es sich um einen menschlichen Benutzer, der immer primär zur Gruppe STAFF gehört.

- USERSHELL: Gibt den Pfad zur Shell an – in Abbildung 14.48 ist es die `bash` –, mit der der Benutzer bevorzugt am Terminal arbeitet.
- PICTURE: Verrät Ihnen den Pfad zu der Bilddatei, die Ihnen zum Beispiel im Anmeldefenster präsentiert wird.
- PASSWORD: Die acht Sternchen dienen lediglich als Platzhalter, das eigentliche Passwort wird außerhalb von *DSLocal* gespeichert.
- NFSHOMEDIRECTORY: Steht für den absoluten Pfad zum Benutzerordner, in der Regel /USERS/KURZNAME.
- AUTHENTICATIONHINT: Zeigt die Merkhilfe für das Passwort, sofern überhaupt eine eingegeben wurde.
- GENERATEDUID: Diese einmalige Nummer dient zum einen dazu, die korrekte Datei für das Passwort zu ermitteln. Sie ist darüber hinaus ein wesentlicher Bestandteil für die Zuweisung von Access Control Lists im Finder, da bei diesen nicht der Kurzname oder die UniqueID gespeichert, sondern die GeneratedUID verwendet wird.
- AUTHENTICATIONAUTHORITY: Die Werte in dieser Eigenschaft bestimmen, mit welchem Verfahren das Passwort verschlüsselt wird. In den Standardeinstellungen ist dies SHADOWHASH, womit der Zugriff auf das Passwort über die GENERATEDUID erfolgt. Außerdem finden Sie hier einen Eintrag KERBEROSV5;KURZNAME@LKDC: für die Verwendung von Kerberos im Netzwerk.

JPEGPhoto
Finden Sie neben JPEGPHOTO keinen Eintrag PICTURE, dann hat der Benutzer ein individuelles Bild etwa über die Webcam ausgewählt.

Universally Unique Identifier
Zu jedem Benutzeraccount wird ein solcher Identifikator in der Eigenschaft GENERATEDUID gespeichert. Diese Form der alphanumerischen Zeichenkette hat den Anspruch, einmalig zu sein und sich aufgrund des vom Programm verwendeten Algorithmus niemals zu wiederholen.

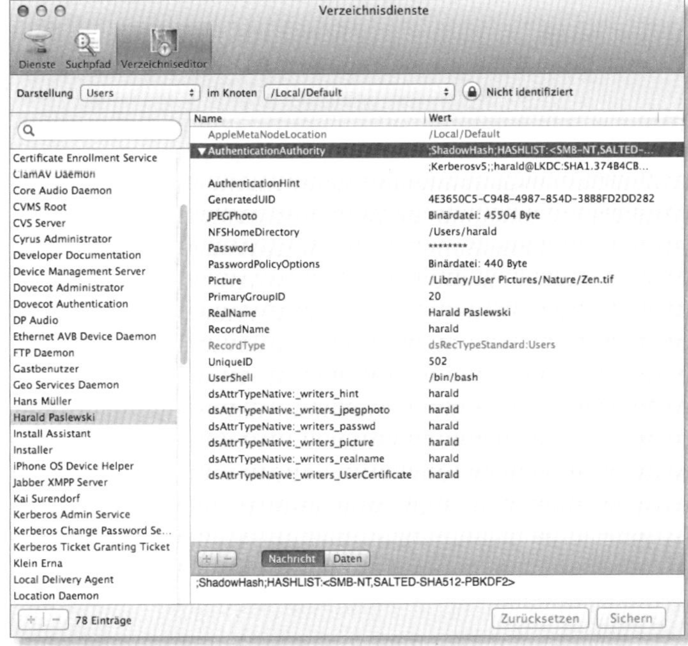

◂ Abbildung 14.48
Der Datensatz des Benutzerkontos gibt auch Aufschluss über die Freigabe über SMB.

Haben Sie für dieses Benutzerkonto die Anmeldung über SMB aktiviert, dann sehen Sie zusätzlich noch den Eintrag <SALTED-SHA512, SMB-NT>. Hiermit wird eine deutlich schwächere Verschlüsselung des Passworts verwendet, die aber vom SMB-Server gelesen werden kann.

Benutzerkonten, die für einen Systemdienst erstellt wurden, verfügen über weniger Eigenschaften als die menschlichen Benutzer. Zunächst ist hier kein Passwort vorhanden, was mit einem Sternchen angezeigt wird, und darüber hinaus deutet der Pfad für die Shell mit dem Pfad /usr/bin/false ins Leere. Damit ist eine Anmeldung mit diesem Benutzerkonto am System nicht möglich.

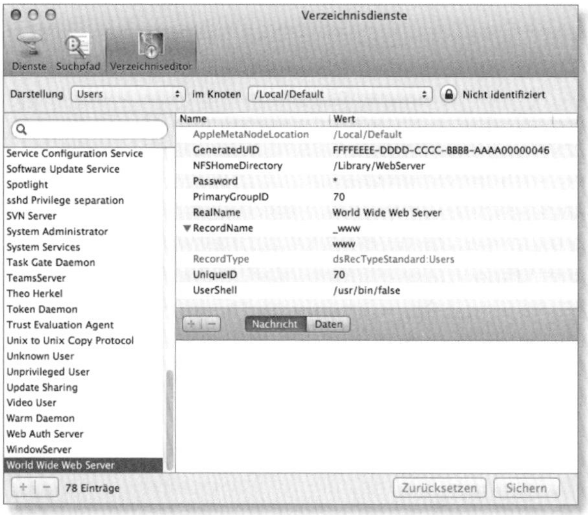

Abbildung 14.49 ▸
Bei einem Benutzer, der für einen Systemdienst wie den Apache-Webserver erstellt wurde, deuten Passwort und Shell ins Leere.

Aufbau einer Gruppe

»groups«
Wenn Sie erfahren möchten, zu welchen Benutzergruppen Ihr Konto effektiv gehört, geben Sie am Terminal einfach `groups` ein. Sie finden hier auch – dies ist notwendig für die Freigabe von Ordnern – eine Reihe von Gruppen mit `sharepoint` im Namen.

Die notwendigen Eigenschaften für eine Gruppe sind etwas weniger umfangreich als die eines Benutzerkontos. In erster Linie wichtig sind die PrimaryGroupID, mit der die gleichnamige Eigenschaft bei einem Benutzerkonto verknüpft wird, die GeneratedUID, die für die Access Control Lists verwendet wird, sowie die Eigenschaft GroupMembership. In dieser finden sich alle Benutzerkonten, die zu dieser Gruppe gehören. Gruppen, die der Gruppe als Mitglieder hinzugefügt wurden (siehe Abschnitt 14.2), werden in der Eigenschaft NestedGroups über ihre UUID identifiziert.

Die in dieser Liste aufgeführten Kurznamen geben die Benutzer vor, die zu der Gruppe gehören. Während in der Gruppe Staff alle normalen, menschlichen Benutzer über die Eigenschaft PrimaryGroup im Benutzerkonto eingetragen werden, verfügen die

Mitglieder der Gruppe ADMINISTRATORS über die Berechtigung, das System zu verwalten. Eine Mitgliedschaft in dieser Gruppe ist auch die Voraussetzung für die Ausführung eines Befehls mittels `sudo`. Schließlich gibt es die Gruppe SYSTEM GROUP mit dem Kurznamen WHEEL, zu der nur der Super-User gehört.

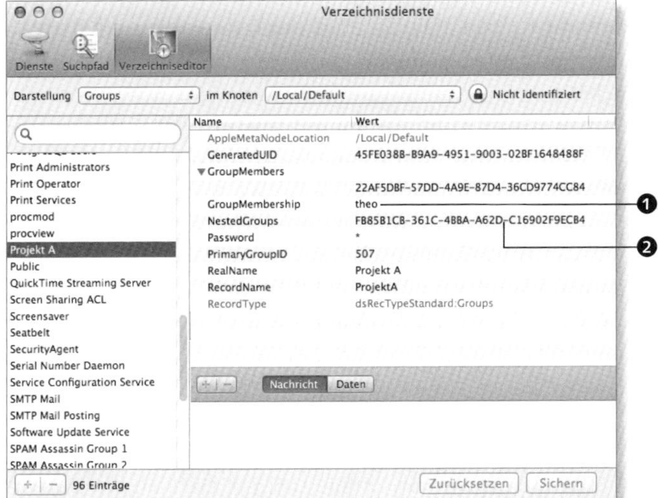

◂ **Abbildung 14.50**
Über die Eigenschaften `GroupMembership` ❶ und `NestedGroups` ❷ werden die Mitglieder einer Gruppe bestimmt.

Zugriff am Terminal: »dscl«

Die zweite Möglichkeit, auf die Datenbank *DSLocal* zuzugreifen und Änderungen an ihr vorzunehmen, besteht in dem Befehl `dscl`. Er stellt eine Verbindung zu `DirectoryService` her und bezieht die Einträge und Inhalte aus der Datenbank von ihm. Die Arbeit mit `dscl` bietet sich unter anderem dann an, wenn Sie mittels SSH einen Rechner im Netzwerk administrieren.

Interaktiver Modus | Der Befehl `dscl` kann auf zwei Arten verwendet werden. Er bietet einen interaktiven, in diesem Abschnitt beschriebenen Modus. Dabei übernimmt `dscl` die Eingabeaufforderung von der Shell, und Sie können Befehle wie `read` und `write` direkt eingeben. Es ist aber auch möglich, `dscl` Parameter und Optionen zu übergeben und so mit einer Eingabezeile Änderungen vorzunehmen.

Die zweite Möglichkeit wird zum Beispiel von einigen Installationspaketen in Anspruch genommen, um mit einem Shell-Skript während des Installationsvorgangs ein Benutzerkonto für den installierten Server zu erstellen. Am Terminal können Sie mit der Eingabe von

```
sudo dscl .
```

»localhost«
Neben dem Aufruf von `sudo dscl .`, mit dem Sie auf die lokale Datenbank zugreifen, könnten Sie auch `sudo dscl localhost` aufrufen. Dieser Aufruf greift nicht nur auf die lokale Datenbank zurück, sondern auch auf das lokale System. Der Unterschied besteht darin, dass mit der Angabe `localhost` auch die Verzeichnisdienste wie Open Directory eingesehen werden können, mit denen Ihr Rechner verbunden ist.

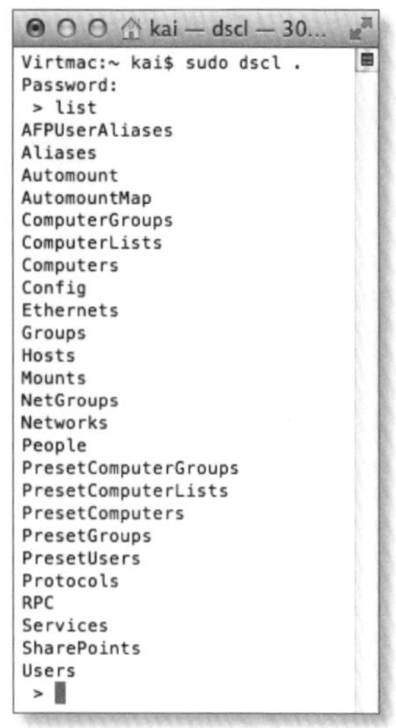

▲ **Abbildung 14.51**
Der Befehl `list` zeigt die vorhandenen Kategorien der Datenbank.

eine Verbindung zur Datenbank Ihres Systems erstellen. Wenn Sie das Passwort eines Administrators angegeben haben, verschwindet der Prompt, und vor dem Cursor erscheint eine spitze Klammer. Alle Befehle, die Sie von jetzt an eingeben, werden von `dscl` entgegengenommen und ausgeführt.

Die Arbeit in diesem interaktiven Modus entspricht ein wenig der Arbeit mit Dateien. Die Einträge der Datenbank sind in Kategorien unterteilt, die Sie wie Verzeichnisse am Terminal anzeigen und wechseln können.

Einträge auflisten mit »ls« | Geben Sie nun `list` ein, zeigt Ihnen `dscl` alle Kategorien in der lokalen Datenbank an. Die Liste (siehe Abbildung 14.51) ist recht lang. Nicht alle Kategorien verfügen auch wirklich über Daten und Einträge; die meisten sind leer.

Verzeichnis wechseln mit »cd« | Sie können nun in der Datenbank mit `cd` in ein anderes Verzeichnis oder in eine andere Kategorie wechseln. Geben Sie `cd Users` ein, ändert sich die Eingabeaufforderung in `/Users >`. Wenn Sie nun erneut `ls` eingeben, werden Ihnen alle Einträge unter `Users` angezeigt. Mit `cd ..` wechseln Sie wieder in die obere Ebene.

Abbildung 14.52 ▶
Die Anweisung `read` zeigt die Eigenschaften eines Eintrags an.

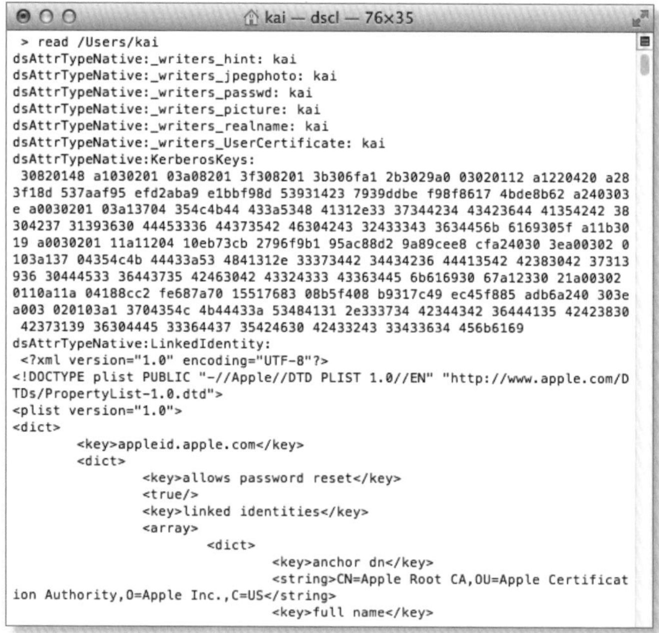

Einträge anzeigen mit »read« | Während Sie mit `list` lediglich über die Existenz eines Eintrags informiert werden, können Sie ihn mit dem Befehl `read` gefolgt von seinem Namen ausgeben.

Wenn Sie zu Beginn mit `cd Users` in die Kategorie für die Benutzerkonten gewechselt sind, können Sie mit `read Account-name` (siehe Abbildung 14.52) die Eigenschaften des Benutzers mit dem angegebenen Kurznamen ausgeben. Sie können auch den absoluten Pfad (siehe Abschnitt 6.2) wie bei der Navigation im Dateisystem verwenden, also `read /Users/Kurzname`.

Einträge erstellen und ändern mit »create« | Mit der Anweisung `create` ändern Sie die Werte von Eigenschaften oder erstellen eine Eigenschaft, sofern sie noch nicht existiert. Dabei sollten Sie `create` von der obersten Ebene der Datenbank aufrufen, da sonst die Pfadangabe oft fehlschlägt. Wenn Sie zuvor mittels `cd /Users` in die Kategorie gewechselt sind, müssen Sie mit `cd /` die oberste Ebene auswählen. Der Aufruf von `create` hat folgenden Aufbau:

Warnung
Bei allen Anweisungen wie `create` und `delete` erfolgt vom System keine Rückfrage. Es ist deshalb leicht möglich, dass Sie mit einer unbedachten Eingabe ein Benutzerkonto zerstören.

```
create Pfad Eigenschaft Wert
```

Mit der Eingabe von `create /Users/markusherkel NFSHomeDirectory /Users/mherkel` würden Sie den Wert der Eigenschaft `NFSHomeDirectory` auf `/Users/mherkel` festlegen. Dies entspricht der Änderung des Benutzerordners in den Systemeinstellungen.

Sie können mit `create` auch neue Pfade erzeugen. Mit der Eingabe von `create /Users/Neu` erstellen Sie einen Eintrag, also ein noch gänzlich leeres Benutzerkonto, das Sie mit Eingaben wie `create /Users/Neu UniqueID 510` nacheinander mit Eigenschaften und Werten vervollständigen können. Geben Sie keinen Wert an, wird nur die Eigenschaft erzeugt.

Strings in Anführungszeichen
Wenn Sie einen Wert vergeben, der in der Property-Liste vom Typ STRING ist, müssen Sie ihn in Anführungszeichen angeben. Die Eingabe `create /User/Test RealName Test Benutzer` schlägt fehl, während `create /User/Test RealName "Test Benutzer"` die Eigenschaft erzeugt.

Einträge löschen mit »delete« | Einen Eintrag oder Pfad komplett löschen können Sie mit der Anweisung

```
delete Pfad Eigenschaft Wert
```

Die Eingabe von `delete /Users/kai JPEGPhoto` würde zum Beispiel das individuelle Bild des Benutzers, das mit der Webcam aufgenommen wurde, aus dem Benutzerkonto entfernen. Der Benutzer verfügt nun wieder über ein Standardbild. Es ist auch möglich, einen ganzen Eintrag, also einen Pfad, zu löschen, indem Sie `delete /Users/theo` eingeben. In diesem Fall würde der Datensatz des Benutzers mit dem Kurznamen `theo` ohne Rückfrage gelöscht!

Listen und »append«
Dass `delete` auch gezielt einen Wert löschen kann, hat den Zweck, dass Sie so Listen bearbeiten können. Die Funktionsweise der Listen in einer Property-Liste (siehe Abschnitt 13.2) beruht ja darauf, dass in einem Eintrag mehrere Werte vorhanden sein können. Mit der Anweisung `append` können Sie bei ausgewählten Eigenschaften einen weiteren Wert anhängen und so eine Liste erstellen.

»dscl« beenden | Für einen ersten Einstieg in die Arbeit mit `dscl` dürften diese grundlegenden Erläuterungen reichen. Sie beenden `dscl` mit der Eingabe von `exit` und kehren wieder an die Shell zurück.

Passwort am Terminal ändern

Mit `dscl` ist es auch möglich, dass Passwort für ein Benutzerkonto zu ändern. Diese Funktion ist nützlich, wenn Sie mittels SSH (siehe Abschnitt 17.2) ein System über das Netzwerk verwalten, aus der Ferne ein Passwort ändern müssen und dafür nicht auf das Screen-Sharing zurückgreifen können oder wollen.

Hinweis
Bei dieser Änderung des Passworts müssen Sie beachten, dass die Änderung nicht für den Schlüsselbund ANMELDUNG vollzogen wird. Dieser nutzt zunächst das frühere Passwort.

Innerhalb von `dscl` können Sie die Anweisung `passwd` mit der Angabe des Pfades zum Benutzerkonto in der Datenbank (`/Users/theo`) und gefolgt vom neuen Passwort verwenden, um ein neues zu vergeben. Mit der Anweisung `passwd /Users/theo Geheim` lautet das Passwort des Benutzers `theo` in Zukunft `Geheim`.

Eine Politik für Passwörter

Größere Netzwerke
Bei der Verwaltung von Firmennetzwerken ist es üblich, dass Mitarbeiter ihre Passwörter in regelmäßigen Abständen ändern. Diese Politik hat unter anderem den Hintergrund, dass ein bekannt gewordenes Passwort nur über einen begrenzten Zeitraum hin unbemerkt Schaden anrichten kann.

Die Probleme, die sich aus unsicheren Anwender-Passwörtern ergeben können, sind vielleicht gar nicht mal so gering, wie es auf den ersten Blick den Anschein haben mag. Die Server-Variante von OS X verfügt über die Funktion, Passwörtern von Benutzern ein Verfallsdatum zuzuweisen oder die Anwender zu zwingen, in den Passwörtern Ziffern sowie Groß- und Kleinschreibung zu verwenden. In der normalen Version von OS X können Sie mithilfe des Befehls `pwpolicy` einen Teil dieser Vorgaben ebenfalls nutzen.

»pwpolicy« | Den Befehl `pwpolicy` müssen Sie mittels `sudo` aufrufen. Eine Politik vergeben Sie mit der Option `-setglobal-policy`. Auf die Option folgen in Anführungsstrichen die Kriterien, nach denen die Benutzer ihre Passwörter wählen können.

Kennwort zurücksetzen
Wenn Sie das Kennwort eines anderen Benutzerkontos zurücksetzen und sich dabei nicht an die mittels `pwpolicy` gesetzten Vorgaben halten, dann wird eine Meldung ausgegeben, dass beim Ändern des Passworts ein Fehler aufgetreten ist. Es erfolgt kein Hinweis, dass das Passwort nicht den Anforderungen entsprach.

Um zu erreichen, dass jeder normale Benutzer auf Ihrem Rechner ein Passwort verwendet, das mindestens acht Zeichen umfasst und sowohl Ziffern als auch Buchstaben enthält, und sich dabei nicht die Zeichenkette des Kurznamens im Passwort wiederfindet, geben Sie am Terminal folgenden Befehl ein. Die vier Kriterien können Sie Tabelle 14.1 entnehmen.

```
sudo pwpolicy -setglobalpolicy "minChars=8
requiresNumeric=1 requiresAlpha=1
passwordCannotBeName=1"
```

Option	Funktion
minChars	Legt fest, wie viele Zeichen das Passwort mindestens umfassen muss.
requiresNumeric	Wird dieser Wert mit 1 angegeben, muss das Passwort mindestens eine Ziffer (1 ... 0) enthalten. Bei einem Wert von 0 kann ein Passwort gewählt werden, das nur aus Ziffern besteht.
passwordCannotBeName	Das Passwort wird verweigert, wenn es dem Kurznamen des Benutzers entspricht oder ähnelt.
requiresAlpha	Wird dieser Wert mit 1 angegeben, muss das Passwort mindestens einen Buchstaben beinhalten. Bei einem Wert von 0 kann ein Passwort gewählt werden, das nur aus Buchstaben besteht.

◀ **Tabelle 14.1**
Vorgaben für den Befehl pwpolicy

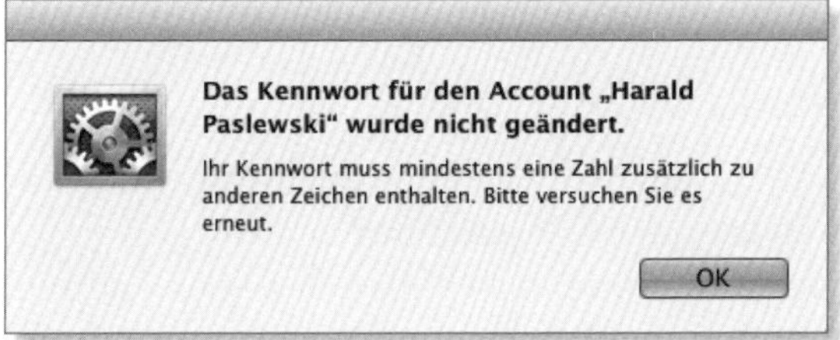

◀ **Abbildung 14.53**
Entspricht das Kennwort nicht den Vorgaben, dann wird die Änderung verweigert.

Social Engineering | Die beste Möglichkeit, einen Benutzer zu zwingen, sein Passwort entsprechend den Vorgaben zu wählen, besteht darin, bei der Erstellung ein so simples Passwort zu vergeben, dass der Anwender anschließend genötigt ist, es sofort zu ändern. Dieses Verfahren ist im weitesten Sinne als Social Engineering zu bezeichnen, führt aber in der Regel zum Erfolg.

Vorgaben löschen | Um die eingerichteten Vorgaben für Passwörter zu entfernen, müssen Sie in *DSLocal* in der Kategorie Config beim Datensatz shadowhash die Eigenschaft passwordpolicyoptions löschen. Starten Sie zunächst über sudo dscl . eine Sitzung von dscl, und löschen Sie dann durch die Eingabe von

```
delete /Config/shadowhash passwordpolicyoptions
```

den Eintrag, der die Vorgaben für die Wahl der Passwörter enthält.

Hinweis

Wenn Sie sich die man-page des Befehls pwpolicy durchlesen, werden Sie auf einige weitere Optionen stoßen, die hier nicht besprochen wurden. Sie sollten diese nicht benutzen, da Sie damit einige Benutzerkonten unbrauchbar machen können. Die hier nicht besprochenen Funktionen sollten Sie ausschließlich in der Server-Variante von OS X verwenden.

kai — dscl — 80×21
Virtmac:~ kai$ sudo dscl .
> read /Config/shadowhash
dsAttrTypeNative:passwordpolicyoptions:
<?xml version="1.0" encoding="UTF-8"?>
<!DOCTYPE plist PUBLIC "-//Apple//DTD PLIST 1.0//EN" "http://www.apple.com/DTDs/
PropertyList-1.0.dtd">
<plist version="1.0">
<dict>
<key>minChars</key>
<integer>8</integer>
<key>requiresAlpha</key>
<integer>1</integer>
<key>requiresNumeric</key>
<integer>1</integer>
</dict>
</plist>
AppleMetaNodeLocation: /Local/Default
RecordName: shadowhash
RecordType: dsRecTypeStandard:Config
>

Abbildung 14.54 ▸
Die Passwortpolitik wird in einer Property-Liste gespeichert.

Kapitel 15
Andere Welten: Boot Camp, rEFIt, VMware

Der schon vor einiger Zeit erfolgte Umstieg auf die Prozessoren von Intel brachte nebenbei eine weitere Neuerung mit sich: Windows lässt sich nun auch auf Rechnern von Apple problemlos installieren. Was auf Puristen wie eine Irrlehre wirken mag, erweist sich recht schnell als überaus nützlich. Immerhin gibt es unter Windows eine ganze Reihe von Programmen – insbesondere in der Finanzbuchhaltung –, die bisher für OS X nicht zur Verfügung stehen.

Windows | Apple unterstützt die Verwendung von Windows 7 auf einem Macintosh durch die Bereitstellung eines Dienstprogramms namens Boot Camp-Assistent. Dieser Assistent hat die Aufgabe, auf Ihrer Festplatte eine Partition zu erstellen, auf der Sie Windows installieren können. Darüber hinaus ermöglicht der Assistent den Download von speziellen Treibern, die die Nutzung der Apple-Hardware unter Windows 7 erlauben.

Boot Camp oder Virtualisierung
Ob Sie sich für die Installation mittels Boot Camp oder für die Virtualisierung entscheiden, hängt von den Programmen ab, die Sie insbesondere unter Windows nutzen möchten. Mit der Virtualisierung geht doch ein Geschwindigkeitsverlust einher. Während dies bei einem MacPro kaum ins Gewicht fällt, kommt er bei älteren MacBooks und iMacs durchaus zum Tragen. Bei einer Finanzbuchhaltung mag dies zu vernachlässigen sein, aber wenn Sie Spiele mit hohen Anforderungen an die Hardware ausführen möchten, dann wäre die Nutzung von Boot Camp der Virtualisierung vorzuziehen.

Linux | Das Open-Source-Projekt rEFIt assistiert bei der Verwaltung von drei oder mehr Betriebssystemen auf einem Rechner. Denn auch für die Verwendung einer Linux-Distribution gibt es manchmal gute Gründe. Sie sollten bei einer solchen Installation jedoch einige entscheidende Punkte beachten, die von der richtigen Partitionierung über die Installation des sogenannten *Bootloaders* bis hin zur Einrichtung des Swap-Speichers reichen. Die Beschreibung einer solchen Installation finden Sie im zweiten Teil dieses Kapitels.

Virtualisierung | Mit einem Programm wie VMware Fusion ist es möglich, mehrere Betriebssysteme gleichzeitig unter OS X 10.8 auszuführen. Diese Gastsysteme werden in einer virtuellen Hardware ausgeführt, die von VMware Fusion simuliert wird. Damit ist es möglich, innerhalb von OS X 10.8 Windows-Programme auszuführen und zu nutzen. Die Arbeit mit VMware Fusion 5 wird im dritten Abschnitt erläutert.

15.1 Windows 7 mit Boot Camp installieren

Mit OS X 10.8 unterstützt Apple nur noch die Neuinstallation von Windows 7. Eine Unterstützung für Windows 8 war zur Drucklegung dieses Buches noch nicht verfügbar und auch noch nicht angekündigt. Der Installationsvorgang besteht dabei aus vier Schritten. Zunächst bietet Ihnen der Boot Camp-Assistent den Download der Treibersoftware an. Haben Sie diese heruntergeladen und auf eine CD gebrannt, erstellt der Assistent auf der Festplatte, von der Sie Ihr System gestartet haben, eine Partition für Windows. Der dritte Schritt besteht dann in der eigentlichen Installation von Windows. Wurde Windows installiert, dann werden die zuvor heruntergeladenen Treiber eingerichtet.

Warnung

Auch wenn die Installation von Windows in der Regel problemlos verläuft, sollten Sie dennoch Ihre Dateien immer vorher sichern. Sie können nicht ausschließen, dass Ihnen bei der Installation vielleicht doch ein Fehler unterläuft, der zu Datenverlusten führt.

Windows XP und Windows Vista | Wenn Sie OS X 10.8 auf einem System installieren, auf dem Sie zuvor Windows XP oder Windows Vista auf einer separaten Partition installiert haben, dann können Sie diese Windows-Installationen problemlos weiternutzen. Bei der Installation von OS X 10.8 erhalten Sie die Nachricht, dass Ihr System nicht alle Funktionen unterstützt. Diese Meldung bezieht sich auf das Rettungssystem (siehe Abschnitt 27.7), das in einer eigenen Partition installiert wird. In diesem Fall wird auf die Erstellung des Rettungssystems während der Installation verzichtet, womit die bereits vorhandene Windows-Installation weiterhin startfähig bleibt.

Hinweis

Wenn Sie eine vorhandene Installation von Windows beibehalten, dann müssen Sie in Zukunft wahrscheinlich damit rechnen, dass Apple keine weiteren Aktualisierungen der Boot-Camp-Treiber zur Verfügung stellen wird.

Windows und Viren | Ein Rechner von Apple, auf dem Sie Windows installiert haben, verhält sich in Bezug auf die Sicherheit wie jedes andere Windows-System. Dies bedeutet, dass Ihr Computer genauso anfällig für Viren und Trojaner ist wie jeder andere handelsübliche PC. Sie sollten unter Boot Camp also einen Virenscanner installieren und nutzen.

Treiber herunterladen

Wenn Sie den Boot Camp-Assistenten im Ordner DIENSTPROGRAMME starten, werden Sie im ersten Schritt gefragt, ob Sie die Treibersoftware bereits geladen haben. Sofern dies nicht der Fall ist, können Sie sie über den Assistenten direkt herunterladen und anschließend auf eine CD brennen. Es wäre auch möglich, die Treiber auf die externe Festplatte zu kopieren und von dort aus zu installieren. Hier ist es allerdings vorzuziehen, die Treiber auf CD zu sichern, da Sie bei einer erneuten Installation von Windows die Treiber nicht erneut herunterladen müssen. In der Ansicht finden Sie auch die Option WINDOWS 7 INSTALLIEREN. Haben Sie diese aktiviert, dann werden Sie umgehend nach dem Download der Treiber aufgefordert, Ihre Festplatte für Windows zu partitionieren.

◂ **Abbildung 15.1**
Der erste Schritt besteht aus dem Download der Treiber.

Partition für Windows erstellen

Haben Sie die Treiber heruntergeladen und auf CD gebrannt, dann ermöglicht Ihnen der Assistent im zweiten Schritt die Erstellung einer Partition für Windows.

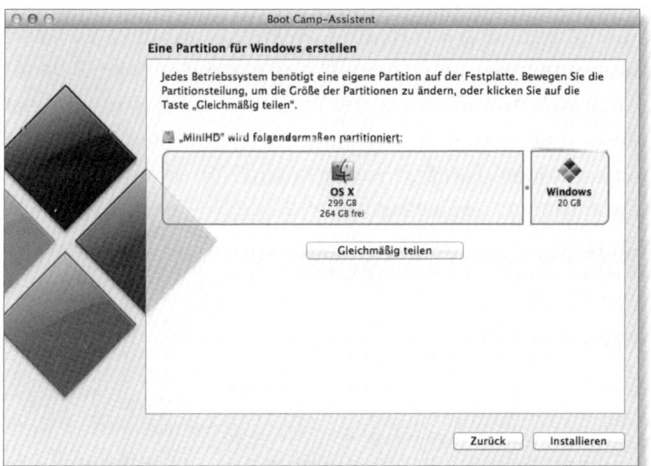

◂ **Abbildung 15.2**
Im zweiten Schritt wird die Partition für Windows erstellt.

Der für Windows zur Verfügung stehende Speicherplatz wird vom freien Speicherplatz auf Ihrem Startvolume begrenzt. Ist genügend freier Speicherplatz vorhanden, dann können Sie die Speicherkapazität GLEICHMÄSSIG TEILEN. Ansonsten können Sie durch

Verschieben des Trennstrichs die Größe für die Partition anpassen. Mit der Schaltfläche INSTALLIEREN starten Sie den Vorgang. Sie müssen hier zuerst die Installations-DVD für Windows einlegen. Andernfalls verweigert der Assistent die Partitionierung.

Windows 7 installieren

Wenn die Partitionierung erfolgreich abgeschlossen wurde, wird ein Neustart veranlasst, der von der Windows-DVD erfolgt. Klicken Sie im Installationsassistenten von Windows auf WEITER, und wählen Sie gegebenenfalls die benutzerdefinierte Installation anstelle des Upgrades. Im nächsten Schritt müssen Sie die Partition auswählen, auf der Windows installiert werden soll.

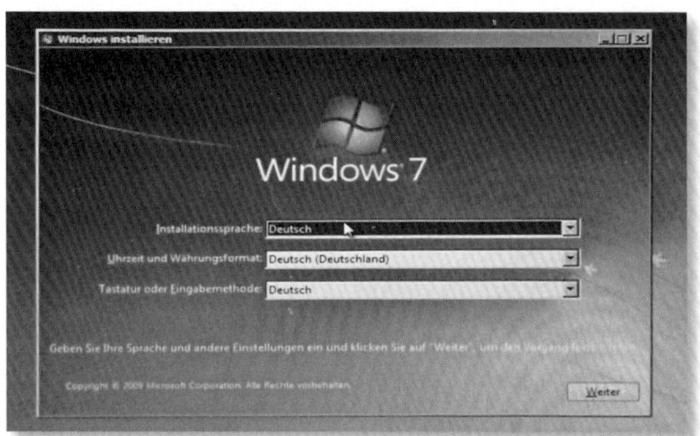

Abbildung 15.3 ▸
Der Installationsassistent von Windows 7 stellt zunächst die zur Verfügung stehenden Sprachen zur Auswahl.

Warnung

Das Installationsprogramm von Windows 7 bietet Ihnen die Möglichkeit, Partitionen zu löschen und auch neue zu erstellen. Diese Möglichkeiten sind für normale Windows-PCs gedacht. Mit der Apple-Hardware sollten Sie die Funktionen nicht verwenden, weil das verwendete Partitionsschema sich etwas anders darstellt, als es für ausschließliche Windows-Installationen genutzt wird.

Partition formatieren | Die vom Assistenten erstellte Partition trägt die Bezeichnung BOOTCAMP. Allerdings wird hier zunächst das Dateisystem *FAT* verwendet. Um das von Windows 7 benötigte Dateisystem *NTFS* zu nutzen, müssen Sie die Partition erst auswählen und dann die Schaltfläche FORMATIEREN anklicken. Die nach wie vor leere Partition wird gelöscht und anschließend mit dem Dateisystem *NTFS* versehen.

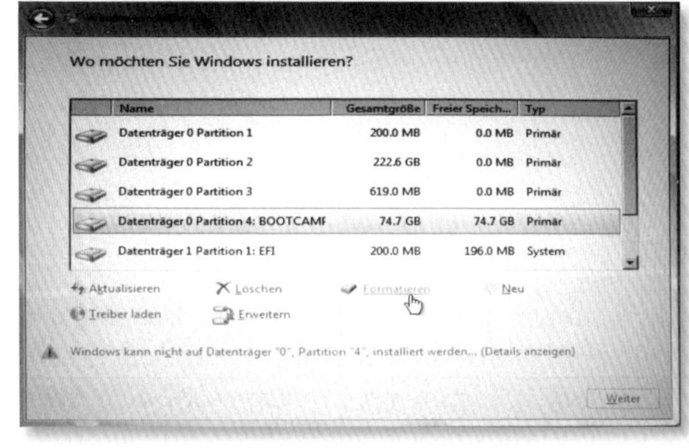

Abbildung 15.4 ▸
Die Partition BOOTCAMP muss vor der Installation formatiert werden.

Installation durchführen | Haben Sie die Partition ausgewählt und formatiert, beginnt das Installationsprogramm von Windows 7 mit dem Kopieren der benötigten Dateien auf die Festplatte. Nach dem Abschluss des Kopiervorgangs erfolgt ein Neustart. Sie erhalten dabei möglicherweise die Aufforderung, eine Taste zu drücken, um von DVD oder CD zu starten. Drücken Sie hier keine Taste, sondern führen Sie einen Start von der Festplatte aus, wird die Installation fortgesetzt.

Es folgt noch ein weiterer Neustart, und die Installation wird abgeschlossen. Die notwendigen Eingaben und Einstellungen wurden von Microsoft mit ausgiebigen Erläuterungen versehen und sind eigentlich selbsterklärend.

Treiber unter Windows 7 installieren

Wenn Sie Windows 7 erfolgreich installiert haben, müssen Sie zunächst die Installations-DVD auswerfen. Da die Boot-Camp-Treiber noch nicht aktiv sind, funktioniert die Auswurftaste noch nicht. Sie können unter Windows den Windows-Explorer starten und dort die DVD auswählen. Sie finden dann in der Menüleiste eine Schaltfläche AUSWERFEN. Legen Sie nun die zuvor gebrannte CD mit den Treibern ein, und das Installationsprogramm startet automatisch.

Windows aktualisieren
Für die Aktualisierung Ihrer Windows-Installation müssen Sie auf die Windows-eigene Updatefunktion zurückgreifen. Da über diese Updatefunktion auch wichtige Sicherheitsupdates eingespielt werden, sollten Sie die Aktualisierung unmittelbar nach der Installation der Boot-Camp-Treiber aufrufen – und dabei nicht erschrecken. Microsofts Update-Politik unterscheidet sich grundlegend von der Apples, sodass zur Drucklegung dieses Buches mehr als 80 Aktualisierungen für Windows 7 verfügbar waren.

◂ Abbildung 15.5
Das Installationsprogramm der Treiber wird automatisch gestartet.

Das Installationsprogramm ermittelt automatisch die in Ihrem Gerät eingebauten Komponenten und installiert dann die passenden Treiber. Die einzige Option, die Ihnen zur Verfügung steht, ist die zusätzliche Installation des Programms APPLE SOFTWARE

Leistungsindex
Einige Funktionen unter Windows 7 wie die Aero-Oberfläche stehen Ihnen nur zur Verfügung, wenn Sie zuvor die Leistungsfähigkeit Ihres Systems überprüft haben. Dazu finden Sie in der Systemsteuerung von Windows 7 die Ansicht LEISTUNGSINFORMATIONEN UND -TOOLS.

UPDATE FÜR WINDOWS. Seine Installation ist zu empfehlen, weil darüber nicht nur Safari und QuickTime für Windows, sondern auch die Boot-Camp-Treiber aktualisiert werden können.

Abbildung 15.6 ▸
Über die Option APPLE Software UPDATE FÜR WINDOWS können Sie auch die Aktualisierungen für die Treiber installieren.

Nach der Installation

Nach der Installation der Treiber müssen Sie einen Neustart durchführen. Wenn Sie sich dann anmelden, erscheint zunächst automatisch die Hilfe für Boot Camp unter Windows.

Abbildung 15.7 ▸
Die Boot-Camp-Hilfe wird nach dem ersten Start angezeigt.

In der Systemsteuerung finden Sie nun ein neues Element, die BOOT CAMP-SYSTEMSTEUERUNG. Diese gliedert sich in vier Reiter. Unter FERNBEDIENUNG können Sie Ihr Windows-System mit einer eventuell vorhandenen Fernbedienung von Apple koppeln. Bei der STROMVERSORGUNG haben Sie lediglich die Option, das System nach einem Stromausfall automatisch neu zu starten. Unter TASTATUR legen Sie fest, wie die Taste [fn] sich in Verbindung mit den Funktionstasten auswirken soll. Schließlich bestimmen Sie im Reiter STARTVOLUME, welches System nach einem Neustart ausgeführt werden soll.

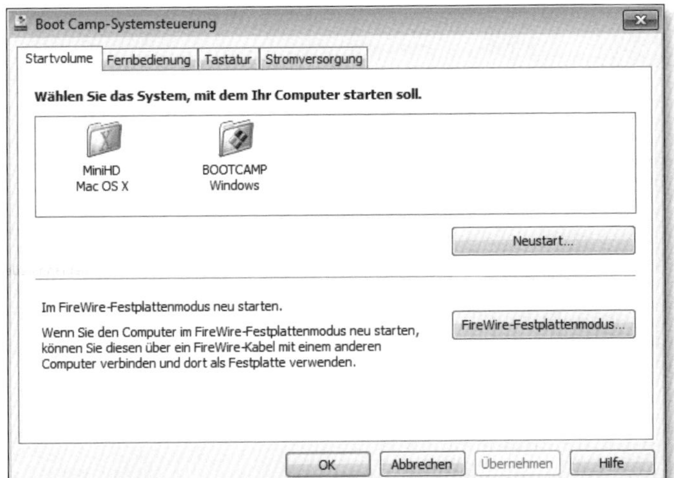

◂ **Abbildung 15.8**
Das Startvolume können Sie auch in der BOOT CAMP-SYSTEMSTEUERUNG vorgeben.

▴ **Abbildung 15.9**
Halten Sie die Taste [alt] während des Startgongs gedrückt, können Sie das zu startende System direkt auswählen.

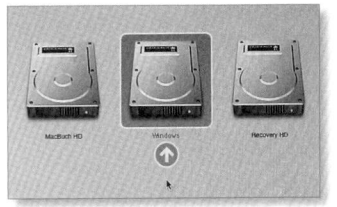

Tastaturbelegung | Um die Sondertasten der Apple-eigenen Tastaturen zu nutzen, wurde eine eigene Tastaturbelegung installiert. Diese finden Sie unter anderem in der Symbolleiste, und durch die Auswahl der Option DEUTSCH (APPLE) entspricht die unter Windows verfügbare Tastenbelegung in etwa der, die Sie auch unter OS X 10.8 verwenden. Sie können die Tasten zur Verringerung und Erhöhung der Lautstärke ebenso nutzen wie die zum Auswurf der Wechselmedien.

Windows-Tastatur	Apple-Tastatur
[Windows]	[⌘]
[Alt]	[alt]
[Druck]	[F14]
[Bild rauf] [Bild runter]	[F15]
[Pause]	[F16]
@: [alt] + [Q]	Rechte [alt] + [L]

◂ **Tabelle 15.1**
Wichtige Unterschiede in der Windows- und Apple-Tastatur-belegung

Windows 7 löschen

Wenn Sie die Installation von Windows zu einem späteren Zeitpunkt löschen möchten, dann starten Sie den Boot Camp-Assistenten. Im ersten Schritt wählen Sie die Option WINDOWS 7

ENTFERNEN aus. Im zweiten Schritt weisen Sie dann über die Schaltfläche WIEDERHERSTELLEN Ihrem Startvolume wieder den gesamten Speicherplatz auf der internen Festplatte zu.

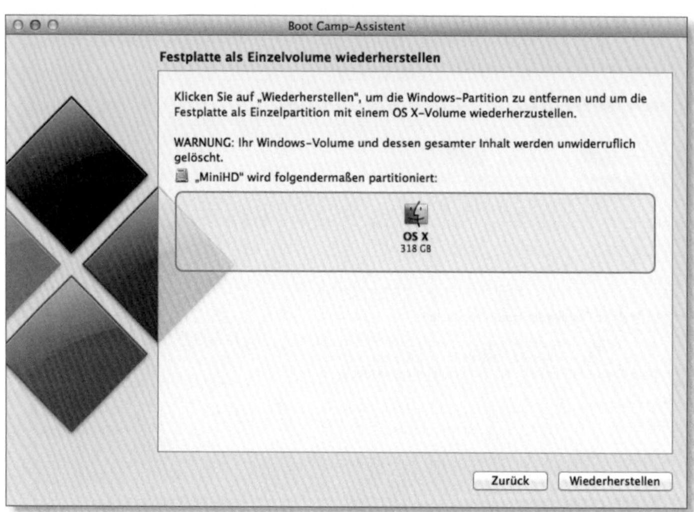

Abbildung 15.10 ▸
Die Partition für Windows können Sie mit dem Boot Camp-Assistenten löschen.

15.2 Windows 7, Ubuntu Linux und OS X 10.8 mit rEFIt

Ubuntu oder eine andere Distribution?
In diesem Abschnitt wird die Installation von Linux anhand von Ubuntu 12.04 beschrieben. Die Installation anderer Distributionen ist oft ebenfalls möglich und unterliegt in Bezug auf die Partitionierung und den Bootloader den gleichen Einschränkungen wie Ubuntu. Es ist aber möglich, dass andere Distributionen die Apple-Hardware nicht im gleichen Umfang unterstützen wie Ubuntu.

Die Installation von Linux parallel zu OS X 10.8 und Windows ist auf einem Rechner von Apple möglich, und in der Tat gibt es für die Nutzung von Linux eine Reihe von Gründen. Sei es, dass Sie als Webentwickler Webseiten auch für die unter Linux verfügbaren Browser testen müssen, sei es aus reiner Neugier oder für die Nutzung einer Reihe von Open-Source-Programmen, die unter OS X 10.8 nicht vollständig zur Verfügung stehen.

Allerdings unterliegt die Installation von drei Betriebssystemen auf einer Festplatte einigen Einschränkungen. Hilfreich bei der Einrichtung und späteren Verwendung der drei Betriebssysteme ist das Open-Source-Projekt rEFIt, das eine bequeme und flexible Auswahl der installierten Systeme bietet. Dieser Abschnitt beschreibt ein mögliches Vorgehen bei der Installation der drei Betriebssysteme auf einer internen Festplatte.

ISO-Datei
Die von der Webseite *www.ubuntu.com* heruntergeladene Datei *ubuntu-12.04.1-desktop-i386* können Sie mit dem Festplattendienstprogramm auf einen CD-Rohling brennen.

Ubuntu Linux | Zur Installation wird die zur Drucklegung dieses Buches aktuelle Version 12.04 von Ubuntu Linux verwendet. Es wird die normale Installations-CD genutzt. Auf die Alternate-Version, die auf eine grafische Oberfläche während der Installation verzichtet, muss nicht mehr zurückgegriffen werden.

Partitionen einrichten

Die größte Schwierigkeit bei der Installation der drei Betriebssysteme besteht in der richtigen Partitionierung. Dabei müssen Sie folgende Dinge beachten: Windows muss auf einem Macintosh immer auf der letzten Partition der Festplatte installiert werden. Darüber hinaus ist Windows auf eine Partitionstabelle mit dem *Master Boot Record* (MBR) angewiesen. Das Problem beim MBR jedoch besteht darin, dass er nicht mehr als vier (primäre) Partitionen verwalten kann. Nun benötigen die meisten Linux-Distributionen jedoch eine eigene, zusätzliche Partition für den sogenannten *Swap-Speicher*. Insgesamt würden Sie also vier Partitionen benötigen: eine für OS X 10.8, zwei für Linux und die letzte für Windows.

Warnung
In diesem Abschnitt werden Partitionen auf der Festplatte, die auch Ihr Startvolume sowie Ihre Dateien enthält, gelöscht und erstellt. Dabei können ebenso wie bei der Installation der Betriebssysteme Fehler auftreten. Sie sollten in jedem Fall vorher ein Backup Ihrer Dateien vornehmen.

```
kai — bash — 80×8
Macmini:~ kai$ diskutil list
/dev/disk0
   #:                       TYPE NAME                    SIZE       IDENTIFIER
   0:      GUID_partition_scheme                        *320.1 GB   disk0
   1:                        EFI                         209.7 MB   disk0s1
   2:                  Apple_HFS Mini HD                 319.2 GB   disk0s2
   3:                 Apple_Boot Recovery HD             650.0 MB   disk0s3
Macmini:~ kai$
```

◂ **Abbildung 15.11**
OS X 10.8 legt zwei im Finder unsichtbare Partitionen an.

EFI-Partition | Das Problem bei OS X besteht nun darin, dass neben dem eigentlichen Startvolume zwei weitere, im Festplattendienstprogramm und im Finder nicht sichtbare Partitionen existieren. Neben dem gleich zu löschenden Rettungssystem (*Recovery HD*) benötigt OS X 10.8 aber zwingend noch eine weitere Partition (EFI), was jetzt zu einem Problem mit Linux führt. Für eine Swap-Partition verbleibt aufgrund der Begrenzung der MBR-Partitionierung auf maximal vier Partitionen somit kein Platz. Umgehen lässt sich dieses Problem, indem Sie bei der Installation von Linux auf eine eigene Swap-Partition verzichten und nach erfolgter Installation eine sogenannte *Swap-Datei* einrichten.

USB-Stick
Wenn Sie das Rettungssystem löschen, wie im Folgenden beschrieben, sollten Sie vorher mit dem in Abschnitt 27.7 beschriebenen Verfahren einen startfähigen USB-Stick erstellen, über den Sie im Ernstfall OS X 10.8 reparieren oder neu installieren können.

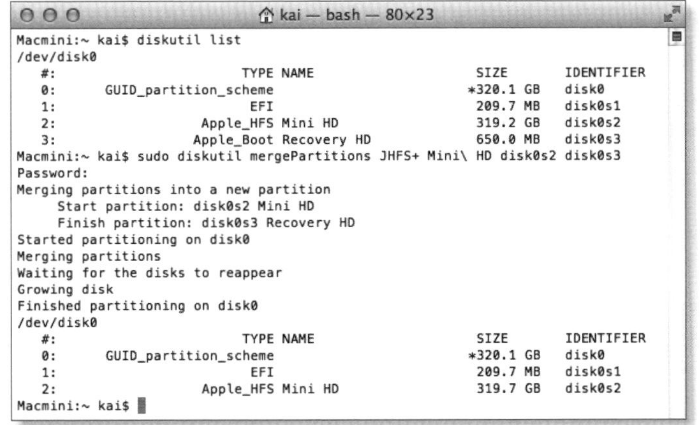

◂ **Abbildung 15.12**
Mit dem Befehl `diskutil` löschen Sie die Partition mit dem Rettungssystem.

Hinweis

Es kann sein, dass bei Ihrer Konfiguration andere Bezeichnungen und IDENTIFIER verwendet werden. Damit Sie in einem solchen Fall die richtigen Partitionen zusammenführen, sollten Sie die in Abschnitt 9.1 beschriebenen Grundlagen bei der Arbeit mit Dateisystemen kennen.

Rettungssystem löschen | Haben Sie das Rettungssystem auf einen USB-Stick kopiert, dann können Sie es im Terminal löschen. Hierzu geben Sie am Terminal zunächst den Befehl

```
diskutil list
```

ein. Sie erhalten dann, wie in Abbildung 15.12 oben dargestellt wird, eine Übersicht aller vorhandenen Festplatten, deren Bezeichnung sowie IDENTIFIER. Bei der in Abbildung 15.12 dargestellten Konstellation muss die Partition mit der Bezeichnung RECOVERY HD mit dem IDENTIFIER DISK0S3 gelöscht werden. Hierzu wird der Befehl diskutil mit der Anweisung mergePartitions ausgeführt. Diese sorgt dafür, dass die angegebenen Partitionen zu einer zusammengeführt werden. Dabei bleibt die erste Partition, in diesem Fall das Startvolume, erhalten und wird um den Speicherbereich der zweiten ergänzt. Letztere wird bei diesem Vorgang gelöscht. Der entsprechende Aufruf lautet:

```
sudo diskutil mergePartitions JHFS+ Mini\ HD disk0s2
disk0s3
```

Die Angabe JHFS+ erfolgt, obwohl zwingend, eigentlich nur pro forma; in anderen Kontexten würde so die neu erstellte Partition mit dem Dateisystem versehen. Dem Leerzeichen im Namen der ersten Partition muss \ vorangestellt werden, weil das Terminal die Angabe sonst anders interpretieren würde. Wenn die Partitionen zusammengeführt wurden, gibt Ihnen diskutil die nun gültige Partitionstabelle aus. In Abbildung 15.12 ist die Rettungspartition in der zweiten (unteren) Partitionstabelle nicht mehr vorhanden. Die Partition vom Typ EFI bleibt in jedem Fall erhalten.

Boot-Camp-Partition | Nachdem das Rettungssystem gelöscht wurde, starten Sie den Boot Camp-Assistenten. Hier können Sie die Treiber herunterladen und auf CD brennen, sofern Sie dies noch nicht getan haben. Wenn Sie die Windows-Partition erstellen, geben Sie hier die endgültige Größe für die Partition vor. Sie wird nicht mehr geändert. Legen Sie dann die Installations-DVD für Windows ein, und klicken Sie, wie zuvor beschrieben, auf INSTALLIEREN. Da Windows nun aber noch nicht installiert werden soll, halten Sie beim Startgong die [alt]-Taste gedrückt und wählen anstelle der Windows-DVD Ihr OS X-System aus. Sie umgehen also die von Apple an dieser Stelle vorgesehene Installation.

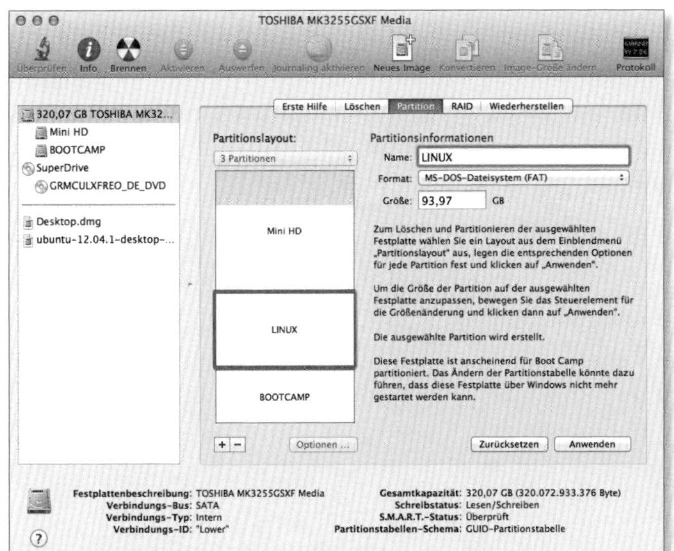

◄ **Abbildung 15.13**
Das Startvolume wird für die Erstellung der Linux-Partition geteilt.

Linux-Partition | Nach dem Neustart mit umgangener Windows-Installation starten Sie das Festplattendienstprogramm. Wählen Sie in der linken Spalte Ihre interne Festplatte aus, und wechseln Sie in den Reiter Partition. Klicken Sie dort einmal das Startvolume Ihres Systems an, sodass es hervorgehoben wird. Mit der Schaltfläche mit dem Pluszeichen teilen Sie nun das Startvolume in zwei Partitionen. Die erste Partition enthält weiterhin Ihr Startvolume mit Ihren Dateien. Die zweite Partition können Sie durch Verschieben des Trennstrichs in ihrer Größe anpassen. Bei Name geben Sie übergangsweise »LINUX« ein und wählen als Format MS-DOS-Dateisystem (FAT) aus.

Windows installieren

Die Installation von Windows 7 in diesem Zusammenhang unterscheidet sich nicht von der eingangs beschriebenen Vorgehensweise. Nach wie vor installieren Sie Windows auf der Partition, die mit BOOTCAMP bezeichnet wird. Diese müssen Sie vorher ebenfalls formatieren, um sie auf diese Weise mit dem Dateisystem NTFS zu versehen.

rEFIt installieren

rEFIt
http://refit.sf.net

Haben Sie Windows 7 inklusive der Treiber installiert und eingerichtet, laden Sie von der rEFIt-Website die Image-Datei mit dem Installationspaket herunter. Zur Drucklegung dieses Buches aktuell war die Version 0.14. Nachdem Sie die Image-Datei im Finder aktiviert haben, finden Sie dort ein Installationspaket. Mit einem Doppelklick darauf starten Sie das Installationsprogramm.

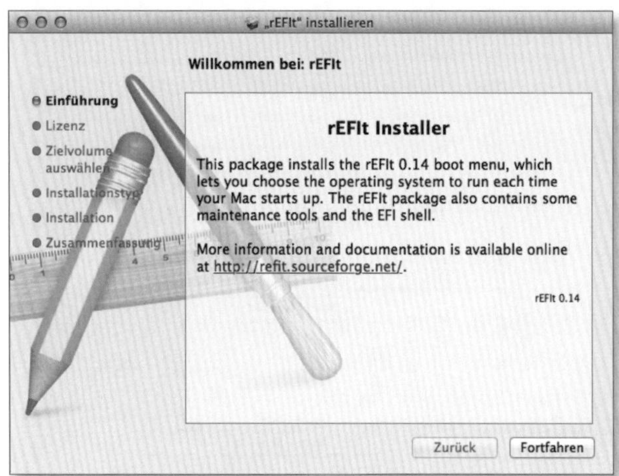

Abbildung 15.14 ▸
rEFIt wird über ein Paket installiert.

Als Ziel der Installation von rEFIt geben Sie Ihr Startvolume an. Wenn Sie die Installation anpassen, dann stehen Ihnen zusätzlich Treiber für die unter Linux gebräuchlichen Dateisysteme *Ext2* und *Ext3* zur Auswahl. Diese haben noch einen experimentellen Charakter und sind nicht Bestandteil der Standardinstallation.

Abbildung 15.15 ▸
rEFIt bringt noch einige weitere Tools mit.

[bless]
Der Befehl `bless` hat die Aufgabe, Dateisysteme und Dateien als startfähig zu markieren, im weiteren Sinne zu »segnen« (englisch *bless*). rEFIt nutzt `bless` mithilfe des Shell-Skripts, um das Startvolume so zu modifizieren, dass anstelle von OS X 10.8 zunächst rEFIt geladen wird.

rEFIt aktivieren | Damit Ihr System zuerst rEFIt aktiviert und nicht OS X 10.8 startet, müssen Sie zunächst eine Einstellung vornehmen: Am Terminal führen Sie mit `sudo /efi/refit/enable-always.sh` und der anschließenden Eingabe Ihres Administratorpassworts ein Shell-Skript aus. Dieses Skript nutzt den Befehl `bless`, um die Einstellung Ihres Startvolumes so abzuändern, dass zuerst rEFIt aktiviert wird. Wenn Sie die `alt`-Taste bei einem

Neustart gedrückt halten, erscheint Ihr Startvolume kursiv mit der Bezeichnung REFIT und trägt nicht mehr seinen Namen.

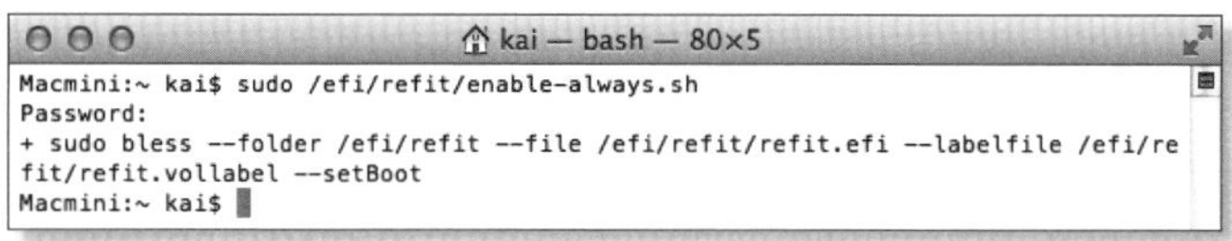
kai — bash — 80×5
Macmini:~ kai$ sudo /efi/refit/enable-always.sh
Password:
+ sudo bless --folder /efi/refit --file /efi/refit/refit.efi --labelfile /efi/re
fit/refit.vollabel --setBoot
Macmini:~ kai$

◂ **Abbildung 15.16**
Mit dem Shell-Skript »enable-always.sh« aktivieren Sie rEFIt.

rEFIt konfigurieren | Sie können die Einstellungen von rEFIt über die Datei */efi/refit/refit.conf* modifizieren. Wenn Sie die Datei mit `sudo nano /efi/refit/refit.conf` im Texteditor öffnen, können Sie zum Beispiel den Wert `timeout` ändern. Er gibt vor, nach wie vielen Sekunden Wartezeit automatisch das erste gefundene Betriebssystem gestartet wird. Mit einem Wert von `0` wird kein System automatisch gestartet.

Ubuntu Linux installieren

Die Installation von Linux ist der letzte Schritt. Nach erfolgreicher Windows-Installation legen Sie die Installations-CD von Ubuntu Linux in Ihr Laufwerk und führen einen Neustart aus. Die CD wird von rEFIt automatisch als Linux-System erkannt und zusammen mit den beiden schon vorhandenen Systemen angeboten. Starten Sie von der CD, und die Installation von Linux beginnt.

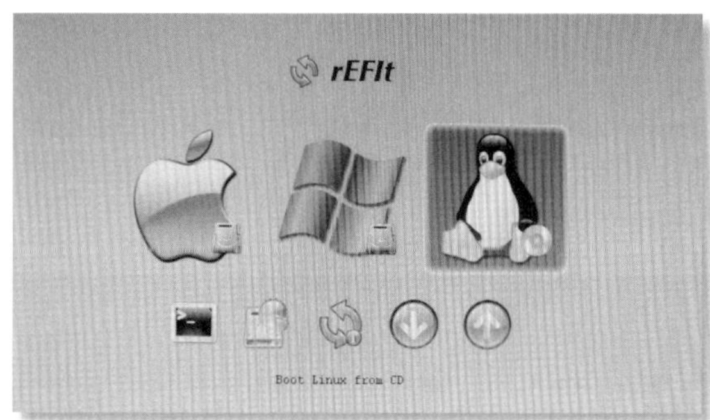
rEFIt
Boot Linux from CD

◂ **Abbildung 15.17**
rEFIt erkennt die eingelegte Installations-CD automatisch.

Partition auswählen | Das Installationsprogramm von Ubuntu Linux ist auf Deutsch verfügbar und wurde mit einschlägigen Erläuterungen versehen. Beim Startbildschirm wählen Sie nicht die Standardoption, sondern die Option ETWAS ANDERES aus. Sie gelangen dann zur Übersicht der Partitionen.

Hier wählen Sie die Partition aus, bei der Sie unter VERWENDUNG den Eintrag FAT32 finden. In der Regel wird sie als Laufwerk /DEV/SDA3 angegeben. Klicken Sie dann auf die Schaltfläche ÄNDERN, und es erscheint der in Abbildung 15.18 dargestellte Dialog.

Drahtlose Netzwerke
Für die Installation von Linux sollte Ihr Rechner am besten mit einem Kabel an das Internet angebunden sein. Ubuntu lädt während der Installation Sprachdateien und Aktualisierungen aus dem Internet herunter. Für ein drahtloses Netzwerk standen bisher noch nicht die benötigten Treiber zur Verfügung, sodass Ihnen die Verbindung über die eingebaute AirPort-Karte nicht möglich ist.

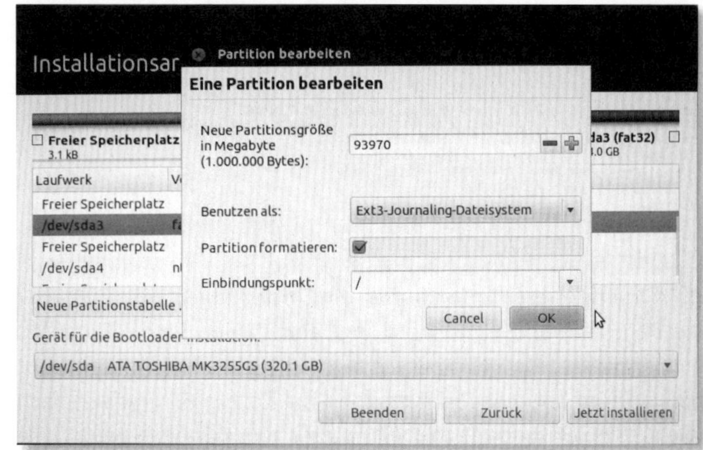

Abbildung 15.18 ▸
Für die Linux-Partition müssen Sie drei Einstellungen treffen.

Die Partitionsgröße können Sie hier nicht ändern. Unter BENUTZEN ALS wählen Sie das Dateisystem aus. In diesem Fall wurde das Dateisystem EXT3 ausgewählt. Wenn Sie mit Linux vertraut sind, dann können Sie sich hier auch für ein anderes Dateisystem wie REISERFS entscheiden. Als Einbindungspunkt wählen Sie den Eintrag / aus. Schließlich aktivieren Sie die Option PARTITION FORMATIEREN.

Bootloader
Der Bootloader hat unter Linux die Aufgabe, das eigentliche System und insbesondere den Kernel zu starten. Ein vergleichbares Verfahren gibt es auch unter OS X 10.8, aber es ist im Gegensatz zu Linux für den Anwender nicht transparent.

Bootloader | Bevor Sie die Installation durchführen, müssen Sie noch den Bootloader platzieren. In den Standardeinstellungen würde Ubuntu Linux diesen am Anfang der Festplatte installieren. Dies würde bei dieser Konfiguration aber dazu führen, dass sowohl Windows als auch OS X 10.8 nicht mehr startfähig wären. Wählen Sie daher im Ausklappmenü GERÄT FÜR DIE BOOTLOADER-INSTALLATION den Eintrag aus, der Ihrer Linux-Partition entspricht. In diesem Fall wäre es /DEV/SDA3.

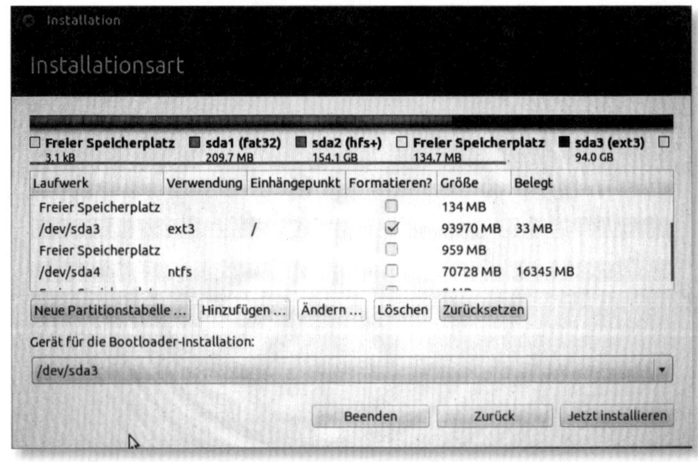

Abbildung 15.19 ▸
Der Bootloader wird auf derselben Partition installiert wie das Linux-System.

Keine Swap-Partition | Wenn Sie nun die Schaltfläche JETZT INSTALLIEREN anklicken, erhalten Sie zunächst die Warnung, dass kein korrekter Bootloader vorgegeben wurde. Diese Warnung können Sie ignorieren. Es folgt dann der Hinweis, dass Sie keine Swap-Partition vorgegeben haben. Auch diesen Hinweis können Sie ignorieren, da wir bei dieser speziellen Konfiguration mit einer Datei anstelle einer Partition arbeiten. Die weitere Installation von Ubuntu, zu der auch die Einrichtung eines ersten Benutzerkontos gehört, wurde mit eindeutigen Beschreibungen und Hilfstexten versehen.

Swap-Datei erstellen | Der letzte Schritt der Linux-Installation besteht in der Einrichtung der Swap-Datei, die die ursprünglich vorgesehene Swap-Partition ersetzen soll. Nachdem Sie sich unter Linux mit dem während der Installation eingerichteten Benutzerkonto angemeldet haben, starten Sie das Programm Terminal unter Linux. Klicken Sie hierzu oben links auf das Ubuntu-Logo, und geben Sie dann als Suchbegriff »Terminal« ein. Ein Klick auf das erscheinende Icon startet das Programm. Mit dem Befehl

»sudo«
Aufgabe und Funktionsweise des Befehls `sudo` unter Linux entsprechen im Wesentlichen den auch für OS X 10.8 gültigen und in Abschnitt 14.3 beschriebenen.

```
sudo dd if=/dev/zero of=/swapfile bs=1024
count=2048000
```

erstellen Sie eine leere Datei (`swapfile`) mit einer Größe von 2 GB. Die Erstellung dieser Datei kann einige Minuten dauern. Die Befehle

`sudo mkswap /swapfile` und `sudo swapon /swapfile`

kennzeichnen die Datei dann als Auslagerungsdatei und aktivieren sie.

```
kai@kai: ~
kai@kai:~$ sudo dd if=/dev/zero of=/swapfile bs=1024 count=2048000
[sudo] password for kai:
2048000+0 Datensätze ein
2048000+0 Datensätze aus
2097152000 Bytes (2,1 GB) kopiert, 65,542 s, 32,0 MB/s
kai@kai:~$ sudo mkswap /swapfile
Setting up swapspace version 1, size = 2047996 KiB
kein Label, UUID=2c170523-56db-4938-8d45-a16317bad046
kai@kai:~$ sudo swapon /swapfile
kai@kai:~$
```

◄ **Abbildung 15.20**
Die Swap-Datei erzeugen Sie mit drei Befehlen.

Da Linux in der Regel eine eigene Partition und keine Datei für den Auslagerungsspeicher erwartet, müssen Sie als letzten Schritt noch die von Linux verwendeten Vorgaben für die Partitionen entsprechend abändern. Die Einstellungen für die Einhängepunkte der Partitionen werden unter Linux in der Datei */etc/fstab* definiert. Öffnen Sie die Datei mit der Eingabe

```
sudo nano /etc/fstab
```

im Texteditor, und fügen Sie dort folgende Zeile ein:

```
/swapfile swap swap defaults 0 0
```

Orientieren Sie sich bei der Eingabe der Tabulatoren, mit denen Sie die einzelnen Spalten trennen, an den oberen der schon vorhandenen Einträge (siehe Abbildung 15.21).

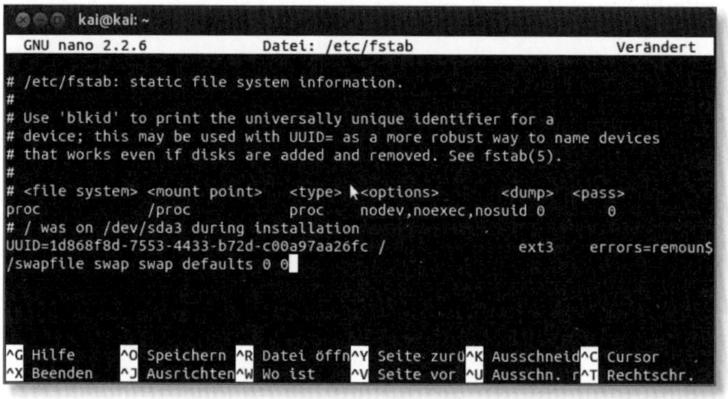

Abbildung 15.21 ▸
Die Swap-Datei binden Sie über die Datei »/etc/fstab« in das System ein.

```
kai@kai: ~
 GNU nano 2.2.6              Datei: /etc/fstab                    Verändert

# /etc/fstab: static file system information.
#
# Use 'blkid' to print the universally unique identifier for a
# device; this may be used with UUID= as a more robust way to name devices
# that works even if disks are added and removed. See fstab(5).
#
# <file system> <mount point>   <type>  <options>       <dump>  <pass>
proc            /proc           proc    nodev,noexec,nosuid 0       0
# / was on /dev/sda3 during installation
UUID=1d868f8d-7553-4433-b72d-c00a97aa26fc /               ext3    errors=remoun$
/swapfile swap swap defaults 0 0

^G Hilfe      ^O Speichern  ^R Datei öffn^Y Seite zurü^K Ausschneid^C Cursor
^X Beenden    ^J Ausrichten ^W Wo ist    ^V Seite vor ^U Ausschn.  ^T Rechtschr.
```

Neustart und Kontrolle | Führen Sie jetzt einen Neustart durch, und wählen Sie dann erneut LINUX im Menü von rEFIt aus. Geben Sie anschließend in das Suchfeld anstelle von »Terminal« den Begriff »Systemüberwachung« ein, können Sie das Icon des gleichnamigen Programms anklicken. Es erscheint das in Abbildung 15.22 dargestellte Fenster. Hier müssten Sie im Reiter RESSOURCEN im Bereich SPEICHER UND AUSLAGERUNGSCHRONIK die Angabe 2,0 GB finden. Dies entspricht der zuvor angelegten Swap-Datei.

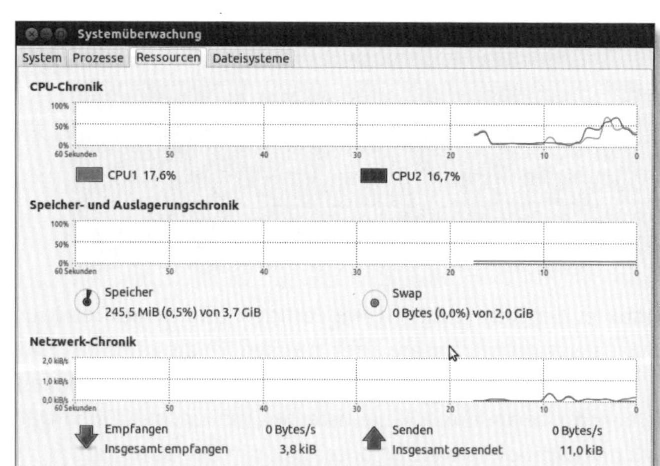

Abbildung 15.22 ▸
Die Funktionsfähigkeit der Swap-Datei überprüfen Sie im Programm Systemüberwachung.

Mit der Konfiguration der Swap-Datei ist die eigentliche Installation von Ubuntu abgeschlossen. Für die weitere Arbeit können Sie auf die übliche Ubuntu-Literatur zurückgreifen.

◂ **Abbildung 15.23**
Gruppenbild mit Pinguin – das installierte Ubuntu Linux wird zwischen OS X 10.8 und Windows angezeigt.

rEFIt deaktivieren und deinstallieren

Wenn Sie rEFIt und die Installationen der beiden Betriebssysteme später löschen möchten, dann können Sie zunächst den Ordner /EFI in den Papierkorb ziehen und diesen entleeren. Wenn Sie anschließend in den Systemeinstellungen in der Ansicht STARTVOLUME Ihre OS X 10.8-Installation auswählen, dann wird Ihr Rechner wieder direkt von dieser Partition gestartet. Die beiden Partitionen, die die Systeme enthalten, können Sie im Festplattendienstprogramm löschen und den frei gewordenen Speicherplatz dem Startvolume zuweisen (siehe Abschnitt 9.4). Auch bei dieser Manipulation der Partitionstabelle sollten Sie zuvor ein Backup erstellen, da Fehler nie ganz auszuschließen sind.

15.3 Virtualisierung mit VMware Fusion 5

Mit Boot Camp und rEFIt können Sie sowohl Windows als auch Linux neben OS X 10.8 installieren und getrennt voneinander nutzen. Ein anderer Ansatz besteht in der Virtualisierung von Betriebssystemen. Dabei stellt ein Programm wie VMware Fusion einen Rahmen zur Verfügung, innerhalb dessen das Betriebssystem ausgeführt wird. Der Rahmen besteht hierbei darin, dass VMware Fusion dem Gastsystem vorgaukelt, es würde auf einem eigenen Rechner ausgeführt. VMware Fusion simuliert die Hardware des virtuellen Rechners und leitet Aktionen wie beispielsweise die Bildschirmdarstellung und Tonausgabe an das eigentliche System unter OS X 10.8 weiter.

Parallels und VirtualBox
Es gibt zwei Alternativen zu VMware Fusion: Das ebenfalls kostenpflichtige Parallels hat ungefähr den gleichen Funktionsumfang und bewegt sich im selben Preisspektrum. Die Open-Source-Lösung VirtualBox bietet etwas weniger Funktionen und Geschwindigkeit, ist dafür aber kostenlos.

Dabei sind diese Lösungen technisch mittlerweile sehr weit fortgeschritten und bieten ein recht hohes Maß an Integration in das gastgebende System. VMware Fusion ist zum Beispiel in der Lage, die Programme des Gastsystems in einem eigenen Fenster weitgehend nahtlos in die Oberfläche von OS X 10.8 zu integrieren. Auch der gemeinsame Zugriff auf das Netzwerk und Ordner und Dateien ist problemlos möglich.

VMware Fusion 5
http://www.vmware.com/de/products/fusion

Sinnvoll kann die Investition in VMware Fusion dann sein, wenn Sie Programme unter Linux und Windows parallel zu Ihren gewohnten Applikationen nutzen möchten. Auf diese Weise können Sie beispielsweise Ihre Finanzbuchhaltung unter Windows bearbeiten, während Sie die regulären Programme unter OS X 10.8 für Ihre produktive Arbeit nutzen. Für grafisch aufwendige Spiele und sehr rechenintensive Programme eignet sich die Virtualisierung nicht immer, da auch auf leistungsfähigen Geräten wie einem MacPro durchaus ein Geschwindigkeitsverlust zu vermerken ist.

Stolperstellen
Die Erläuterungen in diesem Abschnitt beschränken sich bewusst auf die Aufgaben, die entweder nicht selbsterklärend sind oder von VMware unzureichend dokumentiert wurden. In der Hilfe des Programms finden Sie Erläuterungen zu den hier nicht erklärten Funktionen. Ich erkläre sie hier nicht, um Redundanzen zu vermeiden.

In diesem Abschnitt beschreibe ich zunächst die Installation von VMware Fusion 5. Das Programm können Sie im Fachhandel erwerben oder über die Webseite des Herstellers beziehen. Vmware Fusion 5 steht in zwei verschiedenen Fassungen zur Verfügung. Neben der normalen Version gibt es noch eine Variante für professionelle Anwender. Letztere ermöglicht auch die zentrale Konfiguration und Administration von virtuellen Maschinen im Netzwerk. Die Beschreibungen in diesem Abschnitt beschränken sich auf die normale, für Heimanwender ausreichende Version.

Im Anschluss werden die Installationen von Windows und Linux als Gastsysteme erklärt. Für die bessere Integration in OS X 10.8 bringt VMware Fusion die sogenannten *VMware Tools* mit. Diese müssen Sie auf dem Gastsystem installieren und einrichten. Abschließend werfen wir noch einen Blick auf die Virtual Appliances. Dabei handelt es sich um vorkonfigurierte Gastsysteme, die Sie herunterladen und direkt nutzen können.

Installation

VMware Fusion 5 installieren Sie durch einen einfachen Doppelklick auf das Programm VMWare Fusion, das sich auf der heruntergeladenen Image-Datei befindet. Sie werden gebeten, sich als Administrator zu autorisieren. Anschließend installiert das Programm auch die notwendigen Kernel Extensions, die für die Virtualisierung benötigt werden. Im Ordner PROGRAMME finden Sie dann auch die Version 5 von VMware Fusion.

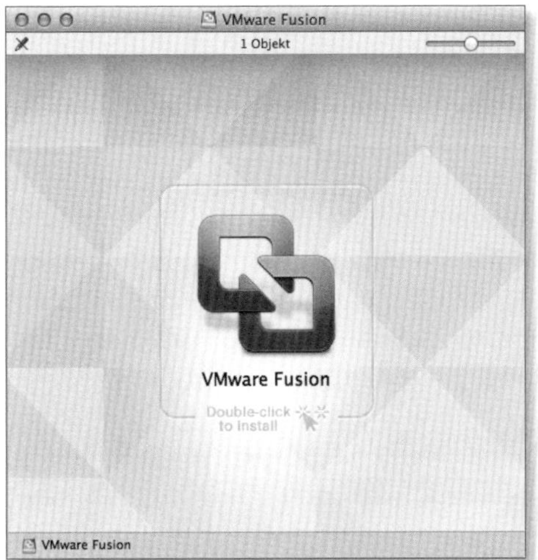

◄ **Abbildung 15.24**
Mit einem Doppelklick auf das Programm wird die Installation vorgenommen.

Time Machine | VMware Fusion speichert laut Standardeinstellungen die Dateien der Gastsysteme im Ordner ~/DOKUMENTE/ VIRTUELLE MASCHINEN. Die Größe dieser Dateien umfasst in der Regel mehrere Gigabyte. Wenn Sie die Time Machine als Backup-Lösung nutzen, dann kann es sinnvoll sein, diesen Ordner von der automatischen Sicherung auszuschließen, da diese Dateien nach jedem Start des enthaltenen Systems als geändert gelten und dementsprechend gesichert werden. Dadurch wird der Speicherplatz auf dem Backup-Medium recht schnell knapp.

Gastsysteme einrichten und installieren

Wenn Sie das Programm VMware Fusion zum ersten Mal starten, dann wird Ihnen die STARTSEITE in der BIBLIOTHEK VIRTUELLER MASCHINEN angezeigt. Sofern Sie Windows auf einer Partition bereits installiert haben, finden Sie auch eine Maschine mit der Bezeichnung BOOT CAMP.

PC Migration Agent
Beim PC Migration Agent (*http://www.vmware.com/go/pc2mac/*) handelt es sich um ein Programm, das Sie auf Ihrem alten Windows-PC installieren und ausführen können. Es ist dann möglich, über den Menüpunkt ABLAGE • PC MIGRIEREN mit dem Agent Kontakt aufzunehmen und Ihr altes Windows-System über das Netzwerk in eine virtuelle Maschine zu transferieren.

Windows installieren | Um Windows in einer virtuellen Maschine zu installieren, können Sie über ABLAGE • NEU den dafür zuständigen Assistenten aufrufen. Im ersten Schritt werden Sie nach dem Installationsmedium für das Betriebssystem gefragt. Wenn Sie zuvor eine Installations-CD oder -DVD eingelegt haben, dann erkennt der Assistent diese automatisch und fragt Sie, ob Sie dieses Betriebssystem installieren möchten. Es ist auch möglich, wie bei der nachfolgend beschriebenen Installation von Linux auf eine Image-Datei zurückzugreifen.

Wenn Sie die Installation von dem eingelegten Datenträger erledigen möchten, entscheiden Sie, ob Sie eine EINFACHE

Windows-Installation vornehmen möchten. Dabei geben Sie im Assistenten die Daten für das erste einzurichtende Benutzerkonto, das auch unter Windows über administrative Rechte verfügt, sowie Ihren Produktschlüssel ein. VMware Fusion führt dann die Installation selbstständig durch, und Sie müssen keine weiteren Einstellungen vornehmen. Bei der Installation von Windows spart diese automatische Installation durchaus Zeit. Wenn Sie aber individuelle Einstellungen vornehmen möchten, dann können Sie diese Option auch abwählen. Der dann folgende Installationsvorgang entspricht der normalen Installation.

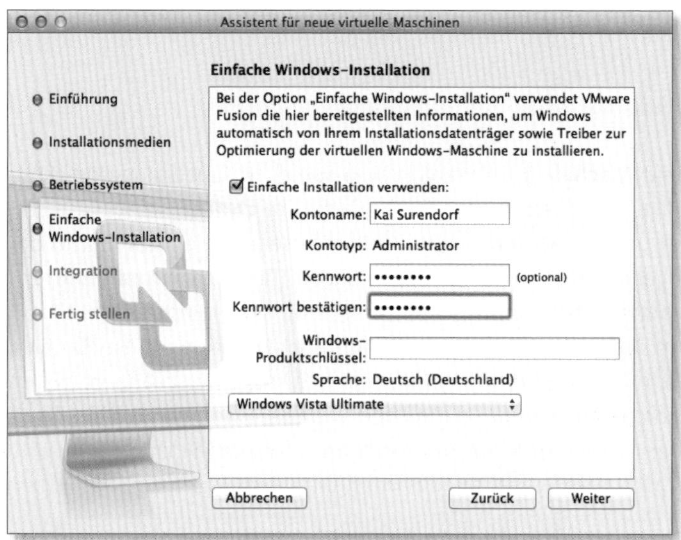

Abbildung 15.25 ▸
Die einfache Windows-Installation kann Zeit sparen.

Aero
Mit Windows Vista führte Microsoft eine semitransparente Oberfläche mit der Bezeichnung *Aero* ein. Sofern Sie über eine entsprechend leistungsfähige Grafikkarte verfügen, können Sie die Aero-Oberfläche aktivieren, indem Sie in der Systemsteuerung von Windows Vista und Windows 7 unter System und Sicherheit • System den Windows-Leistungsindex prüfen.

Integration | Bevor Sie mit der einfachen Installation beginnen, können Sie noch über die Art der Integration entscheiden. Wählen Sie hier die Option Nahtlos integriert, dann kann der Zugriff auf Ihren persönlichen Ordner auch von Windows aus erfolgen. Darüber hinaus wird Ihr Schreibtisch auch unter Windows dargestellt. Ein Problem, auf das Sie hingewiesen werden, kann darin bestehen, dass aufgrund des von Windows aus möglichen Schreibzugriffs Windows-Viren und Trojaner direkt auf Ihre Dateien unter OS X zugreifen können. Sie können hier auch zunächst den Punkt Isoliert auswählen und dann später in den Voreinstellungen der virtuellen Maschine gezielt Ordner freigeben. Die weitere Installation läuft dann automatisch ab.

Linux installieren | Wenn Sie eine Linux-Distribution installieren möchten, dann haben Sie wahrscheinlich eine ISO-Datei von der Webseite der Distribution heruntergeladen. Diese können Sie direkt für die Installation verwenden und müssen sie nicht auf einen

Datenträger brennen. In der Ansicht INSTALLATIONSMEDIEN des Assistenten wählen Sie sie einfach aus. VMware Fusion erkennt dann das darauf enthaltene Betriebssystem und bietet Ihnen auch eine EINFACHE LINUX-INSTALLATION an.

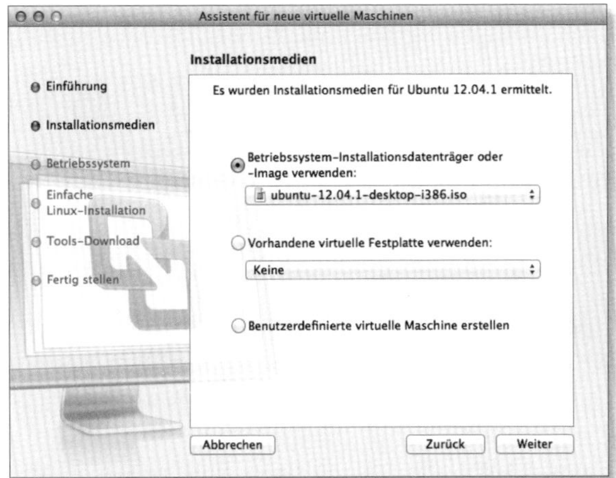

◄ **Abbildung 15.26**
Bei der Installation können Sie auch auf eine Festplattenabbildung zurückgreifen.

Einstellungen | Für die Betriebssysteme verwendet VMware Fusion Voreinstellungen, von denen das Programm annimmt, dass sie für die Systeme ausreichend sind. So bekommen Windows Vista, Windows 7 und Linux einen Gigabyte Arbeitsspeicher zugewiesen. Wenn Sie den Assistenten für die Installation durchlaufen haben, dann zeigt Ihnen dieser in der Ansicht FERTIG STELLEN eine Übersicht der Voreinstellungen und bietet Ihnen auch die Option EINSTELLUNGEN ANPASSEN. Wenn Sie diese auswählen, dann wird die virtuelle Maschine zunächst gespeichert, und wenn Sie sie das erste Mal starten, wird die Installation begonnen. Vorher können Sie, wie im Folgenden beschrieben, noch die Einstellungen anpassen.

Nachträgliche Änderungen
Es ist bei VMware Fusion ohne Probleme möglich, die Einstellungen nachträglich zu ändern. Hierzu müssen Sie das installierte Betriebssystem herunterfahren, also in einen Zustand versetzen, als ob der Computer ausgeschaltet wäre. Lediglich die nachträgliche Vergrößerung der virtuellen Festplatte kann sich als problematisch erweisen. Hier sollten Sie im Vorfeld besser genau planen, wie viel Platz Sie der virtuellen Maschine einräumen möchten.

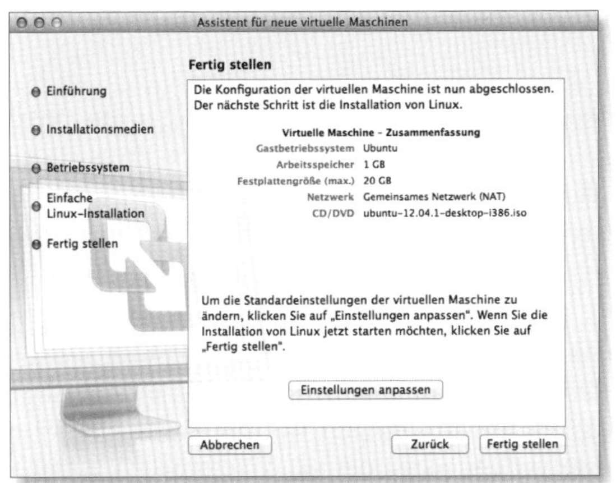

◄ **Abbildung 15.27**
Vor der Installation erhalten Sie eine Zusammenfassung und können die Einstellungen anpassen.

Abbildung 15.28 ▸
Die Einstellungen verteilen sich auf verschiedene Ansichten.

Prozessoren und RAM | Die Einstellungen einer virtuellen Maschine treffen Sie in einem Fenster, dessen Aufteilung sich an die Systemeinstellungen von OS X 10.8 anlehnt. Hier werden auch einige Einstellungen vorgenommen, die im nächsten Abschnitt zur Integration besprochen werden. Im Hinblick auf die Hardware ist zunächst die Ansicht Prozessoren und RAM wichtig. Sie können hier zunächst vorgeben, wie viele Prozessorkerne von dieser virtuellen Maschine in Anspruch genommen werden dürfen. Ob Ihnen bis zu vier Kerne zur Auswahl stehen, hängt vom Prozessor Ihres Rechners ab. Erhöhen Sie die Anzahl, dann gestehen Sie der virtuellen Maschine mehr Rechenkapazität zu, die dann natürlich anderen Prozessen nicht zur Verfügung steht. Die Einstellung für den verfügbaren Arbeitsspeicher können Sie bei Bedarf ebenfalls erhöhen. Dabei sollten Sie darauf achten, dass Sie nicht zu viel Arbeitsspeicher zuweisen und so den Speicher für andere Prozesse unnötig verknappen.

Gerät hinzufügen
Über die Schaltfläche Gerät hinzufügen können Sie eine weitere Netzwerkkarte und (virtuelle) Festplatten und Schnittstellen hinzufügen.

Netzwerk | Eine virtuelle Maschine kann auf drei Arten mit Ihrem Netzwerk kommunizieren. Bei der Einstellung Internet-Sharing, die standardmäßig vorgegeben ist, greift die virtuelle Maschine über die Netzwerkschnittstelle von OS X 10.8 auf das Netzwerk zu. Das Verfahren entspricht ungefähr der Internetfreigabe (siehe Abschnitt 16.6), und es ist nicht möglich, von einem anderen Rechner direkt auf die virtuelle Maschine zuzugreifen.

Firewall
Wenn Sie in den Einstellungen der Firewall die restriktive Option ausgewählt haben und die meisten eingehenden Verbindungen unterbinden, dann stehen auch die Server der virtuellen Maschinen nicht im Netzwerk zur Verfügung.

Mit der Einstellung Bridge-Netzwerke sorgen Sie dafür, dass die virtuelle Maschine auch nach außen sichtbar ist und über eine eigene IP-Adresse verfügt, über die sie angesprochen werden kann. Diese Einstellung ist dann sinnvoll, wenn Sie in der virtuellen Maschine einen Server installieren, der auch von anderen Rechnern in Ihrem Netzwerk angesprochen werden soll. Sie müssen dann lediglich festlegen, welche Netzwerkschnittstelle Ihres Rechners die virtuelle Maschine hierfür nutzen soll.

◂ **Abbildung 15.29**
Die Verbindung zum Netzwerk kann auf drei Arten erfolgen.

Die letzte Option, BENUTZERDEFINIERT, sorgt dafür, dass die virtuelle Maschine zwar auf Ihrem System im Netzwerk sichtbar ist, etwaige Verbindungen in das Internet und Ihr lokales Netzwerk aber nicht überbrückt werden.

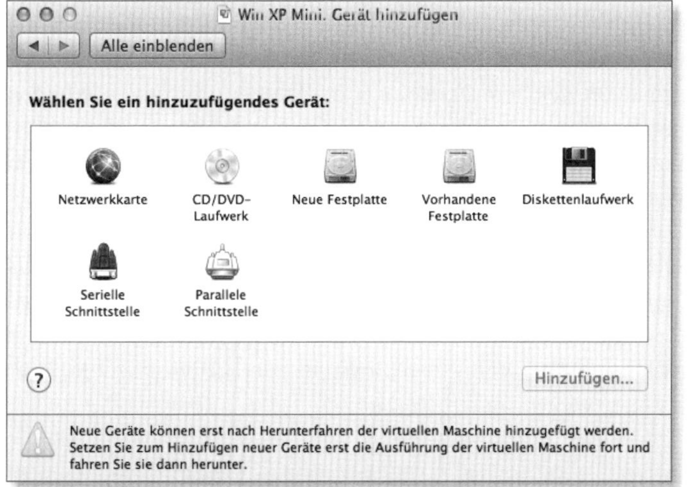

◂ **Abbildung 15.30**
Virtuelle Hardware kann in den Einstellungen einer Maschine hinzugefügt werden.

Laufwerke und Datenträger | Sie können weitere Laufwerke erstellen, die auf der virtuellen Maschine erscheinen und von dieser genutzt werden können, indem Sie in den Einstellungen oben rechts die Schaltfläche GERÄT HINZUFÜGEN anklicken.

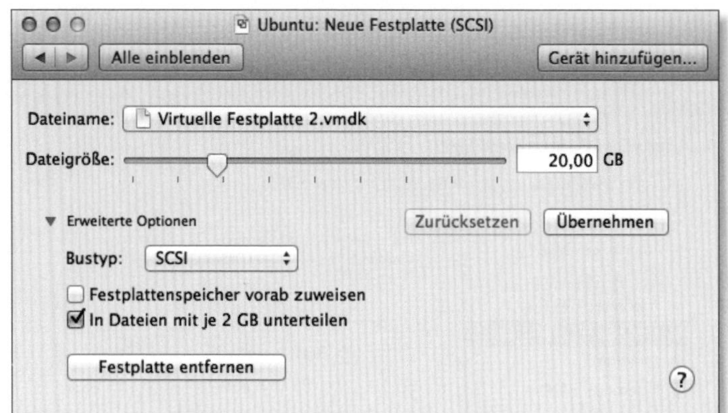

Abbildung 15.31 ▸
Die Größe einer virtuellen Festplatte kann vorab bestimmt werden.

VMware Fusion bevorzugt bei der Simulation des Bustyps, über den die Festplatte virtuell angeschlossen wird, den SCSI-Standard. Sie können, wenn dies vom installierten Betriebssystem verlangt wird, hier auch IDE auswählen. Mit der Option FESTPLATTENSPEICHER VORAB ZUWEISEN reservieren Sie den benötigten Speicherplatz. Bei einer 20 GB umfassenden Festplatte belegt die Datei anschließend auch 20 GB, ansonsten würde sie in ihrer Größe mitwachsen. Mit der Schaltfläche ÜBERNEHMEN wird die Datei erstellt und steht beim nächsten Start der virtuellen Maschine als Festplatte zur Verfügung.

Weitere Einstellungen | Die Einstellungen in den Ansichten DRUCKER und SOUNDKARTE sind selbsterklärend. Sie können hier lediglich festlegen, ob die Einstellungen von OS X übernommen werden oder nicht. In der Ansicht STARTVOLUME können Sie festlegen, von welchem Datenträger der Start erfolgen soll. Sie finden hier neben dem DVD-Laufwerk und den Festplatten auch den Eintrag NETZWERKKARTE. Diesen können Sie nutzen, wenn das System über das Netzwerk von einem Server gestartet werden soll.

In der Ansicht ERWEITERT können Sie neben einigen technischen Einstellungen, die Sie im normalen Einsatz nicht benötigen, auch einen VNC-Server (siehe Abschnitt 17.2) für die virtuelle Maschine aktivieren. Diese kann dann vollständig, ohne dass auf ihr selbst ein VNC-Server installiert und aktiviert wurde, über das Netzwerk gesteuert werden.

VNC und Netzwerkport
Wenn Sie für eine oder mehrere virtuelle Maschinen den VNC-Server aktivieren und zeitgleich die Bildschirmfreigabe von OS X 10.8 nutzen, dann müssen Sie unter PORT pro Maschine einen eigenen vergeben. Die Bildschirmfreigabe von OS X erfolgt über den Netzwerkport 5900. Möchten Sie zeitgleich eine virtuelle Maschine steuern, dann können Sie in den Einstellungen den Port 5901 vorgeben und diesen von einem anderen Rechner mit der Angabe IP-ADRESSE:5901 gezielt ansprechen.

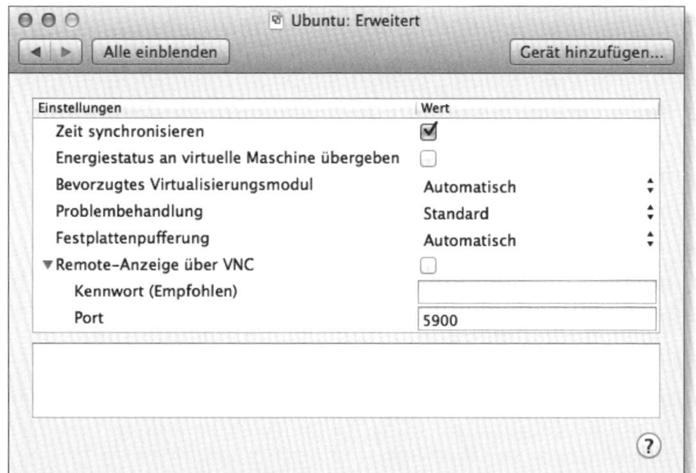

◀ **Abbildung 15.32**
In den erweiterten Einstellungen können Sie die REMOTE-ANZEIGE ÜBER VNC für eine virtuelle Maschine aktivieren.

Integration und VMware Tools

Die VMware Tools werden auf dem Betriebssystem der virtuellen Maschine installiert. Ihre Aufgabe besteht darin, verschiedene Funktionen zur besseren Integration innerhalb des Gastsystems verfügbar zu machen. Wenn Sie die einfache Installation gewählt haben, dann wurden die VMware Tools bereits installiert. Vor der Installation müssen die Installationspakete der VMware Tools erst noch heruntergeladen werden.

Wenn Sie die Tools noch nicht installiert haben, dann werden Sie von VMware Fusion darauf hingewiesen. Bei einer Windows-Installation können Sie über den Menüpunkt VIRTUELLE MASCHINE • VMWARE TOOLS INSTALLIEREN die Hilfsprogramme wie jedes andere Programm installieren und einrichten. Mit VMware Fusion 5 erfolgt die Installation der Tools sowohl unter Windows als auch unter aktuellen Linux-Distributionen automatisch.

»Exotischere« Distributionen
Wenn Sie eine andere Linux-Distribution einsetzen, dann schlägt die unter Ubuntu problemlos funktionierende Erkennung aufgrund abweichender Dateipfade möglicherweise fehl. Für die korrekte Konfiguration benötigen Sie dann detailliertere Kenntnisse Ihrer Linux-Distribution, die dieser Abschnitt nicht vermitteln kann.

Gemeinsame Ordner | Wenn die VMware Tools auf dem Gastsystem vorhanden sind, dann können Sie auch Ordner gemeinsam nutzen. In den Einstellungen der virtuellen Maschine finden Sie in der Ansicht GEMEINSAME NUTZUNG zunächst eine Liste der Ordner, die Sie eigenhändig hinzufügen und unter OS X und dem Gastsystem gleichzeitig nutzen können. Darüber hinaus finden Sie hier, sofern es sich um die Installation einer Windows-Version handelt, die Möglichkeit, die Ordner SCHREIBTISCH, DOKUMENTE, MUSIK und BILDER zu spiegeln. Das führt dazu, dass zum Beispiel die Dateien, die Sie unter OS X 10.8 auf Ihrem Schreibtisch abgelegt haben, auch unter Windows, jedoch nicht unter Linux, auf dem dortigen Schreibtisch erscheinen.

VMware Tools für Linux
Installieren Sie zum ersten Mal Linux in einer virtuellen Maschine, dann müssen Sie die Tools für Linux erst herunterladen. Der Download erfolgt automatisch, die Installation erfordert die Authentifizierung als Administrator.

Abbildung 15.33 ▸
Ordner können gemeinsam genutzt werden.

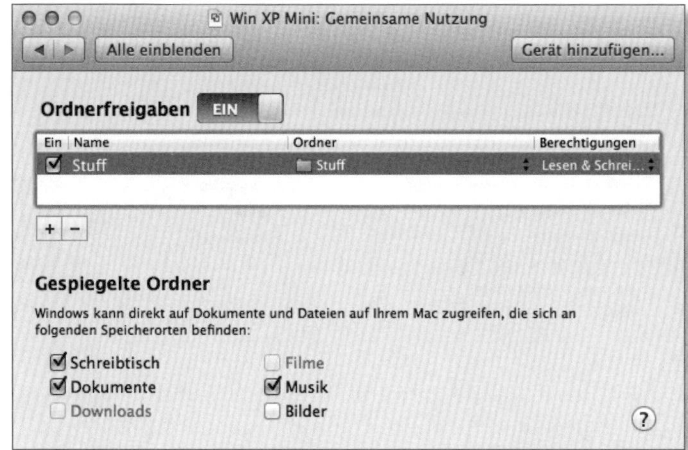

Wartezeit
Aktivieren Sie bei einer Linux-Distribution die gemeinsame Nutzung von Ordnern, dann kann es ein paar Sekunden dauern, bis diese unter /MNT/HGFS erscheinen.

Warnung
Wenn Sie den Schreibzugriff ermöglichen, dann setzen Sie Ihre Dateien auch den entsprechenden Gefahren aus, die das Gastsystem birgt. Ein Virus unter Windows ist dann in der Lage, Ihre Dateien in den gemeinsam genutzten Ordnern zu löschen.

Über das Pluszeichen unterhalb der Liste können Sie weitere Ordner hinzufügen, die gemeinsam genutzt werden sollen. Dabei geben Sie in der Spalte NAME die Bezeichnung vor, unter der der Ordner auf dem Gastsystem erscheint. Bei den Berechtigungen legen Sie fest, ob das Gastsystem nur LESEN oder LESEN & SCHREIBEN darf.

Unter Windows erscheinen diese Ordner dann auch im Windows-Explorer, während sie unter Linux im Verzeichnis /MNT/HGFS eingebunden werden.

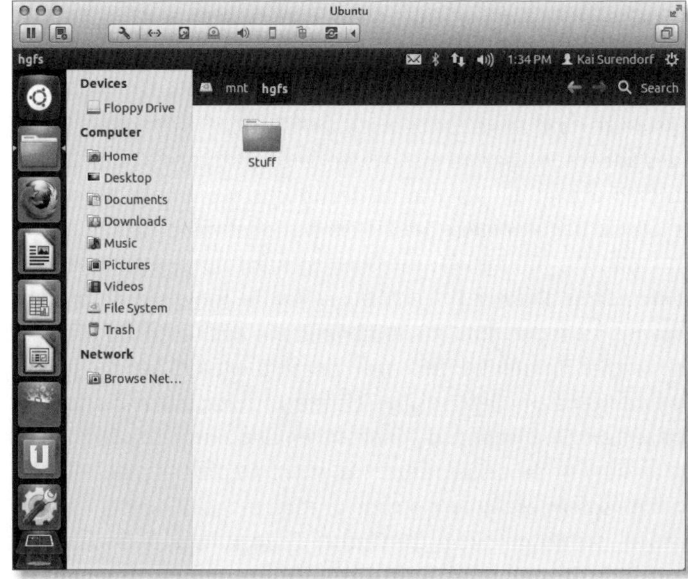

▲ Abbildung 15.34
Unter Linux werden die Ordner im Verzeichnis /MNT/HGFS eingebunden.

Am Terminal: »vmrun«

VMware Fusion nutzt eine ganze Reihe von Hintergrunddiensten, um seine Aufgabe zu erfüllen. Wenn Sie sich für die Arbeit mit VMware Fusion am Terminal interessieren und zum Beispiel über ein Shell-Skript virtuelle Maschinen steuern möchten, dann können Sie den Befehl `vmrun` im Verzeichnis /Applications/VMware Fusion/Contents/Library nutzen. Wenn Sie ihn am Terminal durch die Eingabe von

```
/Applications/VMware\ Fusion/Contents/Library/vmrun
```

direkt aufrufen, dann erhalten Sie eine ausführliche Erläuterung seiner Optionen und Parameter.

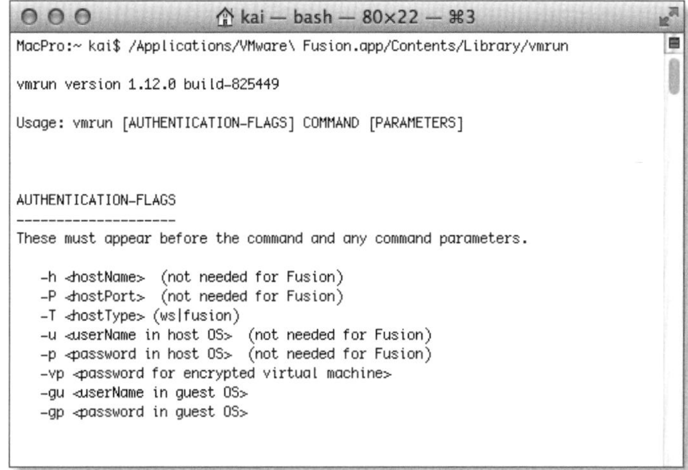

◂ **Abbildung 15.35**
Rufen Sie den Befehl `vmrun` ohne Parameter auf, dann wird eine kurze Anleitung ausgegeben.

Virtual Appliances

Bei einer *Virtual Appliance* handelt es sich um eine vorkonfigurierte und sofort einsetzbare virtuelle Maschine, die Sie aus dem Internet laden können. VMware bietet unter *http://www.vmware.com/de/appliances/* ein durchsuchbares Verzeichnis, das mehrere Hundert vorkonfigurierter Maschinen für eine Reihe von Einsatzgebieten enthält. Haben Sie eine solche Appliance heruntergeladen, dann können Sie die enthaltene VMX-Datei mit einem Doppelklick im Finder öffnen. Sie erhalten dann zunächst die Rückfrage, ob Sie die virtuelle Maschine aktualisieren möchten.

[7-Zip]
Viele der verfügbaren Dateien werden mit dem Programm 7-Zip komprimiert, dessen Format vom Archivierungsprogramm von OS X 10.8 nicht unterstützt wird. Mit dem Programm Keka (*http://www.kekaosx.com/de/*) können Sie solche Archive entpacken.

Nach der Aktualisierung werden Sie gefragt, ob Sie diese Maschine kopiert oder verschoben haben. Wenn eine virtuelle Maschine erstellt wird, dann enthält sie Einstellungen, die für die Hardware Ihres Systems optimiert wurden. Bei einer aus dem Internet heruntergeladenen virtuellen Maschine wurde bei der Erstellung der Maschine natürlich ein anderer Rechner als Ihrer verwendet. Wenn Sie hier angeben, dass Sie die Maschine kopiert haben, dann werden die Einstellungen für Ihre Hardware optimiert.

Bei der Arbeit mit einer Virtual Appliance sollten Sie sich die Beschreibungen genau anschauen. Bei einem vorkonfigurierten Linux-System enthält die Beschreibung in der Regel auch das vergebene Passwort für den eingerichteten Benutzer.

TEIL III
OS X im Netzwerk

Kapitel 16
Netzwerke verstehen, planen und einrichten

Die Vernetzung von Computern ist im Zeitalter des Internets etwas Alltägliches geworden. Dieses Kapitel möchte Sie mit den Grundlagen der vernetzten Arbeit vertraut machen und Ihnen zeigen, welche Protokolle und Standards bei der Vernetzung von Computern heute verwendet werden und wie Sie OS X 10.8 in Netzwerke integrieren.

Grundlagen | Um Netzwerke erfolgreich in Betrieb zu nehmen und reibungslos Daten zwischen Computern auszutauschen, ist ein solides Grundwissen über die zugrunde liegenden Technologien und Protokolle notwendig. Dieses Kapitel widmet sich daher etwas intensiver den theoretischen Grundlagen der Netzwerke und klärt die Begriffe, Protokolle und Verfahren. Wenn Sie mit diesen vertraut sind, dann sind die Einrichtung eines lokalen Netzwerks, die Verbindung ins Internet oder die Konfiguration eines Routers keine große Herausforderung mehr für Sie.

[Netzwerktopologie]
Der physikalische Aufbau eines Netzwerks wird auch als *Netzwerktopologie* bezeichnet. Sie können Ihre Rechner kreisförmig vernetzen, zentral über einen Hub (Switch) oder mithilfe eines zentralen Servers. Jede dieser Anordnungen entspräche einer anderen Topologie.

Fehler finden | Die Einrichtung eines Netzwerks verläuft nicht immer problemlos. Um Fehler in Ihrem Netzwerk zu finden, bietet Ihnendas Betriebssystem einige Tools wie das Netzwerkdienstprogramm.

Systemeinstellungen | Fast alle der notwendigen Einstellungen in Bezug auf Netzwerke können Sie im gleichnamigen Bereich der Systemeinstellungen vornehmen. Zusätzlich bietet Ihnen OS X 10.8 die Möglichkeit, eine eventuell vorhandene AirPort-Basisstation mit dem AirPort-Dienstprogramm zu konfigurieren. Am Terminal können Sie den Befehl `networksetup` verwenden, um die Verbindungen zu konfigurieren. Die unter anderen UNIX-Derivaten und Linux gebräuchlichen Befehle wie `ifconfig` sind unter OS X 10.8 zwar meistens vorhanden, beachten aber in einigen Fällen nicht die Eigenarten von OS X 10.8.

▲ **Abbildung 16.1**
Das Netzwerkdienstprogramm ist ein nützliches Werkzeug, um Problemen im Netzwerk auf die Spur zu kommen. Bei den Erklärungen in diesem Kapitel wird es immer wieder herangezogen.

16.1 Theoretische und praktische Grundlagen

Um die Arbeit mit OS X 10.8 in Netzwerken zu verstehen, ist die Kenntnis einiger Grundlagen und Fachbegriffe erforderlich. Nur so können Sie nachvollziehen, was Sie wo einstellen müssen und wie ein Netzwerk funktioniert. Auf den ersten Seiten dieses Kapitels erläutere ich Ihnen daher die wichtigsten Protokolle, Verfahren, Methoden und Begriffe am Beispiel der Konfiguration von OS X 10.8.

Daten in Paketen: das OSI-Modell

Nur ein Modell
Die Beispielprotokolle in der Tabelle entstammen einer gängigen Datenübertragung, wie sie zum Beispiel im Internet sehr häufig anzutreffen ist. Sie sehen dort, dass bei einer Verbindung über FTP mehrere Schichten des Protokolls zusammengefasst werden. Eine Kommunikation, die exakt dem Modell entspricht, ist eher selten anzutreffen.

Um Dateien in einem Netzwerk zu übertragen, müssen sie in kleine Pakete aufgeteilt werden. Diese kleinen Pakete werden an der Netzwerkschnittstelle erstellt und zum Zielrechner geleitet. Dabei werden dem zu verschickenden Paket zusätzlich zu den eigentlichen Daten weitere Informationen hinzugefügt, die zum Beispiel den Zielrechner oder den Netzwerkdienst, für den das Paket gedacht ist, umfassen. Diese »Paketverwaltung« folgt einem standardisierten Schema. Dieses Schema wird *OSI-Modell* (Open Systems Interconnection Reference Model) genannt. Es unterteilt die Kommunikation in sieben Schichten.

Schicht	Protokoll (Beispiel)
7. Anwendungsschicht	File Transfer Protocol (FTP)
6. Darstellungsschicht	
5. Kommunikation	
4. Transportschicht	Transmission Control Protocol (TCP)
3. Vermittlung	Internet Protocol (IP)
2. Sicherung	Ethernet
1. Übertragung	

Tabelle 16.1 ▸ Das Schema des OSI-Schichtenmodells

Ein Beispiel | Wenn Sie Dateien von einem Server im Internet mit einem FTP-Programm herunterladen, gibt der FTP-Server vor, welche Dateien Sie gegebenenfalls überhaupt empfangen dürfen, und gibt diese zum Transport über das Netzwerk frei (Ebenen 7 bis 5). Auf der Ebene 4 wird – basierend auf dem Transmission Control Protocol (TCP) – sichergestellt, dass die Verbindung zwischen den beiden Rechnern funktioniert und die Pakete korrekt übertragen werden können. Mit dem Internet Protocol (IP) wird der Rechner ermittelt, an den die Datenpakete übertragen werden sollen. An der Netzwerkschnittstelle wird mithilfe der Netzwerkkarte auf Ebene 2 dafür gesorgt, dass die Verbindung zwischen den Rechnern hergestellt ist. Anschließend werden auf Ebene 1 die Pakete übertragen.

Auf dem empfangenden Rechner werden an der Netzwerkschnittstelle (Ebene 1) die Daten empfangen und daraufhin überprüft, ob sie korrekt übertragen wurden (Ebene 2). Die Quelle der Datenpakete wird auf Ebene 3 ermittelt, und auf Ebene 4 wird abgeklärt, welcher Natur die übertragenen Daten sind, also ob es sich um Daten handelt, die an das FTP-Programm weitergegeben werden müssen. Auf den Ebenen 5 bis 7 setzt das FTP-Programm die erhaltenen Datenpakete wieder zusammen. Nachdem dieser Vorgang mehrfach abgelaufen ist, hat der empfangende Rechner alle Datenpakete erhalten, diese erfolgreich wieder zusammengesetzt, und die Datei wurde erfolgreich übertragen.

Hinweis
Diese Darstellung des OSI-Schichtenmodells ist sehr stark vereinfacht. Bei der Übertragung von Daten im Netzwerk läuft auf den einzelnen Ebenen eine Vielzahl von Prozessen und Methoden ab, die sich je nach Art des Netzwerks sehr stark unterscheiden können. Für das Verständnis der folgenden Kapitel ist diese vereinfachte Erklärung aber ausreichend.

Netzwerkschnittstellen

Um überhaupt Daten übertragen zu können, müssen Rechner auf irgendeine Weise miteinander verbunden werden. In den Zeiten des klassischen Mac OS geschah dies zum Beispiel auch mal über die Druckerschnittstellen mit einem einfachen Druckerkabel.

[(W)LAN]
Als *Local Area Network* (LAN) wird ein Netzwerk bezeichnet, mit dem Sie Rechner in der Firma oder im Büro miteinander vernetzen. Die Rechner innerhalb dieses Netzwerks sind (primär) nur über das lokale Netzwerk zu erreichen. Erfolgt die Kommunikation der Rechner drahtlos (z. B. via AirPort), wird ein solches Netzwerk auch als *Wireless Local Area Network* (WLAN) bezeichnet. Das Gegenstück zu einem (W)LAN ist ein *Wide Area Network* (WAN), in der Regel das Internet.

◂ **Abbildung 16.2**
Die eingerichteten Netzwerkschnittstellen werden in der linken Spalte aufgeführt.

AirPort und WLAN
Verwendete Apple in früheren Versionen des Betriebssystems noch durchgehend den eigenen Markennamen »AirPort« zur Beschreibung eines drahtlosen Netzwerks, wird unter OS X 10.8 der Begriff »WLAN« verwendet.

Mittlerweile hat sich bei fast allen Betriebssystemen Ethernet als Standard für die Vernetzung im lokalen Netzwerk etabliert. Im Laufe der Zeit sind verschiedene Versionen von Ethernet-Kabeln entstanden, die die Übertragung von Daten in der Regel schneller und akkurater erledigen als ihre Vorgänger.

Schnittstellen konfigurieren | In den Systemeinstellungen finden Sie in der Ansicht Netzwerk in der linken Spalte die eingerichteten Schnittstellen, die in den Systemeinstellungen auch als Dienste bezeichnet werden. Abhängig von der Ausstattung Ihres Rechners sehen Sie dort zum Beispiel Ethernet, WLAN, Bluetooth und FireWire. Über das Plus- und Minuszeichen können Sie Schnittstellen hinzufügen oder entfernen. Das Hinzufügen von Schnittstellen ist notwendig, um zum Beispiel ein Virtual Private Network (siehe Abschnitt 16.7) einzurichten.

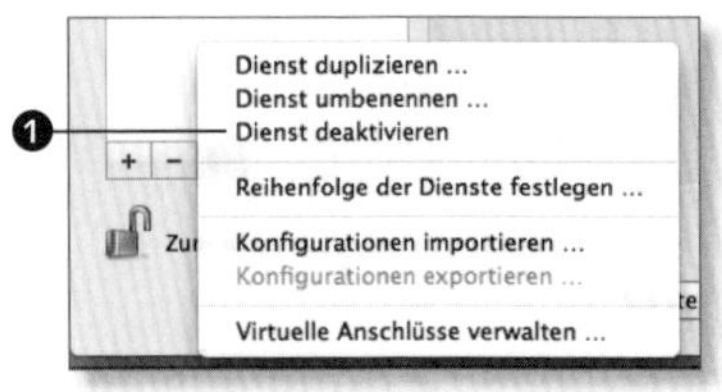

▲ **Abbildung 16.3**
Das Ausklappmenü ermöglicht auch die Deaktivierung einer Schnittstelle ❶.

In den Systemeinstellungen müssen Sie Änderungen, die Sie an der Netzwerkkonfiguration vornehmen, explizit aktivieren. Mit der Schaltfläche Anwenden werden die Änderungen wirksam, anderenfalls bleiben sie vorläufig. Beenden Sie die Systemeinstellungen, ohne dass Sie alle Änderungen aktiviert haben, erhalten Sie vom System eine Rückfrage, ob die Änderungen übernommen werden sollen.

Über das Ausklappmenü unten duplizieren oder deaktivieren Sie einen Dienst oder benennen ihn um. Die Umbenennung ist beispielsweise sinnvoll, wenn Ihr Rechner über zwei Ethernet-Anschlüsse verfügt, von denen der eine die Verbindung mit dem Internet, der andere die Verbindung mit dem lokalen Netzwerk herstellt.

▲ **Abbildung 16.4**
Die Reihenfolge der Dienste entscheidet über das Routing.

Einen Dienst zu duplizieren ist hilfreich, wenn Sie zwei verschiedene Konfigurationen für einen Anschluss einrichten möchten, davon aber dann einen zeitweilig deaktivieren. Sie sparen sich so die manuelle Einrichtung der zweiten Konfiguration. Allerdings ist es in solchen Fällen meist praktischer, mit einer Netzwerkumgebung (siehe Abschnitt 16.3) zu arbeiten.

Automatische Konfiguration
Die Systemeinstellungen erlauben Ihnen im Reiter Hardware auch die manuelle Konfiguration der Netzwerkkarte. Diese ist eigentlich nur dann notwendig, wenn Ihr Netzwerk irgendwelche Besonderheiten aufweist. Ansonsten reichen die Standardeinstellungen vollkommen aus.

Reihenfolge der Dienste | Sie finden in diesem Menü auch die Option Reihenfolge der Dienste festlegen. Diese Reihenfolge ist wichtig für das Routing der Datenpakete. Daten werden zunächst über die obersten Dienste gesendet und, sofern dies nicht möglich ist, über die darunterstehenden Dienste.

MAC-Adresse | Um die einzelnen Netzwerkkarten zu unterscheiden, wird auf die MAC-Adresse (Media Access Control) zurückgegriffen. Jede Ethernet- und auch AirPort-Karte verfügt über eine solche Nummer. Sie lassen sich diese MAC-Adresse anzeigen, indem Sie zunächst über die Schaltfläche WEITERE OPTIONEN die Details für den Dienst einblenden und dann in den Reiter HARDWARE wechseln. Die MAC-Adresse wird von den Herstellern in die Karte eingebaut und ist weltweit einmalig.

◂ Abbildung 16.5
Im Reiter HARDWARE wird die MAC-Adresse aufgeführt.

Im Netzwerkdienstprogramm ermitteln Sie die MAC-Adressen der Schnittstellen in der Ansicht INFORMATIONEN, wo sie als HARDWAREADRESSE bezeichnet werden. Über das Ausklappmenü NETZWERKSCHNITTSTELLE wählen Sie die verfügbaren Schnittstellen (Ethernet, Wi-Fi, FireWire) aus.

»en0«, »fw0«, »en1«
Zusätzlich zum Namen der Schnittstellen wird im Dienstprogramm ein Kürzel angezeigt. EN0 und EN1 bezeichnen hier die Ethernet- und WLAN-Karten, FW0 stünde für den FireWire-Anschluss.

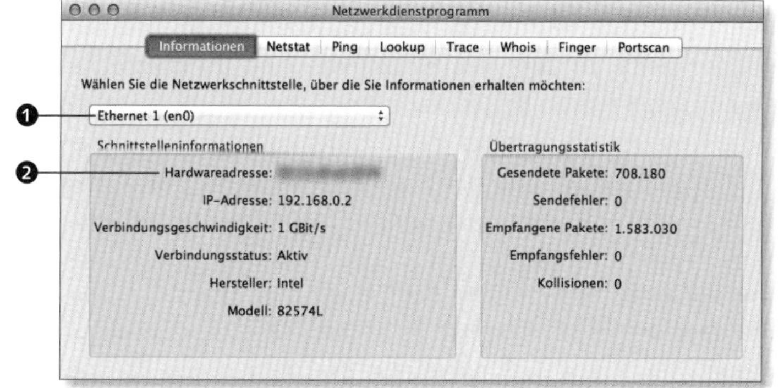

◂ Abbildung 16.6
Das Netzwerkdienstprogramm liefert Informationen über die aktiven Netzwerkschnittstellen ❶ und deren MAC-Adressen ❷.

Internet Protocol (IP)

Mithilfe der MAC-Adressen lässt sich ein Rechner oder vielmehr eine seiner Netzwerkschnittstellen in einem Netzwerk eindeutig identifizieren. Um eine schnelle und problemlose Kommunikation zwischen den Netzwerkschnittstellen zu gewährleisten, sind MAC-Adressen unzureichend. In sehr kleinen lokalen Netzwer-

[ARPANET]
Das erste IP-basierte Netzwerk wurde 1962 am Massachusetts Institute of Technology entwickelt. Die dortige Entwicklungsarbeit bildet die Grundlage des heutigen Internets.

ken könnte (theoretisch) die Vernetzung nur aufgrund der MAC-Adressen erfolgen. Wenn das Netzwerk aber ein wenig an Umfang zugenommen hat, stößt das Verfahren mit MAC-Adressen an eine Grenze und ist nicht mehr effizient. Spätestens bei einem Netzwerk wie dem Internet, mit mehreren Millionen Rechnern, wäre der Versand von Datenpaketen an eine MAC-Adresse kaum noch zu gewährleisten. Immerhin muss ja auch noch festgelegt werden, auf welchem Weg die Daten transportiert werden. Aus diesem Grund wurde das Internet Protocol (IP) entwickelt.

[IPv4]
Derzeit wird noch vorwiegend die Version 4 dieses Protokolls (IPv4) genutzt. Bei dieser Version werden IP-Adressen mit vier Zahlen, die durch Punkte unterteilt werden, angegeben. Die zu verwendenden Zahlen liegen im Bereich 0 bis 255. Eine mögliche IP-Adresse lautet also 192.168.0.5.

IP-Adressen | Das Verfahren besteht darin, dass jeder Netzwerkschnittstelle eine oder, sofern nötig, mehrere Nummern zugeordnet werden. Die Daten werden also nicht mehr an eine MAC-Adresse geschickt, sondern an eine IP-Nummer oder IP-Adresse. Die IP-Adressen ermöglichen es, Datenpakete effizienter und schneller auch durch große Netzwerke zu versenden. Schon allein im Aufbau einer IP-Adresse ist eine Fülle von Informationen enthalten, die die für die Kommunikation wesentlichen Elemente umfassen. So entscheidet die IP-Adresse zum Beispiel darüber, ob Datenpakete im lokalen Netzwerk verbleiben oder ins Internet weiterverschickt werden sollen.

Vergabe von öffentlichen IP-Adressen
Eine öffentlich über das Internet erreichbare IP-Adresse muss einmalig sein. Sie können, wenn Sie einen Rechner mit dem Internet verbinden, die IP-Adresse nicht beliebig wählen. Für die weltweite Vergabe von IP-Adressen ist die Internet Assigned Numbers Authority (IANA) zuständig. Im europäischen Raum wird sie durch das Forum Réseaux IP Européens (RIPE) vertreten. Wenn Sie einen Rechner dauerhaft mit dem Internet verbinden möchten, können Sie über einen Dienstleister beim RIPE eine IP-Adresse anmieten.

Aufbau einer IP-Adresse | Der Aufbau der IP-Adresse ist von entscheidender Bedeutung für den Transport von Daten im Netzwerk.

Um Daten effizient zu verschicken und zu unterscheiden, ob Datenpakete in ein anderes Netzwerk weiterverschickt werden müssen oder nicht, wurden Netzwerkklassen und die anschließend beschriebenen Subnetze eingeführt. Eine IP-Adresse hat demnach zunächst zwei Bestandteile: Im ersten Teil informiert sie über das Netzwerk, in dem sich der Rechner befindet. Im zweiten Teil identifiziert sie den Rechner in diesem Netzwerk. Daher wird auch von einem Netzwerk- und einem Rechnerteil gesprochen.

Netzwerkklassen | Die Werte der Zahlen bestimmen, um was für ein Netzwerk es sich handelt. Es ist festgelegt, dass bei einem Wert zwischen 1 und 127 die letzten drei Zahlen den Rechner identifizieren. So gehört beispielsweise das Netzwerk, dessen öffentliche IP-Adressen mit 17 beginnen, der Firma Apple. Bei der IP-Adresse 17.149.160.49 identifiziert also die 17 das Netzwerk von Apple, und die Werte 149.160.49 stehen für den Rechner innerhalb dieses Netzwerks.

Handelt es sich bei der ersten Zahl um einen Wert zwischen 128 und 191, definieren die ersten zwei Zahlen das Netzwerk und die letzten zwei den Rechner. Bei der IP-Adresse 129.152.19.19

handelt es sich also um den Rechner 19.19 im Netzwerk 129.152. Wenn sich die erste Zahl im Bereich 192 bis 223 befindet, definieren die ersten drei Zahlen das Netzwerk und die letzte den Rechner. Die IP-Adresse 192.168.0.2 befindet sich also im Netzwerk 192.168.0, und der Rechner wird über die 2 definiert.

Der Befehl »host«
Am Terminal finden Sie durch die Eingabe `host Domain` heraus, welcher IP-Adresse eine Domain im Internet zugeordnet ist. Die Eingabe von `host apple.com` liefert Ihnen die IP-Adresse aus dem Netzwerk von Apple sowie die für den Mail-Verkehr eingerichteten Server.

```
kai — bash — 80×15 — ⌘2
MacPro:~ kai$ host apple.com
apple.com has address 17.149.160.49
apple.com has address 17.172.224.47
apple.com mail is handled by 100 mail-in3.apple.com.
apple.com mail is handled by 10 mail-in11.apple.com.
apple.com mail is handled by 10 mail-in12.apple.com.
apple.com mail is handled by 10 mail-in13.apple.com.
apple.com mail is handled by 10 mail-in14.apple.com.
apple.com mail is handled by 10 mail-in15.apple.com.
apple.com mail is handled by 20 mail-in21.apple.com.
apple.com mail is handled by 20 mail-in22.apple.com.
apple.com mail is handled by 20 mail-in23.apple.com.
apple.com mail is handled by 20 mail-in24.apple.com.
apple.com mail is handled by 20 mail-in25.apple.com.
MacPro:~ kai$
```

◂ **Abbildung 16.7**
Der Firma Apple gehört das Netzwerk der Klasse A mit der Nummer 17.

Klasse A, B, C | Diese drei Unterteilungen von Netzwerken werden auch als *Klassen* bezeichnet und mit Großbuchstaben identifiziert. Ein Netzwerk der Klasse A, beginnend mit einer Netzwerkadresse von 0 bis 127, kann um die 16 Millionen Rechner umfassen. Die Zahl von 16 Millionen ergibt sich daraus, dass die letzten drei Zahlen zur Identifikation der Rechner verwendet werden und im Bereich von 0 bis 255 angesiedelt sind. Die Rechnung lautet also: 255 * 255 * 255 Möglichkeiten für die Identifikation eines Rechners. Es gibt weltweit in der Tat nur 128 Netzwerke der Klasse A.

Zahl	Klasse	Erläuterung
0–127	A	Die erste Zahl identifiziert das Netzwerk.
128–191	B	Die letzten zwei Zahlen identifizieren den Rechner.
192–223	C	Die letzte Zahl identifiziert den Rechner.
224–239	D	reserviert für Multicast
240–255	E	reserviert für Erweiterungen

◂ **Tabelle 16.2**
Übersicht über IP-Adressen und Netzwerkklassen

Netzwerke der Klasse B sind bedeutend kleiner, da hier nur zwei Zahlen zur Identifikation der Rechner zur Verfügung stehen. Für kleine Netzwerke können die der Klasse C verwendet werden, innerhalb deren maximal 255 Rechner eingebunden werden. Die Klassen D und E sind für besondere Zwecke reserviert und dürfen zur Konfiguration eines Netzwerks nicht verwendet werden.

Aufgaben der Klassen
Die Aufgabe der Unterteilung in Klassen bestand in den Anfangstagen des Internets darin, die Netzwerke leichter zu verwalten und den Datentransfer (auch über die Ozeane hinweg) einfacher zu administrieren. Im Zuge der weiteren Entwicklung erwies sich dieses Verfahren natürlich als hinderlich für die Erweiterung des Internets. So kann auch eine Computerfirma wie Apple nicht 16 Millionen Rechner im Internet zur Verfügung stellen. Aus diesem Grund wurde, um die zur Verfügung stehenden IP-Adressen effektiver zu vergeben, im Jahre 1993 unter anderem das *Classless Inter-Domain Routing* (CIDR) eingeführt.

Private IP-Adressen | Wenn Ihr lokales Netzwerk nicht mit dem Internet verbunden ist, können Sie die IP-Adressen für die Netzwerkschnittstellen frei innerhalb einer Netzwerkklasse vergeben. Besteht allerdings irgendwo z. B. via DSL eine Verbindung ins Internet, dann müssen Sie, um Konflikte mit bereits vergebenen IP-Adressen zu vermeiden, private IP-Adressen für Ihre lokalen Rechner vergeben.

Private IP-Adressen sind dadurch gekennzeichnet, dass an sie gesendete Daten nicht in andere Netzwerke weitergeleitet werden. Diese Konvention kann dadurch aufrechterhalten werden, dass alle Router Datenpakete, die an eine private IP-Adresse geschickt werden, nicht in ein anderes Netzwerk weiterleiten.

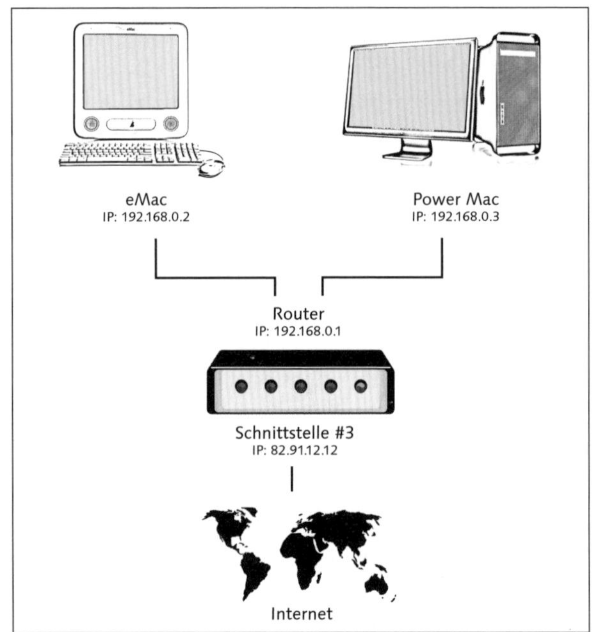

Abbildung 16.8 ▸
Ein Router leitet Daten von einem Netzwerk in ein anderes weiter.

[Address Resolution Protocol]
Um die IP-Adressen auf Netzwerkschnittstellen abzubilden, wird das *Address Resolution Protocol* (ARP) verwendet. Mit seiner Hilfe ist es möglich, dass ein Rechner, der eine Verbindung mit einer IP-Adresse aufnehmen möchte, erfährt, welcher Rechner über die gesuchte IP-Adresse verfügt und welche MAC-Adresse dafür verwendet wird.

Routing | Als *Routing* wird das Verfahren bezeichnet, mit dem Daten von einem Netzwerk in ein anderes weitergeleitet werden. In Abbildung 16.8 wurde ein sehr kleines lokales Netzwerk skizziert. Sowohl der (noch funktionsfähige) eMac als auch der Power Mac sind mit einer der Netzwerkschnittstellen des Routers verbunden. Beiden Computern wurde eine lokale IP-Adresse (192.168.0.x) zugewiesen.

Der Router verfügt über mehrere Netzwerkschnittstellen. Die Schnittstellen, an denen die Computer angeschlossen sind, werden über die IP-Adresse 192.168.0.1 angesprochen. Eine weitere Schnittstelle ist mit dem Internet verbunden, und ihr wurde von einem Provider die IP-Adresse 82.91.12.12 zugewiesen.

Wenn der eMac Daten an die IP-Adresse 192.168.0.3 sendet, werden sie zuerst an den Router weitergegeben. Dieser erkennt, dass es sich um eine lokale IP-Adresse handelt, und gibt die Datenpakete nicht ins Internet weiter, sondern sendet sie an den Power Mac.

Hub und Switch

Möchten Sie Rechner nur lokal in einem Netzwerk verbinden, benötigen Sie keinen Router. Sie brauchen in diesem Fall lediglich einen Hub bzw. Switch. Diese Geräte mit mehreren Netzwerkschnittstellen fungieren als Verteiler, die ohne eigene IP-Adresse einfach nur mehrere Ethernet-Kabel verbinden.

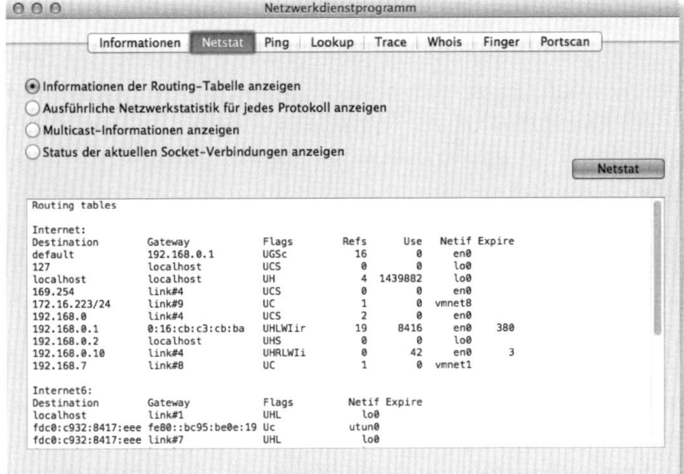

◂ **Abbildung 16.9**
Die Routing-Tabelle zeigen Sie mit dem Netzwerkdienstprogramm an.

Möchte der Power Mac eine Verbindung mit dem Rechner mit der IP-Adresse 17.149.160.49, dem Webserver von Apple, aufnehmen, leitet der Router die Datenpakete ins Internet weiter. Erhält er eine Antwort, besteht die Aufgabe des Routers nun darin, die Datenpakete an den Power Mac und nicht an den eMac zu senden, denn die Webseite soll ja auf dem Power Mac angezeigt werden.

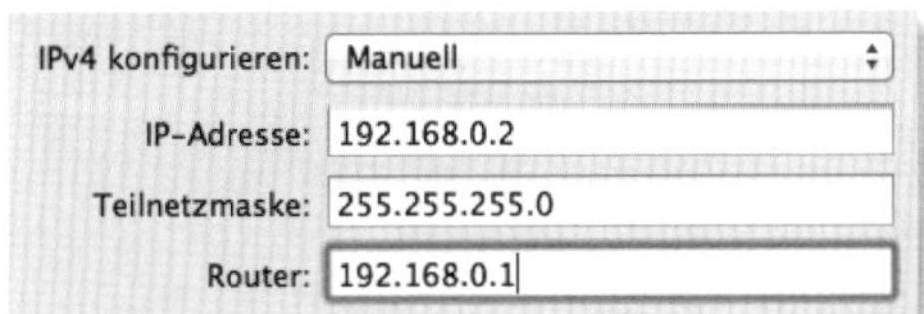

◂ **Abbildung 16.10**
Die IP-Adresse eines Routers können Sie in den Systemeinstellungen auch von Hand eingeben.

Routing-Tabelle | Jeder Rechner im Netzwerk führt in einer Tabelle Buch darüber, wie Datenpakete weitergeleitet werden sollen. Diese *Routing-Tabellen* definieren, welche vorhandenen Netzwerkschnittstellen genutzt werden sollen, um Daten in bestimmte Netzwerke zu verschicken.

Die Routing-Tabelle können Sie im Netzwerkdienstprogramm im Reiter NETSTAT einsehen. Wählen Sie dort die Option INFORMATIONEN DER ROUTING-TABELLE ANZEIGEN, und klicken Sie auf NETSTAT. Die Spalte `Netif` informiert Sie über die zu verwendende Netzwerkschnittstelle. In Abbildung 16.10 wird lediglich die Ethernet-Schnittstelle (en0) verwendet. Der Eintrag lo0 entspricht der Loopback-Adresse (siehe unten). Die erste Zeile mit dem Ziel default definiert die Standardroute, die Datenpakete nehmen sollen.

Diagnose mit »netstat«
Bei dem Programm netstat, das Sie am Terminal auch mit der Eingabe netstat ausführen können, handelt es sich um eine Art Schweizer Messer für die Diagnose von Netzwerkinformationen. Es bietet Ihnen neben der Anzeige der Routing-Tabellen eine Übersicht über die bestehenden Verbindungen ins Netzwerk. Die Anzeige der Routing-Tabelle im Netzwerkdienstprogramm entspricht der Eingabe von netstat -r im Terminal.

Der Rechner oder der Router mit der IP-Nummer 192.168.0.1 dient bei dieser Konfiguration zur Weiterleitung (Gateway) der Datenpakete. An ihn werden alle Daten geschickt, die mit den folgenden Zeilen nicht besser versandt werden können. Die Zeile 192.168.0 erklärt für das lokale Netzwerk als Destination eine andere Route. Die Angabe von link#4 besagt, dass eine direkte Verbindung mit allen Rechnern in diesem Teilnetzwerk hergestellt werden soll.

Zusätzlich ist zum Beispiel von dem Rechner mit der IP-Adresse 192.168.0.10 die MAC-Adresse bereits bekannt. Datenpakete, die an diesen Computer geschickt werden sollen, müssen nun keine weiteren Routing-Informationen enthalten, sondern können direkt versandt werden. Die Angabe Expires besagt hier, wie lange diese MAC-Adresse Ihrem Rechner als bekannt gilt. Diese Zwischenspeicherung erfolgt für ungefähr zehn Minuten. Da IP-Adressen recht schnell wechseln können, ist die Zeitbegrenzung notwendig, um die Verbindungswege aktuell zu halten.

Netzwerk 169.254
Der Eintrag mit dem Netzwerk 169.254 dient zur Konfiguration der APIPA-Adressen.

Standardroute | Um die Standardroute Ihres Systems zu definieren, müssen Sie über das Ausklappmenü unterhalb der Liste der verfügbaren Schnittstellen die Reihenfolge der Dienste festlegen (siehe oben). Hierbei sollte die Schnittstelle, mit der Sie eine Verbindung ins Internet herstellen, an erster Stelle stehen. Router sind so programmiert, dass sie Anfragen an lokale IP-Adressen nicht weiterleiten.

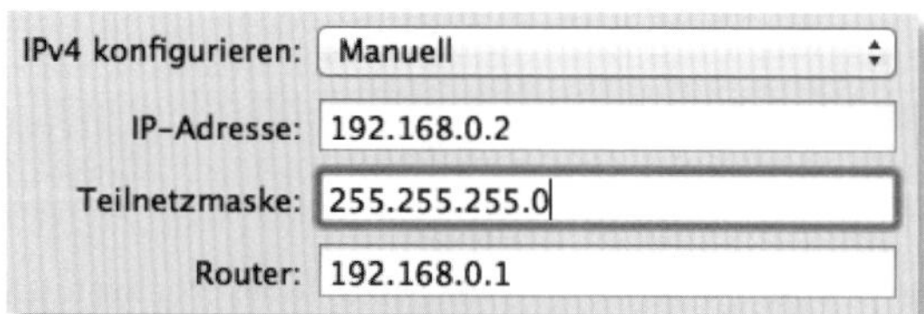

Abbildung 16.11 ▸
Eine Teilnetzmaske können Sie ebenfalls von Hand eingeben.

Subnetze | Verfügen Sie über ein größeres Netzwerk, zum Beispiel an einer Universität, dann müssen Sie eventuell Ihr Netzwerk, etwa der Klasse B, weiter unterteilen. Vielleicht ist das Institut oder die Filiale an zwei Standorten angesiedelt, und die Hälfte der Rechner ist in einem anderen Stockwerk oder Gebäude untergebracht. Mithilfe von Teilnetzmasken unterteilen Sie ein internes Netzwerk in Sub- oder Teilnetze.

Die Teilnetze sind extern nicht einsehbar. Ihr unterteiltes B-Netzwerk erscheint von außen wie ein einziges. Die Teilnetzmaske können Sie in den Systemeinstellungen unterhalb der IP-Adresse vorgeben.

Teilnetzmaske | Für die Einrichtung eines lokalen Netzwerks, das nicht unterteilt wird, können Sie eine der Teilnetzmasken aus Tabelle 16.3 nutzen. Sie sorgen in Ihrem lokalen Netzwerk der Klasse A, B oder C dafür, dass Daten für die lokalen Rechner im Netzwerk verbleiben und die für andere Netzwerke über einen Router nach außen geleitet werden.

Klasse	Maske
A	255.0.0.0
B	255.255.0.0
C	255.255.255.0

◂ **Tabelle 16.3**
Teilnetzmasken ohne Unterteilung eines Netzwerks

Um ein Netzwerk zu unterteilen, sind folgende Zahlen in der Teilnetzmaske zulässig: 128, 192, 224, 240, 248, 252 und 254. Andere Zahlen dürfen Sie in der Maske nicht angeben.

Zahl	definierte Teilnetze
128	2
192	4
224	8
240	16
248	32
252	64
254	128

◂ **Tabelle 16.4**
Zulässige Zahlen in der Teilnetzmaske und ihre Bedeutung

Um jetzt zum Beispiel ein angemietetes Netzwerk der Klasse C in zwei Teilnetze, etwa in zwei Gebäuden, zu unterteilen, vergeben Sie die Teilnetzmaske 255.255.255.128. Damit wird einem Rechner, der zum Beispiel über die IP-Adresse 199.100.12.14 verfügt, mitgeteilt, dass die Adressen 199.100.12.1 bis 199.100.12.128 in seinem Teilnetz direkt erreichbar sind, Datenpakete an Rechner mit IP-Adressen von 199.100.12.129 und aufwärts aber bereits an den Router geschickt werden müssen.

Der Router verfügt in diesem Fall über drei Netzwerkschnittstellen, die jeweils die Verbindung in ein Teilnetz und zusätzlich

Bits und Bytes
Die Werte der Zahlen in der Teilnetzmaske liegen darin begründet, dass die Masken sich das einem Computer zugrunde liegende Binärsystem zunutze machen. Anhand einer Zahlenfolge von 1000000, was dem zweiten Byte der Zahl 128 im dezimalen System entspräche, wird ermittelt, dass das Netzwerk in zwei Teilnetze zu unterteilen ist. Die genaue Berechnung ist etwas kompliziert und kann an dieser Stelle nicht erfolgen. Sie finden eine detaillierte Erläuterung dieses Verfahrens in jedem guten Buch über TCP/IP-Netzwerke.

ins Internet herstellen. Mit der Teilnetzmaske 255.255.255.192 würden Sie Ihr Netzwerk der Klasse C in drei Teilnetze unterteilen. Ein Netzwerk der Klasse B würden Sie mit der Teilnetzmaske 255.255.128.0 in zwei Teilnetze gliedern.

Broadcast-Adresse | Wenn Sie einem Rechner in Ihrem Netzwerk die IP-Adresse 192.168.0.255 zuteilen möchten, wird Ihr Netzwerk nicht funktionieren. Der Grund dafür ist ganz einfach darin, dass Adressen, deren Host-Teil nur aus der Zahl 255 besteht, keine Rechner festlegen. Sie dienen als sogenannte *Broadcast-Adressen*. Werden Daten an diese Adresse geschickt, sind alle Rechner, die im gleichen Netzwerk vorhanden sind, gezwungen, die Daten entgegenzunehmen. Je nach Inhalt hat der Rechner dann zu entscheiden, ob er auf diese Anfrage zu antworten hat oder sie ignorieren muss.

localhost oder 127.0.0.1
Eine spezielle IP-Adresse ist 127.0.0.1. Sie ist immer dem eigenen Rechner zugewiesen. Andere Bezeichnungen sind *localhost* oder *Loopback-Device*, da es sich auch um eine (virtuelle) Netzwerkschnittstelle handelt. Sie können mit dieser IP-Adresse Ihren eigenen Rechner über das Netzwerk ansprechen, ohne Daten in dieses zu versenden. Was paradox klingt, erfüllt zum Beispiel bei der lokalen Arbeit mit dem Apache-Webserver seinen Zweck. Geben Sie im Browser die Adresse *http://127.0.0.1* ein, landen Sie immer auf Ihrem lokalen Webserver, ganz gleich, welche IP-Adresse Ihren anderen Netzwerkschnittstellen sonst zugewiesen wurde.

Der Sinn dieser Broadcast-Adressen besteht darin, Netzwerke automatisch konfigurieren zu können. Wenn ein Rechner mit dem Netzwerk 192.168.0.x verbunden und nicht von Hand für dieses konfiguriert wird, schickt er eine kurze Anfrage an die Adresse 192.168.0.255. Diese wird an alle erreichbaren Rechner in diesem Netzwerk geschickt.

Befindet sich in diesem Netzwerk ein DHCP-Server, dann empfängt dieser diesen Rundruf und schickt dem anfragenden Rechner eine passende Konfiguration zu. Alle normalen Rechner, die nicht als DHCP-Server fungieren, betrachten diese Anfrage als irrelevant und beachten sie nicht.

Netzwerkverbindung testen | Haben Sie Ihr Netzwerk in irgendeiner Form konfiguriert, können Sie die Netzwerkverbindungen mithilfe des Netzwerkdienstprogramms testen. Ihnen steht hierfür die Funktion PING (Packet Internetwork Groper) zur Verfügung. Wenn Sie ein Ping senden – manchmal wird auch von »Rechner anpingen« gesprochen –, verschickt Ihr Rechner kleine Datenpakete an den Zielrechner. Diese sind mit der Bitte versehen, sie zurückzuschicken.

Ping basiert auf ICMP
Die Funktion Ping – die Sie am Terminal auch mit dem Befehl `ping`, gefolgt von der Zieladresse, aufrufen – wird über das Internet Control Message Protocol (ICMP) realisiert. Über dieses Protokoll, das auf dem Internet Protocol aufsetzt, können nicht nur Echo-Pakete wie bei Ping verschickt, sondern eine Reihe weiterer nützlicher Funktionen für die Diagnose von Netzwerkproblemen und -konfigurationen genutzt werden. Dazu gehört auch die Funktion Traceroute (siehe Abschnitt 16.8).

Wenn die Verbindung physikalisch funktionsfähig ist, also kein Kabelbruch vorliegt, und auch die Routing-Tabellen korrekt sind, wird Ihnen der Zielrechner antworten. Funktioniert auch die Namensauflösung in Ihrem Netzwerk, zum Beispiel mithilfe von Bonjour, dann können Sie anstelle einer IP-Adresse auch einen Hostnamen wie *MacPro.local* eingeben.

Den Datenpaketen, die von Ping verschickt werden, wird eine Überlebensdauer (*Time to live*, TTL) mitgegeben. Wird sie überschritten, gilt das Paket als nicht angekommen.

Die Ergebnisse von Ping können Sie in zweierlei Hinsicht auswerten: Erhalten Sie alle Pakete zurück, ist die fundamentale Netzwerkkonfiguration korrekt, und dass Sie zum Beispiel keine FTP-Verbindung herstellen können, hat einen anderen Grund. Gehen einige Pakete verloren, ist die Verbindung zwar an sich funktionsfähig, aber dennoch durch in der Regel äußere Verhältnisse (korrodierte Kabel, kurzzeitiger Router-Ausfall) gestört.

Keine Antwort? | Erhalten Sie keine Antwort, ist die Verbindung entweder nicht herzustellen, oder der Zielrechner wurde so konfiguriert, dass er auf ein Ping nicht antworten soll. Sind Sie sich sicher, dass Sie eine Antwort erhalten müssten, funktioniert die Verbindung nicht.

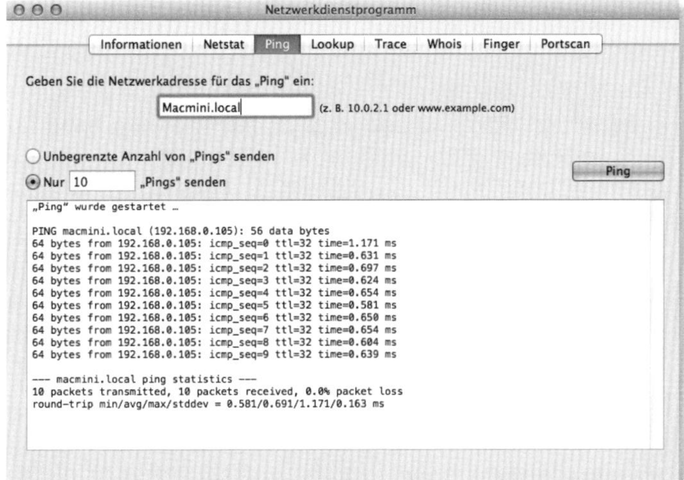

◂ **Abbildung 16.12**
Über das Netzwerkdienstprogramm können Sie ein Ping verschicken.

Eine via Ping als funktionierend identifizierte Verbindung besagt darüber hinaus nicht, dass sich dort auch funktionsfähige Serverdienste befinden. Es gibt auch einige Netzwerkkarten, die von sich aus auf ein Ping antworten, sofern die Stromzufuhr sichergestellt ist.

Tarn-Modus
Aktivieren Sie den Tarn-Modus der Firewall, antwortet Ihr Rechner auf ein Ping nicht mehr. Dies mag bei einer Verbindung ins Internet die vermeintliche Sicherheit erhöhen, erschwert aber die Fehlersuche im lokalen Netzwerk ganz erheblich.

IP-Adressen konfigurieren

Die theoretischen Grundlagen zum Internet Protocol und zu den IP-Adressen sollten für eine erfolgreiche Konfiguration Ihres Netzwerks ausreichend sein. Wie Sie Ihr Netzwerk konfigurieren (müssen), hängt natürlich von seiner Natur ab. Arbeiten Sie in einem Betrieb oder einer Einrichtung, von der Ihnen eine IP-Adresse zugewiesen wurde, können Sie diese gemäß den Vorgaben Ihres Administrators in den Systemeinstellungen eingeben.

Weitere Optionen
In den Systemeinstellungen erhalten Sie in der normalen Ansicht Zugriff auf die wesentlichen, aber nicht auf alle Funktionen und Optionen. Über die Schaltfläche WEITERE OPTIONEN blenden Sie die Details ein.

Automatische Konfiguration mit DHCP | Die eigenhändige Konfiguration von Netzwerken kann, sobald das Netzwerk eine gewisse Größe erreicht hat, sehr zeitaufwendig werden. Aus diesem Grund wurde das *Dynamic Host Configuration Protocol* (DHCP) entwickelt.

[BootP]
DHCP basiert in weiten Teilen auf dem Bootstrap Protocol (BootP). Dieses wird eingesetzt, wenn ein Rechner über ein Netzwerk nicht nur seine Konfiguration, sondern gleich ein komplettes Betriebssystem beziehen soll. Mit BootP können Rechner, die nicht über eine Festplatte verfügen, über das Netzwerk ihr Betriebssystem von einem zentralen Server laden. Die Nähe der beiden Protokolle können Sie auch daran erkennen, dass bei einer Aktivierung der Funktion INTERNET-SHARING auch der Dämon `bootpd` in Aktion tritt.

Um DHCP verwenden zu können, muss sich in Ihrem Netzwerk wenigstens ein DHCP-Server befinden. Sowohl die Server-Variante von OS X 10.8 als auch fast alle Router verfügen über einen in der Regel konfigurierbaren Router. Auch wenn Sie die Funktion INTERNETFREIGABE von OS X 10.8 nutzen, fungiert Ihr Rechner als ein DHCP-Server. Allerdings ist dieser nicht konfigurierbar.

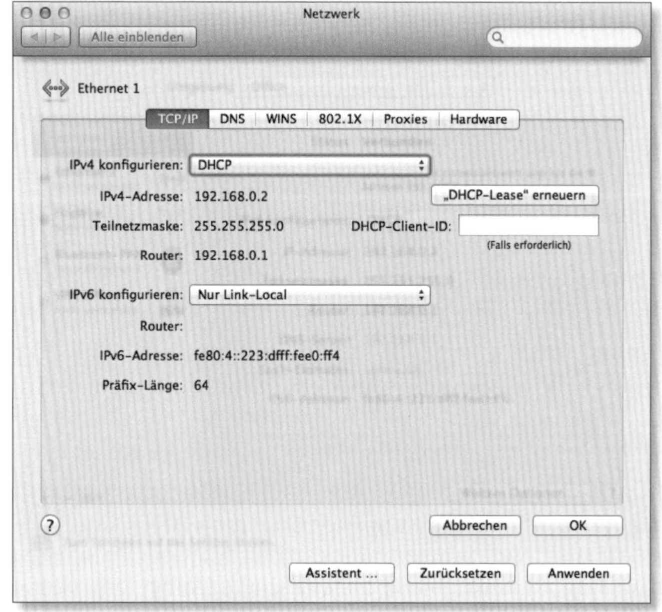

Abbildung 16.13 ▸
Anstelle einer manuellen Eingabe können Sie eine IP-Adresse auch über einen DHCP-Server konfigurieren.

Funktionsweise von DHCP | DHCP hat die Aufgabe, jedem Rechner in einem Netzwerk eine IP-Adresse zuzuweisen. Diese IP-Adresse stammt aus einem Netzwerk, das Sie vorher in dem DHCP-Server eingestellt haben.

[DHCP-Lease]
Es ist mit einem DHCP-Server möglich, IP-Adressen nur für einen begrenzten Zeitraum zuzuweisen. Ist dieses DHCP-Lease abgelaufen, muss es erneuert werden. Anstatt Ihren Rechner neu zu starten, können Sie in diesem Fall einfach mit der Schaltfläche »DHCP-LEASE« ERNEUERN eine neue Konfiguration inklusive IP-Adresse anfordern.

Ein Rechner, der seine Netzwerkkonfiguration über DHCP beziehen soll, sendet im Zuge des Startvorgangs einen Broadcast, also einen Rundruf, in das Netzwerk. Geht dieser bei einem DHCP-Server ein, antwortet er und sendet dem anfragenden Rechner eine Netzwerkkonfiguration zu. Diese Konfiguration enthält nicht nur eine freie IP-Adresse, sondern auch die IP-Adresse des Routers und eine Teilnetzmaske. Aus diesem Grund ist auch in den Feldern TEILNETZMASKE und ROUTER keine Möglichkeit zur Eingabe vorhanden.

Manuelle IP-Adresse | Bei einigen DHCP-Konfigurationen ist es notwendig, die IP-Adresse von Hand einzugeben. Über die Option DHCP MIT MANUELLER ADRESSE steht Ihnen die Eingabe einer IP-Adresse frei. Die weiteren Netzwerkkonfigurationen (Router, Teilnetzmaske etc.) werden dann von einem korrekt konfigurierten DHCP-Server bezogen.

[DHCP-Client-ID]
In gängigen Konfigurationen wird Ihr Rechner von einem DHCP-Server über die MAC-Adresse Ihrer Netzwerkschnittstelle identifiziert. Hin und wieder kann es sein, dass Sie die Konfiguration über einen DHCP-Server vornehmen, der von Ihnen keine MAC-Adresse, sondern eine einmalige, von Ihrem Provider zugewiesene ID verlangt. Diese tragen Sie in dem gleichnamigen Feld ein. In einer gängigen Konfiguration lassen Sie dieses Feld einfach leer, und die Identifizierung Ihres Rechners am DHCP-Server erfolgt über die MAC-Adresse.

APIPA | Wenn Sie in Ihrem Netzwerk über keinen DHCP-Server verfügen, können Sie dennoch mehrere Rechner miteinander vernetzen, ohne dass Sie die IP-Nummer vorgeben müssen. In diesem Fall wählt Ihr Rechner beim Start eine IP-Adresse aus dem Klasse-B-Netz 169.254 aus. Er sendet hierzu ebenfalls wie bei DHCP eine Broadcast-Anfrage in dieses Netzwerk.

Befinden sich dort schon Rechner, die beispielsweise bereits die IP-Adressen 169.254.0.1 und 169.254.0.2 belegt haben, melden sie sich zurück. Der dritte, anfragende Rechner weiß nun, dass diese beiden IP-Adressen bereits belegt sind, und wählt für sich selbst die IP-Adresse 169.254.0.3. Seine Wahl teilt er den anderen beiden Rechnern mit. Diese sind nun über die Existenz eines dritten informiert und damit in der Lage, eine Verbindung zu ihm herzustellen.

APIPA und DHCP | In den Systemeinstellungen von OS X 10.8 steht Ihnen die Konfiguration über APIPA nicht direkt zur Verfügung. APIPA wird von OS X 10.8 automatisch dann verwendet, wenn Sie als IPv4-Konfiguration DHCP angegeben haben, aber kein DHCP-Server gefunden werden konnte. Das System schaltet dann automatisch auf die Konfiguration mittels APIPA um. Insofern fasst die Konfigurationsmethode DHCP in den Systemeinstellungen sowohl DHCP als auch APIPA zusammen.

Wenn Ihr Netzwerk etwas größer geworden ist und Sie es sich über APIPA selbst konfigurieren lassen, sollten Sie ab einer gewissen Größe (ca. 50 Geräte im Netz) in Erwägung ziehen, einen DHCP-Server zu aktivieren. Die Verwendung von APIPA kostet dann durchaus etwas Zeit.

APIPA und Bonjour
Diese Form der Selbstzuweisung von IP-Adressen ist ein Bestandteil der Bonjour-Technologie von Apple. Die konfliktfreie Selbstkonfiguration von Rechnern im Netzwerk stellt die Grundlage für die weiteren Funktionen von Bonjour (siehe Abschnitt 16.2) dar.

Die nächste Generation: IPv6

Die mit der Version 4 des Internet Protocols (IPv4) zur Verfügung stehenden IP-Adressen sind mittlerweile fast alle vergeben und in Gebrauch. Die Unterteilung in Netzwerkklassen erwies sich, insbesondere in Bezug auf die der Klasse A, als recht verschwenderisch. Auch ist der Adressraum, der aufgrund des dezimalen Systems für IP-Adressen verwendet werden kann, in einer Zeit, in

[IPv5]
Das Protokoll IPv5, das ja eigentlich auf IPv4 hätte folgen müssen, wurde zwar entwickelt, kam aber nie über einen experimentellen Status hinaus. Seine Entwicklung wurde zwischenzeitlich zugunsten von IPv6 aufgegeben.

der bald neben Handys auch Kühlschränke und Kaffeemaschinen über einen Internetanschluss verfügen werden, einfach zu stark begrenzt. Zwar konnten mit einigen Hilfsmitteln die zur Verfügung stehenden IPv4-Adressen etwas effizienter aufgeteilt werden. Die letzte noch verfügbare Adresse wurde jedoch im Februar 2011 vergeben.

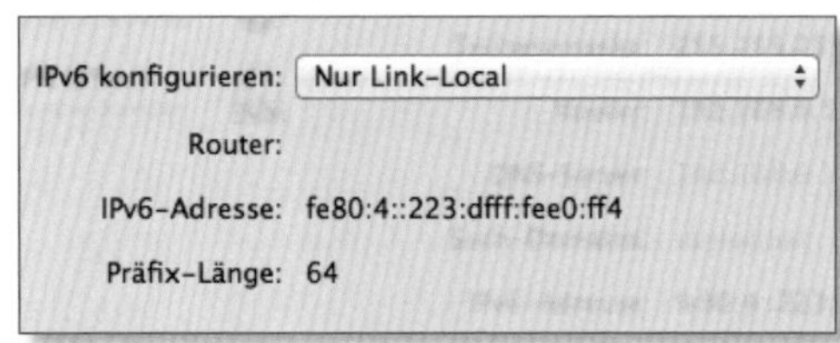

Abbildung 16.14 ▸
OS X 10.8 unterstützt bereits IPv6.

Hexadezimale Schreibweise | Aus diesem Grund wurde Mitte der 90er-Jahre das Protokoll IPv6 entwickelt. Neben vielen Verbesserungen in Bezug auf die Konfiguration von Netzwerken und das Routing von Datenpaketen besteht der wesentliche Unterschied darin, dass IP-Adressen nicht mehr dezimal (196), sondern hexadezimal (fe80) notiert werden. Die Zahlen werden durch Doppelpunkte unterteilt.

Mit IPv6 können insgesamt 2.128 Geräte im Internet angesprochen werden. Der so zur Verfügung stehende Adressraum dürfte damit wohl erst nach der erfolgreichen Besiedlung von Alpha Centauri ausgeschöpft sein. Darüber hinaus wurde das Protokoll IPSec für virtuelle private Netzwerke (siehe Abschnitt 16.7) in IPv6 integriert.

In den Netzwerkeinstellungen zeigt Ihnen OS X 10.8 die gültige IPv4-Adresse zu Ihrer Information auch als IPv6-Adresse an. Die Unterstützung von OS X 10.8 für IPv6 ist weitgehend vollständig, sodass das System für die Zukunft des Internets gerüstet ist. Erste Ansätze für die Etablierung von IPv6 in der Breite gibt es bereits.

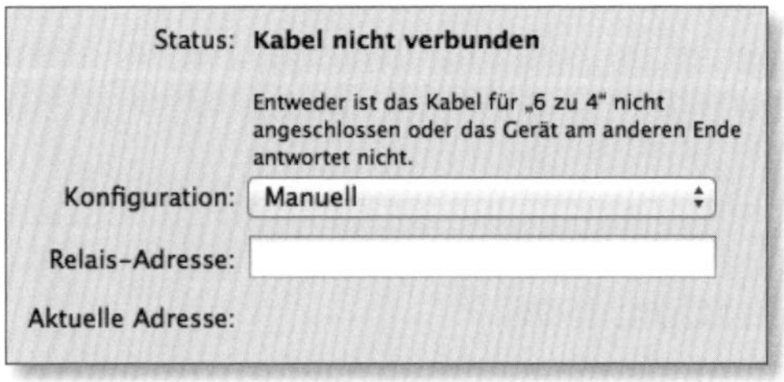

Status: **Kabel nicht verbunden**
Entweder ist das Kabel für „6 zu 4“ nicht angeschlossen oder das Gerät am anderen Ende antwortet nicht.
Konfiguration: Manuell
Relais-Adresse:
Aktuelle Adresse:

Abbildung 16.15 ▸
Mit der Netzwerkschnittstelle 6 zu 4 kann eine Verbindung ins IPv6-Internet auch über IPv4 erfolgen.

Die Schnittstelle 6 zu 4 | Wenn Sie in den Systemeinstellungen eine Netzwerkschnittstelle hinzufügen, steht Ihnen dort auch die Schnittstelle 6 zu 4 zur Verfügung. Hierbei handelt es sich streng genommen nicht um eine physikalische Schnittstelle, sondern um eine Methode, von dem derzeit gebräuchlichen IPv4-Netzwerk

Datenpakete in das IPv6-Internet zu verschicken und von dort wieder zu empfangen. Dieses *Tunneling* genannte Verfahren, bei dem die IPv6-Datenpakete in IPv4-Pakete eingepackt werden, ermöglicht es, schon heute vorhandene Netzwerke an den IPv6-Adressraum anzubinden. Letztlich hat diese Form der Schnittstellenkonfiguration vorerst experimentellen Charakter.

Daten transportieren: TCP

Dient das Internet Protocol dazu, Netzwerkschnittstellen von Computern, Druckern und anderen Geräten in einem Netzwerk zu lokalisieren, ermöglicht das Transmission Control Protocol (TCP) die Übertragung von Daten an bestimmte Netzwerkdienste wie einen Webserver. TCP hat sich mittlerweile in den meisten Übertragungswegen im Netzwerk als gängiges Protokoll entwickelt, sodass das Akronym *TCP/IP* recht gebräuchlich ist.

[UDP]
Neben TCP wird auf IP basierend in einigen Bereichen auch das User Datagram Protocol (UDP) verwendet. Hierbei erfolgt keine Bestätigung der Datenübertragung, was dieses Protokoll natürlich etwas anfälliger für den Verlust von Datenpaketen macht. Andererseits ist UDP schneller als TCP, sodass es besonders bei Netzwerkspielen Verwendung findet.

Wenn über TCP eine Verbindung aufgenommen wird, schickt der anfragende Rechner ein spezielles Datenpaket an den Zielrechner. Dieses enthält quasi die Bitte um eine Übertragung. Der Zielrechner antwortet auf die Anfrage mit einem anderen Paket, das wiederum vom anfragenden bestätigt wird. Diese dreimalige Anfrage stellt sicher, dass wirklich eine Verbindung aufgebaut werden kann und die Daten nicht auf der einen Seite in einem schwarzen Loch verschwinden. Die Aufgabe des Protokolls besteht darin, die Übertragung (Transmission) zu kontrollieren; der Name deutet das bereits an.

Ports | Mit einer IP-Adresse ist aber noch kein gültiger Zielpunkt für einen Dienst definiert. Um einen Netzwerkdienst wie den Apache-Webserver erfolgreich ansprechen zu können, muss neben der IP-Adresse auch der Port des Dienstes angegeben werden. In der gängigen Schreibweise wird dieser durch einen Doppelpunkt von der IPv4-Adresse getrennt. Mit 192.168.0.1:80 würde der oft für den Webserver zuständige Port 80 des Rechners mit der IP-Adresse 192.168.0.1 angesprochen.

Port-Übersicht: /etc/services
In der Datei */etc/services*, die Sie beispielsweise mit `less /etc/services` erreichen, können Sie eine Übersicht der gängigen Ports und eine kurze Beschreibung der Dienste, die auf diesen Ports arbeiten, einsehen. Die mehrere Tausend Einträge umfassende Liste enthält die gängigen Ports für die Datenübertragung mittels TCP und UDP. Sie hat aber keinen obligatorischen Charakter. Es ist also möglich, dass auf Port 80 ein ganz anderer Dienst als der Webserver arbeitet.

Etwas deutlicher wird die Aufgabe der Ports vielleicht dann, wenn Sie sich eine TCP/IP-Adresse als eine Art Postadresse vorstellen. Hier würden innerhalb der IP-Adresse 192.168.0.1 der Ort, die Postleitzahl und die Straße definiert. Der Port definiert das Stockwerk, in dem der Empfänger wohnt. Manchmal wird die Tatsache, dass ein Server wie der Apache an einem bestimmten Port auf eine Anfrage wartet, auch als »Lauschen« bezeichnet. In Abschnitt 17.5 erfahren Sie im Kontext der Firewall mehr über die Ports, deren Freigabe und die damit verbundenen Risiken.

Domain Name System

IP-Adressen haben den Vorteil, einen Rechner in einem Netzwerk eindeutig zu identifizieren. Zugleich haben sie den Nachteil, dass man sie sich nur schwer merken kann. *www.apple.com* ist einfacher zu merken als die Zahlenfolge 17.112.152.32. Aus diesem Grund wurde Anfang der 80er-Jahre das *Domain Name System* (DNS) eingeführt. Seine Aufgabe besteht darin, eine Adresse in der Form *www.apple.com* auf eine IP-Adresse wie 17.112.152.32 umzuleiten.

[Fully Qualified Domain Name]
Ein Domainname wie *www.apple.com* wird als Fully *Qualified Domain Name* (FQDN), vollständiger Domainname, bezeichnet. Der Bestandteil *com* entspricht hierbei der Top Level Domain (TLD). Darüber hinaus schließt ein vollständiger Name mit einem Punkt ab. Dieser wird zwar oft unterschlagen, kann aber bei einigen Aufrufen (*MacPro.local.*) notwendig sein.

DNS-Server | Um eine Adresse wie *www.apple.com* in eine IP-Adresse aufzulösen, wird ein sogenannter *DNS-Server* befragt. Die zentralen DNS-Server, auch *Root-Server* genannt, verwalten die Zuordnung einer Domain zu einer IP-Adresse. Eine solche zentrale Struktur, bei der nur einige wenige Server für viele anfragende Rechner die Antworten liefern, ist natürlich anfällig für Fehler und angesichts der schieren Masse nicht sehr effizient. Aus diesem Grund unterhalten die meisten Provider eigene DNS-Server, die sich die maßgeblichen (autoritativen) Daten von den Root-Servern holen und auf deren Datenbestände die über diesen Provider mit dem Internet verbundenen Rechner zugreifen. Darum wirkt sich eine Änderung der Zuordnung Domain – IP-Adresse, etwa beim Wechsel eines Webhosters, immer mit einer Verzögerung aus, da die DNS-Server die Datenbestände nicht in Echtzeit abgleichen.

DNS-Server manuell vorgeben | Bei den meisten Internet-Providern werden Ihnen automatisch die IP-Adressen der DNS-Server zugewiesen, und Sie müssen keine Konfiguration von Hand vornehmen. DNS-Server, die Ihrem System automatisch übermittelt wurden, werden in den Systemeinstellungen grau hinterlegt.

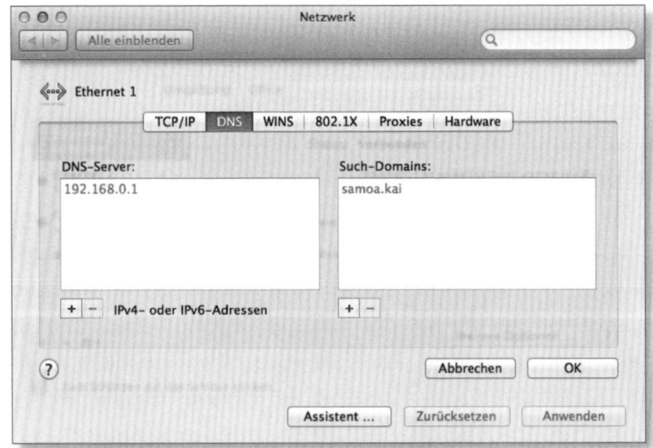

Abbildung 16.16 ▸
DNS-Server und Suchdomänen können Sie im Reiter DNS eingeben.

Arbeiten Sie in einem Netzwerk, in dem Ihnen die Adressen der DNS-Server nicht per DHCP mitgeteilt werden, oder möchten Sie neben dem zugewiesenen DNS-Server weitere nutzen, können Sie die IP-Adressen von Hand in der Ansicht DNS eingeben. Befindet sich Ihr Rechner zusätzlich in einem Netzwerk, das über einen Domainnamen verfügt, können Sie diesen ebenfalls in den Systemeinstellungen vorgeben.

[BIND]
Der *Berkeley Internet Name Domain* (BIND) ist der Urvater aller Name Server. Er ist auch für OS X 10.8 verfügbar, und sein Quellcode ist offengelegt.

Resolver | Innerhalb von OS X 10.8 gibt es eine spezielle Funktionsbibliothek mit dem Namen *Resolver*. Diese Bibliotheken können von Programmen, die DNS-Abfragen ausführen müssen, eingebunden werden. Die Datei */etc/resolv.conf* wird bei der Anmeldung im Netzwerk automatisch angelegt und enthält die IP-Adressen der Name Server Ihres Internetanbieters oder der in Ihrem Netzwerk aktiven Name Server.

Cache löschen | Die Domainnamen in IP-Adressen löst unter anderem der Dämon `mDNSResponder` auf. Er speichert die vorgenommenen Abfragen im Hintergrund in einem Zwischenspeicher und greift, wenn Sie innerhalb von knapp fünf Minuten zweimal auf eine Domain zugreifen, auf diesen Cache zurück und nimmt in diesem Fall keine Verbindung zu einem DNS-Server auf.

In Einzelfällen, wenn Sie beispielsweise ein Netzwerk neu aufsetzen, ist es notwendig, diesen Zwischenspeicher vorzeitig zu löschen. Mit der Eingabe

```
sudo killall -HUP mDNSResponder
```

löschen Sie den Cache eigenhändig. Die Löschung des Caches ist indes nur in Ausnahmefällen wirklich notwendig, es ist keine Wartungsmaßnahme.

Besitzer einer Domain ermitteln | Wem eine Domain gehört, können Sie über die Whois-Server abfragen. Zwar bietet auch das Netzwerkdienstprogramm in der Ansicht Whois die Möglichkeit, eine solche Abfrage auszuführen, aber bisweilen führt das nicht zu den gewünschten Ergebnissen.

Denic
Bei der `whois`-Abfrage für deutsche Domains mit der Endung *.de* liefert die Denic keine Adressdaten. Hier müssen Sie das Formular auf der Webseite (*www.denic.de*) nutzen.

Einfacher und in seiner Funktionalität deutlich flexibler ist der Befehl `whois` am Terminal. Mit der einfachen Eingabe des Befehls, gefolgt von einer Domain oder IP-Adresse (zum Beispiel `whois apple.com` oder `whois 17.149.160.49`), ermittelt er den Eigentümer und zeigt Ihnen die relevanten Kontaktdaten an, sofern der abgefragte Server über diesen Datensatz informiert ist. Wenn Sie keine Informationen erhalten, dann können Sie im

Netzwerkdienstprogramm in der Ansicht WHOIS einen anderen Server auswählen.

Hinweis
Die in der Datei bereits enthaltenen Einträge für `localhost` und `broadcasthost` sollten Sie keinesfalls löschen.

/etc/hosts | Die Datei */etc/hosts* dient zur lokalen Konfiguration von Rechnernamen im Netzwerk. Mit den Fähigkeiten von Bonjour wird die Datei heute kaum noch verwendet. Sie enthält eine Liste von IP-Adressen, die diese Namen zuordnet. Dabei wird die IP-Adresse mit einem Leerzeichen oder Tabulator in der Form

```
127.0.0.1       localhost
```

Abbildung 16.17 ▸
Die Domain des »Playboys« wird auf den lokalen Rechner umgeleitet.

vom Namen des Rechners getrennt. Die Datei */etc/hosts* eignet sich als Filter, um unerwünschte Webseiten gar nicht erst aufzurufen. Fügen Sie dieser Datei, die Sie mit der Eingabe `sudo nano /etc/hosts` bearbeiten können, die Zeilen

```
127.0.0.1       playboy.de
127.0.0.1       www.playboy.de
```

hinzu, wird die an diese URLs gehende Anfrage auf Ihren lokalen Webserver umgelenkt. Dieses Verfahren funktioniert auch für gängige Werbebanner-Server wie *adserve.com*. Sie können solche Angaben aber auch nutzen, um eigenhändig ohne Bonjour oder DNS einen Rechner über einen Namen anzusprechen. Beachten Sie, dass die Änderungen an der Datei */etc/hosts* nur für das jeweilige System gelten.

Hinweis
Es gibt nach wie vor einige DSL-Anbieter, die den Einsatz von Diensten wie Dyn.com in ihren Geschäftsbedingungen nicht erlauben. Gegebenenfalls sollten Sie Ihren Vertrag prüfen.

Dyn.com und No-IP | Um eine eigene Domain mit einem eigenen Server zu betreiben, sollten Sie wenigstens über eine Standleitung ins Internet sowie über eine feste IP-Adresse verfügen. Möchten Sie aber dennoch, zum Beispiel über Ihren DSL-Zugang, einen Server im Internet mit einem leichter zu merkenden Domainnamen zur Verfügung stellen, können Sie sich unter *http://www.dyn.com* oder *http://www.no-ip.com* eine Adresse reservieren. Die Dienste von Dyn.com, auch bekannt unter *DynDNS*, und No-IP sind in einer eingeschränkten Version kostenlos. Sie ermöglichen es Ihnen, wechselnde IP-Adressen, wie sie viele DSL-Provider vergeben, auf eine Adresse wie *http://delta-c.dyndns.org* oder *http://delta-c.zapto.org* umzuleiten.

Dabei teilen Sie dem Dienst eine Änderung Ihrer IP-Adresse im Internet mit, und er leitet die Anfragen über die Domain an Ihre neue IP-Adresse weiter. Einige DSL-Router sind mittlerweile in der Lage, eine Änderung Ihrer IP-Adresse automatisch an Dyn.com weiterzuleiten. Auf der Webseite von Dyn.com und No-IP finden Sie auch Programme, die im Hintergrund auf die Änderung Ihrer IP-Adresse achten und sie automatisch an den Dienst kommunizieren.

MX-Einträge
Der Vorteil von No-IP gegenüber dem Platzhirsch Dyn.com besteht darin, dass Ihnen No-IP auch in der kostenlosen Basisversion MX-Einträge zum Versand und Empfang von E-Mails erlaubt.

16.2 Bonjour

Die Konfiguration eines Netzwerks kann bei vielen Rechnern sehr anspruchsvoll und zeitintensiv werden. Auch stellt die Einrichtung eines kleineren lokalen Netzwerks unbedarfte Anwender schnell vor größere Probleme. Nicht zuletzt ist es manchmal recht zeitraubend, einen Rechner oder einen von ihm angebotenen Dienst im Netzwerk aufzufinden. Apple hat, um die Einrichtung von Netzwerken zu vereinfachen, vor einiger Zeit eine Konfigurationsmethode mit dem Namen *Bonjour* eingeführt.

[Zeroconf]
Apple hat die Bonjour zugrunde liegenden Methoden und Verfahren öffentlich zugänglich gemacht. Die Arbeitsgruppe Zeroconf *(http://www.zeroconf.org)* betreibt die weitere Entwicklung sich selbst konfigurierender Netzwerke. Zeroconf ist ein Akronym und steht für *Zero Configuration Networking*.

Funktionsweise von Bonjour

Bonjour erfüllt bei der automatischen Konfiguration eines Netzwerks drei Aufgaben:

1. Es übernimmt die Konfiguration von IP-Adressen ohne DHCP-Server und sorgt dafür, dass keine IP-Adresse doppelt vergeben wird.
2. Die Rechner sind automatisch über ihren Namen innerhalb der Domain *.local* erreichbar.
3. Dienste, die ein Rechner zum Beispiel in Form eines Webservers oder aktiven Nachrichten-Programms bietet, werden automatisch im Netzwerk den anderen Rechnern innerhalb der Domain *.local* bekannt gemacht.

Port 5353
Ein wesentlicher Teil der Funktionen von Bonjour wird über den UDP-Port 5353 abgewickelt. Wenn Bonjour in Ihrem heterogenen Netzwerk nicht so funktioniert, wie Sie es erwarten, dann wäre ein Schritt zur Lösung die Prüfung der eingerichteten Firewalls und gegebenenfalls die Öffnung von Port 5353.

IP-Adresse mit Bonjour | Wenn Sie in den Netzwerk-Systemeinstellungen die Konfiguration über einen DHCP-Server angegeben haben, in Ihrem Netzwerk aber keiner aktiv ist, weist sich Ihr Rechner mithilfe von Bonjour gemäß der APIPA-Konvention automatisch eine IP-Adresse zu.

IP-Adresse wird kommuniziert | Zeitgleich teilt Ihr Rechner anderen Rechnern im selben Netzwerk mit, dass er sich selbst eine IP-Adresse zugewiesen hat. Wird ein weiterer Rechner mit dem Netzwerk verbunden und konfiguriert sich dieser ebenfalls selbstständig über Bonjour, vermitteln ihm die anderen Rechner auf einen Rundruf hin ihre IP-Adressen. Dem neuen Rechner sind nun die schon belegten IP-Adressen bekannt, und er wählt sich aus den freien IP-Adressen eine aus. Diese teilt er dann den schon aktiven Rechnern mit.

[Multicast DNS]
Diese Form der automatischen Zuweisung und Kommunikation von Namen wird auch als *Multicast DNS* bezeichnet. Die Bezeichnung rührt daher, dass der Name eines Rechners mit einem lokalen Rundruf (Multicast) im Netzwerk bekannt gemacht wird.

Gerätename wird kommuniziert | Hat sich der Rechner eine IP-Adresse zugewiesen, wird der Gerätename ausgelesen und den anderen Rechnern im Netzwerk mitgeteilt. Normalerweise ist für die Ansprache von Rechnern über einen Namen mittels TCP/IP ein DNS-Server notwendig. Bonjour ersetzt diesen zu einem gewissen Teil.

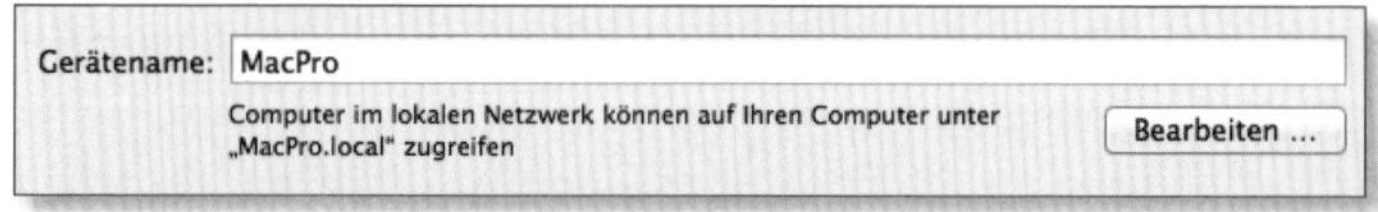

Abbildung 16.18 ▶
Den GERÄTENAMEN legen Sie in den Systemeinstellungen unter FREIGABEN fest.

Den Namen Ihres Rechners im Netzwerk können Sie in den Systemeinstellungen im Bereich FREIGABEN beliebig ändern. Laut Standardeinstellungen verwendet Apple eine Kombination aus dem vollständigen Namen Ihres Benutzerkontos und dem Typ Ihres Rechners, zum Beispiel »Kai Surendorfs MacPro«.

»mDNSResponder« | Der für die Funktionen von Bonjour zuständige Dämon ist der `mDNSResponder`. Er kommuniziert den Namen Ihres Rechners ins Netzwerk und nimmt auch die Propagierung anderer Rechner entgegen.

[Service Location Protocol]
Eine etwas ältere und seit Mac OS X 10.5 mit Ausnahme von CUPS nicht mehr unterstützte Methode der automatischen Propagierung von Netzwerkdiensten ist das *Service Location Protocol*.

Dienste erkennen und bekannt geben | Die dritte Aufgabe von Bonjour und dem Dämon `mDNSResponder` besteht darin, im Netzwerk bereitgestellte Dienste zu erkennen und bekannt zu geben. Wenn Sie zum Beispiel einen Drucker in Ihr Netzwerk integrieren, der sich selbst über Bonjour konfigurieren kann, weist er sich nicht nur einen Namen und eine IP-Adresse zu, sondern benachrichtigt auch die vorgefundenen Computer darüber, dass unter dem Bonjour-Namen eine Druckfunktion zur Verfügung steht. Sie finden dann automatisch den Namen dieses Druckers bei der Konfiguration eines neuen Druckers vor.

Bis OS X 10.7 kommunizierte der Apache-Webserver die Webseiten von Benutzern über Bonjour im Netzwerk. Ist Safari aktiv, wird diesem über `mDNSResponder` mitgeteilt, dass ein neuer Webserver im Netzwerk aktiv ist und zum Beispiel unter *http://MacPro.local/~kai* eine Webseite abzurufen ist. Der Lesezeichenleiste von Safari können Sie den Eintrag BONJOUR hinzufügen, um sich die automatisch kommunizierten Webseiten auflisten zu lassen. Einige Drucker, deren Konfiguration über den Browser vorgenommen wird, können auch in dieser Liste in Safari erscheinen.

Wide Area Bonjour | Mit Mac OS X 10.5 wurde auch eine Möglichkeit eingeführt, Dienste über das lokale Netzwerk hinaus im Internet über Bonjour zu kommunizieren. Dieses als *Wide Area Bonjour* bezeichnete Verfahren verbirgt sich hinter der Option DYNAMISCHEN, GLOBALEN HOSTNAMEN VERWENDEN. Sie erscheint, wenn Sie in der Ansicht FREIGABEN der Systemeinstellungen die Schaltfläche BEARBEITEN unterhalb des Felds GERÄTENAME anklicken. Einen ähnlichen Zweck, wenn auch mit mehr Sicherheit und Komfort, erfüllt die Funktion ZUGANG ZU MEINEM MAC, die Ihnen über die iCloud zur Verfügung steht.

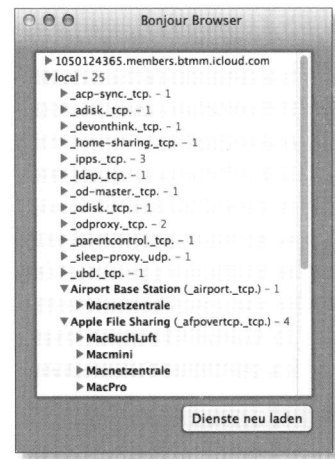

▲ **Abbildung 16.19**
Der unter *http://www.tildesoft.com* verfügbare Bonjour-Browser listet alle im lokalen Netzwerk gefundenen Dienste auf.

Bonjour unter Windows

Apple stellt für Windows XP mit dem Service Pack 3, für Windows Vista mit dem Service Pack 2 und für Windows 7 unter *http://www.apple.com/de/support/bonjour/* die in Abschnitt 22.4 besprochenen Bonjour-Druckdienste für Windows zur Verfügung.

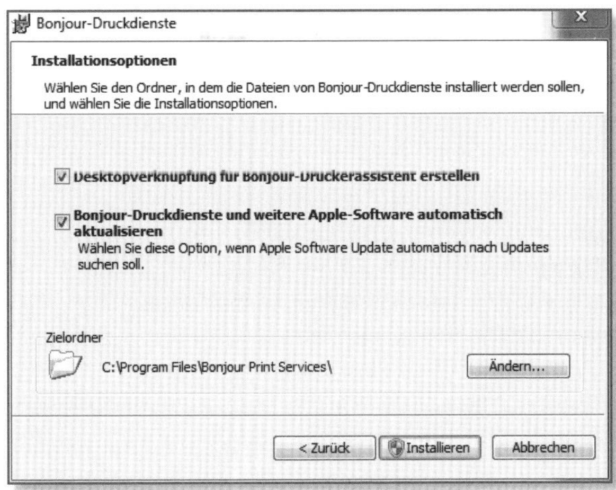

◄ **Abbildung 16.20**
Die Bonjour-Druckdienste installieren Sie wie andere Programme.

Sie können diese wie jedes andere Programm installieren. Nach der Installation ist Ihr Windows-Rechner in der Lage, über Multicast DNS die Namen von Rechnern im lokalen Netzwerk aufzulösen. Schließlich ist noch der Bonjour-Druckerassistent Bestandteil der Installation. Er vereinfacht die Einrichtung der im Netzwerk freigegebenen Drucker (siehe Abschnitt 22.4). Eine in früheren Versionen enthaltene Erweiterung für den Internet Explorer zur automatischen Entdeckung von Webseiten ist nicht mehr enthalten.

Avahi unter Linux

Avahi
http://avahi.org

Unter Linux hat sich für die Unterstützung von Bonjour beziehungsweise Zeroconf das Projekt Avahi durchgesetzt. Mit ihm sind sowohl die Selbstkonfiguration der IP-Adressen als auch die Namensauflösung über den Bereich *.local* möglich. Schließlich ist Avahi auch in der Lage, die auf einem Linux-System aktiven Serverdienste wie beispielsweise VNC (siehe Abschnitt 17.2) im Netzwerk zu kommunizieren.

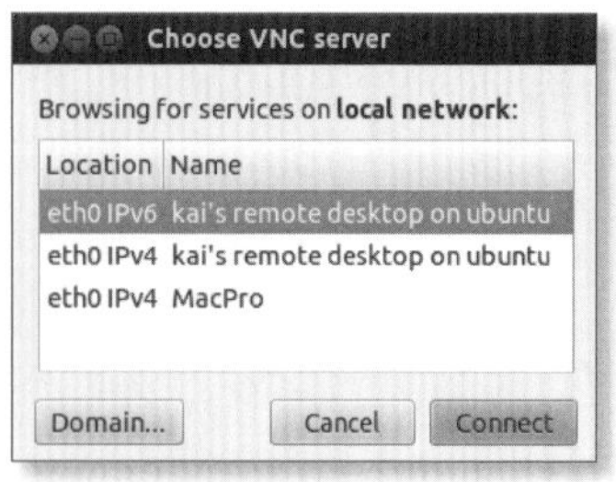

▲ **Abbildung 16.21**
Im Netzwerk kommunizierte Dienste wie die Bildschirmfreigabe über VNC werden von Avahi im AVAHI VNC SERVER BROWSER beachtet.

Avahi installieren | Unter Ubuntu gehört Avahi mittlerweile zur Standardinstallation. Sollte es noch nicht vorhanden sein, dann können Sie sich in der Synaptic-Paketverwaltung mit der Suche nach Avahi die betreffenden Pakete anzeigen lassen und installieren. Das Paket AVAHI-DAEMON enthält den Systemdienst und die notwendigen Bibliotheken.

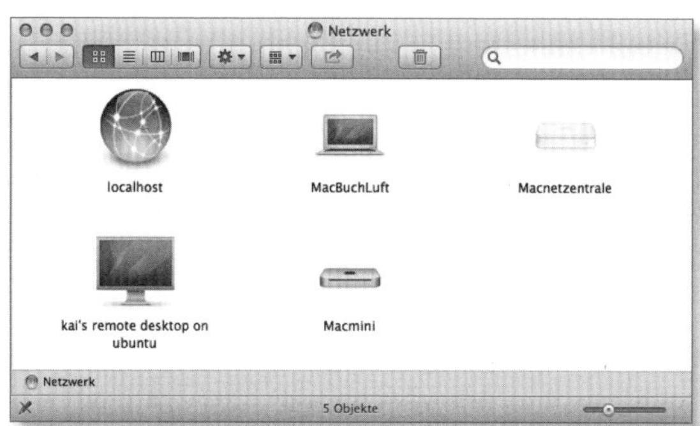

▲ **Abbildung 16.22**
Ein über Avahi kommuniziertes Linux-System wird im Finder mit einem einfachen Bildschirm symbolisiert.

Hilfsmittel
Neben der Grundinstallation von Avahi, die wenigstens unter Ubuntu mittlerweile an einigen Stellen genutzt wird, können Sie darüber hinaus die Pakete AVAHI-UTILS und AVAHI-UI-UTILS installieren. Das erste Paket stellt Ihnen einige Befehle am Terminal zur Verfügung, mit denen Sie Dienste durchsuchen und selbst propagieren können. Das zweite Paket ermöglicht Ihnen die Suche nach SSH- und VNC-Servern über zwei Programme im Menü NETZWERK.

Abhängig von der Verzeichnisstruktur Ihrer Linux-Distribution finden Sie die Voreinstellungsdateien von Avahi meistens im Verzeichnis /ETC/AVAHI und können darin bei Bedarf Änderungen etwa für die automatische Kommunikation von Freigaben mit Netatalk (siehe Abschnitt 19.8) vornehmen.

Aktivieren Sie einen Dienst unter Linux, der die Propagierung über Avahi unterstützt, dann erscheint er im Netzwerk. Aktivieren Sie zum Beispiel die ENTFERNTE VERWALTUNG, wird damit der

VNC-Server (siehe Abschnitt 17.2) gestartet. Unter OS X 10.8 erscheint der Server dann mit dem generischen Icon eines Bildschirms (siehe Abbildung 16.2).

16.3 Netzwerkumgebungen

Die Aufgabe einer Netzwerkumgebung besteht darin, die Konfigurationen der einzelnen Netzwerkschnittstellen zusammenzufassen. Sinnvoll sind diese Umgebungen dann, wenn Sie zum Beispiel mit einem mobilen Rechner sowohl im Büro als auch zu Hause arbeiten. Im Büro würde Ihrem Rechner eine statische IP-Adresse zugewiesen. Zu Hause würden Sie die Verbindung ins Internet über einen Router aufnehmen. Hier arbeitet ein DHCP-Server. Eigentlich müssten Sie, wenn Sie Ihren Rechner zu Hause und im Büro ans Netzwerk anschließen, jedes Mal die Systemeinstellungen öffnen und die Konfiguration entsprechend ändern. Legen Sie mehr als eine Netzwerkumgebung an, können Sie direkt über das Apfel-Menü den jeweiligen Standort auswählen.

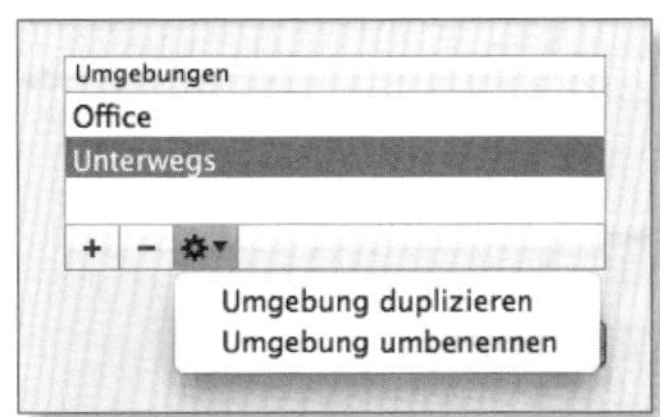

▲ **Abbildung 16.23**
Umgebungen können Sie in den Systemeinstellungen hinzufügen, umbenennen, entfernen und duplizieren.

Umgebungen erstellen | In den Systemeinstellungen NETZWERK finden Sie oberhalb der Konfigurationen ein Ausklappmenü namens UMGEBUNG. Hier sehen Sie wahrscheinlich zunächst eine Umgebung AUTOMATISCH. Dort können Sie Umgebungen erstellen, umbenennen, löschen und duplizieren. Konfigurieren Sie dann die einzelnen Netzwerkschnittstellen vor, die für diese Umgebung gelten sollen. Änderungen und ein Wechsel der Umgebung werden über die Schaltfläche ANWENDEN wirksam.

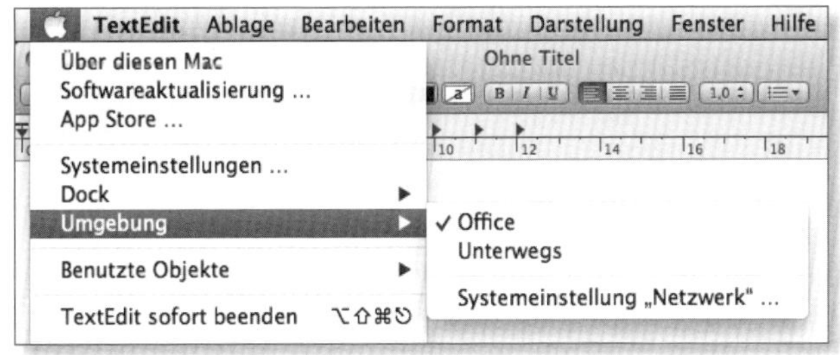

◂ **Abbildung 16.24**
Haben Sie mehr als eine Netzwerkumgebung angelegt, dann können Sie über das Apfel-Menü zwischen ihnen wechseln.

16.4 Lokales Netzwerk einrichten

Für die Einrichtung eines lokalen Netzwerks stehen Ihnen zunächst bis zu drei Möglichkeiten zur Verfügung. Über ein FireWire-Kabel können Sie zwei Rechner, die über eine solche Schnittstelle verfügen, direkt miteinander verbinden. Mithilfe eines Ethernet-Kabels

802.1x
Ebenfalls Bestandteil dieses Abschnitts ist die Identifizierung in einem Netzwerk über das 802.1x-Verfahren. Es wird in großen Netzwerken eingesetzt, um den Teilnehmer zu identifizieren und ihm Zugang zum Netzwerk zu gewähren.

können Sie ebenfalls zwei Rechner direkt miteinander vernetzen. Der Einsatz eines Hubs oder Switches ermöglicht die Vernetzung mehrerer Rechner über die Ethernet-Schnittstelle. Schließlich ist es auch möglich, über die AirPort-Karte ein eigenes WLAN-Netzwerk ohne den Einsatz einer Basisstation anzulegen und so über eine drahtlose Verbindung Rechner direkt miteinander zu vernetzen. Mit OS X 10.8 ist ebenso eine Unterstützung für ein VLAN möglich, sofern Sie über die entsprechende Hardware verfügen.

Dieser Abschnitt beschreibt in erster Linie, wie Sie ein lokales Netzwerk ohne Verbindung ins Internet aufbauen und wie Sie Ihren Rechner in ein solches Netzwerk integrieren. Für die Einrichtung eines lokalen Netzwerks und einer gleichzeitigen Verbindung ins Internet benötigen Sie einen Router. Dessen Konfiguration wird in einem eigenen Abschnitt beschrieben.

Abbildung 16.25 ▸
Ein DHCP-Server versorgt das System mit den notwendigen Informationen.

Ethernet und FireWire

Bei der Vernetzung über Ethernet oder direkt über ein FireWire-Kabel erkennt das System automatisch, ob ein passendes Kabel bereits angeschlossen wurde. Sie können dann in dem Ausklappmenü IPv4 KONFIGURIEREN vorgeben, mit welcher Methode Ihr Rechner im Netzwerk seine IP-ADRESSE ermitteln soll. Wenn Sie die Auswahl bei DHCP belassen, wird entweder nach einem vorhandenen DHCP-Server gesucht oder, sofern keiner gefunden wurde, das Netzwerk mit Bonjour selbst konfiguriert.

In Abbildung 16.25 wurde beim Ethernet-Anschluss ein DHCP-Server gefunden, der dem System die IP-ADRESSE, die TEILNETZ-

MASKE sowie die IP-Adresse des Routers automatisch zugewiesen hat. Schließlich ist ein DNS-SERVER vorhanden, der auch vom DHCP-Server kommuniziert und in dem Feld eingetragen wurde.

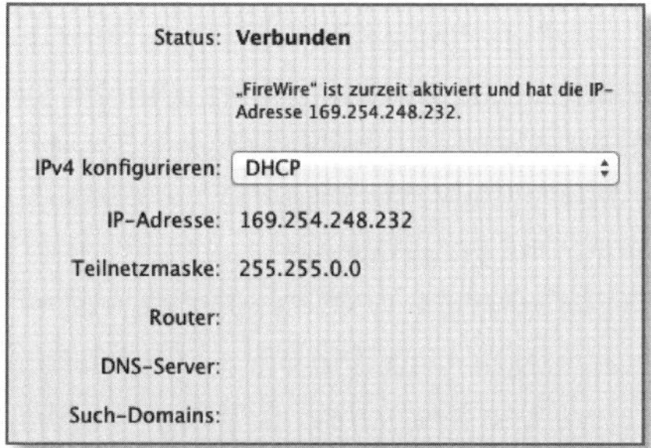

◂ **Abbildung 16.26**
Wenn kein DHCP-Server gefunden wurde, weist das System sich selbst eine IP-Adresse zu.

Selbst zugewiesene IP-Adresse | Bei der direkten Verbindung über ein FireWire-Kabel zu einem anderen Apple-Rechner ist kein DHCP-Server vorhanden, sofern Sie nicht zeitgleich die INTERNETFREIGABE (siehe Abschnitt 16.6.3) aktiviert haben. Dementsprechend wurde hier die automatische Konfiguration mittels Bonjour genutzt, und der Rechner hat sich für diesen Anschluss selbst eine IP-Adresse zugewiesen.

Eigenhändige Konfiguration | Das Ausklappmenü IPv4 KONFIGURIEREN stellt Ihnen neben der automatischen Konfiguration über DHCP drei weitere Möglichkeiten zur Verfügung. Die Option DHCP MIT MANUELLER ADRESSE ermöglicht es Ihnen, Ihrem Rechner selbst eine IP-Adresse zuzuweisen und die weiteren Daten (Router, Teilnetzmaske usw.) von einem DHCP-Server zu beziehen.

Wird anstelle von DHCP noch ein BootP-Server eingesetzt, können Sie auch dieses Protokoll zur automatischen Konfiguration verwenden.

Status: Verbunden
„Ethernet 1" ist zurzeit aktiviert und hat die IP-Adresse 192.168.0.2.
IPv4 konfigurieren: Manuell
IP-Adresse: 192.168.0.2
Teilnetzmaske: 255.255.255.0
Router: 192.168.0.1
DNS-Server: 192.168.0.1
Such-Domains: samoa.kai

◂ **Abbildung 16.27**
Sie können die Daten auch von Hand eingeben.

Mit der Methode MANUELL können Sie alle Eingaben für die IP-ADRESSE, die TEILNETZMASKE sowie den ROUTER und den DNS-SERVER selbst vornehmen.

PPPoE-Dienst | Mit einem PPPoE-Dienst können Sie über DSL eine Verbindung ins Internet aufnehmen. Diese Methode wird in Abschnitt 16.5 beschrieben.

Weitere Optionen | Wenn Sie über die Schaltfläche WEITERE OPTIONEN die Ansicht aus Abbildung 16.28 einblenden, können Sie dort im Reiter TCP/IP zunächst die bereits besprochenen Einstellungen für die IP-Adresse vornehmen. Sie finden hier auch die Option, die Unterstützung für IPv6 zu aktivieren.

Im Reiter DNS können Sie weitere DNS-SERVER vorgeben, sofern diese in Ihrem Netzwerk aktiv sind und nicht automatisch über DHCP kommuniziert werden. Arbeitet in Ihrem lokalen Netzwerk ein DNS-Server, der den einzelnen Rechnern Namen zuweist (beispielsweise MACPRO.SAMOA.KAI), dann können Sie hier unter den SUCH-DOMAINS den Namen der Domain ohne den Namen des Rechners (SAMOA.KAI) eintragen.

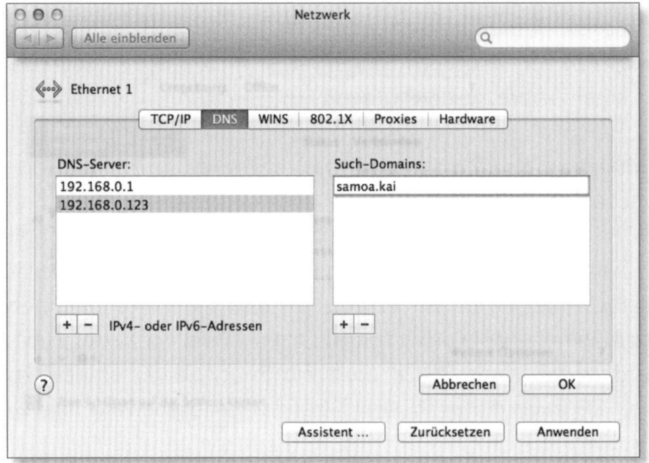

Abbildung 16.28 ▸
DNS-SERVER und SUCH-DOMAINS werden in der Ansicht WEITERE OPTIONEN konfiguriert.

Drahtloses WLAN-Netzwerk anlegen

Auch ohne eine AirPort-Basisstation oder einen anderen Router können Sie ein drahtloses Netzwerk zwischen zwei Rechnern anlegen. Diese Form der Verbindung wird in den Systemeinstellungen als »COMPUTER-ZU-COMPUTER«-NETZWERK bezeichnet. In ein solches Netzwerk können sich auch mehrere Rechner einklinken. Die Namensauflösung über Bonjour funktioniert auch in diesem selbst angelegten Netzwerk.

Wählen Sie zunächst in der linken Spalte WLAN aus. Anschließend steht Ihnen im Ausklappmenü NETZWERKNAME die Option NETZWERK ANLEGEN zur Verfügung. Als Name für das Netzwerk wird automatisch der Name Ihres Rechners eingefügt. Aus Sicherheitsgründen sollten Sie unter SICHERHEIT die Option 128-BIT WEP aktivieren und ein Passwort für das Netzwerk vergeben. Mehr zu Fragen der Sicherheit in drahtlosen Netzwerken erfahren Sie in Abschnitt 16.6.

Haben Sie das Netzwerk auf diese Weise angelegt, erscheint es bei anderen Rechnern in Reichweite in der Liste der verfügbaren Netzwerke.

▲ **Abbildung 16.29**
Das angelegte Netzwerk wird in der Rubrik GERÄTE aufgeführt.

◄ **Abbildung 16.30**
Das erstellte WLAN-Netzwerk sollten Sie durch ein Kennwort schützen.

Unter Windows Vista und 7 wird Ihnen diese Form des Netzwerks mit drei verbundenen Computern angezeigt, unter OS X 10.8 wird dieses »COMPUTER-ZU-COMPUTER«-NETZWERK in den Systemeinstellungen von den anderen Funknetzen getrennt aufgeführt.

◄ **Abbildung 16.31**
Das AirPort-Netzwerk, hier MINISERVER, kann auch von einem Windows-Rechner genutzt werden.

Im AirPort-Status in der Menüleiste wird ein solches Netzwerk zum einen durch einen stilisierten Bildschirm im Icon signalisiert, zum anderen in der Rubrik Geräte aufgeführt. Die Selbstzuweisung einer IP-Adresse erfolgt in dem Moment, in dem ein anderer Rechner eine Verbindung mit dem erstellten Netzwerk herstellt.

802.1x, RADIUS und mobile Profile

[RADIUS]
In den meisten Fällen wird die Authentifizierung an einem RADIUS-Server vorgenommen, der auch in der Server-Variante von OS X 10.8 enthalten ist. Er überprüft den Benutzer und das Passwort und erlaubt dann dem Rechner den Zugang zu dem Netzwerk.

Bei vielen Netzwerken, die von Institutionen wie zum Beispiel einer Universität eingerichtet wurden, muss bei der Anmeldung des Rechners im Netzwerk eine Authentifizierung erfolgen. Auf diese Weise wird vermieden, dass sich Unbefugte Zugang zu dem (drahtlosen) Netzwerk verschaffen.

Bei vielen Routern können Sie den Zugang zum Netzwerk beschränken, indem Sie es nur für einige ausgewählte MAC-Adressen freigeben. Diese Form der Beschränkung wird auch durch die AirPort-Basisstation unterstützt. Dieses Verfahren stößt natürlich schnell an seine Grenzen, wenn eine große Menge an Rechnern an diesem Netzwerk teilnehmen soll und häufig Netzwerkkarten oder ganze Rechner ausgetauscht werden. In solchen Netzen werden zunehmend Authentifizierungen basierend auf dem IEEE-802.1x-Standard eingesetzt.

▲ **Abbildung 16.32**
Wenn das Netzwerk die Authentifizierung mittels 802.1x nutzt, dann werden Sie zur Eingabe eines Benutzernamens und eines Kennworts aufgefordert.

Direkte Anmeldung | Wenn Sie sich in ein drahtloses Netzwerk einklinken möchten, bei dem die Authentifizierung über 802.1x erfolgt, dann erhalten Sie die Aufforderung, sich mit einem Benutzernamen und einem Kennwort zu authentifizieren. Möglicherweise müssen Sie in einem zweiten Schritt noch das Zertifikat, das der Server verwendet, akzeptieren.

Abbildung 16.33 ▶
Gegebenenfalls müssen Sie das Zertifikat des RADIUS-Servers akzeptieren.

Nachdem Sie sich angemeldet haben, finden Sie in den Systemeinstellungen in der Ansicht der Schnittstelle WLAN nun den Eintrag 802.1X. Während Sie sonst direkt durch die Auswahl des Netzwerks die Verbindung aufnehmen und trennen konnten, erfolgt dies nun über die Schaltfläche im Bereich 802.1X. In der Schlüsselbundverwaltung wird das Kennwort des Netzwerks mit der Beschreibung 802.1X PASSWORT identifiziert.

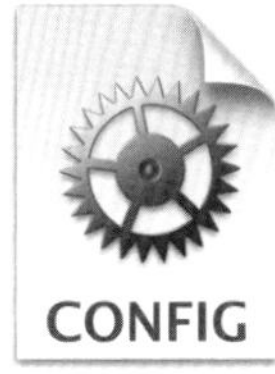

▲ **Abbildung 16.34**
In MOBILECONFIG-Dateien werden die Einstellungen für ein drahtloses Netzwerk gespeichert.

◂ **Abbildung 16.35**
Die Verbindung und deren Trennung erfolgen nun über die Schaltfläche im Bereich 802.1X.

Profile | Sowohl das iPhone als auch das iPad bieten die Möglichkeit, ein Netzwerk mithilfe von Profildateien mit der Endung *.mobileconfig* zu konfigurieren. Diese Dateien enthalten alle notwendigen Angaben für die Server des Netzwerks. Sie müssen lediglich die Datei den Einstellungen des Geräts hinzufügen. Dieses Verfahren wird auch von OS X 10.8 unterstützt.

◂ **Abbildung 16.36**
Die Installation eines Profils erfolgt in mehreren Schritten.

Wenn es für Ihr Netzwerk eine solche Datei gibt, können Sie sie im Finder mit einem Doppelklick öffnen. Es starten dann die Systemeinstellungen, und es erfolgen mehrere Rückfragen, ob und wie Sie das Profil installieren möchten. Auch hier werden gegebenenfalls Zertifikate genutzt, deren Aussteller Ihrem System unbekannt sind und denen Sie dann vertrauen müssten.

Abbildung 16.37 ►
In der Ansicht PROFILE der Systemeinstellungen können Sie die Profile installieren und auch löschen.

Nach der Installation finden Sie in den Systemeinstellungen eine Ansicht PROFILE. Diese listet die eingerichteten Profile für die Netzwerke auf. Wenn Sie eine Verbindung in ein Netzwerk über ein solches Profil aufnehmen möchten, dann finden Sie die so eingerichteten Netzwerke ebenfalls im Bereich 802.1X. In Abbildung 16.35 handelt es sich hier um STANDARD. Wenn Sie mehr als ein solches Profil installiert haben, erscheint an dieser Stelle ein Ausklappmenü.

VLAN konfigurieren

▲ Abbildung 16.38
Ein VLAN richten Sie über einen virtuellen Anschluss ein.

Befinden sich sehr viele Rechner in einem Netzwerk, ist auch dessen Auslastung naturgemäß sehr hoch. Dies wird noch verschärft durch Dienste wie Bonjour und auch CUPS, die in regelmäßigen Abständen Datenpakete an alle Rechner im Netzwerk schicken. Eine Möglichkeit, die Auslastung auch in einem größeren Netzwerk zu senken, ist seine weitere Unterteilung in sogenannte *Virtual LANs*. Diese werden mithilfe spezieller Switches im Netzwerk numerisch voneinander unterschieden.

Unter OS X 10.8 binden Sie Ihr System in ein VLAN ein, indem Sie in der Übersicht der Netzwerkschnittstellen den Punkt VIRTUELLE ANSCHLÜSSE VERWALTEN auswählen. Über das Pluszeichen erstellen Sie dort ein NEUES VLAN und wählen sowohl den ANSCHLUSS als auch das numerische ATTRIBUT aus.

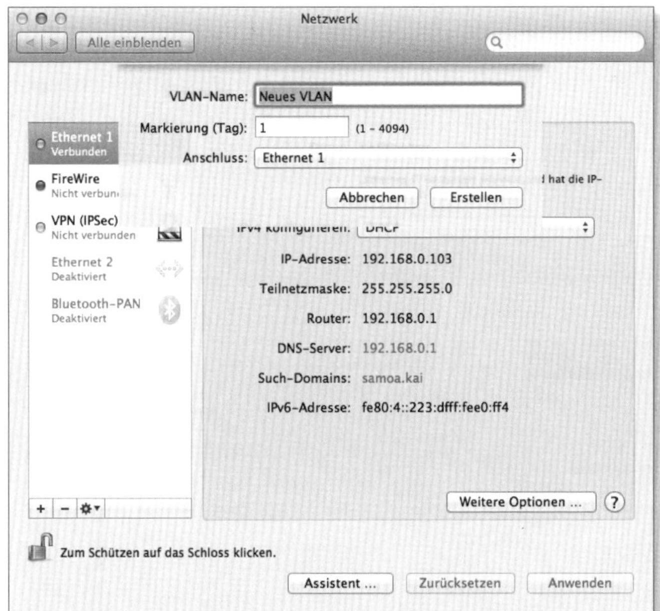

◄ **Abbildung 16.39**
Die Konfiguration virtueller Anschlüsse rufen Sie über das Icon mit dem Zahnrad auf.

16.5 Verbindung ins Internet

Die bisherigen Erläuterungen bezogen sich ausschließlich auf die Kommunikation in einem lokalen Netzwerk ohne Verbindung ins Internet. OS X 10.8 bietet Ihnen von Haus aus zwei Möglichkeiten, sich direkt ins Internet einzuwählen. Zunächst unterstützt das System die Einwahl über die Bluetooth-Schnittstelle und ein Mobiltelefon. Darüber hinaus können Sie einen DSL-Zugang ohne Verwendung eines Routers über PPPoE nutzen. Vorab beschreibe ich die Einwahl über einen USB-Stick.

Konfigurationen exportieren | Bei den Wählverbindungen können Sie die vorgenommenen KONFIGURATIONEN EXPORTIEREN. Dabei werden sowohl die Verbindungs- als auch die Zugangsdaten in eine separate Datei mit der Endung *.networkConnect* geschrieben. Diese können Sie auf einem anderen Rechner importieren und so die bereits vorgenommenen Einstellungen übernehmen.

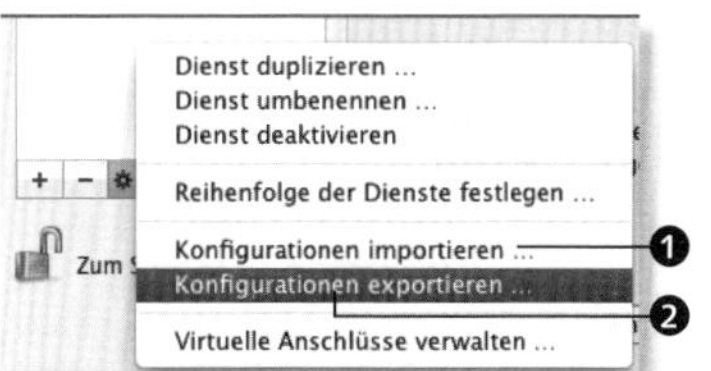

▲ **Abbildung 16.40**
Konfigurationen für Wählverbindungen können Sie importieren ❶ und exportieren ❷.

Einwahl über einen USB-Stick

Fast alle Mobilfunkanbieter ermöglichen auch die Einwahl ins Internet über einen speziellen USB-Stick. Dieser stellt über eine spezielle SIM-Karte die Verbindung ins Netzwerk her. Die meisten Anbieter unterstützen auch OS X 10.8, wobei Sie allerdings dar-

Analoge Modems
Bis Mac OS X 10.6 unterstützte Apple ohne Einschränkung die Einwahl mit einem ISDN- oder analogen Modem. Unter OS X 10.8 gestaltet sich dies etwas anders, da für das USB-Modem von Apple keine Treiber mehr verfügbar sind. Ähnlich stellt es sich auch für fast alle ISDN-Modems, die über USB angeschlossen wurden, dar. Es scheint, dass diese Techniken ihren Zenit wohl überschritten haben.

auf achten müssen, dass Sie die aktuellste Software installieren. Abhängig von der Software finden Sie in den Systemeinstellungen dann oft eine Reihe weiterer Netzwerkanschlüsse. In Abbildung 16.41 wurden alle drei mit ZTEUS beginnenden Einträge über die Software von O2 installiert. Die eigentliche Einwahl erfolgte dann über das Programm von O2.

Abbildung 16.41 ▸
Die Einrichtung eines USB-Sticks von O2 brachte drei neue Netzwerkanschlüsse mit sich.

Auch wenn diese Einrichtung mit den beiden überflüssigen Netzwerkanschlüssen umständlich wirkt, es gibt in dieser Form keine wirkliche Alternative zu der Software, die Sie vom Anbieter bekommen. Wenn Sie häufig im Ausland eine Verbindung nutzen müssen, dann nimmt Ihnen das kostenpflichtige Programm launch2net möglicherweise etwas Arbeit ab.

launch2net
http://www.novamedia.de

Bluetooth mobil nutzen

Bevor Sie über ein bluetoothfähiges Handy eine Verbindung mit dem Internet aufnehmen können, müssen Sie Ihr Telefon zuerst für die Zusammenarbeit mit Ihrem Rechner konfigurieren. Zunächst fügen Sie in den Systemeinstellungen in der Ansicht NETZWERK einen ANSCHLUSS vom Typ BLUETOOTH-DUN hinzu.

Gerät konfigurieren | Über die Schaltfläche GERÄT KONFIGURIEREN starten Sie den Bluetooth-Assistenten aus dem Verzeichnis /SYSTEM/LIBRARY/CORESERVICES. Der Assistent sucht anschließend in dem vom Bluetooth-Modul erreichbaren Umkreis nach bluetoothfähigen Geräten.

◀ Abbildung 16.42
Der Bluetooth-Assistent sucht nach Geräten, die sich in Reichweite befinden.

Die erreichbaren Geräte werden Ihnen anschließend in einer Liste angezeigt. Wählen Sie dort Ihr MOBILTELEFON aus. Der Assistent schickt dann ein Kennwort an das Telefon, und Sie müssen auf diesem explizit die Verbindung mit dem Computer bestätigen.

◀ Abbildung 16.43
Ein Kennwort schützt vor unbefugten Verbindungen.

Der Hintergrund für dieses Verfahren besteht darin, Ihr Telefon vor unbefugten Zugriffen zu schützen. Andernfalls ist es leicht möglich, dass Ihr mobiler Anschluss von Dritten unbefugt für einen Zugang ins Internet genutzt wird.

Access Point Name
Das Kürzel APN steht für *Access Point Name*. Dieser wird vereinzelt auch als *Zugangspunkt* bezeichnet.

◀ Abbildung 16.44
Die Zugangsdaten müssen Sie vom Anbieter erfragen.

Im letzten Schritt müssen Sie nun den BENUTZERNAMEN, das KENNWORT sowie unter APN den Namen des Netzwerks Ihres Anbieters eingeben. Die einzugebenden Daten unterscheiden sich von Anbieter zu Anbieter. Oft erfolgt die Einwahl durch die Angabe des APN.

Erweiterte Optionen
In den weiteren Optionen können Sie in der Ansicht MODEM nachträglich einen anderen APN vorgeben.

Abbildung 16.45 ▸
Das über Bluetooth konfigurierte Telefon wird wie ein Modem gesteuert.

DSL-Verbindung über PPPoE

Für die Verbindung ins Internet über einen DSL-Anbieter findet das *Point-to-Point Protocol over Ethernet* (PPPoE) Verwendung. Die Zuweisung einer IP-Adresse erfolgt bei der Verwendung von PPPoE in der Regel ebenfalls automatisch. Allerdings wird hier kein DHCP-Server eingesetzt. Viele Internet-Provider nutzen einen Network/Remote Access Server, der Ihrem Rechner aus einem Pool von IP-Adressen eine freie zuweist.

[PPPoE]
Bei PPPoE handelt es sich um eine Weiterentwicklung von PPP. Die Überlegung bestand darin, dass für einen Breitbandzugang über ein Ethernet-Kabel die Vorzüge von PPP im Hinblick auf die automatische Konfiguration von Benutzerdaten, Passwörtern, IP-Adresse, DNS-Server etc. sehr praktisch sind. Mit PPPoE steht ein sich weitgehend selbst konfigurierendes Protokoll zur Verfügung.

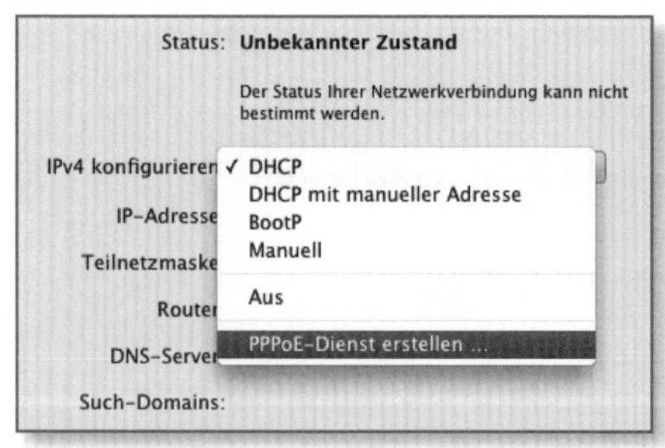

Abbildung 16.46 ▸
Den PPPoE-Dienst erstellen Sie über das Ausklappmenü.

PPPoE-Dienst erstellen | Um den Zugang über DSL zu konfigurieren, wählen Sie in den Systemeinstellungen zunächst die

Ethernet-Karte aus, die mit dem DSL-Modem verbunden ist. Im Menü IPv4 KONFIGURIEREN wählen Sie hier jedoch nicht DHCP, sondern den Punkt PPPoE-DIENST ERSTELLEN. Sie werden dann aufgefordert, einen Namen für den Dienst zu vergeben.

Hinweis
Möglicherweise müssen Sie die Reihenfolge der Dienste über das Icon mit dem Zahnrad korrigieren. Der Anschluss PPPoE sollte an oberster Stelle stehen.

◂ **Abbildung 16.47**
Bei der Verbindung über PPPoE müssen Sie in der Regel nur den ACCOUNTNAMEN und das KENNWORT eingeben.

Der Dienst erscheint dann links in der Liste der verfügbaren Schnittstellen. Wählen Sie ihn aus, dann können Sie unter ACCOUNT-NAME und KENNWORT die benötigten Zugangsdaten eingeben. Über die Schaltfläche WEITERE OPTIONEN lassen sich auch bei der PPPoE-Verbindung einige Einstellungen vornehmen. Dazu gehören wie bei einem Modem auch die regelmäßige Bestätigung der Verbindung und eine Trennung nach einer vorgegebenen Anzahl von Minuten, in denen die Verbindung nicht aktiv genutzt wurde.

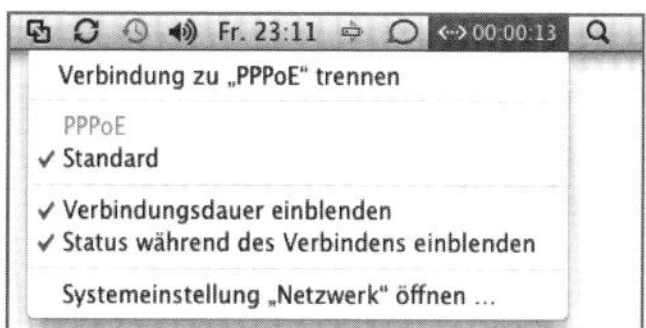

▴ **Abbildung 16.48**
Sie können die Verbindung auch über die Menüleiste herstellen.

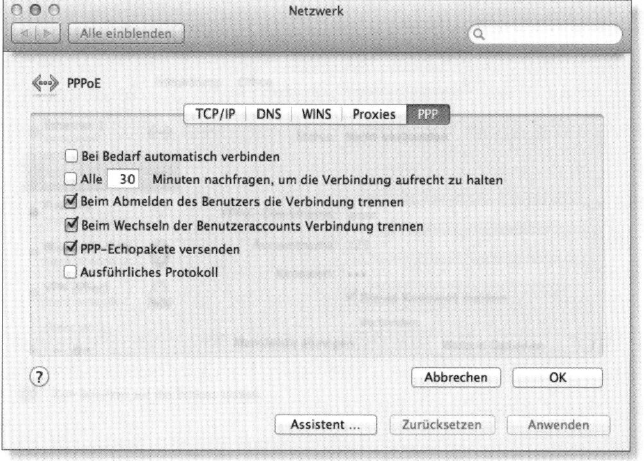

◂ **Abbildung 16.49**
In der Ansicht PPP können Sie auch vorgeben, dass die Verbindung nur für einen begrenzten Zeitraum aufrechterhalten wird.

Menüleiste | Sie können sich den PPPoE-Status in der Menüleiste anzeigen lassen und so schnell bei Bedarf eine Verbindung aufbauen. Das kleine Icon in der Menüleiste erscheint fett, wenn eine Verbindung besteht.

16.6 Router konfigurieren und nutzen

Sicherheit
Der Einsatz eines Routers schützt die über ihn an das Internet angeschlossenen Rechner insofern, als diese vom Internet her nicht mehr direkt erreichbar sind.

Die Aufgabe eines Routers besteht darin, eine Verbindung in ein anderes Netzwerk herzustellen und die Kommunikation zwischen den Netzwerken sicherzustellen. Um eine Verbindung ins Internet mit mehreren Rechnern zu teilen, benötigen Sie einen funktionsfähigen Router, der sowohl die Schnittstelle ins Internet herstellt als auch Ihr lokales Netzwerk daran anbindet. Dieser Abschnitt beschäftigt sich primär mit der Anbindung von mehreren Rechnern an das Internet über einen Anschluss. Der Einsatz eines Routers kann auch dann notwendig sein, wenn Sie nicht für alle Rechner Ihres Netzwerks IP-Adressen einkaufen können oder möchten.

Technische Hintergründe

Handelsübliche Router enthalten eine Reihe von Komponenten, die eine gemeinsame Nutzung einer Verbindung erleichtern. Neben mehreren Netzwerkschnittstellen bringen die meisten Router einen eigenen DHCP-Server mit. Sie können so die Vergabe von lokalen IP-Adressen und damit auch die Konfiguration Ihres Netzwerks automatisch erfolgen lassen.

Dieser Abschnitt widmet sich mit der AirPort-Basisstation und dem Internet-Sharing von OS X 10.8 zwei Apple-eigenen Lösungen. Die besprochenen Protokolle, Verfahren und Methoden werden auch bei fast allen handelsüblichen Routern angewendet, wobei sich die Konfiguration im Detail natürlich anders darstellt und meistens über den Browser erfolgt. Auch die Terminologie weicht manchmal ein wenig ab.

[IP-Masquerading]
Sie werden in der Literatur und in einigen Dokumentationen auch den Begriff *IP-Masquerading* finden. Mittlerweile werden »NAT« und »Masquerading« synonym verwendet. Genau genommen, bezeichnet IP-Masquerading die Tatsache, dass die IP-Adresse des ursprünglichen Rechners (192.168.0.2) hinter einer anderen (der öffentlichen des Routers, 212.23.22.22) verborgen wird.

Network Address Translation | Wenn Sie mit Ihrem Rechner über einen Router eine Verbindung ins Internet aufnehmen, wird die private IP-Adresse Ihres Rechners (zum Beispiel 192.168.0.2) in die öffentliche des Routers (zum Beispiel 212.23.22.22) übersetzt. Diese Form der Übersetzung wird als *Network Address Translation* (NAT) bezeichnet. Die Aufgabe des Routers besteht darin, sich zu merken, welche Datenpakete von außerhalb von welchen Rechnern im privaten Netzwerk angefordert wurden, und diese Pakete korrekt an die Rechner im internen Netzwerk zu verteilen.

Port Forwarding | Wenn Sie auf diese Weise ein Netzwerk mit dem Internet verbinden, werden Sie einen Rechner im lokalen Netzwerk nicht ohne Weiteres als öffentlich zugänglichen Server einsetzen können. Der Grund dafür ist, dass bei einer eingehenden Anfrage von außen, zum Beispiel für eine Webseite, der Router nicht in der Lage ist, das Ziel im internen Netzwerk zu ermitteln. Die Anfrage an eine Webseite wird vom Router verworfen. Eine Methode, solche Anfragen gezielt weiterzuleiten, wird *Port Forwarding* genannt. Hierbei wird der Router so konfiguriert, dass er eingehende Anfragen etwa auf Port 80 an einen bestimmten Rechner innerhalb des lokalen Netzwerks weiterleitet, auf dem ein Webserver aktiv ist.

UPnP | Es ist auch möglich, diese Weiterleitung automatisch zu konfigurieren. Hierbei findet unter anderem das auch von der AirPort-Basisstation unterstützte Protokoll Universal Plug and Play (UPnP) Verwendung. Hierbei teilen Programme wie Nachrichten mit, dass sie Verbindungen von außen erwarten und diese entgegennehmen möchten.

Tipp

Dabei ist es auch möglich, neben einer bestimmten IP-Adresse einen anderen Port als Ziel anzugeben. So können Sie intern einen Webserver konfigurieren, der auf Port 4000 lauscht. Den Router müssten Sie dann so konfigurieren, dass er eingehende Anfragen von außen auf Port 80, dem Standard für Hypertext, auf Port 4000 des Webservers im internen Netzwerk weiterleitet.

AirPort

Diese Beschreibung der Konfiguration einer aktuellen AirPort-Basisstation beschränkt sich auf die grundlegenden Funktionen, um über eine Verbindung mehrere Rechner ins Internet zu bringen, Ports bei Bedarf umzuleiten und über den DHCP-Server IP-Adressen zu vergeben. Das AirPort-Dienstprogramm ist in diesem Abschnitt das Hilfsmittel der Wahl. Vor der Konfiguration sollten Sie Ihren Rechner mit einem Ethernet-Kabel direkt mit der Basisstation verbinden.

◂ **Abbildung 16.50**
Eine unkonfigurierte Basisstation wird im Dienstprogramm oben links aufgeführt.

Erste Einstellungen | Die beste Möglichkeit, eine neue Basisstation neu zu konfigurieren, ist der Assistent im AirPort-Dienstprogramm. Sie können eine noch nicht konfigurierte Basisstation über die Schaltfläche oben links (Andere AirPort-Basisstationen) einrichten.

[IEEE]
Das Kürzel IEEE finden Sie bei vielen Protokollen und Abkürzungen. Es steht für *Institute of Electrical and Electronics Engineers*. Dieser nicht gerade kleine Verein zeichnet für die Standardisierung vieler Netzwerkprotokolle verantwortlich.

Der Assistent führt Sie in mehreren dokumentierten Schritten durch die grundlegende Installation. Im ersten Schritt geben Sie einen Namen für diese Basisstation an und dann ein Kennwort, das Sie später bei der nachträglichen Konfiguration eingeben müssen. Sie können hier auch festlegen, ob Sie ein neues drahtloses Netzwerk anlegen, eine bestehende Basisstation durch diese ersetzen oder die Basisstation mit einem schon existierenden Netzwerk verbinden möchten. Wenn Sie sich für die Anlage eines neuen drahtlosen Netzwerks entschieden haben, geben Sie im nächsten Schritt die Zugangsdaten für Ihren Internetanschluss an. Damit ist die Basisstation bereits konfiguriert und stellt eine Verbindung ins Internet her, die von allen angeschlossenen Geräten genutzt werden kann.

Tipp
Wählen Sie das Symbol INTERNET aus, dann erscheint ein kleines Fenster. Dieses enthält auch die IP-Adresse, die Ihrer Basisstation im Internet zugewiesen wurde.

Sie können Ihre Basisstation jederzeit über den Menüpunkt BASISSTATION • STANDARDEINSTELLUNGEN WIEDERHERSTELLEN auf den Werkszustand zurücksetzen und über das Menü oben links die Konfiguration erneut vornehmen.

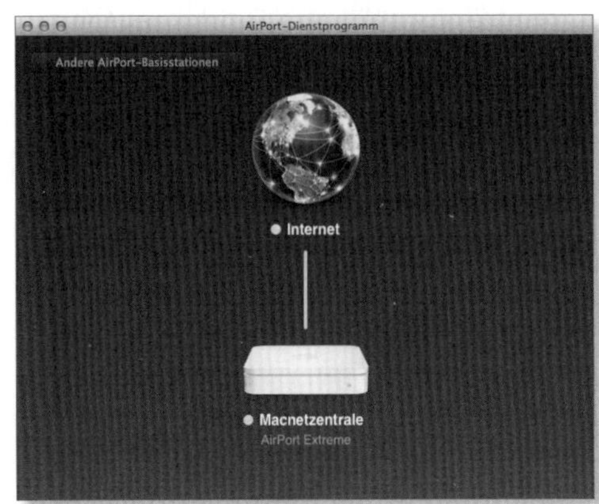

Abbildung 16.51 ▸
Die konfigurierte Basisstation stellt ein Netzwerk her und nimmt die Verbindung mit dem Internet auf.

Aktualisierung und Neustart
Damit die Änderungen wirksam werden, müssen Sie die Schaltfläche AKTUALISIEREN unten rechts anklicken. Die Aktualisierung erfordert einen Neustart der Basisstation, wobei alle Verbindungen zunächst unterbrochen werden. Bei einem noch aktiven Download führt dies wahrscheinlich zum Abbruch.

Manuelle Konfiguration | Während die so getroffenen Grundeinstellungen für viele Netzwerke schon ausreichen, kann sich etwas Handarbeit durchaus lohnen. Wenn Sie eine Basisstation auswählen, dann erscheint ein kleines Fenster, das Sie zunächst über den aktuellen Stand der Station informiert. Über die Schaltfläche BEARBEITEN können Sie dann die manuelle Konfiguration vornehmen.

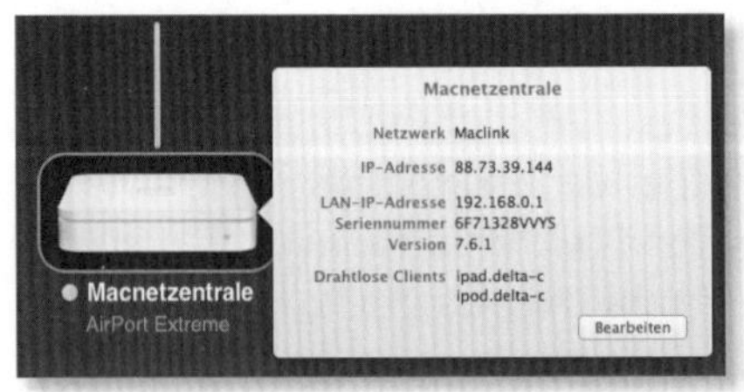

Abbildung 16.52 ▸
Wird eine Basisstation ausgewählt, dann werden auch die drahtlosen Clients angezeigt.

Schutz | In der Ansicht DRAHTLOS können Sie im Ausklappmenü SCHUTZ die Methode für die Verschlüsselung auswählen. Die Option PERSÖNLICHER WPA2 wäre, wenn möglich, in jedem Fall vorzuziehen. Die Verschlüsselung über WPA ist mittlerweile als eher unsicher zu betrachten. Für Windows XP gibt es ein entsprechendes Update von Microsoft, mit dem Sie die Unterstützung für WPA2 nachrüsten. Die Option FIRMENWEITER WPA setzt einen RADIUS-Server (siehe Abschnitt 21.1) voraus. Beim NETZWERKKENNWORT gelten die gleichen Richtlinien wie auch bei anderen Passwörtern.

WEP
Die deutlich schwächere WEP-Methode ist auch für kryptografisch weniger Versierte recht leicht zu brechen, und Sie sollten einen Einsatz nur dann in Erwägung ziehen, wenn die in Ihrem Netzwerk eingesetzten Betriebssysteme WPA partout nicht unterstützen können.

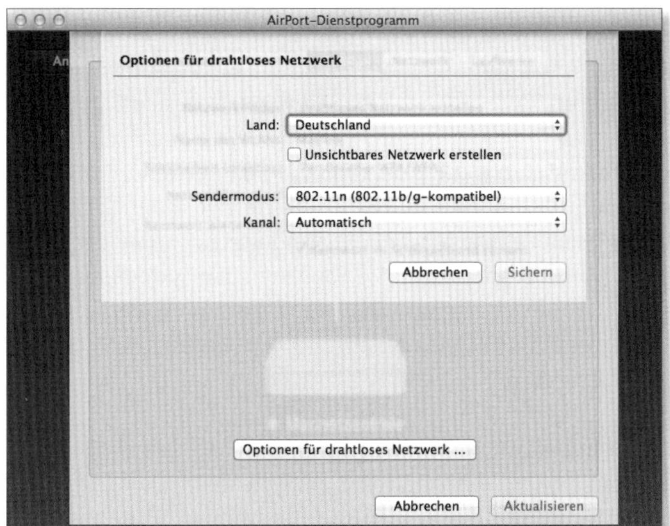

◂ Abbildung 16.53
In den OPTIONEN FÜR DRAHTLOSES NETZWERK legen Sie den SENDERMODUS fest.

IEEE 802.11 | Den Standard für drahtlose Netzwerke stellt seit Ende der 90er-Jahre IEEE 802.11 dar. In der ersten Version des Protokolls war die Datenübertragung naturgemäß noch etwas langsam, und so wurde der Standard mehrfach ergänzt und überarbeitet. Die Abwandlungen von 802.11 werden mit kleinen Buchstaben angegeben.

[802-11n]
Von Apple bereits sehr früh unterstützt wurde die aktuelle Variante 802.11n. Diese Ergänzung des Ursprungsprotokolls ist um ein Vielfaches schneller als die ersten Varianten. Im September 2009 wurde dieser Standard, der zuvor jahrelang diskutiert worden war, endgültig ratifiziert.

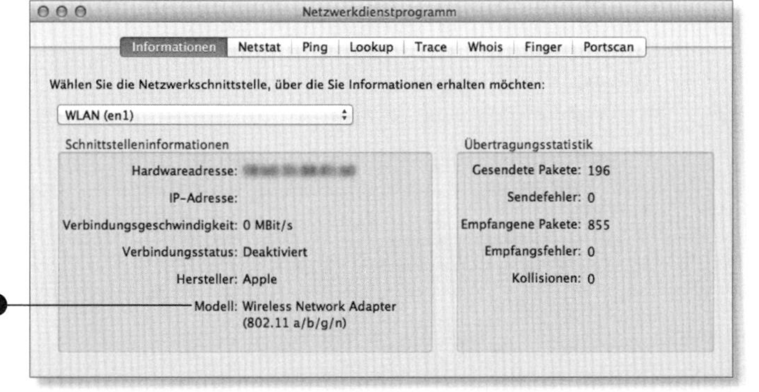

◂ Abbildung 16.54
Im Netzwerkdienstprogramm werden im Eintrag MODELL ❶ die unterstützten 802.11-Varianten angezeigt.

Die AirPort-Basisstation unterstützt vier Sendermodi. Während der neue Standard 802.1n in allen vier Modi verwendet wird, können Sie mit der Auswahl von 802.11B/G-KOMPATIBEL das Netzwerk auch für ältere AirPort-Karten, die lediglich 802.11b/g unterstützen, zugänglich machen. Es gibt eine Reihe von älteren AirPort-Karten, die lediglich 802.11b/g unterstützen. Sie ermitteln dies, indem Sie im Netzwerkdienstprogramm die INFORMATIONEN aufrufen und dort die AirPort-Karte – in Abbildung 16.54 ist es EN1 – auswählen. Dann finden Sie unter MODELL in Klammern die unterstützten 802.11-Varianten.

Das mit 802.11A-KOMPATIBEL zur Verfügung stehende 5-GHz-Frequenzband wird in erster Linie in der Industrie eingesetzt. Abhängig von Ihrem Standort erzielen Sie möglicherweise mit der Verwendung des 5-GHz-Frequenzbandes bessere Ergebnisse.

Unsichtbares Netzwerk | Sie können in den erweiterten Optionen auch festlegen, dass Ihr drahtloses Netzwerk unsichtbar sein soll. In diesem Fall muss bei der Verbindungsaufnahme der Name des Netzwerks bekannt sein. Sie können in den Systemeinstellungen bei der Herstellung der Verbindung die Option MIT ANDEREM NETZWERK VERBINDEN auswählen, und den Namen des Netzwerks manuell eingeben.

▲ **Abbildung 16.55**
Im Ausklappmenü NETZWERKNAME werden mit einer kurzen Verzögerung die erreichbaren und sichtbaren Netzwerke angezeigt.

Rechner ins WLAN einbinden | Einen Rechner können Sie in ein WLAN einbinden, indem Sie in den Systemeinstellungen in der Ansicht NETZWERK die WLAN-Karte auswählen. Zuerst müssen Sie hier, sofern dies noch nicht geschehen ist, WLAN AKTIVIEREN. Im Ausklappmenü NETZWERKNAME erscheint, wenn Sie einen kurzen Moment warten, eine Liste der erreichbaren und sichtbaren drahtlosen Netzwerke. Ein kleines Schloss hinter dem Namen signalisiert, dass ein Netzwerk eine Authentifizierung erfordert. Wird kein Schloss angezeigt, dann ist das Netzwerk offen. Über die Signalstärke der Netzwerke informiert Sie das Symbol rechts. Wählen Sie das gewünschte Netzwerk aus, fordert Sie das System zur Eingabe des Kennworts für das Netzwerk auf.

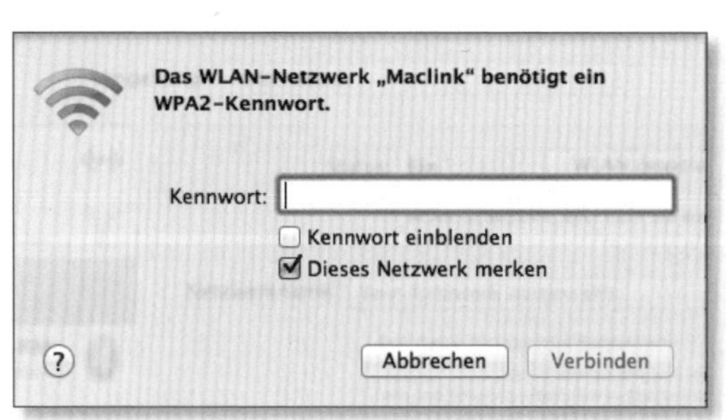

Abbildung 16.56 ▶
Das Netzwerk kann auch für die Zukunft vorgemerkt werden.

Wenn Sie DIESES NETZWERK MERKEN wählen, wird es in die über WEITERE OPTIONEN einsehbare Liste der bevorzugten Netzwerke aufgenommen. Stellt das System fest, dass bevorzugte Netzwerke in Reichweite sind, versucht es automatisch, eine Verbindung zu einem Netzwerk aufzunehmen. Beachten Sie, dass die Kennwörter der Netzwerke nicht nur in Ihrem persönlichen Schlüsselbund, sondern auch im Schlüsselbund SYSTEM gespeichert werden. Möchten Sie die automatische Anmeldung vermeiden, löschen Sie die Passwörter aus den Schlüsselbunden.

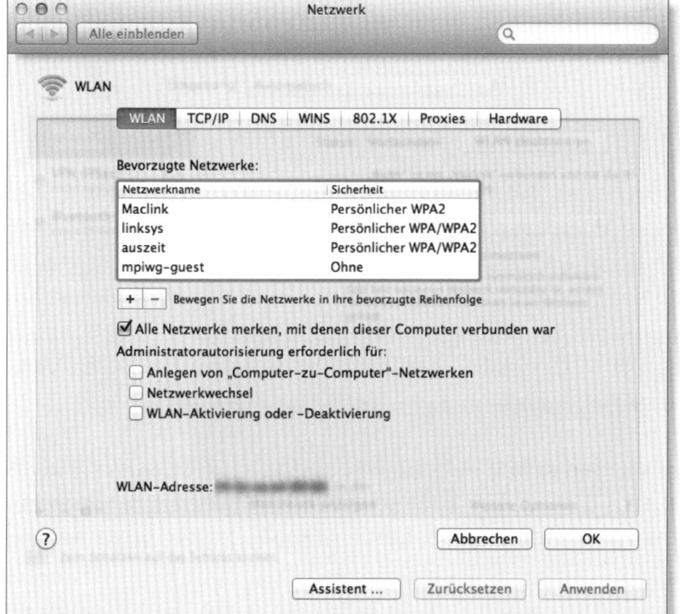

◄ **Abbildung 16.57**
In den weiteren Optionen geben Sie vor, ob sich das System alle Netzwerke merken soll, mit denen Sie sich verbunden haben.

DHCP konfigurieren | Die AirPort-Basisstation verfügt über einen konfigurierbaren DHCP-Server. In der Ansicht NETZWERK des AirPort-Dienstprogramms können Sie über die Schaltfläche NETZWERKOPTIONEN den IPV4-DHCP-BEREICH zunächst für das private Netzwerk, das Sie nutzen möchten, konfigurieren. In Abbildung 16.58 wurde ein Klasse-C-Netzwerk ausgewählt. Sie können dann außerdem vorgeben, welchen Bereich der IP-Adressen in diesem Netzwerk der DHCP-Server verwalten soll.

LDAP-Server
Nehmen Sie die Benutzerauthentifizierung in Ihrem Netzwerk mit einem Verzeichnisdienst wie Open Directory vor, können Sie den DHCP-Server anweisen, neben der Netzwerkkonfiguration auch gleich die IP-Adresse des Verzeichnisdienstes an die Rechner im Netzwerk zu übergeben.

Zwar geht der DHCP-Server durchaus ökonomisch bei der Zuweisung von IP-Adressen vor, aber in einigen Fällen möchten Sie wahrscheinlich bestimmten Geräten (etwa einen über CUPS eingebundenen Drucker) immer die gleiche IP-Adresse zuweisen.

Die DHCP-RESERVIERUNGEN erfüllen genau diesen Zweck. Sie finden diese in der normalen Ansicht NETZWERK. Über das Pluszeichen nehmen Sie für ein weiteres Gerät eine Reservierung vor.

Sie werden im ersten Eingabefeld nach einem Namen gefragt und können auswählen, ob Sie die IP-Adresse anhand der MAC-Adresse oder anhand einer DHCP-Client-ID (siehe Abschnitt 16.1) vergeben möchten. Darüber hinaus geben Sie die MAC-Adresse respektive Client-ID sowie die IP-Adresse ein.

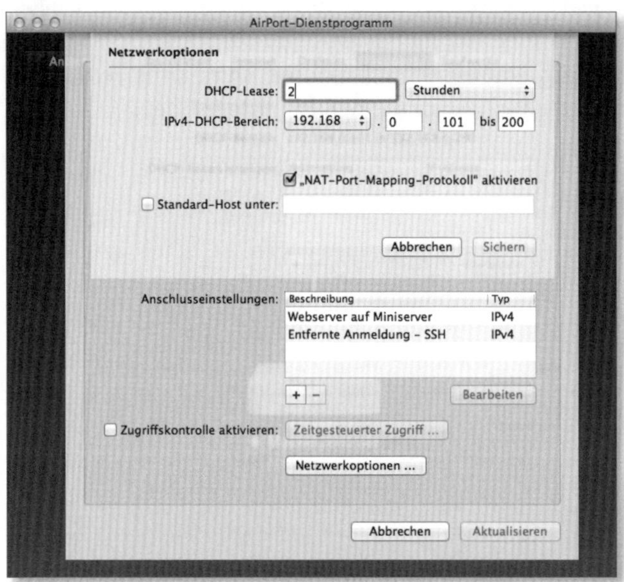

Abbildung 16.58 ▸
Über die NETZWERKOPTIONEN kann der Adressbereich des DHCP-Servers konfiguriert werden.

Die so reservierte IP-Adresse wird nun vom DHCP-Server zukünftig nur noch an das Gerät vergeben, das sich mit der vorgegebenen MAC-Adresse oder DHCP-Client-ID im Netzwerk meldet.

Abbildung 16.59 ▸
Über die DHCP-Reservierungen lassen sich IP-Adressen zentral verwalten.

/etc/services
Zwar verfügt das AirPort-Dienstprogramm bereits über eine kleine Liste von Netzwerkdiensten, bei denen die Weiterleitung eines Ports angebracht ist, aber die Liste ist ganz und gar nicht vollständig. Die bereits angesprochene Datei */etc/services* enthält eine Liste der bekannten und häufig genutzten Ports. Anzeigen lässt sich die Datei beispielsweise durch `less /etc/services`.

Port-Umleitung | Im AirPort-Dienstprogramm finden Sie in der Ansicht NETZWERK auch die Möglichkeit der ANSCHLUSSEINSTELLUNG. Diese Umleitung oder auch Weiterleitung (*Port Forwarding*) eines öffentlichen Netzwerk-Ports auf einen bestimmten Rechner im lokalen Netzwerk kann notwendig sein, wenn Sie einen Server im Internet zur Verfügung stellen möchten. Haben Sie keine Weiterleitung des Ports vorgenommen, würde der Router eingehende Anfragen auf dem Port 80, um beispielsweise eine Webseite aufzurufen, verwerfen. Leiten Sie den Port jedoch auf einen bestimmten Rechner in Ihrem lokalen Netzwerk weiter, dann weiß der Router, welcher Rechner für die Beantwortung dieser externen Anfrage zuständig ist. So ist es möglich, etwa den Port 80 auf einen internen Webserver weiterzuleiten und so einen eigenen Webserver im Internet verfügbar zu machen.

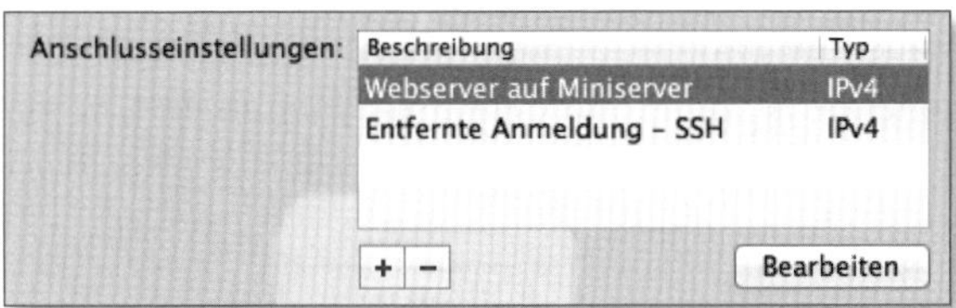

◂ **Abbildung 16.60**
Die umgeleiteten Netzwerk-Ports werden mit ihrer Beschreibung aufgelistet.

Über die Plus- und Minuszeichen fügen Sie neue Umleitungen hinzu und entfernen vorhandene. Fügen Sie eine neue Umleitung hinzu, dann öffnet sich ein Dialog. Über das Ausklappmenü Beschreibung steht Ihnen eine kleine Liste der gängigen Umleitungen zur Verfügung. Sie können auch einen beliebigen Text eingeben.

Um eine gezielte Weiterleitung vorzunehmen, müssen Sie die Ports, die der Server nutzt, zunächst in Erfahrung bringen. In der Regel finden Sie sie in der entsprechenden Dokumentation, sofern es sich nicht um einen de facto standardisierten Dienst wie die Entfernte Anmeldung SSH auf Port 22 handelt. Auch ist es wichtig, ob UDP oder TCP für die Kommunikation genutzt wird.

◂ **Abbildung 16.61**
Der rote Pfeil informiert über die Umleitung eines bereits genutzten Ports.

Unterschiedliche Ports | Die Umleitung eines öffentlichen Ports auf einen anderen privaten ist nützlich, um Dienste für das gleiche Protokoll von einem anderen Server ausliefern zu lassen. So könnten Sie den öffentlichen Port 80, auf dem Anfragen nach Webseiten eingehen, auf den privaten Port 8080 umleiten. Hier könnte beispielsweise ein Plone-Server in seiner Standardkonfiguration auf eingehende Anfragen nach Webseiten warten.

Tragen Sie dann den öffentlichen Port, auf dem die Anfragen aus dem Internet eingehen, und den privaten Port, auf dem Ihr Server im lokalen Netzwerk »lauscht«, ein. Ebenso müssen Sie die lokale IP-Adresse des Rechners, auf dem der Server läuft, angeben.

Über FORTFAHREN können Sie eine Bezeichnung für diese Umleitung vergeben, und nach einem Neustart der Basisstation werden eingehende Anfragen auf dem umgeleiteten Port zielgerichtet an den vorgegebenen Rechner in Ihrem lokalen Netzwerk weitergeleitet.

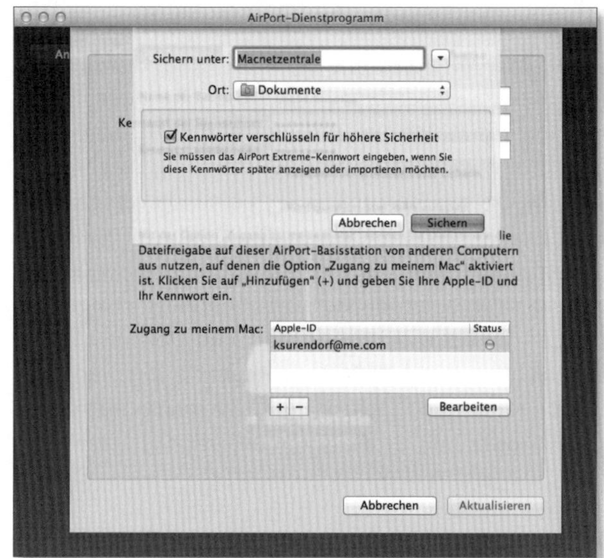

Abbildung 16.62 ▸ Einstellungen können Sie sichern und importieren.

Einstellungen exportieren | Wenn Sie Ihre Basisstation im Detail konfiguriert haben, dann kann es sich lohnen, die Einstellungen in einer Datei zu speichern. Der Menüpunkt ABLAGE • KONFIGURATIONSDATEI EXPORTIEREN steht Ihnen zur Verfügung, wenn Sie die erweiterten Optionen einer Basisstation eingeblendet haben. Es erscheint dann der Dialog zum Speichern einer Datei. Diese Datei mit der Endung *.baseconfig* können Sie später, wenn Sie die gespeicherten Einstellungen wiederherstellen möchten, über den Menüpunkt ABLAGE • KONFIGURATIONSDATEI IMPORTIEREN der aktuellen Konfiguration der Basisstation hinzufügen. Dies bedeutet, dass schon vorhandene Einstellungen erhalten bleiben, sofern in der Konfigurationsdatei keine Abweichungen vorgesehen sind.

Der Mac als Router: Internetfreigabe

Neben einem Router oder einer AirPort-Basisstation können Sie auch Ihren Rechner als Router nutzen. Wenn Sie über wenigstens eine Netzwerkschnittstelle mit dem Internet verbunden sind (PPPoE, AirPort), können Sie diese für den gemeinsamen Zugriff freigeben und Rechnern und Geräten, die über eine andere Schnittstelle angeschlossen werden, den Zugriff auf das Internet ermöglichen.

Internetfreigabe | Rufen Sie in den Systemeinstellungen den Bereich FREIGABEN auf, finden Sie dort auch den Dienst INTERNETFREIGABE. Wählen Sie ihn aus, dann müssen Sie zuerst unter VERBINDUNG FREIGEBEN den Anschluss angeben, der die Verbindung ins Internet herstellt. Wählen Sie dann aus, welche Anschlüsse von dieser Weiterleitung Gebrauch machen. In Abbildung 16.63 wurde die Weiterleitung für die Anschlüsse WLAN und FIREWIRE aktiviert.

AirPort
Sie können über Internet-Sharing und ein über Ihren Rechner angelegtes WLAN-Netzwerk auch eine De-facto-Basisstation aus Ihrem Rechner machen.

Aktivieren Sie dann den Dienst über das Häkchen vor INTERNETFREIGABE, und Ihr Rechner leitet Anfragen, die über die beiden Schnittstellen eingehen, ins Internet und die angeforderten Daten über die jeweilige Schnittstelle an den Rechner weiter, von dem die Anfrage ausging.

Hinweis
Unter Umständen verhindert der Dienst, dass Ihr Rechner in den Ruhezustand geht.

◂ Abbildung 16.63
Über die Systemeinstellung FREIGABEN geben Sie eine Schnittstelle für den gemeinsamen Zugriff auf das Internet frei.

Dämonen im Hintergrund | Wenn Sie einen Internetzugang freigeben, werden im Hintergrund drei Dämonen aktiv, die in der Summe das Internet-Sharing darstellen. Der Dämon `bootpd` erfüllt die Aufgabe eines einfachen, nicht weiter konfigurierten DHCP-Servers. Der Dämon `named` arbeitet als lokaler DNS-Server. Er holt sich, auf die Anfrage von einer Domäne wie *www.apple.*

»pf«
Zusätzlich zu den drei Dämonen wird die Firewall `pf` um einen sogenannten `anchor` ergänzt, der für die Weiterleitung der Pakete zuständig ist. Er konfiguriert die Firewall also so, dass die durchzuleitenden Pakete nicht abgewiesen, sondern an den richtigen Adressaten weitergeleitet werden.

com, die relevanten Daten von dem DNS-Server Ihres Providers und gibt sie an den anfragenden Rechner weiter. Schließlich übernimmt der Dämon `natpmpd` die Weiterleitung von Anfragen aus dem lokalen Netzwerk in das Internet.

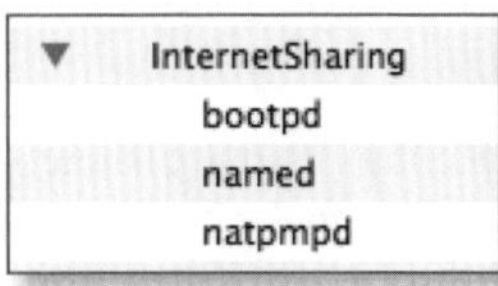

▲ **Abbildung 16.64**
Die Internetfreigabe wird über drei Dämonen realisiert.

Begrenzte Konfiguration | Die Konfiguration der Internetfreigabe lässt, zumindest mit den Mitteln der grafischen Oberfläche, keine weiteren Möglichkeiten zu. Der in früheren Versionen genutzte Dämon `natd` findet unter OS X 10.8 keine Verwendung mehr. Dem von OpenBSD übernommenen `natpmpd` können Sie zwar auch über eine bei der Standardinstallation nicht vorhandene Konfigurationsdatei im Verzeichnis /ETC Vorgaben machen, aber richtig praktikabel ist dieses Vorgehen, insbesondere bei den stark gesunkenen Kosten für Router, eigentlich nicht.

16.7 Virtual Private Network

[Tunneling]
Virtual Private Networks werden mit einem Tunneling-Verfahren realisiert. Bei einem *Tunneling* werden Daten in ein beliebiges anderes Protokoll regelrecht eingepackt. Vereinfacht gesagt: Die ursprüngliche Anfrage wird auf dem Rücken eines anderen Protokolls weitergegeben. Der Zielrechner muss diese speziellen Datenpakete übersetzen und regelrecht in ihre ursprüngliche Form wieder auspacken.

Mit einem virtuellen privaten Netzwerk (*Virtual Private Network* – VPN) ist es möglich, sich von einem beliebigen Standort mit einer beliebigen IP-Adresse in ein lokales Netzwerk einzuwählen.

Ein möglicher Grund für die Einrichtung eines VPN ist, dass ein Mitarbeiter einer Firma von zu Hause aus arbeitet und dabei auf das interne Firmennetzwerk zugreifen muss. Erfolgt die Verbindung über das Internet, könnten die Daten von potenziellen Angreifern abgefangen und ausgespäht werden.

Bei einem VPN wählt sich der Mitarbeiter über einen beliebigen Provider in das Internet ein. Anschließend nimmt er eine Verbindung zu dem VPN-Server seines Arbeitgebers auf und identifiziert sich. Der Rechner des Mitarbeiters leitet nun alle Datenpakete verschlüsselt an den VPN-Server des Arbeitgebers. Dieser entschlüsselt die Daten, gibt sie an die Rechner im lokalen Netzwerk weiter, verschlüsselt deren Antworten und schickt sie zurück an den Computer des Mitarbeiters. Für den Mitarbeiter stellt sich das Netzwerk nun so dar, als würde er im Büro seines Arbeitgebers arbeiten.

Drei Verfahren | OS X 10.8 unterstützt drei Verfahren, den Rechner in ein VPN zu integrieren. Das *Point-to-Point Tunneling Protocol* (PPTP) ist mittlerweile etwas veraltet und gilt nur noch begrenzt als sicher. Das *Layer 2 Tunneling Protocol* (L2TP) setzt auf einem *IPSec* (IP Security) genannten Verfahren auf, bei dem die IP-Pakete, die Ihr Rechner an den VPN-Server schickt, verschlüsselt werden. Die Verschlüsselung auf einer sehr niedrigen Ebene des OSI-Schichtenmodells gewährleistet eine weitgehend sichere Kommunikation. Darüber hinaus verfügt OS X 10.8 über einen Client für die VPN-Technologie von Cisco. Letztere wird häufig in sehr großen Organisationen eingesetzt.

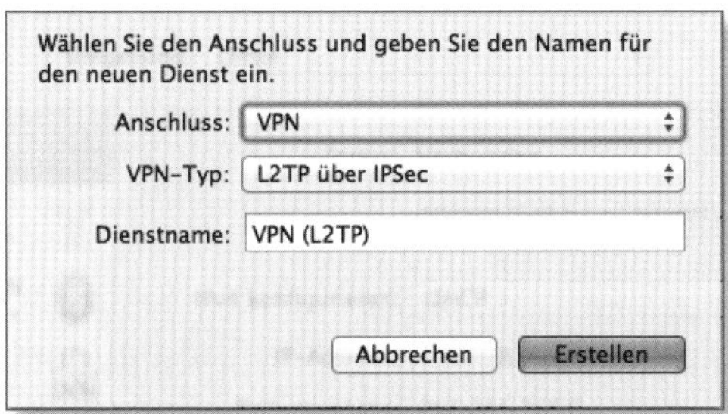

◂ Abbildung 16.65
Ein VPN wird als Netzwerkschnittstelle konfiguriert.

Equinux
Der kostenpflichtige VPN Tracker von Equinux (*http://www.equinux.com*) stellt eine Alternative zu den Treibern von Apple dar, mit der Sie manchmal bessere Ergebnisse erzielen können.

VPN konfigurieren | Ein VPN erstellen Sie in den Systemeinstellungen in der Ansicht NETZWERK, indem Sie über das Pluszeichen eine neue Netzwerkschnittstelle hinzufügen. Wählen Sie hier den ANSCHLUSS VPN und den passenden VPN-TYP.

◂ Abbildung 16.66
Ein VPN konfigurieren Sie zunächst wie eine Wählverbindung.

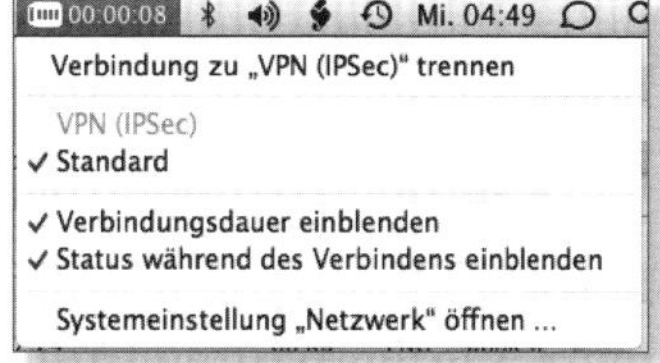

▴ Abbildung 16.67
Den VPN-Status können Sie sich über die Menüleiste anzeigen lassen.

Da die IP-Adressen bei einem VPN in der Regel über PPP (siehe Abschnitt 16.5.3) vergeben werden, verhält sich auch die Konfiguration eines VPN ähnlich der eines Modems. Zunächst müssen Sie die Adresse des VPN-Servers und einen Benutzernamen angeben. Da die VPN-Server in Bezug auf die Benutzer- oder Rechneridentifizierung immer etwas anders konfiguriert sind, können Sie über die Schaltfläche AUTHENTIFIZIERUNGSEINSTELLUNGEN weitere Details vorgeben. Oft wird ein »gemeinsames Geheimnis« (SHARED SECRET) verwendet, das Sie in diesem Fenster eingeben können.

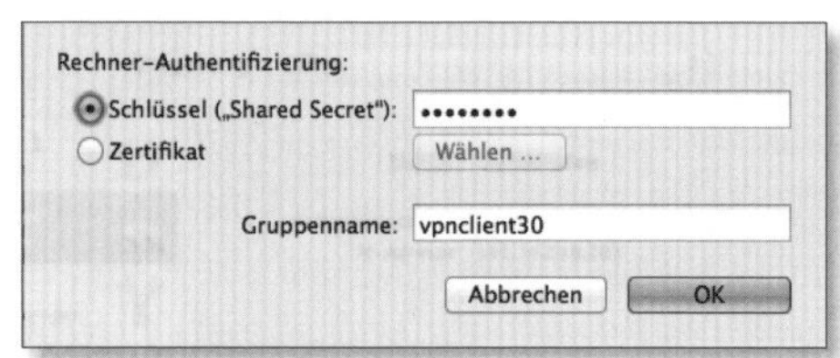

Abbildung 16.68 ▸
Die gemeinsamen Schlüssel geben Sie in einem separaten Dialog ein.

Protokoll
Die Verbindung in ein VPN wird im Protokoll *ppp.log* gespeichert, das Sie im Dienstprogramm Konsole in der Rubrik /VAR/LOG finden.

Weitere Optionen | Über die Schaltfläche WEITERE OPTIONEN können Sie auch bei einem VPN einige Details konfigurieren. Die wichtigste und möglicherweise fehlerträchtigste ist die Option GESAMTEN VERKEHR ÜBER VPN-VERBINDUNG SENDEN. Haben Sie diese Option aktiviert, werden andere Verbindungen nicht mehr beachtet, und der gesamte Datenverkehr wird ausschließlich über die VPN-Verbindung abgewickelt. Dies kann dazu führen, dass Sie nicht mehr auf das Internet zugreifen können, während Sie im VPN angemeldet sind.

Sie finden hier auch die Option VPN ON DEMAND. Sie können hier die Domains von VPNs vorgeben, zu denen Ihr System automatisch eine Verbindung herstellen soll.

Abbildung 16.69 ▸
In den weiteren Optionen kann der gesamte Datenverkehr über die VPN-Verbindung gelenkt werden.

16.8 Probleme im Netzwerk aufspüren

Auch mit soliden Kenntnissen sind Probleme und Fehler bei der Arbeit mit Netzwerken nicht selten. OS X 10.8 bringt einige Möglichkeiten mit, Problemen im Netzwerk gezielt auf die Spur zu kommen. Neben den Standardwerkzeugen Ping und Traceroute bietet Ihnen das Programm Netzwerkdiagnose eine Möglichkeit, gängige Fehler im Netzwerk zu finden.

Ping

Wenn eine Verbindung fehlschlägt, ist die Funktion Ping des Netzwerkdienstprogramms wohl die erste Anlaufstelle. Ping schickt speziell modifizierte Datenpakete an den Zielrechner. Verwendet wird das *Internet Control Message Protocol* (ICMP). Diesen Datenpaketen wird eine begrenzte Überlebensdauer (*Time to live*) mitgegeben. Sie verfallen, wenn sie nicht innerhalb dieser Zeitspanne beantwortet werden.

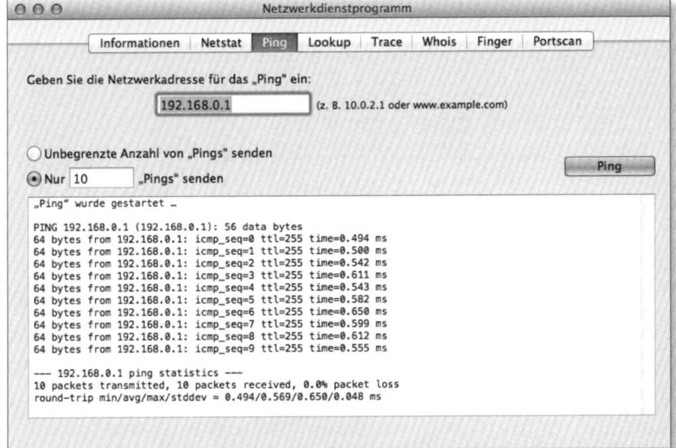

◂ **Abbildung 16.70**
Mit der Funktion Ping überprüfen Sie eine Verbindung auf ihre Funktion hin.

Ping analysieren | Um einen Rechner »anzupingen«, geben Sie im Netzwerkdienstprogramm im Reiter Ping seine IP-Adresse oder seinen Namen ein und klicken auf Ping. Laut Standardeinstellungen verschickt das Programm zehn Pakete und wartet auf eine Antwort.

Erhalten Sie alle Pakete zurück, funktioniert die IP-Verbindung an sich, und der Fehler wäre vielleicht bei einer Fehlkonfiguration eines Server-Dienstes oder der Firewall zu suchen.

Erhalten Sie die Pakete teilweise zurück, ist dies oft ein sicheres Zeichen dafür, dass die Verbindung eigentlich funktioniert, aber physikalische Ausfälle auftreten. Bei Verbindungen ins Internet können dies Ausfälle von Routern sein, oder die verwendeten Kabel sind im lokalen Netzwerk einfach von einer schlechten Qualität.

Bleibt Ihnen der angefragte Rechner alle Antworten schuldig, bedeutet dies meist, dass die Verbindung gestört ist oder das Netzwerk grundlegend falsch konfiguriert wurde.

Ping … keine Antwort!
Wenn Sie auf ein Ping keine Antwort erhalten, ist dies meist ein sicheres Zeichen dafür, dass die Verbindung physikalisch nicht funktioniert (Kabel?) oder bei der Konfiguration von IP-Adressen etwas grundlegend falsch gemacht wurde. Sie können aber bei einem fehlgeschlagenen Versuch mittels Ping nicht immer davon ausgehen, dass die Verbindung gestört ist. Wurde auf dem Zielrechner beispielsweise der Tarn-Modus der Firewall aktiviert, antwortet er grundsätzlich nicht auf ein Ping.

Traceroute

»traceroute« am Terminal
Am Terminal erzielen Sie mit dem Befehl `traceroute`, gefolgt von einer IP-Adresse oder einem Domainnamen, die gleiche Anzeige wie im Netzwerkdienstprogramm. In der Dokumentation von `traceroute` (`man traceroute`) können Sie sich bei Interesse über weitere Optionen des Programms informieren.

Wenn Sie den Weg der Datenpakete über die einzelnen Router im Internet genauer verfolgen möchten, können Sie sich der Funktion TRACE bedienen. Genauer müsste die Funktion eigentlich »Traceroute« heißen, denn sie verfolgt den Weg, den die Pakete über die einzelnen Router im Internet nehmen, und listet alle Router-Stationen auf, die die Datenpakete weitergeben.

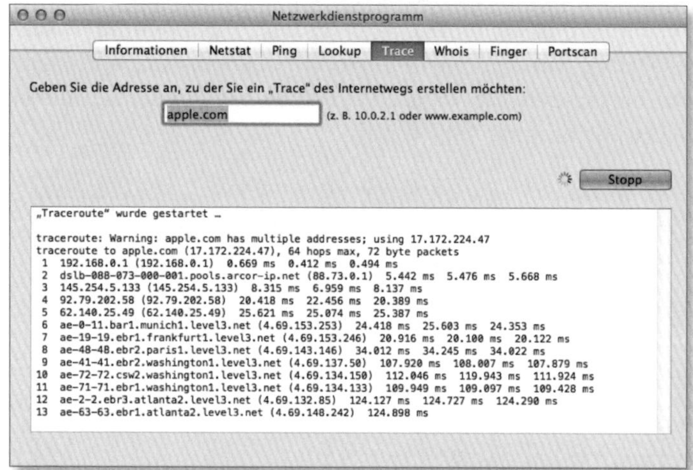

Abbildung 16.71 ▶
Bei Traceroute wird der Weg von Paketen über die Router verfolgt.

Sternchen
Wenn Ihnen bei der Ermittlung einer Wegstrecke mittels `traceroute` ab einer Stelle Sternchen angezeigt werden, ist es wahrscheinlich, dass dort eine Firewall die Pakete entgegennimmt. Einige Firewalls sind so konfiguriert, dass sie die Pakete zwar entgegennehmen, aber nicht darauf antworten.

Die Verbindung aus Abbildung 16.71 funktioniert, und wenn die Webseite nicht zu erreichen wäre, wäre wahrscheinlich der Webserver ausgefallen, oder die Firewall des lokalen Routers wäre falsch konfiguriert.

Netzwerkdiagnose

Treten Probleme bei einigen Programmen, insbesondere von Apple, auf, bieten Ihnen diese bei Verbindungsschwierigkeiten das Programm Netzwerkdiagnose an. Das Programm aus dem Ordner /SYSTEM/LIBRARY/CORESERVICES können Sie auch mit einem Doppelklick manuell starten.

Begrenzte Möglichkeiten | Das Programm arbeitet ähnlich wie die anderen Assistenten von Apple. Nachdem Sie eine zu diagnostizierende Netzwerkumgebung ausgewählt haben, prüft das Programm sie auf eine Reihe gängiger Fehler hin. Dabei hat es seine Grenzen. Wenn am Ethernet-Kabel kein DSL-Modem gefunden wurde, obwohl Sie diesen Anschluss für die Verwendung von PPPoE konfiguriert haben, erhalten Sie einen Hinweis. Ist hingegen zum Beispiel ein Router falsch konfiguriert oder blockiert eine Firewall gezielt den Port 80, erhalten Sie keinen Hinweis auf die möglichen Fehlerquellen.

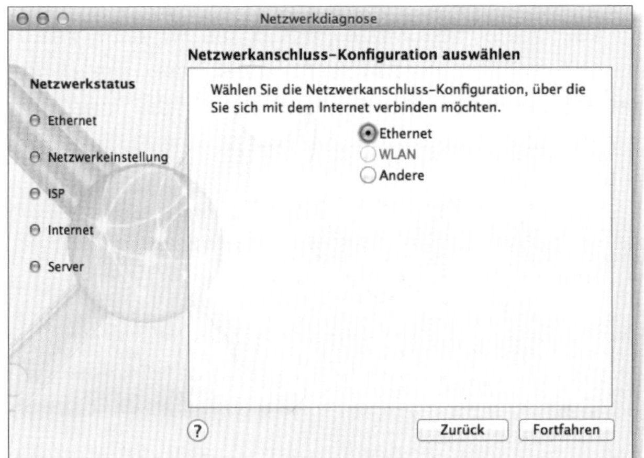

◀ **Abbildung 16.72**
Das Programm Netzwerkdiagnose arbeitet ähnlich wie die Assistenten von Apple eine Reihe gängiger Fragen und Problemquellen ab.

Das Programm ist ein guter Ausgangspunkt, um gängige Fehlkonfigurationen zu finden. Bei komplexeren Problemstellungen müssen Sie sich wahrscheinlich selbstständig auf die Suche machen.

WLAN-Diagnose

Sollten Sie bei der Verbindung mit einem drahtlosen Netzwerk auf Probleme stoßen, dann können Sie mit dem Programm WLAN-Diagnose genaue Protokolle erstellen. Sie finden das Programm ebenfalls im Verzeichnis /System/Library/CoreServices. Nach dem Start können Sie aus drei Optionen den Diagnosebericht auswählen. Sollten Sie den Netzwerkverkehr aufzeichnen wollen, dann weist Sie das Programm darauf hin, dass diese Aufzeichnung an Apple gesendet wird.

◀ **Abbildung 16.73**
Die Erstellung des Reports kann ein paar Minuten in Anspruch nehmen.

Wenn Sie einen Bericht erstellen, dann sammelt das Programm zunächst eine Reihe von Informationen. Diese werden dann in einem Archiv gespeichert, das Sie im Finder mit einem Doppelklick entpacken können. In dem Verzeichnis finden Sie dann Protokolle, die sich eher für sehr versierte Administratoren eignen, die vertrackten Problemen bei der Konfiguration auf die Spur kommen möchten.

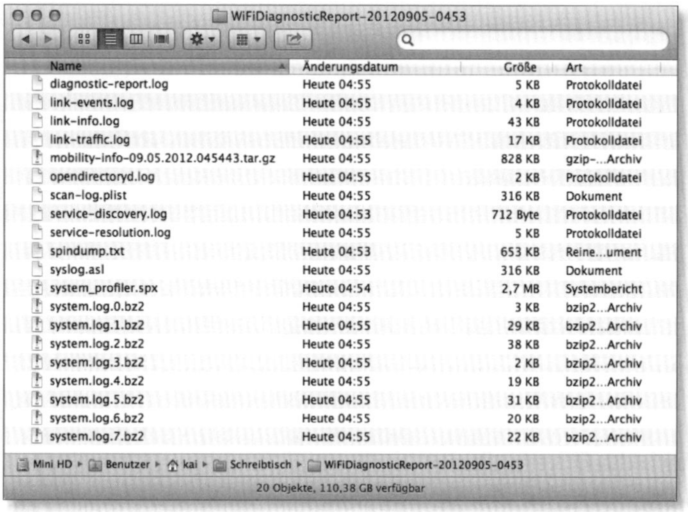

WiFiDiagnosticReport-20120905-0453

Name	Änderungsdatum	Größe	Art
diagnostic-report.log	Heute 04:55	5 KB	Protokolldatei
link-events.log	Heute 04:55	4 KB	Protokolldatei
link-info.log	Heute 04:55	43 KB	Protokolldatei
link-traffic.log	Heute 04:55	17 KB	Protokolldatei
mobility-info-09.05.2012.045443.tar.gz	Heute 04:55	828 KB	gzip-...Archiv
opendirectoryd.log	Heute 04:55	2 KB	Protokolldatei
scan-log.plist	Heute 04:55	316 KB	Dokument
service-discovery.log	Heute 04:53	712 Byte	Protokolldatei
service-resolution.log	Heute 04:55	5 KB	Protokolldatei
spindump.txt	Heute 04:53	653 KB	Reine...ument
syslog.asl	Heute 04:55	316 KB	Dokument
system_profiler.spx	Heute 04:54	2,7 MB	Systembericht
system.log.0.bz2	Heute 04:55	3 KB	bzip2...Archiv
system.log.1.bz2	Heute 04:55	29 KB	bzip2...Archiv
system.log.2.bz2	Heute 04:55	38 KB	bzip2...Archiv
system.log.3.bz2	Heute 04:55	2 KB	bzip2...Archiv
system.log.4.bz2	Heute 04:55	19 KB	bzip2...Archiv
system.log.5.bz2	Heute 04:55	31 KB	bzip2...Archiv
system.log.6.bz2	Heute 04:55	20 KB	bzip2...Archiv
system.log.7.bz2	Heute 04:55	22 KB	bzip2...Archiv

Mini HD ▸ Benutzer ▸ kai ▸ Schreibtisch ▸ WiFiDiagnosticReport-20120905-0453

20 Objekte, 110,38 GB verfügbar

Abbildung 16.74 ▸
Das Programm WLAN-Diagnose erstellt eine Sammlung von Protokollen.

Weitere Möglichkeiten

Neben dem Netzwerkdienstprogramm und der Netzwerkdiagnose bietet OS X 10.8 am Terminal eine Reihe von Werkzeugen, die Ihnen bei der Analyse Ihres Netzwerks und dessen Verbindungen behilflich sind. Es würde den Rahmen dieses Kapitels sprengen, detailliert auf diese Programme einzugehen. Sie benötigen für den effizienten Einsatz dieser Programme weitere Kenntnisse in TCP/IP, die dieses Kapitel in seinem bescheidenen Umfang nicht vermitteln kann.

Wireshark
Bei komplexen Problemen (z. B. zu niedriger Datendurchsatz) bietet das Programm Wireshark eine gute Möglichkeit, Fehlern und Problemen auf die Spur zu kommen. Das auch unter seinem alten Namen »Ethereal« bekannte Programm ist Open Source, steht Ihnen auf der Webseite *www.wireshark.org* zum Download zur Verfügung, ist umfassend dokumentiert und nutzt den X11-Server für die Darstellung.

Stichwortartig wäre auf jeden Fall das Programm `netstat` zu nennen. Neben der schon beschriebenen Anzeige der Standardrouten verfügt `netstat` über eine Vielzahl von Funktionen, mit denen Sie auch das Verhalten einzelner Anschlüsse überprüfen können.

Der Befehl `tcpdump`, auszuführen als Super-User mit `sudo tcpdump`, zeigt Ihnen bestehende TCP-Verbindungen Ihres Rechners an. Hier müssen Sie die Option `-i`, gefolgt vom Kürzel der Netzwerkschnittstelle (siehe Abschnitt 16.1), nutzen, um sich die ein- und ausgehenden Datenpakete anzeigen zu lassen. Mit `sudo tcpdump -i en0` überwachen Sie die Netzwerkschnittstelle mit dem Kürzel `en0`. Die fortlaufende Anzeige können Sie mit [⌘] + [.] (Punkt) abbrechen.

```
kai — bash — 192×15 — ⌘1
MacPro:~ kai$ sudo tcpdump -i en0
Password:
tcpdump: verbose output suppressed, use -v or -vv for full protocol decode
listening on en0, link-type EN10MB (Ethernet), capture size 65535 bytes
05:11:58.154164 IP jangle.cacetech.com.http > 192.168.0.103.59347: Flags [.], seq 3335911062:3335912450, ack 1158194325, win 14, options [nop,nop,TS val 202111797 ecr 859693182], length 1388
05:11:58.155912 IP jangle.cacetech.com.http > 192.168.0.103.59347: Flags [.], seq 1388:2776, ack 1, win 14, options [nop,nop,TS val 202111797 ecr 859693182], length 1388
05:11:58.155966 IP 192.168.0.103.59347 > jangle.cacetech.com.http: Flags [.], ack 2776, win 21080, options [nop,nop,TS val 859693322 ecr 202111797], length 0
05:11:58.157912 IP jangle.cacetech.com.http > 192.168.0.103.59347: Flags [.], seq 2776:4164, ack 1, win 14, options [nop,nop,TS val 202111800 ecr 859693204], length 1388
05:11:58.157976 IP 192.168.0.103.59347 > jangle.cacetech.com.http: Flags [.], ack 4164, win 21167, options [nop,nop,TS val 859693323 ecr 202111800], length 0
05:11:58.159535 IP jangle.cacetech.com.http > 192.168.0.103.59347: Flags [.], seq 4164:5552, ack 1, win 14, options [nop,nop,TS val 202111800 ecr 859693204], length 1388
05:11:58.161533 IP jangle.cacetech.com.http > 192.168.0.103.59347: Flags [.], seq 5552:6940, ack 1, win 14, options [nop,nop,TS val 202111800 ecr 859693204], length 1388
05:11:58.161587 IP 192.168.0.103.59347 > jangle.cacetech.com.http: Flags [.], ack 6940, win 21080, options [nop,nop,TS val 859693325 ecr 202111800], length 0
05:11:58.163616 IP jangle.cacetech.com.http > 192.168.0.103.59347: Flags [.], seq 6940:8328, ack 1, win 14, options [nop,nop,TS val 202111800 ecr 859693204], length 1388
05:11:58.165290 IP jangle.cacetech.com.http > 192.168.0.103.59347: Flags [.], seq 8328:9716, ack 1, win 14, options [nop,nop,TS val 202111800 ecr 859693204], length 1388
05:11:58.167463 IP jangle.cacetech.com.http > 192.168.0.103.59347: Flags [.], seq 9716:11104, ack 1, win 14, options [nop,nop,TS val 202111800 ecr 859693204], length 1388
```

▲ **Abbildung 16.75**
Der Befehl `tcpdump` gibt den gesamten Netzwerkverkehr am Terminal aus.

16.9 Network Link Conditioner

Sie können unter *http://developer.apple.com/downloads* die Hardware IO Tools for Xcode herunterladen. Zu diesen gehört auch der Network Link Conditioner. Hierbei handelt es sich um eine Erweiterung für die Systemeinstellungen, die Sie über einen Doppelklick im Finder installieren können. Die Aufgabe dieser Ansicht besteht darin, den Netzwerkverkehr zu drosseln. Auf den ersten Blick mag dies widersinnig wirken, weil sich jeder Anwender eine möglichst schnelle Übertragung wünscht. Wenn Sie aber Programme für das iPhone oder Webseiten entwickeln, dann hilft Ihnen diese Drosselung bei der Einschätzung, wie lange Ihr Programm für den Start oder den Abruf von Daten braucht. Nützlich ist dies auch bei der Erstellung von Webseiten, da Sie auf diese Weise kontrollieren können, wie lange es dauern würde, wenn Ihre Webseite mit einer langsamen Verbindung aufgerufen würde.

Weitere Profile
Wenn Sie die Ansicht entsperren, können Sie über die Schaltfläche Manage Profiles eigene Verbindungstypen erstellen.

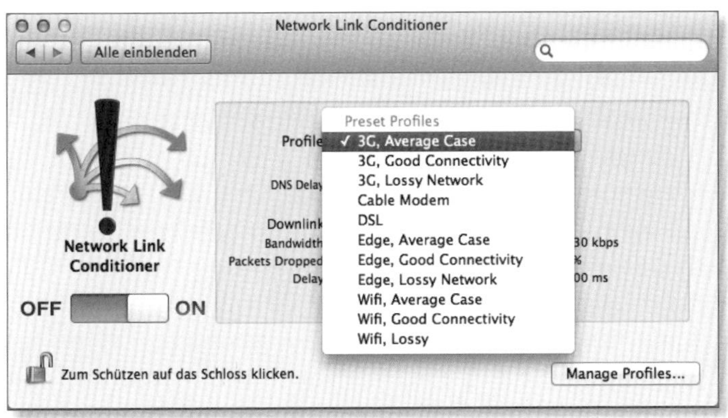

◄ **Abbildung 16.76**
Die Ansicht Network Link Conditioner enthält bereits einige Profile.

Kapitel 17
Anwendungen im Netzwerk

Ein Netzwerk ist kein Selbstzweck, und neben der Einbindung von Freigaben, die ich im nächsten Kapitel bespreche, bringt OS X 10.8 eine Reihe von leistungsfähigen Anwendungen und Funktionen für die Arbeit im Netzwerk mit.

Außer der Anmeldung an einem Rechner, die unter anderem mit Kerberos erfolgen kann, gibt es einige Möglichkeiten, Rechner über das Netzwerk fernzusteuern und zu administrieren. Die Sicherheit im Netzwerk spielt heutzutage eine große Rolle, und OS X 10.8 bringt zum Schutz eine etwas eigenwillige, aber funktionsfähige Firewall mit. Schließlich lassen sich Benutzerkonten in größeren Netzwerken in einem Verzeichnisdienst zentral verwalten. Ihre Einrichtung erfolgt mit dem über die Systemeinstellungen aufzurufenden Programm.

17.1 Die Ansicht »Netzwerk«

Bevor Sie überhaupt eine Anwendung ausführen oder einen freigegebenen Ordner aktivieren können, müssen Sie erst einmal den anderen Rechner im Netzwerk finden. Wenn Sie in einem kleinen Netzwerk mit nicht mehr als zehn Rechnern arbeiten, können Sie sich die IP-Adressen noch leicht merken, in einem größeren Netzwerk ist diese Methode aber kaum praktikabel.

Rechner finden

Ansicht »Netzwerk«
⌘ + ⇧ + K

Sofern in Ihrem Netzwerk kein eigener konfigurierter DNS-Server für die Vergabe von Rechnernamen zuständig ist, verwendet OS X

10.8 in erster Linie Bonjour, um andere Rechner im Netzwerk zu finden. Im Finder lassen Sie sich die von Ihrem System gefundenen Rechner im Netzwerk in der Ansicht NETZWERK anzeigen, die Sie auch über den Kurzbefehl [⌘] + [⇧] + [K] erreichen.

Abbildung 17.1 ▼
Die Ansicht NETZWERK zeigt alle gefundenen Rechner an.

Seitenleiste
Ob Ihnen alle gefundenen Rechner oder nur diejenigen, mit denen Sie bereits eine Verbindung aufgebaut haben, in der Seitenleiste angezeigt werden, geben Sie in den Einstellungen des Finders vor.

Die Ansicht enthält laut Standardeinstellungen alle gefundenen Rechner und versieht diese mit einem Icon, das das verwendete Betriebssystem und auch das Rechnermodell symbolisiert. So erscheinen ein MacBook oder ein Mac mini, bei denen mindestens Mac OS X 10.5 genutzt wird, in der Ansicht entsprechend als MacBook oder Mac mini. Rechner, die mit Mac OS X in der Version 10.4 oder früher betrieben werden, erscheinen in dieser Übersicht als iMac. Die Differenzierung nach Modellen ist eigentlich nur Kosmetik, hilft aber, den gesuchten Rechner schneller zu identifizieren.

Abbildung 17.2 ▶
Damit Windows-Rechner im Finder erscheinen, muss oft die Freigabe für Windows aktiviert werden.

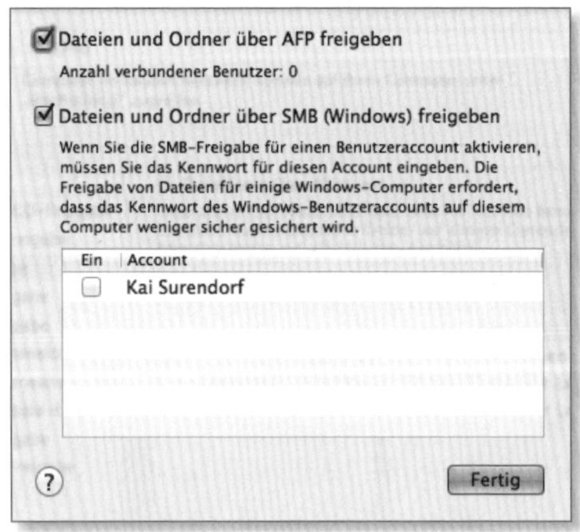

Ein Rechner, der seine Freigaben über SMB bereitstellt und bei dem es sich meistens um ein Windows-System (PC) handelt, wird in fast schon gehässiger Weise mit einem Bluescreen, dem Signal eines System-Absturzes unter Windows, angezeigt.

Unter welchem Namen Ihr Rechner im Netzwerk auftritt, legen Sie in den Systemeinstellungen in der Ansicht FREIGABEN fest. Sie sollten einen möglichst kurzen GERÄTENAMEN wählen und darin keine Umlaute, Sonder- und Leerzeichen verwenden.

PC-Server im Netzwerk | Die Anzeige von Windows-Rechnern im Finder scheint manchmal etwas willkürlich zu sein. Zunächst sollten Sie in der Ansicht FREIGABEN für die DATEIFREIGABE über OPTIONEN die DATEIEN UND ORDNER ÜBER SMB (WINDOWS) FREIGEBEN. Dies ist je nach Ihrer Netzwerkkonfiguration oft eine Voraussetzung dafür, dass die Namensauflösung für Windows-Rechner funktioniert. Sie können dabei problemlos keines der eingerichteten Benutzerkonten für die Freigabe über SMB auswählen, sondern einfach nur den Dienst aktivieren.

Zeitverzögerung
Die Kommunikation der Namen erfolgt bei Windows-Freigaben in Intervallen von bis zu einigen Minuten. Es kann also sein, dass die Windows-Rechner in Ihrem Netzwerk nacheinander mit einer zeitlichen Verzögerung erscheinen oder verschwinden.

Bei der Kommunikation dieser Namen über das NetBIOS-Protokoll von Microsoft handeln im Netzwerk vorhandene Systeme untereinander aus, wer als die zentrale Instanz fungiert. Dieser Rechner wird auch als *Master Browser* bezeichnet. Dieser Fall tritt ein, wenn kein zentraler Server (WINS-Server) die Namensgebung für dieses Protokoll übernimmt. Mit diesem Verfahren soll die Kommunikation der Rechnernamen im Netzwerk etwas effizienter verlaufen.

»smbutil« | Befinden sich in Ihrem Netzwerk Rechner, die über SMB Freigaben bereitstellen, und erscheinen diese nicht in der Ansicht NETZWERK im Finder, dann können Sie am Terminal mit dem Befehl `smbutil` zunächst prüfen, ob die Auflösung der Namen in IP-Adressen überhaupt funktioniert und welcher Rechner die Funktion des Master Browsers übernommen hat.

Weitere Funktionen
Der Befehl `smbutil` ist bei der Arbeit mit SMB-Freigaben ganz nützlich. Über die Option `view` und einen Servernamen, dem Sie `//` voranstellen müssen, können Sie die aktivierten Dienste auf einem System abfragen. Der Aufruf lautet beispielsweise `smbutil view //Rechner`. Die Dokumentation von `smbutil`, die Sie am Terminal mit `man smbutil` aufrufen, weist Sie auf ein paar weitere Funktionen hin.

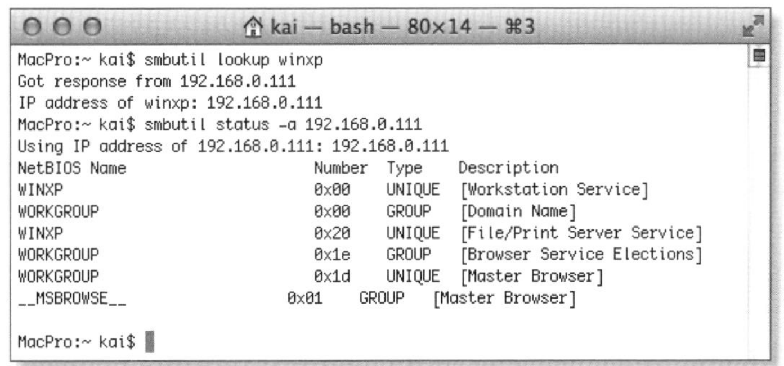

◄ **Abbildung 17.3**
Der Befehl `smbutil` hilft bei der Suche nach Rechnern.

Mit der Eingabe `smbutil lookup Rechnername` wird das Netzwerk nach einem Rechner mit dem angegebenen Namen durchsucht. Ist die Suche erfolgreich, dann wird die IP-Adresse des Rechners ausgegeben. Umgekehrt finden Sie durch die Eingabe von `smbutil status IP-Adresse` den Namen eines Rechners heraus. Geben Sie hier zusätzlich die Option `-a` vor, dann werden Ihnen alle NetBIOS-Namen aufgelistet. Finden Sie hier auch die Angabe `__MSBROWSE__`, dann handelt es sich um den Master Browser dieser Arbeitsgruppe.

Firewall
Funktioniert die Namensauflösung, dann werden die Rechner auch dann im Finder angezeigt, wenn die Firewall alle eingehenden Verbindungen blockieren soll. Es ist bei der restriktiven Einstellung der Firewall allerdings nicht möglich, eine Freigabe auf einem Windows-Rechner einzubinden.

Stoßen Sie bei der Namensauflösung für Windows-Rechner auf Probleme, dann ist eine mögliche Lösung, Rechnern unter OS X 10.8 nicht die Rolle als Master Browser zuzugestehen und diese Aufgabe einem Windows-Rechner zu überlassen. Sollte ein OS X-Rechner die Rolle des Master Browsers übernommen haben, dann deaktivieren Sie auf diesem System zunächst die Dateifreigabe von Ordnern über SMB für einige Minuten. In diesem Zeitraum handeln die Systeme im Netzwerk einen neuen Master Browser aus. Eine einfache Lösung wäre auch, die Windows-Rechner im Netzwerk als Erstes zu starten. Da in diesem Fall kein OS X-Rechner an der Diskussion, wer die Rolle des Master Browser übernimmt, beteiligt ist, wird dies in der Regel ein Windows-Rechner übernehmen.

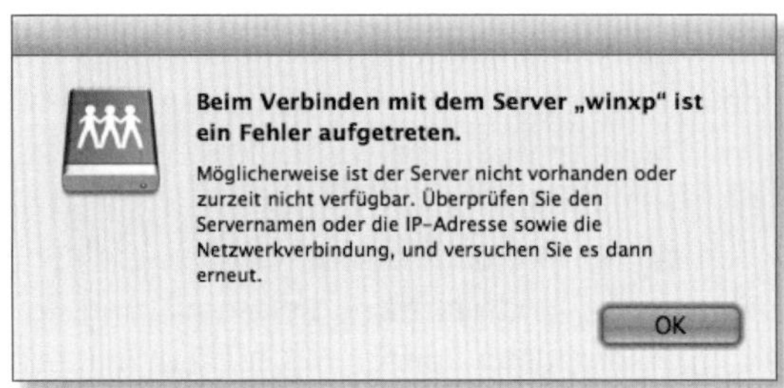

Abbildung 17.4 ▸
Die Firewall blockiert möglicherweise die Verbindungsaufnahme zu einem Windows-Rechner.

Arbeitsgruppe bestimmen | Unter Windows werden die Rechner meist in einer Arbeitsgruppe zusammengefasst, die unter anderem dazu dient, die Anzeige im Windows-Explorer zu strukturieren.

Mit OS X 10.8 fügen Sie sich in eine Arbeitsgruppe ein, indem Sie in den Systemeinstellungen in der Ansicht NETZWERK die erweiterten Optionen der entsprechenden Netzwerkschnittstelle aufrufen. Sie finden dort einen Reiter WINS. Als NETBIOS-NAME ist hier bereits der Gerätename, den Sie unter FREIGABEN vergeben haben, eingetragen. Wenn Ihr Rechner im Windows-Netzwerk unter einem anderen Namen auftreten soll, können Sie diesen hier ändern. Darunter finden Sie die ARBEITSGRUPPE, die Sie analog zu den anderen Rechnern in Ihrem Netzwerk eingeben können. Der Standard ist WORKGROUP.

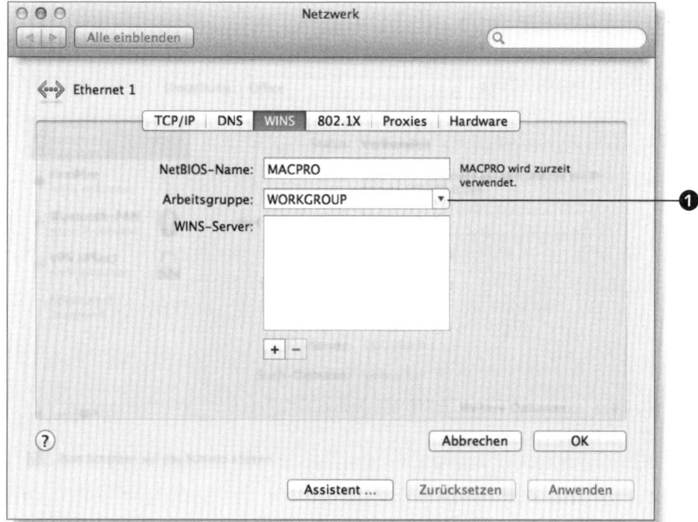

◂ **Abbildung 17.5**
Die ARBEITSGRUPPE ❶ legen Sie in den erweiterten Optionen der Netzwerkschnittstelle fest.

»Verbinden als« und Kerberos-Tickets

In der Seitenleiste im Finder werden Ihnen in der Rubrik FREIGABEN nur die Computer aufgelistet. Die Bezeichnung ist insofern etwas irreführend, weil hier nicht direkt die Freigaben an sich, sondern die Systeme, die die Freigaben anbieten, aufgeführt werden. Neben den Ordnern wird, sofern dieser Dienst über Bonjour kommuniziert wird, auch die Bildschirmfreigabe angezeigt.

◂ **Abbildung 17.6**
Zunächst werden nur die Freigaben für den Gastbenutzer präsentiert (links). Nach der Authentifizierung stehen alle Freigaben für den Benutzer zur Verfügung (rechts).

Wählen Sie im Finder einen Rechner aus, dann werden Ihnen zunächst nur die Freigaben präsentiert, auf die der Gastbenutzer Zugriff hat. Klicken Sie nun die Schaltfläche VERBINDEN ALS an, dann können Sie einen Benutzernamen und ein Kennwort eingeben. Sofern Sie das Kennwort im Schlüsselbund speichern, greift der Finder zukünftig automatisch auf die gespeicherten Zugangsdaten zurück. Nach der Authentifizierung erhalten Sie Zugriff auf alle für dieses Benutzerkonto vorgesehenen Freigaben und können diese einbinden.

Abbildung 17.7 ▶
Den Dialog zur Eingabe eines Benutzernamens können Sie über die Taste `alt` erzwingen.

Kerberos und Apple-ID | Haben Sie für Ihr Benutzerkonto eine Apple-ID festgelegt und ist auf dem anderen Rechner ebenfalls ein Benutzerkonto mit dieser Apple-ID vorhanden, dann wird Ihnen wahrscheinlich ein Kerberos-Ticket ausgestellt. Ob Ihr Benutzerkonto mit einer Apple-ID verbunden ist, können Sie in den Systemeinstellungen in der Ansicht BENUTZER & GRUPPEN prüfen. Sie finden dort bei Ihrem Benutzerkonto eine eventuell vorhandene Apple-ID und können diese gegebenenfalls auch ändern.

Heimdal statt MIT
Während Apple unter Mac OS X 10.5 und 10.6 auf die Kerberos-Implementierung des MIT setzte, wird seit OS X 10.7 Heimdal genutzt. Dabei gingen einige Funktionen verloren. So war unter Mac OS X 10.6 die automatische Zuteilung eines Kerberos-Tickets für ein Benutzerkonto ohne Apple-ID möglich.

Unter OS X 10.8 versucht Ihr System bei einer vorhandenen Apple-ID, sich mit dieser an dem anderen Rechner anzumelden. Ist auf dem anderen System ebenfalls ein Benutzerkonto mit dieser Apple-ID vorhanden, dann wird sie zur Authentifizierung automatisch herangezogen. Dies können Sie daran erkennen, dass Sie im Finder in dem Eintrag VERBUNDEN ALS Ihre Apple-ID anstelle des Namens Ihres Benutzerkontos erhalten, also beispielsweise KSURENDORF@ME.COM anstelle von KAI.

Kerberos-Ticket | Bei Kerberos handelt es sich um eine Authentifizierungsmethode, die mit Tickets arbeitet und die sonst nur in den Server-Varianten von Mac OS X und Windows in Verbindung mit einem Verzeichnisdienst Verwendung findet. Da die Eingabe des Passworts höchstens einmal vom Anwender verlangt wird – in diesem Beispiel wird das Kennwort aus dem Schlüsselbund genutzt –, wird im Zusammenhang mit Kerberos auch von *Single Sign-on* gesprochen.

»Zugang zu meinem Mac«
Die Nutzung von Kerberos ist ein wesentlicher Bestandteil der Funktion ZUGANG ZU MEINEM MAC (siehe Abschnitt 17.4).

Die Funktionsweise von Kerberos besteht darin, dass Tickets ausgestellt werden. Diese Tickets enthalten die Zugangsberechtigung, entweder zu dem Rechner oder zu einem Dienst wie der Bildschirmfreigabe oder der Freigabe von Ordnern über AFP und SMB.

◄ **Abbildung 17.8**
Mit dem Befehl `klist` können Sie Tickets einsehen und löschen.

Ob Ihnen ein Kerberos-Ticket zugeteilt wurde, können Sie über das Programm Ticket-Viewer im Ordner /SYSTEM/LIBRARY/CORESERVICES oder über den Befehl `klist` am Terminal in Erfahrung bringen. Zugeteilte Tickets, die ungefähr zehn Stunden gültig sind, werden Ihnen dort aufgelistet. Über die Schaltfläche IDENTITÄT ENTFERNEN können Sie ein Ticket löschen.

Hinweis
Wenigstens unter OS X 10.8.1 erfolgt die Anzeige der Tickets mit einer Verzögerung, manchmal auch gar nicht. Die Ausgabe des Befehls `klist` ist in jedem Fall korrekt.

◄ **Abbildung 17.9**
Die Anzeige der Tickets im Ticket-Viewer erscheint mit einer Verzögerung.

Authentifizierung erzwingen | Wurde auf beiden Rechnern dieselbe Apple-ID eingerichtet, dann wird diese automatisch für die Authentifizierung genutzt. Dies ist in Einzelfällen unerwünscht, wenn Sie sich mit einem anderen Benutzerkonto an dem System anmelden möchten. In diesem Fall TRENNEN Sie zunächst die Verbindung und halten die Taste `alt` beim Klick auf die Schaltfläche VERBINDEN ALS gedrückt. So erzwingen Sie den in Abbildung 17.7 dargestellten Dialog, und Sie können einen Benutzernamen eingeben.

17.2 Rechner fernsteuern

Gründe, einen Rechner über das Netzwerk zu steuern, gibt es einige. Wenn Sie mehrere Rechner zu verwalten haben, spart Ihnen eine entfernte Anmeldung einiges an Zeit und Aufwand. Darüber hinaus können Sie, insbesondere über die Freigabe des Bildschirms im Programm Nachrichten, Freunden und Bekannten recht einfach Hilfestellung leisten oder bei der Arbeit über die virtuelle Schulter schauen.

Daneben steht Ihnen die entfernte Anmeldung über die Secure Shell (SSH) zur Verfügung, die sicher nicht so komfortabel, aber dafür schneller und effizienter ist. Strom sparen und dennoch

Apple Remote Desktop
Wenn Ihnen die in diesem Abschnitt vorgestellten Methoden und Verfahren nicht ausreichen und Sie mehrere OS X-Rechner in einem Netzwerk zentral verwalten und administrieren wollen, sollten Sie den Erwerb von Apple Remote Desktop in Erwägung ziehen. Das Programm bietet einige zusätzliche Funktionen für die Verwaltung von Rechnern über das Netzwerk.

jederzeit auf einen Rechner im Netzwerk zugreifen können Sie mit der Funktion WAKE ON LAN, die den betreffenden Rechner über ein »magisches Paket« aufweckt.

Entfernte Anmeldung mit SSH

Telnet, »rlogin« ...
Neben SSH wurden in der langen Geschichte von UNIX einige weitere Werkzeuge entwickelt, um sich an einem entfernten Rechner anzumelden. Auf den Einsatz von Methoden wie Telnet sollten Sie grundsätzlich verzichten, da hier der gesamte Datenverkehr oft unverschlüsselt übertragen wird. Zwar wurden in Telnet nachträglich Methoden der Verschlüsselung integriert, die OS X auch unterstützt, aber Sie sollten, wenn irgend möglich, SSH verwenden.

In der Ansicht FREIGABEN der Systemeinstellungen verbirgt sich hinter dem Punkt ENTFERNTE ANMELDUNG die Möglichkeit, mit einer verschlüsselten Verbindung eine Shell an einem anderen Rechner zu starten. Das bedeutet, dass Sie von Ihrem eigenen Rechner aus Befehle an einem virtuellen Terminal auf dem anderen Rechner eingeben und ausführen können.

In OS X 10.8 und so gut wie allen anderen UNIX- und Linux-Systemen werden die Programme des OpenSSH-Projekts eingesetzt. Dieses freie Software-Projekt hat sich zum De-facto-Standard für die verschlüsselte Kommunikation über die Eingabezeile entwickelt und steht Ihnen auf fast jedem UNIX- und Linux-Rechner zur Verfügung. Zwar wird es bei eher anwenderorientierten Linux-Distributionen wie Ubuntu bei der Erstinstallation nicht mehr vollständig installiert, lässt sich aber leicht über die jeweilige Softwareverwaltung nachträglich hinzufügen.

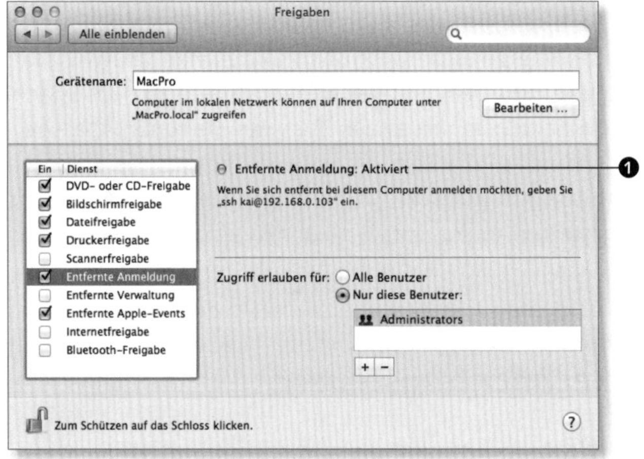

Abbildung 17.10 ▸
Den SSH-Server aktivieren Sie über den Punkt ENTFERNTE ANMELDUNG ❶.

PuTTY für Windows
Während der Befehl `ssh` bei eigentlich allen UNIX- und Linux-Systemen vorhanden ist, müssen Sie unter Windows auf ein zusätzliches Programm zurückgreifen. Bei PuTTY *(http://www.chiark.greenend.org.uk/~sgtatham/putty)* handelt es sich um ein Open-Source-Projekt mit einem großen Funktionsumfang.

Anmeldung mit »ssh« | Auf dem Rechner, an dem Sie sich anmelden möchten, muss in den Systemeinstellungen in der Ansicht FREIGABEN die ENTFERNTE ANMELDUNG aktiviert werden. Hier können Sie in der Liste ZUGRIFF ERLAUBEN FÜR die Anmeldung auf einige Benutzer begrenzen, um so zum Beispiel nur dem Administrator Zugriff über das Netzwerk zu gewähren. Ist die entfernte Anmeldung aktiv, dann steht Ihnen am Terminal der Befehl `ssh` zur Verfügung.

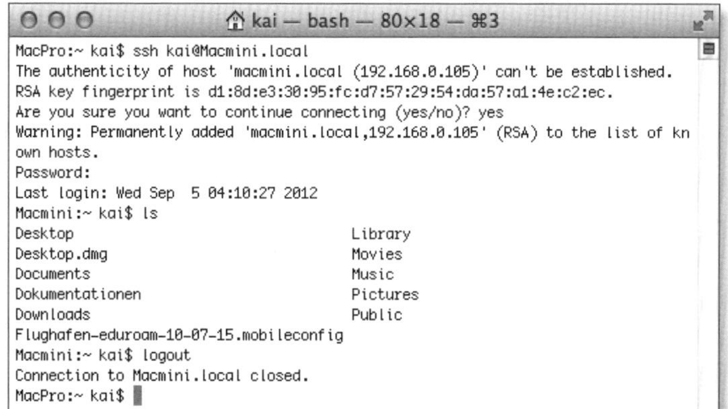

◂ **Abbildung 17.11**
Die entfernte Anmeldung erfolgt am Terminal über den Befehl `ssh`.

Sie können ihn zusammen mit dem URL oder der IP-Adresse des Rechners, an dem Sie sich anmelden möchten und auf dem Sie die entfernte Anmeldung aktiviert haben, aufrufen, zum Beispiel `ssh Macmini.local`. Es ist auch möglich, vor der Adresse den Kurznamen des Benutzers anzugeben, mit dessen Benutzerkonto Sie sich anmelden wollen. Die Angabe lautet dann zum Beispiel `ssh kai@192.168.0.2`.

Fingerabdruck | Wenn Sie sich das erste Mal an dem angegebenen Rechner anmelden, erhalten Sie die Meldung, dass die Authentizität dieses Rechners nicht gewährleistet ist. In Abbildung 17.11 lautet die Meldung `The authenticity of macmini.local' can't be established`. Sie besagt, dass der Rechner, an dem Sie sich anmelden wollen, noch unbekannt ist. Ihnen wird in der folgenden Zeile der virtuelle Fingerabdruck ausgegeben.

Mit der Eingabe von `yes` akzeptieren Sie diesen Fingerabdruck, und Sie werden dann zur Eingabe des Passworts für den angegebenen Benutzer aufgefordert. Sofern Sie den Benutzer nicht beim Aufruf von `ssh` angegeben haben, müssen Sie hier erst den Benutzer und dann sein Passwort eingeben. Anschließend wechselt der Prompt, und alle Befehle, die Sie von jetzt an eingeben, werden auf dem anderen Rechner ausgeführt.

In Abbildung 17.11 wurde die Anmeldung an einem Rechner mit dem Namen `macmini` vollzogen. Die Eingabe von `ls` zeigt den Inhalt des persönlichen Ordners auf diesem Rechner. Mit der Eingabe von `logout` beenden Sie die Sitzung, was mit der Meldung `Connection to Miniserver.local closed` quittiert wird.

Known_hosts | Die Verwendung des virtuellen Fingerabdrucks soll vermeiden, dass Sie irrtümlich durch eine manipulierte Netzwerkverbindung auf einen anderen Rechner als den gewünschten

Hinweis

Beachten Sie bei der Anmeldung an anderen Rechnern, dass Ihnen je nach Konfiguration und Betriebssystem unterschiedliche Befehle zur Verfügung stehen. So wäre der Befehl `diskutil` auf einem Linux-Rechner nicht verfügbar, da es sich bei diesem Befehl um eine Eigenart von Mac OS X handelt.

Man in the Middle

Die Arbeit mit Fingerabdrücken hat das Ziel, einen sogenannten Man-in-the-Middle-Angriff unmöglich zu machen. Hierbei klinkt sich der Hacker zwischen Ihrem und dem Zielrechner ein und fängt die Daten und Eingaben, die für den Zielrechner gedacht sind, ab. Mit dem Fingerabdruck wird sichergestellt, dass sich auf der Gegenseite wirklich der gewünschte Rechner befindet.

umgeleitet werden. Der Fingerabdruck wird bei der Installation erstellt und hat den Anspruch, einmalig und nicht reproduzierbar zu sein. Wenn Sie einen Fingerabdruck mit der Eingabe von `yes` akzeptiert haben, wird er der Datei *~/.ssh/known_hosts* hinzugefügt. Diese Datei, die sich im unsichtbaren Verzeichnis .SSH in Ihrem persönlichen Ordner befindet, enthält die Fingerabdrücke aller Rechner, die Sie bislang akzeptiert haben.

Wenn bei der Anmeldung mittels `ssh` ein Fingerabdruck mitgeteilt wird, der vom bereits vorliegenden abweicht, erhalten Sie eine Warnung. Dies ist zum Beispiel dann der Fall, wenn das Netzwerk geändert wurde und ein anderer Rechner die IP-Adresse 192.168.0.100 besitzt oder wenn das System neu installiert wurde. Sie können dann den neuen Fingerabdruck akzeptieren oder mit `nano ~/.ssh/known_hosts` die Liste der bekannten Fingerabdrücke bearbeiten. Die Datei (siehe Abbildung 17.12) ist zeilenweise aufgebaut, wobei der Name des Rechners oder die IP-Adresse am Beginn der Zeile steht. Löschen Sie die Zeile, dann gilt auch der Fingerabdruck nicht mehr als bekannt.

Fingerabdruck einsehen
Den Fingerabdruck Ihres Rechners können Sie sich mit der Eingabe `ssh-keygen -l -f /etc/ssh_host_rsa_key.pub` anzeigen lassen. Der Abdruck wird erstellt, wenn zum ersten Mal ein Benutzer eine Verbindung über SSH aufnehmen will. Sie können sich die Ausgabe notieren und den Fingerabdruck überprüfen, wenn Sie sich über das Internet an Ihrem Rechner anmelden.

Die Löschung kann angebracht sein, wenn eine Änderung wie eine Neuinstallation vorgenommen wurde, sich noch der alte Fingerabdruck in der Datei *known_hosts* befindet und Programme mit grafischer Benutzeroberfläche die Verbindung verweigern, weil die Fingerabdrücke nicht übereinstimmen.

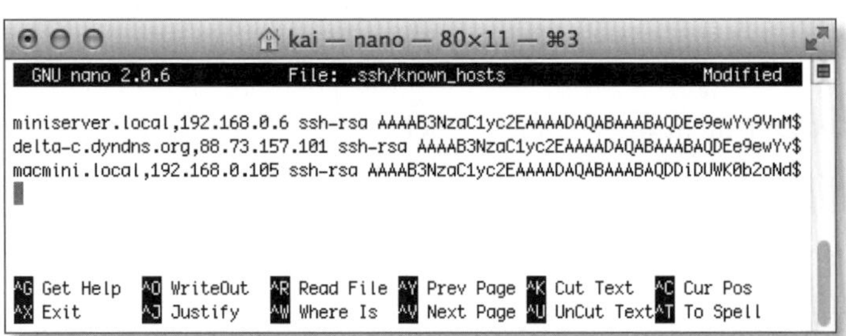

Abbildung 17.12 ▸
Die Datei »~/.ssh/known_hosts« können Sie mit dem Editor `nano` bearbeiten.

Schlüssel hinterlegen | Die Eingabe von Passwörtern kann die Arbeit mit `ssh` und `scp` (siehe Abschnitt 18.1) erschweren, wenn die Befehle für automatische Arbeiten im Hintergrund eingesetzt werden. Es ist ein beliebtes Verfahren, mithilfe von Zeitplänen über einen LaunchAgent regelmäßig zu einem bestimmten Zeitpunkt einen Kopiervorgang zu starten. Die Eingabe eines Passworts würde die Automatisierung dieses Vorgangs unmöglich machen. Mit SSH ist es daher möglich, sogenannte *Schlüssel* auf dem Server und auf Ihrem Rechner zu hinterlegen. Passen diese zusammen, kann auf die Eingabe eines Passworts verzichtet werden, da die Authentifizierung anhand der Schlüssel erfolgt.

Um einen Schlüssel auf einem Server zu hinterlegen, gehen Sie folgendermaßen vor:

1. Mit dem Befehl ssh-keygen -t rsa erzeugen Sie ein Schlüsselpaar mit der RSA-Methode. Sie werden dann nach einem Ordner gefragt. Sie können einfach [↵] eingeben, und der Schlüssel wird im Verzeichnis .SSH in Ihrem persönlichen Ordner gesichert. Die Frage nach einer passphrase sollten Sie mit einer zweifachen Eingabe von [↵] beantworten.
2. Nachdem der öffentliche und der private Schlüssel erstellt wurden, kopieren Sie durch die Eingabe von scp ~/.ssh/id_rsa.pub kai@MacMini.local:~/ Ihren öffentlichen Schlüssel in das private Verzeichnis auf dem entfernten Server.

Hinweis
Sollte auf dem entfernten Rechner das Verzeichnis ~/.ssh noch nicht existieren, dann können Sie es vor dem vierten Schritt mit dem Befehl mkdir ~/.ssh anlegen.

◂ **Abbildung 17.13**
Die letzte Anmeldung mit ssh wurde über den zuvor hinterlegten Schlüssel authentifiziert.

3. Melden Sie sich dann mit ssh kai@Miniserver.local an dem entfernten Rechner an.
4. Der Befehl cat id_rsa.pub >> .ssh/authorized_keys fügt Ihren öffentlichen Schlüssel den auf dem Server für das Benutzerkonto hinterlegten hinzu. (Die Datei *id_rsa.pub* können Sie auf dem Server anschließend löschen.)
5. Für die Anmeldung mit ssh und das Kopieren mittels scp ist die Eingabe eines Passworts nun nicht mehr notwendig.

Hinweis
Gegebenenfalls müssen Sie mittels mkdir .ssh das nicht sichtbare Verzeichnis erzeugen.

Bonjour | Die Möglichkeit der entfernten Anmeldung wird auch über Bonjour im lokalen Netzwerk kommuniziert. Im Terminal rufen Sie über den Menüpunkt SHELL • NEUE ENTFERNTE VERBINDUNG ([⌘] + [⇧] + [K]) den Dialog aus Abbildung 17.14 auf.

In der Rubrik DIENST wird Ihnen die entfernte Anmeldung unter SICHERE SHELL (SSH) angezeigt. Wählen Sie dort einen SERVER aus, und geben Sie einen BENUTZER vor.

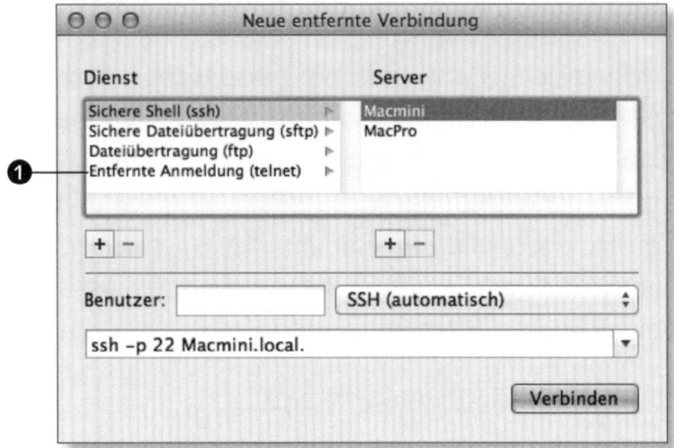

Abbildung 17.14 ▸
Die entfernte Anmeldung ❶ wird auch über Bonjour kommuniziert.

Mit -P 22 wird der Port bezeichnet, über den die Verbindung aufgenommen werden soll. Dies ist in der Regel Port 22. Unter SSH (AUTOMATISCH) wählen Sie die Version des SSH-Protokolls aus. Gebräuchlich ist hier die auch unter OS X 10.8 verwendete Version 2; Version 1 gilt als deutlich weniger sicher.

Hinweis
Den Hinweis, dass bei der Wiederherstellung des gesamten Systems das Zielvolume gelöscht wird, sollten Sie ernst nehmen. Insbesondere dann, wenn Sie eine Aktualisierung des Systems revidieren möchten, in der Zwischenzeit aber Dateien erstellt haben, die Sie behalten wollen. Sie sollten diese Dateien vor der Wiederherstellung des alten Systems auf einem anderen Datenträger sichern.

Bonjour deaktivieren | Die automatische Kommunikation der entfernten Anmeldung über Bonjour ist in Einzelfällen nicht gewünscht. Um sie zu unterbinden, müssen Sie den LaunchDaemon, der für den Start von `sshd` zuständig ist, modifizieren. Rufen Sie hierzu mit

```
sudo nano /System/Library/LaunchDaemons/ssh.plist
```

den Editor `nano` auf. In der Property-Liste löschen Sie die fünf in Abbildung 17.15 hervorgehobenen Zeilen, die die automatische Kommunikation über Bonjour aktivieren. Sichern Sie die Datei, und starten Sie den Dienst ENTFERNTE ANMELDUNG über die Systemeinstellungen neu.

Abbildung 17.15 ▸
Durch Löschung von fünf Zeilen unterbinden Sie die Kommunikation über Bonjour.

Bildschirm freigeben in den Nachrichten

Nachrichten unterstützt die Möglichkeit, den Bildschirm freizugeben und einem anderen Teilnehmer den Zugriff und die Steuerung des Rechners zu ermöglichen. Diese Funktion eignet sich sehr gut, um einem Kollegen bei einer Aufgabe zu assistieren oder selbst Hilfe zu holen. Ein Vorteil bei der Verwendung von Nachrichten gegenüber der anschließend beschriebenen Bildschirmfreigabe besteht darin, dass die Arbeit mit Nachrichten, eine schnelle Verbindung vorausgesetzt, auch problemlos über das Internet und die Router funktioniert. Umgekehrt können Sie mit Nachrichten nur einen bereits angemeldeten Benutzer fernsteuern und nicht das gesamte System. Durch die Nutzung von Bonjour ist die Verwendung von Nachrichten auch im lokalen Netzwerk interessant.

▲ **Abbildung 17.16**
Die Freigabe des Bildschirms erfolgt im Programm Nachrichten über den Menüpunkt BILDSCHIRMFREIGABE.

Um die Freigabe Ihres Bildschirms in Nachrichten zu ermöglichen, müssen Sie die Option VIDEO • BILDSCHIRMFREIGABE AKTIVIERT auswählen.

In der Kontaktliste ist es anderen Anwendern nun möglich, auf Ihren Bildschirm zuzugreifen. Dazu wird die rechte der vier Schaltflächen ❶ verwendet. Die Bildschirmfreigabe in Nachrichten ist über alle Protokolle mit Ausnahme von Yahoo! und den direkten Mitteilungen möglich.

Wählen Sie einen Kontakt aus, und es stehen Ihnen über die Schaltfläche zwei Menüpunkte zur Verfügung: Einerseits können Sie UM ZUGRIFF AUF BILDSCHIRM VON BENUTZER BITTEN. Der andere Anwender erhält dann eine Rückfrage (siehe Abbildung 17.18), ob er seinen Bildschirm für Sie freigeben möchte. Umgekehrt können Sie Ihren Bildschirm für den anderen Teilnehmer freigeben. Wenn Sie über Nachrichten Ihren Bildschirm freigeben oder auf den eines anderen Anwenders zugreifen möchten, muss die Gegenseite die Anfrage bestätigen. Über eine TEXTANTWORT können Sie eine mögliche Ablehnung erklären.

▲ **Abbildung 17.17**
Über die rechte Schaltfläche ❶ starten Sie die Bildschirmfreigabe in Nachrichten.

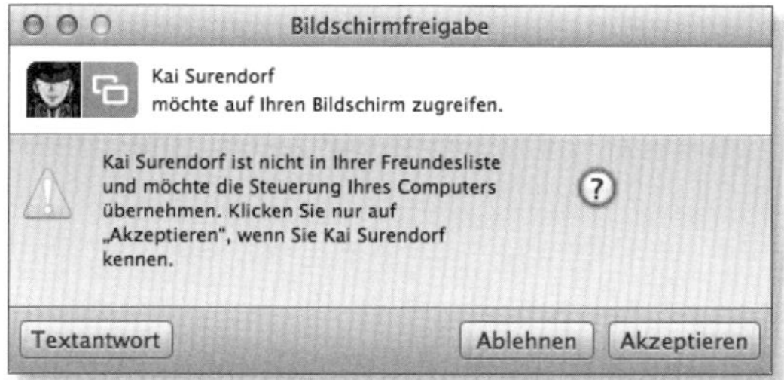

◀ **Abbildung 17.18**
Die Freigabe des eigenen Bildschirms müssen Sie zuerst akzeptieren.

Wechselnde Ansicht | Wenn Sie die Verbindung zu einem anderen Rechner im Netzwerk hergestellt haben, haben Sie direkten Zugriff auf die Darstellung des anderen Rechners. Sämtliche Eingaben, die Sie über die Maus oder Tastatur vornehmen, werden an den entfernten Rechner weitergeleitet und dort ausgeführt. Zeitgleich wird die Darstellung Ihres eigenen Bildschirms verkleinert in einem Fenster mit dem Titel MEIN COMPUTER angezeigt. Wenn Sie dieses Fenster anklicken, tauschen die Darstellung des entfernten Bildschirms und die Ihres eigenen die Plätze. Dieser Wechsel wird mit einer eleganten Animation begleitet. Um die Bildschirmfreigabe zu beenden, schließen Sie das Fenster der verkleinerten Ansicht.

Hinweis
Beachten Sie, dass die Übertragung der Bildschirmdarstellung nur bei einer schnellen Netzwerkverbindung reibungslos funktioniert. Arbeiten Sie mit einer langsamen Verbindung, dann sind eine ruckelnde Darstellung und eine verzögerte Ansprache auf Eingaben die Folge.

Wenn Sie Ihren Bildschirm freigegeben haben, blinkt das Icon von Nachrichten in der Menüleiste und ist rot eingefärbt. In der Liste der Kontakte finden Sie nun an erster Stelle den Hinweis, dass Sie den Bildschirm für einen anderen Anwender freigeben. Über den Menüpunkt BILDSCHIRMFREIGABE BEENDEN können Sie die Verbindung von sich aus trennen. Über diese Zwangstrennung wird der andere Anwender dann informiert.

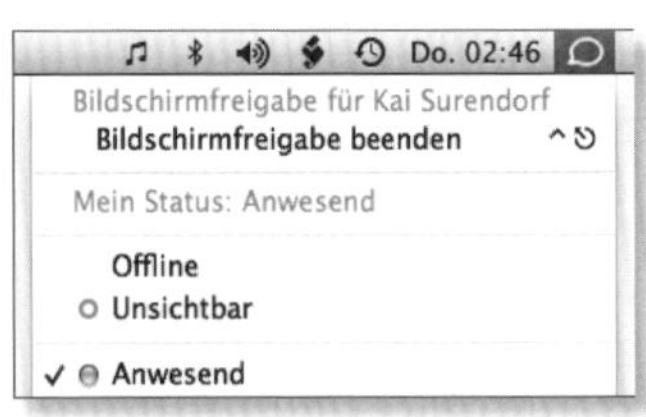

▲ **Abbildung 17.20**
Die Freigabe des Bildschirms können Sie über die Menüleiste beenden.

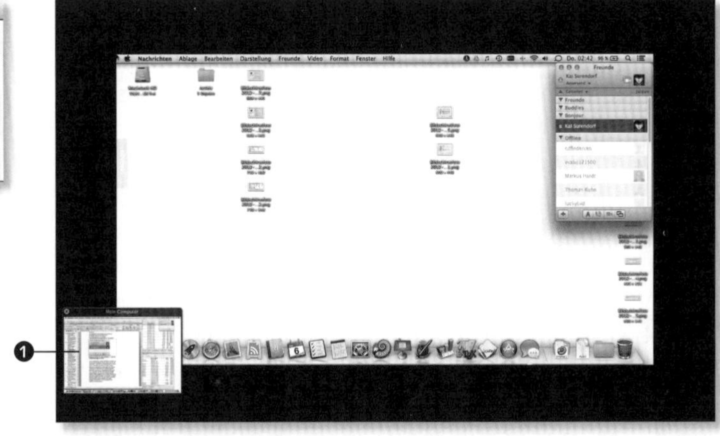

▲ **Abbildung 17.19**
Der eigene Bildschirm wird als verkleinerte Darstellung in einem separaten Fenster ❶ angezeigt.

Bildschirmfreigabe

Virtual Network Computing
Bei dem als *Virtual Network Computing* bezeichneten Verfahren handelt es sich um eine ursprünglich von AT&T entwickelte Methode, die Darstellung des Bildschirms im Netzwerk zu übertragen und auf der Gegenseite Tastatur- und Mauseingaben entgegenzunehmen.

Während die Freigabe des Bildschirms mit Nachrichten recht komfortabel ist, stößt sie schnell an ihre Grenzen. Beispielsweise ist es nicht möglich, den Benutzer zu wechseln, und Sie sind auf die Verwendung eines Systems festgelegt, das mindestens Mac OS X 10.5 nutzt. Eine Alternative stellt die Funktion BILDSCHIRMFREIGABE dar, bei der es sich um nichts anderes als einen VNC-Server handelt. Dieser wurde von Apple an einigen Stellen – insbesondere was die Verschlüsselung der Daten und die Komprimierung der übertragenen Bilddaten angeht – etwas modifiziert, entspricht aber dennoch weitgehend dem Standard.

Bildschirmfreigabe aktivieren | Aktivieren können Sie die Einstellung BILDSCHIRMFREIGABE über die Systemeinstellungen in der Ansicht FREIGABEN. Beachten Sie, sofern Sie auch mit Apple Remote Desktop arbeiten, dass die Einstellung überschrieben wird, wenn Sie den Dienst ENTFERNTE VERWALTUNG für den Apple Remote Desktop aktivieren. Ist die Bildschirmfreigabe aktiviert, dann ist es Ihnen auch möglich, den Zugriff wie auch bei der Anmeldung über SSH für bestimmte Benutzer zu beschränken.

Vollbildmodus
Wenn Sie das Fenster mit einem Bildschirm als Vollbild über den Menüpunkt DARSTELLUNG • VOLLBILD EIN darstellen lassen, dann wird der Bildschirm als Schreibtisch zwischen die anderen eingruppiert. Über Mission Control können Sie dann zu dem entfernten Rechner in der Form wechseln, wie Sie zu einem anderen Schreibtisch wechseln.

◂ Abbildung 17.21
Die Einstellung BILDSCHIRMFREIGABE wird gegebenenfalls durch die ENTFERNTE VERWALTUNG ❷ blockiert.

Um den Bildschirm eines anderen Rechners zu steuern, wählen Sie zunächst im Finder den entsprechenden Computer aus. Sie finden dort die Schaltfläche BILDSCHIRMFREIGABE. Klicken Sie die Schaltfläche an, dann wird das Programm Bildschirmfreigabe aus dem Verzeichnis /SYSTEM/LIBRARY/CORESERVICES gestartet. Alternativ können Sie das Programm auch direkt starten, und die IP-Adresse oder den Namen eines Rechners im ersten Schritt eingeben.

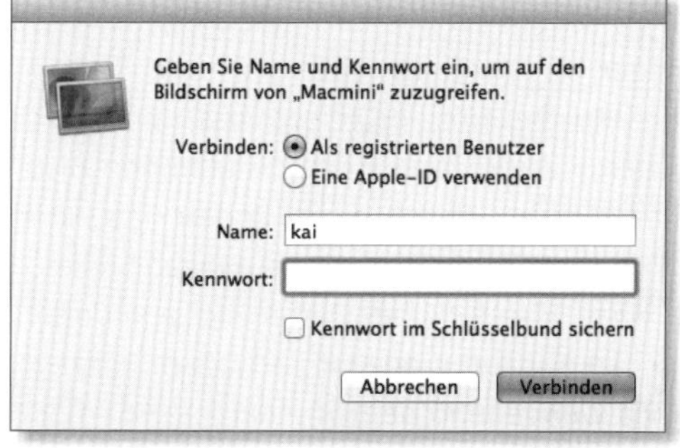

◂ Abbildung 17.22
Die Authentifizierung für die Bildschirmfreigabe muss nicht im Finder erfolgen.

Modus wechseln

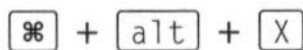

Steuerungs- und Beobachtungsmodus | Über das Menü DARSTELLUNG können Sie zwischen dem Steuerungs- und Beobachtungsmodus wechseln. Ist der Steuerungsmodus aktiviert, dann werden alle Mausklicks und Tastatureingaben an den entfernten Rechner geschickt. Wenn Sie den Mauspfeil auf dieses Fenster bewegen, verschieben Sie ihn de facto auf den entfernten Rechner. Eingaben über die Tastatur werden, sofern sich das Fenster im Vordergrund befindet, von der Bildschirmfreigabe an den anderen Rechner weitergeleitet. Sie können diesen nun komplett fernsteuern. Wechseln Sie in den Beobachtungsmodus, dann wird der Mauspfeil weiß. Sie können auf diese Weise den entfernten Bildschirm betrachten, aber nicht mehr eingreifen.

▲ **Abbildung 17.23**
Über die Symbolleiste können Sie auch die Zwischenablagen der beiden Rechner synchronisieren.

Darüber hinaus können Sie über den Menüpunkt DARSTELLUNG • SYMBOLLEISTE EINBLENDEN die Symbolleiste aufrufen, sofern diese nicht schon sichtbar ist. In der Symbolleiste dient die erste Schaltfläche von links zur Steuerung der Skalierung. Wurde sie angeklickt, dann wird der Inhalt des Bildschirms an die Größe des Fensters angepasst und entsprechend verkleinert. Deaktivieren Sie die Skalierung – es steht Ihnen auch der Menüpunkt DARSTELLUNG • SKALIERUNG AUSSCHALTEN zur Verfügung –, wird der Bildschirm im Verhältnis eins zu eins dargestellt, und Sie erhalten gegebenenfalls einen Scrollbalken.

Tipp
Bei einer langsamen Netzwerkverbindung kann es die Geschwindigkeit erhöhen, wenn Sie den Menüpunkt DARSTELLUNG • ANGEPASSTE QUALITÄT verwenden. Die Anzeige ist dann etwas grobkörniger, reagiert aber deutlich schneller.

Bildschirmfoto | Das Symbol mit der Kamera erstellt ein Foto des entfernten Bildschirms. Sie können alternativ auch den Menüpunkt VERBINDUNG • BILDSCHIRMFOTO SICHERN UNTER nutzen.

Zwischenablage synchronisieren | In der Symbolleiste finden Sie drei weitere Schaltflächen: Mit der ersten aktivieren oder deaktivieren Sie die Synchronisation der Zwischenablagen der beiden Rechner. Wenn Sie auf einem Rechner den Inhalt der Zwischenablage mittels Kopieren oder Ausschneiden ändern, dann wird diese Änderung auf dem anderen Rechner nachvollzogen. Die Synchronisation steht Ihnen nur bei Systemen zur Verfügung, die mit OS X 10.8 arbeiten.

Abbildung 17.24 ▶
Die Kopiervorgänge werden protokolliert.

Mit der zweiten Schaltfläche übertragen Sie den Inhalt der Zwischenablage des entfernten Rechners und gleichen so die Zwischenablage Ihres Rechners an. Mit der rechten Schaltfläche kopieren Sie den Inhalt der Zwischenablage Ihres Rechners in die des entfernten Rechners. Diese beiden Funktionen stehen Ihnen nur bei der Verbindung von Rechnern zur Verfügung, bei denen mindestens Mac OS X 10.5 verwendet wird.

Kopieren
Wenn beide Rechner unter OS X 10.8 arbeiten, können Sie diese zum Kopieren einer Datei in das Fenster der Bildschirmfreigabe ziehen. Die Datei wird dann auf den entfernten Rechner kopiert.

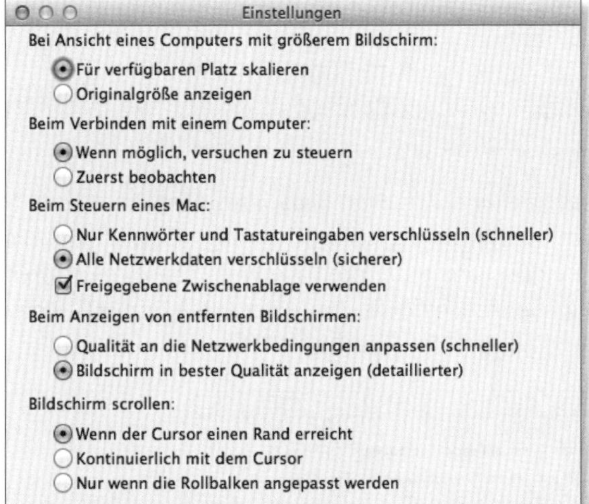

◄ **Abbildung 17.25**
Die Voreinstellungen für die Verschlüsselung beziehen sich in erster Linie auf die Verwendung von Rechnern unter Mac OS X 10.5 bis 10.8.

Voreinstellungen | Das Programm Bildschirmfreigabe verfügt auch über Voreinstellungen. Sie können hier zunächst über die Skalierung und über die Qualität entscheiden. Der dritte Punkt mit der Verschlüsselung ist etwas irreführend und bezieht sich in erster Linie auf die Verbindung von Rechnern, die beide wenigstens unter Mac OS X 10.5 laufen.

Wenn Sie Nur Kennwörter und Tastatureingaben verschlüsseln wählen, wird die eigentliche Bildschirmdarstellung nicht verschlüsselt. Dies kann im lokalen Netzwerk die Geschwindigkeit erhöhen; sofern Sie aber in einem Netzwerk arbeiten, bei dem Sie nicht allen Teilnehmern vertrauen können, erweist sich diese Variante als Sicherheitslücke.

Tipp
Über den Menüpunkt Verbindung • Benutzte Dokumente können Sie Rechner, mit denen Sie bereits eine Verbindung aufgenommen haben, direkt auswählen und müssen nicht extra den Finder aufrufen.

Virtueller und Hardware-Bildschirm | Mit OS X 10.7 wurde die Unterscheidung zwischen einem virtuellen und dem Hardware-Bildschirm eingeführt. Wenn Sie sich an einem Rechner anmelden, an dem bereits ein anderer Benutzer die grafische Oberfläche verwendet, also direkt davorsitzt, dann erhalten Sie eine Rückfrage, ob Sie den anderen Anwender um Zugriff auf seinen Bildschirm bitten möchten oder sich selbst anmelden möchten.

Hinweis
Die Funktion verhielt sich unter OS X 10.8.1 recht eigenwillig, da sowohl die Anmeldung blockiert wurde als auch der andere Benutzer nicht korrekt abgemeldet wurde. Insofern ist diese Funktion vielleicht mit etwas Vorsicht zu nutzen. Auf jeden Fall sollten offene Dateien auf allen involvierten Benutzerkonten vorher gesichert werden.

Abbildung 17.26 ▸
Nutzt bereits ein Anwender den Rechner, dann kann ein virtueller Bildschirm erstellt werden.

Letzteres führt zu einem virtuellen Bildschirm. Der virtuelle Bildschirm erlaubt somit, analog zur Verbindung mittels SSH, die separate Anmeldung am entfernten Rechner. Dieses Verfahren wird in anderen Bereichen der IT über sogenannte *Terminal-Server* realisiert.

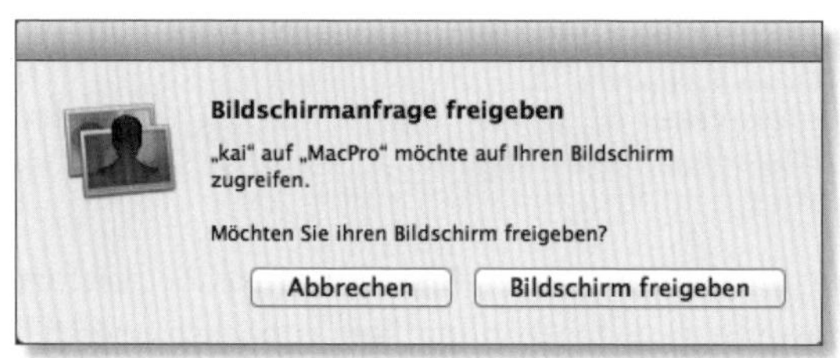

Abbildung 17.27 ▸
Es kann auch um Erlaubnis für den Zugriff gebeten werden.

Genehmigung anfordern | Die Bildschirmfreigabe wird etwas flexibler, wenn Sie nicht nur Anwendern, die über ein Benutzerkonto verfügen, die Steuerung des Bildschirms ermöglichen, sondern auch Dritten.

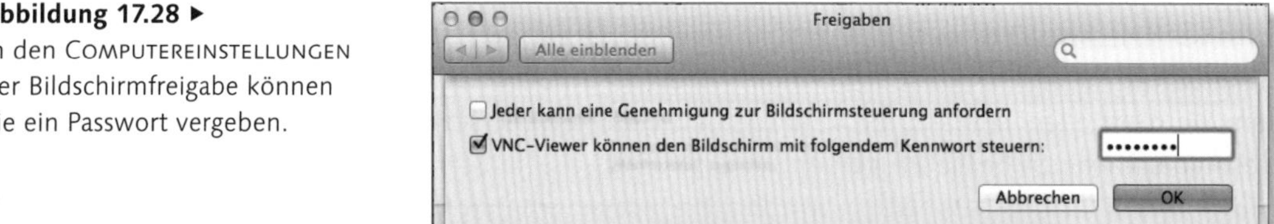

Abbildung 17.28 ▸
In den COMPUTEREINSTELLUNGEN der Bildschirmfreigabe können Sie ein Passwort vergeben.

Wählen Sie hierzu in den Systemeinstellungen in den Voreinstellungen für die Bildschirmfreigabe die COMPUTEREINSTELLUNGEN (siehe Abbildung 17.28) aus. Dort finden Sie den Punkt JEDER KANN EINE GENEHMIGUNG ZUR BILDSCHIRMSTEUERUNG ANFORDERN. Ist diese Funktion aktiv, dann erscheint im Anmeldedialog die Option VERBINDEN: DURCH FRAGEN UM ERLAUBNIS. Klickt der

Anwender nun auf VERBINDEN, erhalten Sie an Ihrem Rechner den Hinweis, dass ein Benutzer auf Ihren Bildschirm zugreifen möchte.

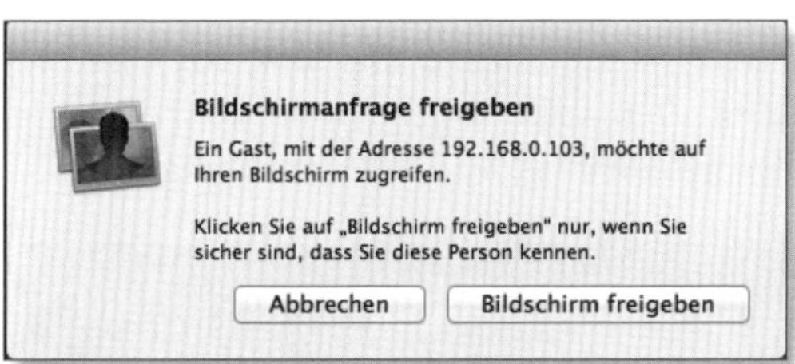

◂ **Abbildung 17.29**
Eine Anfrage zur Bildschirmfreigabe geht zur Bestätigung ein.

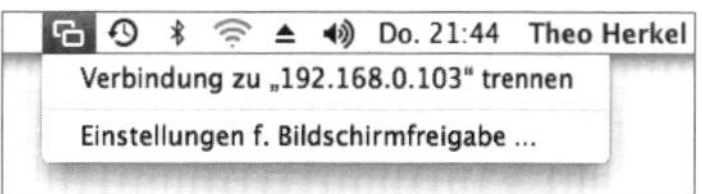

▴ **Abbildung 17.30**
Über die Menüleiste können Sie die Freigabe des Bildschirms vorzeitig beenden.

Verbindung trennen | Haben Sie den Bildschirm freigegeben, dann erscheint in der Menüleiste oben rechts ein Icon, das mit einem Monitor und einem Fernglas versehen ist. Es zeigt Ihnen die Verbindungen an, die über die Bildschirmfreigabe zu Ihrem Rechner hergestellt wurden, und Sie können die Freigabe für einen bestimmten Rechner vorzeitig beenden.

Tunnel über SSH herstellen | Wenn Sie zu einem anderen Rechner unter OS X 10.8 eine sichere Verbindung über das Internet mittels VNC herstellen möchten, dann können Sie einen SSH-Tunnel verwenden. Hierbei weisen Sie den Befehl `ssh` an, Daten auf einem lokalen Netzwerk-Port entgegenzunehmen, über eine verschlüsselte SSH-Verbindung an den anderen Rechner zu senden und sie dort auf den Port des VNC-Servers zu adressieren. Die Verbindung zwischen den Rechnern läuft also über eine verschlüsselte SSH-Verbindung.

Einen solchen Tunnel erstellen Sie mit dem Aufruf von

```
ssh -L 6666:127.0.0.1:5900 -N -l Benutzer IP-Adresse
```

Tunnel
Diese Form der Einkapselung einer Verbindung in einer anderen wird auch als *Tunnel* bezeichnet. Sie dient nicht nur der Sicherheit, sondern ist auch bei Netzwerkkonfigurationen nützlich, in denen die Verbindung über einen Port wie 5900 verboten und die verschlüsselte Verbindung über SSH über Port 20 erlaubt ist, um dennoch eine VNC-Verbindung herzustellen.

Hierbei besagt die Option `-L`, dass Sie einen lokalen Port (`6666`) über den eigenen Rechner (`127.0.0.1` – siehe Abschnitt 16.1.3) an den Port `5900`, auf dem der VNC-Server des Linux-Rechners lauscht, koppeln möchten. Die Option `-N` sorgt dafür, dass über die Verbindung kein Befehl ausgeführt wird, und mit `-l Benutzer` geben Sie einen Benutzernamen vor. Die IP-Adresse entspricht der des anderen Rechners. Der Aufruf könnte also folgendermaßen lauten:

```
ssh -L 6666:127.0.0.1:5900 -N -l kai 192.168.0.100
```

Nach der Eingabe des Passworts verschwindet der Prompt am Terminal, und die Verbindung besteht. Im Programm Bildschirmfreigabe nehmen Sie nun eine Verbindung mit dem HOST

127.0.0.1:6666 auf, also dem Port 6666 Ihres eigenen Rechners. Nun können Sie sich am Linux-Rechner für die Bildschirmfreigabe identifizieren, wobei Ihnen das Programm auch bei dieser verschlüsselten Verbindung wiederum die Warnung vor einer unverschlüsselten ausgibt. Den aufgebauten Tunnel können Sie im Terminal durch den Kurzbefehl [⌘] + [.] wieder abschalten.

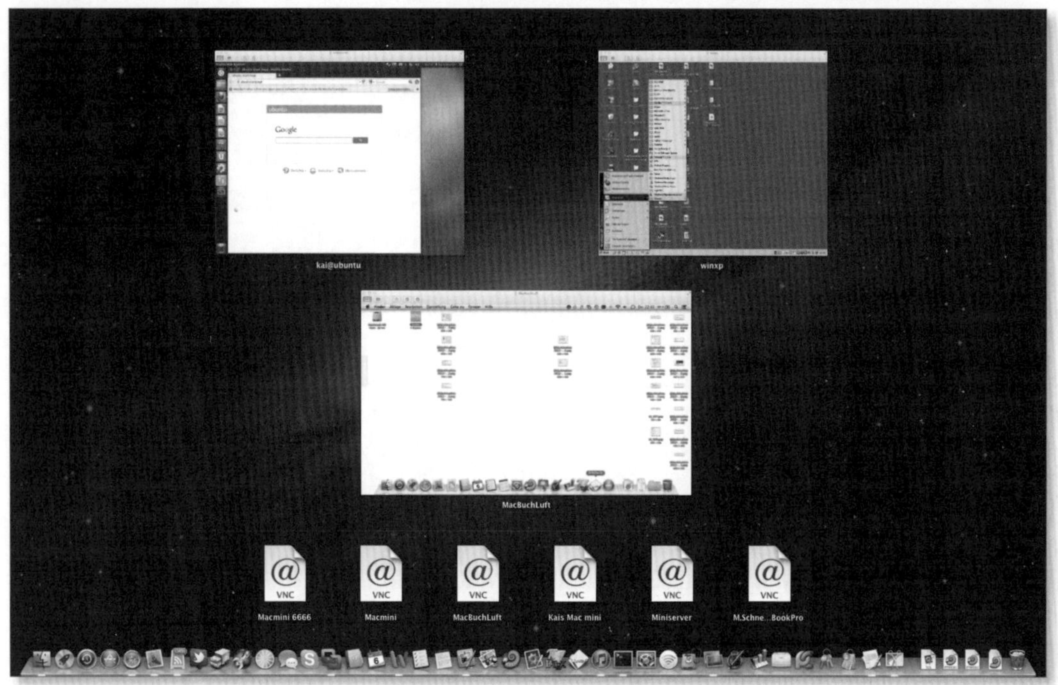

▼ **Abbildung 17.31**
Mit der Bildschirmfreigabe steuern Sie über das Netzwerk mehrere Rechner gleichzeitig.

Passwort für die Freigabe | Die Eingabe eines Benutzers und Passworts ist genauso wie die Synchronisation der Zwischenablage eine Spezialität von OS X 10.8, die Ihnen unter Windows und auch unter Linux nicht zur Verfügung steht. Sie müssen, um von Windows oder Linux eine Verbindung zu einem OS X 10.8-Rechner herzustellen, in den Systemeinstellungen des OS X 10.8-Rechners über die Schaltfläche COMPUTEREINSTELLUNGEN (siehe Abbildung 17.28) ein Kennwort für die Verwendung von VNC vergeben.

Remote Desktop Client
Eine leistungsfähige Alternative zu VNC für die Fernsteuerung von Windows-Rechnern ist der Remote Desktop Client von Microsoft. Sie können ihn unter *http://www.microsoft.com/mac* beziehen. Er verfügt über einige weitere Funktionen, die mit VNC nicht möglich sind, wie die gemeinsame Nutzung der Zwischenablage.

VNC mit Windows | Für die Verwendung von VNC unter Windows gibt es eine ganze Reihe von Softwarepaketen, mit denen Sie die Funktion nachrüsten können. Neben dem kommerziellen, aber für den privaten Gebrauch in einer eingeschränkten Fassung kostenlosen RealVNC *(http://www.realvnc.com)* ist mit dem hier besprochenen TightVNC *(http://www.tightvnc.com)* auch eine unter Windows lauffähige Open-Source-Alternative erhältlich.

Haben Sie TightVNC installiert, stehen Ihnen zwei Funktionen zur Verfügung: der TightVNC Server, der sich unten rechts in der Menüleiste von Windows platziert, und der TightVNC Viewer, der die Verbindung zu einem anderen Rechner herstellt.

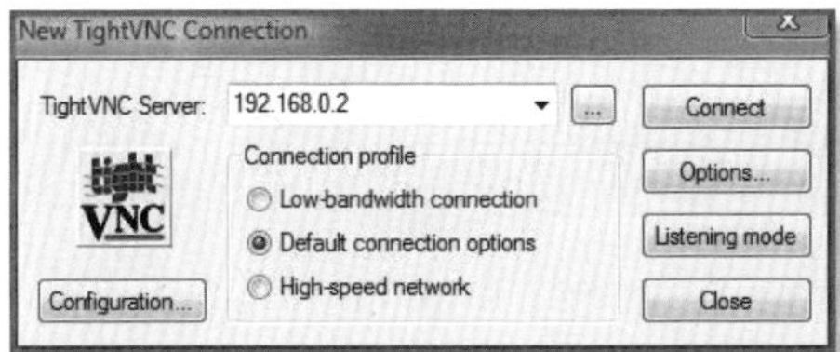

◀ **Abbildung 17.32**
Für die Verbindung von Windows aus muss die IP-Adresse des OS X-Rechners eingegeben werden.

Wenn Sie das Programm TightVNC Viewer starten, müssen Sie als VNC SERVER die IP-Adresse des OS X 10.8-Rechners angeben. Die weiteren über OPTIONS zu erreichenden Parameter können Sie auf den Standardeinstellungen belassen. Wenn Sie über CONNECT die Verbindung herstellen, werden Sie nach dem Passwort für die VNC-Verbindung gefragt. Sie werden dann auf das Anmeldefenster von OS X 10.8 stoßen. Hier wählen Sie das Benutzerkonto aus, über das Sie den Bildschirm steuern möchten, und geben dessen Kennwort ein. Der Zugriff auf den zuvor beschriebenen Hardware-Bildschirm ist in dieser Form nicht möglich.

▼ **Abbildung 17.33**
Über TightVNC stellen Sie von Windows aus eine Verbindung zu einem OS X 10.8-Rechner her.

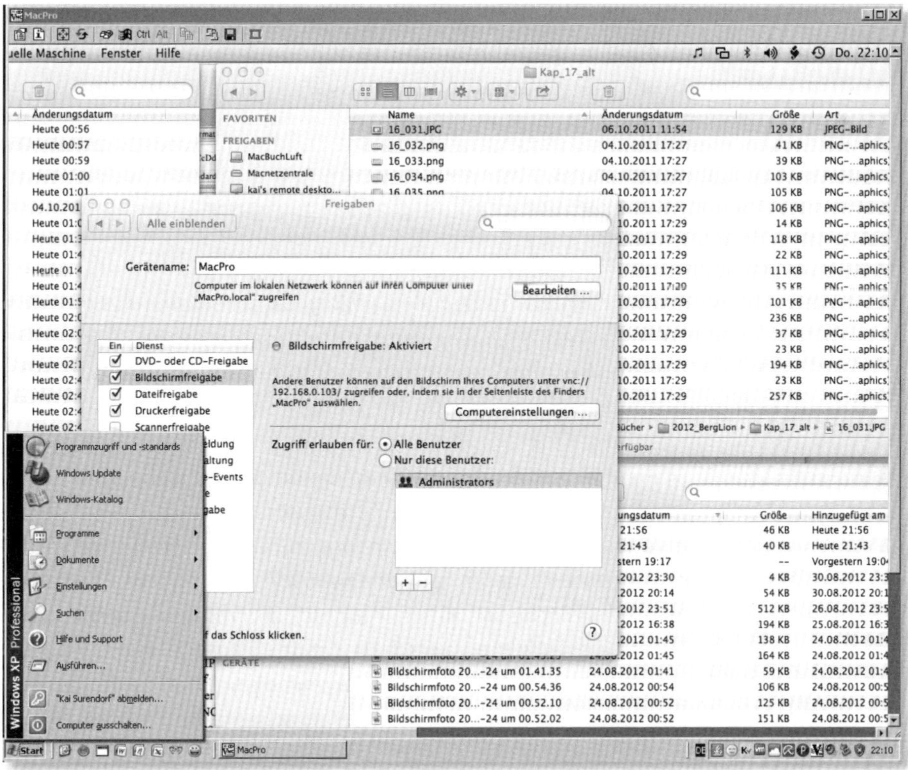

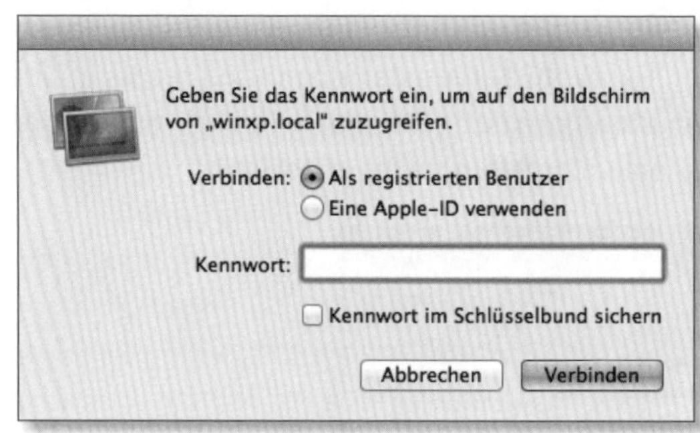

Abbildung 17.34 ▶
Bei der Verbindung zu einem Windows-Rechner wird nur ein Passwort eingegeben.

Um von einem OS X 10.8-Rechner aus eine VNC-Verbindung zu einem Windows-Rechner herzustellen, müssen Sie das Programm Bildschirmfreigabe direkt aus dem Ordner /SYSTEM/LIBRARY/CORESERVICES starten. Über den Menüpunkt VERBINDUNG • NEU erscheint ein Dialog, der Sie zur Eingabe eines Hosts auffordert. Geben Sie hier die IP-Adresse des Windows-Rechners oder, sofern Sie darauf Bonjour installiert haben, seinen Gerätenamen ein. Unter Windows müssen Sie in den Einstellungen des TightVNC Servers ein Passwort vergeben haben, zu dessen Eingabe Sie die Bildschirmfreigabe im nächsten Schritt auffordert.

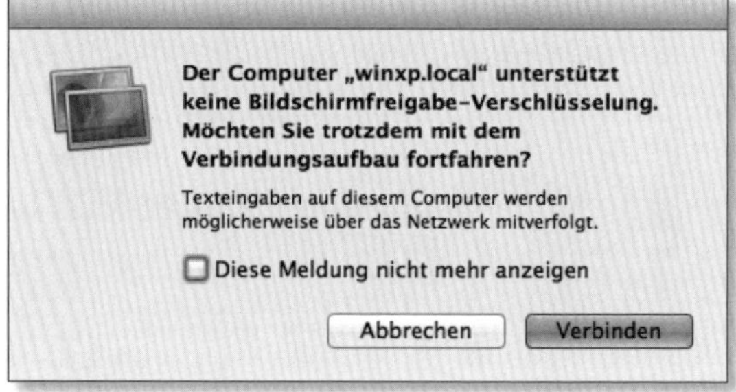

Abbildung 17.35 ▶
Die fehlende Verschlüsselung müssen Sie akzeptieren.

Darüber hinaus werden Sie gewarnt, dass die Verbindung zu dem anderen Rechner nicht verschlüsselt werden kann. Sie müssen bei der VNC-Verbindung zu einem Windows-Rechner ohne Verschlüsselung arbeiten.

Mauspfeil ausblenden | Wurde die unverschlüsselte Verbindung hergestellt, funktioniert die Fernsteuerung des Windows-Rechners wie auch bei der Verbindung zu OS X. Der einzige Unterschied besteht darin, dass Ihnen in der Symbolleiste zusätzlich eine Schaltfläche mit einem Mauspfeil zur Verfügung steht. Wenn Sie diese deaktivieren, verschwindet der Mauspfeil von OS X 10.8, sofern er sich über dem Fenster mit dem Windows-Bildschirm befindet. Es wird dann nur der Windows-Mauspfeil angezeigt.

VNC mit Linux | Um von Linux aus eine VNC-Verbindung mit OS X herzustellen, verwenden Sie am besten einen Client wie GNOME-RDP. Diese Programme bieten mehr Komfort als der direkte Aufruf über den sonst gebräuchlichen Befehl `vncviewer`, dem Sie außerdem auch die in diesem Abschnitt nicht besprochenen Eigenheiten des VNC-Viewers von OS X 10.8 übergeben müssten. In der aktuellen Version von Ubuntu Linux müssten Sie in den Einstellungen für das Desktop Sharing die Option REQUIRE THE USER TO ENTER THIS PASSWORD aktivieren und ein Passwort vergeben.

Tipp
Bei der Verbindung mit Linux können Sie auch auf die Tunnelung der Verbindung mittels SSH zurückgreifen.

Stromsparendes Aufwachen statt »Wake on LAN«

Wenn ein Rechner in den Ruhezustand versetzt wird, stehen Dienste wie die entfernte Anmeldung oder im Netzwerk freigegebene Ordner nicht mehr zur Verfügung. Sie können einen Rechner, der in den Ruhezustand versetzt wurde, aber über das Netzwerk teilweise aufwecken.

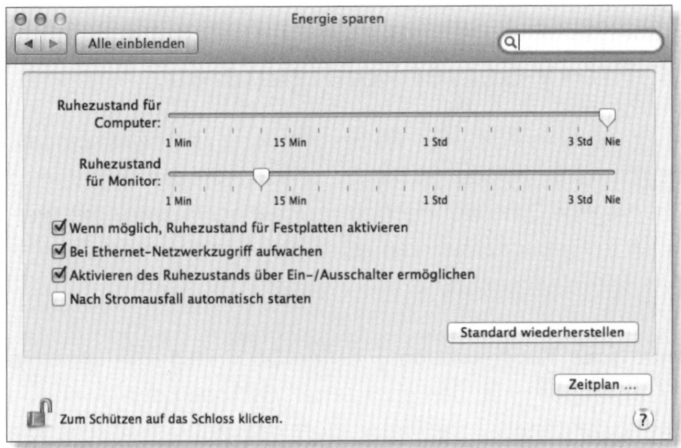

◂ **Abbildung 17.36**
Der Rechner kann bei einem Ethernet-Netzwerkzugriff aufgeweckt werden.

Ethernet-Netzwerkzugriff | In den Systemeinstellungen finden Sie in der Ansicht ENERGIE SPAREN die Option BEI ETHERNET-NETZWERKZUGRIFF AUFWACHEN. Wenn Sie diese Option aktivieren, dann erhalten Sie den Hinweis, dass der Ruhezustand gelegentlich beendet wird. Wenn Sie eine AirPort-Basisstation einsetzen, bei der mindestens die Version 7.4.2 der Firmware installiert ist, dann bleibt der im Ruhezustand befindliche Rechner im Netzwerk sichtbar, und auch seine über Bonjour kommunizierten Dienste können eingesehen werden. Greifen Sie über das Netzwerk auf einen solchen Dienst zu, dann wacht der Rechner aus dem Ruhezustand auf. Wenn kein Zugriff mehr erfolgt, wird der Ruhezustand nach der festgesetzten Frist aktiviert.

Aufwecken über WLAN
Mit OS X 10.8 ist es auch möglich, einen Rechner über eine drahtlose Verbindung aufzuwecken. Die hier beschriebene Funktion war bisher nur bei Ethernet-Karten möglich. Ob Ihre AirPort-Karte diese Funktion unterstützt, ermitteln Sie in den Systeminformationen. In der Ansicht WLAN finden Sie dann den Hinweis RUHEZUSTAND BEI DRAHTLOSEM ZUGRIFF BEENDEN: UNTERSTÜTZT.

AirPort als Proxy | Möglich wird diese Funktion durch die AirPort-Basisstation. Wird der Rechner in den Ruhezustand geschickt und stellt das System fest, dass eine aktuelle Basisstation eingesetzt wird, dann delegiert es den Gerätenamen sowie die über Bonjour verfügbaren Dienste an die Basisstation. Diese kommuniziert nun den Rechner über Bonjour im lokalen Netzwerk, und wenn eine Anforderung eingeht, übernimmt die Basisstation ebenfalls das Aufwecken des Geräts.

[Wake on LAN]
Die sonst gebräuchliche Technik, mit der sich Rechner unter Linux oder Windows durch ein magisches Datenpaket vollständig aufwecken lassen, ist unter OS X 10.8 so nicht mehr zu nutzen.

Stromsparendes Aufwachen | Mit OS X 10.8 wurde eine neue Technik eingeführt, die Apple als »stromsparendes Aufwachen« bezeichnet. Das Verfahren führt dazu, dass das Aufwachen nur teilweise erfolgt. Das bedeutet, dass zwar die Festplatten anlaufen und die freigegebenen Ordner zur Verfügung stehen, der Monitor aber dunkel bleibt und auch externe USB-Geräte nicht angesprochen werden. Aus diesem Grund funktionierten zur Drucklegung dieses Buches andere Programme, mit denen sich der Ruhezustand über das Netzwerk beenden ließ, nicht mehr korrekt.

17.3 Proxy-Server konfigurieren

Ausnahmen
Die hier beschriebene Konfiguration gilt für fast alle Programme, die auf das Netzwerk zugreifen. Es gibt aber Programme, bei denen Sie die Proxy-Einstellungen individuell konfigurieren können oder müssen.

Die Aufgabe eines Proxy-Servers besteht unter anderem darin, die aus dem Internet geladenen Inhalte zwischenzuspeichern und so das übertragene Datenvolumen zu minimieren. Proxy-Server werden auch in Firmennetzwerken gerne eingesetzt, um die Zugriffe auf Webseiten einzuschränken.

Automatische Konfiguration | Unter OS X 10.8 konfigurieren Sie die Proxy-Server in den erweiterten Optionen der jeweiligen Netzwerkschnittstelle. Sie finden dort den Reiter PROXIES. Die AUTOMATISCHE PROXY-ENTDECKUNG sorgt dafür, dass Programme zunächst nach einer speziellen Datei unter einer vorgegebenen Adresse suchen, bevor sie eine Verbindung aufnehmen. Diese kann unter anderem über DHCP (siehe Abschnitt 16.1) kommuniziert werden. In der AUTOM. PROXY-KONFIGURATION können Sie den URL einer solchen Konfigurationsdatei direkt angeben oder eine vorliegende Datei direkt auswählen. Dieses Verfahren wird oft bei Bibliotheken und Bildungseinrichtungen genutzt. Diese PAC-Datei enthält alle notwendigen Informationen, um die Nutzung der Proxy-Server für Ihr System zu konfigurieren.

Domains und Netzwerk ausschließen
Im Feld im unteren Bereich des Fensters können Sie durch Kommata getrennt die Domains, IP-Adressen und Teilnetze (siehe Abschnitt 16.1) angeben, die unter Umgehung des Proxys angesprochen werden sollen. Dabei dient ein Sternchen als Platzhalter. Mit der Angabe »*.delta-c.de« werden sowohl *mac.delta-c.de* als auch *www.delta-c.*de direkt aufgerufen.

Proxys selbst konfigurieren | Wenn Sie die Proxy-Server manuell konfigurieren, müssen Sie sie für jedes Protokoll – in der Regel werden es Web-Proxy (HTTP) und Sicherer Web-Proxy (HTTPS) sein – einzeln aktivieren und unter Web-Proxy-Server deren IP-Adresse oder Gerätenamen sowie hinter dem Doppelpunkt den Port angeben. In Abbildung 17.37 wurde mit der Angabe 127.0.0.1:8228 ein auf dem eigenen Rechner installierter Proxy-Server zur Filterung von Werbung eingerichtet.

◂ **Abbildung 17.37**
Proxy-Server können einzeln für die Protokolle konfiguriert werden.

17.4 »Zugang zu meinem Mac«

Mittels der iCloud können Sie über das Internet auf Ihre Rechner zu Hause zugreifen. Diese Funktion des Dienstes heißt Zugang zu meinem Mac. Wenn Sie sich bei einem von Apples Onlinediensten registriert haben, dann starten Sie diese Funktion in der Ansicht iCloud der Systemeinstellungen. Sie finden dort die Option Zugang zu meinem Mac.

◂ **Abbildung 17.38**
Die Funktion Zugang zu meinem Mac muss eigens aktiviert werden.

Protokolle und Verfahren | Bei dieser Funktion greift im Hintergrund eine Reihe von Protokollen und Verfahren ineinander. Zunächst wird Ihren Rechnern ein globaler Gerätename in der Form Rechner.Benutzer.members.mac.com zugewiesen. Die Verwaltung dieser Namen übernimmt der Server von Apple. Aktive Netzwerkdienste wie die Bildschirmfreigabe werden auf diese Weise über Wide Area Bonjour kommuniziert. Zur Identifikation wird ein Kerberos-Ticket verwendet, das auf Ihrer Apple-ID basiert. Dies hat den Vorteil, dass Ihr Passwort bei der Nutzung dieser Funktion nicht durch das Netzwerk geschickt wird. Schließlich wird – das können Sie am Terminal mit dem Befehl `tcpdump` (siehe Abschnitt 16.8) überprüfen – der Datenverkehr verschlüsselt. Die Datenpakete, die zwischen den auf diese Weise verbundenen Rechnern ausgetauscht werden, tragen den Hinweis `ipsec`. Diese Verschlüsselung wird auch bei einem Virtual Private Network (siehe Abschnitt 16.7) verwendet.

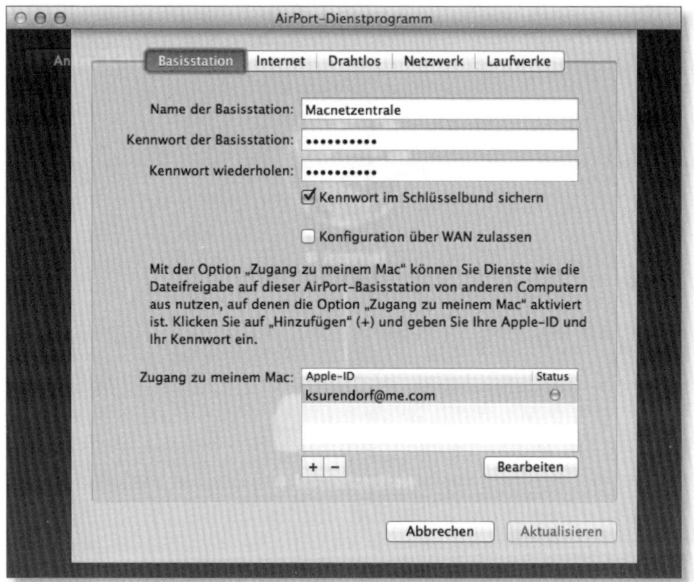

Abbildung 17.39 ▸
Bei einer AirPort-Basisstation wird die Funktion Zugang zu meinem Mac in der Ansicht Basisstation aktiviert.

Zurück zu meinem AirPort
Auch die AirPort-Basisstation kann auf diese Weise über das Internet angesprochen werden, wenn Sie eine angeschlossene Festplatte freigegeben haben. Sie finden im AirPort-Dienstprogramm in der Ansicht Basisstation den Eintrag Zugang zu meinem Mac. Über das Pluszeichen fügen Sie iCloud-Konten hinzu.

AirPort und Router | Wenn die beiden Rechner über einen Router an das Internet angeschlossen sind, dann verfügen sie über keine öffentliche IP-Adresse. Vielmehr muss der Datenverkehr über NAT (siehe Abschnitt 16.6) weitergeleitet werden. Damit die Weiterleitung der Daten an die korrekten IP-Adressen und vor allem Netzwerk-Ports erfolgen kann, muss der eingesetzte Router das Protokoll UPnP oder NAT-PMP unterstützen. Bei einer AirPort-Basisstation müssen Sie sicherstellen, dass in den Netzwerkoptionen der Ansicht Netzwerk die Option »NAT Port Mapping

Protokoll« aktiv ausgewählt ist. Sollten Sie sich in einem Netzwerk befinden, dessen Datenverkehr durch eine Firewall eingeschränkt wird, dann müssen die Netzwerk-Ports 5354 für TCP und 4500 sowie 5353 für UDP freigegeben sein.

◀ **Abbildung 17.40**
Ein über die iCloud gefundener Rechner wird mit Mein Mac ausgewiesen.

Mein Mac | Wenn Sie die Funktion erfolgreich aktiviert haben, dann erscheinen auch über das Internet Ihre lokalen Rechner im Finder in der Ansicht Netzwerk. Dabei sind sie optisch zunächst nicht von anderen Rechnern, die sich im lokalen Teilnetz befinden, zu unterscheiden. Rufen Sie das Informationsfenster im Finder auf, dann erscheint bei einem über diese Funktion gefundenen Rechner unter Art der Hinweis Mein Mac. Sie können den Rechner auswählen und dann auf die aktiven Dienste genauso zugreifen, als befänden Sie sich im gleichen Teilnetz.

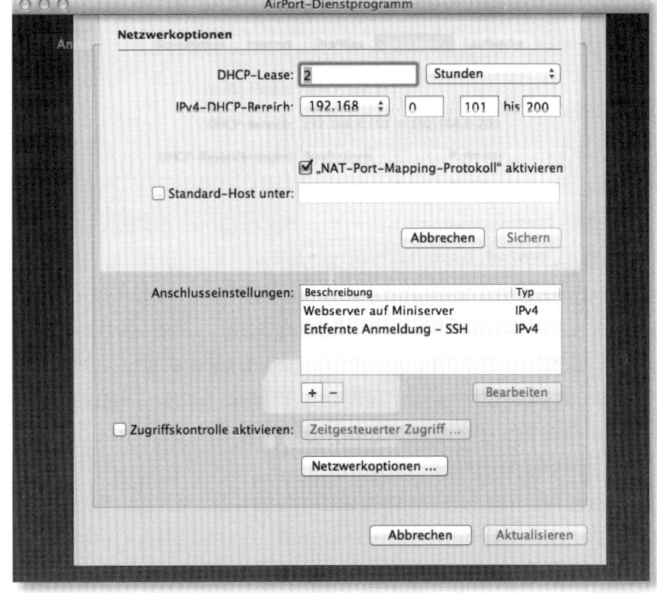

◀ **Abbildung 17.41**
Um die Funktion Zugang zu meinem Mac mit einer AirPort-Basisstation nutzen zu können, müssen Sie das NAT Port Mapping Protocol aktivieren.

Neben dem Finder werden auch andere Dienste, die über Bonjour kommuniziert werden, weitergeleitet. Hier kommt es in Einzelfällen zum Beispiel bei der Anzeige von Webseiten über Bonjour (siehe Abschnitt 19.6) zu doppelten Einträgen.

»Zugang zu meinem Mac« stoppen | Um diese Funktion zukünftig nicht mehr zu verwenden, deaktivieren Sie einfach die Option ZUGANG ZU MEINEM MAC in den Optionen der iCloud oder löschen das Konto in den Einstellungen der AirPort-Basisstation.

17.5 Die Firewall

Little Snitch
Die Firewall von OS X 10.8 hat den Nachteil, dass sie lediglich die eingehenden Verbindungsanfragen kontrolliert. Datenpakete, die von Ihrem Rechner ausgehen, werden nicht erfasst. Wenn Sie Programmen verbieten möchten, eine Verbindung ins Internet aufzunehmen, sind Sie auf zusätzliche Software angewiesen. Eine mögliche Lösung ist die Shareware Little Snitch *(http://www.obdev.at)*.

Mit Mac OS X 10.5 führte Apple eine neue Firewall ein, die direkt nach dem Erscheinen des Systems recht harsche Kritiken auf sich zog. Die Kritik selbst entzündete sich unter anderem an dem etwas anderen Konzept, das der seit Mac OS X 10.5 verwendeten Firewall zugrunde liegt.

Sicherheit im Netzwerk ist ein Wechselspiel zwischen der Technik, Psychologie und den Verhaltensweisen des Anwenders. Wer unbedingt aus zweifelhaften Quellen Software und Dateien über fragwürdige Wege bezieht, diese ohne weitere Prüfung ausführt und dabei das Administratorpasswort vergibt, bei dem ist auch eine noch so ausgefeilte Technik kaum noch in der Lage, Angriffe abzuwehren und Daten zu schützen. Letztlich ist es ein Kompromiss zwischen dem, was dem Anwender an Komplexität zuzumuten ist, und dem, was technisch mit vertretbarem Aufwand zu realisieren ist.

Funktionsweise

Router
Wenn sich Ihr Rechner hinter einem Router befindet, ist er vor direkten Angriffen aus dem Internet deutlich besser geschützt. Ein Angreifer müsste zuerst den Router überwinden, um Zugriff auf Ihren Rechner zu bekommen. Sofern Sie nicht die Weiterleitung von Ports (siehe Abschnitt 16.1) eingerichtet haben, werden eingehende Datenpakete, die Sie nicht angefordert haben, vom Router verworfen.

Bei der Firewall von OS X 10.8 handelt es sich um eine Application-Level Firewall. Das Funktionsprinzip besteht darin, bei eingehenden Netzwerkverbindungen zu prüfen, ob das annehmende Programm befugt ist, Verbindungen herzustellen. Wenn dies nicht der Fall ist, wird das Paket verworfen; wurde dem Programm der Empfang vom Anwender gestattet, dann wird das Paket durchgelassen. Hier ist ein Unterschied zu machen zwischen dem Empfang von Daten, die Sie angefordert haben – etwa dem Abruf einer Webseite –, und dem Aufbau einer Verbindung, die von dem anderen Rechner ausgeht.

Diese Spielart der Firewall ist unter UNIX-Systemen eigentlich kaum verbreitet. In Systemen wie OpenBSD und bis Version 10.4 auch in Mac OS X wurde und wird in erster Linie auf eine portbasierte Firewall wie `pf` gesetzt. Hierbei wird nicht einem Programm der Zugang zum Netzwerk explizit erlaubt, sondern ein Netzwerk-Port (siehe Abschnitt 16.1) geöffnet. Wurde der Port 80 geöffnet, dann werden eingehende Datenpakete für diesen Port durchgelassen, sofern ein Prozess wie `httpd` aktiv ist, der das Paket in Empfang nimmt.

Es sind also zwei verschiedene technische Ansätze. Eine Application-Level Firewall ist für den Endanwender etwas komfortabler und transparenter, weil ein in der Regel eindeutig identifizierbares Programm freigegeben wird. Eine portbasierte Firewall erlaubt eine deutlich schärfere Kontrolle des Netzwerkverkehrs und bietet weitere Funktionen wie die Weiterleitung von Ports und den expliziten Ausschluss von bestimmten Rechnern.

Welches von beiden Verfahren sicherer ist, ist nicht eindeutig zu entscheiden. Ein potenzieller Nachteil einer Application-Level Firewall besteht darin, dass eingehende Datenpakete vom System zuerst komplett angenommen, dann geprüft und wieder verworfen werden. Sie durchlaufen also im OSI-Schichtenmodell (siehe Abschnitt 16.1) alle sieben Stufen. Da das Paket erst zu einem vergleichsweise späten Zeitpunkt verworfen wird, ist die Angriffsfläche für eine Aushebelung des Schutzes zumindest in der Theorie etwas größer.

Eine persönliche Anmerkung
Diskussionen über Firewalls und Sicherheit werden oft mit einem Überschuss Polemik geführt und entfernen sich bisweilen zu schnell vom eigentlichen Thema. Sicherheit von Computersystemen ist immer relativ, ganz gleich, welches System Sie einsetzen. Während es durchaus möglich ist, ein Windows-System gut abzusichern, wurde auch schon ein strikt auf Sicherheit optimiertes und entwickeltes System wie OpenBSD mit einer Sicherheitslücke ausgeliefert, sogar mit einer eklatanten. Das macht OpenBSD keinesfalls schlechter und Windows auch nicht wirklich besser, aber es zeigt die Relativität der Thematik.

Umgekehrt ist die korrekte Konfiguration einer portbasierten Firewall sehr viel komplizierter und setzt fundierteres Wissen über Netzwerkprotokolle voraus. Hier besteht die Gefahr, sich mit einer mangelhaften Konfiguration in falscher Sicherheit zu wiegen. Auch wäre die Möglichkeit, dass durch ein trojanisches Pferd etwa die ausführbare Datei des Apache-Webservers, */usr/sbin/httpd*, ausgetauscht und damit kompromittiert wird, in der Theorie ebenfalls gegeben. Der Port 80 wäre ja generell offen, und der manipulierte Prozess `httpd` dürfte Daten empfangen.

Firewall konfigurieren

In der Ansicht Sicherheit können Sie im gleichnamigen Reiter die Firewall starten. Ist die Firewall aktiv, dann steht Ihnen die Schaltfläche Firewall-Optionen zur Verfügung, über die Sie die Funktionsweise der Firewall konfigurieren können.

Standardinternetdienste
Wenn Sie die restriktivste Einstellung auswählen, können nur vier Prozesse aus dem Netzwerk Daten empfangen. Zunächst der Prozess `mDNSResponder`, der für Bonjour zuständig ist, der Prozess `racoon`, sofern Sie mit einem VPN (siehe Abschnitt 16.7) verbunden sind, sowie die Prozesse `configd` und `readconfig`, die die allgemeinen Netzwerkeinstellungen verwalten.

Die Option Alle eingehenden Verbindungen blockieren ist die restriktivste Einstellung der Firewall. Dabei werden bis auf die drei Ausnahmen alle eingehenden Datenpakete verworfen, die Sie nicht selbst angefordert haben. Das heißt, dass Sie mit diesen Einstellungen zwar immer noch im Internet surfen und Ihre E-Mails abrufen können, aber es ist zum Beispiel nicht mehr möglich, eine Verbindung zu dem AFP-Server aufzunehmen. Im letzten Fall wird die Verbindung von einem anderen Rechner zu Ihrem aufgebaut; damit gilt sie als eingehende Verbindung und wird dementsprechend blockiert.

Wenn Sie alle eingehenden Verbindungen blockieren, dann müssen Sie beachten, dass dies auch andere Funktionen in einem Netzwerk beeinträchtigen kann. Sie können zwar weiterhin auf Freigaben zugreifen, die über einen AFP-Server erfolgen. Die Namensauflösung für ein Windows-Netzwerk wird bei diesen Einstellungen der Firewall jedoch nur noch eingeschränkt funktionieren.

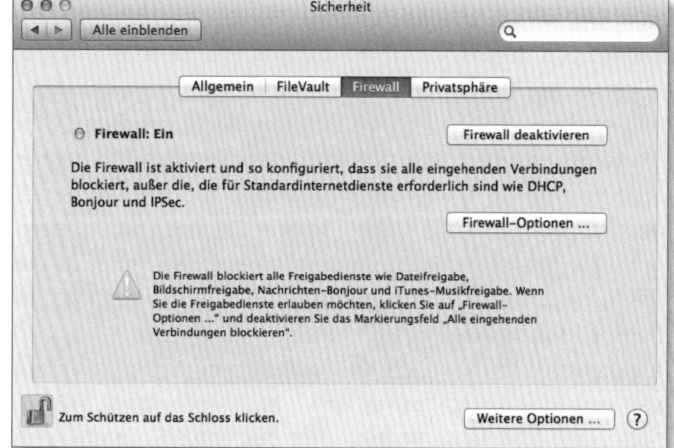

Abbildung 17.42 ▸
Werden alle eingehenden Verbindungen blockiert, dann wird in den Systemeinstellungen darauf hingewiesen.

Wenn die Firewall aktiv ist und Sie nicht alle Verbindungen blockieren, dann wird die in dem Fenster dargestellte Liste konsultiert, wenn eine Verbindung zu Ihrem Rechner aufgebaut werden soll. Diese Liste teilt sich in zwei Bereiche. Sie finden oben in der Liste die Dienste aufgeführt, die Sie auf Ihrem System gestartet haben. OS X geht davon aus, dass Sie einem Dienst die Kommunikation im Netzwerk gestatten möchten, wenn Sie ihn starten. Dementsprechend wird zum Beispiel CUPS hier als DRUCKERFREIGABE automatisch die Kommunikation erlaubt, sofern Sie ihn gestartet haben.

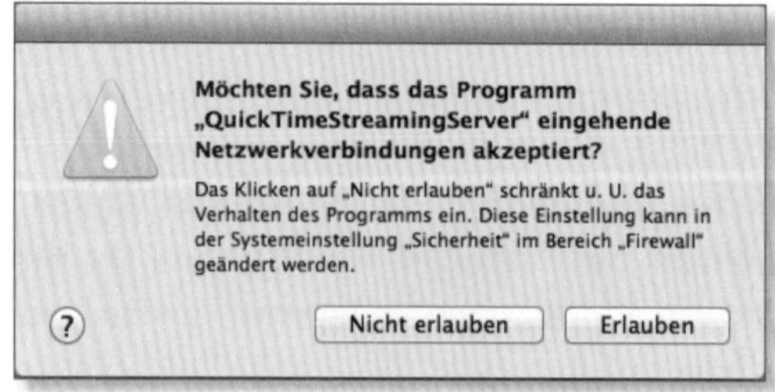

Abbildung 17.43 ▸
Möchte ein Programm Verbindungen entgegennehmen, dann können Sie dies unterbinden oder erlauben.

Erlauben und Blockieren | Unterhalb des Trennstrichs finden Sie die Programme, die auf Anfragen aus dem Netzwerk antworten möchten. Hier können Sie dann entscheiden, ob Sie EINGEHENDE VERBINDUNGEN ERLAUBEN oder BLOCKIEREN möchten. Über das Pluszeichen können Sie Programme bereits im Vorfeld hinzufügen und über das Minuszeichen Programme aus der Liste entfernen. Wenn die Firewall aktiviert ist und ein Programm, das sich noch nicht in der Liste befindet, auf eingehende Verbindungen antworten möchte, dann erhalten Sie die Rückfrage aus Abbildung 17.44. Sie können in dem Dialog eine Entscheidung treffen, und das Programm wird dann der Liste hinzugefügt.

◂ Abbildung 17.44
Die erweiterten Optionen der Firewall enthalten die Liste der zugelassenen und nicht zugelassenen Verbindungen.

Tarn-Modus | Für einen zusätzlichen Schutz in manchen Netzwerken kann der sogenannte *Tarn-Modus* sorgen. Er führt dazu, dass Ihr Rechner auf eingehende Anfragen von Programmen, die Apple als »Testprogramme« bezeichnet, nicht mehr antwortet. Eingehende Datenpakete über das auch vom Programm `ping` verwendete ICMP (siehe Abschnitt 16.1) werden zukünftig direkt verworfen. In einem feindlichen Netzwerk wie einem öffentlichen WLAN ist diese Funktion sinnvoll, weil Sie Ihren Rechner damit als potenzielles Angriffsziel weitgehend unsichtbar machen. Für die Fehlersuche im lokalen Netzwerk – wenn die Verbindungen nicht wie gewünscht funktionieren –, kann sich der Tarn-Modus jedoch als äußerst hinderlich erweisen.

Tipp

Wenn Sie wissen möchten, wo sich das Programm im Dateisystem befindet, dem Sie die Verbindungen erlauben oder verbieten, dann klicken Sie mit rechts über dem Namen. Der einzige Eintrag im Kontextmenü lautet IM FINDER ZEIGEN.

Protokoll | In den Standardeinstellungen führt die Firewall über ihre Tätigkeit Protokoll. Im Dienstprogramm Konsole können Sie das Protokoll der Firewall im Verzeichnis /VAR/LOG in der Datei *appfirewall.log* einsehen.

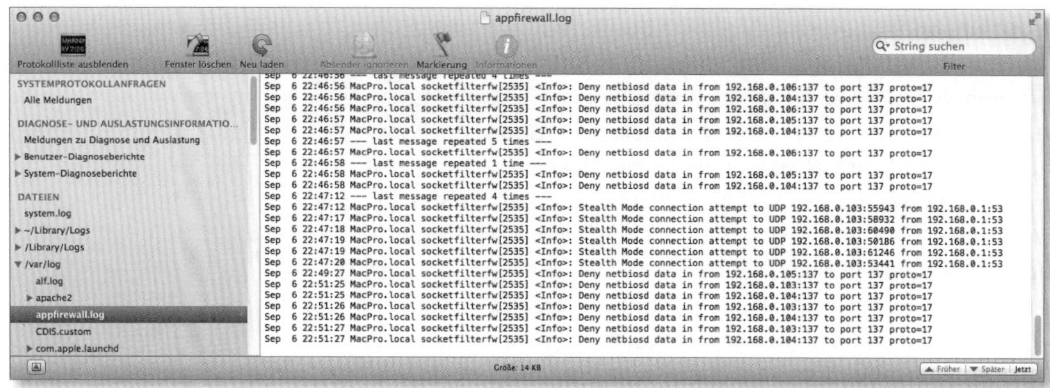

▲ Abbildung 17.45
Das Protokoll der Firewall informiert Sie über erlaubte und blockierte Verbindungen.

In dem Protokoll finden Sie zeilenweise die von der Firewall überwachten Ereignisse und Verbindungen. Mit einem Eintrag wie `smbd is listening from` wird Ihnen mitgeteilt, dass das Key Distribution Center von Kerberos auf eingehende Anfragen wartet, also auf einem Port lauscht.

Wird eine Verbindung von einem anderen Rechner hergestellt, erfolgt ein Eintrag in der Form `Allow smbd connecting from 192.168.0.4`, wobei die letzte Angabe die IP-Adresse des Rechners ist, von dem aus die Verbindung zu Ihnen aufgenommen wurde.

Möchte ein Prozess Verbindungen akzeptieren und haben Sie ihn blockiert, dann lautet der Eintrag `Deny Prozess connecting`.

Code-Signing und Sandboxen

Eng mit der Firewall verknüpft sind zwei weitere Funktionen, die mit Mac OS X 10.5 eingeführt und unter OS X 10.8 in Verbindung mit dem App Store weiter ausgebaut wurden. Zum einen ist es nun möglich, Programme und Applikationen mit einer digitalen Signatur zu versehen und so die Integrität des Programms in Bezug auf etwaige Änderungen und Manipulationen sicherzustellen. Zum anderen können Sie laufende Prozesse, um ihre Zugriffsmöglichkeiten einzuschränken, in eine sogenannte *Sandbox* sperren.

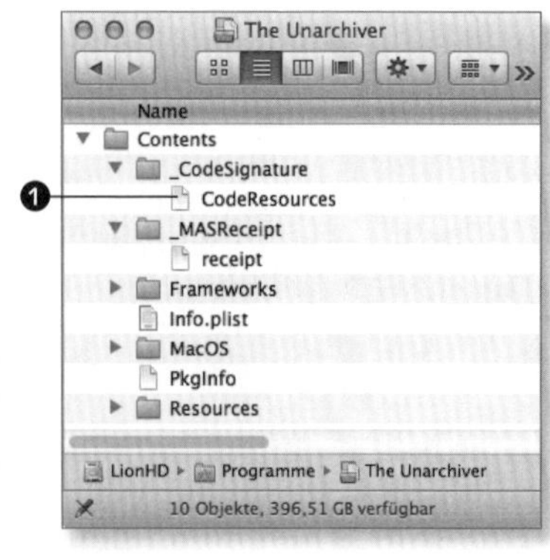

▲ Abbildung 17.46
Die Signaturen werden in der Datei »CodeResources« ❶ gespeichert.

Code-Signing | Mit der Signierung von Programmen ist es Entwicklern möglich, die Authentizität ihrer Programme zu garantieren. Sie ist auch Voraussetzung dafür, dass das Programm in den App Store aufgenommen wird. Die Signierung erfolgt zunächst in zwei Schritten. Erstens verfügt der Entwickler über eine digitale Signatur, deren Echtheit von einer unabhängigen Instanz garantiert wird. Mit diesem Zertifikat wird der ausführbare Code des Programms signiert, also eine kryptografische Prüfsumme des auszuführenden Programms in Kombination mit dem Zertifikat des Entwicklers gezogen. Diese Signatur wird dann bei UNIX-Befehlen wie `httpd` in das Programm selbst oder in das Bundle des Programms in der Datei *CodeResources* eingebettet. Bei einem Programm, das in Form eines Bundles vorliegt, werden weitere Bestandteile wie Icons und Lokalisierungen mit einer Prüfsumme versehen. Führen Sie ein signiertes Programm aus, das Netzwerkverbindungen akzeptieren möchte, prüft das Betriebssystem die Signatur des Programms und vergleicht sie mit dem auszuführendem Programm und dem Zertifikat des Herstellers. Schlägt die Prüfung fehl, weil beispielsweise das auszuführende Programm nachträglich (böswillig) modifiziert wurde, wird zunächst der Zugriff auf das Netzwerk unterbunden, und Sie müssen diese Freigabe explizit bestätigen.

Signierte Software | Mit diesem technischen Hintergrund erklärt sich auch die Option SIGNIERTER SOFTWARE AUTOMATISCH ERLAUBEN, EINGEHENDE VERBINDUNGEN ZU EMPFANGEN in den Einstellungen der Firewall. Fast alle mit OS X 10.8 installierten Programme und Befehle wurden von Apple selbst signiert. Aktivieren Sie diese Option, dann werden signierte Programme von Anfang an als vertrauenswürdig betrachtet und dürfen, anders als fremde Programme, in jedem Fall Verbindungen akzeptieren. Haben Sie die Option aktiviert und öffnen Sie am Terminal mit dem Befehl `nc -l 8118` pro forma den Port 8118, dann erhalten Sie keine Rückfrage. Wenn die Option nicht aktiviert ist, dann müssen Sie in diesem Fall dem Befehl `nc` die Möglichkeit zugestehen, Daten aus dem Netzwerk zu empfangen. Er wird anschließend auch in der Liste der Programme aufgeführt.

Systemdienste
Wenn Sie die nebenstehend besprochene Option deaktivieren, dann müssen Sie nach einem Neustart für jeden Systemdienst, der auf Verbindungen aus dem Netzwerk reagieren möchte, diese explizit erlauben oder verbieten. Damit lässt sich die Firewall natürlich noch detaillierter konfigurieren, weniger fortgeschrittene Anwender würden aber wohl schnell den Überblick verlieren.

Signatur prüfen | Sie überprüfen die Signatur – also im weiteren Sinne die Echtheit eines Programms – am Terminal mit dem Befehl `codesign`. Mit der doppelten Option `-v` und `-v` sowie dem Pfad zum Programm lassen Sie sich die Details der Signatur ausgeben.

```
MacPro:~ kai$ codesign -v -v /Applications/Safari.app
/Applications/Safari.app: valid on disk
/Applications/Safari.app: satisfies its Designated Requirement
MacPro:~ kai$ codesign -v -v /Applications/3rdParty/Camino.app
/Applications/3rdParty/Camino.app: code object is not signed at all
In architecture: i386
MacPro:~ kai$ codesign -v -v /usr/sbin/httpd
/usr/sbin/httpd: valid on disk
/usr/sbin/httpd: satisfies its Designated Requirement
MacPro:~ kai$
```


◂ **Abbildung 17.47**
Mit dem Befehl `codesign` ermitteln und überprüfen Sie Signaturen.

In Abbildung 17.47 wurden nacheinander die Programme Safari, Camino und `httpd` überprüft. Die beiden hauseigenen Programme (Safari und `httpd`) verfügen über eine gültige Signatur, während Camino in diesem Beispiel keine Signatur enthält.

BSD Jails
Die Kapselung und Beschränkung von Prozessen ist unter anderen UNIX-Systemen wie FreeBSD schon seit längerer Zeit mit den sogenannten *Jails* üblich. Während diese Funktion unter FreeBSD optional ist und von Administratoren eingerichtet werden kann, werden die Sandboxen von Apple in Zukunft für alle Programme aus dem App Store obligatorisch sein.

Einschränkungen in Sandboxen | Die zweite neue Funktion, die die Fähigkeiten der Firewall ergänzt, sind die sogenannten *Sandboxen*. Ihre Aufgabe besteht darin, einem aktiven Prozess den Zugriff auf Ressourcen des Systems zu verweigern. Ob und in welcher Form ein laufender Prozess in eine Sandbox gesperrt werden sollte, hängt natürlich von den Aufgaben des Prozesses ab.

Dem für Bonjour zuständigen Prozess `mDNSResponder` wird zum Beispiel untersagt, Dateien zu schreiben, und er darf auch nur auf einige vorgegebene Dateien lesend zugreifen. Würde also durch einen Angriff von außen der `mDNSResponder` kompromittiert, hätte der Hacker nicht so viel gewonnen, weil er erst einmal nicht richtig auf das Dateisystem zugreifen kann. Der Systemdienst `sandboxd` wird im Hintergrund bei Bedarf aktiviert und verweigert gegebenenfalls den Zugriff. Abhängig von der Konfiguration einer Sandbox finden Sie im Protokoll *system.log* im Verzeichnis /VAR/LOG entsprechende Einträge. Diese können Sie sich durch die Beschränkung der Anzeige auf Zeilen mit dem Eintrag SAND (siehe Abbildung 17.48) anzeigen lassen.

▼ Abbildung 17.48
Im Protokoll wird vermerkt, wenn der Zugriff mithilfe einer Sandbox begrenzt wurde.

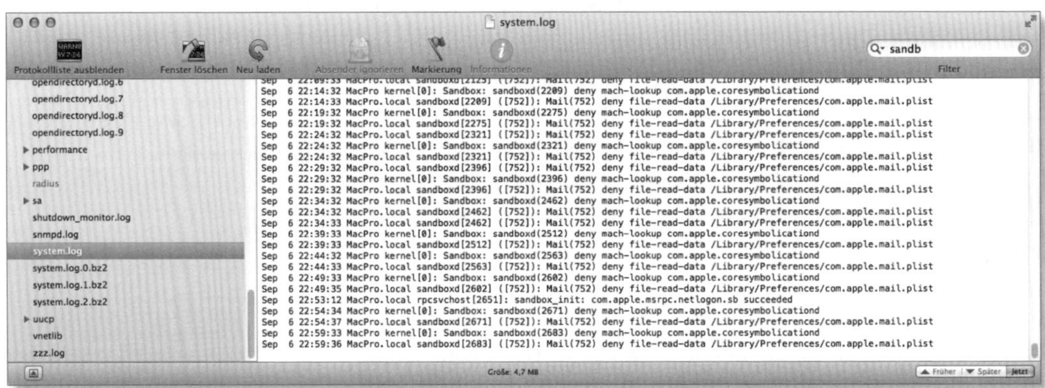

Sicherheitsupdates
Im Vergleich zur Firewall sehr viel kritischer zu bewerten ist die Update-Politik von Apple, wenn es sich um Sicherheitslücken handelt. So werden Sicherheitslücken, die in UNIX-Kernkomponenten des Systems erkannt werden, bisweilen erst nach einem fast nicht mehr zu entschuldigenden Zeitraum mit einem Update geschlossen.

Ein Fazit

Das mit Mac OS X 10.5 geänderte Konzept der Firewall hat sich eigentlich bewährt. Bisher wurden keine Sicherheitslücken dokumentiert, die mit der Firewall in Verbindung gebracht werden können. Zwar lässt OS X 10.8 einige in UNIX-Systemen schon seit Jahrzehnten üblichen Gepflogenheiten hinter sich. Letzteres muss nicht zwingend schlecht oder weniger sicher sein, weil es primär auf die Art der Umsetzung ankommt, und ein Vorteil der Application-Level Firewall besteht in dieser Form in ihrer Transparenz gegenüber dem etwas unbedarfteren Anwender.

Ausblick: eigene Regeln mit »pf«

Während Apple in den früheren Versionen die unter UNIX-Systemen damals sehr verbreitete Firewall `ipfw` nutzte, um Ports im Netzwerk freizugeben, zu sperren und generell den Netzwerkverkehr zu kontrollieren, hat unter OS X 10.8 die vom OpenBSD-Projekt stammende Firewall `pf` Einzug gehalten.

Unter OS X 10.8 wird sie in erster Linie in Verbindung mit der Internetfreigabe genutzt. Die Einrichtung dieser Firewall ist eine komplexe Angelegenheit, weil Sie hier nicht nur fortgeschrittenere Kenntnisse der Netzwerkprotokolle IP, TCP und UDP mitbringen müssen, sondern sich auch intensiv mit der Konfiguration der Firewall selbst beschäftigen müssen. Nutzte die Firewall `ipfw` noch eher leicht zu überschauende Regelsätze, bei denen über die Schlüsselwörter `deny` und `allow` Ports freigegeben werden konnten, bringt die `pf` eine Reihe leistungsfähiger, aber auch komplexer Werkzeuge mit, die über die einfachen Regeln weit hinausgehen. So können Sie mit diesen Regeln Tabellen anlegen, Makros definieren und mehrere Voreinstellungsdateien nutzen. Sie finden unter *http://www.openbsd.org/faq/pf* ein umfangreiches, aber eben nur grundlegendes Tutorial, das ausgedruckt wohl zwei Kapiteln in diesem Buch entspräche.

Befehle und Konfigurationsdateien
Die Firewall können Sie über den Befehl `pfctl` steuern. Er bietet Ihnen auch die Möglichkeit, über die Optionen `-sr` und `-sa` den aktuellen Zustand der Firewall auszugeben. Sie müssen den Befehl `pfctl` als Super-User ausführen und ihm `sudo` voranstellen. Über `man pfctl` können Sie eine Dokumentation des Befehls einsehen.

17.6 Verzeichnisdienste

Bei einer größeren Anzahl von Benutzern im Netzwerk kann es notwendig werden, die Benutzerkonten zentral zu verwalten. Dafür werden auf einem Server Verzeichnisdienste eingesetzt. Dabei nehmen die Rechner Kontakt zu dem Server auf und überprüfen die eingegebenen Daten (Kennung und Passwort) anhand der auf dem Server vorhandenen Informationen in den Verzeichnissen. Dieser Abschnitt gibt Ihnen eine Orientierung über die Funktionen, mit denen sich eine normale Version von OS X 10.8 in Verzeichnisdienste integrieren lässt.

Problemquellen
Die Gründe, warum ein Verzeichnisdienst nicht wie gewünscht funktioniert, sind äußerst vielfältig. In der Vergangenheit war diese Funktion von OS X oft eher fehlerhaft, sodass die Fehler nach und nach durch Updates behoben wurden.

Konfiguration mit »odutil«

Mit dem Befehl `odutil` können Sie ein paar Aspekte der Verzeichnisdienste konfigurieren und einige Daten einsehen. Zunächst bietet Ihnen der Parameter `show` in Verbindung mit einem Schlüsselwort die Möglichkeit, Informationen über den aktuellen Stand der Verzeichnisdienste einzuholen. Nutzen Sie hier das Schlüsselwort `all`, dann werden Ihnen über `sudo odutil show all` alle verfügbaren Informationen ausgegeben. Diese Liste enthält im Bereich `Open Nodes` auch die Verzeichnisdienste, mit denen gerade kommuniziert wird. Wenn Sie eine Verbindung zu einem Active Directory eingerichtet haben, es aber in dieser Liste nicht erscheint, dann ist die Konfiguration wohl fehlgeschlagen.

Abbildung 17.49 ▸
Die Fehlermeldungen sind bisweilen etwas kryptisch. Hier wurde bei der Anbindung an ein Active Directory lediglich das falsche Passwort eingegeben.

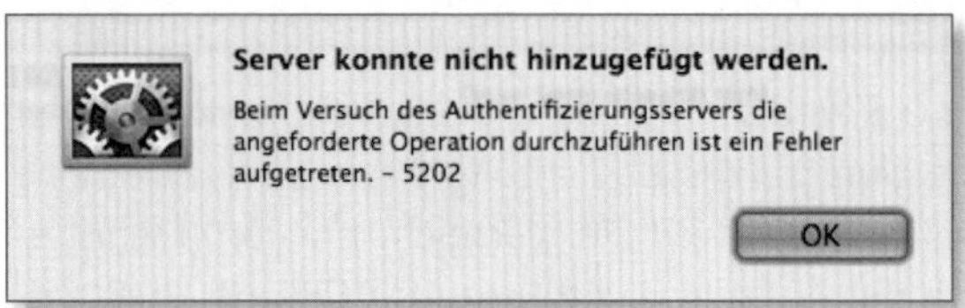

Server konnte nicht hinzugefügt werden.
Beim Versuch des Authentifizierungsservers die angeforderte Operation durchzuführen ist ein Fehler aufgetreten. - 5202
OK

Protokolle konfigurieren

Über die Option `set log`, gefolgt von einem Schlüsselwort, legen Sie den Detailgrad der Protokolle fest. Wenn Sie hier `debug` verwenden, dann führt die Eingabe von `sudo odutil set log debug` zu einem äußerst detaillierten Protokoll. Für die gezielte Fehlersuche ist dies manchmal sehr hilfreich. Zu den Standardeinstellungen kehren Sie mit der Eingabe von `sudo odutil set log default` zurück.

▲ Abbildung 17.50
Legen Sie den Detailgrad der Protokolle auf `debug` fest, dann findet sich im Protokoll »opendirectoryd.log« eine Fülle von Informationen.

C-Funktionen

Die Angaben `getpwnam` weisen auf die Funktionen hin, die über die Programmiersprache C beziehungsweise Objective-C genutzt wurden, um das Passwort zu überprüfen.

Statistiken | Welche Programme nach einem Benutzer oder einem Kennwort gefragt haben, ermitteln Sie, indem Sie über `sudo odutil set statistics on` die Statistik aktivieren.

Rufen Sie die Statistik mit `sudo odutil show statistics` ab, dann erhalten Sie ganz am Ende der etwas länglichen Ausgabe eine Liste der Programme, die einen Benutzer authentifiziert haben. Mit `sudo odutil set statistics off` sollten Sie die Statistik wieder ausschalten, wenn Sie sie nicht mehr benötigen.

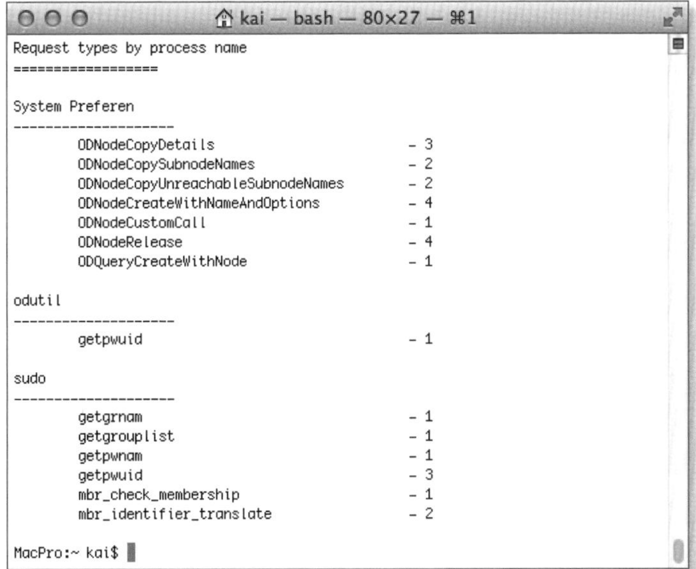

◂ Abbildung 17.51
Über die Statistik überprüfen Sie, welche Befehle und Programme auf die Benutzerdatenbank zugegriffen haben.

◂ Abbildung 17.52
Die Funktionsfähigkeit der Verzeichnisdienste wird durch einen grünen oder roten Knopf angezeigt.

Netzwerk-Account-Server einrichten

Eine einfache Möglichkeit, Ihr System an einen Verzeichnisdienst anzubinden, finden Sie in den Systemeinstellungen in der Ansicht BENUTZER. Wenn Sie hier die ANMELDEOPTIONEN auswählen, dann sehen Sie dort auch einen Eintrag NETZWERKACCOUNT-SERVER und die Schaltfläche VERBINDEN.

Abbildung 17.53 ▸
Die Anbindung an ein Active Directory muss ein AD-Administrator autorisieren.

Im folgenden Dialog geben Sie entweder den URL (zum Beispiel *miniserver.samoa.kai*) oder die IP-Adresse eines Open-Directory-Servers oder die Domain einer Active-Directory-Struktur (AD.SAMOA.KAI) an. Die Systemeinstellungen versuchen dann, Kontakt mit dem angegebenen Server aufzunehmen und die Anbindung vorzunehmen.

Bei einer Active Directory Domain muss auf jeden Fall Ihr Computer in der Datenbank im Active Directory eingetragen sein. Darüber hinaus folgt bei der Anbindung an ein Active Directory die Aufforderung, sich als Netzwerkadministrator des Active Directorys zu authentifizieren.

Wenn mindestens ein Verzeichnisdienst eingerichtet wurde, dann können Sie über die Schaltfläche BEARBEITEN den Dialog aus Abbildung 17.52 aufrufen und weitere Verzeichnisdienste einrichten oder aber die Anbindung an einen Dienst löschen.

Benutzer ausschließen | Wenn Sie Ihr System an einen Verzeichnisdienst angebunden haben, dann können Sie über die Option BENUTZERN IM NETZWERK DIE ANMELDUNG IM ANMELDEFENSTER ERLAUBEN vorgeben, dass sich diese an Ihrem Rechner anmelden können. Wenn diese Option nicht aktiv ist, dann werden die Verzeichnisdienste nicht für die Anmeldung, wohl aber für Kontaktdaten und für die Zuweisung der Zugriffsrechte genutzt. Erlauben Sie die Anmeldung, dann können Sie über die nebenstehende Schaltfläche OPTIONEN die Anmeldung nur für bestimmte Benutzer und Gruppen freigeben.

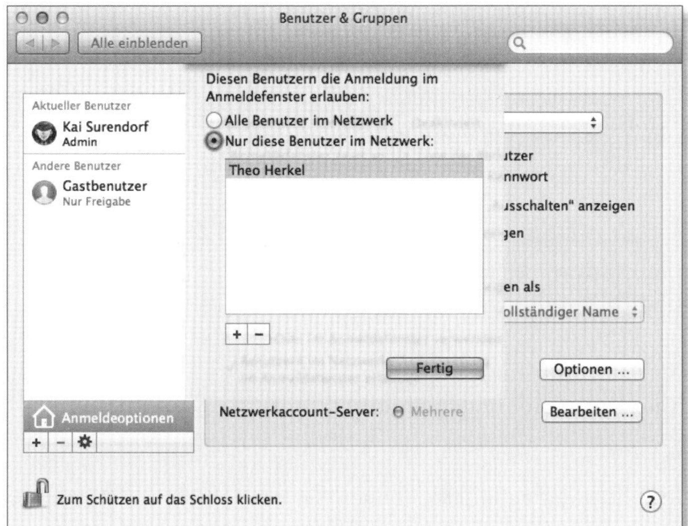

◂ **Abbildung 17.54**
Die Anmeldung können Sie auf ausgewählte Benutzer beschränken.

Verzeichnisdienste im Detail konfigurieren

Während über die Systemeinstellungen eine einfache Anbindung erfolgen kann, bietet Ihnen das Programm Verzeichnisdienste die Möglichkeit, die Anbindung im Detail zu konfigurieren. Das Programm starten Sie entweder über die Schaltfläche VERZEICHNISDIENSTE ÖFFNEN (siehe Abbildung 17.52) oder direkt aus dem Verzeichnis /SYSTEM/LIBRARY/CORESERVICES.

Dienste | In der Ansicht DIENSTE finden Sie drei Einträge, die die Module repräsentieren, die für die Anbindung an einen Verzeichnisdienst zur Verfügung stehen. Als ACTIVE DIRECTORY wird die Unterstützung für den gleichnamigen Verzeichnisdienst von Microsoft bezeichnet. Der Eintrag LDAPV3 ermöglicht die Anbindung sowohl an einen Open-Directory-Server unter OS X Server als auch an einen quasi normalen LDAP-Server, der beispielsweise auf einem Linux-System installiert wurde. Der Eintrag NIS steht für die Einbindung in die Network-Information-System-Architektur. Auch wenn Sie hier lediglich einen Domain-Namen und die Server angeben können, sind die Konfiguration von und die Arbeit mit einer NIS-Infrastruktur vergleichsweise komplex und nur noch wenig verbreitet.

[LDAP]
Bei LDAP handelt es sich, streng genommen, nicht direkt um einen Verzeichnisdienst, sondern vielmehr um eine Methode, die Daten zu strukturieren und zu übertragen.

Open Directory
Der Begriff »Open Directory« wurde von Apple recht weitläufig verwendet. Insgesamt bezeichnet er die Methoden, mit denen unter OS X Benutzer identifiziert werden. Dementsprechend fällt auch die Identifikation mithilfe von *DSLocal* unter die Nutzung von Open Directory. Etwas spezieller bedeutet Open Directory den Einsatz von LDAP unter OS X Server und die zentrale Verwaltung von Benutzern in dessen Datenbank.

Open Directory und LDAP | Wenn Sie einen Verzeichnisdienst im Detail konfigurieren und dabei zum Beispiel die vom Server gelieferten Schemata der Datenstrukturen modifizieren müssen, dann können Sie mit einem Doppelklick auf den Eintrag LDAPV3 die Liste der eingerichteten Server aufrufen. Sie erhalten dann zunächst eine Liste der eingerichteten LDAP-Server (siehe Abbildung 17.55), zu denen auch die Open-Directory-Server gehören.

Abbildung 17.55 ▶
Die LDAP-Pfade können Sie auch eigenhändig konfigurieren.

Über den Eintrag EIGENE können Sie das Fenster aus Abbildung 17.56 aufrufen und dort sowohl die Verschlüsselung der Kommunikation mit dem Server in der Ansicht SICHERHEIT konfigurieren als auch Einträge in der Datenbank des Servers auf lokale Eigenschaften abbilden und auf diese Weise die Funktionsweise der Datenbank individuell anpassen. Letzteres benötigt sehr fortgeschrittene Kenntnisse sowohl des Protokolls LDAP als auch der Arbeit mit Verzeichnisdiensten generell.

Abbildung 17.56 ▶
Die Einträge in der LDAP-Datenbank können Sie bei Bedarf auf andere Eigenschaften im lokalen System abbilden.

Active Directory | Mit einem Doppelklick auf den Eintrag ACTIVE DIRECTORY können Sie diese Einbindung konfigurieren. Sofern Sie dies noch nicht über die Systemeinstellungen erledigt haben, nehmen Sie durch Angabe der Active Directory-Domain und der Ihnen dort zugewiesenen Computer-ID die Einbindung in die Struktur vor.

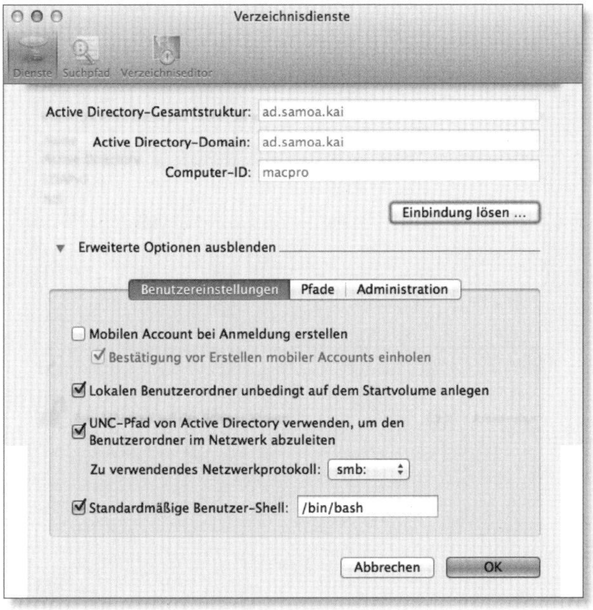

◂ **Abbildung 17.57**
Die Zusammenarbeit mit einem Active-Directory-Server können Sie im Detail konfigurieren.

Benutzerordner | Wenn in dem Profil des Benutzerkontos im Active Directory ein sogenannter Basisordner vorgegeben wurde, dann wird sein persönliches Verzeichnis auf dem Windows-Server gespeichert. Hierzu müssen Sie die Option UNC-Pfad von Active Directory verwenden aktivieren. Als Zu verwendendes Netzwerkprotokoll sollten Sie in jedem Fall smb: auswählen, weil die AFP-Unterstützung unter Windows Server, sofern überhaupt noch vorhanden, den Ansprüchen von OS X 10.8 seit Langem nicht mehr genügt.

Mobiler Account | Ein Windows-Server bietet die Möglichkeit, einen mobilen Account zu erstellen. Diese Funktion eignet sich besonders für mobile Geräte, denn sie führt dazu, dass das Benutzerkonto, das sich auf dem Server befindet, der lokalen Benutzerdatenbank von OS X 10.8 hinzugefügt wird. Solche Benutzerkonten tragen den Hinweis »Mobil«. Diese Option können Sie aktivieren und dabei ebenfalls vorgeben, dass ein mobiler Account nur nach einer Bestätigung erstellt werden soll. Dabei bleiben die Dateien des Benutzers zunächst auf Ihrem System und können, sofern diese Funktion einwandfrei funktioniert und korrekt konfiguriert wurde, später mit den Daten auf dem Server abgeglichen werden.

Kapitel 18
Dateien austauschen und Freigaben einbinden

Wenn über das Netzwerk eine Verbindung zwischen den Rechnern hergestellt ist, geht es an die Übertragung der Dateien. Mithilfe verschiedener Protokolle, deren Herkunft meist in der Geschichte der jeweiligen Betriebssysteme begründet ist, wird der Transfer geregelt.

Dieses Kapitel bietet Ihnen einen Überblick über die von OS X 10.8 unterstützten Protokolle und Methoden. Es erläutert, wie Sie Dateien übertragen und auf welche Probleme Sie dabei stoßen können. Neben dem Datenaustausch zwischen Macintosh-Rechnern wird auch die Zusammenarbeit mit Linux und Windows betrachtet. Das Kapitel schließt mit der automatischen Einbindung von Dateisystemen beim Start des Systems über den Dienst `autofs`.

Der Befehl »mount«
Den Befehl `mount` können Sie am Terminal auch nutzen, um Dateisysteme über das Netzwerk einzubinden. Für die Arbeit im Netzwerk gibt es einige spezielle Befehle wie `mount_nfs` oder `mount_smbfs`.

18.1 Dateien direkt austauschen

Neben der Arbeit mit freigegebenen Ordnern gibt es unter OS X 10.8 mindestens drei Möglichkeiten, Dateien und Ordner ohne vorherige Konfiguration eines Servers zu übertragen.

AirDrop

In OS X 10.8 neu hinzugekommen ist die Funktion AirDrop, mit der Sie Dateien über ein drahtloses Netzwerk zwischen zwei Rechnern austauschen können. Im Finder finden Sie AirDrop in der Seitenleiste. Sie können die Funktion auch über den Menüpunkt Gehe zu • AirDrop (⌘ + ⇧ + R) aufrufen. Haben Sie die Ansicht AirDrop ausgewählt, dann beginnt Ihr Rechner mit

Unterstützte Rechner
Nicht alle Rechner, auf denen Sie OS X 10.8 installieren können, unterstützen AirDrop. Eine Liste, der unterstützten Geräte finden Sie unter *http://support.apple.com/kb/HT4783*. Die Liste bezieht sich zunächst auf OS X 10.7, hat aber auch für OS X 10.8 Geltung.

der Suche nach anderen, bei denen ebenfalls AirDrop aktiviert wurde. Ob AirDrop aktiv ist, erkennen Sie am Icon in der Seitenleiste. Wird dieses wie ein Radargerät animiert, dann sucht Ihr Rechner nach anderen AirDrop-Systemen. Steht das Icon still, dann ist AirDrop ausgeschaltet.

Abbildung 18.1 ▶
Um eine Datei oder einen Ordner via AirDrop zu übertragen, muss auf beiden Rechnern die Ansicht AIRDROP aktiv sein.

Funktionsweise
Moderne WLAN-Karten für ein drahtloses Netzwerk unterstützen zwei Kanäle. Dies macht sich Apple zunutze, indem für AirDrop ein unsichtbares WLAN über den zweiten Kanal erstellt wird.

Um eine Datei von einem Rechner zu einem anderen via AirDrop zu übertragen, muss zunächst auf beiden Rechnern AirDrop aktiviert sein. Wenn Sie einen Rechner in der Ansicht AIRDROP sehen, dann können Sie eine Datei oder einen Ordner auf ihn ziehen. Sobald Ihre Anfrage bestätigt wurde, beginnt die Übertragung. Möchte Ihnen jemand eine Datei senden, dann erhalten Sie im Finder einen Hinweis und können sie SICHERN oder gleich SICHERN UND ÖFFNEN.

Bluetooth-Datenaustausch

Dienst im Kontextmenü
Sie können dem Kontextmenü im Finder einen Dienst DATEI AN BLUETOOTH-GERÄT SENDEN hinzufügen, indem Sie ihn in den Systemeinstellungen in der Ansicht TASTATUR unter dem Reiter TASTATURKURZBEFEHLE in der Rubrik DIENSTE aktivieren.

Neben dem Anschluss von Tastaturen, Trackpads und Mäusen lässt sich die Bluetooth-Schnittstelle auch dazu verwenden, Dateien und Ordner zwischen Rechnern direkt auszutauschen. Der Vorzug von Bluetooth gegenüber einem AirPort-Netzwerk kann darin bestehen, dass sich der drahtlose Datenaustausch über Bluetooth recht schnell und direkt nutzen lässt. Auch können Sie über Bluetooth auf Dateien, die auf einem Handy gespeichert wurden, zugreifen.

Abbildung 18.2 ▶
Das Dienstprogramm Bluetooth-Datenaustausch zeigt automatisch alle gefundenen Geräte an.

Besitzen Sie zwei Rechner, die über ein Bluetooth-Modul verfügen, dann können Sie mit dem Dienstprogramm Bluetooth-Datenaustausch Dateien senden. Auf beiden Rechnern müssen das Bluetooth-Modul sowie die im Folgenden beschriebene BLUETOOTH-FREIGABE aktiviert sein. Bei einem Mobiltelefon schauen Sie dazu bitte in die Bedienungsanleitung.

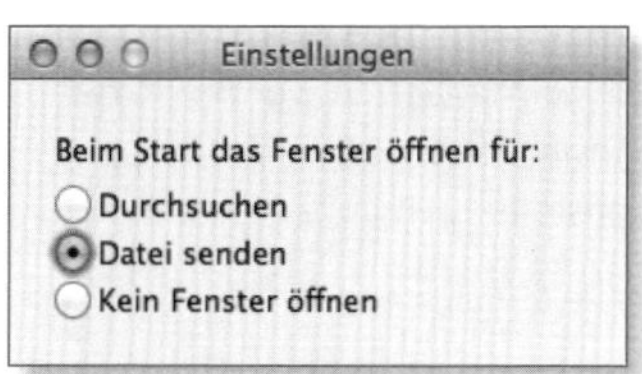

▲ **Abbildung 18.3**
In den EINSTELLUNGEN des Dienstprogramms können Sie auch festlegen, dass kein Fenster geöffnet wird.

◄ **Abbildung 18.4**
Den Empfang einer Datei müssen Sie bestätigen.

Quelle und Dateien auswählen | Starten Sie das Dienstprogramm, müssen Sie zuerst die zu übertragende Datei auswählen. Das Programm präsentiert Ihnen anschließend eine Liste der in Ihrer Umgebung gefundenen Bluetooth-Geräte. Darüber hinaus werden die Geräte aufgeführt, mit denen Sie bereits eine Verbindung hergestellt haben. Wählen Sie das passende Gerät aus, und klicken Sie auf SENDEN. Auf dem Zielrechner oder dem Mobiltelefon erscheint dann eine Meldung, dass die gewählte Datei übertragen werden soll. Die Übertragung muss explizit bestätigt werden.

◄ **Abbildung 18.5**
Bei der ersten Datenübertragung müssen Sie die Geräte über einen Code verbinden.

Geräte verbinden | Übertragen Sie zum ersten Mal eine Datei zwischen zwei Geräten, dann müssen Sie diese erst miteinander verbinden. Es erscheint auf beiden Bildschirmen ein Dialog (siehe Abbildung 18.5) mit einem Code. Stimmen die Codes auf beiden Bildschirmen überein, dann muss dies auf beiden Geräten über die Schaltfläche JA bestätigt werden. Sie finden in der Ansicht BLUETOOTH der Systemeinstellungen nun dieses Gerät als bekannt aufgelistet.

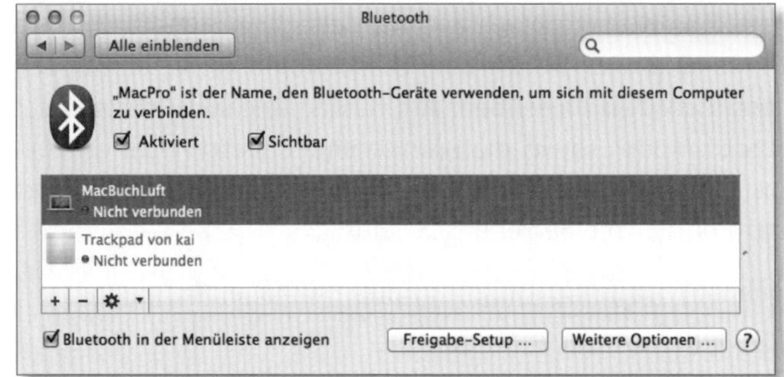

Abbildung 18.6 ▸
Bekannte Geräte werden in der Ansicht Bluetooth der Systemeinstellungen aufgeführt.

> **Hinweis**
> Bluetooth ist nicht gerade als ein sicheres Protokoll bekannt. Das automatische Öffnen einer empfangenen Datei sollte besser unterbleiben.

Bluetooth-Freigabe konfigurieren | In den Systemeinstellungen konfigurieren Sie über den Eintrag Bluetooth-Freigabe in der Ansicht Freigaben, wie Ihr Rechner sich beim Austausch von Dateien verhalten soll. Sie sollten Beim Empfang von Objekten und Beim Zugriff anderer Geräte besser eine Aktion erfragen lassen.

Abbildung 18.7 ▸
Die Bluetooth-Freigabe konfigurieren Sie in den Systemeinstellungen.

Gerät durchsuchen | Das Dienstprogramm Bluetooth-Datenaustausch ist auch in der Lage, interaktiv mit einem anderen Gerät zu arbeiten.

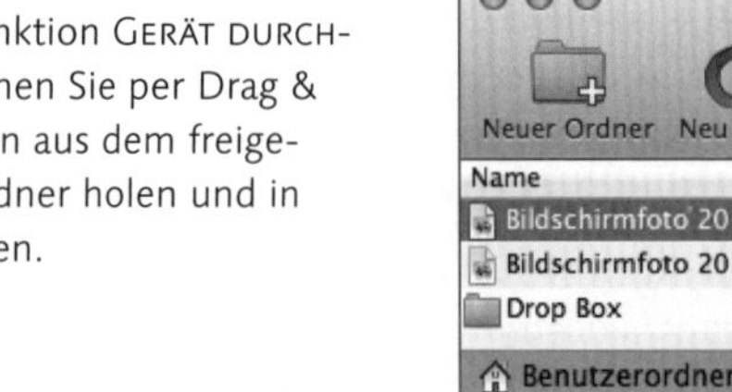

Abbildung 18.8 ▸
Über die Funktion Gerät durchsuchen können Sie per Drag & Drop Dateien aus dem freigegebenen Ordner holen und in diesen senden.

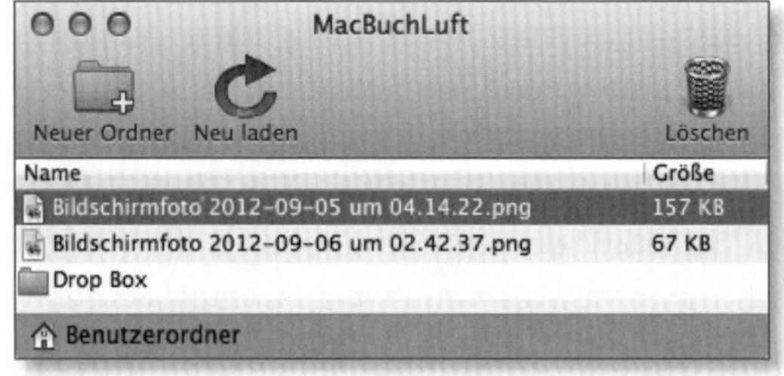

Die Funktion ist mit GERÄT DURCHSUCHEN etwas missverständlich benannt. Wenn Sie ein GERÄT DURCHSUCHEN und die Verbindung aufgebaut, also von der Gegenseite bestätigt wurde, steht Ihnen das dort in den Systemeinstellungen als ZUGRIFFSORDNER festgelegte Verzeichnis zur Verfügung. Ziehen Sie Dateien in dieses Fenster, um sie zu übertragen. Ob Ihnen das LÖSCHEN erlaubt ist, hängt von den Zugriffsrechten auf dem entfernten Rechner ab. Klicken Sie auf einen Ordner in der Pfadleiste unten, dann wird er geöffnet. Auf diese Weise kehren Sie zu einem übergeordneten Verzeichnis zurück.

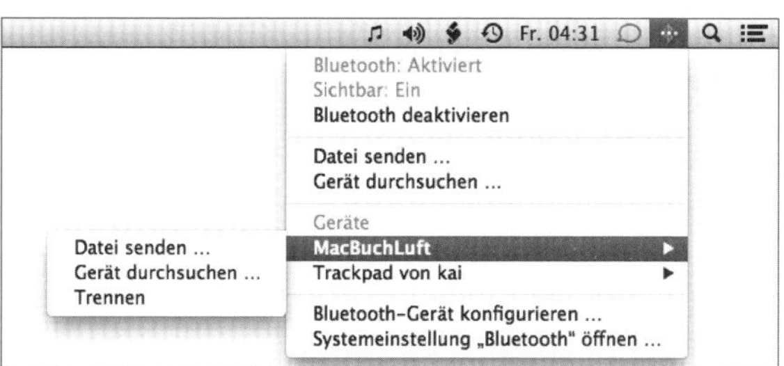

◂ **Abbildung 18.9**
Die Funktionen für die BLUETOOTH-FREIGABE stehen fast vollständig in der Menüleiste zur Verfügung.

Verschlüsselt mit »scp« kopieren

Mit dem Befehl `scp` kopieren Sie Dateien basierend auf der verschlüsselten Verbindung über SSH (siehe Abschnitt 17.2) von einem Rechner zu einem anderen. Dabei ist `scp` in der Lage, sowohl von Ihrem Rechner zu kopieren als auch Dateien von einem entfernten Rechner auf Ihrem zu sichern. Der Befehl `scp` folgt in seinem Aufbau dem bekannten Befehl `cp` für das Kopieren innerhalb Ihres lokalen Dateisystems:

Tipp
Wenn Sie Ihren Schlüssel auf dem anderen Rechner hinterlegt haben (siehe Abschnitt 17.2), sparen Sie sich die Eingabe des Passworts, und die Arbeit mit `scp` wird sehr viel komfortabler.

```
scp Quelle Ziel
```

Allerdings müssen Sie, um einen entfernten Rechner ansprechen zu können, die Angaben für den Hostnamen und gegebenenfalls das zu verwendende Benutzerkonto durch einen Doppelpunkt getrennt voranstellen. Mit der Eingabe

Pfadangaben
Bei der Angabe von Pfaden hinter dem Doppelpunkt müssen Sie darauf achten, dass Sie entweder vom persönlichen Ordner des angegebenen Benutzers (~) ausgehen oder eine absolute Pfadangabe von der obersten Ebene der Verzeichnisstruktur her verwenden.

```
scp ~/Documents/Brief.rtf kai@192.168.0.2:~/Desktop/
```

kopieren Sie die Datei *Brief.rtf* aus Ihrem Ordner DOKUMENTE auf den Server 192.168.0.2. Da Sie sich dort mit dem Benutzer KAI anmelden, Sie also auch dort über ein persönliches Verzeichnis verfügen, können Sie dies mit der Tilde (~) angeben.

Bei dem Zielrechner handelt es sich in diesem Beispiel ebenfalls um einen Computer mit OS X 10.8, deswegen existiert im persönlichen Verzeichnis ein Ordner DESKTOP, der den Schreibtisch des Benutzers dort darstellt. Auf dem entfernten Rechner würde die Datei *Brief.rtf* auf dem Schreibtisch des Benutzers KAI erscheinen.

Verzeichnisse kopieren

Mit der Option `-r` können Sie ein ganzes Verzeichnis über das Netzwerk auf einen entfernten Rechner kopieren. Dabei verhält sich `scp` wie `cp`, bloß verschlüsselt über das Netzwerk.

Umgekehrt kopieren Sie durch den Befehl

```
scp kai@192.168.0.2:~/Documents/Brief.rf ~/Documents/
Brief2.rtf
```

eine Datei aus dem Ordner DOKUMENTE vom entfernten Rechner, speichern sie in Ihrem lokalen Dokumentenordner und benennen sie gleichzeitig in *Brief2.rtf* um.

18.2 Auf Server und Freigaben zugreifen

Neben der im vorangegangenen Kapitel beschriebenen Ansicht NETZWERK können Sie im Finder auch einen Uniform Resource Locator (URL) verwenden, um direkt mit einem Server eine Verbindung aufzunehmen. Sicherlich ist Ihnen ein solcher URL bereits beim Surfen im World Wide Web begegnet, etwa in der Form *http://www.apple.de*.

Während die Ansicht NETZWERK der bequemere Weg ist, ist die direkte Eingabe des URLs meistens schneller, bei der Arbeit mit FTP und WebDAV oft zwingend. Aufrufen können Sie den Dialog zur Eingabe eines URLs im Finder über den Menüpunkt GEHE ZU • MIT SERVER VERBINDEN oder die Tastenkombination [⌘] + [K].

▼ **Tabelle 18.1**
Präfixe für die Einbindung von Freigaben

Präfix	Protokoll	Befehl	Anmerkungen
`afp://`	Apple Filing Protocol (AFP)	`mount_afp`	Zur Auswahl des Servers können Sie die IP-Adresse oder den Bonjour-Namen verwenden.
`smb://` `cifs://`	Server Message Block (SMB)	`mount_smbfs`	Um den Server anzusprechen, geben Sie die IP-Adresse oder den Namen des Rechners ein.
`ftp://`	File Transfer Protocol (FTP)	`mount_ftp`	Neben der IP-Adresse können Sie den vollständigen Domainnamen (`ftp.server.tld`) angeben.
`http://` `https://`	Web-based Distributed Authoring and Versioning (WebDAV)	`mount_webdav`	Zusätzlich zum Namen oder der IP-Adresse des Rechners müssen Sie manchmal explizit den Port, durch einen Doppelpunkt getrennt, angeben.
`nfs://`	Network File System (NFS)	`mount_nfs`	Die Angabe eines Benutzernamens ist beim NFS nicht erforderlich.

Bei der Arbeit mit Dateisystemen im Netzwerk müssen Sie das Präfix des einzusetzenden Protokolls vor die IP-Adresse oder den Namen des Servers setzen. Um eine Verbindung mit einem AFP-Server herzustellen, geben Sie also in dem Feld MIT SERVER VERBINDEN den URL `afp://192.168.0.2` ein.

Ergänzend zur Adresse des Servers können Sie auch die Freigabe oder den Ordner, den Sie einbinden möchten, getrennt durch einen Schrägstrich hinter der Adresse des Servers angeben. Mit `smb://Dose/Bilder` aktivieren Sie auf dem Windows-Rechner `Dose` den Ordner, der mit der Bezeichnung `Bilder` für das Netzwerk freigegeben wurde.

Mit Server verbinden

Tipp

Verwenden Sie das Präfix `vnc://`, gefolgt von der IP-Adresse oder dem Rechnernamen, können Sie die Bildschirmfreigabe direkt aus dem Finder heraus starten.

Benutzer angeben | Schließlich können Sie innerhalb des URLs noch einen Benutzer angeben, mit dem Sie sich gegenüber dem Server identifizieren wollen. Mit der Eingabe `afp://theo@miniserver.local/Users` würden Sie auf dem Server `miniserver.local` den Ordner /USERS (Benutzer) aktivieren und sich dabei gegenüber dem Server gleich als Benutzer THEO identifizieren.

Die manuelle Eingabe eines Benutzernamens kann zum Beispiel bei der Verbindung über FTP erforderlich sein. Viele FTP-Server sind so konfiguriert, dass sie anonyme Verbindungen akzeptieren. Stellen Sie die Verbindung mit dem URL `ftp://Benutzer@Server` her, geben Sie dem Finder gleich den Benutzernamen vor, mit dem Sie sich identifizieren möchten.

Schließlich ist es auch möglich, das Passwort in der Form `ftp://Benutzer:Passwort@Server` gleich anzugeben. Diese Form ist aber nicht empfehlenswert, weil auf diese Weise das Passwort zum Beispiel in den Protokollen im Klartext gespeichert werden kann.

Leerzeichen in URL

Möchten Sie bei einem URL ein Leerzeichen angeben, etwa weil der Benutzername auf einem Windows-Rechner eines enthält, dann müssen Sie es mit den Zeichen `%20` maskieren.

▲ **Abbildung 18.11**
Das Fenster zur direkten Verbindung mit einem Server kann auch eine Sammlung von Lesezeichen enthalten.

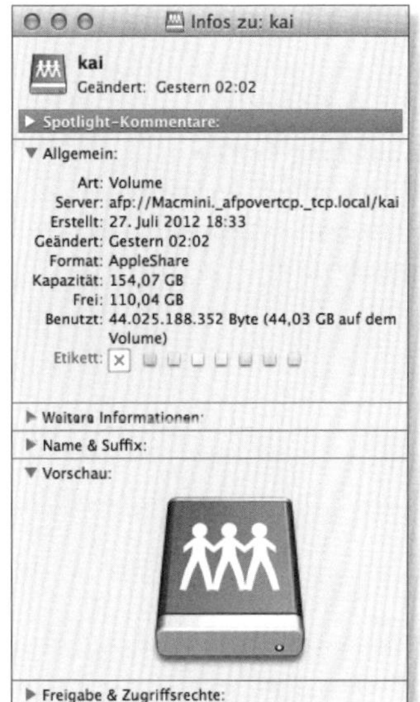

▲ **Abbildung 18.10**
Der URL einer eingebundenen Freigabe wird nach SERVER: angegeben.

Server angeben | Mit dem Pluszeichen ❶ fügen Sie die aktuelle Eingabe in der SERVERADRESSE zur Liste BEVORZUGTE SERVER hinzu. Wählen Sie einen Server in der Liste aus, löschen Sie ihn

TIPP
Sie können eine eingebundene Freigabe in der Seitenleiste auch in den Bereich GERÄTE ziehen. Sie erscheint dann bei der nächsten Einbindung wiederum in diesem Bereich.

mit ENTFERNEN aus der Liste. Die Schaltfläche DURCHSUCHEN ruft die Ansicht NETZWERK auf.
Mit dem Symbol der Uhr ❷ rufen Sie eine Liste der Server auf, mit denen Sie sich in der Vergangenheit bereits verbunden haben.

Eine weitere Liste steht Ihnen auch im Apfel-Menü im Unterpunkt BENUTZTE OBJEKTE zur Verfügung. Für das Apfel-Menü können Sie in den Systemeinstellungen unter ERSCHEINUNGSBILD eine Grenze für die gespeicherten Objekte setzen.

Eingebundene Freigaben | Wenn Sie einen freigegebenen Ordner aktivieren, erscheint der Name des Rechners oder die IP-Adresse in der Seitenleiste des Finders, zusammen mit dem Icon zum Auswerfen. Wählen Sie den Rechner in der Spaltendarstellung aus, werden die für den Benutzer verfügbaren Freigaben angezeigt, und diejenigen, die Sie eingebunden haben, werden ebenfalls mit dem Auswurfknopf versehen.

Freigabe deaktivieren
⌘ + E

Klicken Sie auf den Auswurfknopf in der Seitenleiste, hat das die Abmeldung an dem Rechner und die Deaktivierung aller eingebundenen Freigaben zur Folge. Nutzen Sie den Auswurfknopf bei einer Freigabe, wird nur diese deaktiviert. Sofern Sie in den Einstellungen des Finders vorgegeben haben, dass eingebundene Freigaben auf dem Schreibtisch erscheinen sollen, können Sie diese wie eine Festplatte oder ein Wechselmedium deaktivieren.

Abbildung 18.12 ▸
Eingebundene Freigaben werden mit einem Auswurfknopf ❶ versehen.

TIPP
Sie können das Icon einer Freigabe auch ins Dock ziehen. Haben Sie zuvor das Passwort im Schlüsselbund gespeichert und klicken Sie die Freigabe an, dann wird sie beim ersten Klick aktiviert. Beim zweiten Klick erscheint dann ihr Inhalt.

Dynamische Einbindung | Haben Sie sich an dem Rechner identifiziert, dann können Sie die vorhandenen Freigaben auch automatisch einbinden lassen. Wenn Sie auf eine vorhandene Freigabe klicken, wird sie im Hintergrund automatisch aktiviert. Dies funktioniert auch zum Kopieren von Dateien und Ordnern: Wenn Sie eine Datei oder einen Ordner auf eine noch nicht eingebundene Freigabe ziehen, wird die Freigabe automatisch eingebunden, und Sie können gleich zu einem Unterordner navigieren. Diese Arbeit mit Freigaben funktioniert am besten in der Spaltendarstellung.

Abgebrochene Verbindung | Wenn ein Server vom Netz geht und Sie eine von ihm bereitgestellte Freigabe eingebunden haben, dann erhalten Sie im Finder eine Nachricht. Sie können dann mit dem Auswurfknopf gezielt die Verbindung zu einer Freigabe trennen. Wenn mehrere Freigaben eingebunden waren, dann können Sie mit der Schaltfläche ALLE TRENNEN die Verbindung zu allen aufheben. Es ist auch möglich, die Unterbrechung zunächst zu IGNORIEREN. In diesem Fall bleiben die Freigaben im Finder zunächst sichtbar. Wenn Sie diese nun öffnen, dann versucht der Finder im Hintergrund, die zuvor unterbrochene Verbindung wieder aufzunehmen. Das Ignorieren ist beispielsweise dann sinnvoll, wenn der Server neu gestartet wird und in wenigen Minuten wieder verfügbar ist.

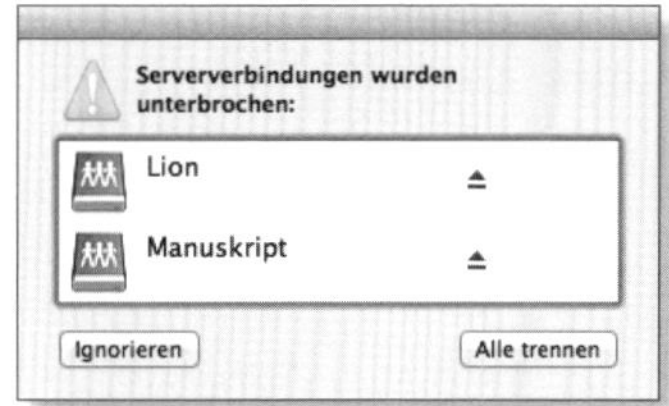

▲ **Abbildung 18.13**
Eine unterbrochene Verbindung muss nicht zwingend getrennt werden.

Mount-Point | Eine Freigabe, die Sie über das Netzwerk einbinden, wird im Verzeichnis /VOLUMES in Ihr Dateisystem eingebunden. Im Finder rufen Sie die eingebundenen Freigaben in der Ansicht COMPUTER neben Ihren Festplatten und Wechselmedien auf.

In Abbildung 18.14 finden Sie unter /VOLUMES sowohl KAI als auch KAI-1. Der Grund dafür ist, dass nacheinander zwei Freigaben, die jeweils die Bezeichnung KAI tragen, eingebunden wurden und die zweite zur Unterscheidung in KAI-1 umbenannt wurde. Am Terminal navigieren Sie zu den Freigaben, indem Sie beispielsweise mit `cd /Volumes/kai-1` in das Verzeichnis wechseln.

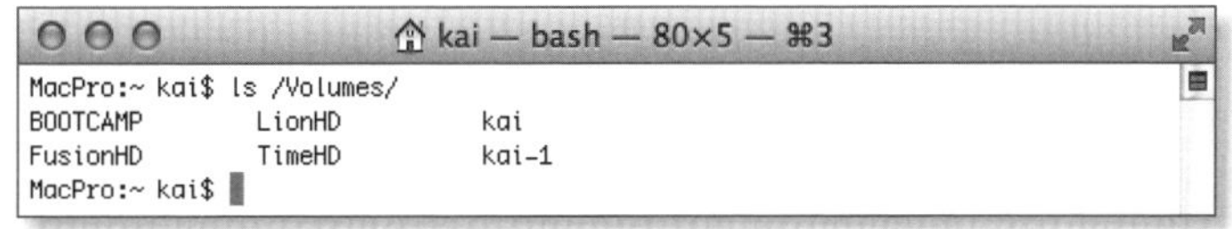

◂ **Abbildung 18.14**
Freigaben werden im Verzeichnis /VOLUMES eingebunden.

Verbindung mit dem Apple Filing Protocol (AFP)

Das Apple Filing Protocol (AFP) ist Apples bevorzugte Lösung, Dateien im Netzwerk zu übertragen. Im Zuge der Entwicklung von Mac OS und OS X wurde es immer weiter verbessert, und in verschiedenen Versionen der Betriebssysteme wurden unterschiedliche Versionen des Protokolls verwendet. Mittlerweile ist AFP in der Version 3.3 angekommen.

Erweiterte Attribute
Der Vorzug von AFP gegenüber SMB und NFS besteht darin, dass das Protokoll von Natur aus die Besonderheiten von OS X 10.8 unterstützt. Dazu gehören in erster Linie die erweiterten Attribute sowie einige für die Time Machine notwendige Funktionen.

◂ **Abbildung 18.15**
Der Finder versucht zunächst eine Anmeldung mit dem Gast-Account.

Verbindung herstellen | Die Auswahl eines Rechners in der Ansicht NETZWERK oder in der Seitenleiste unter FREIGABEN versucht zunächst eine Anmeldung als Gast. Sofern der Zugang für einen Gast auf dem Rechner eingerichtet ist, sehen Sie anschließend die öffentlich zugänglichen Freigaben. Über die Schaltfläche VERBINDEN ALS können Sie sich an dem Server anmelden und die für Ihr Benutzerkonto verfügbaren Freigaben einsehen.

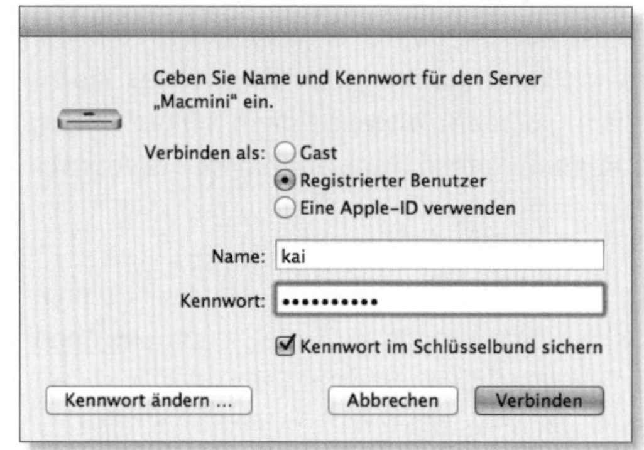

Abbildung 18.16 ▸
Das Kennwort können Sie direkt im Schlüsselbund sichern.

Rufen Sie den Server über einen URL in der Form *afp://192.168.0.2* auf, müssen Sie sich zunächst identifizieren. Die Schaltfläche KENNWORT ÄNDERN bezieht sich auf das Benutzerkonto auf dem entfernten Rechner.

Haben Sie im URL eine Freigabe in der Form *afp://MacBuchLuft.local/Freigabe* angegeben, dann wird diese direkt eingebunden. Andernfalls wählen Sie in einem Dialog aus den für das angegebene Benutzerkonto verfügbaren Freigaben aus. Eine Mehrfachauswahl ist mit gedrückter Taste ⌘ möglich.

Abbildung 18.17 ▸
Für Administratoren stehen auch die Partitionen zur Auswahl.

Volumes für Administratoren | Der AFP-Server ist in der Standardeinstellung so konfiguriert, dass Administratoren nicht nur die freigegebenen Ordner, sondern auch die vorhandenen Partitionen einbinden können. Dies geschieht unabhängig von der Freigabe im Finder oder den Systemeinstellungen.

Freigaben und Spotlight | Seit Mac OS X 10.5 ist es auch möglich, die eingebundenen Freigaben über Spotlight zu durchsuchen, sofern auf dem Server mindestens Mac OS X 10.5 eingesetzt wird. Wählen Sie bei der Suche im Finder als Ort FREIGABEN aus, dann wird nicht nur Ihr lokales Dateisystem durchsucht, sondern auch die über AFP eingebundenen Ordner.

Protokoll | Die Aktivierung von Freigaben über AFP wird protokolliert. Wenn Sie im Dienstprogramm Konsole zunächst den Eintrag ALLE MELDUNGEN auswählen und dann die Anzeige auf AFPFS begrenzen, werden Ihnen Vorgänge, bei denen eine Freigabe aktiviert und ausgeworfen wurde, ebenso angezeigt wie etwaige Fehler, die dabei aufgetreten sein könnten.

▼ Abbildung 18.18
Die Aktivierung von Freigaben wird protokolliert.

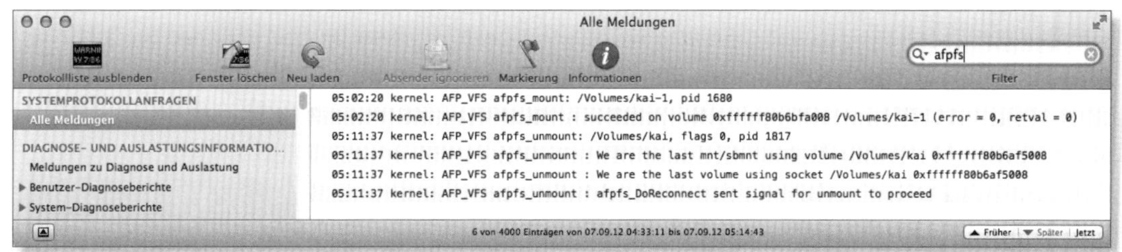

Unsichere Passwörter | Mit OS X 10.7 hat Apple die Sicherheitsrichtlinien für die Kommunikation mittels AFP angehoben. Das hat zur Folge, dass eine Reihe älterer Netzwerkfestplatten auch mit OS X 10.8 nicht mehr zusammenarbeitet. Sie erhalten oft die Meldung, dass die Version des Servers, zu dem eine Verbindung aufgenommen werden soll, nicht unterstützt wird. In diesem Fall können Sie die Voreinstellungen des Programms AppleShare-Client, das für die Verbindung zu einem AFP-Server zuständig ist, anpassen. Die einzelnen Schritte hat Apple entsprechend dokumentiert (*http://support.apple.com/kb/HT4700*).

Unsichere Passwörter aktivieren
http://support.apple.com/kb/HT4700

Verbindung mit Windows über SMB

Microsoft verwendet für die Übertragung von Dateien in einem Windows-Netzwerk ein als *Server Message Block* (SMB) bezeichnetes Verfahren. Dieses Anfang der 80er-Jahre entwickelte Protokoll basierte ursprünglich auf NetBIOS. Mittlerweile benutzt Microsoft auch hier TCP/IP für die Übertragung von Daten, sodass Sie einen Windows-Rechner im Netzwerk auch über seine IP-Adresse ansprechen können. OS X 10.8 ist in der Lage, direkt auf freigegebene Ordner eines Windows-Rechners zuzugreifen.

[CIFS]
Sie werden bei der Arbeit mit Windows-Servern vereinzelt auch auf das Kürzel »CIFS« stoßen. Es ist eine Abkürzung für »Common Internet File System« und bezeichnet genau genommen die Übertragung von SMB-Paketen über TCP/IP statt über NetBIOS. In der Dokumentation von Apple und in der Fachliteratur werden SMB und CIFS mittlerweile synonym verwendet.

Verbindung herstellen | Wenn die Auflösung von Namen in Ihrem Netzwerk korrekt funktioniert (siehe Abschnitt 16.1), werden aktive PC-Server automatisch in der Ansicht NETZWERK angezeigt. Mit einem Doppelklick auf das Icon oder die Schaltfläche VERBINDEN ALS melden Sie sich an dem Windows-Rechner an.

Ob Sie bei einem PC-Server die verfügbaren Freigaben im Finder einsehen können, hängt von der Konfiguration des Windows-Rechners ab. Ähnlich wie bei dem Gastbenutzer von OS X 10.8 kann auch unter Windows die Einsicht in die freigegebenen Ordner für unangemeldete Besucher verweigert werden.

Stellen Sie die Verbindung durch die direkte Eingabe des URLs her, können Sie nach dem Namen oder der IP-Adresse direkt die einzubindende Freigabe bestimmen. Ein passender URL könnte *smb://192.168.0.5/Manuskript* lauten. Sofern der Name des Benutzerkontos aus zwei Wörtern besteht, können Sie auch den Namen des Benutzers gleich in der folgenden Form angeben: *smb://Kai%20Surendorf@Dose/Manuskript*

Reservierte Zeichen
Anders als bei der Arbeit über AFP müssen Sie bei der Arbeit mit Windows-Freigaben auf reservierte Zeichen achten. Während unter OS X 10.8 lediglich der Doppelpunkt und der Schrägstrich – die vom Finder sowieso unterbunden werden – im Dateinamen problematisch sind, gibt es einige Zeichen, die unter OS X 10.8 im Dateinamen zulässig, unter Windows jedoch problematisch sind. Dazu gehören die Zeichen: <, >, \, ?, * und „.

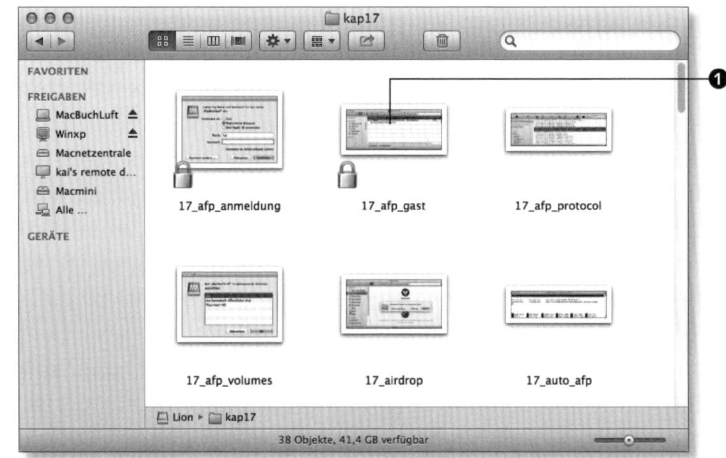

▲ **Abbildung 18.19**
Wenn Ordner und Dateien unter Windows als geschützt markiert wurden, wird der Schutz (hier zum Beispiel 17_AFP_GAST) auch vom Finder respektiert ❶.

Distributed File System | OS X 10.8 ist auch in der Lage, auf das Distributed File System (DFS) von Windows Server zuzugreifen. DFS verfügt über die Fähigkeit, Freigaben anderer Rechner zu zentralisieren und über eine Netzwerkadresse zugänglich zu machen. OS X 10.8 ermöglicht hier sowohl den Zugriff auf einen domänenbasierten Namespace als auch auf einen eigenen DF-Server. Sie können diese als Adresse hinter dem Präfix `smb://` direkt angeben, also beispielsweise `smb://ad.samoa.kai` ver-

▲ **Abbildung 18.20**
DFS-Freigaben können Sie wie andere Freigaben auswählen und einbinden.

wenden, um auf die DFS-Freigaben dieser Domäne zuzugreifen. Es ist ebenfalls möglich, den Namen einer Freigabe in der Form `smb://ad.samoa.kai/Freigabe` anzugeben.

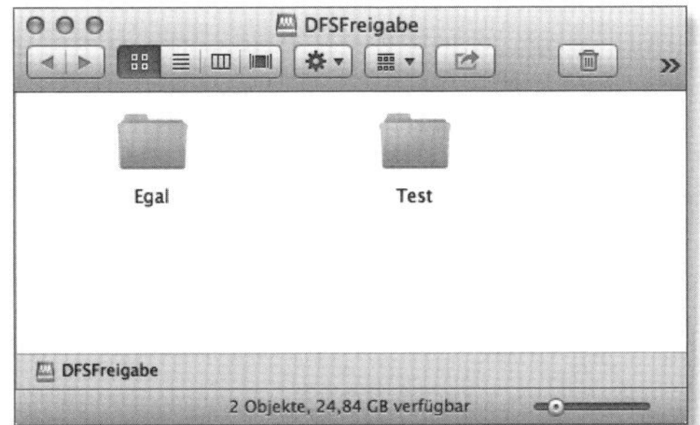

◂ **Abbildung 18.21**
Hinter den Ordnern EGAL und TEST verbergen sich verschiedene Windows-Rechner, die über DFS zentral angesprochen werden.

»smbutil« | Der Befehl `smbutil` ist Ihnen bei der Suche nach Windows-Servern im Netzwerk eine Hilfe. Neben den in Abschnitt 19.3 beschriebenen Funktionen weisen Sie `smbutil` mit der Option `view` an, Ihnen die Freigaben eines Windows-Rechners anzuzeigen. Dabei können Sie auch einen Benutzernamen und ein Kennwort am Terminal übergeben, wobei die direkte Übergabe eines Kennworts im Klartext wohlüberlegt sein sollte. Die Eingabe `smbutil view //kai:passwort@WINXP` würde Ihnen alle Freigaben des Rechners mit dem Namen `WINXP` für den Benutzer KAI auflisten, wobei Letzterer automatisch mit `passwort` authentifiziert wird. Wenn Sie das Passwort nicht angeben, werden Sie von `smbutil` danach gefragt.

Hinweis
Beachten Sie bei der Angabe des Benutzernamens, dass unter Windows in der Regel keine Kurznamen wie KAI verwendet werden. Wenn Sie den vollständigen Vor- und Nachnamen ausschreiben müssen, dann geben Sie das Leerzeichen mit `%20` an, also `Kai%20Surendorf` für den Benutzer.

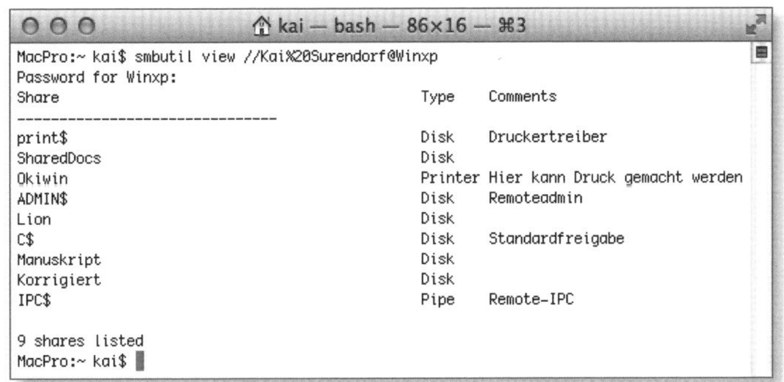

◂ **Abbildung 18.22**
Über `smbutil` lassen Sie sich die Freigaben am Terminal anzeigen.

Bei der Arbeit mit `smbutil` müssen Sie beachten, dass der Befehl eine eventuell vorhandene Authentifizierung im Finder berücksichtigt. Haben Sie sich also im Finder bereits an dem Windows-Rechner angemeldet, dann übernimmt `smbutil` diese Authentifizierung für die eigenen Abfragen.

Hinweis
Diese Einstellung bezieht sich nur auf Freigaben im Netzwerk. In lokalen Dateisystemen arbeitet das System weiterhin mit *.DS_Store*-Dateien.

._DS_Store unterbinden | Die Positionen der Icons im Fenster werden vom Finder in der Datei *.DS_Store* gespeichert. Während diese im Finder aufgrund des Punkts zu Beginn unsichtbar ist, kann sie sich unter Windows als störend erweisen. Gegebenenfalls müssen Sie unter Windows in den Ordneroptionen festlegen, dass alle Dateien und Ordner angezeigt werden. Sie können dem Finder untersagen, diese Datei zu erstellen, indem Sie mit der Eingabe

```
defaults write com.apple.desktopservices DSDontWrite-
NetworkStores true
```

eine neue Voreinstellungsdatei im Ordner ~/LIBRARY/PREFERENCES anlegen. Nach der nächsten Anmeldung werden keine *.DS_Store*-Dateien mehr angelegt. Um diese Entscheidung rückgängig zu machen, löschen Sie die Datei *com.apple.desktopservice.plist*. Melden Sie sich jetzt ab und wieder an, dann werden die ._DS_Store-Dateien wieder angelegt.

Attribute in ._-Datei | Um die erweiterten Dateiattribute und eventuell vorhandene Resource Forks auch auf einem fremden Dateisystem zu ermöglichen, werden sie vom System in einer eigenen Datei gesichert, deren Name mit »._« beginnt. Während diese Dateien unter OS X 10.8 nicht sichtbar sind, die beiden Dateien also als eine erscheinen, kann sich dies unter Windows als irritierend erweisen.

NTFS | OS X 10.8 ist in der Lage, die erweiterten Attribute in einer auch für Windows verständlichen Form zu kommunizieren. Das Dateisystem NTFS kann ebenso wie HFS zu einer Datei weitere Attribute speichern, deren Speicherung unter Windows genauso unsichtbar und intransparent erfolgt wie unter OS X. Wenn Sie einen Ordner, der sich auf einer Partition mit dem NTFS-Dateisystem befindet, freigeben und einbinden, dann finden Sie dort keine ._-Dateien. Die erweiterten Attribute werden, wenn Sie eine Datei auf den Server kopieren, dort in den *Alternate Data Streams*, wie die erweiterten Attribute unter Windows bezeichnet werden, gespeichert. Sie finden also bei einem NTFS-Dateisystem keine separaten ._-Dateien, obwohl die erweiterten Attribute erhalten bleiben. Wenn Sie zu einer eingebundenen Freigabe das Fenster INFORMATIONEN im Finder aufrufen, dann sehen Sie unter FORMAT die Angabe SMB (NTFS).

▲ **Abbildung 18.23**
Wenn die Freigabe das Dateisystem NTFS verwendet, dann werden die erweiterten Attribute direkt im Dateisystem gespeichert.

Es gibt zwei Möglichkeiten, mit den ._-Dateien umzugehen: Wenn Sie die Attribute und Resource Forks auch auf einer Windows-Freigabe, bei der sie nicht in den Alternate Data Streams gespeichert werden, benötigen, sollten Sie die ._-Dateien nicht löschen.

Aufräumen mit »dot_clean« | Wenn Sie sich jedoch sicher sind, dass Sie für die auf den Server kopierten Dateien die Metadaten nicht benötigen, können Sie den Befehl `dot_clean` verwenden, um die ._-Dateien in einem Durchgang zu löschen. Dabei arbeitet `dot_clean`, sofern Sie nicht die Option `-f` angeben, rekursiv. Das bedeutet, dass der Befehl auch alle Unterverzeichnisse in einem Durchgang bearbeitet. Mit dem Aufruf

```
dot_clean -m /Volumes/Freigabe
```

werden die ._-Dateien in allen Ordnern gelöscht, die sich in dem unter `/Volumes/Freigabe` befindlichen Verzeichnis befinden. Die Bearbeitung der Unterordner schließen Sie aus, indem Sie zusätzlich die Option `-f` angeben, während die Option `-v` Sie über den Verlauf und die gelöschten Dateien informiert. Mit der Eingabe

```
dot_clean -mfv /Volumes/Freigabe/Ordner
```

werden alle ._-Dateien im angegebenen `Ordner` der `Freigabe` gelöscht, und Sie werden über den Löschvorgang informiert.

Warnung
Der Befehl `dot_clean` arbeitet vergleichsweise rigoros und kann durchaus auch zu Datenverlusten führen. Bevor Sie also die erweiterten Attribute mit `dot_clean` löschen, sollten Sie auf jeden Fall die Originale auf Ihrer Festplatte vorrätig halten und den Inhalt der bereinigten Ordner einer Prüfung unterziehen.

Network File System

Das *Network File System* (NFS) ist unter UNIX und Linux eine sehr beliebte Methode, Verzeichnisse und Datenträger für den gemeinsamen Zugriff im Netzwerk freizugeben. NFS hat den Vorteil, dass es recht schnell ist und auch sehr umfangreiche Verzeichnisstrukturen ohne Probleme einer großen Anzahl von Benutzern zugänglich machen kann. Ein weiterer Vorteil von NFS besteht darin, dass es unter so gut wie allen UNIX- und Linux-Versionen verfügbar ist.

Warnung
Aufgrund der eher unsicheren Architektur des NFS sollten Sie es auf einem Rechner, der direkt mit dem Internet verbunden ist, besser nicht aktivieren.

Keine Authentifizierung | Aus der Sicht des Anwenders besteht ein Nachteil von NFS in der derzeit vorliegenden Version darin, dass es keine Authentifizierung bietet. An und für sich ist NFS von Haus aus mehr oder weniger unsicher. Die Regelung der Zugriffsrechte erfolgt über die existierenden Benutzerkonten auf den Rechnern, die auf eine NFS-Freigabe zugreifen. Arbeiten Sie auf Ihrem Rechner also mit dem Benutzer KAI und der UID 501, haben Sie auf einer NFS-Freigabe die Rechte an allen Dateien und Ordnern, die dem Benutzer mit der Kennung 501 zugewiesen wurden. Umgekehrt wird allen Dateien und Ordnern, die Sie auf diese Freigabe kopieren, Ihre UID zugewiesen, und sie gehören auf dem Server dem Benutzer, der über diese UID verfügt.

Konten synchronisieren
Sie können die Benutzerkonten der OS X-Rechner, wenn Sie mit NFS arbeiten müssen, synchronisieren. Die UID (siehe Abschnitt 14.5) wird von OS X aufsteigend vergeben, das heißt, der erste angelegte Benutzer verfügt über die UID 501, der zweite über die UID 502. Legen Sie auf allen OS X-Rechnern die Benutzerkonten in der gleichen Reihenfolge an, dann sind die UIDs auf all diesen Rechnern in Ihrem Netzwerk synchron.

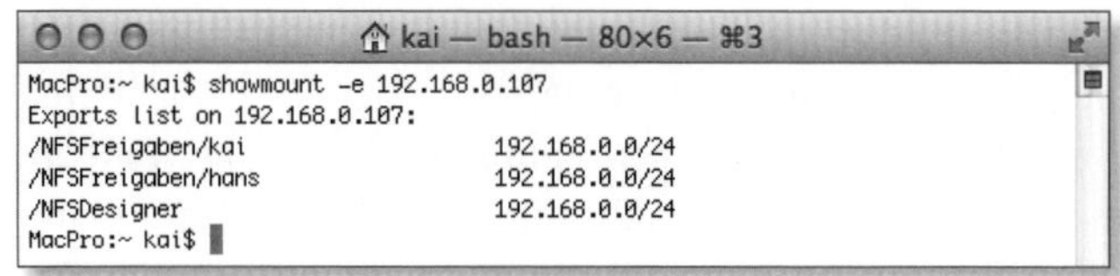
```
kai — bash — 80×6 — ⌘3
MacPro:~ kai$ showmount -e 192.168.0.107
Exports list on 192.168.0.107:
/NFSFreigaben/kai                    192.168.0.0/24
/NFSFreigaben/hans                   192.168.0.0/24
/NFSDesigner                         192.168.0.0/24
MacPro:~ kai$
```

Abbildung 18.24 ▶
Der Befehl `showmount` zeigt die verfügbaren Freigaben an.

»showmount« und »rpcinfo« | Ob auf einem Server ein funktionsfähiges NFS-System aktiv ist, finden Sie mithilfe des Befehls `rpcinfo -p IP-Adresse` heraus. Sofern in der Liste der so ermittelten Prozesse Einträge mit `nfs` und `mountd` vorhanden sind, ist wahrscheinlich ein konfigurierter NFS-Dienst verfügbar. Wenn Sie einen Überblick über die NFS-Freigaben eines Servers benötigen, dann können Sie den Befehl `showmount` verwenden. Mit `showmount -e 192.168.0.107` lassen Sie sich die NFS-Freigaben des Rechners 192.168.0.107 anzeigen. Die Angabe `192.168.0.0/24` in Abbildung 18.24 zeigt an, dass die beiden Freigaben im Netzwerk nur für alle Rechner verfügbar sind, deren IP-Adresse mit 192.168.0 beginnt.

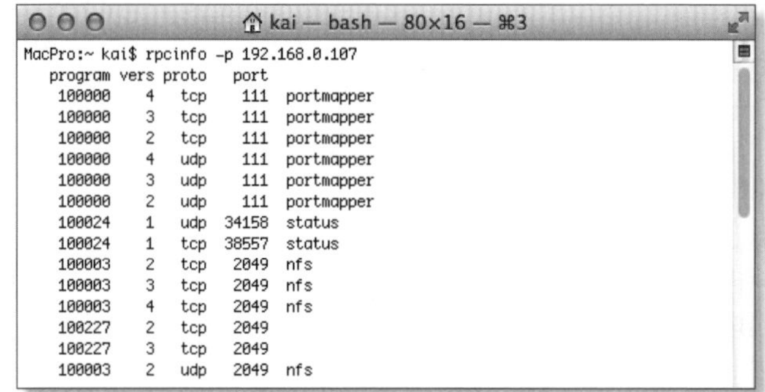
```
kai — bash — 80×16 — ⌘3
MacPro:~ kai$ rpcinfo -p 192.168.0.107
   program vers proto   port
    100000    4   tcp    111  portmapper
    100000    3   tcp    111  portmapper
    100000    2   tcp    111  portmapper
    100000    4   udp    111  portmapper
    100000    3   udp    111  portmapper
    100000    2   udp    111  portmapper
    100024    1   udp  34158  status
    100024    1   tcp  38557  status
    100003    2   tcp   2049  nfs
    100003    3   tcp   2049  nfs
    100003    4   tcp   2049  nfs
    100227    2   tcp   2049
    100227    3   tcp   2049
    100003    2   udp   2049  nfs
```

Abbildung 18.25 ▶
Ob ein NFS-System aktiv ist, ermitteln Sie mit dem Befehl `rpcinfo`.

NFS-Freigabe einbinden | Einen über NFS freigegebenen Ordner binden Sie im Finder ein, indem Sie die IP-Adresse oder den Namen des Servers, gefolgt vom Pfad der einzubindenden Freigabe, angeben. Wird Letzterer nicht angegeben, dann versucht der Finder kurz eine Einbindung, springt dann aber wieder zurück zum Dialog. Die Angabe des Pfads bedeutet, dass Sie nicht den Namen des Ordners, sondern den exportierten Pfad angeben müssen. Um eine der drei in Abbildung 18.24 angezeigten Freigaben einzubinden, würde der URL zum Beispiel `nfs://192.168.0.107/NFSFreigaben/kai` lauten. Die Angabe von *nfs://192.168.0.107/NFSFreigabe* würde nicht zum Erfolg führen.

/net und /home | Zum NFS-System gehören auch die beiden im Finder nicht sichtbaren Verzeichnisse /HOME und /NET. Während /HOME in Verbindung mit einem Verzeichnisdienst für die automatische Einbindung eines Benutzerordners, der auf einem Server zentral gelagert ist, verwendet wird, ermöglicht es Ihnen der Ordner /NET, NFS-Freigaben in Ihrem Netzwerk zu durchsuchen.

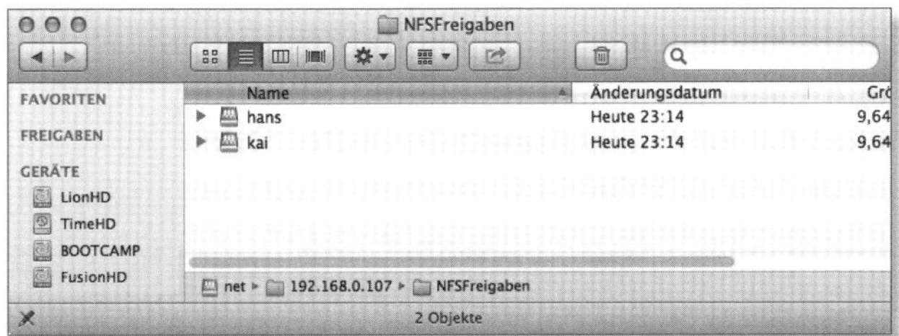

◂ Abbildung 18.26
Über das sonst nicht sichtbare Verzeichnis /NET können NFS-Server zum Teil durchsucht werden.

Mit dem Verzeichnis /NET können Sie auf zwei Weisen arbeiten. Zunächst ist es möglich, mit ⌘ + ⇧ + G im Finder direkt in dieses Verzeichnis zu wechseln. Bereits bekannte NFS-Server stehen Ihnen dort zur Verfügung. Wenn Sie eine Freigabe anklicken, wird sie automatisch eingebunden.

Direkt in eine Freigabe wechseln Sie, indem Sie im Finder über den Menüpunkt GEHE ZU • GEHE ZUM ORDNER direkt die Freigabe angeben, also im Verzeichnis /NET/192.168.0.107/PFAD/ZUR/FREIGABE als anzuzeigenden Ordner angeben.

Am Terminal wird diese Form der automatischen und sukzessiven Einbindung transparenter. Wechseln Sie mit `cd /net` in das Verzeichnis, und lassen Sie sich den Inhalt mit `ls` anzeigen, dann ist dieses zunächst leer.

Wenn Sie nun mit `cd 192.168.0.107` in das Verzeichnis wechseln, dessen Name der IP-Adresse oder dem Namen eines NFS-Servers entspricht, nimmt der Dienst `autofs` im Hintergrund automatisch Verbindung mit dem Server auf. Befinden Sie sich nun in diesem Verzeichnis, dann können Sie sich mit `ls` die auf dem Server verfügbaren NFS-Freigaben anzeigen lassen und anschließend mit `cd NFSFreigaben` direkt in diese wechseln (siehe Abbildung 18.27).

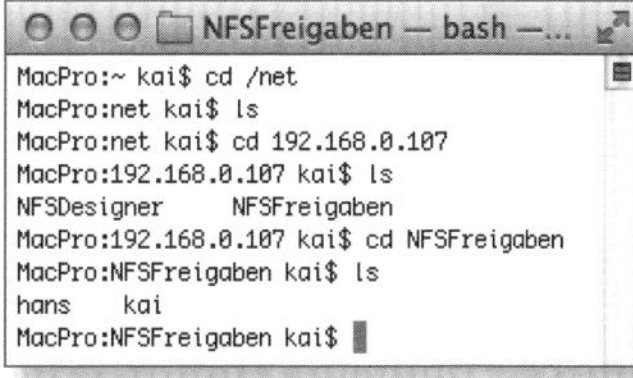

▴ Abbildung 18.27
Über das Verzeichnis /NET werden Freigaben dynamisch aktiviert.

Unsichere Ports | Nehmen Sie eine Verbindung mit einem Linux-Rechner auf, erhalten Sie im Finder möglicherweise die Nachricht, dass die Identifizierung oder der Zugriff fehlgeschlagen ist. Der Grund dafür ist oft, dass OS X die Verbindung mit dem NFS-Server auf einem Port größer als 1024 aufbaut. Dies wird von einigen UNIX-Derivaten als unsicher betrachtet. Es gibt zwei Möglichkeiten, die NFS-Freigaben eines Linux-Servers auch von OS X 10.8 aus einzubinden.

Haben Sie Zugriff auf den Server, müssen Sie in der Datei */etc/exports* (siehe Abschnitt 19.5) die Option `insecure` für die Freigabe aktivieren. Diese Option hat an sich nichts mit mangelnder Sicherheit zu tun, sondern erlaubt dem NFS-Server die

»mount_nfs«
Wenn Sie NFS-Freigaben am Terminal mit `mount_nfs` einbinden, können Sie, wenn Sie nicht die Voreinstellungen ändern, die Option `-P` verwenden, um diese unprivilegierten Ports anzusprechen.

Kommunikation auf Ports höher als 1024. Letztere werden als unprivilegiert oder unsicher betrachtet, auch wenn dies in der Praxis in den wenigsten Fällen der Fall ist. Ist diese Option aktiv, dann können Sie die Anmeldung über den Finder nutzen, um die NFS-Freigaben einzubinden.

»hidefromfinder«

Wenn Sie die Option `hidefromfinder` löschen, dann erscheint der Ordner /NET im Finder auf der obersten Ebene Ihres Startvolumes.

Client konfigurieren | Möchten oder können Sie die Konfiguration des Servers nicht ändern, können Sie auch unter OS X 10.8 die notwendigen Änderungen vornehmen. Um NFS-Server, die beispielsweise auf einem Linux-System laufen, über das Verzeichnis /NET anzusprechen, müssen Sie der Datei */etc/auto_master* eine Option hinzufügen. Rufen Sie mit `sudo nano /etc/auto_master` den Editor `nano` auf, und ergänzen Sie die Zeile

```
/net -host -nobrowse,hidefromfinder,nosuid
```

um die Option `resvport`:

```
/net -host -nobrowse, hidefromfinder,nosuid,resvport
```

Nach einem Neustart können Sie jetzt auch über GEHE ZUM ORDNER mit der Angabe `/net/192.168.0.107` einen NFS-Server unter Linux ansprechen. Um die NFS-Freigaben ohne den Umweg über /NET ansprechen zu können, ziehen Sie deren Icon auf Ihren Schreibtisch und erstellen ein Alias, indem Sie die Tasten [⌘] + [alt] gedrückt halten. Auch nach einem Neustart steht Ihnen über das Alias die Freigabe zur Verfügung; dagegen braucht die Einbindung über `autofs` in dieser Form möglicherweise mehr als einen Anlauf.

Attribute | Wie auch bei Windows-Freigaben, die nicht auf einer NTFS-Partition liegen, werden bei der Arbeit mit NFS die Metadaten über eine ._-Datei realisiert. Sie können auch bei NFS-Freigaben den zuvor beschriebenen Befehl `dot_clean` benutzen, um die nicht benötigten Metadaten in einem Durchgang zu löschen. Wird als Server OS X eingesetzt, dann können Sie den Befehl `dot_clean` auch auf dem Server ausführen und so die Attribute und Dateien wieder zusammenfügen (siehe Abschnitt 19.5).

Warnung

Sie sollten sich bei der Arbeit mit FTP immer bewusst sein, dass der gesamte Datenverkehr unverschlüsselt verläuft. Es wäre also leicht möglich, dass jemand Passwörter und übertragene Daten mitliest.

File Transfer Protocol

OS X 10.8 ist kann mit dem *File Transfer Protocol* (FTP) eine Verbindung zu einem Server herstellen. Dabei haben Sie im Finder jedoch keinen Schreibzugriff. Sie können also Dateien nur herunterladen.

Sie stellen eine Verbindung zu einem FTP-Server her, indem Sie im Finder einen URL in der Form

```
ftp:// Server/Verzeichnis
```

eingeben. Bei der Authentifizierung bietet Ihnen der Finder auch die Möglichkeit, sich mit einem Gast-Account an dem Server anzumelden und damit eine anonyme FTP-Verbindung aufzubauen.

Sie können auch direkt ein Verzeichnis vorgeben. Dies ist in Ausnahmefällen notwendig, wenn symbolische Links auf einem Server nicht aufgelöst werden können. Wenn Sie auf das Hauptverzeichnis zugreifen, sehen Sie keinen Ordner, sondern ein nicht zu öffnendes Alias.

Anonymes FTP
Eine anonyme FTP-Verbindung kann für den Download einiger Programme vor allem aus dem Open-Source-Spektrum recht nützlich sein, da diese über frei zugängliche FTP-Server verbreitet werden.

Aktives und passives FTP | Bei der Verbindung mit FTP gibt es zwei Möglichkeiten, die Kommunikation zwischen dem Server und Ihrem Rechner zu etablieren. Dies ist eventuell beim Einsatz einer Firewall oder eines Routers notwendig. Wird die Verbindung mit aktivem FTP hergestellt, definiert der Server (!) den Port, über den die Kommunikation abgewickelt wird. Die FTP-Verbindung wird also von außen etabliert. Dieses Verhalten wird von vielen Firewalls und Routern blockiert. Beim passiven Modus etabliert der Client, Ihr Rechner, die Verbindung auf einem von ihm bestimmten Port. Die Verbindung wird von Ihrem Netzwerk aus initiiert und von den meisten Firewalls durchgelassen, sofern die FTP-Ports überhaupt geöffnet wurden.

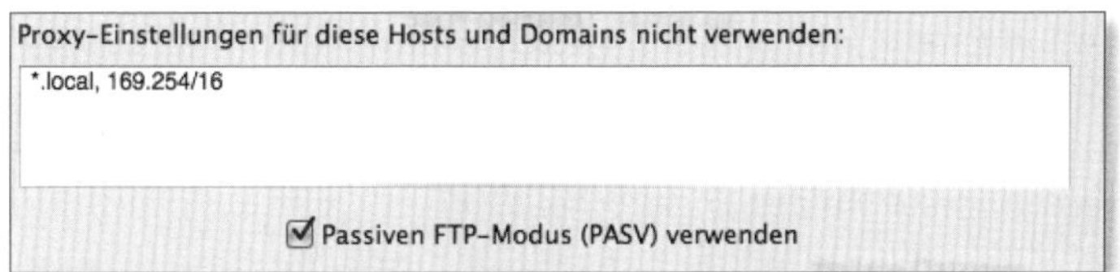

◂ **Abbildung 18.28**
Die Verwendung des passiven FTP-Modus geben Sie in den erweiterten Einstellungen unter PROXIES vor.

Die Einstellung für den passiven FTP-Modus verbirgt sich in den Systemeinstellungen. Sie finden sie in den weiteren Optionen der jeweiligen Netzwerkschnittstelle im Reiter PROXIES (siehe Abbildung 18.28).

Verschlüsseltes SFTP | Am Terminal können Sie, sofern der Server dies unterstützt, über SSH auch einen verschlüsselten FTP-Zugriff realisieren. Dafür steht Ihnen der Befehl `sftp` zur Verfügung. Mit der Eingabe `sftp kai@192.168.0.2` starten Sie eine verschlüsselte FTP-Sitzung am Terminal. Sie laden Dateien aus dem aktuellen lokalen Verzeichnis mit dem Befehl `put`, gefolgt

Cyberduck
Die Arbeit mit `sftp` ist dem normalen FTP, sofern möglich, in jedem Fall vorzuziehen, da die Daten verschlüsselt werden. Das kostenfreie Programm Cyberduck *(http://www.cyberduck.ch)* unterstützt auch die verschlüsselte Verbindung.

vom Namen der lokalen Datei, hoch. Umgekehrt sichern Sie mit `get`, gefolgt vom Namen der Datei auf dem Server, diese in Ihrem aktuellen lokalen Verzeichnis. Eine Anzeige des entfernten Verzeichnisses erhalten Sie mit `ls`, ein Verzeichnis wechseln Sie mit `cd`. Beide Befehle arbeiten, wie in Abschnitt 6.2 beschrieben. Sie beziehen sich lediglich auf die entfernten Verzeichnisse.

WebDAV

iOS
Das WebDAV-Protokoll wird für iOS-Geräte für die Datenfreigabe genutzt. OS X Server enthält eine entsprechende Funktion, um Ordner über WebDAV für iOS-Geräte freizugeben.

Mit WebDAV (Web-based Distributed Authoring and Versioning) besteht die Möglichkeit, über HTTP eine Verbindung mit einem Webserver aufzunehmen und dabei die Dateien und Ordner in Ihr Dateisystem einzubinden. Die Aufgabe von WebDAV ist es, in einer Arbeitsgruppe gleichzeitig an den Dateien einer Website zu arbeiten. Um diese Gruppenarbeit zu unterstützen, bringt WebDAV einige Erweiterungen mit. So wird zum Beispiel protokolliert, welche Dateien gerade von welchem Benutzer geöffnet wurden, und diese werden für den Zugriff durch andere gesperrt. OS X 10.8 ist in der Lage, für WebDAV freigegebene Ordner über den Finder einzubinden. WebDAV bietet eine sehr komfortable Möglichkeit, Dateien auf einem Webserver zu verwalten, und verhält sich in Bezug auf das Kopieren und Verschieben von Daten ähnlich wie ein Ordner auf Ihrer Festplatte.

Verschlüsselung über SSL
OS X 10.8 ist auch in der Lage, die WebDAV-Verbindung mit dem Secure Socket Layer zu verschlüsseln, sofern der Server dies unterstützt. Geben Sie beim URL das Präfix *https://* an, wird eine verschlüsselte Verbindung aufgenommen, sofern der Server entsprechend konfiguriert wurde.

Um eine Verbindung herzustellen, rufen Sie wiederum mit [⌘] + [K] den entsprechenden Dialog auf und geben als SERVERADRESSE einfach den URL der einzubindenden Webseite ein.

Port angeben | Bei einigen Anbietern lauscht der Dienst WebDAV nicht auf dem gleichen Port 80 wie der Webserver, sondern zum Beispiel auf Port 81. In einem solchen Fall müssen Sie die Serveradresse um den entsprechenden Port – zum Beispiel *http://delta-c.de:81* – ergänzen.

Langsamer Kopiervorgang | Die Arbeit mit WebDAV im Finder ist recht komfortabel. Zwei Dinge sind bisweilen aber problematisch: Einerseits werden auch bei einem WebDAV-Ordner die erweiterten Attribute getrennt von den eigentlichen Dateien gespeichert. Es kann also vorkommen, dass Sie anschließend auf Ihrem Webserver eine Reihe von Dateien finden, deren Namen mit ._ beginnen.

Hinweis
Die WebDAV-Unterstützung war wenigstens unter OS X 10.8.1 durchaus fehlerhaft. So konnten Kopiervorgänge nicht initiiert werden, weil sich in dem leeren Ordner (!) angeblich bereits ein gleichnamiges Objekt befinden würde.

Andererseits ist die Arbeit im Finder recht langsam und zäh. So kann es auch bei einem schnellen Internetzugang etwas dauern, bis die Verbindung aufgenommen oder der Inhalt eines Ordners angezeigt wird. Kopieren Sie eine Datei von Ihrer Festplatte auf einen Webserver, kann der Kopiervorgang sehr lange dauern. Insbesondere den Zeitprognosen im Finder sollten Sie hier nicht trauen.

18.3 Freigaben automatisch einbinden

Der mit Mac OS X 10.5 eingeführte Dienst `autofs` stellt für die Arbeit im Netzwerk eine sehr große Erleichterung im Vergleich zu den früheren Versionen von Mac OS X dar. Die beiden wesentlichen Vorzüge bestehen darin, dass er sehr leicht und flexibel zu konfigurieren ist und daneben zuverlässig funktioniert. Die Zuverlässigkeit resultiert unter anderem daraus, dass seit Mac OS X 10.5 eine eingebundene Freigabe, zu der die Netzwerkverbindung abbricht, nicht mehr den ganzen Finder blockieren kann. Darüber hinaus werden die Freigaben, wie schon im Zusammenhang mit dem Verzeichnis /NET beschrieben, nur eingebunden, wenn sie wirklich verlangt werden. Dies senkt die Belastung der Server und reduziert ein wenig den Datenverkehr im Netzwerk.

Anmeldeobjekte für Benutzer
Eine einfache, aber nicht so flexible Alternative besteht darin, dass Sie Freigaben, die nach der Anmeldung eines Benutzers zur Verfügung stehen sollen, den Anmeldeobjekten des Benutzerkontos hinzufügen. Diese lassen sich, wie in Abschnitt 14.4 beschrieben, auch für alle Benutzerkonten einrichten. Allerdings können Sie hier nicht den AKTIVIERUNGSORT vorgeben.

Neben der Einbindung von Freigaben über den Finder ist das autofs-System – das sich aus den Diensten `autofsd`, `automountd` und `automount` zusammensetzt – auch in der Lage, Freigaben beim Start des Systems einzubinden.

NFS-Freigaben beim Start aktivieren

In den früheren Versionen von OS X bot das Festplattendienstprogramm die Möglichkeit, die automatische Einbindung von NFS-Freigaben beim Start des Rechners zu konfigurieren. Mit OS X 10.8 hat Apple diese Funktion gestrichen.

Hinweis
Das System legt die für die Einbindung der Freigaben notwendigen Verzeichnisse automatisch an. Dies führt, wurden die Aktivierungen gelöscht oder stehen die Server nicht zur Verfügung, in Einzelfällen zu leeren Ordnern, die sich quasi als Artefakte im Dateisystem befinden.

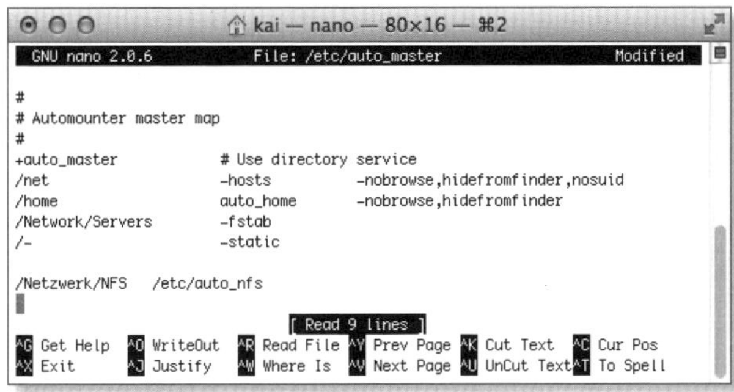

◂ **Abbildung 18.29**
Die Datei »auto_master« wird um eine Zeile ergänzt.

Um NFS-Freigaben beim Start des Systems zu aktivieren, können Sie den autofs-Dienst mithilfe der Datei *auto_master* im Verzeichnis /ETC konfigurieren. Diese Datei enthält bereits mehrere

Zeilen. Diese sollten Sie keinesfalls löschen, da andernfalls das zuvor beschriebene Verfahren des Verzeichnisses /NET nicht mehr funktioniert.

Die Datei *auto_master* ist in der Lage, weitere Konfigurationsdateien einzubinden. Das heißt, dass Sie in dieser Datei einen Eintrag vornehmen, der auf eine andere, noch zu erstellende Konfigurationsdatei deutet. In der zweiten Konfigurationsdatei geben Sie dann die einzubindenden Freigaben Zeile für Zeile vor. Rufen Sie zunächst mit

```
sudo nano /etc/auto_master
```

den Editor `nano` auf. Fügen Sie im zweiten Schritt die Zeile

```
/Netzwerk/NFS      /etc/auto_nfs
```

am Ende der Datei ein, und speichern Sie die Änderungen. Die neue Zeile führt dazu, dass für das Verzeichnis /NETZWERK/NFS auf Ihrem Startvolume die in der nun zu erstellenden Datei *auto_nfs* aufzuführenden Freigaben eingebunden werden. Mit

```
sudo nano /etc/auto_nfs
```

erstellen Sie die neue Konfigurationsdatei. Hier geben Sie in der Form

```
Ordner  -fstype=nfs,nosuid,rw Server:/Pfad/zur/
        Freigabe
```

an, welche Freigaben eingebunden werden sollen. Zunächst besagt die Angabe von `Ordner`, in welchem Unterverzeichnis von /NETZWERK/NFS die Freigabe eingebunden werden soll.

Abbildung 18.30 ▸
Die neue Datei »auto_nfs« enthält die Ordner und einzubindenden Freigaben.

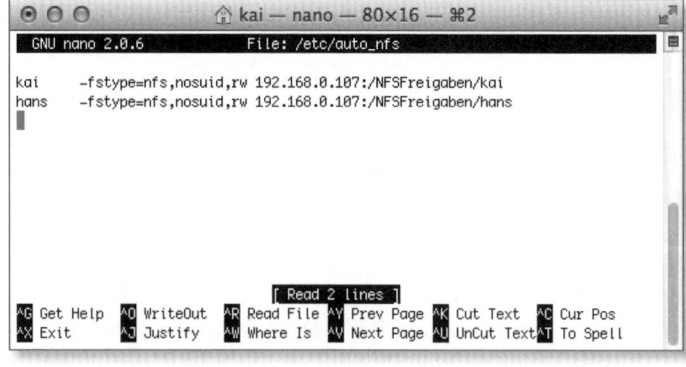

Anstelle von `rw` (*read-write*) können Sie auch `ro` (*read-only*) angeben, um den Schreibzugriff zu unterbinden. Als `Server` geben Sie die IP-Adresse oder den Namen des Rechners an, auf dem sich die einzubindenden Freigaben befinden. Und schließlich folgt nach dem Doppelpunkt der Pfad zur Freigabe auf dem Server. Mit der Angabe

```
kai     -fstype=nfs,nosuid,rw 192.168.0.107:
        /NFSFreigaben/kai
```

wird im Unterordner KAI die Freigabe /NFSFREIGABEN/KAI auf dem Rechner mit der IP-Adresse 192.168.0.107 automatisch eingebunden. Weitere Freigaben können Sie in einer eigenen Zeile hinzufügen. Speichern Sie die Datei *auto_nfs*, und Sie können dann mit der Eingabe von

```
sudo automount -vc
```

veranlassen, dass die geänderten und neu erstellten Konfigurationsdateien eingelesen und die Änderungen aktiviert werden. Im Finder finden Sie nun neben den Ordnern SYSTEM, LIBRARY und BENUTZER auch ein Verzeichnis NETZWERK mit einem Unterordner NFS. Dieser enthält die in der Datei *auto_nfs* konfigurierten Freigaben. Letztere stehen Ihnen nach jedem Start des Systems automatisch zur Verfügung.

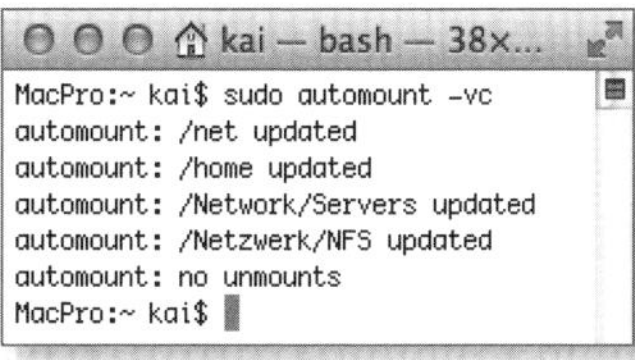

▲ **Abbildung 18.31**
Über den Befehl `automount` werden die Änderungen wirksam.

AFP-Freigaben beim Start aktivieren

Das autofs-System ist auch in der Lage, Freigaben über das Apple Filing Protocol, die etwa auf einem Rechner unter OS X 10.8 zur Verfügung stehen, automatisch einzubinden.

Authentifizierung | Dabei müssen Sie beachten, dass AFP anders als NFS eine Authentifizierung von dem Rechner, von dem aus die Freigabe eingebunden werden soll, verlangt. Dementsprechend müssen Sie in dem URL sowohl einen Namen als auch ein Kennwort eines auf dem Server befindlichen Benutzerkontos angeben. Dies kann sich, je nach Aufbau Ihres Netzwerks, als problematisch erweisen, da Sie auf diese Weise möglicherweise auch Benutzern Zugriff auf Freigaben des Servers ermöglichen, die dafür eigentlich keine Berechtigung haben dürften. Der Name und das Kennwort werden ja zu Beginn festgelegt, und streng genommen authentifiziert sich das System und nicht der Benutzer selbst.

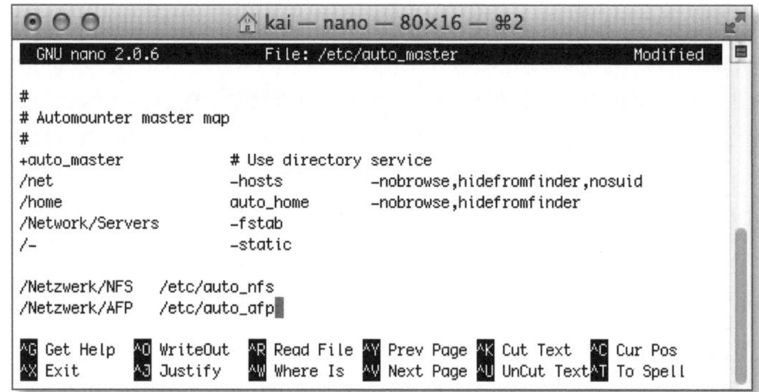

Abbildung 18.32 ▸
Die Datei »auto_master« ergänzen Sie zunächst um eine weitere Zeile.

Konfigurationsdateien ergänzen | Um einen über AFP freigegebenen Ordner automatisch einzubinden, müssen Sie zwei Änderungen vornehmen.

Zuerst fügen Sie der Datei */etc/auto_master* eine Zeile hinzu, mit der die in einer anderen Datei befindlichen Angaben berücksichtigt werden. Zum anderen erstellen Sie eine neue Konfigurationsdatei, beispielsweise */etc/auto_afp*, in der Sie die über AFP automatisch einzubindenden Freigaben definieren. Rufen Sie mit

```
sudo nano /etc/auto_master
```

die Konfigurationsdatei des autofs-Systems auf, und ergänzen Sie die Datei zunächst um die Zeile

```
/Verzeichnis auto_afp
```

Hierbei geben Sie mit `/Verzeichnis` den Ordner an, unter dem die Freigaben eingebunden werden. Mit den Einstellungen aus 18.32 werden die in der gleich zu erstellenden Datei *auto_afp* definierten Freigaben unterhalb von /NETZWERK/AFP eingebunden.

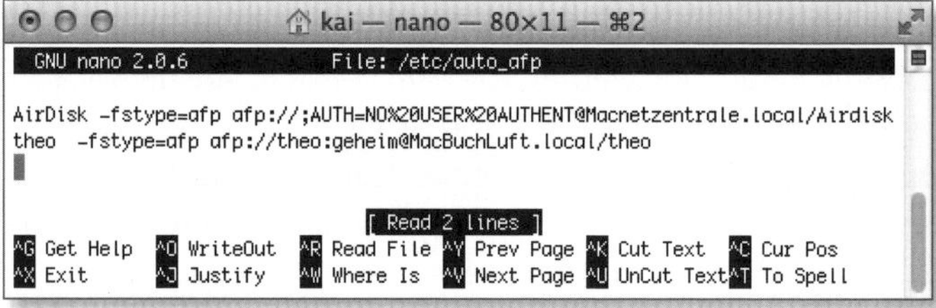

Abbildung 18.33 ▸
Mit den beiden Zeilen werden zwei AFP-Freigaben automatisch eingebunden.

Konfiguration aktualisieren
Die hier beschriebenen Änderungen können Sie mit der Eingabe von `sudo automount -vc` wirksam werden lassen, ohne einen Neustart ausführen zu müssen.

AFP-Freigaben definieren | Wenn die Datei nicht schon vorliegt, erstellen Sie mit `sudo nano /etc/auto_afp` die zunächst leere Datei *auto_afp*. Darin geben Sie zeilenweise die einzubindenden AFP-Freigaben an. Die notwendigen Einträge haben folgenden Aufbau:

```
Ordner -fstype=afp afp://Name:Kennwort@Rechner/
       Freigabe
```

Hierbei legen Sie mit `Ordner` den Namen fest, mit dem die Freigabe unterhalb des in *auto_master* festgelegten Hauptverzeichnisses, im vorangegangenen Beispiel /NETZWERK, aktiviert wird. Die Angabe `-fstpype=afp` ist wie auch der Beginn des URLs mit `afp://` obligatorisch. Die Angaben zu `Name`, `Kennwort`, `Rechner` und `Freigabe` folgen dem aus dem Finder bekannten Aufbau. Mit der Zeile

```
Miniserver -fstype=afp afp://theo:geheim@MacBuchLuft/
theo
```

aktivieren Sie den auf dem Rechner MACBUCHLUFT freigegebenen persönlichen Ordner des Benutzers THEO mit dem Accountnamen `theo` im Verzeichnis /NETZWERK/AFP.

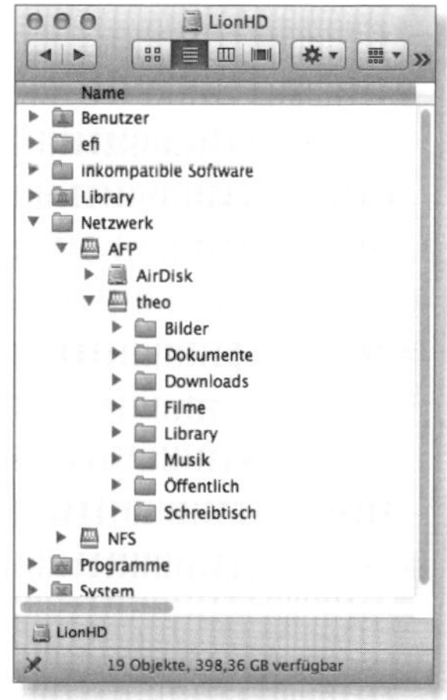

▲ **Abbildung 18.34**
Die eingebundenen Freigaben erscheinen im Finder unter ihrem richtigen Namen.

Zugriff als Gast | Wenn auf dem Server der Gastzugriff auf die Freigabe möglich ist, können Sie diesen auch anstelle einer Anmeldung über ein Benutzerkonto erzwingen. Hierbei müssen Sie anstelle von `Benutzer:Kennwort` die Angabe `;AUTH=NO%20 USER%20AUTHENT` verwenden. Mit der Zeile

```
AirDisk -fstype=afp afp:// ;AUTH=NO%20USER%20AUTHENT@
Macnetzentrale.local/AirDisk
```

wird der freigegebene Ordner GRUPPEN auf dem Rechner mit dem Namen MACNETZENTRALE im Verzeichnis /NETZWERK/AFP aktiviert und dabei der Gastbenutzer verwendet.

SMB-Freigaben beim Start aktivieren

Die Einbindung von Freigaben eines Windows-Rechners über SMB können Sie ebenfalls durch eine Bearbeitung der Konfigurationsdateien automatisch beim Start des Systems vornehmen lassen. Auch hier bietet es sich an, die Datei */etc/auto_master* um eine Zeile zu ergänzen und die einzubindenden Windows-Freigaben in einer separaten Datei *auto_windows* zu definieren. Starten Sie zunächst mit `sudo nano /etc/auto_master` den Editor `nano`, und ergänzen Sie die Zeile:

```
/Netzwerk/SMB    auto_windows
```

Der Ordner /NETZWERK/SMB gilt also als übergeordneter Ordner für alle über die Datei *auto_windows* eingebundenen Ordner. Erstellen Sie dann mit `sudo nano /etc/auto_windows` die Einstellungsdatei für die Windows-Freigaben. Diese werden wiederum zeilenweise definiert und haben hier folgenden Aufbau:

```
Ordner -fstype=smbfs ://Name:Kennwort@Rechner/
       Freigabe
```

Während die Angabe `-fstype=smbfs` sowie der URL, allerdings ohne `smb` zu Beginn, wiederum obligatorisch sind, können Sie auch hier den Namen des Ordners, unter dem die Freigabe eingebunden werden soll, angeben. Mit der Zeile

```
Manuskript -fstype=smbfs ://Kai%20Surendorf:geheim@
Winxp/Manuskript
```

wird die Freigabe `Manuskript` des Rechners `Winxp` im Verzeichnis /NETZWERK/SMB/MANUSKRIPT aktiviert und dabei das Benutzerkonto `Kai Surendorf` zusammen mit dem Passwort `geheim` angegeben. Die Änderungen werden ebenfalls nach einem Neustart aktiv.

Abbildung 18.35 ▸
Leerzeichen im Namen des Benutzers maskieren Sie mit `%20`.

Kapitel 19
OS X 10.8 als Server einsetzen

Die Einrichtung und Konfiguration der Serverdienste kann einiges an Kopfzerbrechen bereiten. Zwar bietet OS X 10.8 eine recht komfortable Oberfläche für die Aktivierung der einzelnen Dienste, und auch die Freigabe von Ordnern für das Netzwerk wurde erleichtert, bisweilen liegt jedoch die Tücke im Detail, und eine etwas erweiterte Konfiguration kann die Arbeit mit Freigaben im Netzwerk noch etwas flexibler gestalten.

In diesem Kapitel geht es zunächst darum, einzelne Ordner gezielt für das Netzwerk freizugeben und, sofern nötig, die Zugriffsrechte anzupassen. Der AFP-Server bietet ein paar weitere Optionen, die im Arbeitsalltag ganz nützlich sein können, während sich die Konfiguration von Windows-Freigaben unter OS X 10.8 etwas einfacher gestaltet, als dies in den früheren Versionen des Systems der Fall war. Die Erstellung von NFS-Freigaben kann für die Zusammenarbeit mit Linux oder einem anderen UNIX-Derivat ganz hilfreich sein.

Der Apache-Webserver ist unter OS X 10.8 in der Version 2.2 enthalten. Sollten Sie die Bereitstellung von Dateien über FTP überhaupt nutzen wollen, bietet es sich an, den FTP-Server neben der Aktivierung noch ein wenig einzugrenzen. Das Kapitel schließt mit einem Exkurs zu Netatalk unter Linux und Hinweisen zur Bereitstellung von AFP-Diensten unter Windows.

Ein weites Feld ...
Zu einigen der in diesem Kapitel angesprochenen Themen ließe sich leicht ein ganzes Buch schreiben. Die Möglichkeiten des Apache-Webservers sind vielfältig, die Stolperstellen bei der Arbeit und Feinkonfiguration von NFS recht zahlreich, und die Installation von Open-Source-Software unter Linux ist bisweilen recht komplex. Um ein möglichst breites Spektrum abdecken zu können, beschränkt sich dieses Kapitel auf die wichtigsten und bei der Arbeit mit OS X 10.8 notwendigen und nützlichen Konfigurationen und Optionen.

19.1 Freigaben konfigurieren

Bei der Freigabe von Ordnern können Sie mit ein paar Handgriffen dafür sorgen, dass die Zugriffsrechte vererbt werden, und so die Zusammenarbeit in einer Gruppe einfacher gestalten. Darüber hinaus ist es auch möglich, Ordner nur über ein bestimmtes Protokoll freizugeben.

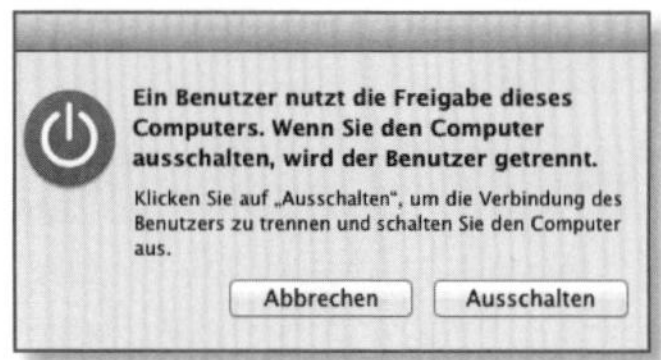

▲ **Abbildung 19.1**
Es wird leider nicht erwähnt, welcher Dienst genutzt wird.

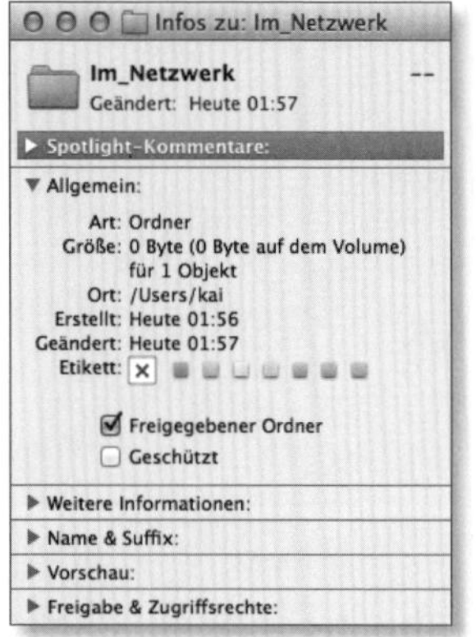

▲ **Abbildung 19.2**
Einen Ordner geben Sie unter anderem über das Fenster INFOS ZU frei.

Bei den Diensten, bei denen sich Anwender mit einem Kennwort anmelden können, erhalten Sie einen Hinweis, wenn Sie Ihren Rechner neu starten möchten und noch ein Anwender angemeldet ist. Um welchen Dienst es sich handelt – es kommen wenigstens der AFP-Server und die DVD- oder CD-Freigabe in Frage –, wird Ihnen jedoch nicht mitgeteilt.

Ordner freigeben

Die Freigabe eines Ordners für die Verbindung über AFP oder SMB können Sie entweder über das Fenster INFOS ZU im Finder oder über die Ansicht SHARING der Systemeinstellungen vornehmen. Rufen Sie im Finder das Fenster INFOS ZU (⌘ + I) des freizugebenden Ordners auf. Dort finden Sie die Option FREIGEGEBENER ORDNER. Wenn Sie diese aktivieren, steht der Ordner im Netzwerk zur Verfügung.

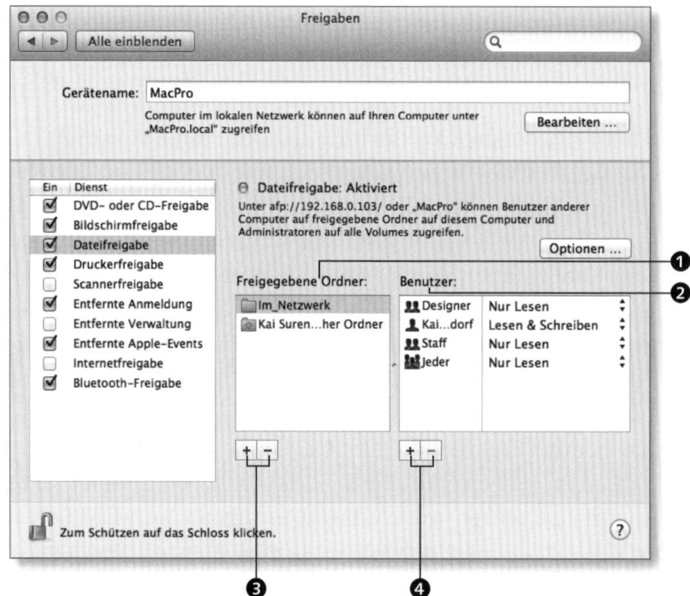

Abbildung 19.3 ▸
In den Systemeinstellungen werden alle freigegebenen Ordner ❶ und die zugewiesenen Benutzer und Gruppen ❷ angezeigt.

Systemeinstellungen | In den Systemeinstellungen finden Sie eine Übersicht der freigegebenen Ordner in der Ansicht FREIGABEN, wenn Sie dort den Dienst DATEIFREIGABEN auswählen. Neben den Ordnern werden Ihnen dort unter BENUTZER auch die Zugriffsrechte, die auch die Gruppen umfassen, angezeigt. Die in den Systemeinstellungen angezeigten Zugriffsrechte entsprechen denen im Finder. Sie können über die Symbole ❸ Ordner zu den Freigaben hinzufügen oder die Freigabe aufheben. Mit einem Doppelklick auf den Ordner in einer Liste öffnen Sie diesen im Finder.

Ebenso können Sie über die Symbole ❹ unter der Spalte BENUTZER Benutzerkonten und Gruppen Zugriff auf den Ordner erteilen oder wieder entziehen. Die Arbeit mit diesen Zugriffsrechten entspricht der Arbeit mit den Access Control Lists (ACL) im Finder. Erlauben Sie einer Gruppe Zugriff auf den Ordner, dann wird dieser allen Mitgliedern, die zu der Gruppe gehören, bei der Anmeldung als mögliche Freigabe zur Auswahl gestellt. Bei dem in Abbildung 19.3 freigegebenen Ordner IM NETZWERK haben alle Mitglieder der Gruppe DESIGNER Lese- und Schreibberechtigung.

Öffentlicher Ordner
In den früheren Versionen von OS X wurde der Ordner ÖFFENTLICH in einem Benutzerkonto automatisch im Netzwerk freigegeben. Mit OS X 10.8 hat Apple dies aufgegeben. Sie müssen unter OS X 10.8 den Ordner ÖFFENTLICH wie nebenstehend beschrieben freigeben. Wenn Sie Ihr System von OS X 10.7 aktualisiert haben, dann bleiben die bereits freigegebenen Ordner erhalten.

◂ **Abbildung 19.4**
Ein freigegebener Ordner wird im Finder als solcher gekennzeichnet.

Speicherung in DSLocal | Die freigegebenen Ordner werden in der lokalen Benutzerdatenbank *DSLocal* im Eintrag SHAREPOINTS gespeichert. Starten Sie das Programm Verzeichnisdienste (siehe Abschnitt 17.6), und rufen Sie dort den Verzeichniseditor auf. Sie finden in der Darstellung SHAREPOINTS ❺ für jeden Ordner, den Sie über die Systemeinstellungen oder den Finder freigeben, einen Eintrag, über den er konfiguriert wird.

▾ **Abbildung 19.5**
Freigegebene Ordner verwalten Sie in der Datenbank »DSLocal« in der Rubrik SHAREPOINTS.

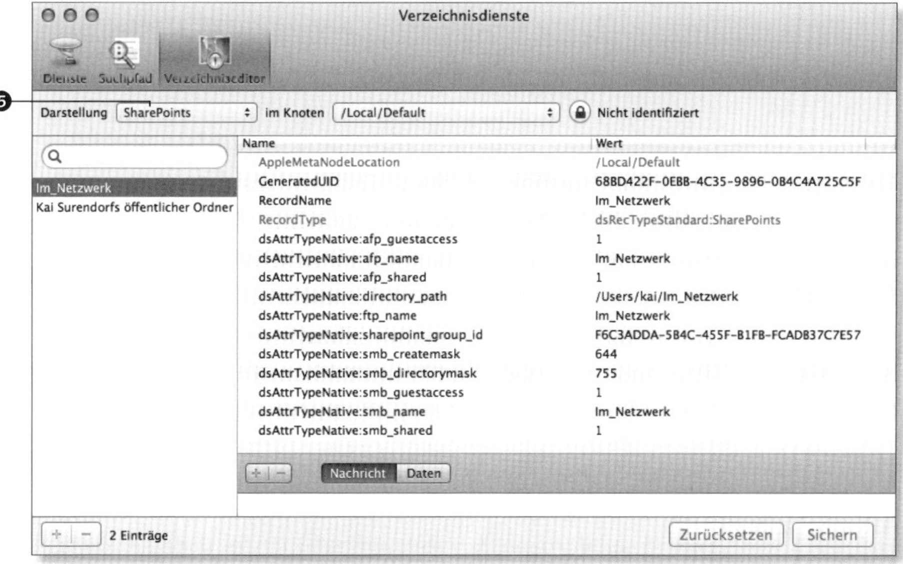

Darüber hinaus legt das System im Hintergrund Benutzergruppen mit den Bezeichnungen COM.APPLE.SHAREPOINT.GROUP an und nummeriert sie aufsteigend. Diese Gruppen, die unter anderem mit den von Ihnen angelegten Gruppen gegebenenfalls über das Attribut NESTEDGROUPS verschachtelt werden, dienen zur Ermittlung der für einen sich anmeldenden Benutzer verfügbaren Freigaben. Die Verwaltung dieser Gruppen sollten Sie in jedem Fall dem System überlassen.

Vererbung der Zugriffsrechte konfigurieren

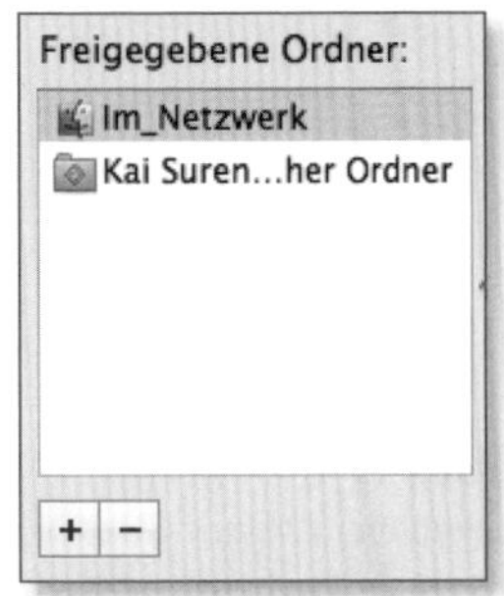

▲ **Abbildung 19.6**
Nicht mehr vorhandene Ordner werden mit dem Icon des Finders versehen.

Die Zugriffsrechte und die ACLs (siehe Abschnitt 8.1) werden in der normalen Version von OS X 10.8 nicht an neu erstellte Objekte in einem Verzeichnis vererbt. Wird in einem für eine Gruppe freigegebenen Ordner eine Datei oder ein Unterordner erstellt, wird der Benutzer, der die Datei oder den Ordner angelegt hat, als Eigentümer eingetragen. Andere Benutzer haben, weil die ACL des übergeordneten Ordners nicht weitergegeben und die Standardeinstellung des Systems genutzt wird, nur Lesezugriff. Die Ursache dafür ist, dass in den ACE die Eigenschaften `directory_inherit` und `file_inherit` im Unterschied zur Server-Variante fehlen.

Zugriffsrechte übertragen | Arbeiten Sie nicht sehr intensiv mit freigegebenen Ordnern, dann müssen Sie nicht zwingend die ACLs anpassen. Rufen Sie in den Systemeinstellungen das Kontextmenü für einen freigegebenen Ordner auf, dann finden Sie dort auch den Eintrag ZUGRIFFSRECHTE AUF ENTHALTENE OBJEKTE ÜBERTRAGEN. Mit dieser Funktion werden die Zugriffsrechte, die in der rechten Spalte angezeigt werden, nachträglich auf die Unterobjekte übertragen.

Abbildung 19.7 ▶
Zugriffsrechte können Sie eigenhändig auf die enthaltenen Objekte übertragen.

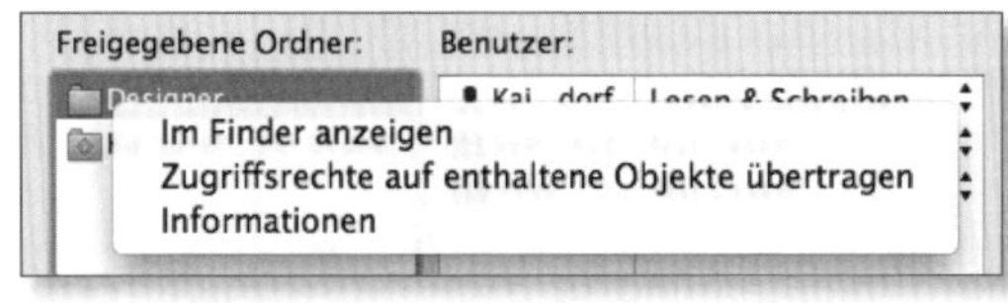

»chmod =a#«
Die Option =a# überschreibt den mit der folgenden Zahl angegebenen Eintrag in der Access Control List.

ACL anpassen | Wenn Sie intensiver mit freigegebenen Ordnern arbeiten, dann ist diese eigenhändige Korrektur der Zugriffsrechte nicht wirklich praktikabel. Mit dem Befehl `chmod` (siehe Abschnitt 8.2) können Sie die Eigenschaften `directory_inherit` und `file_inherit` an die schon vorhandenen ACEs anfügen. In Abbildung 19.8 wurde der Ordner OFFICE für die Gruppe OFFICE freigegeben. Er steht, wenn sich Benutzer von einem anderen Rechner aus anmelden, als Freigabe vollständig zur Verfügung. Mitglieder der Gruppe DESIGNER erhalten lediglich Lesezugriff. Werden dem Ordner OFFICE neue Objekte hinzugefügt, dann geht der Lesezugriff der Gruppe DESIGNER bei den Zugriffsrechten verloren, weil dieser Eintrag in der ACL nicht vererbt wird.

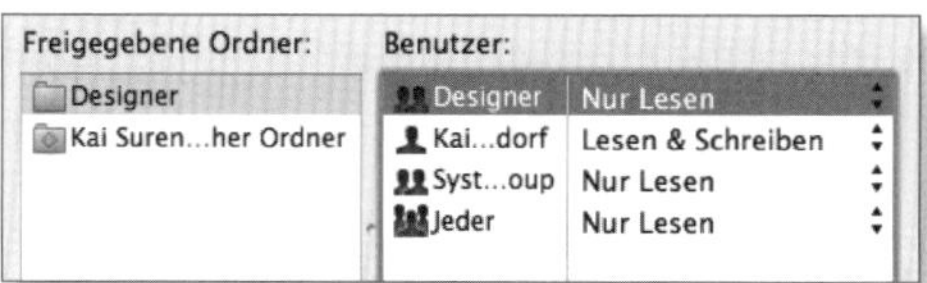

◂ **Abbildung 19.8**
Die Zugriffsrechte für die Gruppe DESIGNER werden nicht automatisch vererbt.

Die über `ls -el` anzuzeigende Access Control List verfügt hier nur über einen Eintrag. Markieren Sie den eigentlichen Eintrag mit `group` beginnend und `readsecurity` endend, und kopieren Sie ihn in die Zwischenablage. Sie sparen sich auf diese Weise das Abtippen der Einträge. Geben Sie dann `sudo chmod =a# 0 "` ein, wobei Sie nach dem Anführungszeichen mit [⌘] + [V] die zuvor in die Zwischenablage kopierten ursprünglichen Eigenschaften einsetzen. Direkt daran schließen Sie mit `,directory_inherit,file_inherit` die beiden Eigenschaften für die Vererbung dieses Eintrags an die Unterordner und die Dateien an. Mit `" Ordner` ist die Eingabe dann endlich vollständig.

Hinweis

Die Ergänzung von `directory_inherit` und `file_inherit` wirkt sich nicht auf die in dem Verzeichnis schon enthaltenen Dateien und Ordner aus. Bei schon vorhandenen Dateien müssten Sie die Zugriffsrechte über das Kontextmenü von Hand korrigieren.

▴ **Abbildung 19.9**
Mit dem Befehl `chmod` fügen Sie die Eigenschaften `file_inherit` und `directory_inherit` hinzu.

Die so erweiterte ACL ist für alle neu erstellten Unterordner und Dateien gültig. Wenn Sie sich am Terminal mit `ls -el` die Zugriffsrechte neu erstellter Objekte in diesem Verzeichnis anzeigen lassen – in Abbildung 19.9 ist es `Neuer_Ordner` –, finden Sie dort den zuvor ergänzten Eintrag `0` vor, der hier zusätzlich mit dem Wort `inherited` als von einem übergeordneten Ordner geerbt gekennzeichnet wird.

Protokoll vorgeben

Die zuvor beschriebenen Freigaben über den Finder haben in bestimmten Konstellationen den Nachteil, dass sie Ordner sowohl für Windows-Rechner über SMB als auch für Rechner unter OS X 10.8 über AFP zur Verfügung stellen. Manchmal ist es erwünscht, dass ein Ordner nur für die Windows- oder nur für die Apple-Rechner im Netzwerk erreichbar ist, die Freigabe also nur über SMB oder AFP erfolgt. Sie erreichen dies über eine Änderung in Einträgen in *DSLocal*.

Wenn Sie eine Freigabe auf ein Protokoll beschränken möchten, bietet sich folgendes Vorgehen an: Konfigurieren Sie die Freigabe zunächst vollständig in Bezug auf die Zugriffsrechte, die Gruppen und die Benutzer, die auf diese Freigabe zugreifen sollen. Schalten Sie dann den Dienst DATEIFREIGABE in den Systemeinstellungen ab. Im Verzeichniseditor des Programms Verzeichnisdienste nehmen Sie die notwendigen Änderungen vor. Haben Sie die Änderungen gespeichert, aktivieren Sie den Dienst DATEIFREIGABE wieder.

»afp_shared« und »smb_shared« | Wenn Sie sich im Verzeichniseditor einen Eintrag der Darstellung SHAREPOINTS anzeigen lassen, finden Sie dort auch die beiden Eigenschaften AFP_SHARED und SMB_SHARED. Sie legen fest, ob der freigegebene Ordner über AFP beziehungsweise SMB zur Verfügung gestellt werden soll. Laut Standardeinstellungen lautet der Wert beider Eigenschaften 1, und der Ordner steht sowohl über AFP als auch über SMB zur Verfügung. Wenn Sie einen der beiden Werte auf 0 setzen, wird der Ordner nach einem erneuten Start des Dienstes File Sharing nicht mehr über dieses Protokoll verfügbar gemacht.

Um Änderungen vorzunehmen, autorisieren Sie sich zunächst durch einen Klick auf das Symbol mit dem Schloss ❶. Ist Letzteres geöffnet, dann wählen Sie in der DARSTELLUNG die Rubrik SHAREPOINTS aus. In Abbildung 19.10 wird der Eintrag DESIGNER bearbeitet. Anschließend wählen Sie den Eintrag AFP_SHARED oder SMB_SHARED aus und geben unten den neuen Wert ein. Mit der Schaltfläche SICHERN speichern Sie die Änderungen. Aktivieren Sie nun wieder den Dienst DATEIFREIGABE in den Systemeinstellungen, dann wird die Freigabe nicht mehr über das Protokoll bereitgestellt, bei dem Sie 0 als Wert vorgegeben haben. Nach dem Sichern der in Abbildung 19.10 dargestellten Konfiguration steht der Ordner DESIGNER nicht mehr über SMB oder AFP zur Verfügung.

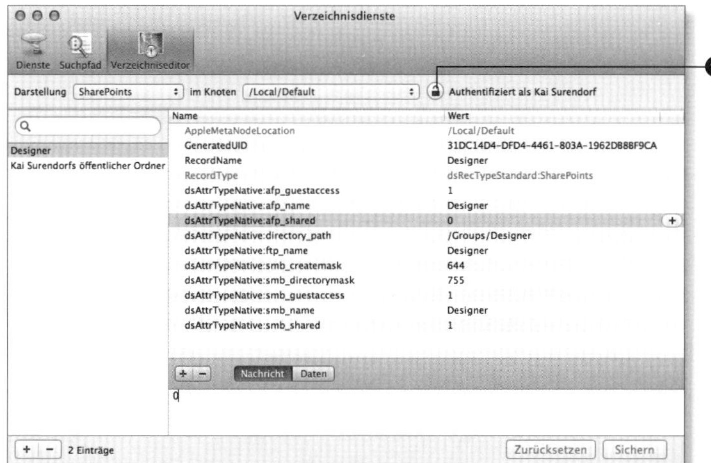

◂ **Abbildung 19.10**
Setzen Sie den Wert der Eigenschaften AFP_SHARED und SMB_SHARED auf 0, um die Freigabe über das jeweilige Protokoll abzuschalten.

19.2 AFP-Server konfigurieren

Wenn Sie die freizugebenden Ordner nach eigenen Vorstellungen konfiguriert haben, können Sie den AFP-Server aktivieren. Sie finden ihn in den Systemeinstellungen in der Ansicht FREIGABEN. Wählen Sie dort den Dienst DATEIFREIGABE aus, und klicken Sie auf die Schaltfläche OPTIONEN. Über DATEIEN UND ORDNER ÜBER AFP BEREITSTELLEN starten Sie den AFP-Server.

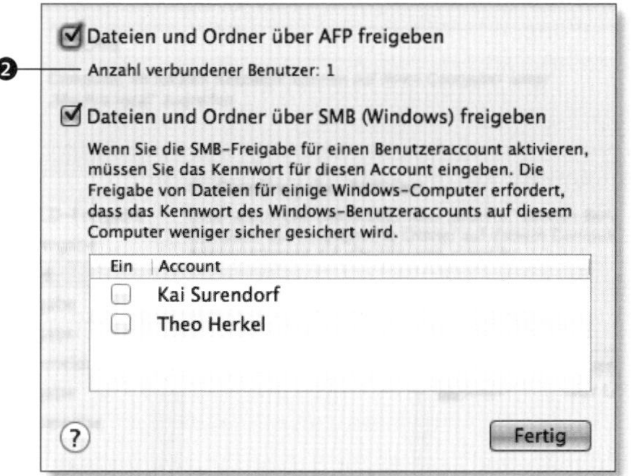

◂ **Abbildung 19.11**
Der Start des AFP-Servers erfolgt über die OPTIONEN der DATEIFREIGABE.

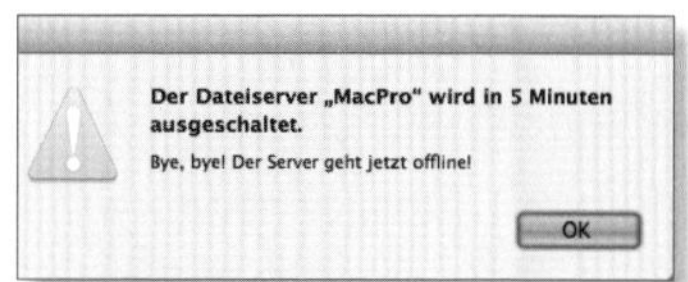

▴ **Abbildung 19.12**
Auf das Herunterfahren des Servers kann hingewiesen werden.

Wenn Sie den Server bereits gestartet haben, können Sie sich in dem Dialog auch über die ANZAHL VERBUNDENER BENUTZER ❷ informieren. Deaktivieren Sie den Dienst, können Sie den noch verbundenen Benutzern auch eine Mitteilung zukommen lassen und die Abschaltung des Servers begründen.

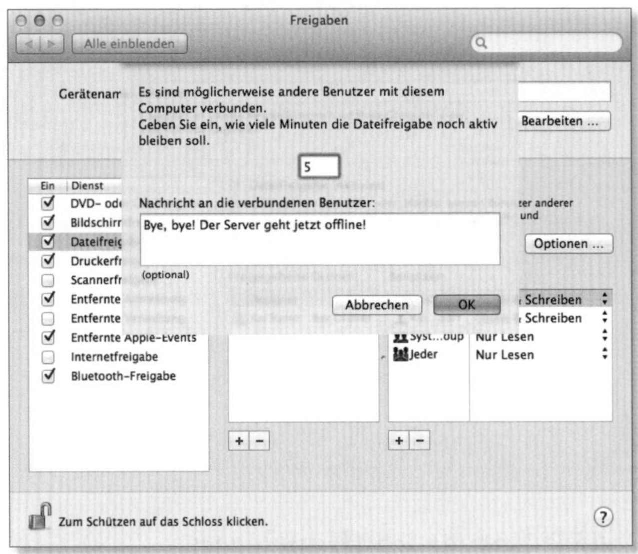

Abbildung 19.13 ▸
Der Server kann zeitverzögert gestoppt werden.

Nachrichten und Protokolle

Der AFP-Server ist in der Lage, jedem Benutzer eine Nachricht zu senden, wenn dieser sich anmeldet und einen freigegebenen Ordner einbindet. Dazu müssen Sie in den Voreinstellungen des Servers der Eigenschaft `loginGreeting` eine Zeichenkette zuweisen. Zuerst schalten Sie den AFP-Server in den Systemeinstellungen ab. Am Terminal geben Sie dann

Abbildung 19.14 ▸
Der Anwender erhält nach der Einbindung einer Freigabe eine Mitteilung.

```
sudo defaults write /Library/Preferences/com.apple.
AppleFileServer loginGreeting "Mitteilung"
```

ein, wobei Sie in der `Mitteilung` keine Satzzeichen verwenden sollten. Wird der AFP-Server nun erneut gestartet, erhält jeder Anwender die vorgegebene Mitteilung, wenn er einen freigegebenen Ordner einbindet. Um die Mitteilung wieder zu löschen, beenden Sie erneut den AFP-Server und geben am Terminal

```
sudo defaults delete /Library/Preferences/com.apple.
AppleFileServer loginGreeting
```

ein. Nach einem Neustart des Servers wird nun keine Mitteilung mehr ausgegeben.

Protokolle | Neben der Begrüßung können Sie auch die Protokollierung der AFP-Nutzung konfigurieren. Laut Standardeinstellungen protokolliert der AFP-Server lediglich in der Datei */Library/Logs/AppleFileServiceError.log* Fehler und den Zeitpunkt seines Beendens. Um ein detailliertes Zugriffsprotokoll zu aktivieren, beenden Sie zunächst den Server und geben dann am Terminal den Befehl

```
sudo defaults write /Library/Preferences/com.apple.
AppleFileServer activityLog -bool true
```

ein. Wenn der Server jetzt neu gestartet wird, dann führt er in der Datei *AppleFileServiceAccess.log* im Verzeichnis /LIBRARY/LOGS/APPLEFILESERVICE detailliert Buch über An- und Abmeldungen sowie über die Erstellung von Dateien und Verzeichnissen mit den Hinweisen CREATEFILE und CREATEDIR. Wird eine Datei gelöscht, dann wird dies mit dem Hinweis DELETE vermerkt.

Sie finden hier außerdem mit OPENFORK beschrieben die Zugriffe auf erweiterte Dateiattribute. Bei der Protokollierung greift der Server auf die IP-Adresse des Rechners zurück, über den die Anmeldung erfolgt. Beenden können Sie diese detaillierte Protokollierung, indem Sie erst den Server beenden und dann am Terminal

```
sudo defaults write /Library/Preferences/com.apple.
AppleFileServer activityLog -bool false
```

eingeben.

▼ Abbildung 19.15
In der Datei »AppleFileService-Access.log« wird protokolliert, von welchem Rechner aus eine Datei erstellt wurde.

Netzlaufwerk mit der AirPort-Basisstation

SMB-Server
Am Rande: Wenn Sie die Festplatte freigeben, dann steht sie auch über das SMB-Protokoll für Windows-Rechner zur Verfügung.

Haben Sie eine USB-Festplatte an Ihre AirPort-Basisstation angeschlossen, dann können Sie sie im Netzwerk freigeben. Im AirPort-Dienstprogramm rufen Sie zuerst die detaillierten Einstellungen über die Schaltfläche BEARBEITEN auf und wechseln dann in die Ansicht LAUFWERKE.

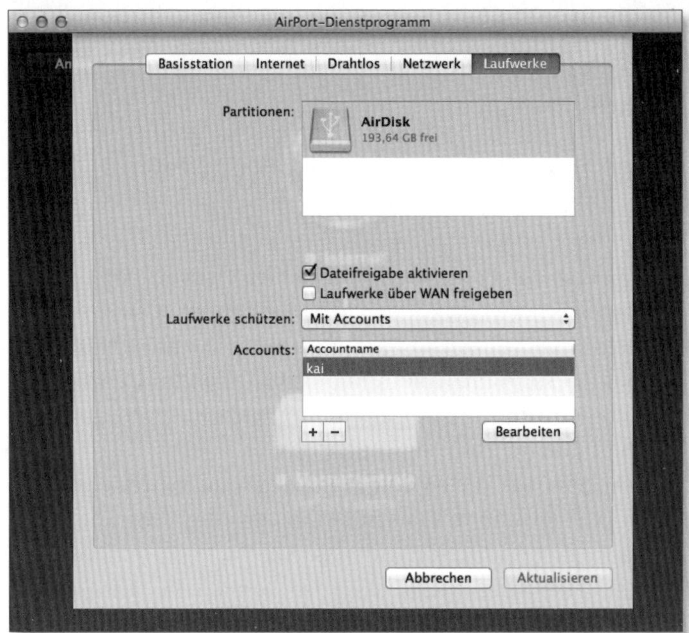

Abbildung 19.16 ▸
Die AirPort-Basisstation verfügt über einen AFP-Server.

Oben finden Sie eine Liste der angeschlossenen Festplatten. In Abbildung 19.16 ist es lediglich das mit AIRDISK bezeichnete Laufwerk. Sie können dort zunächst die DATEIFREIGABE AKTIVIEREN. Unter LAUFWERKE SCHÜTZEN stehen Ihnen drei Optionen zur Auswahl. Sie können das Kennwort der AirPort-Basisstation (GERÄTEKENNWORT) verwenden oder ein spezielles Laufwerkskennwort vergeben. Alternativ haben Sie die Möglichkeit, MIT ACCOUNTS zu arbeiten. Diese können Sie im Reiter ACCOUNTS erstellen, umbenennen und auch wieder löschen.

Wenn Sie einen Account umbenennen, müssen Sie beachten, dass dessen Verzeichnis nicht umbenannt wird. Ändern Sie also einen Benutzernamen von »Hans« in »Franz«, dann verbleiben die schon vorhandenen Dateien im Ordner HANS und werden nicht angetastet.

▲ **Abbildung 19.17**
Wird der Accountname nachträglich geändert, dann wird ein neuer Ordner mit dem neuen Namen erstellt.

Da die AirPort-Basisstation auch in der Lage ist, sich mithilfe der Funktion ZUGANG ZU MEINEM MAC (siehe Abschnitt 17.4) im Internet ansprechbar zu machen, ist diese Form der DATEIFREIGABE manchmal eine gute Möglichkeit, eine Festplatte im Internet verfügbar zu haben. Da die Kommunikation mittels ZUGANG ZU MEINEM MAC verschlüsselt wird, ist hier auch ein Mindestmaß an Sicherheit gewährleistet. Auf diese Weise können Sie über das Internet direkt auf Ihre heimische Festplatte zugreifen, ohne dass irgendein Rechner eingeschaltet sein muss.

Laufwerke über WAN freigeben
Die Möglichkeit, die angeschlossenen Laufwerke für das ganze Internet freizugeben, sollten Sie sich gut überlegen. Auf diese Weise ist es möglich, mithilfe der externen IP-Adresse direkt auf Ihre Basisstation zuzugreifen, sofern nicht noch irgendein Router zwischengeschaltet ist.

19.3 SMB-Freigaben für Windows

Für die Freigabe von Ordnern über das SMB-Protokoll setzt Apple mittlerweile auf eine eigene Lösung. Diese bringt zunächst deutlich weniger Funktionen als der zuvor genutzte Samba-Server mit, wobei es sich hier aber eher um einen Vorteil handelt, denn Fehlkonfigurationen werden auf diese Weise ausgeschlossen. Gestartet wird der SMB-Server über den Dienst DATEIFREIGABE in der Ansicht FREIGABEN der Systemeinstellungen.

[Samba]
Ab Mac OS X 10.2 setzte Apple auf das Open-Source-Projekt Samba, um Datei- und Druckdienste für Windows-Rechner verfügbar zu machen. Mit OS X 10.7 hat Apple eine hauseigene Lösung in das System integriert. Der Name »Samba« leitet sich übrigens vom Netzwerkprotokoll *Server Message Block* (SMB) ab.

Authentifizieren
Um die Dateifreigabe über SMB für „Theo Herkel“ zu aktivieren, geben Sie das Kennwort für diesen Account ein.
Kennwort:
Abbrechen OK

◂ **Abbildung 19.18**
Vor dem Zugriff über SMB muss das Kennwort weniger sicher gespeichert werden.

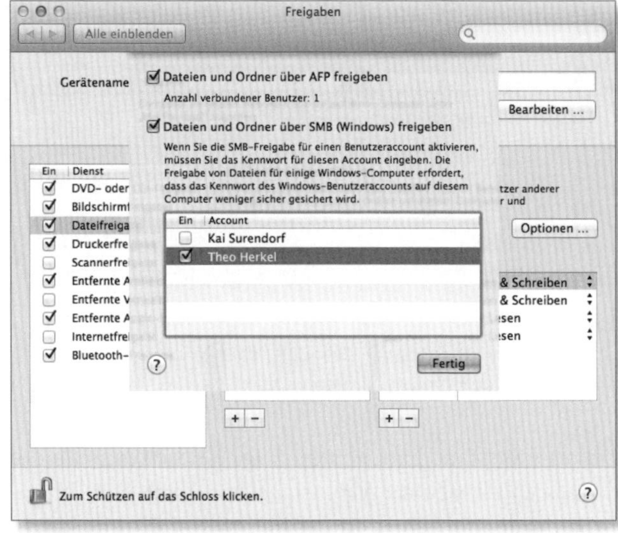

Abbildung 19.19 ▸
Der Zugriff über SMB steht nur für ausgewählte Benutzer zur Verfügung.

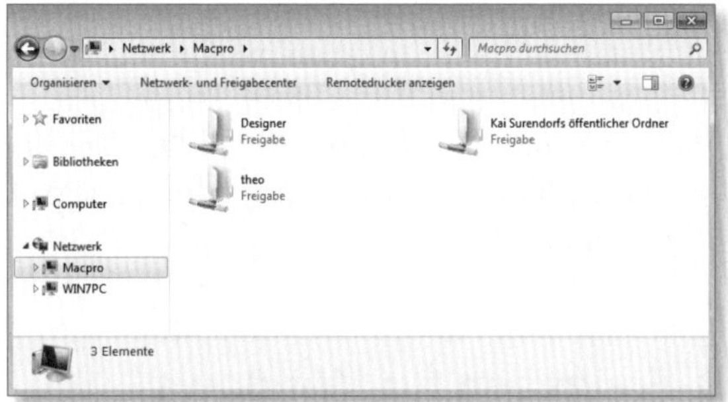

Abbildung 19.20 ▸
Freigegebene Ordner können unter Windows durchsucht werden.

> **Hinweis**
> Wenn Ihr OS X-Rechner nicht im Windows-Explorer erscheint, Ihnen aber der Name bekannt ist, dann können Sie durch eine Eingabe wie \\MACPRO in der Adresszeile des Windows-Explorers versuchen, direkt eine Verbindung aufzunehmen.

Hier aktivieren Sie in den OPTIONEN zunächst den Eintrag DATEIEN UND ORDNER ÜBER SMB (WINDOWS) FREIGEBEN. Zusätzlich legen Sie fest, welche Benutzerkonten über SMB auf freigegebene Ordner zugreifen dürfen. Der Grund dafür ist, dass der SMB-Server nicht in der Lage ist, direkt auf die üblichen Funktionen von Open Directory zuzugreifen. Etwas hemdsärmelig formuliert, könnte man sagen, dass die Verschlüsselung der Passwörter zu stark ist. Aus diesem Grund wird der SMB-Zugriff nur für die ausgewählten Benutzerkonten aktiviert. Der Hinweis, dass dies weniger sicher sei, sollte Sie aber nicht unnötig beunruhigen; eine Sicherheitslücke stellt dies nicht dar.

Haben Sie die Dateien und Ordner für Windows freigegeben und die entsprechenden Benutzer ausgewählt, dann erscheint Ihr System auf Windows-Rechnern in der entsprechenden Arbeitsgruppe. In welche Arbeitsgruppe sich Ihr Rechner einordnet, geben Sie in den Systemeinstellungen in den erweiterten Optionen der Netzwerkschnittstelle im Reiter WINS vor (siehe Abbildung 19.21).

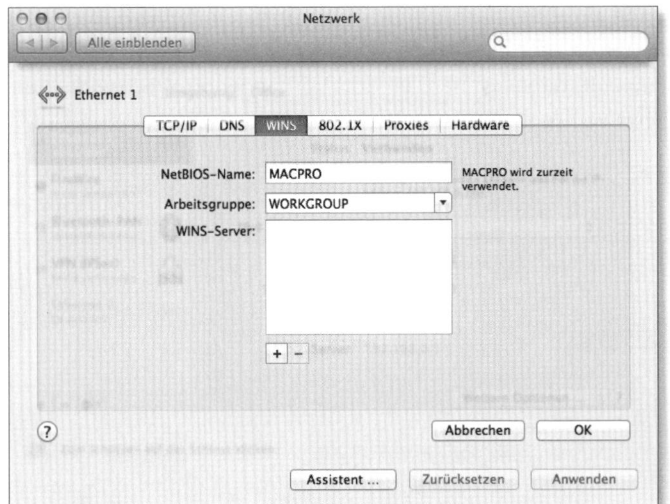

◂ **Abbildung 19.21**
Die Arbeitsgruppe geben Sie in den erweiterten Optionen der Netzwerkschnittstelle vor.

Sandbox
Neben den Anmeldungen finden Sie hier auch vereinzelt Hinweise auf die Sandbox, wenn dem Dämon `smbd` ein Zugriff verweigert wird. Diese Hinweise sind kein Grund zur Beunruhigung.

Protokolle | Auch der SMB-Server führt im Hintergrund Protokoll, wenn auch nicht ganz so detailliert, wie es der AFP-Server vermag. Im Dienstprogramm Konsole verschaffen Sie sich am schnellsten einen Überblick, indem Sie die Ansicht ALLE MELDUNGEN auswählen und im Textfeld rechts oben »smbd« eingeben. Der Eintrag ANONYMOUS CONNECTED TO PATH /VAR/RPC/NCACN_NP bedeutet, dass von einem Rechner aus die Liste der Freigaben abgerufen wurde.

▾ **Abbildung 19.22**
Der SMB-Server protokolliert unter anderem Anmeldungen von einem Windows-Rechner.

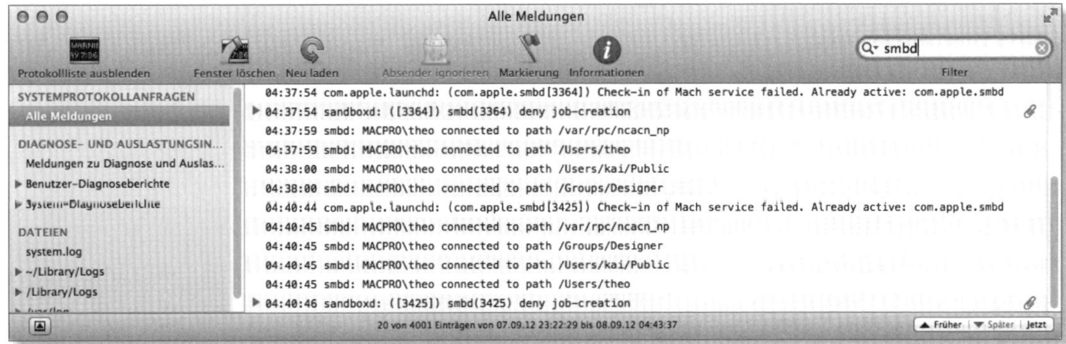

19.4 DVD- oder CD-Freigabe

▴ **Abbildung 19.23**
Die Freigabe kann erst nach einer Bestätigung erfolgen.

Besitzen Sie ein MacBook Air, dann können Sie die DVD- ODER CD-FREIGABE nutzen, um einen Datenträger über das Netzwerk für Ihren mobilen Rechner verfügbar zu machen. Diese in der Ansicht FREIGABEN der Systemeinstellungen zu aktivierende Funktion bietet außer der Option, das Laufwerk erst auf Rückfrage freizugeben, keine weiteren Einstellungsmöglichkeiten. Ist die

Freigabe aktiviert, dann erscheint Ihr System auf einem MacBook Air in der Ansicht ENTFERNTE CD/DVD im Finder. Wird Ihr System ausgewählt, dann können die dort vorhandenen Wechselmedien aktiviert werden.

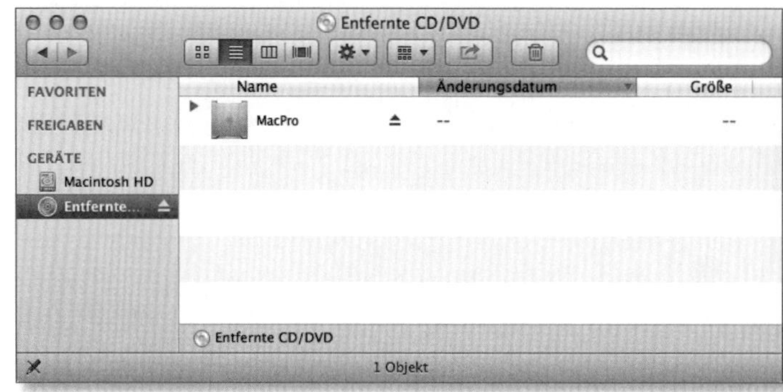

Abbildung 19.24 ▶
Haben Sie die DVD- oder CD-Freigabe aktiviert, dann wird dies automatisch im Netzwerk kommuniziert.

Zu beachten ist hierbei lediglich, dass sich diese Funktion eigentlich nur für das Kopieren von Dateien und das Ausführen von Installationspaketen eignet. Um einen Film von einer DVD abzuspielen, ist einerseits die Netzwerkverbindung zu langsam, andererseits ist auf diese Weise eine Überprüfung des Kopierschutzes nicht möglich, sodass der DVD-Player bei nicht wenigen DVDs den Dienst quittiert.

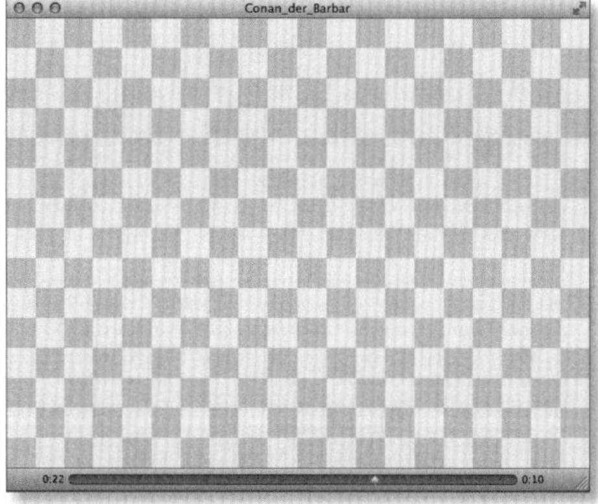

Abbildung 19.25 ▶
Das Abspielen einer DVD ist über das Netzwerk nicht möglich.

»nfsd« starten
Eigentlich ist der LaunchDaemon so eingestellt, dass er den Dämon `nfsd` startet, sobald eine Datei */etc/exports* existiert. Sie können ihm aber auch mit der Eingabe `sudo nfsd start` auf die Sprünge helfen. Haben Sie Änderungen an der Datei */etc/exports* vorgenommen, dann können Sie den Dämon mit `sudo nfsd update` zur Aktualisierung zwingen, obwohl dies eigentlich selbstständig geschehen sollte.

19.5 NFS-Freigabe erstellen

Zuständig für die Bereitstellungen von Verzeichnissen für das Network File System (NFS) ist in erster Linie der Dämon `nfsd`. Diesen starten und verwalten Sie über den LaunchDaemon COM.APPLE.NFSD im Verzeichnis /SYSTEM/LIBRARY/LAUNCHDAEMONS.

Im Gegensatz zu AFP und SMB können Sie Verzeichnisse für dieses Protokoll nicht im Finder freigeben. Stattdessen müssen Sie eine Datei *exports* im Verzeichnis /ETC erstellen, die den absoluten Pfad des freizugebenden Verzeichnisses sowie weitere Parameter enthält. Diese Datei existiert in OS X standardmäßig nicht, Sie können sie aber mit `sudo nano /etc/exports` erstellen. In der Datei geben Sie Zeile für Zeile die Verzeichnisse an, die Sie über NFS im Netzwerk freigeben möchten. Diese Einträge haben folgenden Aufbau:

```
/Pfad  Optionen
```

Geben Sie keine Optionen an, wird der freigegebene Ordner allen Rechnern zugänglich gemacht und auch der Schreibzugriff aktiviert. Mit der Zeile

```
/Groups/Designer
```

würde der Unterordner DESIGNER im Verzeichnis GROUPS über NFS freigegeben. Von einem anderen Rechner aus können Sie das Verzeichnis mit dem URL *nfs://Rechner/Groups/Designer* einbinden, wobei Sie hier *Rechner* durch die IP-Adresse oder den Namen Ihres Rechners ersetzen müssen.

Datei überprüfen

Mit der Eingabe `sudo nfsd checkexports` weisen Sie `nfsd` an, die Datei */etc/exports* zu überprüfen. Wenn Sie keine Ausgabe erhalten, ist der Aufbau der Datei korrekt.

Lesezugriff | Wenn ein über NFS freigegebenes Verzeichnis von anderen Rechnern im Netzwerk aus nicht beschrieben werden soll, unterbinden Sie mit der Option `-ro` den Schreibzugriff. Mit der Zeile

```
/Groups/Designer -ro
```

stellen Sie den Ordner /GROUPS/DESIGNER allen Rechnern im Netzwerk zur Verfügung, wobei lediglich lesend auf die Dateien zugegriffen werden kann. Der Schreibzugriff wird unterbunden.

NFS und Firewall

Da die für NFS notwendigen Dienste von Apple selbst signiert (siehe Abschnitt 17.5) wurden, werden sie von der Firewall nicht blockiert, sofern Sie die Option SIGNIERTER SOFTWARE AUTOMATISCH ERLAUBEN ... ausgewählt haben.

Zugriffsrechte und UID | Das Problem bei der Verwendung von NFS besteht darin, dass das Protokoll in der vorliegenden Version keine Benutzerauthentifizierung kennt. Das heißt, dass für die Identifizierung die Benutzer-ID (UID) verwendet wird, über die der Benutzer auf dem Rechner verfügt, der auf die Freigabe zugreift.

Besitzt der Anwender, der auf die Freigabe zugreift, die UID (siehe Abschnitt 14.5) 502, stehen ihm auch auf dem Server die Dateien und Verzeichnisse zur Verfügung, für die der Benutzer

IP-Adressen beschränken

Sie können Einträge in der Datei */etc/exports* um die Angabe von IP-Adressen ergänzen. Geben Sie eine oder mehrere durch Leerzeichen getrennte IP-Adressen an (zum Beispiel `/Groups/Demos -ro 192.168.0.5`), geben Sie den Ordner für den Lesezugriff für den Rechner 192.168.0.5 frei.

mit der dortigen UID 502 Zugriffsrechte besitzt. NFS ist eigentlich für die Verwendung in Netzwerken ausgelegt, in denen die Benutzerkonten zentral in einem Verzeichnisdienst verwaltet werden.

Sie können sich in diesem Zusammenhang mit zwei Maßnahmen behelfen: Entweder erstellen Sie speziell für den Zugriff über NFS ein Benutzerkonto und leiten alle über NFS erfolgenden Zugriffe darauf um. Oder Sie legen ein Benutzerkonto an, bei dem Sie ausnahmsweise die Eigenschaft UID nachträglich ändern. Letzteres ist für die Kooperation mit Linux-Systemen, bei denen die Nummerierung der UID bei 1.000 beginnt und nicht mit 501 wie unter OS X 10.8, hilfreich.

Access Control Lists
Wenn Sie ohne Verzeichnisdienst, aber mit mehreren Benutzern und verschiedenen Systemen (Linux und OS X 10.8) arbeiten möchten, erfordert die korrekte Zusammenstellung der Zugriffsrechte für NFS etwas Geduld und Präzision. Zusätzlich zu den nebenstehend besprochenen Methoden ist ein gezielter Einsatz der Access Control Lists, der Benutzergruppen und der Vererbung der Zugriffsrechte (siehe Abschnitt 19.1) ein gangbarer Weg, um über NFS Dateien und Ordner unter Berücksichtigung von Zugriffsrechten im Netzwerk verfügbar zu machen.

»-mapall=« | Die Option `-mapall=` definiert, dass beim Zugriff auf den Ordner die Berechtigungen des lokalen Benutzers verwendet werden. Mit der Zeile

```
/Groups/Designer -mapall=NFS_Benutzer -ro
192.168.0.100
```

ist der Zugriff auf die Freigabe nur von dem Rechner mit der IP-Adresse 192.168.0.100 möglich, und es können nur die Dateien und Ordner geöffnet werden, für die der Benutzer `NFS_Benutzer` auf dem Server Lesezugriff hat. Über die Option `-ro` unterbinden Sie, unabhängig von den tatsächlichen Zugriffsrechten, jeglichen Schreibzugriff.

UID ändern | Der Nachteil der Option `-mapall` liegt darin, dass alle Zugriffe über NFS auf diesen einen Benutzer abgebildet werden. Umgekehrt besteht zum Beispiel bei der Zusammenarbeit mit Linux-Systemen das Problem, dass Sie hier nicht (siehe Abschnitt 18.2) nacheinander die Benutzerkonten auf den Rechnern anlegen können, um eine einheitliche Vergabe der UID zu gewährleisten. Die meisten Linux-Systeme beginnen die Nummerierung der Benutzerkonten mit 1.000, während OS X 10.8 mit 501 beginnt.

Eine mögliche Lösung ist, in den Systemeinstellungen ein Benutzerkonto vom Typ Nur Freigabe anzulegen. Da diesem Konto ja kein persönliches Verzeichnis zugeordnet ist – diesem Benutzer also direkt nach der Erstellung noch keine Dateien gehören –, können Sie direkt im Anschluss an die Erstellung die erweiterten Optionen (siehe Abschnitt 14.2) für dieses Benutzerkonto aufrufen. Dort geben Sie unter Benutzer-ID die Zahl ein, die auf dem Linux-Rechner der UID entspricht.

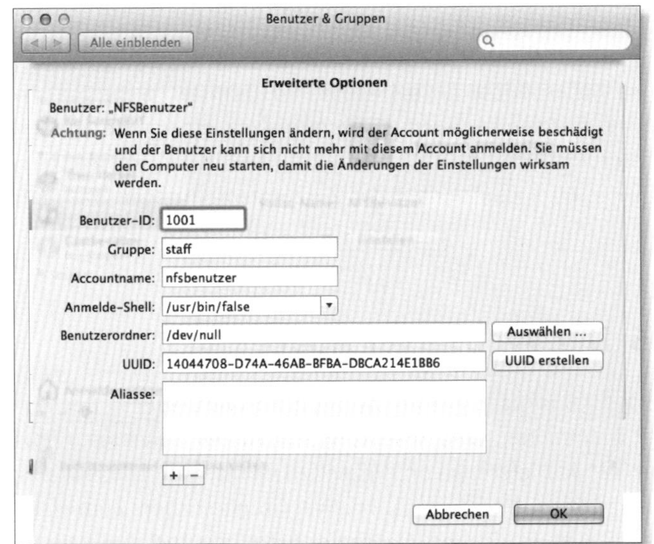

◄ **Abbildung 19.26**
Für die Freigabe über NFS können Sie ausnahmsweise bei einem Benutzerkonto nachträglich die BENUTZER-ID manipulieren.

Von nun an können Sie von einem Linux-Rechner, bei dem Sie über die UID 1.001 verfügen, auf alle Dateien zugreifen, die unter OS X 10.8 diesem Benutzerkonto zur Verfügung stehen. Brauchbar wird die Verwendung eines manipulierten Benutzerkontos vom Typ NUR FREIGABE dann, wenn Sie für die NFS-Freigabe die Access Control List inklusive Vererbung und gegebenenfalls eine Gruppenzugehörigkeit definieren. Ein wenig Handarbeit bei den Zugriffsrechten ist bei der Verwendung von NFS in den meisten Fällen einfach nötig, weil das Protokoll anders als AFP und SMB in der vorliegenden Form keine Authentifizierung auf der Seite des Servers vorsieht.

Metadaten zusammenführen | Kopieren Sie über NFS Dateien von einem Rechner, auf dem mindestens Mac OS X 10.5 installiert wurde, in ein Verzeichnis, dann finden Sie, wenn der Datei erweiterte Attribute zugeordnet wurden, eine unsichtbare ._-Datei, die die Attribute enthält.

Mithilfe des Befehls `dot_clean` können Sie auf dem OS X-Rechner, der das Verzeichnis über NFS freigibt, die erweiterten Attribute und die eigentliche Datei wieder zusammenführen. Dies funktioniert nur, wenn als Dateisystem HFS+ verwendet wird. Übergeben Sie `dot_clean` die Option `-keep=keeprecent`, dann prüft der Befehl, ob neben den ._-Dateien noch aktuellere Attribute in der eigentlichen Datei selbst vorliegen, und verwendet die aktuellste Variante. Die ._-Dateien werden nach dem Zusammenfügen der Informationen gelöscht. Der Aufruf erfolgt in der Form:

```
dot_clean --keep=mostrecent /Verzeichnis
```

Dies ist insbesondere für die Arbeit am Terminal, wenn Sie mit cp und mv Dateien kopieren und verschieben, eine große Arbeitserleichterung. Über die Option -v können Sie veranlassen, dass dot_clean über den Verlauf der Zusammenführungen Auskunft erteilt.

19.6 Der Webserver Apache

/var/run/httpd.pid
Der Dämon hat die Fähigkeit, weitere Prozesse von sich aus zu aktivieren, um Webseiten und Dateien zu übertragen. Daher ist es, um den kompletten Dienst akkurat beenden und neu starten zu können, notwendig, die Prozess-ID (PID) des ersten, also quasi des Hauptprozesses, zu kennen. Hierzu wird in der Datei */var/run/httpd.pid* die Prozess-ID des ersten Prozesses gespeichert.

In OS X 10.8 ist nach wie vor der Apache-Webserver in der Version 2.2 enthalten. Der Apache ist das zurzeit beliebteste Programm zur Auslieferung von Webseiten im Internet. Die Nutzung des integrierten Webservers kann zwei Gründe haben: Zum einen können Sie einen eigenen Webserver betreiben und zum Beispiel in Verbindung mit DynDNS weltweit zugänglich machen, zum anderen bietet sich die lokale Nutzung des Webservers an, um mit PHP eigene dynamische Webseiten zu entwickeln und zu testen. Das zentrale Element des Webservers ist der Dämon httpd. In allen früheren Versionen von OS X ließ sich der Webserver über die Aktivierung einer Option in der Ansicht FREIGABEN oder SHARING aktivieren. Mit OS X 10.8 hat Apple diese Möglichkeit gestrichen. Entfallen ist auch der Ordner WEB-SEITEN. In früheren Versionen wurde dieser Ordner automatisch über den Webserver freigegeben. Darüber hinaus ist die Konfiguration des Bonjour-Moduls, mit dem sich die Webseiten automatisch kommunizierten, entfallen. Es scheint, als ob Apple dem Webserver bei der normalen Version von OS X kein großes Gewicht mehr beimisst, obwohl in den allerersten Versionen von Mac OS X die Integration des Apache-Webservers noch massiv beworben wurde.

MAMP als Testumgebung
Wenn Sie Webanwendungen selbst entwickeln, dann ist die eigenhändige Konfiguration des enthaltenen Webservers manchmal zu arbeitsaufwendig. Unter *http://www.mamp.info* können Sie sich eine vollständige Test- und Entwicklungsumgebung herunterladen, die nicht nur den Webserver, sondern auch den Datenbankserver MySQL enthält.

Aktivieren und Deaktivieren | Ob der Apache-Webserver gestartet wird, bestimmt die Konfigurationsdatei *org.apache.httpd.plist* im Verzeichnis /SYSTEM/LIBRARY/LAUNCHDAEMONS. Hierbei handelt es sich um einen LaunchDaemon (siehe Abschnitt 2.8). Sie können den Apache-Webserver durch die Eingabe von

```
sudo launchctl load -w /System/Library/LaunchDaemons/
org.apache.httpd.plist
```

starten. Der Webserver ist damit permanent aktiviert und wird automatisch beim Hochfahren Ihres Rechners gestartet. Mit der Eingabe von

```
sudo launchctl unload -w /System/Library/LaunchDae-
mons/org.apache.httpd.plist
```

wird der Webserver permanent deaktiviert. Nehmen Sie Änderungen an der Konfigurationsdatei vor, die einen Neustart erfordern, dann können Sie den im Folgenden beschriebenen Befehl `apachectl` nutzen. Um zu prüfen, ob der Webserver erfolgreich aktiviert wurde, geben Sie in Ihrem Browser die Adresse *http://localhost* ein. Daraufhin erscheint der Hinweis *It works!*.

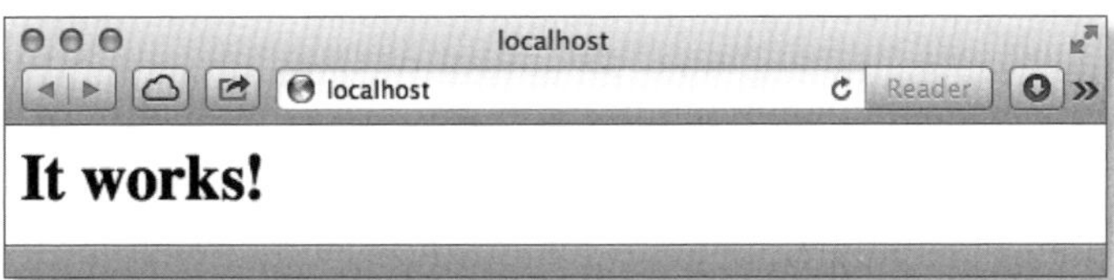

◂ **Abbildung 19.27**
Der Start des Servers kann im Browser über die Adressen *http://localhost* oder *http://127.0.0.1* überprüft werden.

Konfiguration in /etc/apache2 | Die Konfigurationsdateien des Apache-Webservers befinden sich im Verzeichnis /ETC/APACHE2. Die Datei *httpd.conf* ist für die grundlegende Konfiguration des Servers zuständig. In ihr wird festgelegt, welche Module geladen und aktiviert werden, und sie greift auf die in den Unterordnern vorhandenen ergänzenden Konfigurationsdateien zurück.

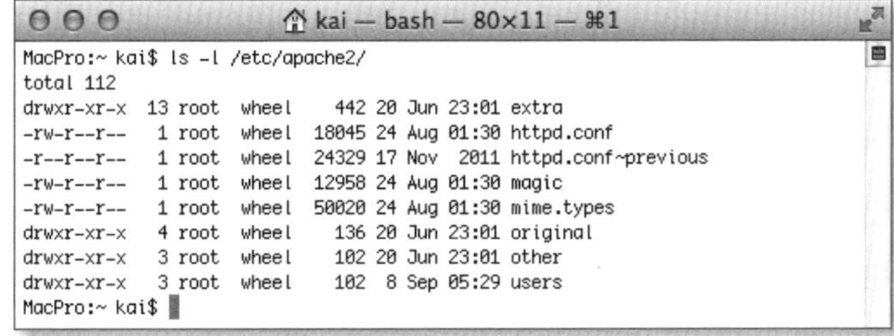

◂ **Abbildung 19.28**
Die Konfigurationsdateien des Webservers befinden sich im Verzeichnis /ETC/APACHE2.

Das Verzeichnis EXTRA enthält optionale Konfigurationsdateien, die zum Beispiel das integrierte Modul für WebDAV oder die Verschlüsselung über SSL steuern. Die im Verzeichnis OTHER enthaltene Datei *php5.conf* ermöglicht die Verwendung von Dateien mit der Endung *.php*, wenn das Modul für PHP geladen wurde, wie im Folgenden beschrieben. Das Verzeichnis USERS enthielt bis OS X 10.7 für jeden eingerichteten Benutzer eine Konfigurationsdatei, über die seine persönliche Webseite aktiviert wurde. Die Dateien *magic* und *mime.types* können vom Server für die Erkennung von Dateitypen herangezogen werden.

Gerätename
Von anderen Rechnern in Ihrem Netzwerk können Sie den aktivierten Webserver über den Gerätenamen ansprechen und zum Beispiel *http://Macpro.local* in die Adresszeile eingeben.

Allgemeine Webseite | Die Hauptseite Ihres Webservers, die Sie direkt mit *http://127.0.0.1* aufrufen, wird im Verzeichnis /LIBRARY/

WEBSERVER/DOCUMENTS gespeichert. Sie finden dort die Datei *index.html.en*. Der Webserver ist in der Lage, die vom Browser übergebenen Spracheinstellungen des Surfers auszuwerten und darauf basierend eine der Sprachwahl entsprechende Sprachversion der Seite auszuliefern. In der vorliegenden Standardinstallation von OS X 10.8 kommt dies nicht zum Tragen, da lediglich die englische Datei mit dem einfachen Hinweis *It Works!* installiert wurde.

HTML- und weitere Dateien, die Sie über den Webserver im Netzwerk zur Verfügung stellen möchten, müssen Sie in dieses Verzeichnis kopieren. Sie können auch problemlos Unterordner anlegen, die Sie im Browser dann über einen URL in der Form *http://localhost/Ordner* aufrufen können.

Konfiguration prüfen

Mit `sudo apachectl configtest` prüfen Sie die Konfigurationsdateien. Die Ausgabe `Syntax OK` besagt, dass die Dateien in sich korrekt sind.

Neustart mit »apachectl« | Am Terminal starten Sie den Webserver über den Befehl `apachectl`. Hierbei geben Sie für den ersten Start die Option `start` vor. Dieser Start gilt aber nur so lange, wie Sie Ihren Rechner nicht herunterfahren. Möchten Sie, dass der Webserver automatisch aktiviert wird, dann müssen Sie die eingangs beschriebene Konfiguration mittels `launchctl` vornehmen. Für einen Neustart, bei dem Änderungen in den Konfigurationsdateien berücksichtigt werden sollen, lautet die Angabe `restart` und zum Beenden des Webservers `stop`. Sie müssen den Befehl `apachectl` als Super-User ausführen. Mit der Eingabe `sudo apachectl restart` starten Sie den Server neu, und Änderungen der Konfigurationsdateien werden wirksam.

Abbildung 19.29 ▼
Die enthaltene Dokumentation ist über den Pfad /MANUAL/ einsehbar.

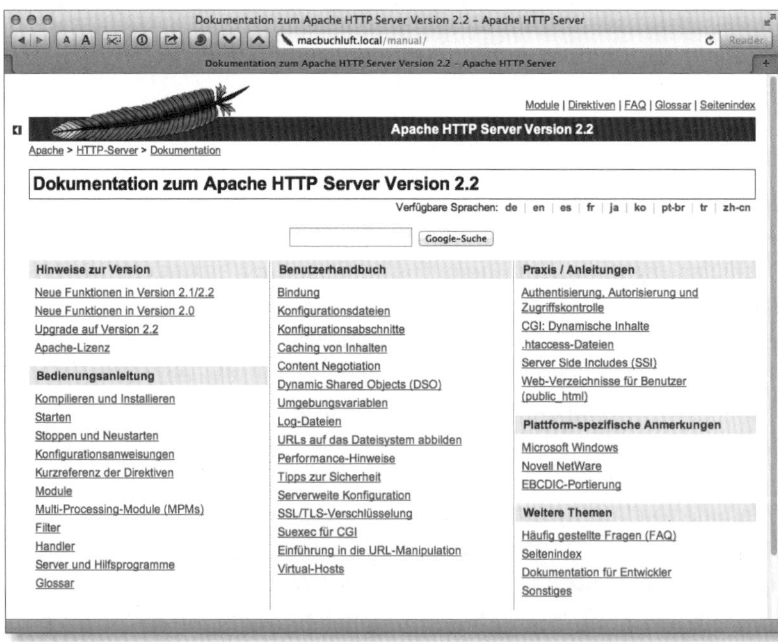

Aufbau von httpd.conf | Wenn Sie die Datei *httpd.conf* im Editor mit `sudo nano /etc/apache2/httpd.conf` aufrufen, sollten Sie wegen des Umfangs und der Anzahl der Optionen nicht erschrecken. Um den Apache auf Ihrem System lokal zu nutzen, benötigen Sie nur die wenigsten in diesem Kapitel beschriebenen Optionen.

Umfassende Kommentierung
Der Umfang der Datei *httpd.conf* resultiert nicht zuletzt aus den umfangreichen Kommentaren, die die Optionen erläutern. Die Kommentare sind eine nützliche Gedankenstütze bei der Modifikation der Datei.

Die Datei folgt im Schema den gängigen Konfigurationsdateien. Kommentare werden mit einem Doppelkreuz (#) eingeleitet.

httpd.conf lässt sich grob in drei Bereiche einteilen. Im ersten Drittel werden die grundlegenden Parameter des Webservers definiert und dabei auch die zu aktivierenden Module über `loadmodule` festgelegt. Im zweiten Drittel finden sich die grundlegenden Einstellungen für die Verzeichnisse und die dort zur Verfügung stehenden Funktionen. Im letzten Drittel werden insbesondere über die `include`-Anweisungen weitere Konfigurationsdateien nachgeladen, über die zum Beispiel die persönlichen Webseiten der Benutzer realisiert werden.

Für den Webserver können Sie mit spitzen Klammern Blöcke definieren, die Anweisungen bündeln:

```
<Directory />
    Options FollowSymLinks
    AllowOverride None
    Order deny,allow
    Deny from all
</Directory>
```

Die Ähnlichkeit mit einem Hypertext-Dokument ist nicht zufällig. Durch die Anweisung in der ersten Zeile wird der Konfigurationsblock eingeleitet; die letzte Zeile schließt, wie auch bei HTML, den Block. Beachten Sie, dass Sie einen mit spitzen Klammern begonnenen Block auch wieder schließen müssen.

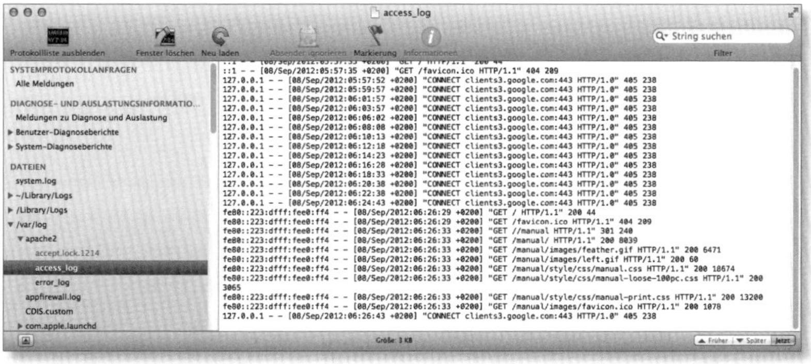

▼ **Abbildung 19.30**
Fehlermeldungen und Zugriffe werden in den Protokollen unter /VAR/LOG/APACHE2 aufgezeichnet.

Protokolle | Der Webserver führt im Hintergrund detailliert Protokoll über die Zugriffe und etwaige Fehlermeldungen, zum Beispiel über nicht gefundene Dateien. Sie können diese Protokolle im Dienstprogramm Konsole einsehen. Im Verzeichnis /VAR/LOG/APACHE2 finden Sie zum einen das *access.log*, das zeilenweise die erfolgten Zugriffe enthält, sowie das *error.log*, in dem Fehlermeldungen aufgezeichnet werden.

PHP 5 aktivieren

Die Programmiersprache PHP hat sich in den vergangenen Jahren zum bevorzugten Werkzeug für die Entwicklung dynamischer Webseiten etabliert. In OS X 10.8 ist PHP in der Version 5.3 enthalten, aber standardmäßig für den Apache-Webserver nicht aktiv. Sie können es jedoch leicht aktivieren: Rufen Sie mit `sudo nano /etc/apache2/httpd.conf` die Konfigurationsdatei im Editor auf, und ändern Sie die Zeile

```
#LoadModule php5_module libexec/apache2/libphp5.so
```

durch das Löschen des Doppelkreuzes zu Beginn in

```
LoadModule php5_module libexec/apache2/libphp5.so
```

MAMP
Die mit OS X 10.8 gelieferte PHP-Version enthält nicht alle möglichen Module und Funktionen, die diese Programmiersprache bietet. Wenn Sie sich detaillierter mit PHP befassen möchten, können Sie auch das Paket MAMP *(http://www.mamp.info)* installieren. Dieses eigenständige, als Entwicklungslösung gedachte Paket enthält den Apache-Webserver, den Datenbankserver MySQL sowie eine etwas umfangreichere PHP-Konfiguration.

ab. Auf diese Weise wird das PHP-Modul beim nächsten Start des Servers aktiviert. Speichern Sie die Änderungen, und veranlassen Sie mit `sudo apachectl restart` einen Neustart des Servers.

Um die Funktionsfähigkeit von PHP zu überprüfen, erstellen Sie mit `sudo nano /Library/Webserver/Documents/test.php` eine neue Datei *test.php* im Verzeichnis der Dokumente des Webservers. Mit den Zeilen

```
<?PHP
phpinfo();
?>
```

lassen Sie sich die aktuelle Konfiguration von PHP ausgeben. Die Anweisung eignet sich gut zur Kontrolle, ob PHP erfolgreich aktiviert wurde. Rufen Sie im Browser den URL, etwa *http://127.0.0.1/test.php,* auf, dann müsste die angezeigte Webseite der aus Abbildung 19.35 entsprechen. PHP ist damit funktionsfähig, und Sie können PHP-Skripten mit Ihrem Webserver testen und entwickeln.

php.ini | Die Funktionen und Fähigkeiten der Programmiersprache PHP werden über die Datei */etc/php.ini* gesteuert. Diese ist in OS X 10.8 nicht vorhanden, wohl aber ein Prototyp unter */etc/php.ini.default*. Mit `sudo cp /etc/php.ini.default /etc/php.ini` kopieren Sie den Prototyp an die richtige Stelle und steuern so die Parameter und Optionen von PHP.

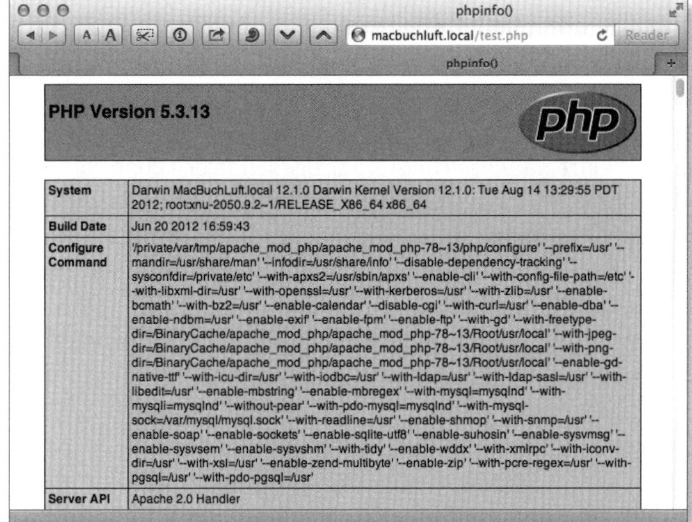

◂ **Abbildung 19.31**
Über den Befehl `phpinfo()` überprüfen Sie die Funktionsfähigkeit von PHP.

Ein manchmal zu ändernder Parameter in dieser Datei ist der Wert von `mysql.default.socket`. Er gibt vor, über welche Datei ein möglicherweise installierter MySQL-Datenbankserver angesprochen wird. Wenn bei einem installierten MySQL-Server die Verbindung fehlschlägt und Sie die Fehlermeldung `Can't connect to local MySQL server through socket` erhalten, müssen Sie wahrscheinlich den Wert dieser Eigenschaft gemäß der Dokumentation der von Ihnen verwendeten MySQL-Version anpassen.

CGI-Skripten

Etwas in die Jahre gekommen, aber immer noch recht beliebt ist die Skriptsprache Perl. Auch diese können Sie in Verbindung mit dem Apache-Webserver nutzen und darin programmierte Skripten erst einmal lokal testen, bevor Sie sie in einer produktiven Umgebung einsetzen.

Laut Standardeinstellungen werden auszuführende Skripten mit der Dateiendung *.cgi* versehen und ausgeführt. Sie müssen daher den Webserver anweisen, dass er Dateien, deren Namen mit *.cgi* enden, als Skripten interpretiert. Rufen Sie hierzu wiede-

Python und Ruby
Perl ist unbestritten der Veteran unter den Skriptsprachen, mit dessen Hilfe sich auf Webseiten Kontaktformulare und Diskussionsforen realisieren lassen. Aber die Programmiersprachen Python und Ruby, beide in OS X 10.8 enthalten, eignen sich sehr gut für die Erstellung von dynamischen Webseiten. Haben Sie den Webserver wie hier beschrieben für die Nutzung von CGI-Skripten konfiguriert, dann können Sie Skripten, die in Python und Ruby geschrieben wurden, mit OS X 10.8 und dem Apache testen.

rum mit `sudo nano /etc/apache2/httpd.conf` die Konfigurationsdatei im Editor auf, und löschen Sie in der Zeile

```
#AddHandler cgi-script .cgi
```

das Doppelkreuz zu Beginn. Auch in der Zeile

```
#LoadModule perl_module libexec/apache2/mod_perl.so
```

löschen Sie zu Beginn das Doppelkreuz.
Der zweite Schritt besteht jetzt darin, die Ausführung von Skripten für einzelne Verzeichnisse freizugeben. Der Grund für diese Maßnahme ist, dass die Ausführung von CGI-Skripten zunächst für alle Verzeichnisse unterbunden wird.

»AddHandler«
Wenn Sie CGI-Skripten mit einer anderen Dateiendung als *.cgi* ausführen möchten, etwa *.py* oder *.rb*, fügen Sie in der Datei */etc/apache/httpd.conf* einfach nach der Zeile `AddHanderl cgi-script .cgi` eine weitere in der Form `AddHandler cgi-script .py` ein.

Um CGI-Skripten für die Hauptseite zu aktivieren, suchen Sie in der Datei *httpd.conf* nach der Zeile `<Directory "/Library/WebServer/Documents">`. Sie finden ein paar Zeilen darunter den Eintrag

```
Options Indexes FollowSymLinks MultiViews
```

Ändern Sie diesen ab in

```
Options Indexes FollowSymLinks MultiViews ExecCGI
```

Führen Sie nach dem Speichern der Änderungen dann einen Neustart mit `sudo apachectl restart` durch, und Dateien mit der Endung *.cgi* werden, falls sie sich irgendwo unterhalb von /LIBRARY/WEBSERVER/DOCUMENTS befinden, als Skripten interpretiert.

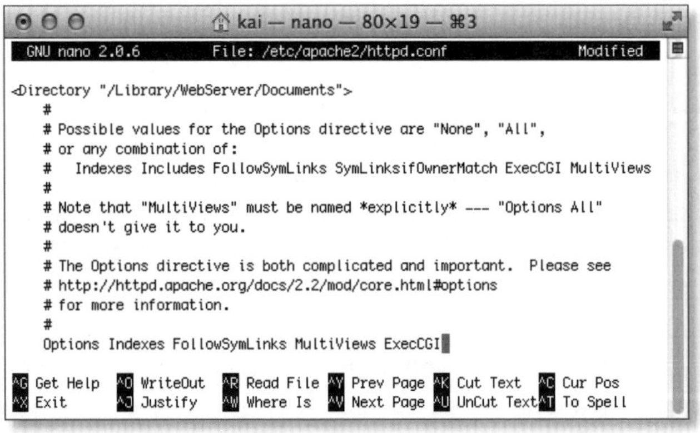

```
kai — nano — 80×19 — ⌘3
  GNU nano 2.0.6          File: /etc/apache2/httpd.conf               Modified

<Directory "/Library/WebServer/Documents">
    #
    # Possible values for the Options directive are "None", "All",
    # or any combination of:
    #   Indexes Includes FollowSymLinks SymLinksifOwnerMatch ExecCGI MultiViews
    #
    # Note that "MultiViews" must be named *explicitly* --- "Options All"
    # doesn't give it to you.
    #
    # The Options directive is both complicated and important.  Please see
    # http://httpd.apache.org/docs/2.2/mod/core.html#options
    # for more information.
    #
    Options Indexes FollowSymLinks MultiViews ExecCGI

^G Get Help  ^O WriteOut  ^R Read File ^Y Prev Page ^K Cut Text  ^C Cur Pos
^X Exit      ^J Justify   ^W Where Is  ^V Next Page ^U UnCut Text^T To Spell
```

Abbildung 19.32 ▸
Mit der zusätzlichen Option `ExecCGI` ermöglichen Sie die Ausführung von Skripten.

CGI-Skript testen | Nach einem Neustart des Servers können Sie die Ausführung von Skripten mit einem kleinen Perl-Skript testen. Angenommen, Sie haben die Ausführung für Ihre persönliche Webseite aktiviert, dann legen Sie mit `sudo nano /Library/Webserver/Documents/test.cgi` ein noch leeres Skript an, in das Sie folgende Zeilen einfügen:

```
#!/usr/bin/perl
print "Content-Type: text/plain \n\n";
print "Hallo";
```

◂ **Abbildung 19.33**
Wurde das Skript mit den passenden Zugriffsrechten versehen, dann wird beim Aufruf der Text »Hallo« angezeigt.

Dieses kleine Perl-Skript hat lediglich die Aufgabe, Ihnen hallo zu sagen. Wenn Sie es mit `sudo chmod 755 /Library/Webserver/Documents/test.cgi` als ausführbar markiert haben, können Sie im Browser den URL *http://127.0.0.1/test.cgi* aufrufen und das Skript auf Funktionsfähigkeit testen. Wenn Sie mit der Funktionsfähigkeit des Skripts zufrieden sind, dann sollten Sie in diesem Fall noch den Eigentümer ändern. Der Grund dafür ist, dass durch das Kommando `sudo` die Datei *test.cgi* dem Benutzer »root« gehört. Für den Apache-Webserver verfügt OS X indes über ein eigenes Benutzerkonto. Mit der Eingabe `sudo chown _www:_www /Library/Webserver/Documents/test.cgi` weisen Sie der Datei als Eigentümer und Gruppe diejenigen des Webservers zu.

19.7 FTP-Server aktivieren und eingrenzen

OS X 10.8 enthält auch einen FTP-Server. Die Nutzung von FTP ist zum Beispiel für den Austausch von Kundendaten recht nützlich, da FTP auf jeder Plattform zur Verfügung steht und eine schnelle Datenübertragung ermöglicht, allerdings um den Preis einer unverschlüsselten Verbindung.

Hinweis
Sie sollten sich bei der Bereitstellung eines FTP-Servers im Internet immer bewusst sein, dass die Verbindung nicht verschlüsselt wird und dass Passwörter im Klartext übertragen werden. Versuchen Sie, FTP, soweit irgend möglich, durch SSH zu ersetzen.

Für die Aktivierung des FTP-Servers steht unter OS X 10.8 keine grafische Benutzeroberfläche zur Verfügung. Sie können den im Verzeichnis /System/Library/LaunchDaemons schon angelegten LaunchDaemon für den FTP-Server mit dem Befehl

```
sudo launchctl load -w /System/Library/LaunchDaemons/
ftp.plist
```

dauerhaft aktivieren. Um den FTP-Server wieder abzuschalten, geben Sie am Terminal

```
sudo launchctl unload -w /System/Library/LaunchDae-
mons/ftp.plist
```

ein. Der FTP-Server wird in dem Moment abgeschaltet, in dem sich der letzte Benutzer abmeldet.

Der Nachteil der Standardkonfiguration des FTP-Servers von OS X 10.8 besteht darin, dass beim Zugriff über FTP der Benutzer zunächst in sein persönliches Verzeichnis verwiesen wird, es allerdings dann möglich ist, auch die übergeordneten Verzeichnisse aufzurufen (siehe Abbildung 19.34). Die Freigaben der Ordner im Finder werden so nicht berücksichtigt.

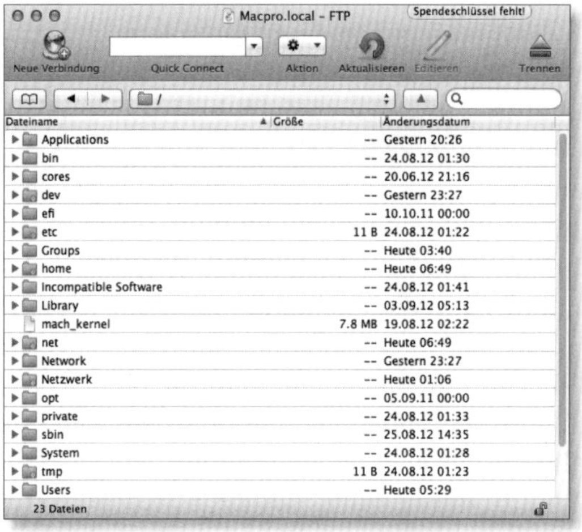

Abbildung 19.34 ▸
Über den FTP-Server steht die gesamte Verzeichnisstruktur zur Verfügung.

Nur Freigabe

Die Anmeldung über ein Benutzerkonto vom Typ Nur Freigabe ist, sofern Sie nicht die nachfolgend beschriebenen Änderungen am Benutzerkonto vornehmen, über FTP nicht möglich, weil für einen FTP-Zugang sowohl eine Anmelde-Shell als auch ein Benutzerordner vorhanden sein müssen.

Es gibt zwei Möglichkeiten, den FTP-Zugriff zu begrenzen: Über die Datei */etc/ftpusers* können Sie Benutzern die Anmeldung über FTP erlauben oder verbieten und so den Zugriff auf die Benutzer beschränken, bei denen die Sichtbarkeit der gesamten Verzeichnisstruktur unproblematisch ist. Es ist auch möglich, über die standardmäßig nicht vorhandene Datei */etc/ftpchroot* den Zugriff weiter zu begrenzen. Die Datei *ftpd.conf* kann für eine recht detaillierte Konfiguration des Servers genutzt werden und verfügt auch über eine mit `man ftpd.conf` aufzurufende Dokumentation. Auf eine nähere Beschreibung der Funktionen wird hier aus Platzgründen verzichtet, da der Einsatz von FTP eigentlich so sparsam wie möglich erfolgen sollte.

Benutzer in /etc/ftpusers | Öffnen Sie die Datei mit `sudo nano /etc/ftpusers` im Editor, dann finden Sie dort bereits eine Reihe von Benutzerkonten wie zum Beispiel »root« vor, die keine Anmeldung über FTP vornehmen dürfen. Die Datei wird vom System von oben nach unten interpretiert. Dies bedeutet, dass der FTP-Zugriff dann freigegeben oder verweigert wird, wenn ein passender Eintrag für das Benutzerkonto gefunden wurde.

Benutzerkonten, deren Kurznamen ohne weitere Anweisungen hier eingetragen werden, wird die Anmeldung über FTP verweigert. Fügen Sie jedoch den Zusatz `allow` hinzu, dann ist die Anmeldung möglich. Darüber hinaus können Sie das Sternchen * als Platzhalter für alle Benutzerkonten verwenden.

Mit den beiden Zeilen `kai allow` und * wurde dem Benutzerkonto mit dem Kurznamen KAI der FTP-Zugriff gestattet, allen anderen Benutzern der FTP-Zugriff jedoch verweigert. Speichern Sie die Datei, und starten Sie den FTP-Server neu, indem Sie die eingangs erwähnten Terminal-Befehle zum Ab- und Anschalten eingeben. Die Anmeldung über FTP ist jetzt nur noch einem Benutzerkonto möglich.

Hinweis
Achten Sie darauf, dass Sie das Sternchen in der letzten Zeile eingeben. Fügten Sie es in der Zeile von `kai allow` an, würde auch diesem Benutzer die Anmeldung verweigert, da ja diese Bestimmung auf ihn auch zutrifft und die Liste von oben nach unten interpretiert wird.

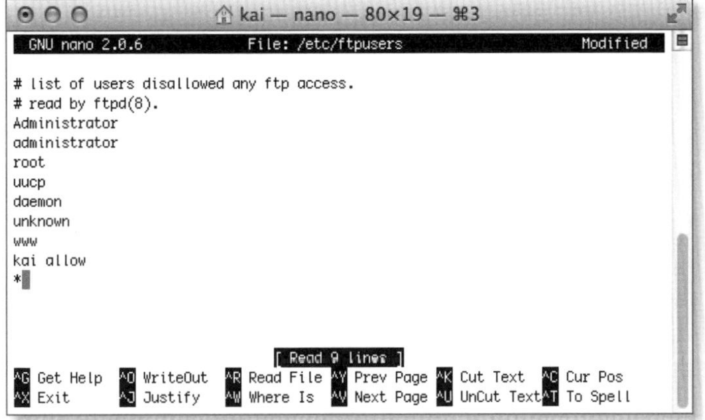

◂ **Abbildung 19.35**
Die Datei »/etc/ftpusers« ermöglicht die Freigabe oder Sperrung von Benutzerkonten für den FTP-Zugriff.

Reiner FTP-Zugang | In den meisten Fällen werden Sie lediglich ein Verzeichnis für den FTP-Zugriff freigeben wollen und nach Möglichkeit den normalen Benutzerkonten den FTP-Zugriff nicht gestatten. Sie können in drei Schritten einen reinen FTP-Zugang für einen Ordner erstellen, indem Sie ein Benutzerkonto vom Typ NUR FREIGABE nachträglich modifizieren. Legen Sie in den Systemeinstellungen in der Ansicht BENUTZER zunächst ein Benutzerkonto vom Typ NUR FREIGABE an. Direkt im Anschluss rufen Sie die erweiterten Optionen des Benutzerkontos auf und wählen als ANMELDE-SHELL eine beliebige Shell aus. Bestimmen Sie dann als BENUTZERORDNER den Ordner, der für den FTP-Zugang

Hinweis
Achten Sie darauf, dass Sie dem erstellten Benutzerkonto Zugriff auf das als Benutzerordner zugewiesene Verzeichnis im Finder mithilfe der Access Control Lists gewähren. Die Anmeldung schlägt fehl, wenn der Benutzer keinen Zugang zum Ordner hat.

genutzt werden soll. In Abbildung 19.36 wurde /GROUPS/DESIGNER verwendet.

Um den Zugriff über FTP nur für dieses Benutzerkonto zu ermöglichen, öffnen Sie mit `sudo nano /etc/ftpusers` die Datei *ftpusers* im Editor. Sofern Sie das Sternchen * verwendet haben, um den anderen Benutzern die FTP-Anmeldung zu untersagen, müssen Sie oberhalb des Sternchens noch eine Zeile mit dem Kurznamen des zuvor angelegten Benutzers mit dem Zusatz `allow` hinzufügen. Für das in Abbildung 19.37 dargestellte Benutzerkonto würde die Zeile `ftpzugang allow` lauten.

Abbildung 19.36 ▸
Weisen Sie einem Benutzerkonto vom Typ NUR FREIGABE eine ANMELDE-SHELL und einen BENUTZERORDNER zu, kann das Konto für die Anmeldung über FTP genutzt werden.

Die in der jetzt zu erstellenden Datei */etc/ftpchroot* eingetragenen Benutzerkonten dürfen nur das freigegebene Verzeichnis sehen. Das höchste Verzeichnis ist immer der persönliche Ordner, und im Fall des zuvor eingerichteten Benutzerkontos ist es das über FTP freizugebende Verzeichnis /GROUPS/DESIGNER. Rufen Sie mit `sudo nano /etc/ftpchroot` den Editor auf, und fügen Sie in einer Zeile den Kurznamen des erstellten Benutzerkontos ein. Wenn Sie nun den FTP-Dienst neu starten, ist die Anmeldung mit dem Benutzerkonto FTPZUGANG über FTP an diesem Rechner möglich. Der Zugriff ist dabei auf das als Benutzerordner festgelegte Verzeichnis dieses Benutzers beschränkt.

Abbildung 19.37 ▸
Die Datei »/etc/ftpchroot« legt fest, welche Benutzer nicht in übergeordnete Verzeichnisse wechseln dürfen.

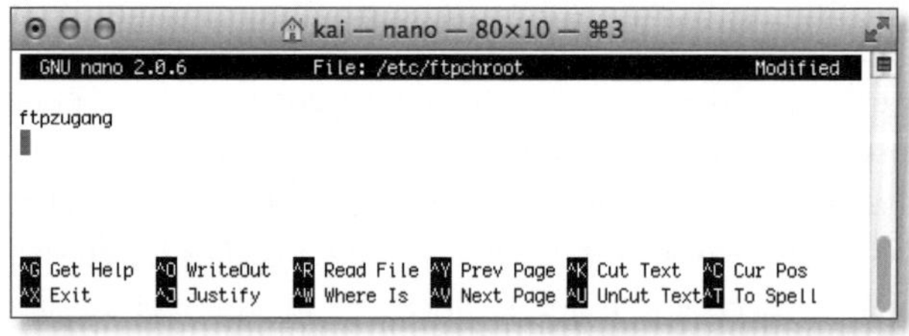

Protokolle | Fehlgeschlagene Anmeldevorgänge werden vom FTP-Server protokolliert. Im Dienstprogramm Konsole können Sie in der Darstellung ALLE MELDUNGEN diese mittels `ftpd` begrenzen. Sie finden hier sowohl den Zeitpunkt als auch den verwendeten Benutzernamen und die IP-Adresse, von der die Anmeldung versucht wurde.

▼ **Abbildung 19.38**
Die Anmeldungen werden im Protokoll »ftp.log« eingetragen.

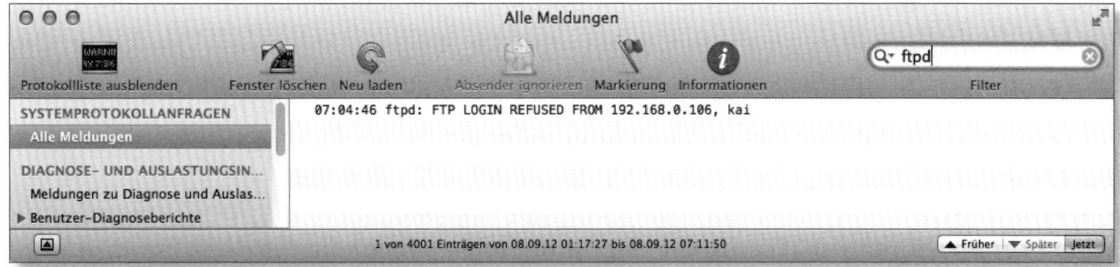

19.8 Exkurs: Netatalk unter Ubuntu

Das Projekt Netatalk verfolgt erfolgreich und mit viel Engagement das Ziel, das Apple Filing Protocol sowie AppleTalk und die Apple-Druckerfreigaben (Printer Access) anderen Betriebssystemen zur Verfügung zu stellen. Der Quellcode des Projekts ist frei und kann unter *http://netatalk.sourceforge.net* heruntergeladen werden. Darüber hinaus ist Netatalk mittlerweile in den meisten Linux-Distributionen über die dort verwendete Methode der Softwareinstallation verfügbar und kann so leicht in Ihr bestehendes Linux-System integriert werden.

Warum Netatalk?
Neben den besseren Möglichkeiten, einen AFP-Server in einem heterogenen Netzwerk (etwa mit Solaris 8) zu realisieren, kann Netatalk auch in einem reinen Macintosh-Netzwerk gute Dienste leisten. Rechner wie der PowerMac 9600 sind mittlerweile völlig veraltet und für OS X nicht geeignet, können aber als Server im Netzwerk immer noch gute Dienste leisten und die Anschaffung neuer Hardware überflüssig machen. Mit Debian Linux steht zum Beispiel eine Distribution zur Verfügung, die auch auf älterer Mac-Hardware noch lauffähig ist und mit der Sie Kosten sparen.

Version 3.0 | Zur Drucklegung dieses Buches war die Version 3.0 von Netatalk neu erschienen. Die Konfiguration dieser Version unterscheidet sich von den vorangegangenen in vielen Punkten. Umgekehrt lässt sich Netatalk 3.0 etwas einfacher konfigurieren. Diesem Abschnitt liegt eine unter Ubuntu Linux mittels `configure`, `make` und `make install` selbst kompilierte Installation zugrunde, da momentan die aktuelle Version noch nicht über die übliche Paketverwaltung verfügbar ist. Höchstwahrscheinlich steht Ihnen, wenn Sie dieses Buch in den Händen halten, bereits eine direkt über den Synaptic-Paketmanager installierbare Version zur Verfügung.

Spezifika von Apple
Bei der Entwicklung von Netatalk wurden Zeit und Energie darauf verwandt, die Spezifika von Apple auf anderen Dateisystemen zu ermöglichen. Sie werden bei der Lektüre der Dokumentation auf einige Konzepte stoßen, mit deren Hilfe die spezifischen Daten wie die Resource Forks nicht verloren gehen.

Freigaben erstellen | Wurde Netatalk erfolgreich installiert, dann können Sie vom Finder aus mit dem URL *afp://IP-Adresse* eine direkte Verbindung zu dem Linux-Rechner aufnehmen. Die Konfiguration von Netatalk und dessen Dämon `afpd` erfolgt über die

Dokumentation

Die über `man afp.conf` verfügbare Dokumentation der Konfiguration ist recht prägnant und weist auf umfassende und detaillierte Optionen hin. So können Sie zum Beispiel die Anzahl der überhaupt zulässigen Verbindungen konfigurieren, und mit ein wenig Fachkenntnis auch Netatalk an einen LDAP-Verzeichnisdienst anbinden.

Datei *apfd.conf*, die sich im Verzeichnis /ETC oder /USR/LOCAL/ETC befindet. In der Datei wird ein Kommentar mit ; eingeleitet. Auf ein Semikolon folgende Anweisungen werden von Netatalk nicht beachtet. Darüber hinaus wird eine Gruppe von Voreinstellungen, die zum Beispiel die Freigabe eines Ordners konfigurieren, mit eckigen Klammern in der Form `[Angabe]` eingeleitet.

In der Konfigurationsdatei *afpd.conf*, die Sie mit `sudo nano /etc/afp.conf` oder `sudo nano /usr/local/etc/afp.conf` bearbeiten können, finden Sie zunächst einen mittels ; auskommentierten Bereich `[Global]`. Dieser legt die Einstellungen für den gesamten Netatalk-Dienst unter Linux fest.

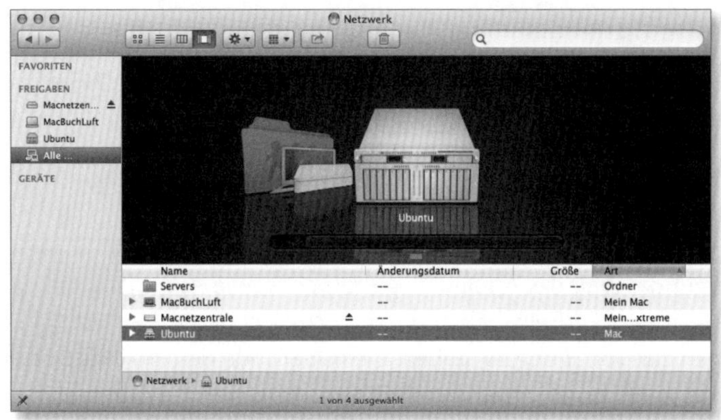

Abbildung 19.39 ▸
Der Ubuntu-Server erscheint im Netzwerk als Xserve.

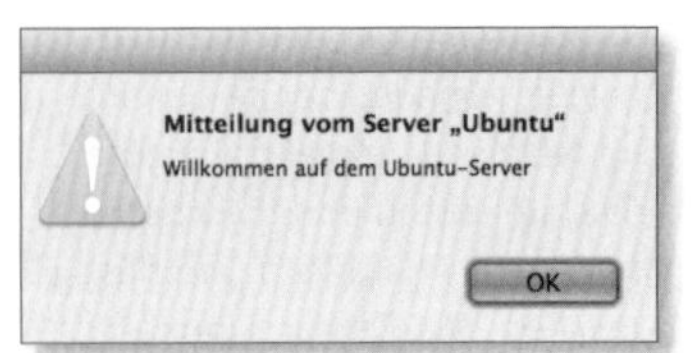

▴ Abbildung 19.40
Die Willkommensnachricht wird angezeigt.

In den Standardeinstellungen versucht Netatalk den Namen, über den sich der Dienst im Netzwerk kommuniziert, selbst zu ermitteln. Sie können aber auch über die Direktive `hostname` für die AFP-Dienste einen eigenen Namen vergeben. Außerdem ist es möglich, mittels `login message` eine Willkommensnachricht an den Nutzer zu schicken. Mit Version 3.0 kommuniziert sich Netatalk automatisch über Bonjour mithilfe des Dienstes Avahi im Netzwerk. Wenn Ihnen das Icon eines iMacs nicht gefällt, dann steht Ihnen die Direktive `mimic model` zur Verfügung. Dieser übergeben Sie zum Beispiel die Anweisung `RackMac`, damit das Ubuntu-System unter OS X als Xserve erscheint. Mit den Zeilen

```
[Global]
mimic model=RackMac
hostname="Ubuntu"
login message="Willkommen auf dem Ubuntu-Server!"
```

kommuniziert sich der Dienst als Ubuntu mit einem Xserve als Icon und begrüßt den Anwender nach der Anmeldung.

◀ **Abbildung 19.41**
Zusätzlich zu den beiden explizit freigegebenen Ordnern steht das persönliche Verzeichnis zur Auswahl.

Persönliche Verzeichnisse | Die Anweisung `regex`, die im Bereich `[Homes]` bereits genutzt wird, führt dazu, dass Platzhalter verwendet werden. In diesem Fall wird der Kurzname des Benutzers, der sich angemeldet hat, für die Pfadangabe verwendet. Die Zeilen

```
[Homes]
basedir regex = /home
```

führen dazu, dass bei einer Anmeldung des Benutzers KAI diesem automatisch das Verzeichnis /HOME/KAI zur Verfügung steht. Abhängig davon, wo Sie die Ordner der Benutzerkonten auf Ihrem Linux-System vorhalten, müssen Sie die Pfadangabe nach `/home` entsprechend ändern.

Schließlich können Sie in eckigen Klammern weitere Freigaben erstellen und mittels `path` das Verzeichnis vorgeben, das im Netzwerk verfügbar sein soll. Mit

```
[Grafik]
path = /Grafik
```

wird das Verzeichnis /GRAFIK freigegeben und steht mit der Bezeichnung GRAFIK bei der Einbindung von Freigaben zur Auswahl.

Time Machine | Netatalk bietet eine ausreichende Unterstützung des Protokolls AFP, um als Zielmedium für ein Backup zu fungieren. Damit Ihre Freigabe im Netzwerk entsprechend kommuniziert wird, müssen Sie zusätzlich zur Pfadangabe noch die Direktive `time machine` verwenden und dieser den Wert `yes` zuweisen. So würde eine mittels

```
[TMBackup]
path=/Backups/TM
time machine=yes
```

erstellte Freigabe des Ordners /Backups/TM im Netzwerk unter der Bezeichnung TMBackup als valides Zielmedium für Time Machine erscheinen.

Änderungen an der Konfiguration werden erst nach einem Neustart des Dämons `afpd` wirksam. Unter Ubuntu Linux können Sie diesen durch die Eingabe von `sudo /etc/init.d/netatalk restart` neu starten.

Abbildung 19.42 ▶
Die entsprechend konfigurierte Freigabe kann als Zielmedium für Time Machine genutzt werden.

19.9 AFP-Dienste unter Windows Server

ExtremeZ-IP
http://www.grouplogic.com

Helios
http://www.helios.de

Unter Windows 2000/2003 Server konnten Sie die Services for Macintosh verwenden, um einen AFP-Server für die Macintosh-Rechner in Ihrem Netzwerk zu realisieren. Mittlerweile sind die Services for Macintosh veraltet, und Microsoft hat ihre Weiterentwicklung komplett aufgegeben.

Wenn Sie AFP-Dienste auf einem Windows-Server bereitstellen wollen oder dies aufgrund Ihrer Netzwerkstruktur müssen, sollten Sie den Kauf eines Zusatzprodukts wie den Helios File Server, sofern Ihr Budget für diesen ausreicht, oder Extreme-Z-IP von GroupLogic in Erwägung ziehen. Die zusätzlichen Kosten werden sich durch den gesparten Aufwand bei der Administration wahrscheinlich schnell amortisiert haben.

TEIL IV
OS X Server

Kapitel 20

OS X 10.8 Server installieren und konfigurieren

Neben der normalen Version von Mac OS X gab es immer schon die Server-Variante. Dieses Produkt wurde von Apple immer etwas stiefmütterlich behandelt. Auf der einen Seite gab es mit dem inzwischen eingestellten Xserve einen Rechner, der von vornherein als Server konstruiert wurde. Auf der anderen Seite verhinderte die oft nur schwer zu prognostizierende Entwicklungspolitik von Apple die Etablierung von Mac OS X Server im geschäftlichen Einsatz.

Mit OS X 10.7 hat Apple die Server-Variante strategisch neu ausgerichtet. Der Xserve ist vom Markt verschwunden, an seinen Platz ist nun neben dem MacPro ein speziell ausgestatteter Mac mini getreten. Der Weg scheint also vom Server-Rack im Rechenzentrum zum Einsatz im kleinen Büro und vielleicht sogar Wohnzimmer zu führen.

Dabei wurde und wird die Server-Variante von Apple sehr stiefmütterlich behandelt. Bei der Version OS X 10.7 Server wirkte es so, als ob den Programmierern das Produkt während der Entwicklung aus den Händen gerissen wurde. So wurde zwar das Verwaltungsprogramm Server eingeführt, es beinhaltete aber noch lange nicht alle notwendigen Funktionen. Der Anwender wurde dann unter anderem bei der Konfiguration des DNS- und DHCP-Servers auf das in seinem Funktionsumfang arg eingeschränkte, von früheren Versionen bekannte Programm Server-Admin verwiesen. Mit OS X 10.8 hat sich dies zwar teilweise gebessert, aber nach wie vor bietet das Programm Server nicht in Ansätzen die Funktionen, die die bis Mac OS X 10.6 gebräuchlichen Programme beinhalteten.

Darüber hinaus scheint Apple die hauseigene Hardware vorauszusetzen. So beinhaltet OS X 10.8 Server keinen einfach zu konfigurierenden DHCP-Server. Dieser lässt sich zwar über das

Mac OS X Server 1.0
Die allererste verfügbare Version des Betriebssystems, das später in Mac OS X münden sollte, war 1999 die Server-Variante. Deren grafische Oberfläche entsprach zwar noch dem des klassischen Mac OS, enthielt aber zum Beispiel bereits den Apache-Webserver.

Der »Volks-Server« ...
Dass die Server-Version von Apple nicht mit derselben Fürsorglichkeit gepflegt wird wie die iOS-Geräte, zeigte dieser terminologische Lapsus. Nachdem die Marketing-Abteilung die Server-Version von OS X 10.7 mit dem Begriff »Volks-Server« zu bewerben begann, machten flugs Assoziationen mit einer großen Boulevardzeitung und einem in der Mitte des 20. Jahrhunderts verbreiteten Radiogerät die Runde. Apple änderte den Slogan dann sehr schnell in »Der Server für alle«.

Terminal irgendwie konfigurieren, aber flüssig von der Hand geht eine solche Konfiguration nur, wenn man eine AirPort-Basisstation für die Vergabe der IP-Adressen mittels DHCP nutzt.

Auch wenn das Programm Server einfach zu bedienen zu sein scheint, liegt gerade bei der Server-Variante umso mehr die Tücke im Detail. Es lohnt sich der strategische Aufbau einer Serverinstallation. Dabei geht es nicht um das simple Aktivieren der enthaltenen Dienste in der Hoffnung, dass es funktionieren möge, sondern um den Aufbau einer Infrastruktur, die eine möglichst reibungslose Arbeit ermöglicht.

OS X 10.7 und OS X 10.8
Nach derzeitigem Stand ist eine Mischung zwischen OS X 10.7 und OS X 10.8 bei der Server-Infrastruktur nicht ratsam. Das Upgrade von OS X 10.7 Server auf OS X 10.8 Server verlief nur in Ausnahmefällen reibungslos. Unter *http://www.apple.com/osx/server/specs/* finden Sie einige Dokumente, die Ihnen beim Umstieg helfen können. Sie sollten aber auf jeden Fall ein vollständiges Backup Ihrer funktionierenden OS X 10.7 Server-Installation erstellen, um ein Downgrade vornehmen zu können.

Strategie und Vorbereitung | Sie können natürlich das Programm Server im App Store erwerben, installieren und dann versuchen, einige der Dienste zu aktivieren. In vielen Fällen wird dies zunächst zum gewünschten Ergebnis führen. Wenn jedoch Probleme auftreten oder Sie einen weiteren Dienst aktivieren möchten, dann wird die Suche nach den Problemquellen schnell entnervend. Das Programm Server bietet Ihnen außer den Knöpfen zum An- und Abschalten oft keine weiteren Einstellungsmöglichkeiten und gibt Ihnen nur in den seltensten Fällen Hinweise auf Lösungsmöglichkeiten. Nur zu schnell befinden sich wichtige Daten in einer Serverinstallation, so dass eine Neuinstallation des Dienstes oder des ganzen Systems notwendig ist. Diese Situationen sind mit der richtigen Planung meistens vermeidbar.

20.1 Eine Beispielinstallation

OS X Server und Enterprise
OS X 10.8 Server enthält einige Funktionen, die landläufig mit dem Attribut »Enterprise« versehen werden. Dazu gehört unter anderem der Dienst NetBoot, mit dessen Hilfe Rechner über das Netzwerk von einer auf dem Server liegenden Image-Datei gestartet werden können. Auch die Pakete für die Softwareaktualisierung lassen sich mit OS X 10.8 Server zentral im lokalen Netzwerk vorhalten und ausliefern. Diese Funktionen werden eher in größeren Instituten und Firmen benötigt. Ihre Installation würde das hier umrissene Profil des Servers grundlegend verändern.

Dieses Kapitel möchte kein Kompendium zu OS X 10.8 Server darstellen. Auch wenn das Programm Server erst einmal hübsch übersichtlich wirken mag, ließen sich mit eingehenden Beschreibungen der Technologien, Standards, Verzeichnisstrukturen, Fehlerquellen, Installationsmöglichkeiten und möglicher Alternativen Hunderte von Seiten füllen. Stattdessen bietet Ihnen dieses Kapitel eine beispielhafte Anleitung, die Schritt für Schritt in einer bestimmten Reihenfolge Installationen vornimmt und damit eine Basis für die im nächsten Kapitel beschriebene Einrichtung der einzelnen Dienste liefert.

Das Ziel dieser Installation besteht darin, einen Server zu konfigurieren, der im Internet über eine dynamische Domain (siehe Abschnitt 16.1) wie *delta-c.zapto.org* erreichbar ist. Der Server ist in der Lage, im lokalen Netzwerk Benutzerkonten zentral über Open Directory zu verwalten und Ordner für Gruppen freizugeben. Darüber hinaus soll er folgende Dienste offerieren:

- **DNS**: Der Server übernimmt die Namensvergabe im lokalen Netzwerk, um diesbezüglich auftretende Probleme von vornherein zu vermeiden. Diese Probleme treten häufig auf und sind in ihren Auswirkungen oft sehr subtil.
- **Virtual Private Network**: Damit sich Anwender von unterwegs sicher ins lokale Netzwerk einloggen können, wird ein VPN-Zugang eingerichtet, der über die dynamische Domain erreichbar ist.
- **Webserver**: Der Abruf der Webseiten kann ebenfalls aus dem Internet erfolgen. Neben den einfachen und öffentlichen Webseiten ist auch der Wiki-Dienst für angemeldete Benutzer verfügbar.
- **Mail und Nachrichten**: Die Anwender werden E-Mails über eine Adresse in der Form *Benutzer@delta-c.zapto.org* verschicken und empfangen können. Der Zugriff auf ein Postfach kann auch über ein Webmail-Interface erfolgen. Zur Kommunikation wird außerdem der Dienst Nachrichten aktiviert und weltweit verfügbar gemacht. Sie sind damit für die Kommunikation nicht mehr auf die Server von AOL oder Google angewiesen.
- **Kontakte und Kalender**: Die gemeinsame Nutzung von Kalendern und Kontakten im Netzwerk wird ebenfalls eingerichtet.
- **Dateifreigaben**: Neben der Freigabe von Ordnern für Benutzer und Gruppen ist es auch möglich, über Time Machine Sicherungen auf dem Server vorzunehmen.

Fehlerquelle DNS
Am Rande: Im Windows-Bereich ist dies noch gravierender. Mir sind Administratoren bekannt, die ganze Arbeitstage darauf verwendet haben, Fehler zu finden und zu beheben, deren Ursache in der Namensauflösung im Netzwerk begründet war. Aber auch für OS X (Server) ist eine funktionierende Namensauflösung im Netzwerk eigentlich eine unabdingbare Voraussetzung. Bonjour mag sicherlich praktisch sein, aber für dieses Einsatzgebiet ist es einfach nicht gedacht.

Dieses Profil dürfte den üblichen Anforderungen in einem größeren Haushalt oder kleinen Büro entsprechen.

Geräte und Aufbau | Die Beispielinstallation des Servers erfolgt in der Domain *samoa.kai*. Diese Domain ist quasi lokal, sie wird nicht ins Internet kommuniziert. Sie können hier eigentlich eine beliebige Kombination zweier Wörter ohne Umlaute und Sonderzeichen verwenden. Dabei sollten Sie aber darauf achten, dass Sie keine schon vorhandene Domain wie *apple.com* nutzen. Für die IP-Adressen wird das lokale Netzwerk der Klasse C mit dem Adressbereich 192.168.0 genutzt. Nach außen hin ist das Netzwerk unter der Domain *delta-c.zapto.org* erreichbar. Eingesetzt werden folgende Geräte:

- **Miniserver**: Dies ist der zu installierende und konfigurierende Server. Es handelt sich um einen Mac mini. Er nutzt die IP-Adresse 192.168.0.6 und ist nicht direkt mit dem Internet verbunden. Er übernimmt den DNS-Dienst für die lokale Domain *samoa.kai*, weist den anderen Geräten Namen zu und kommuniziert diese im lokalen Netzwerk.

Miniserver
192.168.0.6 *Miniserver.samoa.kai*

AirPort-Basisstation
192.168.0.1 *Macnetzentrale.samoa.kai*

- **AirPort-Basisstation**: Die Basisstation stellt die Verbindung ins Internet her. Sie fungiert als Router zwischen dem Internet und dem lokalen Netzwerk. Im lokalen Netzwerk verfügt sie über die IP-Adresse 192.168.0.1. Im Internet wird ihr alle 24 Stunden vom DSL-Anbieter eine neue IP-Adresse zugewiesen. Diese dynamisch immer neu vergebene externe IP-Adresse wird an den Dienst No-IP kommuniziert, um die Domain *delta-c.zapto.org* auf die AirPort-Basisstation umzuleiten. Darüber hinaus nutzt die AirPort-Basisstation für die Anmeldung am drahtlosen Netzwerk den RADIUS-Dienst, der über den Miniserver verwaltet wird.

Macpro
192.168.0.2 *Macpro.samoa.kai*

- **Macpro**: An diesem Rechner können sich Anwender anmelden und die auf ihm installierten Programme ausführen. Er wird an das Open Directory des Miniservers angebunden, sodass sich Benutzer, deren Konten auf dem Miniserver angelegt wurden, auch am Mac Pro anmelden können. Installiert wurde auf dem Mac Pro die normale Version von OS X 10.8.

Macbuchluft
IP-Adresse wechselt

- **Macbuchluft**: Der mobile Rechner wählt sich aus dem Internet über eine VPN-Verbindung in das lokale Netzwerk ein. Befindet sich der Rechner in Reichweite des drahtlosen Netzwerks der AirPort-Basisstation, dann wird dieses Netzwerk genutzt. Dabei erfolgt die Authentifizierung anhand eines auf dem Miniserver angelegten Benutzerkontos mithilfe des Dienstes RADIUS. Auch dieser Rechner nutzt die normale Version von OS X 10.8.

Jedes dieser vier Geräte hat eine bestimmte Aufgabe. Die Konfiguration des Servers sowie der AirPort-Basisstation stellen den Schwerpunkt dieses Kapitels dar. Der Mac Pro und das Macbuchluft sind Beispiele, wie sich Clients im Netzwerk konfigurieren lassen. Verfügen Sie über mehr als einen Rechner wie den Mac Pro, dann können Sie die Konfiguration des Mac Pro modifizieren, indem Sie einen eigenen Namen und eine eigene IP-Adresse für diese Rechner nutzen.

Feste IP-Adressen
Haben Sie bisher ausschließlich mit der ja sehr komfortablen Basisstation gearbeitet und IP-Adressen lediglich über deren DHCP-Server vergeben, dann wird sich Ihnen der Nutzen der festen IP-Adressen vielleicht nicht sofort erschließen. OS X Server reagiert recht empfindlich auf eine nachträgliche Änderung sowohl des Rechnernamens als auch der IP-Adresse. Um hier erfolgreich eine Änderung vorzunehmen, ist eine Reihe von Schritten erforderlich. Der Betrieb mit einer sich stetig ändernden IP-Adresse ist eigentlich nicht praktikabel.

IP-Adressen | Damit bei der Vergabe der IP-Adressen kein Chaos entsteht, lohnt sich auch hier ein wenig Vorausplanung. Die Vergabe von IP-Adressen erfolgt in dieser Beispielkonfiguration für drei Zwecke, was sich auf den ersten Blick nicht erschließen mag. Neben den festen IP-Adressen im lokalen Netzwerk, etwa für den Miniserver, den Mac Pro und die Basisstation, müssen IP-Adressen für die Einwahl über VPN sowie für die Anmeldung im drahtlosen Netzwerk zur Verfügung stehen. Daher werden die IP-Adressen in dieser Konfiguration in folgende Bereiche unterteilt:

- 192.168.0.1 bis 192.168.0.50: Diese IP-Adressen werden als feste IP-Adressen genutzt. Sie werden in den Einstellungen des jeweiligen Rechners direkt eingetragen und ändern sich nicht mehr. Das heißt, dass sowohl der Miniserver als auch der Mac Pro und die Basisstation sowie weitere stationäre Rechner immer unter derselben IP-Adresse erreichbar sind.
- 192.168.0.51 bis 192.168.0.100: Dieser Bereich steht für Rechner zur Verfügung, die eine Verbindung über VPN aufnehmen. Diese Adressen werden dynamisch zugewiesen, können sich also für die Geräte immer wieder ändern. Die Zuweisung übernimmt der VPN-Dienst auf dem Miniserver.
- 192.168.0.101 bis 192.168.0.200: Für das drahtlose Netzwerk der Basisstation ist dieser Bereich vorgesehen. Die Vergabe der Adressen erfolgt durch die Basisstation.

DNS-Server | Für die Namensauflösung im lokalen Netzwerk ist der Miniserver zuständig. Dies wird in den nächsten Schritten dazu führen, dass als DNS-Server immer die IP-Adresse 192.168.0.6 des Miniservers angegeben wird. Die Basisstation wird so konfiguriert, dass diese IP-Adresse als DNS-Server kommuniziert wird.

Portumleitung | Damit Dienste wie die VPN-Verbindung vom Internet aus erreichbar sind, müssen die Netzwerk-Ports von der Basisstation auf den Miniserver umgeleitet werden. Dies nehmen Sie entweder eigenhändig über das AirPort-Dienstprogramm (siehe Abschnitt 16.6) vor, oder Sie überlassen die Konfiguration dem Programm Server. Arbeiten Sie mit einem anderen Router, dann müssen Sie eigenhändig in dessen Verwaltungsoberfläche die Weiterleitung der Ports auf den Miniserver einstellen.

20.2 Die Verwaltungsprogramme im Überblick

Bevor die eigentliche Installation und Konfiguration Schritt für Schritt beschrieben werden, gibt Ihnen dieser Abschnitt einen Überblick über die Programme Server und auch den Arbeitsgruppenmanager. Darüber hinaus wird in gebotener Kürze der Befehl `serveradmin` vorgestellt.

DHCP-Server
Mit OS X 10.8.2 hat Apple kurz vor Drucklegung die Möglichkeit, einen DHCP-Server mit dem Programm Server zu konfigurieren, hinzugefügt. Dessen Konfiguration unterscheidet sich kaum von der des AirPort-Dienstprogramms, die in diesem Kapitel besprochen wird.

Das Programm Server

Einen wesentlichen Teil der Verwaltung übernimmt das Programm Server. Sie können es im App Store erwerben, und wenn Sie es das erste Mal starten, wird Ihnen die Installation der Serverkomponenten angeboten.

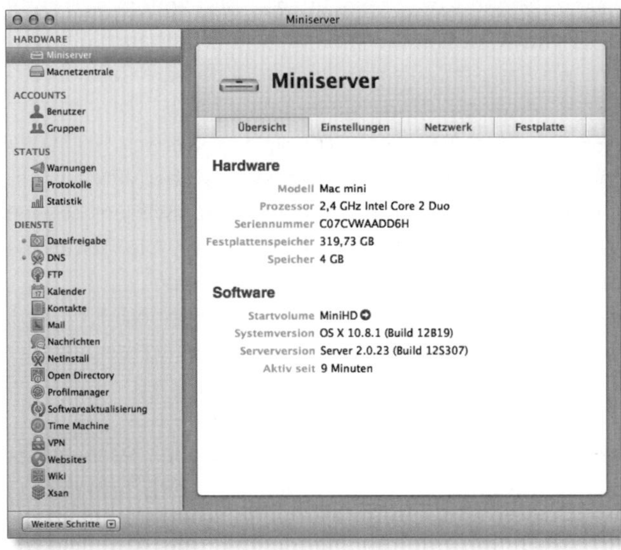

Abbildung 20.1 ▸
Das Programm Server bietet Zugriff auf die Hardware, die Benutzerkonten, die Dienste und Protokolle.

Netzwerk | Nach der Installation finden Sie in dem recht überschaubaren Fenster des Programms vier Bereiche. Unter HARDWARE werden die Server aufgelistet, die Sie verwalten können. Wählen Sie einen Rechner aus, dann können Sie in der Ansicht NETZWERK die Schnittstellen konfigurieren. Unter EINSTELLUNGEN finden Sie hier einige allgemeine Optionen. Dazu gehört neben der Aktivierung der Fernadministration auch die Einbindung der SSL-Zertifikate.

Abbildung 20.2 ▸
Die Portumleitungen einer AirPort-Basisstation können Sie direkt über das Programm Server konfigurieren.

Haben Sie eine AirPort-Basisstation ausgewählt, dann können Sie die öffentlichen Dienste festlegen. Über das Pluszeichen fügen Sie einen Dienst hinzu. Starten Sie dann die Basisstation neu, richtet das Programm Server die Portumleitung auf der Basisstation ein.

Benutzer und Gruppen | Unter ACCOUNTS finden Sie die Benutzer und Gruppen. Dabei werden sowohl die lokalen Benutzerkonten, die Sie unter anderem über die Systemeinstellungen anlegen, aufgeführt als auch die Benutzerkonten im Open Directory. Über das Icon mit dem Zahnrad können Sie einen Benutzer löschen und weitere Einstellungen vornehmen.

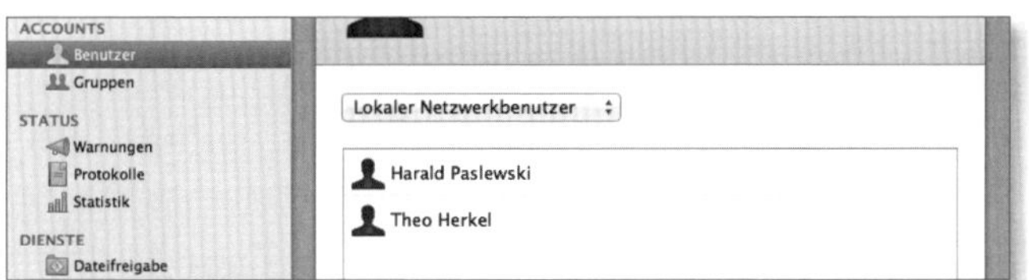

◂ Abbildung 20.3
Benutzerkonten im Open Directory werden als NETZWERKBENUTZER bezeichnet.

Dienste | Wählen Sie einen Dienst aus, dann können Sie sich zunächst zwischen den Optionen AUS und EIN entscheiden. Darüber hinaus finden Sie hier weitere Optionen, die Sie für diesen Dienst festlegen können. Aktive Dienste werden in der Seitenleiste mit einem grünen Punkt markiert. Sollten Sie bei einigen Diensten wie dem WIKI überrascht sein, dass hier kaum Optionen zur Verfügung stehen, dann werden Sie diese später im Browser finden, da bei einigen Diensten die Konfiguration im Detail – wie das Anlegen eines Wikis – im Browser erfolgt.

◂ Abbildung 20.4
Wählen Sie einen Dienst aus, dann können Sie einige Details konfigurieren.

Nachrichten und Updates | Der Bereich STATUS enthält zunächst eine grafische Aufbereitung der Statistik des Servers. Mit diesen Graphen können Sie sich über die Auslastung des Prozessors und Arbeitsspeichers sowie die Intensität des Netzwerkverkehrs informieren. Unter WARNUNGEN werden Ereignisse protokolliert, die Ihren Server betreffen. In Abbildung 20.5 wurde der Hostname geändert.

Abbildung 20.5 ▸
In den WARNUNGEN werden auch verfügbare Updates aufgeführt.

In der Ansicht ABLAUF können Sie vorgeben, bei welchen Ereignissen Sie über eine E-Mail oder eine Push-Benachrichtigung direkt informiert werden möchten. Sie können hier auch die E-Mail-Adresse vorgeben, an die die Warnungen geschickt werden sollen.

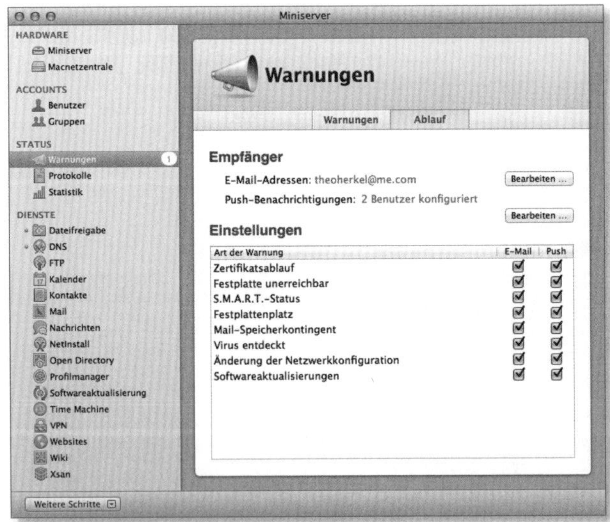

Abbildung 20.6 ▸
Bei welchen Ereignissen Sie sich informieren lassen möchten, können Sie in der Ansicht ABLAUF vorgeben.

Fernadministration | Sie können das Programm Server nutzen, um einen oder mehrere Rechner über das Netzwerk zu verwalten. Dazu müssen Sie lediglich das Programm Server auf einen anderen Rechner kopieren. Würde das Programm vom Miniserver auf den Mac Pro kopiert, dann böte es beim Start die Installation der Serverkomponenten an.

◂ **Abbildung 20.7**
Die Installation der Komponenten können Sie ignorieren.

Klicken Sie zu diesem Zeitpunkt nicht auf die Schaltfläche FORTFAHREN, sondern wählen Sie den Menüpunkt VERWALTEN • MIT SERVER VERBINDEN ([⌘] + [N]) aus. Es erscheint dann das Fenster MAC AUSWÄHLEN, das Ihnen neben der Aktivierung der Dienste die über Bonjour im lokalen Netzwerk gefundenen, bereits installierten Server offeriert. Über die Option ANDERER MAC können Sie die Adresse auch direkt eingeben. Zur Anmeldung benötigen Sie ein administratives Benutzerkonto und dessen Kennwort. Die weitere Konfiguration unterscheidet sich nicht von den zuvor beschriebenen Maßnahmen, sie erfolgt lediglich über das Netzwerk.

◂ **Abbildung 20.8**
Bereits eingerichtete Server werden über Bonjour kommuniziert.

Der Arbeitsgruppenmanager

Arbeitsgruppenmanager
http://support.apple.com/kb/DL1567

Bis zum Erscheinen von OS X 10.8 erfolgt die Verwaltung eines OS X Servers über zwei Programme. Der Server-Admin diente zur detaillierten Konfiguration der einzelnen Dienste, während über den Arbeitsgruppenmanager die Benutzer- und Gruppenkonten verwaltet wurden. Während bei OS X 10.7 Server eine freundlich formuliert hybride Strategie zum Tragen kam, bei der Sie alle drei Programme für eine detaillierte Konfiguration nutzen mussten, ist der Server-Admin mit OS X 10.8 Server endgültig weggefallen. Lediglich der Arbeitsgruppenmanager bietet Ihnen für die Konfiguration von Benutzern und Gruppen noch ein paar Funktionen, die Sie im Programm Server nicht finden.

Der Arbeitsgruppenmanager ermöglicht die detaillierte Verwaltung der Benutzerkonten. Links finden Sie die Liste der Benutzer. Sie können die Anzeige dieser Spalte mit einem Klick auf das entsprechende Icon ❶ auch auf die Liste der Gruppen umschalten. Im Arbeitsgruppenmanager geben Sie beispielsweise in der Ansicht EINSTELLUNGEN weitere Optionen für ein Benutzerkonto vor, etwa eine bestimmte Ausstattung des Docks.

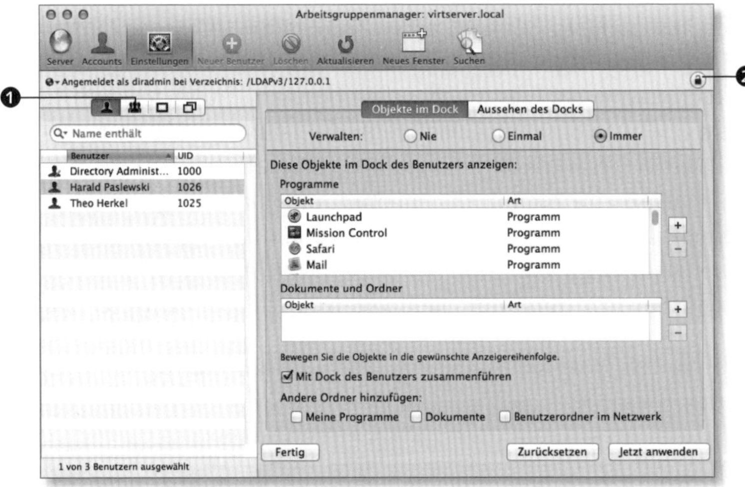

Abbildung 20.9 ▶
Für ein Benutzerkonto können Sie spezielle Einstellungen vornehmen.

Bei der Arbeit mit dem Arbeitsgruppenmanager ist es wichtig, darauf zu achten, mit welchem Verzeichnisknoten Sie arbeiten. Das Programm ist in der Lage, sowohl die lokale Benutzerdatenbank *DSLocal* eines Rechners als auch die im Verzeichnisdienst Open Directory erstellten Benutzerkonten zu verwalten. Dazu klappen Sie das Menü neben dem kleinen Globus aus (siehe Abbildung 20.10). Um die Benutzerkonten des Verzeichnisdienstes Open Directory zu bearbeiten, wählen Sie den Eintrag /LDAPv3/127.0.0.1 aus. Änderungen können Sie nur vornehmen, wenn Sie zuvor über das Schloss rechts ❷ die Bearbeitung freigeschaltet haben. Ist das Schloss zu, dann können Sie keine Änderungen vornehmen und auch keine Benutzer- und Gruppenkonten erstellen.

◂ **Abbildung 20.10**
Der Verzeichnisknoten des Open Directorys lautet /LDAPv3/127.0.0.1.

Am Terminal und über SSH: »serveradmin«

Eine weitere Möglichkeit, Ihren Server zu konfigurieren, bietet Ihnen der Befehl `serveradmin` am Terminal. Mit seiner Hilfe können Sie auch von einem Windows- oder Linux-Rechner über SSH (siehe Abschnitt 17.2) eine Verbindung zu Ihrem Server aufnehmen und Dienste neu starten oder beenden. Dem Befehl müssen Sie `sudo` (siehe Abschnitt 14.3) voranstellen. Mit den Schlüsselwörtern `start` und `stop` schalten Sie einen Dienst an und aus. Um am Terminal in Erfahrung zu bringen, ob ein Dienst gerade aktiv ist, verwenden Sie das Schlüsselwort `status`. Mit `fullstatus` erhalten Sie noch ein paar weitere Informationen.

Dienste mit »list«
Wenn Sie wissen möchten, welche Dienste mit welchem Schlüsselwort angesprochen werden, dann können Sie mit `sudo serveradmin list` eine Liste abrufen. Die Liste ist eigentlich selbsterklärend. Sie müssen lediglich darauf achten, dass einige aufgeführte Dienste wie `swupdate` einer eingehenden Konfiguration bedürfen.

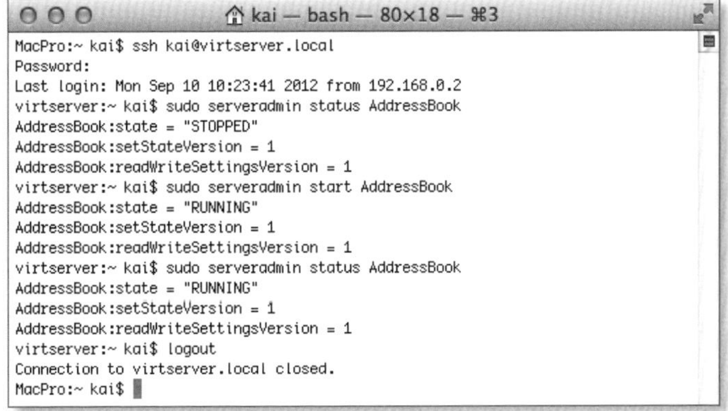

◂ **Abbildung 20.11**
Über die Schlüsselwörter `start` und `stop` schalten Sie einen Dienst ein und aus.

Für jeden Dienst, den Sie im Programm Server aktivieren können, gibt es ein spezielles englisches Schlüsselwort. So sprechen Sie den Adressbuchserver mit `Addressbook` an, den Webserver mit `web`. Mit der Eingabe `sudo serveradmin start Addressbook` würden Sie über das Terminal den Adressbuchserver starten. Der Befehl ermöglicht auch die Konfiguration einiger Dienste im Detail. Wenn Sie über `man serveradmin` die Dokumentation abrufen, finden Sie dort auch Erläuterungen für die Übergabe von Optionen an einen Dienst.

Anmeldung über SSH
Um `serveradmin` über eine Anmeldung mittels SSH nutzen zu können, müssen Sie die Anmeldung mit SSH in der Ansicht Einstellungen der Hardware des jeweiligen Servers aktivieren.

Abbildung 20.12 ▶
Über `man serveradmin` rufen Sie die Dokumentation des Befehls auf.

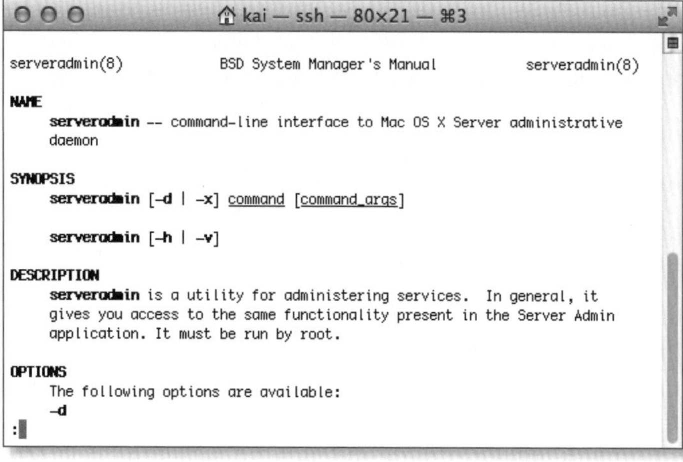

20.3 Grundinstallation

> **Hinweis**
> Auch wenn die Installation der Serverkomponenten unproblematisch erscheint, sollten Sie im Vorfeld ein vollständiges Backup Ihres Systems erstellen. Dies beugt zunächst Datenverlust vor. Darüber hinaus sind Sie mit einem Backup in der Lage, die Installation später zurückzunehmen. Das nachträgliche Entfernen der Komponenten ist von Apple nicht vorgesehen.

Bevor es an die Einrichtung der IP-Adressen, Serverdienste und Benutzerkonten geht, müssen Sie zunächst die Serverkomponenten installieren. Diese Installation setzt auf einem frischen OS X 10.8 auf. Das heißt, dass lediglich das System installiert wurde; darüber hinaus wurden keine weiteren Konfigurationen wie die Erstellung von Benutzergruppen, Freigaben von Ordnern oder dergleichen vorgenommen. Vor der Installation sollten Sie auf jeden Fall alle Updates einspielen, die für Ihr System verfügbar sind.

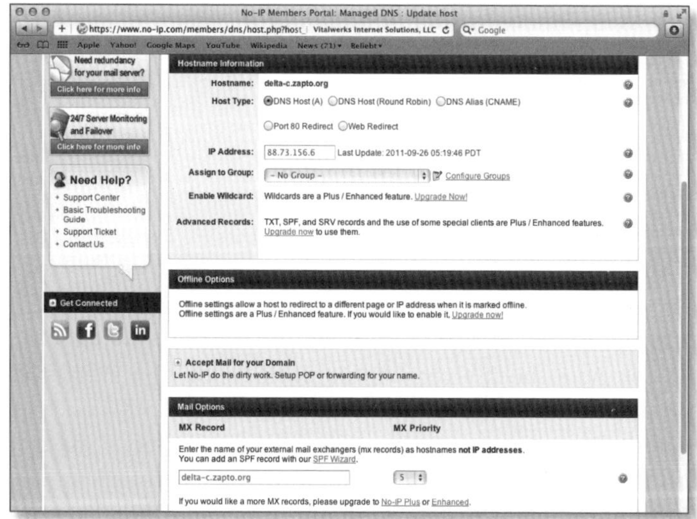

▲ Abbildung 20.13
Bei der Registrierung sollten Sie auch den MX RECORD konfigurieren.

DynDNS Dienst einrichten

Damit der Miniserver im Internet unter einer URL wie *http://delta-c.zapto.org* erreichbar ist, sollten Sie vor der Installation eine Domain registrieren. Für die Beispielinstallation in diesem Kapitel wird der kostenlose Dienst des Anbieters No-IP (*http://www.no-ip.com*) genutzt. Sie können auf der Webseite des Anbieters ein Konto erstellen und eine Subdomain in der Form *delta-c.zapto.org* registrieren. Im Konfigurationsmenü auf der Webseite des Anbieters sollten Sie außerdem den MX RECORD festlegen. Als Wert tragen Sie dort Ihre gewählte Subdomain ein. Mit diesem MX Record, der im Programm Server als MX-EINTRAG bezeichnet wird, ist der Versand von E-Mails an diese Subdomain in der Form *benutzer@delta-c.zapto.org* aus dem Internet möglich.

Richtige Domain registrieren
Wenn Sie nicht mit einer solchen kostenlosen Subdomain arbeiten, sondern stattdessen eine richtige Domain nutzen möchten, dann müssen Sie diese bei einem entsprechenden Anbieter registrieren. Außerdem benötigen Sie eine feste IP-Adresse im Internet. Das genaue Vorgehen müssen Sie mit Ihrem Anbieter absprechen.

Client installieren | Damit Sie nicht jedes Mal, wenn sich die IP-Adresse der AirPort-Basisstation im Internet ändert, die Webseite von No-IP aufrufen und die Änderung von Hand eintragen müssen, können Sie ein kleines Programm – den *Client* – herunterladen und starten. Es wacht im Hintergrund darüber, ob sich die externe IP-Adresse der Basisstation ändert, und kommuniziert diese Änderung an den Dienst. Laut Standardeinstellungen erfolgt die Prüfung alle 60 Minuten. Sie können das Intervall in den Einstellungen des Programms in der Ansicht SETTINGS auch verkleinern. Beim ersten Start müssen Sie das Benutzerkonto und dessen Kennwort angeben, mit dem Sie sich auf der Webseite des Anbieters registriert haben. Sie können dann die Domains auswählen, die der Client verwalten soll.

»nsupdate«
Möchten Sie auf den Client verzichten und legen Sie ein wenig Experimentierfreude am Terminal an den Tag, dann können Sie auch den Befehl `nsupdate` nutzen, um die Änderungen Ihrer externen IP-Adresse beispielsweise über einen LaunchAgent selbst zu kommunizieren. Der Client ist allerdings komfortabler.

◄ Abbildung 20.14
Der Client von No-IP überwacht Änderungen der externen IP-Adresse und kommuniziert sie automatisch.

Der Client verfügt auch über die Möglichkeit, einen Dämon zu installieren. Dieser überwacht die Änderungen der externen IP-Adresse auch dann, wenn kein Benutzer an der grafischen Benutzeroberfläche angemeldet ist und den Client ausführt. Sie finden den Dämon in den Einstellungen des Clients in der Ansicht DAEMON. Um Änderungen vorzunehmen, müssen Sie die Ansicht erst mit einem Klick auf das Schloss links unten freischalten.

Abbildung 20.15 ▸ Der Client von No-IP kann auch einen Dämon installieren, der die Änderungen auch dann meldet, wenn kein Benutzer angemeldet ist.

Nachdem Sie Ihre Subdomain eingerichtet haben, können Sie die Funktionsfähigkeit des Clients prüfen. Warten Sie ein paar Minuten, nachdem Sie die IP-Adresse aktualisiert haben, und starten Sie dann auf einem beliebigen Rechner das Netzwerkdienstprogramm. Geben Sie dort im Reiter LOOKUP Ihre Domain ein, und klicken Sie die gleichnamige Schaltfläche an. In der Ausgabe sollte in der ANSWER SECTION die externe IP-Adresse Ihrer Basisstation erscheinen. Darunter sollte eine Zeile mit dem Kürzel MX stehen.

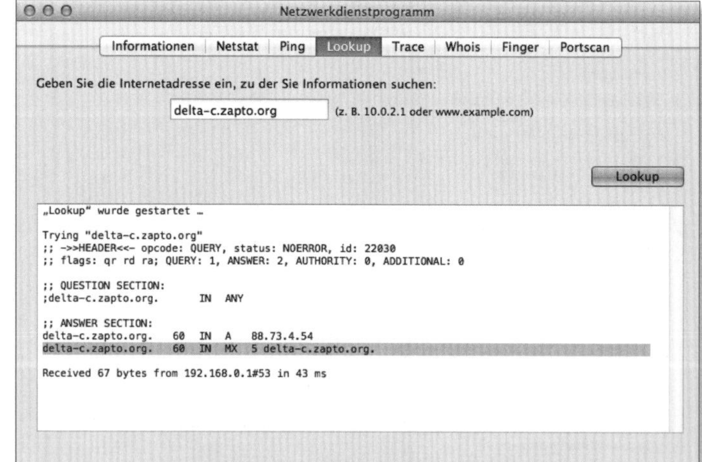

Abbildung 20.16 ▸ Die Funktionsfähigkeit der Domain sollten Sie nach einer kurzen Wartezeit prüfen.

Server erwerben und installieren

Der erste Schritt der eigentlichen Installation besteht im Kauf des Programms Server im App Store. Der Erwerb unterscheidet sich nicht von den normalen Käufen. Nachdem Sie sich angemeldet und das Programm erworben haben, wird es heruntergeladen, im Verzeichnis PROGRAMME installiert und sofort ausgeführt.

Netzwerk konfigurieren | Bevor Sie die Installation vornehmen, sollten Sie das Netzwerk Ihres zukünftigen Servers konfigurieren. Das heißt, dass Sie in dessen Systemeinstellungen zunächst die zukünftig zu nutzende IP-Adresse fest vorgeben und hier für diese Installation auf die Zuweisung mittels DHCP verzichten. Zwar können Sie die Netzwerkkonfiguration auch nachträglich ändern, aber dieses Verfahren war in der Vergangenheit immer mit mehreren Ärgernissen verbunden. Der Vorteil einer Festlegung im Vorfeld besteht darin, dass im Zuge der Installation ein Assistent aufgerufen wird, der verschiedene Einstellungen automatisch vornimmt.

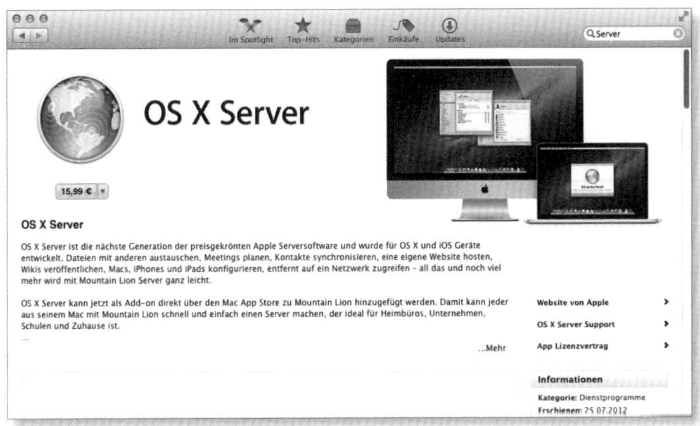

◂ Abbildung 20.17
OS X 10.8 Server ist im App Store mit dem entsprechenden Suchbegriff leicht zu finden.

◂ Abbildung 20.18
Mit einem Klick auf die Schaltfläche FORTFAHREN starten Sie die Installation.

Installation | Die Installation der Komponenten ist wie auch der Kauf nicht sonderlich herausfordernd. Nach der Begrüßung werden Sie gefragt, ob Sie die Software installieren möchten. Anschließend lädt das Programm die Installationspakete vom Apple-Server herunter und installiert sie. Sie haben dabei keine Möglichkeit zu beeinflussen, was installiert wird. Es wird immer das gesamte Paket mit allen Diensten installiert. Nach der Installation können Sie das Programm Server dann zur Verwaltung Ihres Systems nutzen.

Abbildung 20.19 ▸
Die Installation offeriert drei verschiedene Typen.

Während der Installation werden Sie gefragt, in welcher Form Sie auf Ihren Server zugreifen möchten. Ihnen werden hier drei Möglichkeiten angeboten. Während die erste Option (LOKALES NETZWERK) für eine ganz einfache Installation, bei der Sie lediglich Dateifreigaben nutzen, ausreichend ist, geht die zweite Option (LOKALES NETZWERK UND VPN-VERBINDUNG) noch etwas weiter.

Abbildung 20.20 ▸
Während Sie den Hostnamen eingeben, sollten Sie die Netzwerkadresse kontrollieren.

Diese erwartet dann von Ihnen, dass Sie die Namensauflösung in Ihrem Netzwerk mithilfe des Suffixes *.private* konfigurieren. Der Nachteil besteht hier perspektivisch darin, dass Sie diese Konfiguration nur mit Aufwand aus dem Internet heraus nutzen können. Für die in diesem Teil beschriebene Installation wählen Sie die dritte Option, DOMAIN-NAME.

Haben Sie sich für die dritte Option entschieden, dann fordert Sie der Assistent auf, den Hostnamen sowie den Computernamen einzugeben. Der Hostname wird automatisch für die Einrichtung des DNS-Servers sowie einiger anderer Dienste verwendet. Sie sollten außerdem darauf achten, dass die korrekte Netzwerkadresse erscheint. Sofern dies nicht der Fall ist, sollten Sie die Einstellung BEARBEITEN.

◂ Abbildung 20.21
Eine Basisstation kann in die Verwaltung aufgenommen werden.

Push-Dienste
Im Zuge der Installation werden Sie auch gefragt, ob bezüglich Ihres Servers Push-Nachrichten von Apple an eine E-Mail-Adresse gesendet werden sollen. Wenn Sie Ihren Server genau im Auge behalten und bei Problemen schnell informiert werden möchten, dann können Sie hier eine E-Mail-Adresse eingeben.

Werden in Ihrem Netzwerk AirPort-Basisstationen gefunden, dann wird Ihnen deren Verwaltung angeboten. Wenn Sie das Kennwort der Basisstation eingeben, dann können Sie später unter anderem deren Portumleitungen und die Authentifizierung mittels RADIUS aktivieren.

◂ Abbildung 20.22
Nachdem einige Grundeinstellungen vorgenommen wurden, kann der Server genutzt und im Detail konfiguriert werden.

Wenn Sie auch Ihre Basisstation für die Verwaltung vorgesehen haben, nimmt das Programm Server die grundlegenden Einstellungen vor. Dazu gehören bei dieser Installation die Aktivierung des gleich noch im Detail zu konfigurierenden DNS-Dienstes sowie die Einrichtung eines selbst signierten SSL-Zertifikats.

20.4 Grundkonfiguration vornehmen

Nachdem Sie die Serverkomponenten installiert haben, müssen Sie nun die grundlegende Infrastruktur des Netzwerks konfigurieren. Um Probleme zu vermeiden, gehen Sie in einer bestimmten Reihenfolge vor. Zuerst konfigurieren Sie auf dem Miniserver den DNS-Dienst und richten die Domäne *samoa.kai* ein. Im zweiten Schritt konfigurieren Sie die Netzwerkschnittstellen der einzelnen Rechner sowie den DHCP-Server der Basisstation. Dabei wird der zuvor konfigurierte DNS-Server auf dem Miniserver verwendet.

Namensauflösung und DNS-Server konfigurieren

Wenn Sie nun zum ersten Mal das Programm Server zur Administration starten, dann ist zunächst nur der Dienst DNS aktiviert. Bevor Sie sich an die Einrichtung der Zone *samoa.kai* machen, sollten Sie den DNS-Dienst als solchen konfigurieren.

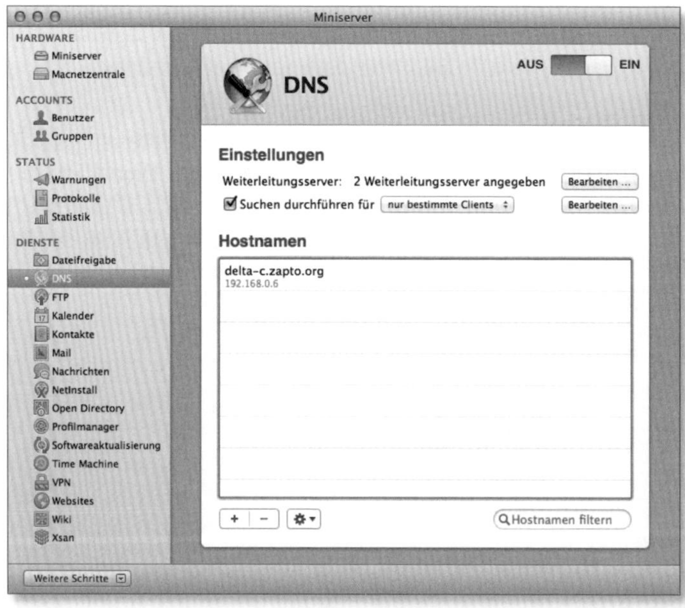

Abbildung 20.23 ▸
Zunächst wird nur die während der Installation angegebene Domain aufgeführt.

DNS-Dienst konfigurieren | Der Dienst selbst führt zunächst nur die während der Installation vorgegebene Domain *delta-c.zapto.org* auf. Die Zone *samoa.kai* ist bis jetzt noch nicht vorhanden. Der DNS-Server soll sich nur um die Rechner kümmern, die sich in dieser Zone befinden. Damit auch die Auflösung von Namen wie *www.spiegel.de* weiterhin schnell und reibungslos funktioniert, müssen Sie Weiterleitungsserver angeben.

◂ **Abbildung 20.24**
Der Zugriff wird auf den Server selbst und die Clients im lokalen Netzwerk beschränkt.

Über die Schaltfläche Bearbeiten nach Weiterleitungsserver können Sie ein Panel öffnen, in dem Sie die DNS-Server Ihres Internetanbieters eintragen. Dies sorgt dafür, dass der DNS-Server auf dem Miniserver sich um die lokale Domain kümmert und alle anderen Anfragen wie eben *www.spiegel.de* an die DNS-Server Ihres Providers weiterleitet.

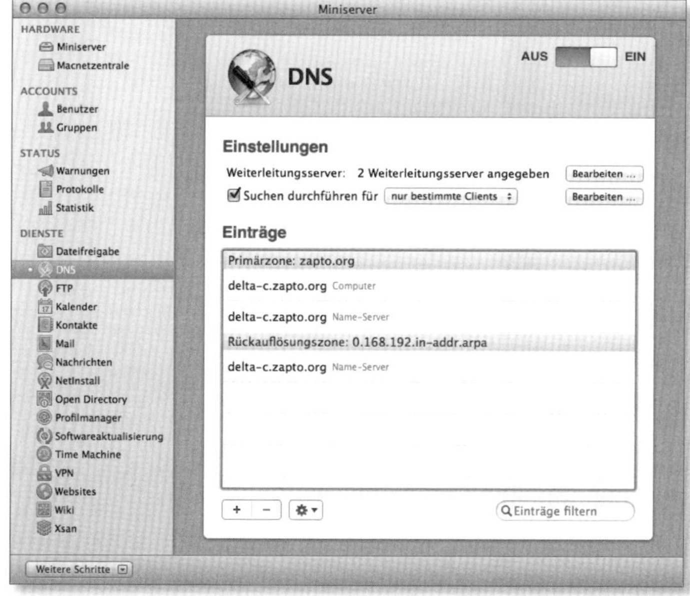

◂ **Abbildung 20.25**
Werden alle Einträge eingeblendet, dann lassen sich die Zonen im Detail konfigurieren.

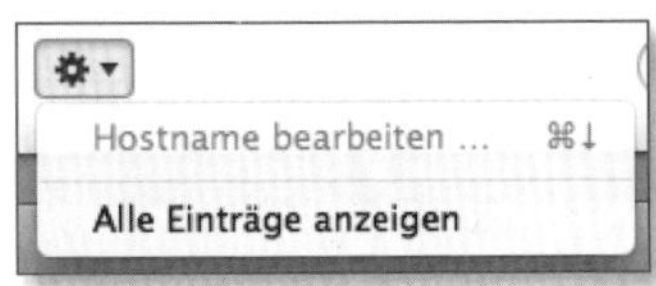

▲ **Abbildung 20.26**
Die Option Alle Einträge anzeigen muss aktiviert werden.

Darüber hinaus sollten Sie die Einstellung Suchen durchführen für auf die Option nur bestimmte Clients begrenzen. Über die Schaltfläche Bearbeiten rufen Sie wiederum ein Panel auf. Hier wählen Sie die Optionen Server selbst sowie Clients im lokalen Netzwerk. Ihr Server verweigert damit Anfragen, die nicht aus Ihrem lokalen Netzwerk stammen.

In den Standardeinstellungen wird Ihnen nur eine vereinfachte Darstellung der Zonen angezeigt. Über das Icon mit dem Zahnrad unterhalb der Liste können Sie ein kleines Menü aufrufen. Hier finden Sie die Option Alle Einträge anzeigen. Damit stehen Ihnen die notwendigen Funktionen für eine detaillierte Konfiguration der Namensauflösung zur Verfügung.

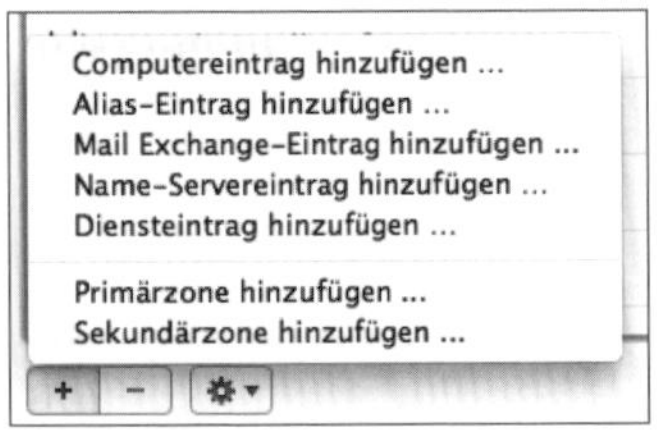

▲ **Abbildung 20.27**
Über das Pluszeichen können jetzt Zonen und weitere Einträge hinzugefügt werden.

Zone einrichten | Wenn Sie über das Pluszeichen unterhalb der Liste ein neues Element hinzufügen, stehen Ihnen nun weitere Optionen zur Verfügung. Wählen Sie im ersten Schritt die Option Primärzone hinzufügen. Die Darstellung im Programm Server ändert sich, und Sie können nun den Namen der Primärzone (*samoa.kai*) eingeben. Für diese eher einfache Installation können Sie die weiteren Optionen auf den Standardeinstellungen belassen. Mit einem Klick auf die Schaltfläche Fertig wird die Zone erstellt, und Sie können jetzt weitere Einträge hinzufügen.

Abbildung 20.28 ▸
Für die neue Zone sind die Standardeinstellungen ausreichend.

Nachträgliche Änderungen
Wenn Sie an einer Zone oder einem Eintrag nachträglich Änderungen vornehmen möchten, dann können Sie einfach einen Doppelklick auf die Zone oder den Eintrag ausführen.

Die neu erstellte Zone ist zunächst leer. Der erste Schritt besteht darin, dass Sie über das Pluszeichen einen Name-Servereintrag hinzufügen. Als Name-Server geben Sie hier miniserver.samoa.kai ein, und wählen als Zone samoa.kai aus. Damit wird festgelegt, dass der Miniserver auf eine Anfrage, welche IP-Adresse der Rechner *macpro.samoa.kai* besitzt, antwortet.

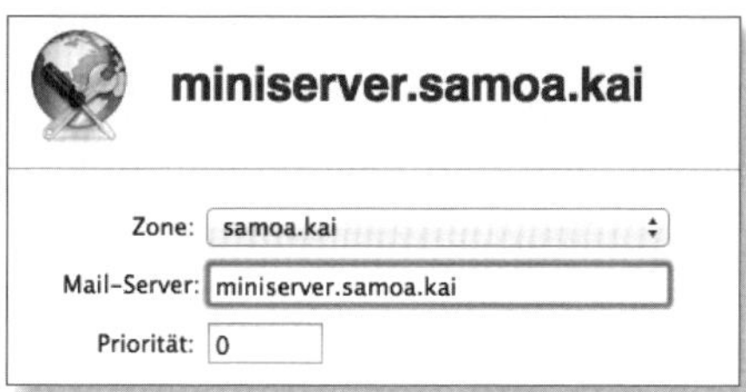

◂ **Abbildung 20.29**
Der Miniserver wird auch als Mailserver genutzt.

Nachdem der Miniserver nun als für die Zone zuständig erklärt wurde, können Sie über das Pluszeichen einen MAIL EXCHANGE-EINTRAG HINZUFÜGEN. Hier wählen Sie die ZONE SAMOA.KAI aus und geben als MAIL-SERVER den MINISERVER.SAMOA.KAI an.

Mail-Exchanger
Mit der Eintragung eines Mail-Exchangers für diese Domäne wird es später möglich, E-Mails im lokalen Netzwerk in der Form *Benutzer@samoa.kai* zu versenden. Die Mailserver sind so konfiguriert, dass sie die E-Mails an die Server verschicken, die für eine Domäne als Mail-Exchanger eingetragen wurden.

Die Grundlagen wurden damit gelegt, und Sie können jetzt beginnen, die einzelnen Rechnernamen auf die IP-Adressen abzubilden. Über das Pluszeichen können Sie nun einen COMPUTEREINTRAG HINZUFÜGEN. Hier geben Sie als HOSTNAME zunächst MINISERVER ein und geben dann dessen IP-Adresse (192.168.0.6) vor. Diesen Vorgang wiederholen Sie für jeden Rechner in Ihrem Netzwerk. Dem Mac Pro wird beispielsweise die IP-Adresse 192.168.0.2 zugewiesen.

Abschließend müssen Sie noch die Rückauflösungszone korrigieren. Führen Sie hier im Bereich RÜCKAUFLÖSUNGSZONE einen Doppelklick auf den Eintrag DELTA-C.ZAPTO.ORG aus, und ändern Sie dort für die Zone 0.168.192.IN-ADDR.ARPA den NAME-SERVER auf MINISERVER.SAMOA.KAI.

◂ **Abbildung 20.30**
Die Primärzone SAMOA.KAI enthält zwei im weiteren Sinne organisatorische Einträge und die der Computer.

Abbildung 20.31 ▸
Auch auf dem MacPro muss der Miniserver mit seiner IP-Adresse 192.168.0.6 als DNS-Server eingetragen werden.

DNS-Server vorgeben | Auf den anderen Rechnern müssen Sie den neuen DNS-Server nun in den Einstellungen des Netzwerks vorgeben. Die Konfiguration des Netzwerks für den Macpro wird in Abbildung 20.31 dargestellt. Da sich die IP-Adresse dieses Rechners nicht mehr ändern soll, wurde hier die Konfiguration MANUELL vorgenommen.

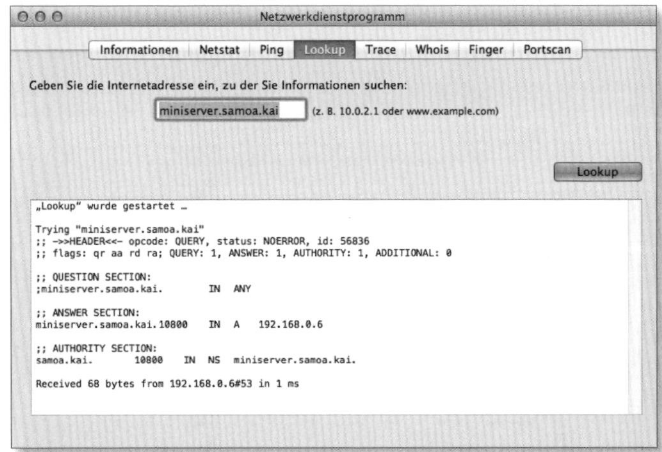

Abbildung 20.32 ▸
Mit der Funktion LOOKUP im Netzwerkdienstprogramm kontrollieren Sie die Funktionsfähigkeit des DNS-Servers.

Namensauflösung testen | Nachdem Sie sowohl den DNS-Server als auch die einzelnen Rechner im Netzwerk konfiguriert haben, müssen Sie die Funktionsfähigkeit der Namensauflösung testen, bevor Sie weitere Installationsschritte unternehmen. Sie sollten auf jedem Rechner, der den neuen DNS-Server nutzt – dazu gehören in diesem Fall sowohl der Miniserver als auch der MacPro –, das Netzwerkdienstprogramm starten. Dort geben Sie im Reiter LOOKUP einen vollständigen Namen eines Geräts ein, das Sie der Zone hinzugefügt haben. In Abbildung 20.32 wurde die Namensauflösung für den Rechner MINISERVER.SAMOA.KAI geprüft. Die Ausgabe der Prüfung, die nach einem Klick auf die Schaltfläche LOOKUP erscheint, sollte abhängig von Ihren Eingaben der Ausgabe in Abbildung 20.32 entsprechen.

Hinweis
Wenn Sie hier Fehlermeldungen oder gar keine Ergebnisse erhalten, dann haben Sie entweder den DNS-Server oder aber die Netzwerkeinstellungen des Rechners nicht richtig konfiguriert. Sie sollten versuchen, den Fehler zu finden. Würden Sie mit der Installation fortfahren, dann würden sehr schnell nur schwer zu behebende Probleme auftreten.

DHCP-Server der Basisstation konfigurieren

Nachdem der Miniserver nun die Namensauflösung im lokalen Netzwerk übernommen hat und auch andere DNS-Anfragen beantwortet, muss die Basisstation entsprechend konfiguriert werden. Dies ist notwendig, da die Basisstation ein drahtloses Netzwerk bereitstellt. Rechner wie das Macbuchluft, die sich in das drahtlose Netzwerk einklinken, würden laut Standardeinstellungen die AirPort-Basisstation als DNS-Server ansprechen. Damit wäre für diese Rechner die Domäne *samoa.kai* nicht funktionsfähig. Darüber hinaus müssen Sie den DHCP-Server so konfigurieren, dass er nur die IP-Adressen zwischen 192.168.0.101 und 192.168.0.200 vergibt. Damit vermeiden Sie, dass es Konflikte mit dem VPN-Dienst und den festen IP-Adressen gibt.

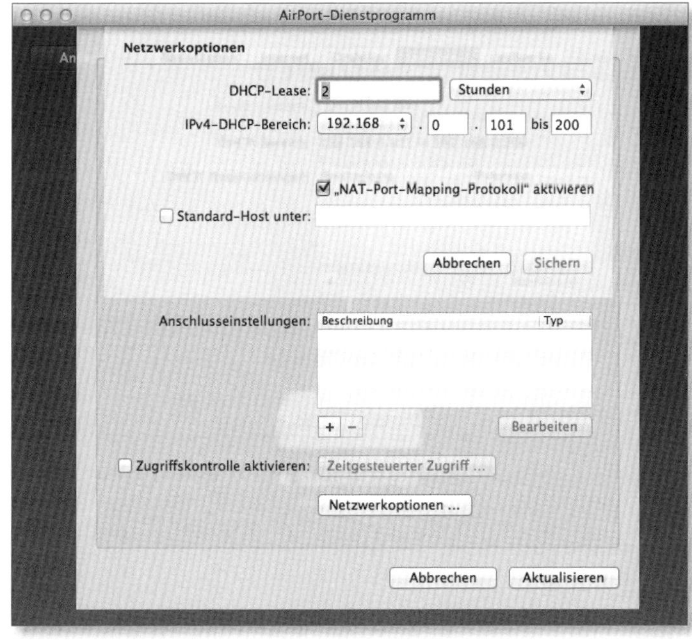

◂ **Abbildung 20.33**
Der DHCP-Server der Basisstation vergibt nur noch die IP-Adressen 192.168.0.101 bis 192.168.0.200.

DHCP-Server konfigurieren | Im AirPort-Dienstprogramm wechseln Sie in die Ansicht NETZWERK und rufen dort die NETZWERKOPTIONEN auf. Im IPV4-DHCP-BEREICH geben Sie in die letzten beiden Felder 101 beziehungsweise 200 ein.

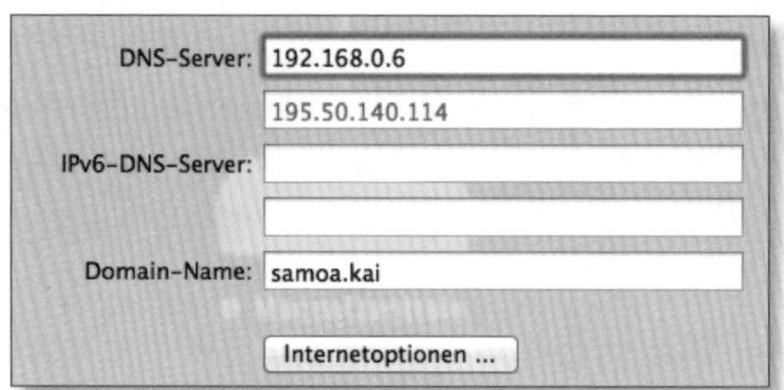

Abbildung 20.34 ▸
Die IP-Adresse des Miniservers wird für die Basisstation als erster DNS-Server eingetragen.

DNS-Server konfigurieren | Bevor Sie die Basisstation neu starten, damit die Änderungen wirksam werden, sollten Sie zusätzlich im Reiter INTERNET die IP-Adresse des Miniservers (192.168.0.6) als ersten DNS-SERVER eintragen. Die DNS-Server Ihres DSL-Anbieters werden wahrscheinlich in Hellgrau angezeigt. Sie können den ersten Eintrag überschreiben und den zweiten (siehe Abbildung 20.34) beibehalten. Nachdem die Basisstation neu gestartet wurde, wird Geräten, die sich im drahtlosen Netzwerk anmelden, die IP-Adresse des Miniservers als DNS-Server mitgeteilt. Aus diesem Grund ist anschließend auch das Macbuchluft in der Lage, einen URL wie *http://miniserver.samoa.kai* zu nutzen.

20.5 Server administrieren

Das Programm Server bietet Ihnen ein paar weitere Funktionen, die Ihnen im Alltag bei der Administration insbesondere über das Netzwerk behilflich sind.

Abbildung 20.35 ▸
In den Einstellungen können auch die Anmeldung über SSH und die Bildschirmfreigabe aktiviert werden.

Zunächst können Sie in der Ansicht EINSTELLUNGEN unter HARDWARE einstellen, wie Sie Ihren Server über das Netzwerk konfigurieren möchten. Neben der direkten Konfiguration mittels des Programms Server stehen Ihnen hier auch die Zugriffe über SSH sowie die Bildschirmfreigabe zur Verfügung.

◂ Abbildung 20.36
In der Ansicht FESTPLATTE können die Dateisysteme des Servers verwaltet werden.

Außerdem finden Sie in der Ansicht FESTPLATTE eine Übersicht der angeschlossenen Dateisysteme Ihres Servers. Sie können diese durchsuchen, und über das Icon mit dem Zahnrad unten können Sie die Zugriffsrechte verwalten und einen neuen Ordner erstellen.

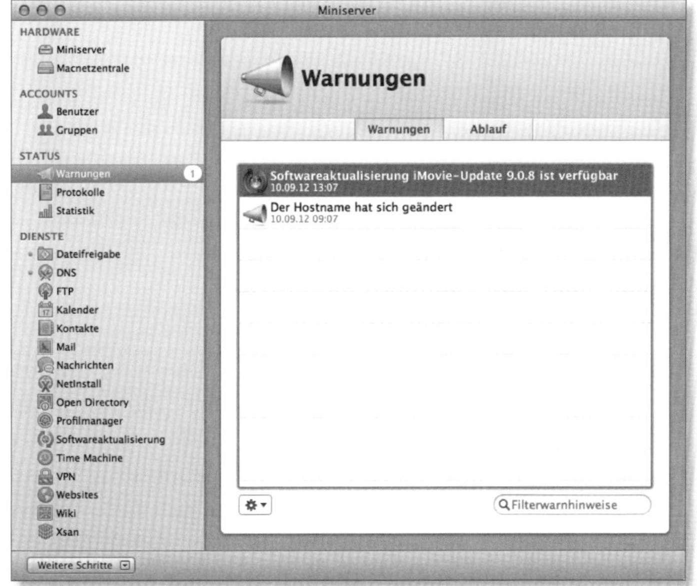

◂ Abbildung 20.37
Zu den Warnungen gehören auch Hinweise auf verfügbare Softwareaktualisierungen.

Warnungen und Updates

Die Ansicht PROTOKOLLE im Bereich STATUS entspricht im Wesentlichen der Funktion des Dienstprogramms Konsole. Nützlich ist die Funktion dann, wenn Sie Ihren Server über das Netzwerk administrieren. Sie können damit direkt auf die Protokolle des Servers zugreifen, die über das Netzwerk übertragen werden. Die STATISTIK bietet Ihnen ein paar hübsche Graphen zur aktuellen Auslastung Ihres Servers und des stattfindenden Netzwerkverkehrs.

Zu den WARNUNGEN gehören nicht nur Probleme und Ereignisse, sondern auch verfügbare Updates. Über das Icon mit dem Zahnrad können Sie entweder ALLE LÖSCHEN oder die MELDUNG EINBLENDEN. Ein Doppelklick auf eine Meldung führt zu den Details. Im Falle eines Updates finden Sie hier die Schaltfläche INSTALLIEREN, mit der Sie das Update auch über das Netzwerk einspielen können. Auf diese Weise ist es möglich, dass Sie einen Server weitgehend vollständig über das Netzwerk verwalten.

Abbildung 20.38 ▸
Updates können direkt über das Programm Server installiert werden.

Sicherheit
Die selbst erstellten Zertifikate werden als nicht sicher betrachtet. Der Grund dafür ist, dass Sie sie selbst erstellt haben. Da keine Zertifizierungsstelle dieses Zertifikat beglaubigt, wird es per se als unsicher betrachtet. Sie können kostenpflichtig ein Zertifikat von einem Anbieter erwerben, oder Sie nehmen die beschriebenen Warnungen in Kauf.

SSL-Zertifikate verwalten

OS X Server setzt für die Verschlüsselung der Datenkommunikation bei vielen Diensten auf SSL-Zertifikate. Wenn Sie den Server eingerichtet haben, dann wird auch ein selbst signiertes Zertifikat erstellt. Sollten Sie darüber hinaus noch eine Domain während der Installation angegeben haben, dann wird auch für diese ein Zertifikat erstellt. Verwalten können Sie die Zertifikate über die Schaltfläche BEARBEITEN nach dem Eintrag SSL-ZERTIFIKAT in der Ansicht EINSTELLUNGEN unter HARDWARE.

Sie können hier ein anderes Zertifikat auswählen und den Diensten auch gezielt Zertifikate zuweisen. Sofern Sie OS X Server lediglich wie hier beschrieben quasi privat einsetzen, können Sie es bei diesen Zertifikaten belassen. Falls Sie jedoch weitere Zertifikate benötigen oder ein weiteres Zertifikat erstellen möchten, können Sie über das Icon mit dem Zahnrad ein entsprechendes Panel für die Verwaltung aufrufen.

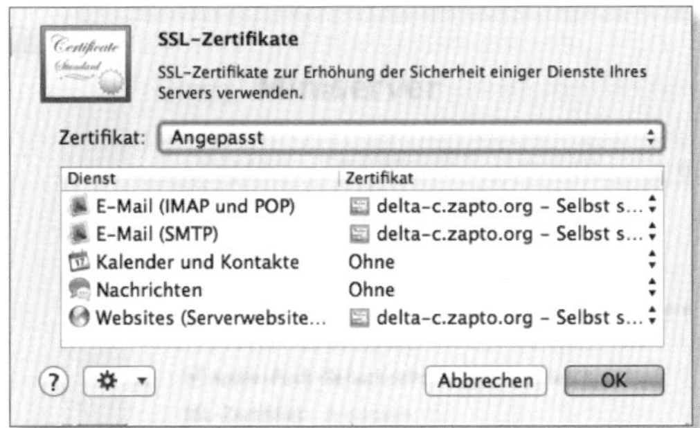

◂ **Abbildung 20.39**
Die SSL-Zertifikate werden in der Ansicht Einstellungen im Bereich Hardware verwaltet.

20.6 Benutzerverwaltung im Open Directory

Das Programm Server ermöglicht Ihnen im Vergleich zum Arbeitsgruppenmanager eine leicht zugängliche Verwaltung der Benutzer- und Gruppenkonten auf Ihrem Server. Bevor Sie die Benutzerkonten aber zentral auf Ihrem Server verwalten können, müssen Sie Ihren Server zunächst zu einem Open-Directory-Master aufwerten. Über diese Funktion werden die Benutzerkonten für das Netzwerk bereitgestellt. Sie wird auch vorausgesetzt, wenn Sie die Authentifizierung für das drahtlose Netzwerk Ihrer Basisstation über Benutzerkonten vornehmen möchten.

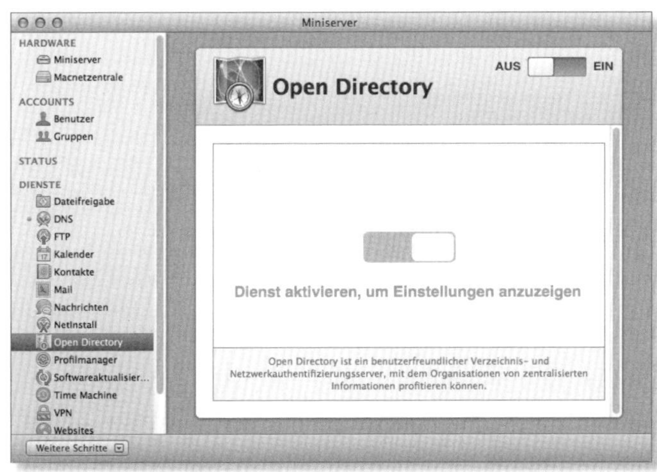

◂ **Abbildung 20.40**
Direkt nach der Erstinstallation ist der Open-Directory-Dienst noch nicht aktiv.

Netzwerkbenutzer und -gruppen

Herr und Knecht
Die Bezeichnung *Open-Directory-Master* bedeutet, dass der Server die Autorität für die Verwaltung der Konten ist. Es wäre auch möglich, eine Open-Directory-Replica zu erstellen. Hier würden die Konten von einem Open-Directory-Master gespiegelt. In sehr großen Netzwerken kann diese Lastverteilung notwendig sein, wenn der Open-Directory-Master zu viele Anfragen bewältigen muss.

Wenn Sie den Dienst OPEN DIRECTORY in der linken Spalte auswählen, dann ist dieser zunächst deaktiviert. Wählen Sie oben rechts die Option EIN, dann startet ein Assistent, der Sie durch die Einrichtung des Open-Directory-Masters führt.

Im ersten Schritt können Sie sich entscheiden, ob Sie eine neue Open Directory Domain erstellen oder sich mit einer existierenden Domain verbinden möchten. Hier wählen Sie die Option NEUE OPEN DIRECTORY-DOMAIN ERSTELLEN aus. Die Verbindung mit einer bestehenden Domain wird nur bei größeren Einrichtungen, die viele Benutzerkonten verteilt auf mehrere Server verwalten, notwendig sein.

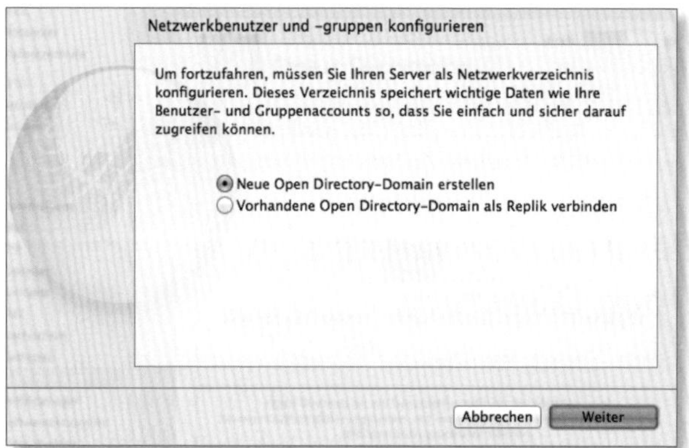

Abbildung 20.41 ▸
Im ersten Schritt wird eine neue Domain erstellt.

Im nächsten Schritt legen Sie den Namen, den Account sowie das Kennwort des Verzeichnisadministrators fest. Dieser Administrator unterscheidet sich von den gewohnten Administratoren dadurch, dass er lediglich für die Verwaltung der im Open Directory gespeicherten Benutzer- und Gruppenkonten eingesetzt wird. Das Kennwort sollte sich von den Kennwörtern unterscheiden, die Sie für die Administratoren vorgegeben haben.

Abbildung 20.42 ▸
Für das Open Directory wird ein eigener Verzeichnisadministrator erstellt.

Sie geben dann im vorletzten Schritt des Assistenten eine E-Mail-Adresse sowie den Namen Ihrer Organisation an.

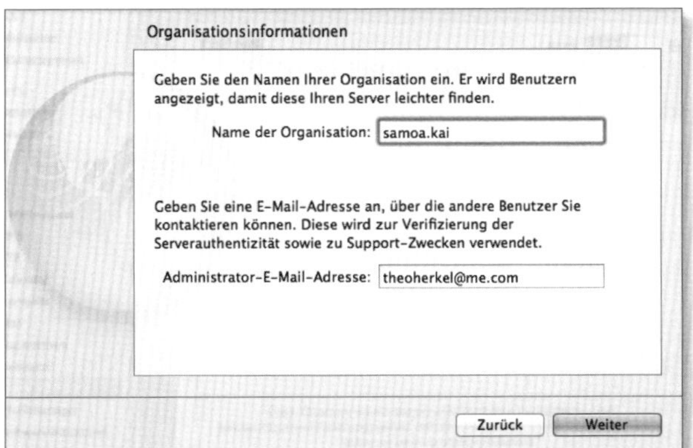

◂ **Abbildung 20.43**
Der Name der Organisation sowie eine E-Mail-Adresse werden im vorletzten Schritt eingegeben.

Nachdem Sie auch diese Informationen eingegeben haben, wird Ihnen im letzten Schritt eine Zusammenfassung angezeigt. Über die Schaltfläche KONFIGURIEREN können Sie dann die Installation vornehmen. Diese Installation kann einen Moment dauern.

Hinweis
Unter OS X 10.8.1 konnte es passieren, dass der Assistent im letzten Schritt hängenblieb. Wenn nach mehreren Minuten Wartezeit der Assistent immer noch nicht abgeschlossen wurde, ließ sich hier durch das Beenden und erneute Starten des Programms Server Abhilfe schaffen.

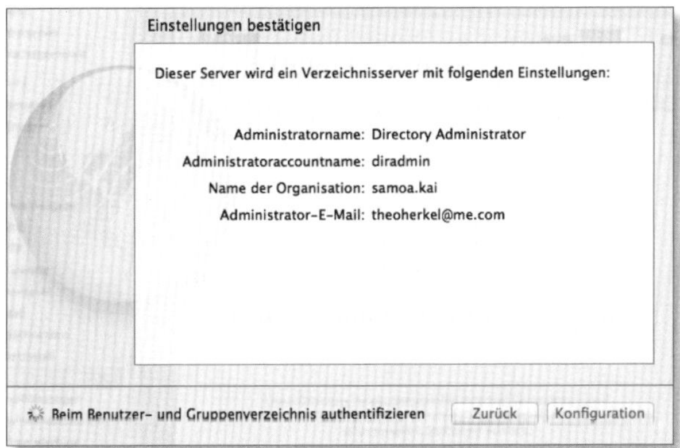

◂ **Abbildung 20.44**
Im letzten Schritt wird der Open-Directory-Dienst dann konfiguriert.

Nachdem die Installation erfolgreich abgeschlossen wurde, finden Sie nun in der Darstellung den eingerichteten Server. Weitere Konfigurationen des Open Directory sind für die in diesem Teil beschriebene Konfiguration nicht notwendig. Die Ansicht dient in der Verwaltung dazu, mehrere Open-Directory-Server miteinander zu verbinden. Da in diesem Beispiel lediglich ein Open Directory zum Einsatz kommt, müssen hier keine weiteren Konfigurationen vorgenommen werden. Lediglich über das Icon mit dem Zahnrad können Sie eine globale Kennwortrichtlinie vorgeben. Diese wird im Zusammenhang mit der Verwaltung der Benutzerkonten beschrieben.

Abbildung 20.45 ▸
Nach der Installation wird der eingerichtete Open-Directory-Dienst aufgeführt.

Hinweis
Bei der Anbindung werden Sie Hinweise erhalten, dass die Verbindung nicht über SSL verschlüsselt werden kann. Bei dieser in Bezug auf Open Directory etwas vereinfachten Installationsweise ist dies akzeptabel.

Clients anbinden | Damit sich die Anwender an einem anderen Rechner mit den Benutzerkonten, die auf dem Server angelegt wurden, anmelden können, müssen Sie diese Rechner an den Verzeichnisdienst anbinden (siehe Abschnitt 17.6). Auf dem Mac Pro fügen Sie zu diesem Zweck in den Systemeinstellungen in der Ansicht Benutzer & Gruppen in den Anmeldeoptionen den Miniserver als Netzwerkaccount-Server hinzu. Auf die Möglichkeit, sich am Server mit dem Rechner zu authentifizieren, können Sie verzichten, und die Felder Benutzer und Kennwort einfach leer lassen.

Abbildung 20.46 ▸
Der Macpro wird an den Verzeichnisdienst des Miniservers angebunden.

Benutzerkonten und Gruppen

Nachdem Ihr Server über einen funktionsfähigen Open-Directory-Master verfügt, können Sie Benutzer und Gruppen erstellen und verwalten, die im Netzwerk zur Verfügung stehen. Das Programm Server unterscheidet in den Ansichten BENUTZER und GRUPPEN zwischen Benutzern und Netzwerkbenutzern sowie zwischen Gruppen und Netzwerkgruppen. Der Hinweis LOKAL, den Sie bei allen Typen finden, besagt, dass diese Konten auf diesem Server und nicht auf einem anderen Open Directory gespeichert werden. Die normalen Benutzer und Gruppen werden in der Datenbank DSLocal des Servers gespeichert, die Netzwerkbenutzer und -gruppen im Open Directory. Sie finden daher bei den lokalen Benutzern auch das administrative Konto, das Sie auf dem Server vor der Installation angelegt haben. Für die weitere Arbeit werden Netzwerkbenutzer und -gruppen erstellt, es wird also mit dem Open Directory gearbeitet.

Grundlegende Verwaltung
Dieser Abschnitt beschreibt lediglich die grundlegende Verwaltung der Benutzer- und Gruppenkonten. Wie Sie die Konten für die einzelnen Dienste konfigurieren, erfahren Sie im nächsten Kapitel.

Benutzer erstellen | Wenn Sie einen neuen Benutzer erstellen, dann können Sie neben dem Kennwort auch die E-Mail-Adresse festlegen. Darüber hinaus können Sie den Benutzer zu einem Administrator des Servers erklären. Mit dem Kontingent legen Sie fest, wie viel Speicherplatz der Benutzer auf dem Server belegen darf.

▲ **Abbildung 20.47**
Open Directory unterscheidet zwischen normalen und Netzwerkbenutzern.

Beim derzeitigen Stand der Serverkonfiguration stehen Ihnen für den Benutzerordner nur die Optionen NUR LOKAL und OHNE – NUR DIENSTE zur Auswahl. Die erste Option ermöglicht es dem Anwender lediglich, andere Dienste wie den Kalenderserver oder das Wiki zu nutzen. Haben Sie die Option NUR LOKAL ausgewählt, dann kann eine Anmeldung am Anmeldebildschirm von OS X vorgenommen werden. Erfolgt eine Anmeldung über ein solches Benutzerkonto von einem anderen Rechner, etwa dem Mac Pro, dann wird auf dem Mac Pro im Verzeichnis /BENUTZER ein persönlicher Ordner für diesen Netzwerkbenutzer erstellt. Um den persönlichen Ordner zentral auf dem Server zu verwalten, müssen Sie die Dateifreigabe (siehe Abschnitt 21.2) entsprechend konfigurieren.

Bild des Benutzers
Klicken Sie den Umriss oben links an, um ein Bild für den Benutzer festzulegen.

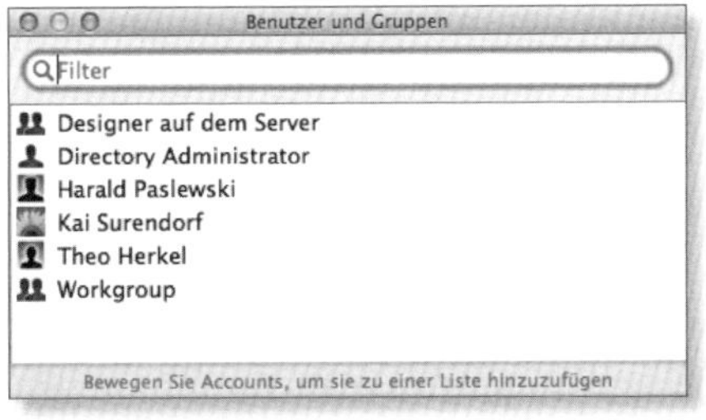

◂ **Abbildung 20.48**
Aus dem schwebenden Fenster können Sie Benutzer und Gruppen direkt in die Mitgliedsliste ziehen.

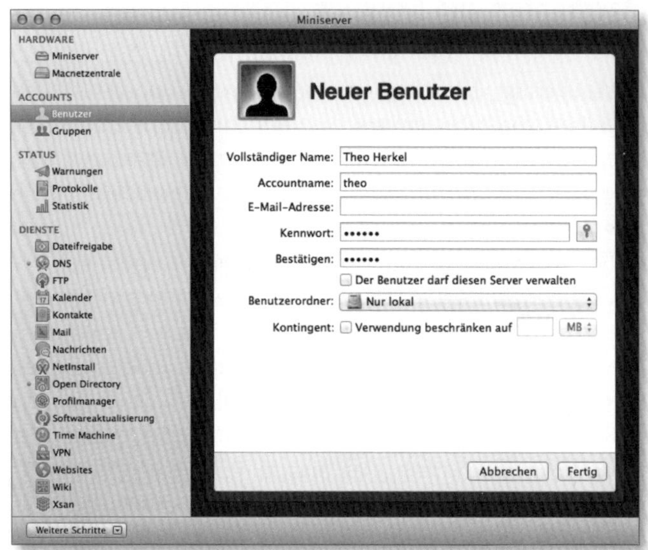

Abbildung 20.49 ▸
Dem Benutzer können Sie auch eine E-Mail-Adresse zuweisen.

Gruppen erstellen | Bei der Erstellung einer Gruppe können Sie wie auch in den Systemeinstellungen zwei Namen vorgeben. Der VOLLSTÄNDIGE NAME kann aus mehreren Wörtern mit Umlauten bestehen. Der GRUPPENNAME wird für die Zugriffsrechte genutzt. Hier sollten Sie unbedingt auf Sonderzeichen und Umlaute verzichten.

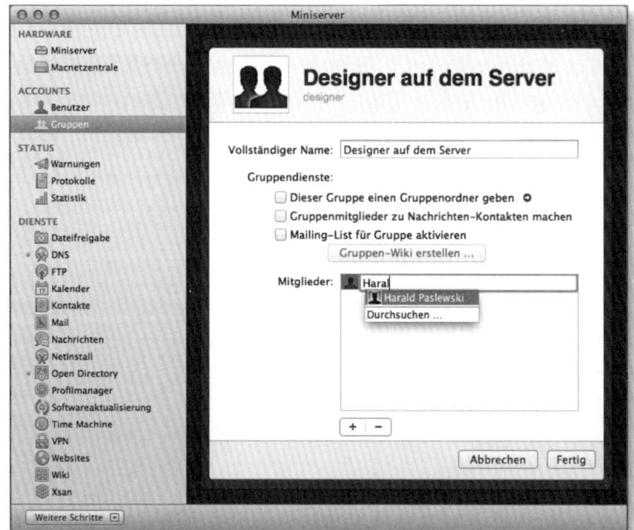

Abbildung 20.50 ▸
Der Name eines neuen Mitglieds muss nicht vollständig eingegeben werden.

Haben Sie die Gruppe erstellt, dann fügen Sie Mitglieder hinzu, indem Sie über das Pluszeichen einen zunächst noch leeren Eintrag erzeugen. Sie können dann anfangen, den Namen eines zukünftigen Mitglieds einzugeben. Mögliche Mitglieder werden

Ihnen dann aufgelistet, und Sie können mit den Pfeiltasten einen Eintrag auswählen und die Eingabe mit [↵] abschließen. Wählen Sie den Eintrag DURCHSUCHEN aus, dann erscheint eine schwebende Palette. Diese enthält eine Liste der vorhandenen Benutzer und Gruppen. Sie können aus dieser Liste Einträge direkt in den Bereich MITGLIEDER ziehen.

◂ **Abbildung 20.51**
Ein Benutzer kann zu mehreren Gruppen gehören.

Um einen Benutzer einer Gruppe hinzuzufügen, können Sie auch einen Doppelklick auf den Benutzer ausführen. Sie finden dort einen Eintrag GRUPPEN, der diejenigen auflistet, denen der Benutzer hinzugefügt wurde.

◂ **Abbildung 20.52**
Den Zugriff auf die vom Server angebotenen Dienste können Sie für Benutzer einschränken.

Dienstzugriff | Über das Icon mit dem Zahnrad unten können Sie ein Menü aufrufen, in dem Sie einen Eintrag ZUGRIFF AUF DIENSTE BEARBEITEN finden. Sie können hier für einzelne Benutzerkonten die Dienste auswählen, die sie auf dem Server in Anspruch nehmen dürfen. Zuvor müssen Sie jedoch noch die Zugriffskontrolle über die Schaltfläche links unten aktivieren.

Account freischalten
Wird ein Konto gesperrt, weil das Passwort zu oft falsch eingegeben wurde oder eine Frist verstrichen ist, dann wird die Option ANMELDEN in den Details des Kontos deaktiviert. Um das Konto wieder freizuschalten, aktivieren Sie einfach die Option ANMELDEN.

Kennwortrichtlinie | In dem Menü finden Sie ebenfalls den Eintrag GLOBALE KENNWORTRICHTLINIE BEARBEITEN. Hier können Sie festlegen, welche Kriterien für die Passwörter der Benutzer gelten. Außerdem ist es möglich, Benutzerkonten anhand gewisser Kriterien automatisch zu sperren.

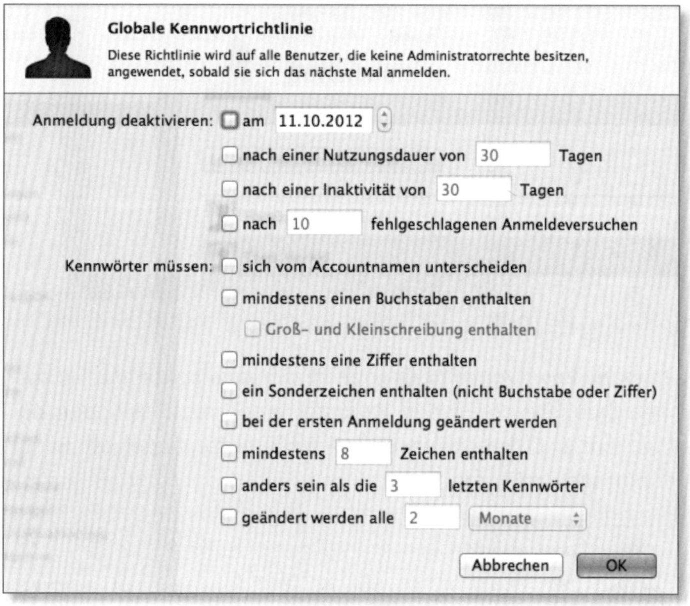

Globale Kennwortrichtlinie
Diese Richtlinie wird auf alle Benutzer, die keine Administratorrechte besitzen, angewendet, sobald sie sich das nächste Mal anmelden.
Anmeldung deaktivieren: am 11.10.2012
nach einer Nutzungsdauer von 30 Tagen
nach einer Inaktivität von 30 Tagen
nach 10 fehlgeschlagenen Anmeldeversuchen
Kennwörter müssen: sich vom Accountnamen unterscheiden
mindestens einen Buchstaben enthalten
Groß- und Kleinschreibung enthalten
mindestens eine Ziffer enthalten
ein Sonderzeichen enthalten (nicht Buchstabe oder Ziffer)
bei der ersten Anmeldung geändert werden
mindestens 8 Zeichen enthalten
anders sein als die 3 letzten Kennwörter
geändert werden alle 2 Monate
Abbrechen OK

Abbildung 20.53 ▸
Über die globale Kennwortrichtlinie können für die Kennwörter und die Anmeldung Kriterien definiert werden.

20.7 Zusammenfassung

Advanced Administration
Möchten Sie einige der angesprochenen Punkte vertiefen, dann bietet Ihnen das englische Handbuch »Advanced Administration« von Apple (*http://help.apple.com/advancedserveradmin*) weitere Informationen.

In diesem Kapitel wurde eine Reihe von Themen angesprochen. Auch wenn sich Ihnen der Sinn einiger Schritte auf den ersten Blick nicht erschließen mag, ist der nun konfigurierte Server in der Lage, Benutzerkonten zentral zu verwalten und die Namensauflösung in Ihrem lokalen Netzwerk zu übernehmen, und aus dem Internet ist er unter einer Domain wie *delta-c.zapto.org* erreichbar. Die Grundlagen für die im nächsten Kapitel zu konfigurierenden Dienste wurden gelegt.

Kapitel 21
Dienste konfigurieren und nutzen

Wenn Sie die grundlegende Infrastruktur des Netzwerks und des Servers aufgebaut haben, dann können Sie die einzelnen Dienste einrichten und nutzen. Dieses Kapitel beschreibt zunächst die Einrichtung der grundlegenden Netzwerkdienste VPN und RADIUS. Danach geben Sie Ordner auf dem Server im Netzwerk frei. Der Schwerpunkt von OS X 10.8 Server sind weiterhin die kollaborativen Dienste wie der Kalender und der Wiki-Dienst. Diese werden im dritten und letzten Abschnitt beschrieben.

21.1 Netzwerkdienste einrichten

Über einen VPN-Server können Sie sich vom Internet aus in Ihr lokales Netzwerk einklinken und die dort vorhandenen Rechner ansprechen. Da die Verbindung mit einer recht sicheren Verschlüsselung erfolgt, ist diese Methode vorzuziehen, wenn Sie auf vertrauliche Daten zu Hause oder im Büro zugreifen müssen. Mit dem RADIUS-Server können Sie sich im drahtlosen Netzwerk über die eingerichteten Benutzerkonten anmelden. Sie sind nicht mehr auf das Kennwort der Basisstation angewiesen, sondern können den Zugriff auf Ihr Netzwerk bequem mit Konten regeln.

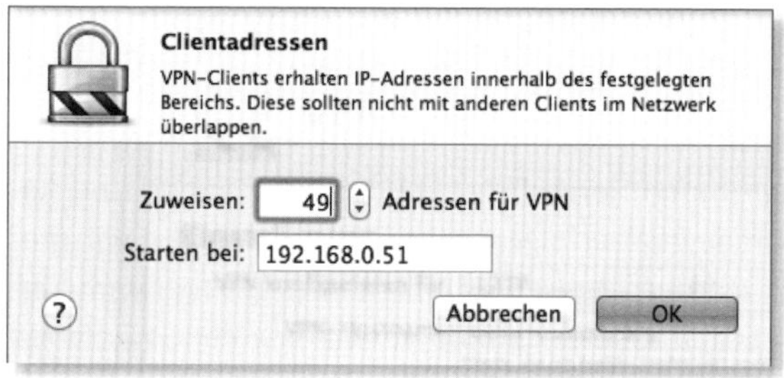

◂ **Abbildung 21.1**
Zuerst geben Sie den Adressbereich für VPN-Verbindungen ein.

Schlüssel
In dieser Installation erfolgt die Authentifizierung über das Benutzerkonto und dessen Kennwort. Der Schlüssel kommt in dieser Form nicht zum Einsatz. Sie können es bei dem von Apple vorgeschlagenen, zufällig generierten Schlüssel belassen.

VPN-Server

Für die Nutzung des VPN-Zugangs müssen Sie zunächst den VPN-Dienst auf dem Server konfigurieren und aktivieren. Die dabei erzeugte Profildatei wird auf Clients wie das Macbuchluft kopiert und dort modifiziert. Darüber hinaus müssen Sie die AirPort-Basisstation so konfigurieren, dass sie eingehende Verbindungsanfragen auf den Miniserver weiterleitet.

Adressbereich vergeben | Haben Sie den Dienst VPN in der Seitenleiste ausgewählt, dann müssen Sie zuerst den Bereich der IP-Adressen eingeben, die für VPN-Verbindungen zur Verfügung stehen sollen. Hierzu rufen Sie über die Schaltfläche BEARBEITEN NACH beim Eintrag CLIENTADRESSEN ein Panel auf. Hier können Sie die IP-Adresse, an der die Vergabe starten soll, eingeben. Außerdem legen Sie fest, wie viele Adressen zugewiesen werden sollen. In der Beispielinstallation dieses Teils soll der VPN-Dienst die Vergabe der IP-Adressen bei 192.168.0.51 beginnen und insgesamt 49 Adressen konsekutiv vergeben.

DNS-Einstellungen | Bevor Sie den VPN-Dienst starten, sollten Sie noch die DNS-Einstellungen überprüfen. Über die Schaltfläche BEARBEITEN nach dem Eintrag DNS-EINSTELLUNGEN rufen Sie wiederum ein Panel auf. Hier können Sie den DNS-Server (in diesem Beispiel 192.168.0.6) sowie die Domain (*samoa.kai*) für Ihr Netzwerk eingeben.

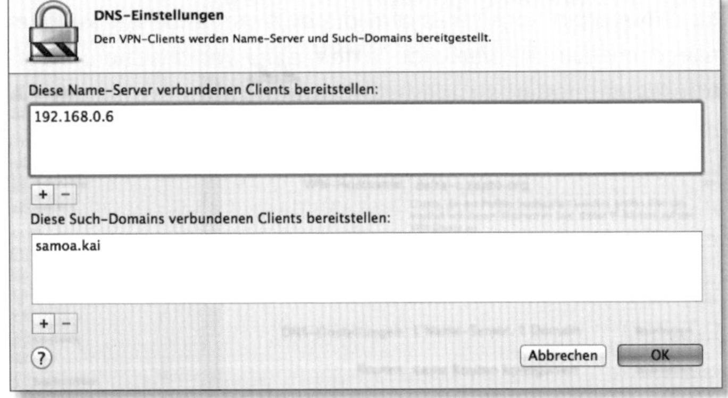

Abbildung 21.2 ▸
Die DNS-Einstellungen sollten überprüft werden.

VPN-Ports
Nutzen Sie einen anderen Router, dann müssen Sie die UDP-Ports 500, 1701 und 4500 auf die IP-Adresse 192.168.0.6 umleiten.

Portumleitung konfigurieren | Damit vom Internet aus eine Anmeldung in Ihrem VPN erfolgen kann, müssen Sie die entsprechenden Ports auf den Miniserver umleiten. Das Programm Server ist in der Lage, diesbezüglich die Verwaltung der Basisstation zu übernehmen. Wählen Sie hierzu Ihre Basisstation im Bereich HARDWARE aus, und fügen Sie mit einem Klick auf das Pluszeichen den Dienst VPN zu den öffentlichen Diensten hinzu. Haben Sie zuvor den Dienst ZUGANG ZU MEINEM MAC (siehe Abschnitt 17.4) auf der Basisstation eingerichtet, dann erhalten Sie eine Warnung.

Der Grund dafür ist, dass es sich bei ZUGANG ZU MEINEM MAC um ein modifiziertes VPN handelt, das die gleichen Netzwerk-Ports nutzt. Sie sollten, um den VPN-Dienst aus dem Internet verfügbar zu machen, auf die Nutzung von ZUGANG ZU MEINEM MAC verzichten und im AirPort-Dienstprogramm die eingerichteten Konten löschen. Nachdem Sie den VPN-Dienst der Liste hinzugefügt haben, müssen Sie die Basisstation neu starten.

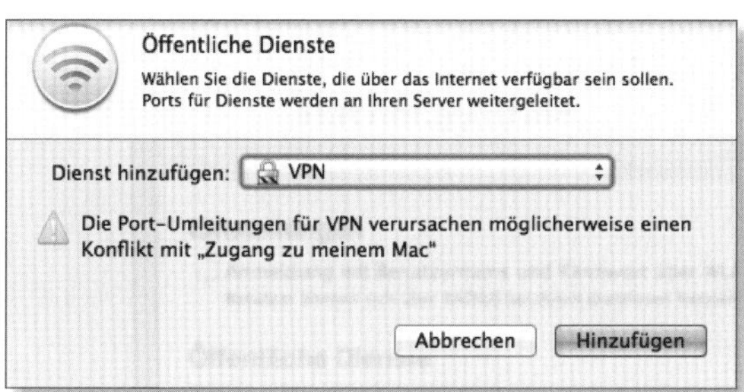

◂ **Abbildung 21.3**
Die Weiterleitung der VPN-Verbindung kann zu einem Konflikt mit der Funktion ZUGANG ZU MEINEM MAC führen.

Konfigurationsprofil einbinden | Sie können nun den VPN-Dienst auswählen und starten. Über die Schaltfläche KONFIGURATIONSPROFIL SICHERN (siehe Abbildung 21.3) werden die notwendigen Einstellungen in einer Profildatei (siehe Abschnitt 16.7) zusammengefasst. Diese Profildatei mit der Endung *.mobileconfig* kopieren Sie auf die Rechner, die später wie das Macbuchluft eine VPN-Verbindung herstellen sollen. Wenn Sie diese Datei im Finder mit einem Doppelklick öffnen, dann werden die Systemeinstellungen gestartet, und Sie können das Konfigurationsprofil dem System hinzufügen.

Signierung
In dieser Konfiguration wurde darauf verzichtet, das Profil mit einem SSL-Zertifikat zu signieren. Sie erhalten daher den Hinweis, dass das Profil nicht signiert wurde.

◂ **Abbildung 21.4**
Das Profil fügen Sie über die Systemeinstellungen hinzu.

Serveradresse ändern | Im Profil wird auch die Adresse des Servers gespeichert, zu dem eine Verbindung aufgenommen werden soll. Diese sollte *delta-c.zapto.org* lauten. Es kann passieren, dass hier Ihre private Domain genutzt wird, und der Eintrag *miniserver.samoa.kai* lautet. Rufen Sie zur Kontrolle in den Systemeinstellungen die Ansicht NETZWERK auf, und wählen Sie dort den Netzwerkanschluss VPN aus. Hier ändern Sie, falls nötig, die SERVERADRESSE entsprechend ab.

Abbildung 21.5 ▶
Die SERVERADRESSE muss gegebenenfalls eigenhändig korrigiert werden.

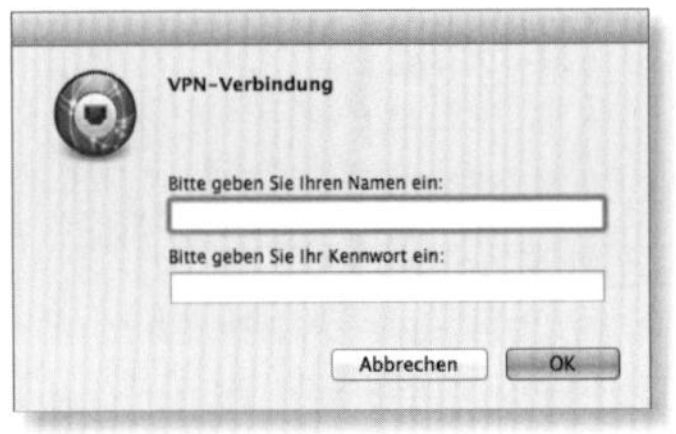

▲ **Abbildung 21.6**
Für die VPN-Verbindung kann ein Benutzer, der im Open Directory erstellt wurde, angegeben werden.

Abschließend müssen Sie noch in den erweiterten Optionen der VPN-Schnittstelle in der Ansicht DNS sowohl die IP-Adresse des lokalen DNS-SERVERS als auch die SUCH-DOMAIN kontrollieren.

Sie können jetzt über das Internet eine VPN-Verbindung zu Ihrem lokalen Netzwerk herstellen. Bei einer solchen Verbindung werden Ihnen die Rechner im Netzwerk im Finder nicht angezeigt, sind aber dennoch vorhanden. Sie können also mit dem URL *http://miniserver.samoa.kai* die Webseiten aufrufen und mit *afp://macpro.samoa.kai* im Finder eine Verbindung zu den freigegebenen Ordnern eines Rechners aufbauen.

RADIUS

Die Einrichtung des RADIUS-Dienstes in Verbindung mit einer AirPort-Basisstation ist fast schon als trivial zu bezeichnen. Wenn Sie im Bereich HARDWARE die betreffende Basisstation ausgewählt haben, finden Sie dort die Option ANMELDUNGEN MIT BENUTZERNAME UND KENNWORT ÜBER WLAN ZULASSEN. Sobald Sie diese Option aktivieren, wird die Konfiguration Ihrer Basisstation modifiziert. Anschließend wird die Basisstation neu gestartet.

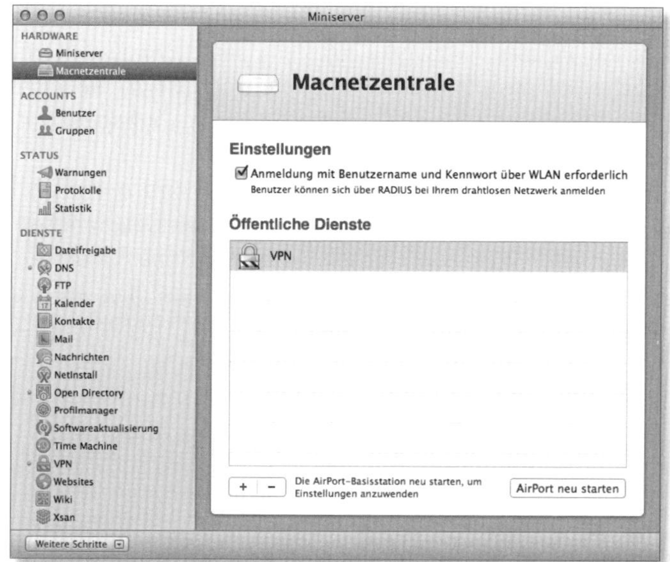

◂ **Abbildung 21.7**
Den RADIUS-Dienst müssen Sie lediglich aktivieren.

Hinweis
Diese Konfiguration des RADIUS-Dienstes funktioniert nur in Verbindung mit einer AirPort-Basisstation. Eine andere Möglichkeit, den RADIUS-Dienst unter OS X 10.8 zu konfigurieren, ist nicht vorhanden.

Nach der Aktivierung des RADIUS-Dienstes finden Sie im AirPort-Dienstprogramm im Reiter DRAHTLOS die Vorgabe eines firmenweiten WPA/2 für die Sicherheit. Mit einem Klick auf die Schaltfläche RADIUS KONFIGURIEREN rufen Sie ein Panel auf, in dem die Daten Ihres Servers automatisch eingetragen wurden. Dieser kontrolliert nun als RADIUS-Server die Authentifizierung für das drahtlose Netzwerk.

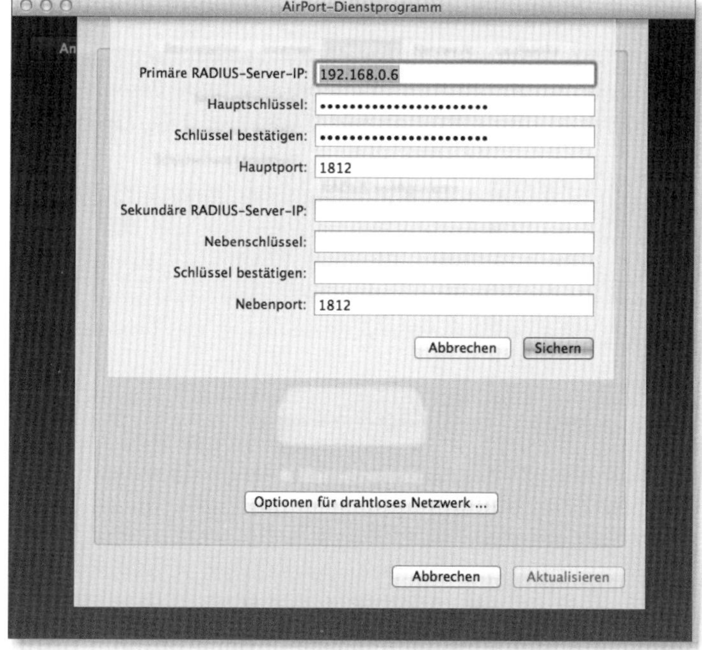

◂ **Abbildung 21.8**
Die Basisstation wird automatisch so konfiguriert, dass die Anmeldung über den RADIUS-Dienst erfolgt.

▲ **Abbildung 21.9**
Zur Anmeldung am drahtlosen Netzwerk müssen nun ein Benutzer und dessen Kennwort eingegeben werden.

Wird von einem Rechner wie dem Macbuchluft eine Verbindung mit dem drahtlosen Netzwerk hergestellt, dann wird der Anwender nach einem Benutzernamen und Kennwort gefragt. Hier muss ein Benutzerkonto verwendet werden, das zuvor auf dem Miniserver angelegt wurde.

RADIUS deaktivieren | Wenn Sie Ihr drahtloses Netzwerk später wieder nur mit einem einfachen Passwort absichern möchten, dann müssen Sie zunächst im Programm Server die Option ANMELDUNG MIT BENUTZERNAME UND KENNWORT ÜBER WLAN ZULASSEN abwählen. Anschließend wählen Sie im AirPort-Dienstprogramm im Reiter DRAHTLOS als Schutz die Option PERSÖNLICHER WPA2 aus und vergeben ein Kennwort für das drahtlose Netzwerk.

21.2 Dateifreigaben

OS X 10.8 Server ist in der Lage, Ordner über AFP, SMB und über WebDAV freizugeben. Darüber hinaus können Sie die persönlichen Ordner der Benutzer, die Sie auf dem Server angelegt haben, auch auf dem Server speichern. Und schließlich ist es möglich, den Server als Ziel für Backups mit Time Machine zu nutzen.

Ordner für OS X, Windows und iPad freigeben

Standardordner
Während die Ordner GROUPS und USERS, die im Finder GRUPPEN und BENUTZER heißen, standardmäßig freigegeben werden, bezeichnet der Eintrag PUBLIC das Verzeichnis SHARED ITEMS, das im Finder mit FREIGEGEBENE OBJEKTE bezeichnet wird.

Um einen Ordner im Netzwerk freizugeben, fügen Sie ihn in der Ansicht DATEIFREIGABE über das Pluszeichen der Liste hinzu. Anschließend müssen Sie die DATEIFREIGABE, die in diesem Fall sowohl die Freigabe über AFP als auch SMB einschließt, einschalten.

Abbildung 21.10 ▶
Ordner fügen Sie über das Pluszeichen zu den FREIGABEN hinzu.

Haben Sie einen Ordner zu den Freigaben hinzugefügt, dann können Sie mit einem Doppelklick auf den Ordner oder mit einem Klick auf das Icon mit dem Stift die Einstellungen bearbeiten. Zunächst können Sie festlegen, über welches Protokoll der Ordner freigegeben werden soll. Über die Liste ZUGRIFF steuern Sie, wie auch in den Systemeinstellungen, welche Benutzer und Gruppen auf die Freigabe zugreifen können.

◂ Abbildung 21.11
Die Liste ZUGRIFF enthält die Benutzer- und Gruppenkonten, die die Freigabe nutzen dürfen.

Freigaben für iOS-Geräte | Während sich die Freigaben via AFP und SMB nicht von denen unterscheiden, die in Abschnitt 19.1 besprochen wurden, müssen Sie bei der Freigabe für iOS-Geräte die Pfadangabe beachten. Aktivieren Sie die Option FÜR IOS-GERÄTE FREIGEBEN (WEBDAV), dann wird der Webserver aktiviert. Dieser gibt das Verzeichnis über WebDAV (siehe Abschnitt 18.2) frei. Die Freigabe via WebDAV wird mittels Bonjour automatisch im lokalen Netzwerk kommuniziert. Gegebenenfalls steht Ihnen der Server zweimal zur Auswahl – zunächst über den gewohnten Port 80, dann noch in einer zweiten Variante über Port 443. Die zweite Angabe nutzt die Verschlüsselung mittels SSL. Hier kann es bei den selbst signierten Zertifikaten zu Problemen kommen, da diese von iOS nicht akzeptiert werden. In diesem Fall sollten Sie die Verbindung über Port 80 aufnehmen.

Während Sie mit der Liste ZUGRIFF in der Ansicht DATEIFREIGABE den Zugang im Netzwerk konfigurieren, stellt Ihnen das Programm Server auch eine Möglichkeit zur Verfügung, die Access Control Lists (siehe Abschnitt 8.1) direkt zu bearbeiten.

Vererbung
Die Vererbung der Access Control Lists wird unter OS X 10.8 Server automatisch aktiviert. Sie können diese auch (siehe Abbildung 21.11) eigenhändig bearbeiten.

Abbildung 21.12 ▸
Im Reiter SPEICHER können Sie das Dateisystem eines Rechners durchsuchen und auch einen neuen Ordner erstellen.

Wählen Sie hierzu unter HARDWARE den Server aus, und wechseln Sie in den etwas missverständlich benannten Reiter SPEICHER. Hier können Sie zunächst das Dateisystem wie im Finder durchsuchen. In dem Menü, das Sie über das Icon mit dem Zahnrad aufrufen, stehen Ihnen die Punkte ZUGRIFFSRECHTE BEARBEITEN und ZUGRIFFSRECHTE ÜBERTRAGEN zur Verfügung.

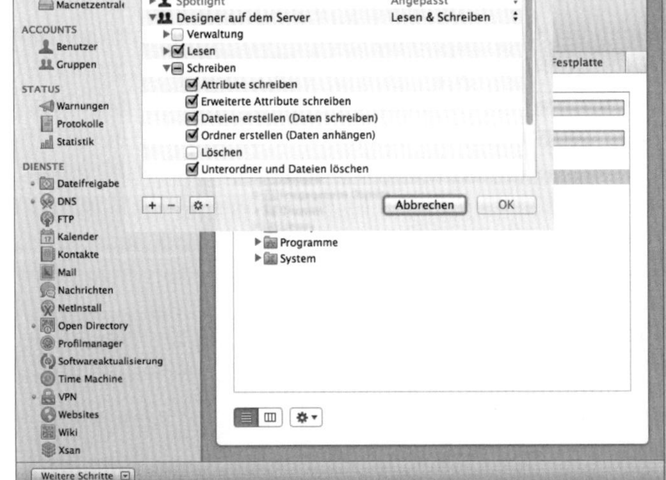

Abbildung 21.13 ▸
Die Access Control Lists können Sie über das Programm Server im Detail steuern.

Reihenfolge
Auch bei diesen Access Control Lists ist die Reihenfolge entscheidend: Sie werden von oben nach unten ausgewertet. Wird ein Recht durch einen Eintrag zugesprochen, dann wird es nicht aufgehoben, wenn es in einem nachfolgenden Eintrag nicht gewährt wird.

Während die Übertragung der Zugriffsrechte der gleichnamigen Funktion im Finder entspricht, öffnen Sie zur Bearbeitung der Rechte ein weiteres Fenster. Hier finden Sie alle Benutzer und

Gruppen, denen Sie über das Pluszeichen neue Rechte hinzufügen und die Sie über das Minuszeichen auch wieder entfernen können. In der rechten Spalte mit dem Titel ZUGRIFFSRECHTE sehen Sie vier Vorgaben. Während LESEN, SCHREIBEN sowie LESEN & SCHREIBEN selbsterklärend sind, ermöglicht die vierte Vorgabe (VOLLSTÄNDIGE STEUERUNG) es dem Inhaber dieses Rechts, die Zugriffsrechte innerhalb des Ordners zu ändern. Sofern notwendig, stellen Sie die Zugriffsrechte im Detail ein, indem Sie (siehe Abbildung 21.13) die Details ausklappen.

Gruppenordner | Schließlich können Sie einer Gruppe einen Ordner zuweisen. Dieser in der Ansicht GRUPPEN zu erstellende Ordner wird jedoch nicht als eigene Freigabe realisiert, sondern im bereits freigegebenen Verzeichnis GRUPPEN erstellt. Hierbei erhält die Gruppe automatisch das Recht der vollständigen Steuerung zugesprochen.

◄ Abbildung 21.14
Weisen Sie einer Gruppe einen Ordner zu, dann wird dieser unter GROUPS angelegt und nicht als eigene Freigabe.

Persönliche Ordner auf dem Server zentralisieren

OS X 10.8 Server bietet Ihnen die Möglichkeit, den persönlichen Ordner eines Benutzers zentral auf dem Server zu speichern. Haben Sie einen Rechner wie den Mac Pro an den Open-Directory-Verzeichnisdienst des Servers angebunden und melden Sie sich mit einem Benutzerkonto des Servers an, dann wird auf dem Mac Pro im Verzeichnis BENUTZER ein persönlicher Ordner für diesen Netzwerkbenutzer angelegt. Der Nachteil dieses Verfahrens besteht bei der Nutzung mehrerer Rechner darin, dass auf jedem

Hinweis
Die Zentralisierung der Benutzerordner auf dem Server sollte bei einer großen Anzahl von Benutzern und einem schwachen Rechner wie einem Mac mini gut überlegt sein. Arbeiten Ihre Benutzer mit großen Dateien, wie etwa Filmschnitt, dann kann der Server auch an die Grenzen seiner Leistungsfähigkeit stoßen.

Rechner ein persönlicher Ordner angelegt wird. Damit werden die Dateien und Einstellungen über mehrere Rechner hinweg regelrecht verteilt.

Abbildung 21.15 ▸
Eine Freigabe kann für die persönlichen Ordner der Benutzer ausgewählt werden, um die Ordner zentral auf dem Server zu speichern.

Sie können dieses Problem vermeiden, indem Sie die Benutzerordner zentral auf dem Server speichern. Hierzu müssen Sie zunächst bei einer Freigabe, beispielsweise USERS, die Option FÜR BENUTZERORDNER BEREITSTELLEN aktivieren. Bei jedem Benutzerkonto, dessen persönlichen Ordner Sie auf dem Server speichern möchten, müssen Sie anschließend in den Details einen BENUTZERORDNER vorgeben. Wählen Sie hier anstelle von NUR LOKAL eine Freigabe aus, dann wird der persönliche Ordner hier erstellt. Meldet sich der Benutzer nun mit diesem Konto an, wird dieser Ordner über das Netzwerk eingebunden. Von jedem Rechner wie dem Mac Pro erfolgt der Zugriff auf den persönlichen Ordner nun über das Netzwerk.

Abbildung 21.16 ▸
Der Miniserver kann als Zielmedium für die Time Machine im Netzwerk genutzt werden.

Time Machine

OS X 10.8 Server bietet Ihnen auch die Möglichkeit, eine Partition oder Festplatte als Ziel für die Sicherung mit Time Machine auszuwählen. Hierzu müssen Sie zunächst bei dem Dienst TIME MACHINE ein ZIEL FÜR BACKUPS festlegen. Nachdem Sie die Festplatte oder Partition ausgewählt haben, müssen Sie den Dienst nur noch aktivieren.

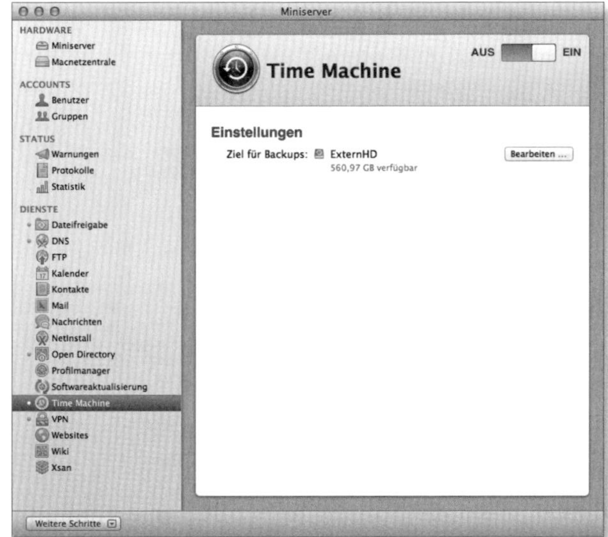

◂ **Abbildung 21.17**
Als Zielvolume können Sie auch eine externe, über USB angeschlossene Festplatte auswählen.

21.3 Kollaborative Dienste

Das Alleinstellungsmerkmal von OS X 10.8 Server sind die enthaltenen kollaborativen Dienste. Es gibt wohl kein anderes Serverprodukt auf dem Markt, das zu einem so günstigen Preis dermaßen viele Anwendungen zentral im Netzwerk bereitstellen kann. Dieser Abschnitt beschreibt nacheinander die Einrichtung – manchmal auch nur die Aktivierung – der einzelnen Dienste.

Webserver

Zur Konfiguration des Apache-Webservers bietet Ihnen das Programm Server ein paar Möglichkeiten. Die Funktionen decken allerdings bei Weitem nicht alle Möglichkeiten ab, die der Apache-Webserver eigentlich bietet.

Alternative Konfigurationen
OS X Server verwaltet die Konfigurationsdateien des Webservers äußerst rigide. Wenn Sie den Apache-Webserver selbst im Detail konfigurieren möchten, dann ist das Programm Server kein Hilfsmittel, da das Programm die von Ihnen vorgenommenen Änderungen in der Regel nicht respektiert, sondern überschreibt.

Virtuelle Hosts | In der Ansicht WEBSITES finden Sie standardmäßig zwei Einträge. Die SERVERWEBSEITE bezeichnet diejenige, die aufgerufen wird, wenn Sie im Browser *http://Server* eingeben.

Mit SERVERWEBSITE (SSL) wird die verschlüsselte Variante bezeichnet, die über den URL *https://Server* abgerufen wird. Sie können für den gesamten Webserver sowohl die PHP-Webprogramme als auch die Python-Webprogramme aktivieren. Damit werden Anweisungen in Dateien, die auf *.php* und *.py* enden, ausgeführt.

Abbildung 21.18 ▶
In der Ansicht WEBSITES können Sie neue Seiten anlegen und vorhandene Seiten verwalten.

Zunächst ist der Webserver so konfiguriert, dass er auf alle eingehenden Anfragen mit der Standardwebseite antwortet. Der Apache-Webserver ist aber auch in der Lage, unterschiedliche Domains mit unterschiedlichen Inhalten zu verwalten. Dazu könnten Sie über das Pluszeichen eine weitere Webseite erstellen, die Domain vorgeben und ein anderes Verzeichnis für die Dateien auswählen, die für diese Domain hinterlegt werden. Es wäre also möglich, für *delta-c.zapto.org* und *miniserver.samoa.kai* unterschiedliche Inhalte auszuliefern. Die Konfiguration solcher virtuellen Domains unterscheidet sich dann im Detail nicht von der im Folgenden beschriebenen Konfiguration der Standardwebseite.

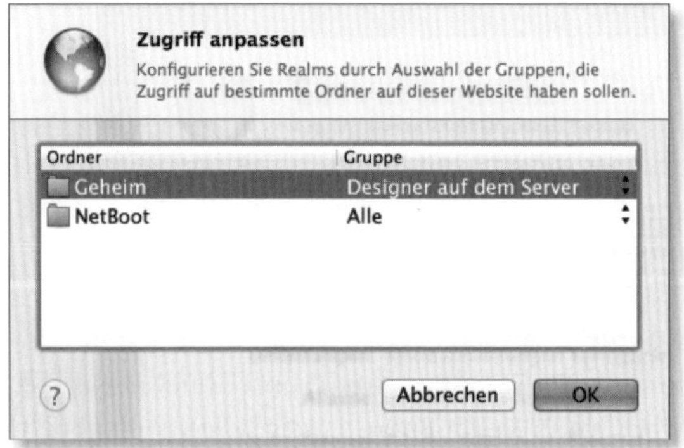

Abbildung 21.19 ▶
Der Zugriff kann für Ordner beschränkt werden.

Zugang beschränken | Mit einem Doppelklick auf eine Webseite oder über das Icon mit dem Stift unterhalb können Sie die Seite im Detail konfigurieren. Hier können Sie zunächst vorgeben, wo die Dateien für diese Webseite gespeichert werden. Mit DEFAULT wird das Verzeichnis /LIBRARY/SERVER/WEB/DATA/DEFAULT bezeichnet. Alternativ können Sie auch ein anderes Verzeichnis vorgeben. In den Standardeinstellungen ist die Webseite öffentlich. Wählen Sie unter BERECHTIGTE BENUTZER eine Gruppe aus, dann werden Websurfer aufgefordert, sich zu identifizieren. Mit dem Eintrag ANDERE können Sie für Unterordner Beschränkungen vorgeben. So könnten Sie im Verzeichnis /LIBRARY/SERVER/WEB/DATA/DEFAULT etwa einen Unterordner GEHEIM erstellen und den Zugriff auf diesen auf eine Gruppe beschränken, während der Rest der Webseite öffentlich zugänglich bleibt.

Domains und Umleitungen | In den Standardeinstellungen nimmt der Webserver jede Anfrage entgegen, egal, ob sie über die Domain *miniserver.samoa.kai*, *delta-c.zapto.org* oder *hurz.nonsense* bei ihm eingeht. Haben Sie eine weitere Domain, die von der Standardwebseite abweicht, eingerichtet, dann können Sie zusätzliche Domains einrichten und so zum Beispiel *delta-c.dyndns.org* und *delta-c.de* in einer Webseite zusammenfassen, während alle anderen Anfragen mit der Standardwebseite beantwortet werden. Umgekehrt könnten Sie auch eine Umleitung definieren.

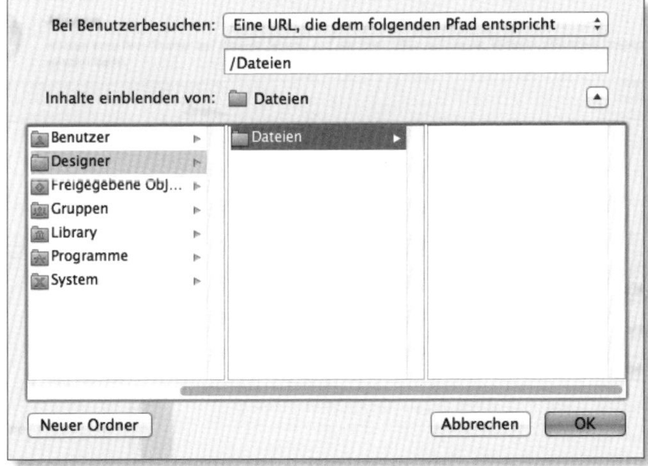

◂ **Abbildung 21.20**
Pfade können auf Ordner umgeleitet werden.

Über die Schaltfläche BEARBEITEN nach Umleitungen können Sie festlegen, dass eine gesamte Webseite oder auch nur ein Pfad in der Form *http://miniserver.samoa.kai/extern* auf einen Rechner umgeleitet wird. Genutzt werden solche Verfahren eigentlich eher in komplexeren Konfigurationen. Für die recht einfach gehaltene Webseite in diesem Beispiel sind weder die zusätzlichen Domains noch die Umleitungen notwendig.

Aliasse | Recht praktisch ist jedoch die Arbeit mit Aliassen bei der Konfiguration Ihres Webservers. Hier können Sie einen Pfad angeben, und diesen auf einen anderen Ordner abbilden. Wenn Sie zum Beispiel einen Pfad DATEIEN, der vom Websurfer in der Form *http://delta-c-zapto.org/Dateien* aufgerufen wird, auf einen Ordner außerhalb der Sitedateien abbilden möchten, dann rufen Sie zuerst über BEARBEITEN das Panel auf. Dort erstellen Sie über das Pluszeichen ein neues Alias und geben dann den Pfad (/PATH) sowie den Ordner vor.

Indexdateien
Als Indexdateien werden diejenigen Dateien bezeichnet, die automatisch ausgeliefert werden, wenn nur der Ordner angegeben wird. Bei einem Aufruf von *http://delta-c.zapto.org/inhalte* wird die Datei *index.html* im Ordner INHALTE ausgeliefert.

Erweiterte Einstellungen | Schließlich können Sie noch die erweiterten Einstellungen bearbeiten. Diese ermöglichen es Ihnen, einige Spezialfähigkeiten des Apache-Webservers zu nutzen. Die SERVERSEITIGE EINBINDUNG sowie die OVERRIDES benötigen etwas detaillierte Kenntnisse der Konfiguration des Apache als solchem. Die Einbindung via SSI bezeichnet hier die Server Side Includes, also die Einbettung und Zusammenfügung mehrerer Dateien zu einer. Mittels der HTACCESS-Datei lässt sich der Server recht detailliert konfigurieren. Apple stellt Ihnen lediglich die Option zur Aktivierung zur Verfügung, für die detaillierte Konfiguration müssten Sie Fachliteratur zum Apache-Webserver konsultieren. Wenn Sie die ORDNERLISTE ERLAUBEN, dann erhält ein Besucher der Webseite eine Liste des Inhalts eines Ordners, wenn in diesem keine Indexdatei wie *index.html* vorhanden ist.

◄ Abbildung 21.21 ►
In den erweiterten Einstellungen können CGI-Programme erlaubt werden.

Die Ausführung von CGI kann ebenfalls erlaubt werden. Dadurch können nicht nur PHP- und Python-Skripten, sondern auch noch andere Programmiersprachen wie Perl genutzt werden. In den Standardeinstellungen liefert der Server eine eher langweilige Seite aus, wenn ein Fehler aufgetreten ist. Sie können hier eine andere HTML-Datei vorgeben. Schließlich enthält der Webserver ein Erweiterungsmodul, das die Nutzung der Programmiersprache Python erheblich vereinfacht und erweitert. Genutzt wird dies allerdings eher in Verbindung mit leistungsfähigen Frameworks wie django und wird daher in dieser einfachen Beispielinstallation nicht berücksichtigt.

Portumleitung | Wenn Sie den Dienst Webserver einschalten, dann erhalten Sie gegebenenfalls die Rückfrage, ob Sie den Zugriff aus dem Internet erlauben möchten. Wenn Sie dies erlauben, dann richtet das Programm Server die Weiterleitung der benötigten Netzwerk-Ports auf der Basisstation ein. Ihre Webseiten sind nun aus dem Internet abrufbar.

Webserver-Ports
Nutzen Sie einen anderen Router als die AirPort-Basisstation, dann müssen Sie die TCP-Ports 80 und 443 auf den Server umleiten.

◀ **Abbildung 21.22**
Die Standardwebseite von OS X Server verweist unten auf verfügbare Dienste.

Konfigurationsdateien | Das Programm Server verwaltet und modifiziert die im Verzeichnis /LIBRARY/SERVER/WEB/CONFIG/APACHE2/ befindlichen Konfigurationsdateien des Webservers. Aufgrund der Spezifika von OS X Server finden Sie hier sehr viel mehr Dateien als in der in Abschnitt 19.6 besprochenen Standardinstallation. Mit diesen Dateien wird nicht nur der Webserver realisiert, sondern auch das Wiki und die Dateifreigabe für iOS-Geräte. Änderungen von Hand sollten Sie hier nur vornehmen, wenn Sie sich mit der Konfiguration des Apache-Webservers im Detail vertraut gemacht haben.

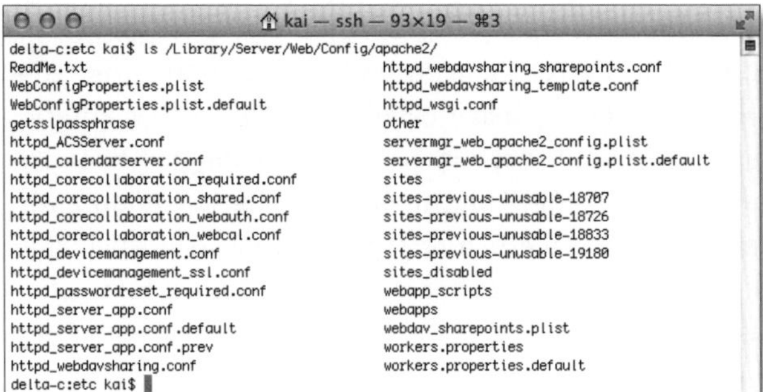

Abbildung 21.23 ▸
Die im Verzeichnis /ETC/APACHE2 vorliegenden Konfigurationsdateien werden vom Programm Server verwaltet.

Zurücksetzen | Die Konfiguration des Webservers über das Programm Server führt manchmal zu einer Situation, in der der Webserver nicht mehr funktioniert. Manchmal werden der Konfigurationsdateien nicht korrekt übewrnommen. Sollten Sie an einen Punkt gelangen, an dem Sie den Webserver nicht mehr verwalten können, weil irgendwelche nicht nachvollziehbaren Parameter verwendet werden, dann können Sie mit dem Befehl

```
sudo serveradmin command web:command=restoreFactory
Settings
```

den Webserver auf die Werkseinstellungen zurücksetzen. Dies funktioniert jedoch nur, wenn Sie im Verzeichnis /ETC/APACHE2 keine Dateien gelöscht haben, weil der Befehl unter anderem auf die Dateien mit der Endung *.default* zurückgreift.

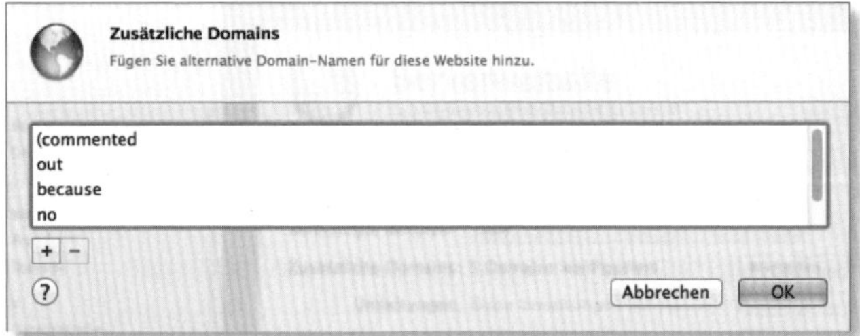

Abbildung 21.24 ▸
Bisweilen überrascht der Webserver mit interessanten Effekten.

Abschließend sei noch der Hinweis erlaubt, dass Sie sich vom enthaltenen Webserver nicht zu viel erhoffen sollten. Apples Lösung hat noch lange nicht den Grad an Professionalität erreicht, den Sie bei anderen Angeboten zur Verwaltung des Webhostings erwarten können. Bevor Sie den Webserver in produktiven Umgebungen nutzen, sollten Sie Zeit und Energie auf eingehende Tests verwenden, um sich vor bösen Überraschungen zu schützen.

Wiki

Das in OS X Server enthaltene Wiki hat gegenüber anderen Lösungen den Vorteil, dass es direkt auf die Benutzerdatenbank des Servers zurückgreift. Sobald Sie den Dienst Wiki gestartet haben, können Sie zum Beispiel in den Einstellungen einer Gruppe über die Schaltfläche GRUPPEN-WIKI ERSTELLEN einen Bereich für die Gruppe erstellen. Außerdem nutzt das Wiki-System für die Bearbeitung der Wiki-Seiten ein paar Spezialfunktionen von Safari, was die Arbeit mit Texten im Browser recht komfortabel macht.

Dienst starten | Für den Wiki-Dienst stehen Ihnen keine weiteren Optionen zur Verfügung. Neben dem Start und Stopp des Dienstes können Sie lediglich festlegen, welche Benutzer und Gruppen neue Wikis, also Bereiche, anlegen dürfen. Sie können darüber hinaus die im Wiki abgelegten Dateien für die iOS-Variante von iWork freigeben.

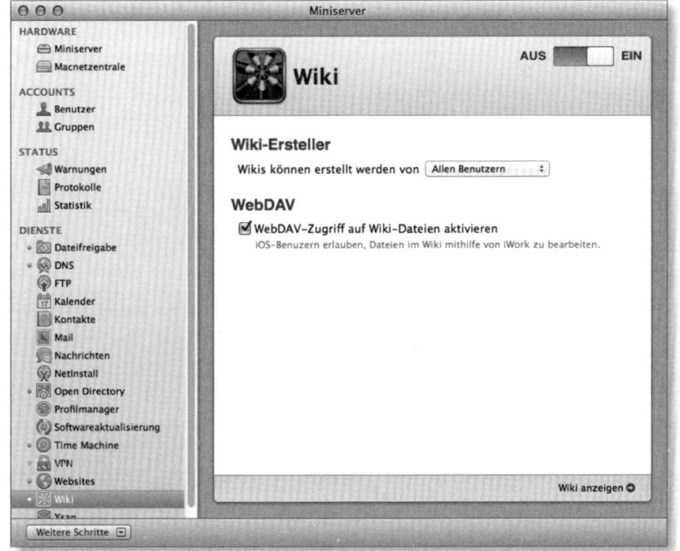

◄ **Abbildung 21.25**
Für den Dienst Wiki können Sie festlegen, welche Benutzer und Gruppen neue Wiki-Bereiche erstellen dürfen.

▲ **Abbildung 21.26**
Über die Menüleiste können Sie Seiten bearbeiten und neu anlegen.

Wiki nutzen | Haben Sie den Dienst Wiki aktiviert, dann ändert sich die Startseite der Standardwebseite. Sie wird ersetzt durch das Portal des Wiki-Dienstes. In der Funktionsweise unterscheidet sich das Wiki von OS X Server nicht sonderlich von anderen Wiki-Diensten. Sie können neue Seiten anlegen und bearbeiten, Dateien hochladen und die Änderungen anderer Benutzerverfolgen.

In der Menüleiste finden Sie ein Icon mit einem Schloss ❷. Wenn Sie es anklicken, erscheint ein Dialog, über den Sie sich am Wiki anmelden können. Wenn Sie eine Seite bearbeiten dürfen, erscheint in der Menüleiste ein Icon mit einem Stift ❶. Über das

Icon starten Sie die Bearbeitung der Seite, und es erscheint dann (siehe Abbildung 21.27) eine Leiste mit verschiedenen Formatierungsfunktionen.

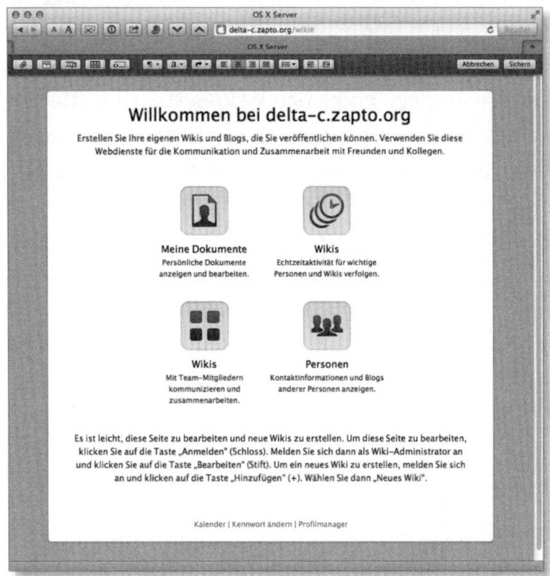

Abbildung 21.27 ► Administratoren dürfen auch die Startseite des Wikis bearbeiten.

Kontakte

Mit dem Programm Kontakte können Sie ein Verzeichnis von Kontakten zentral auf Ihrem Server speichern. Der Dienst selbst verfügt über keine weiteren Optionen. Sie können lediglich vorgeben, ob die Verzeichniskontakte, mit denen die Benutzerkonten auf dem Server gemeint sind, einbezogen werden sollen.

Abbildung 21.28 ► Das Programm Kontakte verfügt über keine weiteren Optionen.

Kontakte nutzen | Um auf das Verzeichnis auf dem Server zuzugreifen, fügen Sie in den Einstellungen des Programms Kontakte einen neuen Account vom Typ CARDDAV hinzu. Als Adresse des Servers geben Sie diejenige des Rechners ein, auf dem das Programm Kontakte aktiviert wurde. Außerdem benötigen Sie ein Benutzerkonto und ein Passwort.

In den Kontakten erscheint jetzt eine neue Rubrik mit dem Namen des Servers. Sie können nun neue Kontakte und auch Gruppen auf dem Server erstellen und vorhandene bearbeiten. Die Änderungen erfolgen dabei sofort. Der Dienst Kontakte ist in erster Linie als ein Pendant zu den Gelben Seiten zu verstehen, er eignet sich nicht für die Synchronisation persönlicher Adressbücher.

▲ **Abbildung 21.29**
Die auf dem Server gespeicherten Kontakte erscheinen in einer eigenen Rubrik.

◄ **Abbildung 21.30**
Für den Zugriff auf die Kontakte legen Sie einen neuen Account vom Typ CARDDAV an.

Kalender-Server

Der Kalender-Server ermöglicht Ihnen die gemeinsame Nutzung von Kalendern im Netzwerk. In der Ansicht des Dienstes können Sie auch ORTE UND RESSOURCEN (siehe Abschnitt 4.3) erstellen, deren Kapazitäten dann bei der Terminierung berücksichtigt werden. Als einzige Einstellung können Sie hier ein E-Mail-Postfach konfigurieren, das für den Versand und den Empfang von Einladungen (siehe Abschnitt 4.3) genutzt wird.

[CalDAV]
Der Kalender-Server beruht auf dem CalDAV-Protokoll, einer Weiterentwicklung von WebDAV. Wenn Sie von einem Linux- oder Windows-Rechner auf die Kalender zugreifen möchten, dann können Sie zum Beispiel das Programm Sunbird des Mozilla-Projekts (*http://www.mozilla.org/projects/*) nutzen.

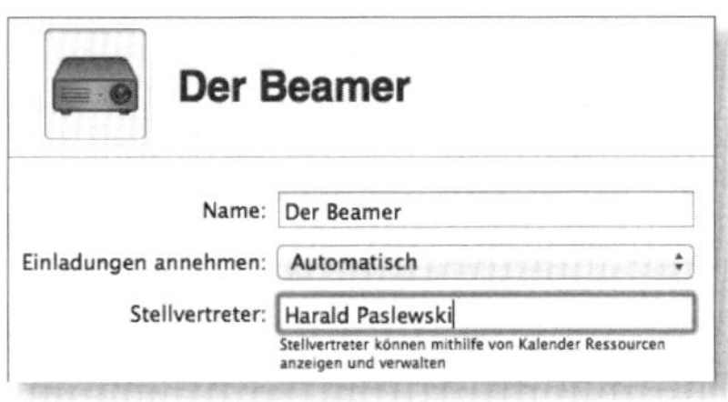

◄ **Abbildung 21.31**
Für eine Ressource und einen Ort können Sie einen Stellvertreter benennen.

Abbildung 21.32 ▸
Für die Kalender können Sie ORTE UND RESSOURCEN erstellen.

▲ Abbildung 21.33
Die Kalender auf dem Server erscheinen in einer eigenen Rubrik.

Kalender einrichten | Um die auf dem Server gespeicherten Kalender zu nutzen, müssen Sie im Programm Kalender einen neuen Account vom Typ CALDAV erstellen. Neben der SERVERADRESSE benötigen Sie ein Benutzerkonto nebst Kennwort. Die auf dem Server gespeicherten Kalender erscheinen automatisch in einer eigenen Rubrik. Sie können hier neue Kalender erstellen und löschen. Die weitere Handhabung unterscheidet sich nicht von den lokal gespeicherten Kalendern.

Abbildung 21.34 ▸
Einen neuen Server von Typ CALDAV fügen Sie in den Einstellungen von Kalender hinzu.

Portumleitung
Aufgrund der Weboberfläche ist die Portumleitung für diesen Dienst nicht zwingend notwendig. Wenn Ihre Anwender auf ihre Kalender von unterwegs zugreifen möchten, dann können sie sich in das VPN einloggen und Kalender nutzen. Für den Zugriff von einem Internetcafé kann die Weboberfläche genutzt werden, deren Ports bei der Konfiguration des Webservers ja bereits umgeleitet wurden.

Kalender im Browser | Wenn Sie den Kalender-Server aktiviert haben, dann können Sie über den URL *http://Server/webcal* auf das Web-Interface zugreifen. Nach der Anmeldung steht Ihnen ein Pendant zu Kalender im Browser zur Verfügung.

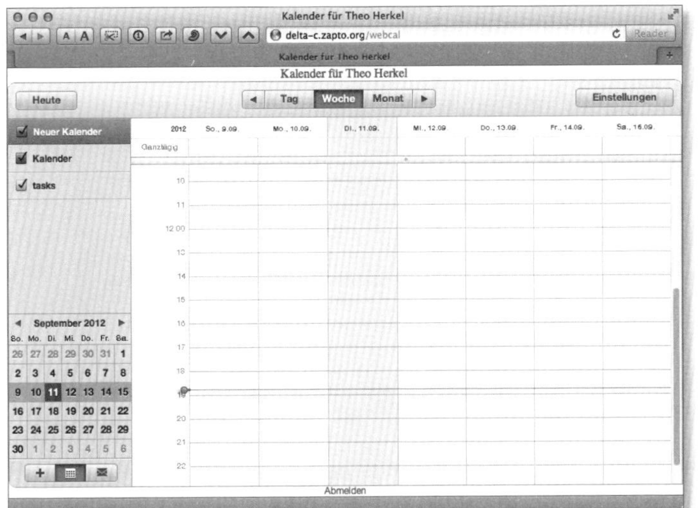

◀ **Abbildung 21.35**
Der Zugriff auf den Kalender ist auch über den Browser möglich.

Mail

Mit OS X Server können Sie recht schnell einen funktionierenden Mailserver aufsetzen. Voraussetzung für den Versand und Empfang von Mails über das Internet sind die in Abschnitt 20.4 eingerichteten MX-Einträge für eine Domain. Dieser Abschnitt beschreibt, wie Sie den Mail-Dienst für die registrierte Domain *delta-c.zapto.org* konfigurieren. Der Versand von E-Mails im lokalen Netzwerk ist aufgrund der in Abschnitt 20.4 erstellen DNS-Konfiguration ebenfalls möglich.

Postfix und Dovecot
Hinter dem Dienst Mail verbergen sich im Wesentlichen zwei Open-Source-Projekte. Für den Versand und Empfang von E-Mails ist Postfix (*http://www.postfix.org*) zuständig. Die Bereitstellung der Postfächer übernimmt Dovecot (*http://www.dovecot.org*).

E-Mail-Server konfigurieren | Haben Sie den Dienst Mail im Programm Server ausgewählt, dann werden Sie bei der Option E-MAIL BEREITSTELLEN FÜR bereits den Eintrag ZAPTO.ORG finden. Ganz korrekt ist dieser automatisch erzeugte Eintrag nicht, da Mails ja nur für die Subdomain *delta-c.zapto.org* entgegengenommen werden sollen. Über die Schaltfläche BEARBEITEN wird diese Einstellung zunächst in DELTA-C.ZAPTO.ORG geändert.

Möglicherweise verbietet Ihr Internetanbieter den direkten Versand von E-Mails. So wird die Einrichtung eines SMTP-Servers unterbunden. Auf diese Weise soll Spam vermieden werden, da nicht jeder einen Mailserver einrichten und Nachrichten verschicken kann. In diesem Fall müssen ausgehende E-Mails über den Mailserver Ihres Providers verschickt werden. Sie können den Dienst Mail von OS X Server so konfigurieren, dass ausgehende Mails über den Server Ihres Anbieters verschickt werden. Dieser dient qua Weiterleitung also als Relais. Dazu aktivieren Sie zunächst die Option AUSGEHENDE E-MAILS ÜBER ISP WEITERLEI-

▲ **Abbildung 21.36**
Im ersten Schritt ändern Sie den Namen der Domain.

TEN und geben dann über BEARBEITEN die Details ein. Die Adresse und die Daten für die Authentifizierung müssen Sie von Ihrem Anbieter erfragen.

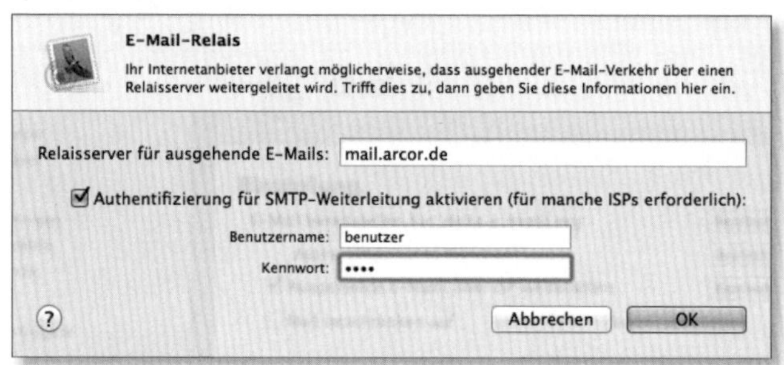

Abbildung 21.37 ▸ Der SMTP-Server des Internetanbieters kann als Relais genutzt werden.

Schwarze Listen
Als *Blacklist-Server* werden in diesem Zusammenhang Listen bezeichnet, die IP-Adressen von Servern sammeln, über die unerwünschte Nachrichten verschickt wurden. Auf den ersten Blick mag diese Auflistung eine gute Idee sein. In der Praxis wurden aber auch schon die Mailserver großer Anbieter wie T-Online aufgelistet. Dies führte dazu, dass fast alle Mails, die über T-Online verschickt wurden, von der schwarzen Liste erfasst und nicht zugestellt wurden.

Filter abschalten | Laut Standardeinstellungen nutzt OS X Server eine zu restriktive Politik, um eingehende E-Mails zu filtern und gegebenenfalls die Zustellung zu verweigern. Über die Schaltfläche FILTEREINSTELLUNGEN BEARBEITEN rufen Sie einen Dialog mit drei Optionen auf. Hinter der Option VIRUSFILTER AKTIVIEREN verbirgt sich der in OS X Server enthaltene Virenscanner ClamAV. Sie können den Scanner nutzen. Das kann aber auch zur Folge haben, dass eingehende E-Mails unbeabsichtigt gelöscht werden. Die Wahrscheinlichkeit dieses *False Positives* genannten Effekts, bei dem erwünschte Mitteilungen unbeabsichtigt als unerwünscht markiert werden, ist noch höher, wenn Sie die Option FILTER FÜR JUNK-MAIL AKTIVIEREN.

Abbildung 21.38 ▸ Auf den Filter für Junk-Mail sollten Sie besser verzichten.

Webmail
Die noch unter OS X 10.7 verfügbare Funktion, über den Webbrowser auf die Postfächer zuzugreifen, wurde mit OS X 10.8 ersatzlos gestrichen.

Diese Filter versuchen, unerwünschte Werbung anhand einer Reihe von Kriterien zu identifizieren. In der Regel werden dabei aber auch E-Mails nicht zugestellt, deren Empfang erwünscht ist. Sie sollten auf die Funktion ganz verzichten oder den Regler eher bei VORSICHTIG positionieren.

Portumleitungen | Möchten Sie über das Internet den Zugriff auf die Postfächer nicht nur über den Browser, sondern auch über die Protokolle IMAP und SMTP ermöglichen, dann müssten Sie eigentlich im Programm Server bei der Konfiguration der Basisstation den Dienst Mail veröffentlichen. Allerdings ist der Dienst nicht mehr in der Liste vorhanden. Sie müssen daher im AirPort-Dienstprogramm eigenhändig die TCP-Ports 25, 110, 143, 587, 993 und 995 auf den Server umleiten. Die weitere Konfiguration der E-Mail-Konten folgt den in Abschnitt 4.2 beschriebenen Schritten.

Netzwerk-Ports
25, 110, 143, 587, 993, 995 (alle TCP)

▲ **Abbildung 21.39**
Die E-Mail-Adresse kann einem Benutzer zugewiesen werden.

Benutzer konfigurieren | Für die in Ihrem Open Directory angelegten Benutzerkonten können Sie in den Einstellungen des Kontos eine E-Mail-Adresse vorgeben, die für dieses Konto dann genutzt wird.

Nachrichten-Server

Wenn Sie für die Kommunikation via Chat nicht auf die Server von Google, AOL oder Yahoo! zurückgreifen möchten, dann können Sie mit OS X Server auch einen eigenen Chatserver einrichten. Hierzu aktivieren Sie den Dienst Nachrichten. Dieser stellt Ihnen zwei Optionen zur Verfügung. Zunächst können Sie alle Mitteilungen, die über den Server verschickt werden, archivieren. Diese Funktion gerät in einigen Situationen möglicherweise mit dem Datenschutz in Konflikt. Das vom Nachrichten-Server genutzte Protokoll Jabber ermöglicht es, dass verschiedene Chatserver kooperieren. Wenn die Kommunikation lediglich intern erfolgen soll, also lediglich die auf dem Server angelegten Benutzerkonten miteinander chatten dürfen, dann können Sie diese Option deaktivieren.

Jabber
Die Bezeichnung »Nachrichten-Server« ist vielleicht etwas missverständlich. Aufgrund der Verwendung des Jabber-Protokolls ist ein Kontakt mit den über die Server von AOL kommunizierenden Adressen @*me.com* nicht möglich.

▲ **Abbildung 21.40**
Der Dienst Nachrichten bietet keine weiteren Optionen.

Portumleitung
Wenn Sie die Chatfunktion über das Internet ermöglichen wollen und keine AirPort-Basisstation einsetzen, dann müssen Sie die UDP-Ports 16384 bis 16403 sowie die TCP-Ports 5222, 5223, 5060, 5269 und 7777 auf den Server umleiten.

Nachrichten konfigurieren | Um den Server zu nutzen, erstellen Sie in Nachrichten ein neues Konto vom Typ JABBER. Hier geben Sie als SERVERTYP zunächst JABBER vor. Der Benutzername entspricht dem Kurznamen des Kontos, gefolgt vom vollständigen Namen des Servers. In dieser Konfiguration ist es DELTA-C.ZAPTO.ORG.

Abbildung 21.41 ▸
Der Name des Benutzerkontos endet mit der eingerichteten Domain.

TEIL V
Drucken, Schriften, Farbmanagement

Kapitel 22
Drucken

Das papierlose Büro ist wohl nach wie vor Zukunftsmusik, und die Papierberge scheinen der elektronischen Steuererklärung zum Trotz immer mehr zu wachsen. OS X 10.8 verfügt über ein ausgereiftes Drucksystem – gehörten doch das Layout und die Druckvorstufe lange Zeit zu den Domänen des Macintosh.

Dieser Teil des Buches hilft Ihnen bei der Einrichtung von Druckern, auch und vor allem im Netzwerk, und möchte Ihnen einige eher verborgene Tipps und Tricks zeigen. Diese reichen von der Feinkonfiguration von CUPS, dem zentralen Bestandteil der Druckarchitektur, über den Druckdialog und die Erstellung von PDF-Dateien bis hin zu einigen nützlichen und weniger offensichtlichen Funktionen des Programms Vorschau.

22.1 Der Druckvorgang im Detail

Das Drucksystem von OS X 10.8 besteht im Wesentlichen aus drei Ebenen. Wenn Sie ein Dokument aus einem Programm drucken, durchläuft es im Hintergrund drei Instanzen, bis es schließlich auf Papier vorliegt.

Quartz und PDF
Die Nutzung von PDF für die Erstellung von auszudruckenden Dateien hat bei Mac OS X eine lange Geschichte. Die für die Darstellung auf dem Bildschirm zuständige Quartz Engine beruht in vielen Punkten auf dem Darstellungsmodell von PDF.

Drei Instanzen | Zunächst wird das Dokument vom Programm in das Drucksystem befördert. Apple stellt den Entwicklern entsprechende Bibliotheken zur Verfügung, mit denen sie Dateien über die Quartz Engine für den Druck vorbereiten können.

Das Ergebnis sind in der Regel eine PDF-Datei und ein sogenanntes Job-Ticket. Die PDF-Datei enthält das eigentliche Dokument, wie es auf dem Bildschirm dargestellt wurde und das auf einem Drucker ausgegeben werden soll. Das Job-Ticket hat die

Aufgabe, den Druckauftrag innerhalb des Drucksystems zu identifizieren und Ihnen so den Auftrag zum Beispiel in der Warteschlange des Druckers anzuzeigen.

[CUPS]
Das Common UNIX Printing System (siehe Abschnitt 22.5) wurde von Apple erstmals mit Mac OS X 10.2 verwendet. CUPS ist ein erprobtes und ausgereiftes Drucksystem, das sich auch unter Linux einer sehr großen Beliebtheit erfreut. Apple hat den Hersteller von CUPS zwischenzeitlich aufgekauft, sodass die weitere Entwicklung des Systems nun Apple obliegt.

Warteliste | Die in einer Warteschlange zwischengespeicherte PDF-Datei wird vom Drucksystem über mehrere Hilfsprogramme an den Drucker weitergegeben. Die Verwaltungsinstanz hierbei ist der Dämon `cupsd`, der im Hintergrund über die Druckaufträge und deren Status wacht. Er startet nacheinander mehrere Programme, die die Aufbereitung für den Drucker vornehmen. Zunächst wird ein Filter-Programm angewandt, das die PDF-Datei in ein für den Drucker verständliches Format umwandelt. Dabei wird entweder PostScript verwendet oder, sofern der Drucker nicht PostScript-fähig ist, ein anderes Format, das meistens von den Druckerherstellern definiert wird.

Druckertreiber | Dann wird der Druckertreiber selbst geladen. Er ist dafür zuständig, den Drucker anzusprechen und den Vorgang des Drucks zu steuern. So gut wie alle Drucker verfügen über spezielle Funktionen, zum Beispiel über einen Sparmodus, und der Treiber ermöglicht deren Nutzung. Zuletzt sorgt ein sogenanntes *Backend* dafür, dass die Daten zusammen mit den Anweisungen des Treibers über die Schnittstelle (USB, Ethernet) an den Drucker gesendet werden.

Befehle am Terminal
Seine UNIX-Wurzeln kann und will CUPS nicht verleugnen. Dementsprechend gibt es eine Reihe von Befehlen, mit denen sich Druckaufträge und -dateien am Terminal verwalten lassen.

Der Manager: »cupsd« | Der Dämon `cupsd` ist der zentrale Bestandteil des Drucksystems. Er übernimmt die Verwaltung der einzelnen Druckaufträge, die er nacheinander an die Unterprogramme und Drucker weitergibt. Darüber hinaus gehört es zu seinen Aufgaben, Wartelisten und Drucker zu installieren.

Außerdem arbeitet `cupsd` als Webserver, sodass Ihnen unter dem URL *http://127.0.0.1:631* im Browser eine grafische Benutzeroberfläche zur Verfügung stehen kann. Diese ergänzt die Systemsteuerung von Apple und bietet umfangreiche Einstellungsmöglichkeiten für die Verwaltung der Drucker.

22.2 Drucker installieren und einrichten

Scannen
Die Einrichtung eines Scanners wird in Abschnitt 5.3 beschrieben.

Drucker und, sofern vorhanden, Faxgeräte richten Sie in den Systemeinstellungen in der Ansicht Drucken & Scannen ein.

Drucker und Treiber einrichten

In der Ansicht Drucken & Scannen finden Sie links eine Liste der installierten Drucker und Faxgeräte. Einen Drucker hinzufügen können Sie über das Pluszeichen unterhalb der Liste. Es erscheint dann ein separates Fenster (siehe Abbildung 22.1), das bis zu fünf verschiedene Ansichten enthalten kann.

[PostScript]
Die von OS X 10.8 bevorzugte Methode zur Ansprache von Druckern ist zweifelsohne nach wie vor PostScript. Dabei handelt es sich um eine Beschreibungssprache, die sich in den letzten zwei Jahrzehnten als Standard in der Druckvorstufe etabliert hat. Die Fähigkeiten eines Druckers werden in einer *PostScript Printer Description* (PPD) deklariert. Nicht alle Modelle unterstützen PostScript; bei vielen preisgünstigeren Druckern werden eigene, proprietäre Treiber verwendet.

Fünf Ansichten | In der Ansicht Standard finden Sie alle Drucker, die das Drucksystem automatisch findet. Hierzu gehören sowohl die Drucker, die direkt an Ihren Rechner angeschlossen sind, als auch diejenigen, die automatisch über Bonjour im Netzwerk kommuniziert werden. Die Ansichten Fax stellt Ihnen ein angeschlossenes Modem oder ein über Bluetooth erreichbares Mobiltelefon zur Auswahl. In den Ansicht IP und Windows binden Sie im Netzwerk verfügbare Drucker ein. Schließlich können Sie der Symbolleiste die Option Erweitert hinzufügen. Sie ermöglicht die Konfiguration eines Druckers über einen URL.

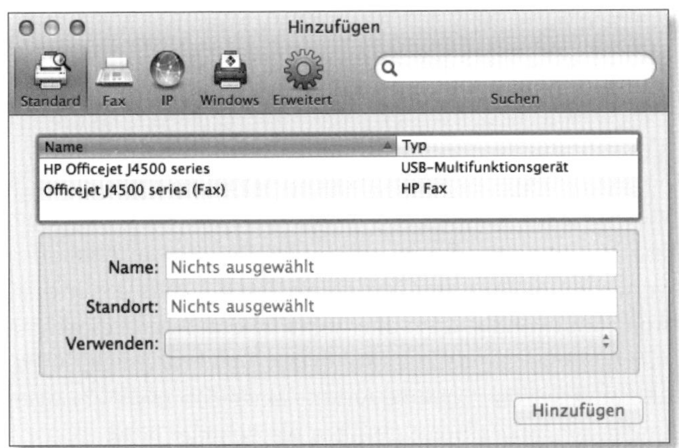

◂ Abbildung 22.1
Die Ansicht Standard listet alle Drucker auf, die automatisch gefunden wurden.

Sie können in der Ansicht Standard aus dieser Liste ein Modell auswählen, und der Assistent vergibt automatisch einen Namen für das Gerät. Der Standort ergibt sich über die Anschlussart. Wenn das Gerät direkt an Ihrem Rechner angeschlossen wurde, dann wird hier der Gerätename Ihres Systems eingefügt.

Fax
In Abbildung 22.1 wird ein Drucker von Hewlett-Packard auch als Fax angezeigt. Bei diesen Multifunktionsgeräten hängt es vom installierten Treiber ab, ob Ihnen die Fax- und Scanfunktionen zur Verfügung stehen.

Netzwerkdrucker und Druckserver | Einen Drucker, der über das Netzwerk mit Ihrem Rechner verbunden ist und über eine eigene Netzwerkkarte sowie über eine IP-Adresse verfügt, konfigurieren Sie in der Ansicht IP. Sie müssen dort zunächst das passende Protokoll auswählen.

Die Angabe Line Printer Daemon – LPD dient dazu, einen direkt im Netzwerk zugänglichen Drucker anzusprechen. Sofern

JetDirect
Das JetDirect-Protokoll ist eine Eigenentwicklung von Hewlett-Packard. In einem TCP/IP-Netzwerk kommuniziert es auf Port 9100.

es sich um einen Druckserver von Hewlett-Packard handelt, wählen Sie das Protokoll HP JetDirect – Socket aus. Auch gibt es einige Drucker und Server, die über das Internet Printing Protocol – IPP angesprochen werden. Welches der drei verfügbaren Protokolle verwendet wird, müssen Sie der Dokumentation des Druckers oder Servers entnehmen.

Abbildung 22.2 ▸
Ein Drucker, der über eine Netzwerkkarte verfügt, kann direkt über seine IP-Adresse ❶ angesprochen werden.

Ob eine Warteliste vorgegeben werden muss, ist wiederum vom Typ des Druckers oder Servers abhängig. Bei dem in Abbildung 22.2 verwendeten Drucker Okipage 14i ist die Angabe einer Warteliste nicht notwendig, da er über seine Ethernet-Karte direkt mit dem Netzwerk verbunden ist. Bei einem Druckserver, der mehrere Geräte verwaltet, kann die Angabe einer Warteliste hingegen notwendig sein. Name und Standort werden hier nicht automatisch ermittelt; die IP-Adresse wird als Name vorgeschlagen.

[PCL]
Die Printer Command Language, wie auch JetDirect aus dem Hause Hewlett-Packard, dient ähnlich wie Adobes PostScript zur Steuerung des Ausdrucks.

Treiber auswählen | Unter Drucken mit wählen Sie den Treiber für das Gerät aus. Das System versucht, den Treiber anhand der vom Gerät gelieferten Informationen selbstständig zu ermitteln. Im Ausklappmenü stehen Ihnen drei Optionen zur Verfügung: Mit Automatisch starten Sie erneut die Erkennung des Geräts. Die Optionen Allgemeiner PostScript-Drucker und Allgemeiner PCL-Drucker stellen die grundlegenden Eigenschaften dieser Protokolle zur Verfügung. Falls Sie nicht über einen eigenen Treiber für den Drucker verfügen und dieser einen der Standards PostScript oder PCL unterstützen, können Sie über diese Optionen in der Regel den Drucker ansprechen, wobei Ihnen allerdings spezifische Funktionen und Einstellungen des Geräts – beispielsweise der Papiereinzug oder Duplex-Druck – nicht zur Verfügung stehen. Über die Option ANDERE können Sie eine Datei auswählen, wobei es sich dann in den meisten Fällen um eine PPD-Datei handeln wird.

◂ **Abbildung 22.3**
Den Treiber können Sie auch eigenhändig auswählen.

Die Liste aller Druckertreiber (siehe Abbildung 22.3), die auf Ihrem System installiert wurden, können Sie sich mit der Option DRUCKERSOFTWARE AUSWÄHLEN anzeigen lassen. Die dann eingeblendete Liste enthält alle Druckertreiber, die in den Ordnern /LIBRARY/PRINTERS und /SYSTEM/LIBRARY/PRINTERS installiert wurden, wobei Letzterer die von Apple hergestellten Druckermodelle enthält. Mit der Eingabe eines Herstellers oder Typs können Sie die Liste eingrenzen.

Softwareaktualisierung | Einige Hersteller stellen für einige Drucker die Treiber über die Softwareaktualisierung von OS X 10.8 zur Verfügung. Wenn Sie ein solches Gerät auswählen, dann erhalten Sie eine Rückfrage, ob Sie die Software laden und installieren möchten. Die Installation erfolgt dann direkt über die Softwareaktualisierung, und die Treiber sind anschließend einsatzbereit. Es ist auch möglich, dass Apple die Treiber aktualisiert und Ihnen später ein Update der Treiber über die Softwareaktualisierung angeboten wird.

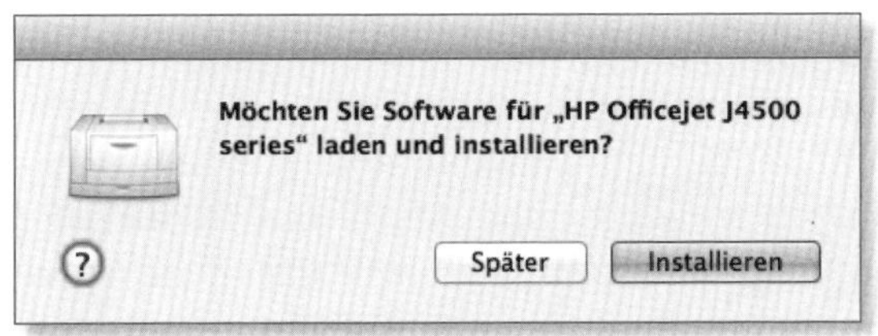

◂ **Abbildung 22.4**
Vor der Installation der Treiber über die Softwareaktualisierung erfolgt eine Rückfrage.

Separate Installation | Treiber, die nicht über die Softwareaktualisierung verfügbar sind, werden von den meisten Herstellern mithilfe eines Installationsprogramms eingerichtet.

Abbildung 22.5 ▸
Die Installation erfolgt über die Softwareaktualisierung.

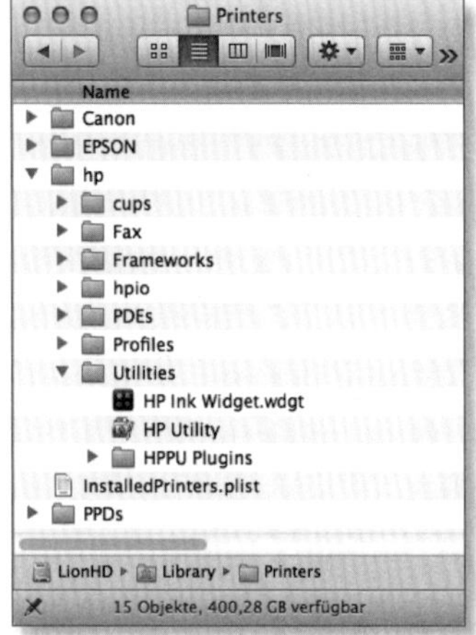

▲ Abbildung 22.6
Neben dem eigentlichen Druckertreiber werden von vielen Herstellern weitere Zusatzprogramme installiert.

Dieses liegt oft Ihrem Gerät bei, oder Sie können es von der Website des Herstellers herunterladen. Sie sollten diese Treiber installieren, bevor Sie den Drucker in den Systemeinstellungen hinzufügen. Solche Treiber greifen meist auf eine ganze Reihe von Zusatzprogrammen zurück und werden im Verzeichnis /LIBRARY/PRINTERS installiert. Wenn Sie die Wahl haben zwischen der Installation eines Treibers von einem Datenträger, der Ihrem Gerät beiliegt, und der Installation über die Softwareaktualisierung, dann ist Letzteres oft die bessere Option, weil die Treiber hier aktueller sind.

Gutenprint | Wenn Sie ein etwas älteres Gerät nutzen, für das Treiber für OS X 10.8 weder über die Softwareaktualisierung noch direkt vom Hersteller verfügbar sind, dann können Sie die Treiber des Gutenprint-Projekts ausprobieren. Diese werden von Freiwilligen entwickelt und bieten Unterstützung für Drucker, die sonst nicht mehr angesprochen werden können. Unter *http://gutenprint.sf.net* können Sie ein Installationspaket für OS X herunterladen. Nach der Installation stehen Ihnen bei der Auswahl der Druckersoftware Treiber mit dem Zusatz CUPS+GUTENPRINT zur Verfügung. Sie müssen bei der Arbeit mit diesen Treibern berücksichtigen, dass hinter dem Gutenprint-Projekt keine Firma steht und die Treiber im Wesentlichen in der Freizeit der Entwickler erstellt werden.

Gutenprint deinstallieren
Die Treiber werden nicht im Ordner /LIBRARY/PRINTER, sondern im Verzeichnis /USR/INCLUDE installiert. Die von der Webseite des Projekts heruntergeladene Image-Datei enhtält auch ein Paket zur Deinstallation.

Abbildung 22.7 ▸
Die Treiber des Gutenprint-Projekts stehen bei der Auswahl der Druckersoftware zur Verfügung.

Daher entspricht die Qualität der Ausdrucke in einigen wenigen Fällen möglicherweise nicht Ihren Erwartungen. Wenn Sie jedoch einen älteren Drucker auch in Zukunft verwenden möchten, dann lohnt sich ein Test mit den Gutenprint-Treibern in jedem Fall.

PostScript Printer Descriptions | Die Arbeit mit PostScript-Druckern ist in Bezug auf die Treiber deutlich weniger problematisch. Bei solchen Druckern werden deren Fähigkeiten in einer Textdatei mit dem Suffix *.ppd* (PostScript Printer Description) definiert. Diese können Sie im Ausklappmenü DRUCKEN MIT über die Option ANDERE direkt auswählen. Die in der Datei enthaltenen Informationen über das Gerät werden anschließend ausgewertet, und die Datei wird in das Verzeichnis /ETC/CUPS/PPD kopiert. Der Drucker steht Ihnen anschließend mit den in der Datei beschriebenen Fähigkeiten zur Verfügung. Wenn Sie für Ihren Drucker keine gesonderte Datei zur Hand haben, dann können Sie auch den Treiber ALLGEMEINER POSTSCRIPT-DRUCKER verwenden.

PPD prüfen
Eine PPD-Datei können Sie testen, indem Sie den Befehl `cupstestppd`, gefolgt vom Dateinamen, verwenden. Die Eingabe `cupstestppd Okipage.ppd` prüft die angegebene Datei und gibt sowohl Warnungen als auch Fehler aus. Entscheidend ist die Angabe `PASS`, die die Funktionstüchtigkeit der PPD signalisiert.

◂ **Abbildung 22.8**
Über die PPD-Datei stehen Ihnen gerätespezifische Funktionen zur Verfügung.

Installierte Drucker verwalten

Haben Sie einen Treiber ausgewählt und den Drucker eingerichtet, dann erscheint er in der Liste und wird mit einem zumeist passenden Icon versehen. Letzteres wird auch manchmal über den installierten Treiber des Herstellers mitgeliefert.

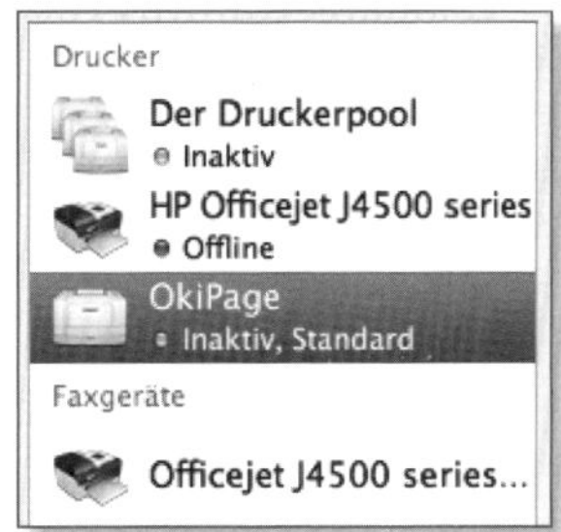

▴ **Abbildung 22.9**
Ein DRUCKER-POOL wird in der Übersicht durch ein Icon mit mehreren Druckern repräsentiert.

Drucker in einem Pool | Die Warteschlangen der eingerichteten Drucker werden Ihnen in den Systemeinstellungen in der Liste links angezeigt. Wählen Sie dort mehrere Drucker mit gedrückt gehaltener Taste [⇧] aus, und fassen Sie sie in einem DRUCKER-

Pool zusammen. Druckaufträge, die Sie an einen Pool schicken, werden vom ersten freien Gerät ausgedruckt. Mithilfe eines solchen Drucker-Pools lässt sich bei hohem Druckaufkommen die Wartezeit bis zum Ausdruck reduzieren.

Abbildung 22.10 ▾
Haben Sie mehrere Drucker ausgewählt, können Sie sie in einem Drucker-Pool zusammenfassen.

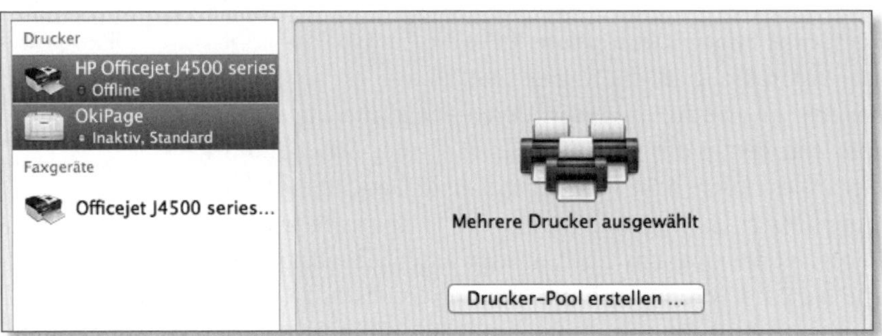

TIPP
Wenn Sie direkten Zugriff auf die Wartelisten haben möchten, können Sie ein Alias der Datei aus ~/Library/Printers erzeugen und auf den Schreibtisch bewegen. Einfacher ist es, wenn Sie einen Drucker aus der Liste in den Systemeinstellungen einfach auf den Schreibtisch ziehen.

»Schreibtischdrucker« | Die Warteschlange eines Druckers listet die Aufträge auf, die das Gerät auszugeben hat. Zugriff auf die Warteschlange haben Sie in den Systemeinstellungen, indem Sie einen Drucker auswählen und über die Schaltfläche die Drucker-Warteliste öffnen. Es erscheint dann als eigenständiges Programm die Warteliste, in der Sie (siehe Abschnitt 22.3) die Aufträge anhalten und auch abbrechen können. Gespeichert werden diese Proxys im Verzeichnis ~/Library/Printers.

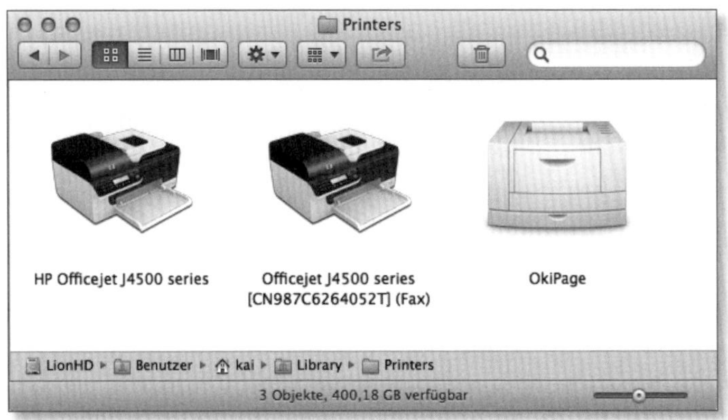

Abbildung 22.11 ▸
Die Wartelisten der Drucker werden in der Library gespeichert.

Standarddrucker | Haben Sie mehrere Drucker installiert, dann können Sie einen davon im Ausklappmenü am unteren Rand als Standarddrucker ❶ (Abbildung 22.13) festlegen. Möchten Sie ein Dokument ausdrucken, wird dieser Drucker immer zuerst ausgewählt. Alternativ wählen Sie mit der Option Zuletzt verwendeter Drucker immer das Gerät aus, auf dem Sie zuletzt gedruckt haben. Sie können in diesem Bereich auch das Standard-Papierformat festlegen.

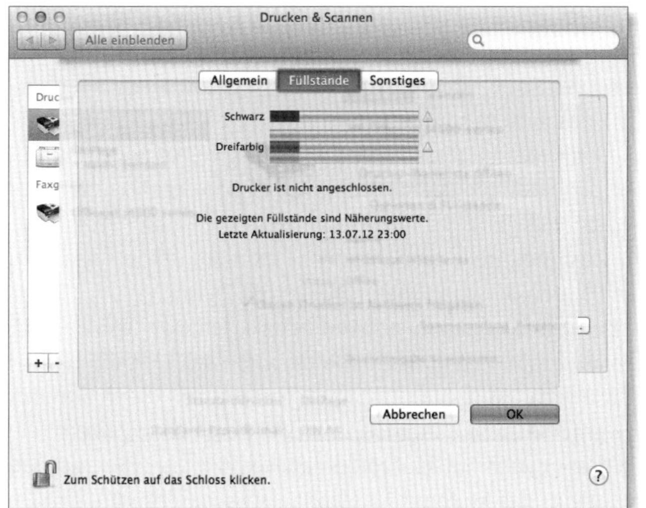

◂ **Abbildung 22.12**
In der Warteliste einiger Drucker lassen sich die FÜLLSTÄNDE der Patronen einsehen.

Optionen & Füllstände | Über die Schaltfläche OPTIONEN & FÜLLSTÄNDE klappen Sie ein Panel mit bis zu vier Reitern aus. In der Ansicht ALLGEMEIN können Sie nachträglich den NAMEN und STANDORT ändern. In der Ansicht TREIBER können Sie den zu verwendenden Treiber ändern und abhängig vom Gerät weitere Einstellungen vornehmen. Bei dem in Abbildung 22.12 gezeigten Drucker wird in der Ansicht FÜLLSTÄNDE der aktuelle Status der Tintenpatronen angezeigt. Die Ansicht SONSTIGES ist nicht bei allen Modellen verfügbar und abhängig vom Treiber. Bei dem in Abbildung 22.12 gezeigten Gerät von Hewlett-Packard können Sie ein eigenes Dienstprogramm starten, das unter anderem die Reinigung der Druckköpfe ermöglicht.

Vermeintliche Leerstände ...
Bei den Füllständen sollten Sie beachten, dass diese Informationen nicht immer korrekt sind. So wurde bei dem ebenfalls konfigurierten Laserdrucker von OKI ein Leerstand des Toners angezeigt, obwohl eine neue Kartusche eingesetzt worden war.

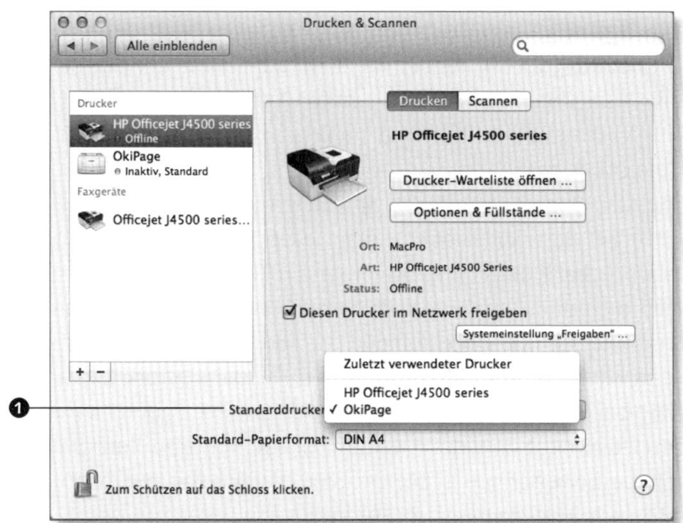

◂ **Abbildung 22.13**
Als STANDARDDRUCKER können Sie auch den zuletzt genutzten Drucker vorgeben.

▲ **Abbildung 22.14**
Über das Kontextmenü können Sie das Drucksystem komplett zurücksetzen.

Drucksystem zurücksetzen | Rufen Sie das Kontextmenü über einem Drucker auf, können Sie diesen entweder als STANDARDDRUCKER FESTLEGEN oder aber das DRUCKSYSTEM ZURÜCKSETZEN. Wenn Sie das System zurücksetzen, werden alle installierten Drucker und Wartelisten gelöscht und auch andere Änderungen, die Sie über den Browser (siehe Abschnitt 22.5) vorgenommen haben, rückgängig gemacht. Das Drucksystem befindet sich dann quasi im Zustand direkt nach der Installation des Betriebssystems. Erhalten bleiben die von Ihnen installierten Treiber.

Das Zurücksetzen kann notwendig werden, wenn Sie beim Drucken auf Probleme stoßen, die sich durch das Löschen einzelner Drucker oder Aufträge nicht mehr lösen lassen. Beim Zurücksetzen werden auch die Zugriffsrechte im Verzeichnis /TMP überprüft, wo es manchmal zu Problemen kommt, da während des Druckvorgangs das System hier Dateien zwischenlagert.

22.3 Dokumente ausgeben

OS X 10.8 bietet Ihnen für die Ausgabe von Dokumenten auf den zuvor eingerichteten Druckern eine Vielzahl von Optionen und Einstellungsmöglichkeiten. Außerdem gilt es, die Wartelisten der Drucker zu überwachen, um Aufträge gegebenenfalls abzubrechen. Darüber hinaus unterstützt das System von Haus aus die Erstellung von PDF-Dateien über einen kleinen Zusatzdialog.

Details im Druckdialog

Details einblenden
In den Standardeinstellungen der meisten Programme wird der Druckdialog in minimierter Form dargestellt. Über die Schaltfläche DETAILS EINBLENDEN erreichen Sie die in diesem Abschnitt besprochene Darstellung.

Wenn Sie in einem Programm über den Menüpunkt ABLAGE • DRUCKEN ([⌘] + [P]) ein Dokument ausgeben, erscheint der Dialog aus Abbildung 22.16. Bei den meisten Programmen finden Sie hier links eine Vorschau des zu erwartenden Druckergebnisses, und Sie können mit den Pfeilen ❶ unterhalb der Vorschau durch die Seiten blättern.

Im Ausklappmenü oben rechts ❷ können Sie einen der installieren Drucker auswählen oder einen neuen DRUCKER HINZUFÜGEN. Über KOPIEN ❸ geben Sie vor, wie oft Sie das Dokument ausgeben möchten. Die Vorgaben unter SEITEN ❹ beschränken den Ausdruck auf die angegebenen Seiten. Die Vorgaben zum PAPIERFORMAT und zur AUSRICHTUNG ❺ sind selbsterklärend, wobei Sie bei der GRÖSSE auch Werte über 100 % eingeben können. Das Dokument wird dann dementsprechend vergrößert und auf mehrere Seiten verteilt. Die prozentuale Angabe der Größe steht nicht in allen Programmen zur Verfügung.

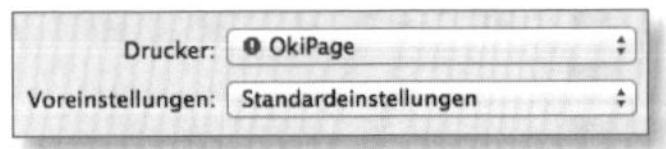

▲ **Abbildung 22.15**
Ein pausierter Drucker wird mit einem Ausrufezeichen angezeigt.

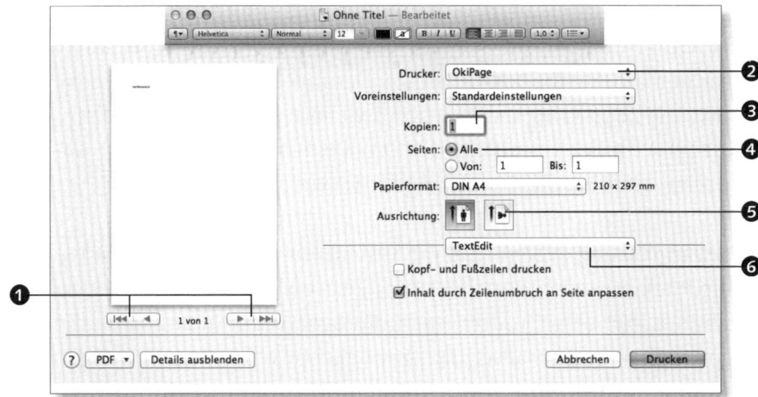

◂ **Abbildung 22.16**
Der Druckdialog vieler Programme enthält links eine kleine Vorschau des Druckergebnisses.

Etwas unscheinbar ist das Ausklappmenü unten ❻, in Abbildung 22.16 mit TEXTEDIT beschriftet. Hier verbergen sich die meisten relevanten Einstellungen für den Ausdruck. Zunächst ermöglichen es viele Programme, Einstellungen für den Ausdruck vorzugeben. TextEdit offeriert Ihnen zwei Möglichkeiten: den Druck der Kopf- und Fußzeilen sowie die Anpassung des Inhalts an die Seite.

▴ **Abbildung 22.17**
OS X 10.8 bietet bis zu fünf Einstellungsmöglichkeiten für den Ausdruck.

Layout | In der Ansicht LAYOUT legen Sie fest, wie viele Seiten auf ein Blatt gedruckt werden sollen. Diese Funktion ist nützlich, um sich bei einem umfangreichen Dokument schnell einen Überblick über die Gestaltung zu verschaffen und dabei Papier zu sparen. OS X 10.8 ist in der Lage, bis zu 16 Seiten auf einem Blatt zusammenzufassen.

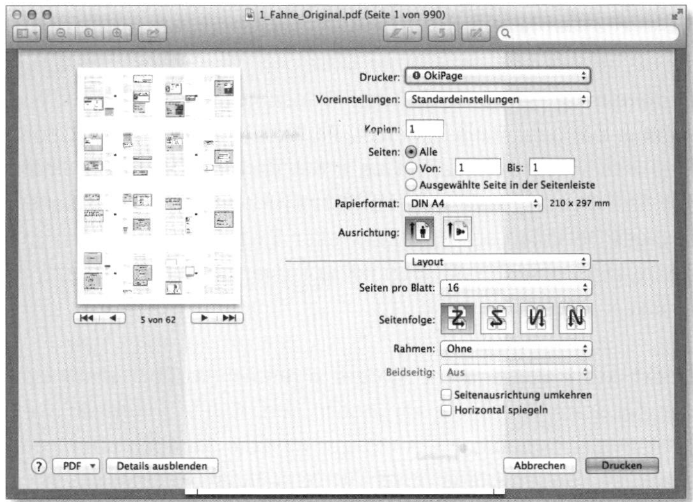

▴ **Abbildung 22.18**
Die Ansicht LAYOUT ermöglicht es, mehrere Seiten auf einem Blatt verkleinert auszugeben.

Wie diese verteilt werden, geben Sie mit der SEITENFOLGE vor. Die Option BEIDSEITIG ist nur verfügbar, wenn Ihr Drucker einen beidseitigen Ausdruck unterstützt. Darüber hinaus können Sie die SEITENAUSRICHTUNG UMKEHREN sowie die Ausgabe HORIZONTAL SPIEGELN. In der Voransicht des Druckergebnisses wird Ihnen angezeigt, wie sich die Einstellungen auswirken.

Farbanpassung | Wenn Sie Ihr System für einen farbkalibrierten Ausdruck eingerichtet haben, können Sie in der Ansicht FARBANPASSUNG für den Drucker ein ColorSync-Profil auswählen. Die Option HERSTELLERANPASSUNG ermöglicht es, bei einigen Geräten auf die integrierte Farbverwaltung zurückzugreifen.

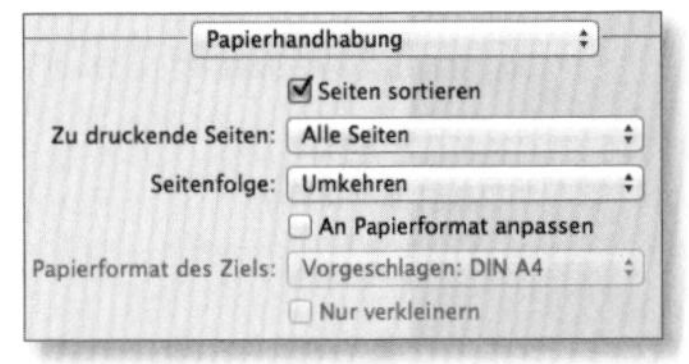

▲ **Abbildung 22.19**
In der Ansicht PAPIERHANDHABUNG kehren Sie die SEITENFOLGE um.

Papierhandhabung | In dieser Ansicht können Sie unter ZU DRUCKENDE SEITEN die Ausgabe auf gerade oder ungerade Seiten beschränken. Die Einstellung PAPIERFORMAT DES ZIELS ermöglicht es Ihnen, den Ausdruck für eine andere Papiergröße vorzunehmen, wenn Sie die Option AN PAPIERFORMAT ANPASSEN aktivieren. Wählen Sie hier das Papierformat DIN A5, erfolgt auf einem DIN-A4-Blatt ein Ausdruck im Format A5. Im Menü SEITENFOLGE können Sie diese auch UMKEHREN. Dies ist bei Druckern, bei denen das erste Blatt zuunterst liegt, hilfreich, um das Dokument gleich in der richtigen Reihenfolge auszudrucken. Deaktivieren Sie hier die Option SEITEN SORTIEREN, dann werden die Seiten hintereinander mehrfach ausgegeben. Haben Sie die Option aktiviert, wird bei mehreren Kopien das Dokument von der ersten bis zur letzten Seite ausgedruckt und dann das zweite Dokument von der ersten bis zur letzten Seite.

Papiereinzug | Diese Option steht Ihnen nur bei Geräten zur Verfügung, die über mehr als einen Papierschacht verfügen. Geben Sie hier vor, aus welcher Kassette das Papier verwendet werden soll. Die Option ERSTE SEITE VON ist hilfreich, um zum Beispiel ein farbiges Deckblatt aus dem manuellen Einzug zu verwenden und die restlichen Seiten auf normalem Papier aus einer Kassette zu drucken.

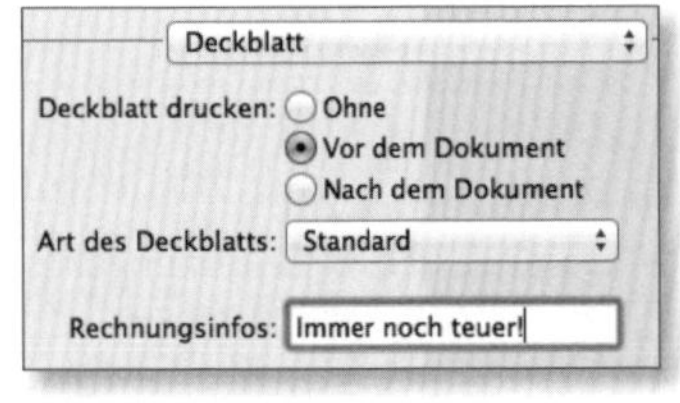

▲ **Abbildung 22.20**
Fügen Sie dem Deckblatt RECHNUNGSINFOS hinzu.

Deckblatt | Vor oder nach dem eigentlichen Dokument können Sie auch ein Deckblatt ausdrucken. CUPS bringt sechs eigene englischsprachige Deckblätter mit, die Sie auch um eigene ergänzen können (siehe Abschnitt 22.5.3). Als RECHNUNGSINFOS können Sie einen Text eingeben, der ebenfalls in das Deckblatt gedruckt wird.

Druckeroptionen | Abhängig vom ausgewählten Drucker und dem installierten Treiber finden Sie im Ausklappmenü möglicherweise eine Option DRUCKEROPTIONEN. Hier können Sie bei dem in diesem Kapitel schon mehrfach angesprochenen Drucker von OKI zum Beispiel die Druckauflösung in DPI einstellen. Das Gerät von Hewlett-Packard stellt Ihnen an dieser Stelle den Eintrag PAPIERART/QUALITÄT zur Auswahl, und Sie könnten hier neben weiteren Farboptionen zum Beispiel auch vorgeben, dass der Ausdruck auf speziellem Fotopapier erfolgt.

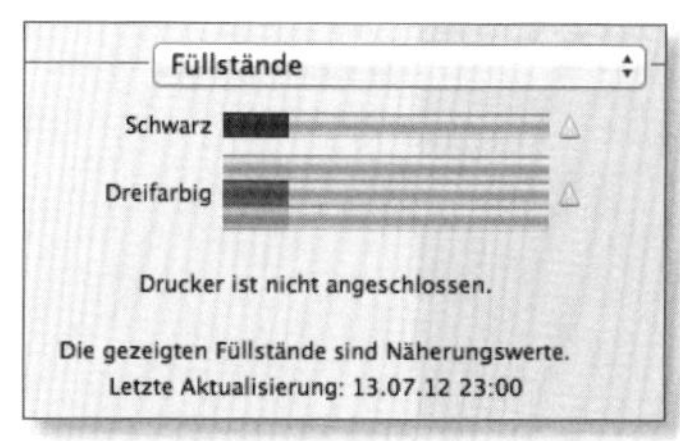

▲ **Abbildung 22.21**
Bei den Füllständen handelt es sich in der Tat meist um Näherungswerte.

Füllstände | Schließlich können Sie über den Eintrag FÜLLSTÄNDE den Status des Toners und der Tinte in Erfahrung bringen. Den Hinweis, dass es sich hier um Näherungswerte handelt, sollten Sie beherzigen. Insbesondere bei älteren Geräten kann diese Information auch einfach falsch sein.

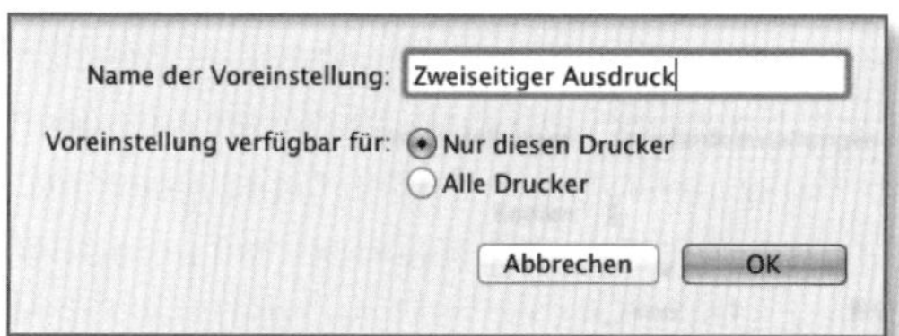

◄ **Abbildung 22.22**
Die Einstellungen können Sie auf einen Drucker begrenzen.

Voreinstellungen | Wenn Sie Einstellungen vorgenommen haben, die Sie für mehrere Druckaufträge nutzen möchten, dann können Sie sie speichern. Im Ausklappmenü VOREINSTELLUNGEN können Sie zunächst auf die STANDARDEINSTELLUNGEN der Hersteller oder auf die zuletzt genutzten Einstellungen zurückgreifen.

TIPP

Manche Drucker bringen gleich einige nützliche Voreinstellungen mit. So bietet Hewlett-Packard Voreinstellungen für den Ausdruck auf Normal- und Fotopapier.

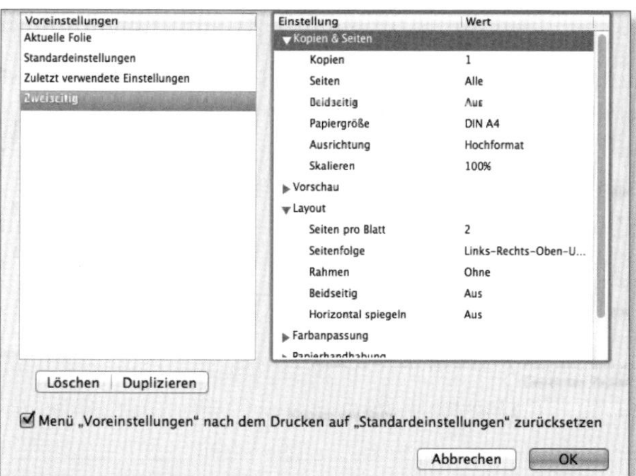

◄ **Abbildung 22.23**
Die gespeicherten Einstellungen für den Ausdruck können Sie löschen oder duplizieren.

Darüber hinaus steht Ihnen über den Punkt AKTUELLE EINSTELLUNGEN ALS VOREINSTELLUNGEN SICHERN die Möglichkeit zur Verfügung, das Menü um eigene Einträge zu ergänzen. Sie können anschließend einen Namen wie Zweiseitiger Ausdruck für die Sammlung der Einstellungen vorgeben.

Der Eintrag Voreinstellungen ruft eine Übersicht der gespeicherten Vorgabe auf. Sie erhalten dort eine Übersicht der vorhandenen Einstellungen und können diese bei Bedarf Löschen oder Duplizieren. Die Option Menü »Voreinstellungen« nach dem Drucken auf »Standardeinstellungen« zurücksetzen führt dazu, dass bei einem erneuten Aufruf des Druckdialogs nicht mehr die von Ihnen zuvor genutzten Einstellungen, sondern die Standardeinstellungen ausgewählt sind.

Wartelisten überblicken und kontrollieren

OS X 10.8 verwaltet die Aufträge der Drucker in Wartelisten. Zugang zu den Wartelisten erhalten Sie durch die sogenannten *Drucker-Proxys*, die im Verzeichnis ~/Library/Printers gespeichert werden. Geben Sie ein Dokument auf einem Drucker aus, dann erscheint ein solcher Proxy im Dock. Die Anzahl der vorliegenden Druckaufträge wird Ihnen über das Icon angezeigt. Ein pausierter Drucker wird mit einer grünen Taste signalisiert. Sofern ein direkt angeschlossener Drucker ausgeschaltet wurde oder ein Problem vorliegt, wird dies mit einem gelben Symbol angezeigt.

Konfiguration und Füllstände
Abhängig vom gewählten Drucker und Treiber finden Sie hier die Konfigurationen und Informationen des Druckers, die Sie sonst in den Systemeinstellungen vornehmen beziehungsweise einsehen.

Mit einem Klick auf das Icon im Dock erscheint ein Fenster mit der Warteliste des Druckers und den aktuell zu bearbeitenden Druckaufträgen. Sie können die Aufträge auswählen und dann über die kleinen grauen Schaltflächen anhalten, fortsetzen oder auch löschen.

Über den Menüpunkt Aufträge • Auftrag fortsetzen auf Seite... können Sie einen pausierten Auftrag an einer beliebigen Seite wieder aufnehmen. Diese Funktion ist hilfreich, wenn beispielsweise eine Seite bereits gedruckt wurde, der Ausdruck aufgrund eines Papierstaus aber nicht brauchbar ist.

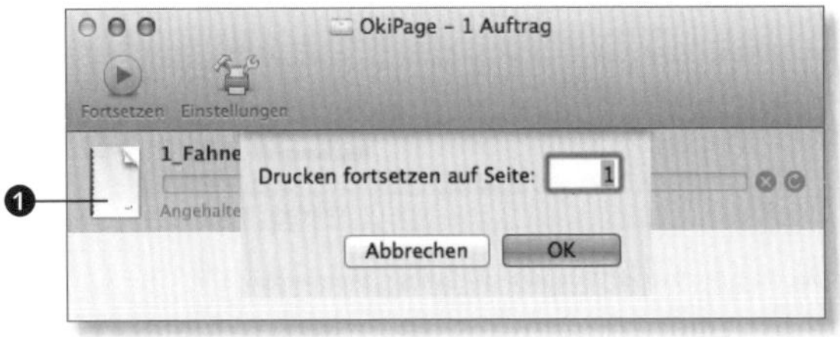

Abbildung 22.24 ▸
Sie können den Druck auch auf einer beliebigen Seite fortsetzen.

In den Standardeinstellungen werden Ihnen nur die Druckaufträge angezeigt, die von Ihrem Benutzerkonto veranlasst wurden. Mit dem Menüpunkt Aufträge • Alle Aufträge einblenden lassen Sie sich auch die Aufträge anderer Benutzer anzeigen. Abschalten können Sie dies über den nun verfügbaren Menüpunkt AUFTRÄGE • MEINE AUFTRÄGE EINBLENDEN.

Im Drucker-Proxy können Sie den zugehörigen Drucker über die gleichnamigen Menüpunkte ALS STANDARD VERWENDEN, eine TESTSEITE DRUCKEN und dem Drucker eine PAUSE gönnen. Über den Menüpunkt DRUCKER • FEHLERPROTOKOLL starten Sie das Dienstprogramm Konsole und gelangen direkt zum Protokoll von CUPS.

TIPP

Sie können die Wartelisten der Drucker auch über den Browser (siehe Abschnitt 22.5.2) verwalten, indem Sie dort den Namen eines Druckers anklicken. So gelangen Sie im Browser zur Warteliste dieses Druckers und finden dort alle aktuell anliegenden Druckaufträge. Hier können Sie über die Schaltflächen MOVE ALL JOBS aus dem Ausklappmenü MAINTENANCE beziehungsweise MOVE JOB hinter dem jeweiligen Auftrag Dokumente zwischen Druckern austauschen.

Aufträge verschieben | Stehen Ihnen mehrere Drucker zur Verfügung, dann können Sie angehaltene Aufträge auch zwischen den Geräten verschieben. Öffnen Sie hierzu beide Wartelisten, und ziehen Sie den angehaltenen Auftrag vom Fenster des einen Druckers in die Warteliste des anderen.

Auftrag anzeigen | In der Liste der Aufträge finden Sie links ein kleines Icon ❶. Mit einem Doppelklick auf dieses Icon wird die in der Warteschlange befindliche PDF-Datei (siehe Abschnitt 22.1) in einem QuickLook-Fenster geöffnet. Alternativ steht Ihnen der Menüpunkt AUFTRÄGE • ÜBERSICHT VON zur Verfügung. Sie können hier die Datei durchblättern und das Fenster schließen, während sich der Auftrag weiterhin in Bearbeitung befindet.

Abgeschlossene Aufträge

Bundesland	Name	Benutzer	Fax-Nummer	Gesendet	Abgeschlossen
Abgebrochen	1_Fahne_Original.pdf	Kai Surendorf		03.09.12 02:58	03.09.12 03:04
Abgeschlo...	1_Fahne_Original.pdf	Kai Surendorf		03.09.12 03:06	03.09.12 03:07
Abgeschlo...	testprint	Kai Surendorf		03.09.12 03:20	03.09.12 03:20

◀ Abbildung 22.25
Eine Liste der abgeschlossenen Aufträge kann nachträglich eingesehen werden.

Abgeschlossene Aufträge | Über den Menüpunkt FENSTER • ABGESCHLOSSENE AUFTRÄGE ZEIGEN rufen Sie eine unter OS X 10.8.1 etwas obskure Liste der fertiggestellten Ausdrucke auf. In der Spalte BUNDESLAND [sic!] werden Sie darüber informiert, ob der Auftrag erfolgreich abgeschlossen oder abgebrochen wurde.

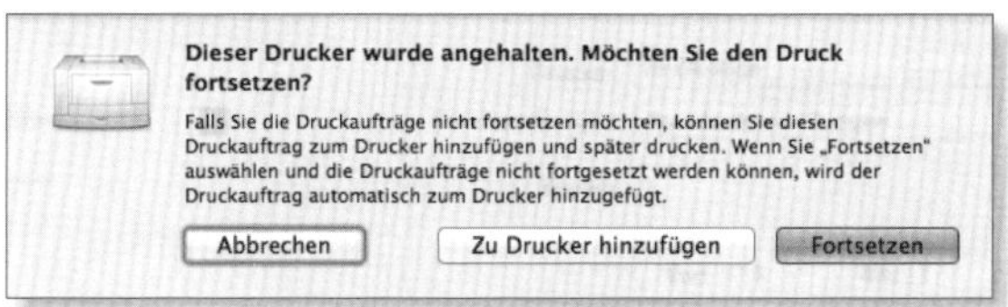

◀ Abbildung 22.26
Einem angehaltenen Drucker können Sie neue Aufträge zuweisen.

Drucker pausieren | Über die Schaltfläche PAUSE können Sie die Ausgabe von Aufträgen unterbrechen. Die vorhandenen Aufträge werden nicht gelöscht, sondern ausgeführt, sobald Sie das Drucken FORTSETZEN. Wenn Sie einen Drucker pausiert haben und diesem einen neuen Auftrag erteilen, dann erscheint ein Dialog, in dem Sie den Auftrag der Warteliste hinzufügen können. Mit der Schaltfläche FORTSETZEN wird die Warteschlange wieder abgearbeitet.

PDF-Dateien erstellen

Automator und AppleScript
Sie können eigene PDF Services im Automator erstellen, indem Sie einen Arbeitsablauf basierend auf der entsprechenden Vorlage (siehe Abschnitt 25.6) erstellen. Möchten Sie die PDF-Datei mit einem AppleScript weiterver-arbeiten, können Sie hier ein Droplet (siehe Abschnitt 26.10) einsetzen.

OS X hat schon seit jeher eine große Affinität zu PostScript und PDF. Dementsprechend finden Sie im Druckmenü unten links ein Ausklappmenü namens PDF, das Ihnen die Möglichkeit bietet, anstelle eines Ausdrucks eine PDF- oder PostScript-Datei zu erzeugen.

PSNormalizer | Apple verwendet für die Erstellung von PDF-Dateien einen von Adobe lizenzierten Distiller, der sich im Verzeichnis /SYSTEM/LIBRARY/PRIVATEFRAMEWORKS/PSNORMALIZER.FRAMEWORK befindet. Dieser Distiller entspricht in seinem Funktionsumfang nicht ganz dem normalen Produkt von Adobe, was in der Druckvorstufe immer wieder mal zu Problemen führt.

▲ **Abbildung 22.27**
Über das Untermenü PDF erzeugen Sie anstelle eines Ausdrucks eine PDF-Datei.

PDF Services | Das Menü enthält bis zu drei Abschnitte. Die ersten vier Einträge stellt Ihnen das Betriebssystem selbst zur Verfügung. Die folgenden drei Einträge bestehen aus drei Automator-Arbeitsabläufen, die im Verzeichnis /LIBRARY/PDF SERVICES gespeichert wurden. Sie können dieses Menü um eigene Abläufe und auch AppleScripts ergänzen, indem Sie diese in den Ordner /LIBRARY/PDF SERVICES für alle eingerichteten Benutzer oder ~/LIBRARY/PDF SERVICES für das eigene Benutzerkonto kopieren. Das in Abbildung 22.27 verfügbare Skript SAVE PDF TO DEVONTHINK PRO befindet sich in einem der beiden Ordner. Der Eintrag MENÜ BEARBEITEN dient zur Verwaltung des Menüinhalts. Beachten Sie hierbei, dass etwaige Arbeitsabläufe, die Sie selbst erstellt haben, gegebenenfalls ohne Rückfrage gelöscht werden.

Abbildung 22.28 ►
Über die SICHERHEITSOPTIONEN schränken Sie die Nutzung einer PDF-Datei mit Kennwörtern ein.

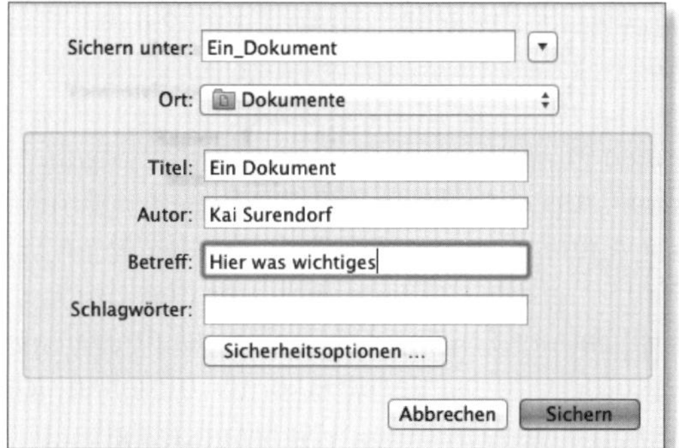

◂ **Abbildung 22.29**
Der PDF-Datei können Sie verschiedene Metadaten hinzufügen.

22.4 Drucken im Netzwerk

Das dem Drucksystem von OS X 10.8 zugrunde liegende CUPS ist ohne Probleme in der Lage, Drucker im Netzwerk freizugeben oder freigegebene Drucker anzusprechen. CUPS selbst nutzt das Internet Printing Protocol (IPP), das entweder über Port 631 oder, sofern notwendig, über Port 80 kommuniziert. Die Freigabe eines Druckers erfolgt dabei über die Systemeinstellungen. Dabei ist OS X 10.8 über CUPS in der Lage, auch mit Windows-Rechnern Drucker zu teilen oder Drucker für Windows-Rechner freizugeben.

Hinweis
Achten Sie darauf, dass Sie in den Einstellungen der Firewall nicht die Option ALLE EINGEHENDEN VERBINDUNGEN BLOCKIEREN ausgewählt haben, weil dann eingehende Druckaufträge von der Firewall abgefangen werden.

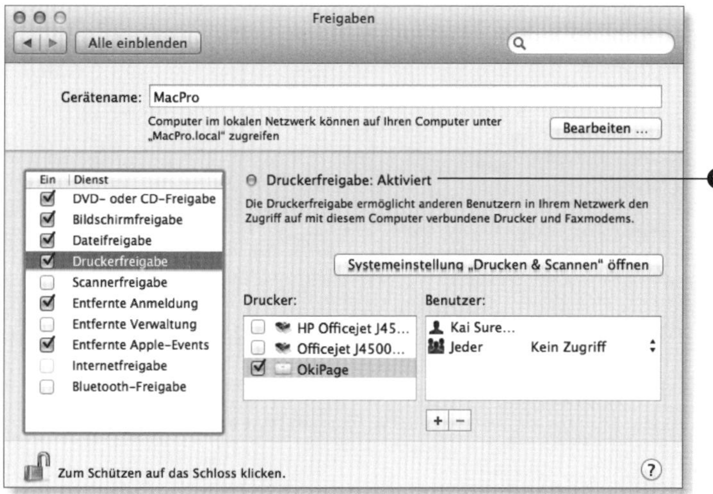

◂ **Abbildung 22.30**
In der Ansicht FREIGABEN der Systemeinstellungen aktivieren Sie die DRUCKERFREIGABE ❶.

Druckerfreigabe für OS X

In den Systemeinstellungen müssen Sie zunächst in der Ansicht FREIGABEN den Dienst DRUCKERFREIGABE aktivieren. Sie können dann hier oder unter DRUCKEN & SCANNEN einzelne Drucker im Netzwerk freigeben. Die Drucker stehen anschließend im Netz-

▲ **Abbildung 22.31**
Sie können den Druck von einer Authentifizierung abhängig machen.

werk zur Verfügung, und die Freigabe wird über Bonjour automatisch kommuniziert.

Benutzer | Sie können in der Ansicht FREIGABEN auch vorgeben, welche Benutzer und Gruppen auf den Drucker zugreifen dürfen. Zunächst darf JEDER Aufträge an den Drucker senden. Wenn Sie über das Pluszeichen unterhalb der Liste Benutzer und Gruppen hinzufügen, dann ist bei der Erteilung eines Druckauftrags eine Authentifizierung erforderlich. Die Benutzerkonten beziehen sich dabei auf das System, das den Drucker im Netzwerk freigibt.

Abbildung 22.32 ▸
Wurde die Benutzung des Druckers eingeschränkt, dann wird er in der Liste mit einem entsprechenden Icon versehen.

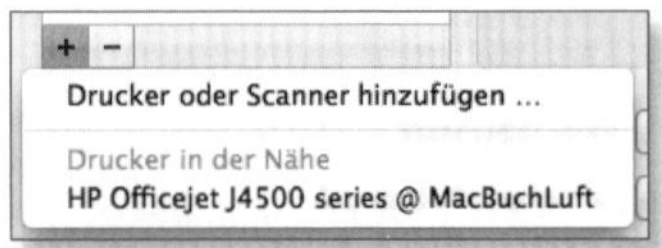

▲ **Abbildung 22.33**
Über Bonjour gefundene Drucker werden automatisch unter dem Pluszeichen aufgeführt.

Drucker einbinden | Auf einem anderen Rechner im Netzwerk erscheint dieser freigegebene Drucker sowohl unterhalb des Pluszeichens als auch in der Übersicht der verfügbaren Drucker. Dabei wird als Standort der Name des Rechners, auf dem der Drucker freigegeben wurde, nach dem Zeichen @ angegeben. In Abbildung 22.34 wurde ein Drucker auf dem Rechner MACBUCHLUFT freigegeben.

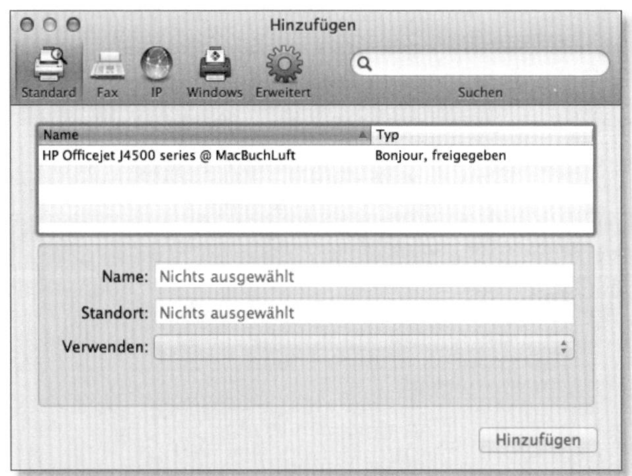

Abbildung 22.34 ▸
Unter TYP wird das Protokoll angegeben, über das der freigegebene Drucker gefunden wurde.

Druckertreiber als PPD | Nach der Auswahl des Druckers wird von dem Rechner, auf dem der Drucker freigegeben wurde, der Treiber kopiert. Bei dem in Abbildung 22.36 dargestellten Gerät von Hewlett-Packard (HP OFFICEJET J4500) wurde der Treiber nur auf dem Rechner MACBUCHLUFT installiert. Auf dem Rechner, der den freigegebenen Drucker einbindet, wurden die Treiber nicht eigens installiert. Stattdessen wird eine PostScript Printer Description vom Rechner MACBUCHLUFT kopiert, die die Funktionen des Druckers beschreibt. Dies geschieht auch dann, wenn es sich nicht um einen PostScript-fähigen Drucker handelt.

Download über HTTP
Die PPD-Datei wird dabei über HTTP heruntergeladen. Sie können die Datei auch eigenhändig downloaden, indem Sie im Browser die Adresse *http://IP-Adresse:631/printers/Name_des_ Druckers.ppd* eingeben.

Der Grund für die Verwendung einer PPD besteht darin, dass das Drucksystem aus den proprietären Treibern der Hersteller – in diesem Fall Hewlett-Packard – eine PPD erstellt, die die Fähigkeiten des Druckers in Bezug auf die Auflösung und den Farbdruck beschreibt. So findet sich in diesem Beispiel auf dem Rechner MACBUCHLUFT im Verzeichnis /ETC/CUPS/PPD eine Datei *HP_Officejet_J4500_series.ppd*, die die Funktionen und Fähigkeiten dieses Geräts basierend auf den eigentlichen Treibern von Hewlett-Packard enthält. Binden Sie den freigegebenen Drucker auf einem anderen Rechner im Netzwerk ein, dann kopiert dieser die PPD-Datei. Die Installation des Treibers auf dem anderen Rechner ist damit nicht notwendig.

Drucker-Pool
Sie können auch einen Drucker-Pool im Netzwerk freigeben und auf einem anderen Rechner einbinden. Wählen Sie, wie von OS X vorgeschlagen, als Treiber ALLGEMEINER POST-SCRIPT-DRUCKER.

Verbindung mit Windows

OS X 10.8 ist auch in der Lage, Drucker für Windows freizugeben oder auf die Drucker, die unter Windows freigegeben wurden, zuzugreifen. Die gebräuchlichen Windows-Versionen XP Pro, Vista, Windows 7 und Windows 8 können das Internet Printing Protocol verwenden und unter OS X 10.8 freigegebene Drucker direkt ansprechen. Unter Windows XP Pro können Sie auch die Windows-Komponente DRUCKDIENSTE FÜR UNIX nutzen. Unter Windows Vista, Windows 7 und Windows 8 wird dieser Dienst LPD-DRUCKDIENST genannt.

Und Linux?
CUPS gehört mittlerweile bei fast allen Linux-Distributionen zur Standardinstallation. Einen Drucker unter Linux können Sie mit der in Abschnitt 22.5 beschriebenen Weboberfläche von CUPS freigeben und einbinden.

Drucker unter Windows einbinden | Unter Windows haben Sie genau drei Möglichkeiten, auf einen unter OS X 10.8 freigegebenen Drucker zuzugreifen:

1. Haben Sie die Bonjour-Druckdienste für Windows (siehe Abschnitt 16.2.2) installiert, dann können Sie mit dem Programm Bonjour-Druckerassistent die Drucker bequem einbinden.
2. Verfügen Sie über den Windows-Treiber für den Drucker, steht der direkten Ansprache über den URL mittels IPP nichts im Wege.
3. Wenn Sie den Windows-Treiber nicht installieren können, steht Ihnen als dritte Möglichkeit die Verwendung von PostScript zur Verfügung.

Hinweis
Wenn Sie den Zugriff auf die Drucker in den Systemeinstellungen auf Benutzer beschränkt haben, dann ist es möglich, dass dieses Verfahren von Windows nicht unterstützt wird und Sie den Drucker für alle Benutzer freigeben müssen.

PPD verwenden
Sie können auch bei der Verwendung des Bonjour-Druckerassistenten die PPD eines nicht PostScript-fähigen Druckers über Browser mit der im Folgenden beschriebenen Methode beziehen.

Bonjour-Druckerassistent | Der Bonjour-Druckerassistent ist Bestandteil des Installationspakets Bonjour für Windows. Starten Sie das Programm, dann sucht der Assistent im Netzwerk nach verfügbaren Druckern. Die Anzeige der gefundenen Drucker ähnelt der in OS X 10.8.

Wählen Sie einen Drucker aus, und klicken Sie auf WEITER, dann müssen Sie den Treiber für den Drucker auswählen. Steht Ihnen unter Windows kein Treiber für den Drucker zur Verfügung, wählen Sie als HERSTELLER GENERIC und als MODELL GENERIC/POSTSCRIPT. In diesem Fall sendet der Windows-Rechner eine PostScript-Datei, die dann von CUPS gegebenenfalls konvertiert und an den Drucker geschickt wird.

▲ **Abbildung 22.35**
Die Anzeige der gefundenen Drucker ähnelt der unter OS X 10.8.

Abbildung 22.36 ▶
Ist kein eigener Treiber für den Drucker installiert, sollten Sie als Modell GENERIC/POSTSCRIPT auswählen.

Drucker direkt einbinden | Möchten oder können Sie Bonjour in Ihrem Netzwerk nicht einsetzen, können Sie einen Drucker unter Windows auch direkt einbinden. Über den Menüpunkt EINSTELLUNGEN • DRUCKER UND FAXGERÄTE unter Windows XP, den Eintrag GERÄTE UND DRUCKER unter Windows 7 und Windows 8 oder die Ansicht DRUCKER in der Systemsteuerung von Windows Vista starten Sie über die Option DRUCKER HINZUFÜGEN den Druckerinstallations-Assistenten von Windows. Wählen Sie unter Windows XP im zweiten Schritt NETZWERKDRUCKER aus, unter Windows 7 und Windows Vista fügen Sie im ersten Schritt einen Netzwerkdrucker hinzu, wobei Sie bei der anschließenden Suche die Schaltfläche DER GESUCHTE DRUCKER IST NICHT AUFGEFÜHRT anklicken.

URL vorgeben | Im dritten Schritt müssen Sie den URL für den freigegebenen Drucker (siehe Abbildung 22.37) angeben. Der URL setzt sich zusammen aus der IP-Adresse des Rechners, an den der Drucker angeschlossen ist – sofern in Ihrem lokalen Netzwerk ein DNS-Server vorhanden ist, können Sie auch den Namen des Rechners angeben. An den Namen oder die IP-Adresse fügen Sie getrennt durch einen Doppelpunkt die Portangabe 631 an. Wenn Sie einen Drucker und keinen Drucker-Pool ansprechen, lautet die Angabe »printers«. Um einen Drucker-Pool anzusprechen, geben Sie an dieser Stelle »classes« ein.

Der letzte Bestandteil des URL ist der Name des freigegebenen Druckers oder des Pools. Dieser entspricht dem in den Systemeinstellungen angezeigten, wobei Sie die Leerzeichen im Namen durch einen Unterstrich ersetzen müssen. Der vollständige URL zu einem freigegebenen Drucker könnte also *http://192.168.0.2:631/printers/HP_Officejet_J4500_series* lauten.

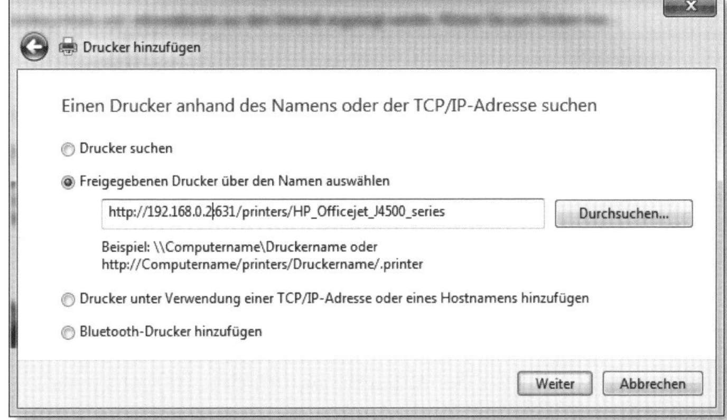

◂ **Abbildung 22.37**
Neben der IP-Nummer müssen Sie den Port 631 angeben.

Treiber | Der letzte Schritt besteht in der Auswahl beziehungsweise in der Installation des Treibers. Die berücksichtigten Windows-Versionen sind in der Lage, einen schon installierten Treiber für den eingebundenen Drucker zu verwenden.

PPD herunterladen | Verfügen Sie nicht über die speziellen Windows-Treiber des freigegebenen Druckers, können Sie auch eine PostScript-Datei direkt an CUPS schicken. Hierbei unterstützt Sie CUPS unter OS X durch die Bereitstellung einer speziellen PPD, die die Fähigkeiten des Druckers deklariert, ganz gleich, ob dieser PostScript beherrscht oder nicht. Laden Sie diese Datei zuerst auf den Windows-PC herunter, indem Sie im Browser die Adresse *http://Rechner:631/printers/Name_des_Druckers.ppd* aufrufen, wobei Sie *Rechner* durch die IP-Adresse oder den Namen

Vista, Windows 7/8 und PostScript
Bei Windows Vista und Windows 7/8 können Sie auf die Installation der Adobe-PostScript-Treiber verzichten. Wählen Sie dort als Hersteller Generic und als Drucker MS Publisher Imagesetter aus. Hierbei handelt es sich um einen ausreichend funktionsfähigen PostScript-Treiber.

des freigebenden Rechners und *Name_des_Druckers* durch den entsprechenden Namen ersetzen.

Abbildung 22.38 ▸
Unter Vista und Windows 7 ist bereits ein PostScript-Treiber vorhanden.

Adobe PostScript-Treiber installieren | Windows XP bringt von Haus aus nur eine unzureichende PostScript-Unterstützung mit. Adobe bietet über die eigenen PostScript-Treiber, die frei verfügbar sind, einen passenden Ersatz. Hierzu laden Sie die ADOBE UNIVERSAL POSTSCRIPT DRIVERS FOR WINDOWS von Adobe *(http://www.adobe.com/support/downloads/product.jsp?product=44&platform=Windows)* herunter. Starten Sie die Installation, und wählen Sie zunächst die Option NETZWERKDRUCKER aus. Wenn das Installationsprogramm im nächsten Schritt nach einem NETZWERKPFAD fragt, geben Sie den URL wie oben beschrieben ein.

Sie erhalten vom Installationsprogramm den Hinweis, dass der Netzwerkdrucker keinen Treiber von Adobe verwenden würde. Klicken Sie hier auf die Schaltfläche JA, um den Treiber zu installieren. Als Druckermodell wählen Sie GENERIC POSTSCRIPT PRINTER aus, wenn Sie die PPD nicht über CUPS geladen haben.

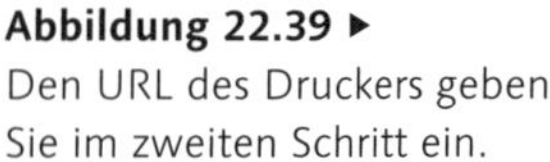
Abbildung 22.39 ▸
Den URL des Druckers geben Sie im zweiten Schritt ein.

Haben Sie die PPD heruntergeladen, können Sie sie über die Schaltfläche DURCHSUCHEN auswählen. Die nächsten Schritte der Installation sind selbsterklärend. Der so installierte Drucker erscheint mit der Bezeichnung GENERIC POSTSCRIPT PRINTER. Sie können ihn in unter DRUCKER UND FAXGERÄTE umbenennen.

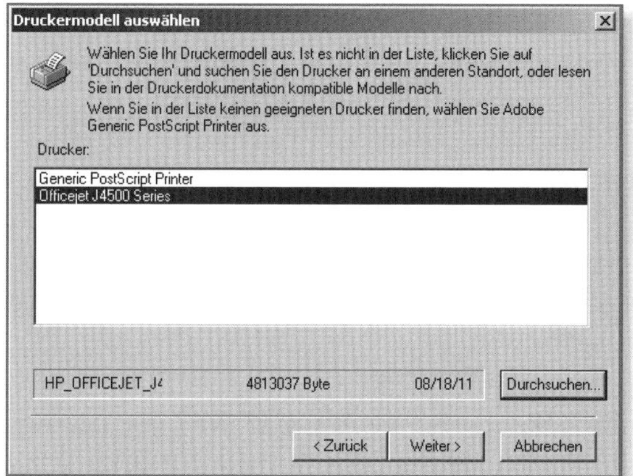

◄ **Abbildung 22.40**
Die heruntergeladene PPD-Datei wählen Sie über DURCHSUCHEN aus.

Drucker unter Windows freigeben | Die erste und wohl einfachste Möglichkeit, einen Drucker unter Windows für OS X freizugeben, besteht in der Freigabe über das SMB-Protokoll. Zunächst müssen Sie auf dem Windows-Rechner den Drucker über die jeweiligen Einstellungen freigeben. Einen so freigegebenen und kommunizierten Drucker finden Sie im Dialog zum Hinzufügen eines Druckers in der Ansicht WINDOWS. Sie müssen dort zuerst die passende Arbeitsgruppe, in Abbildung 22.41 WORKGROUP, auswählen und erst dann den Rechner, der den Drucker freigibt.

Hinweis

Sie können, sofern es die Sicherheitsrichtlinien in Ihrem Netzwerk erlauben, auch auf dem Windows-Rechner den Gastzugang aktivieren, um so allen Rechnern im Netzwerk den Zugriff auf die freigegebenen Drucker zu gewähren.

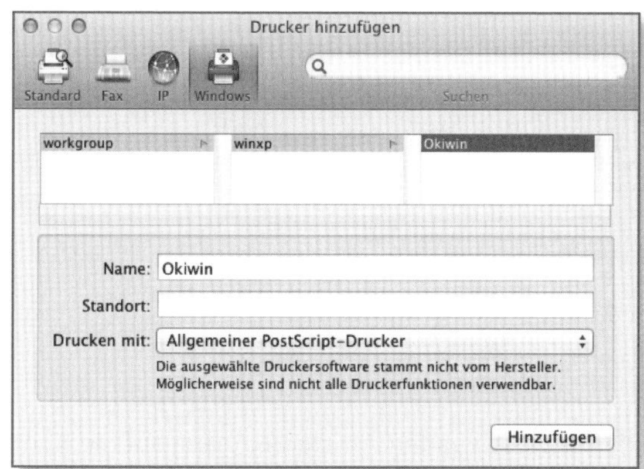

◄ **Abbildung 22.41**
Die freigegebenen Drucker erscheinen gegebenenfalls nach einer erfolgreichen Authentifizierung.

Da unter Windows die Freigabe eines Druckers ähnlich wie die eines Ordners gehandhabt wird, müssen Sie sich anschließend zunächst mit einem auf dem Windows-Rechner verfügbaren Be-

> **Hinweis**
> Eine beliebte Fehlerquelle bei der Freigabe von Druckern unter Windows ist die Firewall. Wird der Status des freigegebenen Druckers partout mit ANGEHALTEN bezeichnet, dann können Sie im Browser (siehe Abschnitt 22.5) nachschauen, ob dort der Hinweis CONNECTION REFUSED angezeigt wird. In diesem Fall sollten Sie die Einstellungen der Firewall auf dem Windows-Rechner überprüfen.

nutzerkonto identifizieren. Erst dann erscheinen die Drucker in der Übersicht. Wenn Sie den Drucker auf diese Weise installieren, bietet es sich an, das Kennwort im Schlüsselbund zu sichern. Sie ersparen sich dadurch die Eingabe des Passworts, wenn Sie auf dem Drucker ein Dokument ausgeben.

Sofern Sie den Drucker für alle auf dem Macintosh-Rechner angelegten Benutzerkonten freigeben und dabei für alle die Eingabe des Passworts vermeiden möchten, sollten Sie den Drucker über den Browser (siehe Abschnitt 22.5) einrichten.

Installation der Treiber | Beachten Sie außerdem, dass die Verteilung von Treibern im Netzwerk zwischen Windows und OS X 10.8 nicht funktioniert. Sie müssen daher den passenden Treiber auf dem Macintosh installieren, sofern es sich nicht um einen PostScript-Drucker handelt.

Druckdienste für UNIX | Der Ausdruck über SMB im Netzwerk verläuft recht langsam. Über die DRUCKDIENSTE FÜR UNIX unter Windows XP oder über den LPD-DRUCKDIENST (Windows Vista und Windows 7) können Sie auch unter Windows eine Warteschlange erstellen. Bei allen drei Windows-Varianten müssen Sie diese Komponente nachträglich aktivieren. Unter Windows XP wählen Sie hierzu in der SYSTEMSTEUERUNG die Option SOFTWARE und im dortigen Fenster WINDOWS-KOMPONENTEN HINZUFÜGEN/ENTFERNEN.

Abbildung 22.42 ▸
Der LPD-Druckdienst gehört zu den Features von Windows 7.

Klicken Sie in dem sich öffnenden Assistenten dann auf die Komponente WEITERE DATEI- UND DRUCKDIENSTE FÜR DAS NETZWERK. Diese enthält die DRUCKDIENSTE FÜR UNIX. Unter Windows Vista und Windows 7 und Windows 8 finden Sie diesen Dienst mit der Bezeichnung LPD-DRUCKDIENST in den WINDOWS-FUNKTIONEN.

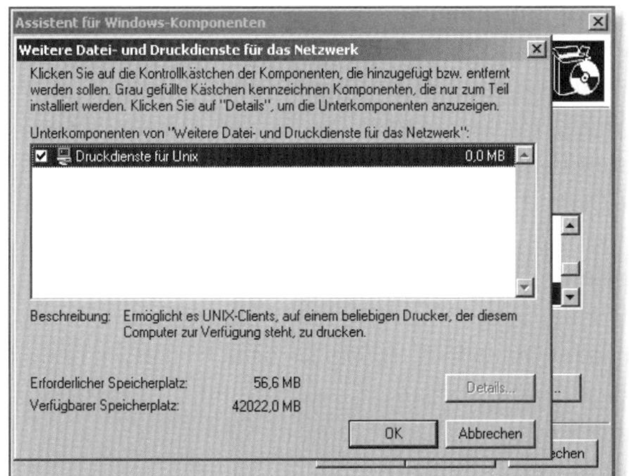

◂ Abbildung 22.43
Die Druckdienste für Unix werden über den Assistenten für Windows-Komponenten installiert.

Sie können den unter Windows freigegebenen Drucker nun über die Ansicht IP einbinden. Geben Sie dort die IP-Adresse des Windows-Rechners ein und als Warteliste den Namen des Druckers, so wie er Ihnen unter Windows angezeigt wird. Auch hier müssen Sie den Treiber für den Drucker auf dem Macintosh installieren. Die Eingabe eines Passworts ist jedoch nicht notwendig.

◂ Abbildung 22.44
Die Warteliste entspricht dem Namen des freigegebenen Druckers.

Erweiterte Druckerkonfiguration

In einigen Netzwerken ist die direkte Eingabe der Adresse eines freigegebenen Druckers notwendig. Beispielsweise funktioniert die Namensauflösung in einem Windows-Netzwerk nicht, oder Sie möchten auf einen Rechner zugreifen, der sich in einem anderen Subnetz befindet und dessen freigegebene Drucker nicht über Bonjour kommuniziert werden.

OS X 10.8 erlaubt Ihnen die direkte Eingabe eines URL für einen Drucker. Hierzu müssen Sie im Fenster zum Hinzufügen eines Druckers die Symbolleiste um die Schaltfläche ERWEITERT ergänzen. In dieser Ansicht wählen Sie zunächst den TYP der Netzwerkverbindung aus. Im Feld URL wird dann der passende Beginn (SMB://, IPP://, HTTP://, LPD://) eingefügt. Sie können dort beginnen, die Netzwerkadresse des Druckers einzugeben. Das System versucht während der Eingabe automatisch, einen Drucker oder ein anderes Gerät am Anschluss zu erkennen. Dies wird aber nur von den wenigsten Protokollen unterstützt, sodass Sie den Drucker am besten in dem URL direkt angeben. NAME, STANDORT und die Auswahl des Treibers entsprechen den zuvor beschriebenen Verfahren.

Abbildung 22.45 ▸
In der Ansicht ERWEITERT wählen Sie als TYP ein Netzwerkprotokoll oder einen Anschluss aus.

22.5 CUPS im Detail konfigurieren

Das Common UNIX Printing System ermöglicht Ihnen die Administration über den Browser. In dieser über den URL *http://127.0.0.1:631* aufzurufenden Webseite finden Sie einige Optionen, die Sie über die Systemeinstellungen von OS X nicht vornehmen können. Über den Browser ist es auch möglich, von einem anderen Rechner im Netzwerk die Drucker und Klassen zu verwalten.

▴ Abbildung 22.46
Die Weboberfläche muss zunächst aktiviert werden.

Weboberfläche aktivieren | In den Standardeinstellungen ist der Zugriff über den Browser zunächst inaktiv. Am Terminal können Sie durch den Befehl

```
cupsctl WebInterface=yes
```

die Oberfläche aktivieren. Diesem müssen Sie kein `sudo` voranstellen, ihn wohl aber unter einem administrativen Benutzerkonto ausführen.

Zur Drucklegung dieses Buches war die Oberfläche der verwendeten CUPS-Version 1.6.0 noch nicht lokalisiert. Wahrscheinlich wird Apple dies zu einem späteren Zeitpunkt nachholen, sodass Sie möglicherweise mit einer deutschen Oberfläche arbeiten können.

Dokumentation
CUPS bietet Ihnen über *http://127.0.0.1:631/help* eine sehr umfangreiche, aber schlecht gegliederte Dokumentation. Wenn Sie zu einem bestimmten Detail von CUPS nähere Informationen benötigen, ist die integrierte Suchfunktion hilfreich.

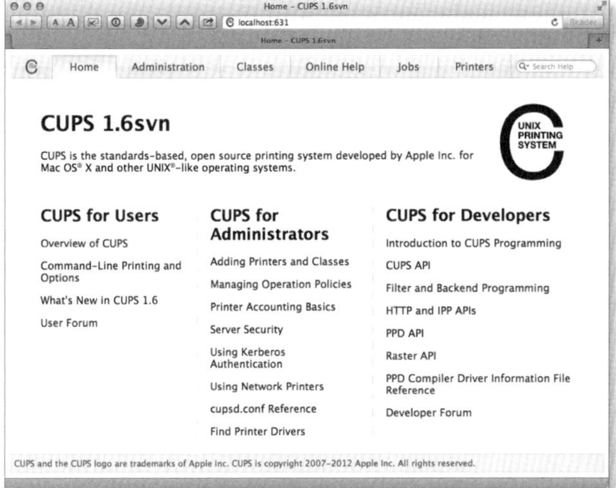

◄ Abbildung 22.47
CUPS ermöglicht die Administration über den Browser.

Anmeldung als Administrator | CUPS wird bei vielen der im Folgenden beschriebenen administrativen Aufgaben eine Identifizierung verlangen. Hier können Sie den Kurznamen und das Passwort eines Administrators angeben.

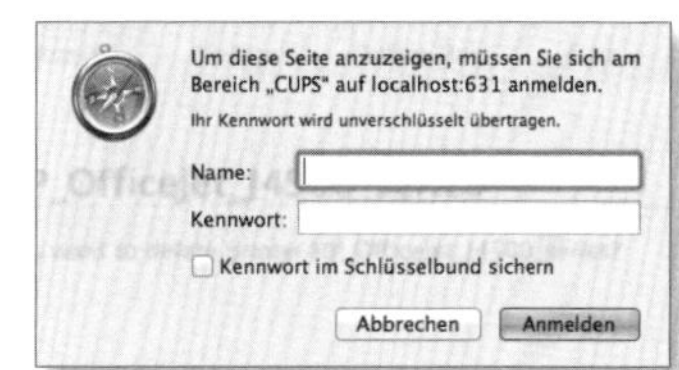

▲ Abbildung 22.48
Wenn CUPS um eine Identifizierung bittet, müssen Sie ein Administratorkonto angeben.

Grundlegende Einstellungen und Protokolle

In der Ansicht ADMINISTRATION nehmen Sie einige grundlegende Einstellungen des CUPS-Servers `cupsd` vor.

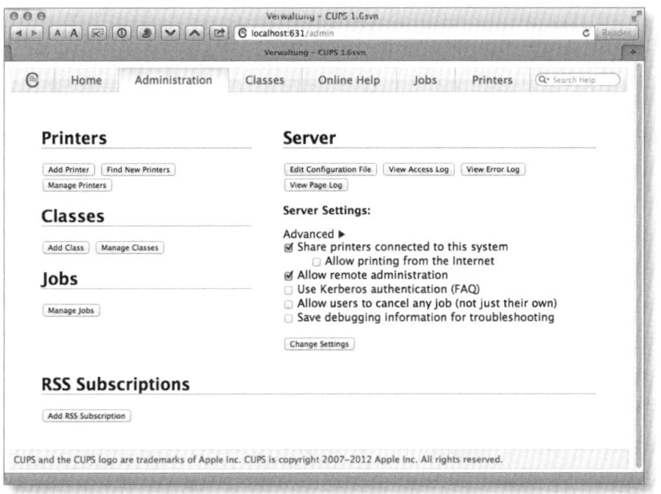

◄ Abbildung 22.49
In der Ansicht ADMINISTRATION können Sie auch die entfernte Verwaltung ermöglichen.

Freigabe kontrollieren | Deaktivieren Sie die Option SHARE PRINTERS CONNECTED TO THIS SYSTEM, dann hat dies die gleiche Wirkung, als wenn Sie die DRUCKERFREIGABE in den Systemeinstellungen ausschalten.

Hinweis
Wenn Ihr Rechner direkt mit dem Internet verbunden ist, sollten Sie das Drucken aus dem Internet nicht zulassen. Andernfalls geben Sie Ihre Drucker möglicherweise weltweit frei.

Drucken aus anderen Subnetzen | Die eingerückte Option ALLOW PRINTING FROM THE INTERNET bezieht sich auf die Freigabe von Druckern. Die Bezeichnung ist etwas missverständlich, da sich diese Option nicht nur auf das Drucken aus dem Internet auswirkt. Vielmehr bewirkt sie, dass CUPS Druckaufträge auch dann akzeptiert, wenn sie nicht aus dem gleichen Subnetz erfolgen. Dies kann in großen Netzwerken, die in Subnetze unterteilt wurden, notwendig sein, um einen Druckerserver für mehrere Subnetze freizugeben.

Hinweis
Auch die entfernte Verwaltung sollten Sie nur dann aktivieren, wenn Ihr Rechner nicht direkt mit dem Internet verbunden ist. Ansonsten könnte eine in CUPS vielleicht vorhandene Sicherheitslücke Ihr gesamtes System kompromittieren.

Entfernte Verwaltung | Standardmäßig erlaubt CUPS die Verwaltung über die Webseiten nur vom lokalen Rechner und sperrt ihn für andere Rechner. Aktivieren Sie diese Option, können Sie auch von einem anderen Rechner im Netzwerk auf die Druckerverwaltung zugreifen, indem Sie als URL die IP-Adresse oder den Namen des Rechners und die Portangabe »:631« eingeben, wobei Sie nach der obligatorischen Authentifizierung auch Zugriff auf die administrativen Funktionen haben.

Aufträge abbrechen | CUPS ordnet jedem Druckauftrag den Namen des Benutzers zu, der ihn erstellt hat. Laut Standardeinstellungen können Sie nur Ihre eigenen Aufträge abbrechen. Über die Option ALLOW USERS TO CANCEL ANY JOB (NOT JUST THEIR OWN) können Sie die Wartelisten der Drucker für alle Benutzer freigeben und so auch die Aufträge, die nicht von Ihnen erstellt wurden, abbrechen.

»DefaultAuthType«
Die Aktivierung von Kerberos führt dazu, dass in der Konfigurationsdatei *cupsd.conf* im Verzeichnis /ETC/CUPSD die Direktive `DefaultAuthType` von `Basic` in `Negotiate` geändert wird. Haben Sie versehentlich Kerberos für CUPS aktiviert, dann bearbeiten Sie die Datei mit `sudo nano /etc/cupsd/cupsd.conf` und ändern `DefaultAuthType Negotiate` in `DefaultAuthType Basic`. Starten Sie dann den Server mit `sudo killall -SIGHUP cupsd` neu.

Kerberos-Authentifizierung | Wenn in Ihrem Netzwerk ein funktionsfähiger Verzeichnisdienst wie Active Directory oder Open Directory (siehe Abschnitt 17.6) aktiv ist, können Sie für die Authentifizierung der Weboberfläche auch Kerberos verwenden. Aktivieren Sie diesen Dienst nicht, wenn sich in Ihrem Netzwerk kein funktionierender Verzeichnisdienst mit Kerberos-Unterstützung befindet, dann sollten Sie diese Option nicht nutzen. Andernfalls kann es passieren, dass Sie sich von der Weboberfläche aussperren.

Verwaltung über »cupsctl« | Die bevorzugte Methode für die Konfiguration von CUPS über das Terminal ist in vielen Fällen nicht die direkte Bearbeitung der entsprechenden Einstellungsdatei, sondern die Verwendung des Befehls `cupsctl`. Die Arbeit mit `cupsctl` ist über eine Verbindung mittels SSH (siehe Abschnitt 17.2) oder in Verbindung mit einem AppleScript über `do shell script` nützlich. Mit der Eingabe von `cupsctl` ohne Parameter und Optionen lassen Sie sich die aktuellen Einstellungen von `cupsd` anzeigen.

Die Verwendung von `sudo` ist bei `cupsctl` nicht notwendig, sofern Sie am Terminal mit einem Administratorkonto arbeiten. Fordert Sie `cupsctl` zur Eingabe eines Passworts auf, verwenden Sie das Passwort für Ihr Benutzerkonto.

▲ **Abbildung 22.50**
Der Befehl `cupsctl` zeigt die aktuellen Einstellungen des Drucksystems an.

Haben Sie `cupsctl` wie in Abbildung 22.50 direkt aufgerufen, informieren Sie zwei Zeilen (`SystemGroup` und `SystemGroupAuthKey`) über die Gruppe, die über administrative Rechte im Drucksystem verfügt. Dies sind alle Mitglieder der Gruppe `admin`, die über die Benutzerverwaltung von OS X 10.8 konfiguriert wurden.

Die Angabe `DefaultAuthType` zeigt die zuvor schon angesprochene Verwendung von Kerberos mit dem Wert `Negotiate` oder das normale Verfahren mit `Basic` an. Die folgenden Werte, deren Namen mit einem Unterstrich beginnen, entsprechen den Einstellungen, die Sie über die Ansicht Administration im Browser vornehmen können.

Option	Funktion
`debug-logging`	Schaltet die ausführliche Protokollierung ein.
`remote-admin`	Ermöglicht die entfernte Verwaltung über den Browser. Zeitgleich gibt diese Option die eingerichteten Drucker im Netzwerk frei.
`remote-any`	Das Drucken aus dem Internet wird aktiviert.
`share-printers`	Aktiviert die Freigabe von Druckern im Netzwerk.
`user-cancel-any`	Benutzer können jeden Druckauftrag ab-brechen.

◂ **Tabelle 22.1**
Die Optionen von `cupsctl`

Ändern können Sie diese Einstellungen über `cupsctl`, indem Sie `cupsctl` den Namen der Einstellung mit zwei Minuszeichen vorangestellt als Option übergeben. So würde `cupsctl --remote-admin` die Verwaltung von einem anderen Rechner im Netzwerk

▲ **Abbildung 22.51**
Im Verzeichnis /ETC/CUPS werden die Voreinstellungen von CUPS gespeichert.

erlauben. Sie deaktivieren eine Funktion, indem Sie dem Namen ein `no` voranstellen. Die entfernte Verwaltung schalten Sie mit `cupsctl --no-remote-admin` wieder ab. Beachten Sie bei der Abschaltung der entfernten Verwaltung, dass dabei auch die Freigabe der Drucker beendet wird. Mit `cupsctl --share-printers` können Sie sie wieder aktivieren.

/etc/cups | Die Voreinstellungen von CUPS werden im Verzeichnis /ETC/CUPS abgelegt. Die zentrale Datei für die Verwaltung von CUPS ist *cupsd.conf*. Die Datei *printers.conf* beinhaltet die installierten Drucker, *classes.conf* enthält eingerichtete Drucker-Pools, und im Verzeichnis PPD werden die Beschreibungen der eingerichteten Drucker gesichert, die im Browser heruntergeladen werden können.

Standardkonfiguration
Über die Schaltfläche USE DEFAULT CONFIGURATION FILE können Sie die in der Datei *cupsd.conf.default* gespeicherten Standardeinstellungen von CUPS in das Textfeld im Browser laden. Dies entspricht der Einstellung von CUPS direkt nach der Installation.

»cupsd.conf« direkt bearbeiten | Die bevorzugte Methode zur Bearbeitung der Datei *cupsd.conf* finden Sie im Browser über den Link EDIT CONFIGURATION FILE. Dieses Vorgehen hat den Vorteil, dass der Dämon `cupsd` automatisch neu gestartet wird, wenn Sie die Änderungen über die Schaltfläche SAVE CHANGES speichern. Bearbeiten Sie die Datei am Terminal mit dem Aufruf `sudo nano /etc/cups/cupsd.conf`, müssen Sie den Server nach der Bearbeitung mit `sudo killall -SIGHUP cupsd` neu starten.

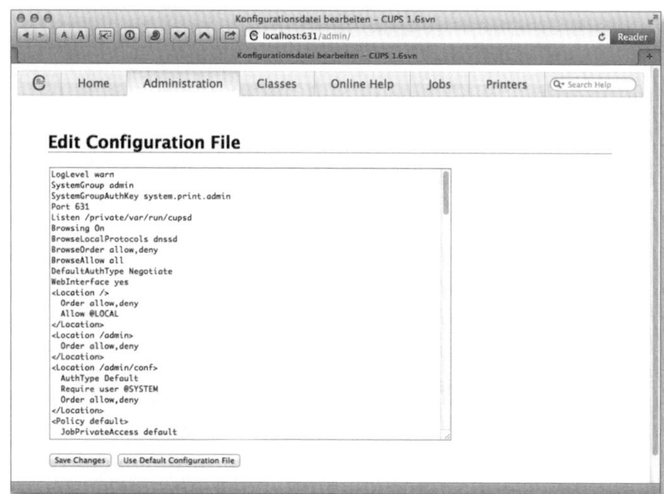

Abbildung 22.52 ▸
Die Datei »cupsd.conf« können Sie auch im Browser bearbeiten.

Die direkte Bearbeitung der Datei *cupsd.conf* ist im Alltag eigentlich nur selten angezeigt. Sie kann aber notwendig werden, wenn Sie das Drucksystem gezielt für einige Rechner im Netzwerk sperren oder auf eine andere Form der Protokollierung umschalten möchten.

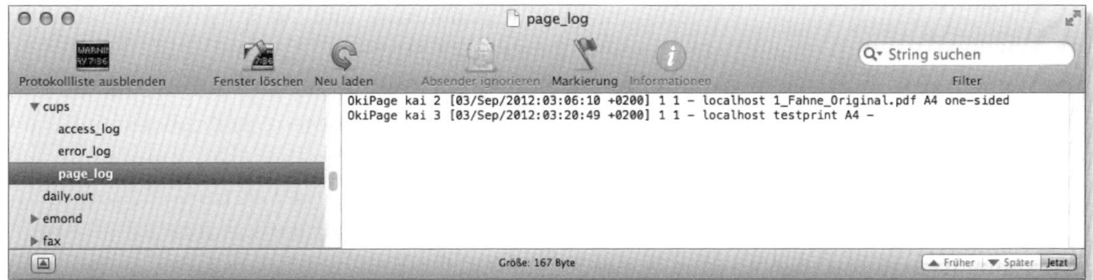

▲ **Abbildung 22.53**
Das »page_log« enthält die Liste aller abgearbeiteten Druckaufträge.

Protokolle einsehen | Wie fast alle anderen Dienste unter OS X führt auch CUPS mehr oder weniger detailliert Protokoll im Hintergrund. Dabei schreibt CUPS in drei Protokolle, die Sie sowohl im Browser über die entsprechenden Links als auch im Dienstprogramm Konsole einsehen können. Der Zugriff auf die Protokolle über den Browser ist hilfreich, wenn Sie sie auf einem anderen Rechner im Netzwerk einsehen möchten.

In der Datei *access_log*, dem Zugriffsprotokoll, werden alle Zugriffe auf die Weboberfläche gespeichert. Hierzu gehören nicht nur die Anfragen, die Sie über den Browser schicken, sondern auch die Anfragen von Computern im Netzwerk, die auf freigegebene Drucker zugreifen.

Das *page_log* enthält das Seitenprotokoll. Sie finden darin alle Druckaufträge, die an Drucker des Systems geschickt wurden, wobei neben dem Umfang und dem Zeitpunkt auch der beauftragende Benutzer aufgeführt wird.

Das Fehlerprotokoll im *error_log* kann bei der Fehlersuche sehr hilfreich sein. Hier werden fehlgeschlagene Startversuche des Dämons `cupsd` ebenso protokolliert wie sonstige Fehlermeldungen.

Protokollierung ändern
In den Standardeinstellungen führt CUPS vergleichsweise moderat Protokoll über die Ereignisse und Fehler im Drucksystem. Aktivieren Sie im Browser die Option SAVE DEBUGGING INFORMATION FOR TROUBLESHOOTING, dann wird der Datei *cupsd.conf* die Zeile `LogLevel debug` hinzugefügt, und die Protokolle werden sehr viel ausführlicher, aber auch unübersichtlicher.

Drucker und Klassen verwalten

CUPS ermöglicht es Ihnen auch, Drucker und Klassen über den Browser zu installieren, zu verwalten und wieder aus dem System zu entfernen.

Drucker installieren | Einen Drucker richten Sie über die Schaltfläche ADD PRINTER ein. Dabei werden Sie Schritt für Schritt durch den Installationsvorgang geführt. Zunächst durchsucht das System die Anschlüsse und prüft, ob Drucker angeschlossen wurden und ob die notwendigen Treiber dafür schon vorhanden sind. Die Ergebnisse dieser Suche finden Sie dann unter LOCAL PRINTERS und unter DISCOVERED NETWORK PRINTERS, sofern Drucker im Netzwerk gefunden wurden. Unter dem Punkt OTHER NETWORK

Printers stehen Ihnen die zuvor schon erläuterten Protokolle für freigegebene Drucker im Netzwerk zur Verfügung. Am Rande: Der Eintrag Windows printer via spoolss verweist auf die Verbindung mittels SMB. Wenn das System glaubt, bereits über einen passenden Treiber für das Gerät zu verfügen, dann wird Ihnen dieser in Klammern aufgeführt. Der Hinweis Unknown weist darauf hin, dass noch kein Treiber installiert wurde.

Abbildung 22.54 ▸
Im ersten Schritt wird nach angeschlossenen Druckern gesucht.

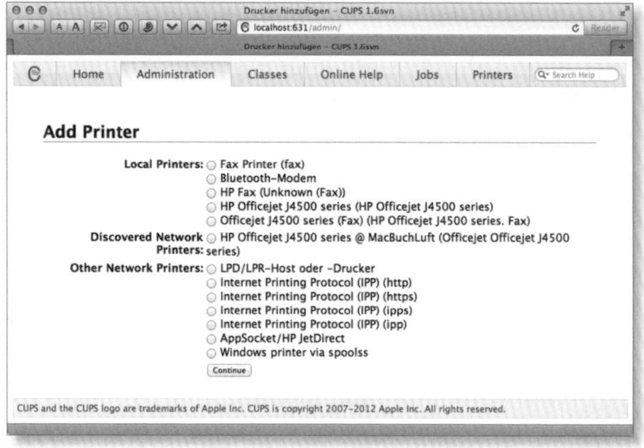

Freigabe von CUPS
Wenn Sie einen Drucker einbinden möchten, der auf einer CUPS-Installation freigegeben wurde, dann besteht der zweite Schritt darin, den URL für diesen Drucker einzugeben. Der Aufbau des URLs entspricht hier in der Regel dem Schema, das bereits im vorangegangenen Abschnitt zu Windows erklärt wurde. Es lautet *http://Rechner:631/printers/Drucker*.

Name vergeben | Wenn Sie einen Drucker oder ein Protokoll ausgewählt haben, können Sie im zweiten Schritt Name'n, Beschreibung und Ort festlegen. Darüber hinaus können Sie mit der Option Share This Printer bestimmen, ob Sie diesen Drucker im Netzwerk freigeben möchten. Bei der Verbindung handelt es sich um einen URL, der von CUPS fast ausschließlich intern genutzt wird, um dieses Gerät anzusprechen.

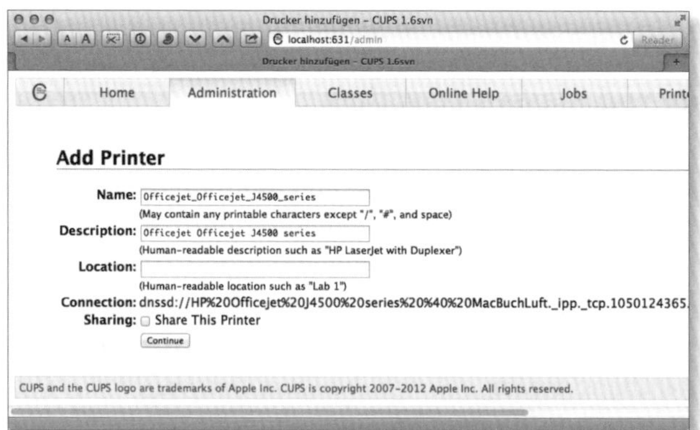

Abbildung 22.55 ▸
Namen und Beschreibung vergeben Sie im zweiten Schritt.

Im dritten Schritt wählen Sie in der Liste Model einen Treiber aus. CUPS gliedert diese Liste nach Herstellern. Wenn Sie einen Treiber eines anderen Herstellers installieren möchten, dann wählen Sie über die Schaltfläche hinter MAKE zunächst den Hersteller aus und entscheiden sich dann für einen Treiber. Außerdem ist es möglich, eine PPD-Datei auszuwählen und diese dann dem Formular zu übergeben.

Allgemeiner PostScript-Drucker
Der allgemeine PostScript-Treiber wird vom »Hersteller« GENERIC angeboten und in der Liste mit GENERIC POSTSCRIPT PRINTER bezeichnet.

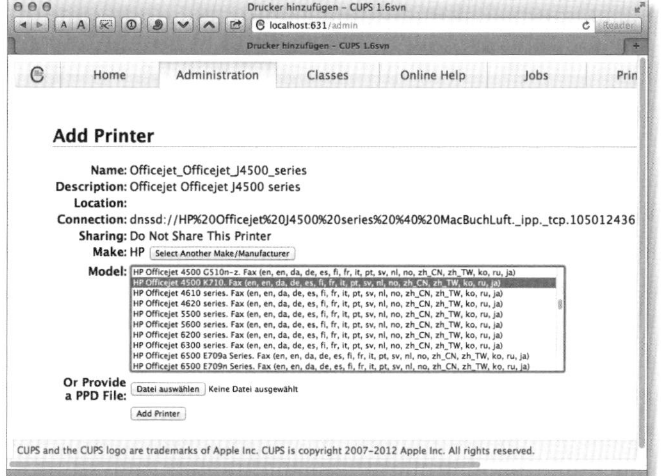

◄ **Abbildung 22.56**
Anstelle der verfügbaren Treiber können Sie eine PPD-Datei an das Formular übergeben.

Klassen erstellen | Ein Drucker-Pool wird unter CUPS als CLASS (Klasse) bezeichnet. Über die Schaltfläche ADD CLASS gelangen Sie zu einem Formular, in dem Sie wiederum den Namen der Warteliste, den Ort und die sichtbare Beschreibung vergeben können. CUPS stellt Ihnen die bereits installierten Drucker als mögliche MEMBERS der Klasse zur Auswahl. Wählen Sie ADD CLASS, und es werden die ausgewählten Geräte in dem Drucker-Pool zusammengefasst.

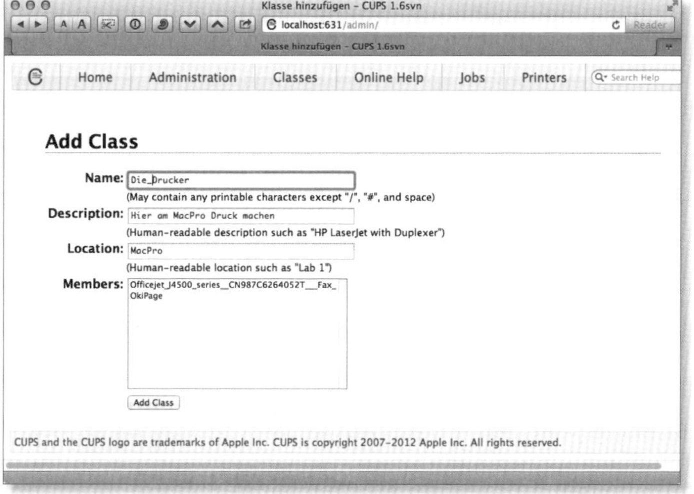

◄ **Abbildung 22.57**
Bereits installierte Drucker werden unter MEMBERS aufgeführt.

Drucker konfigurieren | Wenn Sie im oberen Menü von CUPS den Reiter Printers oder Classes auswählen, listet Ihnen CUPS alle eingerichteten Drucker oder Pools auf. Die Zeile Status informiert Sie darüber, ob das Gerät gestoppt, beschäftigt oder frei (Idle) ist.

Abbildung 22.58 ▸
Konfigurieren Sie einen Drucker mit einem Klick auf seinen Namen.

Wenn Sie den Namen eines Druckers anklicken, dann werden Sie zu einer weiteren Seite geleitet, auf der Sie die Einstellungen des Druckers vornehmen können. Die Konfiguration erfolgt dabei über die beiden Ausklappmenüs unterhalb des Namens. Das linke, mit Maintenance überschriebene Menü enthält die Funktionen, die im Alltag geläufig sind. Sie können hier eine Testseite drucken (Print Test Page), die Druckköpfe reinigen (Clean Print Heads), alle Aufträge abbrechen (Cancel All Jobs) sowie alle vorhandenen Aufträge verschieben (Move All Jobs). Wählen Sie den Eintrag Reject Jobs, dann arbeitet der Drucker die Warteschlange zwar noch ab, nimmt aber keine neuen Aufträge mehr entgegen.

Abbildung 22.59 ▾
Über die Menüs rufen Sie die Funktionen auf.

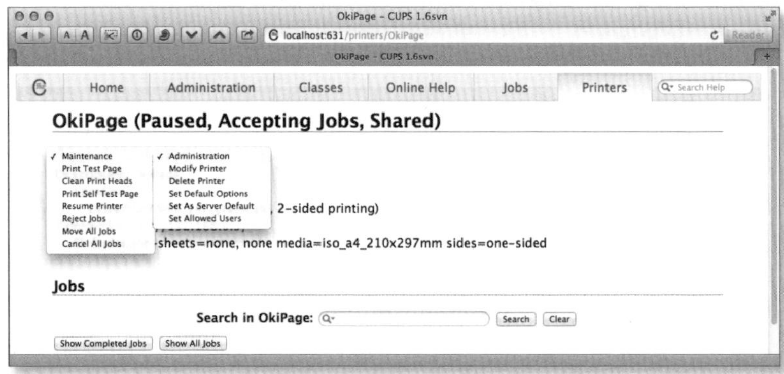

Unter Administration finden Sie die Funktionen, die den Systemeinstellungen entsprechen. Mit dem Eintrag Modify Printer können Sie den zuvor beschriebenen Installationsvorgang erneut durchlaufen. In diesem Menü entspricht der Eintrag Set Allowed Users den in Abschnitt 22.4 beschriebenen Vorgaben in den Systemeinstellungen.

◂ **Abbildung 22.60**
Aufträge können Sie über den Browser verwalten.

Aufträge verwalten | Unterhalb der Einstellungen finden Sie die derzeit in Arbeit befindlichen Aufträge. Über die drei Schaltflächen können Sie gezielt Aufträge löschen (CANCEL JOB), verschieben (MOVE JOB) oder anhalten (HOLD JOB).

Eigene Deckblätter

CUPS bietet Ihnen im Drucken-Dialog die Möglichkeit, vor oder nach dem eigentlichen Dokument ein Deckblatt anzufügen. Im Verzeichnis /USR/SHARE/CUPS/BANNERS befindet sich für jedes Deckblatt eine eigene Datei. Bei diesen Dateien handelt es sich um reine Textdateien, die mit einigen Anweisungen das Deckblatt gestalten. Sie können eine dieser Vorlagen wie beispielsweise `standard` nutzen und darauf aufbauend Ihr eigenes Deckblatt erstellen. Mit

Kommentar durch #
In den Dateien für die Deckblätter leitet das Zeichen # wie in vielen Konfigurationsdateien einen Kommentar ein – die Zeile wird nicht beachtet.

```
sudo cp /usr/share/cups/banners/standard /usr/share/
cups/banners/kai
```

legen Sie das neue Deckblatt an. Anschließend starten Sie mit der Eingabe

```
sudo nano /usr/share/cups/banners/kai
```

den Editor und geben Ihre Anweisungen für das Deckblatt ein.

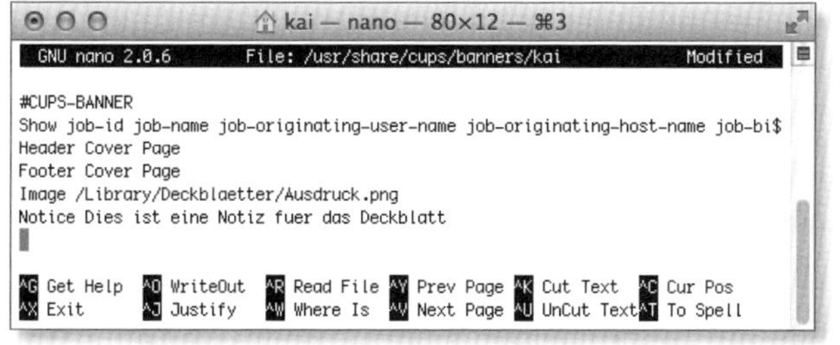

◂ **Abbildung 22.61**
Die Anweisungen werden zeilenweise aufgeführt.

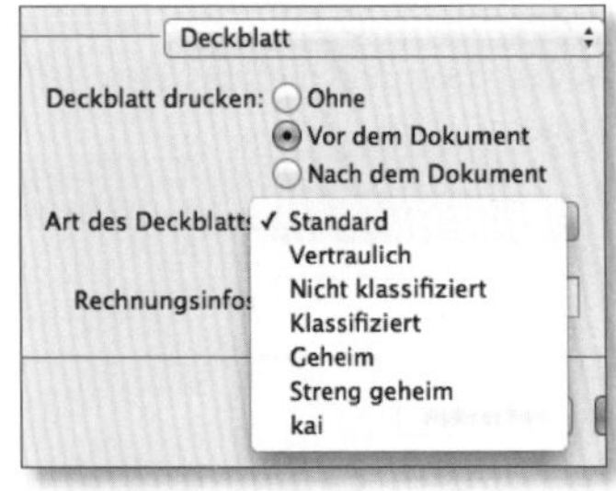

▲ **Abbildung 22.62**
Das erstellte Deckblatt wird mit seinem Dateinamen aufgeführt.

In der Datei können Sie einige Anweisungen verwenden, mit denen Sie die Informationen des Deckblatts vorgeben:

- `Show`: Auf diese Anweisung folgen durch Leerzeichen getrennt die organisatorischen Daten, die aufgeführt werden sollen. CUPS stellt eine Reihe solcher Informationen wie `job-name` zur Verfügung, deren Erläuterungen Sie in der Hilfe von CUPS über den URL *http://localhost:631/help/spec-banner.html* einsehen können.
- `Header`: Hierbei handelt es sich um den Text der Kopfzeile.
- `Footer`: Dies ist der Text der Fußzeile.
- `Notice`: Dieser Text wird in der Mitte des Deckblatts platziert.
- `Image`: Sie können hier einen Pfad zu einer Bilddatei angeben, die anstelle des CUPS-Logos gedruckt wird. Hier müssen Sie auf die Zugriffsrechte achten. Gegebenenfalls legen Sie unter /LIBRARY einen eigenen Ordner mit der Bezeichnung DECKBLAETTER an.

Drucker mit RSS-Feeds überwachen

Die Überwachung von Druckern kann insbesondere im Netzwerk aufwendig werden, wenn die Drucker an einem anderen Rechner angeschlossen sind. In den Standardeinstellungen hält CUPS den Drucker bei einem Problem an, sodass sich zwar die Aufträge in der Warteliste sammeln, aber kein Ausdruck erfolgt. Zur Überwachung von Druckern können Sie die Wartelisten als RSS-Feed exportieren und mit einem beliebigen RSS-Reader beobachten.

Abbildung 22.63 ▶
Die in den Feed aufzunehmenden Ereignisse sollten lediglich auf die notwendigen begrenzt werden.

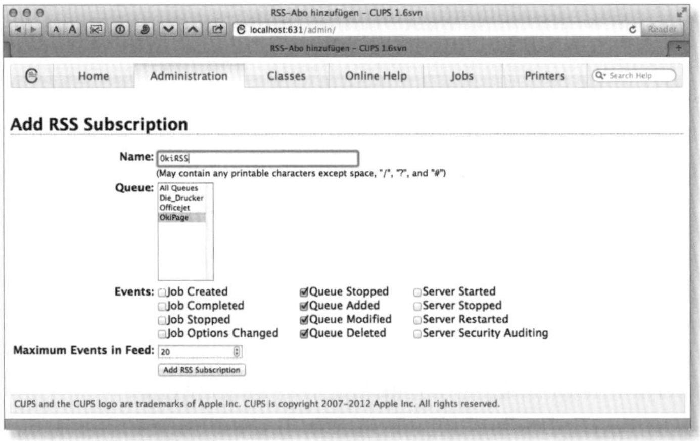

Hinweis

Die Ereignisse QUEUE MODIFIED und JOB OPTIONS CHANGED sollten Sie mit Bedacht auswählen. Sie führen dazu, dass sich im RSS-Feed viele belanglose Einträge finden, die Sie darüber in Kenntnis setzen, dass der Drucker auf Aufträge wartet.

In der Ansicht ADMINISTRATION im Browser können Sie nun über die Schaltfläche ADD RSS SUBSCRIPTION einen RSS-Feed für eine Warteliste erstellen. In dieser Ansicht (siehe Abbildung 22.63) vergeben Sie zunächst einen Namen für den RSS-Feed. In der

Liste QUEUE müssen Sie den oder die Drucker auswählen, deren Ereignisse in den RSS-Feed aufgenommen werden sollen. Schließlich wählen Sie unter EVENTS diejenigen aus, über die Sie der RSS-Feed informieren soll.

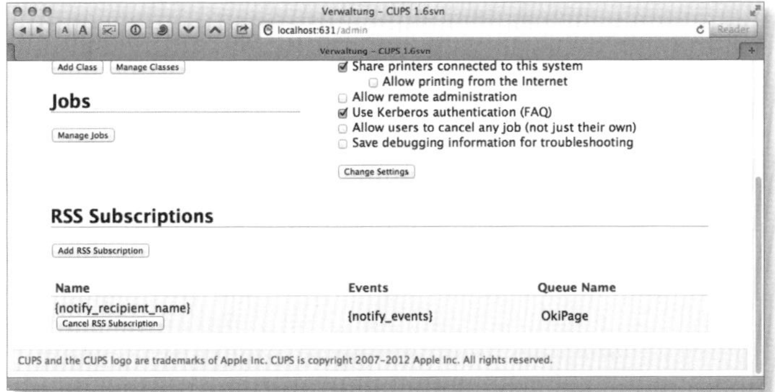

◂ **Abbildung 22.64**
Der Link auf den RSS-Feed ist nicht korrekt.

{notify_recipient_name} | Wenn Sie die Schaltfläche ADD RSS SUBSCRIPTION anklicken, gelangen Sie erneut auf die Seite ADMINISTRATION. CUPS 1.6.0 war unter OS X 10.8.1 weiterhin dahingehend fehlerhaft, dass der Link auf den RSS-Feed nicht funktionierte. Sie finden den RSS-Feed unter dem URL *http://localhost:631/rss/Name.rss,* wobei Sie hier *Name* durch die vergebene Bezeichnung des RSS-Feeds ersetzen müssen. Der in Abbildung 22.64 erstellte Feed wäre unter der Adresse *http://127.0.0.1:631/rss/OkiRSS.rss* erreichbar.

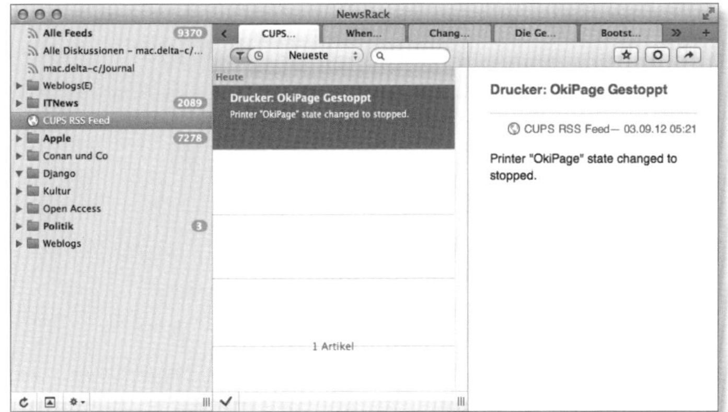

◂ **Abbildung 22.65**
Der RSS-Feed kann in einem entsprechenden Programm abonniert werden.

22.6 Faxe verschicken und empfangen

OS X 10.8 bietet Ihnen auch die Möglichkeit, über ein Multifunktionsgerät Faxe zu verschicken und zum Teil auch zu empfangen.

Keine Faxe mit Modem
Bis 2009 bot Apple ein USB-Modem an, mit dem sich neben der Einwahl ins Internet auch Faxe verschicken ließen. Mit OS X 10.7 hat Apple die Unterstützung für dieses Gerät und wohl auch die Technologie eingestellt. Zum Versand und Empfang von Faxen sind die hier beschriebenen Multifunktionsgeräte die bessere, weil zeitgemäße Wahl.

▲ **Abbildung 22.66**
Über die Menüleiste können Sie auch den Ordner mit den Faxen öffnen.

Fax hinzufügen | In den Systemeinstellungen fügen Sie das Fax eines Multifunktionsgeräts wie einen Drucker hinzu. Dies setzt voraus, dass der Treiber Ihres Geräts die Faxfunktionen von OS X 10.8 unterstützt. In Abbildung 22.67 bietet das Gerät Officejet J4500 zusätzlich zum Ausdruck, der mit USB-MULTIFUNKTIONSGERÄT bezeichnet wird, auch die mit HP-FAX beschriebene Faxfunktion.

Abbildung 22.67 ▸
Binden Sie das Fax eines Multifunktionsgeräts als eigenen Drucker ein.

Abbildung 22.68 ▸
In den Systemeinstellungen geben Sie die Faxnummer vor.

Anschließend finden Sie die Faxfunktion in den Systemeinstellungen im Bereich FAXGERÄTE. Zunächst geben Sie hier Ihre FAXNUMMER ein. Darüber hinaus kann in der Menüleiste der Status des Faxgeräts angezeigt werden. Ebenso ist die Freigabe des Faxgeräts im Netzwerk analog zu einem Drucker möglich.

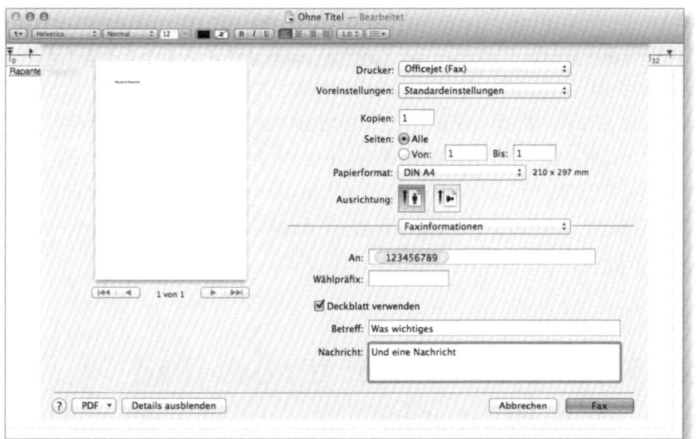

◂ **Abbildung 22.69**
Neben der Nummer können Sie auch eine Nachricht für das Deckblatt eingeben.

Fax verschicken | Haben Sie das Faxgerät hinzugefügt, dann finden Sie es im Druckdialog im Ausklappmenü DRUCKER. In der Ansicht FAXINFORMATIONEN können Sie die Nummer des Empfängers eingeben. In einigen Programmen finden Sie hier neben dem Textfeld das Icon der Kontakte, über das Sie eine in den Kontakten gespeicherte Faxnummer auswählen können. Sofern Ihre Telefonanlage ein WAHLPRÄFIX benötigt, können Sie dies zusätzlich zur Faxnummer angeben. Das optionale Deckblatt ist sehr spartanisch gehalten und enthält zusätzlich neben dem Namen und der Nummer des Absenders auch die Anzahl der Seiten. Mit einem Klick auf die Schaltfläche FAX wird das Dokument verschickt. Auch bei einem Fax wird ein Drucker-Proxy (siehe Abschnitt 22.3) genutzt, und Sie können über diesen den Verlauf des Versands kontrollieren.

Fax und Bluetooth-DUN
Wenn Sie einen Drucker hinzufügen, dann finden Sie in dem Fenster auch die hier nicht näher beschriebene Ansicht FAX und haben dort als Gerät den Eintrag BLUETOOTH-DUN zur Auswahl. Dieser dient eigentlich dazu, über Bluetooth die Verbindung zu einem Mobiltelefon aufzunehmen und den Versand über dieses Gerät vorzunehmen. In der Praxis hat sich dieses Verfahren jedoch als wenig funktionsfähig erwiesen.

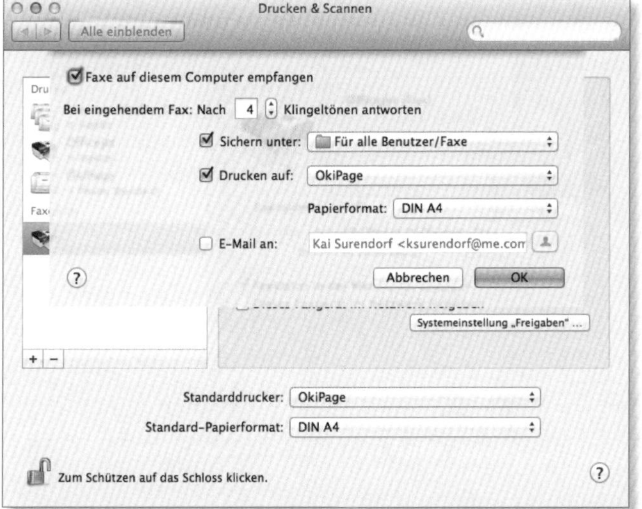

◂ **Abbildung 22.70**
Empfangene Faxe können Sie auch direkt ausdrucken oder per E-Mail verschicken.

Unterstützung durch Hersteller
Um einen Fehlkauf bei einem Gerät zu vermeiden, sollten Sie sich vorher vergewissern, dass über die Treiber für OS X 10.8 auch wirklich die Funktionen unterstützt werden, die Sie benötigen, und sich im Zweifelsfall vor dem Kauf an den Hersteller wenden.

Faxe empfangen | Ob Sie Faxe auch auf Ihrem Rechner empfangen können, hängt von Ihrem Gerät und dessen Treiber ab. Sie finden in den Systemeinstellungen auch die Schaltfläche EMPFANGSOPTIONEN, die den in Abbildung 22.70 dargestellten Dialog aufruft. Das in diesem Abschnitt beschriebene Modell von Hewlett-Packard unterstützte den Empfang von Faxen unter OS X 10.8 nicht. Unterstützung für den direkten Empfang von Faxen bot lediglich der Windows-Treiber.

22.7 Exkurs: AirPrint für das iPad mit Printopia

▲ **Abbildung 22.71**
Der über Printopia freigegebene Drucker kann vom iPad angesprochen werden.

OS X 10.8 bietet von Haus aus keine Möglichkeit, einen Drucker für das iPad im Netzwerk freizugeben. Diese als *AirPrint* bezeichnete Funktion ist nur bei einigen wenigen Druckern von Hewlett-Packard verfügbar, obwohl Apple diese Funktion durchaus in das System integriert hat.

Printopia | Die Shareware Printopia (*http://www.ecamm.com/mac/printopia/*) stellt Ihnen in den Systemeinstellungen eine Ansicht zur Verfügung, über die Sie eingerichtete Drucker für das iPad im Netzwerk freigeben können. Um die so freigegebenen Drucker vom iPad aus ansprechen zu können, müssen Sie mit einem Benutzer unter OS X 10.8 angemeldet sein. Die Investition von wenigen Euro lohnt sich dann, wenn Sie für den Ausdruck vom iPad keinen neuen Drucker kaufen möchten.

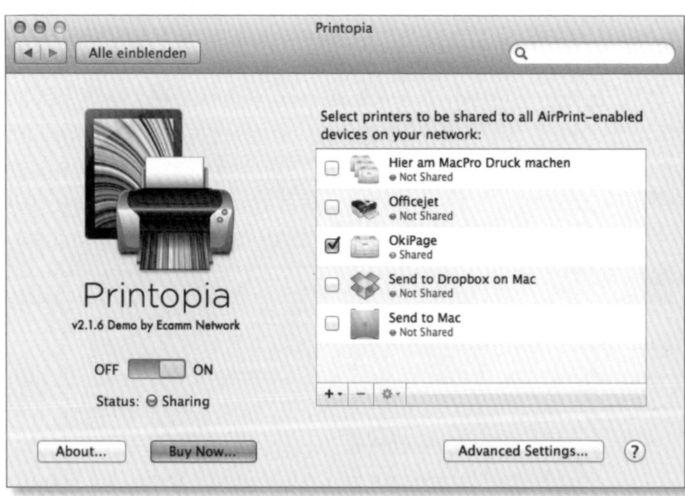

Abbildung 22.72 ▶
Printopia ermöglicht die Freigabe von Druckern für das iPad im Netzwerk.

Kapitel 23
Schriften in OS X 10.8

Die Verwaltung von Schriften wird gerade in Grafikstudios, die mit mehreren Tausend Schriftarten arbeiten, schnell zu einer mühsamen und bisweilen auch fehlerträchtigen Aufgabe. Spätestens wenn bei der Übernahme von Kundendaten weitere Schriften installiert werden sollen, sind detaillierte Kenntnisse der Schriftverwaltung von OS X und ihrer Funktionsweise unabdingbar.

Mit der Schriftsammlung bietet OS X von Haus aus ein komfortables und einfach zu nutzendes Programm, mit dem Sie Schriften installieren, verwalten und auch prüfen können. Im Hintergrund arbeitet das Programm `fontd` und sorgt für die Darstellung der Schriften auf dem Bildschirm und für die Ausgabe über die Quartz Engine.

23.1 Grundlagen

OS X speichert Schriftdateien zunächst in vier Ordnern:

- Die für das System grundlegenden Schriftarten, auf denen weitgehend auch die Optik basiert, finden Sie im Ordner /System/Library/Fonts.
- Im Verzeichnis /Library/Fonts sind die Zeichensätze gespeichert, die für alle eingerichteten Benutzer zur Verfügung stehen sollen.
- Unter ~/Library/Fonts werden die Schriftarten hinterlegt, die nur diesem Benutzer zur Verfügung stehen.
- Wenn Sie Dateisysteme über das Netzwerk automatisch einbinden, können Sie Schriftarten auf dem Server ablegen und diesen Ordner im Verzeichnis /Network/Library/Fonts einbinden. Sie erstellen so eine zentrale Instanz, in der Sie Schriftarten für alle Rechner im Netzwerk – eine passende Lizenz vorausgesetzt – zugänglich machen und zentral verwalten.

Hinweis
Am Inhalt des Ordners /System/Library/Fonts sollten Sie keine eigenhändigen Änderungen vornehmen. Das System ist eher sensibel, wenn es um die hier abgelegten eigenen Schriften geht. Begnügen Sie sich mit der Deaktivierung der Schriften über die Schriftsammlung.

Neben diesen vier Verzeichnissen können Sie Schriften auch in eigenen Ordnern ablegen und das Programm Schriftsammlung, wie im Folgenden beschrieben, anweisen, diese Ordner ebenfalls zu verwalten.

23.2 Dateitypen

OS X 10.8 unterstützt eine Reihe von Dateitypen für Schriftarten. Welche Sie davon einsetzen, hängt natürlich von den Ihnen zur Verfügung stehenden Dateien ab. Folgende Dateitypen können Sie mit OS X 10.8 nutzen und über das Programm Schriftsammlung installieren und verwalten:

[Glyphen]
Als *Glyphen* werden die unterschiedlichen Variationen der Zeichen bezeichnet. So können für das Zeichen »a« mehrere Glyphen enthalten sein, wenn »a« zum Beispiel hochgestellt oder verziert werden soll. Darüber hinaus ist es mit Glyphen möglich, mehrere Zeichen zusammenzufassen, was bei typografischen Feinheiten wie Ligaturen nützlich ist. Im Untermenü TYPOGRAFIE der Schriftenpalette (siehe Abschnitt 2.6) ermöglicht Ihnen OS X den Zugriff auf die Glyphen, sofern vorhanden.

OpenType | Um dem Wildwuchs, der sich schon allein durch die folgende Aufzählung von unterstützten Schriftdateien andeutet, wenigstens in professionellen Arbeitsumgebungen ein Ende zu setzen, wurde das Format OpenType entwickelt. Diese Dateien mit der Endung *.otf* können Sie fast problemlos plattformübergreifend verwenden.

OpenType zeichnet sich dadurch aus, dass eine Schriftdatei mehr als 65.000 Glyphen enthalten kann und die Schriftart somit auch Ligaturen, hoch- und tiefgestellte Zeichen und Kapitälchen umfassen kann. Der Unterschied beim Ausdruck, wenn der Designer eigens für die Gestaltung der Kapitälchen verantwortlich ist, kann recht eindrucksvoll sein. Darüber hinaus basiert OpenType auf Unicode, es können also auch ohne Probleme Schriftzeichen für Sprachen wie Chinesisch enthalten sein.

Mac TrueType | TrueType-Schriftarten sind auch unter OS X 10.8 einsatzbereit. Sie sollten bei diesen Schriftdateien, die sowohl die Schriften für die Darstellung am Bildschirm als auch auf dem Drucker enthalten, darauf achten, dass sie von hoher Qualität sind. Manchmal sind eigentlich beschädigte TrueType-Schriften, die aber trotzdem korrekt auf dem Bildschirm erscheinen, die Ursache für Probleme im Workflow. Bei diesen Schriftdateien werden die Daten für die Schriften im Resource Fork gespeichert.

Windows TrueType | Schriftarten, die in erster Linie für Windows-Rechner erstellt wurden, funktionieren auch unter OS X und werden, sofern die Dateiendung *.ttf* lautet, auch im Finder als Schrift angezeigt. Seit Mac OS X 10.6 setzt Apple bei den Schriftarten, die das System nutzt, verstärkt auf Sammlungen von TrueType-Schriften mit der Dateiendung *.ttc*.

PostScript Type 1 | Die Arbeit mit Type-1-Schriftarten ist möglich. Bei Type 1 müssen zwei Dateien genutzt werden: Die Bitmap-Datei, deren Icon mit der Bezeichnung FFIL versehen wird, enthält die Daten für die Anzeige der Schriftart auf dem Bildschirm. Die zweite Datei, mit LWFN bezeichnet, beinhaltet die Daten, die an den Drucker geschickt werden. Sie müssen bei der Arbeit mit diesen Schriftarten darauf achten, dass Sie beide Dateien installieren. Ansonsten erscheinen Ihre Dateien zwar auf dem Bildschirm korrekt, aber der Ausdruck ist fehlerhaft.

AFM
Die in seltenen Fällen noch mitgelieferten AFM-Dateien, die die Font-Metriken separat enthalten, benötigen Sie unter OS X 10.8 nicht.

Multiple Master | Bei Multiple Master handelt es sich um eine von Adobe entwickelte, jedoch mittlerweile weitgehend aufgegebene Weiterentwicklung von PostScript Type 1. OS X unterstützt die Verwendung von Multiple Master. Eine Besonderheit dieses Formats besteht darin, dass ausgehend von einer Schrift verschiedene Parameter manipuliert werden können. Die so manipulierte Schrift konnte als eigenständige, neue Instanz verwendet werden. Das Verfahren mit Instanzen wird von OS X 10.8 jedoch nicht unterstützt, und darüber hinaus wurde dieses Format mittlerweile von Adobe als obsolet deklariert.

Schriftenkoffer
Im klassischen Mac OS wurden verschiedene Schriftschnitte gerne in einem Schriftkoffer, der sich im Finder wie ein Ordner öffnen ließ, zusammengefasst. Diese Koffer können Sie auch unter OS X weiterhin verwenden. Sie sollten allerdings unbedingt darauf achten, dass sich in dem Koffer nur die Schriften für den Bildschirm oder den Ausdruck befinden. Ein Öffnen der Koffer ist unter OS X nicht mehr möglich, hierzu benötigen Sie ein Zusatzprogramm wie FontDoctor.

Datafork TrueType | Bei diesen Schriftdateien mit der Endung *.dfont* handelt es sich eigentlich um normale TrueType-Dateien. Sie unterscheiden sich von den Mac-TrueType-Dateien dadurch, dass die Daten der Schriftart nicht in den Resource Forks ausgelagert werden. Bis Mac OS X 10.6 wurde dieses Dateiformat für viele vom System genutzte Schriften verwendet, mittlerweile aber mehrheitlich zugunsten der TTC-Dateien bis auf wenige Ausnahmen aufgegeben.

23.3 Die Schriftsammlung

Das Programm Schriftsammlung ist die zentrale Instanz, um die installierten Schriften in den eingangs beschriebenen Ordnern zu verwalten. Darüber hinaus verfügt es über ein paar weitere Funktionen, die sich im Arbeitsalltag als sehr nützlich erweisen können.

Wenn Sie die Schriftsammlung gestartet haben, öffnet sich auch das Hauptfenster des Programms. Darin finden Sie drei Spalten, wobei die linke oben die Bibliotheken und unten die Sammlungen enthält, die mittlere deren Schriften und die rechte eine Vorschau oder Informationen über das Repertoire der Schriftart.

Bibliotheken und Sammlungen
Während die Sammlungen die installierten und aktivierten Schriftarten thematisch oder nach Projekten zusammenfassen und darstellen, dienen die Bibliotheken zur Verwaltung der Dateien. Die Sammlung ALLE SCHRIFTEN gibt Ihnen eine vollständige Übersicht aller installierten Schriften. Die Bibliothek COMPUTER zeigt die unter /SYSTEM/LIBRARY/FONTS und /LIBRARY/FONTS abgelegten Schriften an, während die Bibliothek BENUTZER die unter ~/LIBRARY/FONTS installierten anzeigt. Die Bibliotheken erscheinen nur, wenn Sie eigenhändig Schriften installiert haben.

Abbildung 23.1 ▸
Das Hauptfenster der Schriftsammlung teilt sich in bis zu drei Bereiche.

Vorschau der Schriftarten

Bei vielen installierten Schriftarten den Überblick zu behalten und schnell den gesuchten Typ zu finden, ist manchmal eine Kunst. Sie können sowohl die Schriftsammlung als auch – vermittelt über Quick Look – den Finder für die Suche nach einer Schriftart nutzen.

Abbildung 23.2 ▸
Die Übersicht mit Quick Look zeigt eine Vorschau der ausgewählten Schriftarten.

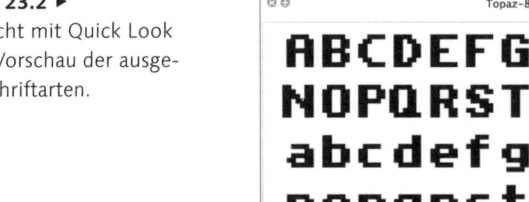

Vorschau in der Schriftsammlung | In der Schriftsammlung können Sie mit einem Doppelklick auf den Namen einer Schriftart ein eigenes Fenster mit einer Vorschau öffnen und dort über das Ausklappmenü die verschiedenen Schnitte auswählen.

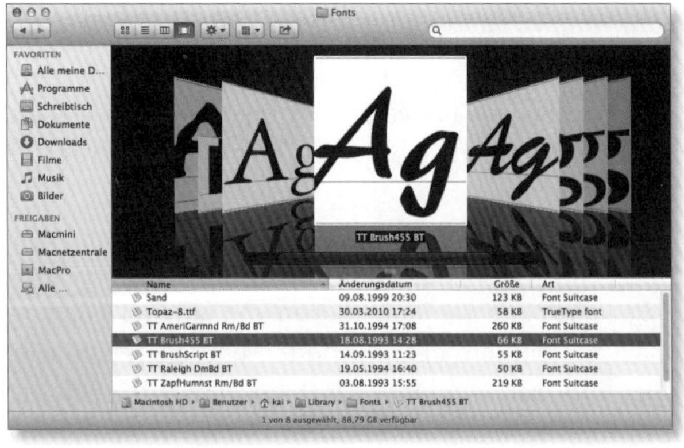

Abbildung 23.3 ▸
Mithilfe von Quick Look und der Darstellung als Cover Flow können Sie Ordner mit Schriften durchblättern.

Im Hauptfenster der Schriftsammlung finden Sie rechts die Vorschau der Schriftart. Über den Menüpunkt VORSCHAU können Sie sich ein BEISPIEL (⌘ + 1), das gesamte REPERTOIRE (⌘ + 2) oder eine EIGENE (⌘ + 3) Zeichenkette anzeigen lassen. Die Icons in der Symbolleiste links bieten Ihnen ebenfalls Zugriff auf das Beispiel, das Repertoire sowie die Möglichkeit zur Eingabe eines Textes. Enthält eine Schriftart mehrere Stile, dann werden Ihnen diese untereinander angezeigt. Sie müssen einen Stil auswählen, um einen Text eingeben zu können.

▲ **Abbildung 23.4**
Über drei Icons in der Symbolleiste wählen Sie die Art der Vorschau aus.

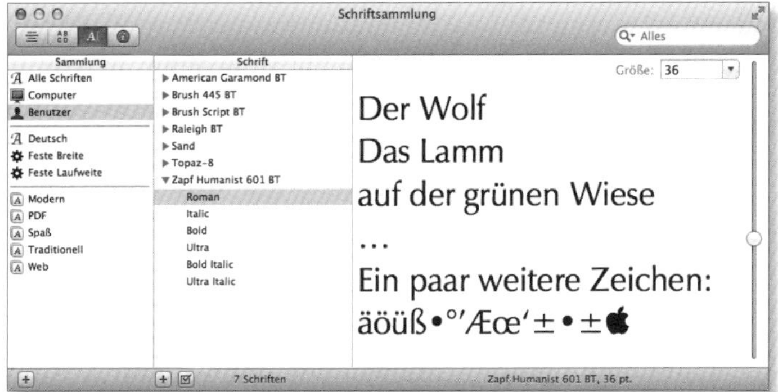

◄ **Abbildung 23.5**
Als Vorschau in der Schriftsammlung können Sie einen beliebigen Text eingeben.

Schriftinformationen einblenden | Über den Menüpunkt VORSCHAU • SCHRIFTINFORMATIONEN EINBLENDEN oder das blaue Icon mit dem I in der Symbolleiste blenden Sie detaillierte Informationen für die gewählte Schriftart ein. Dazu gehören neben dem Urheberrecht auch die verschiedenen Namen, die Art und die enthaltenen Sprachen. Darüber hinaus finden Sie hier den ORT, an dem die Schriftart gespeichert wurde.

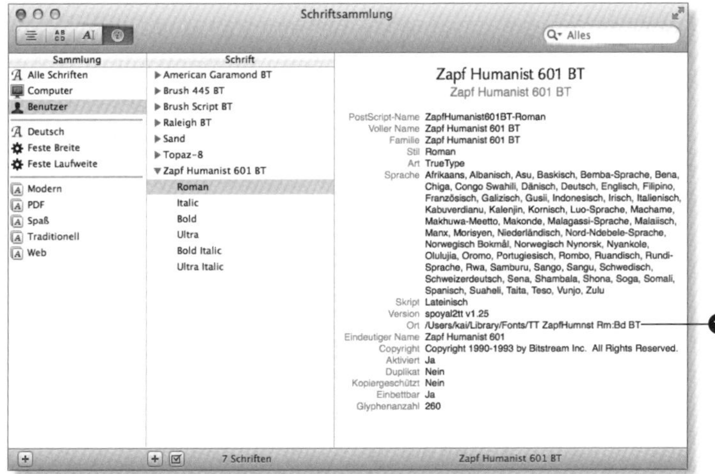

◄ **Abbildung 23.6**
Die Schriftinformationen geben auch Auskunft über den Speicherort ❶ der Schriftdatei.

Bericht drucken | Die Schriftsammlung ist auch in der Lage, Ihnen einen Bericht der aktuell ausgewählten Schriftarten auszudrucken. Wählen Sie zunächst alle Schriftarten, die in dem Bericht enthalten sein sollen, in der Liste aus. Über ABLAGE • DRUCKEN gelangen Sie in die bekannte Ansicht. In den Optionen SCHRIFTSAMMLUNG entscheiden Sie sich für einen BERICHTSTYP. Neben dem in Abbildung 23.7 gezeigten KATALOG können Sie sowohl das gesamte REPERTOIRE als auch einen WASSERFALL ausdrucken.

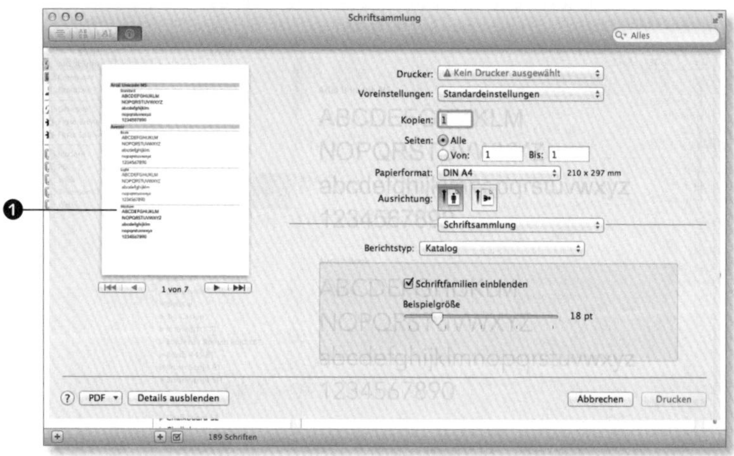

Abbildung 23.7 ▸
Die Schriftsammlung kann die ausgewählten Schriften in einen Bericht 1 ausgeben.

Schriften installieren, prüfen und entfernen

Um eine Schriftart zu installieren, wählen Sie den Menüpunkt ABLAGE • SCHRIFTEN HINZUFÜGEN. In dem Dialog können Sie auch mehrere Ordner und Dateien mit gedrückt gehaltener Taste ⌘ auswählen und so die in diesen enthaltenen Schriften hinzufügen. Sie können auch im Finder eine oder mehrere Schriftdateien wie eine Datei mit einem Doppelklick öffnen oder sie auf das Icon der Schriftsammlung im Dock ziehen. Sofern Sie die Schriftdatei über den Finder oder das Dock geöffnet haben, erhalten Sie eine Vorschau des Inhalts. Vor der Installation prüft die Schriftsammlung, wie im Folgenden beschrieben, die Schriftdateien und weist Sie auf aufgetretene Probleme hin.

Hinweis
Sie sollten Schriftarten nicht in den Ordner /SYSTEM/LIBRARY/FONTS installieren, da dieser ausschließlich den Schriftarten des Systems vorbehalten ist. Um Schriften allen eingerichteten Benutzern zugänglich zu machen, installieren Sie sie, wie es auch durch die Schriftsammlung geschieht, im Ordner /LIBRARY/FONTS.

Ort der Installation | Um den Ort, an dem Schriften abgelegt werden, vorzugeben, rufen Sie die SCHRIFTSAMMLUNGS-EINSTELLUNGEN über den Menüpunkt SCHRIFTSAMMLUNG • EINSTELLUNGEN auf. Im STANDARDORT FÜR INSTALLATION wählen Sie zunächst zwischen der Option BENUTZER – was dem Ordner ~/LIBRARY/FONTS entspricht – und SYSTEM für den Ordner /LIBRARY/FONTS aus. Sie finden hier ebenfalls die im Folgenden erläuterten Bibliotheken.

Schriftsammlungs-Einstellungen

Standardort für Installation: Benutzer

Schriften im Ordner „Fonts“ Ihres Benutzerordners installieren. Die Schriften stehen nur Ihnen zur Verfügung.

- [ ] Duplikate durch Bewegen in den Papierkorb auflösen
- [ ] Automatische Schriftaktivierung
- [x] Auf Änderungen der Systemschriften hinweisen

◂ **Abbildung 23.8**
In den Einstellungen können Sie auch eigene Bibliotheken als STANDARDORT vorgeben.

In Bezug auf das Verzeichnis, in das die Schriftdateien kopiert werden oder auch nicht, verhält es sich so, dass Schriften, die Sie im Finder öffnen und anschließend installieren, in den STANDARDORT FÜR INSTALLATION (BENUTZER oder COMPUTER) kopiert werden. Haben Sie als Standardort eine eigene Bibliothek ausgewählt, dann bleiben die Schriftdateien an Ort und Stelle.

▴ **Abbildung 23.9**
In der Spalte SAMMLUNG können Sie Bibliotheken zur Installation vorab auswählen.

Anders ist es allerdings, wenn Sie eine Schriftart über ABLAGE • SCHRIFTEN HINZUFÜGEN installieren: Haben Sie im Hauptfenster des Programms in der mit SAMMLUNG überschriebenen Spalte eine Bibliothek ausgewählt, dann wird diese als Ziel für die zu installierende Schriftart genutzt. Wählen Sie also die Bibliothek BENUTZER aus, wird die Schriftart in den Ordner ~/LIBRARY/FONTS kopiert, auch wenn Sie in den Einstellungen als STANDARDORT den Punkt COMPUTER ausgewählt haben.

Eigene Bibliotheken | Mithilfe eigener Bibliotheken können Sie auch außerhalb der Ordner /LIBRARY/FONTS und ~/LIBRARY/FONTS auf Schriftarten zugreifen. Eine neue Bibliothek erstellen Sie über ABLAGE • NEUE BIBLIOTHEK.

Haben Sie eine Bibliothek benannt, dann wählen Sie entweder den Menüpunkt ABLAGE • SCHRIFTEN HINZUFÜGEN aus, oder ziehen Sie eine Schriftdatei oder einen Ordner auf die Spalte SCHRIFT. Die Schriften stehen Ihnen dann in den Programmen zur Verfügung, aber die Dateien verbleiben an ihrem Platz und werden von der Schriftsammlung beim Hinzufügen nicht bewegt oder kopiert.

Hinweis
Beachten Sie, dass eine Schriftdatei beim Hinzufügen zu einer eigenen Bibliothek nicht kopiert wird. Möglicherweise verbleibt die Datei auf einem Wechselmedium und steht Ihnen nach dessen Auswurf nicht mehr zur Verfügung. Sie sollten daher die Schriftdatei auf Ihre lokale Festplatte kopieren.

Schriften prüfen | Fehlerhafte oder beschädigte Schriften sind manchmal ein Grund für Abstürze oder fehlerhafte Ausdrucke. Die Schriftsammlung verfügt über die Fähigkeit, Schriftarten zu überprüfen und Sie vor geringfügigen und schwerwiegenden Fehlern zu warnen. Wählen Sie die Schriften, die überprüft werden sollen, und rufen Sie dann den Menüpunkt ABLAGE • SCHRIFTEN ÜBERPRÜFEN auf. Sie erhalten nach der Prüfung in einem eigenen Fenster einen Bericht, in dem fehlerhafte Schriften hervorgehoben werden. Sie können diese auswählen und dann die AUSWAHL

Entfernen. Über Ablage • Datei überprüfen ist es möglich, eine Datei zu testen, ohne sie zuvor installieren zu müssen.

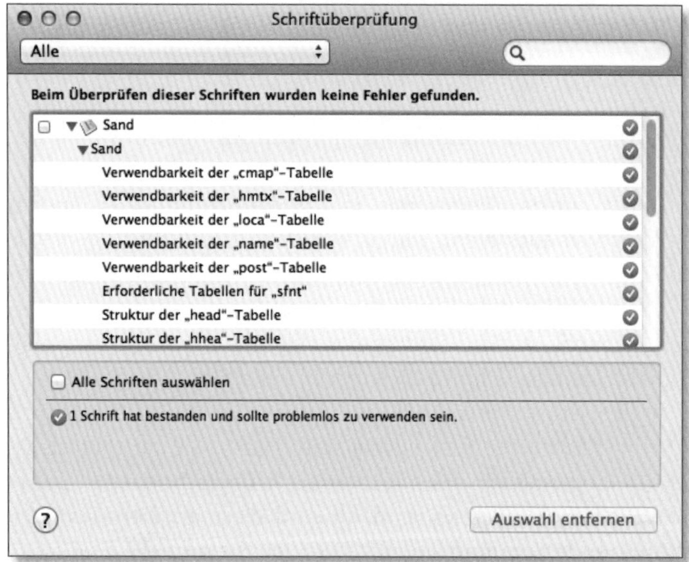

Abbildung 23.10 ▸
Die Schriftsammlung überprüft Dateien auf Fehler und mögliche Probleme.

Schriften entfernen | Beim Entfernen einer Schriftart über Ablage • Schriften entfernen ([Entf]) ist es wie auch bei der Installation wichtig, wo Sie die Schrift ausgewählt haben. Wenn Sie die zu entfernende Schrift in der Bibliothek Alle Schriften oder Benutzer markiert haben, wird auch die zugehörige Datei in den Papierkorb verschoben. Dies geschieht auch dann, wenn sich die Schrift in einem anderen Ordner als /Library/Fonts oder ~/Library/Fonts befindet. Wählen Sie die Schrift in einer anderen Bibliothek aus, dann wird sie nur aus dieser Bibliothek entfernt, während die Datei an ihrem Platz bleibt.

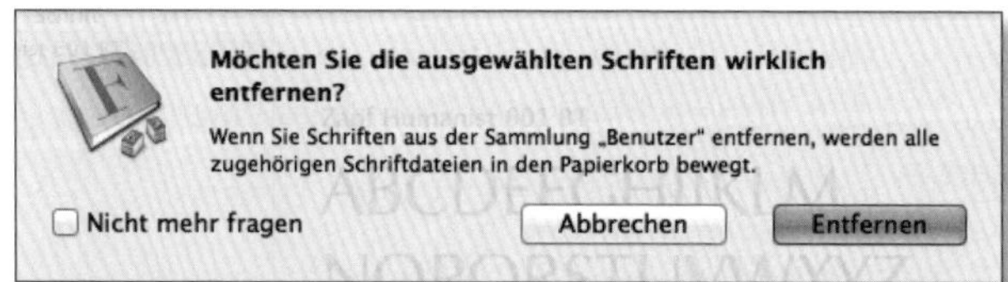

Abbildung 23.11 ▸
Wurde die Schrift in der Sammlung Alle Schriften oder Benutzer ausgewählt, wird auch die zugehörige Datei entfernt.

Standardschriften wiederherstellen | Sollten Sie bei der Einrichtung und Verwaltung Ihrer Schriftarten den Überblick verloren haben, dann können Sie über den Menüpunkt Ablage • Standardschriften wiederherstellen die Schriftsammlung komplett zurücksetzen. Es werden dann – der Dialog weist darauf hin – nur die Schriften installiert, die zur Standardinstallation von OS X 10.8 gehören. Dies bezieht sich jedoch nicht auf die Schriftdateien, die Sie über eine Sammlung verwalten. Zurückgesetzt wird nur der Inhalt der Verzeichnisse /SYSTEM/LIBRARY/FONTS und /LIBRARY/FONTS. Der Inhalt des Ordners ~/LIBRARY/FONTS wird in einen datierten Unterordner von ~/LIBRARY/FONTS (REMOVED) verschoben.

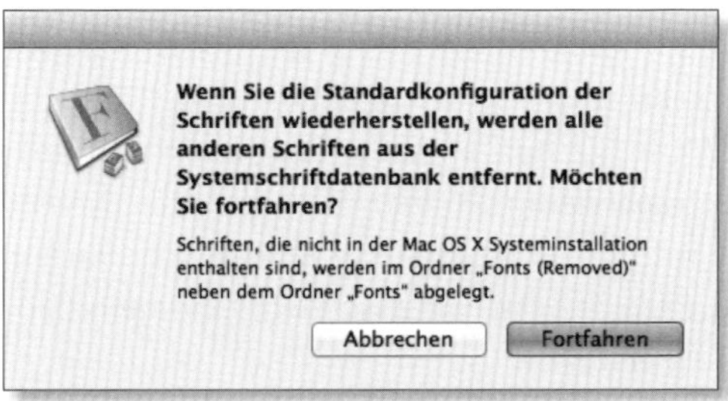

◀ **Abbildung 23.12**
Sie können die Schriftsammlung komplett zurücksetzen.

▲ **Abbildung 23.13**
Die zuvor in der Sammlung BENUTZER installierten Schriftdateien befinden sich im Ordner FONTS (REMOVED) der Library.

Schriften verwalten und gruppieren

Die Schriftsammlung erlaubt es Ihnen, Ihre Schriften in Sammlungen zu gruppieren. Programme, die die Schriftpalette von OS X 10.8 nutzen, zeigen Ihnen die Sammlungen an und erleichtern Ihnen so die Übersicht und die Suche nach der gewünschten Schriftart. Eine neue Sammlung erstellen Sie über den Menüpunkt ABLAGE • NEUE SAMMLUNG (⌘ + N) oder über das Pluszeichen unterhalb der Spalte.

Schriften können Sie per Drag & Drop aus einer Bibliothek in die Sammlung einfügen und über Entf wieder aus der Sammlung löschen. Dabei bleibt die Schrift in den Bibliotheken jedoch weiterhin verfügbar.

▲ **Abbildung 23.14**
Über die Sammlungen können Sie Schriften gruppieren.

▲ **Abbildung 23.15**
Für intelligente Sammlungen können verschiedene Kriterien vorgegeben werden.

Die Schriftsammlung ermöglicht Ihnen auch die Erstellung intelligenter Sammlungen. Über den Menüpunkt ABLAGE • NEUE INTELLIGENTE SAMMLUNG können Sie die Kriterien vorgeben. Neu installierte Schriftarten erscheinen automatisch in einer solchen Sammlung, sofern sie den Bedingungen entsprechen. Intelligente Sammlungen werden mit einem Icon in der Form eines Zahnrads versehen.

Dienste | In den Systemeinstellungen in der Ansicht TASTATUR können Sie unter TASTATURKURZBEFEHLE auch die DIENSTE SAMMLUNG AUS TEXT ERSTELLEN sowie SCHRIFTBIBLIOTHEK AUS TEXT ERSTELLEN aktivieren. Wenn Sie nun in einem Programm wie TextEdit einen Textbereich markieren, können Sie einen der Dienste (siehe Abschnitt 2.5) aufrufen und basierend auf den Schriftarten, die im ausgewählten Bereich verwendet werden, eine neue Bibliothek oder Sammlung erstellen.

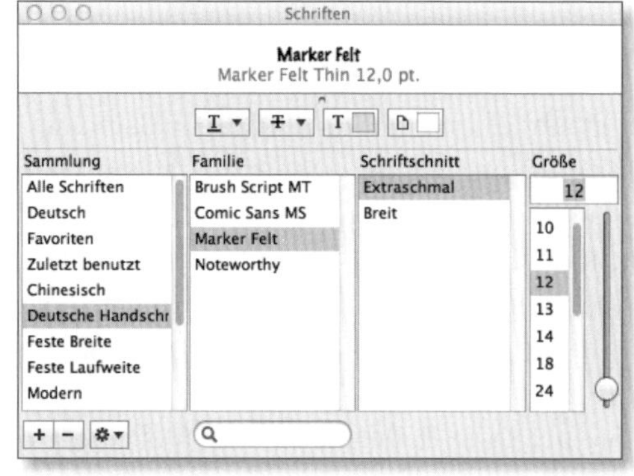

Abbildung 23.16 ▸ In der Schriftpalette können Sie über das Plus- und Minuszeichen Sammlungen anlegen und löschen.

Schrift (de)aktivieren
⌘ + ⇧ + 0

Schriften deaktivieren | Wenn Sie Schriften deaktivieren, dann werden diese in der Schriftpalette ausgeblendet, verbleiben aber in der Schriftsammlung und im Dateisystem an ihrem Platz. Bei sehr vielen installierten Schriften, von denen Sie abhängig vom gerade bearbeiteten Dokument oder Projekt nur einige brauchen, erleichtern Sie sich so die Übersicht. Wählen Sie die zu deaktivierende Schriftart aus, und klicken Sie dann auf die Schaltfläche mit dem Häkchen unterhalb der Spalte. Die Schrift wird nun ausgegraut, mit dem Zusatz Aus versehen und steht Ihnen in Programmen nicht mehr zur Verfügung.

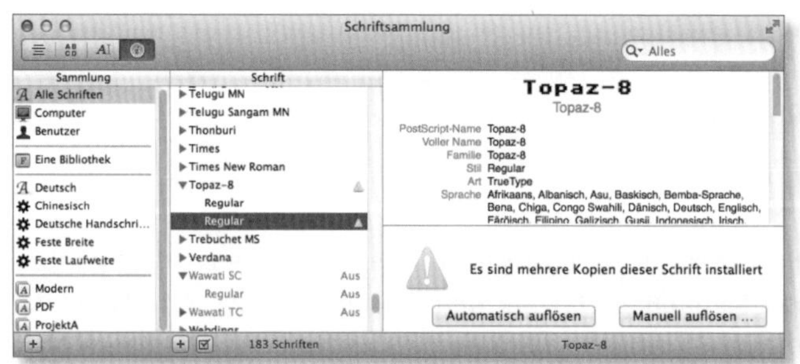

Abbildung 23.17 ▸ Deaktivierte Schriften werden grau, doppelt installierte Schriften mit einem Warndreieck dargestellt.

Reaktivieren können Sie die Schrift wiederum über die Schaltfläche unten, die jetzt kein Häkchen mehr anzeigt. Sie können auch ganze Sammlungen und Bibliotheken deaktivieren, indem Sie sie auswählen und dann über das Kontextmenü deaktivieren.

Sammlung/Bibliothek (de)aktivieren
⌘ + ⇧ + E

Duplikate auflösen | Wenn eine Schrift mehrfach installiert wurde, kann dies nicht nur Verwirrung stiften, sondern auch zu anderweitigen Problemen führen, da Programme dann bisweilen die falsche Schrift auswählen und sich der Umbruch verschiebt. Doppelt vorhandene Schriftfamilien werden in der Schriftsammlung mit einem gelben Warndreieck und einer entsprechenden Erläuterung versehen. Wählen Sie eine solche Schriftart oder einen Schriftschnitt aus, dann finden Sie in den Informationen den Eintrag ANDERE KOPIEN, der die Pfade zu den Duplikaten enthält.

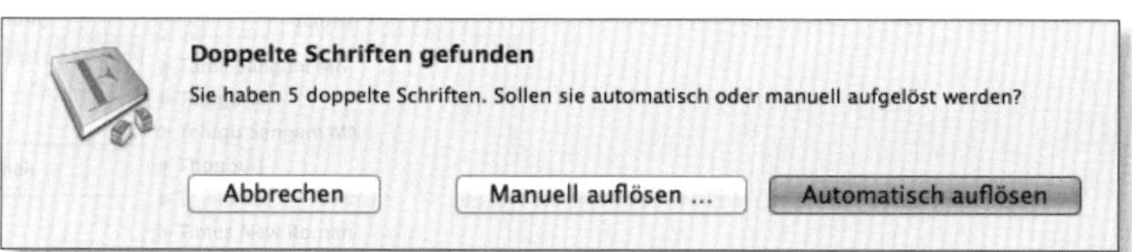

◂ **Abbildung 23.18**
Duplikate können Sie eigenhändig auflösen.

Über den Menüpunkt BEARBEITEN • NACH AKTIVIERTEN DUPLIKATEN SUCHEN weisen Sie das Programm an, nach Duplikaten zu suchen. Sie erhalten dann eine Rückfrage, ob Sie die Duplikate manuell oder automatisch auflösen möchten.

Nach doppelten Einträgen suchen
⌘ + L

Löschen und deaktivieren | In den Standardeinstellungen werden die Duplikate deaktiviert, sodass nur eine Variante der Schriftarten in den Programmen verfügbar ist, Sie in der Schriftsammlung aber immer noch auf die Schriften bei Bedarf zugreifen können. In den Voreinstellungen können Sie auch die Option DUPLIKATE DURCH BEWEGEN IN DEN PAPIERKORB AUFLÖSEN auswählen. Bei der automatischen Auflösung werden nun Schriftarten, die sich nicht in einer externen Bibliothek, sondern in den Verzeichnissen /LIBRARY/FONTS sowie ~/LIBRARY/FONTS befinden, in den Papierkorb verschoben. Sie erhalten vorher jedoch eine Rückfrage.

◂ **Abbildung 23.19**
Duplikate können Sie in den Papierkorb verschieben.

Manuelle Auflösung | Wenn Sie der automatischen Auflösung nicht ganz trauen, dann können Sie über die manuelle Auflösung auch schrittweise vorgehen. In dem Dialog können Sie sich über die Schaltflächen mit den Pfeilen die gefundenen Duplikate nacheinander zeigen lassen. Im unteren Drittel des Fensters finden Sie die AKTIVE und INAKTIVE KOPIE sowie jeweils eine Vorschau. Wo sich die Schriftdatei befindet, ermitteln Sie zunächst über die Schaltfläche IM FINDER ZEIGEN. Das Programm Schriftsammlung zeigt jedoch im Hauptfenster, das durch den Dialog verdeckt wird, die aktuell ausgewählte Schrift an. Insofern ist es sinnvoll, das Hauptfenster maximal zu vergrößern. Über die Schaltfläche DIESES DUPLIKAT AUFLÖSEN bleibt die hervorgehobene Kopie aktiv, während die andere entweder deaktiviert oder in den Papierkorb verschoben wird. Letzteres können Sie durch die unterste Option in diesem Dialog vorgeben.

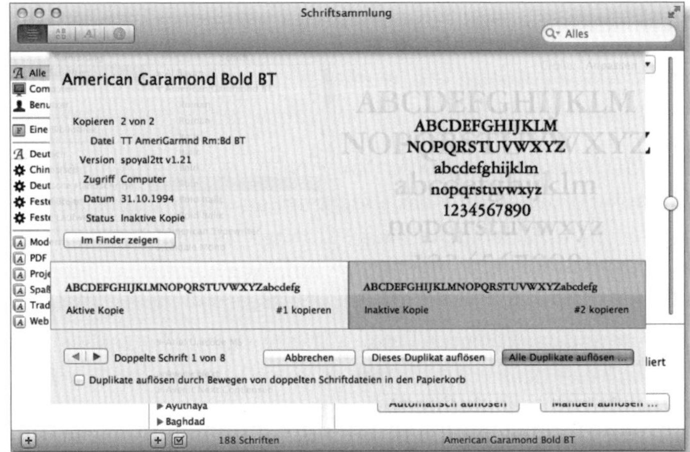

Abbildung 23.20 ▸
Bei der manuellen Auflösung können Sie über die Schaltflächen mit den Pfeilen schrittweise vorgehen.

Automatische Aktivierung

Seit Mac OS X 10.5 ist das System in der Lage, nicht installierte Schriften automatisch für den benötigten Zeitraum zu aktivieren. In der Schriftsammlung können Sie die AUTOMATISCHE SCHRIFTAKTIVIERUNG in den Voreinstellungen des Programms einschalten. Die Beschreibung dieser Funktion ist vielleicht etwas missverständlich: Mit der Schriftaktivierung werden deaktivierte Schriften in Ihrer Schriftsammlung nicht automatisch bei Bedarf aktiviert. Haben Sie eine Schriftart explizit mit der zuvor beschriebenen Funktion deaktiviert, dann respektiert das System diese Deaktivierung. Sie erhalten zum Beispiel in Pages eine Warnung, dass Schriften fehlen.

Hinweis
Die automatische Aktivierung von Schriftdateien funktioniert unter OS X 10.8 eher leidlich. Schriftarten, die über Spotlight einfach und vor allem eindeutig zu finden sind, werden vom System weder gesucht noch gefunden und aktiviert. Die Verwaltung und Aktivierung der Schriftarten von Hand ist der automatischen Suche auf jeden Fall überlegen.

Vorübergehende Installation | Die automatische Aktivierung von Schriften bezieht sich vielmehr auf solche, die über Spotlight zu finden sind und die noch nicht installiert wurden. Die Schriften befinden sich also außerhalb der Schriftsammlung. Die eigentlich korrekte Beschreibung für diese Funktion müsste eher »automatische vorübergehende Schriftinstallation« lauten.

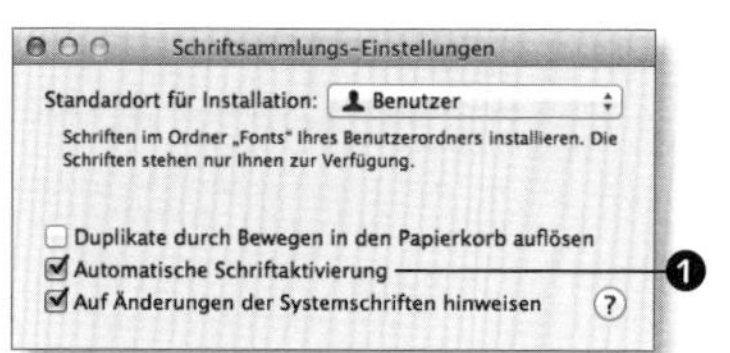

▲ **Abbildung 23.21**
Die AUTOMATISCHE SCHRIFTAKTIVIERUNG ❶ können Sie in den Einstellungen aktivieren.

23.4 Weitere Informationen

Neben der Schriftsammlung gibt es noch zwei wichtige Punkte bei der Arbeit mit Schriften unter OS X 10.8: Zunächst sind hier die Systemschriften und als Sonderfall die Schriftart Helvetica zu erwähnen. Darüber hinaus kann es vorkommen, dass die Caches der Schriftverwaltung korrupt sind und neu angelegt werden müssen. Dies geschieht mit dem Befehl `atsutil`.

Die Systemschriften

Die Schriften im Verzeichnis /SYSTEM/LIBRARY/FONTS betrachtet OS X 10.8 als sogenannte *Systemschriften*. Diese gelten als Bestandteil des Systems, und Sie sollten sie – auch wenn damit Ihre Liste der Schriftarten etwas aufgebläht wird – nicht deaktivieren. In den Voreinstellungen der Schriftsammlung können Sie sich AUF ÄNDERUNGEN DER SYSTEMSCHRIFTEN HINWEISEN lassen. Das Deaktivieren von Systemschriften führt bei vielen Programmen zu Problemen in der Darstellung, da sie diese Schriften in jedem Fall voraussetzen. Es gibt auch einige Schriftarten wie zum Beispiel Monaco, bei denen Ihnen die Option zum Deaktivieren gar nicht zur Verfügung steht.

Protected Fonts
Innerhalb des APPLICATIONSSERVICES.FRAMEWORK unter /SYSTEM/LIBRARY findet sich im enthaltenen ATS.FRAMEWORK ein Unterordner PROTECTEDFONTS. Die in diesem Ordner liegenden Schriften (Geneva, Helvetica, HelveticaNeue, Keyboard, LastResort, Lucida Grande und Monaco) werden automatisch wiederhergestellt. Von Manipulationen dieses Ordners sollten Sie in jedem Fall absehen.

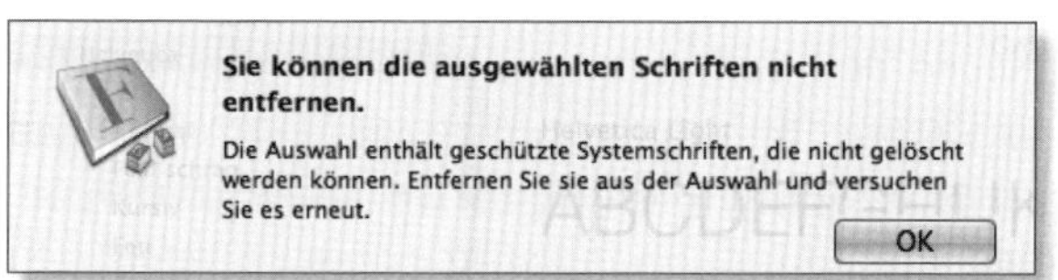

◄ **Abbildung 23.22**
Das Entfernen von Systemschriftarten wird durch die Schriftsammlung unterbunden.

Die Schrift Helvetica | Als etwas problematisch erweist sich in diesem Zusammenhang die Schriftart Helvetica, die für die Darstellung vieler Texte auf dem Bildschirm vom System genutzt wird. Diese Schrift ist andererseits auch in der Druckvorstufe sehr beliebt, und viele Setzer und Designer ziehen es vor, eine andere Fassung dieser Schriftart zu verwenden, die eher für den Ausdruck optimiert ist als die in OS X 10.8 enthaltene Variante. Allerdings ist es nicht mehr möglich, die in OS X 10.8 enthaltene Vari-

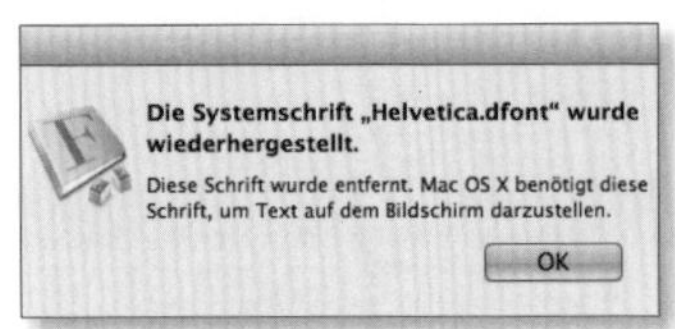

▲ **Abbildung 23.23**
Löschen Sie die Schriftart Helvetica im Finder, dann stellt das System sie sofort wieder her.

ante der Helvetica zu ersetzen. Sie erhalten, wenn Sie im Finder die Dateien im Verzeichnis /System/Library/Fonts verschieben oder löschen, sofort eine Nachricht, dass die Datei wiederhergestellt wurde.

Die Ersetzung der Helvetica durch eine andere Fassung wird seit Mac OS X 10.5 nicht mehr unterstützt, das System besteht auf seiner eigenen Datei. Eine Lösung kann der Erwerb einer anderen Helvetica-Variante sein, deren Name nicht mehr Helvetica, sondern zum Beispiel Helvetica LT lautet.

Font Caches löschen

»atsutil«
Der Befehl `atsutil` am Terminal dient zur Verwaltung und Ansprache des Dienstes `fontd`. In der Dokumentation des Befehls (`man atsutil`) finden Sie auch die Optionen zur Abschaltung der automatischen Aktivierung, zum Neustart von `fontd` und zum Aufheben des Schutzes der Systemschriften. Alle drei Funktionen sind für die normale Arbeit mit OS X 10.8 nicht notwendig und auch nicht empfehlenswert.

Der Dienst `fontd` legt im Hintergrund Caches an, um Informationen und Daten, die die Schriftdarstellung betreffen, zwischenzuspeichern und so die Darstellung von Schriftarten zu beschleunigen. In Einzelfällen sind diese Zwischenspeicher fehlerhaft, was sich dann sowohl in Programmabstürzen als auch in fehlerhaften Darstellungen und Ausdrucken äußern kann. In OS X 10.8 werden die Caches in einem Unterverzeichnis von /var/folders gesichert, das im Finder nicht sichtbar ist. Ebenso wird eine Zeichenkette in der Form zyxvpxvq6csfxvn_n00000c4000031 für den Namen des Verzeichnisses verwendet, in dem die Caches mit der Bezeichnung com.apple.FontRegistry der einzelnen Benutzer gespeichert werden.

Unter OS X 10.8 können Sie mit dem Befehl `atsutil` diese Caches am Terminal löschen, wobei es allerdings auch passieren kann, dass von Ihnen erstellte Bibliotheken in der Schriftsammlung ebenfalls gelöscht werden. Der Befehl `atsutil` dient zur Interaktion mit dem Dienst `fontd`. Mit der Eingabe `atsutil databases -removeUser` löschen Sie die Caches für das aktuelle Benutzerkonto. Anschließend sollten Sie sich umgehend ab- und wieder anmelden. Neben den Caches für den Benutzer gibt es einen systemweiten Cache, der zum Beispiel bei der Darstellung des Anmeldefensters Verwendung findet. Diesen Cache können Sie mit der Eingabe `sudo atsutil databases -remove`, gefolgt von Ihrem Passwort, löschen. Mit dieser Eingabe löschen Sie sowohl den Cache des Systems als auch den für den aktiven Benutzer. Anschließend sollten Sie sofort einen Neustart durchführen.

Abbildung 23.24 ▼
Der Befehl `atsutil` löscht die Caches des Schriftsystems.

kai — bash — 90×5

```
localhost:~ kai$ sudo atsutil databases -remove
Removing: /private/var/folders/zz/zyxvpxvq6csfxvn_n00000c4000031/C/System
Removing: /private/var/folders/pm/npyv0f3s5w1fbkwf068r4vpr0000gn/C/com.apple.FontRegistry
localhost:~ kai$
```

Kapitel 24

PDF und Farbmanagement

Das Grafiksystem von OS X 10.8 setzt von Beginn an auf die Darstellung mittels PDF. Für den Anwender stellt sich dies nicht immer transparent dar, aber wenn Sie sich mit den Fähigkeiten des Programms Vorschau vertraut machen, dann werden Sie schnell erkennen, dass die PDF-Unterstützung von OS X 10.8 für viele Aufgaben ausreichend ist. Das Farbmanagement von OS X 10.8, ColorSync, ist sogar noch wesentlich älter, und die Ursprünge dieser Technologie reichen bis zu Mac OS 7.1 zurück.

Dieses Kapitel stellt Ihnen zunächst das Programm Vorschau vor. Im Abschnitt zu ColorSync finden Sie eine Einführung in die Werkzeuge und Funktionen, die Ihnen OS X zum Farbmanagement bietet.

24.1 Mehr als Vorschau

Das Programm Vorschau dient in erster Linie zur Anzeige von PDF- und Bilddateien. Aber es kann noch sehr viel mehr, beispielsweise PDF-Dateien bearbeiten, zusammenfügen und verschlüsseln sowie Bilder freistellen und in ein anderes Format konvertieren.

Darstellung, Einstellungen und Lesezeichen

Wenn Sie die Einstellungen des Programms Vorschau aufrufen, dann finden Sie in der Ansicht ALLGEMEIN die Voreinstellung für das Öffnen von Dateien. Die Standardeinstellung lautet DATEIGRUPPEN IM SELBEN FENSTER ÖFFNEN. Wenn Sie mehrere Dateien zum Beispiel im Finder auswählen und diese auf das Icon der Vorschau im Dock ziehen, dann werden diese Dateien in einem Fenster geöffnet und Ihnen in der Seitenleiste (siehe Abbildung 24.1) zur Auswahl angeboten. Alternativ können Sie hier auch die Optionen ALLE DATEIEN IN EINEM FENSTER ÖFFNEN oder JEDE DA-

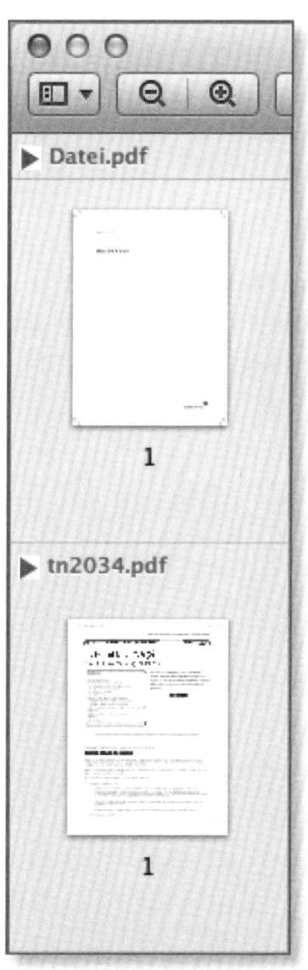

▲ **Abbildung 24.1**
Mehrere Dateien können Sie in der Seitenleiste öffnen.

TEI IN EINEM EIGENEN FENSTER ÖFFNEN auswählen. Der FENSTER-HINTERGRUND bezieht sich auf die Farbe der Ränder im Fenster.

Abbildung 24.2 ▸
Ob Dateien in einem oder mehreren Fenstern geöffnet werden, legen Sie in den allgemeinen Einstellungen fest.

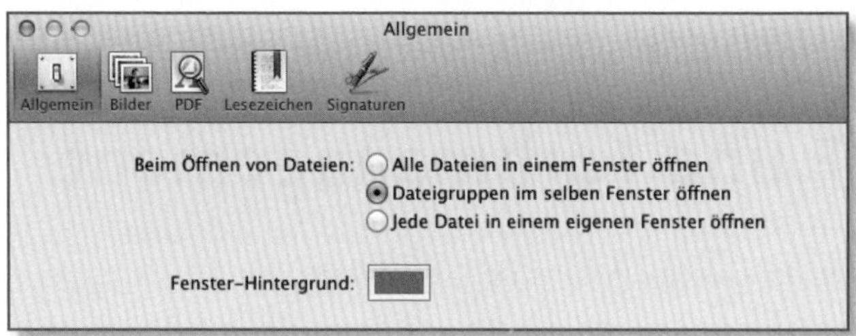

Bilder und PDF | In den Ansichten BILDER und PDF der Voreinstellungen können Sie festlegen, wie Ihnen solche Dateien angezeigt werden sollen. Bei den Bildern können Sie unter anderem vorgeben, ob die Ansicht 100 % den Bildpixeln oder der Druckgröße entsprechen soll. Die Voreinstellungen für PDF-Dateien enthalten auch die Einstellungen für die Darstellung. Sie können hier festlegen, ob Sie bei PDF-Dateien die Darstellung bei der zuletzt angezeigten Seite beginnen möchten. Laut Standardeinstellungen wird beim ersten Öffnen einer einzelnen PDF-Datei die Seitenleiste nicht angezeigt, es sei denn, Sie aktivieren in den Einstellungen die Option SEITENLEISTE IMMER EINBLENDEN. In den Standardeinstellungen stellt die Vorschau eine mehrseitige PDF-Datei kontinuierlich dar. Sie können stattdessen auch die Darstellung von EINZELSEITEN oder DOPPELSEITEN auswählen.

Abbildung 24.3 ▸
Unter ANZEIGEN ALS kann auch die Darstellung als Einzel- oder Doppelseite ausgewählt werden.

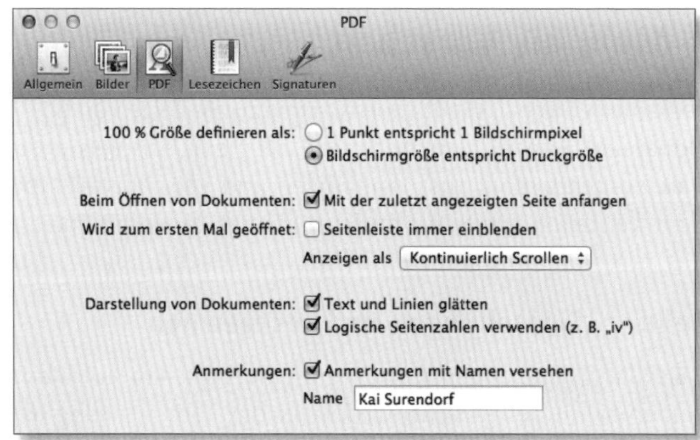

In Bezug auf die DARSTELLUNG VON DOKUMENTEN können Sie zwei Einstellungen vornehmen. Zunächst können Sie die Glättung von Schriften und Linien deaktivieren. Bei einigen PDF-Dateien erhöht dies in Ausnahmefällen die Lesbarkeit oder die Geschwindigkeit des Programms, allerdings ist dies eher selten der Fall.

Die Option LOGISCHE SEITENZAHLEN VERWENDEN bezieht sich auf die interne Paginierung innerhalb einer PDF-Datei. Hier ist es möglich, dass zum Beispiel ein Vorwort mit römischen Zahlen nummeriert wird. Innerhalb des PDF-Dokuments werden also zwei Zählungen vorgenommen. Verwenden Sie dann die Funktion GEHE ZU • GEHE ZU SEITE, müssten Sie die mit römischen Zahlen nummerierten Seiten jeweils addieren. Wenn die logischen Seitenzahlen verwendet werden, dann übernimmt die Vorschau die Nummerierung der Seiten beginnend bei 1.

Anmerkungen
In der Ansicht PDF können Sie unter ANMERKUNGEN auch festlegen, ob Ihr Name oder gegebenenfalls ein einzugebendes Kürzel automatisch den im nächsten Abschnitt beschriebenen Anmerkungen hinzugefügt wird.

◄ **Abbildung 24.4**
Lesezeichen beziehen sich sowohl auf die Datei als auch auf die Seite.

Lesezeichen | Vorschau setzt über den Menüpunkt LESEZEICHEN • LESEZEICHEN HINZUFÜGEN ein Lesezeichen für eine Seite in einer PDF-Datei. Dabei merkt sich das Programm sowohl die Datei als auch die Seite. Wenn Sie die Datei verschieben, dann nimmt Vorschau davon Notiz und findet auch die verschobene Datei. Der Menüpunkt LESEZEICHEN • LESEZEICHEN BEARBEITEN ruft die entsprechende Ansicht in den Einstellungen auf. Hier können Sie ein Lesezeichen nachträglich ENTFERNEN. Lesezeichen können Sie lediglich umbenennen, nicht jedoch die Seite oder Datei bearbeiten.

Lesezeichen hinzufügen
⌘ + D

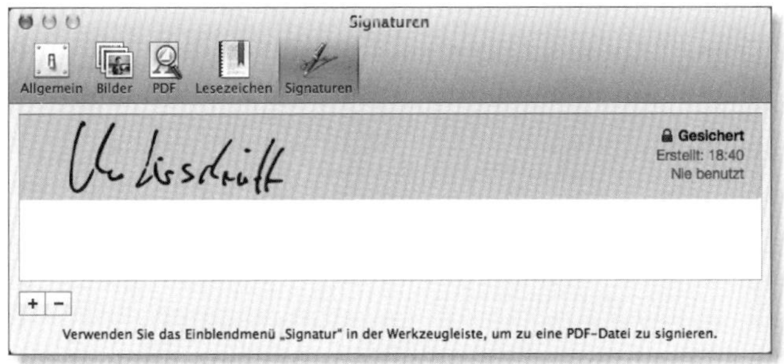

◄ **Abbildung 24.5**
Signaturen können Sie speichern und später erneut verwenden.

Signaturen | In der Ansicht SIGNATUREN können Sie mithilfe der eingebauten Kamera ein Foto von Ihrer Unterschrift erstellen. Vorschau ermöglicht es Ihnen, dieses Foto später als Unterschrift in PDF-Dateien zu platzieren. Für die Erkennung der Signatur sollten Sie etwas Geduld mitbringen und eine ruhige Hand ha-

TIPP
Über die Kurzbefehle ⌘ + alt + ← sowie ⌘ + alt + → blenden Sie die Verzeichnisse aller Dateien ein und aus.

ben. Aufgenommene Unterschriften können Sie speichern und später erneut verwenden.

Abbildung 24.6 ▸
Die Erkennung der Signatur erfordert ein wenig Geduld.

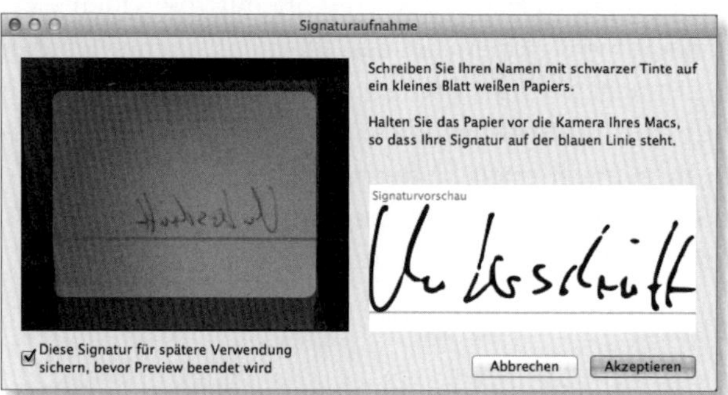

Darstellung

Fünf Darstellungsmodi | Über den Menüpunkt DARSTELLUNG, die Kurzbefehle ⌘ + alt + 1 bis 5 oder das Ausklappmenü in der Symbolleiste bestimmen Sie den Modus der Anzeige. Während die Darstellungsweise NUR INHALT sich in der Tat auf die Anzeige des geöffneten Dokuments beschränkt, können Sie über die MINIATUREN in der Seitenleiste Vorschauen der Seiten einer PDF-Datei oder der Bilder einblenden. Haben Sie mehr als eine PDF-Datei geöffnet, dann können Sie die Miniaturen einer Datei ausblenden, indem Sie den kleinen grauen Pfeil vor dem Dateinamen anklicken. Enthalten die PDF-Dateien ein verlinktes INHALTSVERZEICHNIS, dann können Sie sich dieses ebenfalls in der Seitenleiste anzeigen lassen. Über die Schaltfläche rechts neben dem Dateinamen blenden Sie das Inhaltsverzeichnis ein und aus. Sofern in der PDF-Datei HERVORHEBUNGEN UND NOTIZEN enthalten sind, können Sie sich diese ebenfalls in einer Liste anzeigen lassen.

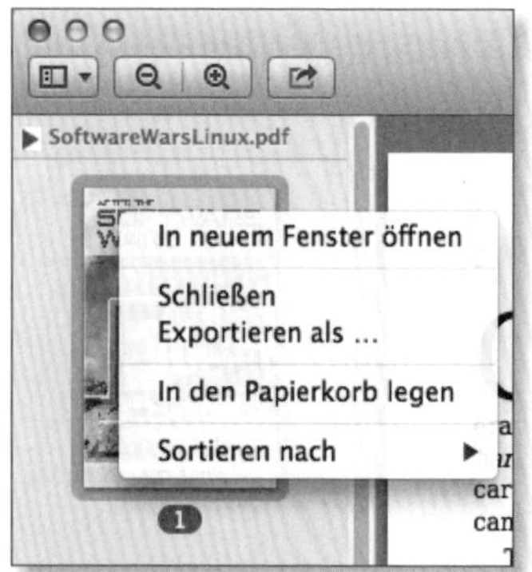

▴ Abbildung 24.7
Das Inhaltsverzeichnis in der Seitenleiste können Sie ein- und ausblenden.

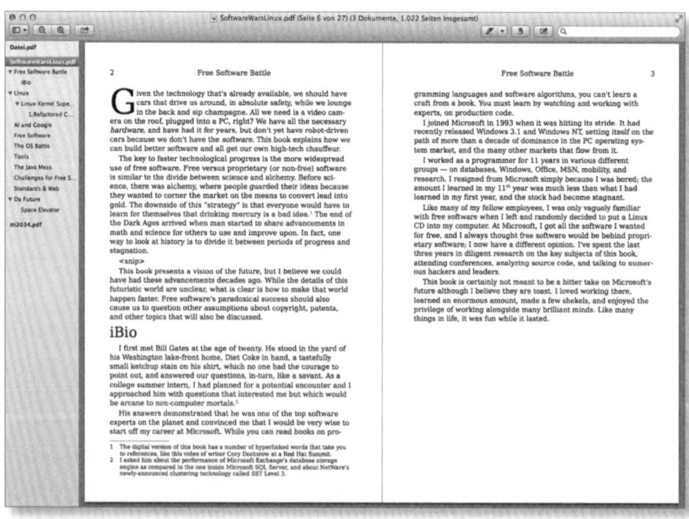

Abbildung 24.8 ▸
Rufen Sie das Kontextmenü über einer Miniatur auf, um die Datei zu schließen.

Bei der Darstellung als Miniaturen steht Ihnen auch das Kontextmenü zur Verfügung, das Sie über einer beliebigen Seite aufrufen können. Hier öffnen Sie die Datei in einem neuen Fenster, schließen sie, exportieren sie oder legen sie direkt aus Vorschau heraus in den Papierkorb. In diesem Kontextmenü haben Sie auch die Möglichkeit, die PDF-Dateien zu sortieren. Wählen Sie eine der Optionen, zum Beispiel DATUM, dann wird Ihnen die Information unterhalb des Namens in blauer Schrift angezeigt.

▲ **Abbildung 24.9**
Über die Schaltfläche ALLE EINBLENDEN lassen Sie alle Seiten anzeigen.

Wenn Sie schnell einen optischen Überblick über die Seiten eines Dokuments benötigen, dann können Sie die Darstellung als KONTAKTBOGEN nutzen. Über die Schaltfläche rechts können Sie alle Seiten einblenden oder nur einige, die nebeneinander dargestellt werden. Haben Sie mehr als eine Datei in einem Fenster geöffnet, dann werden diese untereinander dargestellt. Sie können auch horizontal durch eine PDF-Datei blättern, indem Sie eine Seite durch Anklicken auswählen, und sich dann über ← und → durch das Dokument bewegen.

Einzel- und Doppelseiten | Laut Standardeinstellungen werden alle Seiten einer PDF-Datei untereinander dargestellt (KONTINUIERLICH SCROLLEN). Über den Menüpunkt DARSTELLUNG • EINZELSEITEN begrenzen Sie die Darstellung auf die jeweils aktuelle Seite. Sie nimmt für die Anzeige das gesamte Fenster ein. Handelt es sich bei der PDF-Datei um ein Buch, das doppelseitig gesetzt wurde, dann können Sie über DARSTELLUNG • DOPPELSEITEN ebenjene zwei Seiten nebeneinanderstellen. Die erste Seite einer Datei wird von Vorschau als Titelblatt betrachtet und einzeln dargestellt.

Voreinstellung
In den Einstellungen des Programms Vorschau können Sie in der Ansicht PDF im Ausklappmenü ANZEIGEN ALS festlegen, ob das kontinuierliche Scrollen oder die Darstellung als Einzel- beziehungsweise Doppelseite genutzt werden soll.

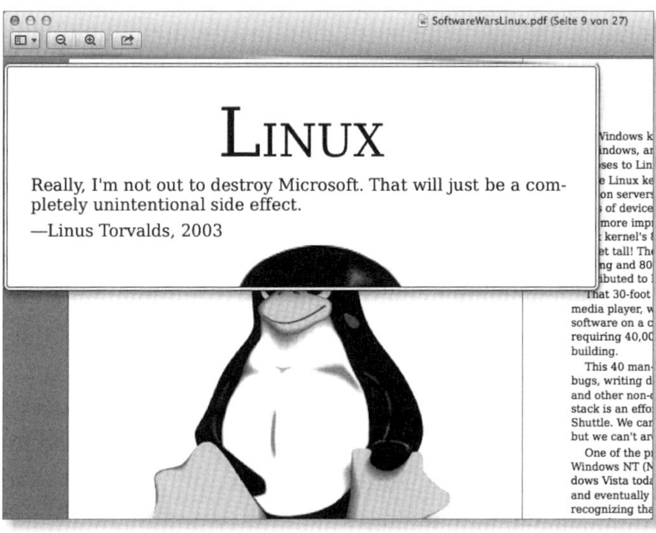

◀ **Abbildung 24.10**
Über die Lupe vergrößern Sie einen Bereich.

TIPP
Sie können die Lupe und noch einige andere die Darstellung betreffende Icons der Symbolleiste hinzufügen.

Lupe | Die Lupe finden Sie nicht im Menü DARSTELLUNG, sondern unter WERKZEUGE. Bei einer PDF-Datei vergrößert sie einen rechteckigen, bei einer Bilddatei einen kreisförmigen Bereich. Diese Lupe ist dabei recht intelligent und versucht, die Vergrößerung auf die Breite des vergrößerten Inhalts anzupassen und so einen vollständigen Absatz darzustellen. Mit der Taste [esc] kann die Lupe wieder abgeschaltet werden.

PDF-Dateien bearbeiten

[PDF Kit]
Es ist gut möglich, dass Ihnen einige der Funktionen zur Bearbeitung von PDF-Dateien auch in anderen Programmen begegnen. Apple hat eine Reihe dieser Funktionen in einer Bibliothek namens PDF KIT zusammengefasst, die von Entwicklern für ihre eigenen Programme verwendet werden kann.

Die Möglichkeiten zur Bearbeitung von PDF-Dateien in Vorschau können dem Vollprodukt von Adobe zwar nicht das Wasser reichen, aber für den Arbeitsalltag im Büro sind sie meistens völlig ausreichend.

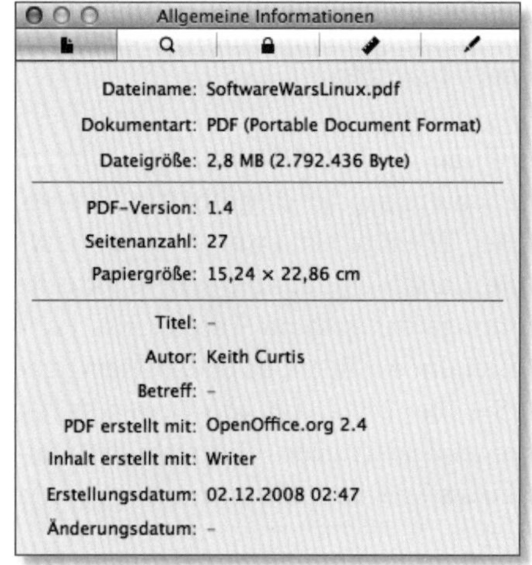

Abbildung 24.11 ▸
Das Fenster INFORMATION enthält technische Details der Datei.

Informationen | Wenn Sie eine PDF-Datei geöffnet haben, dann können Sie über den Menüpunkt WERKZEUGE • INFORMATIONEN EINBLENDEN eine schwebende Palette aufrufen, deren Darstellung in fünf Reiter unterteilt wurde. Im ersten Reiter finden Sie weitere Details über die PDF-Datei, zu denen unter anderem das Programm gehört, mit dem die Datei erstellt wurde, sowie die PDF-Version, die von der Datei verwendet wird. Im zweiten Reiter, den Sie über das Icon mit der Lupe auswählen, können Sie Schlagwörter für die Datei vergeben. Diese werden Ihnen im Finder nicht angezeigt, aber bei der Suche über Spotlight berücksichtigt. Sollten der PDF-Datei irgendwelche Beschränkungen auferlegt worden sein, dann werden diese im dritten Reiter mit dem Schlosssymbol aufgeführt. Der vierte Reiter enthält bei PDF-Dateien Informationen über die Größe. Im fünften findet sich eine Liste der vorhandenen Anmerkungen.

Markieren und auswählen | Zur Auswahl von Elementen stehen Ihnen zwei Möglichkeiten zur Verfügung. Mit dem Werkzeug zur Textauswahl, das Sie über den Menüpunkt WERKZEUGE • WERKZEUG FÜR TEXT aktivieren, können Sie wie in einem anderen Programm Text auswählen. Alternativ steht Ihnen die rechteckige Auswahl zur Verfügung.

Zwischenablage
Wenn Sie Text ausgewählt haben und diesen in die Zwischenablage kopieren, dann wird der Text samt Formatierungen kopiert. Bei einer rechteckigen Auswahl wird eine Grafik in die Zwischenablage gelegt.

Drehen und beschneiden | Vorschau bietet Ihnen zwei Möglichkeiten, die Darstellung von Seiten zu manipulieren. Zunächst können Sie über den Menüpunkt WERKZEUGE • LINKS DREHEN und RECHTS DREHEN die aktuell dargestellte Seite um jeweils 90 Grad drehen. Es ist auch möglich, in der Ansicht MINIATUREN der Seitenleiste mehrere Seiten auszuwählen und alle ausgewählten gleichzeitig zu drehen. In Bezug auf die mehrfache Auswahl verhält sich Vorschau wie der Finder (siehe Abschnitt 3.3).

Tipp
In der Symbolleiste finden Sie in den Standardeinstellungen ein Icon, mit dessen Hilfe Sie die aktuelle Seite nach links drehen können. Halten Sie die Taste [alt] gedrückt, dann ändert sich das Icon, und die Seite wird nach rechts gedreht.

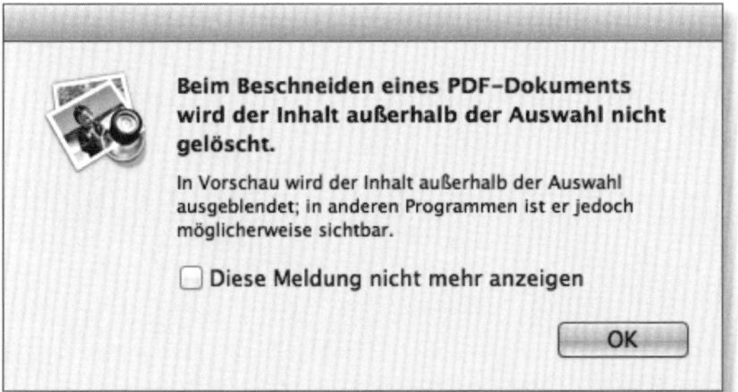

◄ **Abbildung 24.12**
Vorschau weist darauf hin, dass beim Beschneiden keine Informationen verloren gehen.

Wenn Sie eine rechteckige Auswahl getroffen haben, dann können Sie sie über den gleichnamigen Eintrag im Menü WERKZEUGE beschneiden ([⌘] + [K]). Hierbei wird zunächst nur die Ansicht der aktuellen Seite beschnitten. Wenn Sie in der Seitenleiste mehrere oder alle ([⌘] + [A]) Seiten auswählen, dann können Sie diese gemäß der getroffenen Auswahl in einem Durchgang beschneiden. Diese Form des Beschnitts bewahrt jedoch die nicht mehr angezeigten Inhalte; genau genommen, wird lediglich die Darstellung der Datei eingegrenzt.

Seiten extrahieren
Wenn Sie aus dem Kontaktbogen oder der Seitenleiste die Miniaturen von ausgewählten Seiten auf den Schreibtisch im Finder ziehen, dann erstellt Vorschau eine separate PDF-Datei mit dem Namenszusatz *(verschoben)*, die nur die ausgewählten Seiten enthält.

Seiten verschieben | Vorschau ermöglicht es Ihnen, Seiten in einem PDF-Dokument zu verschieben und neue Seiten aus einem anderen hinzuzufügen. Um die Reihenfolge der Seiten zu ändern, ziehen Sie die Miniatur der Seite an eine andere Stelle. Dies kann sowohl in der Ansicht MINIATUREN der Seitenleiste als auch in der Darstellung als Kontaktbogen erfolgen. Lassen Sie die Maustaste los, wird die Seite an die gewählte Stelle verschoben. Eine Seite aus dem Dokument entfernen Sie über den Menüpunkt BEARBEITEN • LÖSCHEN. Markieren Sie mit gedrückter [⇧]- oder [⌘]-Taste

TIPP
Sie können auch Dateien direkt aus dem Finder in die Liste der Miniaturen oder den Kontaktbogen ziehen und auf diese Weise eine vollständige Datei integrieren. Dies funktioniert übrigens nicht nur mit PDF-Dateien, sondern auch mit Bildern.

mehrere Miniaturen, dann können Sie in einem Durchgang auch mehrere Seiten verschieben oder löschen. Über BEARBEITEN • EINFÜGEN können Sie eine leere Seite oder Seiten von einem Scanner oder aus einer Datei einfügen.

Mehrseitige TIFF-Dateien
Nicht nur bei PDF-Dateien, sondern auch bei mehrseitigen TIFF-Dateien, wie sie von einigen Faxprogrammen erstellt werden, können Sie die Seiten manipulieren.

Es ist problemlos möglich, Seiten von einem Dokument in ein anderes zu integrieren. Wenn Sie die Ansicht MINIATUREN in der Seitenleiste oder den Kontaktbogen nutzen, dann können Sie die gewünschten Seiten vom Ausgangsdokument in den Bereich des Zieldokuments ziehen. Ziehen Sie die Seite in einen leeren Bereich (siehe Abbildung 24.13), dann wird ein neues Dokument erstellt.

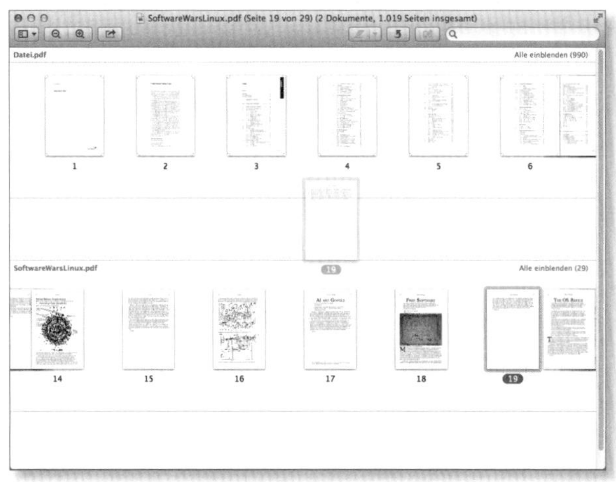

Abbildung 24.13 ▸
In der Ansicht KONTAKTBOGEN entscheidet das Ziel, ob ein neues Dokument erstellt oder die Seite dem anderen Dokument hinzugefügt wird.

PDF-Dateien annotieren | Eine vorliegende PDF-Datei können Sie in der Vorschau mit einigen Kommentaren, Anmerkungen und Hervorhebungen versehen. Zunächst steht Ihnen die Textauszeichnung zur Verfügung. Sie können das Icon mit dem Stift ❶ einmal anklicken, um die Auszeichnung zu aktivieren. Das Icon selbst wird blau unterlegt.

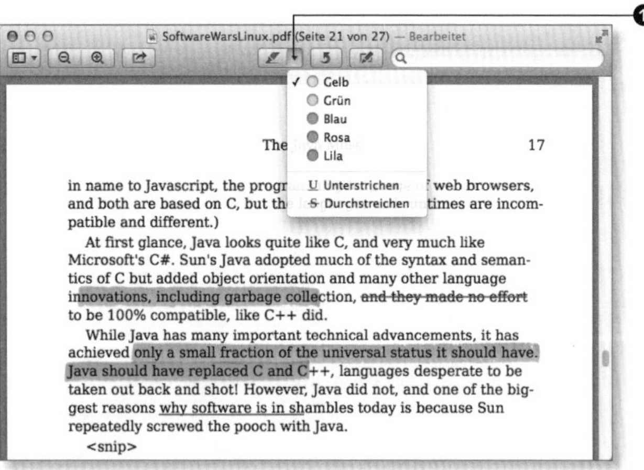

Abbildung 24.14 ▸
Mithilfe der Textauszeichnung können Stellen farblich hervorgehoben werden.

Wenn Sie nun mit gedrückt gehaltener Maustaste Textstellen markieren, werden sie farblich hinterlegt, unter- oder durchgestrichen. Über das Ausklappmenü können Sie festlegen, welche Farbe beziehungsweise welche (Unter)streichung genutzt werden soll. Mit einem erneuten Klick auf das Icon wird die Markierung ausgeschaltet.

◂ **Abbildung 24.15**
Die Anmerkungsleiste teilt sich in zwei Bereiche.

Dann können Sie über die Schaltfläche ANMERKEN ❷ oder den Menüpunkt DARSTELLUNG • WERKZEUGLEISTE EINBLENDEN eine Leiste am unteren Rand des Fensters einblenden. Diese teilt sich in zwei Bereiche. Links finden Sie die Elemente, die Sie für Ihre Anmerkungen verwenden können. Rechts neben dem Strich stehen Ihnen die Farbe, die Dicke der Linien und die Palette der Schriftarten zur Auswahl. Am rechten Rand finden Sie die Funktionen zur Auswahl von rechteckigen Bereichen und zur Auswahl von Textstellen. Sie können die einzelnen Elemente auch über das Untermenü WERKZEUGE • ANMERKEN auswählen.

Werkzeugleiste
⌘ + ⇧ + A

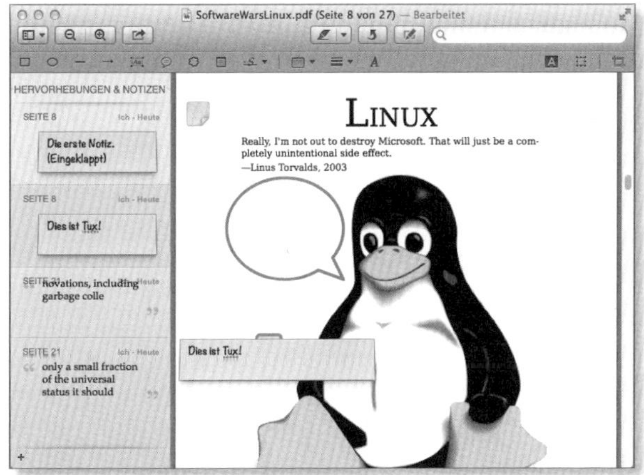

◂ **Abbildung 24.16**
Alle Annotationen können in der Seitenleiste aufgelistet werden.

In der Werkzeugleiste finden Sie zunächst eine Reihe von geometrischen Figuren, die Sie für die Kommentierung der Datei nutzen können. Darüber hinaus können Sie über das Icon mit dem unterstrichenen S eine zuvor aufgenommene Signatur einfügen. Das Icon mit dem stilisierten Notizzettel fügt eine gelbe Notiz hinzu. Die Palette für die Schriftarten rufen Sie über das Icon mit dem großen A auf, während Sie die Dicke der Linien und die Farbe über die anderen beiden Icons links daneben auswählen.

Hyperlink
Die in früheren Versionen von OS X mögliche Verlinkung von Textstellen mit dem World Wide Web oder einer Seite im Dokument ist unter OS X 10.8.0 nicht mehr vorhanden.

Etwas anders verhält es sich mit dem Icon, das einem stilisierten Notizzettel gleicht: Hiermit fügen Sie eine Notiz ein. Die Notiz erscheint während der Bearbeitung über dem Text. Schließen Sie die Bearbeitung mit einem Mausklick auf einen Punkt außerhalb der Notiz ab, dann wird sie eingeklappt. Notizen können Sie im eingeklappten Zustand an eine andere Position verschieben.

Haben Sie die Darstellungsform HERVORHEBUNGEN UND NOTIZEN ausgewählt, dann finden Sie in der Seitenleiste alle Notizen. Hier können Sie den Text der Notizen auch direkt bearbeiten.

Um einer Notiz eine andere Farbe zuzuweisen, klicken Sie diese an. Über das Farbmenü der Werkzeugleiste können Sie dann eine Farbe auswählen. Das Farbmenü in der Symbolleiste über TEXTAUSZEICHNUNG ist dazu nicht geeignet.

Abbildung 24.17 ▼
Die Sortierung der Ergebnisse kann auch nach dem Suchrang erfolgen.

Phrasensuche
Die Vorschau ist in der Lage, erfolgreich nach einer Phrase zu suchen. Geben Sie im Suchfeld in Anführungszeichen einen Text ein, etwa »Microsoft Windows«, dann gelten nur die Stellen als Treffer, bei denen diese beiden Wörter hintereinander vorkommen.

PDF-Dateien durchsuchen | Wenn Sie im Suchfeld oben rechts mehr als ein Wort eingeben, dann sucht Vorschau nach allen Seiten, die die eingegebenen Wörter enthalten. Dabei können Sie sich die Ergebnisse in zwei Formen anzeigen lassen: Während die Sortierung nach SEITENFOLGE die Reihenfolge der Seiten belässt, stellen Sie über den SUCHRANG die Seiten an die Spitze der Liste, auf denen die Begriffe an hervorgehobener Stelle stehen. Als hervorgehoben gilt hier zum Beispiel Fettsatz oder eine große Schrift. Die Art und Weise, wie Vorschau den Suchrang bestimmt, ist bisweilen etwas überraschend und nicht wirklich nützlich.

Abbildung 24.18 ▸
Beim Export können Sie die Datei mit einem Passwort verschlüsseln.

Verschlüsselung | Vorschau erlaubt es Ihnen auch, PDF-Dokumente zu verschlüsseln und mit einem Passwort zu versehen. Hierzu müssen Sie unter dem Menüpunkt ABLAGE • EXPORTIEREN die Datei unter einem anderen Namen sichern und die Option VERSCHLÜSSELN auswählen. Das Passwort können Sie direkt in dem Dialog eingeben. Über die Verschlüsselung und die Zugriffsrechte einer Datei informiert Sie das Fenster INFORMATION in der über das Schloss-Icon zu erreichenden Ansicht VERSCHLÜSSELUNG.

◂ **Abbildung 24.19**
Eine verschlüsselte PDF-Datei bedarf der Eingabe des vergebenen Kennworts.

Import
Haben Sie eine Grafik in die Zwischenablage kopiert, können Sie sie in Vorschau über den Menüpunkt Ablage • Neu aus Zwischenablage in eine neue Datei umwandeln. Haben Sie eine Kamera oder einen Scanner angeschlossen, dann können Sie Bilder aus diesen Geräten direkt aus dem Menü Ablage importieren.

Bilder bearbeiten und konvertieren

Vorschau bietet Ihnen neben der Anzeige und Bearbeitung von PDF-Dateien auch die Möglichkeit, Bilddateien in ein anderes Format zu konvertieren und Änderungen an der Größe und Farbe vorzunehmen.

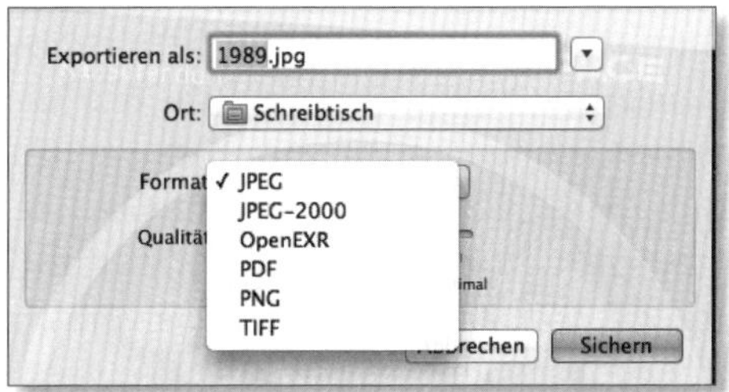

◂ **Abbildung 24.20**
Eine geöffnete Bilddatei können Sie in einem anderen Format sichern.

Bilder konvertieren | Um eine Bilddatei in ein anderes Dateiformat zu konvertieren, öffnen Sie sie in Vorschau und wählen dann den Menüpunkt Ablage • Exportieren. Sie können hier unter den Formaten wählen, die auch von QuickTime unterstützt werden. Zusätzlich ist es möglich, bei den Formaten JPEG, PNG und TIFF Vorgaben etwa in Bezug auf die Komprimierung und die Transparenz zu machen.

Drehen und spiegeln
Über die vier Einträge im Menü Werkzeuge können Sie ein Bild auch drehen und spiegeln.

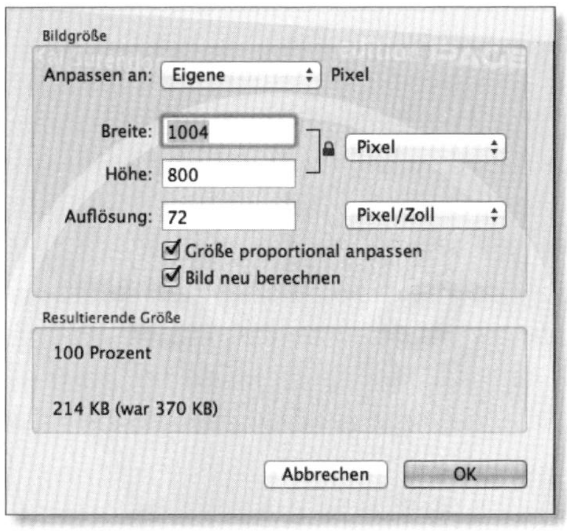

◂ **Abbildung 24.21**
Die Größe und Auflösung eines Bildes können Sie ändern.

Größe ändern | Über den Menüpunkt Werkzeuge • Grössenkorrektur ändern Sie die Größe und Auflösung eines Bildes. Hierbei symbolisiert das Schloss, ob der andere Wert proportional angepasst wird.

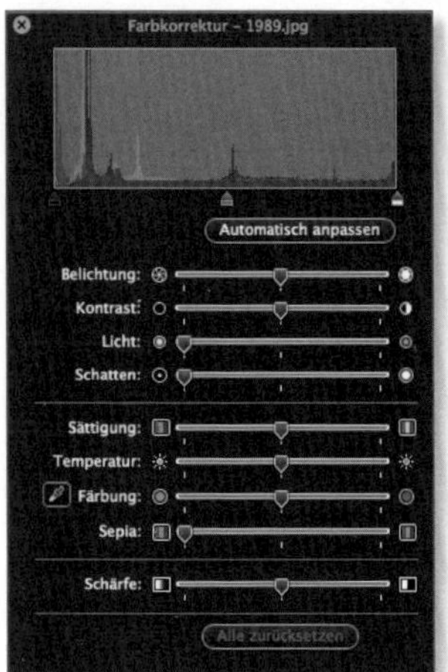

▲ **Abbildung 24.22**
Vorschau verfügt auch über die Möglichkeit der Farbkorrektur.

Farben korrigieren | Zur Korrektur und Anpassung der Farben eines Bildes können Sie über Werkzeuge • Farbkorrektur die Palette aus Abbildung 24.22 einblenden und die gängigen Parameter anpassen. Es kommt nicht von ungefähr, dass diese Palette derjenigen in iPhoto ein wenig ähnlich sieht. Apple hat viele Funktionen zur Bildbearbeitung in der Bibliothek ImageKit zusammen gefasst.

Farbprofile | Ergänzend zur Farbkorrektur können Sie auch ausprobieren, wie die Zuweisung eines ColorSync-Profils sich auf das Bild auswirken würde. Im Menü Darstellung • Soft-Proof mit Profil finden Sie die auf Ihrem System installierten Farbprofile. Wählen Sie eines der Profile aus, dann wird es auf das Bild angewandt. Zur ursprünglichen Darstellung gelangen Sie über den Eintrag Ohne im gleichen Menü. Ein Profil dauerhaft zuweisen können Sie über den Menüpunkt Werkzeuge • Profil zuweisen. Es erscheint anschließend ein Dialog, in dem Ihnen die vorhandenen Profile zur Auswahl gestellt werden. Über den Menüpunkt Darstellung • Soft-Proof mit Profil erhalten Sie einen Eindruck von den Auswirkungen eines Profils.

Abbildung 24.23 ▶
Mithilfe der Icons im rechten Bereich der Werkzeugleiste können Bildbereiche ausgewählt werden.

Bereich auswählen | Wenn Sie über den Menüpunkt Darstellung • Werkzeugleiste einblenden die Werkzeugleiste aktiviert haben, dann finden Sie links die zuvor schon beschriebenen geometrischen Formen. Rechts finden Sie die für die Bildbearbeitung relevanten Funktionen. Mit den beiden Icons ganz rechts rufen Sie die Größen- und Farbkorrektur auf. Das dritte Icon von rechts beschneidet das Bild anhand der vorgenommenen Auswahl.

Eine Auswahl vornehmen können Sie mit den anderen fünf Icons. Hier können Sie zunächst eine rechteckige oder elliptische Auswahl vornehmen. Dann steht Ihnen ein Lasso zur Verfügung, das Ihnen möglicherweise schon von einem Programm zur Bildbearbeitung bekannt ist. Das Icon mit der Kontur aktiviert das intelligente Lasso.

◂ **Abbildung 24.24**
Beim intelligenten Lasso wird der auszuwählende Bereich mit einer roten Linie markiert.

Beim intelligenten Lasso versucht Vorschau, anhand der Farbwerte zu erraten, welcher Bereich ausgewählt werden soll. Anstelle einer gestrichelten Linie erscheint eine dicke rote Linie. Markieren Sie mit dieser roten Linie den ungefähren Bereich, der ausgewählt werden soll, und Vorschau versucht, wenn Sie mit dem Mauspfeil wieder am Ausgangspunkt angekommen sind, den ausgewählten Bereich zu optimieren.

Freistellen | Mit der Funktion WERKZEUGE • BESCHNEIDEN können Sie nun die Bereiche des Bildes, die nicht zur Auswahl gehören, löschen. Drücken Sie stattdessen die Taste [Entf], dann wird der ausgewählte Bereich gelöscht. Mit der Tastenkombination [⌘] + [⇧] + [I] können Sie die Auswahl auch vorher umkehren.

TIPP
Über den Menüpunkt DARSTELLUNG • BILDHINTERGRUND ANZEIGEN können Sie sich innerhalb der nun gelöschten Bereiche ein Schachbrettmuster anstelle der in den Einstellungen festgelegten Hintergrundfarbe anzeigen lassen.

Transparenz | Mit dem Werkzeug TRANSPARENZ, das Sie im Werkzeugmenü über das Icon mit dem Zauberstab aktivieren, können Sie einen zusammenhängenden Farbbereich auswählen. Haben Sie das Werkzeug ausgewählt, dann ändert sich der Mauspfeil in ein Kreuz. Klicken Sie nun auf die Farbe, die ausgewählt werden soll. Wenn Sie die linke Maustaste gedrückt halten, dann können Sie den Mauspfeil von der Stelle wegbewegen, die Sie angeklickt haben. Je weiter weg Sie den Mauspfeil bewegen, desto mehr wird die Toleranz bei der Farbauswahl erhöht. Die aktuelle Auswahl wird Ihnen dabei mit hellem und halb transparentem Rotton signalisiert.

Transparenz sichern
Wählen Sie beim Sichern ein Dateiformat, das Transparenz unterstützt, aus, dann bleibt der freigestellte Bereich erhalten. Dies ist zum Beispiel beim Format PNG der Fall, wenn Sie die Option ALPHA auswählen.

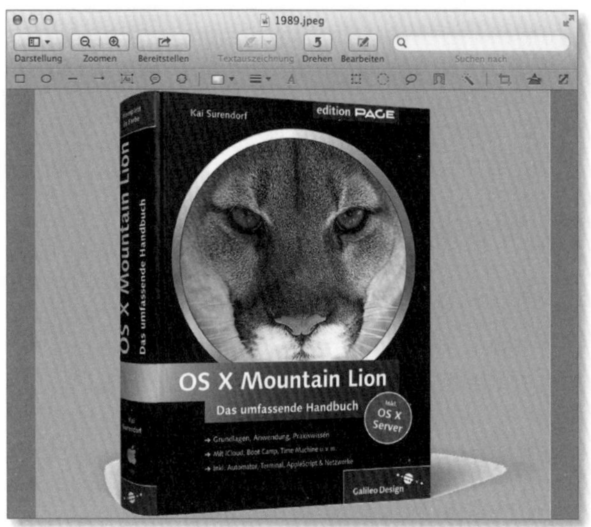

Abbildung 24.25 ▸
Bilder können Sie mit Vorschau auch freistellen.

Wenn Sie also zum Beispiel zuerst in eine hellrote Fläche klicken und dann den Mauspfeil bei gedrückt gehaltener Maustaste von der Ausgangsposition wegbewegen, dann werden zunächst die angrenzenden roten und dann die dunkelroten Flächen ebenfalls in die Auswahl einbezogen.

Lassen Sie den Mauspfeil los, dann wird die Auswahl erstellt. Mit der Taste [Entf] können Sie dann die Auswahl löschen und so, abhängig vom Motiv, freistellen. Am besten funktioniert dies bei Bildern, die über einen weitgehend homogenen Hintergrund verfügen.

Bilder einfügen | Der Vollständigkeit halber sei noch erwähnt, dass Sie über die Zwischenablage ein Bild in ein Bild einfügen können. Dabei wird das Bild aus der Zwischenablage über das bereits angezeigte Bild gelegt, und Sie können anhand der Ankerpunkte die Größe und Position des eingefügten Bildes bestimmen. Wenn Sie allerdings einen Mausklick an einer anderen Stelle ausführen oder ein anderes Werkzeug aufrufen, dann kann das über die Zwischenablage eingefügte Bild nicht mehr ausgewählt und verschoben werden.

Hilfsmittel
Auf Details des Farbmanagements und Einzelheiten, wie Sie Ihren Bildschirm exakt kalibrieren und Profile in Dateien und Grafiken einbetten, kann ich im Rahmen dieses Buches aus Platzgründen leider nicht eingehen. Dieser Abschnitt möchte Sie lediglich in aller gebotenen Kürze mit den Programmen vertraut machen, die Apple für das Farbmanagement bereitstellt.

24.2 Farbmanagement mit ColorSync

Die von Apple für das Farbmanagement verwendete Technologie nennt sich *ColorSync*. Seit Mac OS 7.1 verrichtet diese Technologie ihren Dienst. Unter OS X wurde sie eng mit der Quartz Engine verwoben. Diese bietet Ihnen auch die Möglichkeit, auf PDF-

Dateien, die Sie ausdrucken oder speichern, Filter anzuwenden. Diese Filter können Farbprofile einbetten, PDF-Dateien komprimieren, verschlüsseln, gemäß den PDF/X-3-Konventionen erstellen oder die Farbgebung der Bilder modifizieren.

Das zentrale Hilfsmittel von OS X für das Farbmanagement ist das ColorSync-Dienstprogramm. Mit ihm verwalten Sie die Farbprofile, prüfen diese und erstellen darüber hinaus Quartz-Filter.

Gamma-Wert 2,2 | Mit Mac OS X 10.6 hat Apple den Gamma-Wert, der für die Darstellung der Farben auf dem Bildschirm herangezogen wird, von 1,8 auf 2,2 geändert. Damit entspricht auch die Darstellung von OS X 10.8 derjenigen, die in der Windows-Welt seit jeher verwendet wird. Wenn Sie von einer früheren Version direkt auf OS X 10.8 umgestiegen sind, dann werden Bilder, denen kein Farbprofil zugewiesen wurde, etwas dunkler dargestellt.

◂ **Abbildung 24.26**
Den Kalibrierungsassistenten rufen Sie über die Systemeinstellungen auf.

Monitor kalibrieren

Einer der ersten Schritte wird oft die Kalibrierung Ihres Monitors sein. Apple bietet Ihnen hierzu ein Zusatzprogramm an. Dieses ist jedoch nicht im ColorSync-Dienstprogramm zu finden, sondern versteckt sich in den Systemeinstellungen im Reiter FARBEN in der Ansicht MONITORE.

◂ **Abbildung 24.27**
Der Kalibrierungsassistent wurde von Apple mit umfangreichen Erläuterungen versehen.

Bedienen Sie sich der Schaltfläche KALIBRIEREN, wird der Assistent gestartet, und Sie können für Ihren Monitor und Ihre Arbeitsumgebung ein neues Profil erstellen. Wenn Sie Ihren Monitor exakter kalibrieren müssen, bietet Ihnen der Assistent auch einen EXPERTEN-MODUS.

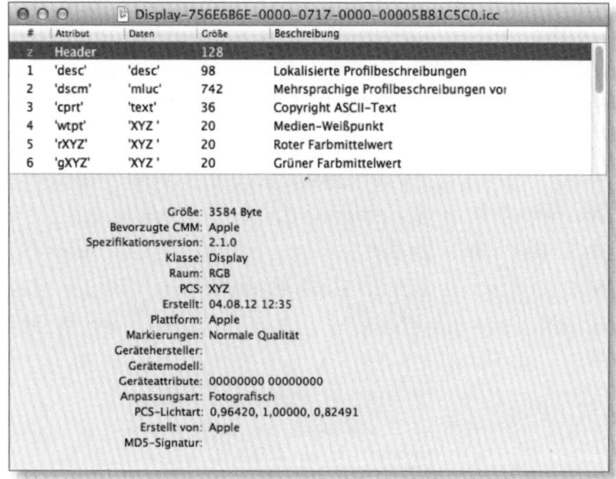

Abbildung 24.28 ▸
Mit einem Doppelklick auf den Namen des Profils können Sie sich die Details ansehen.

ColorSync-Dienstprogramm

Mit dem ColorSync-Dienstprogramm verwalten Sie die auf Ihrem Rechner eingerichteten Farbprofile. Diese Profile werden gemäß den Vorgaben des *International Color Consortiums* (ICC) erstellt. Die Dateien mit dem Suffix *.icc* können Sie wahlweise unter /LIBRARY/COLORSYNC/PROFILES oder in Ihrer Library im gleichen Verzeichnis speichern. Das ColorSync-Dienstprogramm erlaubt es Ihnen auch, mit der Funktion PROFILE REPARIEREN diese Dateien zu überprüfen und, sofern sie nicht den Standards entsprechen, zu reparieren.

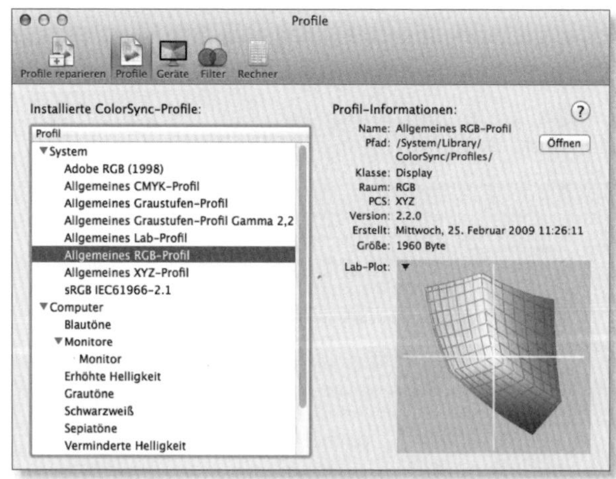

Abbildung 24.29 ▸
Das ColorSync-Dienstprogramm ist für die Verwaltung installierter Farbprofile zuständig.

In der Ansicht GERÄTE legen Sie für angeschlossene Ein- und Ausgabegeräte die Profile fest. Manchmal wird ein Gerät wie ein USB-Scanner nicht vom Dienstprogramm erkannt. In diesem Fall müssen Sie das Profil für eine eingescannte Datei selbst in das entsprechende Programm einbetten.

▲ **Abbildung 24.30**
Um den Farbraum zweier Profile zu vergleichen, müssen Sie das erste für den Vergleich vor-merken.

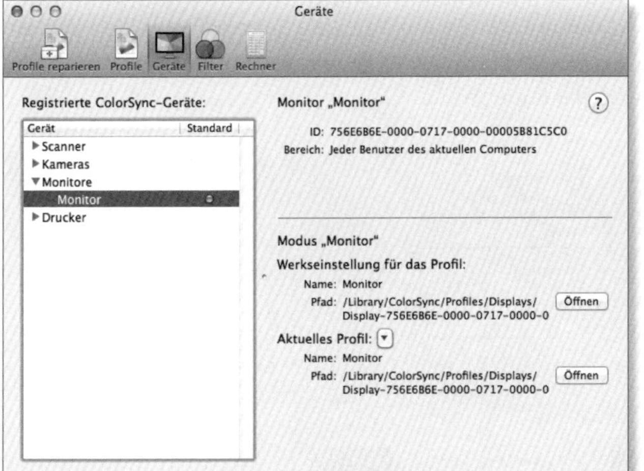

◄ **Abbildung 24.31**
In der Ansicht GERÄTE weisen Sie den angeschlossenen Geräten installierte Profile zu.

Profile vergleichen | Das Dienstprogramm ist auch in der Lage, zwei Profile zu vergleichen. In dem Bereich LAB PLOT, der eine dreidimensionale Visualisierung das Farbraums darstellt, können Sie über das Ausklappmenü nicht nur verschiedene Darstellungsmodi auswählen, sondern auch das selektierte Profil FÜR VERGLEICH MERKEN. Wählen Sie dann das Profil aus, mit dem Sie den Vergleich vornehmen möchten. Letzteres wird angezeigt, wobei in dem Feld das vorgemerkte Profil als Drahtgitter dargestellt wird.

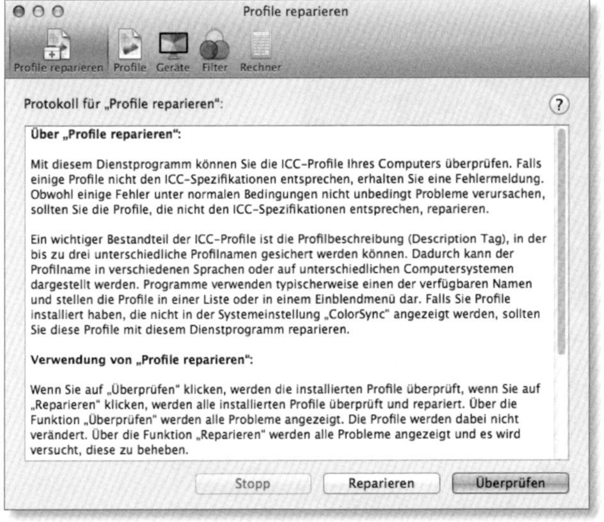

◄ **Abbildung 24.32**
Mit der Funktion PROFILE REPARIEREN überprüfen Sie die installierten Profile auf Fehler und reparieren sie gegebenenfalls.

Rechner | Der Rechner ist ein praktisches Hilfsmittel, wenn Sie Werte zwischen Farbsystemen und Profilen umrechnen müssen. Links wählen Sie ❶ ein System und ein Profil aus und geben die umzuwandelnden Werte ein, und rechts bestimmen Sie das Ziel der Umrechnung. Wenn Sie die Lupe links unten ❸ anklicken, können Sie mit dem Mauspfeil Pixel auf Ihrem Bildschirm ansteuern, und deren Farbwerte erscheinen dann sofort in den Werten beider ausgewählter Systeme ❷ und ❹. Mit der Taste [esc] beenden Sie die Lupe.

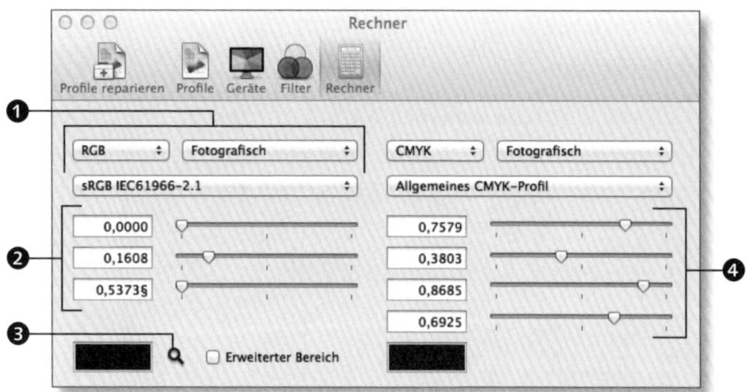

Abbildung 24.33 ▸ Der Rechner erleichtert die Umrechnung von Farbwerten.

Automator und AppleScript
Wenn Sie Bildern nachträglich Profile zuweisen möchten, können Sie im Automator auf die Aktion COLORSYNC-PROFIL AUF BILDER ANWENDEN zurückgreifen. In AppleScript stellt Ihnen IMAGE EVENTS (siehe Abschnitt 26.7) die Befehle `embed` und `unembed` zur Verfügung, mit denen Sie Profile in Bilder einbetten und daraus entfernen können.

Bilder nachbearbeiten und Profile zuweisen | Sie können im ColorSync-Dienstprogramm eine Grafikdatei öffnen und darauf Farbfilter und -profile anwenden. Dies können Sie zum einen nutzen, um die Wirkung der installierten Profile auf Ihrem Bildschirm zu testen oder auf eine bereits fertige Datei nachträglich andere Profile anzuwenden.

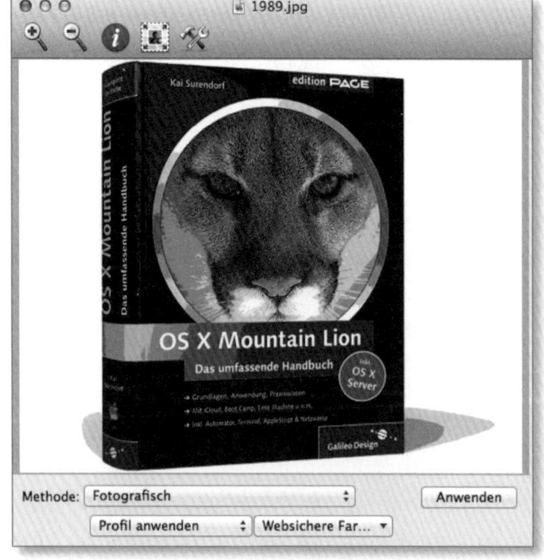

Abbildung 24.34 ▸ Farbprofile lassen sich im ColorSync-Dienstprogramm neu zuweisen.

Zum anderen können Sie mit dem fünften Symbol von links in der Werkzeugleiste einige Funktionen für die Bildbearbeitung aufrufen und diese in Kombination mit den Profilen anwenden. Auf diese Weise sehen Sie, wie sich ein Profil in Kombination mit einer reduzierten Helligkeit und erhöhten Sättigung auswirkt.

Eine so modifizierte Datei können Sie über das Menü ABLAGE SICHERN oder EXPORTIEREN. Um Profile auf PDF-Dateien anzuwenden, eignen sich die Quartz-Filter.

DigitalColor Meter

Kalibrieren Sie Ihren Bildschirm mithilfe von Zusatzgeräten, ist das DigitalColor Meter im Ordner DIENSTPROGRAMME eine große Hilfe. Das Dienstprogramm zeigt Ihnen die Farbwerte eines Pixels an. Sie können über die Schieberegler die BLENDENGRÖSSE auch anpassen. Über das Ausklappmenü NATIVE WERTE ANZEIGEN können Sie auch ein anderes Farbprofil auswählen.

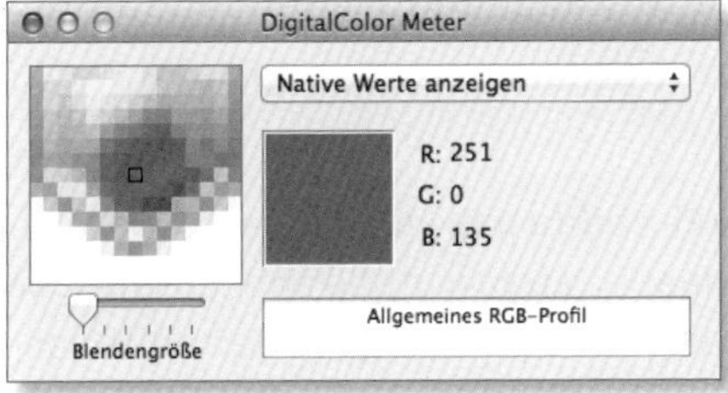

◂ **Abbildung 24.35**
Das DigitalColor Meter zeigt den Farbwert eines Pixels an.

Mit der Tastenkombination [⌘] + [L] können Sie die aktuelle Position der Blende sperren. Darüber hinaus können Sie über die Optionen im Menü DARSTELLUNG • WERTE ANZEIGEN auch die hexadezimale oder prozentuale Darstellung der Farbwerte vorgeben. Über den Menüpunkt FARBE können Sie diese entweder als Wert oder als Bild in die Zwischenablage kopieren.

Quartz-Filter

Normalerweise bekommt der Anwender von der Arbeit der Quartz Engine nicht allzu viel mit, sieht man einmal davon ab, dass diese im Hintergrund für die Darstellung der Fenster auf dem Bildschirm und die Ausgabe von PDF-Dateien auf Druckern zuständig ist. Sie können sich aber die Fähigkeiten von Quartz auch zunutze machen, indem Sie Filter für die Ausgabe von Dokumenten generieren.

Das ColorSync-Dienstprogramm hält die Möglichkeit bereit, eigene Filter zusätzlich zu denen des Betriebssystems zu erstellen. Wenn Sie die Ansicht FILTER auswählen, erhalten Sie eine

TIPP

Sie können die erstellten Quartz-Filter auch für Abläufe im Automator nutzen. In dessen Bibliothek PDFs steht Ihnen auch eine Aktion QUARTZ-FILTER AUF PDF-DOKUMENTE ANWENDEN zur Verfügung. Erstellen Sie also mit dem ColorSync-Dienstprogramm einen aufwendigeren Filter, dann können Sie diesen über einen passenden Arbeitsablauf auch als Plug-in für das Drucken (siehe Abschnitt 25.6) nutzen.

Übersicht über die bereits vorhandenen Filter. Der Pfeil links vom Namen klappt die im Filter enthaltenen Anweisungen auf. Der Pfeil rechts vom Namen dient dazu, dem Filter neue Anweisungen hinzuzufügen.

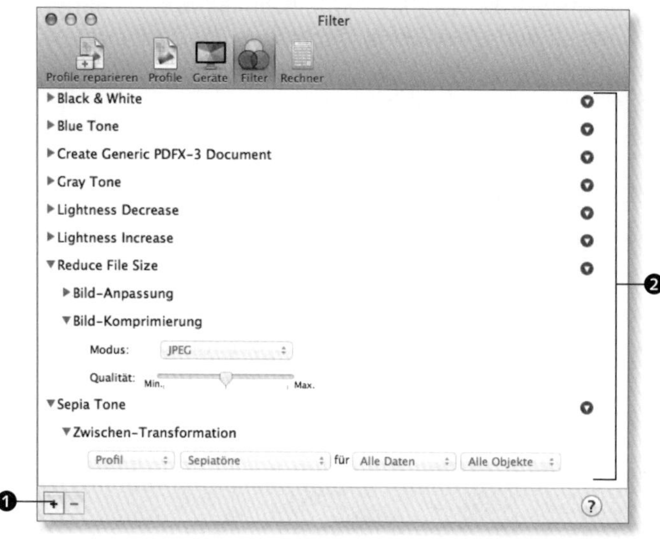

Abbildung 24.36 ▸
Zu den bereits installierten Filtern können Sie mit dem Pluszeichen neue hinzufügen und mit dem Minuszeichen nicht mehr benötigte löschen.

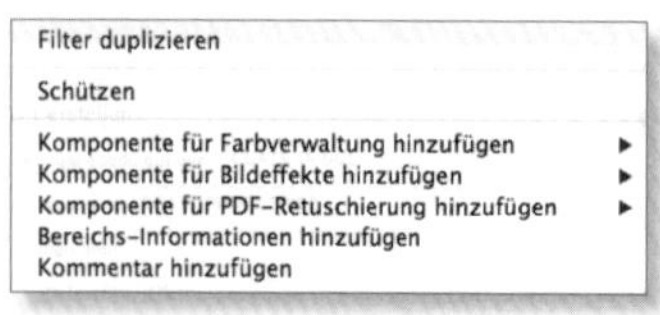

▲ Abbildung 24.37
Komponenten fügen Sie nacheinander über das Ausklappmenü hinzu.

Filtervarianten | Mit dem Pluszeichen ❶ können Sie eigene Filter erstellen. Um diesen Komponenten hinzuzufügen, bedienen Sie sich des Pfeils nach unten am rechten Rand ❷. In dem Ausklappmenü finden Sie Komponenten für die Farbverwaltung, die Farbprofile zuweisen oder Werte (Helligkeit, Sättigung) beeinflussen, Bildeffekte, die zum Beispiel die in einer PDF-Datei enthaltenen Grafiken komprimieren und so die Dateigröße reduzieren, sowie PDF-Retuschierung und Bereichs-Informationen für die Bereiche, für die die PDF-Datei gedacht ist.

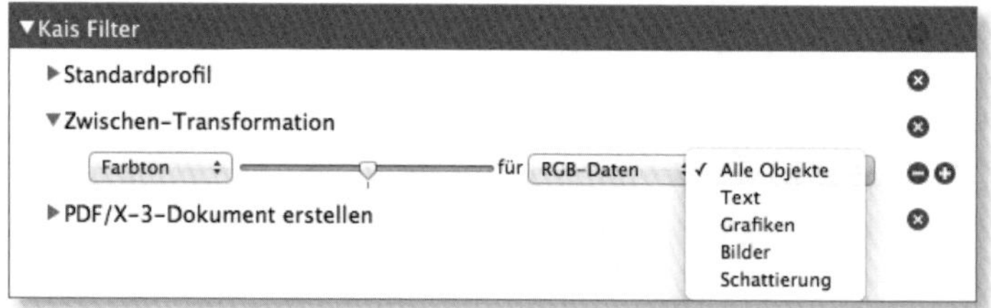

Abbildung 24.38 ▸
Über die Zwischen-Transformation können Sie, jeweils nach Text, Grafiken, Bildern und Schattierung differenziert, einzelne Farbprofile und Farbwerte ändern.

Voransicht der Filter | Wenn Sie einen Filter ausprobieren möchten, öffnen Sie im ColorSync-Dienstprogramm eine PDF-Datei. In der Vorschau der Datei – in der Sie, um neuralgische Stellen zu finden, auch blättern können – finden Sie unten den Punkt Filter mit einer Liste der zuvor erstellten Quartz-Filter ❸. Wählen Sie dort einen Filter aus, aktualisiert sich die Ansicht im Fenster automatisch, und Sie erkennen, wie groß der Qualitätsverlust durch eine Komprimierung sein könnte oder welche Daten Ihnen bei der Anwendung der PDF/X-3-Kriterien vielleicht verloren gehen würden. Klicken Sie auf ANWENDEN, wird der Filter für die ganze Datei angewandt, und Sie können diese dann SICHERN. Bei größeren PDF-Dateien kann dies durchaus einige Zeit dauern.

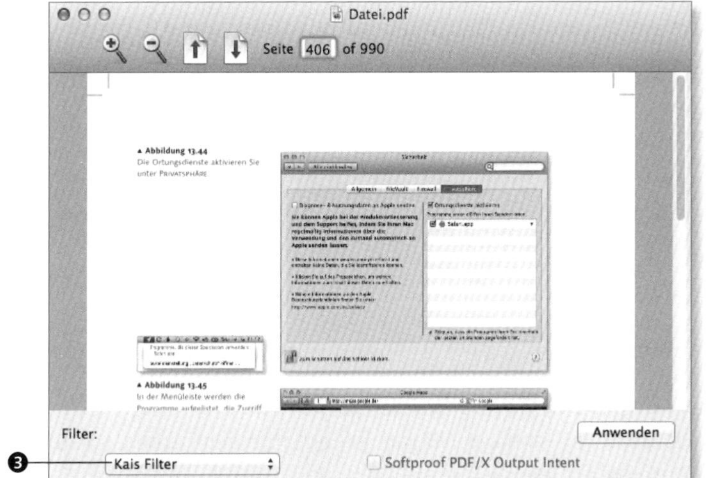

◂ **Abbildung 24.39**
Auf eine geöffnete PDF-Datei können Sie einen Filter anwenden.

Komprimieren mit Filtern | Gerade im Zusammenhang mit PDF-Dateien, die Sie vielleicht über den Druckdialog erstellen möchten, bieten Ihnen die Filter die Möglichkeit, die Komprimierung der Dateien noch zu beeinflussen. Ergibt der Standardfilter REDUCE FILE SIZE schon gute Ergebnisse, wenn Sie eine möglichst kleine Datei benötigen, können Sie unter BILDER die KOMPRIMIERUNG in einem eigenen Filter noch weiter an Ihre Anforderungen anpassen.

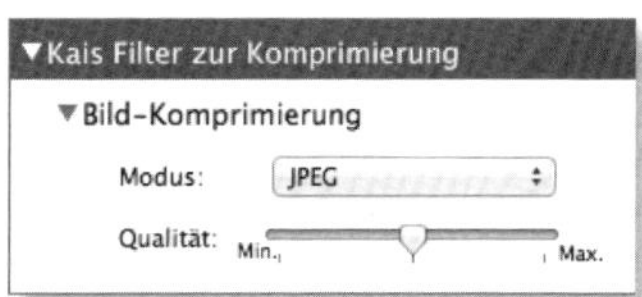

▴ **Abbildung 24.40**
Die Kompressionsrate der Bilder können Sie für den Filter vorgeben.

◂ **Abbildung 24.41**
Die Eigenschaften für den PDF/X-3-Standard können Sie über einen Filter definieren.

PDF/X-3 | Möchten Sie sicherstellen, dass Ihre PDF-Dateien bei einem Dienstleister korrekt ausgegeben werden, können Sie darauf die PDF/X-3-Kriterien anwenden. Sie finden bereits einen von Apple installierten und konfigurierten Filter für diesen Zweck. Zusätzlich können Sie eigene PDF/X-3-Kriterien für Dateien definieren, indem Sie einen eigenen Filter erstellen und dann die Komponente PDF/X-3 ergänzen.

[PDF/X-3]
Bei PDF/X-3 handelt es sich um einen Industriestandard für Dateien, die bei einem Dienstleister ausgegeben werden sollen. Zu diesem Standard gehört, dass zum Beispiel keine Kommentare in den PDF-Dateien erlaubt sind. Weitere Informationen finden Sie unter *http://www.pdfx3.org*.

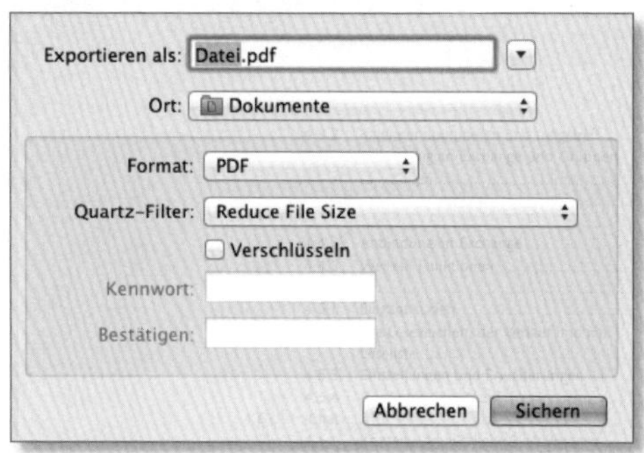

Abbildung 24.42 ▸
Im Programm Vorschau können Sie einen Quartz-Filter beim Sichern einer PDF-Datei anwenden.

Filter anwenden | Um die Quartz-Filter auf eine PDF-Datei anzuwenden, gibt es mehrere Möglichkeiten. In einem Arbeitsablauf des Automators können Sie die Aktion QUARTZ-FILTER AUF PDF-DOKUMENTE ANWENDEN integrieren. Hier sind auch die von Ihnen erstellten Filter verfügbar.

Das Programm Vorschau ist in der Lage, einen der Standardfilter auf eine zu exportierende PDF-Datei anzuwenden, und stellt Ihnen im entsprechenden Dialog die Filter zur Auswahl.

TEIL VI
OS X automatisieren

Kapitel 25
Der Automator und die Dienste

Bei der Arbeit am Rechner ist oft eine ganze Reihe von Routineaufgaben zu bewältigen. Dateien umbenennen und archivieren, PDF-Dateien erstellen, E-Mails an mehrere Empfänger verschicken und noch vieles mehr gehören nicht zu den Arbeiten, die man im engeren Sinne als produktiv bezeichnen kann.

Mit Mac OS X 10.4 führte Apple den Automator ein. Die unter OS X 10.8 verfügbare Version unterscheidet sich nur unwesentlich von ihren Vorgängern unter Mac OS X 10.6 und OS X 10.7. Geeignet ist der Automator nach wie vor für klar umrissene Aufgaben wie das Umbenennen von Dateien oder die Bearbeitung von Bildern. Zum Teil lassen sich diese Arbeitsabläufe auch etwas umfangreicher gestalten, indem Sie die bearbeiteten Bilder zum Beispiel an eine E-Mail anhängen. Die Komplexität der Aufgaben sollte sich jedoch in Grenzen halten. Der Automator ist weiterhin kein Ersatz für AppleScript oder die Entwicklung eigener Programme.

▲ **Abbildung 25.1**
Der Roboter »Otto« symbolisiert den Automator.

Dienste | Sein volles Potenzial entfaltet der Automator dann, wenn Sie Arbeitsabläufe an Schnittstellen des Betriebssystems wie den Ordneraktionen oder dem Kontextmenü im Finder, zur Ergänzung des Druckmenüs oder als automatischen Prozess im Programm Digitale Bilder nutzen. Das mit Mac OS X 10.6 komplett überarbeitete Menü Dienste bietet eine sehr flexible Möglichkeit, den Arbeitsabläufen ausgewählten Text oder Dateien zu übergeben, die Abläufe über Tastenkürzel aufzurufen und nur in bestimmten Programmen anzeigen zu lassen.

Aktionen aufzeichnen
Der Automator ist auch in der Lage, Eingaben, die Sie über die Maus oder Tastatur vornehmen, aufzuzeichnen und sie später zu wiederholen. Solche Aufzeichnungen können Sie dann nutzen, wenn für eine Aufgabe keine Aktion im Automator zur Verfügung steht.

Dieses Kapitel stellt Ihnen zunächst das grundlegende Funktionsprinzip des Automators und der mit ihm erstellten Arbeitsabläufe vor. Anhand von Beispielen lernen Sie, wie Sie Arbeitsabläufe – auch *Workflows* genannt – selbstständig erstellen, dabei Fehler vermeiden und sich mithilfe des Automators Mausklicks und Tastatureingaben ersparen können.

25.1 Aufbau und Funktionsweise

Wenn Sie den Automator zum ersten Mal starten oder über Ablage • Neu einen neuen Ablauf erstellen, dann erscheint ein Dialog, der Ihnen sieben Vorlagen zur Auswahl stellt. Bei allen Vorlagen bleibt das grundlegende Funktionsprinzip des Automators erhalten. Die Vorlagen helfen Ihnen in erster Linie bei der Übergabe von Daten und Dateien an den Arbeitsablauf und assistieren Ihnen bei der Speicherung des Arbeitsablaufs im passenden Verzeichnis innerhalb des Systems.

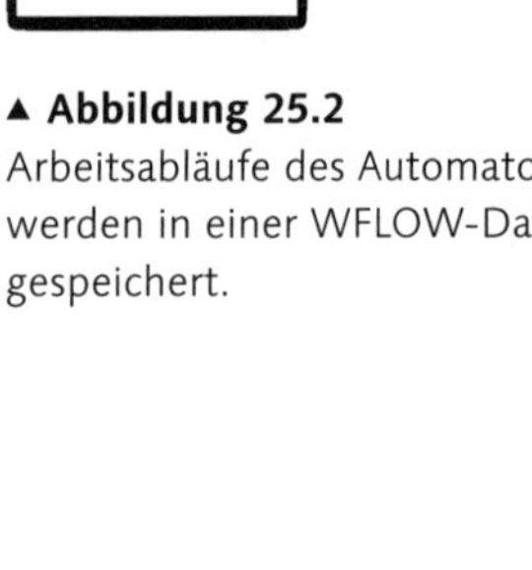

▲ **Abbildung 25.2**
Arbeitsabläufe des Automators werden in einer WFLOW-Datei gespeichert.

Sieben Vorlagen | Der einfache Arbeitsablauf wird im Automator selbst ausgeführt, indem Sie auf die Schaltfläche Ausführen klicken. Mit der Vorlage Programm wird aus Ihrem Arbeitsablauf ein normales Programm, das Sie ohne den Automator mit einem Doppelklick im Finder starten können. Ein Dienst kann Text sowie Dateien oder Ordner entgegennehmen und wird unter anderem im Menü Dienste angezeigt. Eine Ordneraktion können Sie an einen vorhandenen Ordner anhängen. Sie wird in dem Moment ausgeführt, in dem Sie Objekte in dieses Verzeichnis kopieren oder verschieben. Ein Plug-In für Drucken finden Sie im Druckmenü von OS X wieder und können mit diesem Arbeitsablauf die vom Drucksystem erzeugte PDF-Datei direkt weiterverarbeiten. Ein Plug-In für Digitale Bilder ermöglicht es Ihnen, Bilder beim Auslesen aus einer Kamera sofort zu bearbeiten.

Abbildung 25.3 ▸
Nach dem Start stellt der Automator sieben Vorlagen für Arbeitsabläufe zur Auswahl.

Schließlich können Sie über die Vorlage KALENDERERINNERUNG ein Programm erstellen, bei dem der Automator für Sie einen Eintrag im Kalender erzeugt.

Typ nachträglich ändern | Mithilfe des Menüpunkts ABLAGE • KONVERTIEREN IN ... erstellen Sie eine Kopie des Arbeitsablaufs. Der Eintrag stellt Ihnen erneut die Vorlagen zur Auswahl, sodass Sie für das Duplikat einen anderen Typ auswählen können. Auf diese Weise können Sie einen normalen Arbeitsablauf nachträglich in einen Dienst umwandeln oder ein Plug-in zu Testzwecken in einen normalen Arbeitsablauf konvertieren.

Zurücksetzen
Über den Menüpunkt ABLAGE • ZURÜCKSETZEN AUF ... können Sie auf eine gespeicherte Version zurückgreifen und so Änderungen schrittweise revidieren.

Fünf Bereiche | Haben Sie eine Vorlage ausgewählt – für ein erstes Beispiel eignet sich hier der einfache ARBEITSABLAUF –, dann können Sie im Fenster den Arbeitsablauf zusammenstellen. Dieses Fenster gliedert sich in bis zu fünf Bereiche. In der Mitte befindet sich die Arbeitsfläche ❺. In diesen Bereich ziehen Sie Aktionen oder auch Dateien, aus denen Ihr Arbeitsablauf besteht.

Aktionen anordnen
Ob die verfügbaren Aktionen nach Programm oder Kategorie gruppiert werden, bestimmen Sie über den Menüpunkt DARSTELLUNG • AKTIONEN ANORDNEN NACH. In diesem Kapitel werden die Aktionen durchgängig nach Programm gruppiert.

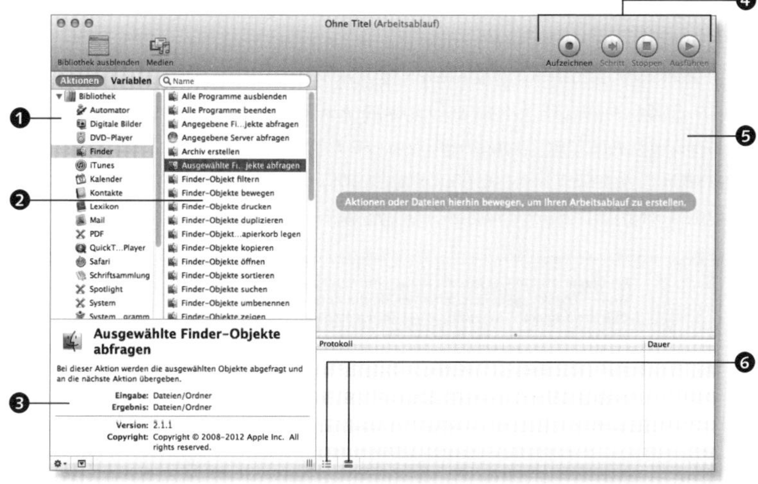

◂ **Abbildung 25.4**
Das Fenster des Automators gliedert sich in bis zu fünf Bereiche.

Am linken Rand befindet sich die BIBLIOTHEK ❶ mit den AKTIONEN und VARIABLEN, die Ihnen für einen Arbeitsablauf zur Verfügung stehen. Sie fasst die zur Verfügung stehenden Aktionen und Variablen in Gruppen zusammen. Wählen Sie eine Gruppe wie AUTOMATOR aus, dann erscheinen die in ihr enthaltenen Aktionen oder Variablen in der Spalte rechts daneben ❷. Haben Sie eine Aktion oder Variable ausgewählt, gibt Ihnen die kurze Beschreibung links unten ❸ Aufschluss über die Funktionsweise.

Schließlich finden Sie unterhalb der Arbeitsfläche zwei Schaltflächen ❻, mit denen Sie das Protokoll oder die Übersicht der im Arbeitsablauf beschriebenen Variablen einblenden. Oben rechts

❹ im Fenster sehen Sie die Schaltflächen AUFZEICHNEN, SCHRITT, STOPPEN und AUSFÜHREN.

Pipeline
Es ist kein Zufall, dass der Roboter im Automator-Icon ein Rohr in den Händen hält. Diese Pipeline symbolisiert das lineare Funktionsprinzip des Automators recht gut. Auch am Terminal werden für komplexere Arbeitsabläufe sogenannte *Pipes* verwendet, die über das Zeichen | realisiert werden.

Lineare Ausführung | Ein Arbeitsablauf besteht aus einer Reihe von einzelnen Aktionen, die nacheinander abgearbeitet werden. Dabei werden die Ergebnisse von einer Aktion zur nächsten weitergereicht. Wenn Sie einem Arbeitsablauf einen Ordner übergeben haben, wird dieser Ordner von Aktion zu Aktion weitergegeben. Hierbei übernehmen die folgenden Aktionen die Änderungen der vorangegangenen. Der übergebene Ordner könnte dann nacheinander umbenannt, verschoben und mit einem Etikett im Finder versehen werden.

Dieses lineare Prinzip ist Stärke und Schwäche zugleich: Es ist eine Schwäche, weil Sie in einem Arbeitsablauf anders als bei AppleScript nur sehr eingeschränkt Bedingungen vorgeben können. Es ist eine Stärke, weil ein Arbeitsablauf somit in jedem Fall übersichtlich und leicht nachvollziehbar bleibt.

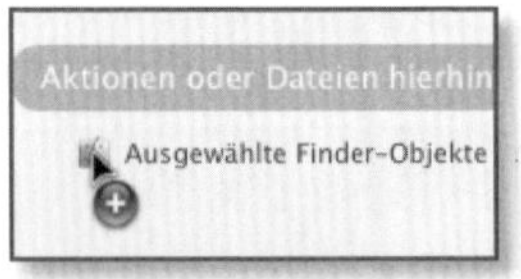

▲ **Abbildung 25.5**
Aktionen fügen Sie per Doppelklick oder Drag & Drop in den Arbeitsablauf ein.

1. Aktion | Für einen ersten Arbeitsablauf, der dem Namen der im Finder ausgewählten Objekte einen Text voranstellt, ziehen Sie aus der Sammlung DATEIEN & ORDNER oder FINDER die Aktion AUSGEWÄHLTE FINDER-OBJEKTE ABFRAGEN nach rechts in die Arbeitsfläche. Der Mauspfeil wird mit einem grünen Pluszeichen versehen. Lassen Sie die Maustaste los, wird die Aktion als erster Schritt in Ihren Arbeitsablauf eingefügt.

Abbildung 25.6 ▶
Ändert eine Aktion die übergebenen Objekte im Dateisystem, dann schlägt der Automator die Erstellung einer Kopie vor.

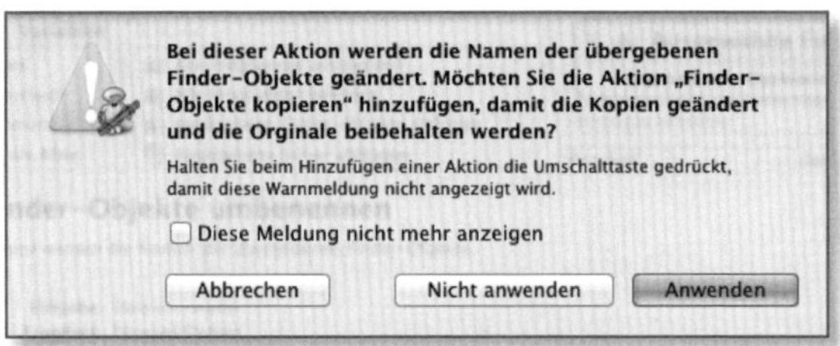

Doppelklick
Sie können Aktionen auch durch einen Doppelklick dem Ablauf hinzufügen. Bei einem Doppelklick wird die Aktion immer als letzter Schritt eingefügt, während Sie per Drag & Drop die Aktion auch zwischen zwei bereits vorhandene positionieren können.

2. Aktion | Wählen Sie als zweiten Schritt die Aktion FINDER-OBJEKTE UMBENENNEN, und ziehen Sie sie in den Bereich unterhalb der ersten Aktion. Wenn Sie die zweite Aktion hinzugefügt haben, erhalten Sie vom Automator die Rückfrage, ob Sie zusätzlich die Aktion FINDER-OBJEKTE KOPIEREN in Ihren Arbeitsablauf integrieren möchten. Für dieses Beispiel sollten Sie die Aktion NICHT ANWENDEN.

Übergabe von Ergebnissen | Die beiden Aktionen werden nun durch einen Pfeil miteinander verknüpft. Dieser Pfeil besagt, dass die Ergebnisse der ersten Aktion an die zweite weitergegeben werden. Die Aktion FINDER-OBJEKTE UMBENENNEN verfügt über eine Reihe von Parametern, mit denen Sie ihre Funktionsweise beeinflussen können. Sie können unter anderem auswählen, ob dem Dateinamen ein Text, das Datum oder eine laufende Nummer hinzugefügt werden soll und welche Optionen dabei Verwendung finden.

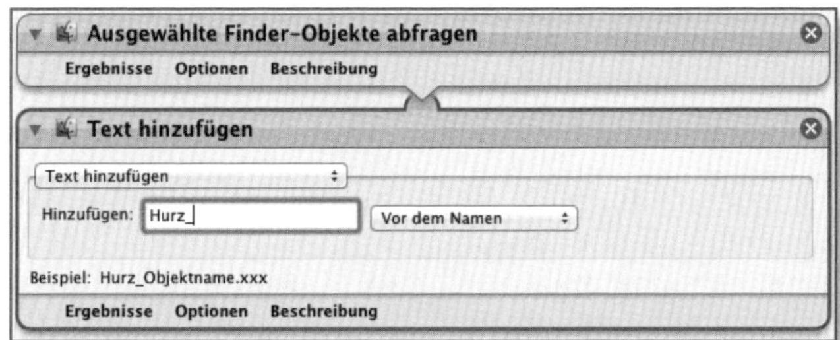

◀ **Abbildung 25.7**
Die Ergebnisse der ersten Aktion werden an die zweite übergeben.

Ausführen | Um den Arbeitsablauf nun auszuprobieren, wechseln Sie zunächst in den Finder und wählen dort eine oder mehrere Dateien oder Ordner aus, deren Namen Sie mithilfe der zweiten Aktion ändern möchten. Wechseln Sie dann in den Automator, und klicken Sie auf die Schaltfläche AUSFÜHREN. Wurde der Arbeitsablauf erfolgreich durchgeführt, ertönt ein Signalton, die erfolgreich abgearbeiteten Aktionen werden mit einem grünen Häkchen als erledigt markiert. Der Name der ausgewählten Dateien und Ordner im Finder wurde so geändert, wie Sie es in den Einstellungen der Aktion FINDER-OBJEKTE UMBENENNEN vorgegeben haben.

Namenswechsel
Wenn Sie bei der Aktion FINDER-OBJEKTE UMBENENNEN eine Methode – etwa das Hinzufügen von Text – ausgewählt haben, dann ändert die Aktion automatisch ihre Bezeichnung. In Abbildung 25.7 heißt die Aktion daher TEXT HINZUFÜGEN.

Aktionen im Detail | Die Aktionen verfügen über einige Funktionen, die Ihnen sowohl bei der Fehlersuche als auch bei der zielgerichteten Erstellung Ihres Arbeitsablaufs helfen.

Unterhalb einer Aktion finden Sie drei Schaltflächen: ERGEBNISSE, OPTIONEN und BESCHREIBUNG. Über BESCHREIBUNG wird Ihnen diese direkt im Arbeitsablauf angezeigt, ohne dass Sie die Aktion in der Bibliothek suchen müssen. In den OPTIONEN können Sie über DIESE AKTION BEIM AUSFÜHREN DES ARBEITSABLAUFS ANZEIGEN veranlassen, dass die Werte der Aktion dem Anwender bei der Ausführung des Arbeitsablaufs präsentiert werden. Bei der Aktion FINDER-OBJEKTE UMBENENNEN würde ein Fenster erscheinen, in dem der Anwender die im Arbeitsablauf gespeicherten Einstellungen wie das FORMAT oder den ORT überschreiben kann.

Eingabe und Ergebnis
Viele Aktionen sind auf bestimmte Objekte festgelegt. Die Ergebnisse der Aktion ITUNES-OBJEKTE FILTERN können von einer Aktion aus der Sammlung PDF nicht verarbeitet werden. Welche Arten von Objekten eine Aktion verarbeiten kann, finden Sie in der Beschreibung unter EINGABE und ERGEBNIS.

Ergebnisse anzeigen | Um die Funktion der Aktion in Ihrem Arbeitsablauf zu überwachen, können Sie auch deren ERGEBNISSE einblenden. Ihnen stehen hier drei Möglichkeiten der Darstellung zur Verfügung, die Sie über die kleinen Icons ❶ auswählen.

Ergebnisse einblenden
⌘ + K

> **Hinweis**
> Auch wenn die Ergebnisse in der dritten Ansicht lediglich als Text in Klammern angezeigt werden, werden der Aktion APPLESCRIPT AUSFÜHREN (siehe Abschnitt 26.9) die passenden AppleScript-Objekte wie zum Beispiel Aliase übergeben.

Zunächst können Sie sich die Ergebnisse als Symbole, wie auch im Finder, anzeigen lassen. Bei Grafikdateien erhalten Sie hier zum Beispiel eine kleine Vorschau. Die Listenansicht (siehe Abbildung 25.8) enthält die vollständigen Pfadangaben der bearbeiteten Dateien. Über das Klammernpaar können Sie sich die Ergebnisse der Aktion in der Form darstellen lassen, wie sie in AppleScript repräsentiert würden. Diese Ansicht ist sehr hilfreich, wenn Sie später Ihren Arbeitsablauf um ein AppleScript ergänzen.

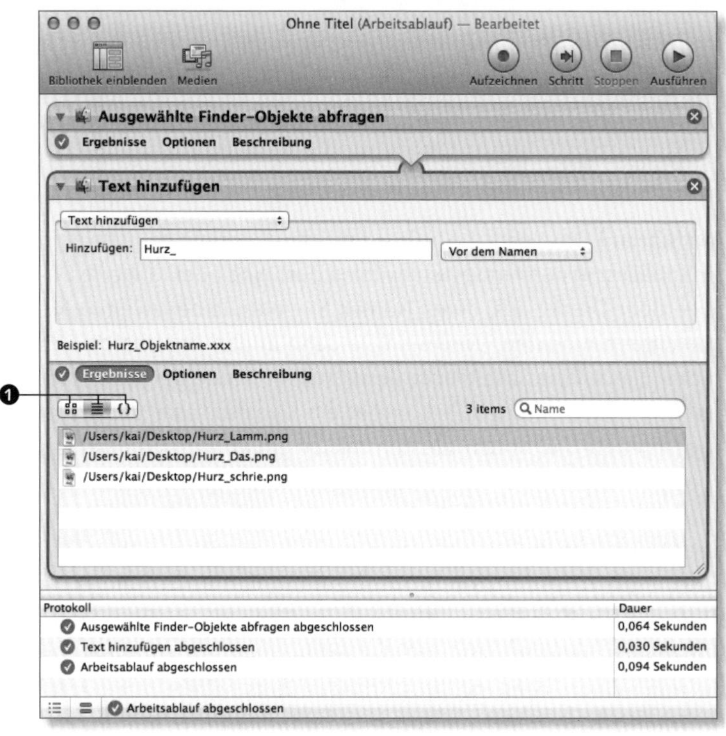

Abbildung 25.8 ▸
Sowohl das Protokoll als auch die Ergebnisse der Aktionen helfen bei der Fehlersuche.

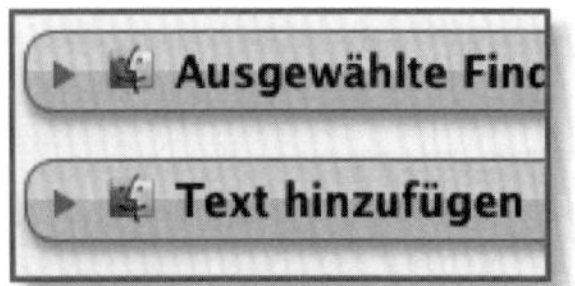

▴ **Abbildung 25.9**
Aktionen können Sie für eine bessere Übersicht einklappen.

Über den Pfeil links vom Namen können Sie eine Aktion ein- und wieder ausklappen. Bei einem umfangreichen Arbeitsablauf erhöhen Sie so die Übersicht, indem Sie fertig konfigurierte Aktionen einklappen. Eine Aktion aus dem Arbeitsablauf entfernen können Sie über das »x« am rechten Rand oder indem Sie die Aktion zunächst mit der Maus auswählen und dann `Entf` drücken.

Kontextmenü | Rufen Sie das Kontextmenü über einer Aktion auf, dann können Sie diese UMBENENNEN. Die von Ihnen eingegebene Bezeichnung wird in Klammern an die ursprüngliche angefügt. Erstellen Sie einen umfangreichen Arbeitsablauf, bei dem eine Aktion mehrfach verwendet wird, erhöhen eigene Bezeichnungen die Übersicht und Lesbarkeit.

Eine Aktion zu DEAKTIVIEREN, sie aber zeitgleich im Arbeitsablauf zu belassen, kann dann notwendig sein, wenn sie zwar im endgültigen Ablauf ausgeführt werden soll, aber bei der Erstellung zu viel Zeit in Anspruch nimmt.

Aktion verschieben
⌘ + ↑ ⌘ + ↓

Über das Kontextmenü können Sie eine Aktion auch innerhalb des Arbeitsablaufs NACH OBEN und UNTEN BEWEGEN. Alternativ ziehen Sie sie bei gedrückter Maustaste an eine andere Stelle.

Die in Abbildung 25.10 ausgegraute Option EINGABE IGNORIEREN sorgt dafür, dass die Aktion die von der vorangegangenen übergebenen Objekte ignoriert. Insbesondere im Zusammenhang mit der Verwendung von Variablen kann diese Option notwendig sein. Sie finden diese Funktion auch in den OPTIONEN mit der Bezeichnung EINGABE DIESER AKTION IGNORIEREN.

◂ **Abbildung 25.10**
Über das Kontextmenü können Sie eine Aktion umbenennen und deaktivierten.

Protokoll | Bei der Suche nach Fehlern ist das Protokoll der letzten Ausführung des Ablaufs die erste Anlaufstelle. Sie zeigen es über die Schaltfläche ❷ unterhalb der Arbeitsfläche oder über den Menüpunkt DARSTELLUNG • PROTOKOLL an.

Protokoll anzeigen/ausblenden
⌘ + alt + L

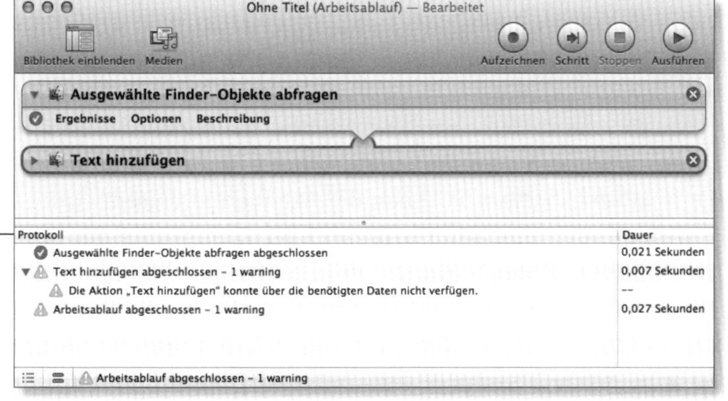

◂ **Abbildung 25.11**
Das Protokoll informiert über Erfolg und Misserfolg eines Arbeitsablaufs.

Wurde eine Aktion durchgeführt, erscheint sie mit einem grünen Häkchen im Protokoll. Dabei besagt dieses Häkchen noch nicht, dass die Aktion auch wirklich wunschgemäß ihren Dienst verrichtet hat. So wurde die Aktion AUSGEWÄHLTE FINDER-OBJEKTE ABFRAGEN zwar erfolgreich durchgeführt, da aber keine Objekte im Finder ausgewählt waren, erscheint eine Warnung im Protokoll. Sie finden im Protokoll auch Fehlermeldungen, wenn der Ablauf vorzeitig abgebrochen wurde.

Schritt für Schritt | Bei der Suche nach Fehlern kann insbesondere bei einem umfangreicheren Arbeitsablauf die schrittweise Ausführung hilfreich sein. In der Symbolleiste des Automators finden Sie die Schaltfläche SCHRITT. Wenn Sie diese anklicken, dann wird die erste Aktion im Arbeitsablauf ausgeführt und dieser dann zunächst angehalten. Im Protokoll sowie unter ERGEBNISSE finden Sie bereits die Resultate der Aktion. Mit einem weiteren Klick auf die Schaltfläche SCHRITT wird die nächste Aktion ausgeführt und der Ablauf dann erneut angehalten.

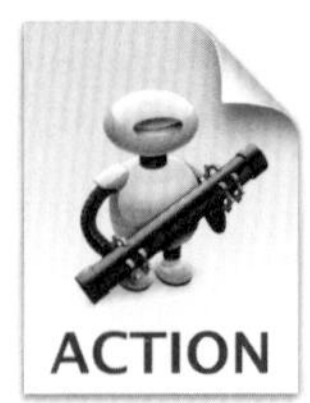

▲ **Abbildung 25.12**
Aktionen werden über separate Dateien realisiert.

Technische Hintergründe | Der Automator selbst bietet eigentlich keine speziellen Funktionen. In erster Linie stellt er den Rahmen zur Verfügung, innerhalb dessen Sie die Aktionen zu einem Arbeitsablauf zusammenfügen. Bei den Aktionen handelt es sich um kleine Programme, die für die Verwendung im Automator entwickelt wurden und deren Dateiendung *.action* lautet. Die Aktionen nutzen und steuern entweder die Fähigkeiten eines Programms wie Finder oder iPhoto, oder aber sie wurden speziell für den Automator entwickelt, wie dies bei den Aktionen aus der Sammlung PDF der Fall ist. Die in der Bibliothek verfügbaren Aktionen können sich an mehreren Stellen im System befinden:

- /SYSTEM/LIBRARY/AUTOMATOR: Dieser Ordner enthält mehr als 270 Aktionen, die mit OS X installiert wurden und den Kernbestand ausmachen.
- /LIBRARY/AUTOMATOR: In dieses Verzeichnis können Aktionen von Drittherstellern installiert werden, die dann allen Benutzern des Systems zur Verfügung stehen.
- ~/LIBRARY/AUTOMATOR: Auch die Aktionen in diesem Ordner werden vom Automator berücksichtigt, stehen aber nur dem entsprechenden Benutzer zur Verfügung.

Aktionen importieren
Die Entwicklung der Aktionen obliegt den Herstellern der jeweiligen Programme. Darüber hinaus gibt es eine Reihe von Aktionen von Drittherstellern. Diese finden Sie im Internet zum Beispiel unter *http://www.automatedworkflows.com/* oder *http://www.macosxautomation.com*. Über den Menüpunkt ABLAGE • AKTIONEN IMPORTIEREN können Sie die Aktionen der Bibliothek des Automators hinzufügen.

Schließlich können Aktionen auch innerhalb eines Programm-Bundles abgelegt werden. Der Automator sucht automatisch nach Programmen und fügt die in den Bundles gefundenen Aktionen automatisch der Bibliothek hinzu.

25.2 Interaktion mit dem Anwender

Ihre Arbeitsabläufe lassen sich flexibler einsetzen, wenn Sie an einigen Stellen dem Anwender die Möglichkeit zur Interaktion geben. Dazu gehören die Entscheidung, den Arbeitsablauf vorzeitig abzubrechen, oder die Eingabe eines Textes, um beispielsweise den Namen für ein neues Album in iPhoto festzulegen.

In der Bibliothek in der Gruppe AUTOMATOR gibt es bereits einige Aktionen, mit denen Sie vom Anwender eine Bestätigung, Eingabe oder Auswahl fordern können.

Die einfachste Art, dem Anwender eine Mitteilung aus dem Arbeitsablauf heraus zukommen zu lassen, ist die Aktion AUF BENUTZERAKTION WARTEN. Diese pausiert den Arbeitsablauf so lange, bis der Anwender auf FORTFAHREN klickt. In der Aktion können Sie den anzuzeigenden Text vorgeben und auch die Option ARBEITSABLAUF STOPPEN NACH X MINUTEN wählen. Dies ist dann sinnvoll, wenn der Arbeitsablauf danach irgendeine Aktion durchführt, die möglicherweise die Aufmerksamkeit des Anwenders in jedem Fall benötigt. Ignoriert der Anwender die Mitteilung, dann wird der Arbeitsablauf abgebrochen.

Pausieren
Die Aktion PAUSE hält den Arbeitsablauf für eine vorgegebene Anzahl von Sekunden an. Damit interagieren Sie zwar nicht mit dem Anwender, können aber das Verhalten Ihres Ablaufs ein wenig steuern. Das Pausieren eines Ablaufs ist manchmal notwendig, wenn die vorangegangene Aktion etwas Zeit benötigt, also beispielsweise ein Server eingebunden und auch im Finder aktiviert werden muss. Hier böte es sich an, den Ablauf für zwei Sekunden anzuhalten.

Bestätigung verlangen | Bei Arbeitsabläufen, die mit wichtigen Dateien arbeiten oder solche gar löschen, sollten Sie vom Anwender eine BESTÄTIGUNG VERLANGEN. Hierbei können Sie sowohl einen aussagekräftigen Titel und eine Beschreibung als auch die Beschriftung der Schaltflächen (ABBRECHEN und OK) eingeben. Mit einem Klick auf das Icon wechseln Sie zwischen dem einfachen Roboter und einem Warnschild.

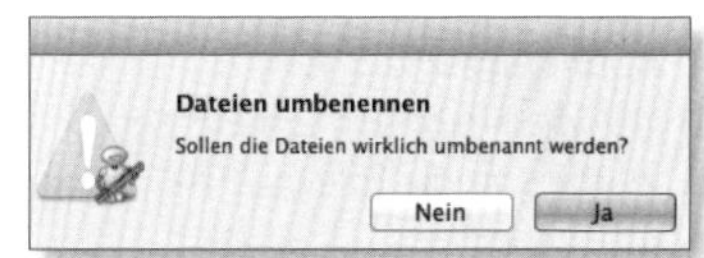

▲ **Abbildung 25.13**
Der Anwender muss die Rückfrage bestätigen.

◄ **Abbildung 25.14**
Bei der Aktion BESTÄTIGUNG VERLANGEN können Sie das Icon und die Texte vorgeben.

Gelangt der Arbeitsablauf zu dieser Aktion, wird dem Anwender ein Dialog angezeigt und der Ablauf angehalten. Wählt der Anwender in diesem Dialog die Option ABBRECHEN aus, wird der Ablauf gestoppt. Er wird erst dann fortgesetzt, wenn der Anwender dies bestätigt.

Nach Text fragen | Die Eingabe von Text ist bei vielen Arbeitsabläufen notwendig. Möglicherweise kopiert der Arbeitsablauf eine Reihe von Dateien in einen neuen Ordner, dem gleich ein passender Name gegeben werden soll. Mit der Aktion NACH TEXT FRAGEN erscheint ein Dialog, in den der Anwender einen Text eingeben kann. Sie können sowohl eine Frage als auch eine Standardantwort vorgeben.

Aus Liste auswählen | Möchten Sie den Anwender entscheiden lassen, welche der Objekte aus einer vorangegangenen Aktion an die nächste weitergegeben werden, können Sie ihn AUS EINER LISTE AUSWÄHLEN lassen. Diese Aktion übernimmt die Objekte der vorangegangenen Aktion und präsentiert sie dem Anwender in einem Dialog. Nur die ausgewählten Objekte werden an die folgende Aktion übergeben.

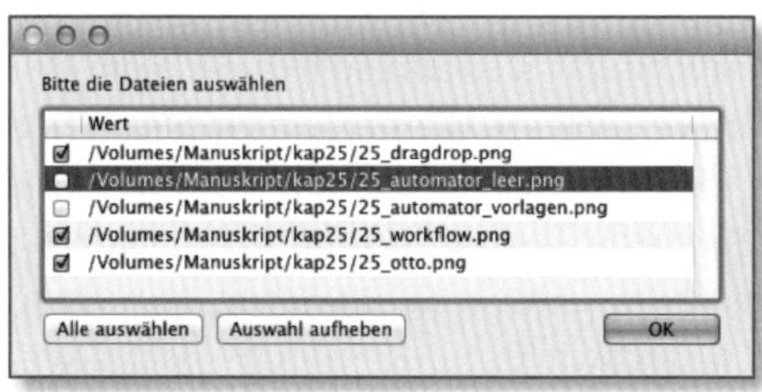

Abbildung 25.15 ▸
Nur die ausgewählten Elemente werden an die folgende Aktion übergeben.

Beim Ausführen anzeigen | In den OPTIONEN vieler Aktionen steht Ihnen der Punkt DIESE AKTION BEIM AUSFÜHREN DES ARBEITSABLAUFS ANZEIGEN zur Auswahl. Es erscheint dann bei der Ausführung ein Fenster, in dem der Anwender die Optionen der Aktion, die Sie im Automator festgelegt haben, überschreiben kann. So ist es beispielsweise möglich, bei der Umbenennung einer Datei nicht auf einen Text, sondern auf das Datum oder eine laufende Nummerierung zurückzugreifen.

Abbildung 25.16 ▸
Die Parameter der angezeigten Aktion werden dem Anwender während der Ausführung zur Auswahl gestellt.

Bei manchen Aktionen ist es zusätzlich möglich, Nur die ausgewählten Objekte anzeigen zu lassen. Hiermit werden die möglichen Objekte zunächst dunkelgrau hinterlegt und mit einer Checkbox versehen. Im Dialog werden dann nur die Optionen angezeigt, die Sie über die Checkbox auswählen. So wurde der Dialog aus Abbildung 25.17 mit den Vorgaben aus Abbildung 25.18 erzeugt.

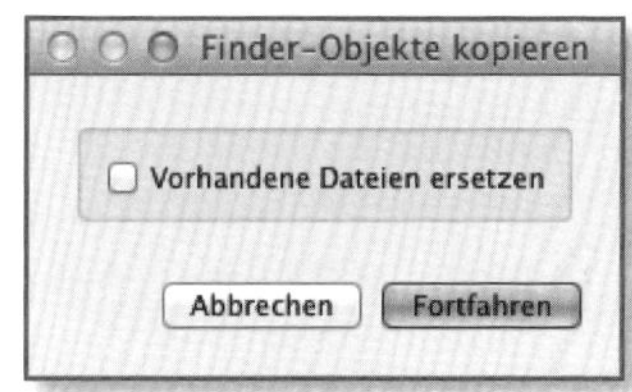

▲ **Abbildung 25.17**
Der Anwender wird nur nach der Ersetzung gefragt.

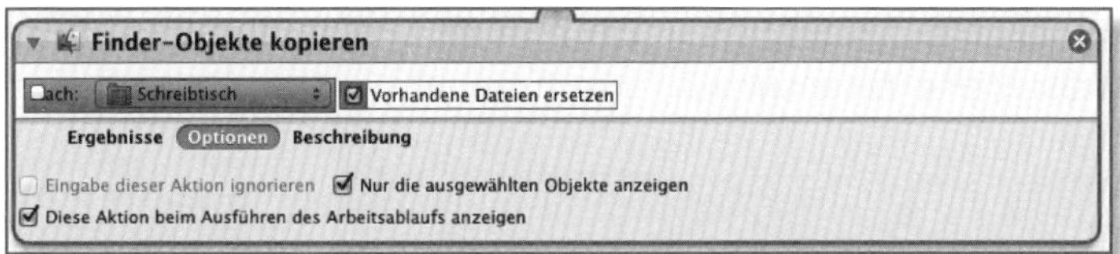

◄ **Abbildung 25.18**
Aktionen können bei der Ausführung des Arbeitsablaufs auch teilweise angezeigt werden.

25.3 Mit Variablen arbeiten

Die Variablen haben im Automator zwei Aufgaben. Die erste besteht darin, Werte und Daten zwischenzuspeichern und zu einem späteren Zeitpunkt im Ablauf wieder verfügbar zu machen.

So könnten Sie beispielsweise vom Anwender einen Text erfragen und diesen in einer Variablen speichern. Mithilfe dieser Variablen erstellen Sie in einem Ablauf dann zuerst einen gleichnamigen Ordner, suchen mit Spotlight nach dem eingegebenen Text und kopieren die Suchergebnisse schließlich in den erstellten Ordner. Zwar könnten Sie dies auch erreichen, indem Sie sich die Aktionen zur Erstellung des Ordners und zur Suche über Spotlight über Optionen anzeigen lassen. Allerdings müsste der Anwender dann den Text mehrfach eingeben, bei der Verwendung einer Variablen dagegen nur einmal.

Zwei Typen
In der Bibliothek finden Sie zwei Symbole, mit denen die Variablen gekennzeichnet werden. Das Zahnrad kennzeichnet Variablen, deren Wert durch die Umgebung (zum Beispiel Pfad zum persönlichen Ordner) automatisch gesetzt wird. Variablen mit einem »V« können Werte wie einen Text oder auch ein AppleScript speichern.

Variablen in der Bibliothek | Die zweite Aufgabe von Variablen besteht darin, als Platzhalter in einer Aktion zu dienen.

In der Bibliothek finden Sie mehrere Sammlungen mit Variablen. Bei den meisten davon wird als Icon ein Zahnrad verwendet. Die Analogie zu den intelligenten Ordnern des Finders ist nicht zufällig: Diese Variablen werden automatisch mit den passenden Werten versehen. Fügen Sie zum Beispiel die Variable Privat aus der Sammlung Umgebungen ein, wird an dieser Stelle immer der persönliche Ordner des aktuellen Benutzers eingesetzt.

Die vorgefertigten Variablen können Sie einfach aus der Bibliothek an die passende Stelle in eine Aktion ziehen. In Abbildung 25.21 wurde zunächst die Variable Nachname aus der Sammlung Benutzer in das Feld Name gezogen. Der folgende Text _Dateien

▲ **Abbildung 25.19**
Die Bibliothek enthält Variablen, die gängige Werte des Systems repräsentieren.

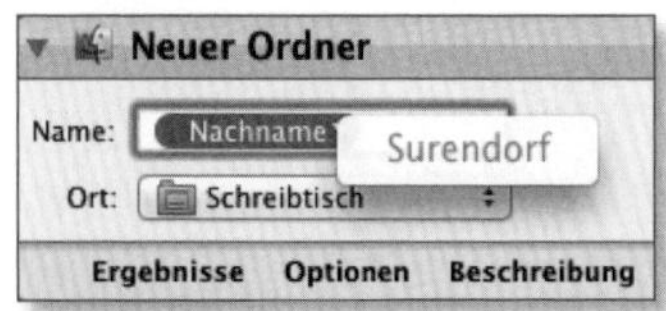

▲ **Abbildung 25.20**
Den aktuellen Wert einer automatischen Variablen können Sie über den kleinen weißen Pfeil nach unten einsehen.

wurde dann direkt eingegeben. Im zweiten Schritt wurde die Variable Privat auf das Auswahlmenü hinter Ort gezogen.

Wenn Sie jetzt den Ablauf ausführen, wird im persönlichen Ordner des aktuellen Benutzers, der durch die Variable Privat repräsentiert wird, ein neuer Ordner mit dem Namen Surendorf_Dateien erstellt, wobei sich der Name aus der Variablen Nachname und dem Text _Dateien zusammensetzt. Wird der Ablauf von einem Benutzer Martin Meier ausgeführt, wird sein persönliches Verzeichnis als Ziel genutzt, und der erstellte Ordner heißt Meier_Dateien.

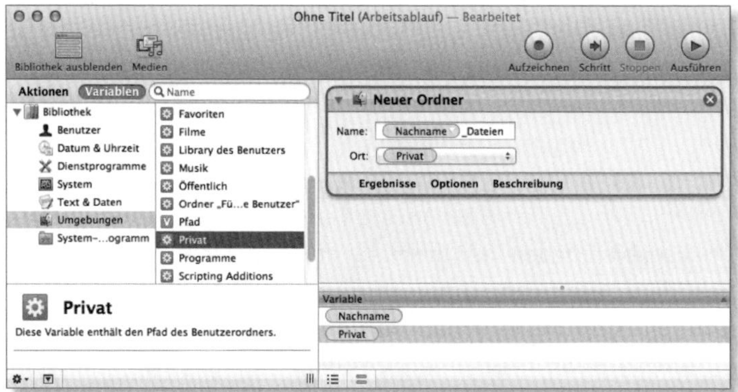

Abbildung 25.21 ▸
Variablen können Sie in vielen Aktionen nutzen.

Übersicht der Variablen | Einen Überblick über die in Ihrem Arbeitsablauf verwendeten Variablen und ihre Werte können Sie sich über das Protokoll verschaffen. Dieses blenden Sie entweder über Darstellung • Variablen oder über die zweite Schaltfläche unterhalb der Arbeitsfläche ❶ ein.

In die Übersicht können Sie auch schon Variablen aus der Bibliothek ziehen, um sie zu einem späteren Zeitpunkt in Ihrem Ablauf zu verwenden.

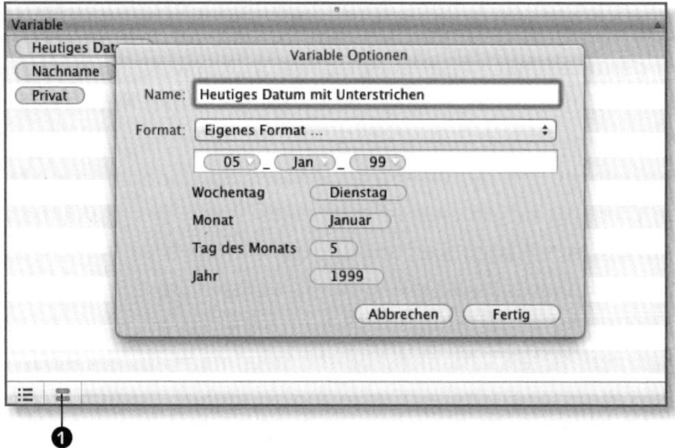

Abbildung 25.22 ▸
Das Format können Sie an die eigenen Vorstellungen anpassen.

Format vorgeben | Bei einigen Variablen können Sie sowohl den Wert als auch das Format anpassen. Mit einem Doppelklick auf eine solche Variable oder über den Eintrag BEARBEITEN im Kontextmenü können Sie neben dem Namen der Variablen auch ihren Wert vorgeben.

Beim Datum in Abbildung 25.22, das auf der Variablen HEUTIGES DATUM aus der Sammlung DATUM & UHRZEIT beruht, ist es möglich, ein EIGENES FORMAT zu verwenden. Hier können Sie die vier möglichen Angaben in das Feld ziehen und zusätzlich Text eingeben.

Hinweis
Bearbeiten Sie das Format einer Variablen, finden sich auch bei den einzufügenden Werten manchmal die ausklappbaren Menüs. Bei der Änderung des Datums können Sie über das Ausklappmenü so auch das Format des Wochentages oder des Monats einstellen.

Werte festlegen | Neben dem Format können Sie auch den Wert festlegen. Haben Sie eine Variable zum Beispiel in die Übersicht unten gezogen, dann steht sie in Ihrem Arbeitsablauf zu Verfügung. Wenn Sie dann den Punkt BEARBEITEN aus dem Kontextmenü auswählen oder einen Doppelklick auf den Namen ausführen, dann können Sie den Wert der Variablen festlegen. Dies funktioniert bei den Variablen, deren Icon mit einem Zahnrädchen versehen wurde, nicht, denn diese geben immer automatisch den der Umgebung entsprechenden Wert wieder.

◂ **Abbildung 25.23**
Im Bereich VARIABLE können Sie den Wert einer Variablen voreinstellen.

In Abbildung 25.23 wurde eine Variable für eine Pfadangabe konfiguriert. Würde sie in dem Arbeitsablauf an mehreren Stellen verwendet, deutet sie zunächst aufgrund der Vorgabe immer auf das Verzeichnis ORDNER FÜR APPLESCRIPT BEISPIELE. Wenn nun in diesem Ablauf anstelle dieses Ordners ein anderes Verzeichnis verwendet werden soll, müssten Sie nur den Wert der Variablen ändern. Die Aktionen selbst müssten Sie nicht ändern, da sie ja auf den Wert der Variablen zurückgreifen.

Variablen, deren Wert Sie selbst über BEARBEITEN vorgeben, werden vom Automator mit dem Arbeitsablauf gespeichert. Geben Sie also in Form einer Variablen einen Pfad an, wird deren Wert mit dem Arbeitsablauf gespeichert. Öffnen Sie den Ablauf zu einem späteren Zeitpunkt erneut im Automator, können Sie wieder auf den Wert der Variablen zurückgreifen.

Skripten als Variablen
Eher für den fortgeschrittenen Einsatz eignen sich die Variablen APPLESCRIPT (siehe Abschnitt 26.3) und SHELL-SKRIPT, die Sie in der Rubrik SYSTEM finden. Hier können Sie anstelle eines Wertes ein Skript eingeben, das ausgeführt wird, wenn der Wert der Variablen abgerufen wird.

Variablen festlegen und abfragen | Für die Zusammenarbeit von Aktionen und Variablen stellt der Automator in der gleichnamigen Sammlung zwei Aktionen zur Verfügung. Mit WERT DER VARIABLEN FESTLEGEN werden die Ergebnisse der vorangegangenen Aktion als Wert der anzugebenden Variablen definiert.

In dem Ausklappmenü VARIABLE dieser Aktion finden Sie sowohl die in Ihrem Ablauf bereits vorhandenen Variablen als auch den Menüpunkt NEUE VARIABLE. Durch das Festlegen des Wertes können Sie Variablen als Zwischenspeicher für die Ergebnisse von Aktionen verwenden und zu einem späteren Zeitpunkt im Arbeitsablauf wieder aufgreifen.

Um eine Variable an eine Aktion zu übergeben, können Sie den WERT DER VARIABLEN ABFRAGEN. In dieser Aktion können Sie lediglich die Variable vorgeben. Sinnvoll ist dies dann, wenn Sie eine Variable an eine Aktion übergeben möchten, die in ihren Optionen keinen Platz für Variablen bietet. Ein einfaches Beispiel wäre die Aktion DEFINITION EINES WORTES ABFRAGEN, die außer der Wahl des Lexikons keine Option bietet und der Sie zwingend einen Wert von einer anderen Aktion übergeben müssen.

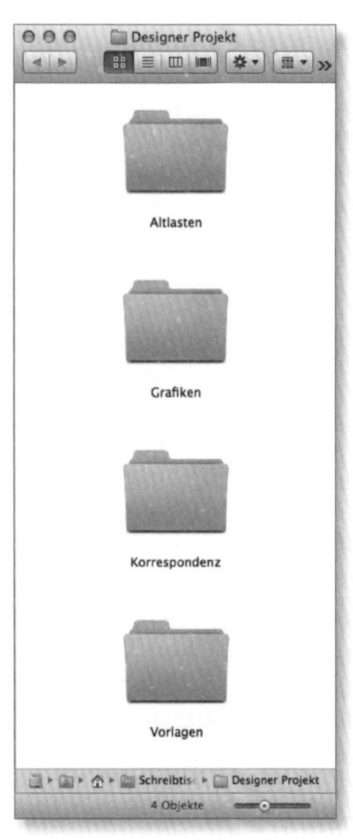

▲ **Abbildung 25.24**
Der Arbeitsablauf erstellt automatisch vier Unterordner mit vorgegebenen Namen.

25.4 Praxisbeispiel: Projektordner erstellen und als Programm sichern

Das Zusammenspiel der Variablen und Aktionen wird in einem umfangreichen Arbeitsablauf deutlich. Der Ablauf hat die Aufgabe, einen Ordner für ein Projekt zu erstellen. In diesem Hauptordner, dessen Namen der Anwender während der Ausführung eingibt, sollen vier Unterordner (VORLAGEN, GRAFIKEN, KORRESPONDENZ und ALTLASTEN) angelegt werden. Zuletzt soll eine Suche mittels Spotlight durchgeführt werden, und die dadurch gefundenen PDF-Dateien sollen in den Ordner ALTLASTEN kopiert werden. Für diesen Ablauf können Sie die Vorlage PROGRAMM auswählen. Benötigt werden in diesem Arbeitsablauf vier Variablen:

- DOKUMENTE: Diese Variable wird der Bibliothek entnommen. Sie verweist immer auf den Ordner DOKUMENTE innerhalb des persönlichen Ordners. Damit ist es möglich, den Arbeitsablauf unter einem beliebigen Benutzerkonto auszuführen, da sich diese Pfadangabe dynamisch anpasst.
- NAME DES PROJEKTS: Diese Variable wird durch die Ergebnisse der Aktion NACH TEXT FRAGEN mit der Aktion WERT DER VARIABLEN FESTLEGEN erzeugt und sowohl bei der Erstellung des ersten Ordners als auch bei der Spotlight-Suche verwendet.

- Ordner des Projekts: Nimmt die Ergebnisse der Erstellung des Ordners entgegen und dient als Ziel für die Erstellung der vier Unterordner.
- Ordner für Altlasten: Basiert auf dem Ergebnis der Erstellung des Ordners Altlasten und dient als Ziel des Kopiervorgangs der über Spotlight gefundenen Dateien.

▲ **Abbildung 25.25**
In diesem Ablauf werden vier Variablen verwendet.

1. Nach Namen fragen | Im ersten Schritt wird in diesem Ablauf nach dem Namen des Projekts gefragt und dieser dann in der Variablen Name des Projekts gespeichert. Da Sie einem Arbeitsablauf, der als Programm ausgeführt wird, auch Dateien und Ordner per Drag & Drop auf das Icon des Programms übergeben können, aktivieren Sie bei der ersten Aktion (Nach Text fragen) die Option Eingabe dieser Aktion ignorieren.

◄ **Abbildung 25.26**
Zunächst wird nach einem Namen gefragt und dieser in einer Variablen gespeichert.

2. Ordner des Projekts erstellen | Der zweite Schritt besteht darin, mit der Aktion Neuer Ordner einen solchen zu erstellen. Dabei verwenden Sie als Ort die Variable Dokumente aus der Bibliothek und geben die Variable Name des Projekts als Name vor. Diese Aktion ignoriert wiederum die Eingabe der letzten Aktion. Das Ergebnis wird an die vierte Aktion übergeben, die es in der Variablen Ordner des Projekts sichert. Die Variable verweist nun auf den erstellten Ordner.

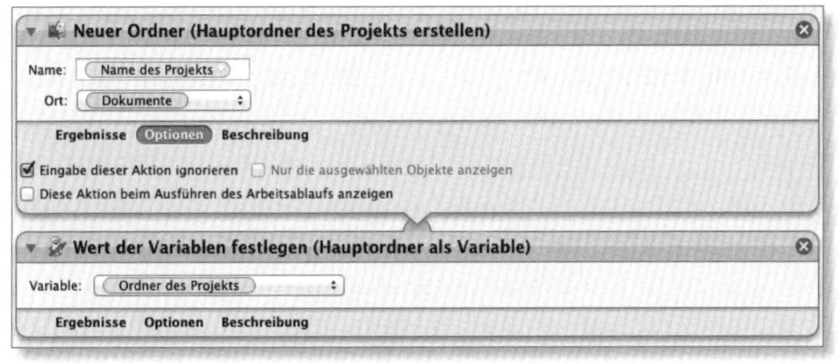

◄ **Abbildung 25.27**
Über die Variable Ordner des Projekts können Sie später auf den erstellten Ordner zugreifen.

3. Unterordner erstellen | Daran anschließend wird die Aktion Neuer Ordner dreimal hintereinander ausgeführt. Als Ort wird jedes Mal die Variable Ordner des Projekts verwendet, und die Namen Vorlagen, Grafiken und Korrespondenz werden von Hand eingegeben.

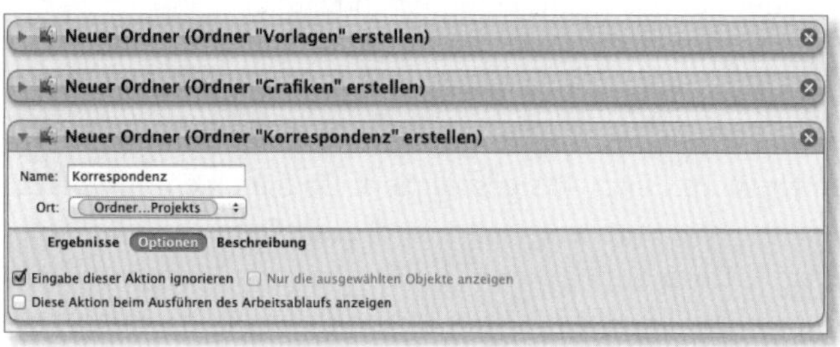

Abbildung 25.28 ▸
Nacheinander werden drei Ordner erstellt, wobei die Variable Ordner des Projekts als Ort angegeben wird.

4. Ordner »Altlasten« erstellen und speichern | Der vierte Unterordner Altlasten wird ebenfalls an dem über die Variable Ordner des Projekts definierten Ort gespeichert. Jedoch wird das Ergebnis hier an die folgende Aktion übergeben und in der Variablen Ordner für Altlasten gesichert.

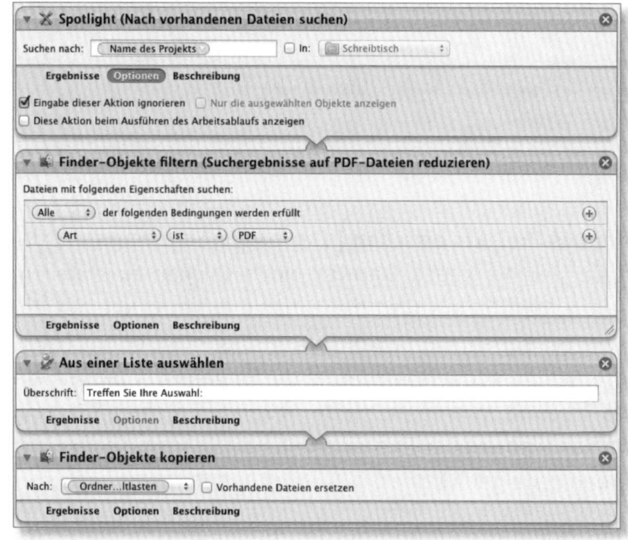

Abbildung 25.29 ▸
Da auf den Ordner später erneut zugegriffen werden soll, speichern Sie ihn in einer Variablen.

5. Suchen und kopieren | Der nächste Schritt besteht aus vier Aktionen. Die erste namens Spotlight sucht nach dem Wert der Variablen Name des Projekts. Dann werden die Suchergebnisse über die Aktion Finder-Objekt filtern auf PDF-Dateien eingegrenzt und die verbleibenden Dateien dem Anwender in einer Liste angezeigt. Die aus der Liste ausgewählten Dateien werden im letzten Schritt mit der Aktion Finder-Objekte kopieren in den Ordner Altlasten, dessen Variable hier angegeben wird, kopiert.

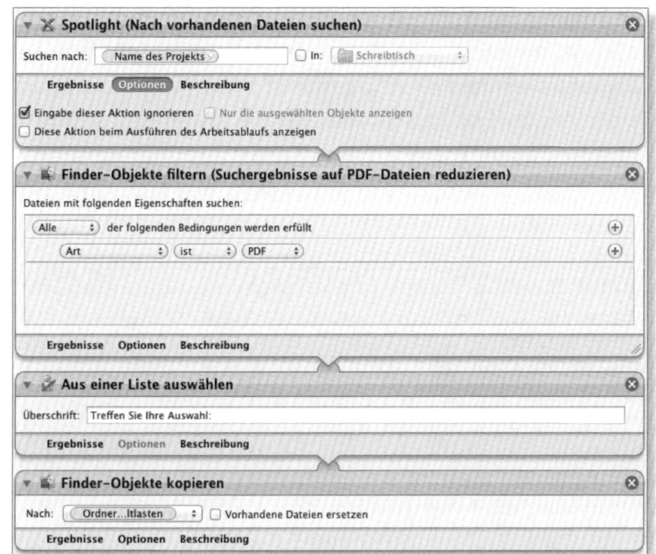

◂ **Abbildung 25.30**
Die Variable NAME DES PROJEKTS ermöglicht die Suche über Spotlight, wobei die Ergebnisse anschließend gefiltert werden.

Als Programm sichern | Wenn Sie die Vorlage PROGRAMM ausgewählt haben und Ihren Arbeitsablauf sichern, dann wird dieser automatisch als Programm gespeichert. Mit einem Doppelklick auf das Programm im Finder führen Sie den Arbeitsablauf aus. Dabei muss der Automator selbst nicht aktiv sein.

◂ **Abbildung 25.31**
Der vollständige Arbeitsablauf besteht aus dreizehn Aktionen.

Hinweis
Endlosschleifen sind in der Informatik regelrecht verschrien. Sie sollten bei der Verwendung dieser Aktion immer die Option ZUM FORTFAHREN NACHFRAGEN aktivieren oder bei einer automatischen Schleife einen eher niedrigen Wert in MINUTEN oder MAL vorgeben. So vermeiden Sie, dass der Ablauf unnötig Ressourcen des Systems verschlingt.

Endlosschleife | Möchten Sie mehrere Projektordner nacheinander erstellen, müsste der als Programm gesicherte Arbeitsablauf auch dementsprechend oft neu gestartet werden. Einfacher geht es mit der Aktion ENDLOSSCHLEIFE, die Sie als letzten Schritt in den Ablauf einfügen können. Diese Aktion führt den Ablauf erneut von Beginn an aus, und er wird somit mehrfach hintereinander ausgeführt.

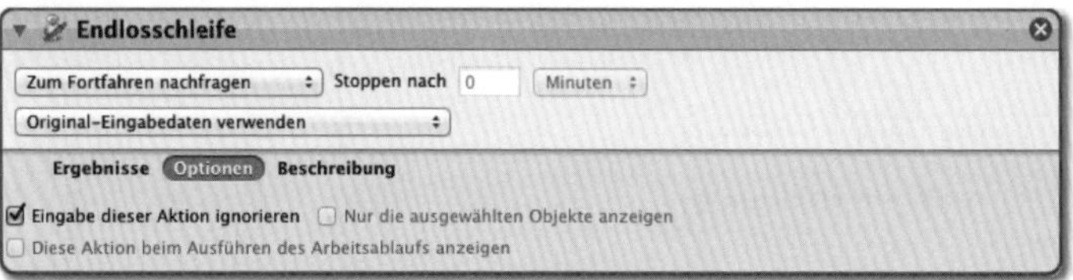

▲ **Abbildung 25.32**
Die Wiederholung des Arbeitsablaufs sollte nur auf Nachfrage erfolgen.

25.5 Dienste erstellen und nutzen

Das Menü DIENSTE stellt eine Reihe von nützlichen Funktionen zur Verfügung. Die Funktionsweise besteht darin, dass in dem aktuell aktiven Programm die ausgewählten Objekte an die Funktion übergeben werden. Bei den Objekten kann es sich um Text, Bilder, Dateien, Videos und auch den Inhalt einer Webseite handeln. Die über das Menü verfügbaren Aktionen werden auf zwei Arten realisiert. Zunächst können Programme Dienste mitbringen. Wenn Sie zum Beispiel den FTP-Client Transmit nutzen, dann stellt Ihnen dieses Programm die Aktion UPLOAD FILE IN TRANSMIT zur Verfügung. Die zweite Methode besteht darin, im Automator einen Arbeitsablauf zu erstellen, der auf der Vorlage DIENST basiert.

TIPP
Mit der Zuweisung eines Tastenkürzels an einen Dienst können Sie diesen bequem starten. Haben Sie zum Beispiel einen Arbeitsablauf erstellt, bei dem die Aktion MIT SERVER VERBINDEN mehrfach ausgeführt wird und so die Verbindung zu fünf Servern aufnimmt, dann können Sie diesen Ablauf als Dienst realisieren und eine Tastenkombination zuweisen. Drücken Sie die Tastenkombination, dann werden direkt alle fünf Server aktiviert.

Dienste aufrufen | Einen Dienst können Sie auf drei Arten aufrufen. Zuerst steht Ihnen der bekannte Menüpunkt PROGRAMMNAME • DIENSTE zur Verfügung. Dann können Sie über das Kontextmenü einen Dienst aufrufen. Dabei stehen Ihnen die Dienste nicht nur im Kontextmenü des Finders zur Verfügung, sondern auch in vielen Programmen, die nach den Vorgaben von Apple entwickelt wurden. In Abbildung 25.33 wurde in Safari Text ausgewählt. Im Kontextmenü von Safari finden Sie hier zwei Dienste. Und schließlich können Sie Diensten in den Systemeinstellungen in der Ansicht TASTATUR einen TASTATURKURZBEFEHL zuweisen. Die Anzeige in dieser Liste orientiert sich an den Objekten, die der jeweilige Arbeitsablauf entgegenzunehmen vermag. So finden Sie alle Dienste, die eine Datei entgegennehmen können, in einer Gruppe und alle Dienste, die mit einem Text arbeiten, in einer anderen.

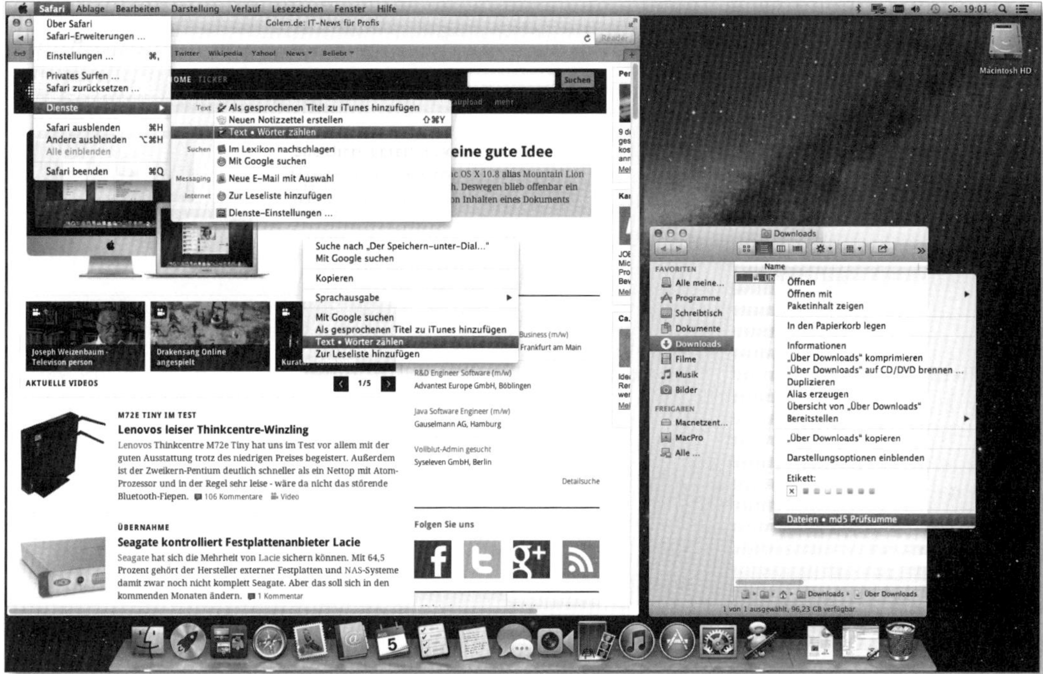

▲ **Abbildung 25.33**
Neben den Tastenkürzeln können Sie die Dienste über das Menü oder das Kontextmenü auswählen.

In dieser Ansicht der Systemeinstellungen können Sie auch Dienste vorübergehend deaktivieren, indem Sie die Checkbox vor dem Namen abwählen.

◂ **Abbildung 25.34**
In der Ansicht TASTATUR der Systemeinstellungen weisen Sie den Diensten Tastenkürzel zu.

Gespeichert werden die Dienste im Verzeichnis ~/LIBRARY/SERVICES oder, wenn Sie einen Dienst für alle Benutzerkonten nutzen möchten, unter /LIBRARY/SERVICES. Einen Dienst deinstallieren Sie, indem Sie den Arbeitsablauf aus dem jeweiligen Ordner entfernen.

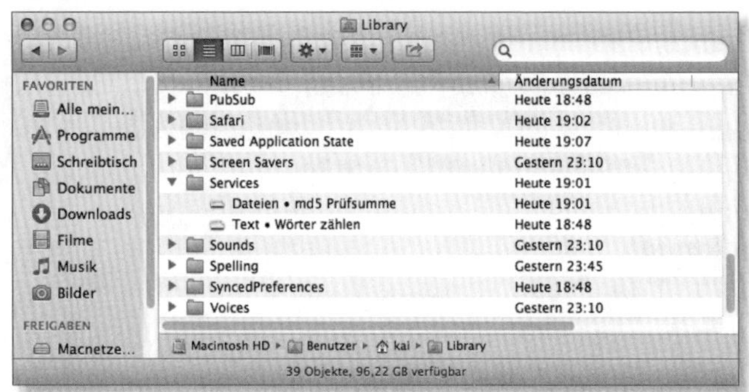

Abbildung 25.35 ▸
Die als Dienste verfügbaren Arbeitsabläufe werden im Ordner SERVICES in der Library gespeichert.

[Data Detectors]
Die automatische Analyse des ausgewählten Textes wird durch die *Data Detectors* ermöglicht. Das System untersucht im Hintergrund anhand einiger semantischer Regeln den Aufbau des ausgewählten Textes und schlussfolgert dann dementsprechend, dass es sich um eine Telefonnummer handelt.

Dienst abhängig von Auswahl | Welche Dienste Ihnen zur Verfügung stehen, hängt von dem Element ab, das Sie gerade ausgewählt haben. Im Finder wird zunächst zwischen Ordnern und Dateien unterschieden. Darüber hinaus ist es möglich, dass auch zwischen PDF-, Bild-, Film-, Audio- und Textdateien unterschieden wird. Haben Sie Text markiert, dann erkennt das System die Art des markierten Textes und unterscheidet so zwischen normalem Fließtext, einer Adresse, einem Datum, einer Telefonnummer oder einem URL. Bei der Erstellung des Arbeitsablaufs, den Sie als Dienst nutzen möchten, können Sie vorgeben, welche Datentypen er entgegennehmen soll. Wenn der Dienst eine Adresse entgegennehmen soll, dann wird er vom System automatisch zur Auswahl gestellt, wenn der Anwender einen Textausschnitt markiert hat, den das System als Adresse erkennt. Andernfalls steht er nicht zur Auswahl. Selbstverständlich ist es auch möglich, auf die Übergabe von Daten aus der Anwendung zu verzichten. In diesem Fall steht der Dienst immer zur Auswahl.

▲ Abbildung 25.36
In der Menüleiste kann der Ablauf eines Dienstes beobachtet werden.

Ausführung überblicken | Wenn Sie einen Dienst aufrufen, dann wird dies unabhängig vom Automator ausgeführt. Nimmt der Dienst etwas Zeit in Anspruch, dann finden Sie in der Menüleiste oben rechts einen Eintrag, dem ein Icon mit einem Zahnrad zugewiesen wurde. Klappen Sie diesen Eintrag aus, dann werden Sie über die Aktion informiert, die der Dienst gerade ausführt. Mit einem Klick auf das Icon rechts können Sie den Dienst auch abbrechen.

Grenzen und Möglichkeiten | Das Zusammenspiel zwischen der automatischen Erkennung von ausgewählten Objekten und deren Übergabe an einen Arbeitsablauf mag auf den ersten Blick sehr vielfältige Möglichkeiten eröffnen, wobei sich die Grenzen jedoch recht schnell zeigen. So wird Text, der als Datum identifiziert wurde, dem Arbeitsablauf als Text übergeben. Zwar können Sie über die im Folgenden besprochene Option EINGABE 1 den zu übergebenden Text filtern, aber es wird dennoch nur Text übergeben, und innerhalb des Arbeitsablaufs wird dieser Text auch als reiner Text und nicht als Datum betrachtet. Die über KALENDER zur Verfügung gestellte Aktion NEUE KALENDER-EREIGNISSE erwartet jedoch Kontakte, um ein neues Ereignis zu erstellen. Übergäben Sie den Text, der ein Datum darstellt, an diese Aktion, dann geschähe nichts, oder Sie erhielten je nach Aufbau Ihres Ablaufs eine Fehlermeldung. Ihr wahres Potenzial können die neuen Dienste in Verbindung mit AppleScript und Shell-Skripten entfalten. Mit einem AppleScript könnten Sie den übergebenen Text als Datum für ein neues Ereignis durchaus nutzen.

▲ **Abbildung 25.37**
Wenn der Dienst beendet wurde, dann findet sich die Information auch in der Menüleiste.

Leere Absätze filtern | Auch wenn die Dienste nicht ganz so flexibel sind, wie sie auf den ersten Blick wirken mögen, eignen sie sich doch sehr gut, um kleine und klar umrissene Aufgaben zu erledigen. Das erste Beispiel soll aus dem ausgewählten Text die leeren Absätze entfernen und den so bereinigten Text wieder einsetzen. Im Automator erstellen Sie zunächst einen neuen Arbeitsablauf unter Verwendung der Vorlage DIENST. Zu Beginn des Arbeitsablaufs wählen Sie unter DIENST EMPFÄNGT AUSGEWÄHLTE(N) die Option TEXT aus. Über die Auswahlliste nach IN legen Sie fest, ob der Dienst in einem bestimmten Programm oder in allen verfügbar sein soll. Darüber hinaus muss die Option AUSGABE ERSETZT AUSGEWÄHLTEN TEXT aktiviert sein.

TIPP

Um die Dienste und ihre Aufgaben leichter unterscheiden zu können, bietet es sich an, dem Namen des Dienstes eine Rubrik, gefolgt von • , voranzustellen. Der Zweck eines mit TEXT • LEERE ABSÄTZE ENTFERNEN benannten Dienstes ist leicht erkennbar.

Anschließend fügen Sie die Aktion ABSÄTZE FILTERN aus der Sammlung TEXTEDIT ein. Unter ABSÄTZE AUSGEBEN wählen Sie dann die Option SIND NICHT LEER aus.

URLs, Adressen, Datum
Anstelle von einfachem Text können Sie auch ein Format vorgeben. Wählen Sie aus der Liste anstelle von TEXT zum Beispiel TELEFONNUMMERN aus, dann können Sie unter EINGABE 1 vorgeben, ob die GESAMTE AUSWAHL oder NUR TELEFONNUMMERN übergeben werden sollen. Wählen Sie die zweite Option, dann wird der vom Anwender ausgewählte Text auf die Telefonnummern reduziert, quasi gefiltert.

▲ **Abbildung 25.38**
Der ausgewählte Text kann durch das Ergebnis des Arbeitsablaufs ersetzt werden.

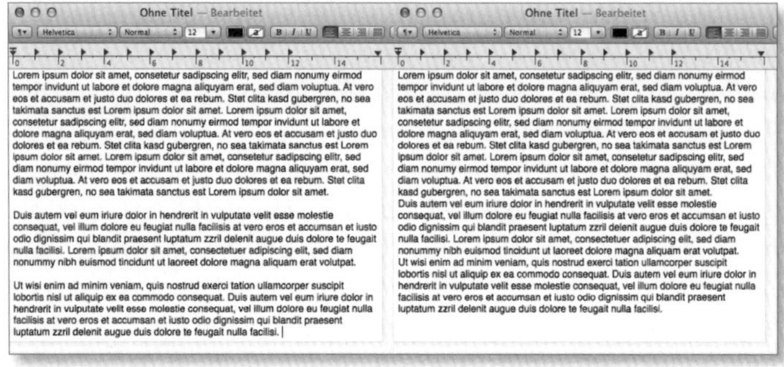

Abbildung 25.39 ▸
Die leeren Absätze (links) wurden mit dem Dienst entfernt (rechts).

> **Hinweis**
> Bei der Ersetzung von Textstellen sollten Sie Ihre Dienste auf jeden Fall vorher prüfen. Es ist bei formatiertem Text, der beispielsweise Fettsatz enthält, möglich, dass die Formatierung durch die Ersetzung zerstört wird.

Wenn Sie über den Menüpunkt ABLAGE • SICHERN den Arbeitsablauf speichern möchten, können Sie lediglich den Namen eingeben. Die Auswahl eines Verzeichnisses ist hier nicht möglich, da der Automator den Ablauf automatisch im Verzeichnis ~/LIBRARY/SERVICES sichert. Wenn Sie nun in einem Programm wie TextEdit einen Text auswählen, der mehrere Absätze umfasst, und anschließend den Dienst ausführen, dann wird der markierte Text durch das Ergebnis des Arbeitsablaufs ersetzt, und vorhandene leere Absätze werden entfernt.

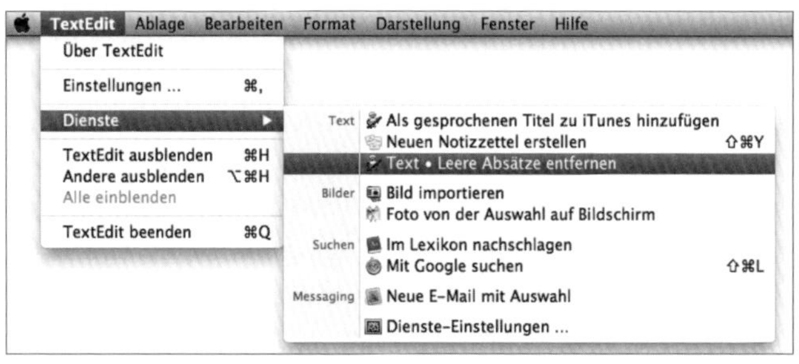

Abbildung 25.40 ▸
Der neue Dienst LEERE ABSÄTZE ENTFERNEN steht auch über das Menü zur Verfügung.

Bilder verkleinern und archivieren | Der zweite Dienst soll im Kontextmenü im Finder zur Verfügung stehen, wenn Bilddateien ausgewählt wurden. Seine Aufgabe besteht darin, die Bilder erst zu kopieren, dann zu skalieren und zu archivieren. Das Archiv wird anschließend in das Verzeichnis DOKUMENTE verschoben, und die Kopien der Bilder werden abschließend in den Papierkorb gelegt.

Abbildung 25.41 ▸
Der Dienst empfängt ausschließlich Bilddateien im Finder.

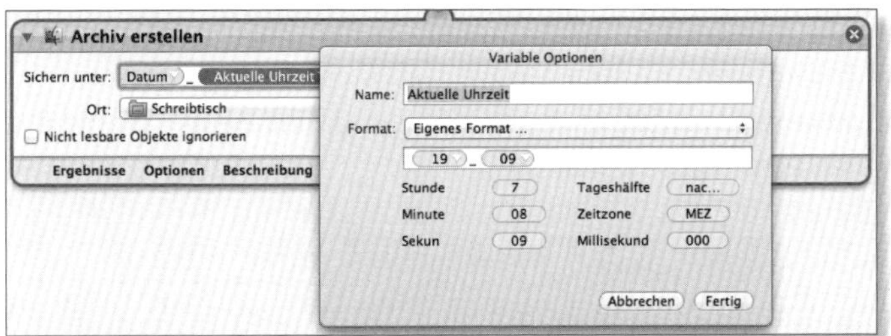

◂ **Abbildung 25.42**
Der Name des Archivs wird mithilfe zweier Variablen erzeugt.

Im Automator erstellen Sie zunächst wieder einen Arbeitsablauf unter Verwendung der Vorlage DIENST. Im Ausklappmenü DIENST EMPFÄNGT AUSGEWÄHLTE(N) wählen Sie dann BILDDATEIEN und beschränken die Verfügbarkeit des Dienstes auf den FINDER.

Als erste Aktion des Arbeitsablaufs fügen Sie dann aus der Rubrik VORSCHAU die Aktion BILDER SKALIEREN hinzu, wobei Sie die Aktion FINDER-OBJEKTE KOPIEREN ebenfalls hinzufügen. In den Einstellungen der Aktion BILDER SKALIEREN können Sie die maximale Breite oder Höhe in Pixeln festlegen.

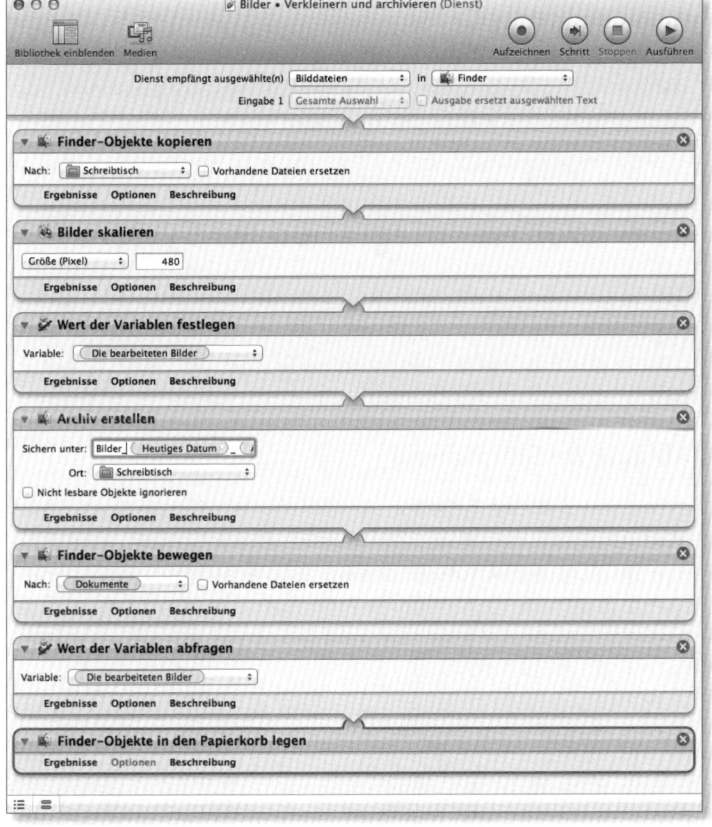

◂ **Abbildung 25.43**
Der vollständige Dienst besteht aus sieben Aktionen.

TIPP

Wenn Sie die AKTUELLE UHRZEIT im Namen des Archivs nutzen, dann sollten Sie das Format der Uhrzeit so anpassen, dass keine Doppelpunkte verwendet werden. Ähnlich wie der Schrägstrich können Doppelpunkte unter OS X in Pfadangaben als Trennzeichen dienen.

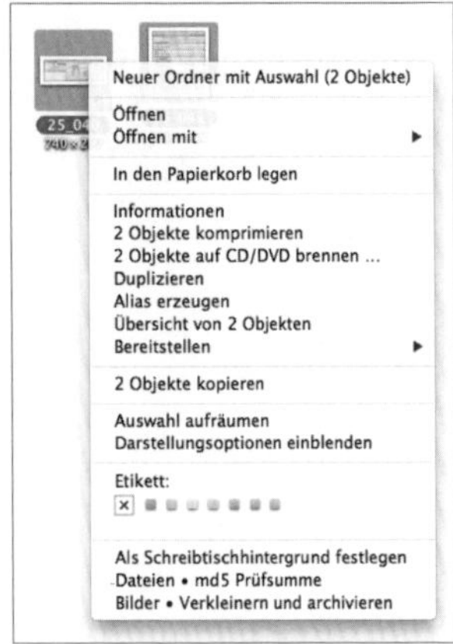

▲ **Abbildung 25.44**
Der Dienst steht im Finder zur Verfügung, wenn Bilddateien ausgewählt wurden.

Um die bearbeiteten Bilder später in den Papierkorb verschieben zu können, müssen Sie als Nächstes die Aktion WERT DER VARIABLEN FESTLEGEN einfügen. Hier wird eine neue Variable DIE BEARBEITETEN BILDER erstellt.

Darauf folgt die Aktion ARCHIV ERSTELLEN aus der Rubrik FINDER. Sie können als Text hinter SICHERN UNTER entweder direkt einen Namen eingeben oder mithilfe der Variablen HEUTIGES DATUM und AKTUELLE UHRZEIT den Namen des Archivs abhängig vom Zeitpunkt der Ausführung erstellen.

Die folgende Aktion FINDER-OBJEKTE BEWEGEN nimmt das zuvor erstellte Archiv entgegen und bewegt es mithilfe der Variablen DOKUMENTE in das gleichnamige Verzeichnis.

Die vorletzte Aktion, WERT DER VARIABLEN ABFRAGEN, ignoriert zunächst die Ergebnisse der vorangegangenen Aktion und gibt den Wert der Variablen DIE BEARBEITETEN BILDER zurück. Abschließend können die erstellten Kopien mit der Aktion FINDER-OBJEKTE IN DEN PAPIERKORB LEGEN entfernt werden.

Wenn Sie den Arbeitsablauf speichern, zum Beispiel mit der Bezeichnung BILDER • VERKLEINERN UND ARCHIVIEREN, steht er Ihnen im Finder dann zur Verfügung, wenn Sie Bilddateien ausgewählt haben. Sie können ihn dann über das Kontextmenü oder das Menü FINDER • DIENSTE ausführen.

▲ **Abbildung 25.45**
Arbeitsabläufe können Sie auch über das SKRIPTMENÜ starten.

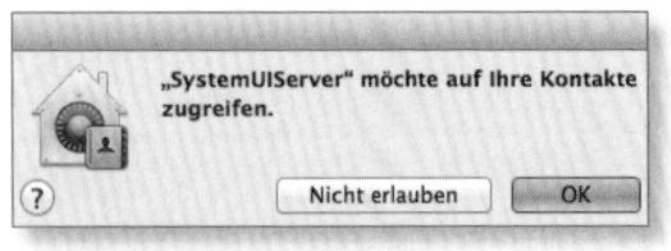

▲ **Abbildung 25.46**
Ein aus dem Menü aufgerufener Arbeitsablauf wird vom SystemUI-Server ausgeführt, der folgerichtig um den Zugriff auf die Kontakte bittet.

25.6 Weitere Integration ins System

Die Speicherung eines Arbeitsablaufs als Programm oder Dienst zeigt noch lange nicht alle Möglichkeiten, mit denen sich Arbeitsabläufe des Automators geschickt im System platzieren lassen.

Abläufe im Skriptmenü

Wenn Sie das SKRIPTMENÜ in den Voreinstellungen des AppleScript-Editors (siehe Abschnitt 26.2) aktiviert haben, dann können Sie nicht nur Skripten, sondern auch Arbeitsabläufe in diesem Menü speichern. Dabei funktioniert das in Abschnitt 26.2 erläuterte Verfahren mit den Unterordnern auch für Arbeitsabläufe. Der in Abbildung 25.45 dargestellte Ablauf hat die Aufgabe, die in den Kontakten aktuell ausgewählten Personen abzufragen und diese an ein neues Ereignis anzuhängen. Wenn das neue Ereignis erstellt wird, dann wird Ihnen dies während der Ausführung des Ablaufs angezeigt, und Sie können in dem Dialog das Datum und den Namen festlegen.

Speichern Sie diesen Arbeitsablauf im Verzeichnis ~/LIBRARY/SCRIPTS/APPLICATIONS/KALENDER, dann steht er Ihnen im SKRIPTMENÜ nur dann zur Auswahl, wenn sich das Programm Kontakte im Vordergrund befindet. Sofern die Verzeichnisse noch nicht existieren, können Sie sie im Finder erstellen. Als DATEIFORMAT geben Sie hier ARBEITSABLAUF an. Der Automator wird bei der Ausführung nicht benötigt.

▲ **Abbildung 25.47**
Über den Unterordner APPLICATIONS können Sie die Anzeige von Arbeitsabläufen auf ausgewählte Programme beschränken.

◂ **Abbildung 25.48**
Der Arbeitsablauf fügt einem neuen Ereignis die ausgewählten Kontakte hinzu.

Automatisierung über Ordneraktionen

Ordneraktionen (siehe Abschnitt 26.9) werden vom Finder automatisch aktiviert, wenn sich der Inhalt eines Ordners ändert. Den Aktionen – ob bei einem AppleScript oder einem Arbeitsablauf – werden dabei die Dateien übergeben, die dem Ordner hinzugefügt wurden. Ordneraktionen sind dann nützlich, wenn Sie eine genaue Vorstellung vom Inhalt des Ordners haben, dem Sie eine Aktion anhängen. So sammeln sich im Ordner DOWNLOADS recht schnell viele PDF-Dateien neben anderen heruntergeladenen Dokumenten. Mit einer Ordneraktion können Sie die PDF-Dateien automatisch in ein anderes Verzeichnis bewegen.

Hinweis

Versuchen Sie, bei der Arbeit mit Ordneraktionen ungewollte Endlosschleifen zu vermeiden. Wenn Sie nur den Namen einer Datei ändern, indem Sie ihm das Datum voranstellen, wird die Datei nach der Änderung als neue Datei betrachtet und ihr Name erneut geändert.

◂ **Abbildung 25.49**
Die Ordneraktion filtert zunächst eingehende Dateien anhand ihres Typs.

Ordner auswählen | Um eine Ordneraktion zu erstellen, legen Sie einen neuen Arbeitsablauf basierend auf der gleichnamigen Vorlage an. Bevor Sie dem Ablauf Aktionen hinzufügen, sollten Sie zuerst den Ordner auswählen, an den der Ablauf angehängt wird. In diesem Beispiel soll der Ablauf an den Ordner DOWNLOADS angehängt werden.

Filtern und bewegen | Der Arbeitsablauf besteht aus zwei Aktionen. Zunächst wird mit der Aktion FINDER-OBJEKTE FILTERN sichergestellt, dass nur PDF-Dateien an die zweite Aktion weitergegeben werden. Die Filterung der Objekte ist hier notwendig, da der Ablauf jedes Mal, wenn eine neue Datei in den Ordner verschoben oder kopiert wurde, ausgeführt wird. Damit wird vermieden, dass zum Beispiel ZIP-Archive aus dem Ordner DOWNLOADS in den Ordner PDF verschoben werden. Mit der zweiten Aktion, FINDER-OBJEKTE BEWEGEN, werden die PDF-Dateien in den ausgewählten Ordner bewegt.

▲ **Abbildung 25.50**
Die Ordneraktionen werden im Unterordner FOLDER ACTIONS in der Library gespeichert.

Ordneraktionen verwalten | Gespeichert werden die Ordneraktionen im Verzeichnis ~/LIBRARY/WORKFLOWS/APPLICATIONS/FOLDER ACTIONS. Um einen solchen Arbeitsablauf nachträglich zu überarbeiten, können Sie ihn aus diesem Verzeichnis öffnen. Sie können aber auch das Kontextmenü über einen beliebigen Ordner im Finder aufrufen und dort den Eintrag ORDNERAKTIONEN KONFIGURIEREN auswählen. Damit wird das gleichnamige Dienstprogramm aus dem Verzeichnis /SYSTEM/LIBRARY/CORESERVICES gestartet.

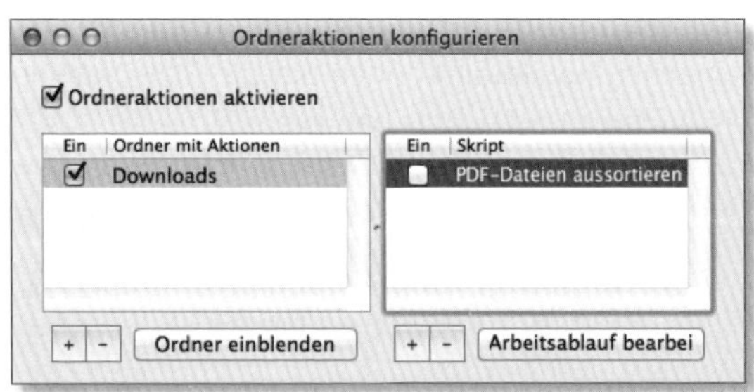

Abbildung 25.51 ▶
Ordneraktionen können Sie auch vorübergehend deaktivieren.

Es präsentiert Ihnen zunächst eine Liste mit Skripten, die Sie an einen Ordner anhängen könnten. Mit ABBRECHEN können Sie diesen Dialog zunächst übergehen. In dem Fenster finden Sie links die Ordner, denen eine Aktion angehängt wurde, und rechts die Arbeitsabläufe oder Skripten. Über die Checkbox können Sie einen Ablauf auch vorübergehend deaktivieren und mit dem Minuszeichen von dem Ordner abhängen, wobei die Datei des

Arbeitsablaufs im Verzeichnis FOLDER ACTIONS verbleibt. Um einen Arbeitsablauf einem anderen Ordner anzuhängen, fügen Sie zunächst mit dem Pluszeichen unten links den Ordner der Liste hinzu und wählen dann in dem Dialog den betreffenden Arbeitsablauf aus. Die Liste des Dialogs berücksichtigt auch den Inhalt des Verzeichnisses FOLDER ACTIONS.

▼ **Abbildung 25.52**
Wenn eine Ordneraktion von `launchd` ausgesetzt wird, dann erscheint der Eintrag `Throttling` in der Konsole.

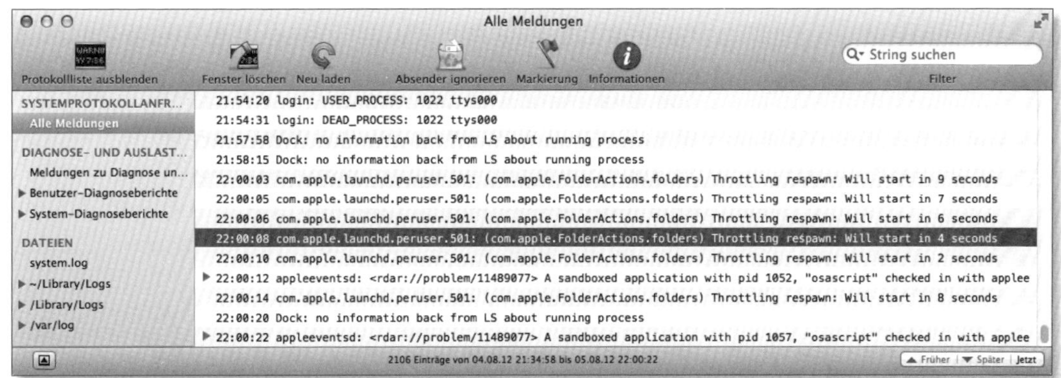

Pause via »launchd« | Um zu vermeiden, dass eine Ordneraktion zu viel Rechenkapazität in Anspruch nimmt, kann es vorkommen, dass sie von `launchd` (siehe Abschnitt 13.3) abgebrochen und ausgesetzt wird. Sollte Ihre Ordneraktion nicht wie gewünscht funktionieren, dann können Sie im Dienstprogramm Konsole (siehe Abschnitt 27.3) in der Ansicht ALLE MELDUNGEN nachschauen. In Abbildung 25.52 finden Sie einige Einträge mit dem Hinweis `Throttling respawn`. Diese besagen, dass die Ordneraktion zu häufig hintereinander ausgeführt wurde und die nächste Ausführung zeitversetzt erfolgt. Ein Grund für dieses Verhalten kann darin bestehen, dass innerhalb weniger Sekunden PDF-Dateien in den Ordner DOWNLOADS kopiert oder verschoben wurden. Die Ordneraktion würde dann kurz hintereinander mehrfach ausgeführt, was aus der Sicht von `launchd` keinen verantwortungsvollen Umgang mit den Ressourcen des Systems darstellt.

Hinweis
Sollte gar keine Ordneraktion ausgeführt werden, dann überprüfen Sie, ob die Option ORDNERAKTIONEN AKTIVIEREN (siehe Abbildung 25.51) nicht zufällig abgewählt wurde.

Plug-In für Drucken

Der Automator bietet in der Sammlung PDF einige sehr leistungsfähige Aktionen zur Bearbeitung von PDF-Dateien, und über eine in der Sammlung VORSCHAU vorhandene Aktion können Sie einige PDF-METADATEN FESTLEGEN. Wenn Sie einen Arbeitsablauf basierend auf der Vorlage PLUG-IN FÜR DRUCKEN erstellen, dann wird er im Ordner ~/LIBRARY/PDF SERVICES gesichert. Der Inhalt dieses Ordners steht Ihnen im Druckmenü direkt zur Verfügung.

Hinweis
Ein Problem bei der Arbeit mit den Aktionen aus der Rubrik PDF besteht darin, dass diese Aktionen ihre Ergebnisse in einem temporären Verzeichnis unter /VAR/FOLDERS speichern. Dieses ist im Finder nicht sichtbar. Daher müssen Sie hier auf eine Aktion wie FINDER-OBJEKTE BEWEGEN zurückgreifen, um die erzeugte PDF-Datei dem Anwender zugänglich zu machen.

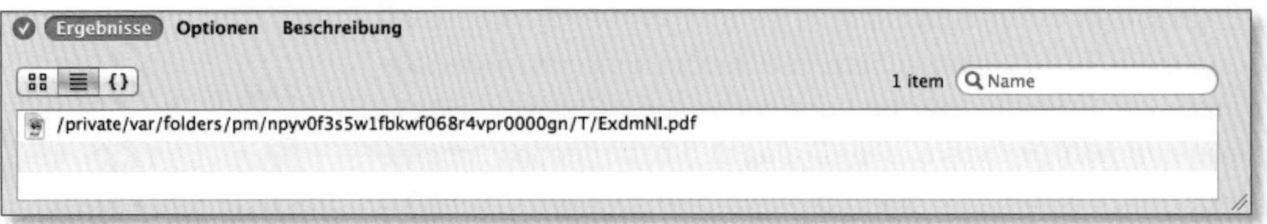

▲ **Abbildung 25.53**
Die Ergebnisse einiger PDF-Aktionen werden in einem Verzeichnis unter /VAR/FOLDERS gespeichert.

Der Arbeitsablauf in Abbildung 25.55 basiert auf der Vorlage PLUG-IN FÜR DRUCKEN. Bei der Aktion PDF-DOKUMENTE VERSCHLÜSSELN wurde kein Passwort vorgegeben, sondern die Option DIESE AKTION BEIM AUSFÜHREN DES ARBEITSABLAUFS ANZEIGEN aktiviert. Damit ermöglichen Sie dem Anwender, ein Passwort für die erstellte und zu verschlüsselnde PDF-Datei zu vergeben. Anschließend wird die PDF-Datei auf den Schreibtisch des Anwenders bewegt und im Finder angezeigt.

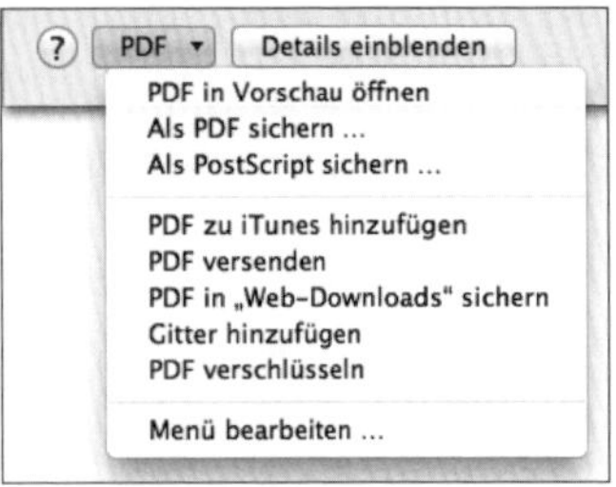

▲ **Abbildung 25.54**
Der Arbeitsablauf steht im Druckdialog im Menü unter PDF zur Auswahl.

Abbildung 25.55 ▶
Wenn die Aktion PDF-DOKUMENTE VERSCHLÜSSELN angezeigt wird, kann der Anwender ein Passwort vergeben.

Plug-In für Digitale Bilder

PDF-Dateien umbenennen
Eher unscheinbar, aber bei der Arbeit mit PDF-Dateien sehr nützlich ist die Aktion PDF-DOKUMENTE UMBENENNEN. Sie liest den internen Titel der PDF-Datei aus und weist diesen der Datei als Name zu.

Unter Verwendung der Vorlage PLUG-IN FÜR DIGITALE BILDER erstellen Sie einen Arbeitsablauf, den Sie beim Import von Bilddateien mit dem Programm Digitale Bilder ausführen können.

Der Arbeitsablauf in Abbildung 25.57 nimmt, wie vom Automator vorgesehen, Bilddateien entgegen und erstellt zunächst ein Archiv. Der Name des Archivs wird mithilfe zweier Variablen zusammengesetzt. Das auf dem Schreibtisch gespeicherte Archiv wird dann an eine neue E-Mail angehängt. Der Betreff der E-Mail greift auf die Variable HEUTIGES DATUM zurück. Wenn Sie diesen Arbeitsablauf speichern, dann befindet sich dessen Datei anschließend im Verzeichnis ~/LIBRARY/WORKFLOWS/APPLICATIONS/IMAGE CAPTURE.

Neuer PDF-Kontaktbogen
Die Aktion NEUER PDF-KONTAKTBOGEN aus der Rubrik PDF bietet Ihnen die Möglichkeit, alle importierten Bilder in einer übersichtlichen PDF-Datei zu präsentieren.

▲ **Abbildung 25.56**
Das Archiv wird automatisch an die E-Mail angehängt.

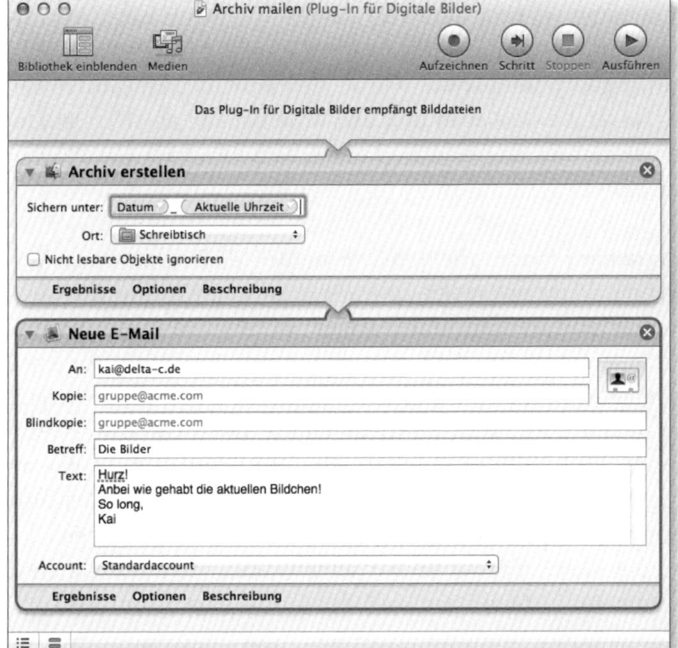

◀ **Abbildung 25.57**
Mit zwei Aktionen und zwei Variablen werden die importierten Bilder als Archiv verschickt.

Wenn Sie das Programm Digitale Bilder öffnen und ein Gerät angeschlossen ist, dann finden Sie die Arbeitsabläufe links neben der Schaltfläche IMPORTIEREN. Haben Sie einen Arbeitsablauf ausgewählt und führen Sie den Import durch, dann werden erst die Bilder vom Gerät kopiert und unmittelbar dem Arbeitsablauf übergeben. In diesem Beispiel erstellt er das Archiv und hängt es an die neue E-Mail an.

TIPP
Sie können über das Ausklappmenü ANSCHLIESSEN VON GERÄT ÖFFNET neben den Programmen iPhoto, Digitale Bilder und Vorschau auch Arbeitsabläufe auswählen und diese direkt nach dem Anschließen des Geräts ausführen.

Arbeitsabläufe mit Kalendererinnerung

Die Vorlage KALENDERERINNERUNG hilft Ihnen dabei, den Arbeitsablauf mit einem Ereignis im Kalender zu verbinden. Haben Sie diese Vorlage ausgewählt, dann können Sie den Arbeitsablauf erstellen, wobei dieser Arbeitsablauf keine Dateien oder Objekte entgegennimmt.

Wenn Sie den Arbeitsablauf speichern, startet der Automator anschließend den Kalender und erstellt ein neues Ereignis. Dabei entsprechen sowohl das Start- und Enddatum des Ereignisses als auch die Erinnerung dem Zeitpunkt, an dem Sie den Arbeitsab-

▲ **Abbildung 25.58**
Der Arbeitsablauf wird dem Ereignis automatisch als Erinnerung angehängt.

lauf gespeichert haben. Der Arbeitsablauf wird dem Ereignis als Hinweis angehängt. Sofern noch nicht vorhanden, wird der Kalender AUTOMATOR ebenfalls erstellt.

Erinnerung festlegen | Sie müssen hier beachten, dass für den Hinweis ein eigener Zeitpunkt vergeben werden kann. Der Arbeitsablauf wird zu dem Zeitpunkt ausgeführt, zu dem der Hinweis gegeben wird. Wenn Sie als Zeitpunkt des Ereignisses den 11. November festlegen und den Arbeitsablauf am 10. Oktober gespeichert haben, dann wird der Arbeitsablauf am 10. Oktober ausgeführt.

Programm | Diese Arbeitsabläufe werden als Programme im Verzeichnis ~/LIBRARY/WORKFLOWS/APPLICATIONS/CALENDAR gespeichert. Wenn Sie den Arbeitsablauf mit einem anderen Ereignis verbinden möchten, dann müssen Sie nicht im Automator einen neuen Ablauf erstellen. Sie können stattdessen ein neues Ereignis erstellen und als ERINNERUNG die Option DATEI ÖFFNEN auswählen. Als DATEI wählen Sie dann über den Eintrag EIGENE den als Programm gespeicherten Arbeitsablauf im Verzeichnis ~/LIBRARY/WORKFLOWS/APPLICATIONS/CALENDAR aus. Dieses Verfahren können Sie auch mit Ereignissen in anderen Kalendern nutzen, diese Funktion ist nicht auf den Kalender AUTOMATOR beschränkt.

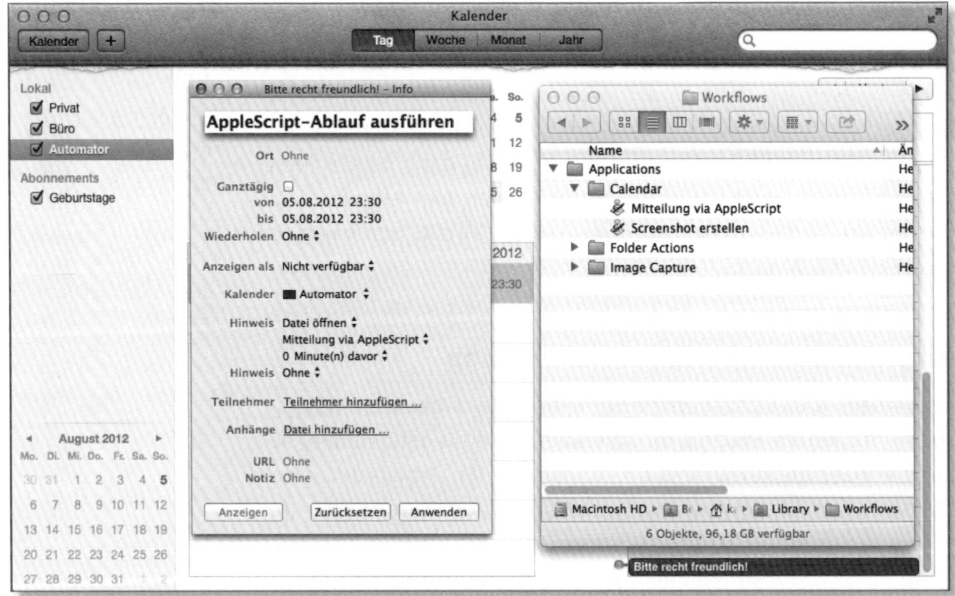

▲ **Abbildung 25.59**
Einen bereits als Programm gespeicherten Arbeitsablauf können Sie auch direkt einem Ereignis als Erinnerung anhängen.

25.7 Arbeitsabläufe modularisieren

Wenn Sie intensiver mit dem Automator arbeiten, dann gelangen Sie vielleicht irgendwann an einen Punkt, an dem Sie gewisse Aufgaben immer wieder in unterschiedlichen Situationen ausführen möchten. Das kann zum Beispiel die Erstellung einer Image-Datei (siehe Abschnitt 9.6) sein, in die Sie die im Arbeitsablauf anfallenden Dateien kopieren möchten. Damit Sie nicht jedes Mal die Aktion NEUES IMAGE eigens mithilfe von Variablen konfigurieren müssen, können Sie einen eigenen Arbeitsablauf erstellen und diesen von einem anderen Ablauf aus aufrufen.

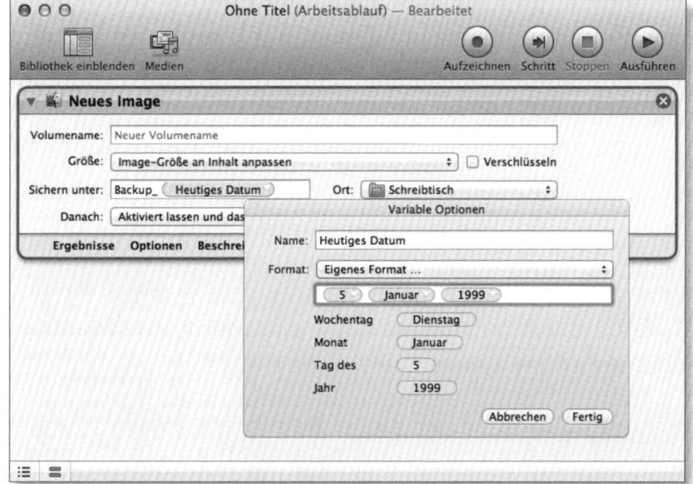

◂ **Abbildung 25.60**
Der Arbeitsablauf nutzt Variablen, um eine Image-Datei zu erstellen.

Image-Datei erstellen | In einem neuen Arbeitsablauf, der auf der einfachen Vorlage basiert, fügen Sie zunächst die Aktion NEUES IMAGE aus der Rubrik FINDER hinzu.

Die Option VOLUMENAME bestimmt, unter welcher Bezeichnung das aktivierte Dateisystem im Finder erscheint. Der Dateiname der Image-Datei wird mittels SICHERN UNTER festgelegt. Bei beiden Optionen können Sie auf die Variablen des Automators (siehe Abschnitt 25.3) zurückgreifen. Damit nicht unnötig Speicherplatz verschwendet wird, sollten Sie unter GRÖSSE die Option IMAGE-GRÖSSE AN INHALT ANPASSEN auswählen. Beachten Sie, dass die Image-Datei anschließend schreibgeschützt ist und Sie im Rahmen Ihres Arbeitsablaufs keine Änderungen an den enthaltenen Dateien vornehmen können. Im Menü DANACH wählen Sie in diesem Fall die Option AKTIVIERT LASSEN UND DAS IMAGE-VOLUME ZURÜCKLIEFERN.

Hinweis

Wenn Sie die Variable HEUTIGES DATUM für die Zusammensetzung der Bezeichnung verwenden, dann sollten Sie auch hier ein eigenes Format erstellen, in dem keine Doppelpunkte und Schrägstriche verwendet werden, um Probleme im Finder zu vermeiden.

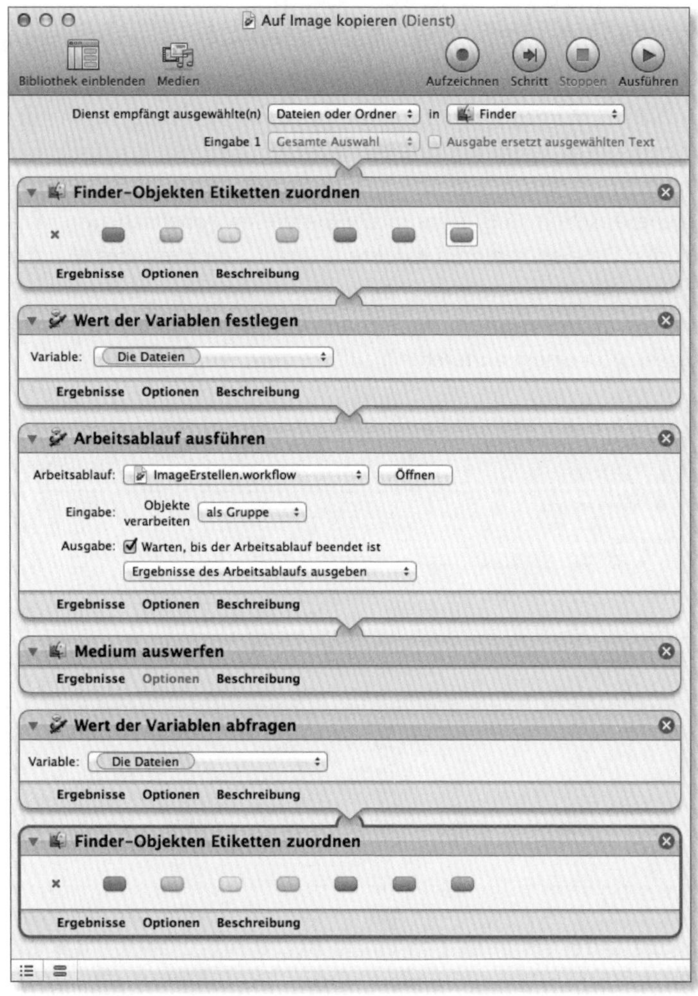

Abbildung 25.61 ▶
Der eigentliche Dienst macht sich den zuvor erstellen Ablauf zunutze.

Etiketten und Variablen
Das Ziel des Arbeitsablaufs besteht auch darin, nur die Kopien der ausgewählten Dateien zu etikettieren. Da aber die mitwachsende Image-Datei schreibgeschützt ist, können die Kopien nicht mit einem Etikett versehen werden. Daher werden übergangsweise den Ausgangsdateien Etiketten zugewiesen. Manchmal ist bei der Arbeit mit dem Automator ein Umweg nötig, um zum Ziel zu gelangen

Arbeitsablauf aufrufen | Speichern Sie den ersten Arbeitsablauf unter einem eindeutigen Namen, beispielsweise IMAGEERSTELLEN. Der zweite Arbeitsablauf basiert auf der Vorlage DIENST und empfängt DATEIEN ODER ORDNER im Finder. Zuerst ordnen Sie in diesem Beispiel den ausgewählten Dateien ein Finder-Etikett zu und speichern sie im zweiten Schritt in einer Variablen. Dann wird über die Aktion ARBEITSABLAUF AUSFÜHREN aus der Rubrik AUTOMATOR der zuvor gesicherte Arbeitsablauf aufgerufen. Über die Schaltfläche ÖFFNEN können Sie die Datei des Arbeitsablaufs auswählen. Dem Ablauf werden die ausgewählten Dateien übergeben. In diesem Fall soll der Dienst WARTEN, BIS DER ARBEITSABLAUF BEENDET IST.

Der eingebundene Arbeitsablauf gibt das Image-Volume (siehe Abbildung 25.60) zurück. Es handelt sich also um ein Medium, das im vierten Schritt im Finder ausgeworfen wird. Anschließend wird der Inhalt der Variablen abgerufen, die die Dateien enthält, und abschließend die Aktion FINDER-OBJEKTEN ETIKETTEN ZUORDNEN erneut ausgeführt. Dieses Mal wird aber in der Aktion kein Etikett ausgewählt, sodass das zuvor vergebene Etikett bei den Originaldateien wieder gelöscht wird. Über ein Etikett verfügen nun nur die Objekte, die in die Image-Datei kopiert wurden.

Wenn Sie diesen Arbeitsablauf speichern, dann steht er Ihnen als Dienst im Finder zur Verfügung, und Sie können mit einem Mausklick die ausgewählten Dateien auf eine Image-Datei kopieren und die Kopien mit einem Etikett versehen. Den Originaldateien wird im Endergebnis kein Etikett zugewiesen.

Hinweis
Auch wenn der Aufruf eines untergeordneten Arbeitsablaufs in dieser Form zunächst eine Reihe weiterer und durchaus auch komplexerer Möglichkeiten zu eröffnen scheint, erreicht der Automator noch lange nicht die Komplexität, die Sie mit einer Programmiersprache wie AppleScript erreichen. Die Grenzen des Programms sind nach wie vor eng.

Schleifen simulieren | Es kann bei der Erstellung eines Arbeitsablaufs auch vorkommen, dass Sie eine Art Schleife erstellen möchten, wie sie beispielsweise in AppleScript mit der Anweisung `repeat` (siehe Abschnitt 26.5.4) realisiert wird. Dies ist zum Beispiel dann der Fall, wenn Sie für jede ausgewählte Datei ein separates Archiv erstellen möchten. Die Aktion ARCHIV ERSTELLEN nimmt normalerweise eine beliebige Anzahl an Dateien und Ordnern entgegen und erstellt ein Archiv, das alle Dateien und Ordner enthält. Wenn Sie stattdessen für jede ausgewählte Datei ein separates Archiv erstellen möchten, dann können Sie sich auch hier mit der Aktion ARBEITSABLAUF AUSFÜHREN behelfen.

◂ **Abbildung 25.62**
Der erste Arbeitsablauf dient lediglich dazu, ein Archiv der Datei oder des Ordners zu erstellen.

Zwei Arbeitsabläufe | Die Aktion ARBEITSABLAUF AUSFÜHREN ruft einen anderen Ablauf als Unterprogramm auf und übergibt ihm die Objekte der zuvor ausgeführten Aktion. Um separate Archive zu erzeugen, erstellen Sie zunächst einen Arbeitsablauf, der lediglich aus der Aktion ARCHIV ERSTELLEN besteht. Unter ORT wählen Sie die Option DERSELBE NAME WIE DIE EINGABE aus. Sichern Sie diesen Ablauf unter einem prägnanten Namen, zum Beispiel ARCHIV ERSTELLEN.

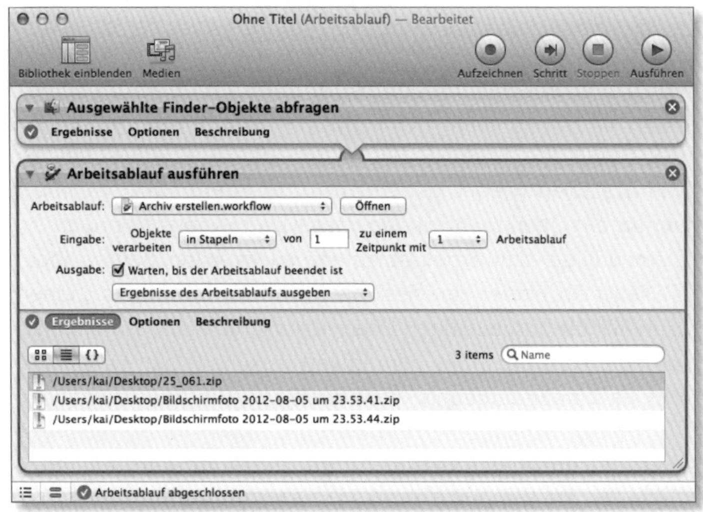

◀ **Abbildung 25.63**
Der neue Arbeitsablauf ruft mehrfach den ersten Arbeitsablauf ARCHIV ERSTELLEN auf.

Ein- und Ausgabe
Über die Option ERGEBNISSE DES ARBEITSABLAUFS AUSGEBEN beziehungsweise EINGABE DER AKTION AUSGEBEN steuern Sie, wie mit den übergebenen Objekten verfahren wird. Wenn Sie EINGABE DER AKTION AUSGEBEN auswählen, dann werden folgenden Aktionen die im Finder ausgewählten Dateien übergeben und nicht das zuletzt erstellte Archiv des untergeordneten Arbeitsablaufs.

Arbeitsablauf ausführen | Der zweite Arbeitsablauf besteht aus zwei Aktionen. Die erste Aktion, AUSGEWÄHLTE FINDER-OBJEKTE ABFRAGEN, übergibt die aktuell im Finder ausgewählten Dateien und Ordner der folgenden Aktion. Danach fügen Sie aus der Rubrik AUTOMATOR die Aktion ARBEITSABLAUF AUSFÜHREN hinzu. Hier wählen Sie unter ARBEITSABLAUF über die Option ANDERE... den zuvor gespeicherten Ablauf ARCHIV ERSTELLEN. Im Bereich EINGABE wählen Sie dann unter OBJEKTE VERARBEITEN die Option IN STAPELN aus. Dies hat zur Folge, dass der eingebundene Arbeitsablauf mehrfach ausgeführt wird und ihm die ausgewählten Dateien und Ordner einzeln nacheinander übergeben werden. Damit wird für jede ausgewählte Datei ein separates Archiv erstellt. Wenn Sie nun in den Finder wechseln, zwei oder mehr Dateien auswählen und dann den zweiten Arbeitsablauf ausführen, dann erhalten Sie für jede ausgewählte Datei ein separates Archiv. Der Arbeitsablauf ließe sich auch problemlos als Dienst speichern, etwa unter dem Namen SEPARATE ARCHIVE FÜR AUSWAHL.

25.8 Über den Automator hinaus: Aktionen aufzeichnen

Die Fähigkeit des Automators, Aktionen des Benutzers aufzuzeichnen, wirkt zunächst unscheinbar, erweist sich aber als recht spektakulär. Über die Schaltfläche AUFZEICHNEN oder ARBEITSABLAUF • AUFZEICHNEN weisen Sie den Automator an, Ihre Eingaben über die Tastatur oder Maus aufzuzeichnen und in einer eigenen Aktion zu speichern. Auf diese Weise können Sie mit dem Automator viele Programme steuern, die weder für ihn noch für AppleScript Unterstützung bieten. Das Aufzeichnen der Aktionen beruht in erster Linie auf der Simulation von Eingaben der Maus und Tastatur, die fast alle Applikationen entgegennehmen können.

▲ **Abbildung 25.64**
Ein Programm wie der UI Element Inspector ermöglicht die Anzeige der Bezeichnungen der Elemente.

Interface Scripting | Diese Funktion des Automators basiert auf dem sogenannten *Interface Scripting*. Hierbei handelt es sich zunächst um die schon seit Längerem in AppleScript vorhandene Fähigkeit, Eingaben wie einen Mausklick oder einen Tastendruck zu simulieren und auf ein Element der grafischen Oberfläche anzuwenden. Die Elemente, aus denen zum Beispiel ein Fenster besteht, haben alle eindeutige Bezeichnungen. Um nun einen Mausklick auf eine Schaltfläche in AppleScript zu simulieren, würde die Anweisung sinngemäß lauten: »Klicke die Schaltfläche mit der Bezeichnung ›Abbrechen‹ des Fensters mit der Bezeichnung ›Dokument‹ der Anwendung mit der Bezeichnung ›TextEdit‹ an.«

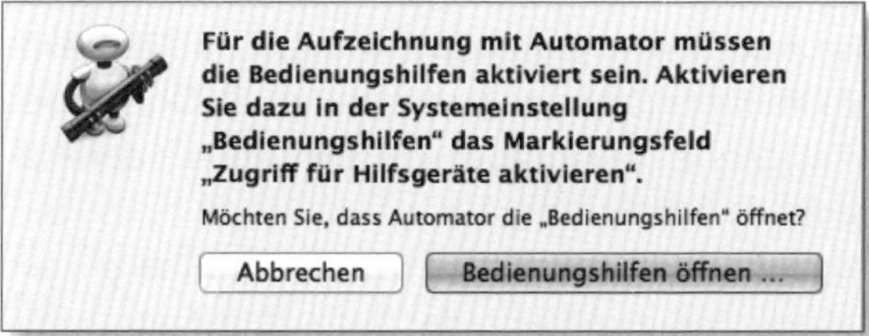

◂ **Abbildung 25.65**
Der Automator weist bei der Aufzeichnung darauf hin, dass die Unterstützung für Hilfsgeräte aktiviert werden muss.

Zugriff für Hilfsgeräte aktivieren | Die technische Grundlage für die Simulation der Eingaben sind die Bedienungshilfen, die über die Systemeinstellungen aktiviert werden können. Eigentlich ermöglichen es die Bedienungshilfen Menschen mit körperlichen Handicaps, über die Spracheingabe zum Beispiel einen Mausklick zu veranlassen. Diese Fähigkeit machen sich der Automator und auch AppleScript zunutze, indem anstelle der Spracheingabe einfach ein entsprechender Befehl aus dem Automator oder Skript heraus den Mausklick simuliert.

▾ **Abbildung 25.66**
In der Ansicht BEDIENUNGSHILFEN der Systemeinstellungen können Sie den ZUGRIFF FÜR HILFSGERÄTE AKTIVIEREN.

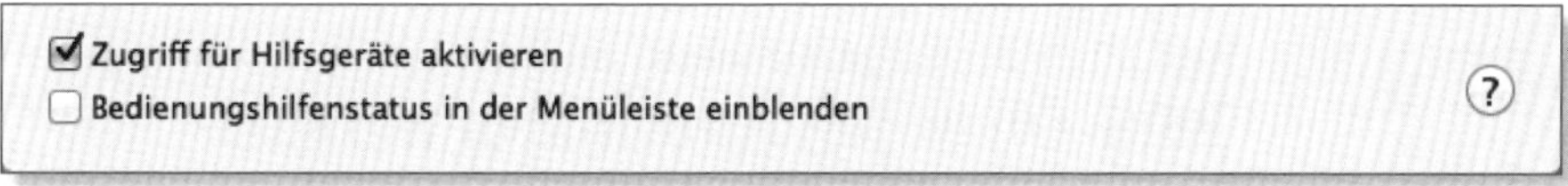

Aufnahme starten | Haben Sie in den Systemeinstellungen in der Ansicht BEDIENUNGSHILFEN die Option ZUGRIFF FÜR HILFSGERÄTE AKTIVIEREN ausgewählt, können Sie Ihre Aktionen aufzeichnen. Das Fenster des aktuellen Arbeitsablaufs verschwindet, und der Automator signalisiert Ihnen die Aufnahme mit einem kleinen schwarzen Fenster. Solange Sie darin nicht auf STOPP klicken,

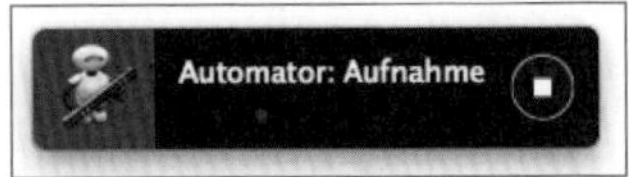

▲ **Abbildung 25.67**
Beenden Sie die Aufnahme über den Stopp-Button.

schaut Ihnen der Automator bei Ihren Aktionen über die Schulter und merkt sich, was Sie tun. In der englischen Fassung heißt dies auch *Watch me do*.

Abbildung 25.68 ▶
Die aufgezeichneten Aktionen werden als Ereignisse untereinander aufgeführt.

Ereignisse | Führen Sie, nachdem Sie die Aufnahme gestartet haben, einige Mausklicks und Tastatureingaben aus. Beenden Sie die Aufnahme, dann erstellt der Automator im aktuellen Arbeitsablauf eine neue Aktion MEINE AKTIONEN AUFZEICHNEN. Dort finden Sie im Bereich EREIGNISSE die Eingaben, die Sie während der Aufnahme vorgenommen haben.

In Abbildung 25.67 wurden zuerst die Systemeinstellungen aus dem Dock angeklickt und damit gestartet. Nach dem Start wurde die Ansicht FREIGABEN gewählt und in dieser zuerst auf die Checkbox beim Eintrag BILDSCHIRMFREIGABE geklickt. Um den aufgezeichneten Ablauf ausführen zu können, müssen erst die noch aktiven Systemeinstellungen beendet werden. Damit befindet sich das System wieder auf dem Stand, der beim Start der Aufnahme gegeben war. Wenn der Arbeitsablauf ausgeführt wird, wird der Mauspfeil ohne Ihr Zutun ins Dock bewegt, ein Mausklick auf das Icon SYSTEMEINSTELLUNGEN ausgeführt, dann die Ansicht FREIGABE ausgewählt und die BILDSCHIRMFREIGABE gestartet oder beendet.

Ereignisse löschen
Sie können ein Ereignis in der Liste auswählen und mit der Taste [←] nachträglich löschen und somit eine Aufzeichnung nachträglich korrigieren, wenn Sie sich vertippt oder verschrieben haben.

Mögliche Fehlerquellen | Dass die Systemeinstellungen vor dem Ausführen der aufgezeichneten Ereignisse wieder beendet werden mussten, hat einen Grund: Der Automator geht bei der Ausführung nicht gerade intelligent vor. Er registriert nicht, dass sich der Bildschirm aktuell anders darstellt, als es für den aufgezeichneten Ablauf notwendig wäre. Die Problematik wird durch zwei Beispiele deutlich: Hätten Sie die Systemeinstellungen auf dem Stand belassen, der am Ende der Aufnahme gegeben war, wäre die Ansicht FREIGABEN bereits aktiv gewesen. Der Mausklick auf die Schaltfläche FREIGABEN wäre nicht möglich, da diese nicht zur Verfügung steht. Sie erhielten eine Fehlermeldung, und der Ab-

<fill in title>
Bei einigen Ereignissen finden Sie eventuell eine Bezeichnung <FILL IN TITLE>. In diesem Fall wurde das angeklickte Element vom Entwickler des Programms mit keiner Bezeichnung versehen, aber es wird in den meisten Fällen dennoch korrekt identifiziert.

lauf bräche ab. Und wenn sich die Systemeinstellungen nicht dauerhaft in Ihrem Dock befinden, hätte der Automator einfach einen Mausklick auf das nächstliegende Element im Dock ausgeführt.

Zielgerichtete Aufnahme | Das Ziel bei den aufzuzeichnenden Ereignissen muss also darin bestehen, ein im weitesten Sinne allgemeingültiges Verhalten aufzunehmen. Der Start eines Programms über das Dock mag zwar naheliegen, aber Sie können sich nur beim Finder wirklich darauf verlassen, dass er über das Dock erreichbar ist. Eine Lösung hierfür wäre folgendes Vorgehen:

1. Klicken Sie zunächst auf das Icon des Finders im Dock, das immer dort zu finden ist.
2. Über ABLAGE • NEUES FENSTER wird ein Fenster extra für den Arbeitsablauf geöffnet.
3. Über den Menüpunkt GEHE ZU • PROGRAMME wechseln Sie in den Ordner PROGRAMME.
4. Ein Doppelklick auf den Eintrag TEXTEDIT startet das Programm.

Diese vier Schritte sind zwar zunächst aufwendiger, stellen aber sicher, dass in jedem Fall immer TextEdit im Ordner PROGRAMME gestartet wird. Der Ablauf wäre damit unabhängig von den im Dock vorhandenen Icons.

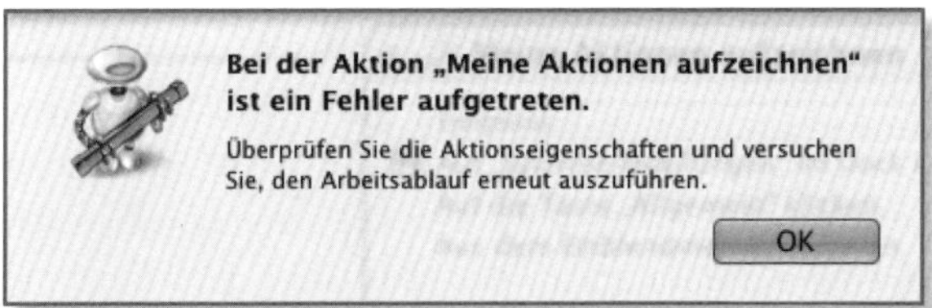

◄ **Abbildung 25.69**
Die Aufzeichnung der Aktionen ist zwar flexibel, aber auch sehr fehleranfällig.

Die Aufzeichnung von Aktionen kann ein sehr effizientes Werkzeug sein, um Programme zu steuern, die keine Unterstützung für AppleScript oder den Automator bieten. Ein wenig Experimentierfreude und Geduld bei der Sammlung von Ereignissen, die fehlerfrei abgearbeitet werden können, benötigen Sie jedoch.

Kapitel 26
AppleScript

Neben dem leicht verständlichen Automator bietet OS X 10.8 mit AppleScript eine weitere Möglichkeit, Arbeiten und Aufgaben zu automatisieren. Bei AppleScript handelt es sich um eine ausgewachsene und bisweilen etwas eigenwillige Programmiersprache. Dabei ist sie gar nicht so schwer zu lernen und eignet sich auch für Anfänger, die bisher noch keine Programmiersprache beherrschen. AppleScript unterscheidet sich von anderen Programmiersprachen darin, dass seine Hauptaufgabe in der Steuerung anderer Programme besteht. Sie können mit AppleScript den Finder, iPhoto, Pages, InDesign, FileMaker und viele andere Programme kontrollieren und sich deren Funktionen in Ihren Skripten zunutze machen.

AppleScript und Automator | Dem Automator ist AppleScript dann vorzuziehen, wenn die zu erledigenden Aufgaben etwas komplizierter werden, vom Anwender mehrere Entscheidungen verlangen oder Ihnen die vom Automator zur Verfügung gestellten Aktionen nicht ausreichen. Während Sie beim Automator auf die Aktionen angewiesen sind, die Ihnen Apple oder andere Entwickler zur Verfügung stellen, ist die Arbeit mit AppleScript flexibler und die Unterstützung durch die Programme vielfach auch ausgereifter.

Dieses Kapitel ermöglicht Ihnen einen Einstieg in die Entwicklung eigener Programme mit AppleScript. Im ersten Teil stelle ich Ihnen grundlegende Konzepte von AppleScript vor und erläutere sie anhand kleinerer Beispiele. Diese Grundlagen werden dann im zweiten Teil zu zwei umfangreicheren Beispielen ausgebaut. Der Schwerpunkt des dritten Teils liegt dann in der Integration von Skripten in das System.

Apple-Events
Die technische Grundlage für die Kommunikation zwischen AppleScript und Programmen wie dem Finder oder InDesign stellen die sogenannten *Apple-Events* dar. Diese Ereignisse sind eine standardisierte Form der Kommunikation von Programmen mit grafischer Oberfläche und dabei nicht auf AppleScript festgelegt.

Englische Sprache
Die Art und Weise, wie Sie bei AppleScript Befehle eingeben, lehnt sich eng an die englische Sprache an. So lautet die Anweisung, dass der Finder beendet werden soll, zum Beispiel `tell application "Finder" to quit`, also fast wörtlich: »Sage dem Finder, er möge sich beenden.«

26.1 Erste Schritte: Hallo Welt!

Das Werkzeug für die Entwicklung eigener Skripten ist der AppleScript-Editor, den Sie im Verzeichnis Dienstprogramme finden. Über den Menüpunkt Ablage • Neu können Sie ein neues AppleScript erstellen. Im Fenster Ohne Titel geben Sie die Anweisungen ein. Das erste Beispiel besteht aus zwei Zeilen:

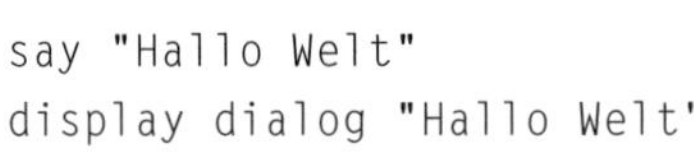

```
say "Hallo Welt"
display dialog "Hallo Welt"
```

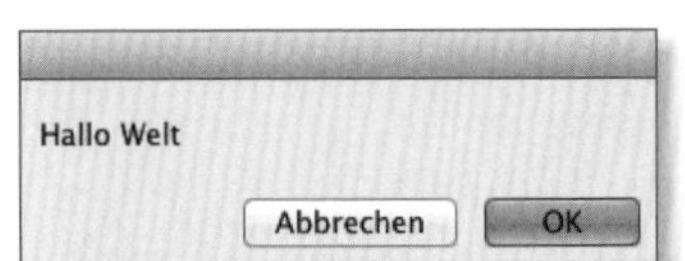

▲ **Abbildung 26.1**
Über den Befehl `display dialog` rufen Sie einen Dialog auf.

Geben Sie diese zwei Zeilen ein, und klicken Sie dann zunächst auf die Schaltfläche Übersetzen, oder nutzen Sie die Tastenkombination [⌘] + [K]. Der Editor färbt die Wörter `say` sowie `display dialog` dunkelblau ein und nutzt eine fette Schrift. Der Text in Anführungszeichen wird schwarz. Wenn Sie nun auf Ausführen klicken, hören Sie über die Sprachausgabe von OS X 10.8 zunächst die Worte »Hallo Welt«, und anschließend erscheint ein Dialog, der Ihnen den Text »Hallo Welt« anzeigt.

26.2 Der AppleScript-Editor

Der AppleScript-Editor bietet einige Funktionen, die Ihnen die Eingabe von Skripten erleichtern und bei der Fehlersuche behilflich sind. Haben Sie das erste Beispiel ausgeführt, wird das Hauptfenster des Editors ungefähr dem in Abbildung 26.2 entsprechen.

Abbildung 26.2 ▶
Der AppleScript-Editor hebt Befehle farblich hervor.

Skript speichern
Wenn Sie Ihr Skript sichern möchten, dann wird es vom AppleScript-Editor vor dem Speichern übersetzt. Das heißt, dass Sie nur syntaktisch korrekte Skripten im Dateiformat Skript speichern können. Möchten Sie einen vorläufigen und noch fehlerhaften Stand speichern, dann müssen Sie als Dateiformat Text auswählen. Die Datei wird dann mit der Dateiendung *.applescript* anstelle von *.scpt* versehen.

Ausführen und Übersetzen | In der Symbolleiste des Fensters finden Sie zunächst fünf Schaltflächen. Sie können Ihr Skript Ausführen, und es wird sofort gestartet. Alternativ nutzen Sie die Tastenkombination [⌘] + [R]. Die Schaltfläche Stopp steht Ihnen zur Verfügung, wenn Sie Ihr Skript ausführen. Mit ihr brechen Sie ein Skript, das beispielsweise in einer Endlosschleife gefangen ist, vorzeitig ab.

Haben Sie mehrere Zeilen nacheinander eingegeben, können Sie Ihre Eingabe auch ÜBERSETZEN (⌘ + K) lassen. Dies führt dazu, dass das Syntax-Highlighting auf Ihre Eingabe angewandt wird. Zeitgleich prüft der Skripteditor Ihre Eingabe auf Fehler hin und gibt Ihnen eine Meldung aus. Die Prüfung Ihrer Eingaben auf syntaktische Fehler kann hilfreich sein, um beispielsweise Tippfehler schon im Vorfeld zu erkennen.

[Syntax Highlighting]
Die Einfärbung des Quelltextes erhöht die Lesbarkeit. Befehle, die zum grundlegenden Wortschatz von AppleScript gehören, werden schwarz dargestellt. Anweisungen, die von Programmen bereitgestellt werden, erhalten eine blaue Schrift. Variablen werden grün dargestellt, während Objekte blau und kursiv angezeigt werden. Eigenschaften von Objekten werden lila dargestellt.

Über die Funktion AUFZEICHNEN weisen Sie den Skripteditor an, Ihre Mausklicks und Tastatureingaben als Grundlage für ein Skript zu nehmen. Diese Funktion entspricht im Wesentlichen der Aktion MEINE AKTIONEN AUFZEICHNEN im Automator (siehe Abschnitt 25.8). Den BUNDLE-INHALT einblenden können Sie bei Skripten, die Sie als Programm (siehe Abschnitt 26.10) gespeichert haben.

Skriptassistent | In den Voreinstellungen des Editors können Sie in der Ansicht BEARBEITUNG den Skriptassistenten verwenden. Ist der Assistent aktiv, dann beobachtet der Editor Ihre Eingaben und analysiert sie dahingehend, ob eine mögliche Vervollständigung angeboten werden kann. Findet der Editor im Befehlsfundus von AppleScript eine Anweisung oder ein Element, das mit der von Ihnen bereits eingegebenen Zeichenkette beginnt, dann erscheinen drei Punkte nach dem Cursor. Mit der Taste esc können Sie nun die Liste der möglichen Vervollständigungen aufrufen, mit den Pfeiltasten eine auswählen und Ihre Eingabe mit ↵ vervollständigen. Ist der Vorschlag eindeutig, zum Beispiel bei der Eingabe von `disp`, dann erscheint die Vervollständigung mit grauer Schrift, und die Taste esc vervollständigt Ihre Eingabe zu `display`.

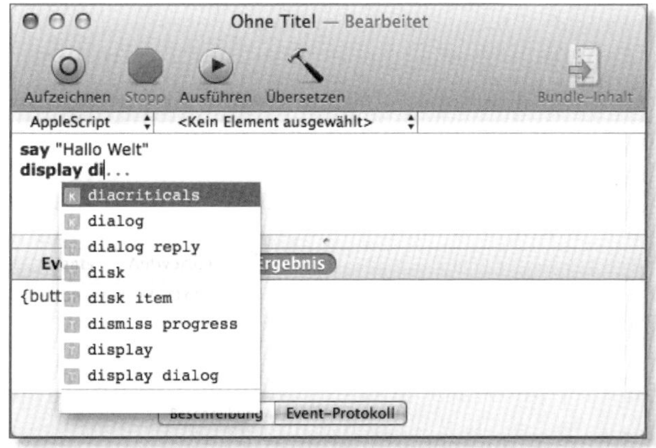

◂ **Abbildung 26.3**
Der Skriptassistent des Editors schlägt mögliche Vervollständigungen einer Eingabe vor.

Beschreibung
Über die Schaltfläche BESCHREIBUNG am unteren Rand des Fensters können Sie einen Text eingeben, der dann angezeigt wird, wenn Sie Ihr AppleScript als Programm (siehe Abschnitt 26.10) sichern und dabei die Option STARTDIALOG aktivieren. Der als Beschreibung angegebene Text wird in diesem Dialog angezeigt.

Das Event-Protokoll | Bei der oft unvermeidlichen Suche nach Fehlern im Skript ist das Event-Protokoll eine große Hilfe. Zunächst können Sie es sich über die Schaltfläche am unteren Rand des Fensters anzeigen lassen. Hierbei wird Ihnen der Verlauf der Events bei der aktuellen Ausführung des AppleScripts angezeigt. Über den Menüpunkt FENSTER • VERLAUF DES EVENT-PROTOKOLLS können Sie ein eigenes Fenster aufrufen. Hier werden nicht nur die Ereignisse der letzten Ausführung, sondern die der letzten zehn ausgeführten Skripten angezeigt. Sie können sich also den Verlauf einer früheren Fassung eines AppleScripts anschauen, nachdem Sie den Quelltext geändert haben.

Abbildung 26.4 ▸
Der VERLAUF DES EVENT-PROTOKOLLS enthält die Protokolle der zehn zuletzt ausgeführten Skripten.

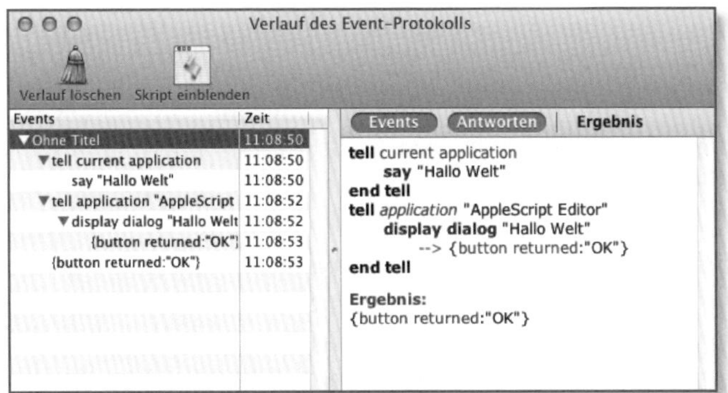

Voreinstellungen
In den Einstellungen des AppleScript-Editors können Sie in der Ansicht VERLAUF das Event-Protokoll konfigurieren. In den Standardeinstellungen werden zehn Abläufe protokolliert. Sie können bei Bedarf diesen Wert erhöhen oder alle Skriptabläufe protokollieren. Deaktivieren Sie die Option NUR PROTOKOLLIEREN, WENN SICHTBAR, dann wird das Protokoll auch dann erzeugt, wenn Sie das Event-Protokoll komplett ausgeblendet haben.

Events, Antworten und Ergebnisse | Protokolliert werden drei Informationen, die Sie sich über die gleichnamigen Schaltflächen anzeigen lassen können. Bei den EVENTS handelt es sich um die Aktionen, die Sie mit einem Befehl ausgelöst haben. Die Anweisung `say` führte zu einem Ereignis innerhalb des aktuellen Programms (`current application`). Zusätzlich zu den Ergebnissen können Sie sich die ANTWORTEN anzeigen lassen. Um die Interaktionen zwischen Ihrem Skript und dem angewiesenen Programm zu ermöglichen, erhält Ihr Skript auf verschiedene Anweisungen auch eine Reaktion. In diesem Beispiel hat der Befehl `display dialog` die Antwort `{button returned: "OK"}` erzeugt. Als ERGEBNIS wird das Resultat des zuletzt ausgeführten Befehls angezeigt. In diesem Beispiel wäre dies erneut `{button returned: "OK"}`. Bei einem Skript, das lediglich aus der Anweisung `1 + 1` besteht, erhalten Sie als Ergebnis naturgemäß `2`. Die Beobachtung der Ergebnisse kann wichtig sein, wenn Sie ermitteln möchten, welche Werte und Datentypen von Befehlen zurückgegeben werden. Mehr zu den Datentypen erfahren Sie im nächsten Abschnitt.

Kontextmenü | Auch der AppleScript-Editor verfügt über ein Kontextmenü. Dieses stellt Ihnen nicht nur bekannte Befehle aus dem Menü BEARBEITEN sowie unten die Dienste (siehe Abschnitt 2.5) zur Verfügung, sondern enthält auch eine ganze Reihe von Skripten.

Diese unter /LIBRARY/SCRIPTS/SCRIPT EDITOR SCRIPTS gespeicherten Skripten können Sie aus dem Kontextmenü ausführen, und es werden Code-Fragmente in Ihr Skript eingefügt. Markieren Sie vorher Zeilen, die Sie bereits eingegeben haben, dann werden sie von den neuen Funktionen umschlossen. Die Skripten im Kontextmenü können Ihnen dann Arbeit abnehmen, wenn Sie mit den Grundlagen von AppleScript vertraut sind.

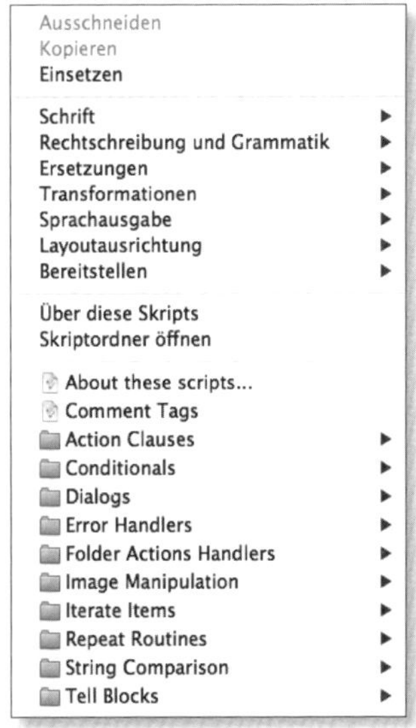

▲ **Abbildung 26.5**
Das Kontextmenü bietet eine Reihe von Skripten, die Code-Schnipsel einfügen.

Open Scripting Architecture | AppleScript ist nicht einzige Programmiersprache, mit der Sie Apple-Events zur Steuerung von Programmen nutzen können. Die Apple-Events bilden die Grundlage der sogenannten *Open Scripting Architecture*, mit der auch andere Programmiersprachen zur Steuerung von Programmen genutzt werden. Daher finden Sie oben links im Fenster auch das Ausklappmenü mit dem einzigen Eintrag APPLESCRIPT. Wenn Sie eine Erweiterung installiert hätten, mit der Sie Skripten in einer Sprache wie JavaScript, Python oder Ruby schreiben können, dann würden Ihnen hier die verfügbaren Programmiersprachen angezeigt. Die Open Scripting Architecture hat allerdings niemals eine breite Anwenderschaft gefunden, sodass funktionsfähige Erweiterungen bisher nicht entwickelt wurden.

26.3 Variablen und Datentypen

Variablen haben in AppleScript die gleiche Aufgabe wie im Automator: Sie speichern Werte und ermöglichen es Ihnen, zu einem späteren Zeitpunkt darauf zurückzugreifen. Der Unterschied zwischen den Variablen im Automator, die in erster Linie als Platzhalter fungieren, und den Variablen, die in einer Programmiersprache wie AppleScript verwendet werden, besteht in der Flexibilität. Mit AppleScript sind Sie in der Lage, die Werte von Variablen mit Befehlen zu manipulieren. Beispielsweise können Sie das zweite Wort aus einem Text auslesen oder aus dem Inhalt eines Verzeichnisses gezielt die zweite Datei auswählen.

Reservierte Wörter
Bei den Bezeichnungen Ihrer Variablen müssen Sie reservierte Wörter vermeiden. Diese werden von AppleScript selbst genutzt. Eine Variable mit `set set to "Wert"` können Sie nicht vergeben; im Skripteditor erhalten Sie eine Fehlermeldung. Wenn Sie bei komplexen Skripten dennoch ein reserviertes Wort als Variable verwenden müssen, können Sie dies ausnahmsweise in der Form `set |set| to "Wert"` vornehmen. Die Form `|set|` müssen Sie dann durchgängig verwenden.

»set«und »get« | Die Arbeit mit Variablen erfolgt in AppleScript hauptsächlich mit den Befehlen **set** und **get**. Dabei weisen Sie einer Variablen mit `set` einen Wert zu, mit `get` lesen Sie diesen aus. Mit dem Skript

```
set Vorname to "Kai"
display dialog Vorname
get Vorname
```

»class«

Der Befehl `class of` ermöglicht es Ihnen, innerhalb eines Skripts den Typ einer Variablen zu ermitteln. Die Anweisung `class of Variable` erzeugt im Ergebnisprotokoll einen Eintrag mit dem Typ der Variablen.

würden Sie in der ersten Zeile die Variable `Vorname` erzeugen und ihr den Wert `Kai` zuweisen. Die Variable wird im folgenden Dialog genutzt, der nun lediglich aus dem Vornamen besteht. Der abschließende Aufruf von **get** führt dazu, dass der Wert der angegebenen Variablen im Fenster des Skripts im Bereich ERGEBNIS ausgegeben wird.

Abbildung 26.6 ▸
Mit dem Befehl `get` geben Sie den Wert einer Variablen als Ergebnis aus.

Die typische Verwendung von **set** zur Definition einer Variablen erfolgt in der Form

```
set Variable to Wert as Typ
```

Sie geben der Variablen zunächst einen möglichst eindeutigen Namen und weisen ihr nach **to** einen Wert zu. Die Anweisung **as** können Sie verwenden, um der Variablen einen bestimmten Typ zuzuordnen. Diese Angabe ist nicht zwingend.

[Coercion]

Die Umwandlung von Variablen in einen anderen Typ wird auch *Coercion* genannt. Bei der Arbeit mit Dateien ist die Umwandlung zwischen Text und Alias zum Beispiel notwendig.

Datentypen | Der Zusatz **as**`Typ` ist in vielen Situationen notwendig. In einer Programmiersprache ist es nötig, bei den Werten von Variablen nach Typen zu differenzieren. So können Sie Zahlen, Zeichen, Dateien und auch mehrere Objekte in einer Variablen speichern. Je nach Typ können Sie dann unterschiedliche Befehle mit den Variablen verwenden, also eine Zeichenkette ausgeben oder eine Datei öffnen. Umgekehrt führen andere Kombinationen zu einer Fehlermeldung. Sie können zum Beispiel nicht zwei Dateien addieren.

Zeichen, Zahlen und Zeiten

Den ersten Datentyp haben Sie bereits im ersten Beispiel kennengelernt, es handelt sich ganz profan um eine Zeichenkette. Sie wird im Englischen auch als »string« bezeichnet. Eine Zeichenkette wird durch Anführungszeichen umschlossen. Um Zeichenketten miteinander zu kombinieren, können Sie das Zeichen & nutzen. In dem Skript

```
set Vorname to "Kai"
set Nachname to "Surendorf"
set Person to Vorname & " " & Nachname
```

werden zuerst die Variablen Vorname und Nachname mit einem Wert versehen. In der dritten Zeile wird eine weitere Variable Person erstellt, deren Wert durch die Verknüpfung der anderen beiden Variablen konstruiert wird. Beachten Sie, dass Sie bei diesem Verfahren nicht nur auf andere Variablen zurückgreifen, sondern auch Zeichen direkt eingeben können. Durch die Angabe von & " " wurde ein Leerzeichen zwischen dem Vor- und Nachnamen eingefügt, ohne zuvor eine weitere Variable zu definieren.

Zeichen zusammenfügen
&

Zeichenketten
Sie können mit AppleScript auch die Inhalte von Zeichenketten ansprechen. Dies geschieht über die Befehle character, word und paragraph, zusammen mit einer Zahl. Mit set Buchstabe to character 2 of Person entspräche der Wert von Buchstabe dem zweiten Zeichen, mit set Wort to word 1 of Person dem ersten Wort, also dem Vornamen.

◂ Abbildung 26.7
Zwei Zeichenketten wurden in einer dritten zusammengefügt.

Zahlen | Eine Zahl wird als Wert ohne Anführungszeichen übergeben, und es ist in AppleScript auch möglich, die Grundrechenarten anzuwenden. In dem Skript

```
set Zahl1 to 2
set Zahl2 to 3
set Summe to Zahl1 + Zahl2
```

werden erst zwei Variablen definiert, die dann in der dritten Zeile addiert werden. Der in der Variablen Summe enthaltene Wert entspricht in diesem Fall 5. AppleScript eignet sich allerdings nicht

[Integer] und [Reelle Zahlen]
AppleScript ist in der Lage, mit Ganzzahlen, die als *Integer* bezeichnet werden, und reellen Zahlen zu arbeiten. Achten Sie darauf, dass Sie bei reellen Zahlen den Punkt verwenden, also 1.2 und nicht 1,2 angeben.

für komplizierte mathematische Berechnungen. Berechnungen in AppleScript sind eher dann nützlich, wenn Sie zum Beispiel die Größe mehrerer Dateien addieren und anschließend prüfen, ob auf dem Datenträger noch genug Speicherplatz für einen Kopiervorgang vorhanden ist.

Operator	Bedeutung
+	Addition
-	Subtraktion
*	Multiplikation
/	Division
`div`	Integer einer Division
`mod`	Rest einer Division
^	Potenz

Tabelle 26.1 ▸ Arithmetische Operatoren

»current date«
Einer Variablen können Sie mit current date den aktuellen Zeitpunkt als Wert zuweisen, beispielsweise mit `set Jetzt to current date`.

Zeiten mit »date« | Zeitangaben können Sie auch mit AppleScript nutzen. In manchen Situationen sind sie recht nützlich. Beispielsweise möchten Sie das Änderungsdatum von zwei Dateien mit dem gleichen Namen vergleichen. Bei der Arbeit mit Zeitangaben spielt die Anweisung `date` eine entscheidende Rolle, da AppleScript mit der Langfassung des Datums in der Form `Sonntag, 18. April 2012 15:00:00 Uhr` arbeitet.

Abbildung 26.8 ▸ Die Datumsangabe in der ersten Zeile wurde automatisch vervollständigt.

Um sich die Eingabe der Langfassung zu ersparen, können Sie die Anweisung `date` nutzen. Sie führt dazu, dass der Skripteditor die Zeitangabe bei der Übersetzung des Skripts in die Langfassung vervollständigt. Dabei folgt die Darstellung den in den Systemeinstellungen im Bereich SPRACHE & TEXT vorgegebenen

Formaten. Die Angabe von `date "18.4.2012 15:00"` würde vor der Ausführung in `date "Mittwoch, 18. April 2012 15:00:00 Uhr"` umgewandelt.

Elemente im Datum | Über die Schlüsselwörter `weekday`, `day`, `month`, `year`, `hours`, `minutes` und `seconds` können Sie auf die einzelnen Elemente zugreifen. So würde die Anweisung **set** `Monat` **to** `month` **of** `(current date)` den aktuellen Monat der Variablen `Monat` zuweisen. Beachten Sie hier die Klammern bei der Angabe von `current date`.

Listen und Datensätze

Die bisher vorgestellten Datentypen waren nicht in der Lage, mehr als einen Wert zu speichern. Mehrere Werte in einer Variablen zu bündeln wird mit Listen und Datensätzen möglich. Beide geben Sie mit geschweiften Klammern `{}` an und trennen die enthaltenen Einträge durch Kommata.

Flexible Listen
Listen und Datensätze sind in AppleScript in Bezug auf den Inhalt sehr flexibel. Sie können in einer Liste oder einem Datensatz problemlos Werte unterschiedlicher Typen zusammenfassen. Mit `set Liste to {"Kai", 25, 2.3}` würde `Liste` eine Zeichenkette, eine Ganzzahl und eine reelle Zahl enthalten.

Listen | Listen können zum Beispiel den Inhalt eines Verzeichnisses enthalten oder eine Sammlung von Schlüsselwörtern, die Sie einem Foto in iPhoto nacheinander zuweisen möchten. Eine Liste definieren Sie mittels **set**, indem Sie geschweifte Klammern verwenden. So würden Sie mit

```
set Liste to {"Kai Surendorf", "Thorsten Mücke"}
```

eine Liste mit zwei Elementen erstellen. Bei beiden Elementen handelt es sich um Zeichenketten. Zugreifen können Sie auf die Elemente einer Liste, indem Sie die Anweisung `item` verwenden. Den ersten Eintrag, der auch dem Namen einer Datei entsprechen könnte, würden Sie mit

```
set ersterEintrag to item 1 in Liste
```

auslesen. Wie viele Einträge sich überhaupt in einer Liste befinden, bringen Sie mit der Anweisung `count items` in Erfahrung. Mit **set** `Anzahl` **to** `count items` **in** `Liste` entspräche der Wert der Variablen `Anzahl` der Anzahl der Elemente.

Einträge einer Liste können Sie über den Befehl `set` manipulieren oder ergänzen. Über die Schlüsselwörter `end of` und `beginning of`, jeweils gefolgt von der Bezeichnung einer bereits existierenden Liste, fügen Sie Einträge am Ende oder am Anfang hinzu. Die Zeilen

»first« und »last«
Anstelle der Zahl können Sie auch die Schlüsselwörter `first` und `last` verwenden, um auf das erste oder letzte Element zuzugreifen. Mit `set Eintrag to last item in Liste` entspräche der Wert der Variablen `Eintrag` dem letzten Element der Liste, unabhängig von deren Länge.

```
set Liste to {"Kai Surendorf", "Thorsten Mücke"}
set end of Liste to "Martin Meier"
```

fügen der Liste am Ende den Eintrag "Martin Meier" hinzu. Einen vorhandenen Eintrag ändern Sie über das Schlüsselwort `item`. So würden Sie mit `set item 2 of Liste to "Jemand anderes"` den bereits existierenden zweiten Eintrag in "Jemand anderes" ändern.

Hinweis
Beachten Sie, dass Sie die Einträge von Datensätzen nicht über die Position ansprechen können, sondern nur über die Bezeichnung der Einträge. Die Anweisung `set Eintrag to item 2 in Buchprojekt` führt zu einer Fehlermeldung. Gleichwohl können Sie die Elemente mit `set Anzahl to count items in Buchprojekt` zählen.

Datensätze | Datensätze, auch *Records* genannt, unterscheiden sich von Listen dadurch, dass ihre Elemente mit einer eindeutigen Bezeichnung versehen werden. Mit den Zeilen

```
set Buchprojekt to {Autor: "Kai Surendorf", Lektor:
"Stephan Mattescheck"}
set Person to Autor of Buchprojekt
```

würden Sie zunächst einen neuen Datensatz `Buchprojekt` erzeugen, der zwei Einträge `Autor` und `Lektor` enthält. Die eindeutig zu benennenden Einträge trennen Sie mit Kommata, die Bezeichnung und den Wert unterscheiden Sie durch Doppelpunkte voneinander. Einen Eintrag an einen Datensatz anhängen können Sie ähnlich wie bei der Kombination von Zeichenketten mit dem Zeichen &. Die Anweisung `set Buchprojekt to Buchprojekt & {Setzer: "Manfred Meier"}` würde an den Datensatz noch einen Eintrag `Setzer` anhängen.

Der Vorteil der eindeutigen Bezeichnung von Einträgen besteht darin, dass Sie unabhängig von der Position des Elements innerhalb des Datensatzes über die Bezeichnung auf seinen Wert zugreifen können. Verwendung finden die Datensätze deshalb vor allem bei den Eigenschaften von Objekten (siehe Abschnitt 26.4).

Dateien und Aliase

Hinweis
Bei der Arbeit mit Objekten vom Typ `alias` müssen Sie darauf achten, dass das Objekt im Dateisystem bereits existiert. Andernfalls erhalten Sie eine Fehlermeldung.

In vielen Ihrer Skripten werden Sie Dateien ansprechen, kopieren oder löschen. Um auf eine Datei oder besser ein Objekt im Dateisystem zugreifen zu können, müssen Sie eine Variable vom Typ `alias` erzeugen. Ähnlich den Aliasen im Finder haben diese Objekte in AppleScript die Aufgabe, auf ein Objekt im Dateisystem zu deuten.

Bei den Aliasen in einem Skript zeigt sich auch die Notwendigkeit der Angabe `as alias`. Würden Sie eine Variable mit `set Benutzerordner to ":Users:"` definieren, würde die Variable `Benutzerordner` aufgrund der Anführungszeichen als Zeichenkette betrachtet. Mit dem Zusatz `as alias` deklarieren Sie die Variable explizit als Verweis auf ein Objekt im Dateisystem, eben dem Ordner BENUTZER auf dem Startvolume.

◂ **Abbildung 26.9**
Aufgrund des führenden Doppelpunkts wurde die Pfadangabe vervollständigt.

Startvolume | Soll Ihr Skript auf verschiedenen Rechnern funktionieren, müssen Sie mit einem unterschiedlich benannten Startvolume rechnen. Beginnen Sie eine Pfadangabe mit einem Doppelpunkt, dann wird zu Beginn automatisch das Startvolume ergänzt. Neben dem Typ `alias`, der auf ein bereits existierendes Objekt im Dateisystem verweisen muss, gibt es auch das Objekt `file`. Dieses muss nicht zwingend existieren und wird zum Beispiel bei der Erstellung neuer Dateien genutzt.

26.4 Objekte und Eigenschaften manipulieren

Die Arbeit mit Objekten ist das Kernelement von AppleScript. Während die eigentlichen Sprachelemente, mit denen Sie Berechnungen durchführen oder Zeichenketten bearbeiten, im direkten Vergleich mit fast allen anderen Programmiersprachen sehr spartanisch sind, entfaltet AppleScript sein Potenzial bei der Manipulation von Objekten, die von Programmen wie iPhoto zur Verfügung gestellt werden.

Die Bibliothek nutzen

Das zentrale Element ist die Bibliothek, die Sie über FENSTER • BIBLIOTHEK oder ⌘ + ⇧ + L aufrufen. Sie enthält zunächst eine Liste von Standardprogrammen, die auf den meisten Systemen bereits vorhanden sind. Ein Programm zur Bibliothek hinzufügen können Sie über das Pluszeichen und ein bereits vorhandenes wieder entfernen über das Minuszeichen. Wenn Sie nur kurz in die AppleScript-Unterstützung eines Programms Einsicht nehmen

Graue Einträge
Wenn Sie in der Bibliothek Einträge mit grauer Schrift und ohne Icon finden, dann handelt es sich wahrscheinlich um ein deinstalliertes Programm, das irgendwann einmal der Bibliothek hinzugefügt wurde.

möchten, ohne es gleich der Bibliothek hinzuzufügen, können Sie sich sein Wörterbuch über ABLAGE • FUNKTIONSVERZEICHNIS ÖFFNEN anzeigen lassen.

[OSAX]
Erweiterungen von Drittherstellern werden bisweilen auch als »OSA-Xen« in Anspielung auf die Open Scripting Architecture bezeichnet.

Erweiterungen | In der Bibliothek finden Sie neben den Programmen einige Einträge, die keinen Applikationen entsprechen. Hierbei handelt es sich um Erweiterungen für AppleScript, die in diesem Fall von Apple selbst bereitgestellt wurden. Hierzu gehören die DATABASE EVENTS zur Bearbeitung von Datenbanken und die in diesem Kapitel behandelten IMAGE EVENTS für die Bildbearbeitung.

Die STANDARDADDITIONS enthalten viele alltägliche Erweiterungen wie die Dialoge (`display dialog`), während mit den SYSTEM EVENTS eine ganze Reihe von Funktionen, die das System direkt betreffen, realisiert wird.

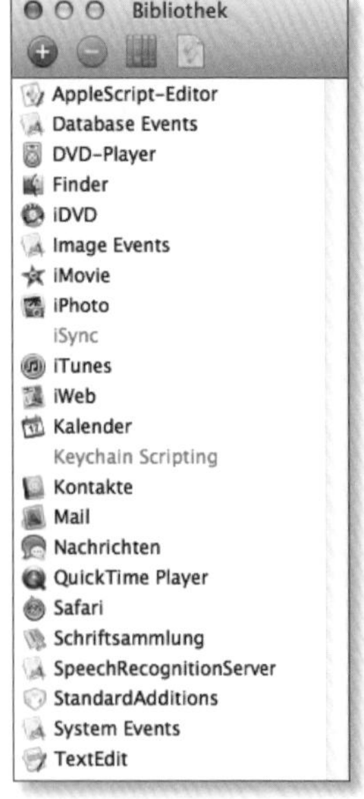

▲ **Abbildung 26.10**
Die Bibliothek ermöglicht den Zugriff auf die Dokumentation der AppleScript-Unterstützung.

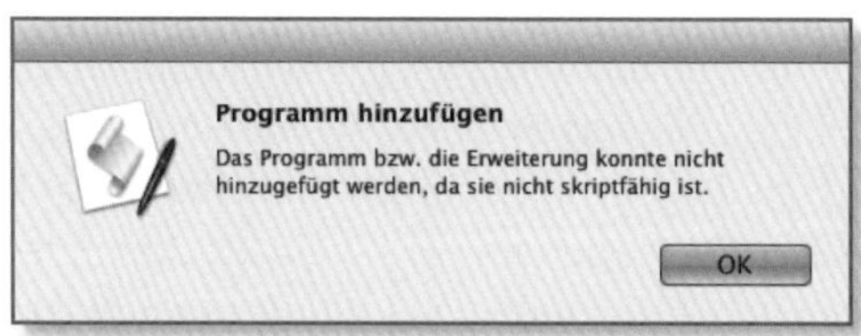

▲ **Abbildung 26.11**
Wenn ein Programm keine Unterstützung für AppleScript bietet, kann es der Bibliothek nicht hinzugefügt werden.

Funktionsverzeichnis | Welche Objekte Sie bei einem Programm mit AppleScript manipulieren können, variiert natürlich von Programm zu Programm. Wenn Sie in der Bibliothek eine Anwendung mit einem Doppelklick auswählen oder die Bücher in der Symbolleiste anklicken, erscheint in einem eigenen Fenster das Funktionsverzeichnis des Programms (siehe Abbildung 26.12). Sie erhalten in diesem Fenster Aufschluss über die durch das Programm zur Verfügung gestellten Befehle und Objekte. Von Relevanz sind zunächst die farbig hinterlegten Buchstaben vor den einzelnen Einträgen:

- **S in einem Quadrat**: Es handelt sich um eine Suite, die mehrere Befehle und Objekte thematisch gruppiert. Die Suite FINDER ITEMS fasst Befehle und Objekte zusammen, die sich auf Objekte im Dateisystem beziehen.
- **C in einem blauen Kreis**: ein Befehl wie beispielsweise `display dialog`, der Ihnen im Rahmen dieses Programms zur Verfügung steht
- **C in einem lila Quadrat**: eine Klasse von Objekten wie beispielsweise Fenster, Fotos oder Dateien, die über bestimmte Eigenschaften verfügen

- **P in einem lila Quadrat**: Eigenschaften eines Objekts, die Sie gegebenenfalls manipulieren können
- **E in einem orangefarbenen Quadrat**: ein Unterelement dieser Klasse

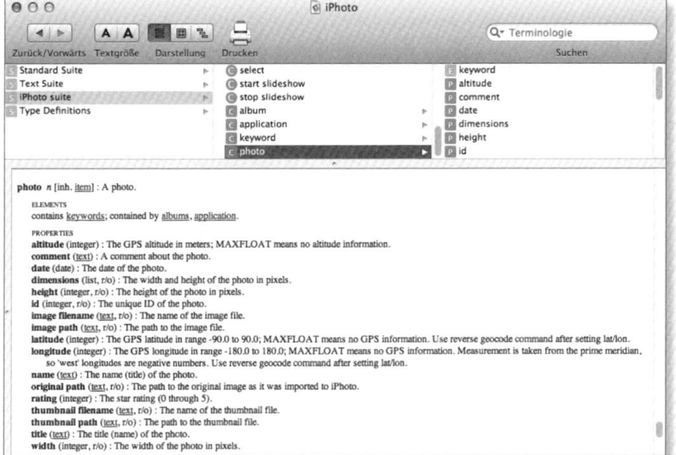

◂ **Abbildung 26.12**
Die Bibliothek eines Programms enthält die Klassen der Objekte, deren Eigenschaften und verfügbare Befehle.

Auf den ersten Blick mag ein Funktionsverzeichnis wie das des Finders oder von iPhoto verwirren. Es ist folgendermaßen zu lesen: Zunächst finden Sie in der linken Spalte die einzelnen Suiten, die die verfügbaren Objekttypen und Befehle thematisch gruppieren.

In der IPHOTO SUITE sehen Sie dann mehrere Befehle wie zum Beispiel SELECT für die Auswahl eines Objekts, bei dem es sich um ein Bild oder ein Album handeln kann. Darüber hinaus finden Sie dort eine Objektklasse PHOTO, die weitere Eigenschaften (*Properties*) wie etwa NAME oder DATE enthält.

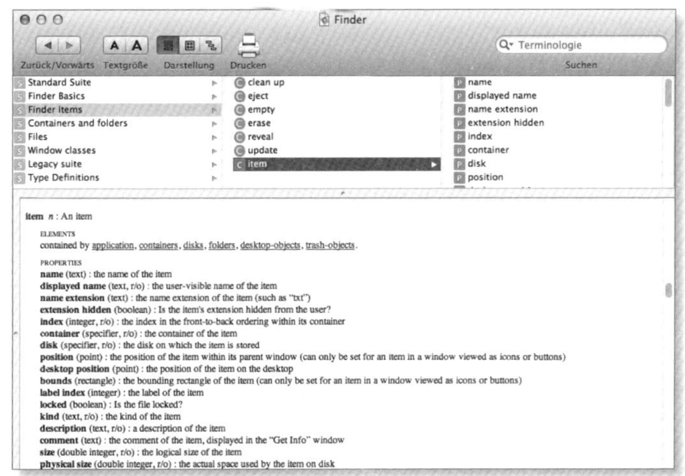

◂ **Abbildung 26.13**
Wählen Sie eine Objektklasse aus, erscheinen ihre Eigenschaften inklusive einer kurzen Beschreibung.

boolean
Die Angabe BOOLEAN verweist auf einen weiteren Typ von Variablen. Hierbei sind nur zwei Werte möglich: wahr (`true`) oder falsch (`false`). Ob das Suffix des Objekts angezeigt wird oder nicht, wird durch den Wert der Eigenschaft `extension hidden` definiert. Dieser Wert kann entweder `true` (das Suffix wird versteckt) oder `false` (es ist sichtbar) sein.

Wählen Sie in der Funktionsbibliothek ein Element wie in Abbildung 26.13 ITEM aus, dann erhalten Sie im unteren Bereich eine kurze Beschreibung. Darunter finden Sie unter ELEMENTS eine Auflistung der Objekte, die das ausgewählte Element enthalten können. So können Objekte (ITEMS) in Datenträgern (DISKS) und Ordnern (FOLDERS) enthalten sein. Dies wird durch die Angabe CONTAINED BY signalisiert.

Umgekehrt gibt es Objektklassen, die weitere Objekte enthalten können. Würden Sie zum Beispiel aus der Suite CONTAINERS AND FOLDERS die Klasse CONTAINER auswählen, fänden Sie dort auch eine Angabe CONTAINS, gefolgt von einigen Objekten. Damit wird signalisiert, dass dieser Objekttyp weitere Objekte, etwa Dateien, enthalten kann.

r/o
Das Kürzel R/O bei einer Eigenschaft besagt, dass diese nur lesbar (*read only*) ist. Solche Eigenschaften können Sie mit dem Befehl `set` nicht verändern.

Eigenschaften und Typen | Bei einer Objektklasse wie ITEM oder FOLDER finden Sie eine ganze Reihe von Eigenschaften (PROPERTIES). Neben der eigentlichen Bezeichnung der Eigenschaft wie NAME erhalten Sie in Klammern Angaben über den Datentyp (TEXT, INTEGER) dieser Eigenschaft. Der Name eines Objekts wird natürlich durch eine Zeichenkette (TEXT) repräsentiert, während es sich beim Änderungsdatum (MODIFICATION DATE) um eine Zeitangabe (DATE) handelt. Einige Eigenschaften können nur vorgegebene Werte enthalten. Diese werden in Klammern durch Querstriche getrennt angegeben. Der kurze Satz nach dem Doppelpunkt beschreibt die Funktion der Eigenschaft.

Objekte erstellen

Ergebnisse »abfangen«
Sie können das Ergebnis in einer neuen Variablen regelrecht »abfangen«. Mit der Anweisung `set Fenster to make new Finder window` würden Sie eine neue Variable `Fenster` erstellen, die auf das neu erstellte Fenster verweist. Dieses Vorgehen funktioniert nur in den nachfolgend beschriebenen `tell`-Blöcken.

Haben Sie sich über die verfügbaren Objekte in einem Programm in der Funktionsbibliothek informiert, dann können Sie das Programm über AppleScript anweisen, ein neues Objekt zu erstellen. Der zentrale Befehl zur Erstellung eines neuen Objekts, der von den meisten Programmen verstanden wird, ist `make`. Dementsprechend erstellen Sie im Finder ein neues Objekt vom Typ Fenster mit der Anweisung

```
tell application "Finder" to make new Finder window
```

Der Finder öffnet daraufhin im Hintergrund ein neues Fenster.

Eigenschaften auslesen und manipulieren

Nicht nur bei den Variablen, auch bei den Eigenschaften dienen die Befehle `set` und `get` dazu, Werte auszulesen oder zu manipulieren. Wenn Sie mit der Funktionsweise und AppleScript-Unterstützung eines Programms noch nicht so ganz vertraut sind, kann die Arbeit mit dem Befehl `get` ganz hilfreich sein. In Abbildung 26.14 finden Sie ein Skript, bei dem zunächst innerhalb eines `tell`-Blocks ein neues Fenster im Finder erzeugt wurde. Dieses wurde in der Variablen `Fenster` dann gespeichert.

Hinweis

Die Datensätze mit den Eigenschaften können unterschiedliche Datentypen enthalten. So werden die Koordinaten der Eigenschaft `position` in Form einer Liste innerhalb des Datensatzes gespeichert.

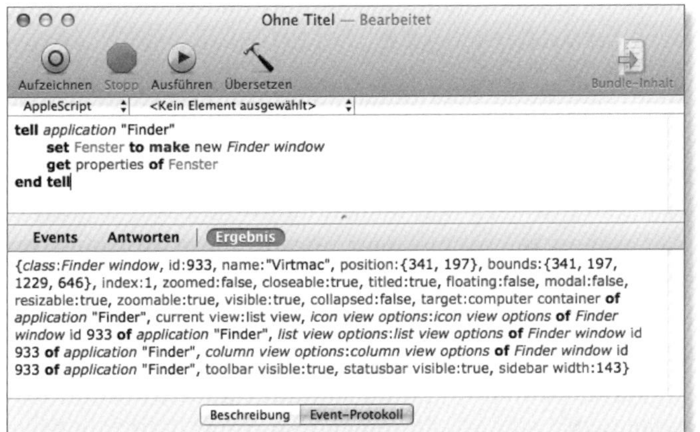

◄ **Abbildung 26.14**
Mit dem Befehl `get` fragen Sie die aktuellen Eigenschaften eines Objekts ab.

»get properties« | Über welche Eigenschaften ein individuelles Objekt verfügt, können Sie in der Regel mit dem Befehl **`get`** `properties` **`of`** in Erfahrung bringen. In Abbildung 26.14 wurden die Eigenschaften mit **`get`** `properties` **`of`** `Fenster` ausgelesen, und im Bereich ERGEBNIS werden sie in Form eines Datensatzes angegeben. So trägt das Fenster den Namen KAIS MAC PRO und befindet sich auf dem Bildschirm an der Position (POSITION) mit der X-Koordinate 53 und der Y-Koordinate 44.

Eigenschaften manipulieren | Die Eigenschaften eines Objekts können Sie mit dem Befehl **`set`** so manipulieren, wie Sie mit ihm die Werte einer Variablen definieren.

Tipp

Es ist manchmal auch möglich, auf schon vorhandene Objekte zurückzugreifen, so etwa mit `set Fenster to front window` auf das vorderste Fenster.

```
tell application "Finder"
set Fenster to make new Finder window
set position of Fenster to {50, 50}
set Zielordner to ":Users:kai:" as alias
set target of Fenster to Zielordner
end tell
```

In diesem Skript wird zunächst ein neues Finder-Fenster erstellt und dieses neu erstellte Objekt in der Variablen `Fenster` gespeichert. Dann wird die Liste der Eigenschaft `position` in `{50, 50}` geändert. Die früheren Werte werden somit überschrieben, das

Fenster wird am linken oberen Rand positioniert. Dann wird im dritten Schritt eine neue Variable `Zielordner` vom Typ `alias` der Eigenschaft `target` als Wert zugewiesen. Das neu erstellte Fenster befindet sich nun oben links auf dem Bildschirm und zeigt den Ordner des Benutzers mit dem Kurznamen `kai` an.

26.5 Grundlegende Befehle

Mehrzeiliger Kommentar
`(* ... *)`

Einzeiliger Kommentar
`--`

AppleScript verfügt über einige grundlegende Befehle, die Ihnen unabhängig von den skriptfähigen Programmen zur Verfügung stehen. Dazu gehören Befehle, mit denen Sie Bedingungen formulieren oder Befehle mehrfach hintereinander ausführen, um beispielsweise die Elemente einer Liste nacheinander abzuarbeiten. Dieser Abschnitt stellt Ihnen diese grundlegenden Befehle zur Kontrolle des Ablaufs vor.

TIPP
Arbeiten Sie an einem umfangreicheren Skript, das Sie nach und nach mit neuen Zeilen ergänzen, kann es zu Testzwecken manchmal nützlich sein, einige Zeilen nicht auszuführen. Wenn Sie solche Zeilen vorübergehend als Kommentar markieren, müssen Sie sie nicht aus dem Skript selbst löschen.

Kommentare | Ihre Skripten sollten Sie in jedem Fall kommentieren. Kommentare erleichtern es Ihnen zu einem späteren Zeitpunkt, das Vorgehen Ihres Skripts zu verstehen. Bei den in diesem Kapitel verwendeten, eher kleineren Beispielen mag die Notwendigkeit noch nicht einsichtig sein. Aber wenn Ihre Skripten an Komplexität und an Umfang zunehmen, werden Sie Kommentare bei der Fehlersuche nicht mehr missen wollen.

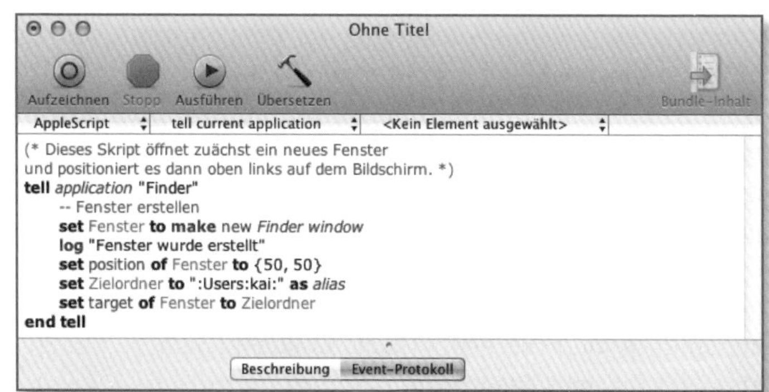

Abbildung 26.15 ▸
Kommentare helfen beim Verständnis der Funktionsweise.

In AppleScript können Sie einzeilige und mehrzeilige Kommentare verwenden. Einen Kommentar über mehrere Zeilen leiten Sie mit `(*` ein. Der folgende Text wird von AppleScript als Kommentar erkannt und bei der Ausführung des Skripts nicht beachtet. Einen solchen Kommentar beenden Sie mit den Zeichen `*)`.

Bei einem kurzen Kommentar, der nur eine Zeile in Anspruch nimmt, können Sie die Zeile mit zwei Minuszeichen einleiten.

Kommentare werden im Editor grau dargestellt und sind so leicht vom regulären Quellcode zu unterscheiden.

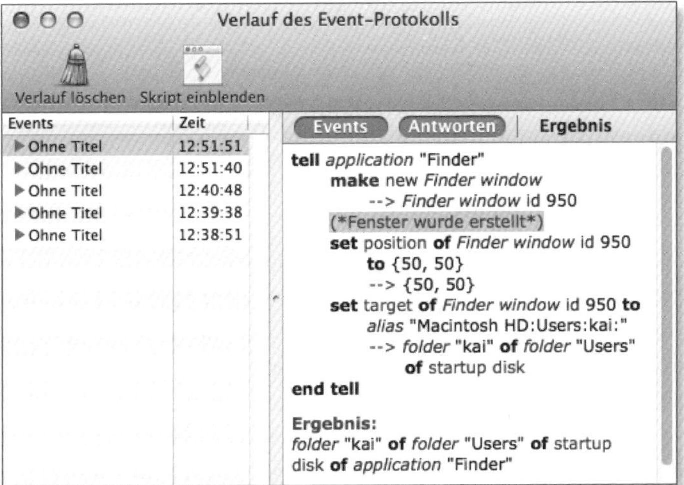

◄ **Abbildung 26.16**
Der Befehl `log` schreibt einen Kommentar in das Event-Protokoll.

Protokoll mit »log« | Der Befehl `log` kann Ihnen bei der Verfolgung des Ablaufs Ihres Skripts helfen. Sie können ihm in Anführungszeichen einen Text anfügen, der dann im Event-Protokoll erscheint. Auch hier mag sich der Nutzen bei kleinen Skripten nicht erschließen; ist Ihr Skript allerdings umfangreicher geworden und haben Sie es in Funktionen unterteilt, dann sind die über `log` erzeugten Nachrichten ein nützliches Mittel zur Analyse von Fehlern.

Programme mit »tell« ansprechen

Einem Programm über AppleScript Anweisungen erteilen können Sie mithilfe des bereits erwähnten **`tell`**-Befehls. Diesem übergeben Sie in Anführungszeichen den Namen des Programms, das Sie steuern möchten. Beachten Sie bei der Angabe des Namens, dass seine Schreibweise exakt der im Finder angezeigten entsprechen muss. Andernfalls erscheint ein Dialog, in dem Sie das Programm vorgeben müssen. Mit der Anweisung **`tell`** `application "Finder"` **`to`** `activate` würde der Finder in den Vordergrund wechseln.

Pfadangabe
Sie können anstelle des Namens auch einen vollständigen Pfad zu dem Programm-Bundle angeben. So sprächen Sie mit `tell application "/Applications/iPhoto.app"` das im Ordner PROGRAMME gesicherte Programm direkt an. Die Pfadangabe kann nützlich sein, wenn Sie ein Programm in verschiedenen Versionen mehrfach installiert haben.

Einblendmenü | In den Einstellungen des AppleScript-Editors können Sie in der Ansicht BEARBEITUNG die Option EINBLENDMENÜ MIT TELL-BEFEHL FÜR PROGRAMME EINBLENDEN aktivieren. Anschließend finden Sie oberhalb des Eingabebereichs im Fenster ein Ausklappmenü ❶, aus dem Sie das Programm auswählen können, an das die eingegebenen Befehle gesendet werden.

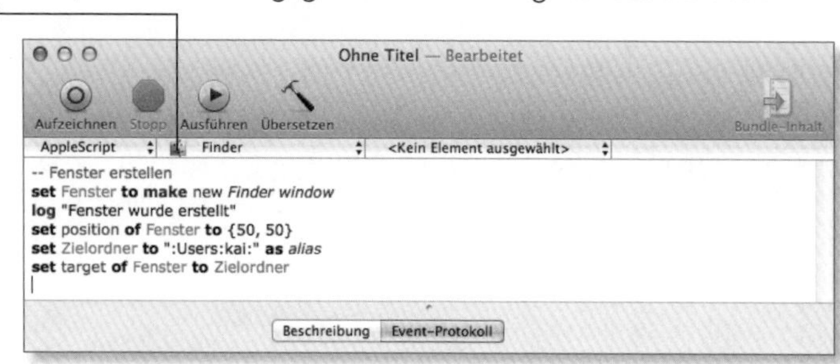

Abbildung 26.17 ▸
Über das Ausklappmenü ❶ können Sie das anzusprechende Programm direkt auswählen.

Die Auswahl `tell current application` anstelle eines Programms wie dem Finder oder iPhoto hat das aktive Programm zum Ziel. Dies wird, wenn Sie Ihr Skript gerade eingeben, der AppleScript-Editor sein, den Sie seinerseits ebenfalls via AppleScript steuern können. Für das in Abbildung 26.17 dargestellte Skript wurde der Finder als Ziel vorgegeben, und auf diese Weise konnte auf die Verwendung des Befehls `tell` verzichtet werden.

Hinweis

In einigen Fällen ist es notwendig, die englische Bezeichnung eines Programms anzugeben. Die Anweisung `tell application "Kontakte"` ist nicht erfolgreich, während die englische Bezeichnung `tell application "contacts"` zum Ziel führt.

Blöcke | Die Arbeit mit einem Konstrukt in der Form **`tell`** `application "Name"` **`to`** `activate` ist akzeptabel, wenn lediglich ein Befehl an das Programm geschickt werden soll. Möchten Sie dem Finder mehrere Anweisungen hintereinander übergeben, bietet sich die Verwendung eines `tell`-Blocks an. Diesen leiten Sie mit der Anweisung `tell application "Finder"` ein, wobei Sie `to` hier nicht angeben. Die folgenden Zeilen werden von AppleScript alle an den Finder gerichtet. Um einen solchen Block – die Zeilen werden zur besseren Übersicht eingerückt – abzuschließen, geben Sie die Anweisung `end tell` ein.

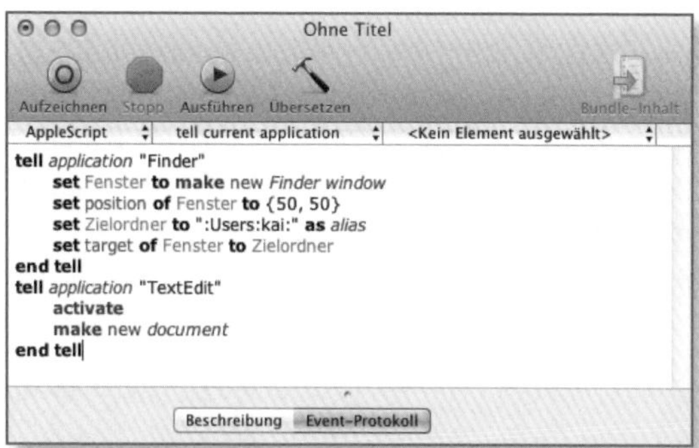

Abbildung 26.18 ▸
Mittels `tell` werden nacheinander der Finder und TextEdit angesprochen.

Das in Abbildung 26.18 dargestellte Skript weist zunächst den Finder an, ein neues Fenster zu öffnen und zu positionieren. Anschließend wird über einen zweiten `tell`-Block das Programm TextEdit angewiesen, sich in den Vordergrund zu begeben und ein neues Dokument zu erstellen. Sofern TextEdit noch nicht aktiv ist, wird es über AppleScript automatisch gestartet.

Ignorieren und Zeitüberschreitung | Es gibt einige Sonderfälle, in denen es gewünscht sein kann, die Ergebnisse eines Befehls zu ignorieren oder aber ein Programm vorzeitig abzubrechen. Mit einem Block, der mit **`ignoring`** `application responses` eingeleitet und mit **`end ignoring`** beendet wird, werden die dazwischenstehenden Anweisungen ausgeführt. Das Skript wartet hierbei nicht auf die Ergebnisse der Befehle. So können Sie im Hintergrund Aktionen, die Zeit, aber keine Aufmerksamkeit benötigen, effizient ausführen.

In einem AppleScript können Sie auch einen Zeitrahmen vorgeben, innerhalb dessen die Befehle ausgeführt werden müssen. Dies kann zum Beispiel bei der Aktivierung eines Servers geboten sein. Sie würden so verhindern, dass eine zu langsame Netzwerkverbindung das gesamte Skript blockiert. Dies erreichen Sie, indem Sie einen Block mit **`with timeout of`** `60 seconds` beginnen und mit **`end timeout`** abschließen. Mit dem Skript

```
with timeout of 60 seconds
tell application "Finder"
mount volume "afp://192.168.0.4/Dosendateien"
end tell
end timeout
```

hätte der Finder exakt eine Minute Zeit, die Freigabe auf dem angegebenen Rechner zu aktivieren, andernfalls würde das Skript abgebrochen. Umgekehrt können Sie durch die Angabe von **`with timeout of`** auch die Laufzeit eines Skripts verlängern. Dies kann dann notwendig sein, wenn eine Aufgabe viel Zeit in Anspruch nimmt und das Skript vor Abschluss der Arbeiten vom System abgebrochen wird.

Hinweis

Beachten Sie, dass Sie die Anweisung `ignoring` innerhalb eines `tell`-Blocks einfügen müssen.

TIPP

Sie können sich ein paar Eingaben sparen, indem Sie im Skripteditor anstelle von `application` einfach nur `app` eingeben. Die Eingabe wird dann vom Editor beim Übersetzen vervollständigt.

Programme starten und beenden | Ein Programm starten Sie mit dem Befehl `launch`. In den Vordergrund bringen Sie es mit dem Befehl `activate`. Dieser startet das Programm, falls es noch nicht aktiv sein sollte. Mit `quit` beenden Sie ein Programm über AppleScript.

Finder beenden

Mit der Anweisung `tell application "Finder" to quit` würden Sie auch den Finder beenden.

Interaktion mit dem Anwender

Ihre Skripten werden flexibler und nützlicher, wenn Sie dem Anwender die Möglichkeiten zur Eingabe und zur Entscheidung ge-

Warnton mit »beep«

Den Warnton des Systems können Sie mit dem Befehl `beep` erklingen lassen.

ben. Zur Kommunikation mit dem Anwender bietet Ihnen AppleScript einige Funktionen, die über die Sprachausgabe mit `say` hinausgehen.

Aufgeben
Mit der Angabe `giving up after`, gefolgt von der Anzahl der Sekunden, wird die Warnmeldung nach der Wartezeit automatisch abgebrochen.

»display alert« | Die erste Möglichkeit, mit dem Anwender zu kommunizieren, besteht in der Ausgabe einer Warnung oder Fehlermeldung.

Der Befehl `display alert` zeigt eine Meldung an, deren Erscheinungsbild Sie mit ein paar Optionen steuern können. Zunächst können Sie die Überschrift in Anführungszeichen direkt nach dem Befehl angeben. Über die Option `message`, wiederum gefolgt von einer Zeichenkette, geben Sie den eigentlichen Text der Warnung vor.

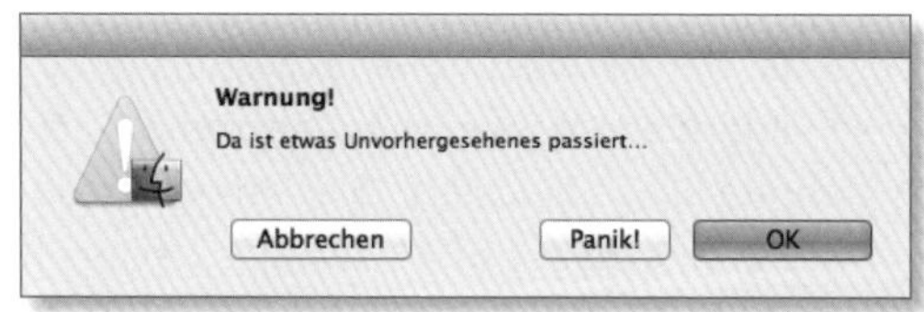

Abbildung 26.19 ▸
Die Warnmeldung wurde mit drei Schaltflächen und einem Icon versehen.

Die Angabe `buttons`, gefolgt von einer Liste, ermöglicht es Ihnen, mehrere Schaltflächen in dem Dialog zu definieren. So wurde dem Dialog in Abbildung 26.19 noch eine dritte Schaltfläche hinzugefügt. Da solche Dialoge in OS X auch mit einem Druck auf die Taste [esc] abgebrochen werden können, wurde die Schaltfläche ABBRECHEN mit der Anweisung `cancel button "Abbrechen"` explizit als Schaltfläche für den Abbruch deklariert. Der Zusatz `as warning` sorgt für die Verwendung des gelben Dreiecks im Dialog.

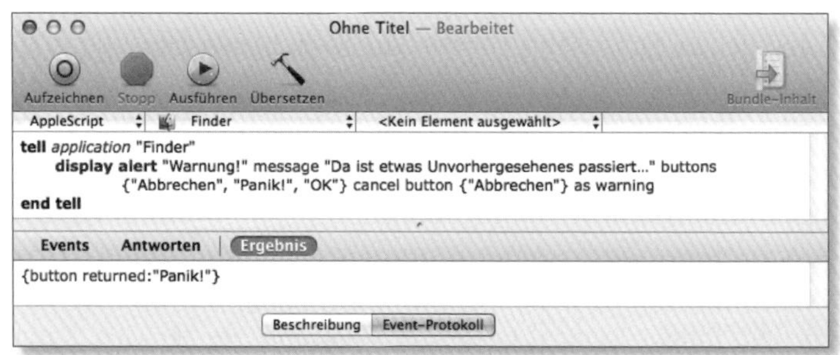

Abbildung 26.20 ▸
Einer Warnmeldung können Sie verschiedene Parameter übergeben.

Befehle einklammern
Wenn Sie Befehle in Klammern angeben, werden diese zuerst ausgeführt. In diesem Beispiel wird also erst der Dialog angezeigt und dann der Wert über `button returned` ausgelesen. Mit dieser Schreibweise können Sie Ihr Skript kompakter fassen; Sie sollten aber immer auf die Lesbarkeit achten.

»button returned« | Der Befehl `display alert` gibt einen Datensatz mit einem Eintrag `button returned` zurück. Um nun an die Entscheidung des Anwenders zu gelangen, müssen Sie den Wert dieses Eintrags auslesen.

Sie könnten natürlich zunächst eine eigene Variable (zum Beispiel `Rückgabe`) für diesen Datensatz erstellen und dann in einer zweiten Zeile den Wert des Eintrags `button returned` des Datensatzes Rückgabe auslesen und in einer zweiten Variablen sichern. Einfacher ist es jedoch, die gesamte display alert-Anweisung in Klammern anzugeben. Mit der Zeile

```
set Entscheidung to button returned of (display alert
"Vorsicht!" message "Irgendetwas Unvorhergesehenes
ist passiert." buttons {"Abbrechen", "Wie jetzt?",
"OK"})
```

wird in der Variablen Entscheidung lediglich der Text der angeklickten Schaltfläche gespeichert.

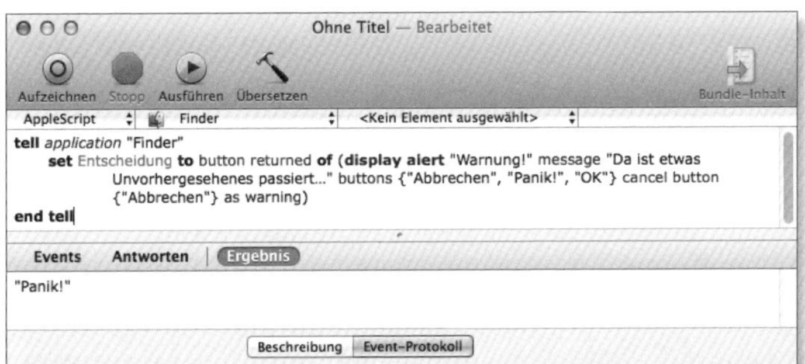

◂ Abbildung 26.21
Die Verwendung von Klammern ermöglicht den direkten Zugriff auf den zurückgegebenen Wert.

»display dialog« | Während display alert lediglich Schaltflächen zur Auswahl stellt, nimmt der Befehl display dialog auch Text entgegen. Zunächst können Sie display dialog direkt im Anschluss einen Text vorgeben, der als Nachricht im Dialog angezeigt wird. Über das Schlüsselwort buttons, gefolgt von einer Liste, legen Sie die Schaltflächen fest, die in dem Dialog erscheinen sollen. Der Dialog aus Abbildung 26.22 würde durch den Befehl display dialog "Dies ist ein Dialog" buttons {"Nummer 1", "Nummer 2", "Nummer 3"} erzeugt.

Icon vorgeben
Durch die Angabe von with icon, gefolgt von stop, note oder caution, können Sie dem Dialog eines von drei Icons vorgeben.

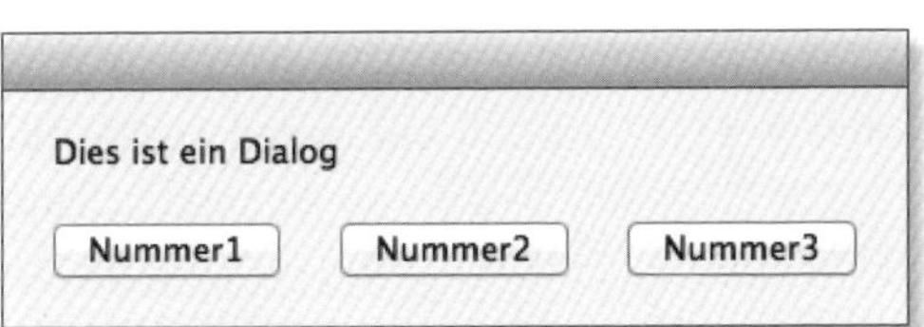

◂ Abbildung 26.22
Mit display dialog werden drei Schaltflächen zur Auswahl gestellt.

Text eingeben | Dem Anwender ermöglichen Sie die Eingabe eines Textes, indem Sie die Anweisung default answer verwenden. Dieser übergeben Sie in Anführungszeichen den Text, der im Eingabefeld zuerst erscheinen soll. Geben Sie zwei Anführungszeichen hintereinander ein, dann ist das Textfeld zunächst leer. Die Dialog in Abbildung 26.23 wurde mit der Anweisung display dialog "Bitte Text eingeben" buttons {"Abbrechen", "OK"} default answer "" erzeugt.

Abbildung 26.23 ▸
Mit der Option default answer kann ein Text eingegeben werden.

»hidden answer«
Die Anzeige des eingegebenen Textes können Sie durch die zusätzliche Angabe von hidden answer true unterbinden. In diesem Fall erscheinen im Textfeld nur schwarze Punkte – wie auch bei der Eingabe eines Passworts.

»text returned« | Die Entscheidungen des Anwenders umfassen bei diesem Dialog sowohl den eingegebenen Text, den Sie über den Eintrag text returned ansprechen, als auch die angeklickte Schaltfläche, die Sie wie gehabt über button returned ansprechen können. Eine Variable, die den vom Benutzer eingegebenen Text als Wert enthält, erreichen Sie mit einer Zeile **set** Eingabe **to** text returned **of** (display dialog "Bitte Text eingeben" buttons {"Abbrechen", "OK"} default answer "").

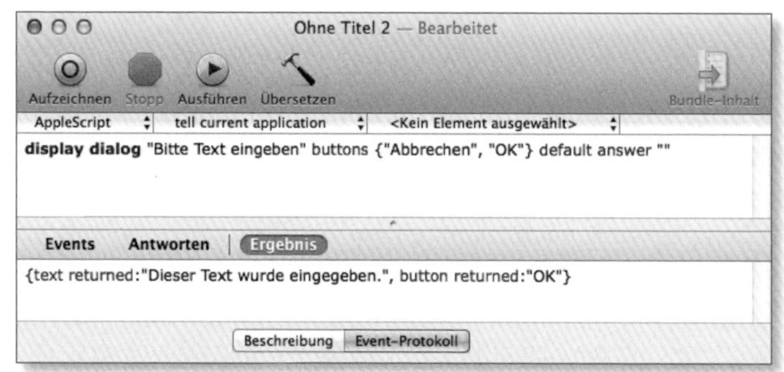

Abbildung 26.24 ▸
Der Dialog liefert in einem Datensatz zwei Werte zurück.

»choose ...« | Für die Auswahl von Dateien, Ordnern, Listenelementen und Dateinamen stellt Ihnen AppleScript passende Befehle zur Verfügung. Mit der Anweisung choose file geben Sie dem Anwender die Möglichkeit, eine Datei auszuwählen. Die Zeile **set** Datei **to** choose file ruft den bekannten Dialog zur Auswahl einer Datei auf. Die Variable Datei enthält anschließend die ausgewählte Datei in Form eines Alias. Mit dem Zusatz **with** invisibles stellen Sie auch die im Finder sonst unsichtbaren Dateien zur Auswahl.

Möchten Sie den Anwender mehrere Dateien gleichzeitig auswählen lassen, ergänzen Sie die Zeile um die Anweisung multiple selections allowed true. Bei gedrückter [⌘]-Taste kann er nun mehrere Dateien markieren. Als Resultat erhalten Sie eine Liste mit alias-Objekten.

Text anzeigen
Allen Dialogen können Sie durch die Angabe von with prompt, gefolgt von einem Text in Anführungszeichen, eine kurze Beschreibung hinzufügen.

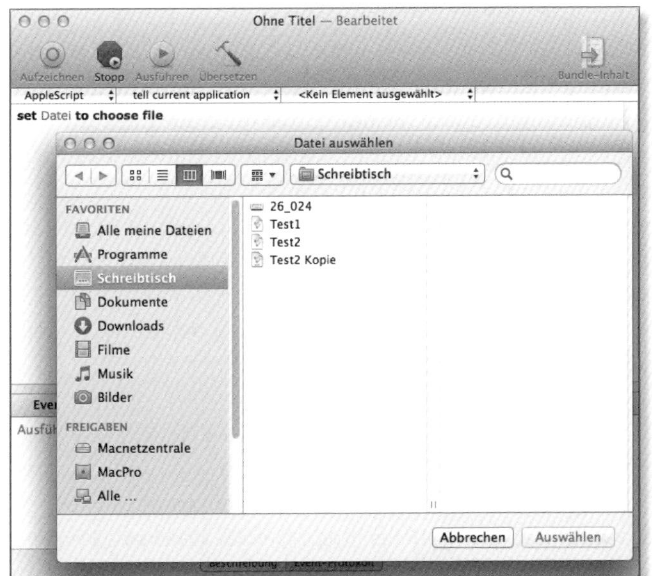

◀ **Abbildung 26.25**
Mit der Anweisung `choose file` können eine oder mehrere Dateien ausgewählt werden.

Ordner auswählen | Einen Ordner können Sie den Anwender mit dem Befehl `choose folder` auswählen lassen.

»prompt« und »title«
Wie auch bei den anderen Dialogen können Sie mit den Angaben `with prompt` und `with title` eine Erläuterung und eine Überschrift hinzufügen.

Aus Liste auswählen | Neben Ordnern und Dateien können Sie auch die Elemente einer bereits vorhandenen Liste zur Auswahl stellen. Diese Funktion ist dann sinnvoll, wenn Sie dem Anwender beispielsweise beim Export eines Albums aus iPhoto die Möglichkeit geben möchten, aus den bereits vorhandenen Alben auszuwählen. Die Auswahl erfolgt mit dem Befehl `choose from list`, gefolgt vom Namen einer bereits existierenden Liste.

Beachten Sie hierbei, dass Ihnen der Befehl keinen Text, sondern eine Liste zurückgibt. Mit den Zeilen

```
set Gesamt to {"Erster Eintrag", "Zweiter Eintrag", "Dritter Eintrag"}
set Auswahl to choose from list Gesamt OK button name "Auswählen" with title "Bitte auswählen" with prompt "Vorhandene Elemente"
```

▲ **Abbildung 26.26**
Die Elemente der Liste stehen zur Auswahl.

könnte der Wert der Variablen `Auswahl` beispielsweise `{"Erster Eintrag"}` lauten. Würden Sie das Skript um die Zeile **set** `nurText` **to** `first item` **in** `Auswahl` ergänzen, dann stünde das erste und in diesem Fall einzige Element in der Liste `Auswahl` über die Variable `nurText` zur Verfügung. Diese enthält dann lediglich die Zeichenkette und keine Liste.

Bedingungen vorgeben

Die Möglichkeit, Werte von Variablen abzufragen und das Verhalten des Skripts davon abhängig zu steuern, ist der entscheidende Unterschied zwischen AppleScript und dem Automator.

Mit der Anweisung **if** können Sie eine Bedingung vorgeben, die erfüllt werden muss, um die folgenden Anweisungen auszuführen. Eine Bedingung wäre zum Beispiel notwendig, wenn Sie prüfen, ob ein Ordner bereits existiert, und ihn, sofern dies nicht der Fall ist, kurzerhand erstellen.

Die einfachste Möglichkeit ist eine Abfrage mittels **if** in einer Zeile. Die Zeile

```
if application "iPhoto" is running then tell
application "iPhoto" to quit
```

würde zunächst prüfen, ob das Programm iPhoto aktiv ist. Wenn dies der Fall ist, wäre die Bedingung **is** running wahr. Sie entspräche also dem Wert true. In diesem Fall wird der mit then eingeleitete Befehl ausgeführt und das Programm beendet. Wäre iPhoto nicht aktiv, dann geschähe nichts.

»if ... then ... else« | Wie bei **tell** können Sie auch bei einer Überprüfung mittels **if** die auszuführenden Befehle in einem Block zusammenfassen. Einen solchen Block beginnen Sie mit dem Kriterium, das erfüllt sein muss. In dem Skript

```
set Person to button returned of (display dialog
"Person auswählen" buttons {"Hans", "Martin"})
if Person is "Martin" then
display dialog "Hallo Martin"
end if
```

werden dem Anwender erst zwei Namen in einem Dialog zur Auswahl gestellt und diese in der Variablen Person gespeichert. Der Wert dieser Variablen wird dann mit **is** "Martin" überprüft. Wenn der Anwender MARTIN angeklickt hat, werden die Zeilen zwischen **if** und **end if** ausgeführt.

»else«

Die mit else ohne weitere Bedingungen angegebenen Befehle werden in dem Fall ausgeführt, dass alle vorher durchgeführten Abfragen sich als falsch herausgestellt haben.

Das Schlüsselwort else ermöglicht es Ihnen, in einem Durchgang mehrere Überprüfungen vorzunehmen. Es gibt eine Reihe von Szenarien, in denen diese Vorgehensweise angebracht ist, etwa wenn Sie mit Dateien verschiedener Typen unterschiedlich verfahren möchten. In dem Beispiel

```
set Person to button returned of (display dialog
"Person auswählen" buttons {"Hans", "Martin",
"Niemand", "Nemo"})
if Person is "Martin" then
display dialog "Hallo Martin"
else if Person is "Hans" then
display dialog "Hallo Hans"
else
display dialog "Niemand da?"
end if
```

wird zuerst geprüft, ob der Anwender auf MARTIN geklickt hat. Wenn dies nicht der Fall ist, wird überprüft, ob auf HANS geklickt wurde. In einem anderen Fall, egal, ob NIEMAND oder NEMO ausgewählt wurde, erscheint der dritte Dialog.

Während die Bedingung `is` lediglich auf eine vollständige Übereinstimmung hin prüft, verfügt AppleScript über eine Reihe weiterer Operatoren, mit denen Sie Bedingungen sowohl für Zahlen als auch für Listen und Zeichenketten definieren können.

Operator	Bedeutung
=	Die Werte sind gleich. Alternativ: `is`
≠	Die Werte sind nicht gleich. Alternativ: `is not`
<	kleiner als der zweite Operand
>	größer als der zweite Operand
≤	kleiner als oder gleich dem zweiten Operanden
≥	größer als oder gleich dem zweiten Operanden

◂ **Tabelle 26.2**
Operatoren für Vergleiche

Neben den Operatoren für Vergleiche, die bevorzugt bei Zahlen (`if Zahl1 ≤ Zahl2 then`) verwendet werden, gibt es vier Operatoren, die Sie bei Listen und Zeichenketten verwenden können. Dies ermöglicht es Ihnen, die Inhalte einer Liste auf einen Bestandteil hin zu überprüfen.

Operator	Bedeutung
`contains/is in`	Prüft, ob die Zeichenkette in einer String-Variablen (`contains`) oder das Element in einer Liste (`is in`) enthalten ist.
`contains not/ is not in`	Ist wahr, wenn die Zeichenkette nicht in einer String-Variablen (`contains not`) oder das Element nicht in einer Liste (`is not in`) enthalten ist.

Tabelle 26.3 ▸
Operatoren für Inhalte

Operator	Bedeutung
`begins with`	Prüft den Beginn einer Zeichenkette oder einer Liste.
`ends with`	Prüft das Ende einer Zeichenkette oder einer Liste.

Die Prüfung des ersten und letzten Elements beziehungsweise des Inhalts ist in vielen Situationen sinnvoll. So ist es bei einem Dateinamen oft nicht erwünscht, wenn er mit einem Punkt beginnt. In dem Beispiel

```
set Dateiname to text returned of (display dialog
"Name vergeben" default answer "")
if Dateiname begins with "." then
display dialog "Die Datei wird im Finder nicht
sichtbar sein!"
else if Dateiname contains ":" then
display dialog "Doppelpunkte sind unzulässig!"
else
display dialog "Die Datei wird im Finder sichtbar
sein!"
end if
```

würde die **`if`**-Bedingung zunächst den Beginn von `Dateiname` auf einen Punkt hin überprüfen. Sofern dies nicht der Fall ist, prüft das Skript, ob der Anwender einen Doppelpunkt für diesen Dateinamen angegeben hat, und weist ihn dann darauf hin, dass dieser in einem Dateinamen unzulässig ist. Wenn der Dateiname weder mit einem Punkt beginnt noch einen Doppelpunkt enthält, wird der dritte Dialog angezeigt.

Schleifen formulieren

Vorgegebene Anzahl
Eine etwas einfachere Verwendung von **`repeat`** besteht in der Vorgabe der Durchläufe mittels **`times`**. Würden Sie die Schleife mit **`repeat`** `5` **`times`** einleiten, würde sie fünfmal ausgeführt. Sie hätten keine Möglichkeit, auf den aktuellen Durchgang mittels einer Variablen zuzugreifen.

Schleifen haben in Programmiersprachen die Aufgabe, Befehle mehrfach hintereinander auszuführen. Dies kann notwendig sein, wenn Sie eine Befehlsfolge mehrfach wiederholen und so beispielsweise mehrere durchnummerierte Ordner in einem Durchgang erzeugen. Oder Sie wollen die Elemente einer Liste, die beispielsweise mehrere Dateien enthält, nacheinander abarbeiten. Eine Schleife erzeugen Sie in AppleScript mit dem Befehl **`repeat`**. Auch hier geben Sie die Befehle in Blöcken an.

Schleifen mehrfach durchlaufen | Leiten Sie mit `repeat` eine Schleife ein, dann können Sie diese so konstruieren, dass Sie auf die aktuelle Wiederholung in Form einer Variablen Zugriff haben. Geben Sie hierzu das Schlüsselwort **`with`** an, gefolgt vom Namen der Variablen, die die aktuelle Wiederholung speichern soll. Darüber hinaus geben Sie mit **`from`** und **`to`** vor, von welcher Zahl ausgehend zur letzten gezählt werden soll. Das klingt zunächst sehr abstrakt. Das folgende Beispiel mag nutzlos sein, illustriert aber recht eindrucksvoll, welche Bewandtnis es mit einer Schleife hat.

Rückwärtszählen

Es ist in AppleScript auch möglich, in einer Schleife rückwärtszuzählen. Mit `repeat with Durchlauf from 1 to 500 by -1` würde sich das Fenster von rechts nach links bewegen.

```
tell application "Finder"
activate
set Fenster to make new Finder window
repeat with Durchlauf from 1 to 500
set position of Fenster to {Durchlauf, 50}
end repeat
end tell
```

Wenn Sie dieses Skript ausführen, wechselt der Finder zunächst in den Vordergrund und öffnet ein neues Fenster, das über die gleichnamige Variable angesprochen wird. Dieses schwebt ohne Ihr Zutun von links nach rechts über den Bildschirm.

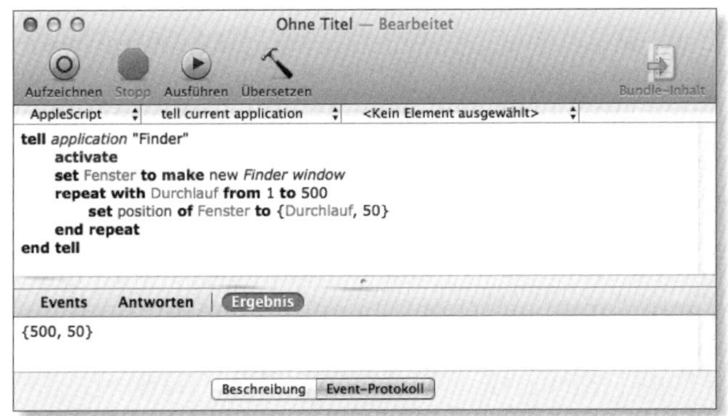

◂ **Abbildung 26.27**
Die Schleife befindet sich innerhalb des `tell`-Blocks und wird entsprechend eingerückt.

Der Grund besteht in der **`repeat`**-Schleife. Die aktuelle Wiederholung wird in der Variablen `Durchlauf` gespeichert. Ihr Wert beginnt bei 1 (**`from`** `1`) und wird dann bis 500 (**`to`** `500`) hochgezählt. Innerhalb der `repeat`-Schleife wird diese Variable verwendet, um die X-Koordinate `{Durchlauf, 50}` der `position` des Fensters anzugeben. Die X-Koordinate beginnt also bei 1 und endet bei 500 analog zur aktuellen Wiederholung der Schleife.

Schrittgröße

Sie können die Angabe von `by` auch nutzen, um die Zählung zu verändern. Mit `repeat with Durchlauf from 1 to 500 by 2` würde der Wert von `Durchlauf` bei jeder Wiederholung um 2 erhöht. Die Schleife würde so nur 250-mal abgearbeitet.

Schleifen und Listen | Sie können eine **`repeat`**-Schleife auch nutzen, um die Elemente in einer Liste nacheinander abzuarbeiten.

Bei Listen tritt das Problem auf, dass Sie bei der Entwicklung Ihres Skripts manchmal nicht wissen können, wie viele Elemente die Liste enthält. So kann sich die Anzahl der in einem Ordner enthaltenen Dateien ändern. Hier wäre die Angabe einer Zahl zunächst nicht sinnvoll.

Die einfachste Möglichkeit, die Elemente einer Liste abzuarbeiten, besteht in der Angabe `repeat with Variable in Liste`. Der Wert von `Variable` entspräche nacheinander dem jeweiligen Element in der Liste, wobei die Schleife so oft ausgeführt wird, wie die Liste über Elemente verfügt. Ein Beispiel:

```
set Personen to {"Hans", "Martin", "Theo"}
repeat with Person in Personen
display dialog "Hallo " & Person
end repeat
```

»repeat while«
Mithilfe des Schlüsselwortes `while`, gefolgt von einer Bedingung, veranlassen Sie, dass die Schleife so lange durchlaufen wird, wie der Wert der Variablen dem Kriterium entspricht. Mit **`repeat while`** `Variable` **`is`** `"Wert"` wird die Schleife so lange wiederholt, bis der Wert geändert wird. Dies könnte zum Beispiel mit **`set`** `Variable` **`to`** `"Neuer_Wert"` erfolgen.

Hier würde zuerst eine Liste mit drei `Personen` erstellt. In der `repeat`-Schleife wird das aktuelle Element in der Variablen `Person` gespeichert und die Schleife dann so oft durchlaufen, wie die Liste über Einträge verfügt. Mit `display dialog` würden nacheinander alle drei Personen angesprochen.

Um die Einträge einer Liste nacheinander abzuarbeiten – dieses Verfahren wird auch *Iteration* genannt –, mag diese Form ausreichen. In einigen Skripten werden Sie aber neben einzelnen Elementen auch die Zahl der Wiederholungen benötigen. In diesem Fall können Sie mit der Anweisung `count items` die Elemente einer Liste zählen und die Elemente dann direkt ansprechen. Das Beispiel hätte nun folgenden Aufbau:

```
set Personen to {"Hans", "Martin", "Theo"}
repeat with Durchlauf from 1 to (count items in
Personen)
display dialog "Hallo " & item Durchlauf in Personen
end repeat
```

»repeat until«
Mit `repeat until` würde die Schleife so oft ausgeführt, bis der Wert der Variablen der Vorgabe entspricht.

Hierbei würde die Variable `Durchlauf` wieder die Wiederholung als Zahl enthalten. Die in Klammern angegebene Anweisung `count items in Personen` zählt die Elemente in der Liste. Da die Anweisung in Klammern steht, wird sie in dieser Zeile als Erstes ausgeführt. Die eigentliche `repeat`-Schleife würde **`repeat with`** `Durchlauf` **`from`** `1` **`to`** `3` lauten. Die Variable `Durchlauf` wird dann verwendet, um über `item` das erste, das zweite und schließlich das dritte Element der Liste `Personen` auszulesen.

Fehler abfangen und produzieren

Möglicherweise gibt es bestimmte Situationen, etwa bei einem nicht erreichbaren Server, in denen Sie Ihr Skript in jedem Fall abbrechen möchten. Einen Fehler erzeugen Sie mutwillig mit dem Befehl `error`, dem Sie in Anführungszeichen eine Meldung übergeben können.

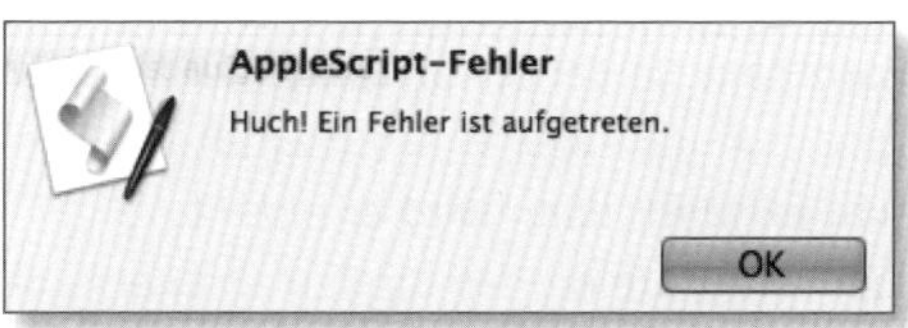

◂ **Abbildung 26.28**
Eine Fehlermeldung erzeugen Sie mit `error`.

Fehler abfangen | Weitaus häufiger gibt es jedoch Situationen, in denen Sie einen Fehler abfangen und das Skript dennoch fortsetzen möchten. Dies erreichen Sie, indem Sie die kritischen Befehle mit **`try`** und **`end try`** in einem Block zusammenfassen. Die dazwischenstehenden Befehle würde AppleScript versuchen auszuführen, im Falle eines Fehlers jedoch mit dem Skript ohne Fehlermeldung fortfahren. Wenn bei einem Fehler andere Befehle ausgeführt werden sollen, können Sie den Block mit der Anweisung **`on error`** erweitern. In diesem Fall würden die nach **`on error`** folgenden Zeilen bei einem Fehler ausgeführt. In dem Skript

```
tell application "Finder"
try
empty trash
on error
display dialog "Papierkorb konnte nicht geleert
werden!"
end try
end tell
```

würde der Finder zunächst versuchen, den Papierkorb zu leeren. Sollte dies nicht möglich sein, erhielten Sie eine Meldung, die jedoch durch das Skript veranlasst würde.

26.6 Mit Dateien arbeiten

Die bisherigen Beispiele waren eher praxisfern und hatten die Aufgabe, Ihnen die grundlegenden Konzepte von AppleScript und die Funktionsweise der einzelnen Befehle zu erläutern. Mit zwei umfangreicheren Beispielen werden die Fähigkeiten und Vorzüge von AppleScript deutlich.

Ordner mit Server abgleichen

Das erste Beispiel hat die Aufgabe, Dateien eines Ordners auf einen Server zu kopieren. Das Skript soll folgende Funktionen bieten:

- Der Anwender kann den Ordner auswählen, der auf den Server kopiert wird. Im Skript werden die Adresse des Servers sowie der Name der Freigabe fest eingebunden.
- Es wird geprüft, ob auf dem Server schon ein gleichnamiger Ordner existiert.
- Wenn der Ordner nicht existiert, dann wird er erstellt.
- Auf den Server werden die Dateien des lokalen Ordners kopiert, wobei bereits existierende Dateien auf dem Server überschrieben werden.
- Die Verbindung zum Server wird nach dem Kopiervorgang beendet.

Eine Schwierigkeit bei diesem Skript liegt darin, dass hier mehrfach zwischen verschiedenen Typen von Variablen gewechselt werden muss. Die eigentliche Hürde besteht in der Integration der Erweiterung SYSTEM EVENTS, die für das Auslesen des Ordnerinhalts zuständig ist.

»choose URL«
Eine Alternative zur festen Vorgabe des Servers könnte eigentlich der Befehl `choose URL` darstellen. Diesen können Sie über den Parameter `showing {File servers}` anweisen, alle über Bonjour gefundenen Server anzuzeigen. Allerdings funktionierte die Übergabe der Serveradresse im Skript zur Drucklegung dieses Buches nicht korrekt, sodass immer eine Verbindung zu `localhost` versucht wurde.

Ordner auswählen | Den zu kopierenden Ordner wählen Sie mit dem bereits bekannten Befehl `choose folder` aus.

Freigabe aktivieren | Zur Aktivierung des freigegebenen Ordners auf dem Server wird der Befehl `mount volume` verwendet. Dieser kann auf zwei Arten benutzt werden: Zunächst können Sie einen URL in der Form `afp://Server/Freigabe` (siehe Abschnitt 18.2) angeben. Der Aufruf würde dann `mount volume "afp://Server/Freigabe"` lauten. Alternativ geben Sie nur den Namen der Freigabe an. Anschließend übergeben Sie die Adresse des Servers mit dem Parameter `on server`. Sollte die Freigabe eine Authentifizierung erfordern, können Sie mit `as user name` einen Benutzernamen übergeben. Darüber hinaus wäre es auch möglich, mit der Angabe `with password` das zu verwendende Passwort im Skript selbst zu speichern. Hier wäre allerdings die Speicherung des Passworts im Schlüsselbund (siehe Abschnitt 10.1) oft die bessere, weil sichere Lösung. Ein vollständiger Aufruf könnte also `mount volume "Freigabe" on server "Adresse" as user name "Benutzer" with password "Geheim"` lauten.

In diesem Skript wird auf die Vorgabe des Passworts verzichtet, stattdessen soll der Anwender das Passwort selbst eingeben, und bei Bedarf kann er es im Schlüsselbund speichern. Sowohl der

Name der Freigabe (Backup) als auch des Servers (Macnetzentrale.local) werden vorgegeben. Der somit eingebundene Server wird in einer Variablen gespeichert, die jedoch zunächst vom Typ file ist. Sie wird in einer weiteren Zeile dann in ein Alias umgewandelt.

Der Beginn des Skripts hat folgenden Aufbau:

```
tell application "Finder"
set Quellordner to choose folder
set Zielserver to mount volume "Backup" on server
"Macnetzentrale.local" as user name "kai"
set Zielserver to Zielserver as alias
```

▲ **Listing 26.1**
Ordner mit Server abgleichen.scpt (Beginn)

Die Verbindung zum Server wurde hergestellt, und er kann im Skript über die Variable Zielserver angesprochen werden.

Ordner erstellen | Der nächste Schritt besteht darin, den Ordner auf dem Server zu erstellen, sofern er noch nicht existiert. Dies geschieht mit folgenden Zeilen:

»with properties«
Bei vielen Objekten können Sie bei der Erstellung über die Angabe with properties auch gleich die Eigenschaften in Form eines Datensatzes definieren. Der erstellte Ordner wurde gleich über die Eigenschaft name: Ordnername umbenannt.

```
set Ordnername to name of Quellordner
set Zielordner to (Zielserver as string) & Ordnername
if exists Zielordner then
set Zielordner to Zielordner as alias
else
set Zielordner to make new folder at Zielserver with
properties {name: Ordnername}
end if
```

▲ **Listing 26.2**
Ordner mit Server abgleichen.scpt (Fortsetzung)

Es existiert nun auf dem Zielserver in jedem Fall ein Ordner mit dem gleichen Namen wie der vom Anwender ausgewählte lokale Ordner. Die Zusammensetzung der Variablen Zielordner im zweiten Schritt erfolgt bewusst als Zeichenkette und nicht als Alias. Zu diesem Zeitpunkt ist nicht sichergestellt, dass der Ordner auch wirklich existiert. Die Existenz des referenzierten Objekts jedoch ist Bedingung für die Erstellung eines Objekts vom Typ Alias.

System Events
Die Arbeit mit den in der Disk-Folder-File Suite verfügbaren Informationen erleichtert den Umgang mit Dateien und Ordnern ungemein. Sie könnten mit set Elemente to path of items of Quellordner die Pfadangaben aller Elemente unabhängig vom Typ ermitteln. Der Aufruf set Ordner to name of folders of Quellordner liest die Namen aller Ordner aus.

Inhalt des Ordners auslesen | Es existieren nun der Ausgangs- und der Zielordner. Jetzt sollen die Dateien aus dem vom Anwender ausgewählten Ordner ermittelt werden. Hier ergibt sich zunächst das Problem, dass der Finder nicht in der Lage ist, eine Liste aller in einem Ordner enthaltenen Dateien auszugeben. Dies wird von der Erweiterung System Events übernommen, die wie ein Programm angesprochen werden muss.

Die Anweisung an das Programm System Events erfolgt hier innerhalb eines eigenen tell-Blocks. Die Anweisung lautet:

```
tell application "System Events"
set Dateien to path of files of Quellordner
end tell
```

▲ **Listing 26.3**
Ordner mit Server abgleichen.scpt (Fortsetzung)

In der Liste `Dateien`, die auch außerhalb dieses `tell`-Blocks verfügbar ist, finden Sie nun die absoluten Pfade aller Dateien, die im `Quellordner` enthalten sind. Verzeichnisse werden hier ausgeschlossen. Diese Liste können Sie nun mit einer `repeat`-Schleife durchlaufen und dabei die Dateien kopieren.

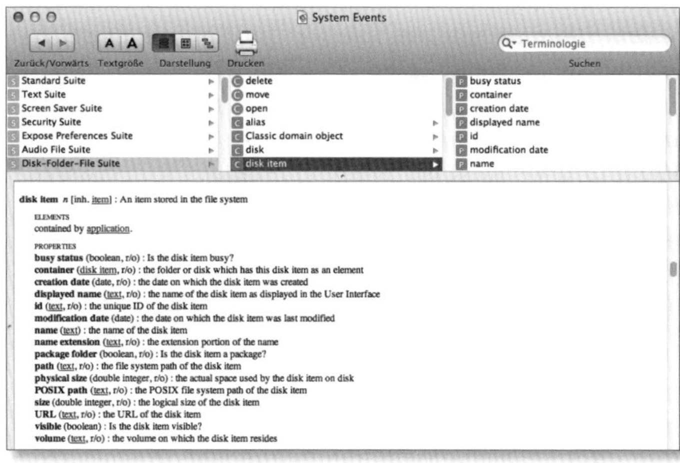

Abbildung 26.29 ▶
Die Disk-Folder-File Suite der System Events ermöglicht die Arbeit mit Objekten im Dateisystem.

Bei dem mit dem Befehl `duplicate` durchzuführenden Kopiervorgang kann ein Problem auftreten, das schlichtweg nicht einsichtig ist: Es handelt sich um unsichtbare Dateien, deren Name mit einem Punkt beginnt. Diese können beim Kopiervorgang zu einer nichtssagenden Fehlermeldung führen. Dementsprechend sollen Dateien, deren Name mit einem Punkt beginnt, nicht kopiert werden. Hierzu müssen Sie innerhalb der `repeat`-Schleife den Namen einer Datei in Erfahrung bringen. Auch hier werden die Fähigkeiten des Programms System Events genutzt. Die Schleife hat folgenden Aufbau:

◂ **Abbildung 26.30**
Es wurden nur die Pfade der Dateien ausgelesen, Ordner wurden nicht berücksichtigt.

```
repeat with Durchlauf from 1 to (count items in
Dateien)
tell application "System Events"
set Dateiname to name of file (item Durchlauf in
Dateien)
end tell
if Dateiname begins with "." then
-- Hier passiert nichts
else
duplicate item Durchlauf in Dateien to Zielordner
with replacing
end if
end repeat
```

▴ **Listing 26.4**
Ordner mit Server abgleichen.scpt (Fortsetzung)

Zunächst wird eine Schleife begonnen, deren Wiederholungen durch die Anzahl der Einträge in der Liste `Dateien` bestimmt werden. Im zweiten Schritt wird das Programm System Events angewiesen, den Dateinamen des aktuellen Eintrags auszulesen und in der Variablen `Dateiname` zu speichern. Darauf folgt eine Abfrage, ob der Dateiname mit einem Punkt beginnt. Wenn dies der Fall ist, dann geschieht nichts. Andernfalls wird die Datei mit der Anweisung `duplicate` an den Finder in den `Zielordner` kopiert.

Warnung

Die Angabe `with replacing` überschreibt schon vorhandene Dateien im Zielordner ohne Rückfrage!

Server trennen | Ein Server wird im Finder wie ein Wechselmedium mittels `eject` ausgeworfen. Indes reagiert `eject` auf den Namen des auszuwerfenden Mediums, und der Name der Freigabe steht im Skript noch nicht als Variable zur Verfügung. Dies kann aber durch eine Angabe in Klammern geschehen, und mit `eject (name of Zielserver)` würde in Klammern der Name der Freigabe ermittelt und an `eject` zum Auswurf oder in diesem Fall zur Trennung übergeben. Die letzten beiden Zeilen des Skripts lauten dementsprechend:

```
eject (name of Zielserver)
end tell
```

▲ **Listing 26.5**
Ordner mit Server abgleichen.scpt (Schluss)

Die Anweisung **end tell** ist notwendig, da ganz zu Beginn des Skripts ein **tell**-Block, der sich an den Finder richtet, begonnen wurde.

Bilder aus iPhoto exportieren

Das zweite Beispiel hat die Aufgabe, die in iPhoto ausgewählten Bilder zu exportieren. Dabei prüft das Skript zunächst, ob überhaupt Bilder selektiert wurden. Wenn dies der Fall ist, werden die Bilddateien in einen vom Anwender auszuwählenden Ordner kopiert. Der Vorteil des Skripts gegenüber der Funktion ABLAGE • EXPORTIEREN besteht darin, dass gleich die ursprüngliche Bilddatei exportiert wird und ein Dialog umgangen werden kann.

Abbildung 26.31 ▶
Wenn keine Bilder ausgewählt wurden, wird ein `album` zurückgegeben.

Auswahl ermitteln | Bei der Erstellung des Skripts gilt es zuerst zu beachten, dass der Wert der Auswahl (`selection`) im Skript auch einem Album entsprechen kann. Hat der Anwender in iPhoto keine Bilder ausgewählt, dann enthält `selection` den Verweis auf ein Album. Es gilt also zunächst zu prüfen, von welchem Typ das erste Element der mittels `selection` auszulesenden Liste ist. Der Grundaufbau des Skripts sieht hierfür folgendermaßen aus:

```
tell application "iPhoto"
set Auswahl to selection
if class of item 1 in Auswahl is album then
display alert "Bitte Bilder auswählen" buttons {"OK"}
else if class of item 1 of Auswahl is photo then
-- Hier folgen die eigentlichen Anweisungen
end if
end tell
```

Zuerst wird die aktuelle Auswahl in dem Programm in die Variable Auswahl geschrieben. Anschließend wird mithilfe von class **of** geprüft, welchem Datentyp das erste Element in der Liste entspricht. Handelt es sich um ein Album, dann hat der Anwender keine Bilder ausgewählt, und das Skript weist auf die benötigte Auswahl hin. Wurden Bilder ausgewählt, sollen die Zeilen ausgeführt werden, an deren Stelle zunächst ein Kommentar als Platzhalter steht.

Interne Datentypen
Diese Form der Überprüfung des Datentyps mithilfe von class of ist in diesem Beispiel möglich, weil das Programm iPhoto angesprochen wird. Es stellt ja eigene Datentypen über seine AppleScript-Bibliothek zur Verfügung, die die in AppleScript vorhandenen ergänzen.

Eigenschaften eines Bildes | In Abbildung 26.32 sehen Sie die Eigenschaften eines photo-Objekts in iPhoto, die mit dem Befehl get properties ausgelesen wurden. Sie finden dort neben den Größenangaben (height, width und dimensions), dem Namen und etwaigen Kommentaren in der Eigenschaft image path auch die Pfadangabe zur eigentlichen Bilddatei in Ihrem Ordner BILDER. Diese Eigenschaft gilt es auszulesen.

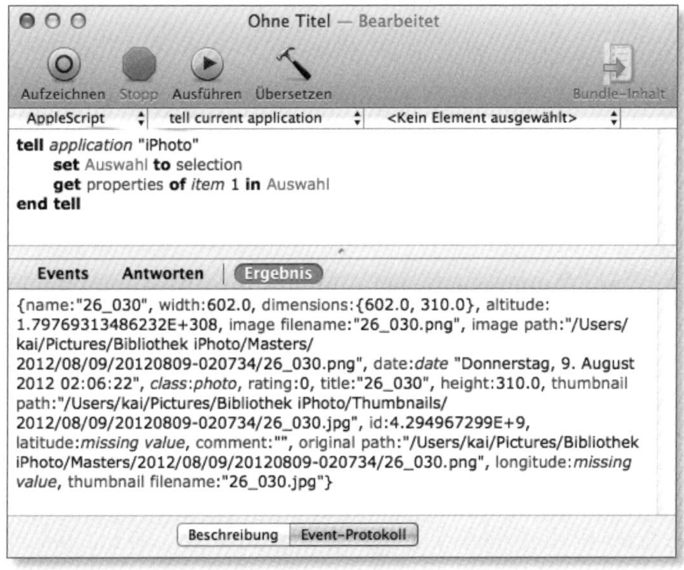

◂ **Abbildung 26.32**
Die Eigenschaften eines Elements vom Typ photo enthalten auch die Pfadangaben.

Pfadangabe konvertieren | Hier ergibt sich jedoch das Problem, dass die Pfadangabe in einer für AppleScript nicht verständlichen Form angegeben wird. Eine Pfadangabe in der Form `/Users/kai/Pictures/...` funktioniert zwar am Terminal, wird von AppleScript jedoch in dieser Form nicht verstanden. In AppleScript gilt weitgehend durchgängig für die Arbeit mit einer Datei die Notwendigkeit, mit der Notation mit Doppelpunkten in der Form `:Users:kai:Pictures:...` zu arbeiten. Die Pfadangabe muss also in eine für AppleScript verständliche Form umgewandelt werden.

»POSIX path of«
Die umgekehrte Methode, wie Sie eine Angabe vom Typ `alias` in der Form `:Users:kai:` umwandeln, wird in Abschnitt 26.9 mit dem Befehl `Posix path of` besprochen.

Auch in diesem Zusammenhang leistet die Erweiterung System Events gute Dienste. Sie ist in der Lage, eine Pfadangabe von der POSIX-Form in eine AppleScript-konforme Angabe umzuwandeln. Diese Konvertierung wird an passender Stelle eingeschoben. Das endgültige Skript hat dann folgenden Aufbau:

```
tell application "iPhoto"
set Auswahl to selection
if class of item 1 in Auswahl is album then
display alert "Bitte Bilder auswählen" buttons {"OK"}
else if class of item 1 of Auswahl is photo then
set Zielordner to choose folder
repeat with Bild in Auswahl
set Pfad to image path of Bild
tell application "System Events"
set Dateiobjekt to path of file Pfad
end tell
tell application "Finder"
duplicate Dateiobjekt to Zielordner
end tell
end repeat
end if
end tell
```

▲ **Listing 26.6**
iPhoto Export.scpt

»path of file«
System Events ist in der Lage, bei der Angabe eines Dateiobjekts mittels `file` recht flexibel zu agieren. Die Variable `Pfad` ist zunächst lediglich eine Zeichenkette. System Events kann Objekte im Dateisystem auch über eine einfache Zeichenkette identifizieren.

In dem fertigen Skript wird wie in der Rohfassung geprüft, ob es sich bei dem ersten Element der Auswahl um ein Bild handelt. Wenn dies der Fall ist, wird der Anwender nach einem Ordner gefragt. Dann wird mittels `repeat` eine Schleife begonnen, die die in `Auswahl` enthaltenen Bilder nacheinander abarbeitet. In dieser Schleife wird zuerst die Eigenschaft `image path` des aktuellen Bildes in der Variablen `Pfad` gespeichert. Diese hat zunächst die Form `/Users/kai/Pictures/...`

Daraufhin wird die Erweiterung SYSTEM EVENTS angesprochen und mit der Anweisung `path of file pfad` die für AppleScript verständliche Form der Pfadangabe in die Variable `Dateiobjekt` geschrieben. Der Kopiervorgang über den Finder erfolgt in der schon bekannten Form.

26.7 Bilder bearbeiten mit Image Events

Die Erweiterung IMAGE EVENTS ermöglicht Ihnen die Bearbeitung und Konvertierung von Bilddateien direkt aus AppleScript heraus. Die IMAGE EVENTS ersetzen natürlich kein Programm zur Bildbearbeitung, aber wenn Sie eine große Anzahl von Bildern verkleinern oder in ein anderes Dateiformat konvertieren müssen, stellen die IMAGE EVENTS eine schnelle und auch effiziente Lösung dar.

SIPS
Die technische Grundlage der IMAGE EVENTS stellt das *Scriptable Image Processing System* bereit. Am Terminal können Sie bis zu einem gewissen Grad auf die Funktionen der IMAGE EVENTS mit dem Befehl `sips` zugreifen.

»open« | Um mit Bilddateien im Rahmen der IMAGE EVENTS zu arbeiten, müssen Sie diese explizit mit dem Befehl `open` öffnen. Dies mag auf den ersten Blick nicht einsichtig sein, weil die IMAGE EVENTS über keine grafische Oberfläche verfügen. Allerdings ist es nur so möglich, ein Objekt zu erzeugen, dessen Eigenschaften Sie dann mit dem Befehl `set` manipulieren können.

Bilder konvertieren

Um Bilder in einem anderen Format zu speichern, müssen Sie den Befehl `save` verwenden und das Dateiformat mit dem Schlüsselwort `as` vorgeben. Das folgende Skript öffnet eine Datei, fragt nach dem Namen der neuen Datei und nimmt anschließend die Konvertierung vor.

»choose file name«
Mit dem Befehl `choose file name` lassen Sie den Anwender einen Dateinamen eingeben. Sie erhalten dann eine Variable vom Typ `file`, die auf ein noch nicht existierendes Objekt im Dateisystem weist.

```
set Quelldatei to choose file
set Zieldatei to choose file name default name ".tif"
tell application "Image Events"
set Bild to open Quelldatei
save Bild as TIFF in (Zieldatei as string)
end tell
```

Weitere Dateiformate
IMAGE EVENTS kann Dateien in den Formaten speichern, die auch von QuickTime unterstützt werden. In der Funktionsbibliothek der IMAGE EVENTS finden Sie in der IMAGE SUITE im Eintrag SAVE die passenden Kürzel wie JPEG oder PICT.

In dem Skript wird mit der Zeile **set** `Bild` **to** `open Quelldatei` ein neues Objekt erzeugt, das auf der vom Anwender ausgewählten Datei beruht. Mit `save` wird dieses Objekt dann in der `Zieldatei` gespeichert. Hierbei muss, da die Datei ja noch nicht existiert, ihr Name als Zeichenkette (`as string`) angegeben werden. Durch die Angabe `as TIFF` wird das Format vorgegeben, in dem die neue Datei gespeichert wird.

Abbildung 26.33 ▸
IMAGE EVENTS erlaubt keine Interaktion.

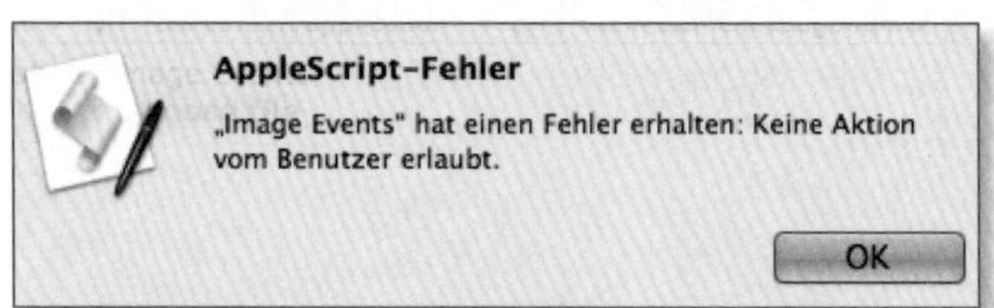

Die Befehle `choose file` und `choose file name` wurden in diesem Skript bewusst nicht innerhalb des `tell`-Blocks platziert. Anders als der Finder oder die Erweiterung SYSTEM EVENTS sind die IMAGE EVENTS nicht in der Lage, mit dem Benutzer zu interagieren. Stünden die Befehle innerhalb des `tell`-Blocks, erhielten Sie die Fehlermeldung aus Abbildung 26.33.

Bilder manipulieren

Mit der Bibliothek IMAGE EVENTS können Sie Bilder verkleinern, beschneiden, spiegeln und drehen. Bei allen vier Methoden müssen Sie zuvor ein Bildobjekt mit dem Befehl `open` wie im vorangegangenen Beispiel erzeugen. Auf ein solches Objekt können Sie dann unter anderem folgende Befehle anwenden:

- `crop`: Das Bild wird auf die angegebene Dimension beschnitten.
- `flip`: Das Bild wird horizontal oder vertikal gespiegelt.
- `pad`: Das Bild wird auf die angegebenen Maße vergrößert, wobei ein Rahmen eingefügt wird.
- `rotate`: Das Bild wird um den anzugebenden Winkel gedreht.
- `scale`: Das Bild wird auf die angegebenen Maße vergrößert oder verkleinert.

Farbprofile

Über die Befehle `embed` und `unembed`, gefolgt von der Dateiangabe für ein Profil, können Sie Farbprofile in die Bilder einbetten und bereits eingebettete wieder herausnehmen.

Der gebräuchlichste Befehl ist vielleicht `scale`, da bei der Vergrößerung oder Verkleinerung auch die Proportionen beachtet werden. Das vorangegangene Beispiel lässt sich zur Erstellung von kleinen Vorschaubildern, wie sie in vielen Galerien im Internet zu finden sind, leicht umschreiben.

Bilder spiegeln

Ein Bildobjekt spiegeln Sie mit der Anweisung `flip Bild horizontal true vertical true`. Lassen Sie die Anweisung `horizontal true` weg, wird es nur vertikal gespiegelt – und umgekehrt.

```
set Quelldatei to choose file
set Zieldatei to choose file name default name ".jpg"
tell application "Image Events"
set Bild to open Quelldatei
scale Bild to size 150
save Bild as JPEG in (Zieldatei as string)
end tell
```

Mit diesem Script würde die Bilddatei als JPG gespeichert und auf eine maximale Höhe oder Breite von 150 Pixeln verkleinert. Sie können anstelle der Angabe `to size` auch einen Faktor mit `by factor` angeben. Die Anweisung `scale Bild by factor 0.5` würde das Bild auf die Hälfte seiner Dimensionen verkleinern, während es mit `by factor 2` doppelt so groß würde.

Bilder drehen
Mit der Anweisung `rotate Bild to angle 90` drehen Sie das Bild um 90 Grad.

26.8 Skripten in Funktionen unterteilen

Die Unterteilung von Skripten in Funktionen kann bei umfangreichen Skripten eine enorme Arbeitserleichterung darstellen. Eine Funktion hat in AppleScript die Aufgabe, Befehle zu bündeln und gemeinsam auszuführen. Diese werden bisweilen auch als *Handler* bezeichnet, was insbesondere im Zusammenhang mit den Ordneraktionen (siehe Abschnitt 26.9) wichtig ist.

Funktion deklarieren | Eine Funktion deklarieren Sie mit dem Schlüsselwort `on`, gefolgt vom Namen der Funktion. In Klammern können Sie Variablen, die der Funktion übergeben werden sollen, aufführen. Das mag komplizierter klingen, als es eigentlich ist. Mit den Zeilen

```
on Kopieren (Datei)
tell application "Finder"
duplicate Datei to home
end tell
end Kopieren
```

Hinweis
Achten Sie bei den Namen der Variablen darauf, dass Sie sie innerhalb der Funktion mit den Namen ansprechen, die Sie in Klammern bei der `on`-Anweisung angegeben haben. In diesem Beispiel würde die Anweisung `duplicate Eine_Datei to home` nicht funktionieren.

wird eine Funktion `Kopieren` mit **on** erstellt. Gäben Sie das Skript in dieser Fassung ein und führten Sie es aus, würde nichts geschehen, weil die Funktion nicht aufgerufen wird. Ergänzen Sie das Skript am Ende um die Zeilen

```
set Eine_Datei to choose file
Kopieren(Eine_Datei)
```

◄ **Abbildung 26.34**
Die Funktionen stehen im Ausklappmenü zur Auswahl.

dann würde das Skript zuerst nach einer Datei fragen. Danach wird die erstellte Funktion `Kopieren` aufgerufen und dieser in Klammern `Eine_Datei` als Parameter übergeben. Innerhalb der Funktion steht der Wert von `Eine_Datei` in der Variablen `Datei` zur Verfügung, die dann über den Finder in das persönliche Verzeichnis des Benutzers kopiert wird.

Mehrere Parameter | Es ist auch möglich, einer Funktion mehrere Variablen durch Kommata getrennt zu übergeben. In dem Skript

```
on Kopieren (Datei, Ordner)
tell application "Finder"
duplicate Datei to Ordner
end tell
end Kopieren
set Eine_Datei to choose file
set Ein_Ordner to choose folder
Kopieren(Eine_Datei, Ein_Ordner)
```

werden der Funktion `Kopieren` zwei Parameter übergeben. Achten Sie hierbei auf die Reihenfolge. Der Aufruf `Kopieren(Ein_Ordner, Eine_Datei)` führt zu einer Fehlermeldung, weil Sie einen Ordner in eine Datei zu kopieren versuchen. Der Wert der Variablen `Datei` in der Funktion entspräche aufgrund der Reihenfolge dem Wert von `Ein_Ordner`.

26.9 Integration ins System

Zu einer wirklichen Arbeitserleichterung werden Ihre Skripten dann, wenn Sie sie an den richtigen Stellen im System platzieren. OS X 10.8 bietet Ihnen einige Möglichkeiten, schnell und im richtigen Kontext auf Ihre Skripten zuzugreifen und diese zum Teil auch automatisch auszuführen.

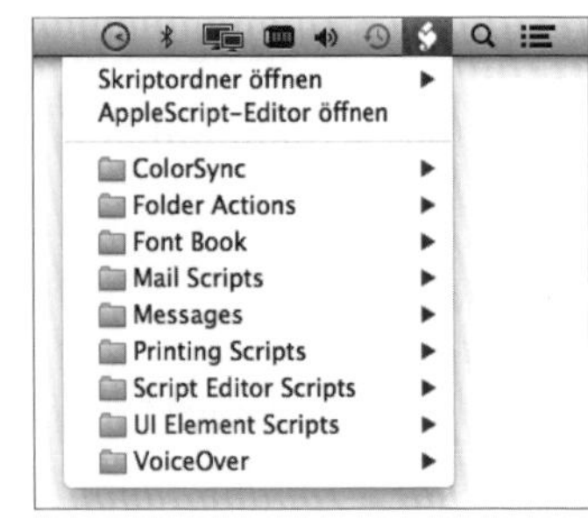

▲ **Abbildung 26.35**
Das Skriptmenü enthält eine Reihe von Beispielen.

Das Skriptmenü

In den Voreinstellungen des AppleScript-Editors finden Sie in der Ansicht Allgemein die Option Skriptmenü in der Menüleiste anzeigen. Wenn Sie diese Option aktiviert haben, dann erscheint oben rechts in der Menüleiste ein Eintrag mit einem AppleScript-Symbol. Klappen Sie diesen aus, stehen Ihnen einige Beispiel-Skripten von Apple zur Verfügung. Wenn Sie die Option Computerskripts einblenden deaktivieren, dann werden diese Skripten nicht mehr angezeigt. Die im Skriptmenü enthaltenen Skripten setzen sich aus dem Inhalt der Ordner /LIBRARY/SCRIPTS und ~/LIBRARY/SCRIPTS zusammen. Über den Eintrag SKRIPTORDNER ÖFFNEN können Sie beide Ordner direkt im Finder aufrufen.

◄ **Abbildung 26.36**
In den Voreinstellungen des AppleScript-Editors können Sie die Anzeige des Skriptmenüs aktivieren.

Programmskripts | Das Skriptmenü ist in der Lage, Skripten nur dann zur Verfügung zu stellen, wenn das betreffende Programm sich im Vordergrund befindet. Wenn Sie zum Beispiel iPhoto in den Vordergrund holen, dann finden Sie im Menü SKRIPTORDNER ÖFFNEN den Eintrag SKRIPTORDNER VON IPHOTO ÖFFNEN. Über diesen Eintrag wird das Verzeichnis ~/LIBRARY/SCRIPTS/APPLICATIONS/IPHOTO geöffnet. Wenn das Verzeichnis noch nicht existiert, wird es beim ersten Aufruf erstellt.

◄ **Abbildung 26.37**
Die in den Unterordnern von APPLICATIONS gespeicherten Skripten werden in den gleichnamigen Programmen angezeigt.

Die in diesem Ordner abgespeicherten Skripten werden im Bereich IPHOTO SKRIPTS angezeigt, wenn sich iPhoto im Vordergrund befindet.

Ordneraktionen

Ordneraktionen werden dann ausgeführt, wenn der Ordner sich ändert. Sie können so mit Ordneraktionen auf Änderungen in ei-

▲ **Abbildung 26.38**
Über das Kontextmenü im Finder konfigurieren Sie die Ordneraktionen.

nem Verzeichnis, die zum Beispiel im Hinzufügen oder Entfernen einer Datei bestehen können, automatisch reagieren.

Wenn Sie im Finder das Kontextmenü eines Ordners aufrufen, dann enthält dieses auch den Eintrag Ordneraktionen konfigurieren. Mit diesem Eintrag wird das gleichnamige Programm aus dem Verzeichnis /System/Library/Core Services gestartet. Sie können das Programm auch direkt aus dem Verzeichnis starten. Haben Sie das Programm über das Kontextmenü aufgerufen, dann erscheint eine Liste mit den im Verzeichnis /Library/Scripts/Folder Action Scripts verfügbaren Skripten. Sie können eines dieser Skripten auswählen und an den zuvor angeklickten Ordner Anhängen oder mit Abbrechen die Ordneraktionen verwalten.

Ordneraktionen konfigurieren | Der erste Schritt besteht darin, dass Sie die Ordneraktionen aktivieren. Möglicherweise wurde dies bereits durch den Automator vorgenommen. Mit dem Pluszeichen unterhalb der linken Spalte fügen Sie einen Ordner, an den eine Aktion angehängt wird, hinzu. Wählen Sie einen Ordner aus, dann erscheinen in der rechten Spalte die Skripten, die als Aktionen angehängt wurden. Über das Pluszeichen unterhalb der rechten Spalte hängen Sie ein Skript an den ausgewählten Ordner an. In der daraufhin erscheinenden Liste stehen Ihnen die in den Verzeichnissen /Library/Scripts/Folder Action Scripts und ~/Library/Scripts/Folder Action Scripts gespeicherten Skripten zur Auswahl. Das zweite Verzeichnis müssen Sie gegebenenfalls anlegen.

Abbildung 26.39 ▶
Die Liste der verfügbaren Skripten setzt sich aus dem Inhalt zweier Ordner zusammen.

Haben Sie ein eigenes Skript erstellt, dann sollten Sie es im zweiten Ordner speichern, um es als Ordneraktion nutzen zu können. Mit den Minuszeichen können Sie entweder einen Ordner von allen Aktionen wieder ausnehmen oder aber das ausgewählte Skript vom Ordner abhängen.

Bei den Ordneraktionen spielen die in Abschnitt 26.8 erläuterten Funktionen, die hier als Handler von Ereignissen fungieren, eine entscheidende Rolle. Es gibt fünf vorgegebene Aktionen, die ausgeführt werden, wenn das entsprechende Ereignis eintritt:

- `opening folder Ordner`: Wird ausgeführt, wenn der Ordner in einem Fenster im Finder geöffnet wird, wobei `Ordner` den Pfad des geöffneten Ordners enthält.
- `closing folder window for Ordner`: Beim Schließen des geöffneten Fensters wird diese Aktion ausgeführt, wobei `Ordner` wieder den Pfad des Ordners enthält.
- `moving folder window for Ordner`: Reagiert auf das Bewegen oder die Änderung der Größe des Fensters.
- `adding folder items to Ordner after receiving Dateien`: Werden neue Dateien oder Verzeichnisse dem `Ordner` hinzugefügt, dann werden diese Befehle ausgeführt. Die neuen Dateien und Ordner sind in der Liste `Dateien` enthalten.
- `removing folder items from Ordner after losing Dateien`: Wird ausgeführt, wenn Dateien oder Ordner entfernt werden. Auch hier stehen die Objekte in der Variablen `Dateien` als Liste zur Verfügung.

Hinweis

Wird ein Skript als Ordneraktion ausgeführt, dann werden Fehlermeldungen anders als im Skripteditor nicht ausgegeben. Lediglich der Bildschirm blitzt kurz auf. Auch müssen Sie für einen Dialog mit `display dialog` diesen über `tell application "Finder"` ausgeben.

Während sich die ersten drei Aktionen in erster Linie zur Manipulation von Fenstern im Finder eignen, stellen die letzten beiden Aktionen eine sehr leistungsfähige Möglichkeit dar, auf Änderungen im Dateisystem zu reagieren. In einem Beispiel sollen MP3-Dateien, die einem Ordner hinzugefügt werden, automatisch auch in iTunes geöffnet werden. Das Skript, das Sie im Verzeichnis ~/LIBRARY/SCRIPTS/FOLDER ACTION SCRIPTS speichern können, hat folgenden Aufbau:

Hinweis

Achten Sie bei den Funktionen für Ordneraktionen darauf, dass Sie sie korrekt mit ihrem Namen abschließen. Die Endung **end** `adding folder items to` mag dem Sprachempfinden zwar intuitiv widersprechen, ist aber hier notwendig.

```
on adding folder items to Ordner after receiving
Dateien
repeat with Datei in Dateien
tell application "System Events"
set Suffix to name extension of Datei
end tell
if Suffix is "mp3" then
tell application "iTunes"
add Datei
end tell
end if
end repeat
end adding folder items to
```

Hinweis
Unter OS X 10.8.0 startet bei der Ausführung eines solchen Skripts ein eigenes Programm, das im Dock mit dem Icon eines Ordners erscheint. In einigen Fällen beendet sich dieses Programm nicht selbstständig und muss zwangsweise geschlossen werden.

Der Aufbau des Skripts ist eigentlich recht einfach. Zunächst wird die Ordneraktion mit `on adding ...` eingeleitet, wobei das in der Variablen `Ordner` gespeicherte Verzeichnis in diesem Skript keine Verwendung findet. Dann wird die Liste der Dateien mittels `repeat` abgearbeitet.

Um zu vermeiden, dass Dateien an iTunes übergeben werden, die dieses Programm nicht öffnen soll, wird zunächst über System Events die Dateiendung ermittelt und in der Variablen `Suffix` gespeichert. Sofern das Suffix *mp3* lautet, wird iTunes angewiesen, die Datei zu öffnen, andernfalls geschieht nichts. Das Skript können Sie zum Beispiel an Ihren Ordner Downloads anhängen und so aus dem Internet geladene MP3-Dateien automatisch in Ihre iTunes-Bibliothek importieren.

Skripten im Druckmenü

Vorschau?
Die Bearbeitung einer PDF-Datei im Programm Vorschau ist zwar naheliegend, aber auch unter OS X 10.8 bietet die Vorschau gar keine Unterstützung für AppleScript.

Um eine PDF-Datei aus dem Druckdialog direkt mit einem AppleScript weiterzuverarbeiten, können Sie sie im Ordner PDF Services in der Library speichern. Das AppleScript muss dazu über eine Funktion `on open`, gefolgt von einer Variablen, verfügen. Das folgende Skript gibt im Finder lediglich den Pfad der vom Drucksystem erzeugten PDF-Datei in einem Dialog aus.

```
on open Datei
tell application "Finder"
display dialog (Datei as string)
end tell
end open
```

PDF ▾ | Details einblenden
PDF in Vorschau öffnen
Als PDF sichern ...
Als PostScript sichern ...
PDF zu iTunes hinzufügen
PDF versenden
PDF in „Web-Downloads" sichern
Datei anzeigen
Gitter hinzufügen
Metadaten festlegen
PDF verschlüsseln
Menü bearbeiten ...

▲ **Abbildung 26.41**
Das Menü PDF stellt die unter PDF Services gespeicherten Skripten zur Auswahl.

▲ **Abbildung 26.40**
PDF-Dateien werden in einem Ordner unter /var/folders zwischengespeichert.

Mit der PDF-Datei, die über die Variable `Datei` zugänglich ist, können Sie dann im Skript beliebig weiterverfahren. Beachten Sie, dass die Datei zunächst in einem Ordner unter /var/folders gespeichert wird und Sie sie gegebenenfalls noch an eine andere Stelle verschieben müssen.

AppleScript im Automator

Der Automator ist in der Lage, AppleScript in seine Arbeitsabläufe zu integrieren. Sie können so Lücken in der Funktionalität des Automators mit AppleScript füllen. Um ein AppleScript innerhalb eines Arbeitsablaufs auszuführen, steht Ihnen die Aktion APPLESCRIPT AUSFÜHREN aus der Sammlung AUTOMATOR zur Verfügung.

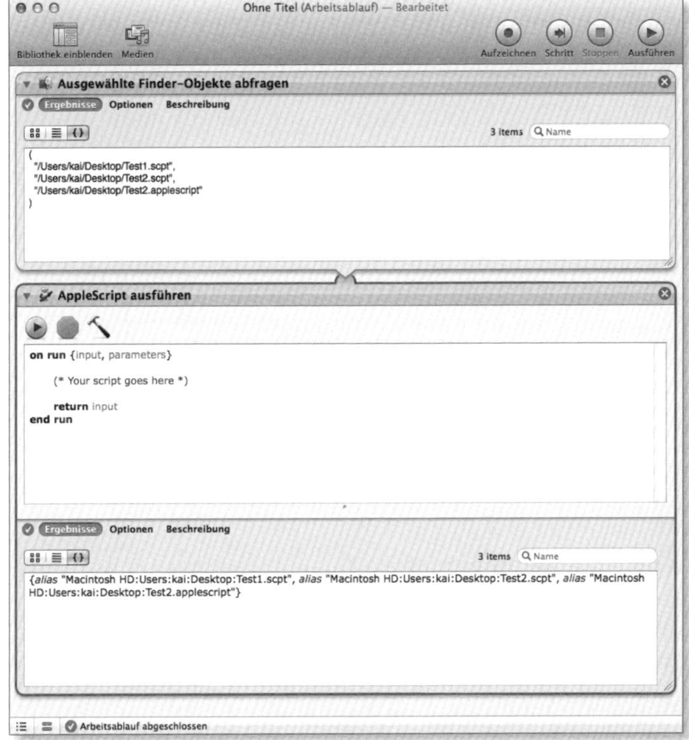

◂ **Abbildung 26.42**
In der Aktion APPLESCRIPT AUSFÜHREN lassen sich Skripte innerhalb eines Arbeitsablaufs ausführen.

Ergebnisse und Funktionen | Fügen Sie die Aktion einem Arbeitsablauf hinzu, dann finden Sie dort automatisch eine Funktion **on** `run`, der vom Automator zwei Variablen, `input` und `parameters`, übergeben werden. Die Funktion wird ausgeführt, und über die Variable `input` stehen Ihnen die Ergebnisse der vorangegangenen Aktion zur Verfügung.

In diesem Zusammenhang ist auch die dritte Ansicht ❶ der ERGEBNISSE einer Aktion von Relevanz. Sie können hier sehen, in welcher für AppleScript relevanten Form die Ergebnisse übergeben werden. In Abbildung 26.42 wurden drei Dateien im Finder ausgewählt, an das AppleScript wird also eine Liste mit drei `alias`-Variablen übergeben.

Werte zurückgeben

Der abschließende Befehl `return input` führt dazu, dass das integrierte Skript einen Wert zurückgibt, der von der folgenden Aktion übernommen werden kann. Sie können anstelle der Variablen `input` auch eine andere Variable mit `return` an die nächste Aktion übergeben.

Abbildung 26.43 ▸
Über die SYSTEM EVENTS werden Eigenschaften der ausgewählten Dateien ermittelt.

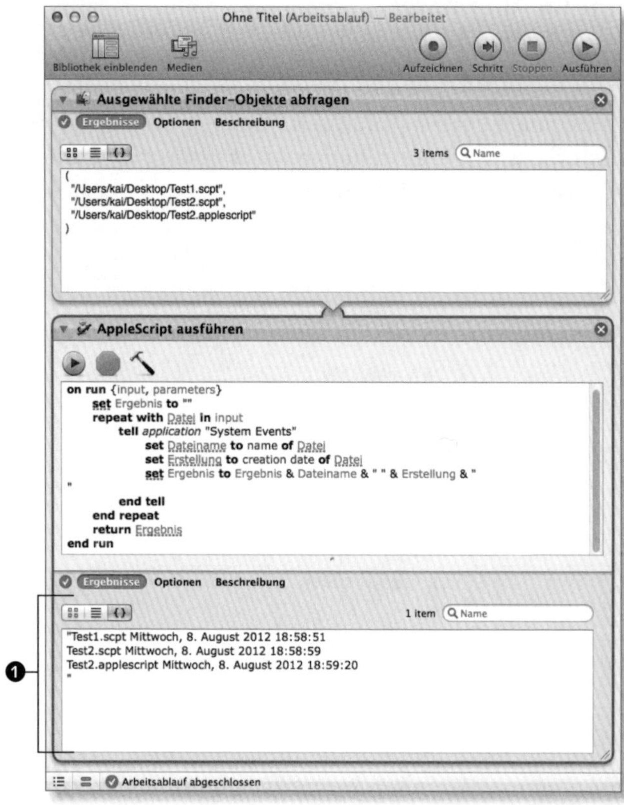

Zeilenumbruch
Sie können bei einer Zeichenkette auch innerhalb der Anführungszeichen einen Zeilenumbruch einfügen. Dieser wird von AppleScript dann beachtet. Aus diesem Grund sind die Einträge in Abbildung 26.44 untereinander angeordnet.

An der Stelle des Kommentars `(* Your script goes here *)` können Sie Ihre eigenen Befehle einfügen. In dem Skript

```
on run {input, paramters}
set Ergebnis to ""
repeat with Datei in input
tell application "System Events"
set Dateiname to name of Datei
set Erstellung to creation date of Datei
set Ergebnis to Ergebnis & Dateiname & " " &
Erstellung & "
"
end tell
end repeat
return Ergebnis
end run
```

wird zuerst eine leere Variable `Ergebnis` erzeugt. Dann wird in der **repeat**-Schleife die in `input` enthaltene Liste der ausgewählten Objekte im Finder abgearbeitet. Über die SYSTEM EVENTS werden Name und Erstellungsdatum der Datei ermittelt und diese dann an die zuvor leere Variable `Ergebnis` angehängt. Nachdem die Schleife durchlaufen wurde, wird über den Befehl **`return`** `Ergebnis` der zusammengesetzte Text an die folgende Aktion übergeben. Hier könnten Sie zum Beispiel die Aktion Neues TextEdit-Dokument einfügen und so die Ergebnisse in einer Textdatei speichern.

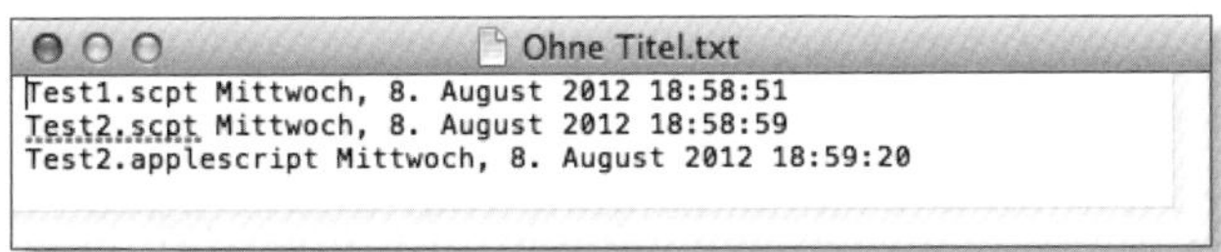

◂ **Abbildung 26.44**
Die Dateinamen und das Erstellungsdatum der Dateien werden an ein TextEdit-Dokument übergeben.

Zugriff auf die Shell

AppleScript ist auch in der Lage, auf die Shell zuzugreifen und die Programme, die Sie sonst über das Terminal starten, auszuführen und Ihnen die Ergebnisse in einem Skript zur Verfügung zu stellen. Hierzu dient der Befehl `do shell script`. Diesem müssen Sie einen Text übergeben, der der Eingabe vom Terminal entspricht. Eine mögliche Anwendung hierfür ist die Arbeit mit dem Befehl `chflags` (siehe Abschnitt A.2). Die Aufgabe des Skripts besteht darin, dass der Anwender zunächst einen Ordner auswählen kann und dann der Befehl `chflags` auf den Ordner angewandt wird. Auf diese Weise können Sie Ordner schnell verstecken, ohne dass Sie extra das Terminal starten müssen. Das AppleScript besteht nur aus vier Zeilen:

»POSIX path«
Bei der Arbeit mit `do shell script` ist die Eigenschaft `POSIX path` wichtig. AppleScript verwendet bei Dateien und Ordnern mehrheitlich Pfadangaben in der Form `:Users:kai`, während Sie bei der Arbeit mit der Shell zwingend auf die POSIX-Variante in der Form `/Users/kai` angewiesen sind.

◂ **Abbildung 26.45**
Die Pfadangabe des Ordners wurde umgewandelt.

```
set Ordner to choose folder
set Ordner to POSIX path of Ordner
set Befehl to "chflags hidden " & Ordner
do shell script Befehl
```

Der hier am Ende an die Shell übergebene Befehl lautet, abhängig vom ausgewählten Ordner, dann `chflags hidden /Pfad/zum/Ordner`. Die Ausführung des Skripts würde der direkten Eingabe dieses Befehls am Terminal entsprechen.

Leerzeichen | Bei der Erstellung des mit `do shell script` auszuführenden Befehls müssen Sie auf die Leerzeichen achten. Würde in der dritten Zeile nach `hidden` kein Leerzeichen innerhalb der Anführungszeichen folgen, dann würde eine Zeichenkette in der Form `chflags hidden/Users/kai/Desktop/Ein_Ordner` an die Shell übergeben, was zu einer Fehlermeldung führt.

AppleScript und Kalender

Der Kalender bietet über die Erinnerungsfunktion auch die Möglichkeit, als Programm gespeicherte Skripten zu einem vorgegebenen Zeitpunkt auszuführen. Die in früheren Versionen von OS X vorhandene Option Skript ausführen ist unter OS X 10.8.0 nicht mehr vorhanden. Die von Apple bevorzugte Lösung besteht scheinbar darin, dass Sie im Automator einen Arbeitsablauf unter Verwendung der Vorlage Kalendererinnerung erstellen und darin die zuvor beschriebene Aktion AppleScript ausführen nutzen.

Alternativ können Sie Ihr Skript auch als ausführbares Programm speichern. Wenn Sie als Hinweis die Option Datei öffnen vorgeben, können Sie hier das Programm auswählen. Das Skript zum Kopieren von Ordnern auf einen Server (siehe Abschnitt 26.6.1) ließe sich auf diese Weise recht bequem regelmäßig zu einem vorgegebenen Zeitpunkt ausführen.

▲ **Abbildung 26.47**
Als Aktion kann auch ein AppleScript ausgeführt werden.

Abbildung 26.46 ►
Ein als Programm gespeichertes AppleScript lässt sich auch als Hinweis vorgeben.

Mail regeln mit AppleScript

Auch Mail bietet die Möglichkeit, ein AppleScript automatisch auszuführen. In den Einstellungen von Mail können Sie für eine Regel auch die Aktion AppleScript ausführen vorgeben. Das

AppleScript wird dann ausgeführt, wenn eine E-Mail eingeht, auf die die Bedingung der Regel zutrifft. Mail stellt Ihnen in diesem Menü nur die Skripten zur Auswahl, die Sie im Ordner ~/LIBRARY/APPLICATION SCRIPTS/COM.APPLE.MAIL gespeichert haben. Sofern dieser Ordner leer ist oder noch gar nicht existiert, können Sie ihn über die gleichnamige Option IM FINDER ÖFFNEN.

Hinweis
Unter OS X 10.8.0 stellte der Kalender Programme nur dann zur Auswahl, wenn Sie in den Voreinstellungen des Finders in der Ansicht ERWEITERT die Option ALLE DATEINAMENSUFFIXE EINBLENDEN aktiviert haben.

»using terms from application« | Wenn Sie ein AppleScript erstellen, das auf eingehende E-Mails reagieren soll, dann können Sie innerhalb des AppleScripts auch auf die eingegangenen E-Mails zugreifen. Dabei müssen Sie sich bei der Erstellung des AppleScripts eines Kunstgriffs bedienen. Das AppleScript wird automatisch in Mail ausgeführt, aber bei der Erstellung des Skripts im Editor wird Mail nicht durch `tell` angesprochen. Aufgrund der fehlenden `tell`-Anweisung ist der Editor bei den nachfolgend beschriebenen Handlern und Befehlen nicht in der Lage zu prüfen, ob die Befehle korrekt eingegeben wurden. Mit der Anweisung `using terms from application "Mail"` zu Beginn des Skripts weisen Sie den Editor an, dass für die so umschlossenen Anweisungen die von Mail zur Verfügung gestellten Objekte und Befehle gelten sollen.

TIPP
Im Verzeichnis /LIBRARY/SCRIPTS/MAIL SCRIPTS finden Sie einige von Apple zur Verfügung gestellte Beispiele, die die AppleScript-Unterstützung von Mail recht umfangreich demonstrieren.

Handler | Mail ermöglicht Ihnen den Zugriff auf die eingegangenen E-Mails, die die Regel erfüllen, über einen sogenannten *Handler*. Ähnlich wie bei den Ordneraktionen übergeben Sie der Funktion `on perform mail action with messages Nachrichten` in der Liste `Nachrichten` die E-Mails, die eingegangen sind und auf die die Regel zutrifft. Innerhalb des eigentlichen Skripts können Sie dann die Liste abarbeiten.

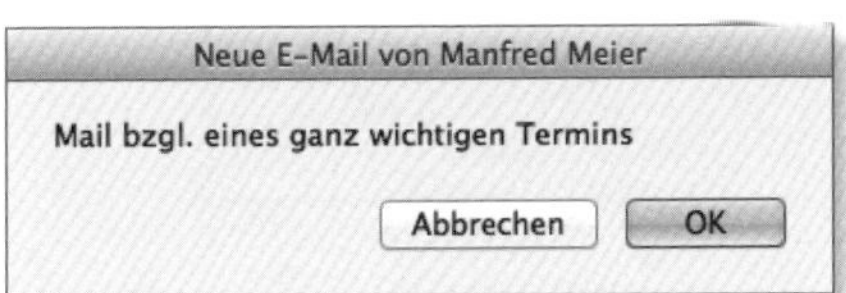

◂ **Abbildung 26.48**
Das AppleScript gibt den Betreff in einem Dialog aus.

Das folgende Beispiel geht davon aus, dass Sie bei einer eingehenden E-Mail, die von Manfred Meier stammt, mit einem Dialog benachrichtigt werden möchten. Das Skript wurde einer Regel, die den Absender überprüft, als Aktion zugewiesen.

```
using terms from application "Mail"
on perform mail action with messages Nachrichten
set Anzahl to (count items in Nachrichten)
repeat with Durchlauf from 1 to Anzahl
```

```
set Nachricht to item Durchlauf in Nachrichten
set Betreff to subject of Nachricht
display dialog Betreff with title "Neue E-Mail von
Manfred Meier"
end repeat
end perform mail action with messages
end using terms from
```

Nachrichten mit AppleScript

Hinweis

Wenn Sie ein AppleScript auswählen, dann kopiert das Programm Nachrichten dieses in den Ordner ~/Library/Scripts/Messages und greift zukünftig ausschließlich auf die Kopie zurück. Änderungen am Skript müssen Sie an dieser Kopie vornehmen.

Etwas versteckt, aber dafür umso leistungsfähiger ist die Möglichkeit des Programms Nachrichten, mithilfe von AppleScript auf Nachrichten und Ereignisse zu reagieren. Wenn Sie das Profil eines Kontakts aufrufen, dann finden Sie dort auch die Ansicht Meldungen. Dort steht Ihnen eine Liste von Ereignissen zur Verfügung, auf die das Programm Nachrichten in Verbindung mit diesem Kontakt reagieren kann. Bei den Ereignissen können Sie als Reaktion auch ein AppleScript ausführen.

Abbildung 26.49 ▸
Auf ein Ereignis können Sie auch mit einem AppleScript reagieren.

Handler | Das Programm Nachrichten bietet für die Reaktion auf Ereignisse eine Reihe von Handlern, mit denen Sie Funktionen bezeichnen können. Diese Funktionen in einem AppleScript werden dann aufgerufen, wenn das entsprechende Ereignis eintritt. Der Handler `on message received` reagiert auf eine eingegangene Nachricht. Bei der Erstellung des AppleScripts im Editor müssen Sie wie auch bei Mail mit der Anweisung `using terms from application` vorgeben, dass die Terminologie dieses Programms für das Skript verwendet werden soll. Das folgende Skript antwortet automatisch auf eine eingehende Nachricht:

```
using terms from application "Messages"
on message received dieNachricht from derKontakt for
derChat
send "Ja, eben, das denke ich auch ;)" to derChat
end message received
end using terms from
```

◄ **Abbildung 26.50**
Auf jede eingehende Nachricht wurde automatisch geantwortet.

Innerhalb der Funktion stehen aufgrund des Handlers die empfangene Nachricht, der schreibende Kontakt und das Chatfenster über die drei Variablen zur Verfügung und können dann genutzt werden. Dieses einfache Beispiel ist in erster Linie dazu geeignet, den Gesprächspartner mit einer automatischen Antwort zu nerven. Die anderen Handler, die in der Bibliothek des AppleScript-Editors in der MESSAGES EVENT HANDLER SUITE aufgeführt werden, können Sie nutzen, um auf eingehende Anfragen, die erwünscht oder unerwünscht sind, entsprechend zu reagieren. Bei der Durchsicht der zur Verfügung stehenden Handler müssen Sie darauf achten, welche Parameter Ihnen diese zur Verfügung stellen. So verfügt der Handler `message received` (siehe Abbildung 26.51) über die Parameter `text` für die erhaltene Nachricht, `buddy` für den abschickenden Kontakt sowie `text chat` für das Chatfenster. Die drei Parameter wurden in dem Beispiel mit `dieNachricht`, `derKontakt` und `derChat` benannt.

▼ **Abbildung 26.51**
Die MESSAGES EVENT HANDLER SUITE ermöglicht die Reaktion auf eine Vielzahl von Ereignissen.

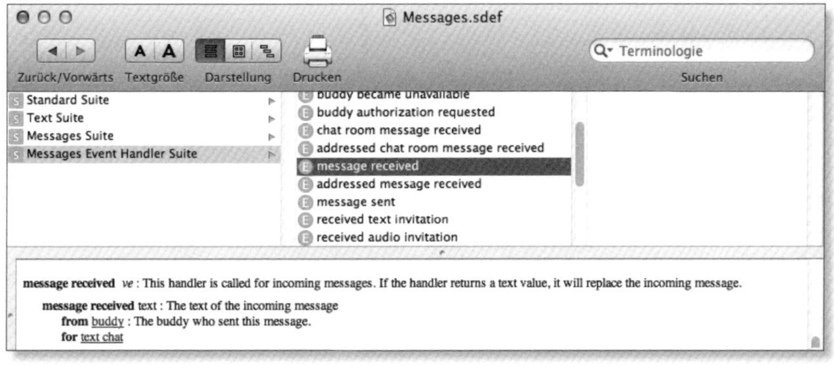

26.10 Skripten als Programme

▲ **Abbildung 26.52**
Ein mit AppleScript erstelltes Programm wird mit einem entsprechenden Icon versehen.

Skripten können Sie auch als Programme speichern, dann im Dock ablegen oder mit einem Doppelklick im Finder starten. Dabei verfügt AppleScript auch über die Fähigkeit, ein Bundle zu erzeugen. In ein solches können Sie weitere Dateien, von Icons bis hin zu Shell-Skripten, integrieren.

Als Programm sichern | Soll das Skript einfach nur als Programm auf einen Doppelklick hin ausgeführt werden, geben Sie als DATEIFORMAT PROGRAMM vor.

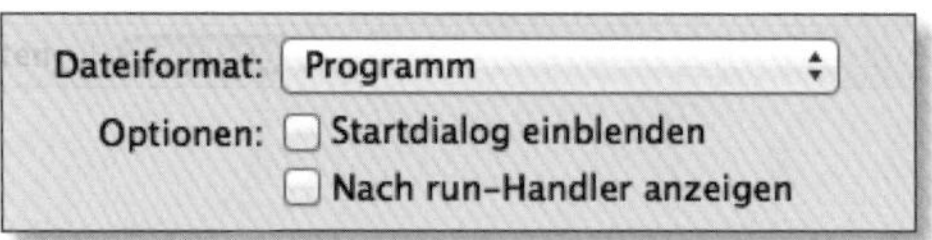

▲ **Abbildung 26.53**
Es stehen zwei Optionen zur Auswahl.

run-Handler
Als *run-Handler* wird in diesem Zusammenhang eine sonst versteckte Funktion (siehe Abschnitt 26.8) bezeichnet. Wenn Sie in Ihr Skript eine Funktion in der Form `on run ... end run` einbauen, dann werden die in dieser Funktion enthaltenen Befehle nach dem Start des Skripts ausgeführt. In den eher einfach gehaltenen Beispielen in diesem Kapitel wird run-Handler auf die Befehle implizit angewandt, die sich nicht innerhalb irgendeiner Funktion befinden.

Wenn Sie den STARTDIALOG EINBLENDEN, dann werden Sie vor der Ausführung des Programms gefragt, ob es auch wirklich ausgeführt werden soll. Zusätzlich wird der Text, den Sie im Fenster des Editors unterhalb des Quelltextes als BESCHREIBUNG eingeben, angezeigt. Aktivieren Sie die Option NACH RUN-HANDLER ANZEIGEN, dann wird das Skript nach der Ausführung nicht automatisch beendet.

Abbildung 26.54 ▶
Der Startdialog kann den Anwender über den Zweck des Programms informieren und den vorzeitigen Abbruch ermöglichen.

ICNS-Dateien
Sie können eigene Icon-Dateien mit dem Programm Icon Composer erzeugen, sofern Sie die Graphic Tools for Xcode von *http://developer.apple.com/downloads* heruntergeladen haben. Im Icon Composer müssen Sie nur eine schon vorhandene Bilddatei mit dem Dateiformat PNG importieren oder über die Zwischenablage einfügen.

Bundles nutzen

Wenn Sie Ihr Skript als Programm gesichert haben, dann steht Ihnen im AppleScript-Editor die Schaltfläche BUNDLE-INHALT zur Verfügung. Diese blendet den Inhalt des Bundles ein, in dem Ihr Skript gesichert wurde.

In das Bundle können Sie weitere Elemente wie Icons oder Shell-Skripten aus dem Finder hineinziehen. Auf diese Weise können Sie weitere Dateien in Ihr Skript integrieren und darauf von Ihrem Skript aus zugreifen. In Abbildung 26.55 wurde dem Bundle eine Icon-Datei *Cover.icns* hinzugefügt.

◄ Abbildung 26.55
Den Inhalt des Bundles können Sie über den Editor verwalten.

Inhalt des Bundles ansprechen | Um auf den Inhalt des Bundles zuzugreifen, müssen Sie den Pfad zu den integrierten Dateien, die analog zu einem regulären Programm-Bundle als Ressourcen betrachtet werden, ermitteln. Dies geschieht über die Anweisung `path to resource`. So können Sie mit den Zeilen

```
set Bild to path to resource "ML.icns"
display dialog "Hallo" with icon Bild
```

zuerst den Pfad zu dem Icon im Bundle herausfinden und dann im Dialog verwenden. Auf diese Weise können Sie das Programm-Bundle auch nachträglich noch verschieben oder weitergeben, wobei die integrierten Dateien erhalten bleiben.

Bundle-ID
Wenn Sie den Bundle-Inhalt ausgeklappt haben, können Sie auch eine Kennung für Ihr Programm vergeben. Für normale Skripten können Sie es bei der Vorgabe des AppleScript-Editors belassen.

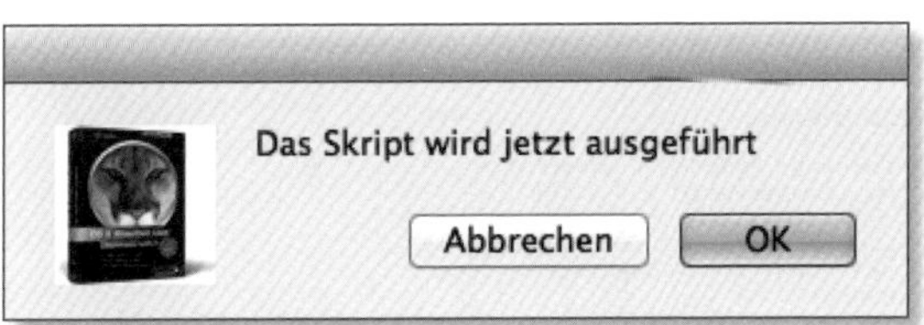

◄ Abbildung 26.56
Das Bild ML.icns erscheint im Dialogfenster.

Unterordner | Sie können innerhalb des Bundles auch Unterordner erstellen und auf diese Weise mehrere Ressourcen gruppieren. Über das Menü mit dem Zahnrad steht Ihnen die Option Neuer Ordner zur Verfügung. Haben Sie einen Ordner innerhalb des Bundles erstellt und eine Ressource wie die Datei *Cover.icns* hineinkopiert, dann können Sie über den Parameter `in directory`, gefolgt vom Namen des Verzeichnisses, auf die Datei zugreifen. Der Aufruf würde in diesem Fall `resource "Cover.icns" in directory "Verzeichnis"` lauten.

▲ **Abbildung 26.57**
Ein Droplet wird mit einem speziellen Icon versehen.

Skripten als Droplets sichern

Ein Programm wird zwar auf einen Doppelklick hin ausgeführt, aber anders als bei anderen Applikationen können Sie noch keine Dateien vom Finder aus auf das Programm ziehen und verwenden. Solche Skripten werden auch *Droplets* genannt, und Sie müssen einem Programm die Funktion **on** `open` hinzufügen, um ein Droplet zu erstellen. Ein sehr einfaches Droplet bestünde in folgendem Skript:

```
on open Dateien
display dialog (Dateien as string)
end open
```

Speichern Sie dieses Skript als Programm, wird es automatisch mit einem entsprechenden Icon versehen. Wenn Sie Dateien auf das Icon ziehen, gibt Ihnen das Skript die auf das Icon gezogenen Dateien in einem Dialog aus. Für ein wirklich nützliches Skript müssen Sie einfach nur die in der Liste `Dateien` enthaltenen Objekte auswerten und weiterverarbeiten.

Hinweis
Bei der Arbeit mit entfernten Apple-Events gilt die Einschränkung, dass Sie keine Programme starten können. Sie können nur auf die Programme Einfluss nehmen, die bereits aktiv sind. Andernfalls erhalten Sie eine Fehlermeldung.

26.11 AppleScript im Netzwerk

AppleScript kann auch über das Netzwerk zur Fernsteuerung von Rechnern dienen. Hierzu werden die Apple-Events über das Netzwerk verschickt. Sie müssen dafür in den Systemeinstellungen unter FREIGABEN den Dienst ENTFERNTE APPLE-EVENTS starten. Sie können diese auf ausgewählte Benutzer Ihres Systems begrenzen.

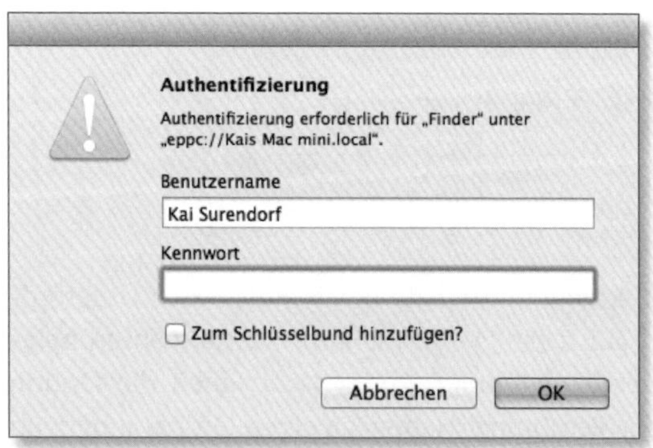

Abbildung 26.58 ▶
Der Dienst ENTFERNTE APPLE-EVENTS ermöglicht die Arbeit mit AppleScript über das Netzwerk.

Leerzeichen
Wenn der Name eines Rechners Leerzeichen enthält, dann müssen Sie diese mit dem Code `%20` angeben. Der Name würde dann `Kais%20Mac%20mini` lauten.

Um einem Programm auf einem anderen Rechner in Ihrem Netzwerk Anweisungen via AppleScript zu erteilen, müssen Sie es mit dem Zusatz `of machine`, gefolgt vom Namen des Rechners, aufrufen. ENTFERNTE APPLE-EVENTS werden auch über Bonjour kommuniziert. Sie können also ein Skript mit der Zeile `tell application "Finder" of machine "Macmini"` einleiten. Nach der Identifizierung als Benutzer auf dem entfernten Rechner würden alle Befehle innerhalb dieses `tell`-Blocks an den Finder über das Netzwerk geschickt. Die Angabe `Macmini` würde vom Editor anschließend in den vollständigen URL `eppc://Macmini.local` geändert.

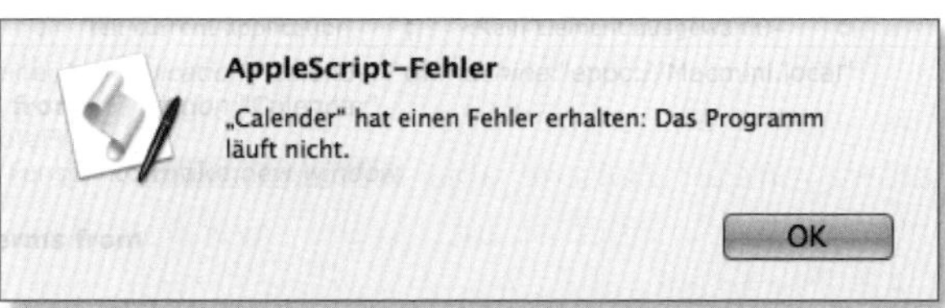

◂ **Abbildung 26.59**
Das angesprochene Programm muss bereits aktiv sein.

Wenn Sie an Ihrem Rechner ein Skript erstellen, das auf die Fähigkeiten eines Programms auf einem anderen Rechner im Netzwerk zugreift, dann verfügen Sie an Ihrem Rechner nicht über die Informationen, die Sie sonst über die Bibliothek in Erfahrung bringen können. Die AppleScript-Fähigkeiten der Programme auf dem entfernten Rechner werden also nicht über das Netzwerk kommuniziert. So würde der einfache Aufruf von

```
tell application "Finder" of machine "Macmini" to
make new Finder window
```

scheitern. Eine Lösung besteht darin, unter Verwendung der Anweisung `using terms from` Ihre lokale AppleScript-Bibliothek zu nutzen. In dem Skript

```
set entfernterFinder to application "Finder" of machine
"eppc://Macmini.local"
using terms from application "Finder"
tell entfernterFinder
set Fenster to make new window
end tell
end using terms from
```

kann der Finder auf dem anderen Rechner über die Variable `entfernterFinder` angesprochen werden. Mithilfe von `using terms from` wird die Bibliothek des lokalen Finders genutzt, um die verfügbaren Befehle und Objekte im Skript verwenden zu können.

26.12 Weitere Möglichkeiten

Dieses Kapitel hat Sie mit den Grundlagen von AppleScript vertraut gemacht und einige Beispiel-Skripten entwickelt. AppleScript bietet Ihnen noch viel mehr Möglichkeiten. In der Funktionsbibliothek der System Events finden Sie rund zwanzig Suiten, die Ihnen den Zugriff auf die Voreinstellungen des Docks und von Exposé bieten, es Ihnen ermöglichen, Login-Items zu erstellen oder XML-Dateien und Property-Listen auszuwerten. Auch die StandardAdditions bieten noch einige weitere Funktionen zur Zusammenarbeit mit der Zwischenablage und zur Bearbeitung von Zeichenketten. AppleScript ist auch in der Lage, über XML-RPC und SOAP über sogenannte *Web Services* mit Servern im Internet zu kommunizieren.

http://macosxautomation.com
Die Webseite von Sal Soghoian bietet eine Übersicht über die Funktionen von AppleScript und den Automator sowie eine Reihe von Beispielen.

AppleScriptObjC | Die mächtigen Funktionen des Cocoa-Frameworks stehen Ihnen auch über AppleScript teilweise zur Verfügung. So können Sie nun im AppleScript-Editor über Ablage • Neu aus der Vorlage ein neues Cocoa-AppleScript Applet erstellen. Hierbei handelt es sich um ein Programm-Bundle, dessen Aufbau in wesentlichen Teilen dem einer normalen Cocoa-Applikation entspricht. Eine Einführung in diese Thematik würde den Rahmen dieses Kapitels sprengen, da Sie dazu wenigstens grundlegende Kenntnisse in Cocoa und objektorientierter Programmierung benötigen.

OSAXen | Es gibt einige AppleScript-Erweiterungen, auch als *OSAXen* bezeichnet, die die Fähigkeiten von AppleScript enorm erweitern und beispielsweise die Nutzung regulärer Ausdrücke bei der Suche nach Zeichenketten ermöglichen.

TEIL VII
Troubleshooting

Kapitel 27
Probleme selbstständig beheben

Dieses Kapitel stellt Ihnen die Möglichkeiten von OS X 10.8 vor, Probleme zu erkennen und Datenverluste zu vermeiden. Einige Bordmittel stehen zur Verfügung, wenn Ihr Rechner abstürzt, unzuverlässig arbeitet oder gar seinen Dienst gänzlich verweigert.

Zuverlässig, aber nicht perfekt | OS X 10.8 ist ein zuverlässiges Betriebssystem, aber es ist noch weit davon entfernt, perfekt zu sein. Arbeiten Sie sehr intensiv mit Ihrem Rechner, werden Sie über kurz oder lang mit dem einen oder anderen Problem konfrontiert werden. Neben Kleinigkeiten können auch große Probleme auftreten, wenn Ihr Rechner zum Beispiel gar nicht mehr startet und Sie die Arbeit von zwei oder mehr Wochen zu verlieren drohen.

Werkzeuge | Apple ist sich der Unzulänglichkeit seines Systems durchaus bewusst und stellt Ihnen eine Reihe von Möglichkeiten und Methoden zur Verfügung, mit denen Sie Probleme identifizieren und selbstständig beheben können. Die Spannbreite der Werkzeuge reicht von den Protokolldateien, die über Fehler und wichtige Ereignisse Buch führen, bis hin zur Rettungspartition, mit deren Hilfe Sie Ihren Rechner auch dann noch starten können, wenn sonst gar nichts mehr geht. Wenn Sie diese Werkzeuge kennen und gezielt einsetzen, kommen Sie um eine Neuinstallation des Systems in den meisten Fällen herum.

Defekte Hardware?
Es ist möglich, dass Ihr Computer fehlerhaft verarbeitet wurde oder dass ein Teil der Hardware nicht mehr korrekt funktioniert. Arbeitet Ihr Rechner nicht mehr stabil, muss dies nicht zwingend an einem Fehler im System liegen. Vielleicht ist der Arbeitsspeicher defekt, die Festplatte arbeitet fehlerhaft, oder die Hauptplatine weist eine Störung auf. Wenn Sie partout nicht in der Lage sind, einen Fehler zu beheben, oder sich die Ursache der Störung immer irgendwie anders darstellt, kann ein Gang zum nächsten Apple-Händler zwecks Reparatur erforderlich sein.

27.1 Fehler strategisch einkreisen

Wenn Fehler auftreten oder Programme abstürzen, sollten Sie immer zuerst versuchen herauszufinden, ob das Problem immer bei einer bestimmten Konstellation auftritt, es also reproduzier-

Don't panic!
Anhand dieser Fragen sollten Sie versuchen, mögliche Fehlerquellen auszuschließen und die Ursachen einzukreisen. Wenn Sie möglichst exakt den Zeitpunkt bestimmen können, an dem das Problem zum ersten Mal auftrat, dann sind Sie dessen Lösung schon recht nahe.

Warnung
Auf jeden Fall vermeiden sollten Sie das unüberlegte Ausführen von Programmen, die den Anspruch erheben, Ihr System automatisch und quasi in einem Rutsch zu optimieren, seine Performance zu erhöhen und vermeintliche Altlasten zu entsorgen. Bei vielen dieser Programme, die sehr gerne empfohlen werden, haben Sie kaum Einfluss darauf, welche Dinge im System konkret modifiziert werden. Im schlimmsten Fall sind Sie hinterher mit noch mehr Problemen und Fehlerquellen konfrontiert als vorher.

Besser defensiv arbeiten
Die von Apple mit OS X 10.8 mitgelieferten Programme und Werkzeuge sind in fast allen Fällen ausreichend, um Ihr System wieder in einen arbeitsfähigen Zustand zu versetzen oder wenigstens Ihre Daten zu sichern und anschließend ein neues System einzuspielen. Troubleshooting nach dem Prinzip Schrotgewehr – indem Sie alles, was irgendwo an Maßnahmen empfohlen wurde, nacheinander ausprobieren – führt nach meiner Erfahrung nicht zum Erfolg.

bar ist. Stürzt ein Programm willkürlich ab oder immer dann, wenn Sie zum Beispiel den Dialog zum Drucken aufrufen? Erfolgt eine Kernel Panic immer dann, wenn Sie ein bestimmtes Gerät anschließen, oder gibt es keine Gemeinsamkeiten zwischen den einzelnen Abstürzen?

Erfolgte Schritte nachvollziehen | Wenn Probleme auftreten, deren Ursache Sie nicht sofort eindeutig identifizieren können, ist ein strategisches Vorgehen sinnvoll. Versuchen Sie zu rekapitulieren, welche Aktionen Sie ausgeführt haben, bevor der Fehler auftrat. Zu den Faktoren, die Sie in Betracht ziehen sollten, zählen wenigstens die folgenden Punkte:

- Wurde neue Software installiert und – wenn ja – mit welchem Installationsprogramm?
- Erfolgte ein Absturz eines Programms oder gar eine Kernel Panic (siehe Abschnitt 27.5), und können so Dateien in Mitleidenschaft gezogen worden sein?
- Hat ein Stromausfall den Rechner zwangsweise ausgeschaltet?
- Haben Sie Dateien gelöscht, Schriften deaktiviert oder anderweitig in den Inhalt der Ordner /SYSTEM und /LIBRARY eingegriffen?
- Ist Ihnen bei der Arbeit am Terminal vielleicht ein Tippfehler unterlaufen, und haben Sie, ohne es zu beabsichtigen, zum Beispiel eine Konfigurationsdatei gelöscht, anstatt sie zu kopieren?
- Haben Sie die Konfiguration Ihres Rechners geändert und zum Beispiel eine neue Festplatte angeschlossen oder eine neue Grafikkarte eingebaut?
- Haben Sie neue Treiber für ein Gerät (Scanner, Laufwerk, ...) installiert oder Treiber aktualisiert?
- Haben Sie Ihr System etwa von 10.8.3 auf 10.8.4 aktualisiert oder andere Bestandteile auf den neuesten Stand gebracht, und ist diese Installation vielleicht fehlgeschlagen oder mit Teilen der von Ihnen verwendeten Programme nicht (mehr) kompatibel?
- Haben Sie Programme ausgeführt, die den Anspruch erheben, Ihr System zu optimieren, und die ohne Ihre Aufsicht und Kontrolle Systemdienste ausführen? Könnten diese Optimierungen die Ursache sein?

Fehler typisieren | Bei den Problemen und Fehlerquellen lohnt sich die Überlegung, ob die Beseitigung überhaupt in Ihrem Einflussbereich liegt oder nicht. Funktioniert ein neues Programm nicht so, wie es von Ihnen erwartet und vom Hersteller beworben wurde, dann kann die Ursache nicht nur darin liegen, dass Ihr System nicht korrekt arbeitet, sondern dass das Programm einfach fehlerhaft ist. In diesem Fall wären Sie als Anwender schlichtweg machtlos und müssten auf eine neue Version, bei der der Fehler bereinigt wurde, warten.

Arbeitete Ihr System hingegen längere Zeit stabil und beginnt dann abzustürzen oder frieren Programme ein, hat sich wohl im laufenden Betrieb ein Fehler eingeschlichen. In diesem Fall ist es sehr wahrscheinlich, dass Sie diesen finden und beheben können. Es ist auch möglich, dass gerade Ihre Kombination von Rechner und angeschlossenen Geräten (Scanner, Maus, Drucker, Laufwerke etc.) nicht verträglich ist, weil der Treiber eines Geräts fehlerhaft programmiert wurde und nicht mit den anderen zusammenarbeitet. Und schließlich ist es nicht ausgeschlossen, dass der Fehler von Apple selbst stammt und Sie warten müssen, bis eine Aktualisierung von OS X 10.8 zur Verfügung steht.

27.2 Die Systeminformationen

Im Apfel-Menü finden Sie den Eintrag Über diesen Mac. Rufen Sie ihn auf, dann erscheint ein kleines Fenster, das Sie über die Version Ihrer OS X 10.8-Installation, den Prozessor, den Speicher und das Startvolume Ihres Systems informiert. Über die Schaltfläche Weitere Informationen starten Sie das Dienstprogramm Systeminformationen. Dieses präsentiert Ihnen im Fenster Übersicht zunächst nur grundlegende Informationen. Sie finden hier auch die Angabe, wann Ihr Rechner konstruiert wurde. Dieser Zeitpunkt ist manchmal wichtig, um die Unterstützung für Hardware oder zukünftige Versionen von OS X zu ermitteln. In der Ansicht Speicher finden Sie auch die Information, welche Speichermodule Ihr Rechner verwendet.

▲ **Abbildung 27.1**
Die Systeminformationen rufen Sie bei gedrückter [alt]-Taste über das Apfel-Menü auf.

◂ **Abbildung 27.2**
Das Fenster Über diesen Mac enthält etwas detailliertere Informationen über das System.

Mit einem Klick auf die Schaltfläche SYSTEMBERICHT rufen Sie die detaillierte Ansicht der SYSTEMINFORMATIONEN auf. Sie können diese auch direkt aufrufen, indem Sie die Taste `alt` gedrückt halten, wenn Sie das Apfel-Menü ausklappen.

Defekte Kabel?
Haben Sie ein neues Gerät (FireWire-Festplatte, Scanner etc.) an Ihren Rechner angeschlossen und steht es Ihnen nicht wie erwartet zur Verfügung, sollten Sie im Hardwareprofil Ihres Rechners nachschauen. Wird Ihr Gerät angezeigt, dann ist die physikalische Verbindung wohl fehlerfrei, und der Fehler ist innerhalb der Software, der Gerätetreiber oder der Einstellung Ihres Systems zu suchen. Ist das Gerät hingegen nicht aufgelistet, funktioniert möglicherweise die Verbindung mit dem Rechner nicht. Eine oft übersehene Fehlerquelle sind defekte oder nicht richtig angeschlossene Kabel.

Hardware überprüfen | Um die relevanten Informationen einzusehen, sollten Sie den Menüpunkt ABLAGE • WEITERE INFOS ANZEIGEN auswählen, sofern dies nicht schon der Fall ist. In der linken Leiste finden Sie drei Gruppen von Informationen. Unter HARDWARE wird die an Ihrem Gerät angeschlossene und vom Betriebssystem erkannte Hardware angezeigt. Bei Geräten oder Anschlüssen, die an Ihrem Rechner nicht verfügbar sind, erhalten Sie einen entsprechenden Hinweis.

Wird ein Teil Ihrer Hardware nicht erkannt, sind die hier gesammelten Informationen ein guter Ausgangspunkt. Haben Sie zum Beispiel einen neuen Speicherchip eingebaut, dann müsste dieser im Bereich SPEICHER angezeigt werden. Sie finden dort die auf Ihrem Rechner zur Verfügung stehenden Speicherbänke. Falls eigentlich alle belegt sind und dennoch eine Bank als LEER angegeben wird, liegt möglicherweise ein Wackelkontakt vor, oder der eingebaute Arbeitsspeicher ist nicht mit Ihrem Rechner kompatibel. Möglicherweise ist der Chip auch einfach nur defekt.

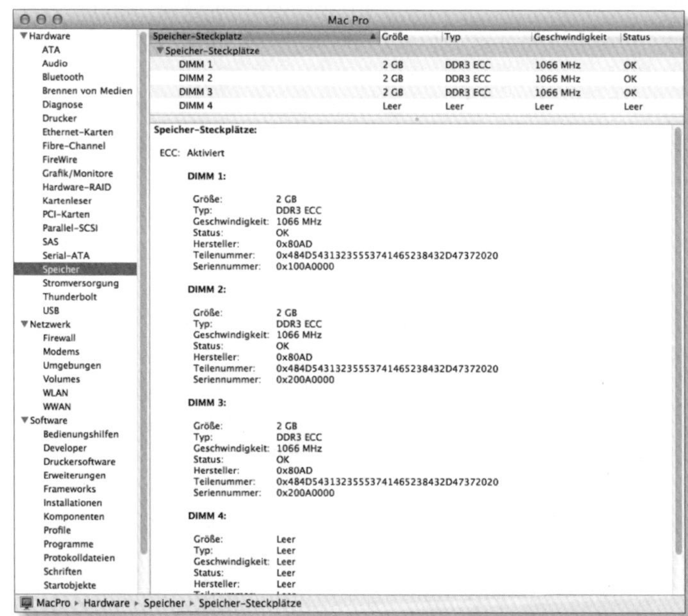

Abbildung 27.3 ▸
Das vollständige Profil des Systems bietet wichtige Informationen zur Beseitigung des Problems.

Netzwerk im Überblick | Der Bereich NETZWERK liefert ergänzende Informationen, die Sie auch über das Netzwerkdienstprogramm sammeln können. Neben den auf Ihrem Rechner verfügbaren Anschlüssen (WLAN-Karte, Ethernet, ...) bietet Ihnen der Punkt UMGEBUNGEN eine Übersicht über die in den Systemeinstellungen eingerichteten Netzwerkkonfigurationen. In der langen Liste finden Sie die vorhandenen Anschlüsse und ihre Konfigurationen.

Treiber, Einstellungen ... | Im Bereich SOFTWARE werden nicht nur die installierten Programme aufgelistet, sondern auch die ERWEITERUNGEN ❶ des Systems. Als ERWEITERUNGEN werden hier die Kernel Extensions betrachtet. Sie können sich in dieser Ansicht einen Überblick darüber verschaffen, welche Erweiterungen geladen wurden. Das System prüft Kernel Extensions automatisch daraufhin, ob sie korrekt programmiert und ob die Abhängigkeiten erfüllt wurden. »Abhängigkeiten« bedeutet in diesem Zusammenhang, dass Kernel Extensions aufeinander aufbauen.

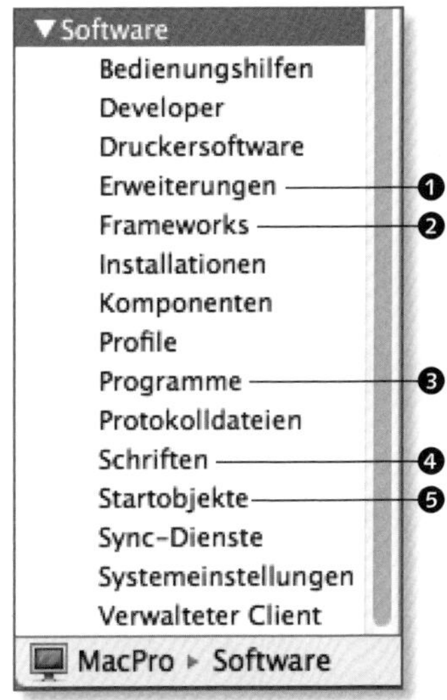

▲ **Abbildung 27.4**
Aktive Kernel Extensions, Schriften und Frameworks werden im Bereich SOFTWARE aufgelistet.

So muss, damit eine USB-Maus angeschlossen werden kann, natürlich zuvor der Treiber für den USB-Anschluss geladen und aktiviert werden. Zu den Erweiterungen gehören auch die Treiber für Grafikkarten.

Der Bereich FRAMEWORKS ❷ listet die mit Ihrem System installierten Funktionsbibliotheken auf. Auf diese Bibliotheken greifen Entwickler zurück, wenn sie bestimmte Funktionen implementieren möchten. Über das Framework ADDRESSBOOK können verschiedene Funktionen, die auf die Kontakte zurückgreifen, implementiert werden.

Der Punkt PROGRAMME ❸ listet Ihnen alle installierten und vom System automatisch aufgefundenen Applikationen auf. Auf dieser Liste basieren unter anderem die LaunchServices, die für die Zuordnung von Dateien zu Programmen zuständig sind. Möglicherweise haben Sie ein Programm an einer anderen Stelle auf Ihrer Festplatte oder auf einer anderen Partition abgelegt. Es würde dann vom System-Profiler nicht automatisch angezeigt, Sie könnten es aber dennoch starten.

Unter SCHRIFTEN ❹ finden Sie alle Schriftarten, die auf Ihrem System installiert wurden. Dabei zeigt Ihnen der System-Profiler an, ob die Schrift aktiv ist und ob die Prüfung der Datei erfolgreich war. Darüber hinaus wird angegeben, in welchem Ordner die Schriftart installiert wurde.

Die STARTOBJEKTE ❺ geben den Inhalt der Ordner /SYSTEM/LIBRARY/STARTUPITEMS und /LIBRARY/STARTUPITEMS wieder. Da die automatisch zu startenden Programme und Dienste in der Regel über LaunchDaemons und LaunchAgents realisiert werden, ist dieser Eintrag wahrscheinlich leer. Es lohnt sich aber dennoch, einen Blick in diesen Eintrag zu werfen, weil einige mittlerweile wohl als veraltet geltende Dienste und Erweiterungen sich eventuell dieser noch unterstützten Technik bedienen.

27.3 Problemen auf der Spur: Protokolle

OS X 10.8 protokolliert im Hintergrund sowohl Fehlermeldungen als auch besondere Ereignisse, die während des Betriebs des Systems auftreten. Neben Abstürzen von Programmen werden auch die Aktivierung von Dateisystemen über das Netzwerk, Druckaufträge, Anmeldungen von Benutzern, Zugriffe auf den Web- und FTP-Server und noch vieles mehr teilweise akribisch protokolliert. Diese Protokolle sind, wenn Sie sich mit den Systeminformationen einen Überblick über die Konfiguration Ihres Systems verschafft haben, die erste und wohl auch beste Anlaufstelle, um weiter nach der Ursache von Problemen zu suchen.

Der Dämon »syslogd«
Im Hintergrund arbeitet der Dämon `syslogd`. Er nimmt die Ausgaben von Programmen und Abstürzen entgegen und schreibt sie in die jeweiligen Protokolle. Apple hat sich im Zuge der Entwicklung bemüht, die Art der Protokollierung weiter zu standardisieren. Ein Produkt dieser Bemühungen ist die Bibliothek `asl`, die Programmierern die Protokollierung von Ereignissen erleichtert. Mit dem Befehl `logger` können Anwender selbst Nachrichten in die Protokolle schreiben. Der Befehl lässt sich sehr gut mit Shell-Skripten nutzen.

Textdateien und Datenbank | Bei vielen Protokollen handelt es sich um einfache Textdateien, die Sie mit einem beliebigen Editor betrachten können. Die von Apple in den letzten Versionen von OS X eingeführte und weiterentwickelte Lösung besteht in einer Datenbank, in der die Nachrichten von Prozessen gesammelt werden. Das Format, in dem die Fehler und Ereignisse notiert werden, unterscheidet sich von Programm zu Programm teilweise erheblich. So sind die Protokolle für die Zugriffe auf den Webserver gänzlich anders aufgebaut als die für Abstürze von Programmen und Fehlermeldungen des Drucksystems CUPS.

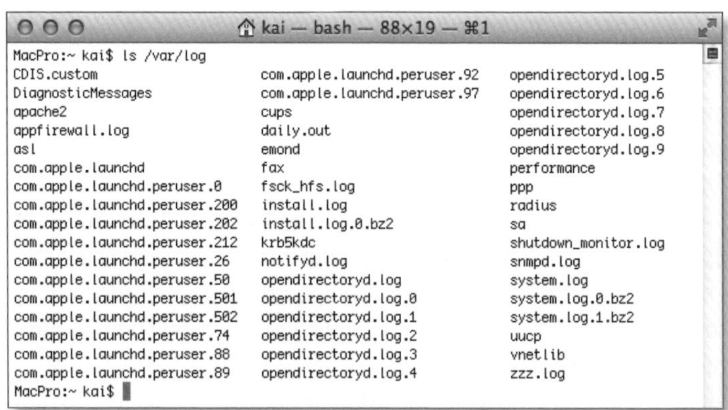

Abbildung 27.5 ▶
Viele Protokolle der Systemdienste werden im Verzeichnis /VAR/LOG gespeichert.

Zum Verständnis der Protokolle sollten Sie jeweils die Erläuterungen der einzelnen Dienste in den entsprechenden Kapiteln dieses Buches heranziehen oder sich, sofern Sie über ausreichende Kenntnisse der englischen Sprache verfügen, die Dokumentation und man-pages der Programme und Dienste durchlesen. Eine detaillierte Erklärung aller Einträge in den Protokolldateien ist aufgrund der großen Spannbreite der Informationen an dieser Stelle leider nicht möglich.

Das Dienstprogramm Konsole

Zur schnellen Anzeige der Protokolle und zur Navigation darin ist das Dienstprogramm Konsole nützlich. Die linke Leiste, die Sie sich mit einem Klick auf das Icon PROTOKOLLLISTE EINBLENDEN anzeigen lassen können, zeigt Ihnen alle Protokolle des Systems an. Einige wenige werden grau dargestellt. Hier fehlen Ihnen als normaler Anwender die Zugriffsrechte.

▼ Abbildung 27.6
Das Dienstprogramm Konsole ermöglicht den Zugriff auf eine Vielzahl von Protokollen.

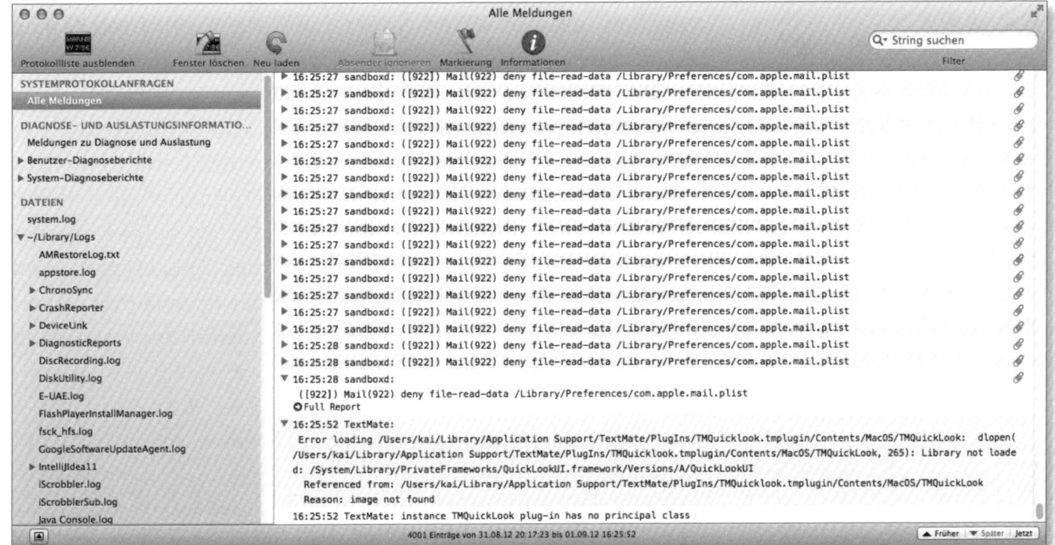

Drei Kategorien | Die Protokolle gliedern sich in drei Kategorien. Die Kategorie SYSTEMPROTOKOLLANFRAGEN enthält lediglich einen Eintrag, ALLE MELDUNGEN. Als Anfragen werden hier in erster Linie die Meldungen verstanden, die aktive Prozesse ausgeben. Dazu gehören sowohl Fehlermeldungen als auch allgemeine Statusinformationen. Der Umfang dieses Protokolls mag auf den ersten Blick erschlagen, allerdings ist die Ausbeute einer detaillierten Suche oft sehr groß.

[Konsole]
Der Name rührt daher, dass unter den klassischen UNIX-Systemen die Konsole, also der Bildschirm, zur Anzeige der in den Protokollen gespeicherten Ausgaben diente. Aus diesem Grund wechselt auch die Eingabe von `>console` als Benutzer im Anmeldefenster direkt an die Shell. Der Mac verhält sich dann so, wie sich die UNIX-Konsolen vor dem Aufkommen der grafischen Benutzeroberflächen verhielten.

Absturzprotokolle | Die DIAGNOSE- UND AUSLASTUNGSINFORMATIONEN enthalten drei Einträge. Während die Meldungen zu Diagnose und Auslastung eher für Entwickler interessant sind, finden Sie in den Diagnoseberichten die Absturzprotokolle der

Programme. Diese beschreibe ich in Abschnitt 27.3 zusammen mit dem Crash Reporter.

Redundanz
Aufgrund des zuvor beschriebenen Wechsels in der Art und Weise, wie das System Ereignisse protokolliert, finden Sie mehrere Protokolle und Dateien doppelt. So enthält das Verzeichnis CrashReporter im Ordner ~/Library/Logs die gleichen Informationen wie die entsprechenden Einträge unter Benutzer-Diagnoseberichte. Auch decken sich die Einträge in der Datei *system.log* in weiten Teilen mit den Informationen, die Sie über den Eintrag Alle Meldungen einsehen.

Dateien | Die Kategorie Dateien ermöglicht Ihnen den Zugriff auf die Protokolle, die in Dateien gesichert werden. Dabei gibt es neben der im weiteren Sinne als Hauptprotokoll zu bezeichnenden Datei *system.log* drei übergeordnete Verzeichnisse, in denen das System Protokolldateien speichert.

Im Verzeichnis ~/Library/Logs werden die Protokolle vorgehalten, die mit Ihrem Benutzerkonto in Verbindung stehen. Haben Sie das Festplattendienstprogramm genutzt, dann finden Sie hier die Datei *DiskUtility.log*, die die Informationen über Ihre Aktionen enthält.

Unter /Library/Logs werden in erster Linie die Protokolle gesichert, die von Systemdiensten, die mehrheitlich von Apple selbst entwickelt wurden, stammen. Dazu gehört unter anderem die Protokollierung der Dateifreigabe über AFP (siehe Abschnitt 9.2). Sie finden hier auch oft Protokolle von Systemdiensten, die Sie selbst installiert haben.

Das Verzeichnis /var/log enthält die Protokolle, die von den grundlegenden Systemdiensten stammen. Dazu gehören im Unterverzeichnis cups die Protokolle des Drucksystems, im Unterverzeichnis apache2 die Protokolle des Apache-Webservers und in der Datei *appfirewall.log* das Protokoll der Application Level Firewall (siehe Abschnitt 17.5).

Informationen zu Meldungen

Schlüssel	Wert
ASLMessageID	185140
Facility	daemon
GID	0
Host	MacPro.local
Level	5
PID	1319
ReadGID	80
Sender	com.apple.backupd
Time	1346509849
TimeNanoSec	533815000
UID	0
Message	Deleted /Volumes/TimeHD/Backups.backupdb/MacPro/

▲ **Abbildung 27.7**
Über die Schaltfläche Informationen können Sie bei Einträgen in der Datenbank Details abrufen.

Protokolle verstehen | Bei allen Protokollen werden neue Informationen und Einträge angehängt. Sie finden demnach die aktuellsten Informationen am unteren Ende der Darstellung. In den meisten Protokollen sehen Sie zu Beginn den Zeitpunkt, an dem das protokollierte Ereignis aufgetreten ist. Der weitere Aufbau der Zeile unterscheidet sich von Protokoll zu Protokoll. Sie finden hier unter anderem das Benutzerkonto, den Namen Ihres oder des entfernten Rechners sowie eine knappe Beschreibung des Ereignisses. Wenn Fehler auftreten und sich Ihr System nicht wie gewünscht verhält, dann sollten Sie sich den betreffenden Zeitpunkt merken oder in Erinnerung rufen und dann die Protokolle gezielt daraufhin durchsuchen, ob in diesem Moment etwas protokolliert wurde.

Bei den Einträgen, die in die Datenbank geschrieben wurden und die Sie über die Schaltfläche Alle Meldungen aufrufen können, stehen Ihnen ein paar Hilfsmittel zur Verfügung, um schnell an die gewünschte Information zu gelangen. Sie haben zunächst im Menü Darstellung die Möglichkeit, sich das Absendersymbol, den Absender fett sowie die Prozess-ID (PID) anzeigen zu lassen. Darüber hinaus können Sie einen Eintrag mit der Maus auswählen und dann über die Schaltfläche INFORMATIONEN diesen Eintrag in einem separaten Fenster öffnen. Lange Zeilen werden umbrochen, und über das graue Dreieck zu Beginn der Zeile klappen Sie den vollständigen Eintrag aus. Geben Sie im Textfeld FILTER ❶ rechts oben eine Zeichenkette ein, dann wird die Anzeige auf die Zeilen beschränkt, die diese Zeichenkette enthalten. Schließlich haben Sie hier die Möglichkeit, über das ausklappbare Menü links unten die Anzeige auf einige absendende Prozesse wie LOGINWINDOW zu begrenzen. Der Inhalt dieses Menüs beschränkt sich auf die zehn Prozesse, die am meisten Nachrichten hinterlassen haben. In den Einstellungen des Programms Konsole können Sie diesen Wert erhöhen.

▼ Abbildung 27.8
Über das Textfeld können Sie die Anzeige einschränken.

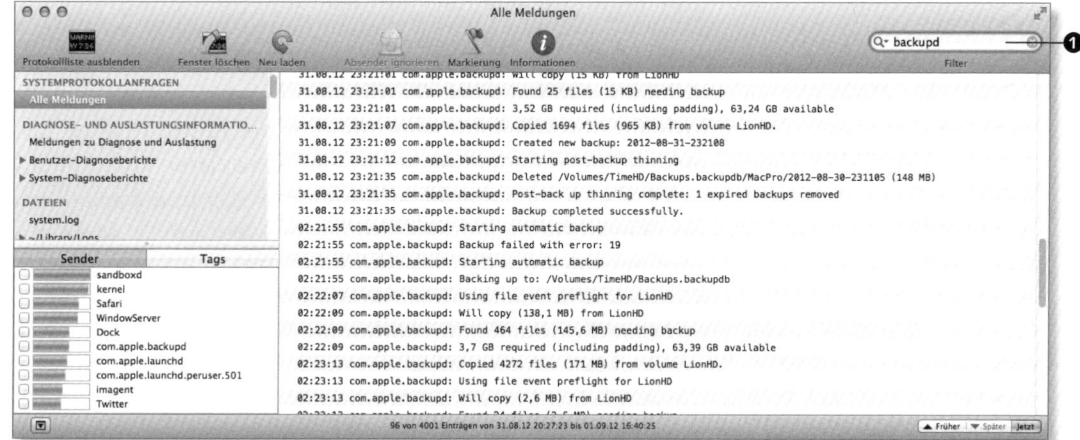

Archive | Die Protokolle werden vom System im Hintergrund archiviert, außerdem stellt Ihnen das Dienstprogramm Konsole nicht alle Einträge auf einmal dar. Bei den Protokollen, die in der Datenbank vorliegen, rufen Sie über die Schaltflächen FRÜHER und SPÄTER unten in der Statusleiste weiter zurückliegende Informationen auf oder wechseln wieder zu den aktuelleren. In der Statusleiste unten links finden Sie die Angabe über die Anzahl sowie den Zeitraum der angezeigten Einträge.

Protokolle, die in Dateien und nicht in der Datenbank gespeichert werden, werden vom System komprimiert und archiviert. Dieser Vorgang erfolgt nachts um 3:00 Uhr, sofern Ihr Rechner zu diesem Zeitpunkt eingeschaltet ist. Daher finden Sie die Datei *system.log* wahrscheinlich mehrfach, wobei die Versionen aufsteigend nummeriert und mit der Dateiendung *.bz2* versehen werden. Die Dateiendung *.bz2* verweist auf den bei der Komprimierung verwendeten Algorithmus. Wenn Sie weiter zurücklie-

Protokolle überwachen
In den Voreinstellungen der Konsole können Sie einstellen, ob sich das Programm bemerkbar machen soll, wenn es sich im Hintergrund befindet und in dem von Ihnen angezeigten Protokoll eine neue Zeile hinzugefügt wird. Auf diese Weise können Sie im Hintergrund ein Protokoll überwachen und sich über neue Einträge informieren lassen.

gende Ereignisse einsehen möchten, dann finden Sie die ältesten verfügbaren Protokolle in der Datei mit der höchsten Nummer.

Spindump
Wenn ein Programm nicht direkt abstürzt, sondern über einen gewissen Zeitraum nicht reagiert, also auf interne Nachrichten des Systems nicht antwortet, wird es zwangsweise beendet. Sie erhalten dann einen entsprechenden Hinweis, der dem in Abbildung 27.9 ähnelt. Wenn ein Programm auf diese Weise abgefangen wurde, dann finden Sie ein Protokoll in den Diagnoseberichten.

Absturzprotokolle

Wenn ein Programm unerwartet beendet wird, also abstürzt, nimmt das System von diesem Ereignis Notiz. Sie erhalten zunächst, sofern es sich um ein Programm mit grafischer Oberfläche handelt, einen Hinweis, dass das Programm beendet wurde. Über ERNEUT ÖFFNEN können Sie es gleich neu starten.

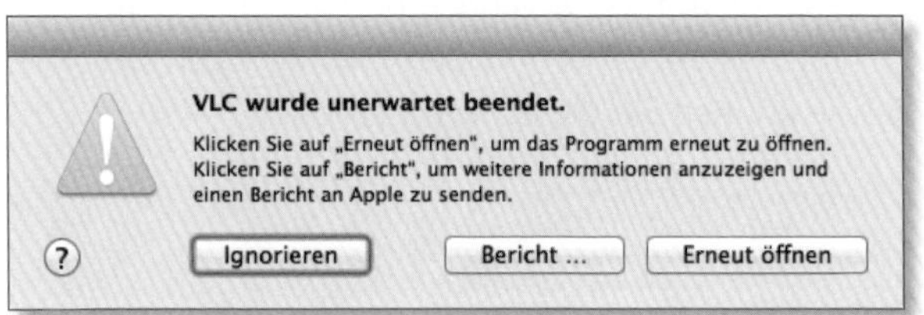

Abbildung 27.9 ▸
Stürzt ein Programm ab, kann ein Bericht angezeigt werden.

Bericht | Sie können sich den BERICHT des Absturzes direkt aus der Mitteilung über die gleichnamige Schaltfläche anzeigen lassen. Berichte zurückliegender Abstürze im Dienstprogramm Konsole finden Sie unter CRASHREPORTER im Verzeichnis ~/LIBRARY/LOGS oder in Form der oben erwähnten Diagnoseberichte.

Abbildung 27.10 ▾
Nach einem Absturz kann der Bericht an Apple geschickt werden.

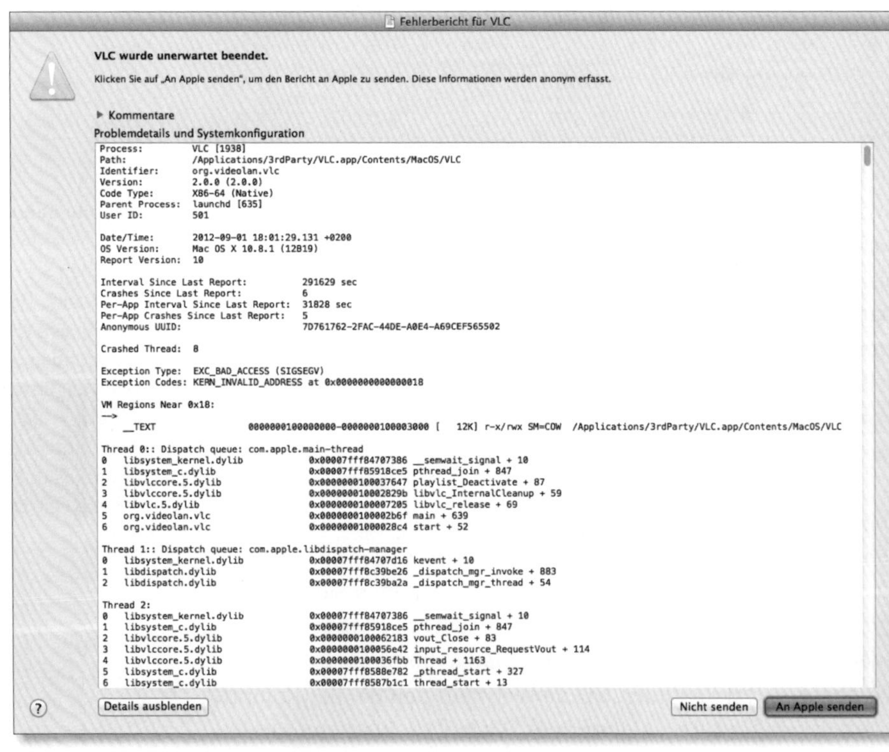

Wenn ein Programm mehrmals abstürzt und Sie den Eindruck haben, dass es fehlerhaft programmiert ist, sind diese Protokolle für Programmierer eine große Hilfe, um den Fehler zu korrigieren.

Crash Reporter konfigurieren | Haben Sie die Auxiliary Tools for Xcode von *http://developer.apple.com/downloads* heruntergeladen, dann finden Sie in der Image-Datei auch die CRASH REPORTER PREFERENCES.

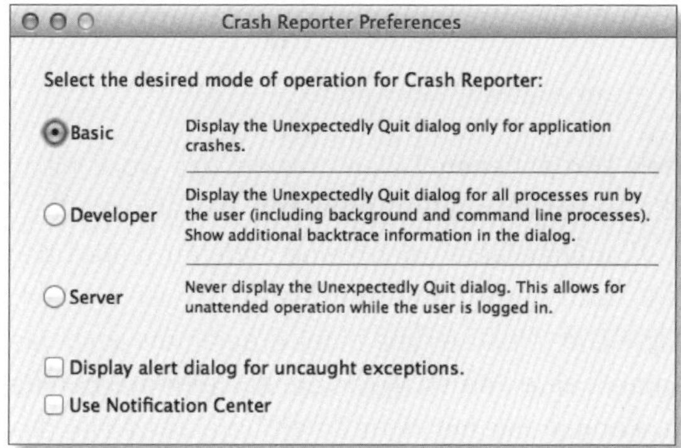

◄ **Abbildung 27.11**
In den CRASH REPORTER PREFERENCES können Sie die Meldungen über die Abstürze konfigurieren.

Ihnen stehen hier drei Modi zur Auswahl: Mit BASIC wird die Standardeinstellung beschrieben, die Ihnen die Fehlerberichte nur bei Abstürzen von Programmen mit einer grafischen Oberfläche präsentiert.

Wählen Sie die Option DEVELOPER, dann erhalten Sie auch einen Fehlerbericht, wenn ein Dämon im Hintergrund abstürzt. Dies bezieht sich aber nur auf die Prozesse, die Ihrem Benutzerkonto zugeordnet werden. Über einen Absturz des Apache-Webservers, der unter der Benutzerkennung _www läuft, werden Sie auch mit dieser Einstellung nicht informiert.

Schließlich können Sie mit der Option SERVER den Hinweis über einen Absturz gänzlich unterbinden. Der Name dieser Option rührt daher, dass es für den Betrieb eines Servers hinderlich sein kann, wenn der Dialog die grafische Oberfläche blockiert und gegebenenfalls auf eine Reaktion des Benutzers wartet.

27.4 Programme zwangsweise beenden

Manchmal stürzt ein Programm nicht komplett ab, sondern befindet sich in einer Art Endlosschleife. Es reagiert nicht auf Eingaben und lässt sich weder über das Menü noch über die Tastenkombination [⌘] + [Q] beenden. In diesem Fall können Sie über das Kontextmenü des Docks den Punkt SOFORT BEENDEN aufrufen.

▲ **Abbildung 27.12**
Ein nicht reagierendes Programm können Sie über das Dock zwangsweise neu starten ❶.

Abbildung 27.13 ▸
Ein nicht reagierendes Programm können Sie SOFORT BEENDEN ❷.

Dock und Dashboard
Beachten Sie beim Neustart des Docks, dass es der übergeordnete Prozess für die Widgets auf Ihrem Dashboard ist. Beenden Sie das Dock, wird auch das Dashboard beendet, und möglicherweise gehen noch nicht gespeicherte Eingaben bei einem Widget verloren.

Dock neu starten | In seltenen Fällen reagiert das Dock nicht mehr und bleibt eingefroren. Zwar arbeiten die aktiven Programme weiter, allerdings lassen sich keine anderen mehr über das Dock starten. Auch der Aufruf über den Finder schlägt fehl, da für eine erfolgreiche Initialisierung eines Programms auch das Dock angesprochen werden muss. Wenn Sie das Terminal bereits gestartet haben, können Sie mit dem Befehl `killall Dock` das Dock zwangsweise beenden. Es wird vom System automatisch neu gestartet.

Sollte das Terminal nicht aktiv sein, können Sie mit dem schnellen Benutzerwechsel zu einem anderen Benutzerkonto wechseln und dort das Terminal starten. Wechseln Sie dann mit der Eingabe `su Kurzname` (siehe Abschnitt 14.3) am Terminal zu dem Benutzerkonto, dessen Dock nicht mehr funktioniert, und ermitteln Sie mit `ps aux` die PID des Dock-Prozesses. Sie können dann mit `kill PID-Nummer` (z. B. `kill 263`) das blockierte Dock direkt beenden. Wenn Sie sich nun mit `exit` am Terminal wieder abmelden und zum ersten Benutzerkonto zurückkehren, wurde das Dock neu gestartet.

Anmeldung über SSH
Anstelle des schnellen Benutzerwechsels können Sie sich natürlich auch über die entfernte Anmeldung mit SSH, sofern Sie diesen Dienst aktiviert haben, anmelden und das Dock zwangsweise beenden.

Menüleiste neu starten | In Ausnahmefällen kommt es auch vor, dass die Menüleiste oben rechts nicht mehr reagiert. Diese wird über den Prozess `SystemUIServer` realisiert, den Sie am Terminal mit `killall SystemUIServer` neu starten können.

Einmalig oder regelmäßig?
Auch OS X 10.8 ist nicht perfekt, und ein kleinerer Fehler kann auch mal schwere Konsequenzen nach sich ziehen. Lässt sich hingegen die Kernel Panic reproduzieren, sollten Sie das Protokoll nach Zeilen mit den Wörtern `error` oder `unsupported` durchsuchen; Sie erhalten anhand der dort aufgeführten Programme und Systemdienste möglicherweise einen ersten Anhaltspunkt für die weitere Recherche.

27.5 Kernel Panic

Hin und wieder blockiert ein Fehler nicht nur das Programm, sondern gleich das ganze System. In einem solchen Fall ist der Kernel nicht mehr in der Lage, den aus dem Ruder gelaufenen Prozess ordnungsgemäß zu beenden, sondern der Kernel muss sich selbst beenden. Ein panischer Kernel reagiert auf einen Fehler, der seinen Grund meist in den tieferen Schichten des Systems hat. Mögliche Ursachen sind fehlerhaft programmierte Kernel Extensions, vielleicht aber auch Hardwarefehler.

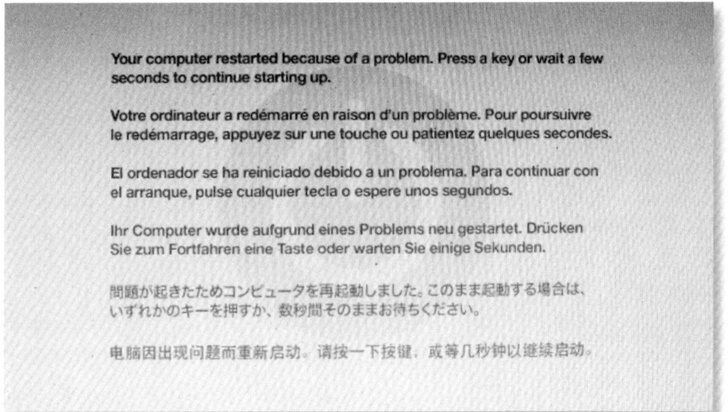

◀ **Abbildung 27.14**
Eine Kernel Panic wird Ihnen nach einem Neustart in sechs Sprachen gemeldet.

Eine Kernel Panic führt zu einem sofortigen Neustart des Rechners. Nach dem Neustart informiert Sie das System in sechs Sprachen über die aufgekommene Panik. Wenn Sie sich am Anmeldebildschirm authentifiziert haben, dann werden Sie vom System gefragt, ob Sie die zuletzt geöffneten Programme wieder starten möchten. Sie können dies mit einem Klick auf die Schaltfläche Abbrechen unterbinden. Der Grund für diese Rückfrage ist, dass auf diese Weise vermieden wird, ein Programm automatisch zu starten, das möglicherweise für die Kernel Panic verantwortlich war und sofort wieder eine neue Kernel Panic produziert.

◀ **Abbildung 27.15**
Wurde der Rechner nach einer Kernel Panic zwangsweise neu gestartet, erhalten Sie einen Hinweis nach der nächsten Anmeldung.

Protokoll der Panik | Um der Ursache für eine Kernel Panic auf den Grund zu gehen, finden Sie unter System-Diagnoseberichte ein Protokoll mit der Endung panic, das die Details dieses Absturzes enthält. Oft sind die hier enthaltenen Einträge kryptisch, und die Anleitung für ihre Lektüre könnte leicht drei bis vier Kapitel füllen. Das Protokoll enthält eine Liste der Kernel Extensions, die zum Zeitpunkt der Panik geladen waren.

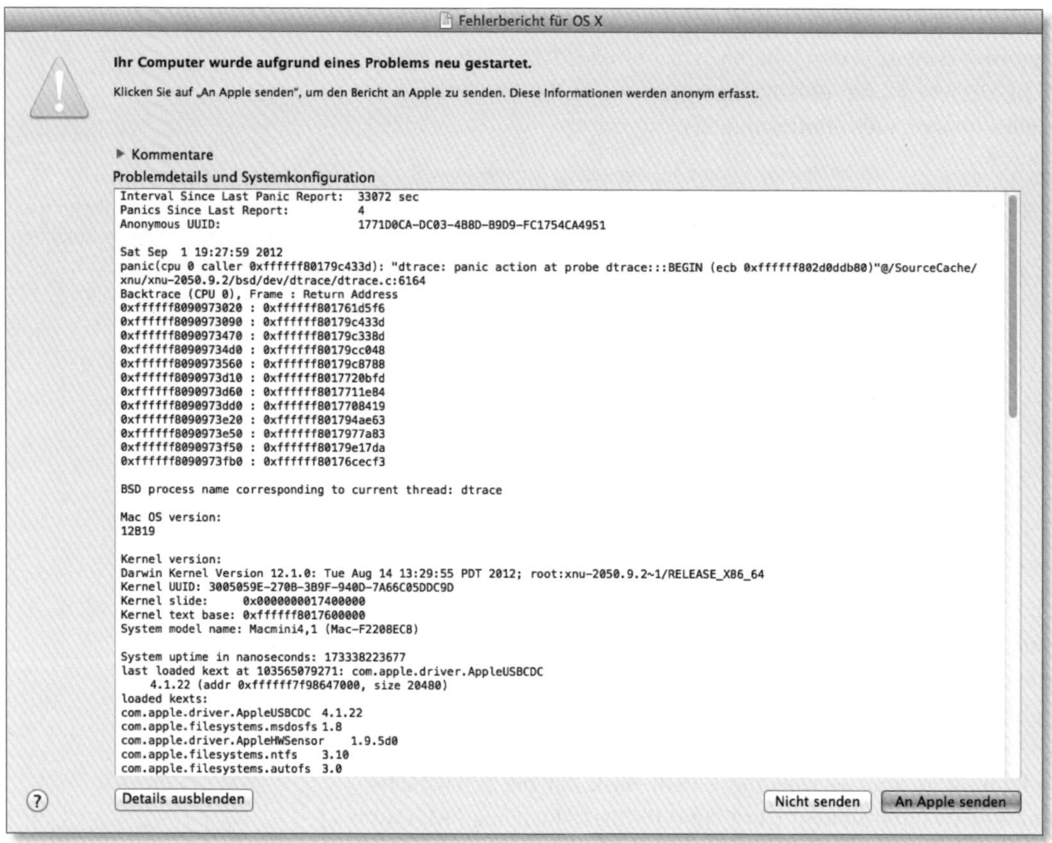
Fehlerbericht für OS X
Ihr Computer wurde aufgrund eines Problems neu gestartet.
Klicken Sie auf „An Apple senden", um den Bericht an Apple zu senden. Diese Informationen werden anonym erfasst.
Kommentare
Problemdetails und Systemkonfiguration
Interval Since Last Panic Report: 33072 sec
Panics Since Last Report: 4
Anonymous UUID: 1771D0CA-DC03-4B8D-B9D9-FC1754CA4951
Sat Sep 1 19:27:59 2012
panic(cpu 0 caller 0xffffff80179c433d): "dtrace: panic action at probe dtrace:::BEGIN (ecb 0xffffff802d0ddb80)"@/SourceCache/xnu/xnu-2050.9.2/bsd/dev/dtrace/dtrace.c:6164
Backtrace (CPU 0), Frame : Return Address
0xffffff8090973020 : 0xffffff801761d5f6
0xffffff8090973090 : 0xffffff80179c433d
0xffffff8090973470 : 0xffffff80179c338d
0xffffff80909734d0 : 0xffffff80179cc048
0xffffff8090973560 : 0xffffff80179c8788
0xffffff8090973d10 : 0xffffff8017720bfd
0xffffff8090973d60 : 0xffffff8017711e84
0xffffff8090973dd0 : 0xffffff8017708419
0xffffff8090973e20 : 0xffffff801794ae63
0xffffff8090973e50 : 0xffffff8017977a83
0xffffff8090973f50 : 0xffffff80179e17da
0xffffff8090973fb0 : 0xffffff80176cecf3
BSD process name corresponding to current thread: dtrace
Mac OS version:
12B19
Kernel version:
Darwin Kernel Version 12.1.0: Tue Aug 14 13:29:55 PDT 2012; root:xnu-2050.9.2~1/RELEASE_X86_64
Kernel UUID: 3005059E-270B-3B9F-940D-7A66C05DDC9D
Kernel slide: 0x0000000017400000
Kernel text base: 0xffffff8017600000
System model name: Macmini4,1 (Mac-F2208EC8)
System uptime in nanoseconds: 173338223677
last loaded kext at 103565079271: com.apple.driver.AppleUSBCDC
4.1.22 (addr 0xffffff7f98647000, size 20480)
loaded kexts:
com.apple.driver.AppleUSBCDC 4.1.22
com.apple.filesystems.msdosfs 1.8
com.apple.driver.AppleHWSensor 1.9.5d0
com.apple.filesystems.ntfs 3.10
com.apple.filesystems.autofs 3.0
Details ausblenden
Nicht senden
An Apple senden

▲ **Abbildung 27.16**
Im Protokoll der Panik werden die geladenen Kernel Extensions aufgelistet.

Einen ersten Anhaltspunkt für die Ursache der Kernel Panic erhalten Sie aber schon, wenn Sie sich noch einmal den Zeitpunkt des Absturzes vergegenwärtigen. Ist die Kernel Panic aufgetreten, als Sie eine bestimmte Aktion ausgeführt haben, und lässt sich dies wiederholen, oder scheint reiner Zufall im Spiel gewesen zu sein? Wenn Letzteres der Fall ist und die Kernel Panic vorerst nicht mehr vorkommt, können Sie es dabei bewenden lassen.

Warnung
Wenn Sie Ihr System erzwungen neu starten, können Dateien in Mitleidenschaft gezogen werden. Sie verlieren auf jeden Fall alle ungesicherten Daten. In der Regel können Sie die ungesicherten Dateien nach dem Neustart noch in ihrer ursprünglichen Form öffnen. Aber es kann vorkommen, dass Ihnen auch diese Dateien verloren gehen oder beschädigt werden.

27.6 Neustart erzwingen

In sehr seltenen Fällen stürzt Ihr System komplett ab und reagiert auf gar keine Eingabe mehr. Der Mauspfeil ist an seiner Position festgefroren, und auch die Kombination [⌘] + [alt] + [esc] führt zu keiner Reaktion. Halten Sie in einer solchen Situation die Taste zum Einschalten etwa eine Minute gedrückt, und das System wird zwangsweise ausgeschaltet. Dabei werden alle Prozesse sofort ohne Rückfrage und ohne die Möglichkeit zum Speichern ungesicherter Daten aus dem Arbeitsspeicher entfernt.

Der erzielte Effekt ist in etwa mit einem Stromausfall vergleichbar. Dieser Schritt ist der letzte Ausweg. Nach einem erzwungenen Neustart sollten Sie mit dem Festplattendienstprogramm (siehe unten) prüfen, ob Ihre Dateisysteme in Mitleidenschaft gezogen wurden.

27.7 Das Rettungssystem und der Startvorgang

Mit OS X 10.7 wurde auch ein Rettungssystem eingeführt. Dieses – von Apple im Deutschen mit *Wiederherstellungsvolume*, im Englischen etwas eleganter mit *Lion Recovery* beschrieben – enthält ein auf seine wesentlichen Funktionen reduziertes OS X 10.8-System. Dieses System eignet sich nicht zur alltäglichen Arbeit, weil es nicht möglich ist, Programme zu starten. Es enthält lediglich das Festplattendienstprogramm, das Terminal, das Netzwerkdienstprogramm sowie die Möglichkeiten, das System neu zu installieren oder aus einem Time-Machine-Backup wiederherzustellen.

Das Rettungssystem wird in einer im Finder unsichtbaren Partition installiert. Wenn Sie am Terminal `diskutil list` eingeben, dann finden Sie auf der Festplatte, die Ihr Startvolume enthält, auch die kleine Partition RECOVERY HD.

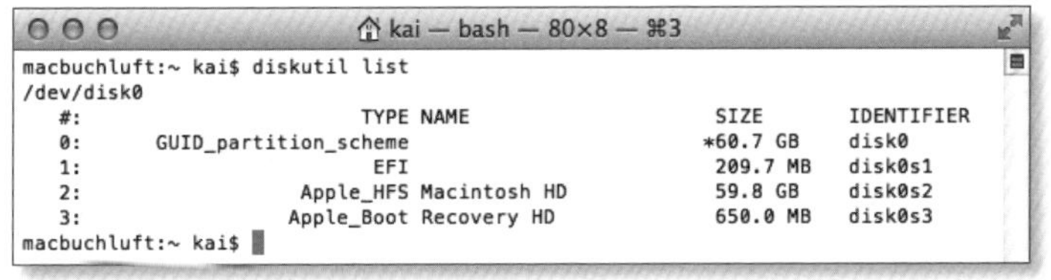

```
macbuchluft:~ kai$ diskutil list
/dev/disk0
   #:                       TYPE NAME                    SIZE       IDENTIFIER
   0:      GUID_partition_scheme                        *60.7 GB    disk0
   1:                        EFI                         209.7 MB   disk0s1
   2:                  Apple_HFS Macintosh HD            59.8 GB    disk0s2
   3:                 Apple_Boot Recovery HD             650.0 MB   disk0s3
macbuchluft:~ kai$
```

◂ **Abbildung 27.17**
Das Rettungssystem befindet sich auf einer unsichtbaren kleinen Partition.

Rettungssystem auf einen USB-Stick übertragen

OS X Recovery Disk Assistant
http://support.apple.com/kb/dl1433

Sie können das Rettungssystem auf einen USB-Stick übertragen und sich auf diese Weise einen Rettungsstick erstellen. Sinnvoll ist dies aus zwei Gründen: Zunächst schützt Sie das Rettungssystem nicht vor Ausfällen der Festplatte. Es ist zwar nicht wahrscheinlich, aber möglich, dass auch das Rettungssystem beschädigt wird. Darüber hinaus kann es sein, dass Sie das Rettungssystem löschen müssen, um neben Windows auch Linux zu installieren. In diesem Fall haben Sie mit dem USB-Stick immer noch die Möglichkeit, ein Rettungssystem zu starten.

Um das Rettungssystem auf einen USB-Stick zu kopieren, laden Sie das Programm OS X Recovery Disk Assistant von Apples Webseite herunter. Schließen Sie einen leeren USB-Stick an, bevor Sie das Programm starten. Nachdem Sie den Stick – auf dem alle Daten gelöscht werden! – ausgewählt haben, kopiert der Assistent die Partition mit dem Rettungssystem auf den USB-Stick. Nach Abschluss des Kopiervorgangs ist dieser startfähig. Er wird Ihnen allerdings nicht in der Ansicht STARTVOLUME der Systemeinstellungen angezeigt.

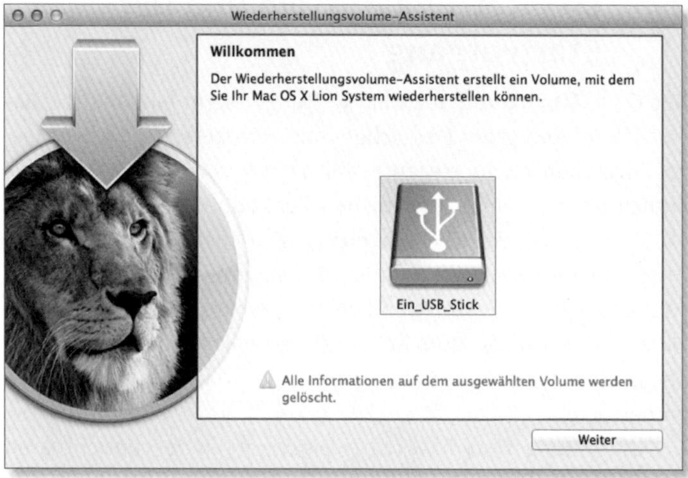

Abbildung 27.18 ▸
Das Rettungssystem wird mithilfe des Assistenten auf einen USB-Stick kopiert.

Vorab: der Startvorgang im Detail

Wenn Sie Ihren Rechner einschalten, werden im Hintergrund einige Prozesse ausgeführt, bis Ihnen das Anmeldefenster zur Verfügung steht. Dieser Abschnitt gibt Ihnen einen kurzen Überblick über den Startvorgang.

Extensible Firmware Interface | Direkt nach dem Einschalten wird das Extensible Firmware Interface (EFI) aktiviert. Zunächst führt es einige schnelle Tests der Hardware des Rechners durch.

Caches für den Kernel
Um den Startvorgang zu beschleunigen, greift der Kernel auf einige Caches zurück. So finden Sie im Verzeichnis /SYSTEM/LIBRARY/CACHES das Verzeichnis COM.APPLE.KEXT.CACHES.

»boot.efi« | Wenn die Open Firmware oder das EFI diese Aufgabe abgeschlossen haben, wird das eigentliche Betriebssystem gestartet. Vorgenommen wird der Start des Systems über *boot.efi* im Verzeichnis /SYSTEM/LIBRARY/CORESERVICES.

Kernel wird aktiviert | *boot.efi* startet dann den Kernel. Dabei wird auf einige Zwischenspeicher zurückgegriffen, die den Start beschleunigen. Auf diese Weise muss sich der Kernel nicht bei jedem Start erneut alle benötigten Kernel Extensions aus den Verzeichnissen /SYSTEM/LIBRARY/EXTENSIONS und /LIBRARY/EXTENSIONS zusammensuchen.

LaunchDaemons | Wenn alle Erweiterungen geladen wurden, der vollständige Zugriff auf die Hardware also möglich ist, werden die Objekte aus den Verzeichnissen /SYSTEM/LIBRARY/LAUNCHDAEMONS und /LIBRARY/LAUNCHDAEMONS (siehe Abschnitt 13.3) gestartet. Damit stehen die für den normalen Betrieb des Systems notwendigen Dienste und Dämonen zur Verfügung. Der letzte Schritt besteht im Start des Anmeldefensters, das sich als Programm LOGINWINDOW.APP im Verzeichnis /SYSTEM/LIBRARY/CORESERVICES befindet.

StartupItems
Sofern Sie weitere Programme und Dienste installiert haben, werden möglicherweise Start-up-Items ausgeführt. Diese mittlerweile veraltete Methode des Starts von Systemdiensten beruht auf Shell-Skripten, die sich in den Verzeichnissen /SYSTEM/LIBRARY/STARTUPITEMS und /LIBRARY/STARTUPITEMS befinden.

Nach der Anmeldung | Wenn Sie sich am Anmeldefenster authentifiziert haben, startet der Prozess `loginwindow` das Dock, den Finder und die Zwischenablage (`pbs`) und führt die in den Verzeichnissen /SYSTEM/LIBRARY/LAUNCHAGENTS, /LIBRARY/LAUNCH-AGENTS und ~/LIBRARY/LAUNCHAGENTS vorhandenen LaunchAgents (siehe Abschnitt 13.3) aus. Darüber hinaus werden die für das Benutzerkonto in den Systemeinstellungen vorgegebenen Startobjekte (siehe Abschnitt 14.2) ausgeführt.

Startvolume auswählen

Rettungssystem starten
[⌘] + [R]

System auswählen
[alt]

Für die Auswahl des Startvolumes gibt es neben der gleichnamigen Ansicht in den Systemeinstellungen noch weitere Möglichkeiten. Zunächst können Sie die Taste [alt] direkt nach dem Erklingen des Startgongs beim Anschalten des Rechners gedrückt halten. In diesem Fall werden Ihnen, wie schon im Kapitel über Boot Camp beschrieben, die verfügbaren und startfähigen Systeme zur Auswahl gestellt. Darunter ist auch das Rettungssystem. Um direkt vom Rettungssystem zu starten, halten Sie direkt nach dem Startgong die Tastenkombination [⌘] + [R] gedrückt.

Wechselmedium auswerfen
Trackpad/Maustaste gedrückt halten

Haben Sie ein Wechselmedium eingelegt, das den Startvorgang behindert, dann halten Sie während des Startgongs die linke Maustaste oder die Trackpad-Taste gedrückt. Bei den meisten Modellen wird dann das Wechselmedium ausgeworfen.

Rettungssystem nutzen

Wenn Sie das Rettungssystem gestartet haben, dann finden Sie einen Bildschirm vor, der Ihnen bereits bei der Installation von OS X 10.8 begegnet sein mag. Im Menü DIENSTPROGRAMME finden Sie neben dem in Abschnitt 13.5 besprochenen Programm Firmware-Kennwort auch das Netzwerkdienstprogramm sowie das Terminal. Mit diesem Terminal können Sie so arbeiten, wie Sie es von der normalen Version von OS X 10.8 Lion gewohnt sind.

▲ **Abbildung 27.19**
Über das Menü DIENSTPROGRAMME können Sie das Terminal starten.

Das heißt, dass Sie die Partition, von der Sie normalerweise starten, im Verzeichnis /VOLUMES finden. Hier am Terminal stehen Ihnen die meisten, aber nicht alle Befehle zur Verfügung.

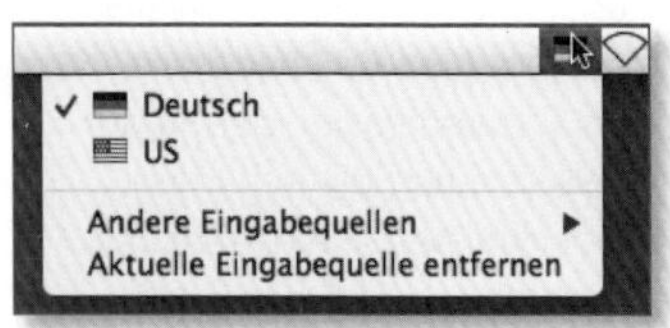

▲ **Abbildung 27.20**
Sowohl ein drahtloses Netzwerk als auch die Tastaturbelegung können Sie über die Menüleiste auswählen.

Tastatur und Netzwerk | Möglicherweise wird vom Rettungssystem zunächst die amerikanische Tastaturbelegung genutzt. Über die Flagge rechts oben in der Menüleiste können Sie eine andere Tastaturbelegung auswählen. Sie finden hier ebenfalls den bekannten Menüpunkt für die Auswahl und das Einklinken in ein drahtloses Netzwerk. Notwendig kann dies sein, wenn Sie zum Beispiel mit einem MacBook Air arbeiten und Ihr System neu installieren oder von einem Time-Machine-Backup im Netzwerk rekonstruieren möchten.

Neustart und Startvolume | Über das Apfel-Menü haben Sie die Möglichkeit, sowohl das Startvolume zu bestimmen als auch einen Neustart zu veranlassen.

Die Dienstprogramme des Rettungssystems unterscheiden sich nicht von denen, die ich in den jeweiligen Abschnitten dieses Buches bereits besprochen habe. Beenden Sie eines der Dienstprogramme, dann gelangen Sie wieder zum Hauptbildschirm zurück.

Neuinstallation via Rettungssystem

Im Hauptmenü des Rettungssystems haben Sie auch die Möglichkeit, OS X 10.8 neu zu installieren. Bei dieser Neuinstallation wird das System von den Apple-Servern erneut heruntergeladen. Damit einher geht auch eine Prüfung der Seriennummer Ihres Rechners. Auf diese Weise will Apple wahrscheinlich sicherstellen, dass keine Raubkopien angefertigt werden. Für die Neuinstallation müssen Sie Ihre Apple-ID sowie das dazugehörige Kennwort bereithalten. Haben Sie sich am App Store erfolgreich ausgewiesen, dann beginnt der Download des Installationspakets. Dies kann mehrere Stunden in Anspruch nehmen. Der weitere Installationsvorgang unterscheidet sich nicht von dem im Anhang beschriebenen.

Hinweis

Einen mobilen Rechner sollten Sie an die Steckdose anschließen. Stellen Sie die Verbindung über ein drahtloses Netzwerk her, dann sollten Sie sicherstellen, dass das Netzwerk für die nächsten Stunden ohne Unterbrechung verfügbar ist.

Firmware-Update | Sie sollten nach Möglichkeit vor der Neuinstallation über die Softwareaktualisierung prüfen, ob ein Update für die Firmware Ihres Rechners verfügbar ist.

Kennwörter zurücksetzen

Über das Rettungssystem ist es auch möglich, Kennwörter eines Benutzerkontos Ihrer normalen Installation zurückzusetzen.

Hierzu müssen Sie zunächst über DIENSTPROGRAMME das Terminal starten. Am Terminal rufen Sie das Hilfsprogramm durch den Befehl `resetpassword` auf.

Hinweis
Sie können das Zurücksetzen der Passwörter mit der Vergabe des Firmware-Kennworts effektiv unterbinden. Ist das Firmware-Kennwort gesetzt, dann kann das Rettungssystem nur nach Eingabe des Firmware-Kennworts gestartet werden.

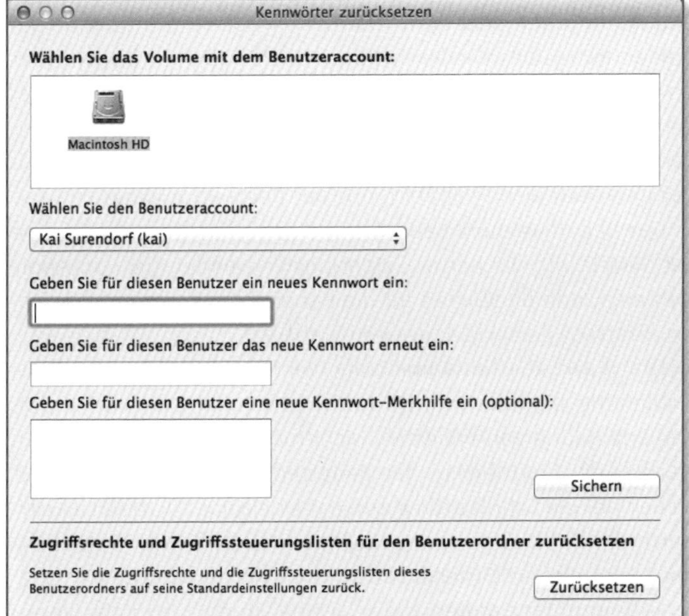

◀ **Abbildung 27.21**
Das Hilfsprogramm starten Sie über einen Befehl am Terminal.

Hier finden Sie oben zunächst eine Liste der Volumes, auf denen Installationen von OS X 10.8 gefunden wurden. Wählen Sie dann ein Benutzerkonto aus, geben Sie das neue Kennwort zweimal ein, und SICHERN Sie die Änderungen anschließend. Hilfreich ist dieses Hilfsprogramm auch, wenn die Zugriffsrechte innerhalb Ihres persönlichen Ordners aus dem Ruder gelaufen sind. Über die Schaltfläche ZURÜCKSETZEN sorgen Sie dafür, dass die Zugriffsrechte der Hauptordner wie LIBRARY, SCHREIBTISCH, BILDER etc. auf die Standardeinstellungen zurückgesetzt werden.

27.8 Weitere Möglichkeiten bei Startproblemen

Wenn Sie mit dem Rettungssystem nicht arbeiten können, weil Sie es für eine zusätzliche Linux-Installation oder aus einem anderen Grund gelöscht haben, und wenn auch kein entsprechender USB-Stick verfügbar ist, dann steht Ihnen eine Reihe weiterer Startmodi zur Verfügung, mit denen Sie Problemen abhelfen können.

Bluetooth
Wenn Sie mit einer Tastatur arbeiten, die über Bluetooth angeschlossen wird und nicht von Apple stammt, dann unterstützt wahrscheinlich diese Tastatur die Startmodi nicht.

Sicherer Systemstart

Sicherer Systemstart
⇧ nach Startgong

Arbeitet Ihr Rechner instabil oder haben Sie neue Erweiterungen installiert, die Treiber in Form von Kernel Extensions enthalten, kann es sein, dass sich diese nicht mit Ihrem System vertragen und Ihr Rechner nicht mehr startet. Um solche nicht harmonierenden Extensions wieder aus dem Ordner /SYSTEM/LIBRARY/EXTENSIONS oder – sofern sich der Hersteller an die Vorgaben Apples gehalten hat – /LIBRARY/EXTENSIONS zu entfernen, führen Sie einen sogenannten sicheren Systemstart durch. Halten Sie hierfür ⇧ gedrückt, wenn der Startgong des Rechners erklingt.

▲ **Abbildung 27.22**
Der sichere Systemstart wird mit einem Fortschrittsbalken angezeigt.

Der Begriff »sicher« bedeutet in diesem Zusammenhang, dass das System nur die Kernel Extensions verwendet, die von Apple stammen, und die Caches für die Kernel Extensions im Verzeichnis /SYSTEM/LIBRARY/CACHES neu aufbaut.

Die automatische Anmeldung wird unterbunden, und die Anbindung ans Netzwerk wird dahingehend eingeschränkt, dass die Einbindung von Freigaben nicht möglich ist. Darüber hinaus werden die Startobjekte der Benutzerkonten ignoriert, und es stehen nur die Schriftarten aus dem Verzeichnis /SYSTEM/LIBRARY/FONTS zur Verfügung. Und schließlich wird ein Teil der Datenbank der LaunchServices (siehe Abschnitt 27.11) neu aufgebaut. Letzteres führt unter anderem dazu, dass bei Programmen, die Sie aus dem Internet geladen haben, die Rückfrage, dass das Programm zum ersten Mal geöffnet wird, erneut erscheinen kann.

Spotlight
Der sichere Start führt zunächst dazu, dass Ihnen Spotlight nicht zur Verfügung steht. Führen Sie einen (normalen) Neustart durch, dann baut Spotlight den Index neu auf.

Man könnte diesen Startvorgang fast als puristisch bezeichnen. Daher eignet er sich, wenn Abstürze und Fehler nach einem diffusen Muster auftreten, recht gut für die Fehlersuche. Treten die Abstürze nicht mehr auf, dann kann es gut sein, dass eine Erweiterung eines Fremdherstellers die Probleme verursacht. Auch führt der Neuaufbau der oben genannten Datenbanken in einigen Fällen zum Erfolg.

Konsole statt Aqua

Es kann vorkommen, dass Ihr System zwar korrekt startet und das Anmeldefenster erscheint, Sie sich aber anschließend nicht am System anmelden können. Ein möglicher Grund dafür könnte unter anderem sein, dass Sie in den Startobjekten Ihres Benutzerkontos ein Programm abgelegt haben, das Probleme bereitet. Eventuell funktioniert Ihr System auch in den in diesem Kapitel beschriebenen eingeschränkten Startmodi zwar einwandfrei, aber im normalen Betrieb treten Probleme auf.

»>console« | Wenn das Anmeldefenster erscheint, geben Sie einfach als Benutzername `>console` ein und drücken [↵], ohne ein Kennwort zu verwenden. Jetzt verschwindet die grafische Oberfläche, und der gesamte Bildschirm wird von einem Terminal ausgefüllt. Ein Prompt `login` wartet auf Ihre Eingaben.

Geben Sie nun den Kurznamen Ihres Benutzers ein, gefolgt von [↵]. Anschließend müssen Sie noch das Passwort des Benutzers eingeben. Dieses wird Ihnen auf dem Bildschirm nicht angezeigt, auch wenn Ihre Eingaben vom System entgegengenommen werden. Auch diese Eingabe schließen Sie mit [↵] ab. In Einzelfällen sehen Sie lediglich einen blinkenden Cursor in der linken oberen Ecke. Drücken Sie einmal [↵], dann erscheint in der Regel die Aufforderung für die Eingabe des Kurznamens.

Hinweis

Wenn Sie sich im Anmeldefenster die Liste der vorhandenen Benutzerkonten anzeigen lassen, stehen Ihnen natürlich keine Felder für die direkte Eingabe eines Kurznamens und Passworts zur Verfügung. Wählen Sie einen angelegten Benutzer mit [↓] aus, und verwenden Sie dann die Tastenkombination [alt] + [↵]. Nun erscheinen die beiden Textfelder für den Kurznamen und das Passwort.

Fehlerkorrektur | Sie können an der Shell alle Befehle nutzen, die Ihnen auch bei der Arbeit mit dem Terminal zur Verfügung stehen. Insbesondere das Programm `diskutil` (siehe Abschnitt 27.9) kann Ihnen bei der Reparatur von Dateisystemen eine Hilfe sein. In diesem Modus wird die amerikanische Tastaturbelegung verwendet, was Sie insbesondere bei der Eingabe Ihres Passworts berücksichtigen müssen, da Ihnen dieses nicht am Bildschirm angezeigt wird.

Zurück an die Oberfläche | Wenn Sie mit der Arbeit an der Shell fertig sind, kehren Sie durch die einfache Eingabe des Befehls `logout` wieder zum Anmeldefenster zurück.

Anmeldeobjekte und Resume unterdrücken

Möglicherweise haben Sie bei einem Benutzerkonto in den Systemeinstellungen ein Anmeldeobjekt hinzugefügt, das Probleme bereitet und unmittelbar nach der Anmeldung, wenn es ausgeführt wird, verhindert, dass Sie es löschen oder verändern. Eventuell haben Sie auch die Option BEIM NÄCHSTEN ANMELDEN ALLE FENSTER WIEDER ÖFFNEN aktiviert, und der gesicherte Zustand bereitet Probleme.

Sie können im Anmeldefenster, wenn Sie ein Benutzerkonto ausgewählt und das Passwort eingegeben haben, die Eingabe des Passworts mit der Tastenkombination [⇧] + [↵] abschließen. Jetzt werden die Startobjekte dieses Benutzerkontos nicht ausgeführt, und auch die Fenster werden nicht wiederhergestellt.

Target-Disk-Modus

Target-Disk-Modus
T beim Startgong

Der Target-Disk-Modus, von Apple in der deutschen Übersetzung auch als FIREWIRE-FESTPLATTENMODUS bezeichnet, ermöglicht es, Ihren Rechner als FireWire-Festplatte zu verwenden. In der Regel ist dies die ab Werk eingebaute Festplatte auf Ihrem Rechner.

Kein USB
Die hier besprochenen Funktionen stehen Ihnen in dieser Form ausschließlich bei Rechnern zur Verfügung, die über einen FireWire-Anschluss verfügen. Eine vergleichbare Funktionalität über USB gibt es nicht.

Um zwei Rechner auf diese Weise miteinander zu verbinden, benötigen Sie zuerst ein FireWire-Kabel des Typs »sechs auf sechs«. Schalten Sie beide Rechner aus, und verbinden Sie sie mit dem Kabel. Andere Geräte, die Sie über den FireWire-Anschluss mit Ihrem Rechner verbunden haben, sollten Sie sicherheitshalber abstecken.

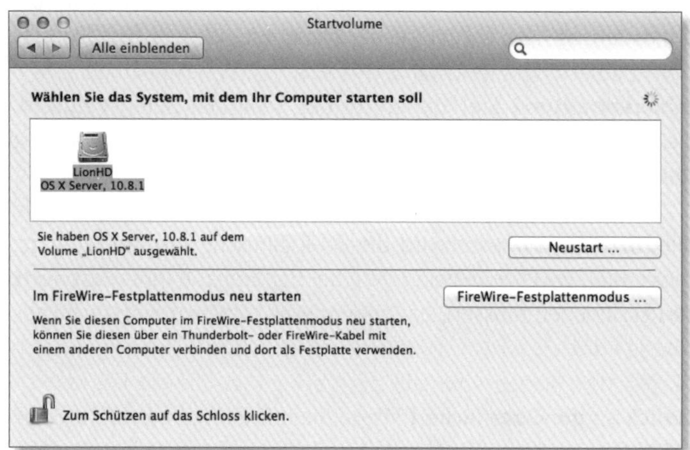

◄ **Abbildung 27.23**
Den Target-Disk-Modus können Sie auch über die Systemeinstellungen starten.

Neustart als Festplatte | Es gibt zwei Möglichkeiten, einen Rechner als FireWire-Festplatte zu verwenden: Erstens können Sie in den Systemeinstellungen in der Ansicht STARTVOLUME den FIREWIRE-FESTPLATTENMODUS auswählen und einen NEUSTART durchführen. Wenn Sie die Systemeinstellungen aufgrund eines Fehlers nicht mehr erreichen können, erzwingen Sie einen Neustart und halten, nachdem der Startgong ertönt ist, die Taste T gedrückt. In beiden Fällen erscheint das FireWire-Logo auf dem Bildschirm und springt von einer Position an eine andere. Der Computer dient nun als Festplatte. Starten Sie jetzt den zweiten Rechner.

Hinweis
Bei der Degradierung eines Rechners zur externen Festplatte müssen Sie sicherstellen, dass das andere System das Partitionsschema unterstützt. Aufgrund der GUID-Partitionstabelle können Sie einen Rechner mit einem Intel-Prozessor nicht als externe Festplatte an einen Rechner mit Mac OS X 10.3 oder älter anschließen.

Daten sichern | Der als Festplatte fungierende zweite Rechner erscheint automatisch als externe FireWire-Festplatte, und Sie können über den Finder die Daten retten. Es ist in diesem Modus auch möglich, eine Image-Datei (siehe Abschnitt 9.6) von der FireWire-Festplatte zu erstellen und so Ihre Daten zu sichern. Beachten Sie aber, dass bei einem stark beschädigten Dateisystem die Erstellung einer Abbildung nicht immer erfolgreich ist, und untersuchen Sie unbedingt, bevor Sie die Festplatte löschen, die gesicherten Daten auf Vollständigkeit und Korrektheit. Sind alle Dateien kopiert, sollten Sie die über FireWire angeschlossene Festplatte wie ein anderes Wechselmedium auswerfen.

Startvolume | Wenn Sie einen Rechner mit einem funktionsfähigen System als FireWire-Festplatte verwenden, können Sie den zweiten Rechner von diesem System starten. Sind die Rechner mit dem Kabel verbunden, dann können Sie nach dem Startgong auch hier die Taste `alt` gedrückt halten. In der Auswahl erscheint nun auch der Rechner als mögliches Startvolume, den Sie im Target-Disk-Modus gestartet haben. Möglicherweise wird Ihnen, sofern Sie die Installations-DVD in diesen Rechner eingelegt haben, diese auch zur Auswahl gestellt. Der Start von DVD über das FireWire-Kabel ist möglich, wenn Sie das Startvolume über `alt` auswählen.

Thunderbolt | Die noch recht neue Technik Thunderbolt, die bereits beim MacBook Air und iMac verfügbar ist, bietet auch einen Target-Disk-Modus. In den Systemeinstellungen steht Ihnen beispielsweise bei einem MacBook Air die Schaltfläche FireWire-Festplattenmodus ebenfalls zur Verfügung. Ebenso können Sie beim Startgong die Taste `T` gedrückt halten. In beiden Fällen erscheint das Logo der Thunderbolt-Technologie auf dem Bildschirm, und Sie können über ein Thunderbolt-Kabel Ihren Rechner als Festplatte an einen anderen anschließen.

Geschwätziger Systemstart (Verbose-Modus)

Sind beim Startvorgang nur das graue Apple-Logo und das kreisende Rädchen zu sehen, ist dieser Anblick herzlich wenig informativ. Sie können sich die Ausgaben des Systems wie die Einbindung der Hardware anzeigen lassen, indem Sie `⌘` + `V` gedrückt halten, wenn der Startgong erklingt. Anstelle des grauen Logos wird der gesamte Bildschirm nun von der Konsole ausgefüllt, auf der sämtliche Ausgaben des Systems angezeigt werden. Hierzu gehören der Fortschritt bei der Aktivierung einzelner Hardwarekomponenten und einige sehr grundlegende Systemdienste. Auch beim Herunterfahren des Systems erhalten Sie die Anzeige der Vorgänge beim sogenannten »Shut down«.

Geschwätziger Modus
`⌘` + `V`

Die Ausgabe dieses geschwätzigen Startvorgangs (»verbose mode«) ist etwas kryptisch, kann aber bei der Fehlersuche helfen, wenn Sie sich an bekannten Stichwörtern aus dem Kontext

Ausgaben einsehen mit »dmesg«
Sie können sich einen Teil der Ausgaben, die Sie im Verbose-Modus angezeigt bekommen, mit dem Befehl `sudo dmesg` auch am Terminal anzeigen lassen.

der vermuteten Problemquelle orientieren. Wenn Sie zum Beispiel über FireWire eine neue Festplatte angeschlossen haben, Ihr Rechner nun aber nicht mehr startet, könnte ein Eintrag mit einer Zeile `FireWire` eine Fehlermeldung enthalten.

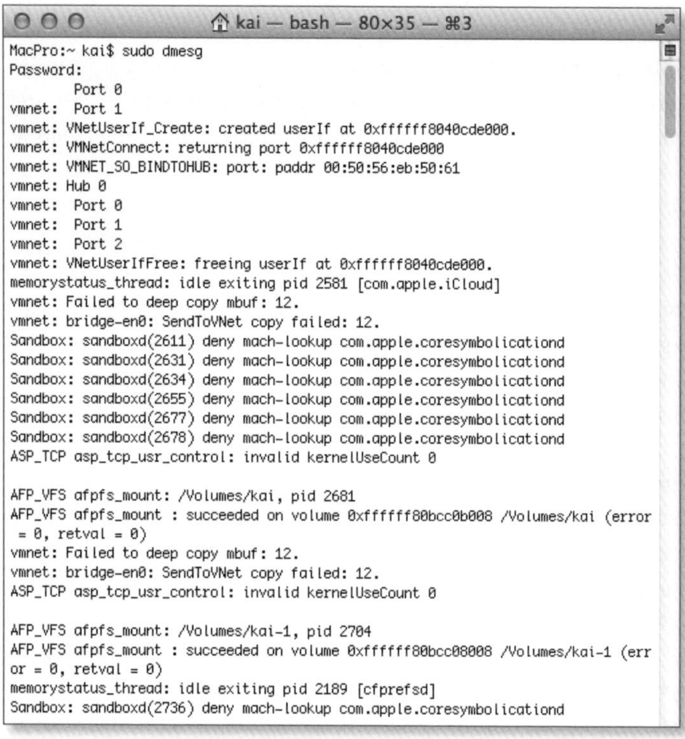

kai — bash — 80×35 — ⌘3
MacPro:~ kai$ sudo dmesg
Password:
Port 0
vmnet: Port 1
vmnet: VNetUserIf_Create: created userIf at 0xffffff8040cde000.
vmnet: VMNetConnect: returning port 0xffffff8040cde000
vmnet: VMNET_SO_BINDTOHUB: port: paddr 00:50:56:eb:50:61
vmnet: Hub 0
vmnet: Port 0
vmnet: Port 1
vmnet: Port 2
vmnet: VNetUserIfFree: freeing userIf at 0xffffff8040cde000.
memorystatus_thread: idle exiting pid 2581 [com.apple.iCloud]
vmnet: Failed to deep copy mbuf: 12.
vmnet: bridge-en0: SendToVNet copy failed: 12.
Sandbox: sandboxd(2611) deny mach-lookup com.apple.coresymbolicationd
Sandbox: sandboxd(2631) deny mach-lookup com.apple.coresymbolicationd
Sandbox: sandboxd(2634) deny mach-lookup com.apple.coresymbolicationd
Sandbox: sandboxd(2655) deny mach-lookup com.apple.coresymbolicationd
Sandbox: sandboxd(2677) deny mach-lookup com.apple.coresymbolicationd
Sandbox: sandboxd(2678) deny mach-lookup com.apple.coresymbolicationd
ASP_TCP asp_tcp_usr_control: invalid kernelUseCount 0
AFP_VFS afpfs_mount: /Volumes/kai, pid 2681
AFP_VFS afpfs_mount : succeeded on volume 0xffffff80bcc0b008 /Volumes/kai (error = 0, retval = 0)
vmnet: Failed to deep copy mbuf: 12.
vmnet: bridge-en0: SendToVNet copy failed: 12.
ASP_TCP asp_tcp_usr_control: invalid kernelUseCount 0
AFP_VFS afpfs_mount: /Volumes/kai-1, pid 2704
AFP_VFS afpfs_mount : succeeded on volume 0xffffff80bcc08008 /Volumes/kai-1 (error = 0, retval = 0)
memorystatus_thread: idle exiting pid 2189 [cfprefsd]
Sandbox: sandboxd(2736) deny mach-lookup com.apple.coresymbolicationd

Abbildung 27.24 ▸
Die Eingabe von `sudo dmesg` zeigt einige der Mitteilungen des Verbose-Modus am Terminal an.

Der Single-User-Modus

Startet Ihr System gar nicht mehr und haben Sie gerade überhaupt kein Rettungssystem zur Hand, von dem aus Sie booten und das Festplattendienstprogramm aufrufen können, können Sie mit [⌘] + [S] im sogenannten *Single-User-Modus* starten. Dieser Modus verzichtet auf eine grafische Oberfläche; Sie arbeiten direkt und ausschließlich mit der Befehlszeile.

Amerikanische Tastaturbelegung
Im Single-User-Modus wird nicht die deutsche, sondern die amerikanische Tastaturbelegung genutzt. Sie finden dementsprechend das Zeichen [/] auf [-], das Zeichen [-] auf [ß], und die Tasten [Z] und [Y] sind vertauscht.

Besonderheiten | Im Single-User-Modus werden nur die rudimentärsten Systemdienste und Funktionen aktiviert. Aus diesem Grund funktioniert der Start in diesem Modus meist auch dann noch, wenn Ihr System schwer beschädigt wurde. Er eignet sich daher – sofern Kenntnisse des Terminals vorhanden sind – sehr gut, um eigenhändig Fehler zu suchen. Wenn Sie im Single-User-Modus gestartet haben, arbeiten Sie automatisch als Super-User »root«. Damit stehen Ihnen alle Befehle direkt zur Verfügung, und sofern Sie den Schreibzugriff auf das Startvolume aktivieren, wie im Folgenden beschrieben, können Sie jede Datei ohne Rückfrage löschen. Daher sollten Sie bei der Verwendung des Befehls `rm` größte Vorsicht walten lassen. Ebenso steht Ihnen zunächst nur das Startvolume als Dateisystem zur Verfügung, wobei hier der Schreibzugriff deaktiviert wurde. Der Modus eignet sich so für die Reparatur des Dateisystems.

TIPP
Sie können im Single-User-Modus wie auch am Terminal Ihre vorherige Eingabe wieder aufrufen, indem Sie die Taste [↑] verwenden.

Startvolume überprüfen | Es ist obligatorisch, im Single-User-Modus zuerst das Startvolume zu überprüfen. Der Befehl dafür, der Ihnen auch vom System angezeigt wird, lautet

```
/sbin/fsck -fy
```

Das Programm `fsck` ist am Terminal das Pendant zur Ersten Hilfe des Festplattendienstprogramms. Die dann folgende Ausgabe ähnelt der des Festplattendienstprogramms. Sollten Sie die Meldung `File System was modified` erhalten, dann wurde ein Fehler gefunden, und es wurde versucht, ihn zu beheben. Führen Sie den Befehl erneut aus, und fahren Sie erst fort, wenn Sie die Meldung `The volume ... appears to be OK` erhalten. Vermeldet `fsck` keine Fehler mehr, können Sie mit

Weitere Diagnose
Mit `cd /var/log` wechseln Sie in das Verzeichnis, in dem die Protokolle der Systemdienste gespeichert werden. Mit `less` *system.log* lassen Sie sich den Inhalt des Protokolls *system.log* auf dem Bildschirm anzeigen.

```
/sbin/mount -uw /
```

den Schreibzugriff auf Ihr Startvolume aktivieren.

▼ **Abbildung 27.25**
Der Single-User-Modus stellt lediglich eine Eingabeaufforderung zur Verfügung.

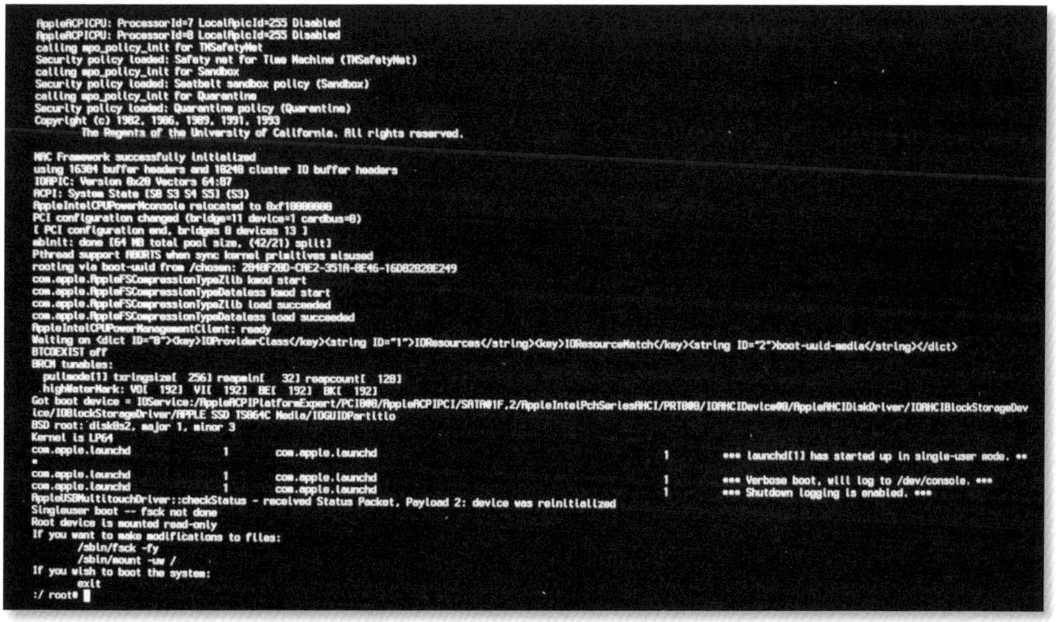

```
AppleACPICPU: ProcessorId=7 LocalApicId=255 Disabled
AppleACPICPU: ProcessorId=8 LocalApicId=255 Disabled
calling mpo_policy_init for TMSafetyNet
Security policy loaded: Safety net for Time Machine (TMSafetyNet)
calling mpo_policy_init for Sandbox
Security policy loaded: Seatbelt sandbox policy (Sandbox)
calling mpo_policy_init for Quarantine
Security policy loaded: Quarantine policy (Quarantine)
Copyright (c) 1982, 1986, 1989, 1991, 1993
        The Regents of the University of California. All rights reserved.

MAC Framework successfully initialized
using 16384 buffer headers and 10240 cluster IO buffer headers
IOAPIC: Version 0x20 Vectors 64:87
ACPI: System State [S0 S3 S4 S5] (S3)
AppleIntelCPUPowerMconsole relocated to 0xf10000000
PCI configuration changed (bridge=11 device=1 cardbus=0)
[ PCI configuration end, bridges 8 devices 13 ]
mbinit: done [64 MB total pool size, (42/21) split]
Pthread support ABORTS when sync kernel primitives misused
rooting via boot-uuid from /chosen: 2040F28D-CAE2-351A-8E46-16D82828E249
com.apple.AppleFSCompressionTypeZlib kmod start
com.apple.AppleFSCompressionTypeDataless kmod start
com.apple.AppleFSCompressionTypeZlib load succeeded
com.apple.AppleFSCompressionTypeDataless load succeeded
AppleIntelCPUPowerManagementClient: ready
Waiting on <dict ID="0"><key>IOProviderClass</key><string ID="1">IOResources</string><key>IOResourceMatch</key><string ID="2">boot-uuid-media</string></dict>
BTCOEXIST off
BRCM tunables:
  pullmode[1] txringsize[  256] rxpmin[   32] reapcount[  128]
  highWaterMark: VO[  192]  VI[  192]  BE[  192]  BK[  192]
Got boot device = IOService:/AppleACPIPlatformExpert/PCI000/AppleACPIPCI/SATA01F,2/AppleIntelPchSeriesAHCI/PRT000/IOAHCIDevice00/AppleAHCIDiskDriver/IOAHCIBlockStorageDevice/IOBlockStorageDriver/APPLE SSD TS064C Media/IOGUIDPartitio
BSD root: disk0s2, major 1, minor 3
Kernel is LP64
com.apple.launchd              1        com.apple.launchd                                     1        *** launchd[1] has started up in single-user mode. **
*
com.apple.launchd              1        com.apple.launchd                                     1        *** Verbose boot, will log to /dev/console. ***
com.apple.launchd              1        com.apple.launchd                                     1        *** Shutdown logging is enabled. ***
AppleUSBMultitouchDriver::checkStatus - received Status Packet, Payload 2: device was reinitialized
Singleuser boot -- fsck not done
Root device is mounted read-only
If you want to make modifications to files:
        /sbin/fsck -fy
        /sbin/mount -uw /
If you wish to boot the system:
        exit
:/ root# █
```

Neustart | Wenn Sie die Arbeit im Single-User-Modus beenden und einen Neustart durchführen möchten, geben Sie

```
reboot
```

ein. Sie können auch durch die Eingabe von `exit` den Startvorgang des Systems fortsetzen.

27.9 Dateisysteme prüfen und reparieren

FAT und NTFS
Das Festplattendienstprogramm ist teilweise in der Lage, das MS-DOS-Dateisystem (FAT) zu reparieren. Eine Reparatur des Dateisystems NTFS ist nicht möglich. Hier müssen Sie auf die entsprechenden Lösungen unter Windows zurückgreifen.

Defekte oder korrupte Dateisysteme sind manchmal die Ursache für Fehler und Probleme, die beim Betrieb von OS X 10.8 auftreten. Oft, aber nicht immer, werden Fehler im Dateisystem durch einen Absturz des Systems oder eines Programms hervorgerufen. Das System bietet Ihnen über das Festplattendienstprogramm und den Befehl `fsck` die Möglichkeit, Dateisysteme zu überprüfen und eine Reparatur zu veranlassen.

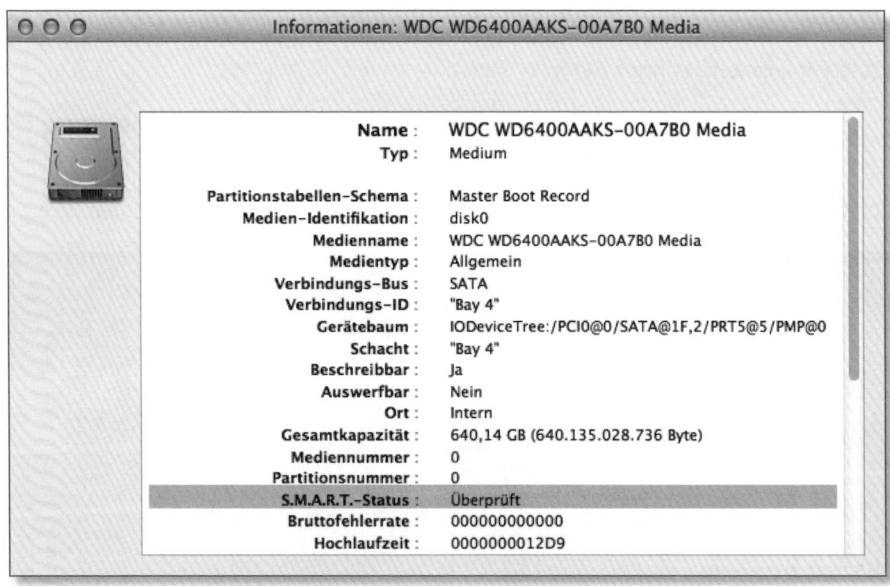

▲ **Abbildung 27.26**
Der S.M.A.R.T.-Status einer internen Festplatte gibt Aufschluss über die Selbstdiagnose.

Selbstdiagnose der Festplatte

Haben Sie den Eindruck, dass Ihre Festplatte Daten nicht mehr korrekt speichert, Dateien also auf einmal korrupt sind und Ihr System abstürzt, können Sie in einem ersten Schritt das Festplattendienstprogramm starten. Wählen Sie darin die betreffende Festplatte aus, und rufen Sie die Informationen (⌘ + I) auf.

Sie finden im Informationsfenster eine Zeile S.M.A.R.T.-STATUS. Wenn Sie im Informationsfenster beim S.M.A.R.T.-STATUS nicht den Eintrag ÜBERPRÜFT, sondern FEHLGESCHLAGEN in roter Schrift finden, ist mit hoher Wahrscheinlichkeit Ihre Festplatte kaputt. Sie sollten dann sofort alle Daten sichern und Ihr Gerät zur Reparatur geben oder die Festplatte austauschen.

[S.M.A.R.T.]
S.M.A.R.T. ist eine Abkürzung für »Self-Monitoring Analysis and Reporting Technology« und bezeichnet eine Technologie, bei der Festplatten eine Selbstdiagnose durchführen. Sie findet nur dann Anwendung, wenn es sich um die interne Festplatte handelt. Bei externen Festplatten über USB oder FireWire steht Ihnen diese Selbstdiagnose nicht zur Verfügung.

Reparatur mit dem Festplattendienstprogramm

Es kann vorkommen, dass die Verzeichnisstruktur auf Ihren Partitionen fehlerhaft ist. Die Gründe hierfür sind ganz unterschiedlich: Eine mögliche Ursache ist, dass aufgrund eines Programmabsturzes Dateien nicht korrekt geschlossen wurden. Eine Überprüfung ist auch dann angeraten, wenn Sie eine externe Festplatte vom Rechner getrennt haben, ohne diese vorher im Finder zu deaktivieren.

Hinweis
Das Festplattendienstprogramm überprüft nicht, ob der Datenträger der Festplatte physikalisch noch in Ordnung ist und ob die Dateien, die auf Ihrer Festplatte gespeichert wurden, korrekt sind. Die Überprüfung beschränkt sich im Wesentlichen auf die Verzeichnisstruktur und darauf, ob Dateien sich beim zugewiesenen Speicherplatz nicht überschneiden oder gar Einträge vorkommen, die es nicht mehr gibt oder die gar nicht mehr zulässig sind.

Partitionen überprüfen | Sie können mit dem Festplattendienstprogramm eine Überprüfung Ihrer Partitionen veranlassen. Beachten Sie, dass dieses Programm Ihr Startvolume prüfen, aber nicht reparieren kann, wenn Sie das System davon gestartet haben. Starten Sie dafür das Rettungssystem, und rufen Sie dessen Festplattendienstprogramm auf.

◂ **Abbildung 27.27**
Falls das Dienstprogramm eine Reparatur vorschlägt, sollten Sie diese umgehend vornehmen.

Partition reparieren | Wenn die Überprüfung eines Volumes nicht mit dem Hinweis DAS VOLUME ... IST ANSCHEINEND IN ORDNUNG abgeschlossen wird, sollten Sie eine Anweisung zur Reparatur geben. Wenn die Reparatur erfolgreich verlaufen ist, dann sollten Sie sofort eine erneute Prüfung vornehmen. Ist die Prüfung erfolgreich und wird das Volume als ANSCHEINEND IN ORDNUNG bezeichnet, dann ist die Reparatur erfolgreich verlaufen.

Dateisysteme prüfen und reparieren am Terminal

Im Terminal und an der Konsole, die Sie mit dem Benutzernamen `>console` aufgerufen haben, steht Ihnen mit dem Programm `diskutil` ein Ersatz für das Festplattendienstprogramm zur Verfügung. Der Einsatz von `diskutil` kann auch dann angeraten sein, wenn Sie über SSH (siehe Abschnitt 17.2) eine Verbindung zu einem Rechner im Netzwerk hergestellt haben.

Abbildung 27.28 ▸
Mit `diskutil list` werden die Partitionen der angeschlossenen Festplatten angezeigt.

```
kai — bash — 80×22 — ⌘2
MacPro:~ kai$ diskutil list
/dev/disk0
   #:                       TYPE NAME                    SIZE       IDENTIFIER
   0:     FDisk_partition_scheme                        *640.1 GB   disk0
   1:               Windows_NTFS BOOTCAMP                640.1 GB   disk0s1
/dev/disk1
   #:                       TYPE NAME                    SIZE       IDENTIFIER
   0:      GUID_partition_scheme                        *1.0 TB     disk1
   1:                        EFI                         209.7 MB   disk1s1
   2:                  Apple_HFS LionHD                  999.3 GB   disk1s2
   3:                 Apple_Boot Recovery HD             650.0 MB   disk1s3
/dev/disk2
   #:                       TYPE NAME                    SIZE       IDENTIFIER
   0:      GUID_partition_scheme                        *1.0 TB     disk2
   1:                        EFI                         209.7 MB   disk2s1
   2:                  Apple_HFS FusionHD                999.9 GB   disk2s2
/dev/disk3
   #:                       TYPE NAME                    SIZE       IDENTIFIER
   0:      GUID_partition_scheme                        *1.0 TB     disk3
   1:                        EFI                         209.7 MB   disk3s1
   2:                  Apple_HFS TimeHD                  999.9 GB   disk3s2
MacPro:~ kai$
```

Deaktivierung erzwingen
Die Deaktivierung einer Partition ist nur möglich, wenn keine Dateien mehr darauf geöffnet sind. Sie können allerdings die Deaktivierung mit `sudo diskutil unmount force disk1s2` erzwingen, nehmen dabei aber das Risiko eines Datenverlusts in Kauf.

Um mit `diskutil` Partitionen zu überprüfen und Zugriffsrechte zu reparieren, sollten Sie sich zuerst mit der Eingabe von

```
diskutil list
```

einen Überblick über die aktivierten Partitionen verschaffen. Die Ausgabe wird der in Abbildung 27.28 ähneln. Einträge wie `GUID_partition_scheme` und `EFI` gehören zur internen Verwaltung der Festplatte und können ignoriert werden. Relevant sind jedoch Zeilen, in denen ein `NAME` angegeben wird. Für einige Funktionen des Programms ist der `identifier` wie zum Beispiel `disk0s2` wichtig.

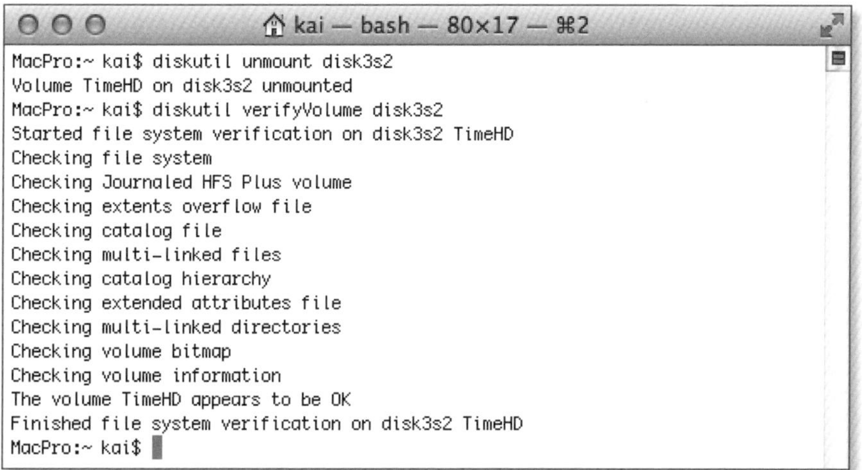

kai — bash — 80×17 — ⌘2
MacPro:~ kai$ diskutil unmount disk3s2
Volume TimeHD on disk3s2 unmounted
MacPro:~ kai$ diskutil verifyVolume disk3s2
Started file system verification on disk3s2 TimeHD
Checking file system
Checking Journaled HFS Plus volume
Checking extents overflow file
Checking catalog file
Checking multi-linked files
Checking catalog hierarchy
Checking extended attributes file
Checking multi-linked directories
Checking volume bitmap
Checking volume information
The volume TimeHD appears to be OK
Finished file system verification on disk3s2 TimeHD
MacPro:~ kai$

▲ **Abbildung 27.29**
Mit `diskutil` wurde das Dateisystem einer zuvor deaktivierten Partition geprüft.

Wichtige Aktionen mit »diskutil« | Das Programm `diskutil` muss, wenn Sie mehr als nur Informationen anzeigen lassen möchten, mithilfe von `sudo` als Super-User (»root«) ausgeführt werden. Zusammen mit einer Aktion müssen Sie die unter `identifier` ersichtliche Bezeichnung der Partition angeben. Das Programm bietet am Terminal fast alle Funktionen des Festplattendienstprogramms. Folgende Aktionen können Sie mit `diskutil` ausführen, wobei Sie `disk1s2` durch die vorher mit `list` ermittelte Bezeichnung ersetzen müssen:

- Die Aktion `verifyDisk` entspricht dem Überprüfen eines Volumes mit dem Festplattendienstprogramm. Mit der Eingabe `sudo diskutil verifyDisk disk1s2` wird die angegebene Partition überprüft, aber nicht repariert.
- Ein Volume reparieren Sie mit der Eingabe `sudo diskutil repairDisk disk1s2`, wobei vorher selbstverständlich noch eine Überprüfung stattfindet.
- Um eine verdächtige Partition zu deaktivieren, geben Sie `sudo diskutil unmount disk1s2` ein.
- Ein deaktiviertes Volume binden Sie mit `sudo diskutil mount disk1s2` ein. Ist dies erfolgreich, erscheint es mit seinem Namen unter /Volumes und auf dem Schreibtisch.
- Alle Partitionen, die auf einer Festplatte vorhanden sind, deaktivieren Sie mit `sudo diskutil unmountDisk disk1`, während `sudo diskutil mountDisk disk1` versucht, alle Volumes auf einer Festplatte zu aktivieren.
- Ein Wechselmedium wie eine CD-ROM werfen Sie mit `sudo diskutil eject disk2` aus.

27.10 Hardwareprobleme diagnostizieren

Hilft nach und nach alles nichts mehr – auch nicht die Neuinstallation –, wird die Wahrscheinlichkeit immer höher, dass etwas an der Hardware Ihres Rechners nicht stimmt. Auch in diesem Fall können Sie noch weitersuchen und das Problem selbst finden.

MacBook Air/ MacBook Pro Retina
Da beide Geräte über kein DVD-Laufwerk verfügen, wurde der Hardwaretest direkt in den Rechner eingebaut. Sie können sich unter *http://support.apple.com/kb/HT2644* über die Möglichkeiten und das Vorgehen informieren.

Apple Hardware Test | Apple liefert für seine Rechner einen Hardwaretest mit, der auf das jeweilige Modell zugeschnitten ist. Sie finden ihn auf einer der dem Rechner beiliegenden Installations-DVDs, wobei es sich auch um eine ältere Version von Mac OS X handeln kann. Es kann angebracht sein, Ihr System auf eine fehlerhafte Hauptplatine oder defekten Arbeitsspeicher hin zu prüfen. Solche Fehler können sich in der täglichen Arbeit recht subtil auswirken: Programme stürzen vollkommen willkürlich ab. Die Abstürze treten häufig auf, es sind immer andere Programme betroffen, und die Abstürze sind im Detail nicht reproduzierbar.

Bei einem solchen Verhalten arbeitet eventuell die Hauptplatine Ihres Rechners nicht mehr korrekt. Gegebenenfalls ist auch bei der Grafikkarte etwas nicht mehr in Ordnung, oder bei einem Chip des Arbeitsspeichers liegt nur ein minimaler Fehler vor, der aber hin und wieder in Erscheinung tritt. Der Hardwaretest erscheint in den Systemeinstellungen nicht als mögliches Startvolume. Halten Sie nach dem Startgong die Taste `alt` gedrückt, dann können Sie den Hardwaretest als Startvolume auswählen. Bei einigen Versionen müssen Sie stattdessen die Taste `D` gedrückt halten. Sie finden eine PDF-Datei auf der DVD, die Informationen über den Startvorgang gibt.

Arbeitsspeicher intensiv testen
Der Hardwaretest von Apple hat sich in Bezug auf die Hauptplatine und die Ansprache der Grafikkarte bewährt. Bei einigen fehlerhaften Speichermodulen ist der Test manchmal zwar erfolgreich, das Modul aber trotzdem defekt. In diesem Fall ist eine ausführliche Prüfung des Arbeitsspeichers notwendig. Bei dieser werden über einen Zeitraum von bis zu einer Stunde hinweg zufällige Daten nach verschiedenen Mustern in den Speicher geschrieben, wieder ausgelesen und miteinander verglichen. Sie können dazu das Programm Rember *(http://www.kelleycomputing.net/ rember/)* verwenden.

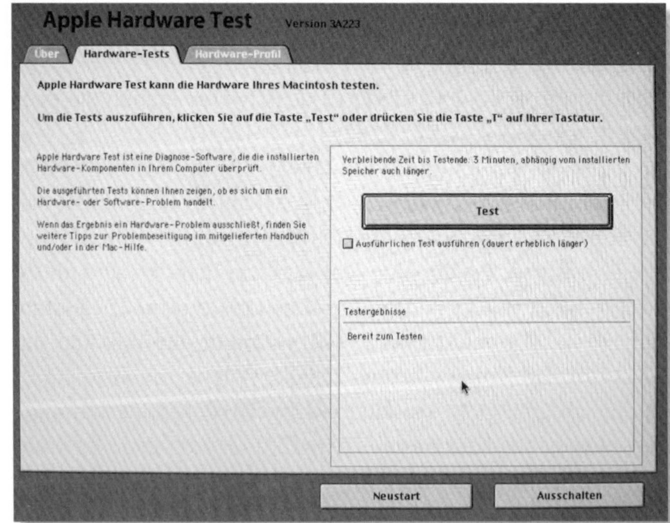

Abbildung 27.30 ►
Mit dem Apple Hardware Test können Sie die Komponenten des Rechners prüfen.

Das Testprogramm ist von Rechner zu Rechner ein wenig anders, verfügt aber in der Regel auch über eine deutschsprachige Oberfläche. Lassen Sie den ausführlichen Test durchlaufen, und achten Sie auf Fehlermeldungen. Schlägt der Test bei einer Komponente fehl, sollten Sie Ihren Rechner in Reparatur geben.

27.11 Weitere Maßnahmen

Neben den eingangs beschriebenen Protokollen und der Reparatur der Dateisysteme gibt es einige weitere Maßnahmen, mit denen Sie bestimmte Probleme beseitigen können.

Warnung
Gelegentlich sind in Diskussionsforen Befehlsfolgen zu lesen, die alle Schreibtischdateien auf Ihrer Festplatte löschen. Oft beruht das Verfahren auf dem Befehl `find` und einer automatischen Löschung der gefundenen Dateien. Von diesem Verfahren ist, wenn Sie sich nicht näher mit dem UNIX-Kern von OS X 10.8 auseinandergesetzt haben, eher abzuraten. Ein Tippfehler führt hier schnell dazu, dass auch noch ganz andere Dateien gelöscht werden.

Korrupte .DS_Store-Dateien

Wenn im Finder die Symbole nicht korrekt oder gar doppelt angezeigt werden, ist für diesen Fehler meistens eine korrupte Schreibtischdatei die Ursache.

.DS_Store-Datei löschen | Die Datei *.DS_Store*, die im Finder nicht angezeigt wird, ist der Speicherplatz für die Darstellung des Ordners im Finder. Die darin gespeicherten Informationen betreffen in erster Linie den Ansichtsmodus und die Platzierung der Icons innerhalb des Finder-Fensters. Sie können diese Datei löschen, indem Sie am Terminal mit `cd` in das jeweilige Verzeichnis wechseln und `rm .DS_Store` eingeben. Die Datei wird anschließend vom Finder neu angelegt und sollte wieder funktionieren.

Wird zum Beispiel der Ordner DOKUMENTE im Finder falsch angezeigt, dann wechseln Sie mit `cd ~/Documents` in das Verzeichnis und löschen die Datei wieder mit `rm .DS_Store`. Unter OS X 10.8 kommt dieser Fehler allerdings nur noch sehr selten vor.

Korrupte Voreinstellungen und Caches

Unter OS X 10.8 ist es eher selten der Fall, dass die Voreinstellungen einer Datei fehlerhaft sind, aber es kann manchmal dennoch die Ursache von Problemen sein. Insbesondere wenn Ihr System ansonsten stabil arbeitet und lediglich eine bestimmte Applikation nicht richtig funktioniert, ist vielleicht diese Voreinstellungsdatei wirklich fehlerhaft. Verschieben Sie dann die entsprechende Datei inklusive des Lockfiles aus dem Ordner PREFERENCES in Ihrer Library in den Papierkorb oder an eine andere Stelle, und starten Sie das Programm erneut. Es wird nun eine neue Datei in den

PREFERENCES angelegt, die die Standardvorgaben der Applikation enthält, und das Programm wird vielleicht wieder reibungslos funktionieren.

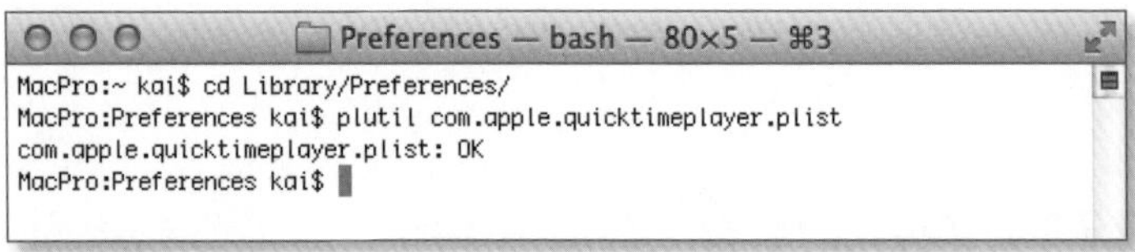

▲ **Abbildung 27.31**
Mit dem Befehl `plutil` überprüfen Sie den syntaktischen Aufbau einer Property-Liste.

Hinweis
Beachten Sie, dass die Datei nur formal, nicht aber inhaltlich geprüft wird. Es ist also möglich, dass eine Property-Liste zwar korrekt aufgebaut ist, aber dennoch Werte enthält, die ein Programm zum Absturz bringen. In diesem Fall wäre auch eine syntaktisch korrekte Datei zu löschen.

Preferences prüfen | Alternativ können Sie auch im Terminal eine Property-Liste mit dem Befehl `plutil` auf einen korrekten Aufbau hin prüfen. »Aufbau« bedeutet in diesem Zusammenhang, dass der Aufbau der XML-Datei in sich korrekt ist und die einzelnen Tags in der Datei gemäß den Vorgaben von Apple angeordnet sind. Wechseln Sie an der Shell mittels `cd` in das Verzeichnis, in dem die Voreinstellungsdatei gespeichert wurde. Geben Sie dann `plutil Dateiname.plist` ein. Wenn Sie als Ergebnis nicht den Wert `OK` erhalten, entspricht die Datei nicht den Vorgaben von Apple und ist möglicherweise fehlerhaft.

Korrupte Zwischenspeicher | In eher seltenen Fällen sind die Cache-Dateien, die einige Programme anlegen und nutzen, fehlerhaft und führen zu Abstürzen. Sie finden im Ordner ~/LIBRARY/CACHES die Zwischenspeicher einiger Programme. Stürzt eine Applikation ab oder zeigt sie Fehler in der Darstellung, dann können Sie den jeweiligen Zwischenspeicher (z. B. das Verzeichnis COM.APPLE.AUTOMATOR) löschen. Beenden Sie vorher aber das betroffene Programm. Um den Cache des Schriftsystems zu löschen, verwenden Sie den in Abschnitt 23.4 beschriebenen Befehl `atsutil`.

Schriften als Fehlerquelle

Möglicherweise hat eine defekte Schriftdatei einen Absturz eines Programms hervorgerufen. Dies kann dann der Fall sein, wenn ein Programm nur dann abstürzt, wenn Sie eine bestimmte Datei geöffnet haben. In diesem Fall bietet es sich an, dass Sie die Schriftarten, die diese Datei verwendet, im Programm Schriftsammlung überprüfen und testweise deaktivieren. Die Schriftarten des Systems sollten Sie (siehe Abschnitt 23.4) nicht zwangsweise deaktivieren.

Das Parameter-RAM (PRAM)

PRAM zurücksetzen
⌘ + alt + P + R

Das Parameter-RAM (oder kurz PRAM) stellt unter OS X 10.8 nur noch selten eine Problemquelle dar. In diesem Speicher, von einer Batterie gepuffert, werden unter anderem die Einstellungen für das Startvolume, die Lautstärke, die Zeitzone, die Bildschirmauflösung und Informationen über die letzte Kernel Panic gespeichert. Welche Informationen dort abgelegt werden, ist von Modell zu Modell etwas unterschiedlich.

Sie können das PRAM mit der Tastenkombination ⌘ + alt + P + R zurücksetzen. Halten Sie die Tastenkombination gedrückt, sobald Sie Ihren Rechner einschalten. Lassen Sie die Tasten erst dann los, wenn der Startgong ein zweites und ein drittes Mal zu hören war. Der Rechner startet dann erneut.

LaunchServices erneuern

Die LaunchServices (siehe Abschnitt 3.1) sind für die Zuordnung von Dateitypen zu Programmen zuständig. In Einzelfällen gerät diese Datenbank durcheinander, und Sie bekommen für Dateitypen nicht mehr die Programme angezeigt, die das Dateiformat eigentlich unterstützen müssten. Möglicherweise werden auch Programme mehrfach aufgeführt, oder Dateien werden als ausführbare Dateien angezeigt.

Übersicht mit -v
Geben Sie zusätzlich die Option `-v` (siehe Abbildung 27.32) an, dann werden Ihnen alle registrierten Programme, die für Dateitypen zur Verfügung stehen, aufgeführt. Die Fehlermeldungen beziehen sich in der Regel auf Verzeichnisse, die `lsregister` ebenfalls abarbeitet, und können ignoriert werden.

Sie können mit dem Befehl `lsregister` aus dem Verzeichnis /System/Library/Frameworks/CoreServices.framework/Versions/A/Frameworks/LaunchServices.framework/Versions/A/Support diese Datenbank neu aufbauen. Mit der Option `-kill` weisen Sie den Befehl an, die vorhandene Datenbank zu löschen. Mit `-r` werden die Verzeichnisse durchsucht, und die mit `-all` anzugebenden Bereiche `local`, `system` und `user` sorgen dafür, dass die Datenbank komplett neu aufgebaut wird. Die Eingabe lautet also:

```
/System/Library/Frameworks/CoreServices.frame-
work/Versions/A/Frameworks/LaunchServices.frame-
work/Versions/A/Support/lsregister -kill -r -all
local,system,user
```

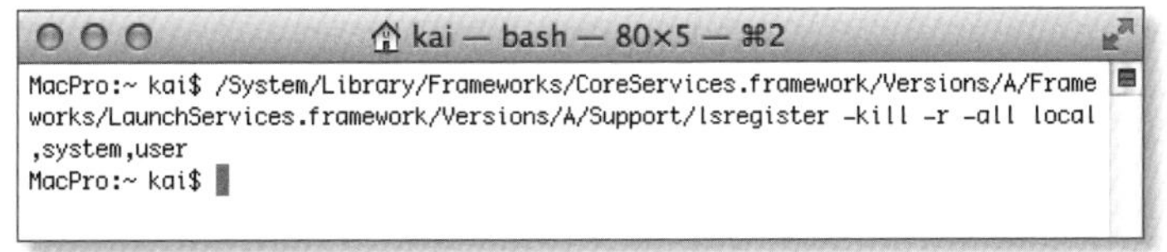

◂ **Abbildung 27.32**
Der Befehl `lsregister` baut die Datenbank der LaunchServices neu auf.

Zugriffsrechte prüfen und zurücksetzen

Ein Relikt
Eingeführt wurde die Reparatur der Zugriffsrechte in den Anfangszeiten von Mac OS X, als das System noch parallel zu Mac OS 9 auf einem Rechner installiert wurde. Da das klassische Mac OS Zugriffsrechte in dieser Form nicht kannte, führte dies oft dazu, dass diese völlig durcheinandergebracht wurden oder verloren gingen.

Die Überprüfung und Reparatur der Zugriffsrechte hat in den letzten Jahren sehr deutlich an Bedeutung verloren und ist unter OS X 10.8 fast bedeutungslos. Die Funktionsweise besteht darin, dass das Festplattendienstprogramm auf die gespeicherten Quittungen für die Installationspakete der einzelnen Bestandteile des Betriebssystems zurückgreift und die dort gespeicherten ursprünglichen Zugriffsrechte mit den tatsächlichen Zugriffsrechten der vorgefundenen Installation abgleicht. Genau genommen, könnte die Reparatur der Zugriffsrechte auch als »Zurücksetzen« der Zugriffsrechte bezeichnet werden.

Die Überprüfung der Zugriffsrechte ist in recht wenigen Einzelfällen dann angeraten, wenn Sie eigenhändig eine Reihe von Änderungen in den Verzeichnissen /System/Library und /Library vorgenommen haben und sich nicht mehr im Klaren darüber sind, ob alle Zugriffsrechte korrekt sind. Es ist in wenigen Einzelfällen auch möglich, dass ein veraltetes (Installations-)Programm die Zugriffsrechte korrumpiert.

Abbildung 27.33 ▼
Das Zurücksetzen der Zugriffsrechte ist unter OS X 10.8 so gut wie bedeutungslos geworden.

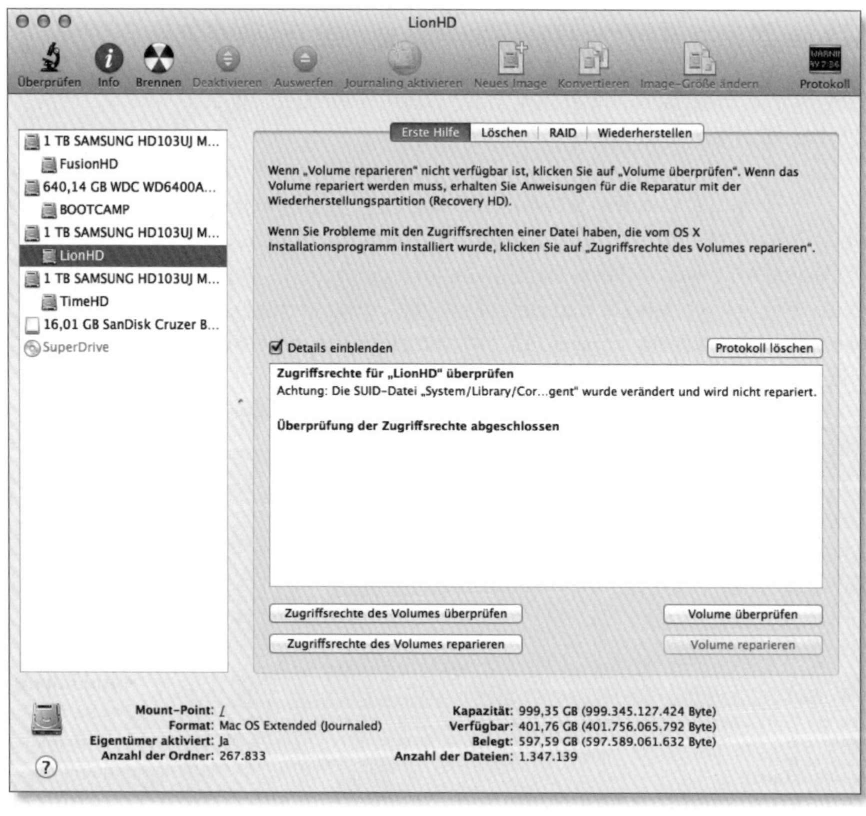

Wenn Sie die Zugriffsrechte überprüfen lassen, werden Ihnen die Dateien und Verzeichnisse, deren Zugriffsrechte vom ursprünglichen Stand abweichen, aufgelistet. Diese Liste (siehe Abbildung 27.33) ist in der Regel äußerst kurz. Sie wird noch kürzer, wenn Sie zwei Arten von Einträgen herausrechnen. Mit einem Eintrag WARNUNG: DIE SUID-DATEI ... WURDE GEÄNDERT ... wird angezeigt, dass die Datei im Zuge einer Aktualisierung des Betriebssystems erneuert wurde. Solche aktualisierten Dateien werden in jedem Fall von der Überprüfung ausgeschlossen. Sie finden darüber hinaus manchmal Einträge ACL WURDE GEFUNDEN, ABER NICHT ERWARTET ... Dieser Eintrag besagt, dass eine Access Control List (siehe Abschnitt 8.1) für diese Datei oder dieses Verzeichnis erstellt wurde. In der Regel ist diese Änderung erwünscht.

Wenn Sie die ZUGRIFFSRECHTE DES VOLUMES REPARIEREN lassen, werden diese mit den beiden zuvor beschriebenen Ausnahmen wieder auf den ursprünglichen Stand während der Erstinstallation des Systems zurückgesetzt.

Grenzen

Das Festplattendienstprogramm prüft nur die Zugriffsrechte der Kernbestandteile des Systems. Nicht berücksichtigt werden andere Programme, Ihr persönlicher Ordner und andere Verzeichnisse. Dass diese Maßnahme manchmal gerne empfohlen wird, hat auch etwas mit einer Placebo-Wirkung zu tun. Sie ist aufgrund ihrer Arbeitsweise dermaßen wirkungslos, dass sie auch keinen Schaden anrichtet.

Kapitel 28
Nützliche Tools

Für OS X 10.8 gibt es eine unüberschaubare Anzahl von Programmen für jede erdenkliche Aufgabe. Dieses Kapitel möchte Ihnen in prägnanter Form einige Programme vorstellen, die das Betriebssystem um neue, häufig gebrauchte Funktionen ergänzen. Dabei erhebt es nicht den Anspruch auf Vollständigkeit; es handelt sich im weiteren Sinne um einen Blick in den Werkzeugkasten des Autors.

28.1 Daten retten

Auch wenn OS X 10.8 sehr stabil läuft und sich HFS+ als verlässliches Dateisystem erwiesen hat, ist ein Datenverlust nie ganz auszuschließen. Während das Festplattendienstprogramm und `diskutil` oft ausreichen, führen die Bordmittel manchmal doch nicht zum Erfolg.

Hinweis
Sie sollten bei allen Programmen zur Rettung von Dateien darauf achten, dass Sie die für OS X 10.8 freigegebenen Versionen verwenden. Veraltete Versionen können den Schaden immens vergrößern.

Eine pauschale Aussage, was zu tun und welches Programm zu nutzen ist, wenn eine Festplatte oder ein Dateisystem irreparabel beschädigt zu sein scheint, ist nicht möglich. Wenn bei Ihnen ein Datenverlust auftritt, dann sollten Sie keine Scheu haben, die Hersteller der Programme vorab mit einer möglichst detaillierten Beschreibung des Problems, wie es sich für Sie darstellt, zu kontaktieren.

DiskWarrior 4.4

DiskWarrior 4.4
http://www.alsoft.com
Preis: 99,95 $

Der DiskWarrior von Alsoft ist eines der beliebtesten und meistens auch erfolgversprechenden Programme, wenn es um die Reparatur eines stark beschädigten Dateisystems geht. Die erzielten Resultate sind erstaunlich gut. Das Funktionsprinzip des Programms beruht in erster Linie darauf, dass es von Grund auf einen neuen Katalog der Dateien und Verzeichnisstruktur erstellt und nicht versucht, einen fehlerhaften Katalog zu korrigieren.

Data Rescue 3

Data Rescue 3
http://www.prosofteng.com
Preis: 99,– $

Das Funktionsprinzip von Data Rescue besteht darin, einen Datenträger nach vormals vorhandenen Dateien abzusuchen. Dieses Verfahren kann bei größeren Festplatten einige Zeit in Anspruch nehmen, aber gerade dann, wenn die Festplatte selbst defekt ist, ist Data Rescue noch in der Lage, einige Dateien und Verzeichnisse zu retten. Data Rescue ist in eingeschränktem Maße auch in der Lage, versehentlich gelöschte Dateien wiederherzustellen.

TechTool Pro 6

TechTool Pro 6
http://www.application-systems.de/techtoolpro/
Preis: 99,95 €

Während der DiskWarrior und Data Rescue klar umrissene Aufgabengebiete haben, erfüllt TechTool Pro eine Reihe von Aufgaben. Neben der Reparatur von Dateisystemen kann TechTool Pro auch detaillierte Diagnosen der Hardware erstellen. Mit einem *eDrive* genannten Verfahren wird eine unsichtbare Partition erstellt, die ein rudimentäres System und die Programme von TechTool Pro für die Suche nach Fehlern und Problemlösungen enthält.

28.2 Ergänzungen zu Time Machine

Time Machine ist sicherlich ein gelungenes Backup-System. Aber in einigen Arbeitsumgebungen erweist sich Time Machine vielleicht als ungeeignet, beispielsweise wenn Sie keinen Etat für externe Festplatten aufwenden und lieber auf die zentrale Speicherung von ausgesuchten Verzeichnissen auf einem Server vertrauen möchten.

Carbon Copy Cloner

Carbon Copy Cloner
http://www.bombich.com
Preis: ca. 33,95 €

Der Carbon Copy Cloner ist kein Backup-Programm im eigentlichen Sinne. Seine Aufgabe besteht darin, die im Betriebssystem bereits enthaltenen Funktionen zur Duplizierung von Dateisystemen mit einer grafischen Oberfläche zu versehen. Beliebt ist der Carbon Copy Cloner als Alternative zur Funktion WIEDERHERSTELLEN im Festplattendienstprogramm, um ein startfähiges Duplikat einer Installation von OS X 10.8 zu erzeugen.

ChronoSync

ChronoSync
http://www.econtechnologies.com
Preis: 40,– $

Bei ChronoSync handelt es sich streng genommen auch nicht um eine klassische Backup-Lösung, sondern um ein recht vielfältig zu konfigurierendes Programm zum Abgleich von Verzeichnissen.

Während es sich natürlich auch für die gezielte Datensicherung nutzen lässt, spielt ChronoSync seine Stärken dann aus, wenn Sie ausgewählte Ordner zwischen zwei Computern, etwa einem mobilen und einem Arbeitsplatzrechner, abgleichen möchten.

Data Backup 3.1

Im Gegensatz zu Time Machine, die auf die Nutzung eines externen Volumes oder einer Freigabe im Netzwerk festgelegt ist, unterstützt Data Backup einige weitere Medien. So ist es auch möglich, ein Backup auf einem Satz von DVDs zu erstellen.

Data Backup 3.1
http://www.prosofteng.com
Preis: ca. 49,– $

Retrospect

Retrospect ist mit Sicherheit die teuerste und am unkomfortabelsten zu konfigurierende Lösung, aber das Programm bietet dafür auch einige fortgeschrittene Funktionen. Neben einer integrierten Skriptsprache, mit der sich die Erstellung von Backups detailliert steuern lässt, können über die ebenfalls erhältliche Server-Variante Rechner im Netzwerk zentralisiert gesichert werden, was bei der Administration von mehr als fünf Rechnern durchaus eine Erleichterung darstellen kann.

Retrospect
http://www.retrospect.com
Preis: ab 130,– $

28.3 Weitere Tools

Mit einigen kleineren Programmen und Erweiterungen bringen Sie auch OS X 10.8 noch weitere Funktionen bei.

LaunchBar

LaunchBar ist auf den ersten Blick ein simples, aber fast schon geniales Programm. Es ermöglicht Ihnen die Vergabe von Tastenkürzeln, um Programme zu starten, Skripten auszuführen, Dateien zu kopieren, Dokumente zu öffnen, iTunes zu steuern und Textbausteine einzufügen.

LaunchBar
http://www.obdev.at/products/launchbar/ Preis: 24,– €

Spark

Spark bietet nicht ganz so viele Funktionen wie Butler, eignet sich aber hervorragend, um eigene Tastenkürzel für eine Vielzahl von Aktionen zu erstellen. Dabei ist Spark in der Lage, zwischen aktiven Programmen zu unterscheiden, und bringt auch die Möglichkeit mit, ein AppleScript direkt über eine Tastenkombination auszuführen.

Spark
http://www.shadowlab.org/
Freeware

DragThing

DragThing
http://www.dragthing.com
Preis: 34,– $

Wenn Ihnen das Dock und Launchpad nicht ausreichen, dann können Sie mit DragThing eine beliebige Anzahl an Docks frei konfigurieren. DragThing bietet eine Reihe weiterer Funktionen, und Sie können das Aussehen der Docks recht frei gestalten.

FinderPop

FinderPop
http://www.finderpop.com
Preis: Freibier

FinderPop ist ein Veteran unter den nützlichen Helferlein. Sein Debüt erlebte das Programm, mit dem Sie das Kontextmenü des Finders um eine Vielzahl von Funktionen ergänzen können, unter Mac OS 8. FinderPop war immer kostenlos erhältlich; eine Bierspende an den Entwickler ist erwünscht. FinderPop braucht ein wenig Einarbeitungszeit, aber wenn Ihre Arbeitsweise eher auf der Maus als auf dem Trackpad oder der Tastatur beruht, dann ist FinderPop auf jeden Fall mehr als einen genauen Blick wert.

Witch

Witch
http://manytricks.com/witch/
Preis: 14,– $

Wenn Ihnen die Fensterverwaltung von OS X 10.8 nicht genügend Funktionen bietet, dann sollten Sie Witch ausprobieren. Das Programm bietet einige an Hexerei grenzende Funktionen, mit denen Sie schnell Zugriff auf geöffnete Fenster erhalten.

The Unarchiver

The Unarchiver
http://unarchiver.c3.cx Preis: Freeware

Das Archivierungsprogramm von OS X 10.8 ist bei Weitem nicht in der Lage, die vielen Formate und Verfahren für die Komprimierung von Dateien und Ordnern zu unterstützen. The Unarchiver kann viele Archive entpacken und bringt noch ein paar weitere nützliche Funktionen mit.

Handbrake

Handbrake
http://handbrake.fr
Open Source

Die Fähigkeiten des QuickTime Players, Videos zu konvertieren und zu exportieren, sind mit begrenzt noch sehr wohlwollend beschrieben. Handbrake unterstützt eine Vielzahl von Formaten und Einstellungen und offeriert darüber hinaus eine ansprechende grafische Oberfläche.

RCDefaultApp

RCDefaultApp
http://www.rubicode.com
Freeware

Die Zuweisung von Dateitypen zu Programmen ist im Finder bisweilen etwas lästig. Mit RCDefaultApp steht eine Erweiterung der

Systemeinstellungen zur Verfügung, mit der Sie über eine zentrale Instanz für die Zuweisung von Dateitypen zu Programmen verfügen.

iStat

Mit den Widgets iStat pro oder der etwas weniger detaillierten Variante iStat nano können Sie sich eine Reihe von Hardwareparametern wie zum Beispiel die Temperatur und die Belegung der Festplatten direkt im Dashboard anzeigen lassen. Es sind auch Erweiterungen für die Menüleiste verfügbar.

iStat
http://www.islayer.com
Freeware

Mactracker

Bei Mactracker handelt es sich um eine umfangreiche Datenbank aller Rechner und Geräte, die von Apple hergestellt wurden. Enthalten sind auch die technischen Spezifikationen der Geräte.

Mactracker
http://mactracker.ca
Freeware

NeoFinder

Ursprünglich diente dieses Programm zur Katalogisierung des Inhalts von CDs und anderen Wechselmedien. Im Laufe der Jahre wurde der Funktionsumfang enorm erweitert, und mittlerweile kann der NeoFinder viele Dateitypen in einer Datenbank katalogisieren. Dabei bietet das Programm leistungsfähige Funktionen, um die Dateien zu finden und die Datenbank zu durchsuchen.

NeoFinder
http://www.neofinder.de
Preis: 29,– €

HoudahSpot

Spotlight bietet zwar eine ganze Reihe von Sortierfunktionen und Suchkriterien, sie könnten aber in einigen Fällen doch nicht ausreichend sein. HoudahSpot stellt eine Alternative zur grafischen Oberfläche von Spotlight zur Verfügung und ergänzt diese um weitere Funktionen.

HoudahSpot
http://www.houdah.com/houdahSpot
Preis: 30,– $

FSEventer

Das Programm FSEventer stellt eine grafische Oberfläche für die Datenbank des Dienstes `fseventd` dar. Nützlich wird das Programm dann, wenn Sie Änderungen im Dateisystem verfolgen. Sie können so in Erfahrung bringen, wann ein Programm auf eine Datei zugreift.

FSEventer
http://fernlightning.com
Freeware

Growl

Growl
http://growl.info
Peis: ca. 3,– $

Bei der Entwicklung der Mitteilungszentrale stand Growl eindeutig Pate. Es handelt es sich um ein System, das Ihnen alle möglichen Ereignisse in einem kleinen schwebenden Fenster präsentiert. Dabei ist Growl vielfältig erweiterbar, und es steht eine Reihe von Erweiterungen bereit, um sich eine solche Nachricht etwa beim Eingang von E-Mails anzeigen zu lassen.

TextExpander

TextExpander
http://www.smileonmymac.com/textexpander/
Preis: 34,95 $

Der TextExpander bietet sehr vielfältige und gut zu konfigurierende Funktionen für die Arbeit mit Textbausteinen. Die Fähigkeiten des Programms gehen weit über die Textersetzungen von OS X 10.8 hinaus. TextExpander kann eine sinnvolle Investition sein, wenn Sie intensiv mit Texten arbeiten.

PTHPasteboard

PTHPasteboard
http://pth.com
Preis: 24,95 $

Reicht Ihnen die Zwischenablage von OS X 10.8 nicht aus, um Grafiken und Textschnipsel zwischen Programmen auszutauschen, dann bietet Ihnen PTHPasteboard umfangreiche Möglichkeiten, um die Funktionen der Zwischenablage auch über das Netzwerk zu erweitern.

Anhang

Anhang A
Installation und Migration

Mit der Einführung von OS X 10.7 hat Apple versucht, solchen Problemen endgültig Rechnung zu tragen, und die Installation radikal vereinfacht. Installationspakete stehen nicht mehr zur Auswahl; es wird alles installiert. Angesichts der über die Jahre enorm gewachsenen Kapazität der Datenträger ist diese Entscheidung nachvollziehbar. Darüber hinaus hat sich der Vertriebsweg geändert. Wurde Mac OS X 10.3 noch auf drei CDs ausgeliefert, steht OS X 10.8 nur noch im App Store zur Verfügung.

A.1 Installation von OS X 10.8

Dieser Abschnitt beschreibt zunächst die Aktualisierung von Mac OS X 10.6.8 oder OS X 10.7 auf OS X 10.8. Sollten Sie an einen Punkt gelangen, an dem Sie Ihr System komplett neu aufsetzen möchten oder müssen, finden Sie im folgenden Abschnitt eine entsprechende Beschreibung.

Hinweis
Auch wenn diese Aktualisierung in der Regel problemlos verläuft, sollten Sie dennoch ein Backup Ihrer Daten erstellen. Ob Sie hierfür Time Machine oder ein anderes Programm nutzen oder wichtige Dateien auf DVD brennen, ist Ihnen überlassen.

Auf OS X 10.8 aktualisieren

Die Aktualisierung Ihres Systems auf OS X 10.8 besteht im Wesentlichen aus zwei Schritten. Sie erwerben im App Store das Programm OS X Mountain Lion und führen es nach dem Download aus. Die Installation, bei der es sich genau genommen um eine Aktualisierung handelt, erfolgt dann automatisch.

Vor der Installation | Neben der obligatorischen Sicherung Ihrer Dateien gibt es vor der Aktualisierung zwei Punkte zu bedenken. OS X 10.8 unterstützt lediglich die Aktualisierung von Mac OS X 10.6 oder OS X 10.7. Hier müssen Sie vorher alle Updates über die Softwareaktualisierung einspielen. Zur Drucklegung dieses Buches aktuell war hier bei Ersterem Mac OS X 10.6.8. Darüber hinaus nutzt OS X 10.8 ein anderes Verfahren für die Verschlüsselung von Benutzerordnern, als es unter Mac OS X 10.6 genutzt wurde. Wenn Sie unter Mac OS X 10.6 FileVault für ein Benutzerkonto eingerichtet haben, dann sollten Sie dies vorher unter Mac OS X 10.6 in den Systemeinstellungen in der Ansicht SICHERHEIT deaktivieren. Die Verschlüsselung unter OS X 10.8 können Sie dann mit FileVault 2 (siehe Abschnitt 9.4) vornehmen.

Abbildung A.1 ▸
Erwerben Sie zunächst OS X Mountain Lion im App Store.

Kauf und Download | Der erste Schritt besteht aus dem Erwerb des Installationsprogramms von OS X Mountain Lion im App Store. Sie können, sollte das System aus den Verkaufscharts verschwunden sein, auch nach »OS X Mountain Lion« suchen. Der Download ist mit fast 4 GB recht umfangreich. Sie sollten eine stabile und schnelle Internetverbindung sicherstellen. Nach dem Kauf wird das Programm heruntergeladen. In der Ansicht PURCHASED des App Stores können Sie den Fortschritt des Downloads verfolgen. Das Installationsprogramm finden Sie nach dem Download im Ordner PROGRAMME.

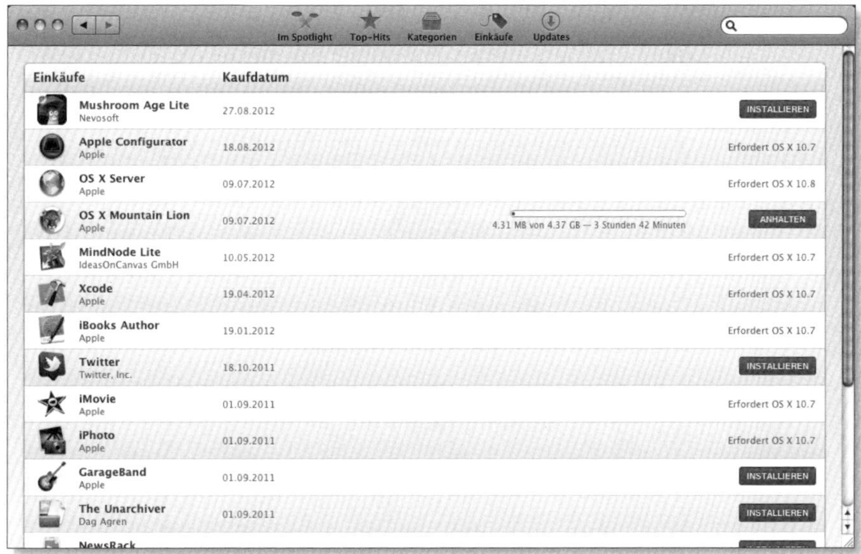

▲ **Abbildung A.2**
Den Download können Sie in der Ansicht EINKÄUFE verfolgen.

Nach dem Download wird das Installationsprogramm automatisch gestartet. Sie können das Programm problemlos beenden und zu einem späteren Zeitpunkt ausführen.

▲ **Abbildung A.3**
Das Installationsprogramm wird unmittelbar nach dem Download gestartet.

Boot Camp
Wenn Sie unter Mac OS X 10.6 oder OS X 10.7 Windows mittels Boot Camp installiert oder Ihre Festplatte in mehrere Partition aufgeteilt haben, dann erhalten Sie hier den Hinweis, dass einige Funktionen auf dem Volume nicht unterstützt werden. Dies bezieht sich auf die Einrichtung des Rettungssystems (siehe Abschnitt 27.7) in einer eigenen Partition. Sie können dies akzeptieren, müssen dann aber zur Fehlerbehebung auf die Unterstützung des Rettungssystems verzichten. Sofern Sie auf das Rettungssystem nicht verzichten möchten, müssen Sie die Windows-Installation über den Boot Camp-Assistenten unter Mac OS X 10.6 oder OS X 10.7 löschen. Auch hier müssen Sie Ihre unter Windows gespeicherten Dateien vorher sichern.

Über einen Klick auf die Schaltfläche FORTFAHREN gelangen Sie zur Auswahl der Partition, auf der OS X 10.8 installiert werden soll. In Abbildung A.4 ist lediglich eine Partition vorhanden. Ein Klick auf die Schaltfläche INSTALLIEREN startet dann den eigentlichen Installationsvorgang.

Der eigentliche Installationsvorgang besteht aus zwei Schritten: Zunächst wird ein rudimentäres Grundsystem installiert, das nur

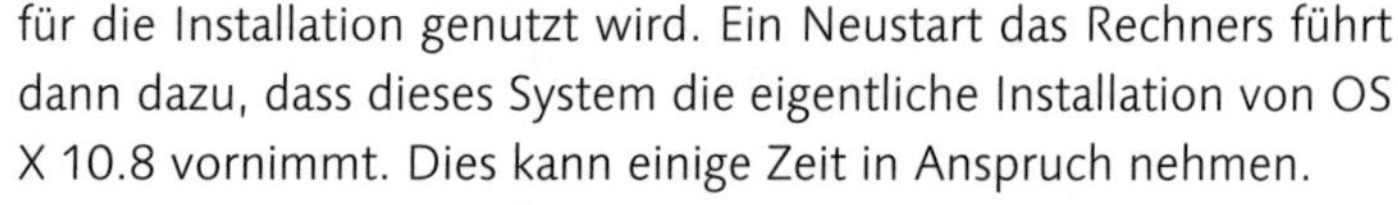

für die Installation genutzt wird. Ein Neustart das Rechners führt dann dazu, dass dieses System die eigentliche Installation von OS X 10.8 vornimmt. Dies kann einige Zeit in Anspruch nehmen.

Abbildung A.4 ▸
Vor der Installation können Sie eine Partition auswählen, sofern mehr als eine vorhanden ist.

Nach der Aktualisierung | Ist die Installation erfolgreich verlaufen, dann werden Benutzerkonten und die meisten Einstellungen übernommen. Haben Sie einige spezielle Programme installiert, die ihre Konfigurationsdateien zum Beispiel im Verzeichnis /ETC speichern, dann kann es in diesen Einzelfällen vorkommen, dass Sie von Hand Korrekturen vornehmen müssen. In diesen eher speziellen Fällen müssen Sie die Dokumentation der Programme zu Rate ziehen; allgemeine Aussagen sind hier nicht möglich.

OS X 10.8 neu installieren

Wenn Sie an den recht seltenen Punkt gelangen, OS X 10.8 komplett neu aufsetzen zu wollen, dann stehen Ihnen zwei Möglichkeiten zur Verfügung: Sie können den Start und die Installation über das Rettungssystem oder über einen USB-Stick (siehe Abschnitt 27.7) vornehmen.

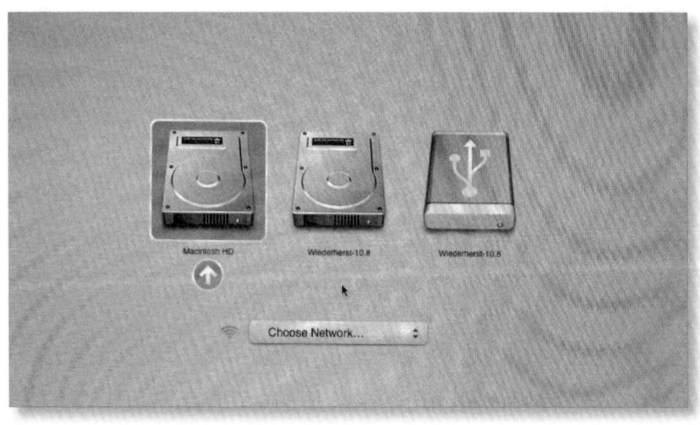

Abbildung A.5 ▸
Der Start kann vom Rettungssystem oder vom zuvor erstellten USB-Stick erfolgen.

Wenn Sie den Rechner einschalten, halten Sie die Taste `alt` beim Startgong gedrückt. Ihr Rechner präsentiert Ihnen nun alle Systeme, von denen ein Start erfolgen kann. Dazu gehört auch die Rettungspartition oder der USB-Stick, die beide in Abschnitt 27.7 dargestellt werden.

Nach dem erfolgreichen Start des Rettungssystems stehen Ihnen die in Abschnitt 27.7 besprochenen Dienstprogramme zur Verfügung. Sofern Sie vom USB-Stick gestartet haben, können Sie hier das Festplatten-Dienstprogramm nutzen, um Ihre Festplatten komplett neu zu partitionieren (siehe Abschnitt 9.4).

Haben Sie die Partitionierung vorgenommen, also zum Beispiel ein nicht mehr funktionierendes System gelöscht, dann können Sie über den Eintrag OS X ERNEUT INSTALLIEREN eine frische Installation ohne Benutzerkonten vornehmen. Diese Methode lädt die Installationspakete direkt von Apple herunter. Wenn Ihr Rechner nicht mit einem Kabel an das Netzwerk angeschlossen ist, können Sie über das Icon in der Symbolleiste oben rechts eine Verbindung zu einem drahtlosen Netzwerk aufnehmen. Gegebenenfalls müssen Sie sich mit der Apple-ID, die Sie zum Erwerb von OS X 10.8 genutzt haben, authentifizieren.

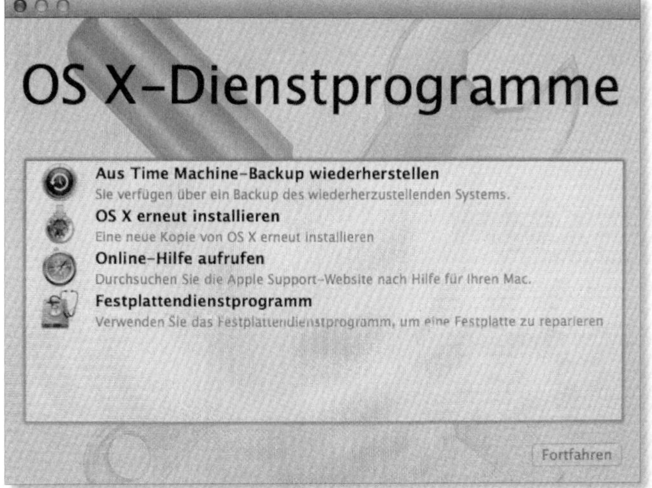

◀ **Abbildung A.6**
Nach dem Start des Rettungssystems können Sie neben der Installation auch Dienstprogramme aufrufen.

Neustart und Konfiguration | Nach dem Download der Installationspakete wird der Rechner neu gestartet, und die eigentliche Installation erfolgt. Wenn diese abgeschlossen ist, legen Sie zuerst die Tastaturbelegung fest. Wenn kein Ethernet-Kabel angeschlossen ist, dann können Sie die Verbindung zu einem drahtlosen Netzwerk herstellen. Der dritte Schritt besteht dann in der Ausführung des im nächsten Abschnitt beschriebenen Migrationsassistenten. Wenn Sie keine Benutzerkonten migrieren, dann wird im nächsten Schritt ein hier als COMPUTERACCOUNT bezeichnetes Benutzerkonto erstellt. Dieses wird mit administrativen Befugnissen versehen.

Xcode installieren

Auch wenn Sie selbst keine Programme entwickeln möchten, kann sich die Installation der Entwicklungsumgebung Xcode lohnen. Spätestens bei der Bearbeitung von Property-Listen wird Ihnen Xcode gute Dienste leisten. Sie erhalten Xcode im App Store. Es wird von Apple dort kostenlos angeboten. Nach dem Download finden Sie Xcode im Ordner PROGRAMME.

Neben Xcode selbst können Sie unter *http://developer.apple.com/downloads* nach der in diesem Fall kostenlosen Registrierung eine Reihe von Zusatzprogrammen herunterladen. Diese tragen oft Bezeichnungen wie *Auxiliary Tools for Xcode* oder ähnlich. Auf einige dieser Programme wird in diesem Buch immer wieder Bezug genommen.

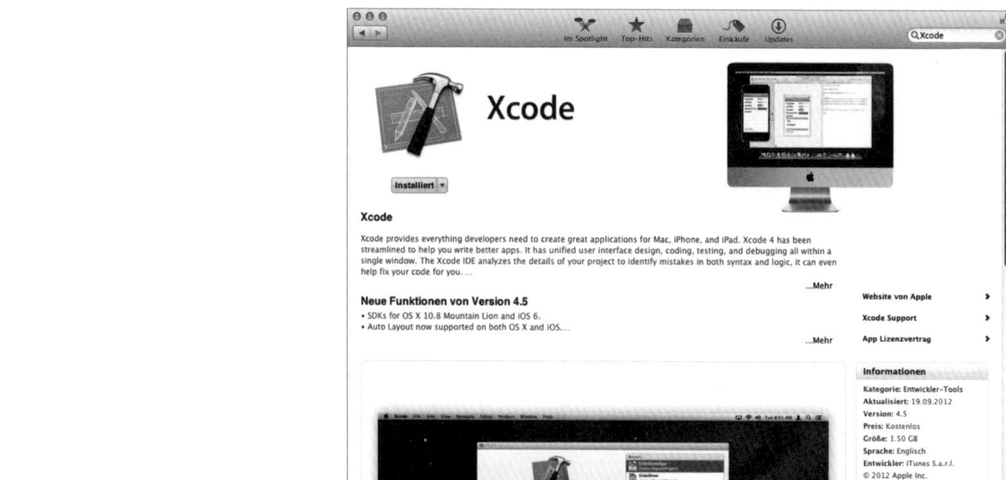

▼ **Abbildung A.7**
Xcode können Sie im App Store kostenlos herunterladen.

A.2 Daten übertragen und erste Schritte

Der Migrationsassistent unterstützt Sie dabei, Dateien und Einstellungen von einem anderen Rechner auf Ihr aktuelles System zu übertragen. Aber auch wenn Ihre Benutzerkonten und Dateien kopiert wurden, gibt es zwei bis drei grundlegende Einstellungen, die Sie vornehmen sollten.

Migrationsassistent

Der Migrationsassistent von OS X 10.8, den Sie im Ordner DIENSTPROGRAMME finden, ist sehr nützlich, wenn Sie ein Benutzerkonto, Programme und Einstellungen von einem anderen Rechner oder aus einem Time-Machine-Backup auf Ihr neues System transferieren möchten. Es steht auch eine Version für Windows zur Verfügung. Der Assistent wird auch bei einer sauberen Installation von OS X 10.8 (siehe Abschnitt A.1) im Zuge der Ersteinrichtung aufgerufen.

Assistent für Mac OS X 10.5
http://support.apple.com/kb/DL1434

Um die Migration von Mac OS X 10.6 auszuführen, müssen Sie über die Softwareaktualisierung das entsprechende Update vornehmen. Möchten Sie die Migration von Mac OS X 10.4 oder 10.5 vornehmen, dann sind Sie gezwungen, dieses Gerät mit einem FireWire- oder Thunderbolt-Kabel direkt mit Ihrem neuen Rechner zu verbinden. Starten Sie das ältere Gerät im Target-Disk-Modus, dann können Sie die Migration von dem als externe Festplatte fungierenden Rechner vornehmen.

Hinweis

Auch wenn der Assistent sehr präzise arbeitet, können Sie nicht ausschließen, dass wichtige Dateien aus irgendeinem Grund übersehen werden. Es wäre fatal, die Migration vorzunehmen und dann den Datenträger des Ausgangssystems sofort zu löschen. Eine eingehende Prüfung der Vollständigkeit ist in jedem Fall notwendig.

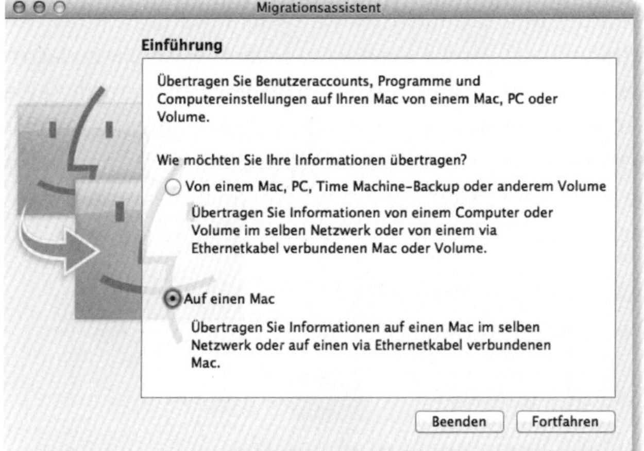

◂ **Abbildung A.8**
Den Assistenten müssen Sie sowohl auf dem Ausgangs- als auch auf dem Zielrechner starten.

Migration starten | Starten Sie den Assistenten, und wählen Sie auf dem Ausgangsrechner die Option AUF EINEN ANDEREN MAC aus. Sofern Sie die Migration von einer angeschlossenen Festplatte oder einem Time-Machine-Backup vornehmen, müssen Sie lediglich die Festplatte anschließen. Die Migration kann auch von einem Time-Machine-Backup im Netzwerk erfolgen. Auf dem Zielrechner starten Sie ebenfalls den Assistenten, wählen hier jedoch die erste Option aus. Sie können dann entscheiden, ob die Migration von einem anderen Computer im Netzwerk oder einem Time-Machine-Backup beziehungsweise einer direkt angeschlossenen Festplatte erfolgen soll.

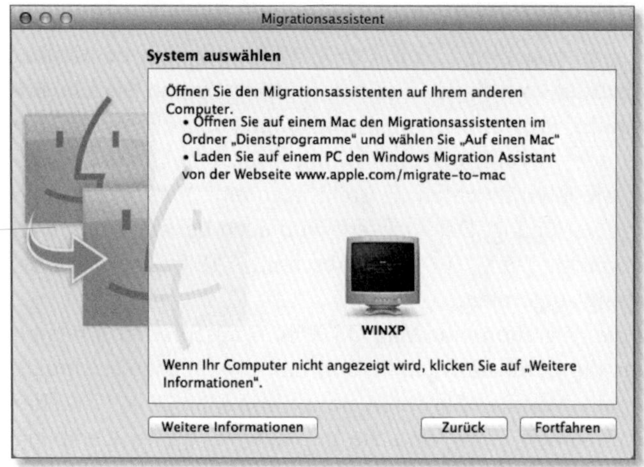

Abbildung A.9 ▸
Wurde auf einem Rechner im Netzwerk der Assistent gestartet, dann wird er automatisch gefunden.

Hinweis

Eventuell schlägt Ihnen der Assistent auch Benutzerkonten zur Migration vor, die Ihnen im normalen Betrieb des alten Systems bisher nicht begegnet sind. Dabei handelt es sich oft um Benutzerkonten, die von Projekten wie den MacPorts angelegt wurden. Um Konflikte zu vermeiden, sollten Sie solche Benutzerkonten nicht migrieren und die Programme wie eben die MacPorts anschließend komplett neu installieren.

Führen Sie die Migration von einer Festplatte oder einem Backup aus, dann können Sie im nächsten Schritt die Festplatte oder das Backup auswählen. Bei der Migration über das Netzwerk werden Ihnen im nächsten Schritt alle Rechner zur Auswahl präsentiert, auf denen der Migrationsassistent ausgeführt wird. Nehmen Sie eine Verbindung zu einem Rechner auf, dann erscheint zunächst eine Kontrollnummer. Nur wenn auf beiden Rechnern dieselbe Ziffernfolge angezeigt wird, können Sie auf dem Ausgangsrechner auf FORTFAHREN klicken. Mit diesem Zwischenschritt wird insbesondere in größeren Netzwerken sichergestellt, dass der Datenaustausch vom richtigen Gerät aus erfolgt.

Abbildung A.10 ▸
Bei der Migration über das Netzwerk werden die Geräte anhand von Codes miteinander verbunden.

Objekte auswählen | Haben Sie die Festplatte, das Backup oder den Rechner ausgewählt, dann sammelt der Assistent zunächst alle Objekte, die migriert werden können. Wählen Sie dann aus, ob Sie nur Benutzerkonten oder auch die auf dem anderen Gerät installierten Programme, Einstellungen und weiteren Dateien kopieren wollen. Letzteres bezieht sich auf die Objekte, die sich außerhalb der vorgegebenen Ordnerstruktur von Mac OS (siehe Anhang C) befinden.

◂ **Abbildung A.11**
Vor der Migration wählen Sie die zu übertragenden Objekte aus.

Konflikte auflösen | Führen Sie die Migration nicht im Zuge einer kompletten Neuinstallation, sondern auf eine bereits eingerichtete Installation von OS X 10.8 durch, dann kann es passieren, dass ein Benutzerkonto übertragen werden soll, dessen Name einem bereits vorhandenen entspricht. In diesem Fall zwingt Sie der Assistent dazu, entweder das zu übertragende Benutzerkonto umzubenennen oder aber nicht zu übertragen. Sie haben auch die Möglichkeit, ein Benutzerkonto zu ersetzen. Dies ist allerdings nur möglich, wenn Sie den Migrationsassistenten nicht unter dem zu ersetzenden Benutzerkonto gestartet haben.

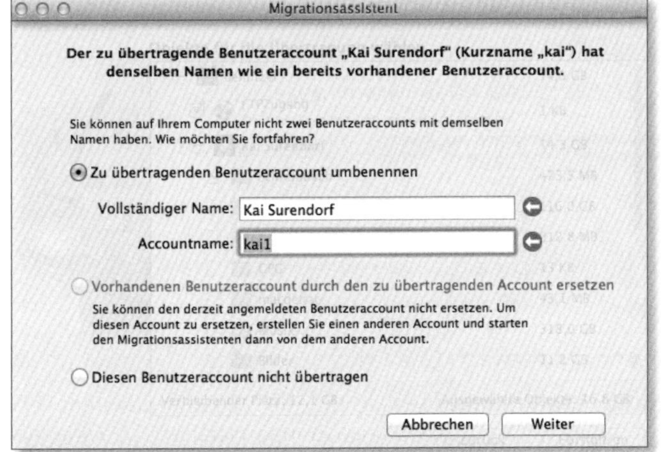

◂ **Abbildung A.12**
Die Namen der Benutzerkonten müssen eindeutig sein.

Fragezeichen im Dock
Wenn Sie lediglich die Benutzerkonten transferieren und auf die Übernahme der Programme verzichten, dann werden Sie nach der ersten Anmeldung mit einem übernommenen Konto im Dock möglicherweise auf eine Reihe von Fragezeichen treffen. Dabei handelt es sich um Verweise, die auf nicht mehr vorhandene Programme deuten. Sie können sie einfach aus dem Dock ziehen, um sie zu löschen.

Nach der Migration | Haben Sie alle Namenskonflikte aufgelöst, dann können Sie die Migration starten. Bei der Zeitangabe handelt es sich um eine grobe Schätzung. Nach der Migration weist Sie der Assistent auf Komponenten hin, die nicht automatisch übertragen werden konnten. Gegebenenfalls finden Sie ein Protokoll auf Ihrem Schreibtisch. Bei dem in Abbildung A.13 dargestellten Vorgang wurde lediglich ein Hilfsprogramm nicht übertragen. Darüber hinaus gab es Schwierigkeiten bei der Übernahme der Konfiguration des Netzwerks, die im unteren Bereich des Protokolls aufgeführt werden. Sollten bei Ihnen Probleme auftauchen, ist eine detaillierte Prüfung angeraten.

Abbildung A.13 ▸
Nach der erfolgten Migration wird ein Protokoll aufgetretener Probleme angezeigt.

Weitere Dateien | Haben Sie neben den Benutzerkonten und Programmen auch andere Dateien übertragen, dann finden Sie diese in der Regel im Ordner FÜR ALLE BENUTZER. Sollten bei den Ordnern Namenskonflikte auftreten, weil bereits ein gleichnamiger Ordner vorhanden ist, wird dem Namen des migrierten Ordners der Zusatz VOM ALTEN MAC hinzugefügt.

Abbildung A.14 ▸
Für die Installation unter Windows XP müssen Sie die .NET-Umgebung aktualisieren.

Windows-Migrationsassistent
http://support.apple.com/kb/DL1415

Migration von Windows | Es ist auch ein Migrationsassistent verfügbar, der Ihnen bei der Übernahme Ihrer Dateien von Windows XP, Vista und Windows 7 behilflich ist. Sie müssen auf allen drei

Windows-Systemen das jeweils aktuellste Service Pack von Microsoft installiert haben. Den Migrationsassistenten können Sie von Apples Webseite auf Ihren Windows-Rechner herunterladen und installieren.

Wenn Sie Ihre Daten von Windows XP transferieren möchten, dann bekommen Sie bei der Installation des Assistenten möglicherweise den Hinweis, dass die .NET-Umgebung aktualisiert werden muss. Diese Meldung ist in Bezug auf die Versionsnummer etwas unpräzise. In der Regel reichen der Aufruf der Updatefunktion von Windows und die Installation der dort aufgeführten Updates für .NET.

◄ **Abbildung A.15**
Auch unter Windows wartet der Assistent auf eine Verbindungsaufnahme von einem anderen Rechner.

Die Funktionsweise des Assistenten unter Windows unterscheidet sich nicht von seinem Pendant unter OS X. Dabei geht der Assistent über den einfachen Transfer von Dateien hinaus und versucht auch, zum Beispiel E-Mails, Kalender und Kontakte zu übernehmen. Eine detaillierte Liste finden Sie unter *http://support.apple.com/kb/HT4796*.

Die persönliche Library sichtbar machen und grundlegende Einstellungen

Egal, ob Sie OS X 10.8 frisch installiert oder einen neuen Rechner erworben haben, es gibt ein paar grundlegende Einstellungen, die Sie vornehmen sollten.

Library sichtbar | Zunächst können Sie am Dienstprogramm Terminal mit der Eingabe `chflags nohidden ~/Library` den Ordner LIBRARY in Ihrem persönlichen Verzeichnis sichtbar machen.

Automatische Anmeldung | In den meisten Fällen erfolgt die Anmeldung mit einem Benutzerkonto automatisch. Das heißt, dass nach dem Anschalten des Rechners sofort und ohne weitere Eingabe eines Passworts auf ein Konto zugegriffen werden kann. In vielen Fällen ist dies unerwünscht; deaktivieren Sie dann in den Systemeinstellungen in der Ansicht BENUTZER & GRUPPEN in den ANMELDEOPTIONEN die automatische Anmeldung.

»Sichere« Downloads | Sollten Sie Safari nutzen, dann kann beim Download von Dateien eine potenzielle Sicherheitslücke auftreten. Die in den Einstellungen von Safari in der Ansicht ALLGEMEIN standardmäßig aktivierte Funktion »SICHERE« DATEIEN NACH DEM LADEN ÖFFNEN kann möglicherweise von Hackern ausgenutzt werden. Sie sollten die Funktion deaktivieren und aus dem Internet heruntergeladene Dateien im Finder selbst öffnen.

Firewall | In den Standardeinstellungen ist die in Abschnitt 17.5 beschriebene Firewall abgeschaltet. Wenn Sie einen mobilen Rechner verwenden und sich unterwegs in fremde Netzwerke oder direkt ins Internet einwählen, sollten Sie die Firewall in den Systemeinstellungen in der Ansicht SICHERHEIT aktivieren.

Anhang B
Der Aufbau des Betriebssystems

Dieses Kapitel beschreibt Ihnen in Grundzügen den Aufbau von OS X 10.8. Der Begriff Aufbau ist hier in einem etwas erweiterten Sinne zu verstehen, weil sich das Kapitel grundlegenden Techniken von OS X widmet. Ein grundlegendes Verständnis des Systems wird Ihnen helfen, Probleme richtig einzuschätzen und die unterschiedlichen Ebenen zu identifizieren. Die Darstellung in diesem Kapitel ist etwas gerafft und konzentriert sich dabei auf die wesentlichen Technologien und Konzepte. Neben einem Überblick über das Betriebssystem werden im zweiten Abschnitt einige wichtige Konzepte und Verfahren wie die Voreinstellungen und die Unterteilung in Benutzer erklärt.

Ein echtes UNIX

Mit der Version 10.5 von Mac OS X wurde das System gemäß den UNIX-03-Spezifikationen offiziell als UNIX-System beglaubigt. Vorher galt Mac OS X streng genommen nur als UNIX-ähnliches System, also als UNIX-Derivat. Die Zertifizierung, mit der sich Mac OS X neben die »großen« UNIX-Systeme von IBM und Hewlett-Packard stellt, ist für den Endanwender in den wenigsten Fällen von Bedeutung. Die Zertifizierung belegt eine Standardisierung von Programmierschnittstellen und -verfahren.

B.1 OS X 10.8: der Aufbau

Bei einem Betriebssystem greift eine ganze Reihe von Technologien und Verfahren ineinander. Welche Technologien verwendet werden und wie sie verzahnt sind, ist mittlerweile das Ergebnis eines historischen Prozesses, bei dem die Planung nicht nur am Reißbrett der Entwickler erfolgte, sondern auch durch den Markt vorgegeben wurde. Es ist in einigen Bereichen nicht möglich, gewisse Bestandteile des Systems abrupt über Bord zu werfen. Sowohl Apple als auch Microsoft haben mit Mac OS X 10.6 beziehungsweise Windows 7 recht erfolgreich versucht, das System von altem Ballast zu befreien und zukunftssichere Technologien einzuführen.

Der Aufbau von OS X 10.8 lässt sich schematisch in vier Ebenen unterteilen. Während der Kernel – meist wird diese Ebene mit »Darwin« bezeichnet – für die Ansprache der Hardware und das Management der Prozesse zuständig ist, gibt es eine Reihe von Technologien, die für die Darstellung auf dem Bildschirm oder die Tonausgabe sorgen. Entwickler können mithilfe einiger Umgebungen oder Programmierschnittstellen auf diese Technologien zurückgreifen. Der Anwender sieht von diesen Prozessen natürlich meist nur das Ergebnis, das ihm im Rahmen der ursprünglich mit »Aqua« bezeichneten Benutzeroberfläche präsentiert wird.

Die Basis: Darwin

Der zentrale Bestandteil von OS X 10.8 sind der Kernel und die mit *Darwin* bezeichnete fundamentalste Ebene. Seine Aufgaben bestehen unter anderem im Starten und Beenden von Programmen, in der Zuteilung von Arbeitsspeicher und der Ansprache der Hardware. Ohne einen Kernel würde OS X 10.8 nicht funktionieren, und er verwaltet alle anderen Bestandteile des Systems in irgendeiner Form.

I/O-Kit
Die Ansprache der Hardware wird unter anderem über das I/O-Kit realisiert. Diese Bibliothek stellt Funktionen zur Verfügung, mit denen Daten empfangen und an angeschlossene Hardware gesendet werden können.

Arbeit im Hintergrund | Bei der täglichen Arbeit verrichtet der Kernel seine Arbeit unsichtbar im Hintergrund. Dennoch tritt er in Aktion, wenn Sie zum Beispiel ein Laufwerk über den USB-Anschluss anschließen. In diesem Fall bemerkt der Kernel die Verfügbarkeit eines neuen Laufwerks, da er den Anschluss auf neue Geräte hin überwacht. Ebenso ist es die Aufgabe des Kernels, Tastatur- oder Mauseingaben an die entsprechenden Programme weiterzuleiten. Optisch tritt er eigentlich nur kurz in Erscheinung: nach dem Start des Rechners, wenn Sie das graue Apple-Logo auf dem Bildschirm sehen. Es zeigt an, dass der Kernel aktiviert wurde und nun den weiteren Startvorgang veranlasst.

xnu-Kernel
Die Beschreibung des Kernels von OS X 10.8 als »Microkernel« ist, streng genommen, nicht ganz korrekt. In der Tat wurden einige der grundlegenden Funktionen fest in den Kernel integriert und nicht in Erweiterungen ausgelagert. Das Resultat könnte man als eine Mischform bezeichnen, bei der die Modularität eines Microkernels mit der Geschwindigkeit eines monolithischen, alles enthaltenden Kernels wie dem von Linux kombiniert wird.

Dynamische Verwaltung | Der Kernel besteht aus dem Microkernel mit den Basisfunktionen und den Kernel-Erweiterungen für optionale und gerätespezifische Funktionen.

Um nicht unnötig Arbeitsspeicher und Rechenzeit zu verschwenden, werden nicht alle Erweiterungen auf einmal geladen. Es ist dem Kernel möglich, Erweiterungen bei Bedarf, wenn ein Gerät angeschlossen wird, zu laden und auch wieder zu deaktivieren, wenn das Gerät nicht mehr zur Verfügung steht. Dieser modulare Aufbau – symbolisiert durch das Icon eines Legosteins – ermöglicht eine flexible Handhabung der verfügbaren Hardware im laufenden Betrieb.

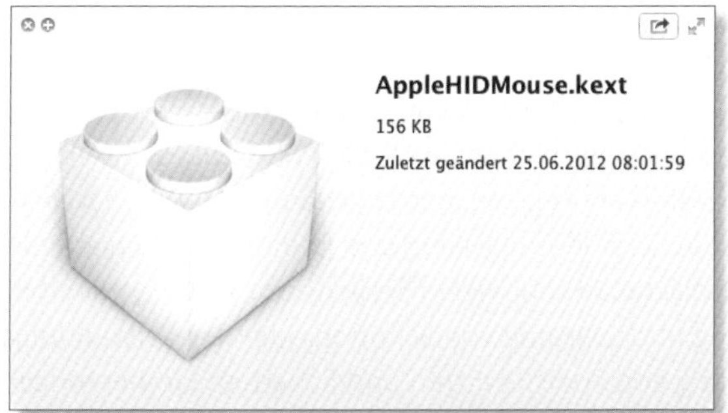

◂ **Abbildung B.1**
Kernel Extensions erweitern die Funktionalität des Kernels und werden vom System bei Bedarf aktiviert.

Kernel Extensions werden für die meisten verfügbaren Teile der Hardware verwendet. Anhand von Namen wie APPLEHIDMOUSE.KEXT lässt sich meist schon erahnen, welchem Zweck eine Erweiterung dient. Die Art und Weise, wie eine Kernel Extension zu entwickeln ist, hat Apple in einem Standard festgelegt, was Entwicklern die Arbeit enorm erleichtert. Immerhin haben sie die Gewissheit, dass auch in der folgenden Version oder bei einem Update von OS X die Erweiterungen weiterhin funktionieren.

Nicht zum Kernel, aber auch zur Darwin-Ebene gehören Dienste und Programme wie der `launchd` (siehe Abschnitt 13.3) oder `configd` für die Konfiguration des Netzwerks.

Apple und Open Source | Der Kernel und das Mac OS X zugrunde liegende Darwin sind Open Source. Interessenten können sich den Quellcode anschauen und ihn in ein ausführbares Programm umwandeln. Es ist also möglich, den Kern von Mac OS X auf fast jedem beliebigen Rechner einzusetzen. Zusammen mit vielen Erweiterungen aus dem Open-Source-Spektrum könnte man sich – nicht nur theoretisch – ein kostenloses Betriebssystem aus dem Hause Apple zusammenstellen, das nur aus dem Kernel und einigen weiteren Programmen ohne die grafische Benutzeroberfläche besteht. Umgekehrt hingegen hat Apple in vielen Bereichen von Open-Source-Software profitiert. Wesentliche Teile des Kernels beruhen auf dem Kern von FreeBSD, einem freien UNIX-System.

Mac OS Forge
Apple hat einige der Aktivitäten im Open-Source-Bereich auf der Website *http://www.macosforge.org* zusammengefasst. Entwickler und Interessierte finden dort nicht nur den Quellcode des Kernels, sondern auch den Quellcode von `launchd` und des Kerns von Safari, des WebKits.

Technologien zur Darstellung

Um Objekte und Elemente auf dem Bildschirm darzustellen, stehen unter OS X 10.8 einige Technologien zur Verfügung, die sich Entwickler zunutze machen können oder müssen, um bestimmte Ziele zu erreichen.

[Quartz Extreme]
In den ersten Versionen von Mac OS X war die Darstellung der Elemente langsam, teilweise sogar schlicht unbrauchbar. Mit Mac OS X 10.2 wurde die Quartz Engine deutlich verbessert und vor allem beschleunigt. Diese verbesserte und schnellere Version wird *Quartz Extreme* genannt.

Der Grafikmotor: Quartz | Der zentrale Bestandteil des Grafiksystems von OS X 10.8 ist die als *Quartz* bezeichnete Technologie. Dabei handelt es sich um eine Methode, die Darstellung auf dem Bildschirm zu berechnen und die dargestellten Elemente zu verwalten. Zu Quartz gehört, neben Routinen für den direkten Zugriff auf den Bildschirminhalt, auch ein Programm zur Verwaltung der dargestellten Fenster, der sogenannte *Window Manager*. Quartz ist äußerst leistungsfähig und kommt in Bezug auf die grafische Oberfläche an sehr vielen Stellen zum Einsatz, etwa bei der Darstellung und Glättung von Schriften oder der Verwendung und Berechnung von Transparenzen und Schatten. Ein hervorstechendes Merkmal von Quartz ist die direkte Unterstützung des Portable Document Formats (PDF).

OpenGL | Bei *OpenGL* handelt es sich um eine Technologie, die die Berechnung und Darstellung von grafischen Elementen erleichtert. Dabei ist OpenGL plattformübergreifend und standardisiert. Seine Funktionen für die Berechnung von grafischen und dreidimensionalen Objekten sind sehr leistungsfähig und stellen die technische Grundlage für Quartz dar. Es ist Entwicklern auch möglich, OpenGL direkt in ihre Programme zu integrieren.

Core Image Fun House
Wenn Sie etwas mehr über die Fähigkeiten von Core Image erfahren möchten, können Sie das Programm Core Image Fun House aus dem Verzeichnis /DEVELOPER /APPLICATIONS/GRAPHICS TOOLS ausprobieren. Es stellt Ihnen die in Core Image enthaltenen Filter zur Verfügung.

Core Image | Die mit *Core Image* umschriebene Technik ermöglicht es Entwicklern, grafische Effekte wie Übergänge oder Filter auf darzustellende Objekte anzuwenden. Der Vorteil von Core Image besteht darin, dass die Berechnung der grafischen Effekte nicht im Hauptprozessor, sondern im Prozessor der Grafikkarte erfolgt. Da die Leistungsfähigkeit der in Grafikkarten verwendeten Prozessoren in den letzten Jahren sehr viel stärker zugenommen hat als die der regulären Hauptprozessoren, ist diese Auslagerung nur folgerichtig.

Core Animation | Die Programmierung von grafischen Effekten, wie etwa des Ausblendens eines Kontakts im Programm Nachrichten, wenn sich dieser abmeldet, kann für Entwickler ein zeitraubendes Unterfangen sein. Zeitgleich kann es die Benutzerfreundlichkeit eines Programms erhöhen, wenn der Anwender eine optische Rückmeldung auf seine Eingaben erhält oder Ereignisse innerhalb des Programms wie das Abmelden eines Kontakts optisch repräsentiert werden. Über Core Animation, das auf Core Image beruht, stellt Apple Entwicklern eine große Palette von grafischen Animationen zur Verfügung, die diese recht einfach und mit vertretbarem Zeitaufwand in ihre Programme integrieren können.

Core Video | Die Anzeige von Videos wird – der Name legt es nahe – in OS X 10.8 von Core Video unterstützt. Dabei werden die Funktionen und Fähigkeiten von Core Image für bewegte Bilder verfügbar gemacht.

Core Audio | Die Tonausgabe wird unter OS X unter anderem von Core Audio übernommen. Dabei stellt diese Schnittstelle nicht nur Möglichkeiten für die Tonausgabe zur Verfügung, sondern bietet auch eine Unterstützung für Geräte an der MIDI-Schnittstelle.

QuickTime X | Mit Mac OS X 10.6 führte Apple eine vollständig überholte Version von QuickTime ein. Die Aufgabe von QuickTime besteht darin, Filme und Tondateien abzuspielen. Dabei ist QuickTime X mehr als nur das Programm QuickTime Player. Genau genommen, handelt es sich bei QuickTime X um eine Bibliothek, auf deren Funktionen und Fähigkeiten Programmierer bei der Entwicklung ihrer Programme zurückgreifen können. Da QuickTime X die in die Jahre gekommene ältere QuickTime-Version 7.6 nach wie vor nicht vollständig ersetzen kann, können Sie für OS X 10.8 bei Bedarf QuickTime 7.6 nachträglich installieren.

Umgebungen für Programme

Apple ermöglicht Programmierern die Entwicklung von Programmen für ein so kompliziertes System wie OS X 10.8, indem es Funktionen und Fähigkeiten des Systems in Bibliotheken oder auch Frameworks zusammenfasst. Auf diese können Entwickler bei der Erstellung eines Programms zurückgreifen und so mit wenigen Codezeilen beispielsweise den Inhalt eines Fensters manipulieren oder eine Datei öffnen.

OS X 10.8 verfügt über eine ganze Reihe von solchen Frameworks, die sich unter anderem in den Verzeichnissen /System/Library/Frameworks und /System/Library/PrivateFrameworks befinden. Einige dieser Frameworks wurden von Apple in Umgebungen zusammengefasst, die für die Entwicklung von Programmen eine notwendige Grundlage bilden, von der ausgehend Entwickler weitere Frameworks aufrufen und die dort enthaltenen Funktionen nutzen können. In OS X 10.8 sind drei wesentliche Umgebungen für Programme enthalten.

Cocoa | Die von Apple bevorzugte und empfohlene Umgebung für Programme ist Cocoa. Cocoa stellt eine Sammlung von Funktionen und Benutzerschnittstellen zur Verfügung, die das typische Aussehen von Programmen unter OS X definieren. Dabei ist die Entwicklung von Programmen mit einer grafischen Oberfläche sehr komfortabel, weil Cocoa den Entwicklern von Haus aus sehr viel Arbeit abnehmen kann.

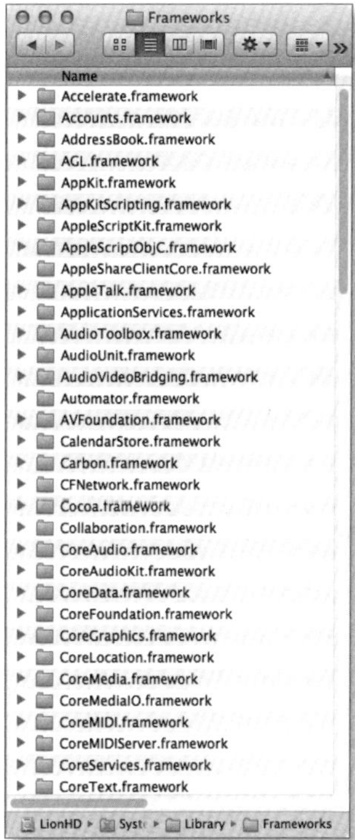

▲ **Abbildung B.2**
Die zu Frameworks zusammengefassten Funktionen ermöglichen und erleichtern die Entwicklung von Programmen.

Die bevorzugte Programmiersprache für die Entwicklung eines Programms, das auf Cocoa basiert, ist Objective-C. Apple bemüht sich um eine Öffnung der Entwicklung mit Cocoa, sodass über das Modul PyOBjC die Programmiersprache Python und über RubyCocoa Ruby für die Entwicklung von Cocoa-Programmen genutzt werden können. Unterstützt wird dies durch die sogenannte *Scripting Bridge*.

Für die Gestaltung der Oberfläche eines Programms bietet die Entwicklungsumgebung Xcode einen Editor, in dem sich Elemente der grafischen Oberfläche platzieren, arrangieren und mit dem Objective-C-Quellcode verbinden lassen.

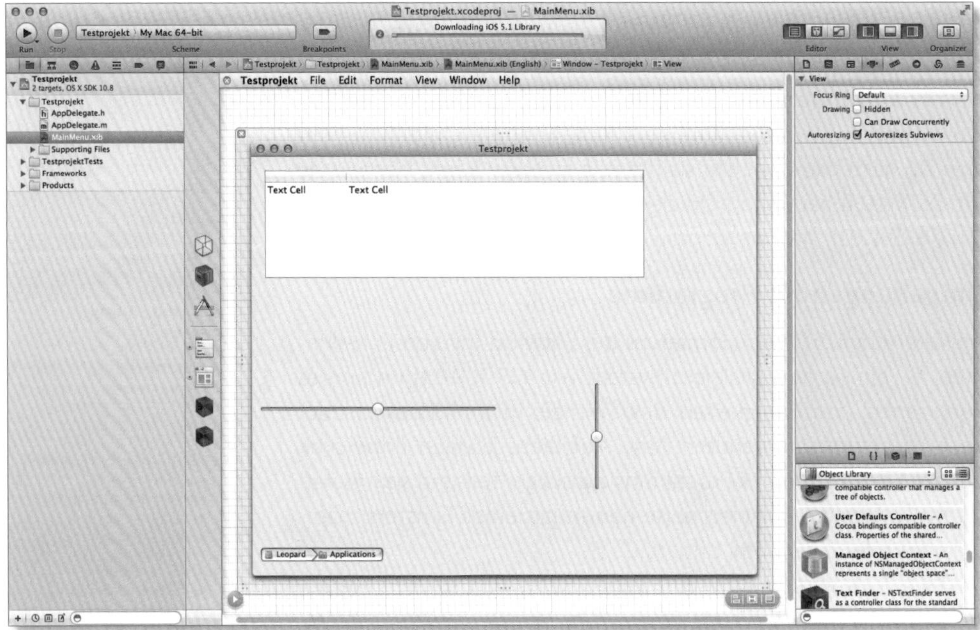

Abbildung B.3 ▼
Die Entwicklungsumgebung Xcode erleichtert die Erstellung einer grafischen Oberfläche.

Carbon und 64 Bit
Apple hatte einst angekündigt, dass auch die Carbon-Bibliothek eine 64-Bit-Version der Software ermöglichen würde. Diese Ankündigung wurde zum damaligen Zeitpunkt überraschend zurückgezogen, sodass Programme wie eben Photoshop einer neuen, die Cocoa-Bibliothek verwendenden, Version bedurften, um von den Vorteilen einer 64-Bit-Version profitieren zu können.

Carbon | Die Umgebung Carbon wurde von Apple zu einer Zeit eingeführt, als Markteinführung und -erfolg von OS X noch nicht abzusehen waren und Mac OS 9 noch das verwendete System war. Sie hatte die Aufgabe, als eine Art Brücke zwischen beiden Systemen zu fungieren, weil Programme, die gemäß den Vorgaben von Apple mit Carbon realisiert wurden, sowohl unter Mac OS 9 als auch Mac OS X lauffähig waren.

Diese Brückenfunktion wurde mit der Zeit aufgegeben, wobei die Carbon-Bibliothek, die in erster Linie für die Programmiersprachen C und C++ gedacht ist, nach wie vor verwendet werden kann. Damit wird sichergestellt, dass umfangreiche Softwareprojekte wie Adobe Photoshop mit einer sehr großen Codebasis auch in Zukunft noch lauffähig sind.

Java | Natürlich handelt es sich bei Java in erster Linie um eine Programmiersprache, aber die Java-Unterstützung für OS X 10.8 ist etwas umfangreicher. Ganz zu Beginn der Etablierung von Mac OS X auf dem Markt legte Apple sehr viel Wert auf eine funktionierende Java-Unterstützung, um die damals noch nicht sehr reichhaltige Anzahl verfügbarer Programme etwas zu erhöhen und auch im akademischen Sektor Fuß zu fassen. Im Laufe der Zeit schraubte Apple das Engagement immer weiter zurück, und Java wurde mit der Zeit für den Mac OS X-Kosmos immer unbedeutender. Unter OS X 10.8 können Sie Java bei Bedarf nachträglich installieren.

Die Schnittstelle zum Anwender: Aqua

Mit *Aqua* wird die grafische Oberfläche von OS X bezeichnet. Dabei ist der Begriff etwas weiter auszulegen, weil zu Aqua nicht nur das Aussehen der Fenster, die Position von Schaltflächen und Symbolleisten, sondern auch das Verhalten des Systems gehören. Dazu zählt der stärkere Schattenwurf des aktiven Fensters oder die Animation, wenn ein Fenster ins Dock gelegt wird.

Der Name »Aqua« mag sich im Hinblick auf die aktuelle Darstellung von OS X 10.8 dem Neuling nicht so ganz erschließen. In früheren Versionen orientierte sich die Optik sehr stark an fließenden Übergängen und einem vielleicht mit »ätherisch« am ehesten zu umschreibenden Look & Feel. Diese Darstellung wich von Version zu Version einer immer plastischeren, massiveren Darstellung der nun vorliegenden dunkelgrauen Akzentuierung.

Nachbildungen
Mit OS X 10.7 haben im Zuge der Back-to-the-Mac-Philosophie einige Programme ein Aussehen angenommen, bei dem sich die Gestaltung der Oberfläche an physikalischen Objekte orientiert. So wird zum Beispiel versucht, dass das Programm Kalender in der Darstellung einem realen Kalender ähnelt.

B.2 Einige grundlegende Konzepte

Neben diesem etwas kursorischen Überblick über die Architektur von OS X 10.8 sind noch einige grundlegende Konzepte zu erklären, deren Kenntnis bei der Arbeit mit dem System hilfreich sein kann.

Prozesse und Programme

Wenn Sie Ihren Rechner gestartet und sich am System angemeldet haben, stellt sich OS X 10.8 in einer einheitlichen Oberfläche dar. Was sich wie aus einem Guss präsentiert, ist in Wirklichkeit das Ineinandergreifen einer Vielzahl von Programmen, die nicht, wie die von Ihnen gestarteten Applikationen, im Dock erscheinen, sondern für den normalen Anwender in der Regel

Aktive Prozesse sind Programme

Unter UNIX werden Programme auch *Prozesse* genannt. Aufgabe des Kernels ist es, den Prozessen Arbeitsspeicher und Rechenzeit des Prozessors zuzuteilen. Um die einzelnen aktiven Prozesse verwalten zu können, wird jedem eine eindeutige Nummer, die *Prozess-ID* ❶, abgekürzt *PID*, zugewiesen. Die Möglichkeit, die aktiven Prozesse hierarchisch anzuzeigen, rührt daher, dass Programme auch von anderen Programmen gestartet werden können. Was sich erst einmal paradox liest – schließlich ist es ja der Anwender, der ein Programm startet –, hat seinen Grund in der Systemarchitektur von OS X 10.8.

unsichtbar im Hintergrund ihrer jeweils spezifischen Aufgabe nachkommen.Wenn Sie das Programm Aktivitätsanzeige aus dem Ordner DIENSTPROGRAMME aufrufen und den Punkt ALLE PROZESSE, HIERARCHISCH ❷ auswählen, erhalten Sie eine vollständige Übersicht über alle im Hintergrund aktiven Programme. Je nach der Konfiguration Ihres Systems weicht Ihre Darstellung von der in Abbildung B.4 etwas ab. Sie können aber auf jeden Fall ersehen, dass nicht nur der Finder ein eigenständiges Programm ist, sondern zum Beispiel auch das Dock.

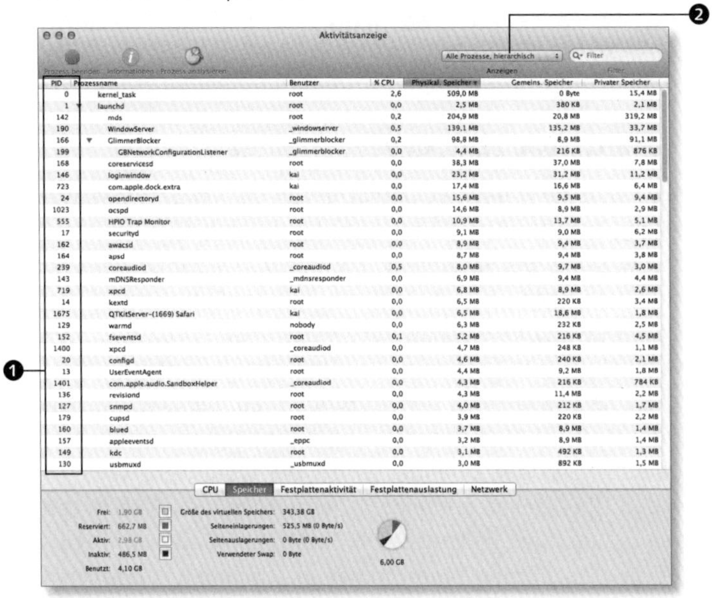

Abbildung B.4 ▸
Im Hintergrund ist eine Vielzahl von Programmen aktiv, die jeweils einen bestimmten Zweck erfüllen.

Hierarchie | Die in Abbildung B.4 sichtbare Hierarchie der Prozesse hat einen einfachen Grund: Die Programme und Dienste werden von anderen Diensten gestartet und sind voneinander abhängig. Das System merkt sich, welcher Prozess von einem anderen gestartet wurde, und ordnet ihm diesen als übergeordneten Prozess zu. Dies trifft auch für die Eingaben zu, die Sie tätigen, um ein Programm zu starten; es nimmt ja irgendein Prozess Ihre Eingaben als Benutzer entgegen.

Voreinstellungen

OS X 10.8 setzt eine Reihe von Programmen ein, die, wie etwa der Apache-Webserver oder das Drucksystem CUPS, aus der UNIX-Welt stammen. Daneben gibt es die normalen Applikationen wie iTunes oder Pages, mit denen Sie Ihre Dokumente abspielen oder bearbeiten. Dies hat zur Folge, dass zwei verschiedene Systeme zur Speicherung von Voreinstellungen genutzt werden.

Property-Listen | In den Property-Listen werden nicht nur die Einstellungen des Programms im Hinblick auf seine Funktionen, sondern auch die Positionen der Fenster und die zuletzt von dem Programm geöffneten Dateien gespeichert. Property-Listen werden gemäß den Vorgaben von Apple als XML-Dateien angelegt. Das Format folgt dabei einem ebenfalls von Apple spezifizierten Muster.

OS X 10.8 speichert Property-Listen an verschiedenen Stellen ab: einerseits unter /Library/Preferences für verschiedene Programme des Systems, die direkt unter der Aqua-Oberfläche ihren Dienst versehen. Dazu gehören zum Beispiel die Voreinstellungen des Anmeldefensters – in der Datei *com.apple.loginwindow.plist* –, mit denen festgelegt wird, ob Ihnen beim Anmelden die auf Ihrem System angelegten Benutzer in Form eines anklickbaren Bildes angezeigt werden oder ob der Name des Benutzers direkt eingegeben werden muss.

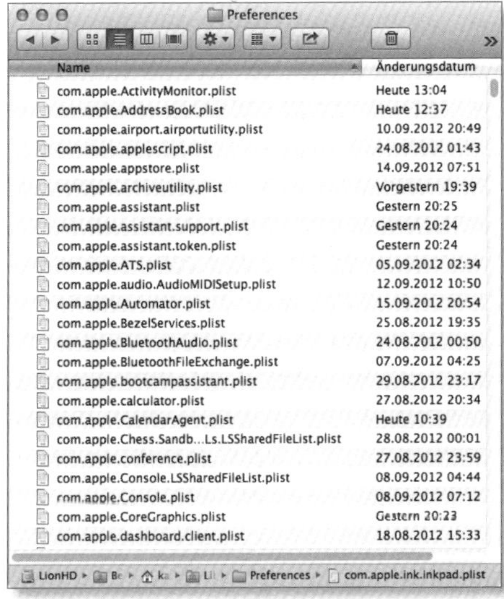

◄ **Abbildung B.5**
Voreinstellungen werden in Form von Property-Listen unter anderem in der Library des Benutzers abgelegt.

Da mit OS X verschiedene Personen auf einem Rechner ihre Arbeit verrichten können – und jeder Anwender andere Vorlieben bei der Bedienung des Computers hat –, werden die Voreinstellungen für Programme, das Dock und den Finder andererseits auch im Ordner Preferences in der Library des jeweiligen Benutzers (siehe Anhang C) gespeichert.

Einstellungen in Textdateien | Gelten die Property-Listen für die meisten Programme, die innerhalb der grafischen Oberfläche ihren Dienst verrichten, werden die Einstellungen für die vielen Systemdienste im Verzeichnis /etc abgespeichert. Dieses Verzeichnis ist im Finder normalerweise nicht sichtbar, kann aber über das Terminal mit dem Befehl `ls /etc` angezeigt werden.

Zwar greifen auch einige Programme auf diese Dateien zu, aber in der Regel ist es dem Anwender selbst überlassen, diese Dateien von Hand zu bearbeiten und so ein Finetuning der Dienste vorzunehmen. Auch wenn die Anzahl und vor allem der Aufbau dieser Textdateien erschrecken mögen, folgen sie doch ähnlich wie die Property-Listen einem Muster. Dieses Muster ist, da es sich nicht um XML-Dateien handelt, nicht ganz so stringent, aber dennoch in sich logisch. Ein recht typisches Beispiel ist die folgende Zeile aus der Datei */etc/apache2/httpd.conf*, der Konfigurationsdatei für den Apache-Webserver:

```
## DocumentRoot: The directory out of which you will
serve your
# documents. By default, all requests are taken from
this directory, but
# symbolic links and aliases may be used to point to
other locations.
DocumentRoot "/Library/WebServer/Documents"
```

Hinweis
Welche Schlagwörter in einer Konfigurationsdatei vorkommen und eine Bedeutung haben können, ist von Programm zu Programm unterschiedlich. Sie sind bei der Arbeit mit solchen Dateien auf die mit dem Doppelkreuz eingeleiteten Kommentare oder die entsprechende Dokumentation des Programms angewiesen.

Hierbei kommt dem Doppelkreuz (#) oft eine besondere Bedeutung zu: Es dient als Kommentarzeichen und hat die Funktion, alles, was in der jeweiligen Zeile hinter ihm steht, als Kommentar zu kennzeichnen. Diese so abgetrennten Sätze werden dann vom Webserver nicht beachtet. Sie dienen in erster Linie als Erläuterungen und Gedächtnisstütze für den Anwender. Mit der Zeile `DocumentRoot "/Library/WebServer/Documents"` wird festgelegt, dass der Webserver die im Verzeichnis /LIBRARY/WEBSERVER/DOCUMENTS enthaltenen HTML-Dateien verwenden soll.

Launch Services und Dateiendungen

»Öffnen mit«
Die Vorgaben für die Launch Services können Sie im Fenster INFO ZU einer Datei im Finder ändern. Sie finden dort den Punkt ÖFFNEN MIT, über den Sie sich eine Reihe von möglichen Programmen auflisten lassen können.

Wenn ein Dokument direkt in einem Programm geöffnet werden soll, reicht in der Regel ein Doppelklick auf das Icon des Dokuments im Finder, und das entsprechende Programm wird gestartet. Hinter diesem Verhalten, das Ihnen ein relativ komfortables Arbeiten ermöglicht, verbirgt sich ein Dienst mit dem Namen *Launch Services*. Dahinter steht eine Datenbank, in der festgelegt wurde, welche Dateitypen mit welchem Programm geöffnet werden sollen.

Datei in anderem Programm öffnen | Mit dem Menüpunkt EIGENE können Sie auch nicht aufgeführte Programme auswählen. Wählen Sie ein anderes Programm als das standardmäßig vorgegebene aus, gilt diese Änderung nur für die betreffende Datei. Die Änderung wird in den erweiterten Attributen der Datei gespeichert. Klicken Sie hingegen auf die Schaltfläche ALLE ÄNDERN, werden Ihre Änderungen für alle Dateien mit der gleichen Endung wirksam, die Datenbank der Launch Services wird entsprechend modifiziert.

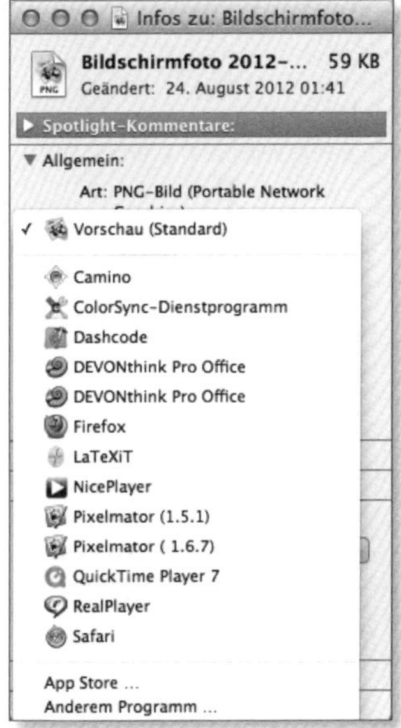

▲ **Abbildung B.6**
Die Zuordnung einer Datei zu einem Programm erfolgt in erster Linie über die Dateiendung.

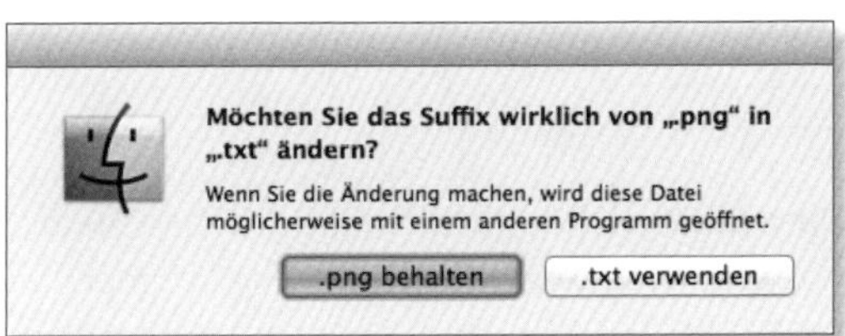

▲ **Abbildung B.7**
Wird das Suffix geändert, gibt das System eine Warnung aus.

Uniform Type Identifier (UTI) | Die Identifikation, welches Programm welche Dateitypen öffnen kann, erfolgt über sogenannte *Uniform Type Identifiers* (UTIs). Diese werden in der Regel innerhalb des Programm-Bundles (siehe Abschnitt 3.3) definiert. Installieren Sie das Programm, dann wird diese Liste vom System ausgewertet, und Ihnen wird das Programm in der Liste unter ÖFFNEN MIT angezeigt. Analog dazu wird über die UTIs auch definiert, welche Dateitypen Ihnen im ÖFFNEN-Dialog des Programms zur Verfügung stehen und welche ausgegraut sind.

Benutzerkonten

Wenn Sie OS X zum ersten Mal erfolgreich installiert haben, werden Sie auch nach den Eingaben für ein erstes Benutzerkonto gefragt. Eventuell haben Sie auch weitere (menschliche) Benutzer über die Systemeinstellungen angelegt.

Die Idee hinter den Benutzern bei OS X 10.8 besteht nicht nur darin, Ordnung in der doch sehr großen Anzahl von Systemdateien zu schaffen. Das sehr strenge Regiment bei den Benutzern und den mit ihnen einhergehenden Zugriffsrechten hat seinen Sinn auch darin, Beschädigungen des Systems – sei es durch Fehler des Anwenders oder durch Viren und schlecht programmierte Software – zu minimieren. Da Ihnen als normalem Benutzer der Zugriff auf viele elementare Dateien des Systems verwehrt bleibt, werden Fehler vermieden. Auch trägt es zur Sicherheit Ihrer

Systemdienste als Benutzer
Neben den realen Anwendern, die Sie mit den Systemeinstellungen angelegt haben, ist unter OS X 10.8 aber eine Reihe weiterer Benutzer registriert, denen kein realer Mensch entspricht. Sie können diese über den Befehl `dscl` einsehen. Auch hier ist der Grund in dem unter UNIX typischen Sicherheitsdenken zu suchen. Da der Webserver eigenständig Programme und Skripten starten kann, könnte er theoretisch (und praktisch) ein Skript aufrufen, das Ihre gesamte Festplatte löscht. Da aber der Prozess des Webservers nur Zugriff auf die Dateien hat, die ihm als Benutzer zugewiesen wurden, wird dieses Risiko auf ein Minimum reduziert.

Daten bei, wenn nicht jeder, der direkten Zugriff auf Ihren Rechner hat, Ihre Dateien ohne Passwort öffnen kann.

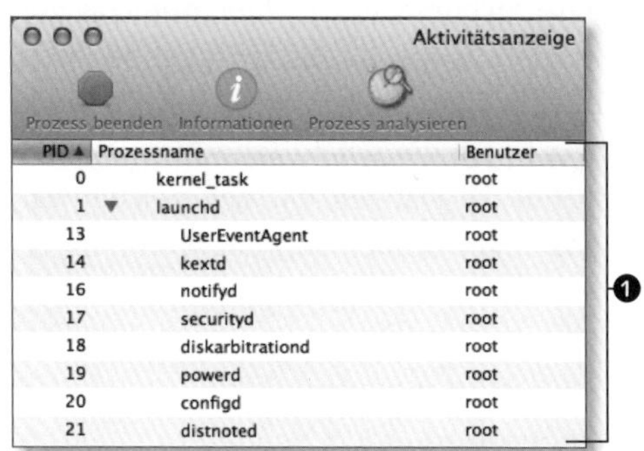

Abbildung B.8 ▸
Aktive Prozesse verfügen über einen Besitzer ❶, der ihre Zugriffsrechte reglementiert.

Auch Prozesse haben Besitzer | In Abbildung B.8 sehen Sie neben der Prozess-ID auch eine Spalte mit dem Eigentümer des Prozesses (BENUTZER). Die Zugriffsrechte und das Benutzerkonzept von OS X beschränken sich nicht nur auf Dateien, sondern gelten auch für Prozesse. Dabei treffen die gleichen Beschränkungen zu. Konkret bedeutet dies, dass ein von Ihnen gestarteter Prozess nicht auf Dateien zugreifen kann, für die Sie keine Berechtigung haben. Der Finder kann nicht eine Datei eines anderen Benutzers löschen, da er unter Ihrer Benutzerkennung läuft und Sie als Benutzer ihm Ihre Zugriffsrechte regelrecht vererben.

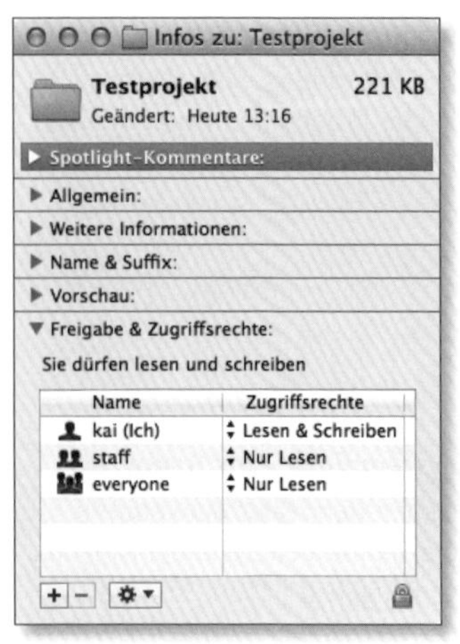

▴ **Abbildung B.9**
Die Zugriffsrechte einer Datei oder eines Ordners können Sie unter anderem im Finder ändern.

Zugriffsrechte einsehen und ändern | Welcher Benutzer und welche Gruppe auf eine Datei in welcher Form zugreifen dürfen, wird zu einem gewissen Teil wiederum im Fenster INFO ZU des Finders vorgegeben. Auf den Zweck der einzelnen Benutzergruppen gehe ich in Abschnitt 14.2 genauer ein. Zugriffsrechte sollten Sie – insbesondere bei Systemdateien – nur dann ändern, wenn Sie auch einen Grund dafür haben, etwa die Freigabe im Netzwerk. Verweigern Sie Systemdiensten den Zugriff auf benötigte Dateien, etwa im Verzeichnis /ETC, wird Ihr System nicht mehr stabil arbeiten.

Anhang C
Die Verzeichnisstruktur von OS X 10.8

Wenn Sie im Finder die oberste Ebene der Festplatte öffnen, werden Sie neben den Ordnern BENUTZER und PROGRAMME die Ordner SYSTEM und LIBRARY finden. Jeder dieser fünf Ordner hat seine ganz spezifische Aufgabe. Es wird sofort zu Problemen führen, wenn Sie einen dieser Ordner löschen, verschieben oder die Zugriffsrechte versuchsweise manipulieren. OS X 10.8 ist auf diese Ordner an den vorgegebenen Plätzen angewiesen und bei Änderungen in höchstem Maße intolerant.

Strikte Platzvergabe
OS X 10.8 ist auf die vorgegebene Ordnerstruktur angewiesen. Diese vergleichsweise strikte Vorgabe sollten Sie nicht unterlaufen, sondern sich an die Vorgaben von Apple halten.

Der Ordner »System«

Im Ordner SYSTEM und seinem einzigen Unterordner LIBRARY werden die Dateien abgelegt, die für den Betrieb von OS X 10.8 als System mit einer grafischen Oberfläche wesentlich sind. Die weiteren grundlegenden Bestandteile des Systems wie die meisten Serverprogramme werden in dem im Finder nicht sichtbaren UNIX-Unterbau gespeichert.

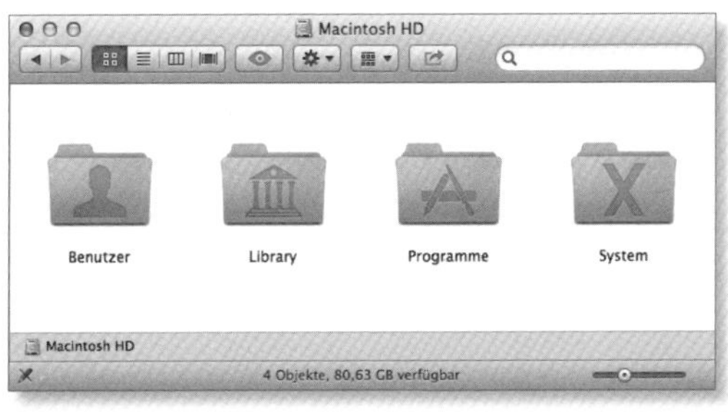

◄ **Abbildung C.1**
Die vier grundlegenden Ordner des Systems

Developer
In früheren Versionen von Mac OS X erfolgte die Installation der Entwicklerwerkzeuge wie Xcode im Verzeichnis DEVELOPER, das sich neben den genannten vier Ordnern befand. Nachdem Apple begonnen hatte, Xcode über den App Store zu vertreiben, wurde das Konzept mit diesem Ordner aufgegeben. Wenn Sie eine frühere Version von Mac OS X auf OS X 10.8 aktualisiert haben, dann befindet sich der Ordner vielleicht noch auf Ihrer Festplatte.

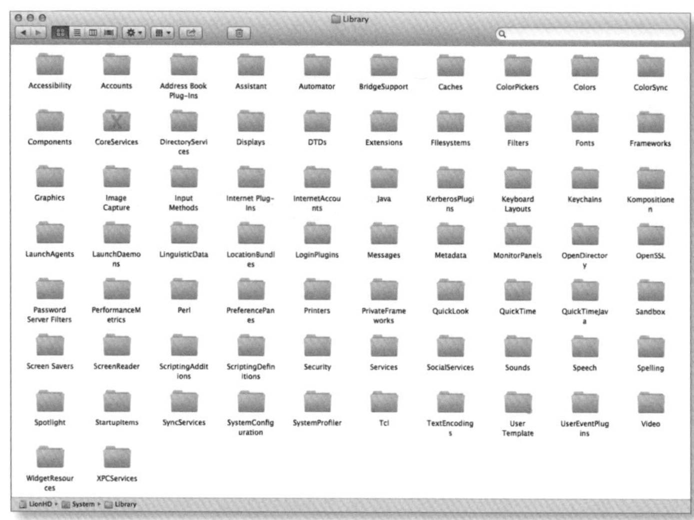

▲ **Abbildung C.2**
Der Ordner SYSTEM enthält grundlegende Bestandteile des Betriebssystems.

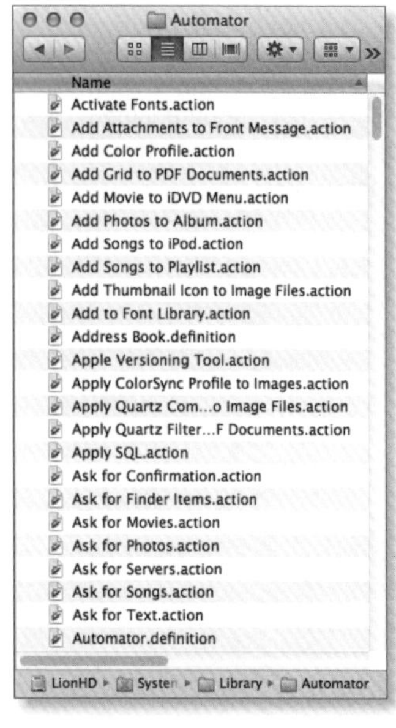

▲ **Abbildung C.3**
Viele Automator-Aktionen liegen in Form von ACTION-Dateien vor.

Der Inhalt von SYSTEM kann nur in den seltensten Fällen durch den Anwender geändert werden. Notwendige Ergänzungen des Systems, wie zum Beispiel eigene LaunchAgents (siehe Abschnitt 13.3), sollten auf jeden Fall im Ordner LIBRARY gespeichert werden. Der folgende Überblick über den Ordner SYSTEM dient in erster Linie dazu, Ihnen aufzuzeigen, wo Sie welche Kernbestandteile von OS X 10.8 finden und welche Aufgabe diese jeweils haben.

Tabelle C.1 ▸
Inhalt des Ordners /SYSTEM/LIBRARY

Unterordner	Inhalt
ACCESSIBILITY	Der Ordner enthält lediglich eine Einstellungsdatei für die Bedienungshilfen.
ACCOUNTS	Die Module in diesem Ordner werden unter anderem für die Nutzung von Twitter und Facebook verwendet.
ADDRESS BOOK PLUG-INS	In diesem Ordner werden Erweiterungen für das Programm Kontakte unter anderem für die Anbindung an einen Exchange-Server gespeichert.
ASSISTENT	Hier findet sich lediglich ein Werkzeug für das Programm Kontakte.
AUTOMATOR	Der Ordner enthält die grundlegenden Aktionen für den Automator (siehe Abschnitt 25.1).

Unterordner	Inhalt
BridgeSupport	Mit der sogenannten Scripting Bridge kann die grafische Oberfläche der Programmiersprachen Ruby und Python angesprochen werden.
Caches	Enthält einige Zwischenspeicher, die beim Start des Systems angelegt werden und diesen beschleunigen.
ColorPickers	Die Ansichten für die Auswahl einer Farbe werden mit diesen Modulen realisiert.
Colors	Enthält einige Farbdefinitionen.
ColorSync	Neben den grundlegenden Farbprofilen für ColorSync (siehe Abschnitt 24.2) ist hier auch der Kalibrierungsassistent zu finden.
Components	Diese Module ermöglichen unter anderem die Verwendung von AppleScript und dem Wörterbuch.
CoreServices	In diesem Ordner befinden sich viele Hilfsprogramme, die für die Konfiguration und Nutzung einer ganzen Reihe von Systemdiensten zuständig sind. Dazu gehören unter anderem das Archivierungsprogramm, der Finder, das Dock und das Installationsprogramm.
DirectoryServices	Hier finden sich erstens im Unterordner Templates die Zuordnungen der Attribute für die Nutzung der Verzeichnisdienste und zweitens die Vorlage für die Benutzerdatenbank (*DefaultLocalDB*) mit einer Reihe von vordefinierten Benutzerkonten.
Displays	Auf diese Dateien wird bei der Konfiguration eines Monitors über die Systemeinstellungen zurückgegriffen.
DTDs	Das Format der XML-Dateien beispielsweise für die Property-Listen wird über die Doctype Declarations in diesem Verzeichnis realisiert.
Extensions	Dieser Ordner enthält mehr als 200 Kernel Extensions, die unter anderem als Treiber für die Ansprache von Hardwarekomponenten dienen.
Filesystems	Die Unterstützung von Dateisystemen wird mit den Modulen in diesem Ordner realisiert.

◂ **Tabelle C.1**
Inhalt des Ordners /System/Library (Forts.)

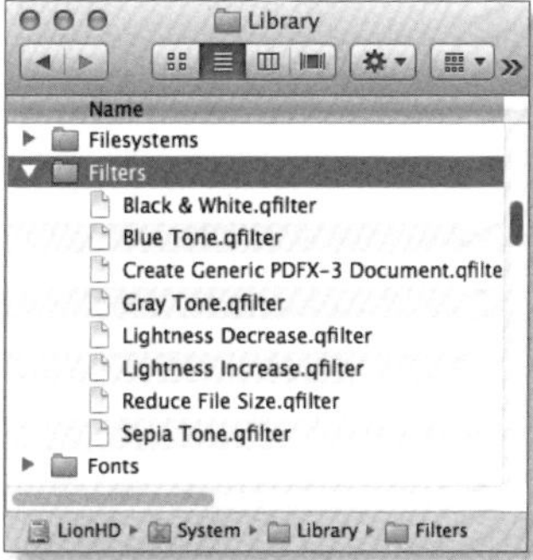

▴ **Abbildung C.4**
Mithilfe der Quartz-Filter können Sie PDF-Dateien bearbeiten.

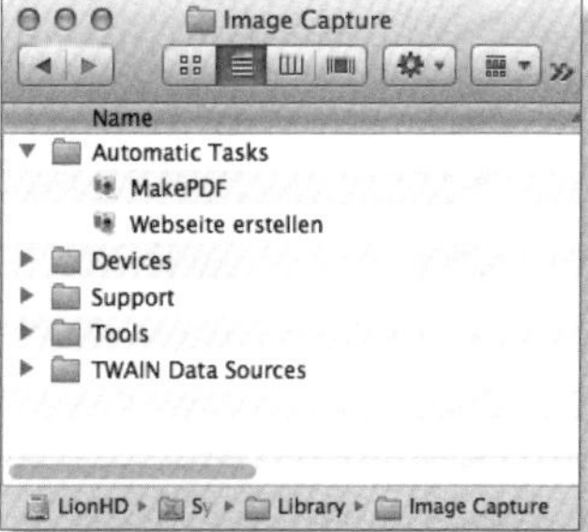

▴ **Abbildung C.5**
Die Programme MakePDF und Webseite erstellen werden vom Programm Digitale Bilder und vom Automator genutzt.

Tabelle C.1 ▸
Inhalt des Ordners /System/Library (Forts.)

Unterordner	Inhalt
Filters	Die Quartz Filter können in Vorschau zur Manipulation von PDF-Dateien verwendet werden.
Fonts	Die für den Betrieb von OS X notwendigen Zeichensätze werden in diesem Ordner gespeichert.
Frameworks	Entwickler können die hier enthaltenen Frameworks nutzen, um Funktionen des Betriebssystems in ihre eigenen Programme zu integrieren.
Graphics	Enthält in zwei Unterordnern Dateien zur Unterstützung des Quartz Composers.
Image Capture	Das Programm Digitale Bilder nutzt die Dateien und Module in diesem Ordner, um auf angeschlossene Geräte zugreifen zu können. Darüber hinaus finden sich hier die mitgelieferten automatischen Prozesse (siehe Abschnitt 25.6.4) zur Weiterverarbeitung importierter Bilder.
Input Methods	Enthält die Eingabemethoden für einige asiatische Sprachen.
Internet Plug-Ins	Dieser leere Ordner könnte Erweiterungen für Safari enthalten.
InternetAccounts	In diesem Ordner befinden sich Hilfsmodule für verschiedene Internetdienste.
Java	Hier sind Bibliotheken und Klassen gespeichert, auf die Java-Programme zurückgreifen können.
KerberosPlugins	Für die Nutzung des Kerberos-Dienstes werden diese Module benötigt.
Keyboard Layouts	Dient zur Ansprache von angeschlossenen Tastaturen.
Unterordner	Inhalt
Keychains	Diese Schlüsselbunde enthalten die von Apple mitgelieferten Zertifikate.
Kompositionen	Die in diesem Ordner enthaltenen Effekte des Quartz Composers kommen an unterschiedlichen Stellen zum Einsatz. Sie ermöglichen die Bildbearbeitung im Automator und die grafischen Effekte im Programm Nachrichten.

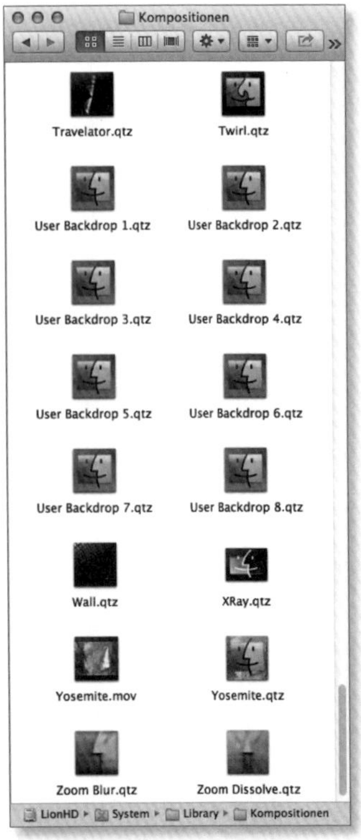

▲ **Abbildung C.6**
Viele der Effekte im Programm Nachrichten werden über die Quartz-Composer-Dateien im Ordner Kompositionen realisiert.

◄ **Tabelle C.1**
Inhalt des Ordners /System/Library (Forts.)

Unterordner	Inhalt
LaunchAgents	Mithilfe der in diesem Ordner gespeicherten LaunchAgents (siehe Abschnitt 13.3) wird eine Reihe von Systemdiensten gestartet.
LaunchDaemons	Diese LaunchDaemons sind für den Start der meisten Serverdienste und Dämonen des Systems verantwortlich.
LinguisticData	Dieser Ordner enthält getrennt nach Sprachen Datensätze für die Rechtschreib- und Grammatikprüfung.
LocationBundles	Enthält einen Verweis auf das Framework für die Ortsbestimmung.
LoginPlugins	Diese Dienste werden unmittelbar nach der Anmeldung geladen und ergänzen einige Funktionen der grafischen Benutzeroberfläche. So wird zum Beispiel das schwebende Fenster bei der Änderung der Lautstärke über die Tastatur mit den hier enthaltenen BezelServices realisiert.
Messages	Hier finden sich zwei Erweiterungen für das Programm Nachrichten.
MetaData	Dieser Ordner enthält lediglich Hilfsdateien für die Lokalisierung der im Finder zu vergebenden Etiketten.
MonitorPanels	Diese Panels werden von den Systemeinstellungen verwendet, wenn Sie Ihre Monitore konfigurieren.
OpenDirectory	Der Ordner enthält einige Vorlagen und Einstellungsdateien für die Benutzerverwaltung.
OpenSSL	Für die Nutzung von Zertifikaten zur Verschlüsselung von Datenübertragungen über den Secure Sockets Layer (SSL) werden diese Dateien benötigt.
Password Server Filters	Ein Hilfsprogramm, das bei der Änderung von Passwörtern zum Einsatz kommt.
PerformanceMetrics	Diese Einstellungsdateien werden zur Analyse der Auslastung von Programmen genutzt.
Perl	Module und Erweiterungen für die Programmiersprache Perl werden in diesem Ordner gespeichert.

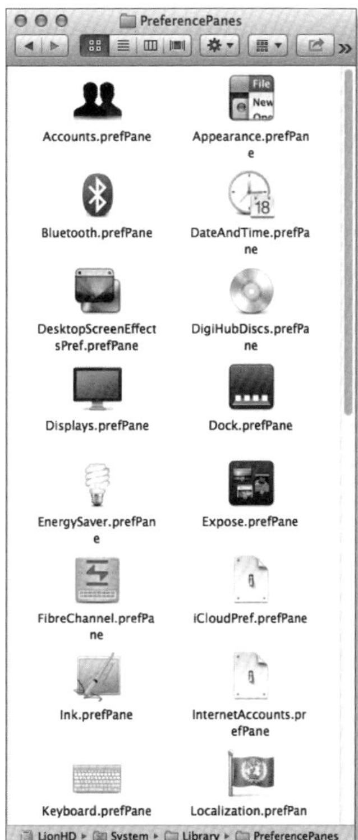

▲ **Abbildung C.7**
Die Ansichten in den Systemeinstellungen beruhen auf den PrefPane-Dateien.

Tabelle C.1 ▸
Inhalt des Ordners /System/Library (Forts.)

Unterordner	Inhalt
PreferencePanes	Dieser Ordner enthält die Module für die Ansichten der Systemeinstellungen.
Printers	Treiber und Funktionsbibliotheken für die Ansprache von Druckern werden in diesem Verzeichnis gespeichert.
PrivateFrameworks	Diese Frameworks können von Programmen genutzt werden, wurden aber von Apple nicht öffentlich dokumentiert.
QuickLook	Hier werden einige Quick-Look-Generatoren (siehe Abschnitt 7.1.2) abgelegt.
QuickTime	Die grundlegenden Komponenten und Codecs für QuickTime.
QuickTimeJava	Über diese Komponente kann von der Programmiersprache Java aus auf die QuickTime-Funktionen zugegriffen werden.
Sandbox	In diesem Verzeichnis befinden sich Profile für die Sandboxen (siehe Abschnitt 17.5).
Screen Savers	Die mit der Installation ausgelieferten Bildschirmschoner.
ScreenReader	Realisiert die Unterstützung von Braillegeräten.
ScriptingAdditions	Die Erweiterungen für AppleScript (siehe Abschnitt 26.12), die OS X von Haus aus mitbringt, befinden sich hier.
ScriptingDefinitions	Hier ist ein Wörterbuch der grundlegenden Funktionen von AppleScript hinterlegt.
Security	Enthält einige Module, unter anderem für die Authentifizierung.
Services	Diese Dienste können über das gleichnamige Menü (siehe Abschnitt 2.5) genutzt werden.
SocialServices	Das Verzeichnis enthält drei Unterordner, die bei der Anbindung an soziale Netzwerke wie Twitter genutzt werden.
Sounds	Hier finden Sie die Warntöne, die Sie über die Systemeinstellungen auswählen können.
Speech	Enthält einige Module, die für die Sprachsteuerung (VoiceOver) des Systems verwendet werden. Dazu gehören unter anderem die Stimmen.
Spelling	Die Dateien werden von der Rechtschreibprüfung genutzt.

▲ Abbildung C.8
Die Warntöne können direkt im Finder abgespielt werden.

Unterordner	Inhalt
SPOTLIGHT	Die Importer für Spotlight (siehe Abschnitt 7.2.1), die das System selbst unterstützt, befinden sich hier.
STARTUPITEMS	Dieser mittlerweile leere Ordner enthielt in älteren Versionen von Mac OS X Shell-Skripten für den Start einiger Server.
SYNCSERVICES	Diese Hilfsprogramme werden für die Synchronisation der Kontakte und anderer Daten genutzt.
SYSTEMCONFIGURATION	Der Dämon `configd` greift auf diese Module unter anderem für die Konfiguration von Netzwerkschnittstellen zurück.
SYSTEMPROFILER	Diese Module werden von dem Programm System Profiler verwendet, um das Profil des Rechners und des installierten Systems zu erstellen.
TCL	Für die Programmiersprache Tcl finden sich in diesem Ordner einige Bibliotheken.
TEXTENCODINGS	Diese Module werden für die Darstellung von Texten in arabischen und asiatischen Sprachen sowie für die Verwendung von Unicode geladen.
USER TEMPLATE	Dieser Ordner enthält die Vorlage für einen persönlichen Ordner (LIBRARY, MUSIK, BILDER), und sein Inhalt wird bei der Erstellung eines neuen Benutzerkontos automatisch in das persönliche Verzeichnis unter BENUTZER kopiert.
USEREVENTPLUGINS	Mithilfe dieser Erweiterungen werden einige Ereignisse wie der Wechsel eines drahtlosen Netzwerks oder eine Erinnerung in Kalender realisiert.
VIDEO	Der Ordner enthält ein Hilfsprogramm zur Unterstützung eines Video-Codecs.
WIDGETRESOURCES	Auf diese Dateien kann bei der Erstellung eines Widgets für Dashboard (siehe Abschnitt 2.8) zurückgegriffen werden.
XPCSERVICES	Über diese Dienste kann in begründeten Ausnahmefällen die Beschränkung einer Sandbox aufgehoben werden.

◄ **Tabelle C.1**
Inhalt des Ordners /SYSTEM/LIBRARY (Forts.)

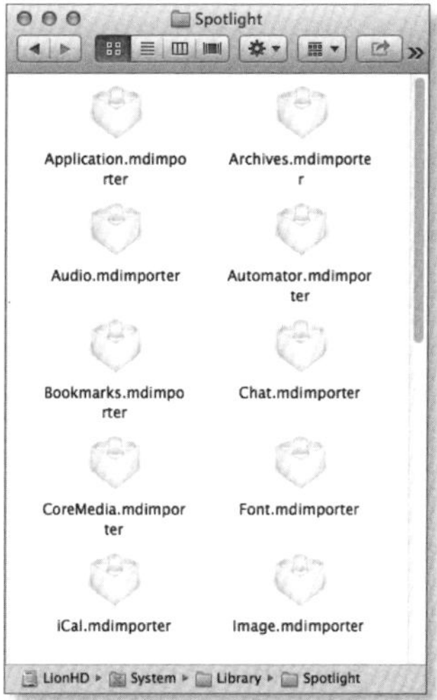

▲ **Abbildung C.9**
Das System bringt bereits zahlreiche Importer für Spotlight mit.

Der Ordner »Library«

Die Dateien und Programme unter /SYSTEM/LIBRARY sind für die Funktionen von OS X 10.8 unbedingt erforderlich und sollten vom Anwender nicht verändert werden.

Hinweis
Auch wenn die Funktion des Ordners LIBRARY zunächst eine ergänzende ist, ist er für den Betrieb von OS X 10.8 zwingend notwendig.

Die allgemeine Library | Der Inhalt des Ordners LIBRARY kann auf verschiedenen Systemen unterschiedlich aussehen. Entwickler sind angewiesen, Erweiterungen des Systems – die zum Beispiel über einen LaunchDaemon einen Dienst starten, der nicht zum ursprünglichen System gehört – in diesem Ordner zu installieren. Insofern enthält LIBRARY einige Unterordner, die auch unter SYSTEM zu finden sind. In der Library können Entwickler eigene Erweiterungen, zum Beispiel für Quick Look oder Spotlight, installieren.

Library sichtbar machen
Unter OS X 10.8 hat Apple die persönliche Library der Benutzerkonten im Finder unsichtbar gemacht. Sie können sie am Terminal mit der Eingabe `chflags nohidden ~/Library` sichtbar machen.

Benutzerspezifische Library | Auch diese Bibliotheken haben einen spezifischen Aufbau, der sich jedoch, im Gegensatz zu SYSTEM, je nach der Konfiguration Ihres Rechners und den installierten Programmen ändern kann.

Der Zweck der Trennung zwischen einer allgemeinen und einer persönlichen Library besteht darin, dass es auf diese Weise möglich wird, Erweiterungen für alle Benutzer zu installieren. Legen Sie die Erweiterung unter LIBRARY ab, steht sie allen Benutzern des Systems zur Verfügung; installieren Sie sie in der Library im persönlichen Ordner des Benutzers, steht die Erweiterung nur diesem Benutzer zur Verfügung.

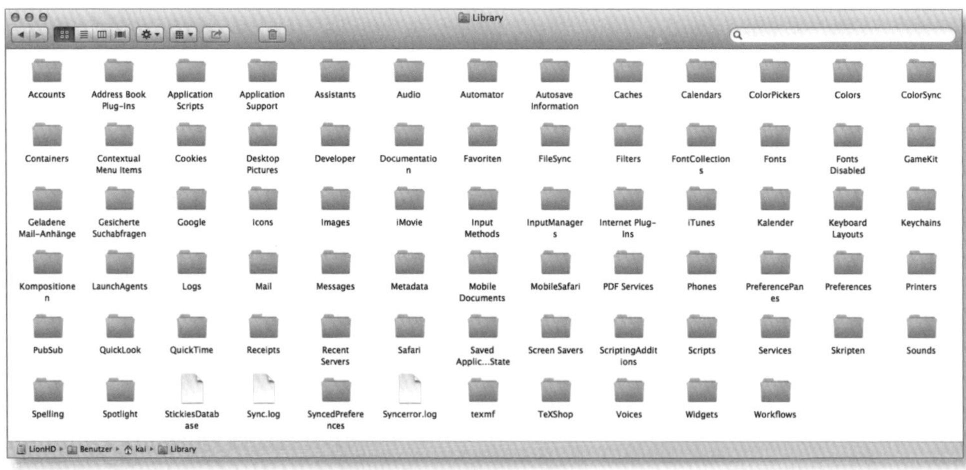

▲ **Abbildung C.10**
Der Inhalt der persönlichen Library (zu finden im Ordner des jeweiligen Benutzers) variiert je nach installierten Programmen und Änderungen durch den Benutzer.

Das Gleiche gilt zum Beispiel auch für die Voreinstellungen im Ordner PREFERENCES. Mit der benutzerbezogenen Trennung kann jeder Benutzer individuelle Einstellungen in einem Programm vornehmen, die nur für ihn gelten.

Die folgende Auflistung der Ordner bezieht sich auf die allgemeine Bibliothek, die Sie im Ordner /LIBRARY finden. Die Bibliotheken, die in den persönlichen Ordnern der einzelnen Benutzer abgelegt werden, unterscheiden sich in der Regel nur geringfügig von der allgemeinen Library.

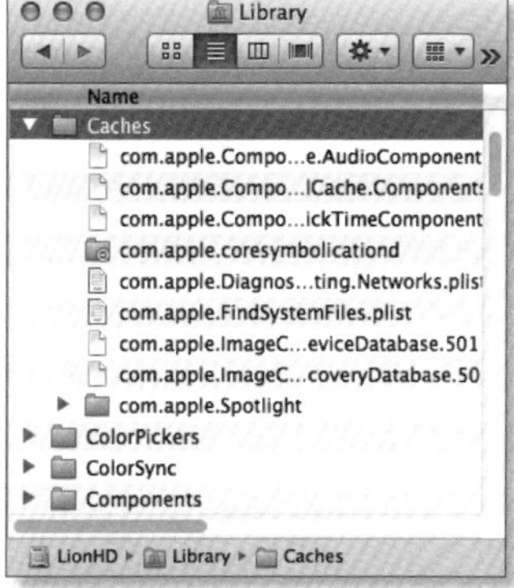

▲ **Abbildung C.11**
Über die Zwischenspeicher im Ordner CACHES wird die Arbeit einiger Programme beschleunigt.

Unterordner	Inhalt
APPLICATION SUPPORT	Bibliotheken, Module, Schriften und auch Datenbanken, die nur für ein bestimmtes Programm gelten sollen, werden bevorzugt in diesem Ordner abgelegt. Insbesondere Adobe macht für seine Programme sehr umfangreichen Gebrauch von diesem Ordner.
AUDIO	Haben Sie GarageBand installiert, dann finden Sie hier eine Reihe von Loops und Effekten, die Ihnen auch in den anderen iLife-Programmen zur Verfügung stehen. Daneben sind in diesem Ordner einige Dateien abgelegt, die die MIDI-Unterstützung ergänzen.
CACHES	Die hier zu findenden Zwischenspeicher dienen zur Beschleunigung der Arbeit des Systems.
COLORSYNC	Hier finden sich Farbprofile, die Sie über das ColorSync-Dienstprogramm zuweisen können.
COMPONENTS	Dieser Ordner hat die gleiche Funktion wie unter SYSTEM, bloß für die Komponenten von Fremdherstellern.
DESKTOP PICTURES	Eine Sammlung von Schreibtischhintergründen, die Sie über die Systemeinstellungen verwenden können.
DICTIONARIES	Die Wörterbücher für die Rechtschreibprüfung des Systems sind hier abgelegt.
DOCUMENTATION	Diese Dateien bilden die Grundlage des Hilfe-Systems, das Sie über den Menüpunkt HILFE aufrufen.
FILESYSTEMS	Die Unterstützung von weiteren Dateisystemen, etwa mit der Erweiterung OSXFUSE (siehe Abschnitt 9.7), kann in diesem Ordner installiert werden.

◂ **Tabelle C.2**
Inhalt des Ordners /LIBRARY

Tabelle C.2 ▸
Inhalt des Ordners /LIBRARY (Forts.)

Unterordner	Inhalt
FONTS	Enthält weitere Zeichensätze, die nicht zwingend für den Betrieb des Systems benötigt werden.
FRAMEWORKS	Programmbibliotheken, die von Entwicklern für ihre Programme benötigt werden, können in diesem Ordner installiert werden.
GRAPHICS	Ergänzungen und Erweiterungen des Quartz Composers, die nicht zum Lieferumfang des Systems gehören.
IMAGE CAPTURE	Zusätzliche Treiber für das Programm Digitale Bilder können in diesem Ordner installiert werden. Im Unterordner AUTOMATIC TASKS können automatische Prozesse für die direkte Weiterverarbeitung von importierten Bildern installiert werden.
INPUT METHODS	Weitere Unterstützungen für Sprachen und Eingabemethoden können hier installiert werden.
INTERNET PLUG-INS	Erweiterungen für Internet Browser wie Safari und Camino können an dieser Stelle installiert werden. Dazu gehört zum Beispiel das QuickTime-Plug-in zur Darstellung von Filmen und Multimedia-Dateien im Browser.
ITUNES	Grafische Effekte und andere Erweiterungen für iTunes, die allen Benutzern zugänglich sein sollen, werden hier abgelegt.
JAVA	Dieser Ordner beherbergt Erweiterungen, Bibliotheken und Klassen für die Programmiersprache Java.
KEYBOARD LAYOUTS	Tastaturbelegungen, die nicht zum Standardumfang von OS X gehören, werden hier installiert.
KEYCHAINS	Der Schlüsselbund *System.keychain* enthält die Passwörter, die für alle Benutzer des Systems etwa zur Anmeldung in einem drahtlosen Netzwerk zugänglich sind.
KOMPOSITIONEN	Animationen und Effekte, die Sie selbst mit dem Quartz Composer erstellt haben, können in diesem Ordner abgelegt werden.
LAUNCHAGENTS	LaunchAgents, die nicht von Apple stammen und bei allen Benutzern ausgeführt werden sollen, können hier gespeichert werden.

▲ Abbildung C.12
Erweiterungen für Browser wie Safari werden im Ordner INTERNET PLUG-INS installiert.

Unterordner	Inhalt
LaunchDaemons	Zum Start von Dämonen und Systemdiensten, die nicht von Apple stammen, können die Property-Listen in diesem Ordner verwendet werden.
Logs	Dieser Ordner enthält eine Reihe von Protokollen, die insbesondere bei der Fehlersuche unverzichtbar sind.
Modem Scripts	Hier finden sich Treiber für Modems von Fremdherstellern.
PDF Services	Die in diesem Ordner abgelegten Automator-Arbeitsabläufe und AppleScript-Programme ergänzen das Druckmenü.
Perl	Enthält ein paar Erweiterungen für die Programmiersprache Perl.
PreferencePanes	Zusätzliche Ansichten für die Systemeinstellungen, etwa zur Konfiguration von angeschlossenen Geräten, oder Erweiterungen des Systems wie Flip4Mac können hier installiert werden.
Preferences	Voreinstellungen, die das gesamte Betriebssystem betreffen, werden hier gespeichert. Dazu gehören unter anderem die Freigabe von Ordnern im Netzwerk sowie die Konfiguration von Netzwerkschnittstellen und von Verzeichnisdiensten.
Printers	Treiber für Drucker von Fremdherstellern werden hier installiert.
Python	Enthält Erweiterungen und Bibliotheken der Programmiersprache Python.
QuickLook	Enthält Erweiterungen für Quick Look, die nicht zum Standardumfang gehören und allen Benutzern zugänglich sein sollen.
QuickTime	Erweiterungen für QuickTime in Form von Codecs oder anderen Komponenten können hier installiert werden.
Receipts	Der Ordner enthält unter anderem die Datei *InstallHistory.plist*, in der die Installationen aufgelistet werden.
Ruby	Hier sind Erweiterungen für die Programmiersprache Ruby gespeichert.
Screen Savers	Enthält weitere Bildschirmschoner, die nicht zur Standardinstallation von OS X gehören.

◂ **Tabelle C.2**
Inhalt des Ordners /Library (Forts.)

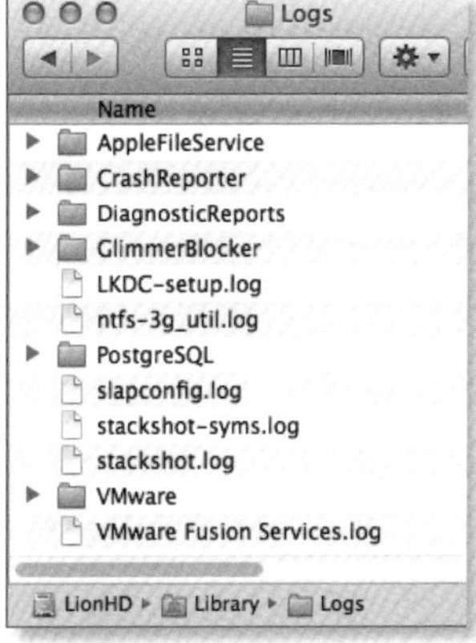

▴ **Abbildung C.14**
Voreinstellungen, die das ganze Betriebssystem betreffen, werden im Ordner Preferences gespeichert.

▲ **Abbildung C.13**
Die im Ordner Logs gespeicherten Protokolle sind für die Fehlersuche hilfreich.

Tabelle C.2 ▸
Inhalt des Ordners /Library (Forts.)

Unterordner	Inhalt
Scripts	Beispielhafte und vorgefertigte Skripten in AppleScript, auf die Sie unter anderem über die Menüleiste (siehe Abschnitt 26.2) zugreifen können.
Security	Kann Erweiterungen der Sicherheitsarchitektur von OS X enthalten.
Spotlight	Importer für Spotlight, die nicht zum Standardumfang des Systems gehören, werden hier installiert.
StartupItems	Shell-Skripten, die über das eigentlich nicht mehr zu verwendende Programm `SystemStarter` beim Start des Systems ausgeführt werden, können in diesem Ordner installiert werden.
Updates	Wenn Sie Aktualisierungen des Betriebssystems im Hintergrund herunterladen lassen, werden die Installationspakete in diesem Ordner zwischengespeichert.
User Pictures	Eine Kollektion von Bildern, mit denen Sie ein Benutzerkonto schmücken können.
WebServer	Die in diesem Verzeichnis enthaltenen Dateien werden vom Apache-Webserver in seiner Standardkonfiguration ausgeliefert, wenn Sie den URL des Rechners (*http://imac.local*) eingeben und nicht mit einem Benutzernamen erweitern.
Widgets	Die Widgets für das Dashboard, die allen Benutzern zur Verfügung stehen, werden in diesem Verzeichnis installiert.

Der UNIX-Unterbau

Die Darstellung des Systems im Finder ist keinesfalls vollständig. In der obersten Ebene Ihrer Systempartition befinden sich weitere Verzeichnisse, die Ihnen der Finder in seinen Standardeinstellungen nicht anzeigt. Diese entfalten sich, wenn Sie sich am Terminal mit `ls /` (siehe Abbildung C.15) die oberste Ebene Ihres Dateisystems anzeigen lassen:

- Die Verzeichnisse /bin und /sbin enthalten die elementarsten Befehle des UNIX-Unterbaus wie zum Beispiel `ls` oder `cp`.
- Im Verzeichnis /usr befinden sich die meisten Befehle, Bibliotheken und Systemdienste des UNIX-Unterbaus.
- Temporäre Dateien und auch der virtuelle Speicher werden im Verzeichnis /tmp angelegt.

- Unter /ETC finden sich die Einstellungsdateien für einige auf den UNIX-Unterbau bezogene Systemdienste.
- Im Verzeichnis /VAR werden einige Protokolle, aber auch temporäre Dateien laufender Systemdienste gespeichert.
- Die Verzeichnisse /HOME und /NET werden vom Dienst `autofs` verwendet.
- Unter /VOLUMES werden Dateisysteme (siehe Abschnitt 9.1) eingebunden.

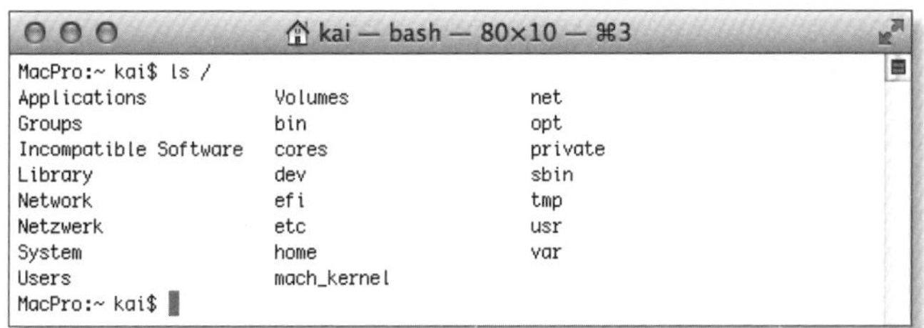

◂ **Abbildung C.15**
Der UNIX-Unterbau kann am Terminal angezeigt werden.

Der persönliche Ordner

Die meisten Programme, die Apple mit OS X 10.8 liefert, machen sich die vorgegebene Ordnerstruktur zunutze. Sie sollten, wenn Sie Programme wie iTunes, iPhoto oder iMovie einsetzen, die entsprechenden Ordner wie MUSIK, BILDER oder FILME an ihrem Platz lassen. Der Ordner LIBRARY ist standardmäßig unsichtbar.

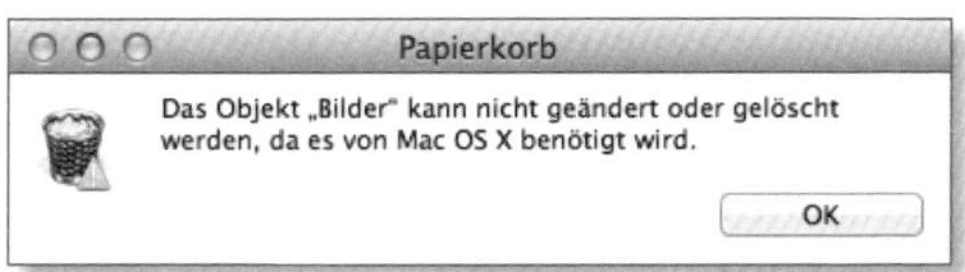

◂ **Abbildung C.16**
Der Finder verweigert das Verschieben oder Löschen eines der bis zu acht Ordner.

Wenn Sie Dateien auf der gleichen Festplatte oder Partition speichern möchten, die auch Ihr System enthält, sollten Sie dies bevorzugt innerhalb Ihres persönlichen Ordners unter /USERS tun und nicht an einer beliebigen Stelle auf der Festplatte. Zentralisieren Sie Ihre Dateien in diesem Ordner, ist ein Backup leichter möglich.

◂ **Abbildung C.17**
Der Aufbau des persönlichen Ordners folgt einer von Apple vorgegebenen Struktur.

Anhang D
Systemprozesse im Überblick

OS X 10.8 besteht aus einer ganzen Reihe von Systemdiensten, die im Hintergrund ihre Arbeit verrichten. Dieser Abschnitt gibt Ihnen einen Überblick über die Prozesse, die üblicherweise auf einem System aktiv sind.

Beachten Sie, dass nicht alle Prozesse jederzeit aktiv sind. Haben Sie zum Beispiel in den Systemeinstellungen die Bildschirmfreigabe deaktiviert, werden Sie keinen Prozess mit dem Namen `screensharingd` finden.

Tipp
Wenn Ihnen ein Prozess begegnen sollte, von dem Sie nicht wissen, welche Aufgabe er erfüllt, dann können Sie sich am Terminal mit `ps auxww` (siehe Abschnitt 12.3) den absoluten Pfad zur ausführbaren Datei anzeigen lassen. In vielen Fällen vermittelt dieser einen Eindruck, indem zum Beispiel im Verzeichnisnamen ein Hersteller auftaucht.

▼ **Tabelle D.1**
Gängige Systemprozesse

Prozess	Aufgabe
`activitymonitord`	Unterstützt das Dienstprogramm Aktivitätsanzeige durch die Vermittlung einiger Daten.
`Airport Base Station Agent`	Dient zur Überwachung von und Kommunikation mit einer AirPort-Basisstation.
`appleeventsd`	Sorgt für die Kommunikation und Verteilung von Apple-Events, die unter anderem mit AppleScript verwendet werden.
`AppleFileServer`	Stellt die Funktionen der Dateifreigabe über AFP (siehe Abschnitt 11.2) bereit.

Prozess	Aufgabe
AppleMobileDeviceHelper	Unterstützt bei der Kommunikation mit einem iPod, iPad oder iPhone.
appleprofilepolicyd	Bestandteil der Sandbox-Funktionalität.
AppleSpell.service	Gehört zur Rechtschreibkorrektur von OS X.
apsd	Beim Empfang von Push-Nachrichten kommt dieser Dämon zum Einsatz.
autofsd	Dient zum automatischen Einbinden von Freigaben im Netzwerk.
ACVAssistent	Hat die Aufgabe, bei der Wiedergabe von Multimedia-Dateien zu assistieren.
awacsd	Unterstützt den Dienst ZUGANG ZU MEINEM MAC der iCloud.
backgroundinstruments	Ist möglicherweise aktiv, wenn Sie Xcode nutzen, und dient zur Performance-Analyse laufender Applikationen.
blued	Der Dämon hat die Aufgabe, über Bluetooth angeschlossene Geräte zu verwalten.
bootpd	Wird bei der Internetfreigabe verwendet, um IP-Adressen zuzuweisen.
CalendarAgent	Hilft bei der Synchronisation von Kalendern im Netzwerk.
cfprefsd	Ist zuständig für die Vermittlung von Voreinstellungen, die in Property-Listen gespeichert werden.
check_afp	Überprüft die Funktionsfähigkeit von Verbindungen zu AFP-Servern.
com.apple.dock.extra	Ein Bestandteil des Docks.
com.apple.iCloudHelper	Übernimmt verschiedene Aufgaben, wenn die iCloud genutzt wird.
configd	Der Dämon verwaltet eine Reihe von Systemeinstellungen, unter anderem für das Netzwerk.
cookied	Die Cookies, die beim Besuch einer Webseite gespeichert werden, verwaltet dieser Dämon.
coreaudiod	Stellt den Grundstein der Tonausgabe von OS X 10.8 dar.
coreservicesd	Ermöglicht die Aktivierung und Ansprache grundlegender Systembestandteile wie coreaudiod.
cupsd	Der Kernbestandteil des Drucksystems von OS X.
CVMServer	Wird in Verbindung mit der OpenGL-Bibliothek zusammen mit CVMClient zur Darstellung genutzt.
Dashboard	In diesen Prozessen laufen die einzelnen Widgets des Dashboards ab.
diskarbitrationd	Der Dämon kümmert sich um die automatische Aktivierung der Volumes auf angeschlossenen Festplatten und Wechselmedien.
distnoted	Der Dämon hat die Aufgabe, Nachrichten an Prozesse zu verschicken.

▲ **Tabelle D.1**
Gängige Systemprozesse (Forts.)

Prozess	Aufgabe
Dock	So heißt der Prozess des Docks von OS X 10.8.
dynamic_pager	Der Dämon übernimmt die Auslagerung von Teilen des Arbeitsspeichers in Swap-Dateien.
filecoordinationd	Der Dämon verhindert, dass zwei Programme gleichzeitig eine Datei bearbeiten.
fontd	Ein integraler Bestandteil des Schriftsystems.
fseventsd	Der Dämon führt im Hintergrund Buch über Änderungen im Dateisystem. Auf seine Daten greifen unter anderem Time Machine und Spotlight zurück.
hidd	Stellt den Zugriff auf einige angeschlossene Geräte zur Verfügung.
httpd	Dies ist der Apache-Webserver.
imagent	Wird bei der Initiierung von Chats und anderen Konversationen genutzt.
InternetSharing	Der Prozess übernimmt die Verwaltung von bootpd und named, die beide beim Internet Sharing benötigt werden.
kdc	Ist Bestandteil des Kerberos-Systems (siehe Abschnitt 17.1).
kernel_task	Der für den Anwender sichtbare Teil des Kernels.
KernelEventAgent	Der Dämon ermöglicht den Zugriff auf einige Informationen des Kernels in Bezug auf den freien Speicherplatz von Datenträgern sowie eingebundene Freigaben im Netzwerk.
kextd	Der Dämon ist für die Aktivierung und Deaktivierung von Kernel Extensions verantwortlich.
launchd	Mit der PID 1 ist dieser Prozess die zentrale Steuerungsinstanz der Dämonen; mit einer anderen PID und dem Benutzerkonto eines Anwenders zugeordnet, übernimmt er die Steuerung von Dämonen, die der Anwender über launchd gestartet hat.
launchadd	Dieser Dämon kommt beim Hinzufügen eines LaunchDaemon oder eines LaunchAgent zum Einsatz.
librariand	Ein weiterer Dämon, der zur Kommunikation mit der iCloud dient.
loginwindow	Das Anmeldefenster, das auch nach der Anmeldung eines Benutzers im Hintergrund aktiv bleibt.
lsboxd	Wird in Verbindung mit der Sandbox und den Launch Services eingesetzt.
mDNSResponder	Der Dämon stellt die Grundlage von Bonjour im Netzwerk dar.
mds	Diesem Dämon obliegen die Verwaltung der Spotlight-Datenbanken und die Auswertung von Suchanfragen.
mdworker	Der Dämon übernimmt die Indizierung der Dateien für Spotlight.

▲ **Tabelle D.1**
Gängige Systemprozesse (Forts.)

Prozess	Aufgabe
named	Wenn das Internet Sharing aktiviert wurde, ist dieser Dämon zuständig für die Auflösung von Domainnamen in IP-Adressen.
nfsd	Der Dämon stellt die Grundlage des Network File Systems (NFS) dar.
netbiosd	Bei der Einbindung in Windows-Netzwerke mittels Samba wandelt dieser Dämon einen Rechnernamen in eine IP-Adresse um.
NetworkBrowserAgent	Wird gegebenenfalls bei AirDrop eingesetzt, um einen Rechner zu finden oder eine Verbindung herzustellen.
networkd	Kommt bei der Verbindung zu einem VPN zum Einsatz.
notifyd	Der Dämon übernimmt die Aufgabe, verschiedene Nachrichten an Prozesse zu versenden.
ntpd	Ist zuständig für die Synchronisation der Uhrzeit mit den Servern von Apple.
ocspd	Der Dämon hat die Aufgabe, Zertifikate im Hintergrund zu prüfen.
ODSAgent	Das Programm ermöglicht die DVD- oder CD-Freigabe für ein MacBook Air.
opendirectoryd	Dieser Dämon ist von zentraler Bedeutung für die Benutzerverwaltung von OS X.
pboard	Dahinter verbirgt sich die Zwischenablage.
pbs	Übernimmt verschiedene Aufgaben in Verbindung mit den Diensten von OS X.
PhotoStreamAgent	Nutzen Sie den Fotostream der iCloud, dann kommt dieser Dämon ins Spiel.
portmap	Ist ein Bestandteil des Network File Systems.
powerd	Dient unter anderem zur Verwaltung des Ruhezustands.
printtool	Ein Bestandteil des Drucksystems.
racoon	Dieser Waschbär ist für die Aufrechterhaltung einer Verbindung zu einem VPN zuständig.
revisiond	Mit diesem Dämon wird die Versionierung der Dateien realisiert.
rpc.lockd, rpc.quotad, rpc.statd	Die Dämonen übernehmen verschiedene Aufgaben für das Network File System.
screensharingd	In Verbindung mit dem ScreensharingAgent sorgt dieser Dämon für die Bildschirmfreigabe unter OS X.
securityd	Der Dämon erledigt verschiedene sicherheitsrelevante Aufgaben. Darunter fällt neben der Autorisierung von Benutzern auch der Zugang zum Schlüsselbund.

▲ **Tabelle D.1**
Gängige Systemprozesse (Forts.)

Prozess	Aufgabe
SleepServicesD	Übernimmt während des Ruhezustands den Empfang von einigen Push-Nachrichten.
socketfilterfw	Ist ein Bestandteil der Firewall von Mac OS X.
stackshot	Übernimmt verschiedene Aufgaben in Verbindung mit dem Kernel und seinen Erweiterungen.
syslogd	Der Dämon übernimmt die Erstellung der unterschiedlichen Protokolle.
syspolicyd	Unterstützt den Dämon securityd.
SystemUIServer	Die Extras in der Menüzeile oben rechts werden mit diesem Prozess ermöglicht.
talagent	Kommt beim Beenden und Starten von Applikationen ins Spiel.
taskgated	Übernimmt verschiedene Hilfstätigkeiten für den Kernel.
ubd	Seine Aufgabe besteht in der Unterstützung der mobilen Dokumente in der iCloud.
universalaccessd	In Verbindung mit den Bedienungshilfen von OS X kommt diesem Dämon eine Aufgabe zu.
usbmuxd	Dient zur Ansprache einiger Geräte über USB.
UserEventAgent	Das Programm ist dafür zuständig, verschiedene Erweiterungen unter anderem für die Kalender-Benachrichtigungen zu aktivieren.
usernoted	Unterstützt die Mitteilungszentrale von OS X 10.8.
Verteiler für Ordneraktionen	Haben Sie die Ordneraktionen im Finder (siehe Abschnitt 26.9) aktiviert, dann wacht dieses Programm über die Ereignisse im Dateisystem.
VTDecoderXPCService	Dient zum Decodieren einiger Videoformate.
warmd	Dient zur Verwaltung der Zwischenspeicher.
WindowServer	Das Programm übernimmt einen Großteil der Fensterverwaltung.
writeconfig	Kommt bei einigen Systemeinstellungen ins Spiel.
xpcd	Bestandteil der Sandbox-Funktionalität von OS X 10.8.

▲ **Tabelle D.1**
Gängige Systemprozesse (Forts.)

Glossar

Access Control List
Mit Access Control Lists (ACLs) können die Zugriffsrechte unter OS X 10.8 akkurat eingestellt werden.

ADSL
Beim asymmetrischem DSL (siehe DSL) ist der Empfang der Daten schneller als der Versand. Die Datenübertragung ist asynchron. Diese Übertragungstechnik wird bei den gängigen DSL-Anschlüssen in Deutschland verwendet.

AirPort
Wird von Apple neben WLAN als Sammelbegriff für die drahtlose Kommunikation über verschiedene 802-Standards verwendet.

Apple-Event
Ein Ereignis innerhalb des Betriebssystems, das zwischen verschiedenen Programmen und AppleScripts kommuniziert werden kann. Dazu gehört zum Beispiel die Anweisung, in einem Fenster eine Webseite zu öffnen.

API
Mit einem Application Programming Interface werden die Standards und Vorgaben bezeichnet, mit denen sich Programme zum Beispiel die Fähigkeiten von OS X 10.8 zunutze machen können.

Apple Filing Protocol (AFP)
Dieses Protokoll regelt den Austausch von Daten zwischen Rechnern, die OS X verwenden.

Applet
Ein kleines Programm, das in der Programmiersprache Java entwickelt wurde. Es ist möglich, Applets in Webseiten einzubetten, sodass sie innerhalb von Safari ablaufen.

AppleTalk
Ein seit Mac OS X 10.6 nicht mehr unterstütztes Netzwerkprotokoll, das in erster Linie dazu diente, Rechner mit Mac OS 9 und abwärts möglichst einfach vernetzen zu können.

Aqua
Mit »Aqua« wurde fast die gesamte grafische Benutzeroberfläche von Mac OS X bezeichnet. Die aktuelle Optik hat mit der ursprünglichen nicht mehr viel gemeinsam.

ASCII
Mit dem American Standard Code of Information Interchange (ASCII) wurde ein Standard geschaffen, um Texte in einer Datei speichern zu können. Er umfasst 256 Zeichen, orientiert sich an der englischen Sprache und enthält daher keine deutschen Umlaute.

Berkeley Software Distribution (BSD)
Die frei verfügbare UNIX-Version der Universität Berkeley bildet die Grundlage und den Ausgangspunkt des FreeBSD-Projekts. FreeBSD stellt eine Basis für den Darwin-Kernel von OS X 10.8 dar.

Bonjour
Ein Protokoll, mit dem sich Rechner im Netzwerk selbstständig finden können und über das Dienste wie z. B. ein Webserver automatisch kommuniziert werden können. Das Protokoll ist auch unter den Namen *Zeroconf* oder *Rendezvous* bekannt.

Brushed Metal
Die an gebürstetes Metall erinnernde Darstellung wurde unter Mac OS X bis Version 10.4 für Programme wie den Finder verwendet.

Bundle
Um ausführbare Programme, Lokalisierungen und Ressourcen von Programmen zusammenfassen zu können, werden Bundles genutzt. Es handelt sich dabei um Verzeichnisse, die aber im Finder als eine einzige Datei dargestellt werden. Sie können über das Kontextmenü geöffnet werden.

Carbon
Die Carbon-Bibliothek konnte von Programmierern als Brücke verwendet werden, um Programme sowohl für Mac OS 9 als auch für Mac OS X zu entwickeln. Sie ist nach wie vor vorhanden, gilt aber als veraltet.

CMYK
Die Farben Cyan, Magenta und Gelb (Yellow) werden gemischt. Über den Wert K (Key) wird der Schwarzanteil vorgegeben. Zum vierfarbigen Druck von Dokumenten wird dieses Farbmodell angewendet.

Cocoa
Die native Programmier-Bibliothek Cocoa stellt Entwicklern einen Großteil der in OS X 10.8 für Programme verfügbaren Funktionen bereit.

Codec
Dieses Akronym aus den englischen Wörtern »coder« und »decoder« bezeichnet eine Software, mit der zum Beispiel Filme oder Töne in ein digitales Format konvertiert werden können. QuickTime kann durch solche Codecs weitere Dateiformate unterstützen.

ColorSync
Apples Implementation des Farbmanagements, das auf den Standards des International Color Consortiums (ICC) basiert. Die ICC-Farbprofile sorgen für eine standardisierte Darstellung und Wiedergabe von Farben auf verschiedenen Plattformen und Programmen.

Compiler
Ein Programm, das einen Quelltext in ein ausführbares Programm übersetzt. Apple stellt für OS X 10.8 unter anderem den GNU C Compiler (gcc) sowie clang zur Verfügung.

CSS
Cascading Style Sheets (CSS) werden zur Gestaltung und Formatierung von Webseiten genutzt. Die Widgets auf dem Dashboard erhalten durch CSS-Dateien ihr Aussehen.

CUPS
Das Common Unix Printing System stellt seit Mac OS X 10.2 die Grundlage des Drucksystems dar. Es kann auch über einen Browser konfiguriert werden.

Dämon
Ein Programm, das unsichtbar im Hintergrund seinen Dienst verrichtet und in der Regel Systemdienste oder Server-Funktionen zur Verfügung stellt, wird Dämon (engl. »daemon«) genannt.

Darwin
Der UNIX-Kern von OS X 10.8 trägt den Namen Darwin. Er beruht zum Teil auf den Entwicklungen des FreeBSD-Projekts, eines freien UNIX-Derivats.

Derivat
Mit Derivat wird eine UNIX-Version bezeichnet, die sich an die Systemstandards hält und die wesentlichen UNIX-Komponenten enthält. Neben OS X 10.8 gibt es Linux, BSD, OpenBSD und einige kommerzielle Varianten großer Hersteller.

DHCP
Das Dynamic Host Configuration Protocol (DHCP) ermöglicht die dynamische Vergabe von IP-Nummern aus einem vorgegebenen Pool. Es läuft in der Regel auf einem Router oder Server, auf dem das Netzwerk administriert wird.

Disk Image
Ordner und sogar ganze Partitionen lassen sich in einem Disk Image oder einer Image-Datei zusammenfassen. Die Datei enthält eine exakte Abbildung inklusive aller Zugriffsrechte und Resource Forks und kann einzeln weitergegeben oder gesichert werden.

DNS
Ein Dynamic Name Server (DNS) ist für die Auflösung von Domain-Adressen in eine passende IP-Adresse zuständig.

Droplet
Wird ein AppleScript als Droplet gespeichert, dann können Dateien auf sein grafisches Icon in Aqua gezogen und so mit dem Skript bearbeitet werden.

DSL
Bei der Digital Subscriber Line (DSL) wird über eine gängige Kupferleitung eine sehr schnelle Datenübertragung realisiert. DSL hat sich in Deutschland als Breitband-Internetzugang etabliert. Im privaten Bereich wird in der Regel ein ADSL-Anschluss verwendet.

DTD
Eine Doctype Declaration gibt zu Beginn eines XML-Dokuments dessen Struktur und mögliche Inhalte vor. Für die Property-Listen verwendet Apple eine eigene DTD.

Ethernet
Ethernet heißt der mittlerweile allgemeingültige Standard für die Vernetzung von Computern über ein Kabel. Fast alle Hersteller unterstützen ihn und ermöglichen so eine problemlose Vernetzung von Rechnern aller Art.

FAT
Die File Allocation Table ist ein verbreitetes Dateisystem im Windows-Bereich. Es wird von Apple im Festplattendienstprogramm als MS-DOS-Dateisystem bezeichnet.

FTP

Das File Transfer Protocol dient zum Übertragen von Dateien zwischen Rechnern. Der Transfer erfolgt dabei unverschlüsselt. FTP ist eines der ersten Protokolle in der langen Geschichte des Internets und kann mittlerweile als überholt betrachtet werden.

FileVault

Der Mechanismus, mit dem unter OS X 10.8 eine Partition mit einer starken Verschlüsselung versehen wird.

Firewall

Eine Firewall dient zum Schutz des Rechners oder lokalen Netzwerks vor unbefugten Zugriffen von außen, etwa über das Internet.

FireWire

Eine Alternative zum Universal Serial Bus (USB), die von Apple entwickelt wurde. Die Übertragungsraten von FireWire sind vergleichsweise hoch, sodass FireWire insbesondere bei digitalen Kameras für eine schnelle Übertragung der Videosequenzen in den Rechner sorgt.

Framework

Ein Framework fasst die Funktionen des Betriebssystems für einen Anwendungsbereich, z. B. Audio in CoreAudio, zusammen.

Gateway

Als Gateway wird in der Regel der Rechner oder Router bezeichnet, der die Datenpakete von einem Netz (z. B. dem LAN) in ein anderes Netz (z. B. Internet) weiterleitet.

GIF

Das Graphic Interchange Format (GIF) ist im World Wide Web ein verbreitetes Grafikformat. Es ermöglicht Transparenz und Animationen.

GNU

Dabei handelt es sich um ein rekursives Akronym, das für »**G**NU's **n**ot **U**NIX« steht. Innerhalb der Open-Source-Bewegung ist die GNU General Public License die radikalste Lizenz, die die Entwickler verpflichtet, ihren Quellcode vollständig offenzulegen.

GUI

Bei GUI handelt es sich um eine Abkürzung für »Graphical User Interface«. Es steht für die grafische Benutzeroberfläche wie etwa Aqua in OS X 10.8 oder Windows von Microsoft. Das Gegenteil davon ist die Kommandozeile, wie sie im Terminal von OS X 10.8 zu finden ist.

HFS

Das Hierarchical File System (HFS) ist Apples bevorzugte Methode, Dateien innerhalb einer Partition oder auf einem Datenträger zu verwalten. Dies geschieht in hierarchischer Weise mit über- und untergeordneten Ordnern.

HTML

Die Hypertext Markup Language (HTML) sorgt für die Formatierung und Gliederung einer Webseite. HTML ist eine von mehreren Grundlagen der Widgets auf dem Dashboard.

Human Interface Guidelines

Der von Apple entwickelte Styleguide für das Look & Feel von Programmen unter dem Mac-Betriebssystem. Alle Programme für OS X 10.8 sollen diesen Spezifikationen entsprechen, die festlegen, wo und wie sich zum Beispiel ein Fenster öffnet und wie es geschlossen werden kann.

Hypertext Transfer Protocol (HTTP)

Dieses auf das Internet Protocol (IP) aufsetzende Protokoll dient in erster Linie zur Übertragung von Dateien im World Wide Web. Mittlerweile gibt es weitere Protokolle wie IPP oder WebDAV, die auf HTTP aufsetzen.

IMAP

Das Internet Message Access Protocol erlaubt im Gegensatz zu POP die Sortierung der Nachrichten in verschiedene Ordner. Das Programm Apple Mail bietet eine Unterstützung für IMAP.

Internet Printing Protocol (IPP)

Ein wesentlich von CUPS geprägtes Protokoll für die Freigabe und Ansprache von Druckern im Netzwerk. Es orientiert sich sehr eng am Hypertext Transfer Protocol.

IP-Forwarding

Mit dem sogenannten IP-Forwarding werden Datenpakete aus dem Internet an die entsprechenden Rechner im lokalen Netzwerk weitergeleitet. Dieses Verfahren wird in der Regel in Kombination mit einem Router oder einer Firewall eingesetzt.

IPSec

Mit dieser Methode werden Datenpakete verschlüsselt verschickt. Auf diese Weise ist es möglich, ein virtuelles privates Netzwerk (siehe VPN) einzurichten.

ISO 9660

Dieses Dateisystem hat sich als Standard für Daten-CDs und -DVDs etabliert und kann von den meisten modernen Betriebssystemen gelesen werden.

Kerberos
Eine Möglichkeit der Authentifizierung, bei der ein Ticket vergeben wird, das für die Dauer seiner Gültigkeit die Eingabe eines Passworts unnötig macht.

Kernel
Der Kernel ist das zentrale Programm, das bei OS X 10.8 die Zuteilung von Arbeitsspeicher und Rechenzeit an die laufenden Applikationen überwacht und kontrolliert. Er ist der Kern des Betriebssystems im Innersten von OS X 10.8.

LAN
Mit einem Local Area Network (LAN) wird die lokale Netzwerkumgebung bezeichnet, in der sich ein Rechner befindet. Das Netzwerk kann zwar, muss aber nicht mit dem Internet verbunden sein.

Launch Services
Dieser Dienst kontrolliert in OS X 10.8, welches Programm für welche Dateien zuständig ist, und öffnet bei einem Doppelklick die passende Applikation.

LDAP
Das Lightweight Directory Access Protocol stellt die Grundlage für einen Verzeichnisdienst dar, mit dessen Hilfe etwa Benutzerdaten, Drucker und weitere Informationen innerhalb einer Arbeitsgruppe zentral in einem Netzwerk gespeichert und abgerufen werden können.

LPD
Als Line Printer Daemon (LPD) wird mittlerweile ein Protokoll für den Versand von Druckaufträgen über das Netzwerk bezeichnet.

MAC
In jede Ethernet-Karte ist eine weltweit einmalige MAC-Adresse eingebaut, die die Karte innerhalb eines Netzwerks oder im Internet eindeutig identifiziert.

man-page
Die Dokumentation des OS X 10.8 zugrunde liegenden Kernels, Darwin, und weiterer Zusatzprogramme an der Shell wird in Form von man(ual)-pages installiert. Für jeden UNIX-Befehl gibt es eine solche Hilfeseite, die Sie am Terminal mit `man Befehl` aufrufen.

Metadaten
Einer Datei zugeordnete Daten, die zum Beispiel den Resource Fork, das Etikett im Finder oder Informationen für Spotlight enthalten können. Der Begriff »erweiterte Dateiattribute« (*extended attributes*) ist auch zutreffend.

Mount-Point
Mount-Point wird der Punkt innerhalb einer Verzeichnisstruktur genannt, an dem ein Dateisystem in das Betriebssystem eingebunden wird. Vorgefundene Festplatten und Wechselmedien werden standardmäßig im Verzeichnis /VOLUMES eingebunden.

Multitasking
Multitasking bezeichnet die Fähigkeit eines Betriebssystems, mehrere Programme gleichzeitig auszuführen.

NetBIOS
Das von Microsoft spezifizierte Network Basic Input/Output System (NetBIOS) ist ein Protokoll, das als Grundlage zur Vernetzung von Windows-Rechnern dient.

NFS
Das Network File System (NFS) ist unter UNIX das gängige Protokoll, um Laufwerke über das Netzwerk anderen Rechnern zur Verfügung zu stellen.

NTFS
Das New Technology File System ist das unter Windows XP, Vista, Windows 7 und Windows 8 bevorzugte Dateisystem.

Objective-C
Die von Apple bevorzugte Programmiersprache für die Entwicklung von Programmen mit einer grafischen Oberfläche.

Open Directory
Mit Open Directory wird Apples Umsetzung von LDAP bezeichnet. Es bildet ein zentrales Verzeichnis auf dem OS X 10.8 Server.

Open Scripting Architecture
Diese mit OSA abgekürzte Architektur ermöglicht es Entwicklern, AppleScript um neue Funktionen zu ergänzen, ohne dafür ganze Applikationen erstellen zu müssen.

Partition
Festplatten können in mehrere Bereiche unterteilt werden, die sogenannten Partitionen, die jeweils ein eigenes Dateisystem besitzen und im Finder als Volume auf dem Schreibtisch erscheinen können.

PDF
Das Portable Document Format der Firma Adobe ermöglicht die geräteunabhängige Anzeige und den Ausdruck von Dokumenten. Aufgrund der geringen Größe von PDF-Dateien und der Möglichkeit, sie mit entsprechenden Programmen auf dem Bildschirm anzeigen zu lassen, verdrängt es auch in der Druckvorstufe zunehmend das Format PostScript.

PID
Jedem Programm wird unter OS X 10.8 eine einmalige Nummer, die Prozess-ID (PID), zugeordnet, an-

hand derer der Kernel es identifizieren kann. Die PID wird angezeigt, wenn Sie sich am Terminal eine laufende Anwendung mit ps anzeigen lassen.

PNG
Das Grafikformat Portable Network Graphics bietet neben einer verlustfreien Kompressionsmethode auch die Möglichkeit, Transparenzen innerhalb einer Grafik zu verwenden. Es fungiert als Nachfolger des Grafikformats GIF und wird unter OS X 10.8 an vielen Stellen verwendet.

POP
Das Post Office Protocol (POP) ist eine etwas veraltete, aber nach wie vor verbreitete Methode, E-Mails von einem Mailserver herunterzuladen.

POSIX
Mit POSIX (Portable Operating System Interface) wird ein Quasistandard für UNIX-Systeme definiert, der viele Funktionen des Systems wie etwa die Bezeichnung von Verzeichnissen vereinheitlicht und die Entwicklung von Programmen für verschiedene UNIX-Derivate vereinfacht.

PostScript
Mit diesem Industriestandard können Dokumente unabhängig von der Auflösung und den verwendeten Geräten weitergegeben werden. In der Druckvorstufe hat sich PostScript für die Ansprache von Laserdruckern und Belichtern etabliert, wird aber zunehmend durch den Nachfolger PDF abgelöst.

PowerPC
Mit PowerPC wird eine Prozessorarchitektur bezeichnet, die ursprünglich von IBM, Apple und Motorola entwickelt wurde. Bis zum Wechsel auf die Intel-Chips verwendete Apple PowerPC-Prozessoren wie den G3, G4 und G5 in seinen Rechnern. Auf einem Rechner mit einem Intel-Prozessor wurde bis Mac OS X 10.6 ein PowerPC-Prozessor über Rosetta simuliert.

PPP
Das Point-to-Point Protocol (PPP) ist der Standard zur Übertragung von Datenpaketen über eine serielle Leitung wie z. B. ein Telefonkabel.

PPPoE
Mit dem Point-to-Point Protocol over Ethernet (PPPoE) wird es möglich, Datenpakete mittels PPP über ein Ethernet-Kabel zu verschicken. Dieses Protokoll bildet die Grundlage für ISDN- und DSL-Anschlüsse.

PPPTP
Um ein virtuelles privates Netzwerk (VPN) einzurichten, kann das Point-to-Point Tunneling Protocol (PPPTP) verwendet werden. Die Datenpakete werden dabei verschlüsselt in das VPN über das Internet verschickt, also *getunnelt*. PPPTP ist in Bezug auf die Verschlüsselung nicht ganz so sicher wie IPSec.

Prompt
Die Eingabeaufforderung des Terminals.

Property-Liste
Die Voreinstellungen vieler Programme werden in einer Property-Liste gespeichert. Dabei handelt es sich um eine XML-Datei mit einem von Apple definierten Format.

Proxy
Im Internet dient ein Proxy-Server dazu, z. B. Webseiten zwischenzuspeichern und so die Datenübertragung für den Besucher zu beschleunigen, da keine direkte Verbindung mit dem eigentlichen Webserver aufgenommen werden muss. Ein lokaler Proxy-Server kann eingesetzt werden, um z. B. Werbung zu filtern oder die Verbindung zu anonymisieren.

Quartz
Mit Quartz wird die Bibliothek bezeichnet, die für die Darstellung auf dem Bildschirm und die Erstellung von PDF-Dateien, unter anderem für den Ausdruck, zuständig ist.

Queue
Schickt man mehrere Druckaufträge auf einmal ab, werden diese in eine jedem einzelnen Drucker zugeordnete Warteschlange (engl. »queue«) gestellt und daraus abgearbeitet.

QuickTime
QuickTime dient zur Darstellung und Konvertierung von multimedialen Inhalten – etwa Filmen und Musikdateien.

Quota
Mit einer Quota kann der Speicherplatz, den ein Benutzer auf einem Datenträger belegen darf, begrenzt werden.

RAID
In einem Redundant Array of Independent Disks (RAID) werden mehrere Laufwerke zu einem zusammengefasst. OS X 10.8 bietet von Haus aus die Möglichkeit, ein gespiegeltes oder ein verteiltes RAID mit dem Festplattendienstprogramm zu erzeugen.

Rendezvous
Frühere Bezeichnung von Bonjour.

RFC
In den Requests for Comments werden die offenen Standards des Internets diskutiert und festgelegt.

RGB
Der aus den Farben Rot, Grün und Blau zusammengesetzte Farbraum dient vor allem auf dem Bildschirm zur Anzeige von Farben.

Resource Fork
Die Symbole und weiteren Metainformationen einer Datei werden vom Finder in einer Resource Fork gespeichert, die zwar zu der Datei selbst gehört, nicht aber deren eigentlichen Inhalt enthält.

Rosetta
Rosetta ist ein Programm und eine Technologie, die während der Laufzeit eines Programms die Anweisungen für den PowerPC-Prozessor für den Intel-Prozessor übersetzt. In OS X 10.8 ist Rosetta nicht mehr vorhanden.

RSS
RSS (Really Simple Syndication) bezeichnet ein spezielles XML-Format, das sich besonders zur Synchronisation von Inhalten im Internet eignet.

Samba
Samba ist eine Implementation von SMB (Server Message Block), die aus der Open-Source-Welt stammt und von Apple bis Mac OS X 10.6 eingesetzt wurde.

SDK
Ein Software Development Kit (SDK) hilft Entwicklern, Programme für ein Betriebssystem oder eine Funktion zu entwickeln. Apple bietet Entwicklern für eine Vielzahl von Funktionen solche Zusammenstellungen von Dokumentation, Beispielprojekten und vorgefertigten Programmierroutinen.

Secure Shell (SSH)
Nehmen Sie mit einem anderen UNIX-Rechner eine Verbindung über das Protokoll SSH auf, werden alle Passwörter und Eingaben mit einer starken Verschlüsselung versehen und können dann im Internet nicht mehr »abgehört« werden.

Shell
Die Shell ist das Programm, das Eingaben am Terminal entgegennimmt und die Ergebnisse anzeigt.

Single-User-Modus
Im Single-User-Modus wird ein rudimentäres Notsystem ohne grafische Oberfläche und ohne Schreibzugriff auf die Dateisysteme gestartet.

SMB
Der Server Message Block (SMB) dient zur Übertragung von Daten in Netzwerken mit Windows-Rechnern.

S/MIME
Die Secure Multipurpose Internet Mail Extensions (S/MIME) ermöglichen es, eine E-Mail zu signieren und zu verschlüsseln.

SSL
Über den Secure Sockets Layer (SSL) können Verbindungen ins Netzwerk verschlüsselt werden. Darüber hinaus wird durch Zertifikate sichergestellt, dass die gewünschte Webseite aufgerufen wird.

Suffix
Eine Dateiendung wie *.tiff* wird als Suffix bezeichnet. Als anderer Name ist auch *Extension* gebräuchlich.

SMTP
Mit dem Simple Mail Transfer Protocol (SMTP) werden E-Mails über einen Mailserver verschickt.

Swap
In den Swap-Speicher werden Bereiche des Arbeitsspeichers ausgelagert, sofern das System mehr Platz für Daten benötigt, als im RAM des Rechners vorhanden ist. Swap-Dateien werden auf der Festplatte gespeichert. Tritt dieser Mechanismus in Aktion, sinkt die Arbeitsgeschwindigkeit des Computers.

Syntax
Die Syntax legt den Aufbau und gegebenenfalls die Reihenfolge von Befehlen und Anweisungen in Programmiersprachen fest.

TCP/IP
Die Verbindung der beiden Protokolle TCP (Transmission Control Protocol) und IP (Internet Protocol) stellt den Standard für die Übertragung von Daten im Internet und in lokalen Netzwerken dar.

Telnet
Ein mittlerweile veraltetes Protokoll, um sich über das Netzwerk an einem anderen Rechner anzumelden. Da Telnet in der Regel keine Verschlüsselung unterstützt, ist es für den Einsatz im Internet eigentlich unbrauchbar.

Terminal
Das Terminal ist das Programm, das Eingaben von Befehlen über

die Tastatur entgegennimmt, diese an die Shell zur Ausführung weiterleitet und die Ergebnisse auf dem Bildschirm anzeigt. Die Eingabe basiert auf der Kommandozeile.

TrueType

Ein Format für Schriftarten, das auf Vektoren basiert. Schriften im TrueType-Format können sowohl auf dem Bildschirm als auch auf einem Drucker ausgegeben werden.

URL

Der Uniform Resource Locator (URL) stellt eine Möglichkeit dar, einen Rechner anstelle seiner IP-Nummer mit einem einfacher zu merkenden Domainnamen anzusprechen.

USB

Der Universal Serial Bus (USB) dient zum Anschluss von Scannern, Druckern, Tastaturen usw. an einen Computer. Die Übertragung ist etwas langsamer als die von Apple entwickelte FireWire-Methode.

WebDAV

Das Web-based Distributed Authoring and Versioning (WebDAV) ist eine Möglichkeit, Dateien auf einem Webserver zu verwalten und aufgrund der integrierten Versionskontrolle auch mit mehreren Anwendern zu bearbeiten. Verzeichnisse via WebDAV können im Finder aktiviert werden.

WebKit

Der Kern von Safari, der für die Berechnung und Darstellung von Webseiten sorgt, wird als WebKit bezeichnet. Der Bestandteil ist Open Source und wird auch in anderen Programmen verwendet.

Widget

Bei der Realisierung grafischer Benutzeroberflächen werden Schaltknöpfe, Textfelder usw. als Widgets bezeichnet. In Bezug auf Apples Dashboard bezeichnet ein Widget ein Miniprogramm, das auf die Dashboard-Fläche gelegt werden kann.

WLAN

Die Abkürzung steht für Wireless Local Area Network und bezeichnet ein kabelloses lokales Netzwerk. Apples Airport ist eine Möglichkeit, ein WLAN zu realisieren.

Xcode

Ein Programm oder genauer eine Entwicklungsumgebung für die Erstellung von Programmen.

XML

Die Extensible Markup Language (XML) entwickelt sich zur Grundlage vieler Dateiformate. Sie dient als Standard für die Beschreibung von Daten. XML-Dateien können in alle möglichen anderen Dateiformate – wie etwa HTML oder PDF – umgewandelt werden. XML wird auch von Apple bei den Property-Listen verwendet.

Zertifikate

Mit einem Zertifikat, das auf einem bestimmten Algorithmus zur Verschlüsselung basiert, wird sichergestellt, dass der verwendete Schlüssel, der auch in einem Zertifikat bestehen kann, nicht gefälscht wurde.

Index

D

F

G

Q

T

U

- Der perfekte Einstieg in die Mac-Welt
- Alle Neuerungen bis ins Detail erklärt
- Power-User-Tipps für Fortgeschrittene
- Auch für Windows-Umsteiger geeignet

Thomas Kuhn

Video-Training:
OS X Mountain Lion

Das umfassende Mac-Training

Dieses Training verrät Ihnen, was alles im neuen OS X Mountain Lion steckt und wie Sie Ihren Mac optimal bedienen. In über 120 einzelnen Video-Lektionen erklärt Ihnen Mac-Profi Thomas Kuhn das aktuelle Betriebssystem anschaulich an vielen Beispielen, wie sie Ihnen im Mac-Alltag immer wieder begegnen. Ob Internet, iCloud, digitales Büro, Bildbearbeitung oder fortgeschrittene Arbeiten mit dem Terminal – Dieses Training ist Fundgrube und Rundum-sorglos-Paket für Einsteiger, Umsteiger wie auch für fortgeschrittene Mac-Anwender.

DVD, Windows und Mac, 17 Stunden Spielzeit, 39,90 Euro
ISBN 978-3-8362-1965-5

www.galileodesign.de/3183

Videos im Web!

- Alle iLife-Programme anschaulich am Bildschirm erklärt
- Das iPhone und iLife im Zusammenspiel erleben
- Neu: »Video to go«-Lektionen für iPhone und iPod

Michael Claushallmann

Video-Training: iLife '11

iPhoto, iMovie, iDVD, GarageBand, iWeb und iTunes

Das komplette iLife-Paket kompetent und anschaulich erklärt vom Mac-Profi Michael Claushallmann! Sie erfahren, wie Sie die iLife-Programme einzeln und vor allem im Zusammenspiel richtig einsetzen. Sie suchen Profi-Tipps, um aus Ihren Fotos, Filmen, Musik das Beste herauszuholen? Oder wie sie blitzschnell einen professionellen Filmtrailer erstellen oder eine ansprechende Website gestalten und veröffentlichen? In diesem Video-Training lernen Sie, wie Sie mit iLife ´11 Fotos, Videos, Musik Websites und auch eigene Podcasts erstellen, bearbeiten und ausgeben. Alle Lektionen im iPad-kompatiblen Format!

DVD, Mac und Windows, 11 Stunden Spielzeit, 39,90 Euro
ISBN 978-3-8362-1618-0

www.galileodesign.de/2399

- Das umfassende Handbuch zur digitalen Fotografie
- Digitale Technik verständlich erklärt
- Mit vielen Tipps für die fotografische Praxis

Christian Westphalen

Die große Fotoschule

Digitale Fotopraxis

Vollständig und verständlich präsentiert dieses Schwergewicht unter den Fotoschulen Kamera- und Objektivtechnik, Regeln und Prinzipien der Bildgestaltung, Umgang mit Licht und Beleuchtung, Blitzfotografie, Techniken der Scharfstellung und vieles mehr. Die großen Fotogenres werden vorgestellt, und Sie erhalten Anregungen und Kniffe für Ihre tägliche Fotopraxis!

602 S., 2011, komplett in Farbe, mit DVD, 39,90 Euro
ISBN 978-3-8362-1311-0

www.galileodesign.de/1950

»Dieses Buch bietet gebündeltes Wissen rund um die Digitalfotografie.«
PHOTOGRAPHIE

Wir hoffen sehr, dass Ihnen dieses Buch gefallen hat. Bitte teilen Sie uns doch Ihre Meinung mit. Eine E-Mail mit Ihrem Lob oder Tadel senden Sie direkt an den Lektor des Buches: *stephan.matteschecK@galileo-press.de*. Im Falle einer Reklamation steht Ihnen gerne unser Leserservice zur Verfügung: *service@galileo-press.de*. Informationen über Rezensions- und Schulungsexemplare erhalten Sie von: *julia.mueller@galileo-press.de*.

Informationen zum Verlag und weitere Kontaktmöglichkeiten finden Sie auf unserer Verlags-website *www.galileo-press.de*. Dort können Sie sich auch umfassend und aus erster Hand über unser aktuelles Verlagsprogramm informieren und alle unsere Bücher versandkostenfrei bestellen.

An diesem Buch haben viele mitgewirkt, insbesondere:

Lektorat Stephan Matteschecк
Korrektorat Alexandra Müller
Herstellung Vera Brauner
Layout Vera Brauner
Einbandgestaltung Sabine Reibeholz
Coverbild Fotolia: 19437365_M © duaneups
Satz TEXT & BILD, Michael Grätzbach, Kernen
Druck Beltz Druckpartner, Hemsbach

Dieses Buch wurde gesetzt aus der Linotype Syntax (9,25 pt/13 pt) in Adobe InDesign CS6. Gedruckt wurde es auf mattgestrichenem Bilderdruckpapier (115 g/m²).

Der Name Galileo Press geht auf den italienischen Mathematiker und Philosophen Galileo Galilei (1564–1642) zurück. Er gilt als Gründungsfigur der neuzeitlichen Wissenschaft und wurde berühmt als Verfechter des modernen, heliozentrischen Weltbilds. Legendär ist sein Ausspruch *Eppur si muove* (Und sie bewegt sich doch). Das Emblem von Galileo Press ist der Jupiter, umkreist von den vier Galileischen Monden. Galilei entdeckte die nach ihm benannten Monde 1610.

Bibliografische Information der Deutschen Nationalbibliothek:
Die Deutsche Nationalbibliothek verzeichnet diese Publikation in der Deutschen National-bibliografie; detaillierte bibliografische Daten sind im Internet über *http://dnb.d-nb.de* abrufbar.

ISBN 978-3-8362-1989-1
1. Auflage 2013